CARLOS ALBERTO **CARMONA**

Professor doutor do Departamento de Direito Processual da Faculdade de Direito da Universidade de São Paulo. Advogado.

SELMA FERREIRA **LEMES**

Advogada, mestre e doutora pela Universidade de São Paulo – USP. Foi membro brasileiro na Corte Internacional de Arbitragem da Câmara de Comércio Internacional – CCI e integrou a Comissão Relatora da Lei de Arbitragem.

PEDRO BATISTA **MARTINS**

Advogado. Sócio de Batista Martins Advogados. Árbitro, consultor e parecerista. Autor de livros e de vários artigos sobre arbitragem. Coautor da Lei de Arbitragem.

20 ANOS DA LEI DE ARBITRAGEM
Homenagem a
Petrônio R. Muniz

O GEN | Grupo Editorial Nacional – maior plataforma editorial brasileira no segmento científico, técnico e profissional – publica conteúdos nas áreas de concursos, ciências jurídicas, humanas, exatas, da saúde e sociais aplicadas, além de prover serviços direcionados à educação continuada.

As editoras que integram o GEN, das mais respeitadas no mercado editorial, construíram catálogos inigualáveis, com obras decisivas para a formação acadêmica e o aperfeiçoamento de várias gerações de profissionais e estudantes, tendo se tornado sinônimo de qualidade e seriedade.

A missão do GEN e dos núcleos de conteúdo que o compõem é prover a melhor informação científica e distribuí-la de maneira flexível e conveniente, a preços justos, gerando benefícios e servindo a autores, docentes, livreiros, funcionários, colaboradores e acionistas.

Nosso comportamento ético incondicional e nossa responsabilidade social e ambiental são reforçados pela natureza educacional de nossa atividade e dão sustentabilidade ao crescimento contínuo e à rentabilidade do grupo.

COORDENAÇÃO
CARLOS ALBERTO **CARMONA**
SELMA FERREIRA **LEMES**
PEDRO BATISTA **MARTINS**

20 ANOS DA LEI DE ARBITRAGEM

Homenagem a
Petrônio R. Muniz

■ A EDITORA ATLAS se responsabiliza pelos vícios do produto no que concerne à sua edição (impressão e apresentação a fim de possibilitar ao consumidor bem manuseá-lo e lê-lo). Nem a editora nem o autor assumem qualquer responsabilidade por eventuais danos ou perdas a pessoa ou bens, decorrentes do uso da presente obra.

Todos os direitos reservados. Nos termos da Lei que resguarda os direitos autorais, é proibida a reprodução total ou parcial de qualquer forma ou por qualquer meio, eletrônico ou mecânico, inclusive através de processos xerográficos, fotocópia e gravação, sem permissão por escrito do autor e do editor.

Impresso no Brasil – *Printed in Brazil*

■ Direitos exclusivos para o Brasil na língua portuguesa
Copyright © 2017 by
EDITORA ATLAS LTDA.
Uma editora integrante do GEN | Grupo Editorial Nacional
Rua Conselheiro Nébias, 1384 – Campos Elíseos – 01203-904 – São Paulo – SP
Tel.: (11) 5080-0770 / (21) 3543-0770
faleconosco@grupogen.com.br / www.grupogen.com.br

■ O titular cuja obra seja fraudulentamente reproduzida, divulgada ou de qualquer forma utilizada poderá requerer a apreensão dos exemplares reproduzidos ou a suspensão da divulgação, sem prejuízo da indenização cabível (art. 102 da Lei n. 9.610, de 19.02.1998).

Quem vender, expuser à venda, ocultar, adquirir, distribuir, tiver em depósito ou utilizar obra ou fonograma reproduzidos com fraude, com a finalidade de vender, obter ganho, vantagem, proveito, lucro direto ou indireto, para si ou para outrem, será solidariamente responsável com o contrafator, nos termos dos artigos precedentes, respondendo como contrafatores o importador e o distribuidor em caso de reprodução no exterior (art. 104 da Lei n. 9.610/98).

■ Capa: Danilo Oliveira

■ Fechamento desta edição: 17.07.2017

■ DADOS INTERNACIONAIS DE CATALOGAÇÃO NA PUBLICAÇÃO (CIP)
(CÂMARA BRASILEIRA DO LIVRO, SP, BRASIL)

V791

    20 anos da lei de arbitragem: homenagem a Petrônio R. Muniz / coordenação Carlos Alberto Carmona, Selma Ferreira Lemes, Pedro Batista Martins. – 1. ed. – São Paulo: Atlas, 2017.

Inclui bibliografia e índice
ISBN 978-85-97-01322-1

1. Brasil. [Lei de arbitragem brasileira (1996)]. 2. Arbitragem e sentença. 3. Arbitragem comercial. 4. Mediação – Brasil. I. Carmona, Carlos Alberto. II. Lemes, Selma Ferreira. III. Martins, Pedro Batista.

17-43201

CDU:347.956.8(81)

SOBRE OS AUTORES

ADRIANA NOEMI PUCCI

Advogada em São Paulo. Doutora em Direito Econômico Financeiro pela USP. Mestre em Integração da América Latina pela USP. Membro da lista de árbitros de Câmaras de Arbitragens no Brasil e no exterior.

ANA CAROLINA WEBER

Advogada no Rio de Janeiro e em São Paulo. Mestre em Direito Internacional pela Universidade do Estado do Rio de Janeiro.

ANDRÉ DE ALBUQUERQUE CAVALCANTI ABBUD

Doutor e mestre em Direito pela Universidade de São Paulo. Mestre em Direito (LL.M.) pela Universidade de Harvard. Professor da Escola de Direito da Fundação Getulio Vargas (FGV Direito-SP). Vice-Presidente do Comitê Brasileiro de Arbitragem (CBAr). Sócio de Barbosa, Müssnich & Aragão Advogados.

ANDRÉ LUÍS MONTEIRO

Junior Academic Visitor na University of Oxford (Commercial Law Centre). Doutorando e mestre em Direito Processual Civil pela Pontifícia Universidade Católica de São Paulo. Pós-graduado em Direito Empresarial, com especialização em Processo Civil, pela Fundação Getulio Vargas. Especialista em Arbitragem pela GVLaw. Especialista em Direito Econômico pela Universidade do Estado do Rio de Janeiro. Especialista em Direito Societário e Mercado de Capitais pela Fundação Getulio Vargas. Bacharel em Direito pela Universidade Federal do Rio de Janeiro. Membro do Instituto Brasileiro de Direito Processual e do Comitê Brasileiro de Arbitragem. Advogado de Andrade & Fichtner Advogados.

ARNOLDO WALD

Advogado. Parecerista. Professor catedrático de Direito Civil da Universidade do Estado do Rio de Janeiro (UERJ). Doutor *honoris causa* da Universidade de Paris II.

BERNARD POTSCH

Advogado. Sócio de Batista Martins Advogados. Bacharel, mestre e doutorando em Direito Internacional pela Universidade do Estado do Rio de Janeiro. Autor de livro e artigos sobre arbitragem, comércio e Direito internacional privado.

BRUNO GUANDALINI

Advogado. Doutorando pela Université de Nice (Sophia-Antipolis). LL.M. pela Georgetown University, Master II Université de Paris II (Panthéon-Assas).

CARLOS ALBERTO CARMONA

Professor doutor do Departamento de Direito Processual da Faculdade de Direito da Universidade de São Paulo. Advogado.

CARLOS EDUARDO STEFEN ELIAS

Doutor em Direito Processual pela Faculdade de Direito da Universidade de São Paulo. Advogado.

CARLOS SUPLICY DE FIGUEIREDO FORBES

Sócio sênior da área de contencioso e arbitragem de Mundie e Advogados (1998). Presidente do Centro de Arbitragem e Mediação da Câmara de Comércio Brasil-Canadá (2015).

CARMEN TIBURCIO

Mestre e doutora em Direito Internacional pela Faculdade de Direito da Universidade de Virgínia (EUA). Professora titular de Direito Internacional Privado e de Direito Processual Internacional da Faculdade de Direito da UERJ. Advogada e consultora da área de Direito internacional e arbitragem do escritório Barroso Fontelles, Barcellos, Mendonça & Associados.

CHRISTIAN SAHB BATISTA LOPES

Advogado. Professor adjunto na Faculdade de Direito da Universidade Federal de Minas Gerais. Mestre e doutor em Direito pela Universidade Federal de Minas Gerais. Mestre em Direito (LL.M.) pela Columbia University (Nova York). Vice-presidente da Câmara de Arbitragem Empresarial – CAMARB – Brasil. Cocoordenador do Grupo de Estudos em Arbitragem e Contratos Internacionais da UFMG (GACI-UFMG).

CLÁVIO VALENÇA FILHO

Doutor em Direito internacional pela Faculdade de Direito da Universidade de São Paulo (FADUSP, 2015). Mestre em Direito pela Pontifícia Universidade Católica de São Paulo (PUC-SP, 2002). D.E.A. en droit international privé et du commerce international (Panthéon--Assas, 1998). D.E.S.S. en droit international et communautaire (UCL, 1997). Bacharel pela Faculdade de Direito do Recife (U.F.PE., 1996). Vice-presidente do Comitê Brasileiro de Arbitragem – CBAr. Sócio de Valença Contencioso Arbitral.

CRISTIANO DE SOUSA ZANETTI

Professor-associado de Direito Civil da Faculdade de Direito da Universidade de São Paulo. Bacharel, mestre, doutor e livre-docente em Direito Civil pela Universidade de São Paulo. Mestre em Sistema Jurídico Romanístico, Unificação do Direito e Direito da Integração pela Università Degli Studi di Roma Tor Vergata. Foi vice-reitor executivo adjunto de administração da Universidade de São Paulo.

DEBORA VISCONTE

Advogada. Sócia de José Carlos de Magalhães Advogados. Doutoranda em Direito Internacional pela Faculdade de Direito da Universidade de São Paulo – USP. Mestre em Direito Internacional pela Faculdade de Direito da Universidade de São Paulo – USP. LL.M. pela London School of Economics – LSE. Diretora-tesoureira do Comitê Brasileiro de Arbitragem – CBAr.

DOUGLAS DEPIERI CATARUCCI

Bacharel pela Faculdade de Direito da Universidade Presbiteriana Mackenzie. Pós-graduando em Contratos Comerciais pela Fundação Getulio Vargas em São Paulo – FGV/SP. Associado de Pinheiro Neto Advogados. Atua como secretário do Tribunal Arbitral em diversas arbitragens, no Brasil e no exterior.

EDUARDO DE ALBUQUERQUE PARENTE
Doutor e mestre em Direito pela Faculdade de Direito da Universidade de São Paulo – USP. Advogado, sócio de Salusse, Marangoni, Parente, Jabur e Périllier Advogados.

EDUARDO GREBLER
Advogado, árbitro, membro da Corte Permanente de Arbitragem.

FELIPE ALBUQUERQUE
Mestre e doutorando em Direito Internacional pela Faculdade de Direito da UERJ. Advogado no escritório Barroso Fontelles, Barcellos, Mendonça & Associados.

FELIPE FERREIRA MACHADO MORAES
Advogado e secretário-geral da Câmara de Arbitragem Empresarial – CAMARB – Brasil. Mestre em Direito Privado. Pós-graduado em Direito Público. Coordenador regional do CBAr. Professor da pós-graduação do IBMEC.

FELIPE VOLLBRECHT SPERANDIO
Advogado. Mestre em Resoluções de Disputas Internacional pela Queen Mary University of London. Leciona Arbitragem Comercial Internacional e Comparada na mesma instituição.

FERNANDO EDUARDO SEREC
Advogado. Sócio de Tozzini Freire Advogados.

FLÁVIA BITTAR NEVES
Advogada. Presidente do Comitê Brasileiro de Arbitragem. Graduada em Direito pela Faculdade de Direito Milton Campos. Especialista em Direito Arbitral, Internacional e Comercial Internacional pela Università Degli Studi di Milano, Itália. Pós-graduada em Gestão de Negócios pela Fundação Dom Cabral. Membro da Comissão de Mediação e Arbitragem e da Comissão de Direito da Construção da Ordem dos Advogados do Brasil, Seção de Minas Gerais. Membro da lista de árbitros de diversas instituições arbitrais brasileiras.

FRANCISCO ANTUNES MACIEL MÜSSNICH
Advogado no Rio de Janeiro e em São Paulo. Sócio do Barbosa Müssnich Aragão – BMA.

FREDERICO JOSÉ STRAUBE
Advogado arbitralista.

GILBERTO GIUSTI
Bacharel pela Faculdade de Direito da Universidade de São Paulo (USP). Master of Laws (LL.M.) pela Universidade da Califórnia – Berkeley. Sócio de Pinheiro Neto Advogados. Membro do Conselho Consultivo do Comitê Brasileiro de Arbitragem. Vice-presidente do Centro de Arbitragem e Mediação da Câmara de Comércio Brasil-Canadá. Presidente da Câmara Britânica de Comércio e Indústria em São Paulo. Conselheiro do Centro de Arbitragem e Mediação da AMCHAM Brasil. Diretor do Institute for Conflict Prevention & Resolution – CPR. Conselheiro da American Arbitration Association. Integrante do corpo de árbitros de várias instituições arbitrais brasileiras e internacionais.

GUSTAVO FERNANDES DE ANDRADE

Advogado. Procurador do Estado do Rio de Janeiro. LL.M. pela University of Cambridge (2005). LL.M. pela University of Pennsylvania (1999).

HERMES MARCELO HUCK

Advogado. Professor titular sênior da Faculdade de Direito da Universidade de São Paulo.

JOSÉ ANTONIO FICHTNER

Membro da Comissão de Juristas nomeada pelo Senado Federal para elaboração do Ante-projeto de Reforma da Lei de Arbitragem brasileira. Mestre em Direito pela Universidade de Chicago. Bacharel em Direito pela Pontifícia Universidade Católica do Rio de Janeiro. Coordenador técnico do LL.M. Litigation da Fundação Getulio Vargas. Professor da Escola de Direito da Fundação Getulio Vargas. Professor de Direito Processual Civil da Pontifícia Universidade Católica do Rio de Janeiro. Professor convidado da Escola da Magistratura do Estado do Rio de Janeiro. Membro do Instituto Brasileiro de Direito Processual, do Comitê Brasileiro de Arbitragem e da Associação Latino-Americana de Arbitragem (ALARB). Ex--procurador do Estado do Rio de Janeiro. Árbitro e sócio de Andrade & Fichtner Advogados.

JOSÉ CARLOS DE MAGALHÃES

Professor sênior da Faculdade de Direito da Universidade de São Paulo – USP.

JOSÉ ROBERTO DE CASTRO NEVES

Doutor em Direito Civil pela Universidade do Estado do Rio de Janeiro (UERJ). Mestre em Direito pela Universidade de Cambridge, Inglaterra. Professor de Direito Civil da Pontifícia Universidade Católica (PUC-Rio). Advogado.

JOSÉ ROGÉRIO CRUZ E TUCCI

Advogado. Ex-presidente da Associação dos Advogados de São Paulo. Professor titular e diretor da Faculdade de Direito da USP.

JUDITH MARTINS-COSTA

Advogada. Sócia fundadora de Judith Martins-Costa Advogados. Foi professora de Direito Civil na Universidade Federal do Rio Grande do Sul. Doutora e livre-docente pela Univer-sidade de São Paulo.

LETÍCIA BARBOSA E SILVA ABDALLA

Advogada. Bacharel em Direito pela Universidade de São Paulo. LL.M. *summa cum laude* em Direito Privado com ênfase em arbitragem pela Universidade de Utrecht. Secretária-geral da Câmara de Conciliação, Mediação e Arbitragem CIESP/FIESP.

LUCIANO BENETTI TIMM

Advogado. Pós-doutorado pela Universidade da Califórnia, Berkeley. LL.M. pela Warwick University. Doutor pela UFRGS. Diretor do Comitê Brasileiro e Arbitragem – CBAr.

LUIS FERNANDO GUERRERO

Mestre e doutor em Direito Processual Civil pela Faculdade de Direito da Universidade de São Paulo. Especialista em Mediação de Conflitos pela Northwestern University. Membro do CBar, YAF da CCI, YAG da LCIA e componente de diversos quadros de arbitragem, mediação e MESCs em geral. Professor universitário. Advogado. Sócio do Contencioso Judicial, Arbitragem e Solução de Conflitos de Lobo & De Rizzo Advogados.

LUIZ LEONARDO CANTIDIANO

Advogado especializado em Direito Societário, Mercado de Capitais e Arbitragem.

LUIZ OLAVO BAPTISTA

Advogado. Doutor em Direito Paris II e Lisboa (HC). Foi membro e presidiu o Órgão de Apelação da OMC. Atua frequentemente como árbitro e parecerista.

MARCELO A. MURIEL

Membro do Grupo Latino-americano de Arbitragem da Câmara de Comércio Internacional. Membro do Comitê Brasileiro de Arbitragem. Ex-presidente da Comissão de Arbitragem da OAB. Árbitro e advogado em arbitragens domésticas e internacionais. Sócio de Muriel Medici Franco Advogados.

MARCELO DE SOUZA RICHTER

Advogado da área de arbitragem de Carvalho, Machado e Timm Advogados em São Paulo.

MAURICIO GOMM F. DOS SANTOS

Advogado no Brasil e em Nova York. Consultor em Direito Estrangeiro na Flórida. Professor visitante de Arbitragem da PUC/SP. LL.M. em Arbitragem Comercial Internacional pela Queen Mary University of London. LL.M. em Direito Comparado pela Universidade de Miami.

NADIA DE ARAUJO

Doutora em Direito Internacional pela Universidade de São Paulo. Mestre em Direito Comparado pela George Washington University. Professora-associada da PUC-Rio. Procuradora de Justiça do Estado do Rio de Janeiro aposentada. Advogada. Sócia fundadora de Nadia de Araujo Advogados.

NELSON EIZIRIK

Advogado no Rio de Janeiro e em São Paulo. Professor da Escola de Direito da FGV/Rio de Janeiro.

PATRÍCIA SHIGUEMI KOBAYASHI

Advogada em São Paulo. Secretária-geral adjunta do Centro de Arbitragem e Mediação da Câmara de Comércio Brasil-Canadá (2011).

PEDRO BATISTA MARTINS

Advogado. Sócio de Batista Martins Advogados. Autor de livros, dos comentários ao capítulo de Títulos de Crédito do Código Civil e de vários artigos sobre arbitragem e outros temas do Direito. Coautor da Lei de Arbitragem.

RENATO STEPHAN GRION

Sócio de Pinheiro Neto Advogados. Mestre em Direito pela Northwestern University School of Law e pela Université René Descartes – Paris V. Foi conselheiro adjunto para a América Latina e a Península Ibérica da Corte Internacional de Arbitragem da Câmara de Comércio Internacional (CCI), com sede em Paris. Autor de diversos artigos sobre arbitragem internacional e conferencista no Brasil e no exterior. Membro dos seguintes órgãos e instituições:

Grupo Latino-americano de Arbitragem da CCI; International Advisory Committee of the International Centre for Dispute Resolution – ICDR; SIAC's Users Council (Latin America); CPR's Brazil Advisory Board. Participou da revisão de importantes regulamentos de arbitragem, tais como o Regulamento de Arbitragem da CCI (2012). Councillor of the LCIA Latin American and Caribbean User's Counsel.

RICARDO DE CARVALHO APRIGLIANO

Advogado em São Paulo. Bacharel, mestre e doutor em Direito Processual pela Faculdade de Direito do Largo São Francisco – USP. Diretor do Instituto Brasileiro de Direito Processual – IBDP. Secretário-geral da *Revista Brasileira de Arbitragem – RBA*. Autor dos livros *A Apelação e seus efeitos* e *Ordem Pública e Processo*, ambos publicados pela Editora Atlas.

RICARDO RAMALHO ALMEIDA

Advogado, sócio de Lobo e Ibeas. Mestre em Direito Internacional pela Universidade de São Paulo

RODRIGO GARCIA DA FONSECA

Advogado. Sócio de Fonseca e Salles Lima Advogados Associados. Mestre em Direito Econômico pela UGF. Pós-graduado em Direito da Empresa pela PUC/RJ, Economia e Direito da Concorrência e da Regulação pela UFRJ, Direito e Negócios Europeus pela IUSE-Itália. Atuante em arbitragens e contencioso judicial. Integrante das listas de árbitros de várias instituições. Autor de diversos trabalhos jurídicos publicados no Brasil e no exterior. Vice-presidente da Comissão de Arbitragem da OAB-RJ, desde 2010. Vice-presidente de Arbitragem do CBMA (desde 2012). Redator chefe da *Revista de Arbitragem e Mediação* (2004-2013).

SELMA FERREIRA LEMES

Advogada, mestre e doutora pela Universidade de São Paulo – USP. Foi membro brasileiro na Corte Internacional de Arbitragem da Câmara de Comércio Internacional – CCI e integrou a Comissão Relatora da Lei de Arbitragem.

THIAGO MARINHO NUNES

Doutor em Direito Internacional e Comparado pela Faculdade de Direito da Universidade de São Paulo. Mestre em Contencioso, Arbitragem e Modos Alternativos de Resolução de Conflitos pela Universidade de Paris II – Panthéon-Assas. Presidente do Centro de Mediação e Arbitragem da Sociedade Rural Brasileira – CARB. Advogado. Sócio de Muriel Medici Franco Advogados.

VERA CECÍLIA MONTEIRO DE BARROS

Advogada. Sócia de Selma Lemes Advogados, com atuação em arbitragens domésticas e internacionais. Mestre e doutora em Direito Internacional pela Faculdade de Direito da Universidade de São Paulo – USP. Professora de Técnicas de Negociação, Mediação e Arbitragem na Fundação Armando Alvares Penteado – FAAP.

APRESENTAÇÃO

Petrônio Muniz: sua iniciativa, seu legado

Petrônio Muniz foi, sem dúvida, o condutor de todo o processo que culminou com a edição da nova lei sobre arbitragem no Brasil (Lei n. 9.307/96). Sem Petrônio, ainda estaríamos sem arbitragem, efetivamente. Simples assim. Simples, sincero e objetivo, como era Petrônio.

Foi ele, com seu jeito alegre e dinâmico, que idealizou e operacionalizou a denominada *Operação Arbiter* que resultou na promulgação da lei brasileira de arbitragem. O esforço foi enorme; o trabalho, incessante; o otimismo, desmedido e contagiante. Petrônio não tinha ideia de que naquela manhã ensolarada da primavera paulistana de 1991, na reunião na Associação Comercial de São Paulo, na Rua Boa Vista (a que compareceram pessoas por ele convidadas para ouvir suas ideias sobre um anteprojeto de lei sobre arbitragem), dava-se início a uma das mais exitosas iniciativas da sociedade civil brasileira. O resultado não poderia ter sido melhor.

Não eram poucos aqueles que – avessos ao novo e ao moderno – opunham-se ao desenvolvimento do instituto da arbitragem no Brasil. Se fossem apenas misoneístas, a batalha não teria sido tão renhida. Mas o grupo de resistência era composto por opositores ferrenhos, que estavam dispostos a lutar no *front* do Congresso Nacional até o último homem (e mulher). Vencida a primeira batalha, que fez com que a lei fosse aprovada em Brasília, passou-se à segunda, mais árdua e mais difícil: fazer com que a lei se mantivesse em vigor e fosse adequadamente operacionalizada. Também neste último cenário destacou-se o vigor de Petrônio Muniz, que não mediu esforços para superar interesses (que não eram os da Nação), afastar sentimentos injustificáveis de rivalidade, superar reações emotivas e trazer os operadores para o campo saudável da racionalidade. Petrônio lançou-se ao trabalho de forma intensa e lutou o bom combate. Venceu.

As metáforas bélicas acima utilizadas representam o que Petrônio foi: um estrategista. Basta percorrer seu livro *Operação Arbiter, a história da Lei nº 9.307/96 sobre a arbitragem comercial no Brasil* (Brasília: Instituto Tancredo Neves. 2. ed. 2014.) para verificar o traçado e o norte seguidos até a promulgação e a divulgação da Lei de Arbitragem.

Sua conduta pautou-se sempre no rigor ético e moral e visou, unicamente, ao interesse do País. Nenhum interesse pessoal norteou Petrônio, tão somente o exercício da cidadania. Seu legado a muitos beneficiou. Quantos profissionais do Direito passaram a se dedicar à arbitragem? Quantos estudantes de Direito vislumbraram a oportunidade de se dedicar ao estudo da arbitragem no Brasil e no exterior? Quantos trabalhos acadêmicos do mais alto nível surgiram? Quantos estudantes com a experiência dos *Moots* internacionais e nacionais de arbitragem (competição de arbitragem) tiveram as portas abertas para estágios em bancas renomadas no Brasil e no exterior, propiciando-lhes futuro profissional alvissareiro, além de fazer novas amizades mundo afora? Quantas faculdades de Direito lançaram novos programas de graduação e de pós-graduação para o estudo aprofundado da arbitragem?

Petrônio, sim – pode-se afirmar –, foi um verdadeiro republicano!

Este livro é uma homenagem sincera de agradecimento de toda a comunidade jurídica brasileira àquele que é com toda a justiça considerado o arauto da arbitragem nacional.

São Paulo/Rio de Janeiro, julho de 2017.

Selma, Pedro e Carmona.

PREFÁCIO

É com enorme prazer que aceitei o convite de Selma, Carmona e Pedro para fazer a apresentação desta obra.

A bem da verdade, deveria ter dado a esta obra a minha contribuição escrevendo um artigo que contemplasse o que penso sobre aspectos ainda controvertidos na arbitragem brasileira. No entanto, no que me diz respeito, os compromissos foram maiores que o tempo estabelecido para realizar essa tarefa.

Não escrevi o que pretendia. Deixei de aportar a minha contribuição. Mas, a generosidade de meus queridos amigos permitiu que, ao menos, prefaciasse esta obra. Justa homenagem aos 20 anos da Lei de Arbitragem, mais justa ainda quando reflete tudo o que foi feito nesse tempo por tantos que se dedicaram à atuação nessa área tão importante e que tantos frutos positivos tem rendido para a pacificação de controvérsias na área empresarial e comercial.

20 anos se passaram desde a edição da Lei de Arbitragem. Lembro-me bastante bem dos anos que a precederam, anos de muito trabalho, muita discussão, de intensa e profícua troca de ideias. Anos em que se teceram laços de amizade que permanecem até hoje e se consolidam a cada dia.

Não vou dedicar qualquer palavra ao crescimento da arbitragem no Brasil ao longo desse período. Elas seriam incapazes de testemunhar o que se passou. Os autores e leitores que constituem plateia, rica e expressiva, em número e em qualidade, falam por si só! E da forma mais eloquente.

A minha mensagem se dirige aos Três Mosqueteiros Arbitrais. Como os de Alexandre Dumas, guardam a unidade, a amizade e a solidariedade no trabalho. Dotaram o Brasil de uma lei moderna; respeitaram a tímida prática passada naquilo que se havia consolidado como regra a seguir; trouxeram ideias e princípios que, até então, não integravam o universo de nosso ordenamento, favorecendo o desenvolvimento de nossa cultura arbitral. E fizeram-no sob a batuta do saudoso Petrônio Muniz, para quem fica um pensamento, um sorriso e um eterno agradecimento. Muito obrigado, Petrônio!

Os Três Mosqueteiros são arbitralistas competentes e respeitados, árbitros de primeira linha. São três personalidades diferentes: a doçura de Selma que a transformou na Primeira Dama da Arbitragem; a assertividade de Carmona sempre presente em qualquer de suas manifestações; e o estilo muito próprio, único mesmo, mas extremamente perspicaz e amistoso de Pedro.

Foi certamente essa fusão de temperamentos e personalidades que os elevou à categoria de Três Mosqueteiros Arbitrais. Porque, acima de tudo: um por todos e todos por um! Dumas não os conheceu, mas pouco importa! Não faz falta! São personagens melhores em tudo porque são reais e interagem conosco em nosso ambiente arbitral.

Mas o trabalho não se concluiu; o trabalho não se encerrou. Seguiremos todos em frente encarando os desafios que se apresentarem. Um mercado maduro como o nosso vê-se integrado na comunidade arbitral internacional, o que exigirá o engajamento de todos nas grandes e palpitantes questões relativas à arbitragem. Nesses 20 anos, e pode-se certamente concluir, deixamos o monólogo e nos integramos no grande diálogo internacional da arbitragem, tendo voz, uma voz firme e forte, mas, sobretudo, somos consultados e ouvidos.

A mudança nesses 20 anos foi radical. Em 1996, não poderíamos prever o caminho que iríamos trilhar e os desafios que se nos antepunham. Lutamos a boa luta e chegamos à arena internacional.

O caminho foi árduo, mas teria sido certamente bem mais difícil se não pudéssemos ter contado com a moderna Lei de Arbitragem, marco legal que nos levou da infância à maturidade arbitral, que nos permitiu superar, com sucesso, a fase da adolescência.

Fica aqui registrada a homenagem e o agradecimento aos Três Mosqueteiros Arbitrais neste momento tão especial, a eles, que não mediram esforços para que a arbitragem pudesse ocupar efetivamente o lugar que lhe fora reservado, e igualmente a todos os que fizeram coro e hoje integram um seleto grupo de profissionais especializados.

José Emilio Nunes Pinto

SUMÁRIO

Arbitragem – Disposições gerais

O papel da *soft law* processual no desenvolvimento da arbitragem
André de Albuquerque Cavalcanti Abbud 3

A propósito do art. 2º, § 1º, da Lei de Arbitragem: o direito aplicável à convenção de arbitragem, à jurisdição direta do juiz do foro e à indireta do juiz estrangeiro
Clávio Valença Filho 23

***Iura novit curia* e o contraditório**
Debora Visconte 41

Existiria uma ordem jurídica arbitral?
Eduardo de Albuquerque Parente 59

Reflexões sobre uma análise econômica da ideia de arbitragem no Brasil
Luciano Benetti Timm, Bruno Guandalini e Marcelo de Souza Richter 83

Ética e arbitragem
Luiz Olavo Baptista 103

Convenção de arbitragem

A língua no processo estatal e no processo arbitral: um diálogo com Vincenzo Vigoriti
Carlos Alberto Carmona 121

Convenção de arbitragem da Revolução de 1996 a uma prática em consolidação
Luis Fernando Guerrero 143

ÁRBITROS

Impugnação de árbitros
Adriana Noemi Pucci 171

Notas práticas sobre a imparcialidade dos árbitros: existência de relação entre o árbitro (ou pessoas ligadas a ele) com a parte (ou pessoas ligadas a ela)
Carlos Eduardo Stefen Elias 189

Nomeação de árbitros em arbitragens multiparte: questão resolvida?
Eduardo Grebler 211

Os deveres do árbitro
José Carlos de Magalhães 227

Processo de escolha e nomeação de árbitro
Letícia Barbosa e Silva Abdalla 239

Árbitro, conflito de interesses e o contrato de investidura
Selma Ferreira Lemes 271

PROCEDIMENTO ARBITRAL

Provas na arbitragem
Fernando Eduardo Serec 293

As táticas de guerrilha na arbitragem
Hermes Marcelo Huck 311

Produção de provas na arbitragem
Marcelo A. Muriel 317

Táticas de guerrilha na arbitragem internacional
Mauricio Gomm F. dos Santos 331

Arbitragem e demandas paralelas: a visão do árbitro
Thiago Marinho Nunes 343

A importância do secretário na arbitragem
Vera Cecília Monteiro de Barros 363

Arbitragem Institucional

A vinculação das partes e árbitros ao regulamento de arbitragem

    Frederico José Straube 387

Árbitro de emergência – perspectiva brasileira à luz da experiência internacional

    Renato Stephan Grion 403

Tutelas Cautelares e de Urgência

Medidas cautelares em arbitragem

    Flávia Bittar Neves e Christian Sahb Batista Lopes 451

Tutela provisória na arbitragem e Novo Código de Processo Civil: tutela antecipada e tutela cautelar, tutela de urgência e tutela da evidência, tutela antecedente e tutela incidental

    José Antonio Fichtner e André Luís Monteiro 473

Carta Arbitral

Carta arbitral: instrumento de cooperação jurisdicional

    Carlos Suplicy de Figueiredo Forbes e Patrícia Shiguemi Kobayashi 521

Sentença Arbitral

A aplicação da CISG à sentença arbitral: quando e como deve o árbitro aplicar a CISG

    Bernard Potsch 539

Sentenças arbitrais parciais: visão doutrinária e prática do tema nos últimos 20 anos

    Gilberto Giusti e Douglas Depieri Catarucci 559

Reflexões sobre a estrutura formal da sentença arbitral

    José Rogério Cruz e Tucci 577

Sentença arbitral parcial, coligação de contratos e litisconsórcio necessário

    Pedro Batista Martins 593

O árbitro e o cálculo do montante da indenização

    Judith Martins-Costa 609

Os honorários advocatícios de sucumbência na arbitragem
José Roberto de Castro Neves 639

Impugnação da sentença arbitral
Rodrigo Garcia da Fonseca 651

Alocação de custas e despesas e a condenação em honorários advocatícios sucumbenciais em arbitragem
Ricardo de Carvalho Aprigliano 667

SENTENÇA ARBITRAL ESTRANGEIRA

Convenção de Nova York e a Lei de Arbitragem: algumas considerações sobre a lei aplicável ao consentimento das partes
Carmen Tiburcio e Felipe Albuquerque 691

O Código de Processo Civil de 2015 e a homologação de laudos arbitrais estrangeiros
Nadia de Araujo e Ricardo Ramalho Almeida 705

ARBITRAGEM E DIREITO CIVIL

A perda da chance na arbitragem: em busca do enquadramento devido
Cristiano de Sousa Zanetti 717

ARBITRAGEM E DIREITO CONSTITUCIONAL

Arbitragem e controle de constitucionalidade: algumas reflexões
Gustavo Fernandes de Andrade 737

ARBITRAGEM E FALÊNCIA

Arbitragem e falência
Felipe Ferreira Machado Moraes 763

ARBITRAGEM E DIREITO SECURITÁRIO

Transmissão de cláusula compromissória à seguradora por força de sub-rogação legal. Arbitragem, direito securitário e consentimento no direito brasileiro

Felipe Vollbrecht Sperandio 795

ARBITRAGEM E DIREITO SOCIETÁRIO

A arbitragem de classe no direito societário

Arnoldo Wald 847

Cláusula compromissória estatutária e a vinculação dos administradores

Francisco Antunes Maciel Müssnich 871

Notas sobre a arbitrabilidade subjetiva na sociedade por ações. Evolução doutrinária e legislativa

Luiz Leonardo Cantidiano 887

Notas sobre a arbitragem no mercado de capitais

Nelson Eizirik e Ana Carolina Weber 897

ARBITRAGEM – DISPOSIÇÕES GERAIS

O PAPEL DA *SOFT LAW* PROCESSUAL NO DESENVOLVIMENTO DA ARBITRAGEM

ANDRÉ DE ALBUQUERQUE CAVALCANTI ABBUD

Sumário: 1. Do artesanato europeu à indústria global: novas demandas – 2. Criação e uso da *soft law*: estado da arte – 3. Os efeitos da *soft law* sobre a arbitragem: 3.1. Previsibilidade e transparência; 3.2. Ponte entre diferenças culturais; 3.3. Difusão do conhecimento e promoção da igualdade entre as partes; 3.4. Eficiência; 3.5. Autorregulação flexível da arbitragem; 3.6. A legitimidade da arbitragem – 4. O equilíbrio de Paracelso e um olhar para o futuro – 5. Bibliografia – Pesquisas Consultadas.

1. DO ARTESANATO EUROPEU À INDÚSTRIA GLOBAL: NOVAS DEMANDAS

A arbitragem não é mais a mesma.

Tradicionalmente, era mecanismo de solução de disputas comerciais praticamente restrito a um círculo de empresários concentrados na Europa Continental, dotados de forças equivalentes e costumes semelhantes. Os árbitros e advogados participantes eram poucos e de atuação eventual, escolhidos dentre um grupo reduzido de profissionais seniores por sua experiência e sabedoria adquirida no mundo do direito ou dos negócios, para resolver a disputa com base em regras simples e "conhecidas de todos".

A partir dos anos 1980, essa prática "artesanal" começou a dar lugar a um processo "fabril". O crescimento do número de casos veio acompanhado pelo afluxo de novos participantes, de início anglo-americanos, que passaram a tratar a arbitragem como negócio, serviço especializado a ser prestado pela indústria de grandes escritórios.[1] Mais recentemente, esse crescimento difundiu-se para países em desenvolvimento e outras

---

[1] Para essa transformação, cf. Yves Dezalay e Bryant Garth, *Dealing in virtue: international commercial arbitration and the construction of a transnational legal order*, esp. p. 33 ss.

regiões do mundo, atingindo a Ásia, o Oriente Médio, a América Latina e a África. Com casos cada vez mais numerosos e distribuídos ao redor do globo, a arbitragem tornou-se técnica, global e multipolar.[2] É cada vez maior o número de partes, árbitros e advogados vindos de países e culturas diversas, que trazem consigo diferentes formações, forças relativas, níveis de experiência e expectativas sobre o processo arbitral.[3]

No Brasil, a transformação da arbitragem talvez tenha sido até mais radical. Nos vinte anos que separam a promulgação da Lei n. 9.307/1996 dos dias de hoje, a arbitragem passou de algo praticamente inexistente para meio regular de resolução de grandes disputas contratuais entre empresas, prática à qual afluíram inúmeros prestadores de serviço na qualidade de advogados, árbitros e câmaras arbitrais. Entre 2010 e 2015, as principais câmaras do país administraram 1.043 novas arbitragens, de valor total de R$ 38 bilhões.[4]

Naturalmente, dessa transformação emergiram novos desafios e novas demandas para a prática da arbitragem. O grande crescimento do número de casos e sua expansão para novas regiões, países e setores da economia, a multiplicação e internacionalização de partes, árbitros e advogados envolvidos, dotados de culturas, poder e níveis de experiência diversos, a profissionalização da atividade e sofisticação das técnicas, a inclusão de entes públicos e do direito público, dentre outros fatores, geraram pressões especialmente por maior certeza, segurança e transparência na arbitragem. Para atender a essas pressões, inúmeras vozes passaram a demandar mais regulação na arbitragem, seja em matéria de ética e conflitos de interesses dos vários atores,[5] seja em matéria de condução do procedimento e provas.[6]

---

[2] Cf. Roger Alford, *The American influence on international arbitration*, p. 77-80; Charles Brower et al., *The coming crisis in the global adjudication system*, p. 416-7.

[3] Apenas para ilustrar, em 20 anos o número de países de origem das arbitragens CCI passou de 86 (1990) para 140 (2010), enquanto o número de países sede de arbitragens foi de 29 (1990) para 53 (2010) (*ICC 2010 statistical report*, p. 5-13; *Rapport sur l'arbitrage CCI en 1990*, p. 3-4). Em 2015, pesquisa apontou que Cingapura e Hong Kong foram as sedes de arbitragens internacionais que mais se desenvolveram nos cinco anos anteriores (*2015 International Arbitration Survey: Improvements and Innovations in International Arbitration*, p. 11-5).

[4] Dados da pesquisa *Arbitragem em Números e Valores*, disponível em: <http://www.conjur.com.br/2016-jul-15/solucoes-arbitragem-crescem-73-seis-anos-mostra-pesquisa>. Acesso em 31.7.2016.

[5] Para ficar nos mais notáveis exemplos, cf. Doak Bishop e Margrete Stevens, *The compelling need for a code of ethics in international arbitration: transparency, integrity and legitimacy* (passim); Doak Bishop, *Ethics in international arbitration* (passim); Catherine Rogers, *Regulating international arbitrators*: a functional approach to developing standards of conduct (passim) e *Fit and function in legal ethics*: developing a code of conduct for international arbitration (passim); Martin Hunter e Jan Paulsson, *A code of ethics for arbitrators in international commercial arbitration?* (passim); Martin Hunter, *Ethics of the international arbitrator* (passim); David Rivkin e Emilio Cárdenas, *A growing challenge for ethics in international arbitration* (passim). Na palestra de abertura do Congresso do ICCA de 2012, o Procurador-Geral de Cingapura Sundaresh Menon defendeu a criação de uma "disciplina regulatória internacional" dirigida a árbitros, para resolver problemas éticos e de conflitos de interesses (cf. Sundaresh Menon, *International arbitration: the coming of a new age for Asia (and elsewhere)*, p. 25 ss. Cf. também *Menon kicks off ICCA Congress with call for regulation*, matéria publicada na *Global Arbitration Review* em 11.6.2012).

[6] Cf. Mauro Rubino-Sammartano, *Rules of evidence in international arbitration: a need for discipline and harmonization*, p. 87-91; Charles Brower, *Evidence before international tribunals*: the need for

O instrumento mais natural (e óbvio) para responder a essa demanda regulatória seria a norma jurídica, por meio da criação e alteração de regras de conduta vinculantes aos sujeitos da arbitragem (*hard law*). E elas vêm sendo usadas para esse fim. Os regulamentos das principais instituições arbitrais, no Brasil e no exterior, vêm sendo revisados com o objetivo de atender às novas realidades. Leis nacionais de arbitragem passam por alterações, como a realizada na lei brasileira em 2015.[7] A Comissão das Nações Unidas para o Direito Comercial Internacional (Uncitral) não apenas incorporou, em 2013, regras sobre "Transparency in Treaty-Based Investor-StateArbitration" a seu regulamento de arbitragem,[8] como também criou, em 2014, uma Convenção Internacional sobre o tema.[9]

No entanto, a regulação da arbitragem por meio de normas jurídicas tem limites. De um lado, os principais marcos legais da arbitragem, nacionais e internacionais, já estão dados – ainda que leis nacionais e regulamentos de arbitragem passem por ajustes pontuais de tempos em tempos. De outro lado, a regulação incremental por disposições vinculantes tem desvantagens quando comparada à sua alternativa: os instrumentos de *soft law*.[10]

A expressão *soft law* é usada há tempos para se referir a gama bastante ampla e variada de atos do direito internacional. Para os presentes fins, quer-se designar apenas o conjunto de atos não obrigatórios como diretrizes, protocolos, guias, *standards*, práticas, códigos de conduta e recomendações, elaborados por órgãos não estatais como associações profissionais, câmaras de comércio, instituições arbitrais e organismos supranacionais, destinados a regular questões atinentes ao processo arbitral, se e na medida em que as partes e os árbitros queiram.[11]

---

some standard rules, p. 58; V.V. Veeder, *The 2011 Goff lecture* – the lawyer's duty to arbitrate in good faith (passim); Pierre-Yves Gunter, *Transnational rules on the taking of evidence*, p. 146; Christian Dieryck, *Procédure et moyens de preuve dans l'arbitrage commercial international*, p. 281-2.

[7] Uma das principais alterações à lei de arbitragem feitas pela Lei 13.129/2015 foi a introdução de regras sobre arbitragens envolvendo a Administração Pública.

[8] Disponívelem:<http://www.uncitral.org/uncitral/en/uncitral_texts/arbitration/2014Transparency. html>. Cf. o art. 1º, § 4º, das Regras de Arbitragem da Uncitral.

[9] Disponívelem:<http://www.uncitral.org/uncitral/en/uncitral_texts/arbitration/2014Transparency_ Convention.html>. Na resolução que adotou a Convenção, a Assembleia Geral da ONU afirmou acreditar que as Regras sobre Transparência "contribuem significativamente para o estabelecimento de um marco legal harmônico para a resolução justa e eficiente de disputas internacionais de investimentos, aumentam a transparência, a responsabilidade e promovem boa governança" (Res. 69/116).

[10] "Regulation in the arbitral field today is now most likely to take the form of the softest of instruments (such as guidelines, principles and best practices etc.). The classic era of hard codification in arbitration is increasingly a bygone age. That period saw the drafting of the 1958 New York Convention, the 1965 ICSID Convention and the 1985 UNCITRAL Model Law on Commercial Arbitration. The creation of arbitration instruments in this type of hard law format is not foreseeable in the near future" (Toby Landau e J. Romesh Weeramantry, *A Pause for Thought*, p. 510).

[11] Cf. André de Albuquerque Cavalcanti Abbud, *Soft law e produção de provas na arbitragem internacional*, p. 16.

A *soft law* tem tido destaque como ferramenta regulatória voltada ao atendimento das novas demandas da arbitragem, quando comparada à *hard law*. Enquanto o processo de criação e alteração da *hard law* é relativamente lento, o da *soft law* é bastante dinâmico e mais apto a acompanhar as necessidades atuais e em constante modificação da arbitragem. Além disso, enquanto a *hard law* é rígida e aplica-se uniformemente a todos os casos, a *soft law* é flexível e aplicável apenas nas situações e na forma em que for útil para o caso concreto. Ainda, a *soft law* costuma ser mais técnica, resultado do trabalho de *experts* internacionais diretamente envolvidos com a realidade da arbitragem, enquanto a *hard law* recebe o influxo da atuação de profissionais menos versados na matéria (legisladores e diplomatas), atentos a interesses estatais e movidos por objetivos políticos. No entanto, a principal razão da preferência pela *soft law* talvez seja outra: os usuários da arbitragem querem evitar a criação de regras vinculantes, cujo cumprimento possa ser questionado perante órgãos judiciais.

A *soft law* tornou-se, assim, importante instrumento de que se tem valido a comunidade arbitral para a *autorregulação dinâmica* da arbitragem, em resposta àquelas pressões derivadas da transformação do instituto em "indústria global". Mais que isso, essas diretrizes têm tido papel fundamental para o desenvolvimento da arbitragem contemporânea.

A seguir, examina-se a recente expansão dessas ferramentas de *soft law*, para em seguida demonstrar seus principais efeitos sobre a prática da arbitragem, ilustrados com os instrumentos e as pesquisas publicados nos últimos dois anos. Por fim, serão feitas observações prospectivas sobre algumas tendências no uso desses instrumentos.

2. CRIAÇÃO E USO DA *SOFT LAW*: ESTADO DA ARTE

Não há dúvidas de que a edição de instrumentos de *soft law* voltados à autorregulação do processo arbitral internacional se ampliou desde o surgimento das pioneiras Notas da Uncitral sobre a Organização de Procedimentos Arbitrais, em 1996. A tabela abaixo contribui para demonstrar esse fato, que persiste até hoje. Ela se restringe apenas àqueles textos mais conhecidos editados pelas principais instituições arbitrais internacionais.

1996	- Notas da Uncitral sobre a Organização de Procedimentos Arbitrais
1999	- Regras da IBA sobre a Produção de Provas na Arbitragem Internacional
2004	- Diretrizes da IBA sobre Conflitos de Interesses na Arbitragem Internacional
2010	- Revisão das Regras da IBA sobre a Produção de Provas na Arbitragem Internacional
2013	- Diretrizes da IBA para a Representação de Partes em Arbitragens Internacionais
2014	- Guia da CCI para Advogados Internos sobre Condução Eficiente da Arbitragem - Diretrizes Gerais da LCIA para Advogados das Partes - Guia do Young ICCA sobre Secretários Arbitrais - Revisão das Diretrizes da IBA sobre Conflitos de Interesses na Arbitragem Internacional

2015	- Notas de Orientação da LCIA (Partes, Árbitros e Procedimentos de Emergência)
2016	- Nota às Partes e aos Tribunais Arbitrais sobre a Condução da Arbitragem conforme o Regulamento de Arbitragem da CCI - Revisão das Notas da Uncitral sobre a Organização de Procedimentos Arbitrais

A expansão da *soft law* processual motivou pesquisas empíricas sobre o grau de aceitação e uso desses textos. Para focar nas mais recentes, levantamento feito em 2015 pela Queen Mary University of London e pelo escritório White & Case com 763 profissionais da arbitragem apontou que 77% e 71% dos respondentes já viram as Regras da IBA sobre Produção de Provas e as Diretrizes da IBA sobre Conflitos de Interesses, respectivamente, usadas na prática. Apenas 10% dos entrevistados não conheciam esses documentos. Esse uso parece refletir a visão positiva que os profissionais têm desses dois instrumentos: 69% e 60% deles consideram eficientes as Regras da IBA sobre Produção de Provas e as Diretrizes da IBA sobre Conflitos de Interesses, respectivamente.

Confrontados esses números com os de outras ferramentas de *soft law*, a pesquisa também mostrou que o nível de aceitação e uso desses instrumentos varia bastante. Apenas 29% dos entrevistados viram as Notas da Uncitral sobre a Organização de Procedimentos Arbitrais serem utilizadas, número que caiu para 22% em relação ao Guia da CCI para Advogados Internos sobre Condução Eficiente da Arbitragem – editado um ano antes da pesquisa.[12]

Entre 2015 e 2016, a IBA conduziu aquela que provavelmente é a pesquisa mais abrangente e detalhada já feita sobre a *soft law* processual na arbitragem (Pesquisa IBA 2016). Para isso, instituiu um Comitê dedicado a monitorar o uso e formular sugestões ligadas às diretrizes criadas pela instituição (IBA Arbitration Guidelines and Rules Subcommittee), que elaborou um questionário de trinta e cinco perguntas envolvendo as Regras sobre Produção de Provas, as Diretrizes sobre Conflitos de Interesses e as Diretrizes sobre Representação de Partes. O questionário foi respondido por 845 profissionais da arbitragem de 57 diferentes países, divididos entre Europa, América Latina, Ásia-Pacífico, América do Norte, Oriente Médio e África. Com base nas respostas recebidas e em relatórios produzidos para o exame dos dados por países, o Subcomitê elaborou extenso relatório analítico dos resultados.[13]

Segundo a Pesquisa IBA 2016, as Diretrizes da IBA sobre Conflitos de Interesses são usadas em 56% das arbitragens e 63% das decisões de instituições arbitrais sobre conflitos de interesses. As Regras da IBA sobre Produção de Provas são usadas em cerca de metade das arbitragens. Por outro lado, as Diretrizes sobre Representação de Partes foram referidas em 16,2% das arbitragens.

---

[12] *2015 International Arbitration Survey*: Improvements and Innovations in International Arbitration, p. 35-6. O caráter recente do Guia da CCI pode estar por trás de seu pouco uso noticiado na pesquisa.

[13] *Final report on the reception of the IBA arbitration soft law products*, ainda não publicado no momento da redação deste artigo.

O relatório produzido para o Brasil, baseado nas respostas de 66 entrevistados, indicou que as Regras da IBA sobre Produção de Provas são usadas em 10% das arbitragens, o que talvez se explique pela reduzida proporção de arbitragens internacionais – às quais se destinam as Regras sobre Produção de Provas – diante do número total de casos em que atuam os profissionais brasileiros. É relevante notar que, dentre essas arbitragens em que as Regras da IBA foram utilizadas, em 95% delas as diretrizes foram seguidas (número muito próximo da média mundial), o que indica a utilidade e influência do texto nos casos em que aplicável – especialmente para a produção de documentos, segundo os entrevistados.

Mas são as Diretrizes da IBA sobre Conflitos de Interesses que parecem ter mais se difundido no meio arbitral brasileiro. Os profissionais indicaram que elas foram referidas ou consultadas em 60% das arbitragens em que surgida uma questão de conflitos de interesses nos últimos cinco anos. O comentário mais frequente dos entrevistados foi o de que essas Diretrizes se tornaram ponto de referência inescapável para solução de dúvidas envolvendo conflitos de interesses.

3. OS EFEITOS DA *SOFT LAW* SOBRE A ARBITRAGEM[14]

Por sua natureza não obrigatória, a expansão da *soft law* reflete um ato de escolha dos usuários. Por uma decisão racional e estratégica, partes, árbitros e advogados têm entendido conveniente editar e fazer uso de instrumentos de *soft law* processual na arbitragem, em vez de deixar que toda e qualquer questão processual e ética da arbitragem seja resolvida no âmbito da mais completa discricionariedade.

Isso significa que os atores da arbitragem têm percebido e buscado certas vantagens ao fazerem uso dessas diretrizes. São esses efeitos da *soft law* sobre o processo arbitral que, tomados de modo agregado, mostram como ela vem influenciando o desenvolvimento contemporâneo da arbitragem. Os principais deles são examinados a seguir.

3.1. Previsibilidade e transparência

A liberdade procedimental é um valor caro à arbitragem. Em prestígio à autonomia da vontade, as leis e os regulamentos deixam amplo espaço para que os árbitros e as partes disciplinem os atos do procedimento em cada caso concreto, em reconhecimento de que a arbitragem será tão mais eficiente quanto mais adaptada às particulares necessidades da disputa.

No entanto, o reverso da moeda da liberdade procedimental é a discricionariedade. Se é evidente que as partes têm o direito de escolher as regras aplicáveis a seu processo, é menos clara a conveniência de que os árbitros decidam questões processuais com base em regras por eles mesmos criadas *ad hoc*.[15] A incerteza sobre o modo como o processo

---

[14] Este tópico vale-se de ideias desenvolvidas em estudo anterior do autor (cf. André de Albuquerque Cavalcanti Abbud, *Soft law e produção de provas na arbitragem internacional*, p. 57-96).

[15] William Park, *The 2002 Freshfields lecture* – arbitration's protean nature: the value of rules and the risks of discretion, p. 284.

será conduzido e as questões serão decididas pode gerar surpresas e insegurança às partes. A pesquisa *Queen Mary/White & Case* de 2010 mostrou que a segunda crítica mais frequente dos usuários decepcionados com a atuação do tribunal arbitral foi a de que ele se mostrou "excessivamente flexível/deixou de controlar o processo".[16]

A resolução de questões com base em parâmetro criado *ex post facto*, isto é, depois de surgido o problema, aumenta a insegurança e a sensação de arbitrariedade. Fica a aparência de que a regra de decisão foi dirigida a beneficiar um dos lados em conflito. Afinal, depois de ocorrido o evento, já é possível saber qual parte será favorecida e qual será prejudicada pela solução adotada, o que joga uma nuvem de desconfiança sobre a conduta dos árbitros. Por outro lado, a definição *ex ante* das "regras do jogo" evita esse problema e aumenta a percepção de justiça do processo. Daí a demanda por maior previsibilidade e transparência na arbitragem.[17]

A *soft law* contribui de modo equilibrado para esse objetivo. Sem ter a força vinculante de normas jurídicas, ela orienta e dá diretrizes sobre como os atos processuais poderão ser praticados, fornecendo métodos, critérios e parâmetros para o planejamento das partes e a tomada futura de decisões. Dessa forma, a *soft law* aumenta o grau de certeza e segurança no processo, reforçando a supremacia do direito, a transparência e o *due process of law* na arbitragem. Quando perguntados sobre os efeitos da *soft law* sobre a arbitragem, a resposta mais comum dos profissionais entrevistados na pesquisa *Queen Mary/White & Case* de 2015 foi a de que esses textos fornecem diretrizes de conduta onde elas não existem ou são insuficientes.[18]

Esse foi o objetivo declarado da CCI ao editar em 2016 seu mais recente instrumento de *soft law*, a Nota às Partes e aos Tribunais Arbitrais sobre a Condução da Arbitragem conforme o Regulamento de Arbitragem. Como declarado pela instituição, essas diretrizes "são a mais recente de uma cadeia de medidas tomadas pela Corte para aumentar a transparência e previsibilidade do processo arbitral, em resposta às necessidades dos usuários e ao desenvolvimento da arbitragem internacional".[19]

Com esse propósito, as Notas orientam partes e árbitros sobre as práticas da Corte na interpretação do regulamento, fornecem diretrizes para o dever de revelação dos ár-

---

[16] *2010 international arbitration survey*: choices in international arbitration, p. 26.

[17] Cf., por todos, William Park, *Procedural evolution in business arbitration* – three studies in change, p. 63, e *The procedural soft law of international arbitration*: non-governmental instruments, p. 153; Doak Bishop e Margrete Stevens, *The compelling need for a code of ethics in international arbitration*: transparency, integrity and legitimacy, p. 406-7; Philip McConnaughay, *The risks and virtues of lawlessness*: a "second look" at international commercial arbitration, p. 498; Michael McIlwrath e Roland Schroeder, *Users need more transparency in international arbitration*, p. 87 ss.; Karl-Heinz Böckstiegel, *Major criteria for international arbitrators in shaping an eficiente procedure*, p. 51.

[18] *2015 international arbitration survey*: improvements and innovations in international arbitration, p. 33.

[19] Segundo o Presidente da Corte de Arbitragem da CCI, "a Nota revista é uma resposta direta às demandas por maior transparência para as partes e os tribunais em relação ao processo arbitral" (*ICC augments transparency in scrutiny process*, disponível em: <http://www.iccwbo.org/News/Articles/2016/ICC-augments-transparency-in-scrutiny-process/>. Acesso em: 27 jun. 2016.

bitros, preveem a divulgação dos fundamentos de decisões da Corte sobre confirmações, impugnações e substituições de árbitros mediante requerimento das partes, disciplinam a função dos secretários administrativos de tribunais arbitrais e criam incentivos para a entrega tempestiva da sentença arbitral para escrutínio da Corte, por exemplo.[20]

3.2. Ponte entre diferenças culturais

Com a transformação da arbitragem em indústria global (*supra* n. 1), ela se tornou palco cada vez mais frequente de encontro – e tensões – entre partes, advogados e árbitros originários de culturas, formações e experiências diferentes. Diante das muitas formas diferentes de se conduzir a resolução de uma disputa nos vários países, é comum que cada ator tente influenciar o modo de ser do processo de forma a aproximá-lo o máximo possível de sua zona de conforto, seja intencionalmente, por cálculo estratégico, seja de modo inconsciente, como resultado de sua particular visão de mundo e bagagem cultural.[21]

Essas diferentes expectativas sobre o funcionamento da arbitragem ficam mais evidentes no confronto entre realidades e abstrações dicotômicas como "common law" e "civil law", modelo adversarial e modelo inquisitorial, países desenvolvidos e países em desenvolvimento, Ocidente e Oriente, mundo judaico-cristão e mundo islâmico etc., mas se manifestam também fora daí, no confronto entre tradições culturais e jurídicas em tese semelhantes.[22]

Como resultado, a arbitragem (especialmente, a internacional) tornou-se campo fértil para potenciais conflitos e decepções decorrentes de visões diversas sobre o modo como o processo deve se desenvolver, envolvendo, por exemplo, o papel mais ou menos ativo do tribunal arbitral, as responsabilidades e os ônus das partes na produção de provas, os preceitos éticos e as causas de conflitos de interesses aplicáveis. A ausência de

---

[20] Anotaestádisponívelem:<http://www.iccwbo.org/Products-and-Services/Arbitration-and-ADR/Arbitration/Practice-notes,-forms,-checklists/>.

[21] Em matéria de ética, a Uncitral registrou em sua mais recente reunião, ocorrida em 2016: "a expansão da arbitragem internacional também resultou na diversificação das partes envolvidas no processo arbitral. Dessa forma, suas perspectivas sobre ética ou conduta dos árbitros podem diferir significativamente e o que um espera pode por vezes estar em conflito com as expectativas de outros de jurisdição diversa ou com a prática geral da arbitragem internacional. A crescente complexidadederecentesdisputasenvolvendomúltiplaspartesecomplicadastransaçõesconduzem a questões novas e mais sutis" (cf. *Settlement of commercial disputes: possible future work on ethics in international arbitration*, disponível em: <http://www.uncitral.org/uncitral/en/commission/sessions/49th.Html>).

[22] William Park conta o caso de uma arbitragem entre uma parte norte-americana e uma inglesa, em que o presidente do tribunal, inglês, determinou a aplicação das leis processuais inglesas para a produção de documentos, sob o argumento de que Londres havia sido escolhida como sede. O advogado local logo aprovou a decisão, dizendo que essa teria sido precisamente a razão pela qual seu cliente optara por arbitrar em Londres. Já a parte norte-americana sentiu-se profundamente enganada e tentou convencer o tribunal diversas vezes de que a aplicação das *Civil Procedural Rules*inglesas não havia sido parte do acordo (cf. *Two faces of progress: fairness and flexibility in arbitral procedure*, p. 501).

parâmetros objetivos e públicos para resolver esses conflitos não apenas gera dificuldades aos árbitros e instituições chamados a resolvê-los, como também aumenta as chances de que a parte vencida se sinta injustiçada.

A *soft law* procura atender a essa demanda por padrões e técnicas que combinem práticas existentes nos diversos países, mas não se identifiquem com nenhuma delas, de modo a originar *standards* verdadeiramente transculturais (*cross-cultural*). Esse conjunto de protocolos, diretrizes, guias, códigos de conduta, princípios e recomendações recolhem e documentam as práticas e opiniões mais aceitas entre profissionais de diferentes países, divulgando-as e promovendo seu uso em arbitragens sediadas em qualquer lugar do mundo, envolvendo pessoas de quaisquer nacionalidades e culturas. E com isso, a *soft law* tem desempenhado papel decisivo para a consolidação de uma disciplina transnacional para o processo arbitral.

A Pesquisa IBA 2016 ajuda a demonstrar que a *soft law* tem contribuído para erigir pontes entre culturas diversas na arbitragem. O levantamento indica a inexistência de diferença significativa entre o uso reportado das mais populares diretrizes da instituição por profissionais de países integrados a tradições jurídicas diferentes. O índice de utilização das Regras da IBA sobre Produção de Provas na França (61,9%) está entre o verificado nos Estados Unidos (55,6%) e na Inglaterra (71,9%), por exemplo. Da mesma forma, as Diretrizes da IBA sobre Conflitos de Interesses têm sido usadas em 60% dos casos na França, 67% dos casos nos Estados Unidos e 80% na Argentina ou na Colômbia.[23]

Note-se que a reunião e promoção de *standards* pela *soft law* não significa que a *soft law* esteja fixando um modelo procedimental padrão para a arbitragem. Existe uma grande distância entre recomendar certos princípios e postulados básicos que já atingiram certo consenso na comunidade internacional e sugerir que todos os atos e etapas dos procedimentos devam ser feitos de uma única forma. A *soft law* processual tem feito o primeiro, não o segundo. Ela constitui mais uma das ferramentas de uso pessoal dos árbitros – como precedentes e *checklists* – para que se desenhe um procedimento adaptado às características do caso concreto.[24] Em vez de ditar um modelo exclusivo e uniforme para toda arbitragem, a *soft law* na maioria das vezes oferece um "cardápio" de soluções postas à escolha de árbitros e partes em cada caso. Ela funciona como um roteiro de questões a serem resolvidas e um "menu de opções processuais", sugestões a serem usadas pelo operador para definir a melhor forma de conduzir o procedimento.

O exemplo mais recente são as Notas da Uncitral sobre a Organização de Procedimentos Arbitrais que, 20 anos após sua edição, foram atualizadas em 2016 para refletir as novas realidades da arbitragem. Como declarou Michael Schneider, líder do grupo de trabalho que revisou as Notas, ao mesmo tempo em que elas "contribuem para promo-

---

[23] *Final report on the reception of the IBA arbitration soft law products*, ainda não publicado no momento da redação deste artigo.

[24] Cf. William Park, *Procedural evolution in business arbitration – three studies in change*, p. 64; Alan Redfern e Martin Hunter, *Law and practice of international commercial arbitration*, p. 83-6; V.V. Veeder, *Are the IBA rules "perfectible"?*, p. 321.

ver o entendimento intercultural entre práticas arbitrais", também "buscam preservar a diversidade de práticas e ajudar a assegurar que diferentes abordagens e costumes sejam entendidos e respeitados". Nesse espírito, diz o item 2 das Notas: "dado que as práticas e os estilos na arbitragem variam e que cada um deles tem seu próprio mérito, as Notas não buscam promover nenhuma prática como a melhor".[25]

Assim, por exemplo, as Notas reconhecem que a prática mais comum em matéria de distribuição do custo da arbitragem é determinar o reembolso das despesas com advogados externos, mas que nada proíbe o reembolso das despesas com advogados internos (n. 40). Apresentam os critérios e vantagens comparativas a considerar ao se decidir por traduções simultâneas ou consecutivas (n. 22), por alegações escritas simultâneas ou consecutivas (n. 66), pela bifurcação ou não do procedimento (n. 70), pela maneira e ordem de oitiva de testemunhas (nn. 127-8), pela presença de testemunhas fáticas durante a oitiva de outras (nn. 131-2) *etc.*

3.3. Difusão do conhecimento e promoção da igualdade entre as partes

No ambiente de ampla liberdade procedimental da arbitragem, a tendência é que a parte mais experiente ou preparada leve vantagem na tentativa de ocupar esse vazio regulatório com as regras e práticas que lhe são mais convenientes, em prejuízo da parte menos sofisticada ou experiente. Na queda de braço entre diferentes visões sobre como o processo deve ser conduzido, o litigante mais frequente e economicamente mais forte, conhecedor das práticas usualmente adotadas na arbitragem, acaba mostrando maior poder de influenciar o modo de ser do processo ao seu feitio e, eventualmente, levando vantagem sobre o outro litigante. Em texto clássico, Marc Galanter mostrou que os "dotados" ("*haves*") têm vantagens em qualquer disputa porque são "jogadores repetitivos" ("*repeat players*"), que adquirem conhecimento e experiência e podem implementar estratégias de litígio que os "não dotados" ("*have-nots*") não podem normalmente, porque são "jogadores eventuais" ("*one-shot players*").[26]

É claro que os árbitros devem assumir o controle do processo de modo a evitar ou minorar os efeitos da disparidade de armas entre os litigantes, garantindo ao máximo que o procedimento tenha contornos equidistantes das partes. No entanto, os próprios árbitros podem ser pouco experientes na prática da arbitragem e, independentemente de

---

[25] *Noteworthy strides at UNCITRAL*, matéria publicada na *Global Arbitration Review* em 20.7.16. No mesmo sentido se posicionou o Diretor Jurídico da Secretaria da Uncitral (cf. Jae Sung Lee, *Reflecting current arbitration practice: The revision of the Uncitral Notes on Organizing Arbitral Proceedings, passim*).

[26] Na "tipologia de partes" de Marc Galanter, "repeat player" é o litigante "*which has had and anticipates repeated litigation, which has low stakes in the outcome of any one case, and which has the resources to pursue its long run interests*", enquanto o "one-shotter" é aquele de menor tamanho e que litiga apenas eventualmente, "*whose claims are too large (relative to his size) or too small (relative to the cost of remedies) to be managed routinely and rationally*" (*Why the "haves" come out ahead: speculations on the limits of legal change*, p. 97-8).

sua experiência – ou muitas vezes em razão dela –, podem ser vítimas de suas próprias visões preconcebidas sobre como o processo deve ser conduzido. Quando essa visão é mais próxima de apenas um dos lados em conflito, o problema tende a se agravar.

Assim, as assimetrias de poder e de informação entre os atores encontram no "quase vazio regulatório" da arbitragem campo fértil para se potencializar, o que pode gerar indesejável desequilíbrio entre os litigantes.

Esse problema é acentuado no contexto de abertura e globalização da arbitragem. Como visto (*supra* n. 1), antes concentrada em empresários sofisticados e dotados de relativo equilíbrio de forças, conhecimento, poder econômico e experiência, a arbitragem se expandiu para novos países, culturas e atividades, trazendo consigo novos atores, pouco familiarizados ou acostumados com os usos e as práticas desenvolvidas ao longo do tempo, reservadas tradicionalmente a uma pequena comunidade. Até porque esses novos atores são muitas vezes eventuais, os *one-shot players*.

A *soft law* tem importante contribuição a dar a esse respeito. Seus instrumentos costumam representar a consolidação, redação e difusão daqueles métodos e técnicas mais aceitos, antes restritos a um pequeno clube da arbitragem internacional. A existência de práticas correntes não escritas favorece os *repeat players* e dificulta a entrada de novos atores que com elas não estão acostumados. De certa forma, elas constituem barreiras à entrada no mercado da arbitragem.

A *soft law* processual ajuda a reequilibrar esse jogo, não apenas quando usada em uma específica arbitragem, mas por sua simples produção e divulgação. Ao catalisarem e propagarem as opiniões e os usos prevalecentes em matéria de processo e procedimento, essas diretrizes e recomendações facilitam o acesso de partes, árbitros e advogados ao universo da arbitragem. A informação torna-se pública e passa a ser compartilhada por todos os interessados, em vez de monopolizada por poucos profissionais experientes. Com isso, o ambiente e o mercado da arbitragem internacional tornam-se mais abertos, transparentes e democráticos.

Assim, a *soft law* exerce papel educativo e informativo.[27] Ela promove a disseminação do conhecimento coletivo entre velhos e novos atores, reduzindo distorções e fomentando a paridade de armas no processo, de modo a "nivelar o campo de jogo" (*level the playing field*). No plano sistêmico, essas regras e diretrizes facilitam a entrada de novos membros e sua atuação em igualdade de condições. No plano individual, elas diminuem as chances de que, em cada arbitragem, a parte mais sofisticada, experiente ou dotada de maior poder econômico imponha regras processuais *ad hoc*, baseadas em sua cultura ou seus interesses, à outra parte.[28]

As recentemente revisadas Notas da Uncitral sobre a Organização de Procedimentos Arbitrais são um bom exemplo. Com seu *checklist* de questões que podem ser consideradas para a construção do procedimento, elas servem como guia especialmente

---

[27] Cf. também Christine Chinkin, *The challenge of soft law*: development and change in international law, p. 343.

[28] Obviamente, a *soft law* não elimina qualquer diferença de forças entre os litigantes. Esse desequilíbrio pode ter causas diversas (econômica, intelectual, numérica, retórica, técnica etc.), muitas das quais sem nenhuma relação com os efeitos da *soft law* aqui tratados.

para os atores menos experientes sobre detalhes a serem observados nas várias etapas da arbitragem, como o modo e a ordem de apresentação das manifestações das partes, a definição dos pontos controvertidos e dos pedidos, a eventual abertura de janela de negociação, a produção de provas, a organização de audiências etc.

A Nota da CCI às Partes e aos Tribunais Arbitrais sobre a Condução da Arbitragem conforme o Regulamento de Arbitragem constitui outro exemplo bem recente de *soft law* editada também com esse objetivo. A Nota recolhe e torna públicas as práticas da Corte na administração das arbitragens e na interpretação do seu regulamento, contribuindo para a promoção do equilíbrio entre as partes e da transparência na arbitragem. Além das diretrizes já mencionadas (*supra* n. 3.1), a principal novidade trazida pela Nota talvez seja a previsão de publicação no *site* da Corte de informações sobre os árbitros que atuam nos processos registrados a partir de janeiro de 2016, tais como nome, nacionalidade, papel no tribunal e método de nomeação. Como resume o item 27 da Nota, "transparência gera maior confiança no processo arbitral e ajuda a proteger a arbitragem contra críticas imprecisas ou mal informadas".[29]

3.4. Eficiência

Um dos principais objetivos declarados e conscientemente buscados pelos profissionais da arbitragem ao criar e usar a *soft law* é o ganho de eficiência. A transformação da arbitragem em "indústria global" veio acompanhada de um aumento na complexidade dos conflitos e, consequentemente, dos procedimentos forjados para resolvê-los (*supra* n. 1). Quanto mais altos os valores e mais complicadas as questões em disputa, por vezes envolvendo múltiplas partes e múltiplos contratos, maior a pressão para o uso de mais e sofisticadas técnicas processuais na arbitragem.

Como subproduto dessa tecnicização, os processos arbitrais tornaram-se mais longos e custosos,[30] o que se tornou uma das maiores preocupações dos usuários.[31] O resultado é que existe hoje grande demanda por maior eficiência no emprego de tempo e recursos – escassos por definição – no processo arbitral.

A *soft law* é importante ferramenta para ajudar os profissionais a imprimir eficiência ao procedimento arbitral. Em comparação a um cenário alternativo de ausência de quaisquer diretrizes sobre a condução do processo, os instrumentos informais fornecem balizas e sugestões que contribuem para que as partes exerçam o direito de apresentar e instruir seu caso perante árbitros independentes e imparciais e evitem, ao mesmo tempo, o desperdício de tempo e recursos nessa tarefa. A *soft law* opera nesse sentido tanto por seu conteúdo quanto por sua própria natureza.

---

[29] Disponível em:<http://www.iccwbo.org/Products-and-Services/Arbitration-and-ADR/Arbitration/Practice-notes,-forms,-checklists/>.

[30] Cf. David Rivkin, *Towards a new paradigm in international arbitration*: the town elder model revisited, p. 377-8.

[31] Cf. *2006 international arbitration*: corporate atitudes and practices, p. 6-7; Andrew Clarke, *International arbitration*: current corporate concerns, p. 45-6; Jean-Claude Najar, *Inside out*: a user's perspective on challenges in international arbitration, p. 517-20.

Primeiro, a simples adoção da *soft law* na arbitragem traz parâmetros objetivos para a prática de atos processuais, um guia para a conduta dos atores, diminuindo os custos de transação envolvidos nas interações subsequentes. Ela torna menos necessário que, a cada passo, partes e árbitros consumam tempo e recursos para rediscutir e renegociar *ad hoc* os próximos atos, o que tenderia a acontecer no quadro de incerteza resultante da completa "anomia". Com esse caráter, a *soft law* não apenas ajuda a prevenir o surgimento de questões e impasses, como dá bases para resolver aqueles que surjam.[32]

Sob certo ponto de vista, está a se falar aqui do benefício econômico que o uso da *soft law* produz ao permitir que os atores da arbitragem antecipem, calculem e planejem condutas futuras, bem como decidam questões e superem eventuais impasses, com base em parâmetros pré-estabelecidos (*supra* n. 3.1).

Segundo, o próprio teor dos textos de *soft law* têm como um de seus objetivos imprimir eficiência ao processo arbitral. Vários deles trazem preceitos destinados a sugerir caminhos e soluções para que as partes e o tribunal arbitral organizem e pratiquem os atos do procedimento com economia de tempo e custos. Esse é o propósito notório e declarado das Notas da Uncitral sobre a Organização de Procedimentos Arbitrais.[33]

3.5. Autorregulação flexível da arbitragem

Aos profissionais da arbitragem interessa criar disposições para guiar condutas processuais e a prática de atos do procedimento, sem com isso gerar novas causas de anulação ou não reconhecimento de sentenças arbitrais. Ao mesmo tempo em que os usuários demandam instrumentos disciplinadores do processo, são avessos a que eles se tornem entraves à satisfação definitiva de seus direitos pela via arbitral, armas destinadas a questionar e obstruir os resultados da arbitragem no Judiciário.

Nesse sentido, os mecanismos de controle e sancionamento típicos das normas jurídicas (*hard law*) podem ser contraprodutivos, abrindo as portas para impugnações, nulidades e outras sanções discutidas e impostas na via judicial. Com essa característica, a *hard law* não atende plenamente às necessidades dos usuários da arbitragem.[34] Essa é

---

[32] Cf. também Kenneth Abbott e Duncan Snidal, *Hard and soft law in international governance*, p. 430-1; TadeuszGruchalla-Wesierski, *A framework for understanding "soft law"*, p. 48.

[33] "A discricionariedade [na condução do processo arbitral] pode tornar desejável que o tribunal arbitral dê às partes oportuna indicação sobre a organização do procedimento e a maneira pela qual o tribunal pretende seguir. Sem essa orientação, uma parte pode achar aspectos do processo imprevisíveis e difícil se preparar para eles. Isso pode levar a mal-entendidos, atrasos e aumento de custos" (n. 5 – trad. livre).

[34] Ao tratar das limitações estruturais do direito positivo, diz José Eduardo Faria: "muitas de suas prescrições assentadas em sanções de caráter punitivo-repressivo, bem como aplicadas por tribunais submetidos a ritos processuais excessivamente detalhistas e bastante morosos, são incompatíveis com as exigências de rapidez, agilidade, flexibilidade e adaptabilidade dos novos paradigmas de produção e dos novos padrões de funcionamento do comércio mundial e de um sistema financeiro globalizado" (*Sociologia jurídica*: direito e conjuntura, p. 48).

uma das principais razões pelas quais as leis nacionais e os regulamentos de arbitragem não costumam ditar regras detalhadas sobre o procedimento. Além de assegurarem a observância das balizas do devido processo legal, preveem algumas normas básicas para a formação do juízo arbitral e o impulso do processo.

O recurso à *soft law* visa minorar esse risco de "judicialização" da arbitragem, isto é, de que quaisquer questões surgidas no curso do processo possam ser objeto de discussão e controle ulterior pelas vias judiciais. O uso de atos não obrigatórios como diretrizes, protocolos e recomendações, tem por objetivo precisamente poder disciplinar melhor atos do procedimento e a conduta dos atores processuais num campo não "justiciável", fora do alcance e do controle dos órgãos judiciais. Ainda que em certos casos a inobservância da *soft law* possa ter consequências dentro do processo arbitral, ela não cria direitos e deveres jurídicos e, portanto, seu "descumprimento" não pode ser controlado ou sancionado pelo Judiciário.

A *soft law* pode ser vista, assim, como instrumento de *autorregulação flexível* da arbitragem. Ela busca permitir que questões sejam disciplinadas e resolvidas por seus próprios atores, isto é, árbitros, partes, advogados e instituições administradoras, a fim de manter a integridade e confiança do sistema e afastar a necessidade de intervenções externas. Veja-se o exemplo das Diretrizes da IBA sobre Conflitos de Interesses: elas oferecem critérios para que questões relacionadas com o dever de revelação, a independência e a imparcialidade dos árbitros sejam solucionadas dentro da própria arbitragem, evitando-se que venham a constituir causa de anulações de laudos perante o Poder Judiciário.

Enfim, a *soft law* constitui ferramenta para que a própria arbitragem regule e busque resolver seus problemas, prescindindo da ação do Estado tanto para a criação de normas quanto para a solução de disputas sobre os temas objeto das diretrizes. Esse objetivo autorregulatório foi ao ponto de se cogitar a criação de um corpo privado multilateral, chamado *Global Arbitration Ethics Counsel*, com representantes das principais câmaras e instituições arbitrais internacionais, destinado a garantir o cumprimento das regras éticas aplicáveis à arbitragem.[35]

A preocupação em manter o caráter flexível e não "justiciável" da regulação operada pela *soft law* faz que seus textos costumem declarar expressamente "não ter força de lei", além de, em sua maioria, terem estrutura de "menu de opções processuais", não regras de conduta. Ao repisar os princípios subjacentes às Notas sobre a Organização de Procedimentos Arbitrais durante o processo de revisão, o grupo de trabalho da Uncitral destacou que "as Notas não devem prejudicar a flexibilidade benéfica dos procedimentos arbitrais; [...] devem evitar criar qualquer requisito além das leis, regulamentos ou práticas existentes, e em particular [...] o fato de as Notas, ou qualquer parte delas, serem desconsideradas, não deve levar à conclusão de que um princípio processual foi violado ou ser base para a recusa ao reconhecimento de um laudo arbitral".[36]

---

[35] Elliott Geisinger, *"Soft law" and hard questions* – ASA's initiative in the debate on counsel ethics in international arbitration, *passim.*

[36] *Report of Working Group II (Arbitration and Conciliation) on the work of its sixty-first session* (Vienna, 15-19 September 2014), p. 6 (disponível em: <http://www.uncitral.org/pdf/english/workinggroups/wg_arb/acn9-826-draft_website>. pdf – trad. livre).

A Pesquisa IBA 2016 indica que a *soft law* tem sido resposta adequada a esse objetivo.[37] Em 80% das arbitragens em que as Regras da IBA sobre Produção de Provas foram usadas, elas foram consultadas como diretrizes não vinculantes; apenas em 20% dos casos sua adoção foi determinada como regra do procedimento. No Judiciário, tanto as Regras da IBA sobre Produção de Provas quanto as Diretrizes sobre Conflitos de Interesses têm sido invocadas apenas como referência ou argumento de reforço, não como normas vinculantes. De acordo com uma decisão da Suprema Corte Federal Suíça reportada, "não se deve superestimar o peso a ser dado a essas hipóteses [previstas nas Diretrizes da IBA]. Não se pode esquecer que, apesar de essas diretrizes constituírem uma ferramenta útil, não têm força de lei. Por isso, as circunstâncias particulares do caso e a jurisprudência relevante vão continuar a ser o fator determinante para se decidir uma questão de conflito de interesses".[38] De todo modo, a pesquisa indica que as menções às Diretrizes da IBA sobre Conflitos de Interesses em decisões judiciais são raras.

Os dados colhidos no relatório brasileiro da pesquisa apontam para a mesma direção. Os entrevistados indicaram que a ferramenta de *soft law* da IBA mais utilizada no país – as Diretrizes sobre Conflitos de Interesses – é usada apenas como pontos de referência, não como regras vinculantes. E não se encontrou nenhuma decisão judicial que tenha feito referência a qualquer dos instrumentos de *soft law* pesquisados.

3.6. A legitimidade da arbitragem

Os efeitos produzidos pela *soft law* examinados acima, tomados conjuntamente, contribuem para trazer uma vantagem-síntese, ou metavantagem, à arbitragem. Ela é o resultado que a soma de todos aqueles benefícios gera sobre a arbitragem como instituição.

O aumento da previsibilidade e da transparência, a diminuição de disparidades e surpresas, a promoção da igualdade no processo e da eficiência do procedimento e a afirmação da *rule of law* e do *due process* trazem, em conjunto, relevante consequência sistêmica: o reforço à legitimidade da própria arbitragem como meio de resolução de conflitos. Esses atributos aumentam a confiança dos usuários atuais e potenciais na integridade do processo, isto é, reforçam a crença na capacidade de a arbitragem oferecer justiça processual aos litigantes.[39] O resultado é que o próprio sistema da arbitragem se fortalece publicamente.

Não seria preciso lembrar a importância que isso tem para um sistema de resolução de disputas cujo uso depende inteiramente da vontade das partes. Criatura do acordo de vontades, a arbitragem perderá importância ou deixará de existir no dia em que tiver perdido sua credibilidade entre aqueles que a usam e cogitam usá-la.

---

37   *Final report on the reception of the IBA arbitration soft law products*, ainda não publicado.

38   Decisão da Suprema Corte Federal Suíça n. 4A-458/2009, de 10.06.2010, § 3.3.3.1.

39   Falando das Diretrizes da IBA sobre Conflitos de Interesses, diz Judith Gill: "assegurar justiça às partes e, assim, sua confiança no processo arbitral internacional, está no coração das Diretrizes e é crucial para o contínuo sucesso da arbitragem internacional como método de resolução de disputas" (Judith Gill, *The IBA conflicts guidelines – who's using them and how?*, p. 72 – trad. livre).

4. O EQUILÍBRIO DE PARACELSO E UM OLHAR PARA O FUTURO

Como visto, em resposta às demandas dos usuários da arbitragem contemporânea, os instrumentos de *soft law* têm se expandido e produzido importantes transformações sobre a prática e o direito da arbitragem, relacionadas especialmente ao modo de planejamento e resolução de questões processuais, ao reequilíbrio entre as partes, à instrução dos profissionais e difusão de informações antes restritas, ao ganho de transparência, ao aumento de eficiência e à legitimidade do instituto.

Tudo indica que a técnica do uso de diretrizes para a *autorregulação flexível* da arbitragem veio para ficar. No entanto, como toda forma de regulação, é preciso cautela e discernimento. Conforme a clássica frase de Paracelso, "somente a dose correta diferencia o veneno do remédio". Deve se manter sempre em mente que nem todas as questões da arbitragem precisam ou são passíveis de disciplina por meio da *soft law* – ou de qualquer disciplina jurídica. Em algumas matérias, a regulação é indesejável ou desnecessária, seja porque as possíveis respostas para o tema são controvertidas, multifacetadas ou indefinidas, seja porque a regulação de certos detalhes pode trazer mais custos que benefícios à arbitragem. Nesse sentido, 70% dos entrevistados na pesquisa *Queen Mary/White & Case* de 2015 entendem que o nível atual de regulação na arbitragem internacional é adequado, isto é, nem excessivo nem insuficiente.[40]

Quais são, então, as perspectivas para a *soft law* na arbitragem? Teria se chegado a uma espécie de *pax* regulatória, a partir da qual apenas se revisarão os documentos existentes, quando necessário para ajustá-los a novas realidades? Ou existem ainda campos em que a criação de novos instrumentos de *soft law* seria desejável?

A mesma pesquisa *Queen Mary/White & Case* de 2015 contém algumas indicações. Perguntados se específicas práticas ou atores deveriam ser alvo de regulação, ou regulação adicional, uma clara maioria dos entrevistados respondeu que sim para o tema do financiamento de arbitragens por terceiros (71%) e a figura dos secretários de tribunais arbitrais (68%). Quanto a estes últimos, com a edição apenas um ano antes do Guia do Young ICCA sobre Secretários Arbitrais e, um ano depois, da Nota às Partes e aos Tribunais Arbitrais sobre a Condução da Arbitragem conforme o Regulamento de Arbitragem da CCI, que também trata dos secretários administrativos, é de se avaliar com o tempo se alguma nova regulação se mostra necessária ou as atuais ferramentas são suficientes. Quanto ao financiamento de arbitragens por terceiros, no âmbito nacional, registre-se a recente edição pelo CAM-CCBC de *recomendações* às partes e aos árbitros sobre o assunto.[41] Além desses dois temas, uma pequena maioria dos entrevistados (55%) afirmou também que a conduta dos árbitros requer mais regulação.[42]

---

[40] *2015 International Arbitration Survey*: Improvements and Innovations in International Arbitration, p. 34.

[41] Cf. Resolução administrativa CAM-CCBC n. 18, de 20 de julho de 2016, disponível em: <http://www.ccbc.org.br/Materia/2890/resolucao-administrativa-182016>.

[42] *2015 International Arbitration Survey*: Improvements and Innovations in International Arbitration, p. 37.

Na sessão da Uncitral realizada entre junho e julho de 2016, discutiram-se em detalhes três possíveis áreas para os futuros trabalhos do Grupo de Trabalho II (Arbitragem e Conciliação). Em duas delas cogita-se o uso da *soft law* como possível ferramenta regulatória: procedimentos paralelos na arbitragem internacional e ética dos árbitros. Nesta última matéria, a Comissão considera investigar se alguma iniciativa é necessária ou conveniente para harmonização, de modo a reduzir incertezas e inconsistências sobre as várias normas e diretrizes éticas existentes e sua aplicação.[43] A ideia é seguir trabalhando nas três áreas para que a Uncitral possa decidir em sua próxima sessão, em meados de 2017, se alguma e qual delas deverá ser o foco do Grupo de Trabalho II.[44]

Enfim, se não é possível se saber hoje quais os próximos passos no desenvolvimento da *soft law*, já é inegável o relevante papel que ela tem exercido sobre o desenvolvimento da arbitragem.

5. BIBLIOGRAFIA

ABBOTT, Kenneth; SNIDAL, Duncan. Hard and soft law in international governance. *International Organization* 54(3)/421, 2000.

ABBUD, André de Albuquerque Cavalcanti. Soft law *e produção de provas na arbitragem internacional*. São Paulo: Atlas, 2014.

ALFORD, Roger. The American influence on international arbitration. *Ohio State Journal on Dispute Resolution* 19/69, 2003-2004.

BISHOP, Doak. Ethics in international arbitration. *ICCA Congress Series* n. 15. Alphen ann den Rijn: Kluwer Law International, 2011.

_____; STEVENS, Margrete. *The compelling need for a code of ethics in international arbitration*: transparency, integrity and legitimacy. ICCA Congress Series n. 15. Alphen aan den Rijn: Kluwer Law International, 2011.

BÖCKSTIEGEL, Karl-Heinz. Major criteria for international arbitrators in shaping an efficient procedure. *Arbitration in the next decade. ICC Bulletin – Special Supplement*, 1999.

BROWER, Charles. Evidence before international tribunals: the need for some standard rules. *International Law* 28/47, 1994.

_____ *et al*. The coming crisis in the global adjudication system. *Arbitration International* 19(4)/415, 2003.

CÁRDENAS, Emilio; RIVKIN, David. A growing challenge for ethics in international arbitration. AKSEN, G. *et al.* (coords.). *Global reflections on international law, commerce and dispute resolution*: liber amicorum in honour of Robert Briner. Paris: ICC, 2005.

CHINKIN, Christine. The challenge of soft law: development and change in international law. *International and Comparative Law Quarterly* 38(4)/850, 1989.

---

[43] Cf. os relatórios da Uncitral A/CN.9/880, *Settlement of commercial disputes: possible future work on ethics in international arbitration*, e A/CN.9/881, *Concurrent proceedings in international arbitration* (disponíveis em: <http://www.uncitral.org/uncitral/en/commission/sessions/49th.html>).

[44] *Noteworthystridesat Uncitral*, matéria publicada na *Global ArbitrationReview* em 20.07.2016.

CLARKE, Andrew. International arbitration: current corporate concerns. *ICCBulletin* 20(2)/41, 2009.

DEZALAY, Yves; GARTH, Bryant G. *Dealing in virtue*: international commercial arbitration and the construction of a transnational legal order. Chicago: University of Chicago, 1996.

DIERYCK, Christian. Procédure et moyens de preuve dans l'arbitrage commercial international. *Revue de l'Arbitrage* 1988(2)/267, 1988.

FARIA, José Eduardo. *Sociologia jurídica*: direito e conjuntura. 2. ed. São Paulo: Saraiva, 2011.

GALANTER, Marc. Why the "haves" come out ahead: Speculations on the limits of legal change. *Law & Society Review* v. 9 n. 1 – Litigation and Dispute Processing: Part One (1974).

GARTH, Bryant G.; Dezalay, Yves. *Dealing in virtue*: international commercial arbitration and the construction of a transnational legal order. Chicago: University of Chicago, 1996.

GEISINGER, Elliott. "Soft law" and hard questions: ASA's initiative in the debate on counsel ethics in international arbitration. *The sense and non-sense of rules, guidelines and other para-regulatory texts in international arbitration*, ASA Special Series n. 37, 2015.

GILL, Judith. The IBA conflicts guidelines – who's using them and how? *Dispute Resolution International* 1/58, 2007.

GRUCHALLA-WESIERSKI, Tadeusz. A framework for understanding "soft law". *McGill Law Journal* 30/37, 1984-1985.

GUNTER, Pierre-Yves. Transnational rules on the taking of evidence. DEGOS, Louis; PINSOLLE, Philippe; SCHLAEPFER, Anne-Véronique. *Towards a uniform international arbitration law?* Huntington: Juris Publishing, 2005.

HUNTER, Martin. Ethics of the international arbitrator. *ASA Bulletin* 4(4)/173, 1986.

_____; REDFERN, Alan. *Law and practice of international commercial arbitration*. 4. ed. London: Sweet & Maxwell, 2004.

_____; PAULSSON, Jan. A code of ethics for arbitrators in international commercial arbitration? *International Business Law* 13/153, 1985.

LANDAU, Toby; WEERAMANTRY, J. Romesh. A Pause for Thought. VAN DEN BERG, Albert Jan. International arbitration: the coming of a new age? *ICCA Congress Series*, v. 17, 2013.

LEE, Jae Sung. Reflecting current arbitration practice: the revision of the Uncitral notes on organizing arbitral proceedings. *Advanced commercial law review (Seoul)* 72:197-225, outubro 2015.

MCCONNAUGHAY, Philip J. The risks and virtues of lawlessness: a "second look" at international commercial arbitration. *Northwestern University Law Review* 93(2)/453, 1999.

MCILWRATH, Michael; SCHROEDER, Roland. Users need more transparency in international arbitration. MALATESTA, Alberto; SALI, Rinaldo. *The Rise of Transparency in International Arbitration*. Huntington: Juris Publishing, 2013.

NAJAR, Jean-Claude. Inside out: a user's perspective on challenges in international arbitration. *Arbitration International* 25(4)/515, 2009.

PARK, William W. *The 2002 Freshfields lecture* – arbitration's protean nature: the value of rules and the risks of discretion. *Arbitration International* 19(3)/279, 2003.

_____. Procedural evolution in business arbitration – three studies in change. _____. *Arbitration of international business disputes*: studies in law and practice. Oxford: Oxford University, 2006.

_____. The procedural soft law of international arbitration: non-governmental instruments. *Pervasive problems in international arbitration*. Alphen aan den Rijn: Kluwer Law International, 2006.

_____. Two faces of progress: fairness and flexibility in arbitral procedure. *Arbitration International* 23(3)/499, 2007.

PAULSSON, Jan; HUNTER, Martin. A code of ethics for arbitrators in international commercial arbitration? *International Business Law* 13/153, 1985.

REDFERN, Alan; HUNTER, Martin. *Law and practice of international commercial arbitration*. 4. ed. London: Sweet & Maxwell, 2004.

RIVKIN, David. Towards a new paradigm in international arbitration: the town elder model revisited. *Arbitration International* v. 32, issue 3, september 2016.

_____; CÁRDENAS, Emilio. A growing challenge for ethics in international arbitration. AKSEN, G. *et al.* (coords.). *Global reflections on international law, commerce and dispute resolution*: liber amicorum in honour of Robert Briner. Paris: ICC, 2005.

ROGERS, Catherine. Fit and function in legal ethics: developing a code of conduct for international arbitration. *Michigan Journal of International Law* 23(2)/341, 2002.

_____. Regulating international arbitrators: a functional approach to developing standards of conduct. *Stanford Journal of International Law* 41/53, 2005.

RUBINO-SAMMARTANO, Mauro. Rules of evidence in international arbitration: a need for discipline and harmonization. *Journal of International Arbitration* 3(2)/87, 1986.

SCHROEDER, Roland; MCILWRATH, Michael. Users need more transparency in international arbitration. MALATESTA, Alberto; SALI, Rinaldo. *The Rise of Transparency in International Arbitration*. Huntington: Juris Publishing, 2013.

SNIDAL, Duncan; ABBOTT, Kenneth. Hard and soft law in international governance. *International Organization* 54(3)/421, 2000.

STEVENS, Margrete; BISHOP, Doak. The compelling need for a code of ethics in international arbitration: transparency, integrity and legitimacy. *ICCA Congress Series* n. 15. Alphen aan den Rijn: Kluwer Law International, 2011.

UNCITRAL A/CN.9/880, *Settlement of commercial disputes: possible future work on ethics in international arbitration*. Disponível em: <http://www.uncitral.org/uncitral/en/commission/sessions/49th.html>. acesso em: 5 ago. 2016).

UNCITRAL A/CN.9/881, *Concurrent proceedings in international arbitration*. Disponível em: <http://Www.Uncitral.Org/Uncitral/En/Commission/Sessions/49th.Html>. Acesso em: 5 ago. 2016.

VEEDER, V. V. *Are the IBA rules "perfectible"?*. MOURRE, Alexis; GIOVANNINI, Teresa (coords.). *Written evidence and discovery in international arbitration*. Dossier VI. Paris: ICC, 2009.

_____. The 2011 Goff lecture – the lawyer's duty to arbitrate in good faith. *Arbitration International* 18(4)/431, 2002.

WEERAMANTRY, J. Romesh; LANDAU, Toby. *A Pause for Thought*. VAN DEN BERG, Albert Jan. International arbitration: the coming of a new age? *ICCA Congress Series*, v. 17, 2013.

PESQUISAS CONSULTADAS

Arbitragem em Números e Valores. Disponível em: <http://www.conjur.com.br/2016-jul-15/solucoes-arbitragem-crescem-73-seis-anos-mostra-pesquisa>. Acesso em: 31 jul. 2016.

2006 international arbitration: corporate attitudes and practices. Queen Mary University of London; Price Waterhouse Coopers. Disponível em: <http://www.pwc.be/en/publications/ia-study-pwc-06.pdf>. Acesso em: 4 abr. 2011.

2010 international arbitration survey: choices in international arbitration. Queen Mary University of London; White & Case LLP. Disponível em: <http://www.arbitrationonline.org/docs/2010_InternationalArbitrationSurveyReport.pdf>. Acesso em: 4 abr. 2011.

2015 International Arbitration Survey: improvements and innovations in international arbitration. Queen Mary University of London; White & Case LLP. Disponível em: <http://www.whitecase.com/sites/whitecase/files/files/download/publications/qmul--international-arbitration-survey-2015_0.pdf>. Acesso em 5 ago. 2016.

A PROPÓSITO DO ART. 2º, § 1º, DA LEI DE ARBITRAGEM: O DIREITO APLICÁVEL À CONVENÇÃO DE ARBITRAGEM, À JURISDIÇÃO DIRETA DO JUIZ DO FORO E À INDIRETA DO JUIZ ESTRANGEIRO

CLÁVIO VALENÇA FILHO

Sumário: I. O direito aplicável à obrigação de arbitrar levada ao conhecimento do juiz brasileiro – II. A incidência da regra de conflito de leis no conflito de jurisdição – Bibliografia.

1. Os organizadores deste livro comemorativo de 20 anos da Lei de Arbitragem se sentiram traídos ao constatar não ser este artigo um estudo sobre "o direito aplicável na arbitragem". Tal expressão, como recebida pela redação do art. 2º, § 1º, da referida Lei, nos induz a analisar os mecanismos pelos quais o árbitro internacional determina o direito aplicável ao mérito das lides, à convenção e à relação processual de instância arbitral, quando as próprias partes não indicam o ordenamento ao qual desejam atrelar a solução de conflitos. Todavia, o reflexo inicial voltado ao direito internacional privado do árbitro não resistiu à primeira indagação teórica: pode o legislador endereçar normas à autoridade jurisdicional vinculada a sistema distinto?

Não negamos, aqui, a possibilidade de a pretensão do legislador brasileiro ter sido atribuir às partes a liberdade de escolher o direito aplicável ao mérito e, ao juiz nacional, a obrigação de respeito à manifestação de vontade; afinal, o positivismo normativista em voga permite localizar a fonte de poderes do árbitro no sistema jurídico nacional do foro, o que legitima o tratamento de juiz nacional dispensado ao árbitro, porém não explica a sobrevivência de sua sentença diante da anulação de seus poderes em função de incompatibilidade com o mesmíssimo ordenamento.[1]

---

[1] Na perspectiva do positivismo normativista, o poder do árbitro provém do ordenamento do foro judicial convidado a controlar ou apoiar por qualquer via processual, jamais do sistema da sede

2. Encontramos na teoria dos sistemas diferenciados de matiz luhmanniana o instrumental teórico necessário à demonstração da juridicidade do sistema transnacional da *lex mercatoria*, como de sua autonomia em relação aos sistemas nacionais, dos quais se distingue pelo âmbito específico de condutas normatizadas – as da economia e as do comércio –, não pelo atrelamento territorial ao estado do foro judicial ou ao da sede da arbitragem.[2]

Na condição de autoridade jurisdicional vinculada a sistema distinto do nacional – o transnacional da *lex mercatoria*[3] –, o árbitro não está adstrito ao direito internacional privado posto pelo legislador brasileiro; este apenas obriga o juiz nacional. Explica-se, desse modo, a antecedência cronológica entre a liberdade das partes para determinar o direito aplicável ao mérito e ao processo em relação ao advento da Lei 9.307/1996. Embora não existisse lei de arbitragem, havia a liberdade e a aplicação do direito internacional privado pelo árbitro não era, como não é, objeto de controle judicial.

Aos olhos do juiz nacional, a liberdade das partes para indicar o direito aplicável na arbitragem decorre da ausência de controle judicial; aos olhos do árbitro, decorre da constatação de que os limites de sua jurisdição se confundem com os da convenção de arbitragem. Trai a própria jurisdição o árbitro que contraria a vontade das partes; o juiz apenas intervém onde cabe declarar a traição. Por sua vez, o juiz nacional está vinculado ao direito internacional do foro cujas regras deve aplicar de ofício.[4]

3. Logo, redirecionamos o foco de nossa análise do árbitro ao juiz nacional. Se este é único destinatário das regras de conflito, estas não podem ter **âmbito de aplicabilidade** que extrapole o rol de matérias passíveis de controle judicial. Destas, excluem-se os efeitos negativos da convenção de arbitragem e o da competência-competência, além da participação do juiz de apoio, por sempre atenderem a critérios postos pela legislação processual civil do foro, pois cada Estado dita, com exclusividade, a medida da jurisdição e do afastamento de seus juízes.

Subtraídas as questões sujeitas à exclusiva jurisdição do árbitro, a respeito das quais o juiz não se pronuncia – o direito aplicável ao mérito e ao processo arbitral –, e as pertinentes à medida da participação do juiz necessariamente atrelada ao processo

---

da arbitragem. A atribuição de importância ao local da sede só existe na medida de sua admissão pela legislação do foro; não é essência, é contingência.

[2] Daí a arbitragem se adaptar mal às controvérsias que extrapolam o sistema da *lex mercatoria*, como é o caso das relações de trabalho e das de consumo. Embora arbitráveis, esses perfis de lide atraem grande número de instituições oportunistas e inidôneas, contra as quais Petrônio Muniz advertiu em cada oportunidade.

[3] NEVES, Marcelo da Costa Pinto. *Transconstitucionalismo*. Tese – Concurso Prof. Titular na área de Direito Constitucional – Faculdade de Direito da Universidade de São Paulo. São Paulo: USP, 2009, p. 167. BROGLIA MENDES, Rodrigo. *Arbitragem, lex mercatoria e direito estatal*. São Paulo: Quartier Latin, 2010, p. 75.

[4] No sentido de que o juiz brasileiro está obrigado a aplicar, de ofício, as regras de conflito, v. STJ, 3ª T., REsp 254.544, Rel. Eduardo Ribeiro, 18.05.2000: "Ementa: Sendo caso de aplicação de direito estrangeiro, consoante as normas do Direito Internacional Privado, caberá ao Juiz fazê-lo, ainda de ofício. Não se poderá, entretanto, carregar à parte o ônus de trazer a prova de seu teor e vigência, salvo quando por ela invocado. Não sendo viável produzir-se essa prova, como não pode o litígio ficar sem solução, o Juiz aplicará o direito nacional".

civil do foro –, o art. 2º, § 1º, da Lei de Arbitragem revela ter âmbito de aplicabilidade apenas residual, limitado à obrigação de arbitrar. Portanto, **não é este** artigo um estudo sobre o direito aplicável "na" arbitragem, mas "**à**" obrigação de arbitrar, quando levada ao conhecimento do juiz brasileiro (**I**). Assim, pode-se revelar, a feição mais importante da norma abrigada no referido art. 2º, § 1º: sob a fachada de uma regra de conflito de leis, opera, na verdade, uma regra de conflito de jurisdição (**II**).

I. O DIREITO APLICÁVEL À OBRIGAÇÃO DE ARBITRAR LEVADA AO CONHECIMENTO DO JUIZ BRASILEIRO

4. O art. 2º, § 1º, da Lei de Arbitragem, permite indicar o direito aplicável pelo juiz estatal quando controlar a validade da convenção de arbitragem. Tendo em conta que o controle judiciário se realiza nos restritos limites do juízo de delibação, a nova categoria de direito internacional privado posta pela Lei de Arbitragem comporta apenas a determinação do direito aplicável à convenção de arbitragem (**A**). Caso determine que o direito aplicável é estrangeiro, o juiz estatal deve aplicar e, em seguida, aferir a adequação entre os efeitos concretos da solução estrangeira e a ordem pública do foro (**B**).

A. O âmbito de aplicabilidade da regra de conflito

5. O âmbito de aplicabilidade material de regra de conflito é determinado pelo recurso ao que se convencionou chamar "categoria de direito internacional privado" ou "categoria de ligação". Trata-se do conjunto de matérias que cabem no antecedente normativo da regra de conflito. Na nova categoria criada pelo art. 2º, § 1º, da Lei de Arbitragem, cabem apenas as matérias contratuais que podem ser objeto de controle judiciário de delibação. Portanto, a regra tem incidência restrita à determinação do direito aplicável à convenção de arbitragem (**1**). Outro limitação à aplicabilidade da regra é a relação de inferioridade hierárquica e sua generalidade em relação ao direito internacional privado de fonte convencional (**2**).

1. A categoria de direito internacional privado do art. 2º, § 1º, da Lei de Arbitragem

6. A linguagem hermética costuma ser um obstáculo à descrição dos mecanismos de direito internacional privado. Assim, a melhor compreensão do raciocínio conflitualista requer esclarecimentos preliminares de ordem terminológica a respeito de dois elementos estruturantes da regra de conflito, a "categoria de direito internacional privado" e o "elemento de conexão". Aquele, corresponde ao popular antecedente, ou descritor normativo, da teoria geral do direito; este, ao consequente, ou prescritor normativo. Além disso, chama-se "qualificar" ao exercício de aferir a compatibilidade entre as situações internacionais e determinada categoria de ligação.

Uma vez identificada a categoria de ligação, o intérprete utiliza o elemento de conexão correspondente como instrumento indicador do direito aplicável à questão. Por exemplo, à categoria de ligação "capacidade das pessoas física" corresponde o elemento de conexão "local do domicílio"; para as "pessoas jurídicas, o "local em que foram constituídas"; para as "obrigações contratuais", o "local em que foram constituídas" etc. A tal exercício mental, chama-se "raciocínio conflitualista".

7. O art. 2º, § 1º, da Lei de Arbitragem criou nova regra de conflito em cuja categoria de direito internacional privado cabe apenas a validade da convenção de arbitragem, mas não em todos os seus aspectos. Cabem na referida categoria às questões relativas à forma, ao consentimento e aos efeitos contratuais da convenção de arbitragem, como, *v.g.*, a medida da confidencialidade imposta às partes, o grau de autonomia da convenção de arbitragem em relação ao contrato no qual se insere, além da possibilidade de se instaurar a instância arbitral sem que haja a necessidade de estipulação de compromisso arbitral posterior ao surgimento da lide, característica que se convencionou chamar de autossuficiência cláusula compromissória. Cabem, ainda, o direito às causas de extinção, à interpretação dos dispositivos e a determinação do âmbito de aplicabilidade da convenção de arbitragem. Lembre-se: a determinação do âmbito de aplicabilidade material se tornou fonte corriqueira de problemas na moderna arbitragem, diante da complexidade de transações estruturadas a partir de grupos ou cadeias de contratos,[5] como pela necessidade de atrair partes não signatárias a um dos polos da instância arbitral.[6] Em tais casos, a autonomia da vontade é o elemento de conexão que levará ao juiz o direito material aplicável.

8. No entanto, tal liberdade não se aplica a todas as situações em que se discute a validade da convenção de arbitragem. Há sérias restrições no que diz respeito à determinação do direito aplicável à licitude do objeto da convenção de arbitragem, à dita arbitrabilidade material. Nesse sentido, o intuito de se promulgar uma lei de arbitragem em linha com o regime homologatório posto pela Convenção de Nova Iorque de 1958, conhecido e testado pelos operadores do comércio internacional, levou o legislador brasileiro a aprovar o antiquado art. 39 da Lei de Arbitragem.

Então, distingue-se entre arbitragem com sede no Brasil ou a com sede no estrangeiro. Enquanto aquela se sujeita a regime jurídico mais liberal e permite às partes indicar o direito aplicável à licitude do objeto da convenção de arbitragem; esta surpreende pelo necessário atrelamento à *lex fori*.[7] Referido art. 39 esvaziou, em parte, a categoria de direito internacional privado criada pelo moderno art. 2º, § 1º, da Lei de Arbitragem; ademais, criou a intrigante situação de um regime jurídico menos liberal aplicável à arbitragem com sede no estrangeiro do que as que aqui têm sede (mais comum seria o inverso).

Esclarecendo: ao transferir a sede da arbitragem do território do foro ao de Estado estrangeiro, a um tempo, as partes acrescem à situação internacional um elemento de estraneidade e subtraem um de proximidade. Onde isso ocorre, tal movimento tende a

---

[5] A propósito dos limites dessa categoria, ver POUDRET, J-F; BESSON, S. *Droit comparé de l'arbitrage international*. Zurich: Schultess, 2002, p. 270 e ss.

[6] Nesse sentido, Brasil, Superior Tribunal de Justiça, Corte Especial, Sec 3.709, Converse Inc c. American Telecommunication do Brasil Ltda, j. 14.06.2012, Rel. Teori Zavascki. Disponível em: <www.stj.jus.br>. Acesso em: 04 nov. 2006.

[7] Cf. art. 39, I, da Lei de Arbitragem: "Art. 39. A homologação para o reconhecimento ou a execução da sentença arbitral estrangeira também será denegada se o Superior Tribunal de Justiça constatar que: I – segundo a lei brasileira, o objeto do litígio não é suscetível de ser resolvido por arbitragem [...]".

causar ao menos três efeitos: (i) distanciar a lide do ordenamento nacional; (i) acentuar o desinteresse do soberano; portanto, (iii) relativizar o conteúdo da ordem pública do foro. Assim, mais comum é a situação internacional dotada de mais elementos de estraneidade se sujeitar a regime mais liberal e, as situações internas, a condições mais rigorosas. Vejam-se, por exemplo, nos países dualistas – cujas leis de arbitragem distinguem arbitragem interna e internacional – os inúmeros estudos a respeito da influência liberalizante da arbitragem internacional em relação à interna, bem como a distinção entre ordem pública interna e internacional, esta menos sensível, em função do distanciamento em relação ao foro.

O Brasil adotou uma Lei de Arbitragem monista e moderna, cujas metas foram, todavia, inibidas pela necessidade de harmonização internacional. Ao editar o art. 39, I, da Lei de Arbitragem, o legislador brasileiro, de um lado, assegurou a sintonia com o texto do art. V, 2 (a), da Convenção de Nova Iorque de 1958; de outro lado, traiu o próprio esforço modernizador, como veremos na próxima seção.

2. A incidência do direito internacional privado de fonte convencional

9. Os anos seguintes imediatos após promulgação da Lei de Arbitragem foram marcados pela tendência à recepção de textos internacionais sobre a matéria. Até então, o Brasil era visto como "trincheira de residência"[8] ou "grande ausente"[9] entre Estados-parte nas principais convenções internacionais. Diante desse cenário, o legislador nacional rompeu o isolamento, acreditando atuar em favor da modernização de nosso direito positivo. Contudo, não se apercebia que quase 60 anos passados desde a entrada em vigor da Convenção de Nova Iorque de 1958, a doutrina e jurisprudência comparada não havia chegado a um consenso ou a uma maioria hegemônica de opiniões a respeito da delimitação dos respectivos âmbitos de aplicabilidade de duas antiquadas regras de conflito, estruturadas em elementos de conexão territoriais, no melhor estilo do direito internacional privado dos anos da década de 1950: *lex fori* e *lex arbitrii* (**a**).[10] Pior é o caso do Acordo de Buenos Aires de 1998, nasceu velho, atrelando ao local da sede da arbitragem (**b**)[11].

a) *a Convenção de Nova Iorque de 1958*

10. Duas possibilidades são debatidas em direito comparado, a propósito da coordenação entre as prescrições contidas nos arts. V, (1), (a), e V, (2), (a), da Convenção de Nova

---

[8] FOUCHARD, Ph. Aonde vai a arbitragem internacional? *Revista Brasileira de Arbitragem*. Trad. Clávio Valença Filho e Gisela Mation, vol. 6, n. 21, 2009, p. 289: "Se existe uma trincheira de resistência à universalidade da Convenção de Nova Iorque, ela se encontra na America Latina".

[9] FOUCHARD, Ph.; GAILLARD, E.; GOLMAN, B. *Traité de l'arbitrage commercial international*. Paris: Litec, 1996, p. 146: "Les vagues d'adhésion ont été si larges qu'il est plus facile aujourd'hui, de dénombrer quelques "grands absents". On Nen trouve plus en Europe, mais quelques-uns en A"sie (Irak, Iran, Pakistan, etc.), en Amerique Latine (Brésil) et en Afrique (Zaire)."

[10] Dec. n. 4.311, de 23 de julho de 2002.

[11] Dec. Leg. n. 265, de 5 de janeiro de 2000.

Iorque, sem que nenhuma delas se imponha. Há quem entenda ser dever do juiz estatal aplicar a *lex fori* à determinação da arbitrabilidade apenas nas hipóteses em que o controle judicial ocorre pela via da homologação, quando se deveria aplicar o referido art. V, (2) (a);[12] e, a *lex arbitrii*, pela via do controle incidental – por ocasião do julgamento da objeção de arbitragem quando a convenção de arbitragem localizar a sede da instância em território estrangeiro, hipótese em que se aplicaria o art. V (1), (a), do mesmo texto.[13] Também já aconteceu de a Corte de Cassação italiana ordenar a aplicação da *lex fori* em ambas as situações – único modo de impedir a contradição de decisões distintas em função da via de controle eleita –,[14] ao passo que a Corte Suprema dos Estados Unidos, como o juiz francês, passou a ignorar as velhas regras de conflito e a aplicar critério material de acordo com o qual as lides são arbitráveis, salvo atentado à ordem pública do foro.[15]

11. Entendemos que a confusão relativa à determinação dos âmbitos de aplicabilidade dos artigos V, (1), (a) e V, (2), (a) decorre de dificuldade na definição dos conteúdos das respectivas categorias de direito internacional privado. Enquanto a do art. V, (2), (a), engloba a determinação do direito aplicável à licitude do objeto da convenção de arbitragem – arbitrabilidade material –, a do art. V, (1), (a) abraça todos os demais aspectos atinentes à convenção de arbitragem: o consentimento, a forma, a causa, a interpretação e a medida do efeito positivo, não importa a via do controle judicial.

Nesse sentido, acertou o STJ ao aplicar o referido art. V, (1), (a), à determinação do direito aplicável à validade formal de manifestação de vontade de arbitrar contestada pela via da homologação. Na espécie, a parte havia se opusera à homologação de sentença estrangeira com fundamento na ausência de prévia convenção de arbitragem escrita. O juiz nacional aplicou o direito do local da sede da arbitragem para respaldar o consentimento tácito manifestado pela parte que havia comparecido à instância e contestado, sem, todavia, manifestar oposição à jurisdição do árbitro.[16]

Em outro caso no qual se debateu a validade formal de convenção de arbitragem, o STJ entendeu pela da regra de conflito do art. 9º, § 2º, da LINDB, cujo texto remete as questões atinentes à forma essencial dos negócios jurídicos em geral ao direito brasileiro, desde que a seja no Brasil o local da execução das obrigações contraídas. Errou duas ve-

---

[12] Cf.: art. V (2) da Convenção de Nova Iorque de 1958: "O reconhecimento e a execução de uma sentença arbitral também poderão ser recusados caso a autoridade competente do país em que se tenciona o reconhecimento e a execução constatar que: *a) segundo a lei daquele país, o objeto da divergência não é passível de solução mediante arbitragem;* ou [...]."

[13] Nesse sentido, o STJ aplicou o art. V, (1), *a*, da Convenção de Nova Iorque de 1958. Superior Tribunal de Justiça, Corte Especial, Sec 3.709, Converse Inc c. American Telecommunication do Brasil Ltda., j. 14.06.2012, Rel. Teori Zavascki.

[14] A propósito, ver POUDRET, J-F; BESSON, S. *Droit comparé de l'arbitrage international.* Zurich: Schultess, 2002, p. 270 e ss.

[15] Estados Unidos da América, Corte Suprema, Mitsubishi v. Soler Chrysler-Plymouth, 473 U.S. 614 (1985).

[16] BRASIL, Superior Tribunal de Justiça, SEC 3709, Corte Especial, Converse Inc. c. American Telecomunications do Brasil Ltda. Rel. Teori Albino Zavascki. j. 14.06.2012. *Lex DJe* 29.06.2012. Disponível em: <ww2.stj.jus.br/processo/pesquisa>. Acesso em: 18 dez. 2014.

zes: primeiro, porque a arbitragem tinha sede em Londres, portanto, o local da execução da convenção de arbitragem não era no Brasil; em seguida, a regra de conflito aplicável deveria ser a da Convenção de Nova Iorque de 1958, não a da Lei de Arbitragem.[17]

Por fim, no caso Jirau, o TJSP errou aferir a validade formal de convenção de arbitragem inserida em apólice de seguro a partir das normas do direito brasileiro, em virtude das exigências do art. 4º da Lei de Arbitragem, em arbitragem com sede em Londres. Óbvio, deveria ter aplicado o art. V, II, a, da Convenção de Nova Iorque de 1958, para verificar, no direito inglês, se estavam atendidas as condições de forma.[18] Mas o referido tribunal não exerceu o raciocínio conflitualista que deveria empregar, de ofício; sem justificativa, abrigou-se na *lex fori,* para considerar inválida uma convenção de arbitragem que, pelo direito do Estado da sede, não seria.[19]

12. Convém, ainda, realçar o fato de a Convenção do Panamá de 1975[20] conter regras de conflito idênticas às da Convenção de Nova Iorque de 1958, inclusive no que diz respeito à localização do topografia do texto: são idênticos os artigos V, (1), (a), e V, 2, (b), de ambas as convenções.

São, todavia, distintos os respectivos ambos de aplicabilidade. Enquanto Nova Iorque se aplica apenas às arbitragens com sede no estrangeiro, Panamá não distingue em função do local da sede da arbitragem; aplica-se às arbitragens comerciais internacionais, inclusive às que tenham sede no Brasil. Trata-se de verdadeiro direito comum em matéria de arbitragem comercial internacional e a incidência de suas regras de conflito afasta a do art. 2º, § 1º, da Lei de Arbitragem, contribuindo para o esvaziamento da regra de conflito de fonte interna.

b) *o Acordo de Buenos Aires de 1998*

13. O Acordo Sobre Arbitragem Comercial do Mercosul de 1988[21] também inclui regras de conflito relativas à determinação do direito aplicável à convenção de arbitragem. Seu texto prevalece ao da Lei de Arbitragem em virtude da especialidade daquele e da hierárquica legalmente estabelecida.[22]

---

[17]   BRASIL, Superior Tribunal de Justiça, SEC 11.593, Corte Especial, Biglift Shipping B.V. c. Transdata Transportes Ltda. Rel. Benedito Gonçalves. j. 16.12.2015.

[18]   Nesse sentido, SALTON PERETTI, Luiz Alberto. Caso Jirau: decisões na Inglaterra e no Brasil ressaltam métodos e reações distintas na determinação da lei aplicável à convenção de arbitragem. *Revista Brasileira de Arbitragem,* n. 37, 2013, p. 41: "No entanto, no contexto da arbitragem, o § 1º do art. 2º da Lei de Arbitragem estabelece que '"poderão as partes escolher, livremente, as regras de direito que serão aplicadas na arbitragem"'. Essa é confirmada pela Convenção de Nova Iorque ('"CNY"') (32), cujo art. V (1) (a) prevê a possibilidade de as partes estipularem a lei aplicável à convenção de arbitragem".

[19]   Brasil, TJSP, 6ª Câm. Priv., Ag. Inst. 0304979-49.2011.8.26.0000, Rel. Paulo Alcides, 19.04.2012, Energia Sustentável do Brasil e outros c. Sul América Companhia Nacional de Seguros S.A. e outros.

[20]   Dec. 1.902, 9 de maio de 1996.

[21]   Dec. 4.719, 4 de junho de 2003.

[22]   Cf. art. 34 da Lei de Arbitragem: "A sentença arbitral estrangeira será reconhecida ou executada no Brasil de conformidade com os tratados internacionais com eficácia no ordenamento interno

14. A aplicabilidade do Acordo de Buenos Aires de 1998 atende a critérios objetivos e subjetivos. Os objetivos são dois, não cumulativos: exige-se das partes residência ou sede em diferentes países-membros ou associados ao Mercosul, ou, do contrato no qual se insere a convenção de arbitragem, vínculos econômicos ou jurídicos com dois desses países. Pelos subjetivos requer-se das partes, opção pelo regime jurídico do acordo, mas esta só pode ser exercida se o contrato no qual se insere a convenção tiver vínculos objetivos com um estado-membro ou nele se localize a sede da arbitragem.[23]

15. A combinação dos artigos 6.2 e 6.5 do aludido Acordo de Buenos Aires sujeita a determinação do direito aplicável à forma da convenção de arbitragem à incidência de regra de conflito com estrutura "em cascata" e de "coloração material". "Em cascata", indica dois elementos de conexão de aplicabilidade sucessiva: a *lex loci celebrationis* e a existência de vínculos objetivos entre o contrato em que está inserida a convenção de arbitragem e o ordenamento de algum Estado-membro. "De coloração material", significa abandonar a neutralidade típica das regras de conflito e perseguir a validade formal da convenção, para eleger o direito material que reconheça a validade. Em outras palavras, o conflito entre as alternativas franqueadas pelo art. 6º do Acordo de Buenos Aires de 1998 deve ser sempre resolvido em favor do direito material mais favorável à validade formal da convenção de arbitragem.

16. Já o consentimento, a causa e a licitude do objeto da convenção de arbitragem – a arbitrabilidade material – são remetidos ao direito do Estado-membro cujo território serve de sede à arbitragem.[24] Logo se nota a contradição entre os termos do art. 7º do Acordo de Buenos Aires de 1996 e as regras de conflito contidas nas demais fontes legisladas. No que diz respeito ao consentimento, colide e prevalece em relação às do art. 2º, § 1º, da Lei de arbitragem e V, 1 (a), da Convenção de Nova Iorque de 1958; *substitui o elemento de conexão autonomia da vontade pelo território da sede*.[25] Prevalece, ainda, aos artigos 39, I, da Lei de Arbitragem e V, 2 (a), da Convenção de Nova Iorque, para *tirar o foco do juiz da* lex fori *e o redirecionar ao direito do local da sede*, nas ocasiões em que for convidado a analisar a licitude do objeto da convenção.[26]

17. Quanto ao mérito das controvérsias, os redatores do Acordo cometeram erros idênticos aos do legislador interno: primeiro, legislaram sobre algo que seus juízes se negam e não podem controlar; segundo, pretenderam ditar regras de conflito à autori-

---

e, na sua ausência, estritamente de acordo com os termos desta Lei".

[23] LEE, João Bosco. *A arbitragem comercial internacional nos países do Mercosul*. Curitiba: Juruá, 2002, p. 328.

[24] Cf. artigo 7 do Acordo de Buenos Aires de 1998: "Direito aplicável à validade intrínseca da convenção arbitral. 1 – A capacidade das partes da convenção arbitral se regerá pelo direito de seus respectivos domicílios. 2 – A validade da convenção arbitral, com respeito ao consentimento, objeto e causa, será regida pelo direito do Estado Parte, sede do tribunal arbitral".

[25] DAMIÃO GONÇALVES, Eduardo. *Arbitrabilidade objetiva*. Tese – Faculdade de Direito da Universidade de São Paulo: USP, 2008, p. 125.

[26] BATISTA MARTINS, Pedro. Observações sobre o texto do Acordo sobre arbitragem internacional do Mercosul. *Revista Brasileira de Arbitragem*, n. 9, jan./mar., 2006, p. 18.

dade jurisdicional vinculada a sistema jurídico estrangeiro. Por não ser o árbitro autoridade vinculada ao sistema do foro, mas ao transnacional, da *lex mercatoria*, não pode o legislador brasileiro impor as regras de conflito que editar, as de fonte interna como as de fonte convencional. Tais dispositivos são, nesse aspecto, desprovidos de utilidade.[27]

c)   A evicção do direito estrangeiro indicado pela regra de conflito

18. Último limite à liberdade das partes na escolha do direito aplicável à obrigação de arbitrar é a eventual incompatibilidade entre a decisão do árbitro e o conteúdo da ordem pública do ordenamento do local onde os efeitos da sentença são invocados. Para tanto, o juiz deve contrastar os efeitos concretos da inserção da sentença arbitral no ordenamento do foro e os sentimentos médios de moral e de justiça vigentes no momento e no local em que os efeitos serão sentidos. Onde se verificar a incompatibilidade, o juiz nacional deverá afastar o direito estrangeiro aplicado e resolver a questão com base nos critérios postos pelo direito material do foro. Eis o efeito de evicção da ordem pública de direito internacional privado.

19.Ordem pública é fenômeno cujo conteúdo não se enrijece ou aprisiona em texto legal. Daí a impossibilidade de existirem leis de ordem pública; há, sim, leis imperativas, mandamentais, cogentes ou de aplicabilidade imediata. Como bem adverte Jacob Dolinger, "no momento em que se pretende que existem leis de ordem pública tem início o grande erro que leva a situações de perplexidade das quais não se consegue sair ileso."[28] Entre os civilistas, Orlando Gomes advertia para o equívoco: "[...] à primeira vista, poderia parecer que há coincidência necessária entre a lei imperativa e a lei de ordem pública. A aparência é enganosa. Equívoco perigoso é supor, com efeito, que toda lei imperativa é de ordem pública".[29]

A lei é imperativa, cogente ou mandamental quando não pode ser derrogada pela vontade da parte; é de aplicabilidade imediata quando sua incidência não pode ser afastada pela incidência de regras de conflito. A título de exemplo, convém lembrar que o art. 1º da Lei de Arbitragem contém regra de aplicabilidade imperativa, mas não imediata. Assim sendo, os critérios de arbitrabilidade, como a capacidade compromissória, podem ser aferidos pelo juiz com base em critérios encontrados em ordenamentos estrangeiros indicados pelo elemento de conexão contido na regra de conflito. Nesse sentido, as exigências do art. 4º da Lei de Arbitragem cedem o passo às condições de forma prescritas pelo direito material do ordenamento do local da sede, nos casos sujeitos à Convenção

---

[27]   Cf. artigo 10 do Acordo de Buenos Aires de 1998: "As partes poderão eleger o direito que se aplicará para solucionar a controvérsia com base no direito internacional privado e seus princípios, assim como no direito de comércio internacional. Se as partes nada dispuserem sobre esta matéria, os árbitros decidirão conforme as mesmas fontes."

[28]   DOLINGER, Jacob. *A evolução da ordem pública no direito internacional privado*. Tese apresentada à Egrégia Congregação da Faculdade de Direito da Universidade do Rio de Janeiro para o concurso à Cátedra de Direito Internacional Privado. Rio de Janeiro: Freitas Bastos, 1979, p. 8.

[29]   GOMES, Orlando. *Direito privado, novos aspectos*. Freitas Bastos: Rio de Janeiro, 1961, p. 274.

de Nova Iorque de 1958. A inaplicabilidade de regras de aplicabilidade imperativa não resultar necessariamente em atentado à ordem pública.

Para compreender os mecanismos de conciliação entre tais interesses antagônicos e melhor isolar a problemática, convém retornar a conceitos fundamentais do direito: a distinção entre efetividade e eficácia normativa. Segundo Marcelo Neves, enquanto a eficácia diz respeito à "realização do programa condicional" e à concreção do vínculo "se-então" contido no descritor normativo, a efetividade se refere "à implementação do programa finalístico" que tenha orientado a atividade legislativa e à concretização do vínculo "meio-fim". Para ilustrar o postulado, o referido autor recorre às leis de combate à inflação que assolou nosso país durante os anos da década de 1980. Assim, as leis que impuseram congelamento de preços, embora eficazes, porquanto efetivamente aplicadas as sanções aos eventuais transgressores, não tinham efetividade, já que não lograram proteger os subjacentes interesses de política legislativa.[30]

Aplicado ao tema em análise, o raciocínio de Neves permite-nos afirmar que o afastamento da regra dos artigos 4º e § 1º da Lei de Arbitragem, respectivamente aplicáveis à arbitrabilidade e à forma da convenção de arbitragem, não é, em si, atentatório à ordem pública. Para tanto, seria ainda necessário anular a efetividade da norma, o que se ocorreria pela anulação dos valores a qual protegesse, assim, por exemplo, os interesses do aderente, as razões em favor de tutela mais próxima dos interesses não patrimoniais ou indisponíveis e a existência de consentimento com intenção de arbitrar. Sem a anulação da efetividade, não há atentado ao interesse protegido pela norma imperativa ou cogente, portanto, também não pode haver incompatibilidade com a ordem pública do foro.

II. A INCIDÊNCIA DA REGRA DE CONFLITO DE LEIS NO CONFLITO DE JURISDIÇÃO

20. Na dogmática da modernidade, jurisdição é, antes de tudo, poder do Estado; é a própria soberania que se subdivide em três funções: jurisdicional, legislativa e executiva.

21. A função jurisdicional se distingue das demais por ser atividade de substituição. Por seu intermédio, substitui-se a vontade dos jurisdicionados, e de todos os cidadãos, pela do Estado, esta veiculada sob a forma de sentença proferida pela autoridade jurisdicional – o Estado substitui as partes na resolução da controvérsia.[31] Eis, na essência, o conceito de jurisdição como função desmembrada da soberania.

Por ser função desmembrada da soberania, a jurisdicional do Estado é, em princípio, absoluta. O soberano pode, todavia, renunciar a uma parte de sua jurisdição e reconhece como tal a função exercida por autoridade jurisdicional estrangeira. Antes, contudo, declara desinteresse por algumas categorias de lides, como, por exemplo, as descritas nos artigos 20, 21 e 25 do Código de Processo Civil: são desinteressantes as lides oriundas de contratos nos quais as partes tenham inserido cláusula de eleição de foro internacional,

---

[30] NEVES, Marcelo. *A constitucionalização simbólica*. São Paulo: Acadêmica, 1994, p. 46.

[31] CHIOVENDA, Giuseppe. *Instituições de direito processual civil*. 3. ed. Tradução Paolo Capitânio. Campinas: Bookseller, 2002, v. 1., p. 9.

as que envolvem apenas partes estrangeiras sem domicílio no Brasil, desde que se discuta adimplemento de que deveria ocorrer fora do território brasileiro.[32]

Nesses casos, a norma processual contém declaração de desinteresse do soberano em relação à resolução das lides que caibam no âmbito da jurisdição não exclusiva, permitindo o avanço de jurisdições estrangeiras interessadas cujas sentenças se compromete a reconhecer como tal. Ao declarar o critério de seu desinteresse pela lide, o soberano também renuncia à parcela de soberania correspondente à função jurisdicional necessária à resolução.

22. Por seu turno, o juiz nacional – enclausurado no centro do sistema jurídico do foro – observa a autoridade jurisdicional estrangeira a distância e com duplo cuidado: não interferir na jurisdição alheia e não aceitar que interfiram na sua. De um lado, afere a legitimidade das autoridades estrangeiras baseadas em regras existentes em seu próprio ordenamento; de outro lado, a decisão que proferir a respeito da jurisdição de autoridade estrangeira terá validade restrita ao ordenamento do foro.

Em razão de tais limites, as regras pelas quais o juiz do foro observa a jurisdição estrangeira são chamadas *regras de jurisdição indireta*, que informam o critério de desinteresse, de limitação da função jurisdicional, enfim, ditam a jurisdição ou ausência de jurisdição da autoridade do foro e de toda autoridade estrangeira, mas apenas em relação ao ordenamento do foro.

23. A convenção de arbitragem contém regra de jurisdição internacional aplicável ao juiz do foro e, indireta, em relação à eficácia da jurisdição estrangeira no ordenamento nacional.

Ao criar o negócio jurídico *convenção de arbitragem*, o soberano também se obriga a proteger-lhe os efeitos. Por isso se diz que a convenção produz efeitos com eficácia protegida pelo ordenamento do foro. Tais efeitos também recebem a qualificação de "pré-processuais negativos": *negativo,* porque afasta as demais autoridades que poderiam ter jurisdição sobre a lide; *pré-processual,* porque o referido afastamento decorre de subtração de jurisdição ao juiz estatal, não de competência. Se os debates relativos à competência ocorrem no plano processual, os relativos à jurisdição se desenrolam no pré-processual – anterior à formação da relação processual de instância, quando ainda não se sabe quem é a autoridade jurisdicional.

O referido efeito negativo decorre do desinteresse e da renúncia à função jurisdicional. Havendo renúncia, **não há juiz nacional nem estrangeiro. Não havendo, não existe árbitro.** A maioria dos soberanos consideram desinteressantes as lides relativas a direitos patrimoniais disponíveis, e permitem aos jurisdicionados a estipulação de negócio jurídico cujos efeito implica renúncia à jurisdição.[33] O fenômeno não é distinto do que ocorre em relação às lides objeto de cláusula de eleição de foro internacional. Em ambos os casos, a renúncia do soberano e a subtração de jurisdição ao juiz do foro resultam da transformação da manifestação de vontade em negócio jurídico. Apenas, em vez de cláusula de eleição de foro, as partes consentem, para formar negócio distinto, a convenção de arbitragem.

---

[32] No ordenamento brasileiro, os critérios dessa renúncia ao poder do soberano e à função jurisdicional do Estado-juiz estão descritos nos arts. 21 a 25 do Código de Processo Civil.

[33] Art. 1º da Lei 9.307/1996.

24. Diante de convenção válida, o juiz deve reconhecer a ausência de jurisdição para a lide – a sua e a dos juízes estrangeiros. Se, ao contrário, errar e insistir em dirimir a lide, a decisão que proferir será inexistente, como ato jurisdicional. Nesse contexto, a convenção de arbitragem, seus critérios de existência e de validade cumprirão a função de critério de jurisdição direta do juiz do foro. No entanto, se o ordenamento do foro protege a eficácia do negócio jurídico que criou, então o juiz do foro também estará obrigado a não reconhecer a jurisdição internacional indireta de qualquer juiz estrangeiro. Nesse sentido, deverá negar-se a reconhecer os efeitos da decisão estrangeira no ordenamento do foro.

Nos dois casos – a jurisdição internacional direta do juiz do foro e, a indireta, do juiz estrangeiro –, a validade da convenção de arbitragem se apresenta como questão prejudicial lógica de cuja resolução depende a solução do conflito de jurisdição. Não se trata, convém ressaltar, de conflito a dois, mas de uma relação a três (entre o juiz do foro, o árbitro e o juiz estrangeiro).

25. A repartição da função jurisdicional entre os diversos órgãos judiciais descentralizados – cada um destes responsável pelo exercício de parte da atividade jurisdicional – chama-se competência; o critério, regra de competência. Nesse sentido, pode-se definir *competência* como a medida da atividade jurisdicional. Trata-se de conceito de aplicabilidade restrita à atividade de órgãos descentralizados, sem incidência em relação à delimitação da função ou do poder jurisdicional do soberano. Assim, o critério que distingue atividade e função jurisdicional é o mesmo que torna o estudo da competência distinto do da jurisdição. Enquanto o critério de competência reparte atividade, o de jurisdição reparte função e poder jurisdicional. A relação árbitro-juiz se localiza no plano da repartição de poder jurisdicional, portanto no âmbito do conflito de jurisdição.

Ao permitir às partes a livre escolha do direito aplicável à convenção de arbitragem, a regra de conflito do art. 2º da Lei de Arbitragem adquire feições de regra de jurisdição internacional, pois o direito estrangeiro aplicável também informa a existência de jurisdição do juiz do foro (**A**), como a de todos os juízes estrangeiros (**B**).

a) O direito aplicável à jurisdição internacional do juiz do foro

26. O princípio de unidade da jurisdição sob a figura do Estado Soberano e decorrente outorga de tal atividade à totalidade de seus órgãos descentralizados normalmente subtraem à doutrina processual civil judicial o interesse pela análise das hipóteses de inexistência de autoridade jurisdicional e suas consequências em relação à formação da relação processual civil judicial. Conforta a ideia de que qualquer juiz é autoridade jurisdicional para fins de atendimento ao pressuposto processual de existência do processo. A possibilidade de sua inexistência parece relegada à condição de anedota merecedora de poucas páginas ou parágrafos. Enquanto Bedaque[34] menciona atos processuais ordenados por juiz aposentado, Talamini atenta para os riscos da ausência de autoridade em que haja

---

[34] BEDAQUE, José Roberto dos Santos. *Efetividade do processo e técnica processual*. São Paulo: Malheiros, 2010, p. 217.

juízo de exceção[35] e Fábio Gomes lembra o acórdão em que o STF declara a inexistência de sentença proferida por ex-juiz estadual, após ser investido no cargo de juiz federal.[36]

A raridade do fenômeno se explica pela incidência do princípio de unidade da jurisdição, em função do qual o juiz absolutamente competente é autoridade jurisdiconal e a sentença que proferir, embora nula, subsiste como ato jurisdicional do soberano. O juiz nacional está sempre investido de poder jurisdiconal, apesar de poder ocorrer a incompetência. Em princípio, parecem raras as hipóteses de inexistência de juiz nacional, mas essa realidade diz respeito apenas às relações entre autoridades vinculadas ao mesmo soberano.

27. A possibilidade de ausência de jurisdição do juiz nacional se torna mais corriqueira quando se considera que o princípio de unidade de jurisdição não assegura a existência de decisões proferidas por juízes desprovidos de jurisdição internacional. A ausência de jurisdição internacional decorre de renúncia do soberano ao exercício de função jurisdicional em relação a determinadas lides. Desprovido da jurisdição renunciada, o Poder Judiciário não detém a função jurisdicional cujo exercício poderia redistribuir, como atividade, aos diversos juízes. Portanto, não exerce atividade jurisdicional o órgão judicial que extrapole os limites da própria jurisdição internacional. Logo, inexistem as decisões proferidas por juiz nacional despido de jurisdição internacional ("competência internacional") para a lide. Conforme ensinamento de Dinamarco, "como falta jurisdição ao juiz internacionalmente incompetente – e não mera competência –, qualquer ato que ele realize é juridicamente inexistente como ato jurisdicional (a não ser, é óbvio, a sentença que extingue o processo por este motivo".[37] Na mesma direção, ensina Botelho de Mesquita:

> [...] sobre as causas não incluídas na competência internacional do Brasil, o que faltará ao juiz ou tribunal brasileiro não será meramente competência no sentido usual da palavra, mas, sim, jurisdição, no sentido de poder jurisdicional. A decisão que o juiz em tais casos proferir será decisão proferida por órgão não investido de jurisdição, como se daria no caso de ter sido proferida por uma tabelião ou oficial de cartório, incluir-se-ia na categoria das sentenças inexistentes.[38]

28. O efeito negativo da convenção de arbitragem decorre de renúncia do soberano à função jurisdicional em relação às lides desinteressantes. Isso implica a supressão não só do órgão descentralizado (o juiz), mas também do Estado-juiz e, consequentemente, do Poder Judiciário. Nesse sentido, caminham as lições de Chiovenda e Pontes de Miranda. Para o primeiro, "[...] se uma das partes comprometimentes cita a outra em juízo, pode o réu obstruir o exame do mérito por via de exceção de compromisso, que não é

---

[35] TALAMINI, Eduardo. *Coisa julgada e sua revisão*. São Paulo: RT, 2005, p. 326.

[36] GOMES, Fábio. *Comentários ao Código de Processo Civil*. São Paulo: RT, 2000, p. 25.

[37] DINAMARCO, Cândido Rangel. *Instituições de direito processual civil*. São Paulo: Malheiros, 2005, v. 1, p. 369.

[38] BOTELHO DE MESQUITA, José Ignácio. *Teses, estudos e pareceres de processo civil*. São Paulo: RT, 2007, v. 2, p. 53.

de incompetência, nem de litispendência, mas de renúncia ao procedimento de cognição judiciária."[39] Já, para o segundo, "[...] quanto a sua eficácia, o compromisso é negócio de direito material com eficácia negativa no direito pré-processual (exclusão dos juízes estatais) e eficácia positiva no direito processual (submissão das partes aos efeitos do laudo)."[40] Entre os contemporâneos, Donaldo Armelin afirma:

> Não se trata, mister se faz ressaltar, de supressão de competência do órgão da jurisdição estatal então competente para conhecer e decidir o litígio *sub judice*, mas sim de extinção de jurisdição estatal no que concerne à declaração, no sentido lato, a respeito do direito questionado.[41]

Na mesma linha, seguem Mauro Bove, Guido Santiago Tawil e Ignácio J. Minorini Lima. Aquele afirma: "[...] o árbitro, enquanto juiz privado, não é órgão jurisdicional do estado, razão pela qual as relações entre ele e o juiz estatal sob nenhum aspecto constitui relação de competência".[42] Os outros endossam acórdão da Corte Suprema da Argentina:

> [...] tem alcance restrito a um deslinde dentro da jurisdição interna, que não alcança casos em que, em decorrência da aplicação de normas e princípios de direito internacional (público ou privado), permite-se prosseguir perante a jurisdição internacional estrangeira.[43]

29. No sistema brasileiro, a anterioridade lógica do conflito de jurisdição, em relação ao de competência, reflete-se na repartição de competências entre juízes brasileiros, a qual é inaplicável se o jurisdicionado tiver optado pela arbitragem. Se ausente a função jurisdicional, não haverá o objeto da partilha, a atividade jurisdicional a ser exercida pelos órgãos descentralizados. Esse é o mesmo sentido dos arts. 42 do Código de Processo

---

[39] CHIOVENDA, Giuseppe. *Instituições de direito processual civil*. 3. ed. Tradução Paolo Capitanio. Campinas: Bookseller, 2002, v. 1, p. 78.

[40] PONTES DE MIRANDA, Francisco Cavalcanti. *Comentários ao Código de Processo Civil*. Rio de Janeiro: Forense, 1977, p. 232.

[41] ARMELIN, Donaldo. Arbitragem: antecipação dos efeitos da tutela. Ação de instituição de arbitragem procedente. Eficácia Imediata, embora pendente apelação sem efeito suspensivo. Competência do Tribunal Arbitral para a concessão dos efeitos da tutela. Comentário a TRF 2ª Região, em 22.06.2004, no caso Companhia Energética de Petrolina – CEP c. Comercializadora Brasileira de Energia Emergencial. *Revista de Arbitragem e Mediação*, São Paulo, ano 2, n. 6, jun./set. 2005, p. 217. No mesmo sentido, ver BATISTA MARTINS, Pedro Antônio. *Apontamentos sobre a Lei de Arbitragem*: comentários à Lei 9.307/1996. Rio de Janeiro: Forense, 2008, p. 136.

[42] BOVE, Mauro. Rapporti tra arbitro e giudice statale. *Rivista dell'arbitrato*, 1999, p. 411. No original: "[...] l'arbitro, quale giudice privato, non è un organo della giurisdizione statale, per cui i rapporti tra lui e il giudice dello Stato non sono in nessun aspetto inquadrabili come rapporti di competenza".

[43] TAWIL, G. S.; LIMA, I. J. M. El Estado y el arbitraje: primera aproximación. *Revista de Arbitragem e Mediação*, São Paulo, v. 4, n.14, p. 99-150, jul./set. 2007, p. 130. No original: "[...] tiene unicamente el alcance de un deslinde dentro de la jurisdicción interna, que no alcanza a los casos en que, por aplicación de normas y princípios de derecho internacional (publico o privado), puede proceder la juridiction international extranjera".

Civil Brasileiro;[44] do L. 411-4 do Code de Commerce francês[45] e do art. 1º do Códice di Procedura Civile italiano,[46] uníssonos ao determinar a repartição da jurisdição entre os seus juízes, salvo opção contratual pela arbitragem. Afastam-se, inclusive, as regras de competência material exclusiva, as exigências de rito específico perante determinado juízo estatal e os dispositivos reguladores dos efeitos da conexão e da litispendência.

Entre nós, a 3ª Seção de Direito Privado do Tribunal de Justiça de São Paulo atentou para a nuance, em decisão unânime nos autos do Agravo de Instrumento 124.217.4/0: "Note-se que, em rigor, não se deve falar em competência, pois que de competência não se trata. O que há é renúncia à via jurisdicional"[47].

30. Portanto, ao permitir às partes a determinação do direito aplicável à convenção de arbitragem, o art. 2º da Lei de Arbitragem adquire feição de regra de jurisdição internacional aplicável ao juiz brasileiro. Diante de convenção de arbitragem válida, o juiz nacional deve declarar ausência de jurisdição para a causa; se não o fizer, será inexistente a decisão que proferir.

b)   O direito aplicável à jurisdição internacional indireta do juiz estrangeiro

31. O art. 15 da LINDB e a Resolução 9/2005 do STJ impõem, como condição de homologação da sentença judicial estrangeira, que esta tenha sido proferida por autori-

---

[44]   Cf. art. 86 do CPC: "As causas cíveis serão processadas e decididas pelo juiz nos limites de sua competência, ressalvado às partes o direito de instituir juízo arbitral, na forma da lei." Em matéria de resseguros, o art. 38 da Resolução nº 168, de 17 de dezembro de 2007, da Superintendência de Seguros Privados (SUSEP), impõe às partes a escolha dos tribunais brasileiros como os únicos detentores de jurisdição para lides derivadas de contratos, visando à proteção de riscos no território nacional brasileiro, exceto se optarem pela arbitragem, *in verbis*: "Os contratos de resseguro visando à proteção de riscos situados em território nacional, deverão incluir cláusula determinando a submissão de eventuais disputas à legislação e à jurisdição brasileira, ressalvados os casos de cláusula de arbitragem, que observarão a legislação em vigor".

[45]   Cf. art. 411-4 (tradução livre): "Contudo, as partes podem, no momento em que contratam, acordar em submeter aos tribunais as lides acima enumeradas". No original: "Toutefois, les parties peuvent, au moment où elles contractent, convenir de soumettre à l'arbitrage les contestations ci-dessus énumérées".

[46]   Cf. art. 1º: *(Giurisdizione dei giudici ordinari)* "La giurisdizione civile, *salvo speciali disposizioni di legge*, e" esercitata dai giudici ordinari secondo le norme del presente Codice".

[47]   BRASIL, Tribunal de Justiça de São Paulo, Agravo de Instrumento 124.217.4/0 da 5ª Câmara de Direito Privado. *Revista de direito bancário, do mercado de capitais e da arbitragem*. São Paulo, a. 3, n. 7, p. 336-348, jan./mar. 2000. No mesmo sentido, BRASIL, Tribunal de Justiça de São Paulo, Apelação Cível 1103701-0/9 da 28ª Câmara de Direito Privado. *Revista brasileira de arbitragem*, Porto Alegre, n. 17, p. 126-133, 2008. Apelantes: Syncrofilm Distribuidora Ltda e American Medical Systems Inc. Apelado: Apdo Ams American Medical Systems Brasil Prod Urolog Ginecol Ltda. Relator: Cláudio Lima Bueno de Camargo. São Paulo, 11 de dezembro de 2007: "Interesse de agir – Caracterização. Pressuposto processual negativo – Questão processual prejudicial, cujo reexame independe do resultado de mérito adotado no MM Juízo *a quo*. Compromisso arbitral — Cláusula compromissória — Espécies do gênero convenção arbitral, hábeis à exclusão da jurisdição."

dade "competente". Essa "competência" – na verdade, jurisdição internacional – não se afere com base em critérios existentes no sistema jurídico da autoridade estrangeira, e sim em critérios postos, com exclusividade, pelo do foro, os quais informam o conteúdo das regras de jurisdição internacional indireta.

No caso da eleição de foro internacional, o sistema brasileiro reconhece apenas decisões proferidas pelo juiz nacional eleito; na hipótese de convenção de arbitragem, apenas as decisões do árbitro. Se constatar a imissão do juiz estrangeiro na jurisdição do árbitro, o juiz do foro não poderá reconhecer a decisão judicial estrangeira.[48]

Na mesma direção, segue a norma do art. II da Convenção de Nova Iorque de 1958, cujo texto impõe aos juízes dos Estados contratantes a obrigação de reenvio das partes aos árbitros tão logo verifiquem a existência de convenção de arbitragem. O mesmo dispositivo também se aplica para impedir o reconhecimento de decisões judiciais estrangeiras proferidas em violação à convenção. Isso porque a obrigação de reconhecê-la implica a de não reconhecer jurisdição internacional indireta a juiz algum. Onde existe árbitro, não existe juiz, nacional ou estrangeiro; a jurisdição daquele exclui a destes.[49]

Concluímos, então, que:

a) a nova categoria de direito internacional privado criada pela regra de conflito do art. 2º, § 1º, da Lei de Arbitragem diz respeito apenas à determinação do direito aplicável à convenção de arbitragem, pelo juiz nacional;

b) não cabe no seu **âmbito de aplicabilidade a determinação do direito aplicável à licitude do objeto da convenção de arbitragem** (arbitrabilidade material), sujeitas à *lex fori*, em que incide o art. 39 da Lei de Arbitragem ou os artigos V, 2, (a) da Convenção de Nova Iorque de 1958 e da Convenção do Panamá de 1975, e ao direito do local da sede (*lex arbitrii*), quando a arbitragem couber no âmbito de aplicabilidade do Acordo de Buenos Aires de 1998;

c) ao transformar o negócio jurídico *convenção de arbitragem* em critério de jurisdição de juízes o legislador atribui à regra de conflito de leis feições de regra de conflito de jurisdição; por via indireta, a norma do art. 2º da Lei de Arbitragem

---

[48] Nesse sentido, MAYER, Pierre. *Droit international privé*. Paris: Montchrestien, 1996, p. 205; AUDIT, Bernard; D'AVOUT, Louis. *Droit international prive*. Paris: Econômica, 2010, p. 409 e ANCEL, Betrand; LEQUETTE, Yves. *Les grands arrêts de la jurisprudence française de droit international privé*. Paris: Dalloz, 2006, p 147.

[49] DEBOURG, Claire. *Les contrariétés de décisions dans l'arbitrage international*. Paris: L.G.D.J, 2012, p. 308; HASCHER, Dominique. *Note* – Cour de cassation (1re Ch. Civile) 18 février 1992 – Mamadou Ba *v.* Société SIDECI; Cour de cassation (1re Ch. Civile) 10 mars 1993 – Société Polish Ocean Line *v.* Société Jolasry; Cour d'appel de Paris (1re Ch. suppl.) 12 février 1993 – Société Unichips Finanziaria *v.* Gesnouin. *Revue de l'arbitrage*, Paris, n. 2, 1993, p. 278. Sébastien Besson chega à mesma conclusão com base na incidência do art. VI, da Convenção de Nova Iorque de 1958. Ver, Le sort et les effets au sein de l'espace judiciaire Européen d'un jugement écartant une exception d'arbitrage et statuant sur le fond. Études de procédures et d'*arbitrage en l'honneur de Jean-François Poudret*. Lausanne: Faculté de droit de l'université de Lausanne, 1999, p. 334.

determina o direito aplicável à jurisdição internacional do juiz brasileiro e, à internacional indireta, do juiz estrangeiro;

d) o art. 2º, § 1º, da Lei de Arbitragem contém duas regras de conflito: uma de leis e, outra, de jurisdição.

BIBLIOGRAFIA

ANCEL, Bertrand; LEQUETTE, Yves. *Les grands arrêts de la jurisprudence française de droit international privé*. Paris : Dalloz, 2006.

ARMELIN, Donaldo. Arbitragem: antecipação dos efeitos da tutela. Ação de instituição de arbitragem procedente. Eficácia Imediata, embora pendente apelação sem efeito suspensivo. Competência do Tribunal Arbitral para a concessão dos efeitos da tutela. Comentário ao TRF 2ª Região, em 22.06.2004, no caso Companhia Energética de Petrolina – CEP *c*. Comercializadora Brasileira de Energia Emergencial. *Revista de Arbitragem e Mediação*, São Paulo, ano 2, n. 6, p. 217-227, jun./set. 2005.

AUDIT, Bernard; D'AVOUT, Louis. *Droit international privé*. Paris: Economica, 2010.

BASSO, Maristela. As leis envolvidas nas arbitragens comerciais internacionais: campos de regência. *Revista de Direito Bancário, do Mercado de Capitais e da Arbitragem*. São Paulo, n. 9, jul./set. 2000, p. 310.

BATISTA, Luiz Olavo. Convenção de arbitragem e escolha de lei aplicável: uma perspectiva do direito brasileiro. *Revista de Arbitragem e Mediação*, n. 27, São Paulo, out./dez., 2010.

BATISTA MARTINS, Pedro Antônio. *Apontamentos sobre a Lei de Arbitragem*: comentários à Lei 9.307/1996. Rio de Janeiro: Forense, 2008.

BEDAQUE, José Roberto dos Santos. *Efetividade do processo e técnica processual*. São Paulo: Malheiros, 2010.

BESSON, Sébastien. Le sort et les effets au sein de l'espace judiciaire Européen d'un jugement écartant une exception d'arbitrage et statuant sur le fond. Études de procédures et d'*arbitrage en l'honneur de Jean-François Poudret*. Lausanne: Faculté de droit de l'université de Lausanne, 1999, p. 329-343.

BOTELHO DE MESQUITA, José Ignácio. *Teses, estudos e pareceres de processo civil*. São Paulo: RT, 2007, v. 2.

BOVE, Mauro. Rapporti tra arbitro e giudice statale. *Rivista dell'arbitrato*, 1999, p. 411.

BROGLIA MENDES, Rodrigo. *Arbitragem, lex mercatoria e direito estatal*. São Paulo: Quartier Latin, 2010.

CARMONA, Carlos Alberto. *Arbitragem e processo*: um comentário à Lei n. 9.307/1996. 2. ed. São Paulo: Atlas, 2004.

DAMIÃO GONÇALVES, Eduardo. *Arbitrabilidade objetiva*. Tese – Faculdade de Direito da Universidade de São Paulo: USP, 2008.

DEBOURG, Claire. *Les contrariétés de décisions dans l'arbitrage international*. Paris: LGDJ, 2012.

DINAMARCO, Candido Rangel. *Instituições de Direito Processual Civil*. São Paulo: Malheiros, 2005. v. 1.

DOLINGER, Jacob. *A evolução da ordem pública no direito internacional privado.* Tese – Concurso à Cátedra de Direito Internacional Privado – Faculdade de Direito da Universidade Estadual do Rio de Janeiro, Rio de Janeiro, 1979.

FOUCHARD, Ph. Aonde vai a arbitragem internacional? *Revista Brasileira de Arbitragem.* Trad. Clávio Valença Filho e Gisela Mation, vol. 6, n. 21, 2009, p. 280.

_____; GAILLARD, E.; GOLMAN, B. *Traité de l'arbitrage commercial international.* Paris: Litec, 1996.

GIUSEPPE, Chiovenda. *Instituições de Direito Processual Civil.* 3. ed. Tradução Paolo Capitanio. Campinas: Bookseller, 2002. v. 1.

GOMES, Fábio. *Comentários ao Código de Processo Civil.* São Paulo: RT, 2000. v. 3.

GOMES, Orlando. *Direito privado, novos aspectos.* Rio de Janeiro: Freitas Bastos, 1961.

HASCHER, Dominique. *Note* – Cour de cassation (1re Ch. civile) 18 février 1992 – Mamadou Ba *v.* Société Sideci; Cour de cassation (1re Ch. Civile) 10 mars 1993 – Société Polish Ocean Line *v.* société Jolasry; Cour d'appel de Paris (1re Ch. suppl.) 12 février 1993 – Société Unichips Finanziaria v. Gesnouin. *Revue de l'arbitrage,* Paris, n. 2, p. 276-287, 1993.

MAYER, Pierre. *Droit international privé.* Paris: Montchrestien, 1996.

NEVES, Marcelo. *A constitucionalização simbólica.* São Paulo: Acadêmica, 1994.

NEVES, Marcelo da Costa Pinto. *Transconstitucionalismo.* Tese – Concurso Prof. Titular na área de Direito Constitucional – Faculdade de Direito da Universidade de São Paulo, São Paulo, 2009.

PONTES DE MIRANDA, Francisco Cavalcanti. *Comentários ao Código de Processo Civil.* Rio de Janeiro: Forense, 1977, p. 232.

SALTON PERETTI, Luiz Alberto. Caso Jirau: decisões na Inglaterra e no Brasil ressaltam métodos e reações distintas na determinação da lei aplicável à convenção de arbitragem. *Revista brasileira de arbitragem,* n. 37, 2013, p. 41.

TAWIL, G. S.; LIMA, I. J. M. El Estado y el arbitraje: primera aproximación. *Revista de arbitragem e mediação,* São Paulo, v. 4, n. 14, p. 99-150, jul./set. 2007.

TALAMINI, Eduardo. *Coisa julgada e sua revisão.* São Paulo: RT, 2005.

IURA NOVIT CURIA E O CONTRADITÓRIO

DEBORA VISCONTE

Sumário: I. Introdução – II. O *iura novit curia* e o Judiciário – III. *Iura novit curia* e o procedimento arbitral – IV. O *Iura novit curia* e o árbitro – V. Decisões judiciais sobre o *Iura novit curia* na arbitragem – VI. Conclusão – VII. Bibliografia.

I.   INTRODUÇÃO

A expressão *iura novit curia*, na sua acepção original, tinha o sentido de que as normas jurídicas não necessitam de provas, já que caberia ao juiz conhecê-las.[1] Esse adágio foi posteriormente interpretado no sentido de que a aplicação do direito era assunto exclusivo do juiz. As partes não estariam obrigadas a subsumir os fatos, por elas invocados, às normas jurídicas.[2] O juiz conhece o direito, podendo aferi-lo *sponte propria*, e, como

---

[1]   ALBERTI, Christian P. *Iura Novit Curia* in International Commercial Arbitration: How Much Justice Do You Want? In: KRÖLL et al. *Liber Amicorum Eric Bergsten*. International Arbitration and International Commercial Law: Synergy, Convergence and Evolution. Kluwer Law International, 2011. p. 3-32. GIOVANNINI, Teresa. Chapter 8: Ex Officio Powers to Investigate: When Do Arbitrators Cross the Line? In: BAIZEAU, Domitille; BERND, Ehle (Ed.). *Stories from the Hearing Room*: Experience from Arbitral Practice (Essays in Honour of Michael E. Schneider). Kluwer Law International, 2015., p. 59-76. MEIER, Andrea; MCGOUGH, Yolanda. Do Lawyers Always Have to Have the Last Word? Iura Novit Curia and the Right to Be Heard in International Arbitration: an Analysis in View of Recent Swiss Case Law. *ASA Bulletin*, Association Suisse de l'Arbitrage, Kluwer Law International, v. 32, issue 3, p. 490-507, 2014. DIMOLITSA, Antonias. The equivocal power of the arbitrators to introduce *ex officio* new issues of law, *ASA Bulletin*, v.27, issue 3, p. 426, 2009.

[2]   BAUR, Fritz. Da importância da dicção *iuria novit curia*. *Revista de Processo*, São Paulo, v. 1, n. 3, jul. 1976. "1. A dicção *iuria novit curia* não significa que a obrigação das partes enunciarem seus argumentos e o ônus material da prova estão sempre excluídos, no que diz respeito às normas jurídicas aplicáveis, tendo em vista o litígio. 2. A dicção *iuria novit curia* não significa que o Tribunal disponha do monopólio da aplicação do direito: desconhecendo ou desprezando as conclusões das partes tendo em vista as normas jurídicas invocadas pelos litigantes. 3. A dicção *iuria novit curia*

consequência, para além dos fundamentos legais trazidos pelas partes.[3] A subsunção do fato à norma é dever do juiz, "dá-me os fatos que eu lhe darei o direito".

O *iura novit curia* é também interpretado no sentido de que o juiz não é obrigado a aceitar as propostas de subsunção dos fatos às normas indicadas pelas partes, tendo a possibilidade de aplicar norma jurídica distinta, mesmo que não alegada, desde que a julgue mais adequada à luz do livre convencimento motivado.[4] Nesse sentido, Marcelo Pacheco Machado:

> Desde que o juiz respeite as alegações de fato (causa de pedir remota) e não conceda nada a mais, a menos ou diferente do que foi delimitado no pedido, este estará plenamente livre para invocar normas distintas daquelas trazidas pelas partes no debate jurídico conduzido no processo, decidindo assim a causa.[5]

O dever do julgador de dizer o direito exercendo seu "precípuo dever funcional" ou, ainda, seu dever constitucional de resolver a lide dizendo o direito, conforme definição de Judith Martins-Costa,[6] não causa debates na maioria dos países de *civil law* que admitem, inclusive, que juiz diga o direito estrangeiro.[7]

Nos países de *common law*, em especial na Inglaterra e em países em que o sistema legal decorre do sistema inglês, não se admite que o juiz julgue com base em fundamentos não alegados pelas partes e, no que se refere ao direito estrangeiro, o seu conteúdo deve ser provado pelas partes. Já nos Estados Unidos, como se verá, os juízes têm flexibilidade para determinar o conteúdo do direito estrangeiro aplicável.

O acolhimento ou não do *iura novit curia* é o primeiro traço que distingue os diferentes sistemas legais; o segundo é se essa premissa de o juiz conhecer o direito é válida

---

não significa que pertence, ao Tribunal, o direito de fazer abstração da lei, em função de referência feita aos princípios da equidade, menos apropriado à solução do litígio". (Destacou-se) "É necessário que nos liberemos de uma concepção que remonta, provavelmente, à época do absolutismo esclarecido, do século XVIII, nos seus últimos anos, segundo a qual, incumbe ao Tribunal exercer uma espécie de tutela, a fim de contribuir para a salvação das partes. Em processo civil o Tribunal deve resolver o litígio que as partes lhe tenham submetido, nem mais, nem menos".

[3] O racional por trás da aplicação do brocardo *iura novit curia* pelo Judiciário brasileiro é no sentido de que, ao permitir que os juízes analisem o caso para além dos fundamentos legais apresentados pelas partes, o Estado caminharia para atingir um de seus principais interesses: a paz entre os cidadãos. Além disso, o Estado tem interesse de que o seu direito material seja aplicado de maneira correta, desenvolvendo um corpo coerente de jurisprudência. Essa aplicação consistente do direito asseguraria a previsibilidade, independentemente da sofisticação dos fundamentos legais trazidos pelas partes. Promoveria a igualdade perante o direito (equilíbrio entre fortes e fracos, melhores e piores representados), bem como o seu desenvolvimento. Por fim, promoveria economia e eficiência do processo.

[4] MACHADO, Marcelo Pacheco. Causa de pedir e teoria da relatividade do fato essencial. *Revista de Processo*, São Paulo, v. 39, n. 237, p. 93, 2014.

[5] MACHADO, Marcelo Pacheco. Causa de pedir e teoria da relatividade do fato essencial. *Revista de Processo*, São Paulo, v. 39, n. 237, p. 93, 2014.

[6] Palestra sobre *iura novit curia* e a atividade interpretativa do Árbitro, proferida no *ICC Brazilian Arbitration Day*, em 1.º.07.2015.

[7] Aponta o Relatório ILA 2008 que as cortes internacionais também adotam o *iura novit curia*. Corte de Justiça Internacional, Órgão de Apelação da OMC, Corte Interamericana de Direitos Humanos e Corte Europeia de Direitos Humanos. Ver fls. 10 e notas de rodapé correspondentes.

quando se trata de direito estrangeiro; e o terceiro é se o juiz deve dar oportunidade às partes para se manifestar sobre o novo fundamento.

Assim, partindo-se da relação do *iura novit curia* com o Judiciário, verificar-se-á se as mesmas premissas se aplicam aos árbitros. O árbitro, como o juiz, exerce função jurisdicional, devendo decidir a lide de acordo com seu livre convencimento. De outro lado, deve o árbitro decidir a controvérsia dentro dos limites impostos pela convenção de arbitragem. Ao proferir a sentença pode o árbitro requalificar a demanda? Antes de fazê-lo, deve dar oportunidade às partes para se manifestar?

II. O *IURA NOVIT CURIA* E O JUDICIÁRIO

No que se refere ao direito nacional, *civil law* e *common law* se alinham no sentido de que não é necessário prová-lo.[8] No entanto, em países de *common law*, em especial na Inglaterra e naqueles em que o arcabouço legal decorre do sistema inglês, não deve o Juiz aplicar fundamentos legais não alegados pelas partes. Essa orientação se coaduna com o modelo adversarial de processo em que as partes são as protagonistas, em que o princípio do dispositivo é o predominante.

No tocante ao direito estrangeiro, o conteúdo da lei aplicável é aferível de diversas formas, reunidas pela *International Law Association* ("ILA"), em 2008, no *Final Report* sobre *Ascertaining the Contents of the Aplicable Law in International Commercial Arbitration* ("Relatório ILA 2008"), em três categorias: (i) jurisdições em que o juiz tem poderes para aferir e decidir com base no direito estrangeiro (normalmente nos países de *civil law*); (ii) jurisdições em que a parte deve alegar e provar o direito estrangeiro (Inglaterra e países em que o sistema jurídico é derivado do inglês); (iii) sistemas intermediários, como o dos Estados Unidos, onde as partes devem alegar o direito estrangeiro, mas a obrigação de aferir seu conteúdo é compartilhada entre o Judiciário e a parte.

No direito brasileiro, de acordo com a máxima *iura novit curia*, ainda que as partes tenham situado a controvérsia em torno de determinadas normas jurídicas, não fica o juiz a elas vinculado, nem em relação ao direito nacional, nem em relação ao direito estrangeiro.[9] Desde que não se modifique a causa de pedir nem se altere o pedido, é lícito ao juiz atribuir aos fatos narrados pelo autor qualificação jurídica diversa.[10]

---

[8] Nesse sentido, o art. 376 do NCPC: "A parte que alegar direito municipal, estadual, estrangeiro ou consuetudinário provar-lhe-á o teor e a vigência, se o juiz assim determinar".
Art. 14 da LINDB: "Não conhecendo a lei estrangeira, poderá o juiz exigir de quem a invoca prova de texto e de vigência".

[9] Art. 140 do NCPC: "O juiz não se exime de decidir sob a alegação de lacuna ou obscuridade do ordenamento jurídico".
MALLET, Estêvão. Notas sobre o problema da chamada "decisão-surpresa". *Revista de Processo*, São Paulo, v. 39, n. 233, p. 3, jul. 2014.
Art. 14 da LINDB: "Não conhecendo a lei estrangeira, poderá o juiz exigir de quem a invoca prova do texto e da vigência"; Art. 376 do NCPC: "A parte que alegar direito municipal, estadual, estrangeiro ou consuetudinário, provar-lhe-á o teor e a vigência se assim o juiz determinar".

[10] "Com base nos fatos narrados pela parte na peça preambular, cabe ao magistrado atribuir a qualificação jurídica que tenha correspondência à solução do litígio diante do princípio *jura novit curia*,

Importa para a correta compreensão do *iura novit curia* no direito brasileiro, portanto, definir-se causa de pedir. Integram a causa de pedir: a causa de pedir fática (remota) e a causa de pedir jurídica (próxima). Segundo corrente majoritária, a causa de pedir no nosso direito se filia à teoria da substanciação, que leva em consideração a narração do fato ou conjunto de fatos do direito constitutivo do autor.[11] Segundo Marcelo Pacheco Machado:

> A causa de pedir fática ou remota seria constituída pela descrição ou alegação dos fatos aptos – uma vez subsumidos às normas pertinentes – a produzirem os efeitos jurídicos pretendidos no pedido. [...] A causa de pedir jurídica ou próxima, por sua vez, também é caracterizada por alegações. Todavia, não se alega "fatos" tal como concebidos acima, mas o "direito", *i.e.*, reconstrói-se linguisticamente a norma jurídica aplicável ao caso.[12]

O juiz se limita pelos fatos narrados, não havendo limites para que os possa requalificar juridicamente, fazendo-os incidir a norma distinta daquela alegada pelo demandante.[13] Os limites do juiz para dar nova qualificação jurídica ao caso é que se mantenha nos limites traçados pelo autor no que concerne à causa de pedir remota.[14] Não é permitido ao juiz decidir levando-se em conta fatos não alegados nem discutidos ou prestar tutela jurisdicional diferente daquela pleiteada na petição inicial, baseado em uma fundamentação legal não arguida pelo autor.

O STJ se posicionou no sentido de inexistir o julgamento *extra petita* e a ofensa aos artigos 128 e 460 do CPC de 1973,[15] pela incidência do *iura novit curi*[16]. Confira-se:

---

pelo qual se pressupõe o seu conhecimento do direito, cuja relevância reflete postulado de igual matiz: *da mihi factum dabo tibi jus*. Não há ofensa aos artigos 128 e 460 do CPC se a qualificação jurídica dos fatos difere daquela apontada pelos autores recorrentes" (STJ, 4.ª T., REsp 1.046.497/ RJ, j. 24.08.2010, rel. Min. João Otávio de Noronha).

[11] De acordo com a teoria da individuação (ou individualização) a causa pretendi se limita à indicação, como fundamento jurídico, da relação jurídica constitutiva do direito. A indicação do fato constitutivo do direito é meramente circunstancial, não sendo considerada uma exigência para integralização da causa de pedir. NEVES, Daniel A. A. *Iura novit curia* e o contraditório. Disponível em: <http:// genjuridico.com.br/2015/01/30/iura-novit-curia-e-o-contraditorio/>. Acesso em: 11 set. 2016. Ainda, de acordo com a teoria da individualização "o que compõe a causa de pedir é, exclusivamente, a relação jurídica firmada pelo autor (ou o estado que ele invoca como fundamento do pedido". CAZETTA JÚNIOR, José J. Conteúdo da causa de pedir e proposta da aplicação dessa categoria ao Recurso Extraordinário: um exame crítico. TUCCI, José Rogério C.; BEDAQUE, José Roberto dos Santos. *Causa de pedir e pedido no processo civil* (questões polêmicas). São Paulo: RT, 2002. p. 238.

[12] Causa de pedir e teoria da relatividade do fato essencial. *Revista de Processo*, v. 237, p. 90-91, 2014.

[13] MARTINS-COSTA, Judith. Palestra sobre *iura novit curia* e a atividade interpretativa do árbitro, proferida no ICC Brazilian Arbitration Day de 1.º.07.2015. Judith Martins-Costa define qualificação como "operação consistente em classificar um fato, um ato, ou uma conduta, sob determinada categoria jurídica para determinar seu regime e seus efeitos". Define, ainda, como "colocar em relação *o que* é o fato alegado e provado, e *o que deve ser*, segundo o Direito, apontando-se as consequências dessa relação".

[14] NEVES, Daniel A. A. *Iura novit curia* e o contraditório. Disponível em: <http://genjuridico.com. br/2015/01/30/iura-novit-curia-e-o-contraditorio/>. Acesso em: 11 set. 2016.

[15] Atuais artigos 141 e 492 do NCPC.

[16] "Processo civil. Adstrição do juiz ao pedido da parte. Julgamento extra petita (inocorrência). Não alterada a natureza do pedido imediato (ação condenatória, sentença condenatória), não é extra petita o julgamento que se valeu de regra diversa da invocada, pelo autor, na inicial. Caso em que a aplicação da lei envolveu questão de direito, somente. *Iura novit curia*. Acórdão local que não

Acerca do alegado julgamento *extra petita*, ressalta-se que à luz do que dispõe o artigo 460 do Código de Processo Civil, a atividade jurisdicional está adstrita aos limites do pedido e da causa de pedir. Porém, o magistrado aplica o direito à espécie observando os fatos deduzidos na petição inicial, por força do princípio *iura novit curia*. Nesse passo, incumbe ao autor narrar os fatos que serviram de suporte à demanda e, ao magistrado, conferir-lhe o enquadramento legal que entender adequado (STJ, 4.ª T., REsp 148.894/MG, j. 02.09.1999, rel. Min. Sálvio de Figueiredo Teixeira).

Importante ressaltar, conforme entendimento pacificado neste Tribunal, que a compreensão a respeito do pedido deve ser extraída de toda a pretensão deduzida na petição inicial. "O pedido é o que se pretende com a instauração da demanda e se extrai da interpretação lógico-sistemática das razões recursais, sendo de levar-se em conta os requerimentos feitos em seu corpo e não só aqueles constantes em capítulo especial ou sob a rubrica 'dos pedidos', devendo ser levados em consideração, portanto, todos os requerimentos feitos ao longo da peça, ainda que implícitos" (STJ, 3.ª T., AgRg no AREsp 161.113/SP, j. 26.06.2012, rel. Min. Sidnei Beneti, *DJe* 29.06.2012).

No entanto, o novo Código de Processo Civil, apoiado na jurisprudência,[17] trouxe no artigo 10,[18] uma condição para que o juiz proferira uma sentença com base em fatos

---

desatendeu o disposto nos arts. 128 e 460. Recurso especial não conhecido" (STJ, 3.ª T., REsp 5239/SP, j. 05.03.1991, rel. Nilson Naves).

[17] "Apelação cível. Arrendamento mercantil. Ação de reintegração de posse. Fundamento adotado pelo magistrado para embasar a procedência da demanda não suscitado anteriormente no processo. Decisão surpresa. Procedimento inadequado à luz dos princípios constitucionais do contraditório e da ampla defesa. Desconstituição da sentença" (TJRS, 14.ª Câm. Cív., ApCív 70051242725/RS, j. 08.11.2012, rel. Judith dos Santos Mottecy).

"A interpretação do diploma legal processual, sob a ótica da Constituição, impõe a observação dos ditames lá postos, de modo que, em uma perspectiva neoprocessual, o princípio do contraditório não seja apenas formal, mas também substancial. E dessa configuração decorre a ideia de que as partes não podem ser surpreendidas por uma decisão do magistrado que aborde questão de fato ou de direito que não foi previamente submetida ao contraditório, como na espécie, no que respeita ao valor fixado para a carta de crédito. Agravo retido desprovido. Apelação provida. Sentença desconstituída" (TJRS, 4.ª Câm. Cív., Ap Cív 70039049531, j. 04.04.2012, rel. José Luiz Reis de Azambuja).

"[...] a parte não pode ser apanhada por decisão fundada em fato e circunstâncias a respeito das quais não tenha tomado conhecimento" (TJSP, 2.ª Câm. Dir. Púb., AI 0583984-73.2010.8.26.0000, j. 12.04.2011, rel. Vera Angrisani).

"Apelação cível. Arrendamento mercantil. Ação de reintegração de posse. Fundamento adotado pelo magistrado para embasar a procedência da demanda não suscitado anteriormente no processo. Decisão surpresa. Procedimento inadequado à luz dos princípios constitucionais do contraditório e da ampla defesa. Desconstituição da sentença" (TJRS, 14.ª Câm. Cív., ApCív 70051242725/RS, j. 08.11.2012, rel. Judith dos Santos Mottecy).

"A interpretação do diploma legal processual, sob a ótica da Constituição, impõe a observação dos ditames lá postos, de modo que, em uma perspectiva neoprocessual, o princípio do contraditório não seja apenas formal, mas também substancial. E dessa configuração decorre a ideia de que as partes não podem ser surpreendidas por uma decisão do magistrado que aborde questão de fato ou de direito que não foi previamente submetida ao contraditório, como na espécie, no que respeita ao valor fixado para a carta de crédito. Agravo retido desprovido. Apelação provida. Sentença desconstituída" (TJRS, 4.ª Câm. Cív., ApCív 70039049531, j. 04.04.2012, rel. José Luiz Reis de Azambuja).

[18] Art. 10 do NCPC: "O juiz não pode decidir, em grau algum de jurisdição, com base em fundamento a respeito do qual não se tenha dado às partes oportunidade de se manifestar, ainda que se trate de matéria sobre a qual deva decidir de ofício".

não alegados pelas partes: a de dar às partes a oportunidade de se manifestar, ainda que se trate de matéria sobre a qual deva se pronunciar de ofício.[19]

No mesmo sentido, no direito alemão, o Código de Processo Civil (ZPO) contém regra no § 139, (2), coibindo as decisões-surpresa.[20] Já no direito italiano, sob a rubrica de princípio do contraditório, o artigo 101 do Codice di Procedura Civile italiano diz que o juiz deve conceder às partes a oportunidade de se manifestar sobre o novo fundamento, sob pena de nulidade da decisão.[21] Da mesma forma, o direito português, no artigo 3.º, n. 3, do Código de Processo Civil, aprovado em 2013, repetindo o que já constava no anterior, estabelece que, com base no princípio do contraditório, não deve o juiz decidir sem que as partes tenham tido a oportunidade de se manifestar.[22] Por fim, dispõe o artigo 16(3) do Code de Procédure Civile francês que o juiz deve respeitar o princípio do contraditório, não baseando sua decisão em fundamentos legais que acessou *sua sponte* sem ter antes concedido às partes a oportunidade de se manifestar sobre esses novos fundamentos.[23]

Defende Estevão Mallet que se as partes não puderem discutir e debater potencial enquadramento jurídico da controvérsia, a ser feito de ofício pelo juiz, ou a aplicação de uma norma, cuja incidência no caso nunca foi aventada no processo, ou, ainda, determinada questão considerada de ordem pública, em termos práticos sofrerão sensível

---

[19] LIMA, Thadeu Augimeri de Goes. *Iura novit curia* no processo civil brasileiro. Dos primórdios ao novo CPC. *Revista de Processo*, São Paulo, v. 41, n. 251, p. 141, 2016. Ainda, de acordo com esse autor: "Cumpre desde logo alertar que o dispositivo não faz qualquer distinção acerca da *natureza do fundamento invocado pelo magistrado*, aplicando-se, portanto, de idêntico modo às questões de fato e às questões de direito. E, nestas, também não diferencia as relativas ao direito processual das concernentes ao direito material, ou seja, engloba tanto o juízo de admissibilidade quanto o juízo de mérito, em que se situa a pertinência do *iura novit curia*. Com efeito, é por ocasião da resolução do *meritum causae* que o magistrado procederá à requalificação normativa dos fatos relevantes trazidos pelas partes, fazendo incidir a definição e as consequências jurídicas que entender corretas".

[20] "The court may base its decision on an aspect that a party has recognizably overlooked or has deemed to be insignificant, provided that this does not merely concern an ancillary claim, only if it has given corresponding notice of this fact and has allowed the opportunity to address the matter. The same shall apply for any aspect that the court assesses differently than both parties do."

[21] "Il giudice, salvo che la legge disponga altrimenti, non può statuire sopra alcuna domanda, se la parte contro la quale è proposta non è stata regolarmente citata e non è comparsa. Se ritiene di porre a fondamento della decisione una questione rilevata d'ufficio, il giudice riserva la decisione, assegnando alle parti, a pena di nullità, un termine, non inferiore a venti giorni e non superiore a quaranta giorni dalla comunicazione, per il deposito in cancelleria di memorie contenenti osservazioni sulla medesima questione."

[22] "O juiz deve observar e fazer cumprir, ao longo de todo o processo, o princípio do contraditório, não lhe sendo lícito, salvo caso de manifesta desnecessidade, decidir questões de direito ou de facto, mesmo que de conhecimento oficioso, sem que as partes tenham tido a possibilidade de sobre elas se pronunciarem".

[23] Artigo 16(3) do *Code de Procédure Civile*:
"Le juge doit, en toutes circonstances, faire observer et observer lui-même le principe de la contradiction...Il ne peut fonder sa décision sur les moyens de droit qu'il a relevés d'office sans avoir au préalable invité les parties à présenter leurs observations".

limitação ao contraditório. Fundamentar a decisão em aspecto estranho ao contraditório desrespeita de modo direto o devido processo legal, por ofender a tutela conferida ao direito de defesa e a garantia do contraditório.[24]

Em suma, o respeito à garantia do contraditório impõe que o juiz, antes de aplicar de ofício alguma regra legal ou de requalificar a controvérsia, inovando a discussão até então travada no processo, ouça as partes, sob pena de nulidade da sentença.

No que se refere ao direito estrangeiro, parte-se da pressuposição nos países de *civil law* que o juiz conhece o direito estrangeiro, concedendo-lhe o dever de tomar as medidas que entender necessárias para conhecer o direito aplicável.[25]

No Brasil, como já apontado, o direito estrangeiro não precisa ser provado.[26] Nesse mesmo sentido o direito alemão, no artigo 293 do CPC (ZPO),[27] que dispõe que o direito estrangeiro e o costumeiro só precisarão ser provados se forem desconhecidos do juiz. O juízo não está adstrito à prova trazida pelas partes.

Na Itália, de acordo com o artigo 14 da Lei 218/1995,[28] os Tribunais devem verificar o direito estrangeiro aplicável *ex officio*. Caso o juiz não possa estabelecer o direito estrangeiro aplicável, mesmo com a cooperação das partes, deverá aplicar as leis de conflito que entender cabíveis.

Na França, o direito estrangeiro será aplicado se alegado e provado por uma das partes.[29] O Judiciário não é obrigado a aplicar o direito estrangeiro se a controvérsia tratar de direitos disponíveis e as Partes não provaram o conteúdo da lei material.

---

[24] MALLET, Estêvão, Notas sobre o problema da chamada "decisão-surpresa". *Revista de Processo*, São Paulo, v. 39, n. 233, p. 6, jul. 2014.

[25] LEW, Julian D.M. QC. Iura novit curia and due process. Queen Mary University of London, School of Law Legal Studies Research Paper 72/2010. Disponível em: <https://papers.ssrn.com/sol3/papers.cfm?abstract_id=1733531>. Acesso em: 6 nov. 2016.

[26] Art. 14 do CC: "Não conhecendo a lei estrangeira, poderá o juiz exigir de quem a invoca prova do texto e da vigência"; Art. 376 do NCPC: "A parte que alegar direito municipal, estadual, estrangeiro ou consuetudinário, provar-lhe-á o teor e a vigência se assim determinar o juiz".

[27] "The law which is in force in another state, customary law and by-laws require prof only to such extent as they are unknown to the court. In the establishment of these legal norms, the court is not limited to the evidence brought forward by the parties; it is empowered to make use of other sources of knowledge and to order whatever is necessary for the purposes of such utilization."

[28] "The judge shall ascertain the applicable foreign law ex officio. To that effect he may use, in addition to the instruments referred to in international conventions, information obtained through the Ministry of Justice, or from experts or specialized institutions.

Should the judge be unable to ascertain the foreign law to which reference is made, even with the cooperation of the parties, he shall apply the law that can be determined on the basis of other connecting factors as possibly provided for with respect to the same matter."

[29] "Le juge tranche le litige conformément aux règles de droit qui lui sont applicables.

Il doit donner ou restituer leur exacte qualification aux faits et actes litigieux sans s'arrêter à la dénomination que les parties en auraient proposée.

Toutefois, il ne peut changer la dénomination ou le fondement juridique lorsque les parties, en vertu d'un accord exprès et pour les droits dont elles ont la libre disposition, l'ont lié par les qualifications et points de droit auxquels elles entendent limiter le débat.

Em jurisdições de *common law*, as partes devem alegar e provar o direito estrangeiro, uma vez que o juízo só conhece seu próprio direito. O dever de provar o direito estrangeiro é da parte e o Juízo não precisa ir além do que lhe foi apresentado.[30]

Nesse sentido, na Inglaterra, ao Judiciário é dado desconhecer o direito estrangeiro até que seja provado. As partes devem provar o direito da mesma forma como provam fatos.[31] O artigo 4(2)(a) do Civil Evidence Act de 1972 determina que a parte que alega a lei estrangeira deve educar o juízo por meio de um *expert* que, além de explicar o conteúdo direito estrangeiro, explicará como interpretá-lo. O artigo 33.7 das Civil Procedure Rules dispõe sobre como a prova deve ser feita.[32]

Nos Estados Unidos, o artigo 44.1 do U.S. Federal Rules of Civil Procedure dispõe que o Judiciário, ao estabelecer o conteúdo do direito estrangeiro, pode considerar qualquer fonte, submetida ou não pela parte. A Nota do Advisory Committe de 1996 adverte que o artigo 44.1 não obriga o juiz a informar as partes que pretende realizar sua própria pesquisa a respeito do direito estrangeiro, mas anota que o juiz deve informar as partes se suas conclusões forem divergentes daquelas por elas alcançadas.

III. *IURA NOVIT CURIA* E O PROCEDIMENTO ARBITRAL

O Tribunal Arbitral não tem nacionalidade, independentemente do lugar da arbitragem, da nacionalidade dos árbitros, da sede da instituição da arbitragem que administra o procedimento. Ademais, não deve o árbitro importar as regras processuais do local de arbitragem.[33] Dessa forma, o Tribunal Arbitral deve estabelecer o conteúdo do

---

Le litige né, les parties peuvent aussi, dans les mêmes matières et sous la même condition, conférer au juge mission de statuer comme amiable compositeur, sous réserve d'appel si elles n'y ont pas spécialement renoncé".

[30] LEW, Julian D.M. QC. Iura novit curia and due process. Queen Mary University of London, School of Law Legal Studies Research Paper 72/2010. Disponível em: <https://papers.ssrn.com/sol3/papers.cfm?abstract_id=1733531>. Acesso em: 6 nov. 2016, p. 4-5.

[31] KAUFMANN-KOHLER, Gabrielle. The Arbitrator and the Law: Does He/She Know It? Apply It? How? And a Few More Questions, Arb. Int., 2005, p. 631.

[32] "1. This rule sets out the procedure which must be followed by a party who intends to put in evidence a finding on a question of foreign law by virtue of section 4(2) of the Civil Evidence Act 1972.

2. He must give any other party notice of his intention.

3. He must give the notice-

a. if there are to be witness statements, not later than the latest date for serving them; or

b. otherwise, not less than 21 days before the hearing at which he proposes to put the finding in evidence.

4. The notice must-

a. specify the question on which the finding was made; and

b. enclose a copy of a document where it is reported or recorded."

[33] O art. 1.460 do Código de Processo Civil francês é expresso no sentido de que os árbitros não estão vinculados às regras aplicadas aos procedimentos judiciais, a menos que as partes tenham disposto diferente.

direito material aplicável da forma que entender adequada, observando o regulamento de arbitragem aplicável, a convenção de arbitragem estabelecida entre as partes, o direito material aplicável e a prática do direito internacional.[34]

Os regulamentos são silentes no que se refere aos poderes conferidos ao Tribunal Arbitral para estabelecer o conteúdo do direito material aplicável, exceção feita ao artigo 22.1(iii) das regras da LCIA, que determina que o Tribunal Arbitral poderá fazê-lo, com a concessão de prazo às partes para que se manifestem:

> 22.1 The Arbitral Tribunal shall have the power, upon the application of any party or (save for sub-paragraphs (viii), (ix) and (x) below) upon its own initiative, but in either case only after giving the parties a reasonable opportunity to state their views and upon such terms (as to costs and otherwise) as the Arbitral Tribunal may decide:
> (iii) to conduct such enquiries as may appear to the Arbitral Tribunal to be necessary or expedient, including whether and to what extent the Arbitral Tribunal should itself take the initiative in identifying relevant issues and ascertaining relevant facts and the law(s) or rules of law applicable to the Arbitration Agreement, the arbitration and the merits of the parties' dispute.

Os regulamentos de arbitragem, no entanto, conferem ampla liberdade ao árbitro para que estabeleça o procedimento que entender adequado, conforme artigo 15(1) do Regulamento de Arbitragem da UNCITRAL de 2010:

> O Tribunal Arbitral pode conduzir a arbitragem da forma que considerar apropriada, contanto que as partes sejam tratadas com igualdade e que em todos os estágios do processo seja dado à parte a oportunidade de apresentar o seu caso[35] (tradução livre).

Nesse sentido é o artigo 7.8 do Regulamento do Centro de Arbitragem e Mediação da Câmara Brasil-Canadá. Esse artigo confere plenos poderes de condução aos árbitros, mas estabelece que deverão ser respeitados os princípios da ampla defesa, do contraditório e da igualdade de tratamento das partes.[36]

A convenção de arbitragem, da mesma forma, não estabelece a forma como Tribunal Arbitral deve aferir o conteúdo do direito material aplicado à controvérsia. No entanto,

---

[34] LEW, Julian D.M. QC. Iura novit curia and due process. Queen Mary University of London, School of Law Legal Studies Research Paper 72/2010. Disponível em: <https://papers.ssrn.com/sol3/papers.cfm?abstract_id=1733531>. Acesso em: 6 nov. 2016, p. 8.

[35] "The arbitral tribunal may conduct the arbitration in such manner as it considers appropriate, provided that the parties are treated with equality and that at any stage of the proceedings each party is given a full opportunity of presenting his case."

[36] Art. 7.8 do Regulamento do Centro de Arbitragem e Mediação da Câmara Brasil-Canadá: "O Tribunal Arbitral adotará as medidas necessárias e convenientes para o correto desenvolvimento do procedimento, observados os princípios da ampla defesa, do contraditório e da igualdade de tratamento das partes".

podem as partes limitar a extensão da pesquisa a ser conduzida pelos árbitros, conforme dispõe o artigo 34(1)(g) do English Arbitration Act.[37]

O artigo 19 da Lei Modelo da Uncitral determina que as partes podem, de comum acordo, escolher o procedimento a ser seguido pelo tribunal arbitral. Na falta de acordo, o árbitro poderá determiná-lo.[38] Os artigos 21 e 22 da Lei Brasileira de Arbitragem caminham no mesmo sentido de estabelecer que o árbitro siga o procedimento acordado pelas partes.[39] Não havendo acordo, o árbitro poderá discipliná-lo. Em ambos os casos, deverão ser respeitados os princípios do contraditório, da igualdade das partes, da imparcialidade do árbitro e de seu livre convencimento.[40]

De outro lado, alguns instrumentos de *soft law*, como os Princípios Transnacionais de Processo Civil elaborados pelo *American Law Institute* e pelo Unidroit[41] ("Princípios ALI/Unidroit"), adotados em 2004, e o Relatório ILA 2008, tratam especificamente do tema.

Os Princípios ALI/Unidroit reconhecem a aplicação do *iura novit curia* no direito internacional ao preverem, em seu artigo 22.1, que o juiz é responsável por levar em

---

[37] Section 34(1) da English Arbitration Act: "It shall be for the tribunal to decide all procedural and evidential matters, subject to right of the parties to agree any matter.

(2) Procedural and evidential matters include [...]

(g) whether and to what extent the tribunal should itself take the initiative in ascertaining the facts and the law".

[38] Art. 19 da Lei Modelo da UNCITRAL: "1) Subject to the provisions of this Law, the parties are free to agree on the procedure to be followed by the arbitral tribunal in conducting the proceedings.

2) Failing such agreement, the arbitral tribunal may, subject to the provisions of this Law, conduct the arbitration in such manner as it considers appropriate. The power conferred upon the arbitral tribunal includes the power to determine the admissibility, relevance, materiality and weight of any evidence".

[39] Art. 21 da Lei Brasileira de Arbitragem: "A arbitragem obedecerá ao procedimento estabelecido pelas partes na convenção de arbitragem, que poderá reportar-se às regras de um órgão arbitral institucional ou entidade especializada, facultando-se, ainda, às partes delegar ao próprio árbitro, ou ao tribunal arbitral, regular o procedimento.

§ 1.º Não havendo estipulação acerca do procedimento, caberá ao árbitro ou ao tribunal arbitral discipliná-lo.

§ 2.º Serão, sempre, respeitados no procedimento arbitral os princípios do contraditório, da igualdade das partes, da imparcialidade do árbitro e de seu livre convencimento.

§ 3.º As partes poderão postular por intermédio de advogado, respeitada, sempre, a faculdade de designar quem as represente ou assista no procedimento arbitral.

§ 4.º Competirá ao árbitro ou ao tribunal arbitral, no início do procedimento, tentar a conciliação das partes, aplicando-se, no que couber, o art. 28 desta Lei".

Art. 22 da Lei Brasileira de Arbitragem: "Poderá o árbitro ou o tribunal arbitral tomar o depoimento das partes, ouvir testemunhas e determinar a realização de perícias ou outras provas que julgar necessárias, mediante requerimento das partes ou de ofício".

[40] Nessa mesma linha, o art. 816 do *Codice di Procedura italiano* e o art. 1460 do *Code de Procédure Civile*.

[41] Nos comentários à finalidade dos princípios diz que são igualmente aplicáveis a arbitragens internacionais.

consideração todos os fatos e provas relevantes, e por determinar a base legal correta para sua decisão, inclusive no que se refere ao direito estrangeiro.[42] Já o artigo 22.2.3 confere ao juiz a possibilidade de basear sua decisão em fundamento jurídico ou interpretação dos fatos e das provas não alegadas pelas partes, desde que conceda a oportunidade às partes para se manifestar.[43]

O Relatório ILA 2008, com o intuito de servir como diretriz ao árbitro internacional, procura responder às seguintes perguntas: Como os árbitros devem adquirir informação sobre a lei aplicável e seu conteúdo? Como os árbitros devem interagir com as partes sobre o conteúdo do direito material aplicável? E, por fim: como os árbitros devem utilizar as informações que recebem acerca do direito material aplicável?[44]

Em primeiro lugar, o Relatório ILA 2008 afirma que a principal missão do árbitro é decidir a controvérsia de acordo com o mandato definido na convenção de arbitragem. Dessa forma, os árbitros devem decidir de acordo com a lei aplicável e dentro dos limites ali estabelecidos, sob pena de proferirem uma sentença nula ou cuja homologação possa ser negada nos termos da Convenção de Nova Iorque.[45]

Em segundo lugar, árbitros devem conduzir o procedimento de acordo com o princípio do devido processo legal, respeitando o contraditório. Ao determinar o conteúdo

---

[42] Art. 22.1 dos Princípios ALI/UNIDROIT: "The court is responsible for considering all relevant facts and evidence and for determining the correct basis for its decisions, including matters determined on the basis of foreign law".

[43] Art. 22.2 dos Princípios ALI/UNIDROIT: "*The Court may, while affording the parties opportunity to respond:*
22.2.3 *Rely upon a legal theory or an interpretation of the facts or of the evidence that has not been advanced by a party*".

[44] International Law Association (ILA), Final Report (2008), p. 5

[45] Art. 32 da LARB: "É nula a sentença arbitral se:
– for nula a convenção de arbitragem;
– emanou de quem não podia ser árbitro;
– não contiver os requisitos do art. 26 desta Lei;
– for proferida fora dos limites da convenção de arbitragem;
V – não decidir todo o litígio submetido à arbitragem;
VI – comprovado que foi proferida por prevaricação, concussão ou corrupção passiva; VII – proferida fora do prazo, respeitado o disposto no art. 12, inciso III, desta Lei; e VIII – forem desrespeitados os princípios de que trata o art. 21, § 2.º, desta Lei":
Artigo V da CNY:
"1. O reconhecimento e a execução de uma sentença poderão ser indeferidos, a pedido da parte contra a qual ela é invocada, unicamente se esta parte fornecer, à autoridade competente onde se tenciona o reconhecimento e a execução, prova de que:
c) a sentença se refere a uma divergência que não está prevista ou que não se enquadra nos termos da cláusula de submissão à arbitragem, ou contém decisões acerca de matérias que transcendem o alcance da cláusula de submissão, contanto que, se as decisões sobre as matérias suscetíveis de arbitragem puderem ser separadas daquelas não suscetíveis, a parte da sentença que contém decisões sobre matérias suscetíveis de arbitragem possa ser reconhecida e executada; [...]"

da lei material aplicável, não devem os árbitros surpreender as partes aplicando norma ou princípio que não tenha sido alegado.

Em terceiro lugar, devem considerar os argumentos trazidos pelas partes, ainda que o direito aplicável seja conhecido dos árbitros. Por fim, os árbitros devem levar em consideração, ao proferir sua sentença, questões de ordem pública.

As recomendações, que seguem a parte analítica do relatório, são no sentido de sugerir aos árbitros que não apresentem fundamentos legais novos, não trazidos pelas partes.[46] No entanto, reconhecem que os árbitros não estão adstritos aos fundamentos legais trazidos pelas partes; assim, afirmando a aplicação do *iura novit curia*, estabelece a Recomendação 7 que os árbitros podem questionar as partes sobre fundamentos legais por elas não invocados.[47]

Estressam, as recomendações, a necessidade de os árbitros conferirem a oportunidade às partes de se manifestar sobre novos fundamentos legais antes de proferirem a sentença com base nesses fundamentos, ainda que o processo esteja em fase de deliberação. Devem os árbitros reabrir a instrução para ouvir as partes especificamente sobre esse ponto (Recomendações 3, 8, 10, 11).[48]

---

[46] Recomendação 6: "In general and subject to Recommendation 13, arbitrators should not introduce legal issues – propositions of law that may bear on the outcome of the dispute – that the parties have not raised."

[47] Recomendação 7: "Arbitrators are not confined to the parties submissions about the contents of applicable law. Subject to Recommendation 8, arbitrators may question the parties about legal issues the parties have raised and about their submissions and evidence on the contents of the applicable law, may review sources not invoked by the parties relating to those legal issues and may, in a transparent manner rely, on their own knowledge as to the applicable law it relates to those legal issues."

[48] Recomendação 3: "When it appears to the arbitrators that the contents of applicable law might significantly affect the outcome of the case, arbitrators should promptly raise the topic with the parties and establish appropriate procedures as to how the contents of the law be ascertained (in submissions with materials attached, trough experts, witnesses or otherwise.)"

Recomendação 8: "Before reaching their conclusions and rendering a decision or an award, arbitrators should give parties a reasonable opportunity to be heard on legal issues that may be relevant to the disposition of the case. They should not give decisions that might reasonably be expected to surprise the parties, or any of them, or that are based on legal issues not raised by or with the parties".

Recomendação 10: "If arbitrators intend to rely on sources not invoked by the parties, they should bring those sources to the attention of the parties and invite their comments, at least if those sources go meaningfully beyond the sources the parties have already invoked and might significantly affect the outcome of the case. Arbitrators may rely on such additional sources without further notice to the parties if those sources merely corroborate or reinforce other sources already addressed by the parties".

Recomendação 11: "If in the course of deliberations arbitrators consider that further information about the contents of applicable law is necessary to the disposition of the case, they should consider reopening the proceedings to enable the parties to make further submissions on the open legal issues, but only to the extent necessary to address the open legal issues and taking into account considerations of relevance, time and cost".

IV. O *IURA NOVIT CURIA* E O ÁRBITRO

O Tribunal não é chamado a decidir senão quando as partes lhe tenham solicitado, e somente no limite determinado pelas partes. É dentro das balizas de tais limites que o Tribunal deve esclarecer os fatos e aplicar o direito. Não ocorre decisão *extra petita* quando for aplicada norma diversa daquelas invocadas pelas partes. O árbitro, como o juiz, não está obrigado a usar o mesmo fundamento legal utilizado pelas partes.[49] Dessa forma, o árbitro conhece o direito e deve dizê-lo de acordo com seu convencimento fundamentado, aplicando-se o *iura novit curia* na arbitragem.

Fábio Peixinho Gomes Correa ressalta que a dedução de determinado fundamento jurídico no âmbito da arbitragem é considerada fruto da escolha consciente do demandante. Não obstante tal escolha tenha que ser respeitada, o árbitro não é obrigado a proferir julgamento que considere contrário a lei. Nessa hipótese, a solução encontrada é a aplicação do princípio do contraditório, pois a livre eleição, pelo árbitro, de norma a ser aplicada não dispensa a colheita de manifestação das partes sobre os novos rumos a serem impressos ao litígio.[50]

No mesmo sentido, propõe Gabriele Kaufmann-Kohler:

> As partes devem estabelecer o conteúdo da lei material aplicável ao mérito. O Tribunal terá o poder, mas não a obrigação, de conduzir sua própria pesquisa para aduzir o conteúdo do direito. Caso se utilize desse poder, terá que conceder às Partes a oportunidade de comentar o resultado obtido pelo Tribunal Arbitral. Se não for possível estabelecer o conteúdo da lei material em relação a um determinado ponto, o Tribunal Arbitral deverá fazê-lo em relação a qualquer norma de direito que entender aplicável.[51]

Como já ressaltado, os árbitros não estão vinculados às normas de processo civil do local de arbitragem. Sendo assim, o desrespeito ao artigo 10 do NCPC brasileiro não levaria à nulidade da sentença.

No entanto, cabe aos árbitros sopesar se conferir oportunidade às partes para se manifestarem sobre novos fundamentos não fortaleceria a sentença, evitando-se a ação anulatória sob o fundamento de violação ao princípio do contraditório.

V. DECISÕES JUDICIAIS SOBRE O *IURA NOVIT CURIA* NA ARBITRAGEM

Em 28.03.2007, Varig Logística S.A. ("VLog") e Volo do Brasil S.A. ("VdB"), como vendedoras, e GTI S.A. (GTI), como compradora, firmaram Contrato de Compra e Venda

---

[49] CARMONA, Carlos Alberto. *Arbitragem e processo*: um comentário à Lei 9.307/96. 3. ed. São Paulo: Atlas, 2009. p. 371.

[50] CORRÊA, Fábio Peixinho Gomes. Limites objetivos da demanda na arbitragem. *Revista Brasileira de Arbitragem*, Porto Alegre, v. 10, n. 40, p. 59, out.-dez. 2013.

[51] KAUFMANN-KOHLER, Gabrielle. The Arbitrator and the Law: Does He/She Know It? Apply It? How? And a Few More Questions, Arb. Int., 2005, p. 4.

do Controle Acionário da VRG Linhas Aéreas S.A. (VRG) e outras avenças ("Contrato"), por meio do qual VLog e VdB venderam e GTI comprou o controle acionário da VRG.

Em 02.01.2008, diante de controvérsia acerca da realização do ajuste de preço previsto no Contrato, a GTI requereu a instauração de arbitragem perante a Corte Internacional de Arbitragem da CCI (CCI 15372/JRF). Além de inserir as signatárias do Contrato, a GTI pediu a inclusão na arbitragem da Volo Logistics LLC ("VLLC") e dos Fundos MatlinPatterson Global Opportunities Partners II L.P. e MatlinPatterson Global Opportunities Partners (Cayman) II L.P. ("Fundos MatlinPatterson").

VLLC e os Fundos MatlinPatterson questionaram a jurisdição do Tribunal Arbitral. Em virtude disso, o Tribunal bifurcou o procedimento para que as partes se manifestassem sobre a jurisdição e, em paralelo, o mérito.

Em 07.04.2009, o Tribunal Arbitral entendeu, por maioria de votos, possuir jurisdição no tocante aos Fundos MatlinPatterson, mas não em relação à VLLC. Em 02.09.2010, o Tribunal Arbitral proferiu sentença arbitral.

Depois da emissão do laudo parcial, a arbitragem prosseguiu e, em 02.09.2010, o Tribunal Arbitral proferiu a sentença arbitral decidindo o mérito da disputa, notadamente os valores que deveriam ser devolvidos à VRG pela cláusula de ajuste de preço e a responsabilidade das empresas requeridas com relação a tal pagamento. O Tribunal Arbitral reconheceu que não estavam presentes os requisitos para aplicação da desconsideração da personalidade jurídica, mas condenou solidariamente os Fundos por dolo de terceiro.

Os Fundos MatlinPatterson propuseram ação anulatória de sentença arbitral[52] e fundamentaram seu pedido de anulação da sentença no fato de não estarem vinculados à cláusula compromissória, vez que não eram signatários do contrato original, mas apenas de um de cinco aditivos celebrados simultaneamente ao contrato, referente à cláusula de não concorrência. E, portanto, não poderiam ser afetados pela decisão arbitral. Alegaram os Fundos, ainda, que era nula a decisão arbitral em função de o Tribunal Arbitral ter adotado fundamentação divergente da matéria discutida pelas partes; de a sentença arbitral ter sido proferida fora dos limites da lide e ter desrespeitado os princípios do contraditório, da igualdade, da imparcialidade e do livre convencimento.

O Juízo da 8.ª Vara Cível de São Paulo entendeu que o Tribunal Arbitral não alterou ou inovou aspecto fático da discussão havida entre as partes no procedimento arbitral, mas apenas atribuiu aos fatos nova fundamentação legal. Avaliou o Juízo que a cláusula compromissória era expressa ao submeter à arbitragem "todos os conflitos oriundos ou relacionados a este instrumento".[53] Em relação ao pedido, declarou a sentença judicial que não decidiu o tribunal arbitral além ou fora dele, respeitando-o, independentemente da fundamentação adotada, razão pela qual também nesse aspecto não houve excesso viciante.[54]

---

[52] Ação Anulatória de Sentença Arbitral 583.00.2010.214068-4, 8.ª Vara Cível do Foro Central da Comarca de São Paulo.

[53] Não havendo, portanto, excesso de mandato.

[54] Afastou, também, a decisão *ultra petita*.

A sentença foi mantida em Acórdão proferido pela 2.ª Câmara Reservada de Direito Empresarial do Tribunal de Justiça de São Paulo, Apelação 0214068-16.2010.8.26.0100, em julgamento realizado em 16.10.2012, do qual foi rel. Des. Roberto Mac Cracken. Afirma o acórdão que, "tendo em vista que o dever da parte é narrar os fatos que norteiam o conflito de interesses, não se justifica a alegação de que houve violação ao devido processo legal e ao contraditório, sob o argumento de que a sentença arbitral motivou-se em fundamento jurídico diverso daquele que foi arguido ou questionado pela parte, pois, como dito, o que se faz necessário à adstrição, ou seja, efetiva vinculação do juízo arbitral às circunstâncias fáticas narradas, situação essa que, sem se adentrar ao mérito da atuação do juízo arbitral, não foi violada e tampouco as apelantes tiveram o condão de demonstrar no curso da lide".

No caso Overseas Mining Investment ("OMI") x Commercial Caribbean Niquel ("CCN"), a OMI requereu a instauração de uma arbitragem contra a CNN, alegando que a CNN havia injustamente resolvido a *joint venture* celebrada entre as partes para mineração de níquel em Cuba. O Tribunal Arbitral condenou OMI a pagar US$ 45 milhões, fundamentado na perda da chance de cumprir o contrato na sua totalidade.

A CNN requereu a anulação dessa sentença arbitral perante a Corte de Apelação de Paris. Alegou que as partes não haviam alegado perda de uma chance, mas sim lucros cessantes. A Corte de Apelação anulou a sentença. A OMI apelou e a Corte de Cassação manteve a decisão da Corte de Apelação. Entendeu a Corte de Cassação que, ao substituir os danos por lucros cessantes por perda de uma chance, o Tribunal não havia apenas alterado o método de avaliação do dano, mas modificado a base da indenização de OMI, sem prévia consulta às partes. Entendeu que o Tribunal Arbitral violou o devido processo legal.[55]

No caso 4P.100/2003 (DFT 130 III 35), de 30.09.2003, o Tribunal Federal concluiu que a análise conduzida pelo Tribunal Arbitral não tinha nenhuma relação com os argumentos apresentados pelas partes. A referência ao artigo 20 do contrato, contido na sua notificação de rescisão, não havia sido tratada pelas partes. Dessa forma, as partes não poderiam prever que a sentença seria fundada em artigo que nenhuma das partes havia considerado relevante. O Tribunal Federal anulou a sentença por violação do devido processo legal.[56]

No acórdão, o Tribunal Federal analisou a relação entre *iura novit curia* e o princípio do contraditório. Depois de verificar decisões francesas, belgas e alemãs, o Tribunal Federal

---

[55] C. Cass., 1st Civ. Ch., 29 June 2011, n. 10-23321, *Overseas Mining Investment Ltd v. Commercial Caribbean Nickel*. FOOTE, Simon; HERBERT, James. The Obligation of Arbitrators to Address all Issues that fall from Determination, but no more. *Asian International Arbitration Journal*, Kluwer Law International, v. 10, issue 1, p. 3, 2014; MEYER FABRE, Nathalie. Arbitrators, don't overdo it without involving the parties! *Cahiers de l'arbitrage*, n. 1, p. 186-189, 20 décembre 2001.

[56] A. v. B. Limited, C. GmbH and others, Tribunal fédéral, Ire Cour civile, 4P.100/2003; ATF 130 III 35, 30 September 2003. *ASA Bulletin*, Association Suisse de l'Arbitrage, Kluwer Law International, v. 22, Issue 3, p. 574-582, 2004. Disponível em: <http://www.kluwerarbitration.com/CommonUI/document.aspx?id=ipn25820>. Acesso em: 22 maio 2015.

concluiu que um árbitro na Suíça não estava limitado aos fundamentos legais apresentados pelas partes, a menos que as partes tivessem assim acordado. O árbitro poderia aplicar fundamentos legais *ex officio* e sem consultar as partes previamente. No entanto, se o árbitro resolvesse fundamentar sua decisão em argumento jurídico não discutido, antecipado ou previsto pelas partes, deveria ouvir as partes em relação a esse argumento.

No caso 4A_476/2012, de 24.05.2012, uma das partes requereu a anulação da sentença arbitral proferida pela Corte Arbitral do Esporte ("CAS") com base no fato de que as partes não haviam alegado a interrupção da prescrição.[57] Logo, a sua aplicação pelo Tribunal Arbitral seria imprevisível. No entanto, como o clube havia alegado que o direito do jogador estava prescrito, deveria imaginar que, ao examinar a matéria, o CAS poderia concluir ter ocorrido a interrupção da prescrição. O clube não deveria pressupor que o tribunal arbitral estaria adstrito somente aos argumentos legais arguidos pelas partes. No mesmo sentido a decisão do caso 4A_188/2013.[58]

VI. CONCLUSÃO

É dever das partes informar ao Tribunal Arbitral o conteúdo da lei material aplicável, os árbitros de outro lado podem se certificar de seu conteúdo, por meio do *iura novit curia* e de previsões legais e de regulamentos de arbitragem, como o artigo 34(2)(g) da UK Arbitration Act e o artigo 22(1)(c) da *LCIA Arbitration Rules* e Resolução 1/2008 da ILA, recomendação 7, acima transcritos.

Nos termos do artigo 21 da Lei de Arbitragem brasileira, o procedimento é estabelecido pelas partes na convenção de arbitragem, pelo regulamento das Câmaras e pelo Termo de Arbitragem, quando cabível. Nesse sentido, poderão as partes dispor, na convenção ou no termo de arbitragem que os árbitros terão que consultar-lhes antes de proferir sentença com base em fundamento cujas partes não tiveram a oportunidade de se manifestar.

Caso as partes assim não disponham, caberá ao Tribunal Arbitral avaliar se deve conceder essa oportunidade às partes, privilegiando o contraditório sobre esse ponto. Se as partes não puderem discutir e debater potencial enquadramento jurídico da controvérsia ou a aplicação de uma norma, ficam privadas da efetiva possibilidade influir no

---

[57] SA de C.V. v. A., Federal Supreme Court of Switzerland, 1st Civil Law Chamber, 4A_476/2012, 24 May 2013. *ASA Bulletin*, Association Suisse de l'Arbitrage, Kluwer Law International, v. 32, Issue 1, p. 148-157, 2014. Disponível em: <http://www.kluwerarbitration.com/CommonUI/document. aspx?id=kli-ka-asab-3201017>. MEIER, Andrea; MCGOUGH, Yolanda. Do Lawyers Always Have to Have the Last Word? Iura Novit Curia and the Right to Be Heard in International Arbitration: an Analysis in View of Recent Swiss Case Law. *ASA Bulletin*, Association Suisse de l'Arbitrage, Kluwer Law International, v. 32, issue 3, p. 5, 2014.

[58] X. SA v. 1. A., 2. B., 3. C., 4. D., 5. E., 6. F., 7. G., 8. H., 9. I., Federal Supreme Court of Switzerland, 1st Civil Law Chamber, 4A_188/2013, 15 July 2013. *ASA Bulletin*, Association Suisse de l'Arbitrage, Kluwer Law International, v 31, Issue 4, p. 853-861, 2013. Disponível em: <http://www.kluwerarbitration.com/CommonUI/document.aspx?id=kli-ka-asab-3104013>.

convencimento do árbitro, inclusive alterando o encaminhamento que se pretende dar ao processo ou o seu desfecho.

VII. BIBLIOGRAFIA

ALBERTI, Christian P. *Iura novit curia* in international commercial arbitration: how much justice do you want? In: KRÖLL, S. et al. (Ed.). *Liber Amicorum Eric Bergsten.* International Arbitration and International Commercial Law: Synergy, Convergence and Evolution. Kluwer Law International, 2011.

ASSAREH, Ali. Transnational notes – iura novit curia, reflections on transnational litigation and commercial law. Disponível em: <http://blogs.law.nyu.edu/transnational/2011/12/iura-novit-curia/>. Acesso em: 02 jun. 2015.

BARROS, Vera Cecília Monteiro de. Anulação de sentença arbitral: vinculação de parte não signatária à cláusula compromissória e aplicação do princípio *iura novit curia* à arbitragem. comentários à Sentença 583.00.2010.214068-4 da 8.ª Vara Cível do Foro Central da Comarca de São Paulo. *Revista de Arbitragem e Mediação*, v. 32, jan. 2012.

BAUR, Fritz. Da importância da dicção *iuria novit curia*. *Revista de Processo*, São Paulo, v. 1, n. 3, jul. 1976.

_____. O papel ativo do Juiz. *Revista de Processo*, São Paulo, v. 7, n. 27, jul. 1982.

BENSAUDE, Denis. Les moyens relevés d'office par l'arbitre en Arbitrage International. *Gazette du Palais*, n. 141, 20 maio 2004.

BORN, Gary B. *International Commercial Arbitration*. 2. ed. Kluwer Law International, 2014.

CÂMARA, Alexandre Freitas. Dimensão processual do princípio do devido processo constitucional. *Revista Iberoamericana de Derecho Procesal*, v. 1, jan.-jun. 2015.

CARMONA, Carlos Alberto. *Arbitragem e processo*: um comentário à Lei 9.307/1996. 3. ed. São Paulo: Atlas, 2009.

_____. Em torno da petição inicial. *Revista de Processo*, São Paulo, v. 30, n. 119, jan. 2005.

CORAPI, Diego. lura novit curia nell'arbitrato Internazionale. *Revista de Arbitragem e Mediação*, v. 30, jul. 2011.

CORRÊA, Fábio Peixinho Gomes. Limites objetivos da demanda na arbitragem. *Revista Brasileira de Arbitragem*, Porto Alegre, v. 10, n. 40, out.-dez. 2013.

DIDIER JR., Fredie. Eficácia do novo CPC antes do término do período de vacância da lei. *Revista de Processo*, São Paulo, v. 39, n. 236, out. 2014.

DIMOLITSA, Antonias. The equivocal power of the arbitrators to introduce *ex officio* new issues of law. *27 ASA Bulletin 3/2009.*

_____. The raising *ex officio* of new issues of law a challenge for both arbitrators and courts. In: MAYER, Pierre; BORTOLOTTI, Fabio (Ed.). *The Application of Substantive Law by International Arbitrators*, Dossiers of the ICC Institute of World Business Law, Kluwer Law International, v. 11, 2014.

FOOTE, Simon; HERBERT, James. The obligation of arbitrators to address all issues that fall from determination, but no more. *Asian International Arbitration Journal*, Kluwer Law International, issue 1, v. 10, 2014.

GAMA JUNIOR, Lauro. O direito aplicável a contrato internacional de mútuo celebrado em Nova York – Eleição pelas partes do Direito do Estado de Nova York e ação de cobrança aforada em São Paulo. *Revista de Direito Empresarial*, São Paulo, v. 2, n. 4, jul. 2014.

GIOVANNINI, Teresa. Chapter 8: ex officio powers to investigate: when do arbitrators cross the line? In: BAIZEAU, Domitille; EHLE, Bernd (Ed.). *Stories from the Hearing Room*: Experience from Arbitral Practice (Essays in Honour of Michael E. Schneider). Kluwer Law International, 2015.

HAUSMANN, Rainer. Pleading and proof of foreign law – a comparative analysis. *Private International Law and International Civil Procedure*. The European Legal Forum. 1-2008, Section I, p. I-5.

ILA – International Law Association. *Final report – ascertaining the contents of the applicable law in international commercial arbitration*, Rio de Janeiro, 2008.

KAUFMANN-KOHLER, Gabrielle. *The arbitrator and the law*: does he/she know it? Apply it? how? And a few more questions, Arb. Int., 2005.

LEITE, Antônio Pinto. *Jura novit curia* e a arbitragem internacional. *Revista de Arbitragem e Mediação*, v. 35, 2012.

LEW, Julian D. M. *Iura novit curia* and due process. Queen Mary University of London, School of Law, Legal Studies Research Paper n. 72/2010. Disponível em: <http://ssrn.com/abstract=1733531>. Acesso em: 21 maio 2015.

_____; MISTELIS, Loukas A. et al. *Comparative international commercial arbitration*. Kluwer Law International, 2003.

MALLET, Estêvão. Notas sobre o problema da chamada "decisão-surpresa". *Revista de Processo*, São Paulo, v. 39, n. 233, jul. 2014.

MEIER, Andrea; MCGOUGH, Yolanda. Do lawyers always have to have the last word? *Iura novit curia* and the right to be heard in international arbitration: Analysis in view of recent Swiss case law. *ASA Bulletin, Association Suisse de l'Arbitrage*, Kluwer Law International, v. 32, issue 3, 2014.

MEYER FABRE, Nathalie. Arbitrators, don't overdo it without involving the parties! *Cahiers de l'arbitrage*, n. 1, 20 déc. 2001.

OLIVEIRA, Carlos Alberto A. de. O juiz e o princípio do contraditório. *Revista de Processo*, São Paulo, v. 19, n. 73, jan. 1994.

PARK, William W. Les devoirs de l'arbitre: ni un pour tous, ni tous pour un. *Cahiers de l'arbitrage*, n. 1, 20 nov. 2001.

PEREYÓ, José. A survey into an arbitrator's ex officio application of the law. *Revista Brasileira de Arbitragem*, v. 36, out.-dez. 2012.

REDFERN, Alan; HUNTER, J. Martin et al. *Redfern and hunter on international arbitration, Nigel Blackaby, Martin Hunter, Constantine Partasides, Alan Redfern*, Oxford University Press, 2009.

WOBESER, Claus von. The effective use of legal sources: how much is too much and what is the role for *iura novit curia*? In: BERG, Albert Jan van den (Ed.). *Arbitration Advocacy in Changing Times*, ICCA Congress Series, Kluwer Law International, v. 15, 2010.

EXISTIRIA UMA ORDEM JURÍDICA ARBITRAL?

EDUARDO DE ALBUQUERQUE PARENTE

Sumário: 1. A questão – 2. Jurisdição arbitral e teoria geral do processo – 3. Devido processo arbitral – 4. A relação da arbitragem com o direito processual – 5. A relação da arbitragem com o direito material – 6. Ordem jurídica arbitral? – 7. Bibliografia.

1. A QUESTÃO

Tem sido comum dizer que a arbitragem é um método (ou modelo) próprio de resolução de controvérsias. A afirmativa vem da sensação percebida em especial quando partes e advogados têm a primeira experiência arbitral. Uma quase relação direta e imediata de causa-efeito. De outra forma, agora sob um ponto de vista mais teórico (embora sempre com necessário viés prático), esse aspecto ganha diferentes *rótulos* quando abordado pela comunidade arbitral, na produção doutrinária ou em congressos e simpósios. A visão que surge nestes momentos, sobre o modo de ser da arbitragem, vem no contexto de temas como a produção de decisões arbitrais, a aplicação do direito material, a sede da arbitragem, a homologação de sentença arbitral, entre outros. Apesar de válida a comparação com diferentes modelos de procedimentos dialéticos e produção de decisões vinculativas (por exemplo, nos processos administrativos), o comparativo é inegavelmente da arbitragem com o processo judicial.

No entanto, se é diferente, a arbitragem poderia se constituir num *feixe normativo* típico, ser uma ordem jurídica própria? Suposto que isso fosse possível e até verdadeiro, outras questões se colocariam então: *(a)* essa normativa decorreria do seu modo de ser, de se desenvolver (ordem jurídica processual), *(b)* da forma como o direito material nela se insere (aplicação da ordem jurídica material), *(c)* da criação de normas próprias (ordem jurídica material) ou *(c)* em todas essas hipóteses ao mesmo tempo? Evidente que esta não é a sede para uma tentativa de exaurir o tema. Nos limites da contribuição para homenagear os vitoriosos 20 anos da grande obra realizada pela Lei de Arbitragem brasileira, o que se faz nas pessoas dos autores ilustres que organizam esta obra comemorativa, procuraremos apenas provocar reflexão com algumas ideias. Começa-se (perdão pela tautologia) pelo começo. Pela forma segundo a qual se poderia identificar se existe ou não uma ordem jurídica arbitral. Necessário antes passar pela questão prévia a seguir visando avançar ao ponto central do tema.

2. JURISDIÇÃO ARBITRAL E TEORIA GERAL DO PROCESSO

Entendemos que jurisdição é atividade estatal exercida *super partes* e transformadora da realidade, impondo a esta que passe a portar-se de acordo com uma ordem preestabelecida (*jurídica*, e não necessariamente *legal*).[1] O Estado impede que os interessados possam impor coercitivamente seus interesses (*autotutela*) e promete que situações conflitantes serão resolvidas por um representante. Este, quando invocado, atuará (ou deverá atuar) de forma imparcial na busca da composição mediante a *aplicação da lei ao caso*. *Lei*, reputamos, tem projeção potencial e deve significar não só o texto legislado, mas o direito em sentido amplo (o arcabouço jurídico disponível ao julgador). Desta forma existe uma premissa para o exercício da jurisdição: a preexistência de uma vontade geral, abstrata e impessoal, que direcione o caminho de quem vai julgar. E isso nada mais é do que uma limitação, uma barreira ao julgador que lhe força determinadas posturas. Essa limitação do poder do Estado, na origem, era vista como um dos dois lados mais importantes da jurisdição e (talvez mais evidente em tempos de regimes totalitários) o mais relevante. Ao lado de ter a função de balizar a atuação do Estado (que, no Brasil, ganha feições especiais de se traduzir em *atos de governo*), jurisdição também é atuação de poder. Chega a ser um (*pseudo*)paradoxo: na medida em que a jurisdição é forma de controle dos atos do Estado, é também uma das formas de que este se utiliza para expressar seu poder (cuja melhor tradução prática talvez seja o seu qualitativo de coerção), de fazer com que a situação concreta adapte-se ao *esquadro* traçado pelo sistema jurídico. Essa forma de expressão de poder do Estado, todavia, não se esgota apenas na mera aplicação coercitiva do direito ao caso concreto. Como corolário do próprio sentido tripartido da jurisdição (jurídico, político e, fundamentalmente, social), é também forma de pacificação da sociedade, exercida legítima e independentemente de qualquer moção de *referendum* dos demais poderes do Estado. Portanto, a jurisdição, nesse aspecto de exercício, de forma de expressão do poder estatal, é inegavelmente universal, indivisível, não havendo razão ontológica para qualquer tentativa de divisão entre os *ambientes processuais* em que ela se expressa. Esse é aspecto que importa (e ratifica) a pertinência de se falar de uma teoria geral do processo à luz do conceito de jurisdição, que nada mais é do que forma de pacificação social mediante a aplicação do direito em sentido amplíssimo. E isso traz, por outro lado, uma dicotomia prática quando se analisa a necessidade de um modelo de aplicação concreta do direito que seja eficiente, independentemente de qual direito material em questão.

---

[1] Cappelletti fala de *virtudes processuais passivas* para expressar a importância de a jurisdição distinguir-se das demais formas de exercício do poder estatal por só iniciar-se quando previamente provocada pelo interessado (*Juízes legisladores?*, p. 79).

Ao lado disso, podemos considerar que há uma categorização geral de aplicação do direito a situações concretas. Uma única teoria que contemple os fundamentos de todos os modelos processuais nos quais há o exercício de jurisdição (em exemplos mais comuns exemplifica-se com a divisão clássica entre os processos *civil* e *penal*). Existem muito mais pontos em comum do que discrepantes entre as diversas formas de atuação do poder estatal. Pelo próprio conteúdo dos escopos dos métodos voltados a solucionar controvérsias podemos dizer que a jurisdição encerra fim de pacificação. Não é outro o maior objetivo da jurisdição, a partir de uma visão moderna e não apenas *legalista*, a quem a atuação de quem julga se restringiria a tão somente dizer (ou implementar) o que está escrito na lei. Evidente que os objetivos jurídicos são importantes. Contudo, eles não podem ser considerados isoladamente, sem uma visão sociológica de resolução final de conflito e pacificação. Logo, pode-se dizer que dividir em espécies de jurisdição pelo prisma de onde ela se aplica é agir apenas sob o ponto de vista topológico (e raso), posto que a jurisdição é una.

Uma teoria processual geral, assim, informa os *modus operandi* mediante os quais as crises no plano do direito material são resolvidas. Podem-se usar como exemplos comparativos os *processos* legislativo, administrativo, de controle direto de constitucionalidade, coletivo ou mesmo os juizados especiais. Não se trata apenas de conjunto de regras que pautam a normatização. Há um conjunto de atos e fatos que redundam na aceitação ou rejeição da demanda, possuem um esquadro fechado de instrumentos e institutos próprios que os distinguem dos demais campos de atuação jurisdicional.[2] *Processo* é tradicionalmente conhecido como uma relação jurídica pública e contínua, entre os atos que lhe dão corpo e entre estes e as pessoas a eles sujeitos. Relação que depende de certos pressupostos e que se desenvolve mediante um procedimento agitado pelo contraditório.

Pois bem. Fazendo agora a migração disso tudo para o âmbito da arbitragem, é verdade que embora clara a relação entre o processo arbitral e o processo judicial (por exemplo, no regime de medidas de urgência pré-arbitrais), não existe um conceito legal de processo arbitral. A Lei de Arbitragem ora homenageada foi redigida de forma consciente de que não é dado ao legislador conceituar. Soube também o legislador arbitral reconhecer que os institutos *processo* e *procedimento* já estavam identificados e solidificados na referida teoria geral. Os princípios que informam o processo estatal também o fazem no arbitral.[3] Daí não ter precisado a lei tratar da relação jurídica processual na

---

[2] Barbosa Moreira aceita haver *processo* legislativo, inclusive mencionando o fato de assim constar da Constituição (Privatização do processo?, p. 11). Canotilho diz que a jurisdição constitucional, embora órgão da jurisdição, possui "especificidades metódicas em relação à actividade jurisdicional desenvolvida por outros tribunais". Ele aponta um parâmetro de controle (princípios e regras constitucionais) com fortes "cambiantes políticas", assim como uma diferente rotina no tocante ao *poder de interpretação*, o que faz com que todos devam ter a mesma leitura que o Tribunal Constitucional (*Direito constitucional e teoria da Constituição*, p. 1305-1306).

[3] Nesse sentido, diz BATISTA MARTINS que "encontramos na arbitragem o trinômio ação, processo e jurisdição. O instituto se presta a solucionar conflitos. O árbitro exerce *iudicium* e deve suprir as partes com a justa tutela para cuja missão foi encarregado. Com celeridade e efetividade. Dessa

arbitragem, o que seria, para alguns, uma demonstração clara de que haveria jurisdição arbitral. Não era necessário. Seria inadequado, na verdade.

Falar de processo arbitral significa equivaler as esferas estatal e arbitral como mecanismos jurisdicionais nos quais juiz e árbitro exercem mesmas funções: serem julgadores de fato e de direito, dizerem o direito, em movimento alinhado com a própria natureza jurídica da arbitragem. Uma jurisdicionalidade que advém dos próprios desígnios da Lei de Arbitragem, elaborada justamente para trazer um mecanismo que seja apto a resolver controvérsias com respaldo do Estado, pacificando situações, dizendo o direito como no processo judicial.[4-5] Outro motivo há para se referir a processo (como exercício de jurisdição) e não apenas a procedimento arbitral.[6] Trata-se de conclusão à luz dos princípios informativos do processo: (*i*) o econômico, voltado à produção do melhor resultado com menor dispêndio de recursos; (*ii*) o lógico, para a seleção dos meios eficazes à descoberta da verdade; (*iii*) o jurídico, para a igualdade no processo e fidelidade da conclusão ao direito material; e, por fim, (*iv*) o político, visando a garantia social.[7] Não se pode negar que todos eles estão presentes na arbitragem.

Existe ainda uma preocupação com o chamado *custo de oportunidade* na utilização do processo arbitral se comparado com o estatal, preenchendo o primeiro princípio *supra* (econômico). Há toda uma construção de instrumentos internos que possibilitam a adequação do procedimento à necessidade do caso concreto, cumprindo o segundo (lógico). Há no processo arbitral a manutenção da igualdade das partes, até como matéria de ordem pública (LA, art. 21, § 2.º), existindo busca pela compleição do direito material, seja no julgamento por direito, seja por equidade, nos termos do princípio terceiro *supra* (jurídico). Por fim, a estabilização dada pela lei à decisão arbitral final transfere ao processo arbitral o último princípio informativo do processo apontado (político), com a pacificação social.

Logo, ao dizer "existe *processo* arbitral", está-se confirmando a existência de jurisdição, porém reduzida a um modelo específico, próprio, de funcionamento. Não se trata apenas do *procedimento*. Olhar o fenômeno apenas pelo lado do rito seria reduzir a questão a um aspecto raso. Haver processo arbitral redunda em pensar em quais seriam

---

      forma, ele cumpre sua obrigação e presta assistência ao Estado na realização da justiça" (*Apontamentos sobre a Lei de Arbitragem*, p. 243).

[4]   Cf. Carmona, *Processo arbitral*, p. 22.

[5]   Fazendo importante contraponto, que se direciona aos limites da convenção arbitral, Rafael Alves pondera que "ao contrário do juiz, que possui jurisdição universal dentro de um determinado território e pode exercer o seu poder, em princípio, sobre qualquer pessoa dentro desse território, o árbitro tem poderes jurisdicionais limitados. O árbitro tem a sua jurisdição limitada" (cf. *A aplicação do direito pelo árbitro*: aspectos relativos ao julgamento do mérito na arbitragem, p. 5).

[6]   "O procedimento é o elemento visível do processo", ao contrário da "relação jurídica processual, como ente puramente jurídico que é", não tendo existência perceptível aos sentidos, como é o exercício de faculdades ou poderes, ou em cumprimento a deveres ou ônus processuais (Dinamarco, *Instituições de direito processual civil*, v. 2, p. 26).

[7]   "Assim sendo, o árbitro é juiz de fato e de direito e a sua decisão – a sentença arbitral – produz coisa julgada material, só podendo ser desconstruída pela ação de nulidade da sentença (...)" (Batista Martins, *Apontamentos sobre a Lei de Arbitragem*, p. 220).

os elementos primordiais desse instituto que o caracterizam e, em certo sentido, o diferenciam do modelo estatal (além da ausência de *executio* e *coertio*). Falamos de características que costumam ser identificadas com as da jurisdição arbitral.[8] Esse aspecto fica mais claro quando se entende o motivo pelo qual o seu modo de ser é diferente. Isso está relacionado ao conceito de devido processo, aqui em seu significado arbitral. Vejamos.

3. DEVIDO PROCESSO ARBITRAL

É constante o uso da expressão devido processo legal sem maiores preocupações. Melhor explicando, tornou-se lugar-comum dizer que determinado ato ou fato "viola o devido processo legal", como se num modelo de *apelo geral*. Em outros termos, quando não se tem o que dizer apela-se para a violação de uma sacra cláusula de devido processo que teria sido violada. Talvez isso seja fruto da crescente incidência de princípios constitucionais no processo estatal. Seja como for, no que se relaciona com o tema aqui proposto? Para responder a isso lançamos mão de mais uma pergunta prévia: afinal, o que é devido processo legal?

Consideramos que o conceito não se sustenta sozinho, não possui sentido concreto,[9] sendo abstrato *enquanto não preenchido* (primordialmente pela lei, mas não apenas por ela). Em outras palavras, o princípio[10] do devido processo legal deve ser integrado por

---

[8] O árbitro é dotado das faculdades de decisão e documentação, faltando-lhe a coerção em sentido estrito (ou *coertio/executio*). Isso não lhe retira o fato de ser detentor de jurisdição, na medida em que o poder coercitivo, por opção de política legislativa, é transferido para o juiz togado mediante técnica legislativa da competência funcional. Em suma, o árbitro apenas não possui *competência* para coagir, mas tem jurisdição para conhecer, julgar e documentar. E isso está formalmente reconhecido pelo legislador nos a arts. 22-A, 22-C e 32, que tratam respectivamente das medidas de urgência, da carta arbitral e da própria decisão do árbitro produzindo iguais efeitos da sentença estatal como título executivo judicial. Um bom paralelo comparativo para demonstrar essa característica, em sistemas como da Suécia, a execução no processo estatal cabe a um órgão administrativo do Estado, pois entendem que a essência da jurisdição está na definição do direito, restando à "execução" apenas a transferência forçada de bens (cf. José Lebre de Freitas, Alcance da determinação do objeto do litígio arbitral, p. 64). A doutrina espanhola já falava nisso há mais de 30 anos (cf. Medina-Merchán, *Tratado de arbitraje*, p.439). Reconhecendo que a questão teórica tem pouca utilidade prática, Barbosa Moreira anota "l'equiparazione tra gli effeti dei due atti", a sentença arbitral e a estatal (La nuova legge brasiliana sull'arbitrato, p. 283).

[9] Na prática da arbitragem internacional essa alternância é ainda maior, como bem aponta Park: "like other elastic notions such as justice and equity, the term 'due process" has no sacramental value in itself, but takes meaning from usage. Since one person's delay is often another's due process, notions of arbitral fairness evolve as they are incarnated into flesh and blood responses to specific problems, whose merit often depends on culturally conditioned baseline expectations. A lawyer from New York might say that fundamental fairness requires the respondent to produce certain documents even if adverse to its defence, while a lawyer from Paris or Geneva, used to a quite different legal system, would reply that the claimant should have thought about its proof before filing the claim" (The Procedural soft law of International arbitration: non-governmental instruments, p.145).

[10] Como ensina Ávila, "princípios são normas imediatamente finalísticas", que "estabelecem um fim a ser atingido", e para cuja aplicação "se demanda uma avaliação da correlação entre o estado de coisas a ser promovido e os efeitos decorrentes da conduta havida como necessárias à sua promoção" (*Teoria dos princípios*, p. 78-79).

regras e princípios processuais que lhe deem sentido objetivo. Se por um lado podemos dizer que os princípios constitucionais da ampla defesa e do contraditório fazem parte de um conceito largo de devido processo legal, conforme a Constituição Federal, por outro, cremos ser na lei que o princípio do devido processo legal atinge seu alcance efetivo. Isso significa que o processo é regrado por institutos que dão concretude também à própria ideia de ampla defesa e contraditório[11] e, assim, consequentemente, de devido processo legal. A título de exemplo, ainda que a Constituição traga tais conceitos, ela não menciona qual o meio, forma ou prazo para exercer a ampla defesa, para contraditar, para produzir a prova. Esse papel será desempenhado por elementos advindos da lei integralizadores do que seja devido processo legal para cada sistema processual. A nosso ver, portanto, o devido processo legal é necessariamente construído pelas garantias que *a lei*, e não a Constituição, traz para o ambiente processual voltadas à comprovação dos fatos ligados às alegações das partes.[12]

Contudo, o que pretendemos não é ver o devido processo legal do processo estatal. A ideia é usar o paradigma para identificar onde está a diferença do processo arbitral nesse tocante. Superar o paradigma, em termos. Numa primeira análise, mais ampla tanto no processo estatal como no arbitral é a lei que preenche o conceito. No caso do último, primordialmente a Lei de Arbitragem ora homenageada. Aspecto que torna possível, em certa medida, identificar a forma com que isso ocorre no processo arbitral é justamente o fato de que a lei arbitral, ao contrário do Código de Processo Civil, não contém regras procedimentais suficientes para integrar o conceito de devido processo legal. Na verdade, praticamente regra processual nenhuma ela traz. Poder-se-ia então perguntar: o processo arbitral busca essa integralização no Código de Processo Civil? A resposta é negativa. Regras ou dispositivos do ordenamento estatal não integram o devido processo legal arbitral, salvo se partes e árbitros assim o quiserem.[13] Entretanto, ele é integrado,

---

[11] Carmen Tiburcio aponta que na arbitragem o contraditório e a ampla defesa são "matérias de ordem pública internacional" (A arbitragem como meio de solução de litígios comerciais internacionais, p. 90).

[12] Assim entende o STF, como mostra o julgamento do caso Têxtil União S.A. *versus* L'Aiglon S.A. (AI 650743-DF, Rel. Celso de Mello, j. 27.05.2009), em que assim se posicionou: "**É que**, com relação à alegada violação ao art. 5.º, inciso LV, da Constituição, a orientação jurisprudencial emanada desta Suprema Corte, firmada na análise desse particular aspecto no qual se fundamenta o recurso extraordinário em causa, tem salientado – considerado o princípio do devido processo legal (neste compreendida a cláusula inerente à plenitude de defesa) – que a suposta ofensa ao texto constitucional, caso existente, apresentar-se-ia por via reflexa, eis que a sua constatação reclamaria, para que se configurasse, a formulação de juízo prévio de legalidade, fundado na vulneração e infringência de dispositivos de ordem meramente legal. [...]. Daí revelar-se inteiramente ajustável, ao caso ora em exame, o entendimento jurisprudencial desta Corte Suprema, no sentido de que '*O devido processo legal – CF, art. 5.º, LV – exerce-se de conformidade com a lei*' (AI 192.995-AgR/ PE, Rel. Min. Carlos Velloso – grifei), razão pela qual a alegação de desrespeito à cláusula do devido processo legal, por traduzir transgressão 'indireta, reflexa, dado que a ofensa direta seria a normas processuais' (AI 215.885-AgR/SP, Rel. Min. Moreira Alves; AI 414.167/RS, Rel. Min. Cezar Peluso; RE 257.533-AgR/RS, Rel. Min. Carlos Velloso), não autoriza o acesso **à via recursal extraordinária** (AI 447.774-AgR/CE, Rel. Min. Ellen Gracie)'".

[13] O que, mais uma vez, demonstra a pertinência da visão da autonomia da vontade no regramento do procedimento. José Carlos de Magalhães, com razão, aponta que "o processo arbitral não é judicial

sim, por *princípios* oriundos do diploma processual. Daí uma característica distinta do processo arbitral no tocante à integralização do que seja devido processo legal.

É bom lembrar que existem princípios do processo arbitral decorrentes da própria Lei de Arbitragem que também contribuem na identificação do que seja devido processo legal na arbitragem. Princípios que, por serem constitucionais, formam o núcleo duro do conceito tradicional de devido processo legal, que têm o condão de trazer uma garantia mínima para um julgamento justo, informando tanto o processo arbitral quanto o estatal, embora sem equipará-los no que respeita ao que seja devido processo legal. São princípios que se refletem e se expandem em normas processuais preestabelecidas, no caso do processo estatal, ou criadas pelas partes e árbitros, no processo arbitral.[14] Referimo-nos ao contraditório, à igualdade de partes, ao seu livre convencimento e á imparcialidade do árbitro (art. 21, § 2.º).[15]

É dizer, então, que no processo arbitral o que preencherá os princípios tecidos pela Lei de Arbitragem será o seu próprio mecanismo. Em outros termos, o conjunto de instrumentos/elementos que integram e que lhe conferem operacionalidade (preenchimento do conceito abstrato de devido processo legal em algo concreto), será composto não apenas pela lei arbitral e sua natureza processual, mas acrescido dos regulamentos e da possibilidade ampla de que o procedimento seja construído pelas partes e árbitros.[16] Nota-se aqui o quão presente é o princípio da autonomia da vontade, ao se expandir para o procedimento, ditando e integralizando o próprio conceito de devido processo

---

e tem pressupostos distintos. Enquanto o último é público e decorre do direito constitucional de acesso ao Judiciário, o primeiro é privado e tem seu fundamento na vontade das partes, que podem estabelecer o rito que desejarem para a composição de suas controvérsias, respeitadas as diretrizes maiores impostas pela lei, como o contraditório e a igualdade de tratamento. Se o procedimento é fixado na convenção de arbitragem – nela se incluindo o regulamento da instituição de arbitragem, quando nela corre o processo – não há que se buscar na legislação processual pública os mecanismos para a condução do processo, salvo se a isso as partes autorizam" (Soluções rápidas e objetivas, p. 45). Em artigo publicado na *Harvard Business Review*, Todd Carver e Albert Vondra apresentam dados empíricos que demonstram o fracasso do processo arbitral quando *(i)* as partes e seus advogados não têm a exata dimensão de *como o processo arbitral é distinto do judicial*, *(ii)* as partes pensam ser a total vitória contra a contraparte como a única alternativa possível e *(iii)* quando contratam advogados excessivamente litigiosos (Alternative dispute resolution: why it doesn't work and why it does – destaques nossos).

[14] "O modelo institucional do processo arbitral é representado pelo conjunto de características emergentes das garantias constitucionais, das normas gerais de processo que a ele se aplicam e, finalmente, dos preceitos aderentes às suas peculiaridades" (Dinamarco, Limites da sentença arbitral, p. 31).

[15] Mais um ingrediente a se considerar quanto à tipicidade da forma com que a arbitragem: a imparcialidade compõe o núcleo do devido processo legal arbitral (art. 22, § 3.º), porém está ela sujeita à autonomia da vontade. Em termos práticos, testemunha impedida absolutamente no processo judicial pode até a ser árbitro se houver anuência das partes, deixando clara a dimensão da autonomia da vontade.

[16] Vincenzo Vigoriti pondera que "em todos os países, o procedimento arbitral é caracterizado pela liberdade de formas e pelo direito das partes e dos árbitros de organizar o desenvolvimento da arbitragem com o limite do respeito das regras fundamentais dos juízos cíveis, tradicionalmente resumidas na fórmula do *procedural due process* (ou seja, o princípio do contraditório em suas variadas implicações)" (Em busca de um direito comum arbitral, p. 13).

legal.[17] Exemplificando, na falta de estipulação na convenção arbitral, pode-se definir no termo de arbitragem o lugar em que serão praticados os atos processuais, a língua, as provas que poderão ser produzidas (testemunhal, documental, oral) e de que forma, a mudança de regras previamente acordadas, o modo de distribuição da sucumbência, a possibilidade ou não da interposição de recurso, além dos esclarecimentos previstos na lei (art. 30) e de que maneira ele será apreciado etc.

Ao lado da integração desse conceito mediante seus elementos, o processo arbitral exerce também um movimento de interface (que por vezes pode ser constante) com o método do processo estatal. Em monografia defendemos que isso se chama *abertura cognitiva* entre os dois sistemas de resolução de conflitos, o meio pelo qual eles se comunicam e se influem mutuamente.[18] Evitando repetir o que falamos no tocante à concretização do princípio do devido processo legal, é verdadeiro que essa interface entre os sistemas de direito poderá fazer com que elementos do direito processual estatal acabem por contribuir de alguma forma para que o princípio do devido processo legal seja integrado ao ambiente arbitral. Isso, involuntariamente, mediante princípios, e, voluntariamente, com regras ou dispositivos, quando do interesse de partes e árbitros.[19] No entanto, esse modo de ser da arbitragem não se encerra em si mesmo. Existem influências externas no seu modo de funcionamento, que a despeito disso não o desfiguram, mas apenas mostram que ele tem uma *singularidade sem autismo*. Ele se comunica bem, influi e é influenciado por outros métodos de resolução. Ao fim do dia, isso acaba também por impactar o seu próprio jeito de ser. É o que veremos a seguir, no caminho de se identificar se existe ou não possível uma "ordem jurídica arbitral".

4. A RELAÇÃO DA ARBITRAGEM COM O DIREITO PROCESSUAL

A arbitragem relaciona-se com o direito processual estatal, não na forma de submissão ou subordinação, mas basicamente de duas maneiras: *a)* com elementos que advêm do direito processual formal; *b)* com elementos que advêm do exercício da jurisdição estatal, das decisões judiciais. Esses dois vetores, em maior e menor grau, influenciam o mecanismo arbitral.

Quando se fala que a arbitragem sofre influência do direito processual estatal posto é preciso compreender que isso não significa que regras processuais devem ingressar na realidade arbitral.[20] Mas em que medida então o direito processual estatal traz essa participação

---

[17] Como diz Faustino Cordón Moreno, "la norma básica aplicable al procedimiento arbitral es el principio de autonomía de la voluntad...", sendo ainda complementada pelas normas dos regulamentos, a lei de arbitragem espanhola e pela direção do procedimento pelo árbitro (*El arbitraje de derecho privado*, p. 168-169).

[18] Parente, Eduardo de Albuquerque. *Processo arbitral e sistema*.

[19] Institutos de outros ordenamentos podem integrar o devido processo de uma arbitragem em especial (e isso diuturnamente ocorre), a depender do interesse/conveniência de partes e árbitros. Podemos citar o exemplo da distribuição da prova nos moldes semelhantes ao *discovery* do *common law* (Cf. Hanessian, Discovery in international arbitration; Neumann-Hannessian, *International arbitration checklists...*, p. 92-107).

[20] Mesmo a noção de competência não se comporta exatamente da mesma forma no processo estatal e no arbitral, e em verdade neste último a distinção acaba sendo pouco relevante ("se le parti de una

no arbitral? Mediante *princípios*.[21] Bem se diga que essa transição não torna a arbitragem dependente do processo estatal, uma vez que ela também possui seus próprios princípios, seus institutos, ainda que montados em formato diverso do aparato processual estatal. Um bom exemplo do que falamos se dá com a autonomia da vontade na arbitragem, que entendemos conter tanto um princípio quanto um pressuposto do processo arbitral. A autonomia da vontade, instrumentalizada pela convenção de arbitragem,[22] traz efeitos *positivo* e *negativo* para a prática arbitral.[23] O primeiro *antes* do processo arbitral, com a existência da convenção, antes mesmo da situação substancial controvertida, onde a autonomia da vontade é pressuposto para que o processo arbitral possa existir.[24] O segundo *durante* o processo arbitral, com a ingerência de um compromisso prévio ou do desenho do procedimento feito *a posteriori*, onde a autonomia da vontade, operacionalizada pela convenção, é princípio do processo arbitral. Evidente que esse pressuposto do processo arbitral não se apresenta de forma igual ou até mesmo semelhante ao do processo estatal. Na arbitragem, a autonomia, ao mesmo tempo em que é um pressuposto de existência (*rectius*, validade),[25] baliza seu procedimento. Logo, tal pressuposto, embora se assemelhe com o pressuposto processual da competência no processo estatal, não se limita ou restringe a uma posição prefacial no processo arbitral,

---

lite che potrebbe spettare ad un giudice italiano la sottomettono invece ad un arbitrato in Itália, si può dire e si dice che, in sostanza, è stata scelta una diversa competenza – dell'arbitro invece che del giudice –; ma sono classificazioni puramente descrittive, cui non conseguono differenze di disciplina e di rimedi come quelle che si incontrano nel campo del giudiziario – si pensi solo, ad es., al ventaglio dei regolamenti. E siffate semplificazioni concettuali sono in piena sintonia con lo spirito del nostro istituto" – La China, *l'arbitrato*, p. 83).

[21] Eduardo Albónico aponta que existem princípios básicos do processo estatal que se aplicam ao arbitral, citando o dispositivo e a bilateralidade da audiência, ou mesmo princípios do procedimento, como oralidade, imediação e concentração de atos (*Arbitraje comercial internacional*, p. 56 e ss.). Bem pontuou Selma Lemes sobre a relação do processo arbitral com princípios do processo estatal, ao ponderar que "não pairam dúvidas de que os princípios informadores do processo judicial encontram guarida no procedimento arbitral" (Princípios e origens da lei de arbitragem, p. 33). No mesmo sentido, Carmona leciona que "a preocupação com os princípios atinge o *processo* arbitral, e não apenas o *procedimento*, pois é claro o intuito de tutelar a relação jurídica que se instaura entre partes e árbitro, e não apenas a forma e a sequência de atos que serão praticados por uns e outro" (*Arbitragem e processo*, p. 295 – destaques do original), o que, por seu turno, ratifica a pertinência da diferenciação entre *processo* e *procedimento*.

[22] Para Matthieu de Boisséson, a convenção é um contrato de investidura, considerada esta como ato de fundação do poder jurisdicional do árbitro (*Le droit français de l'arbitrage interne et international*, p. 94).

[23] Desdobra-se em duas frentes, para impor (efeito positivo) a obediência ao que se estipulou e para proibir que o juiz julgue a questão por falta de competência (efeito negativo). Fazzalari vê a convenção como uma matéria prejudicial, pois tem que ser apreciada antes do mérito, condicionando a análise deste (*L'arbitrato*, p. 67).

[24] Pedro BATISTA MARTINS TRATA DA CONVENÇÃO COMO FONTE DA JURISDIÇÃO DO ÁRBITRO (CF. *Apontamentos sobre a Lei de Arbitragem*, p. 232).

[25] Dizemos validade porque, a rigor, é possível haver, existir uma arbitragem sem convenção arbitral que caminhe até que este vício seja apontado. A ausência não torna o procedimento ou os atos praticados inexistentes (tanto que podem até gerar efeitos concretos como uma liminar, por exemplo), mas é inegável que este vício somente será sanado quando apontado e corrigido, anulando-se os atos anteriores.

na essência, de apenas impedir um julgamento de mérito como lá ocorre. Estende-se para o procedimento influindo diretamente no seu curso e destino.[26] Nessa medida, em termos procedimentais, podemos considerar que a autonomia da vontade é um princípio informativo do processo arbitral.[27] E isso mostra, uma vez mais, que, embora ambos sejam integrantes do que se convencionou chamar por teoria geral do processo, conforme falamos antes, a arbitragem é autônoma do modelo estatal também neste tocante.

No entanto, a arbitragem mantém relações de troca com o sistema processual estatal. Em termos práticos, isso faz com que o árbitro e a parte por vezes busquem respaldo no mecanismo do processo estatal. Entretanto, tal somente pode ocorrer quando não se chocar com os princípios do processo arbitral. Tal migração de elementos do processo estatal para o arbitral quando não ocorre de forma voluntária, naturalmente as linhas se cruzam em determinados momentos. É exemplo o fato de a Lei de Arbitragem tratar de sentença usando o conceito do ordenamento processual civil, disciplinando prazo, requisitos formais e encargos. O mesmo ocorre com a audiência, em que a lei apenas consigna que o árbitro poderá tomar depoimentos, em local e dia previamente comunicados por escrito e qual a consequência da recusa do depoente. Tudo o que o mais virá será dos regulamentos e do termo de arbitragem, deixando claro que a lei processual estatal participa apenas com conceitos e princípios. Mais um exemplo está no pedido de esclarecimentos (LA, art. 30), em que não se conceitua ou sequer se nomeia como recurso, mas apenas registra que a parte interessada poderá solicitar ao árbitro que corrija erro material, esclareça obscuridade, dúvida ou contradição da sentença, ou sane ponto omisso. Embora sem o *rótulo*, na essência é o mesmo instrumento dos embargos de declaração do processo estatal.

A pergunta que poderia surgir é qual o motivo para que tantos elementos (e não regras) do direito processual estatal pareçam no processo arbitral, sem, contudo, descaracterizá--lo. A resposta está na matriz constitucional que deve regrar todo e qualquer exercício de jurisdição e da qual não escapa a arbitragem. São as chamadas garantias constitucionais do processo. Para o momento, o que importa é que a influência do processo estatal formal no arbitral se dá por meio de princípios, o que verificamos quando o legislador da Lei de Arbitragem faz remissão nos arts. 13, § 6.º ("no desempenho de sua função, o árbitro deverá proceder com imparcialidade, independência, competência, diligência e discrição.") e 21,

---

[26] Carmona aponta que a Lei de Arbitragem procurou "prestigiar em grau máximo e de modo expresso o princípio da autonomia da vontade" (A arbitragem no Brasil: em busca de uma nova lei, p. 59). São tantas as maneiras com que a convenção pode disciplinar o procedimento que a doutrina estrangeira, especialmente nos países de *common law*, traz verdadeiros manuais para tratar, na convenção, situações de acordo com o direito material (cf. Friedland, *Arbitration clauses for international contracts*, p. 59 e ss.). Sobre a flexibilidade do procedimento à luz do que querem partes e árbitros, cf. por todos Montoro (*Flexibilidade do procedimento arbitral*).

[27] Essa projeção do princípio da autonomia da vontade para o *antes* e o *durante* o processo arbitral, condicionando seu início e pautando seu procedimento, foi bem anotada por Selma Lemes, em conhecido estudo, ao defender que "o princípio da autonomia da vontade é a mola propulsora da arbitragem em todos os seus quadrantes, desde a faculdade de as partes em um negócio envolvendo direitos patrimoniais disponíveis disporem quanto a esta via opcional de solução de conflitos (art. 1.º), até como será desenvolvido o procedimento arbitral" (Princípios e origens da Lei de Arbitragem, p. 32).

§ 2.º ("serão, sempre, respeitados no procedimento arbitral os princípios do contraditório, da igualdade das partes, da imparcialidade do árbitro e de seu livre convencimento"). Percebe-se que o processo arbitral aplica os mesmos *princípios* do devido processo legal que a Constituição impõe ao processo estatal: respeito ao contraditório, à igualdade das partes, à independência, livre convencimento e imparcialidade do julgador.[28] Logo, a sistemática arbitral recebe princípios processuais estampados no sistema de garantias da Constituição, que informam todo e qualquer mecanismo processual.[29]

Em termos finais, para deixar ainda mais clara essa relação de contribuição entre o direito processual formal estatal e a arbitragem, podemos verificar que mesmo a Lei de Arbitragem, aqui homenageada, tem natureza preponderantemente processual.[30] O capítulo I da lei trata de pressupostos típicos do processo arbitral (arbitrabilidade), o capítulo II versa sobre outro pressuposto, com a variedade de questões envolvendo a convenção de arbitragem, o capítulo III trata do árbitro à semelhança do que o ordenamento processual estatal faz como o juiz. Por fim, os capítulos IV, IV-A, IV-B e V são puramente processuais, cuidando de procedimento, de tutela de urgência, de carta arbitral e de sentença, enquanto o capítulo VI disciplina como se comportam decisões arbitrais estrangeiras no País, no *processo* de homologação. Finalmente, de forma emblemática à nossa visão, o capítulo VII traz clara interação legislativa entre com o ordenamento processual estatal.

A bem do instituto da arbitragem e da própria lei de regência ora objeto de homenagem, importante repisar que a sua natureza processual e mesmo a influência que sofre do direito processual estatal está equilibrada sobre o respeito aos seus princípios próprios e a não sujeição às formas (muitas vezes engessadas) do modelo estatal. Lícito dizer, então, que embora influenciado por princípios processuais do modelo estatal a eles a arbitragem não está amarrada. Justamente por isso que a Lei de Arbitragem não trouxe *regras* do modelo estatal. Quando o legislador arbitral se omitiu quanto a institutos processuais específicos, o fez de forma consciente. Procurou a boa técnica legislativa, ciente de que o sistema do pro-

---

[28] Faustino Cordón Moreno aponta que "se trata de princípios 'de carácter constitucional', constitutivos de garantias expresa o implícitamente reconocidas en el art. 24 CE como verdaderos 'derechos subjetivos constitucionales, cuyo contenido mínimo o esencial es inviolable en qualquier ámbito jurídico'. Em consecuencia, deben ser interpretados a la luz de la doctrina establecida por el Tribunal Constitucional sobre sus homónimos en el proceso" (*El arbitraje de derecho privado*, p. 171).

[29] Tal aspecto do processo arbitral está alinhado com o que se convencionou chamar por teoria garantista do procedimento arbitral, nascida com o jurista espanhol Antonio Navarrete, no que pontuou haver, para o processo arbitral, um sistema de *garantias processuais com projeção constitucional* (*Derecho de arbitraje interno e internacional*, p. 19). Para efeito do que estamos falando, são justamente as que apontamos no texto e que estão na lei de arbitragem brasileira. Navarrete retornou ao tema em recente estudo sobre a relação entre garantias processuais, garantias constitucionais e anulação do laudo arbitral, com a análise sobre a tipicidade da compleição de devido processo legal arbitral (Garantías ordinarias *versus* garantías constitucionales en el arbitrage).

[30] Apenas como exemplo, no caso Mitsubishi *versus* Evadin (SEC 349-EX 2005/0023892-2, Rel. Min. Eliana Calmon, j. 21.03.2007), revertendo posição anterior, o STJ reconheceu a natureza processual da Lei de Arbitragem e, por conta disso, sua aplicabilidade mesmo a contratos celebrados antes de sua vigência. O STJ voltou ao tema depois, em 03.10.2007, para reafirmar a posição no caso Spie *versus* Inepar (SEC 831/FR, Rel. Min. Arnaldo Esteves Lima).

cesso arbitral busca influxos naquilo que o mecanismo do processo estatal deve ter de bom a oferecer: seus princípios, e que nem dele são, mas da Constituição Federal. Isso é importante porque o lado ruim, das mazelas da esfera estatal, das regras sectárias, o legislador arbitral as quis bem longe. Escolheu impedir que discussões teóricas e intermináveis sobre conceitos e institutos processuais migrassem para o ambiente arbitral da forma como tradicionalmente ocorre na esfera estatal. Essa conclusão é ratificada pelo fato de o sistema do processo arbitral abrir possibilidades processuais para as partes, prezando pela alta liberdade de escolha, facultando aos envolvidos (partes e árbitros) lançar mão apenas de regras processuais do sistema estatal se e quando entenderem que lhes interessem em termos de procedimento. Seja como for, fundamental deixar claro que estamos aqui no sentido contrário ao de *processualizar* a arbitragem à luz do processo estatal. São métodos de trabalho diferentes.[31]

Fizemos anteriormente o destaque do contexto em que a arbitragem recebe elementos do processo arbitral no tocante ao direito processual formal. Entretanto, existe outro corte da questão que se relaciona com o quanto ela recebe de influência da produção judicial, de decisões que de alguma forma impactam a realidade de uma arbitragem. Sucintamente, tem sido tratada de forma adequada pela doutrina a relação entre os processos estatal e arbitral, especificamente quanto ao relacionamento entre juiz e árbitro em suas funções. Quando o árbitro busca amparo no Judiciário assim o faz fundado em normas do processo estatal. A base desse expediente está na Lei de Arbitragem, mas os subsídios técnicos, em especial quanto à concretização das medidas, estão no sistema do processo estatal. A necessidade de condução coercitiva de testemunhas, o *enforcement* de medidas de urgência ou de tutela específica, a demanda do art. 7.º da lei, ou mesmo a correlação entre execução de título extrajudicial e o trâmite de embargos à execução no juízo arbitral são exemplos. Todavia, para manter sua autonomia o processo arbitral deve sofrer o mínimo possível a intervenção do Judiciário.[32] Isso significa evitar qualquer tendência à *judicialização* do sistema arbitral.

---

[31] José Emilio Nunes Pinto alerta que "é importante que se esclareça que os árbitros se valem em muitas das vezes dos princípios gerais do processo civil que servem de base para a condução do procedimento arbitral, mas não das regras processuais contidas no Código de Processo Civil. Princípios e regras são realidades distintas e a inexata compreensão dessa questão pode levar, como já tem levado, a equívocos que somente servem para desnaturar a arbitragem e militar em detrimento dela" (A escolha pela arbitragem e a garantia de sua instituição, p. 72). No mesmo sentido, Ellen Gracie diz que "verifica-se por vezes uma inadequada processualização do rito, o que põe por terra as vantagens da celeridade e acrescenta custos indesejáveis" (A importância da arbitragem, p. 17). Carmona faz o mesmo apontamento, anotando que a arbitragem não se processualizou para efeito de copiar o sistema de recursos estatais (*Arbitragem e processo*, p. 25, nota 39).

[32] Em excelente exemplo de autonomia do processo arbirtral, Born aponta que "A stark illustration of the foregoing conclusion was *Republic of Indonesia v. Himpurna California Energy*, where the Government of Indonesia was the respondent, and where an Indonesian court enjoined the conduct of an international arbitration with its seat in Indonesia. In response, the arbitral tribunal moved the location of the hearings in the arbitration to The Hague and continued the arbitral proceedings. Thereafter, the Dutch courts rejected an application by Indonesia for an injunction against the arbitration, reasoning among other things that the arbitral tribunal had the authority to move the location of the arbitral hearings". (*International Commercial Arbitration*, p. 3802). Sobre a autonomia do processo arbitral, com seu princípio da competência-competência, cf. Dé-

Somente com essa atuação consciente dos tribunais estatais o processo arbitral continuará seu caminho para se fortalecer em reconhecimento perante a própria sociedade civil, como um sistema autônomo e seguro. Afinal, se toda decisão arbitral vier a sofrer ataque judicial, por anos a fio, isso se tornaria a demolição do instituto no que toca à credibilidade.[33]

Interessante notar que existe relação em sentido contrário também. Vale dizer, a realidade arbitral pode influenciar o modo de ser de um dado processo estatal. É o que ocorre com a demanda prevista no art. 7.º da Lei de Arbitragem, visto que ela dita como será o procedimento que será desenvolvido na esfera estatal. Traz, de fato, verdadeiro *procedimento especial* para a demanda do art. 7.º. Entretanto, justamente pela forma especial do procedimento, vinda da Lei de Arbitragem e não do processo estatal, diante da necessidade de que ele transcorra com celeridade (com específico propósito de servir a uma arbitragem), é de suma importância que o juiz togado não se apegue a dogmas desnecessários da esfera estatal, empregando ao máximo a instrumentalidade das formas.

Procuramos apontar aqui elementos da realidade da arbitragem que se comunicam, em troca de influências, com o modelo do processo estatal sem contudo fazer com que ela perca sua identidade, ou sua ordem que buscamos demonstrar. Passamos agora a ver como a arbitragem se comporta com a realidade do direito material nessa perspectiva.

5. A RELAÇÃO DA ARBITRAGEM COM O DIREITO MATERIAL

A arbitragem se relacionar com o direito processual em termos gerais, dentro do conceito de uma teoria geral, não prejudica, mas, ao contrário, pressupõe que esta relação também se dê necessariamente com o direito material.[34] Bem se diga que ao fim do dia é esta a relação que mais importa.

Em síntese, vimos que a arbitragem como método intrínseco de resolução de conflitos possui contornos próprios que se resumem especialmente ao seu *modus operandi*. Vimos também que, além disso, ele sofre e exerce influência sobre o direito processual posto e aquele praticado pelos juízes togados. Agora necessário analisar seu modo de trabalho com

---

bora Visconte (*A jurisdição dos árbitros e seus efeitos*, p. 94), bem abordando os incidentes com que partes tentam impedir sua regular, assim como o trabalho de Eleonora Coelho (Os efeitos da convenção de arbitragem: adoção do princípio *kompetenz-kompetenz* no Brasil, p. 327).

[33] Cf. estudo de Rodrigo Fonseca (A arbitragem na jurisprudência recente do Superior Tribunal de Justiça), no qual o autor passa em revista os principais temas do processo arbitral já analisados pelo STJ, como a impossibilidade de reexame de mérito da sentença arbitral estrangeira homologanda, a aplicação imediata da Lei de Arbitragem nos contratos anteriores (natureza processual aqui já posta), os princípios do *kompetenz-kompetenz*, o efeito *binding* da cláusula compromissória, a possibilidade de cláusula arbitral em contratos de sociedades de economia mista, os direitos do consumidor e a convenção, o direito falimentar e a convenção, a execução de título extrajudicial e a convenção e, por fim, a convenção em contratos conexos. Para um estudo sobre a jurisprudência de outras Cortes e temas variados, cf. Selma Ferreira Lemes, A arbitragem no Brasil: dez anos de consolidação do instituto, p. 554-565.

[34] Sobre a controvertida questão envolvendo a aplicação do direito material pelo árbitro e as consequências do que se entenda por ordem nacional, internacional e transnacional, cf., por todos, a tese no prelo de Rafael Alves (*A aplicação do direito pelo árbitro*: aspectos relativos ao julgamento de mérito na arbitragem).

os elementos de direito material que nele ingressam pelas mais variadas fontes. O fenômeno, quanto ao direito material, nada mais é do que analisar a relação *processo-direito material* no processo arbitral à luz de uma tipicidade que não se encontra no Judiciário.

Um primeiro panorama da questão surge quando vista a potencialidade da autonomia da vontade no processo arbitral. Isso se traduz no simples fato de as partes poderem eleger a lei material que deverá ser aplicada pelo árbitro (LA, art. 2.º, § 1.º). Aqui o leque é amplíssimo, suposto que, nos termos da lei, "não haja violação aos bons costumes e à ordem pública". Podemos falar de lei brasileira ou mesmo estrangeira, não importa. Uma vez eleita, a ela o árbitro estará vinculado. Com isso evidencia-se uma forma de funcionar do processo arbitral absolutamente distinta do estatal. Uma vez estipulada na convenção, ou mesmo no início do procedimento (no termo de arbitragem, por exemplo), esta ferramenta integra o modelo operacional do processo arbitral, trazendo grande influência no seu resultado e demonstrando que este modo de ser apresenta, com todos os seus mecanismos internos próprios, autonomia no tocante ao paradigma do processo judicial. Essa relação de interface com o microcosmo de diferentes núcleos de direito material longe de caracterizar um engessamento para o exercício da jurisdição arbitral concretiza, isso sim, a sua real finalidade. Julgar crises de direito material mediante um funcionamento distinto do processo estatal, trazendo com isso diferentes influxos práticos para a própria sociedade. Falamos aqui dos conhecidos sentimentos de maior presteza, maior eficiência, maior qualidade de julgamento etc. Seja como for, o fato de a parte poder escolher qual será o direito que deverá ser aplicado à questão substancial controvertida por si só demonstra o quão característico é o processo arbitral em relação ao estatal na relação com o direito material.[35]

O que ocorre na prática no mais das vezes é o formato segundo o qual as partes não elegem o direito material de forma específica, apenas consignando genericamente na convenção que "a arbitragem será por critério de direito". Nesse caso, o árbitro busca no sistema do direito material vigente onde o processo se desenvolve o que deverá pautar o seu julgamento na questão de fundo. Trazendo um exemplo ilustrativo: se o árbitro tiver que julgar matéria de direito societário relativa a acordo de acionistas, será na Lei de Sociedades Anônimas[36] que buscará o subsídio. Advém para o ambiente arbitral um dado de outro conjunto de normas, aqui representado pelo chamado direito societário em harmonia com a premissa de não pautar, mas sim influenciar o caminho do processo arbitral. Não há sujeição automática do mecanismo arbitral pelo sistema do direito material, do contrário o árbitro seria mero aplicador de ditames legais frios, um autista da realidade que o cerca. O que existe é influência.

De outra sorte, há troca de influxos. Na mesma medida em que a conclusão de um julgamento arbitral acerca de determinado dispositivo de direito material também traz, em alguma medida, uma interferência na própria forma com que será considerado na

---

[35] A eleição do direito material é fundamental na relação entre processo e direito no sistema do processo arbitral. Isso o diferencia em absoluto do modelo estatal. Sobre esta peculiaridade, ver Fouchard-Gaillard-Goldman, *International commercial arbitration*, p. 791-828.

[36] Lei 6.404/1976: "Art. 118. Os acordos de acionistas, sobre a compra e venda de suas ações, preferência para adquiri-las, exercício do direito a voto, ou do poder de controle deverão ser observados pela companhia quando arquivados na sua sede. (Redação dada pela Lei n.º 10.303, de 2001)".

realidade jurídica. Explicamos. O sistema do direito material influencia no sistema do processo arbitral, o que é sublimado pelo simples fato de que as partes podem eleger o direito material que será aplicável à solução do litígio.[37] Levará ao árbitro elementos que incidirão na conclusão final, conjuntamente a outros subsídios integrativos da norma. Contudo, o sistema do processo arbitral também provoca interferência no do direito material.

A atuação concreta da lei pelo árbitro pode levar a diversas interpretações sobre o conteúdo da norma referida, integrando-a, ou até mesmo alterando-a. Isso ocorre de forma mais evidente no processo estatal, em que, inclusive, a interpretação da jurisprudência tem ganhado enorme força nos últimos anos e vem sendo tratada como fonte do direito.[38] O mesmo se dá com o julgamento arbitral. Poder-se-ia apontar que o fato de o processo arbitral ser *sigiloso* não permitiria essa consequência. Ora, a confidencialidade não é obrigatória em arbitragem, apenas uma faculdade das partes.[39] Ademais, a jurisprudência arbitral vem tendo cada vez mais profusão entre os canais especializados da arbitragem, protagonizada pelas revistas, com exposição de teses de direito, tornando concreta, pública, a produção jurisdicional arbitral. Doutrinando via precedente arbitral e cumprindo diferentes escopos da jurisdição arbitral, em especial o pedagógico. Em suma, da mesma maneira que a vinda de um elemento de direito material ao processo arbitral causa-lhe influência, o mesmo ocorre com o produto de sua atuação sobre tal elemento de direito, retribuindo com influência em termos integrativos à norma e, por consequência, ao próprio sistema de direito material da qual advém.

Outros exemplos poderiam ser lembrados. A questão da chamada sede da arbitragem, por exemplo, leva a discussões consideráveis sobre qual o direito aplicar, a depender de onde tramita a arbitragem, muitas vezes em contraposição ao regime do local e que pode estabelecer que o território definiria a questão.[40] O mesmo ocorre com a discussão de como se comportaria o cumprimento de determinada decisão arbitral em sua executividade à luz do direito local onde será cumprida, merecendo muitas vezes disposição contratual pelas partes. Embora o tema em si possa (e é) objeto de estudos específicos e muita discussão, fato é que esse aspecto é encontrado apenas na realidade da arbitragem, e não nos processos judiciais.

---

[37] Cf. Jacob Dolinger, A autonomia da vontade para escolha da lei aplicável, p. 107 e ss. e; Rubino-Sammartano, *Il diritto dell'arbitrato*, p. 289-300. Os espanhóis Medina e Merchán fazem uma análise que bem se aproxima da ideia de tipicidade, ou de autonomia do processo arbitral em relação ao modelo estatal (*Tratado de arbitraje privado interno e internacional*, p. 427 – destacamos).

[38] Cf. nosso *Jurisprudência*: da divergência à uniformização, p. 6 e ss.

[39] Cf. Nunes Pinto, A confidencialidade na arbitragem.

[40] "It is common for authors discussing delocalisation to discuss "court" intervention. As will become apparent from the discussion of the arbitration systems in this article, it is often the case that bodies other than courts may affect the degree of autonomy of the arbitral process from the local law. No system of arbitration has entirely adopted the notion of delocalisation of the arbitral process. There are, however, two things that should be considered. First, there is a worldwide trend in favour of increasing the autonomy granted to international arbitration. Second, if there is no system that adopts delocalisation entirely, and different systems of legislation governing international arbitration allow differing degrees of court intervention, there must be a scale of the extent to which different systems allow delocalisation of the arbitral process. (Secomb, M. Shades of delocalisation – diversity in the adoption of the Unicitral model law in Australia, Hong Kong and Singapore, p. 128-129).

Veja-se também o exemplo da *lex mercatoria*, a qual costuma ser conceituada como conjunto de regras que, em termos práticos, superam aquelas inseridas na realidade jurídica imposta pelo Estado. São regras de praxe que, na prática, regulam o mercado internacional.[41] A bem da verdade, são regras vindas de princípios gerais de direito, do senso comum decorrente do exercício de determinados contratos típicos. Soma-se a esses *referenciais mercadológicos* a *doutrina* trazida por decisões arbitrais que regulam determinado mercado, ou comércio. Tudo isso reunido forma um *sistema de autorregulação comercial*.[42-43] Logo, ele não é apoiado em lei, mas no fato jurídico.[44] E tal mecanismo rotineiramente ingressa no processo arbitral, até porque expressamente previsto na Lei de Arbitragem ("poderão, também, as partes convencionar que a arbitragem se realize com base nos princípios gerais de direito, nos usos e costumes e nas *regras internacionais de comércio*" – art. 2.º, § 2.º). Não é incomum o árbitro julgar de acordo com a *lex mercatória*, quando autorizado pelas partes.[45] Assim ocorrendo, seus elementos influem direta e diuturnamente no resultado de demandas arbitrais. Atuam no ambiente processual arbitral, incidindo na cognição do árbitro sobre a questão material controvertida. É verdade, em contrapartida, que a inserção da *lex mercatoria* no ambiente processual arbitral leva a outro aspecto, o do afastamento parcial ou total do critério de julgamento por direito, o que remonta, de certa maneira, a

---

[41] Como aponta José Eduardo Faria, na origem, a *lex mercatoria* era o conjunto de regras e princípios forjado nos séculos XI e XII por comerciantes e navegadores europeus empenhados em abrir novos mercados e, para isso, precisavam constituir uma nova ordem jurídica que servisse aos seus interesses. Esse "law merchant" apareceu muito antes do conceito de Estado atual, sendo distinto de direitos locais, feudais, reais ou eclesiásticos. São um conjunto de regras com nítida intenção autorreguladora, em escala transnacional, administrado não por juízes, mas pelos próprios comerciantes. Com o aparecimento do Estado moderno, seus ordenamentos incorporaram tal formato de regulação, dando origem ao direito internacional privado. Atualmente fala-se da "nova *lex mercatoria*", que é justamente o nosso ponto, pois a complexidade social moderna e a incapacidade das legislações nacionais oferecem soluções muitas vezes inviáveis aos negócios jurídicos (*O direito na economia globalizada*, p. 160-162, notas 10 e 11). Cf. Carmona, Arbitragem e jurisdição, p. 305; Hermes Marcelo Huck, *Sentença estrangeira e* lex mercatoria, p. 101-116. Na doutrina estrangeira é comum dizer que o maior nome no assunto é Berthold Goldman (cf. Frontières du droit et lex mercatoria; La lex mercatoria dans les contrats et l'arbitrage internationaux: realité et perspectives; Nouvelles réflexions sur la lex mercatoria).

[42] Luiz Olavo Baptista vê o instituto como um mecanismo próprio, dizendo que "constitui um ordenamento jurídico no sentido que Norberto Bobbio dá ao termo, uma vez que é composta por várias normas, as quais constituem uma unidade, compondo um sistema, ou seja, um conjunto de normas de conduta e de estrutura, ou competência" (*Lex mercatoria*, p. 282).

[43] Acerca do uso das "melhores práticas da indústria" (*lex mercatoria*) em questões arbitrais que envolvem engenharia de grande porte, cf. Nunes Pinto, Reflexões indispensáveis sobre a utilização da arbitragem, p. 317. Na doutrina francesa, ver Alan Redfern e Martin Hunter, *Droit et pratique de l'arbitrage commercial international*, p. 96-100. Na doutrina italiana, ver Briguglio-Fazzalari--Marengo, *La nuova disciplina dell'arbitrato*, p. 243. Na doutrina espanhola, em visão um tanto diversa, Rubino-Sammartano aponta o perigo da incerteza diante de interpretações pessoais do árbitro sobre o que seja *lex mercatoria* (*Il diritto dell'arbitrato*, p. 315).

[44] Cf. Carmona, *Arbitragem e processo*, p. 73-75.

[45] Cf. Fouchard-Gaillard-Goldman, *International commercial arbitration*, p. 802-807.

um julgamento por equidade.[46] Sendo o modelo da *lex mercatoria* um sistema próprio de direito material, ele se comunica direta e muito comumente com o sistema do processo arbitral e traz a este influência em termos de subsídios jurídicos, na medida em que nele atue com elementos influindo na sentença arbitral. Recebe do processo arbitral também influência, na medida em que o resultado da atividade jurisdicional exercida no processo arbitral, as decisões arbitrais uniformes, geram consequências sobre a própria prática/interpretação do conteúdo e amplitude até mesmo do que seja *lex mercatoria*.[47] Inegável existir aqui tipicidade incomum, ou melhor, inexistente no processo estatal. Eis um dado claro de um diverso meio de julgamento meritório que distingue as atividades do juiz e do árbitro.

Por fim, podemos também dizer que a própria equidade ingressa na realidade arbitral de um jeito bem diverso do processo estatal, suposto, claro, que autorizada pelas partes. Aqui embora não se veja obviamente julgamento por critério estrito de direito, fato é que outra fórmula será usada pelo julgador para resolver a questão de material controvertida, à semelhança do que se disse anteriormente da *lex mercatoria*. Entra a equidade, quando o caso, na arbitragem como engrenagem típica desse método de julgamento, formando com isso um aparato diferente do que há no Judiciário. Contribui também, assim, para demonstrar a tipicidade da arbitragem.

6. ORDEM JURÍDICA ARBITRAL?

Por tudo o que se disse *supra* fica claro que entendemos *ordem jurídica* não como arcabouço de textos legais mais ou menos organizados e seguindo uma sectária hierarquia. Tal visão, dita por alguns clássica,[48] não cabe mais no universo prático do direito atual, muito menos da arbitragem. Pensamos que ordem jurídica vai além, abrangendo não com o que se julga, mas também com o que se aparamenta para julgar. Resta claro então que não nos parece bastante dizer que uma ordem se restringiria ao que se aplica ao caso, seja em termos de direito material, seja em termos de direito processual. Tampouco apenas o produto desse

---

[46] Cf. Bruno Oppetit, *Théorie de l'arbitrage*, p. 93.

[47] A *nova lex mercatoria* "comprised of several elements, including general principles of laws recognized buy commercial nations, rules of international organizations, customs and usages, standard form contracts and reports of arbitral awards" (Christoph W. Stoecker, The lex mercatoria: to what extend does it exist?, p. 124-125). Embora a nova *lex mercatoria* decorra, conforme apontado por José Eduardo Faria (*O direito na economia globalizada*), da insuficiência prática em termos regulatórios da atividade legislativa atual, isso não quer dizer que ela não traga institutos positivados em seu contexto. Em análise precisa, Maristela Basso aponta ser necessário recorrer a decisões arbitrais para o preenchimento do conceito de boa-fé contratual na *lex mercatoria* (*Contratos internacionais do comércio*, p. 165-166). Da mesma maneira manifesta-se Luiz Olavo Baptista, para quem a *lex mercatoria* é composta dos princípios gerais de direito, dos usos e costumes e da *jurisprudência arbitral*, pois para ele as decisões arbitrais "vão contribuindo a conformar os princípios e contratos a uma maneira específica e adaptada à problemática empresarial e internacional" (*Arbitragem comercial*, p. 282 – grifo nosso). Isso mostra tanto a influência do direito material na *lex mercatoria* quanto, conforme chamamos de abertura cognitiva, do sistema do processo arbitral para o sistema da *lex mercatoria*. O resultado de processos arbitrais contribui para o preenchimento do conceito de boa-fé segundo a nova *lex mercatoria*.

[48] Tal qual Engisch preconizava (*Introdução ao pensamento jurídico*).

movimento dialético. Ordem jurídica, para nós, abrange o ambiente no qual haverá um julgamento, o aparato instrumental para este julgamento (nisso incluídos direito processual e material) e o resultado deste julgamento, porque é por meio dele que se obtêm os escopos (jurídicos, políticos e sociais) do exercício de poder ao implementar jurisdição arbitral.

Conforme ponderamos antes, quando se fala que "na arbitragem é diferente", claro que o paradigma do que seja diferente a ela é o do processo estatal, judicial. Diferente na sua formação, na sua tramitação e na sua conclusão. No entanto, para que assim seja a arbitragem conta com elementos vindos da sua própria realidade, panorama este formado pela lei de regência, ora objeto de homenagem, mas também por outros influxos especialmente vindos da vontade das partes e árbitros.

Esse *exercício típico de jurisdição* sofre por um lado as mesmas influências, quanto às suas matrizes principais de aplicação de poder estatal (neste caso, delegado por lei ao árbitro[49]). *Bebe da mesma água* do processo judicial, que é a raiz constitucional. Integram os dois modelos, assim, uma mesma ordem de processo, uma mesma teoria geral de rito dialético (procedimento agitado pelo contraditório). É o que falamos anteriormente sobre a relação entre o exercício de jurisdição arbitral e a teoria geral do processo. Então, ao mesmo tempo em que é diferente no modo de ser e de se comportar inclusive para a sociedade como forma de resolução de conflitos, a arbitragem e o processo judicial apresentam uma mesma raiz que, de maneira geral, preza por um procedimento hígido, com respeito às garantias constitucionais de ampla defesa e contraditório. Diferentes no modo de ser, ambos legitimam-se mediante sua aplicação (pelo procedimento) com amparo em princípios constitucionais que lhes pautam e que basicamente trazem uma ideia de devido processo. Esta é, portanto, *grosso modo*, a relação entre a arbitragem, a teoria geral do processo e o devido processo legal.

Em contrapartida a tais semelhanças, as diferenças da arbitragem com o processo judicial surgem no momento em que aproximamos a lupa e enxergamos o seu procedimento. Ou melhor, o modelo pelo qual este procedimento se executa. Veremos que a vontade, da parte e dos árbitros, é viga mestra nesse quesito. Vontade essa que é ampliada, *per relationem*, ao papel que os regulamentos das câmaras exercem. Vontade essa que é hipertrofiada pela ampla gama de poderes instrutórios que o árbitro detém. Confia-se na vontade. E essa confiança traz frutos. Tanto é verdade que é comum dizer que nenhuma arbitragem é igual a outra. Pura verdade. Esse ingrediente, a vontade, entra na arbitragem de forma totalmente diversa do que ocorre no processo estatal. Apenas este elemento já altera a sua forma de ser. Suposto ser verdadeiro que não se pode falar num sentido concreto para o conceito de devido processo legal, como visto *supra*, temos diferentes elementos que preenchem esse conceito quando se fala de arbitragem e processo judicial. Neste, basicamente, o ordenamento processual de regência. Naquela, longe disso, estarão a vontade (de partes e árbitros) e a lei de arbitragem homenageada. E é uma enorme diferença. Todavia, não apenas isso deixa evidente a diversidade da arbitragem.

---

[49]   Inclusive com poder discricionário para o árbitro (cf. Batista Martins, *Apontamentos sobre a lei de arbitragem*, p. 237), evidentemente de forma diversa à do ato administrativo (ato vinculado) e sempre pautado pelo deve de (bem!) motivar.

O resultado desse modelo diverso de entrega de prestação jurisdicional vem geralmente elogiado nos louros ditos das chamadas vantagens[50] da arbitragem.[51]

O modelo arbitral de resolução de conflitos, a par da convergência de matriz constitucional (principiológica) que detém com o modelo estatal e da divergência da forma com que integra do seu modo (devido processo) também quanto a ele, estabelece uma relação de duplo sentido com o direito processual. Este é um elemento que demonstra a sua diferença e, ao contrário de sugerir subordinação, é linha de destaque no quão diverso é o seu modo de agir.[52] A arbitragem recebe influência deste direito processual formal e de decisões judiciais. Quanto ao primeiro, conforme falamos antes, trata-se de viés nitidamente principiológico e voltado a preencher conceitos propositalmente abertos trazidos na Lei de Arbitragem. Quanto ao segundo aspecto, esta própria lei apresenta momentos diversos nos quais a interface entre arbitragem e Judiciário se faz necessária (relembrando, por exemplo, nas medidas de urgência, coercitivas, na carta arbitral, no cumprimento ou anulação da sentença arbitral). Some-se a isso o ingresso cada vez maior de elementos da chamada *soft law* que, por eleição das partes, influenciam nos rumos da prática arbitral, ditando orientações e, com isso, constituindo um feixe processual totalmente diferente do que se vê no aparato judicial.[53-54]

---

[50] Paulsson faz curioso apontamento ao dizer que as pessoas " should also consider that the availability of international arbitration also has the salutary effect of what sociologists call "compliance pull", as public officials consider the consequences of the fact that their conduct may be examined by neutral decision-makers [arbitrators] who cannot be swayed by patronage, clientilism, or worse – and thus contributes to the rule of law in the national environment as a whole 9 (The Tipping Point, p. 95).

[51] Para Rafael Alves "o árbitro possui uma missão perante as partes, não necessariamente perante a sociedade. Ao contrário do juiz, o árbitro não tem o dever de resguardar a integridade ou a coerência da ordem jurídica e, assim, sua relação com o direito parece ser distinta. O modo pelo qual um árbitro aplica ou deixa de aplicar determinada norma jurídica não traz, em princípio, qualquer impacto para a ordem jurídica da qual faz parte aquela norma jurídica. As decisões dos árbitros não conformam comportamentos dos cidadãos. Sua decisão diz respeito somente às partes em disputa. É por isso que se costuma afirmar também que, no plano doméstico, a arbitragem situa-se na "periferia" do sistema jurídico, sendo o Poder Judiciário o seu centro" (*A aplicação do direito pelo árbitro*: aspectos relativos ao julgamento de mérito na arbitragem, p. 5). Tal posição de certa forma ratifica a autonomia da prática arbitral, restringindo seus efeitos externos não tanto à sociedade, como no processo estatal, mas fundamentalmente às partes que conferiram poder ao árbitro para julgar seu conflito.

[52] Para Gary Born, "an international arbitration is in vital respects an autonomous legal mechanism governed by international, not merely national, law. The international arbitration agreement is given effect by the New York Convention and by national laws, but decisions regarding the arbitration agreement by the courts of one state are not automatically binding on either courts in other states or the arbitral tribunal" (International commercial arbitration, p. 3803).

[53] "It is here that procedural soft law presents its potential to foster a sense of equal treatment, by promoting the perception that procedure is "regular" and according to a "rule of law" principle. Indeed, one of the essential elements of law as it has been known in the Western world is that similar cases should be treated in a similar fashion. By contrast, when arbitrators invent procedural norms as cases unfold, choosing their procedural standards after knowing who will receive the rough end of a rule, one side may perceive application of different sets of weights and measures" (Park, The Procedural Soft Law of International Arbitration: Non-Governmental Instruments, p. 146).

[54] Para Abbud, "essas mudanças que a soft law pode produzir e vem produzindo sobre arbitragem internacional são positivas. De fato, como o uso desses instrumentos depende exclusivamente da

Paralelamente à relação que a arbitragem tem com o direito processual em sentido lato, há também a sua ligação com o modelo de direito material em sentido amplo. De forma mais adequada para a realidade arbitral, os diferentes influxos materiais que ingressam na realidade dos julgamentos das arbitragens. Falamos aqui do direito material incindível à espécie,[55] que pode variar de acordo com o modelo de negócio jurídico, com a realidade de determinado país ou mesmo com a ampla escolha das partes na convenção de arbitragem. Agregados a isso estão dois elementos importantes na composição do mecanismo, que é a posição cada vez maior de elementos que para integram uma visão ampla de direito, como a prática reiterada de determinadas posturas comerciais em certos contratos típicos e que recebe uma gama de decisões especializadas uniformes (a chamada *lex mercatoria*), conforme demonstramos no item anterior.[56] Ao redor de tudo isso está a presença de elementos de ordem pública, que variam entre espécies nacionais, internacionais e transnacionais.[57]

---

vontade dos sujeitos do processo arbitral (especialmente partes e árbitros), sua ampla e crescente aceitação indica que tais diretrizes e standards têm sido considerados benéficos para a regulação de certas matérias, quando comparados às alternativas situadas nos extremos opostos do espectro jurídico: de um lado, as normas jurídicas vinculantes; de outro, a absoluta ausência de qualquer regra ou diretriz" (Soft law *e produção de provas na arbitragem internacional*, p. 3).

[55] "The arbitral process is anchored to the legal system of the seat of the arbitration, but the arbitrator has a special status, which implies that many rules applicable before the court at the place of the seat will not be applicable to private arbitrators. The arbitral process remains, however, regulated by the law of the seat of the arbitration and subject to the supervision of the courts of the seat." (Besson, Is There a Real Need for Transcending National Legal Orders in International Arbitration? Some Reflections Concerning Abusive Interference from the Courts at the Seat of the Arbitration, p. 381).

[56] "Hence, the general approach resulting both from the domestic arbitration laws and the arbitration rules of arbitral institutions, is that of allowing broad discretion to arbitrators in determining the procedural rules governing the proceedings, albeit with some limits, essentially confined to the mandatory public order provisions of the *lex arbitri*, such as those concerning the principle of due process. In order to provide some guidance to arbitrators in the exercise of such a broad discretion, in relatively recent times we have witnessed the proliferation, at a transnational level, of guidelines, codes of conduct and similar productions of *soft law* concerning the conduct of international arbitration proceedings. […] It is sufficient to quote the 2004 IBA Guidelines on Conflict of Interest in International Arbitration, the 2010 IBA Rules on the Taking of Evidence in International Arbitration and, most recently, the 2013 IBA Guidelines on Party Representation in International Arbitration. As rules of *soft law* they are not in themselves binding but this does not mean that they lack legal significance […] It is this *corpus* of constantly evolving transnational procedural rules applicable to arbitration which one may, in an empirical and non-dogmatic sense, call *lex mercatoria processualis*. It is a *corpus* of delocalized and a-national rules because they are the spontaneous product of the international arbitration community and do not relate to any particular State legal system" (Draetta, U. The Transnational Procedural Rules for Arbitration and the Risks of Overregulation and Bureaucratization, p. 330). Ainda sobre o tema, entre outros, cf. Kock (The Enforcement of Awards Annulled in their Place of Origin, p. 275), Huck, *Sentença estrangeira* e lex mercatoria) e Aprigliano (*Ordem pública e processo*, p. 42).

[57] Os limites do presente ensaio nos impedem de avançar no tema, por si só tormentoso, mas, em linhas gerais, como ensina Aprigliano, "a ordem pública se infere de normas imperativas que sejam ao mesmo tempo representativas da coletividade e que transcendam à esfera dos interesses privados ou de pequenos grupos, para atingir a sociedade como um todo. As leis ou normas de ordem pública resumem e retratam aspectos considerados pelo sistema jurídico brasileiro como

Dito tudo isso, não se pode negar que o arcabouço que no entorno e no núcleo da arbitragem é bem diferente do que está no processo estatal, o paradigma clássico utilizado para efeito de comparação. Não se está diante de uma singela operação de aplicar um ditame frio de lei a uma crise jurídica. A complexidade do ato de julgar no modelo arbitral, com todos os ingredientes mencionados, apontam para um feixe típico. A concatenação da vontade (como pressuposto) de arbitrar com a vontade para direcionar o procedimento (partes e árbitros) junto da influência de ditames processuais constitucionais e decisões judiciais, assim como da forma *tailor made* com que o direito material ingressa nesse modelo, leva a uma conclusão que somente pode ser de especificidade. Com todos esses elementos, e ainda que esta reflexão mereça necessário aprofundamento, podemos dizer que existe uma *sui generis* ordem jurídica arbitral.

7. BIBLIOGRAFIA

ABBUD, André de Albuquerque Cavalcanti. Soft law *e provas na arbitragem internacional*. São Paulo: Atlas, 2014.

ALBÓNICO, Eduardo Picand. *Arbitraje comercial internacional*. Santiago: Editora Jurídica de Chile, 2005.

ALVES, Rafael Francisco. *A aplicação do direito pelo árbitro*: aspectos relativos ao julgamento do mérito na arbitragem. 2016. Tese (Doutorado) – USP, São Paulo.

APRIGLIANO, Ricardo de Carvalho. *Ordem pública e processo*: o tratamento das questões de ordem pública no direito processual civil. São Paulo: Atlas, 2011.

ÁVILA, Humberto. *Teoria dos princípios*: da definição à aplicação dos princípios jurídicos. 6. ed. São Paulo: Malheiros, 2006.

BAPTISTA, Luiz Olavo. *Arbitragem comercial*. São Paulo: Freitas Bastos, 1986.

_____. *Lex mercatoria*. In: FERRAZ, Rafaella; MUNIZ, Joaquim (Coord.). *Arbitragem doméstica e internacional*: estudos em homenagem ao Prof. Theóphilo de Azeredo Santos. Rio de Janeiro: Forense, 2008.

BARBOSA MOREIRA, José Carlos. La nuova legge brasiliana sull'arbitrato. *Rivista dell'Arbitrato*, ano VII, p. 1, 1997. *Temas de direito processual* – 6.ª série. São Paulo: Saraiva, 1997.

_____. Privatização do processo?. *Temas de direito processual* – 7.ª série. São Paulo: Saraiva, 2001.

BASSO, Maristela. *Contratos internacionais do comércio*. 2. ed. Porto Alegre: Revista do Advogado, 1998.

BATISTA MARTINS, Pedro A. *Apontamentos sobre a lei de arbitragem*. Rio de Janeiro: Forense, 2008.

BESSON, S. Is There a Real Need for Transcending National Legal Orders in International Arbitration? Some Reflections Concerning Abusive Interference from the Courts at

---

integrantes de seu núcleo essencial, compondo o universo mais ou menos amplo dos valores éticos, sociais, culturais, econômicos e até religiosos, que a sociedade brasileira elegeu e procura preservar" (*Ordem pública e processo*, p. 67).

the Seat of the Arbitration. In: DEN BERG, A. J. (Ed.). *International Arbitration*: The Coming of a New Age? ICCA Congress Series, v. 17.

BOISSÉSON, Matthieu de. *Le droit français de l'arbitrage interne et international*. Paris: GLN-Édition, 1990.

BORN, G. B. *International commercial arbitration*. 2. ed. The Hague: Kluwer Law International, 2014.

BRAGHETTA, Adriana. A escolha da sede na arbitragem. *Revista do Advogado*, São Paulo: AASP, n. 87, p. 7.

_____. A importância da sede da arbitragem. In: LEMES; CARMONA; MARTINS (Coord.). *Arbitragem*: estudos em homenagem ao Prof. Guido Fernando da Silva Soares. São Paulo: Atlas, 2007.

_____. *A importância da sede da arbitragem*: visão a partir do Brasil. Rio de Janeiro: Renovar, 2010.

BRIGUGLIO, Antonio. *La nuova disciplina dell'arbitrato*. Milano: Giuffrè, 1994.

CANOTILHO, José Joaquim Gomes. *Direito constitucional e teoria da constituição*. 7. ed. Coimbra: Almedina, 2003.

CAPPELLETTI, Mauro. *Juízes legisladores?* Porto Alegre: Fabris, 1993.

CARMONA, Carlos Alberto. A arbitragem no Brasil: em busca de uma nova lei. *Revista de Processo*, São Paulo: RT, ano 18, n. 72, p. 53-74, 1993.

_____. *Arbitragem e processo*. 3. ed. São Paulo: Atlas, 2009.

CARVER, Todd. Alternative dispute resolution: why it doesn't work and why it does. *Harvard Business Review*, Boston, maio-jun. 1994.

COELHO, Eleonora. Os efeitos da convenção de arbitragem: adoção do princípio *kompetenz-kompetenz* no Brasil. In: LEMES, Selma Ferreira; CARMONA, Carlos Alberto; MARTINS, Pedro Batista (Coord.). *Arbitragem*: estudos em homenagem ao Prof. Guido Fernando da Silva Soares. São Paulo: Atlas, 2007.

DRAETTA, U. The Transnational Procedural Rules for Arbitration and the Risks of Overregulation and Bureaucratization. *ASA Bulletin*, v. 33, n. 2. p. 327-342, 2015.

DINAMARCO, Cândido Rangel. *Instituições de direito processual civil*. São Paulo: Malheiros, 2001. 2. v.

_____. Limites da sentença arbitral e seu controle jurisdicional. In: MARTINS, Pedro Batista; GARCEZ, José Maria (Coord.). *Reflexões sobre arbitragem*: in memoriam do desembargador Cláudio Vianna de Lima. São Paulo: LTr, 2002.

DOLINGER, Jacob. A autonomia da vontade para escolha da lei aplicável no direito internacional privado brasileiro. In: LEMES, Selma Ferreira; CARMONA, Carlos Alberto; MARTINS, Pedro Batista (Coord.). *Arbitragem*: estudos em homenagem ao Prof. Guido Fernando da Silva Soares. São Paulo: Atlas, 2007.

ENGISCH, Karl. *Introdução ao pensamento jurídico*. 8. ed. Lisboa: Fundação Calouste Gulbenkian, 2001.

FARIA, José Eduardo. *O direito na economia globalizada*. São Paulo: Malheiros, 2004.

FAZZALARI, Elio. *La nuova disciplina dell'arbitrato*. Milano: Giuffrè, 1994.

_____. *L'arbitrato*. Torino: UTET, 1997.

FONSECA, Rodrigo Garcia da. A arbitragem na jurisprudência recente do Superior Tribunal de Justiça. *Revista de Arbitragem e Mediação*, São Paulo: RT, n. 19, p. 16, 2008.

FREITAS, José Lebre de. Alcance da determinação pelo tribunal judicial do objeto do litígio a submeter a arbitragem. In: TELLES, Inocêncio Galvão (Coord.). *O direito* Lisboa: Almedina, 2008.

FRIEDLAND, Paul. D. *Arbitration clauses for international contracts*. New York: JurisNet, 2007.

GAILLARD, Emmanuel. *International commercial arbitration*. Netherlands: Kluwer, 1999.

GOLDMAN, Berthold. Frontières du droit et lex mercatoria. *Archives Philosophiques du Droit*, p. 177, 1964.

_____. *International commercial arbitration*. Netherlands: Kluwer, 1999.

GOMM-SANTOS, Maurício. The extent of the arbitral tribunal's power to manage discovery in the United States of America. *Revista de Arbitragem e Mediação*, São Paulo: RT, n. 22, p. 156-172, 2009.

GRACIE, Ellen. A importância da arbitragem. *Revista de Arbitragem e Mediação*, São Paulo: RT, n. 12, p. 13-17, 2007.

HANESSIAN, Grant. Discovery in international arbitration. *Revista de Arbitragem e Mediação*, São Paulo: RT, n. 7, p. 154, 2005.

HUCK, Hermes Marcelo. *Sentença estrangeira* e lex mercatoria. São Paulo: Saraiva, 1994.

HUNTER, Martin. *Droit et pratique de l'arbitrage commercial international*. 2. ed. [s.l.]: LGDJ, 1994.

KOCH, C. The Enforcement of Awards Annulled in their Place of Origin Journal of International Arbitration, 2009, Vol 26, No 2. p. 267 – 292.

LA CHINA, Sergio. *L'arbitrato*. Il sistema e l'esperienza. 2. ed. Milano: Giuffrè, 2004.

LEE, João Bosco. A obrigação de revelação do árbitro: está influenciada por aspectos culturais ou existe um verdadeiro standard universal? *Revista Brasileira de Arbitragem*, Porto Alegre: Síntese, n. 14, p. 9, 2007.

LEMES, Selma Maria Ferreira. A arbitragem no Brasil: dez anos de consolidação do instituto. In: CAMPOS, Diogo; MENDES, Gilmar; MARTINS, Ives Gandra (Coord.). *A evolução do direito no século XXI*: estudos em homenagem ao Prof. Arnoldo Wald. [s.l.]: Almedina, 2007.

_____. Princípios e origens da Lei de Arbitragem. *Revista do Advogado*, São Paulo: AASP, v. 51, p. 32-35, 1997.

MAGALHÃES, José Carlos de. Soluções rápidas e objetivas. *Revista Brasil Canadá*, São Paulo: CCBC, ano 2, n. 7, 2007.

MARENGO, Roberto. *La nuova disciplina dell'arbitrato*. Milano: Giuffrè, 1994.

MEDINA, José M. Chillón. *Tratado de arbitraje privado interno e internacional*. Madrid: Civitas, 1978.

MERCHAN, José F. Merino. *Tratado de arbitraje privado interno e internacional*. Madrid: Civitas, 1978.

MONTORO, Marcos André Franco. *Flexibilidade do procedimento arbitral*. 2010. Tese (Doutorado) – Faculdade de Direito da USP, São Paulo.

MORENO, Faustino Cordón. *El arbitraje de derecho privado*. Navarra: Aranzadi, 2005.

NAVARRETE, Antonio Lorca. *Derecho de arbitraje interno e internacional*. Madrid: Tecnos, 1989.

_____. Garantías ordinarias *versus* garantías constitucionales en el arbitraje? In: LEMES, Selma Ferreira; CARMONA, Carlos Alberto; MARTINS, Pedro Batista (Coord.).

Arbitragem: estudos em homenagem ao Prof. Guido Fernando da Silva Soares. São Paulo: Atlas, 2007.

NUNES PINTO, José Emilio. A escolha pela arbitragem e a garantia de sua instituição. *Revista do Advogado*, São Paulo: AASP, n. 87, p. 67.

_____. Reflexões indispensáveis sobre a utilização da arbitragem e de meios extrajudiciais de solução de controvérsias. Garantías ordinarias *versus* garantías constitucionales en el arbitraje? In: LEMES, Selma Ferreira; CARMONA, Carlos Alberto; MARTINS, Pedro Batista (Coord.). *Arbitragem*: estudos em homenagem ao Prof. Guido Fernando da Silva Soares. São Paulo: Atlas, 2007.

_____. A arbitrabilidade de controvérsias nos contratos com o Estado e empresas estatais. *Revista Brasileira de Arbitragem,* Porto Alegre: Síntese.

_____. A confidencialidade na arbitragem. *Revista de Arbitragem e Mediação*. São Paulo: RT, 2005, n. 6, p. 25.

OPPETIT, Bruno. *Théorie de l'arbitrage*. Paris: PUF, 1998.

PARENTE, Eduardo de Albuquerque. *Jurisprudência*: da divergência à uniformização. São Paulo: Atlas, 2006.

_____. *Processo arbitral e sistema*. São Paulo: Atlas, 2012.

PARK, W. W. Chapter 7: The Procedural Soft Law of International Arbitration: Non-Governmental Instruments. In: LEW, J. D. M.; MISTELIS, L. A. (Ed.). *Pervasive Problems in International Arbitration*. International Arbitration Law Library. The Hague: Kluwer Law International, 2006. v 15, p. 141-154.

PAULSSON, J. Chapter 7: The Tipping Point. In: KINNEAR, M. N.; FISCHER, G. R. et al. (Ed.). *Building International Investment Law*: The First 50 Years of ICSID. The Hague: Kluwer Law International, 2015. p. 85-96.

REDFERN, Alan. *Droit et pratique de l'arbitrage commercial international*. 2. ed. [s.l.]: LGDJ, 1994.

RUBINO-SAMMARTANO, Mauro. *Il diritto dell'arbitrato (interno)*. 2. ed. Milano: Cedam, 1994.

SECOMB, M. Shades of Delocalisation – Diversity in the Adoption of the UNCITRAL Model Law in Australia, Hong Kong and Singapore. *Journal of International Arbitration*, v. 17, n. 5, p. 123-150, 2000.

STOECKER, Christoph W. The lex mercatoria: to what extend does it exist?. *Journal of International Arbitration*, Genève, v. 7, n. 1, 1990.

TIBURCIO, Carmen. A arbitragem como meio de solução de litígios comerciais internacionais envolvendo o petróleo e uma breve análise da cláusula arbitral da sétima rodada de licitações da ANP. *Revista de Arbitragem e Mediação*, São Paulo: RT, ano 3, n. 9, p. 78-98, jun. 2006.

VIGORITI, Vicenzo. Em busca de um direito comum arbitral: notas sobre o laudo arbitral e a sua impugnação. Tradução e anotação de Carlos Alberto Carmona. *Revista de Processo*, São Paulo: RT, n. 91, p. 11-26, jul.-set. 1998.

VISCONTE, Débora. *A jurisdição dos árbitros e seus efeitos*. 2009. Dissertação (Mestrado) – USP, São Paulo.

VONDRA, Albert A. Alternative dispute resolution: why it doesn't work and why it does. *Harvard Business Review*, Boston, maio-jun. 1994.

REFLEXÕES SOBRE UMA ANÁLISE ECONÔMICA DA IDEIA DE ARBITRAGEM NO BRASIL

LUCIANO BENETTI TIMM

BRUNO GUANDALINI

MARCELO DE SOUZA RICHTER

Sumario: Introdução – I. Os conceitos econômicos basilares das decisões do agente econômico na opção pela arbitragem – II. A ideia de arbitragem como instrumento de redução dos custos de transação: II.A A redução dos custos de negociação; II.B A redução dos custos administrativos do procedimento de resolução de controvérsias; II.C A redução dos custos de demora na alocação da propriedade; II.D A redução dos custos de erro da decisão; II.E A redução dos custos pela publicidade do procedimento; II.F A redução dos custos de ineficácia do procedimento – III. A custos de oportunidade decorrente da não adoção da arbitragem no brasil: III.A A demora na alocação da propriedade pelo judiciário brasileiro; III.B A alegada falta de incentivos no judiciário brasileiro – IV. Conclusões – V. Referências bibliográficas.

INTRODUÇÃO

As vantagens do instituto da arbitragem são conhecidas. Entretanto, mesmo que alguns já tenham pesquisado sobre ela do ponto de vista dos conceitos econômicos[1], até

---

[1] Entre os que já estudaram arbitragem comercial de um ponto de vista da economia do direito tem--se: ASHENFELTER, O.; IYENGAR, R. *Economics of commercial arbitration and dispute resolution*. Cheltenham: Edward Elgar, 2009; DRAHOZAL, C. R. Why Arbitrate?: Substantive Versus Procedural Theories of Private Judging. *The American Review of International Arbitration*, n. 22, p. 163-186, 2011; DRAHOZAL, C.; WARE, S. Why Do Businesses Use (or Not Use) Arbitration Clauses? *Ohio State Journal on Dispute Resolution*, n. 25, p. 433-476, 2010; *Law and Economics of international arbitration*. Zürich, Schulthess, 2014; PUGLIESE, Antonio Celso Fonseca; SALAMA, Bruno Meyerhof. The Economics of arbitration: rational choice and value creation. Fundação Getulio Vargas, Escola de Direito, 2008. Disponível em:<http://www.scielo.br/scielo.php?script=sci_arttext&pid=S1808-24322008000100002>.

mesmo em sérias pesquisas empíricas[2], muito pouco se explicou com um ferramental econômico sobre as vantagens da arbitragem a fim de facilitar a sua opção. Isso porque a dogmática jurídica, base da doutrina arbitralista, não oferece ferramentas analíticas para dimensionar corretamente a problemática dos custos e, mais amplamente, do preço das opções que as partes têm para solucionar seus litígios.

Nesse sentido, sem as lentes da ciência econômica, partindo-se da premissa superficial de que custo é sinônimo de pagamento financeiro, poder-se-ia acreditar que a arbitragem é cara quando comparada ao método estatal de solução de controvérsias. Em contrapartida, ao se aplicarem alguns conceitos da ciência econômica, por meio da mensuração de todos os custos relacionados a uma disputa, muitas vezes chega-se à conclusão oposta.

Diante dessa constatação, o objetivo deste ensaio é apresentar algumas reflexões acerca de uma análise econômica da arbitragem a fim de demonstrar que a "ideia da arbitragem"[3] pode ser uma forma de resolução de litígios capaz de reduzir os custos de transação envolvidos nas operações econômicas e evitar custos de oportunidade. Mesmo que não se tenha adotado nenhuma lei de arbitragem em específico e se possam adotar as grandes noções da ideia de arbitragem moderna, utiliza-se a jurisdição brasileira para a inevitável comparação com o Judiciário.

Para tanto, analisar-se-ão, num primeiro momento, as premissas da ciência econômica que serão utilizadas (I) de forma a entender as escolhas da firma, agente econômico racional maximizador e consumidor da arbitragem. Em seguida, estabelecer-se-á uma reflexão quanto à possibilidade de redução dos custos de transação (II) proporcionados pela escolha da arbitragem, assim como uma avaliação do custo de oportunidade em não se adotar arbitragem para resolver disputas comerciais no Brasil (III). Ao final, uma conclusão será proposta.

I. OS CONCEITOS ECONÔMICOS BASILARES DAS DECISÕES DO AGENTE ECONÔMICO NA OPÇÃO PELA ARBITRAGEM

A ideia da arbitragem comercial assenta-se na autonomia da vontade. Os envolvidos em uma operação econômica podem *optar* pela arbitragem, regra geral, como método de resolução de litígios. Essa *opção*, pelo sim ou pelo não, é uma escolha racional. Daí a necessidade de explicar essa escolha racional.

---

[2] CURRIE, J.; FARBER, H. S. *Is arbitration addictive?*: evidence from the laboratory and the field. Cambridge: National Bureau of Economic Research, 1992; DRAHOZAL, C. R.; NAIMARK, R. W. *Towards a science of international arbitration*: collected empirical research. New York: Kluwer Law International; Survey 2012, 2005.

[3] Utiliza-se a expressão de "ideia de arbitragem" tal qual utilizada por Jan Paulsson [Ver PAULSSON, J. *The Idea of Arbitration*. Oxford, 2013], pois não trata este texto em nenhuma lei de arbitragem em particular, mesmo que seja centrado na jurisdição brasileira, mas na ideia de uma método de resolução de controvérsias sustentado por vários princípios internacionalmente conhecidos, como competência-competência, autonomia da cláusula compromissória, cláusula patológica, independência do árbitro e autonomia da vontade das partes, presentes em instrumentos como a Convenção de Nova York de 1958, Lei Modelo da UNCITRAL e, consequentemente, também na Lei 9.307/1996.

Ao longo dos anos, várias premissas foram desenvolvidas pela economia para explicar a escolhas dos agentes econômicos. Entre elas, começa-se com o preceito de que os agentes econômicos são (limitadamente) racionais e maximizadores de utilidade. Esse conceito decorre do conceito base da economia de que os recursos são escassos. Ora, a própria escassez impõe aos agentes econômicos a realização de escolhas, as quais devem então maximizar a utilidade dos recursos. Esta é a denominada teoria da escolha racional: cada indivíduo, ou agente racional, classifica alternativas e faz escolhas conforme o grau de satisfação proporcionado, isto é, atribui uma utilidade a cada escolha possível e é capaz de ordenar estas escolhas de acordo com as utilidades que lhe proveem. Como no mundo real as alternativas disponíveis aos agentes econômicos são escassas – os recursos são limitados – um agente econômico classifica as alternativas disponíveis conforme o grau de satisfação proporcionado[4]. Disso decorre também que os agentes respondem a incentivos; se aumentado ou diminuído o grau de satisfação das alternativas, muda-se a escolha.

Assim, uma forma de maximizar essas escolhas e extrair a melhor utilidade possível das trocas é por meio da firma, a organização empresária, agente presente quase que na totalidade das arbitragens. Coase, em *The Nature of the Firm*[5], trilhou os primeiros caminhos para o entendimento e o funcionamento da firma, concebeu-a como o espaço hábil para a coordenação de ações dos agentes econômicos, alternativo ao mercado, de modo que poderiam organizar *inputs* para combinar eficiência[6] ao seu produto final. Essa organização de *inputs* seria então consubstanciada pela firma mediante uma vasta gama de arranjos contratuais com todos os participantes da sua vida empresarial[7].

A firma, agente econômico racional maximizador, visa, portanto, aumentar sua utilidade, *grosso modo*, pela diferença ente as receitas e os custos. As melhores escolhas, as mais racionais, portanto, são aquelas em que os custos sejam os menores e as receitas as maiores. E para que se possa avaliar a utilidade, é importante ressaltar que os custos da firma incluem não somente os custos de produção, mas também os custos de transação e os custos de oportunidade. Assim, o agente econômico racional, a firma, buscará sempre reduzir os custos de transação e de oportunidade. Mas o que são esses custos de transação e de oportunidade?

Os custos de transação foram ilustrados no supramencionado trabalho de Coase. Enquanto a economia clássica teorizava que o mercado seria um mecanismo perfeito de formação de preços, para ele, no mundo real, o mercado nem sempre o é, e, por isso, não é o único mecanismo de organização da atividade econômica. Disso resultariam

---

4   COOTER, Robert; ULLEN. *Direito & economia*. 5. ed. Porto Alegre: Bookman, 2010. p. 38.

5   COASE, Ronald. *The nature of the firm*. Oliver E. Williamson, 1937.

6   O conceito de eficiência é básico no entendimento da Law and Economics. De forma bastante objetiva, diz-se que um processo de produção é eficiente quando qualquer uma das duas condições seguintes está em vigor: 1. Não é possível gerar a mesma quantidade de produção usando uma combinação de insumos de custo menor; ou 2. Não é possível gerar mais produção usando a mesma combinação de insumos. (COOTER, Robert; ULLEN. *Direito & economia*. 5. ed. Porto Alegre: Bookman, 2010. p. 38).

7   ZYLBERSZTAJN, Decio; SZTAJN, Rachel. *Direito & economia*: análise econômica do direito e das obrigações. Rio de Janeiro: Elsevier, 2005. p. 7.

imperfeições, as quais estariam relacionadas à existência de custos relativos à utilização de contratos de execução instantânea, em razão dos quais surgem incentivos para agentes econômicos estabelecerem novas formas de organização da atividade econômica, capazes então de evitar esses custos[8].

Verifica-se, então, que esses custos, possuindo natureza distinta dos custos de produção, foram denominados "custos de transação", vez que se relacionam à forma pela qual se processa uma transação. Coase os identificou como sendo todos aqueles que dificultam que uma transação aconteça, já que seu teorema supunha que os indivíduos fariam trocas necessariamente até se atingir o equilíbrio caso os custos de transação fossem zero[9]. Assim, os custos transacionais abarcam os três passos de uma transação comercial: *(i)* custo da busca para a realização do negócio; *(ii)* custo da negociação, e *(iii)* custos do cumprimento do que foi negociado[10].

Todas as formas de custos de transação interessam para esse estudo. Os primeiros estão relacionados à obtenção de informação em relação ao mercado, à legislação, aos eventuais parceiros comerciais. Os custos de negociação são aqueles despendidos durante a negociação do contrato. Quanto mais rápido se chegar ao encontro das vontades das partes e isso for formalizado, menor o custo com honorários de advogado, tempo das partes e demais recursos envolvidos, por exemplo. Já os custos do descumprimento do que fora negociado são a parte mais significativa dos custos de transação. Neles estão contidos, por exemplo, o custo de resolução do litígio, o qual engloba os custos administrativos do procedimento, os custos proporcionados pela demora na alocação da propriedade, os custos do erro no julgamento, o custo da probabilidade de ineficácia do procedimento e o custo da publicidade da transação.

Já o custo de oportunidade, é o "preço" que designa o custo econômico de uma alternativa que fora deixada de lado, que fora preterida, ou seja, o custo de alocação alternativa daquele recurso escasso[11]. Este custo de oportunidade tem ao menos duas aplicações para este ensaio.

---

[8]   COASE, Ronald H. The problem of social cost. *3rd Journal of Law and Economics*, p. 1-44, 1960. Em suas palavras "In order to carry out a market transaction it is necessary to discover who it is that one wishes to deal with, to inform people that one wishes to deal and on what terms, to conduct negotiations leading up to a bargain, to draw up the contract, to undertake the inspection needed to make sure that the terms of the contract are being observed, and so on. These operations are often extremely costly, sufficiently costly at any rate to prevent many transactions that would be carried out in a world in which the pricing system worked without cost".

[9]   COOTER, Robert; ULLEN. *Direito & economia*. 5. ed. Porto Alegre: Bookman, 2010. p. 89.

[10]   COOTER, Robert; ULLEN. *Direito & economia*. 5. ed. Porto Alegre: Bookman, 2010. p. 92.

[11]   Os referidos autores demonstram o custo de oportunidade com o seguinte exemplo: "quando você decidiu frequentar a universidade, um curso de pós-graduação ou a faculdade de direito, você abriu mão de outras alternativas valiosas, como, por exemplo, obter um empregou, ou treinar para os jogos olímpicos" (COOTER, Robert; ULLEN. *Direito & economia*. 5. ed. Porto Alegre: Bookman, 2010. p. 53). Trazendo o exemplo para o âmbito do direito, a indisponibilidade dos bens econômicos por um longo tempo durante um processo judicial, aumenta o custo da renúncia à estes bens, bem como diminui os benefícios que poderia ser obtidos a partir destes bens renunciados.

Em primeiro lugar, o custo de oportunidade instiga o agente econômico a sopesar a escolha entre as alternativas, pois a mera possibilidade de escolha já gera um custo. Se escolhe um método de resolução de controvérsias, por exemplo, o custo de não ter optado pela alternativa deve ser somado ao custo da resolução de controvérsias da escolhida. E assim vice-versa. Interessa ao agente racional maximizador, a escolha de um método de resolução de litígios alterativa, que tenha o menor custo de oportunidade.

Em segundo lugar, no custo de oportunidade inclui-se o custo alocativo alternativo do recurso, o *property right*[12], para o qual se busca uma alocação diferente, pois o tempo para se disponibilizar o recurso de acordo com cada procedimento a ser escolhido influi na escolha econômica. Pense-se por exemplo que dispor de um milhão hoje é diferente deste mesmo valor em sete anos (independentemente de correção monetária).

Diante desses breves e fundamentais conceitos da análise econômica, importa realizar uma análise da ideia de arbitragem no que toca aos incentivos econômicos à sua utilização, especialmente aqueles provenientes da redução dos custos de transação e de oportunidade.

II. A IDEIA DE ARBITRAGEM COMO INSTRUMENTO DE REDUÇÃO DOS CUSTOS DE TRANSAÇÃO

Como já se mencionou, são conhecidas pela dogmática jurídica as razões pelas quais as partes escolhem arbitragem, dentre as quais se pode citar a celeridade, confidencialidade, especialidade do árbitro, neutralidade e circulabilidade da sentença. Da mesma forma também se conhecem as desvantagens tais como o relativo alto custo e impossibilidade de recurso da sentença arbitral. Mas o que tem essas vantagens e desvantagens a ver com os custos de transação? São exatamente esses custos de transação que a arbitragem pode reduzir.

Ora, viu-se que o agente econômico busca reduzir os custos de transação e assim tende a preferir um método de solução de controvérsias que atinja este objetivo, que seja eficiente. E não é por outro motivo que as partes adotam e devem adotar arbitragem. Aliás, a própria existência do instituto, seria uma prova de sua eficiência econômica, para os que acreditam na economia neoinstitucionalista, que presume que a sociedade vai – mediante tentativa e erro – modelando suas regras formais e informais. Isso porque, são exatamente aquelas características da arbitragem que podem diminuir os custos de transação e de oportunidade e finalmente justificar sua adoção. Eis o interesse do texto em explicar as vantagens da arbitragem por conceitos econômicos.

Sustenta-se, portanto, que a ideia da arbitragem pode reduzir os custos de negociação (A), os custos administrativos de resolução de controvérsias (B), os custos na demora da alocação da propriedade (C), os custos do erro da decisão (D), os custos da publicidade (E) e custos de ineficácia do procedimento (F). Acredita-se que ela também

---

[12] Importante esclarecer que o *property right* não se trata da noção de direito real presente principalmente nos países de *civil law*. Os *property rights* expressam o direito subjetivo de uma pessoa o qual garante sua utilidade e permite uma alocação eficiente. Ver KIRAT, T. Économie du Droit. *La Découvert*, Paris, 2012. p. 59.

pode reduzir custos de busca por oferecer um "porto seguro" ao investidor estrangeiro, mas acerca desse assunto já existem trabalhos com um maior aprofundamento[13]. Estudos internacionais comprovam a preferência do investidor estrangeiro pela arbitragem, tais como os relatórios do *World Economic Outlook (WEO)* e *Doing Business (DB)*, bem como dados econômicos disponibilizados pelo Banco Mundial mediante o *Databank*[14].

II.A. A redução dos custos de negociação

Os custos de negociação podem ser reduzidos com a adoção de uma cláusula compromissória. Se por um lado existem custos de negociação da própria cláusula arbitral, como a negociação da escolha de um regulamento de arbitragem, da sede e do idioma da arbitragem, por exemplo, por outro, ela reduz quando permite o uso da equidade, de princípios anacionais como os Princípios UNIDROIT ou até mesmo na facilitação pela escolha de um julgador neutro, de nacionalidade diferente de qualquer das partes.

Ilustra-se com o caso de negociação de uma operação internacional em que as partes não conseguem chegar a um acordo sobre a lei aplicável ou o foro. Por mais que se possa argumentar que o direito internacional privado das jurisdições que tenham contato com a relação jurídica possa fazer a função de reduzir este custo de negociação, isso não seria verdade uma vez que a escolha de uma lei ou foro neutro em muitos casos é condição *sine quo non* para a celebração do negócio.

De qualquer forma, acredita-se que este custo de negociação do contrato, notadamente quando for internacional, no que toca a escolha das regras tanto procedimentais quanto de mérito, elas quais se fará a alocação do recurso, é mais reduzido quando se adota uma cláusula de arbitragem, justamente por facilitar a adoção de um idioma comum, de uma sede neutra e de um regulamento de uma instituição de arbitragem renomada, muitas vezes de conhecimento mútuo das partes.

II.B. A redução dos custos administrativos do procedimento de resolução de controvérsias

A arbitragem pode reduzir os custos administrativos de resolução de controvérsias. A incerteza da oração resulta da economia do contrato e das condições estabelecidas pelas partes, já que antes de qualquer abordagem econômica, deve-se entender que em

---

[13] Disponível em: <http://databank.worldbank.org/>. Também foram utilizados dados disponibilizados pelo Banco Mundial por meio do Index of Economic Freedom (disponível em: <http://www.heritage.org/index/about>), o qual traz uma síntese do chamado ambiente institucional de cada país, além de elaborar um *ranking* mundial segundo os índices de liberdade econômica.

[14] A partir da análise destes estudos, é possível identificar de forma objetiva a relação entre desenvolvimento econômico, *Foreign Direct Investment*, e arbitragem comercial internacional. Para mencionar um exemplo, o Banco Mundial, pelo relatório Doing Business, analisa a facilidade que os agentes econômicos têm em fazer negócios em diversos países, tomando por base, entre outros fatores, a execução dos contratos e o papel das formas de resolução de conflitos privados. Entende-se que a arbitragem comercial internacional é um importante marco na estrutura de incentivos relacionados à execução dos contratos (*enforcing contracts*).

qualquer procedimento de resolução de controvérsias, como no Judiciário, haverá custo administrativo. A incerteza é ressaltada com os diferentes custos que o Judiciário apresenta em diversos países, o que leva a doutrina a adotar percepções inconclusivas[15]. De modo geral, os juristas, os acadêmicos e empresários geralmente têm o sentimento de que o custo do procedimento arbitral é alto, principalmente quando se trata das instituições mais renomadas[16]. Isso porque, além do custo da instituição que faz a administração do procedimento, há os honorários dos árbitros, dos advogados ou representantes das partes, os custos com logística e deslocamento, custo com *experts*, entre outros.

Entretanto, acredita-se que a ideia da arbitragem permite a redução dos custos administrativos de resolução de controvérsias, por diversas razões. Em primeiro lugar, a arbitragem permite às partes a possibilidade de coordenação do procedimento sem necessariamente haver uma instituição prestando serviços profissionais de administração do litígio, como nas arbitragens *ad hoc,* por exemplo. Mesmo que haja um forte argumento no sentido de que ao evitar este custo as partes geram ineficiência e ineficácia ao procedimento, o que faz com que na prática as arbitragens sejam em sua grande maioria institucionais, a livre escolha acaba por estimular o agente racional maximizador a optar por câmaras que propiciem um melhor custo-benefício, já que essas instituições arbitrais, elas também acionais maximizadoras, tendem a se tornar cada vez mais atrativas aos usuários, reduzindo suas taxas, otimizando seus serviços e modificando seus regulamentos de arbitragem para obter mais eficiência do procedimento e reduzir também os custos de transação das partes. A liberdade na escolha do procedimento pelas partes, inerente à ideia da arbitragem, tende a reduzir os custos administrativos uma vez que gera concorrência no mercado da arbitragem[17].

Em segundo lugar, tem-se que o tão temido, por uns, e desejado, por outros, honorário do árbitro representa parte dos custos administrativos da arbitragem. Portanto, esse honorário não representa um verdadeiro entrave à redução dos custos administrativos pela arbitragem. Em verdade, os custos de honorários dos árbitros e da instituição geralmente não ultrapassam 15% do total dos custos do litígio[18]. Ademais, existem outros argumentos em favor de maior

---

[15] DRAHOZAL, C. R. Arbitration Costs and Forum Accessibility: Empirical Evidence, 41 U. *Mich. J.L. Reform,* n. 813, p. 826-831, 2008.

[16] Por exemplo, ICC, LCIA, ICDR. O conhecido estudo realizado periodicamente pelo escritório White & Case e pela Queen Mary University of London, denominado International Arbitration Survey, constatou em sua edição de 2015 que *costs* são uma das piores características da arbitragem para 68% dos entrevistados. Por outro lado, quando os entrevistados foram questionados acerca de suas preferências de instituições de arbitragem (ICC 68%, LCIA 37%, HKIAC 28%, SIAC 21%), o critério *overall cost of service* aparece em 9.º lugar como critério de escolha dessas instituições arbitrais. Disponível em: <http://www.arbitration.qmul.ac.uk/docs/164761.pdf>.

[17] Ver CLAY, Thomas. El mercado del arbitraje. *Arbitraje: Revista De Arbitraje Comercial Y de Inversione*s, n. 7, p. 15-35, 2014; LEBOULANGER, P. L'arbitre et le marché. *Festschrift Ahmed Sadek El-Kosheri*: from the Arab World to the Globalization of International Law and Arbitration, p. 65-71, 2015; e RACINE, Jean-Baptist. *La marchandisation du règlement des différends*: le cas de l'arbitrage. Droit Et Marchandisation, [s.d.]. Disponível em: <http://halshs.archives-ouvertes.fr/halshs-00725816>.

[18] De acordo com o ICC Commission Report: decisions on costs in international arbitration (ICC Dispute Resolution Bulletin 2015), os denominados *party costs* (que envolvem honorários dos

eficiência econômica da arbitragem relacionados aos custos administrativos. O primeiro vem do mesmo argumento econômico supramencionado: existe um mercado profissional para a prestação de serviços da função de árbitro e há uma grande concorrência, deixando de lado qualquer crítica sobre a formação dos "clubes" de árbitros[19], os quais alegadamente gerariam imperfeições de mercado e derrubariam de certa forma essa tendência à redução dos valores dos seus honorários (na realidade, especialidade reduz custos, aumenta o valor reputacional da arbitragem, a respeitabilidade do instituto perante o poder Judiciário e partes). A segunda toma corpo com a própria especialidade dos árbitros. Argui-se que a possibilidade de escolha do árbitro especialista faz com que haja uma compensação do custo dos seus honorários com os custos da contratação de peritos e tradutores, além de que, principalmente, sua especialidade e expertise gera mais agilidade e diminui a probabilidade do erro da decisão, o que contribui para a redução do custo de transação. O mercado já deu indícios disso[20].

II.C. A redução dos custos de demora na alocação da propriedade

Não obstante existirem críticas da prática de que os procedimentos arbitrais estão a cada dia mais complexos e demorados fruto provavelmente da próxima complexidade dos negócios cada vez mais globalizados, celeridade ainda é apontada como uma das principais vantagens da arbitragem, principalmente em mercados cuja jurisdição é lenta, como no Brasil. Em termos econômicos diz-se que esta vantagem pode reduzir os custos atrelados à demora na alocação da propriedade.

São várias as evidências de que a arbitragem tende e pode ser célere. Em primeiro lugar, o instituto garante a escolha do procedimento a ser utilizado. As partes podem estabelecer limites e prazos para que o tribunal arbitral profira a sentença. Mesmo que se

---

advogados, despesas com produção de provas, entre outras), correspondem a 83% do total de custas envolvidas em um procedimento arbitral. As despesas administrativas e honorários dos árbitros correspondem, respectivamente, a 15% e 2%. Disponível em: <http://www.iccwbo.org/Advocacy-Codes-and-Rules/Document-centre/2015/Decisions-on-Costs-in-International--Arbitration-ICC-Arbitration-and-ADR-Commission-Report/>.

[19] Yves Dezalay e Bryant Garth, em diversos momentos se referem em seu livro sobre o "club" de árbitros. No capítulo específico sobre a "profissão" de árbitro, os autores referem que: "without a suitable platform, defined now as more than social class (which is nevertheless useful), the arbitration devotee can ever get selected as an arbitrator. There are individuals who, for example, teach at low-prestige schools, work in unknown law firms, or produce scholarship that is deemed to be too marginal, who cannot gain access to this world no matter how much they write, attend conferences, or in general profess the Faith. Others need not even profess the Faith or write about arbitration to enter the field more or less at the top. One of those who fits the profiles of those just described stated simply, it is 'not that hard to get into the club'" (DEZALAY, Yves; GARTH, Bryant G. *Dealing in virtue*. Chicago: The University of Chicago Press, 1996).

[20] O 2013 Corporate Choices in International Arbitration: Industry Perspective (disponível em http://www.arbitration.qmul.ac.uk/research/2013/index.html) aponta vantagem como especialidade do árbitro. Mesmo que seja caro, o Mercado entende que a especialidade do árbitro é o principal fator determinando pela escolha da arbitragem. Conforme conclui o 2015 International Arbitration Survey (disponível em: <http://www.arbitration.qmul.ac.uk/research/2015/index.html>), para 38% dos entrevistados a possibilidade de escolher o árbitro, de acordo com sua *expertise*, para o caso concreto, é uma das três características mais importantes da arbitragem.

entenda que uma sentença proferida fora do prazo não acarreta a sua nulidade[21], vislumbra-se a possibilidade de se pleitear indenização do árbitro que não respeitou o prazo[22].

Além disso, existem vários regulamentos de arbitragem expedita e diferentes câmaras[23], os quais estabelecem procedimentos bem céleres. Há ainda a possibilidade de adoção de arbitragem de ofertas finais[24], a qual, muito comum nos Estados Unidos, além de acelerar o procedimento, favorece a transição entre as partes[25], reduzindo o tempo da alocação da propriedade e consequentemente os custos relacionados[26].

Soma-se a isso o fato de que na arbitragem, em regra, não se admite recurso, o que resulta, consequentemente, na alocação da propriedade de forma muito mais rápida[27].

---

[21] O art. 32, VIII, da Lei 9.307/1996 regula as hipóteses de nulidade da sentença arbitral, nos casos em que tendo expirado o prazo a que se refere o art. 11, III (prazo para apresentação da sentença arbitral), desde que a parte interessada tenha notificado o árbitro, ou o presidente do tribunal arbitral, concedendo-lhe o prazo de dez dias para a prolação e apresentação da sentença arbitral. Insta ressaltar que o descumprimento do prazo dá ensejo à ação de nulidade.

[22] No caso do direito brasileiro, além da nulidade da sentença, os árbitros podem ser responsabilizados pelos danos causados com sua desídia. Na falta de precedentes, parte da doutrina entende que o árbitro responde por *errors in procedendo*, ou seja, por erros cometidos em matéria procedimental e que acarretem anulação da sentença arbitral. A responsabilização alcança tão só o árbitro autor do erro.
Em outras jurisdições, a visão é semelhante. Na França, por exemplo, a doutrina entende que um árbitro que não respeita os prazos na arbitragem pode responder civilmente, desde que sua culpa seja provada. Ver CLAY, Thomas. *L'arbitre*. Paris: [s.n.], 2000. p. 708.

[23] Ver Regulamento de Arbitragem Expedita da Câmara FGV de Conciliação e Arbitragem, da Câmara de Mediação e Arbitragem da Associação Comercial do Paraná (ARBITAC), ou da Câmara de Conciliação, Mediação e Arbitragem do Centro das Indústrias do Estado do Rio Grande do Sul (CAMERS).

[24] "Final offer arbitration", também conhecida como "Baseball arbitration" ou "Last, bet offer", é procedimento muito utilizado nos Estados Unidos, onde o árbitro deixa de ter liberdade de decisão e é obrigado a escolher uma das duas proposições de sentenças disponibilizada por cada uma das partes. O árbitro, por encargo das partes, deve escolher entre as ofertas finais realizadas antes de dar por finalizada a etapa da negociação. A arbitragem de ofertas finais também é chamada de arbitragem *baseball* pois foi inicialmente utilizado para resolver os conflitos salariais entre os jogadores da liga de *baseball* norte americana e os donos das equipes.

[25] Ver DEFFAINS, B.; LANGLAIS, E. *Analyse* économique *du droit principes, méthodes, résultats*. Bruxelles: De Boeck, 2009. p. 143. Ver GUANDALINI, Bruno. Arbitragem de ofertas finais no Brasil. *Revista Brasileira de Arbitragem*, Issue 48, n. 12, p. 7-21, 2015.

[26] Drahozal cita o exemplo das *low-cost arbitrations* (arbitragens expeditas), afirmando que elas podem ser um método acessível: "Second, for employees and consumers with small and mid-sized claims, the availability of low-cost arbitration makes arbitration an accessible forum, and possibly a more accessible forum than litigation" (DRAHOZAL, C. R. Arbitration Costs and Forum Accessibility: Empirical Evidence, 41 U. *Mich. J.L. Reform*, n. 813, p. 826-831, 2008).

[27] Na maioria dos sistemas jurídicos não há previsão de recurso da arbitragem. Entretanto, algumas jurisdições aceitam, como a inglesa. Segundo a Seção 69 do 1996 Arbitration Act, é possível que as partes interponham recurso de apelação em face da sentença arbitral proferida pelo Tribunal Arbitral constituído com sede no Reino Unido perante o Judiciário daquele país. Entretanto, as hipóteses de cabimento deste recurso de apelação são bastante restritas. Ademais, é importante ressaltar que as

A celeridade do procedimento ainda é complementada pelo fato de que pode ser adotado qualquer idioma, ou até mesmo mais de um, afastando qualquer necessidade de demoradas traduções juramentadas. A informalidade, inerente à ideia de arbitragem, é fonte inesgotável de soluções criadas pela prática, as quais permitem a adoção de procedimentos céleres para a resolução do litígio e consequentemente na redução dos custos proporcionados pela demora na alocação da propriedade.

Finalmente, cabe ressaltar que a arbitragem, por apresentar decisões com probabilidade maior de acerto, como se verá abaixo, apresenta índices maiores de cumprimento espontâneo da decisão, o que evita a fase de execução ou de cumprimento de sentença e culmina, portanto, em uma redução do custo da demora da alocação da propriedade.

II.D. A redução dos custos de erro da decisão

O ente julgador da arbitragem é o tribunal arbitral, composto por árbitros, quem nada mais são que seres humanos investidos na função de árbitro. Assim como na arbitragem, qualquer julgador dotado de poderes jurisdicionais, quem colocará fim a uma controvérsia e fará uma alocação dos direitos de propriedade (ativos das partes), é passível de erro, já que sua racionalidade e as informações são limitadas[28]. Afinal, é inerente à condição humana a possibilidade de erro.

Decorre que a mera existência da probabilidade de erro gera um custo econômico, qual seja da probabilidade de uma alocação dos direitos de propriedade errada (erro de decisão). Diante disso, entende-se que a arbitragem é capaz de reduzir o custo deste erro por pelo menos duas razões.

Em primeiro lugar, a possibilidade de nomeação de árbitros especialistas possibilita uma diminuição sensível quanto ao risco de erros nas decisões. A ideia de arbitragem geralmente garante às partes a liberdade para escolherem árbitros especialistas e que não precisam ter formação jurídica, o que faz com que as partes possam, por exemplo, indicar um julgador com experiência na matéria em disputa, para interpretar estruturas jurídicas e negociais complexas, o que indica menor assimetria e maior disponibilidade de informações do julgador. Afinal, a especialização dos julgadores vem sendo reconhecida pelas partes como um critério essencial para a adoção da arbitragem[29]. Vale dizer, o custo de aprendizado do árbitro é menor quando comparado a um magistrado, pois

---

partes devem requerer uma autorização do Judiciário para este recurso. O § 3.º da Seção 69 do 1996 Arbitration Act elenca os requisitos materiais (os requisitos formais estão inseridos no § 2.º) para que o Judiciário autorize a interposição deste recurso. Em síntese, o Judiciário somente autorizará a interposição de recurso de apelação em face da sentença arbitral se: (a) a matéria objeto do recurso afeta substancialmente os direitos da(s) parte(s); (b) a decisão do Tribunal Arbitral é manifestamente equivocada; (c) a questão diz respeito à matéria de importância pública.

[28] Para uma análise profunda da racionalidade e sua eventual limitação do julgado, ver POSNER, R. A. *How judges think*. Cambridge: Harvard University Press, 2008.

[29] Conforme conclui o 2015 International Arbitration Survey (Disponível em: <http://www.arbitration.qmul.ac.uk/docs/164761.pdf>), para 38% dos entrevistados a possibilidade de escolher o árbitro, de acordo com sua *expertise*, para o caso concreto, é uma das três características mais importantes da arbitragem.

este último frequentemente está muito alheio às práticas de mercado em disputa, já que o árbitro tem em geral menor assimetria de informações do que o magistrado em relação aos usos e costumes e mesmo às regras jurídicas mais especializadas.

Ainda, a arbitragem apresenta a vantagem de que o árbitro tem incentivos econômicos para proferir uma melhor decisão. Isso decorre principalmente de se tratar de um mercado profissional de serviços competitivo. Ora, o árbitro, como agente econômico, necessita de reputação a fim de continuar sendo nomeado em futuros tribunais arbitrais. Mas é sabido que a frequência da nominação, os valores em disputa e o consequente valor da remuneração será maior quanto maior a reputação do árbitro. O conhecimento pela comunidade arbitral e o mercado em geral de que o árbitro é ruim ou proferira uma decisão errada resultaria em um sério prejuízo à sua reputação e a futuras nomeações. A necessidade de manter sua reputação ilibada e preservar seu capital simbólico[30] faz com que a arbitragem dê bons incentivos econômicos para que o árbitro não seja parcial e seja preciso. Quanto maior o incentivo no sentido de uma decisão acertada e sem parcialidade, menor a probabilidade do erro e menor o custo de transação.

Um magistrado de carreira não tem esse mesmo incentivo, pois não é escolhido; sua atuação é fruto da distribuição forense (o que garantirá sua imparcialidade no âmbito da justiça pública). O controle reputacional se faria pelos recursos judiciais e a progressão da carreira (por merecimento) dependeria disso. Contudo, infelizmente, os tribunais de justiça no Brasil pouco têm utilizado a progressão por merecimento, preferindo a solução política mais cômoda da antiguidade.

Finalmente, para o bem do argumento, há que se rebater a tão temida pelos agentes econômicos e usuários da arbitragem inexistência de recurso ou apelação da sentença arbitral. Mesmo que o custo do erro seja agravado pelo fato de não haver a possibilidade de correção da decisão, esse gravame é diminuído pelos incentivos a uma melhor decisão argumentado acima e compensado pela redução do custo de demora na alocação da propriedade, proporcionado por um procedimento em que não caiba recurso. A probabilidade de, em grau de recurso, ocorrer novo erro, ou, ainda pior, reformar-se uma decisão acertada, fragiliza qualquer suporte ao argumento.

II.E. A redução dos custos pela publicidade do procedimento

Os processos judiciais são em geral públicos, diante o princípio da publicidade que vigora no processo civil. Entretanto, isso pode ser muito perigoso para as empresas porque não raras vezes são discutidas informações internas e confidenciais de empresas, as quais, se divulgadas, podem atrapalhar o seu bom funcionamento, diminuir seu valor de mercado e ameaçar até mesmo sua existência.

Em via contrária, a ideia de arbitragem garante às partes a possibilidade de estabelecer um mecanismo de resolução de controvérsias absolutamente sigiloso. Mesmo que não exista

---

[30] PUIG, S. Social Capital in the Arbitration Market. *European Journal of International Law*, v. 25, p. 387-424, 2014.

previsão expressa de uma regra geral neste sentido na Lei de Arbitragem Brasileira, por exemplo, o mercado da arbitragem geralmente o adota, senão expressamente na convenção de arbitragem, indiretamente pela adoção de regulamento de arbitragem que o preveja[31].

Esta garantia de preservação dessas informações é diminuidora potencial dos custos de transação, já que a confidencialidade reduz em muito o risco de vazamento de informações privilegiadas sobre desenvolvimento de produtos, pesquisas realizadas, potenciais mercados e informações que possivelmente poderiam ser utilizadas pelos concorrentes, como *know-how* e segredo industrial[32]. Caso o acesso aos documentos do procedimento fossem públicos como ocorre no processo judicial[33] os riscos de se ver grandes custos de transação são evidentes.

Além disso, a confidencialidade protege a reputação das empresas. Shavell bem explicou a situação das empresas que são demandadas por terem produzido produto com determinado defeito. Na sua concepção, é razoável imaginar que uma empresa não tenha intenção de que determinada informação venha ao conhecimento do público, pois sua imagem e reputação, por exemplo, seriam desgastadas[34]. Não por acaso, na pesquisa CBAr/Ipsos[35], ficou evidenciado que gestores jurídicos corporativos valorizam substancialmente esse ponto da arbitragem *vis-à-vis* o Judiciário.

A ideia de arbitragem, também ao conceder a possibilidade de procedimentos de resolução de disputas confidenciais, pode ensejar a diminuição os custos de transação.

II.F. A redução dos custos de ineficácia do procedimento

A arbitragem pode reduzir os custos de ineficácia do procedimento não somente quando a lei garante a força à cláusula compromissória, mas principalmente quando reconhece e favorece execução da sentença arbitral na grande maioria dos países.

Ora, caso um método de resolução de controvérsias não consiga efetivamente alocar um patrimônio conforme acordado pelas partes e estabelecido pela Lei, considera-se ineficaz.

A arbitragem reduz os custos da ineficácia já que a sentença arbitral detém grande facilidade de reconhecimento nos tribunais e goza de importantes instrumentos que garantem o reconhecimento e a exequibilidade em diversas jurisdições estrangeiras, a

---

[31] A maioria dos regulamentos de arbitragem das principais câmaras no mundo prevê confidencialidade. Por exemplo: CAM-CCBC (art. 14); FIESP (art. 17.4); CAMARB (art. 12.1); CAMERS (art. 17.4); CCI (art. art. 6º); LCIA (art. 30); ICDR-AAA (art. 37).

[32] O segredo comercial vincula diversos setores internos de uma empresa, como técnicas e estratégias de captação de clientes, modelos de projeções de rendimentos ou de lucros, aspectos particulares de projetos de investigação e desenvolvimento, aspectos particulares de atividades desenvolvidas por uma empresa ativa no comércio, os avanços conseguidos por uma entidade em qualquer área, os desenhos de novos produtos ou protótipos, e outras informações no geral sobre a vida interna das empresas (GONÇALVES, Renato. *Acesso à informação das entidades*. Coimbra: Almedina, 2002. p. 137).

[33] GEBAUER, Collyn J. Protecting trade secrets during litigation: asserting the privilege. *Law and Tecnology*, Washington, v. 27, n. 3, p. 1-18, 1994.

[34] SHAVELL SHAVELL, Steven. *Economic analysis of litigation and legal process*. Cambridge: Harvard Law School, 2003. p. 5. Disponível em: <http://www.law.harvard.edu/programs/olin_center/>.

[35] Disponível em: <www.cbar.org.br/PDF/Pesquisa_CBAr-Ipsos-final.pdf>.

exemplo da Convenção de Nova York de 1958[36]. Diante desse cenário, o custo da ineficácia é reduzido na arbitragem a partir do momento em que uma sentença arbitral proferida no Brasil, por exemplo, tem probabilidade muito maior de ser executada no estrangeiro do que uma decisão do Judiciário brasileiro.

Conforme aduzido anteriormente, a ideia de arbitragem, por garantir a possibilidade de haver mais confiança nos julgadores e maior acerto da decisão, gera maior probabilidade de cumprimento espontâneo da sentença, comprovando maior probabilidade de eficácia do procedimento, o que culmina num maior incentivo para que as partes tomem maiores precauções no sentido de respeitar as obrigações assumidas.

Nessa linha de raciocínio, quanto mais eficaz o método de resolução de disputas que regerá a relação jurídica, menor o custo de ineficácia do procedimento, e menor o custo de transação.

III. A CUSTOS DE OPORTUNIDADE DECORRENTE DA NÃO ADOÇÃO DA ARBITRAGEM NO BRASIL

Para começar, a análise do custo de oportunidade tem fundamento na perda da utilidade que se obteria com a escolha preterida. Assim, como se acredita que os custos de transação de um contrato comercial em que não se adota arbitragem (ou se opta pelo Judiciário) sejam maiores que em um contrato em que se adota arbitragem, tem-se que o custo de oportunidade pela não escolha da arbitragem engloba a diferença entre os custos de transação nas duas situações. Em outras palavras, ao não se adotar a arbitragem, perde-se o custo que se poderia ter economizado com sua adoção.

Antes de demonstrar os custos de oportunidade, é importante mencionar que a não escolha da arbitragem implica necessariamente e implicitamente a escolha pelo Judiciário, na inexistência de arbitragem obrigatória. Ora, é legítima a indagação de que não haveria de fato custo de oportunidade ao se *escolher* o Judiciário, já que de fato não haveria escolha positiva, pois ele existirá sempre, diante do princípio constitucional do acesso à justiça.[37] Mas este argumento esvai-se a partir do momento em que o legislador, em países como

---

[36] A Convenção de Nova York de 1958 tem atualmente força jurídica em 156 países, os quais já ratificaram a convenção. Disponível em: <http://www.uncitral.org/uncitral/en/uncitral_texts/arbitration/NYConvention_status.html>.

[37] O acesso à justiça está previsto no art. 5.º, XXXV, da Constituição Federal que diz: "a lei não excluirá da apreciação do Poder Judiciário lesão ou ameaça de direito". Pode ser chamado também de princípio da inafastabilidade do controle jurisdicional ou princípio do direito de ação. Interpretando-se a letra da lei, isto significa que todos têm acesso à justiça para postular tutela jurisdicional preventiva ou reparatória relativa a um direito. O art. 8.º, 1, da Convenção Interamericana sobre Direitos Humanos – São José da Costa Rica (ratificada pelo Brasil), também descreve que: "Toda pessoa tem direito de ser ouvida, com as devidas garantias e dentro de um prazo razoável, por um juiz ou tribunal competente, independente e imparcial, estabelecido anteriormente por lei, na apuração de qualquer acusação penal contra ela, ou para que se determinem seus direitos ou obrigações de natureza civil, trabalhista, fiscal ou de qualquer natureza".

o Brasil, assim como acontece na grande maioria dos países civilizados[38], disponibilizou para os agentes econômicos que realizam trocas a possibilidade de se adotar a convenção de arbitragem de modo a obrigar um ao outro ao procedimento arbitral. Sendo, portanto, a relação jurídica arbitrável, existe sempre a possibilidade de escolha da arbitragem e o custo de oportunidade será sempre estará presente.

Importa determinar, agora especificamente tratando do caso do Brasil, o custo de oportunidade gerado pela não escolha da arbitragem, o que implica necessariamente uma sucinta avaliação do sistema Judiciário brasileiro[39]. Parte-se, nesta análise, de dois critérios, quais sejam a demora na alocação da propriedade (A) e o problema da estrutura de incentivos no Judiciário brasileiro (B). Faz-se com foco no sistema processual e realidade do Judiciário, sustentado pela lei processual brasileira, a qual ainda, para fins desta pesquisa é antiga e inadequada, de forma que a recente mudança ainda não pôde mostrar a que veio.[40]

III.A. A demora na alocação da propriedade pelo Judiciário brasileiro

Conforme já mencionado, a demora na alocação dos direitos de propriedade é um dos elementos que apresentam os maiores custos de transação. Ora, uma vez que o Judiciário é considerado muito lento no Brasil, tem-se que a não opção pela arbitragem apresenta um alto custo de oportunidade. Antes de se ver dados empíricos, lembra-se que se deve levar em conta somente o tempo entre o protocolo da petição inicial e o trânsito em julgado da decisão, para que se possa estabelecer uma comparação com o tempo na arbitragem, o que se cogita entre o registro do requerimento de arbitragem até a prolação da sentença arbitral.

Além disso, o custo da demora gerado pelo Judiciário é potencializado já que não se restringe somente à utilidade que teria a propriedade, porque o prolongamento em si dos processos judiciais no tempo gera outros custos decorrentes do aumento da intensidade do litígio. Para uma melhor compreensão do argumento, recomenda-se a análise de dois gráficos[41]:

---

[38] Via de regra, a arbitragem é consensual por natureza. Excepcionalmente, alguns países possuem a previsão de arbitragem obrigatória. Arbitragem obrigatória é aquela em que Estado impõe compulsoriamente às partes solucionar determinados tipos de controvérsias por meio da arbitragem. Apesar de existente em alguns países, esse tipo de arbitragem não existe no Brasil. Um dos exemplos é Portugal, que possui uma lei de arbitragem voluntária e previsões de arbitragem obrigatória em outros diplomas legislativos para determinadas matérias.

[39] Considerar-se-ão aqui somente dados dos Tribunais Estaduais, competentes para julgar as causas cíveis e comerciais, matérias arbitráveis no Brasil.

[40] O Novo Código de Processo Civil (Lei 13.105/2015) entrou em vigor em 18.03.2016 e trouxe diversas inovações com o intuito de agilizar o processo. Entretanto, se realmente vai mudar a realidade nos Tribunais Brasileiros, somente o tempo dirá.

[41] BUCKER, Maurício Brun. Gerenciamento de conflitos, prevenção e solução de disputas em empreendimentos de construção civil. Disponível em: <http://www.teses.usp.br/teses/disponiveis/3/3146/tde-20082010-161521/publico/Dissertacao_Mauricio_Brun_Bucker.pdf>.

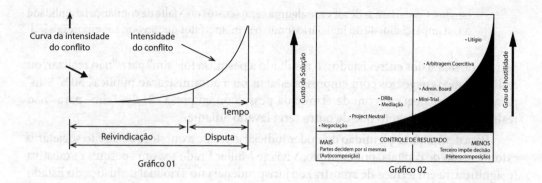

Gráfico 01

Gráfico 02

Por meio da análise dos gráficos, é possível chegar às seguintes conclusões: (i) à medida que uma disputa se perdura no tempo, a intensidade do conflito tende a aumentar de forma exponencial (Gráfico 01); (ii) o custo da solução de um conflito é variável de acordo com o grau de hostilidade da disputa (intensidade do conflito), ou seja, quanto maior o grau de litigiosidade do conflito, maior o seu custo. (Gráfico 02) (iii) além disso, a litigiosidade aumenta progressivamente com o passar do tempo.

Diante dessas premissas, é assustador imaginar o custo de oportunidade decorrente da não escolha da arbitragem no Brasil quando se verifica os dados empíricos avaliados pelo Conselho Nacional de Justiça com relação à demora de um litígio.

Armando Castelar[42], demonstrou em sua obra como pesquisas empíricas comprovam a insatisfação dos empresários com o funcionamento da justiça (pública). No Brasil, segundo apontam os dados coletados pelo autor, as deficiências do Judiciário, em essência, decorrem de seu perfil institucional e de sua estrutura administrativa. Diversos dados apontados pelo referido professor merecem destaque.

Em primeiro lugar, ao questionarem os empresários brasileiros sobre o desempenho do Poder Judiciário, em relação à agilidade, à imparcialidade e aos custos, a avaliação do primeiro item como péssimo foi de 60,9%, do segundo como regular foi de 42,7%, e do terceiro como ruim foi de 25%.

No entanto, a constatação mais importante para efeitos deste trabalho da pesquisa mencionada diz respeito aos impactos do mau funcionamento e da ineficiência do Poder Judiciário sobre a firma. Os empresários entrevistados foram indagados sobre o seguinte:

> O Judiciário é o Poder responsável por garantir o correto cumprimento da lei e dos contratos, proteger o direito de propriedade e defender o cidadão e as empresas contra eventuais arbitrariedades por parte do Estado. Tem-se afirmado que as deficiências do Judiciário brasileiro em certos estados aumentam o risco e/ou o custo de fazer negócios, contratar mão de obra, trabalhar com o setor público e fazer investimentos em certos

---

[42] CASTELAR, Armando. *Judiciário e economia no Brasil*. Rio de Janeiro: Centro Edelstein de Pesquisas Sociais, 2009.

estados. Gostaríamos de saber se alguma vez os custos ou a falta de confiança na agilidade ou na imparcialidade do Judiciário foram o principal fator que levou a sua empresa a [...]:

Para 48,2% dos entrevistados, o resultado a pesquisa foi "sim" para "não realizar, ou realizar poucos negócios com empresas estatais ou a administração pública", 50% "sim" para "não fazer negócio com determinada pessoa ou empresa", 21,2% "sim" para "não realizar um investimento que de outra teria levado adiante."

Para demonstrar a lentidão do Poder Judiciário frente a questões de direito societário e do mercado de capitais, por exemplo, Viviane Muller Prado fez uma pesquisa exaustiva (e significativa em termos de amostra) de jurisprudência no Tribunal de Justiça do Estado de São Paulo e no Superior Tribunal de Justiça[43]. Uma das importantes conclusões foi a de que o tempo total de julgamento de um processo (primeira e segunda instância) varia entre o mínimo de 233 dias e o máximo de 3.993 dias. Sobre o mercado de capitais, o tempo total mínimo é de 888 dias e o máximo de 5.049 dias, compondo uma média de 2.618 dias.

Por outro lado, na arbitragem, o tempo médio é muito mais exíguo e também varia conforme a complexidade e valor em disputa. Num primeiro exemplo, um relatório da AAA/ICDR[44] informa que arbitragens com valor em disputa de até US$75.000,00 tem duração média de 175 dias, com valor de US$499.999,00 297 dias, com valor de até US$999.999,99 356 dias, podendo chegar até 474 dias em média, para arbitragens com valor de acima de US$10.000.000,00. Já nas arbitragens LCIA a duração média é de 16 meses até se ter uma sentença final.[45] Em uma instituição com sede no Brasil, o Centro de Arbitragem e Mediação da Amcham, a média de duração foi a mesma de 16 meses[46].

---

[43] Numa análise de curto prazo, na grande maioria dos casos, para essas empresas o custo da demanda arbitral será bem mais elevado do que a discussão em juízo de determinado conflito societário. No entanto, a longo prazo, essa equação tende a ser modificada em virtude da celeridade e da especialidade da arbitragem face à morosidade, o número elevado de recursos e ineficiência do poder judiciário no trato dessas questões. Para aprofundamento sobre o tema ver: PRADO. Viviane Muller; BURANELLI, Vinicius Correa. Pesquisa de jurisprudência sobre o direito Societário e Mercado de Capitais no Tribunal de Justiça de São Paulo. *Caderno Direito da Fundação Getulio Vargas*, v. 2, n. 1, jan. 2006. Segundo o estudo, os dados levantados para a pesquisa referem-se ao período de 1998 a 2005, especificamente, até o mês de setembro de 2005. O estudo revela que em sistemas jurídicos nos quais há insuficiente proteção aos investidores, o mercado de capitais é menos desenvolvido se comparado com outros sistemas nos quais os seus direitos são respeitados. Esta falta de tutela não é analisada apenas sob o ponto de vista do direito material vigente, mas é principalmente considerada a ausência de enforcement das leis societárias e de mercado de capitais

[44] Disponível em: <https://www.google.com.br/url?sa=t&rct=j&q=&esrc=s&source=web&cd=3&ved=0ahUKEwiP79D4_cPMAhXHEpAKHSvjA1kQFggwMAI&url=https%3A%2F%2Fwww.adr.org%2Faaa%2FShowPDF%3Fdoc%3DADRSTG_003838&usg=AFQjCNGXuUck-X-wVrbGK5CUqhYDqqhf2g&bvm=bv.121099550,d.Y2I>.

[45] Disponível em: <http://www.lcia.org/News/lcia-releases-costs-and-duration-data.aspx>.

[46] Disponível em: <https://www.google.com.br/url?sa=t&rct=j&q=&esrc=s&source=web&cd=10&cad=rja&uact=8&ved=0ahUKEwj-xIWxhMTMAhWGTJAKHbpdB30QFghPMAk&url=http%3A%2F%2Fwww.amcham.com.br%2Fcentro-de-arbitragem-e-mediacao%2Farquivos%2Festatistica-do-centro-de-arbitragem-2015&usg=AFQjCNEOhd6Mt42JxTk_xDD5yxNkveF4IQ>.

Ressalte-se ainda que esses prazos consistem em sua maioria, de instituições internacionais, de arbitragens que têm complexidade e importância em valor maior que os processos em trâmite perante o Judiciário brasileiro.

Diante disso, o custo de oportunidade da não escolha da arbitragem é em parte formado pela grande demora na alocação dos direitos de propriedade, o qual parece ser a utilidade que a propriedade poderia ter proporcionado ao titular do direito pela diferença entre o tempo da prolação da sentença arbitral (anterior) e o trânsito em julgado da decisão judicial (posterior). Não por outro motivo, o custo de oportunidade ao se não adotar arbitragem é evidente quando se sabe, ao menos quando a não opção leva ao Judiciário brasileiro, que a demora na alocação da propriedade será presumidamente mais longa.

III.B. A alegada falta de incentivos no Judiciário brasileiro

Muito importante também para compreender o custo de oportunidade da não escolha da arbitragem é entender a suposta falta de incentivos no Judiciário.

Antes de qualquer argumentação, é importante lembrar que os juízes não têm os mesmos incentivos que os árbitros. Como Juiz, Posner muito bem ressaltou que há uma dificuldade de *"identify the incentives and constraints that shape the vocation behaviour of workers whose work is so structured as to eliminate the common incentives and constraints of the workplace"*[47]. Assim, os julgadores não têm os mesmos incentivos mercadológicos para buscar qualificação, não por incompetência ou motivação, mas pela própria estrutura de incentivos do Judiciário. Por mais que a magistratura consiga remunerar os juízes com salários nos níveis mais altos dos cargos públicos nacionais, não pode oferecer, em linhas gerais, uma forma de remuneração que incentive a produção ou a especialização, como faz o mercado da arbitragem. A arbitragem permite, portanto, a escolha de julgadores com a máxima qualificação e reputação.

Reputa-se ainda a falta de aparelhagem do Judiciário. Ora, é quase impossível ao juiz de primeira instância de algumas comarcas poder se especializar em alguma matéria comercial e, em algumas situações, até se dedicar aos casos. Diversos motivos levam a essa situação.

Em primeiro lugar, como foi afirmado há um problema de falta de estrutura para atender os milhões de processos judiciais que abarrotam o Judiciário. Essa realidade faz com que muitas vezes, na prática, os juízes não possam se dedicar com afinco e percam incentivos de proferir a melhor decisão. Antes "muitas decisões" que "poucas melhores decisões".

Em segundo lugar, em diversas comarcas, há a situação na qual o magistrado encontra-se na condição de generalista e é chamado a julgar as mais diversas matérias, excluindo, na maioria dos casos, o que for competência da justiça do trabalho ou federal. Ora, é razoável imaginar que a falta de poder se especializar na matéria proporciona em alguns casos uma perda na qualidade das decisões, resultando em maior probabilidade de erro e menor eficiência.

---

[47] POSNER, R. A. *How judges think*. Cambridge: Harvard University Press, 2010. p. 37.

20 ANOS DA LEI DE ARBITRAGEM

Assim, ao deixar-se de adotar arbitragem, o custo de oportunidade aumenta claramente com a possibilidade de se poder escolher um julgador em tese mais especializado, sem as limitações apresentadas pelo Judiciário.

IV. CONCLUSÕES

A arbitragem somente existe se adotada pelas partes, o que impõe uma escolha. Tal escolha pela arbitragem, motivada pelo agente econômico racional maximizador, não tem outro resultado que a tentativa de diminuir os custos de transação e oportunidade presente nas relações contratuais. Conforme visto, as diversas características do instituto da arbitragem devem ser analisadas de um ponto de vista da ciência econômica, levando em conta os custos de transação e oportunidade. Dessa forma, as empresas e agentes econômicos não devem restringir-se apenas em considerar os talvez elevados custos diretos e financeiros da arbitragem, mas fazer sempre uma avaliação para verificar se as suas características mencionadas irão de fato reduzir os custos de transação e oportunidade.

V. REFERÊNCIAS BIBLIOGRÁFICAS

AMERICAN ARBITRATION ASSOCIATION. Disponível em: <https://www.google.com. br/url?sa=t&rct=j&q=&esrc=s&source=web&cd=3&ved=0ahUKEwiP79D4_cPMAh XHEpAKHSvjA1kQFggwMAI&url=https%3A%2F%2Fwww.adr.org%2Faaa%2FShow PDF%3Fdoc%3DADRSTG_003838&usg=AFQjCNGXuUck-X-wVrbGK5CUqhYDqq hf2g&bvm=bv.121099550,d.Y2I>.

ARBITRAGEM NO BRASIL – Pesquisa CBAr-Ipsos. Disponível em: <www.cbar.org.br/ PDF/Pesquisa_CBAr-Ipsos-final.pdf>.

ARCHIVE OUVERTE EN SCIENCES DE L'HOMME ET DE LA SOCIÉTÉ. Disponível em: <http://halshs.archives-ouvertes.fr/halshs-00725816>.

ASHENFELTER, O.; IYENGAR, R. *Economics of commercial arbitration and dispute resolution*. Cheltenham: Edward Elgar, 2009.

BUCKER, Maurício Brun. Gerenciamento de conflitos, prevenção e solução de disputas em empreendimentos de construção civil.

CASTELAR, Armando. *Judiciário e economia no Brasil*. Rio de Janeiro: Centro Edelstein de Pesquisas Sociais, 2009.

CLAY, Thomas. El mercado del arbitraje. *Arbitraje: Revista De Arbitraje Comercial Y de Inversione*s, n. 7, p. 15-35, 2014.

_____. *L'arbitre*. Paris: [s.n.], 2000.

COASE, Ronald. *The nature of the firm*. Oliver E. Williamson, 1937.

_____. The problem of social cost. *3rd Journal of Law and Economics*, 1960.

CONVENTION ON THE RECOGNITION AND ENFORCEMENT OF FOREIGN ARBITRAL AWARDS (New York, 1958). Disponível em: <http://www.uncitral.org/ uncitral/en/uncitral_texts/arbitration/NYConvention_status.html>.

COOTER, Robert; ULLEN. *Direito & economia*. 5. ed. Porto Alegre: Bookman, 2010.

CURRIE, J.; FARBER, H. S. *Is arbitration addictive?*: evidence from the laboratory and the field. Cambridge: National Bureau of Economic Research, 1992.

DECISIONS ON COSTS IN INTERNATIONAL ARBITRATION AND ADR COMMISSION REPORT. Disponível em: <http://www.iccwbo.org/Advocacy-Codes-and-Rules/Document-centre/2015/Decisions-on-Costs-in-International-Arbitration-ICC-Arbitration-and-ADR-Commission-Report/>.

DEFFAINS, B.; LANGLAIS, E. *Analyse* économique *du droit principes, méthodes, résultats*. Bruxelles: De Boeck, 2009.

DEZALAY, Yves; GARTH, Bryant G. *Dealing in virtue*. Chicago: The University of Chicago Press, 1996.

DRAHOZAL, C. R. Arbitration Costs and Forum Accessibility: Empirical Evidence, 41 U. *Mich. J.L. Reform*, n. 813, p. 826-831, 2008.

_____. Why Arbitrate?: Substantive Versus Procedural Theories of Private Judging. *The American Review of International Arbitration*, n. 22, p. 163-186, 2011.

_____; WARE, S. Why Do Businesses Use (or Not Use) Arbitration Clauses? *Ohio State Journal on Dispute Resolution*, n. 25, p. 433-476, 2010.

_____; NAIMARK, R. W. *Towards a science of international arbitration*: collected empirical research. New York: Kluwer Law International; Survey 2012, 2005.

ESTATISTICA DO CENTRO DE ARBITRAGEM E MEDIAÇÃO EM 2015. Disponível em: <https://www.google.com.br/url?sa=t&rct=j&q=&esrc=s&source=web&cd=10&cad=rja&uact=8&ved=0ahUKEwj-xIWxhMTMAhWGTJAKHbpdB30QFghPMAk&url=http%3A%2F%2Fwww.amcham.com.br%2Fcentro-de-arbitragem-e-mediacao%2Farquivos%2Festatistica-do-centro-de-arbitragem-2015&usg=AFQjCNEOhd6Mt42JxTk_xDD5yxNkveF4IQ>.

GEBAUER, Collyn J. Protecting trade secrets during litigation: asserting the privilege. *Law and Tecnology*, Washington, v. 27, n. 3, p. 1-18, 1994.

GICO JR., Ivo. Introdução ao direito e economia. In: TIMM, Luciano (Org.). *Direito e economia no Brasil*. 2. ed. São Paulo: Atlas, 2014.

GONÇALVES, Renato. *Acesso à informação das entidades*. Coimbra: Almedina, 2002.

GUANDALINI, Bruno. Arbitragem de ofertas finais no Brasil. *Revista Brasileira de Arbitragem*, Issue 48, n. 12, p. 7-21, 2015.

KIRAT, T. Économie du Droit. *La Découvert*, Paris, 2012.

LCIA RELEASES COSTS AND DURATION DATA. Disponível em: <http://www.lcia.org/News/lcia-releases-costs-and-duration-data.aspx>.

LEBOULANGER, P. L'arbitre et le marché. *Festschrift Ahmed Sadek El-Kosheri*: from the Arab World to the Globalization of International Law and Arbitration, p. 65-71, 2015.

NOBEL, P. *Law and Economics of international arbitration*. Zürich, Schulthess, 2014.

POSNER, R. A. *How judges think*. Cambridge: Harvard University Press, 2008.

_____. _____. Cambridge: Harvard University Press, 2010.

PUGLIESE, Antonio Celso Fonseca; SALAMA, Bruno Meyerhof. The Economics of arbitration: rational choice and value creation. Fundação Getulio Vargas, Escola de Direito, 2008. Disponível em: <http://www.scielo.br/scielo.php?script=sci_arttext&pid=S1808-24322008000100002>.

PUIG, S. Social Capital in the Arbitration Market. *European Journal of International Law*, v. 25, p. 387-424, 2014.

RACINE, Jean-Baptist. *La marchandisation du règlement des différends*: le cas de l'arbitrage. Droit Et Marchandisation, [s.d.].

SHAVELL, Steven. *Economic analysis of litigation and legal process*. Cambridge: Harvard Law School, 2003.

ZYLBERSZTAJN, Decio; SZTAJN, Rachel. *Direito & economia*: análise econômica do direito e das obrigações. Rio de Janeiro: Elsevier, 2005.

WORLD DATA BANK – http://databank.worldbank.org.

2013 CORPORATE CHOICES IN INTERNATIONAL ARBITRATION: INDUSTRY PERSPECTIVES – http://www.arbitration.qmul.ac.uk/research/2013/index.html.

2015 INTERNATIONAL ARBITRATION SURVEY: IMPROVEMENTS AND INNOVATIONS IN INTERNATIONAL ARBITRATION – http://www.arbitration.qmul.ac.uk/docs/164761.pdf.

2016 INDEX OF ECONOMIC FREEdom – http://www.heritage.org/index/about.

ÉTICA E ARBITRAGEM

Luiz Olavo Baptista[1]

Sumário: Introdução – O árbitro e a ética – Conduta enquanto árbitro – A persistência dos deveres relacionados com a circunstância – As partes e a ética – Conduta de boa-fé – Comportamento face ao árbitro indicado pela outra parte – Conduta na atuação processual – Os advogados e a ética – Os peritos e a ética – As instituições de arbitragem – Conclusão.

INTRODUÇÃO

Num fim de semana, indo para uma fazenda hotel, passei por um algodoal. Fazia tempo que não via um e fiquei, como sempre, encantado com os flocos brancos de algodão ao redor das sementes da planta.

No hotel, sentado no terraço para aproveitar o sol da tarde soprou uma brisa, que arrastava flocos de paina vindos de uma paineira próxima. A leveza das fibras da paina e a pequenez da semente contrastavam com a maior densidade daquelas do algodão.

O contraste entre essas duas coisas, numa associação de ideias vinda do inconsciente, levou-me a refletir sobre a necessidade da taxonomia, assim como do recurso a definições no nosso trabalho com o Direito.

Ainda na mesma sequência de ideias, que introduzem outras, refletindo sobre as condutas humanas, comparei estas com as funções que a natureza distribuiu ao algodão e à paina, ao redor das sementes para assegurar o mesmo resultado.

Com efeito, a Natureza tem suas leis (no sentido lato) e estas se aplicam tanto a indivíduos como às coletividades. Isso decorre das diferenças entre as necessidades/aspirações de uns e outras. Algumas dessas leis são estudadas pela biologia, e incluem não só mecanismos de reprodução de algumas espécies vegetais como comportamentos humanos. Estes, por sua vez, são objeto dos chamados estudos de humanidades que

---

[1] Agradecendo ao acadêmico Bruno Menoncello Cedano a ajuda prestada na pesquisa bibliográfica e a Mariana Cattel Alves pelo diálogo crítico, confirmo que eventuais erros ou omissões são de minha exclusiva responsabilidade.

incluem desde a filosofia até a psicologia, passando pela antropologia e sociologia, entre outros ramos do conhecimento. O que nos chama a atenção é a coincidência nas soluções propostas para diferentes finalidades, e uma reflexão maior indica que não se trataria de coincidências, mas de respostas a situações que visam objetivos específicos. Os mecanismos de prevenção e os de manutenção estão entre os que recorrem a métodos similares.

Tanto nas espécies vegetais a que antes nos referimos como na organização social das atividades humanas, materiais de diferentes densidades são utilizados para servir a um propósito coincidente. Embora partilhando um objetivo comum, o algodoeiro e a paineira valeram-se de meios que diferiam, mas tinham funções similares. O floco de algodão serviria para assegurar a proteção da semente contra o consumo por pássaros e outros pequenos animais, ao passo que a paineira, também querendo assegurar a perpetuação de sua espécie, utilizaria suas flores (que têm forma e peso diferente das fibras do algodão) para espalhar as sementes por uma área grande para que algumas delas pudessem sobreviver, dando origem a outras árvores.

No âmbito do Direito a ética está presente, precedida pelos preceitos da cortesia, e precedendo as regras de conduta emanadas do Estado, tal como, na natureza, valem como mecanismos de proteção, como no caso do algodão e da paina.

A densidade das regras parajurídicas – morais, éticas, de cortesia, e outras categorias – que envolvem as instituições e regras jurídicas varia de acordo com as necessidades sociais que levaram a seu uso. Aliás essa característica foi bem apreendida pelas expressões *soft law* e *hard law*.

No pensamento filosófico oriental, que só ultimamente passou a ter maior interesse para o Ocidente, avulta a presença de Confúcio cuja doutrina propugna por preceitos comportamentais que englobam a cortesia, o comportamento ético e rituais que atuam visando preservar a harmonia social. Estes últimos atuam como se foram um grande floco de algodão envolvendo certas regras. Os rituais preservam e recordam as condutas adequadas que envolvem a dureza das regras jurídicas, criando hábitos de comportamento adequados aos valores da sociedade. Esses comportamentos eram destinados a prevenir a infração das leis e assegurar a paz e a harmonia social.

Para o pensamento ocidental há comportamentos prescritos pela ética, parte destes repetidos, que vão se tornando costumes ou hábitos e se incorporam à personalidade das pessoas quando agem. Por isso há quem entenda que as regras morais decorrem da ética (enquanto outros as confundem).

Este texto não pretende, nem sequer tenta indicar um elenco ou relação das regras e comportamentos relacionados com a ética nas arbitragens, mas, isso sim, refletir porque existem e como operam essas regras e comportamentos, ou seja, examinar as plumas que cercam as sementes do algodão e da paina, sem contá-las, mas examinando como servem a um proposito.

Foi por isto que, pensando sobre a ética na arbitragem, pareceu-me que a metáfora acima facilita ver como e porque as regras e preceitos da ética que envolvem as normas jurídicas em geral, tal como as que regem a arbitragem, visam os mesmos objetivos. Estes, na ética são subjetivos e, ao mesmo tempo, objetivos, porque nascendo de uma convicção do sujeito, assumem com sua conduta uma concretude. Como disse Kant, "O imperativo categórico é, pois, único, e é como segue: age só, segundo uma máxima tal, que possas querer ao mesmo tempo que se torne lei universal" (Metafísica dos Costumes).

Com efeito a etimologia da palavra ética (*ethos*, em grego) em grego é um modo de pensar ou agir ínsita a pessoa. Ao traduzir para o latim, Cicero dava-lhe como sinônimo de moral (palavra que vem de "mores", costumes), e estes significados persistem no português. Desde então a reflexão sobre a ética foi enriquecida por vários filósofos, entre eles Spinoza[2] e Kant[3], que se debruçaram sobre o tema.

Para estes filósofos, a ética passa a ser como uma bussola que serve para indicar o caminho para as pessoas nas relações com seus semelhantes[4]. Daí por que alguns fenomenologistas terem dito que a ética é uma indicação do devir.

A ética opera mediante enunciados normativos, prescritivos, ou avaliativos e alguns imperativos categóricos que apontam para as condutas tidas por corretas naquele momento e local[5].

Ela se distingue das ciências e do Direito, pois estes conhecimentos dependem de démarches (que são imperativos descritivos), via de regra, relacionando causas e efeitos.

Neste texto uso a palavra ética como um comportamento social que é inerente à consciência do sujeito, mas que também se concretiza em preceitos avaliativos, normativos e imperativos categóricos, que propõem as condutas adequadas em certas situações.

Partindo da constatação da complexidade do tema, o conselho cartesiano de divisão em partes levou-me a pensar em abordar as relações entre a ética e a arbitragem em duas partes. A primeira parte, a do algodão – mais densa e envolvente que envolve os comportamentos dos árbitros e das partes, personagens esses indispensáveis a toda arbitragem.

A segunda parte, a da paineira, se endereça a advogados, peritos, (profissionais esses que obedecem também a outras injunções deontológicas, próprias de suas profissões) e às instituições arbitrais. Este grupo, atuando como o coro no teatro grego antigo, participa agindo ao lado dos personagens centrais, comentando, apoiando, participando, de alguma maneira intervindo na conduta destes, ao mesmo tempo em que levam para os espectadores mensagens que servem à propagação da arbitragem como forma de resolução de conflitos, e traduzem os sentimentos e reações destes percebidas ao longo do trajeto.

---

[2]   SPINOZA, Benedict. *Ethica, ordine geometrico demonstrata*, 1677; traduzida para o inglês e publicada por Penguin Books, com o título *Ethics*, tradutores Edwin Curley e Stuart Hampshire. Disponível no Projeto Gutenberg: <http://www.gutenberg.org/files/3800/3800-h/3800-h.htm>. Acesso em: 14 set. 2016.

[3]   KANT, Emanuel. *The Foundations of the Metaphysics of Morals*. 1785.

[4]   Não podemos esquecer que há também preceitos éticos que regulam o comportamento humano em face da natureza em geral.

[5]   Há quem entenda que os preceitos éticos são ou deveriam ser universais. Aqui me refiro aos aplicáveis à arbitragem que se situam no espaço e no tempo.

Comecemos pelo papel que a Ética desempenha nas atividades dos personagens centrais – árbitros e partes, levando sempre em conta o fato de que ela visa responder a certas necessidades/aspirações.

O Algodão, ética, comportamento dos árbitros e partes

Sabemos todos que nascendo de um acordo de vontades – isto é, de um contrato que visa resolver uma controvérsia mediante a intervenção de terceiras – a arbitragem necessita para atingir o objeto desejado pelas partes da relação de confiança que estabelecerão entre si, com os árbitros e outros personagens.

Caberá aos árbitros conduzir um procedimento que levará a uma decisão que deslindará a controvérsia. Para isso as partes atribuirão àqueles o poder de dirimir a controvérsia decidindo, ou seja, exercer uma atividade jurisdicional (ou jurisdecisória, como preferir).

Por isso mesmo, quem quer que vá exercer a função de arbitrar passa a ser devedor de uma conduta que garanta às partes a sua confiabilidade, pois o poder que estas lhe conferem está condicionado, na sua origem, a ser regulado segundo regras prefixadas para a atividade, banhadas pela confiança dos litigantes.

O ÁRBITRO E A ÉTICA

A relação dos árbitros com a Ética aparece antes mesmo de as pessoas assumirem esse encargo. Ela nasce quando alguma das partes ou alguém encarregado por elas de escolher o árbitro consulta uma ou mais pessoas que poderiam ser eventualmente escolhidas. Essa consulta, tradicional, se faz de modos diferentes conforme o local[6], e necessariamente passa pela barreira ética e jurídica da independência.

Nesse momento, surge o dever de manter sigilosos a consulta feita e, também, o dever de informar, desde logo ou tão logo quanto possível, a existência de suspeições ou impedimentos, se existirem.

O dever de revelação vai mais longe para o alvo da consulta, porque a ética também lhe impõe, após avaliar se é capaz de exercer com proficiência e de maneira eficiente a tarefa que lhe é oferecida, aceitá-la ou decliná-la[7]. Isto implica, como todos sabemos, a indagação que o árbitro deve fazer a si próprio, no tocante à adequação de seus conhe-

---

[6] Nos EUA, costuma-se chamar essa fase de consultas de "beauty contest", pois várias pessoas são ouvidas e procuram mostrar as respectivas qualidades. Em outros países, a consulta é muito discreta e, de modo geral, limitada ao consulente e à pessoa que pareceria aparentemente ser a mais adequada.

[7] Quando alguém declina aceitar o encargo de ser árbitro, mesmo sem explicar porque, está revelando algo. Esse procedimento agrega valor ao juízo que dele o consulente fez, tal como ocorre quando um jurisconsulto não aceita dar um parecer quando não está convencido de que pode responder como o cliente espera ou porque a matéria não é de sua competência. Uma característica da ética é que certos preceitos se aplicam a várias situações.

cimentos jurídicos em face das características daquela arbitragem. Quando se tratar de arbitragem internacional, a extensão e familiaridade com a lei aplicável à substância são essenciais.

A resposta a essas indagações, assim como a outras que examinaremos a seguir, é dada de maneira subjetiva. Alguns árbitros pensam ou dizem: "em razão de meu país adotar a *civil law*, sou capaz de decidir qualquer questão em qualquer arbitragem que esteja sujeita a uma legislação dessa família jurídica *civil law*". Outros, mais ousados, dizem "um contrato é um contrato, e isto basta para interpretá-lo".

Para evitar essa conduta, vista como nociva à instituição por violar a vontade das partes que contrataram, as "Rules of Ethics for International Arbitrators", publicadas pela IBA em 1987, trazem a seguinte disposição sobre a atuação do árbitro quanto a sua diligência e conhecimento:

> 1. **Fundamental Rule** – Arbitrators shall proceed diligently and efficiently to provide the parties with a just and effective resolution of their disputes, and shall be and shall remain free from bias.
>
> 2. **Acceptance of Appointment**
>
> 2.1 A prospective arbitrator shall accept an appointment only if he is fully satisfied that he is able to discharge his duties without bias.
>
> 2.2 A prospective arbitrator shall accept an appointment only if he is fully satisfied that he is competent to determine the issues in dispute, and has an adequate knowledge of the language of the arbitration.
>
> 2.3 A prospective arbitrator should accept an appointment only if he is able to give to the arbitration the time and attention which the parties are reasonably entitled to expect.
>
> 2.4 It is inappropriate to contact parties in order to solicit appointment as arbitrator.

Essas regras, em 2004, foram substituídas pelas IBA Guidelines on Conflicts of Interest in International Arbitration[8], mas em seu texto estabeleceu-se que elas ainda se mantêm como subsidiárias para os assuntos que não forem cobertos pelas novas orientações[9].

A forma como é feito o convite a alguém para ser árbitro, assim como aquilo que pode e deve ser dito por quem o faz, também estão sujeitos a regras éticas. Não se pode sequer pensar em insinuar o resultado ou opinião do convidado sobre a matéria objeto da arbitragem, sob pena de torná-lo impedido, assim como este não pode adiantar nenhum julgamento ou avaliação dos fatos ou direito no caso em que pode vir a atuar.

---

[8] Esses *Guidelines* foram revistos em 2014 (http://www.nzdrc.co.nz/site/commercialdisputes/files/ARBITRATION/IBA%20Guidelines%20on%20Conflict%20of%20Interest%20in%20International%20Arbitration.pdf).

[9] "In 1987, the IBA published Rules of Ethics for International Arbitrators. Those Rules cover more topics than these Guidelines, and they remain in effect as to subjects that are not discussed in the Guidelines. The Guidelines supersede the Rules of Ethics as to the matters treated here" (IBA Guidelines on Conflicts of Interest in International Arbitration).

CONDUTA ENQUANTO ÁRBITRO

Classificar e ordenar as exigências da ética dirigidas aos árbitros é tarefa difícil.

Pierre Tercier[10], para fazê-lo, distingue na atividade dos árbitros a jurisdicional[11] e a contratual[12], e acredita ser possível estabelecer uma terceira categoria que seria a dos deveres estritamente éticos[13].

Segundo o professor suíço, essa classificação decorre das sanções advindas da violação de cada um desses tipos de regra. Para esse autor,[14] essas sanções são originadas do fato de o árbitro exercer uma atividade similar a dos juízes estatais, e destinada a colocar fim, definitivamente, ao litígio, e por isso a violação dos seus deveres é sancionada no âmbito legislativo da mesma forma.

Com efeito, as sentenças arbitrais são exequíveis tal como a judicial[15]. Nessa categoria de deveres jurisdicionais, Tercier sustenta que os deveres assumidos pelo árbitro estão à altura da função que exerce, pelo que as sanções que a lei prevê para a infração dos mesmos incide sobre a validade do procedimento e da sentença. Aduz que nos deveres contratuais as sanções dependem dos princípios de boa-fé, pois sua infração seria de natureza obrigacional. É o caso da falta de diligência.

Contudo, a violação dos deveres extracontratuais, na terceira categoria de sua classificação, a sanção da infração ética é, como todas as demais sanções éticas, punida pela reação da comunidade e conduta desta face ao infrator, atingindo sua reputação.

Todavia, a separação entre as diferentes categorias de dever ético dos árbitros sob esse ângulo, de certa forma, confunde o dever jurídico com o ético, tornando pouco claras as diferenças entre essas duas esferas. Por isso prefiro tentar organizar as categorias de outra forma.

O direito positivo pode e deve ter um conteúdo ético, mas sua função social e natureza levam a emissão de regras que não têm a ver com a ética diretamente ou proximamente, além de terem um caráter obrigatório. Não nascem da consciência dos indivíduos como uma exigência em si mesma, ou um imperativo.

---

[10] TERCIER, Pierre. L'Éthique des Arbitres. In: KEUTGEN, Guy (Org.). *L'Éthique dans L'Arbitrage*. Bruxelles: Bruylant, 2012. Cap. 2, p. 17-35.

[11] "Il est incontesté que les arbitres ont une activité juridictionnelle [...] La sanction de ces devoirs est à la mesure de leur fonction" (TERCIER, Pierre. Op. cit., p. 17-35).

[12] "Il est (presque) aussi incontesté que les arbitres nouent avec les parties une authentique relation contractuelle [...] la violation de leurs devoirs contractuels par les arbitres peut être sanctionnée, comme l'est toute violation des devoirs contractuels" (TERCIER, Pierre. Op. cit., p. 17-35).

[13] "Les devoirs éthiques" (TERCIER, Pierre. Op. cit., p. 17-35).

[14] TERCIER, Pierre. Op. cit., p. 17-35.

[15] "Art. 31. A sentença arbitral produz, entre as partes e seus sucessores, os mesmos efeitos da sentença proferida pelos órgãos do Poder Judiciário e, sendo condenatória, constitui título executivo" (Lei 9.307, de 23.09.1996. Dispõe sobre a arbitragem. Disponível em: <http://www.planalto.gov.br/ccivil_03/leis/L9307.htm>. Acesso em: 9 out. 2016.

Para Vicente Ráo, "Moral e Direito têm um fundamento ético comum". Jellinek é citado por Franco Montoro como tendo asseverado que o direito é o "mínimo ético", isto é, o estritamente necessário para a convivência social[16].

Por sua vez, esse grande professor da PUC-SP ensinou-me e aos seus demais alunos que:

> O sentido da norma jurídica, como o da norma moral, é expresso num dever ser. Por isso ao conceito da "norma" jurídica e ao dever ser jurídico há de ficar ligado algo do valor absoluto que é próprio da Moral. O que é estabelecido por uma "norma" jurídica ou "devido" por causa do Direito nunca está de todo livre da representação mental de que isso é bom, reto ou justo.
>
> Neste sentido, a definição conceptual do Direito como "norma" ou dever ser pela jurisprudência positivista do século XIX, não está isenta de certo elemento ideológico. Liberar a definição do direito desse elemento ideológico é o empenho da teoria pura do Direito, que desliga por completo o conceito de norma jurídica do da norma moral, de que ele proveio; e assegura, assim, a legalidade própria do Direito diante da lei moral. Isso ocorre porque a norma jurídica não é compreendida como um "imperativo", à semelhança da norma moral, tal como o faz, quase sempre, a doutrina tradicional. Mas, como um "juízo hipotético", que expressa a relação específica de uma situação de fato condicionante com uma consequência jurídica condicionada (se A, deve ser B, ou se houver tal fato – por exemplo, um crime – deve ser tal consequência – no exemplo dado, a condenação).
>
> A norma jurídica se transforma assim em "proposição' jurídica, que revela a forma fundamental da lei.
>
> Assim como as "leis naturais" relacionam uma determinada situação de fato, como causa, com outra, como efeito, a "lei jurídica" relaciona a condição jurídica com a consequência jurídica (isto é, com a chamada consequência do antijurídico). No primeiro caso, a forma da relação entre os fatos é a causalidade. No outro, é a imputação, que é conhecida pela teoria pura do Direito como a legalidade particular do Direito.
>
> Assim como o efeito é atribuído à sua causa, a consequência jurídica é atribuída à sua condição jurídica. Entretanto, a consequência jurídica não pode ser considerada como causalmente produzida pela respectiva condição. Mas dizemos que a consequência jurídica é imputada à condição jurídica[17].

"§ 6.º No desempenho de sua função, o árbitro deverá proceder com imparcialidade, independência, competência, diligência e discrição" (artigo 13, § 6.º, da Lei 9.307, de 23.09.1996).

A esse propósito, José Emilio Nunes Pinto escreveu que:

> O árbitro deve estar consciente de suas responsabilidades e deveres, em especial, da diligência. E o dever de diligência inclui necessariamente o dever de decidir. Não negamos que casos há e haverá sempre em que o árbitro deverá remeter as partes ao Judiciário, mas isso a Lei cuidou de determinar claramente, como é o caso de medidas cautelares e assecuratórias de direitos, assim como o surgimento de questões prejudiciais fundadas

---

[16]   MONTORO, André Franco. *Introdução à ciência do direito*. 20. ed. São Paulo: RT, 1991, p. 95.

[17]   MONTORO, André Franco. Op. cit., p. 100.

em direitos indisponíveis. De forma idêntica, reconhecendo princípio consolidado da doutrina, a Lei prevê a competência do árbitro em determinar a sua própria competência para decidir, conhecido como o princípio da competência-competência[18].

Para Pedro Batista Martins:

> Espera-se que o árbitro seja pessoa apta a exercer suas funções e esteja preparado para o desenvolvimento regular do processo arbitral, sem tropeços ou atropelos. Exige a lei que o árbitro proceda com competência no exercício da jurisdição. E, no exercício da sua função jurisdicional, determina a lei, ademais, que o árbitro aja com diligência. Com dedicação e presteza[19].

Carmona, por sua vez, sublinha que:

> Deve o árbitro agir também com diligência, isto é, com interesse pela causa, com empenho na busca das provas, com esforço na busca da verdade, com zelo na decisão. O dever de diligência desdobra-se em suas vertentes: numa, espera-se que o árbitro não aceite sua nomeação se não puder dedicar tempo necessário para o estudo da causa, eis que se espera da decisão arbitral um alto grau de qualidade e respaldo técnico; noutra, imagina-se que o árbitro haverá de desempenhar sua função de modo a não onerar sobremaneira as partes, torando suportáveis os custos da arbitragem[20].

Especificidade da ética na arbitragem

Já as regras éticas, como vimos, têm origem na consciência das pessoas, no modo como estas veem o mundo. O fato de tanto o direito positivo como a ética mirarem os comportamentos dos seres humanos e as relações destes com seu entorno, o seu olhar difere, e eventualmente as regras podem conflitar. Quantas leis nos repugnam pelo conteúdo do seu comando que nos parece antiético? A leis sobre o *apartheid*, ou as promulgadas pelos nazistas e fascistas sobre a questão racial estão entre as que imediatamente nos acodem à mente. Entretanto, há muitas outras que não são aceitas por razões éticas, como as que contemplam punições físicas ou a pena de morte. Mais ainda, a consciência ética das pessoas não tem nem visa a uniformidade almejada pelas normas estatais, pois está sujeita a infinitas variações e graus de suscetibilidade. Isso nos leva a utilizar um critério paretiano[21] para classificar as condutas éticas.

---

[18] NUNES PINTO, José Emilio. O árbitro deve decidir. Disponível em: <http://www.migalhas.com.br/dePeso/16,MI2457,61044-O+arbitro+deve+decidir>.

[19] MARTINS, Pedro A. Batista. *Apontamentos sobre a Lei de Arbitragem*, Rio de Janeiro: Forense, 2008. p. 188.

[20] CARMONA, Carlos Alberto. *Arbitragem e processo*: um comentário à Lei n.º 9.307/96. 3. ed. São Paulo: Atlas, 2009. p. 244.

[21] Refiro-me à regra de Pareto.

Para esse efeito parece mais aceitável uma forma de classificar os deveres éticos dos árbitros baseada no seu objetivo, o qual está ligado à natureza da arbitragem e à sua função social, que é permitir às pessoas pôr em ação o modo de solução de controvérsias que escolheram e este é o de submeter ao juízo de terceiras pessoas as questões para que estas determinem quem está certo.

Para que haja arbitragem é preciso que os escolhidos para julgar sejam independentes e capazes, que assegurem aos litigantes o apresentar adequadamente seus argumentos e as provas que os sustentam, e que conduzam o procedimento de forma rápida, eficaz e econômica, chegando a uma decisão exequível.

Vemos que há deveres relacionados com a circunstância e com a conduta das pessoas.

Entre os primeiros está a existência prévia da independência e capacidade (esta englobando a disponibilidade de tempo e interesse pela função), e entre os segundos, deveres comportamentais (que como os de seu estado exigem a transparência, e daí vem o dever constante de revelação[22]).

A PERSISTÊNCIA DOS DEVERES RELACIONADOS COM A CIRCUNSTÂNCIA

Continuidade do dever de revelação

Se ao ser consultada para saber se aceita arbitrar determinado litígio a pessoa consente, confirmando ser independente, capaz e dispor do tempo para atuar proficientemente no procedimento, essas qualidades devem persistir no curso do mesmo. Todo e qualquer evento posterior relacionado com essas circunstâncias deve merecer do árbitro uma avaliação, e, quando for o caso, uma revelação.

Conhecimento do dossiê

Outra subespécie é o dever de conhecer e ter estudado a matéria dos autos, que poderia ser visto como integrando o dever de diligência, ao lado do dever de conduzir adequadamente o procedimento, assim como o de decidir bem. O decidir bem consiste *na emissão de uma sentença justa do ponto de vista jurídico, eficaz (ou seja, exequível) de acordo com o direito aplicável, escolhido pelas partes.*

---

[22] Sobre isso: BAPTISTA, Luiz Olavo Constituição e arbitragem: dever de revelação e devido processo legal. In: AZEVEDO, André Jobim de; SILVA, Eduardo Silva da (Coord.). *Dia gaúcho da arbitragem*. Porto Alegre: Magister, 2015. 209p.; LEMES, Selma Maria Ferreira. Árbitro. Dever de revelação. Inexistência de conflito de interesses. Princípios da independência e da imparcialidade do árbitro. Homologação de sentença arbitral estrangeira no STJ. Inexistência de violação à ordem pública (processual). Artigo 39, II, da Lei de Arbitragem e artigo V(II) (b) da convenção de Nova Iorque. *Revista Brasileira de Arbitragem*, Porto Alegre, v. 41, n. 11, p. 247, 2014; LEMES, Selma Maria Ferreira. O dever de revelação do árbitro e o conceito de dúvida justificada quanto a sua independência e imparcialidade (art. 14, § 1.º, da Lei 9.307/1996). A ação de anulação de sentença arbitral (art. 32, II, da Lei 9.307/1996); BERTROU, Grégoire. Obligation de révélation de l'arbitre: tentative de synthèse après la publication des nouvelles règles de l'IBA. Les Cahiers de L'Arbitrage. *The Paris Journal of International Arbitration*, Paris, n. 1. p. 194, 2015.

No exercício desses deveres quem arbitra tem que ter presente que a sua escolha foi feita *intuitu personae*, pelo que não pode delegar as funções a terceiros. Todavia, como ilustra a figura dos secretários dos tribunais arbitrais, tarefas de caráter acessório podem ser atribuídas a colaboradores[23].

Finalmente, a terceira subespécie dos deveres de independência é o de agir no interesse das partes opostas, o que acarreta a obrigação ética de facilitar na composição do litígio e de gerir de modo econômico os custos do procedimento e, por último, quando decorra de disposição contratual ou de regulamento, o dever de confidencialidade.[Talvez aqui conviesse separar o "finalmente", como um outro subtítulo, pois acabou ficando junto com o "Conhecimento do dossiê".]

Arbitro único e presidente do Tribunal Arbitral

Poderíamos nesse caso sustentar que quem preside o tribunal arbitral deveria atentar para os requisitos que essa função exige: autoridade, capacidade de gestão e de comunicação. Finalmente, a disponibilidade de tempo e interesse encerram essa subespécie. São, todos estes, deveres que subsistem no curso da arbitragem.

AS PARTES E A ÉTICA

O dever ético das partes tem início antes do início da arbitragem, no juízo que precisam fazer da existência de boas razões para dar início à mesma, e prosseguem evoluindo no curso do procedimento, sob a batuta da boa-fé.

CONDUTA DE BOA-FÉ

A boa-fé nas relações entre as pessoas é um imperativo ético que existe permanentemente, e nas arbitragens adquire contornos específicos. Todavia, as relações contratuais entre os participantes – partes e árbitro, partes e seus representantes, e partes e instituições arbitrais – obedecem a regra geral de conduta de boa-fé na execução e negociação do contrato, constantes do Código Civil.

Quando convida alguém para ser árbitro

Ao convidar alguém para ser árbitro, o dever de boa-fé impõe às partes a obrigação de anunciar desde logo que desejam consultar o possível candidato sobre sua disponibilidade e quem são as partes envolvidas, para imediatamente afastar os riscos de algum deslize no tocante à revelação de informações a quem está conflitado. Esse dever é benéfico e protetor do consulente e para o consultado. Superada a barreira do eventual impedimento ou suspeição, passa-se a indagações mais focadas.

---

[23] CLAY, Thomas. *L'arbitre*. Paris: Dalloz, 2001. p. 354 e ss. (Nouvelle Bibliotheque de theses.)

Indagações relativas à adequação à atividade do escolhido

Entre as perguntas recomendáveis ou admissíveis estão as relacionadas à disponibilidade de tempo para dedicar-se à arbitragem, a capacidade técnica, conhecimento do direito aplicável, e eventual atuação como advogado, parte ou árbitro em litígios similares – e o conhecimento fluente do idioma. Daí o dever da parte de fazer perguntas e esclarecer-se, que é o reverso do dever de transparência do árbitro.

COMPORTAMENTO FACE AO ÁRBITRO INDICADO PELA OUTRA PARTE

As partes usualmente indicam cada qual as pessoas que atuarão como árbitras no caso. Estas devem apresentar declarações de independência e responder a questões formuladas pela outra parte, para que isto seja confirmado. Essa circunstância serve para acentuar o caráter independente que a ação dessas pessoas deve ter, desde a aceitação do encargo.

A origem da nomeação, como se sabe, não pode interferir na atuação de quem arbitra, porém, por vezes, há quem, por incompreensão, pense que pode (ou deveria) ter um viés favorável a quem o indicou. Os demais árbitros têm o dever ético de manter a devida cortesia com a pessoa, sem se deixar influenciar de uma ou outra forma.

CONDUTA NA ATUAÇÃO PROCESSUAL

Muito embora as partes numa arbitragem possam ser assistidas por um advogado a quem conferem mandato para agir na defesa de seus interesses, essa delegação de poderes não escusa de atender a certas exigências da ética e de adotar condutas e solicitar que as mesmas ou equivalentes sejam utilizadas pelo seu representante.

Não criar incidentes desnecessários nem tumultuar o procedimento

O primeiro dever é o de boa-fé, que impõe a abstenção de condutas com caráter procrastinatório e leviano. A solicitação de provas desnecessárias, a formulação de quesitos claramente impertinentes aos peritos, o oferecimento de inúmeros documentos sem relação direta com os fatos sendo discutidos são exemplo de condutas vedadas.

Ater-se às regras aplicáveis

O respeito às regras adotadas na arbitragem e evitar as tentativas de imiscuir disposições legislativas ou regulamentares é outro exemplo de conduta condenável.

Verificar a autenticidade de documentos e provas

A parte é responsável pela prova que produz e daí decorre seu dever de verificar previamente a validade ou licitude da prova produzida, assim como a utilidade que a mesma possa ter. Não cabe oferecer como prova documentos, papeis, anotações ou o que seja que não tenha relação com os fatos somente para aumentar o volume de documentos a serem analisados. Fazê-lo é violação da ética.

Abster-se de criar problemas frivolamente

Outra conduta aética é a de suscitar problemas, em geral procedimentais, frivolamente, e que sejam inúteis ou inadequados, como os que decorrem da pretensão de utilizar regras de procedimento que não sejam as da arbitragem.

A Paina – advogados, peritos e a ética

Advogados e peritos vivem sob o impacto de dois sistemas deontológicos: o típico de sua profissão e os preceitos éticos da arbitragem.

OS ADVOGADOS E A ÉTICA

Como já comentamos, existe no início da relação entre o árbitro e as partes a fase da indicação ou nomeação do primeiro.

Essa fase, muito embora resulte de uma escolha que juridicamente se presume ser da parte, na prática é delegada aos advogados que a assistem.

No universo dos grandes escritórios de advocacia, onde há departamentos especializados em arbitragem, em especial no Hemisfério Norte, são entrevistados potenciais árbitros diante dos advogados das partes que poderiam designá-los.

Essa atividade é sensível do ponto de vista ético, pois pode conduzir certos candidatos a fazer assertivas ou apreciações sobre a matéria que será discutida na arbitragem e que poderão, mais tarde, criar um conflito com os fatos reais que apareçam e que implicaria que um árbitro independente tomasse uma posição contrária a que exprimiu.

Além desse problema que aparece nas preliminares da arbitragem, vamos encontrar outros no curso da arbitragem como a tentativa de comunicar-se diretamente com o árbitro na ausência da parte contrária ou de influenciá-lo mediante a promessa de futuras indicações, ou benefícios quaisquer que estejam no poder da parte conceder.

Na relação entre advogados e árbitros também entram o dever de lealdade dos advogados face ao seu cliente e o dever de boa-fé na conduta do caso.

A lealdade para seu cliente obriga o advogado a proceder a um exame da prova, para certificar-se de que aquela que é proposta pelo cliente não venha a violar as qualidades importantes relativas à licitude, autenticidade e utilidade.

A visão distorcida de que a defesa de alguém pode ser fruto ou resultar numa ênfase na criação de obstáculos para o andamento do processo, pois o tempo favoreceria o cliente, entra em choque com o dever de boa-fé que o advogado deve ter no procedimento arbitral.

No caso do Direito brasileiro, essa questão também decorre da consagração de um princípio jurídico relativo à posição do advogado perante a atividade do Poder Judiciário, que deve se estender também à arbitragem.

Refiro-me à disposição do artigo 133 da Constituição Federal[24], pela qual o advogado é responsável pela administração da justiça. A palavra usada é "administração", e não "ministração".

Quem ministra a justiça é o Poder Judiciário, mas é o julgador que, ao ordenar o processo, o está administrando, e cabe ao advogado cooperar para isso, porque a Constituição o fez também responsável por esta administração.

Essa responsabilidade implica o dever de evitar tudo o que obste a celeridade na solução da demanda. Esse dever de natureza ética, aparece também nos *General Principles for the Legal Profession (2006)* da IBA[25], e já penetrou a esfera das normas positivas de alguma forma nas regras deontológicas da profissão.

Como a extensão do que chamamos de ética é ampla, ela engloba também a obrigação do representante da parte de conduzir o caso de maneira cortês e educada. A cortesia é a antessala da moral e da ética.

OS PERITOS E A ÉTICA

Como os advogados, os peritos devem obediência dupla às regras de comportamento prescritas pela sua profissão e as da arbitragem.

O comportamento correto em face dessas duas ordens de preceitos comportamentais, além de ser um dever que pode acarretar sanções no âmbito da arbitragem, repercute a médio e longo prazo na reputação do profissional.

AS INSTITUIÇÕES DE ARBITRAGEM

Existem instituições de arbitragem de várias naturezas. Aquelas de caráter genérico e internacional como a CCI, a SCC, a LCIA e outras, e também aquelas internacionais de vocação especializada como o ICSID, cujo universo engloba os investimentos internacionais e as arbitragens especializadas no comércio de commodities, como o açúcar, os grãos,

---

[24] Art. 133. O advogado é indispensável à administração da justiça, sendo inviolável por seus atos e manifestações no exercício da profissão, nos limites da lei.

[25] "1. Fundamental Rule
Arbitrators shall proceed diligently and efficiently to provide the parties with a just and effective resolution of their disputes, and shall be and shall remain free from bias". Ver, para ilustrar, "2. Honesty, integrity and fairness
A lawyer shall at all times maintain the highest standards of honesty, integrity and fairness towards the lawyer's clients, the court, colleagues and all those with whom the lawyer comes into professional contact".
[...] 9. Competence. A lawyer's work shall be carried out in a competent and timely manner. A lawyer shall not take on work that the lawyer does not reasonably believe can be carried out in that manner" (IBA International Principles on Conduct for the Legal Professions. Adopted on 28 May 2011 by the International Bar Association. Disponível em: <http://www.ibanet.org/Publications/publications_IBA_guides_and_free_materials.aspx>).

as rações de animais, as celuloses e outras commodities que dispõem de mecanismos de arbitragem, lista de árbitros etc.

Essas instituições têm uma relação bilateral com a ética, pois, se, de um lado, podem criar regras deontológicas ou éticas prescritivas, de outro, não podem deixar de levar em conta certos princípios éticos gerais da arbitragem.

Na prática, as instituições mais relevantes e mais respeitadas acabaram criando uma cultura própria.

CONCLUSÃO

Nestas páginas, partindo da indagação sobre as aspirações/necessidades da instituição da arbitragem, tivemos a oportunidade de examinar alguns exemplos.

Necessidades/aspirações são uma constante na atividade humana e nas instituições criadas pela humanidade. É como se existisse, para nossa espécie, uma busca constante de evoluir perfeccionando, moralmente, aquilo que existe.

Com efeito, se recordarmos como as divergências eram resolvidas num passado remoto, veremos que o recurso à violência era a primeira das formulas, com conflitos armados, envolvendo grupos de pessoas ou apenas os indivíduos que divergiam. Depois, ocorreu a regulação desses conflitos, evitando a sua persistência no tempo (vingança, revanche etc.); surgiram formulas reutilizadas do uso da força, como os "holmgang" dos nórdicos e germânicos, os duelos, mais adiante no tempo, até que a solução passou a ser controlada pelo Estado, pois este dependia do monopólio da força para subsistir.

Ao mesmo tempo, notamos que também se tentou deixar o julgamento a cargo de alguma divindade, o que ocorria nas ordálias, também chamadas de "julgamentos divinos", que existiriam desde o Império Persa, e são referidas na Bíblia, quando as pessoas eram submetidas a testes, tais como o de retirar uma barra de ferro do fundo de um caldeirão em que a água fervia, ou ficar em pé sobre um braseiro sem que os pés se queimassem, ou ser colocada dentro de um saco a ser atirado na correnteza de um rio, métodos em que se buscava a solução transferindo a uma divindade, onisciente (e que por isso não precisava de provas para decidir).

A necessidade/aspiração de eliminação da violência e da introdução do conceito de igualdade de meios na prova do direito, enunciados inicialmente de forma tosca que, ao correr do tempo, tornou-se mais elaborada, trouxe-nos ao estado das coisas que temos hoje.

Ao mesmo tempo, é preciso não esquecer que essas necessidades/aspirações vão progressivamente se traduzindo em diretrizes para assegurá-las e que aparecem no seio de diversas culturas.

A noção de rituais e tradições de Confúcio apresenta, do ponto de vista antropológico, uma similaridade com as maneiras de se comportar nas cortes reais – que mais tarde se traduziu na palavra cortesia – ambas sendo um modo de prevenir conflitos.

Ao correr do tempo, a descoberta da similaridade de aspirações/necessidades e resultando da avaliação da resposta que se dá a elas, como métodos para assegurar mais eficiência na busca do resultado esperado, levam a uma difusão global.

Embora Catherine A. Rogers, numa obra interessante *Ethics in International Arbitration*[26], sustente que é pela via dos comportamentos éticos e das prescrições de natureza ética que vamos encontrar a via para a globalização da arbitragem, propondo uma autorregulação, ela critica as análises feitas pelos comparatistas.

Os exemplos mostraram que já há uma série de preceitos que estão presentes nas arbitragens em todas as partes do globo: independência dos árbitros, transparência, igualdade de tratamentos, dever de celeridade e muitos outros.

Daí por que me pareceu que, tal como na natureza, os mecanismos de reprodução de diferentes espécies vão levando a soluções que se assemelham (como no caso do algodão e da paina), e que correspondem à *softlaw* da ética e da cortesia utilizadas na arbitragem.

Não foi preciso fazer um elenco completo das regras de ética, bastou-nos usar os percentuais de Pareto, recordar aqueles 20% de regras que são utilizados em 80% de todas as arbitragens, para que possamos ver que as regras éticas e deontológicas caminham numa mesma direção, que é a de ir aperfeiçoando constantemente os mecanismos da arbitragem.

Aqui, tal como Darwin sugere que ocorre na natureza, há um processo de seleção natural que faz com que aquelas regras que se tornaram inadequadas no decorrer do tempo sejam descartadas, aquelas que evoluíram na direção certa passarão a ter maior uso e relevo, aquelas que não foram adequadas às novas circunstâncias perecem, ou seja, ocorre uma seleção natural para atender a essa necessidade/aspiração que nós todos temos por obter um meio de solução de controvérsias, esteja sob o controle das partes em dissensão.

É importante que se note que, no núcleo duro, assim como no revestimento que existe em redor da ideia de arbitragem, o que se busca é, preservando a esfera de liberdade das pessoas, permitir que sejam responsáveis por seus próprios atos e pelo seu destino.

O leitor terá notado que apenas mencionei, de forma superficial, a existência de uma série de normas arbitrais, apontando para a universalidade de seu uso e acredito que não era necessário fazer mais do que isto, porque esta reflexão visava mostrar a função que a ética tem como fórmula parajurídica, que permite a sobrevivência e a propagação de um mecanismo útil para solução de controvérsias.

E isto ocorre porque há uma convergência entre as necessidades/aspirações humanas no que tange ao balanço que deve existir entre a liberdade, a segurança e a previsibilidade como elementos que tornam a vida melhor para todos.

Estas sugestões também podem ser vistas como sementes que cairão ao pé do que já existe ou voarão para longe, transmitindo a necessidade de refletir sobre a importância que têm a solução de controvérsias e a maneira de evitar com que outras controvérsias nasçam daí.

---

[26] ROGERS, Catherine A. *Ethics in International Arbitration*. Oxford: Oxford University Press, 2014.

CONVENÇÃO DE ARBITRAGEM

A LÍNGUA NO PROCESSO ESTATAL E NO PROCESSO ARBITRAL: UM DIÁLOGO COM VINCENZO VIGORITI

CARLOS ALBERTO CARMONA

Sumário I. Explicação necessária – II. A língua no processo e na arbitragem: considerações de Vincenzo Vigoriti – III. A escolha do idioma no processo estatal – IV. A falta de escolha prévia do idioma na arbitragem: desacordo das partes – V. A escolha do vernáculo – VI. Uso obrigatório do português na arbitragem: a administração pública entra em cena – VII. Opção por idioma estrangeiro em arbitragens domésticas – VIII. Arbitragem bilíngue – IX. Arbitragens comerciais internacionais no Brasil e escolha de idioma estrangeiro – X. Escolha do idioma: consequências do emprego de outra língua que não aquela selecionada pelas partes ou pelos árbitros – XI. Para encerrar.

I. EXPLICAÇÃO NECESSÁRIA

1. Há alguns anos Vincenzo Vigoriti[1] encaminhou-me um breve texto em que aponta alguns problemas resultantes da escolha (ou da falta de escolha) do idioma a ser empregado no processo arbitral. As questões que o emérito processualista italiano selecionou continuam atuais.

2. Recentemente, ao preparar a nova edição de meus comentários à lei de arbitragem (que ainda não terminei), voltei a tratar do tema do idioma escolhido para o processamento da arbitragem, especialmente porque a Lei 13.129/2015 (que atualizou a Lei de Arbitragem), ao reforçar a possibilidade de participação de entidades públicas na arbitragem, faz-me pensar nos problemas que surgirão em

---

[1] Vincenzo Vigoriti é advogado e professor da Faculdade de Direito da Universidade de Florença, Itália. É membro do *American Law Institute* e do *Institute pour l'Arbitrage International*. Integra o comitê científico da *American Review of International Arbitration* e da *Rivista dell'Arbitrato*.

relação à escolha de língua estrangeira em demandas de que participem a União, os Estados, os Municípios, suas autarquias, empresas públicas e fundações. Mais que isso, tanto a Lei das Parcerias Público-Privadas (Lei 11.079/2004, Lei das PPP) quanto o recente decreto que trata da arbitragem em disputas relativas a infraestrutura portuária (Decreto Presidencial 8.465/2015) exigem que, se for escolhida a via arbitral para solucionar litígio de que participe entidade pública, o uso do português seja de rigor, o que poderá causar importantes inconvenientes e limitações no âmbito dos contratos administrativos.

3. As determinações constantes destas duas normas (uma de 2004, outra de 2015) somadas à falta de qualquer estipulação a respeito na Lei de Arbitragem, levaram-me a retomar as reflexões sobre os problemas gerados pela escolha (ou pela falta de escolha) do idioma no processo arbitral; de outra parte, a redação do art. 190 do Novo Código de Processo Civil (NCPC) incitou-me a refletir sobre a mesma questão no âmbito do processo estatal, já que a lei processual – que passou a reger os destinos do nosso processo civil a partir de março de 2016 – introduziu um ingrediente novo em nosso ordenamento, que pode levar (quem sabe?) à admissão do emprego de língua estrangeira em nossos tribunais.

4. Trata-se, portanto, de uma ótima oportunidade para rever conceitos e meditar sobre um tema que sempre foi relevante para os *arbitralistas*, mas que produzia fraco eco entre os processualistas, e que agora parece atrair a atenção de uns e outros.

5. Por conta disso, retomei as notas de Vincenzo Vigoriti, que traduzo no segundo capítulo deste ensaio. Trata-se de uma tradução livre, sempre sujeita a críticas e censuras (como os italianos advertem com sabedoria, as palavras *traduttore* e *traditore* – tradutor e traidor – são bastante semelhantes!). Em seguida, procurei fazer uma apreciação do tema do ponto de vista do direito brasileiro (e de nossa prática, cada vez mais ampla e frequente), de modo a *dialogar* com meu caro amigo e professor florentino.

6. Este ensaio reflete, portanto, o resultado desse diálogo.

II. A LÍNGUA NO PROCESSO E NA ARBITRAGEM: CONSIDERAÇÕES DE VINCENZO VIGORITI

7. *Em todo o mundo, no processo ordinário estatal o uso da língua nacional não é derrogável, de modo que os atos, os termos, as decisões, os provimentos do juiz etc., devem ser redigidos – sob pena de nulidade – na língua nacional (para a Itália, ver art. 122 do CPC, as exceções estão consignadas no mesmo dispositivo legal)[2], e na mesma língua devem ser traduzidos os documentos produzidos.*

---

[2] Eis o texto do dispositivo citado: "Art. 122. (Uso da língua italiana – Nomeação de intérprete). Em todo o processo deve ser utilizada a língua italiana. Quando houver necessidade de ouvir

8. *A regra é compreensível, pois não se pode pretender que o juiz, não escolhido pelas partes – mas a elas designado – conheça as mais diversas línguas estrangeiras. Todavia, o obstáculo é árduo, pois a obrigação de agir, defender-se e sobretudo produzir prova com documentos formados em uma outra língua pode tornar difícil o acesso à tutela (por exemplo, a cautelar e urgente), especialmente quando houver um grande número de relações transnacionais, como ocorre hoje.*

9. *Na arbitragem existe, porém, margem de manobra concretamente utilizável.*

10. *Antes de mais nada, cabe às partes indicar qual deve ser a língua da arbitragem e, por consequência, a língua a ser utilizada para a prática dos atos do processo, para a produção de documentos, para o relacionamento entre elas e com os árbitros, para as relações com os outros sujeitos do processo (testemunhas, peritos) e, enfim, para a redação do laudo[3]. Não é vetada a escolha de mais línguas, para empregar concomitantemente, uma em perfeita alternativa à outra, ou com a prevalência de uma sobre as outras, também admitidas. As escolhas podem ser modificadas também no curso do procedimento, de comum acordo.*

11. *As razões a favor de uma língua diversa da italiana, em uma arbitragem que se desenvolva na Itália, podem ser as mais variadas, e a opção entra amplamente na autonomia dos particulares, que em teoria podem prescindir de alguma circunstância que de algum modo esteja ligada à sua relação.*

12. *Em concreto, a escolha pode ser determinada pelos mais variados fatores. Por exemplo, poderia ser considerada decisiva a ligação com a lei que regula a relação substancial deduzida, já que escrever (e falar) de um dado sistema em uma língua diversa daquela de referência (especialmente se a lei é de um país de civil law e a língua não é) pode provocar imprecisões, se não verdadeiros e próprios erros, na transposição de conceitos e categorias. Ou, então, as partes poderiam entender decisivo o fato de que os documentos estejam redigidos em determinada língua, especialmente se tais documentos são volumosos e complicados.*

13. *A preferência condiciona a sucessiva seleção dos árbitros, dos advogados e dos técnicos.*

14. *Com efeito, se as partes, determinada a língua do procedimento, escolhem árbitros que não a conhecem (ou que tem dificuldade de compreendê-la e nela se exprimirem), não podem queixar-se de tal circunstância para nenhum efeito.*

15. *Considerações análogas valem para a escolha dos advogados, que não podem pedir que a carência linguística seja superada com a nomeação de um intérprete: os advogados devem expressar-se na língua escolhida.*

---

quem não conheça a língua italiana, o juiz poderá nomear um intérprete. Este, antes de exercer sua função, prestará juramento diante do juiz de cumprir fielmente seu ofício" (tradução livre).

[3] Confesso que fiquei tentado – quase que como provocação – a traduzir o vocábulo "lodo" (laudo) como sentença arbitral. O CPC italiano, já na reforma de 1994, preferiu substituir a expressão *sentenza arbitrale* por *lodo* (em minha visão num movimento errado, que parece diminuir a equiparação entre sentença arbitral e sentença estatal); para ser tão preciso quanto possível nesta tradução livre do texto de Vigoriti, porém, mantenho o termo coerentemente utilizado pelo autor.

16. *O vínculo linguístico deve valer também para a perícia, pois as partes e os seus representantes tem o direito de acompanhar as diligências.*

17. *Em relação aos documentos, as escolhas das partes podem ser as mais variadas, e nos casos mais complexos seria oportuno que fossem especificadas na convenção de arbitragem. Se os documentos estão redigidos em língua diversa daquela da arbitragem, mas conhecida pelos árbitros, pelos advogados e por todos os que devem lê-los, pode ser conveniente para todos não exigir sua tradução. De qualquer modo, o requisito linguístico deverá ser satisfeito por quem efetuar a produção da prova, sob pena de inadmissibilidade. Árbitros e partes podem entrar em acordo para uma tradução parcial de documentos particularmente articulados (normalmente com centenas de páginas irrelevantes).*

18. *Se as partes não fizerem a escolha da língua, caberá aos árbitros tal decisão.*

19. *Os árbitros, se forem instados a escolher a língua da arbitragem, deverão levar em conta as características da controvérsia e da língua do contrato, uma locução que comunica a exigência de que a opção avalie o perfil objetivo e subjetivo da controvérsia. Os elementos que devem ser avaliados são, mais uma vez, a lei substancial de referência, a lei processual, a língua de eventuais contratos, a língua em que estão redigidos os documentos, a língua usada pelas partes nos seus contatos, e assim por diante, sem condicionamentos aprioristicos.*

20. *A escolha será considerada justificada se fundada em um ou mais daqueles itens acima indicados (ou de outros razoavelmente individualizáveis) desde que tal escolha tome em consideração os conhecimentos linguísticos dos árbitros e das partes. A relevância das condições subjetivas leva a acreditar que, se for o caso, estas devam prevalecer sobre as objetivas, de forma que se deve considerar ilegítima e lesiva a opção por uma língua substancialmente desconhecida de uma das partes ou que possa tornar particularmente difícil a atividade defensiva. A avaliação será feita caso a caso, no âmbito de um quadro geral de due process, que é o princípio inspirador do procedimento arbitral.*

21. *Os árbitros podem também optar pelo uso concomitante de várias línguas (por exemplo, o italiano, o português, o inglês), podem determinar a produção, na língua original, de documentos pré-constituídos, solicitar a tradução (integral ou não) de alguns e não de outros, e assim por diante, com base em exigências concretas.*

22. *A língua escolhida (pelas partes ou pelos árbitros) é aquela em que será redigido o laudo: o fato de que a sede da arbitragem seja na Itália e que o provimento possa ser impugnado perante juízes estatais, não exige que o laudo seja redigido em italiano, se for escolhido idioma diverso. Em caso de impugnação, os trâmites burocráticos serão substancialmente os mesmos que se fariam necessários nestas situações: o laudo será acompanhado de uma tradução juramentada. Os documentos produzidos em língua original, diferente da italiana, serão traduzidos. E talvez a mesma sorte toque aos atos defensivos apresentados durante o processo arbitral.*

23. *A violação da opção linguística pode, eventualmente, justificar uma impugnação por lesão ao direito de defesa, devendo-se, porém, excluir que qualquer distancia-*

A LÍNGUA NO PROCESSO ESTATAL E NO PROCESSO ARBITRAL: UM DIÁLOGO COM VINCENZO VIGORITI | 125

mento do regime linguístico valha sempre e irrestritamente como lesão irreparável ao princípio do contraditório.

24. *Por exemplo, a produção de documentos não traduzidos pode ser irrelevante, ou ao menos não decisiva; o mesmo vale para o uso de uma língua diversa daquela pactuada, embora conhecida pelas partes e pelos árbitros (convenção arbitral em que se preveja o uso da língua inglesa, atos redigidos em italiano em um procedimento na Itália, com árbitros italianos, entre sociedades domiciliadas na Itália e que pertençam a grupos comerciais sul-americanos ou europeus defendidos por advogados italianos); o mesmo vale para depoimentos testemunhais tomados em uma língua razoavelmente acessível. Em síntese, em caso de violação será necessário avaliar a efetivo reflexo sobre os direitos das partes e a sua relevância na formação do convencimento dos árbitros, com o afastamento de posições aprioristicas.*

III. A ESCOLHA DO IDIOMA NO PROCESSO ESTATAL

25. Da mesma forma que na Itália – e, neste particular, na maior parte dos países[4] –, o Brasil também procurou certificar-se da obrigatoriedade do uso do nosso idioma[5] no processo.

26. De fato, os principais códigos de processo estaduais, anteriores a 1939, já continham algum dispositivo no sentido de exigir o emprego do português[6], ou pelo

---

4   O CPC de Portugal tem dispositivo expresso (art. 133) consignando que "nos atos judiciais usa-se a língua portuguesa". O *Código Procesal Civil y Comercial de la Nacion* (Argentina) fez uma opção diferente e interessante: determina o art. 115 que em todos os atos do processo se utilizará o *idioma nacional* (e não a língua espanhola), sinal de que o idioma multinacional é falado de forma tão diferente entre os países de colonização espanhola que o legislador preferiu deixar claro que quer a utilização do *vernáculo* (idioma nacional), como fazia o CPC de 1973 (art. 157). O *Código de Procedimiento Civil* da Venezuela, para fixar mais um exemplo, determina (art. 183) que na execução dos atos processuais *"solo podrá usarse el idioma legal que es el catellano".* Países bilíngues ou multilíngues, por sua vez, tratam de garantir a possibilidade de emprego, inclusive na esfera judicial, dos seus idiomas oficiais: é o caso do Canadá, cujo *Official Languages Act,* de 1969, permite que os canadenses sejam julgados em tribunais federais na língua oficial de sua escolha (inglês ou francês). A República da Irlanda também adotou o critério bilíngue *(Official Languages Act* de 2003*)* para permitir a utilização em suas cortes de qualquer um dos dois idiomas oficiais do país (o irlandês e o inglês).

5   O art. 13 da Constituição Federal determina que a língua portuguesa é o idioma oficial do país. Não há dúvida que o idioma é um dos mais fortes elos da unidade brasileira, havendo pouquíssimos membros da comunidade indígena que ainda falam seus idiomas ancestrais. Diferentemente do que acontece na Itália (e em vários países europeus) não temos dialetos, mas apenas moderadas variações de pronúncias regionais, utilização mais ou menos frequente de certos pronomes e conjugações verbais (e tais características paulatinamente tendem a ser minimizadas por conta da influência dos meios de comunicação).

6   É o caso do Código de Processo Civil e Comercial do Estado de São Paulo (Lei 2.421/1930), cujo art. 291 assim dispunha: "[S]ão inadmissíveis em juízo os documentos redigidos em lingua estrangeira, sem que sejam acompanhados da traducção em português".

menos regrar a exigência de tradução para documentos em língua estrangeira (opção encampada pelo código unitário de 1939[7]).

27. O Código de Processo Civil de 1973 (CPC) não destoou daquela tendência e foi ainda mais peremptório (art. 156) ao determinar – de modo abrangente – que em todos os atos e termos do processo seria obrigatório o uso do vernáculo, da mesma forma que os documentos em língua estrangeira deveriam ser vertidos para o português (art. 157) antes de serem juntados aos autos de qualquer processo.

28. O legislador de 2015 não alterou sua convicção no sentido da obrigatoriedade do uso do português: o art. 192 basicamente repete as mesmas regras anteriores, garantindo o emprego de nosso idioma[8] em todo o arco do processo bem como exigindo que documentos redigidos em língua estrangeira sejam traduzidos[9]. Mas há um detalhe que faz pensar que o NCPC (art. 162) pode ter adotado postura mais antiquada (ou mais conservadora) em relação ao que já constava do CPC (art. 151): é que o novo diploma afirma, em relação ao tradutor, que o juiz *nomeará* (peremptoriamente, portanto) este auxiliar da justiça quando necessário para verter para o português, por exemplo, o depoimento de uma testemunha que não conheça o nosso idioma. O Código revogado usava fórmula mais amena, determinando que o juiz *poderia nomear* intérprete "toda vez que o reputasse necessário" para aquela tarefa. A versão de 1973 dava a entender que havia certa discricionariedade do magistrado; a de 2015 parece sugerir o contrário. Melhor foi a escolha do legislador italiano que, nos arts. 122 e 123, deixa claro que fica a critério de juiz nomear ou não o tradutor quando for necessário ouvir testemunha que não conheça o italiano ou para examinar (ou interpretar) documento redigido em língua estrangeira: já em 1984 a Corte de Cassação[10]

---

[7] "Art. 228. Não serão admitidos em juízo documentos escritos em lingua estrangeira, salvo si acompanhados de tradução oficial." Note-se que o CPC de 1939 não tinha uma regra geral determinando o emprego do português em todos os atos do processo; tal regra só foi incorporada em nossa legislação em 1973, com o advento do Código de Processo Civil, recentemente revogado pela Lei 13.105/2015 (que editou o novo Código de Processo Civil, em vigor a partir de março de 2016).

[8] É curioso notar que o CPC de 1973 empregou o vocábulo "vernáculo", produto de alteração do Projeto pelo Congresso Nacional nos anos 1970 (o Anteprojeto dizia que em todos os atos e termos do processo era obrigatório o uso da língua portuguesa); o CPC de 2015 retomou a redação do antigo Anteprojeto e volta a mencionar o uso da língua portuguesa. A explicação para tal mudança talvez se deva à crescente tentativa do mundo lusófono de uniformizar o idioma em todos os países que adotam o português como língua oficial, de modo que o vocábulo vernáculo (substantivo que identifica idioma nacional) cede espaço à tentativa (mais globalizada) de empregar um idioma multinacional.

[9] Vale lembrar, de toda sorte, que a entrada em vigor da Convenção sobre a Eliminação da Exigência de Legalização de Documentos Públicos Estrangeiros ("Convenção da Apostila", firmada pelo Brasil em 5 de outubro de 1961 mas só agora promulgada pelo Decreto 8.660/2016) amenizará a sufocante burocracia para a legalização diplomática ou consular de documentos públicos estrangeiros, extinguindo as formalidades para atestar a autenticidade da assinatura, função ou cargo exercido pelo signatário do documento produzido no exterior ou a autenticidade do selo ou do carimbo aposto no documento.

[10] Decisão de 5 de abril de 1984, n. 2217, citada por NOVELLI, Giovanni; PETITI, Stefano. *Codice di Procedura Civile Annotato con la Giurisprudenza*. Milano: Giuffrè, 2007. p. 585.

reconheceu em determinado caso concreto que o juiz não tem o dever (mas sim a faculdade) de nomear um tradutor para examinar um documento em língua estrangeira (na hipótese, o próprio juiz havia traduzido o documento).

29. O ingrediente novo, de qualquer modo, fica por conta do art. 190 do NCPC, que trata do *negócio jurídico processual*, gerando a possibilidade – pelo menos em tese – de as partes tomarem alguma decisão que possa afetar a regra (até agora tida como pétrea) do emprego do português.

30. A discussão pode parecer exótica para os puristas, que procuram restringir ao máximo o raio de ação do negócio jurídico processual. Torna-se, porém, urgente e necessária a revisão de conceitos que pareciam razoáveis para o século passado, mas soam incompatíveis com as práticas globalizantes e globalizadas do terceiro milênio. Imagino – para tentar figurar situação realista – uma avença contratual que determine que documentos redigidos em espanhol (e que devam ser exibidos em juízo) dispensem tradução: parece-me muito pouco provável que haja algum juiz togado que não consiga compreender suficientemente bem o idioma predominante em toda a América do Sul. O mesmo pode ser imaginado em relação a depoimentos eventualmente prestados em espanhol: será crível que algum magistrado, tendo recebido formação razoável (a ponto de ter sido aprovado em difícil concurso público) não seria capaz de compreender (ainda que com algum esforço) o castelhano?[11]

31. Não custa lembrar que, logo após a edição do CPC de 1973, alguns autores interpretaram de maneira rigorosa o art. 157 (que determinava só poderem ser juntados aos autos documentos redigidos originariamente em língua estrangeira se estivessem acompanhados de "versão em vernáculo" elaborada por tradutor juramentado), entendendo que o juiz não poderia deixar de exigir a tradução oficial até mesmo de documentos redigidos em idioma conhecido por todos os interessados[12]. Esta interpretação formalista, porém, foi perdendo força ao longo das décadas subsequentes, de modo que o STJ, hoje, já tem opinião formada em sentido contrário[13].

---

[11]   Nelton Agnaldo Moraes dos Santos, ao comentar o art. 156 do CPC (*Código de Processo Civil interpretado*. Coord. Antonio Carlos Marcato. São Paulo: Atlas, 2004. p. 413), afirmou que "[D] e fato, nada importa se o juiz conhece, ou não, o idioma estrangeiro utilizado. O processo, como instrumento público que há de servir para o controle e a fiscalização da atividade jurisdicional, deve ser acessível a todos. O processo não pertence às partes ou ao juiz; é público o interesse em prestar a jurisdição. Assim, não só pelo aspecto prático, mas também pelo papel político inerente à atividade do juiz, é de todo elogiável o disposto no artigo em comento". Se tal concepção era compatível com o espírito do CPC (1973) creio que tenha restado superada pela impostação do NCPC (2015): hoje os processualistas são chamados a reconhecer que o processo, embora instrumento público, é voltado primordialmente ao proveito das partes, devendo o magistrado pensar antes de qualquer outro interesse nas necessidades dos contendentes e só depois mirar os valores públicos envolvidos.

[12]   E.D. Moniz de Aragão dizia que o juiz brasileiro não pode dispensar a parte do dever de traduzir o documento "[...] ainda mesmo quando se trate de idioma conhecido de todos a quantos interesse, por exemplo: documento redigido em espanhol nas cidades limítrofes com o Paraguai, a Argentina ou o Uruguai" (*Comentários ao Código de Processo Civil*. Rio de Janeiro: Forense, 1983. v. II, p. 28).

[13]   O caminho, porém, foi longo. Em acórdão de 2005, relatado pelo Min. Humberto Gomes de Barros (REsp 606.393/RJ, j. 19.05.2005), decidiu a terceira turma daquele sodalício que "[E]mbora seja,

32. Uso o exemplo do idioma predominante na América do Sul (o espanhol) para mostrar que uma avença entre as partes (negócio jurídico processual, art. 190 do NCPC) que afaste a incidência dos dispositivos do Código que tratam do idioma não poderá ser invalidada. Não há, a meu ver, em tal disciplina, nenhum prejuízo para a higidez do processo e os riscos de uma compreensão eventualmente falha da prova produzida são integralmente assumidos pelas partes, que dispensarem traduções.

33. Não me impressiona, por outro lado, o fato de o art. 192 do NCPC determinar que o uso do idioma pátrio é *obrigatório*: o vocábulo, a meu ver, não elimina a possibilidade de as partes decidirem em sentido diferente, bastando lembrar que o NCPC usa a mesma forma peremptória (*obrigatório*) em outras oportunidades, sem que isso signifique que as partes não possam estipular mecanismo diverso. Lembro dois exemplos para estabelecer um paralelo: o primeiro é o art. 795, § 4.º, do NCPC, que prevê a obrigatoriedade da observância do procedimento dos arts. 133 a 137 (desconsideração da personalidade jurídica para atingir bens do sócio); o segundo é o art. 810, que exige a liquidação prévia de benfeitorias indenizáveis. Em ambos os dispositivos, apesar da utilização do vocábulo *obrigatório*, nada impedirá que as partes envolvidas no litígio convencionem fórmula diferente para decidir sobre o eventual envolvimento dos bens do sócio na dívida da sociedade ou para a avaliação de benfeitorias (que, de comum acordo, poderão ser calculadas *após* a entrega da coisa certa), respectivamente.

34. Vou além: o negócio jurídico processual, na forma dimensionada no art. 190 do NCPC permite – é esse o meu entendimento – que as partes escolham o juiz (sim, *o juiz*, pessoa física, não apenas o juízo) a quem querem submeter sua eventual causa[14]. Desde que não haja violação às regras ligadas à competência absoluta, não vejo qualquer impedimento para a validade de tal avença. Neste caso, se as partes escolherem um juiz que domine o idioma italiano, também não encontro

---

depois do galego, a língua mais próxima do português, o idioma castelhano tem idiossincrasias que a fazem traiçoeira para o leigo, falante de portunhol. Bem por isso, só é permitido o ingresso de documento escrito em espanhol quando 'acompanhado de versão em vernáculo, firmada por tradutor juramentado' (CPC, art. 157)". Anos depois (2013), a mesma terceira turma já manifestava opinião diversa (mais técnica e mais adequada aos tempos que vivemos): "Processo civil. Documento redigido em língua estrangeira. Versão em vernáculo firmada por tradutor juramentado. Dispensabilidade a ser avaliada em concreto. Art. 157 c/c os arts. 154, 244 e 250, parágrafo único, CPC. [...] 1. A dispensabilidade da tradução juramentada de documento redigido em língua estrangeira (art. 157, CPC) deve ser avaliada à luz da conjuntura concreta dos autos e com vistas ao alcance da finalidade essencial do ato e à ausência de prejuízo para as partes e (ou) para o processo (arts. 154, 244 e 250, CPC)" (REsp 1231152/PR, Rel. Min. Nancy Andrighi, j. 20.08.2013). Nesta mesma linha pode ser arrolado acórdão proferido recentemente pela mesma terceira turma (AgRg no AREsp 489.426/RS, Rel. Min. Ricardo Villas Bôas Cueva, j. 06.10.2015), que conclui: "[...] 4. É possível o exame de documento redigido em língua estrangeira e desacompanhado de tradução se, diante das circunstâncias do caso concreto, contiver informações relevantes e de fácil compreensão".

[14] Tem razão Antonio do Passo Cabral (*Convenções processuais*: entre publicismo e privatismo. 2015. Tese (Livre-docência) – Faculdade de Direito da USP, São Paulo, p. 151) quando afirma que "[...] a admissão genérica das convenções processuais, extraída do art. 190 do CPC/2015, poderá permitir uma renovada interpretação das disposições legais existentes em torno do princípio *in dubio pro libertate*. [...]".

impedimento para que as partes optem por esta língua para a prática dos atos do processo (o que significa que a sentença também será grafada em italiano).

35. O exemplo acima – que leva a limites extremos a liberdade de contratar no processo – causa certo horror àqueles que se apegaram de tal modo aos cânones clássicos do processo que não se permitem pensar a instrumentalidade de forma menos árida (e mais cosmopolita). Não custa notar que o legislador afastou-se do modelo rigorosamente publicista do processo, predispondo-se a acolher escolhas de conveniência dos litigantes que vão bem além da eleição de foro e da modificação consensual dos ônus probatórios. Na medida em que o legislador ousou permitir até mesmo a outorga consensual de jurisdição ao magistrado brasileiro sem que haja necessidade de um elemento de conexão com o território nacional (art. 22), acredito que precisamos todos rever os parâmetros da autonomia da vontade[15].

36. Certamente haverá problemas se as partes optarem por idioma diferente do nosso, valendo explorar pelo menos dois: possibilidade de recurso e publicidade da decisão.

37. O primeiro tema não parece gerar grande dificuldade: se as partes pretenderem exercer o direito de recorrer, não podem supor que o tribunal *ad quem* domine o idioma que escolheram, de modo que deverão verter para o português todos os atos relevantes que tiverem sido praticados no processo e a respeito dos quais invocarão o conhecimento do tribunal. Creio, porém, que as partes somente utilizariam o método de escolher um magistrado identificado se também renunciassem ao direito de recorrer (outra possibilidade que lhes franqueia o art. 190 referido).

38. Quanto à publicidade, trata-se, antes de tudo, de garantia para as partes, que permite o manejo de eficiente instrumento de fiscalização popular sobre o trabalho dos juízes. A utilização de idioma estrangeiro evidentemente diminuirá a eficiência desta garantia política, mas não a impedirá, já que qualquer do povo terá acesso aos autos e à decisão, podendo fazê-la traduzir se quiser ter pleno entendimento dos atos processuais (e se não dominar o idioma em que forem versados). O risco, bem se vê, é das partes e cabe a elas decidir se querem ou não restringir sua própria segurança: o processo *buit to suit* que o novo código implantou é um grande avanço para o país, mas os mecanismos que assentam na autonomia da vontade devem ser usados com cuidado e com responsabilidade.

39. Por fim, cumpre exorcizar outro argumento que tenho ouvido e que – na visão de alguns conservadores – impediria a utilização consensual de idioma estrangeiro

---

[15] Érico Andrade aponta, com razão, uma clara "contratualização" do processo, o que corresponde a um movimento que empolga toda a administração pública, que cada vez mais permite a participação do cidadão nos atos praticados pelo Estado. Disse o citado autor, com propriedade, que essa tendência de penetração da consensualidade nos atos administrativos "[...] reflete-se no processo: surge no direito francês a 'contratualização' do processo, de modo a permitir ajustes entre partes e juiz a respeito da forma de condução do processo e fixação dos termos do seu desenvolvimento. Parte-se, nitidamente, para efetivação do clima de cooperação entre partes e juiz, para a gestão processual, recomendada pela melhor doutrina processual" (*A "contratualização" do processo no Novo Código de Processo Civil*. In: DIDIER JR., Fredie (Coord.). Salvador: JusPodium, 2016. p. 1325-1345, esp. p. 1330 [Coleção Novo CPC – Doutrina Selecionada.]).

no processo: trata-se do art. 13 da Constituição Federal, que avisa ser o português o idioma oficial de nossa República. Tal dispositivo, porém, não impede de forma alguma que no território nacional possam ser utilizados outros idiomas, seja na confecção de contratos, seja na produção de livros e filmes, seja nas universidades[16], seja no processo arbitral, seja no processo estatal. Seria xenofobia triste e grosseira imaginar que o dispositivo constitucional pudesse de alguma forma significar uma proibição da utilização de outras línguas em nosso país.

IV. A FALTA DE ESCOLHA PRÉVIA DO IDIOMA NA ARBITRAGEM: DESACORDO DAS PARTES

40. A Lei de Arbitragem não trata do idioma: a escolha da língua pelas partes fica relegada ao amplo alcance da autonomia da vontade das partes, marca registrada do diploma legal brasileiro. Isto significa que, ao contrário do que sucede com o processo estatal, que precisa superar entendimentos antiquados acerca da relação entre o público e o privado, em sede arbitral as partes escolhem o que melhor lhes convier. Contudo, tais escolhas, como já mostrou Vigoriti em seu texto (traduzido no segundo capítulo deste ensaio), não estão isentas de problemas.

41. Começo pela falta de escolha do idioma: evidentemente em sede de arbitragem doméstica, a falta de qualquer decisão das partes sobre a língua a ser empregada não enseja – em primeira análise – um problema, já que, não havendo elementos de conexão com outras ordens jurídicas, o vernáculo será empregado. Mas as coisas nem sempre são tão simples: muitas vezes as partes, mesmo numa relação jurídica integralmente ligada a parâmetros nacionais, redigem contratos (ou trocam correspondência) em idioma estrangeiro. Basta pensar numa empresa brasileira, fazendo negócios no Brasil, mas cuja matriz esteja situada em terras alienígenas: esta situação tipicamente introduzirá um fator que deve ser levado em conta no momento de identificar o idioma a ser empregado na arbitragem, sendo recomendável que os árbitros – a quem competirá a tarefa de identificar a língua da arbitragem na falta de convenção a respeito – verifiquem se há espaço para determinar a utilização de outro idioma, levando em conta a redação da documentação e da correspondência em língua distinta do nacional.

42. Uma situação crítica, dentro do exemplo acima (que já ocorreu na prática arbitral brasileira algumas vezes) é a relação jurídica ser regida integralmente pela lei brasileira, tendo sido praticados no Brasil todos os atos relativos ao contrato, entre partes brasileiras, mas toda a documentação (contratos e correspondência) estar lançada em inglês, língua utilizada pelos contratantes por conta da origem estrangeira das duas contratantes (num dos casos que recordo, uma das contra-

---

[16] A Constituição Federal exige apenas que o ensino fundamental regular seja ministrado em língua portuguesa (art. 210, § 2.º). Por conta disso, diversos cursos universitários estão oferecendo a seus alunos matérias em idioma estrangeiro, o que não causa nenhuma perplexidade (ao contrário, a prática reforça a tendência de globalização já implementada em diversos países – como a Itália, para fixar exemplo – onde algumas faculdades oferecem disciplinas ministradas em língua inglesa).

tantes tinha matriz na Suécia e a outra tinha matriz na Itália; em outro caso, as duas contratantes tinham matrizes norte-americanas). A solução encontrada pelos árbitros – que já intuíam, pela descrição do litígio, que teriam que inquirir testemunhas brasileiras e determinar a produção de prova técnica no Brasil – foi a de determinar que a língua da arbitragem seria o português, permitindo-se porém a produção de documentos em língua inglesa (que seriam objeto de tradução não juramentada se os árbitros sentissem necessidade de tal providência). Nos dois casos concretos que recordo, as partes estavam representadas por escritórios de grande porte e todos os membros do tribunal arbitral dominavam razoavelmente bem o idioma inglês, de modo que a decisão foi bem recebida pelas partes, que não vislumbraram qualquer possibilidade de esgarçamento do contraditório.

43. A lembrança dos casos acima leva-me a concluir que a solução para muitas das questões ligadas à escolha do idioma seguirão o formato *built to suit*: são muitas as vertentes a serem consideradas pelos árbitros quando devem interferir a respeito do tema (seja para escolher o idioma, seja para mitigar a escolha das partes). Assim, se nos casos que relatei não estivessem as partes representadas por escritórios bem aparelhados, os árbitros talvez tivessem hesitado em estabelecer (sem a concordância prévia das partes) uma regra como aquela que descrevi, o que acrescenta outro ingrediente aos temas que Vincenzo Vigoriti arrolou em seu texto (lei substancial de referência, lei processual, língua em que foram redigidos os contratos, idioma em que estão redigidos os documentos, língua usada pelas partes nos seus contatos), qual seja, a habilidade e o preparo dos representantes das partes (normalmente – mas não necessariamente – advogados)[17].

44. A capacitação dos advogados – isto precisa ficar bem claro – pode não ser um fator *determinante* para a escolha do idioma (quando as partes não se compuserem sobre isso), mas deve ser levado em conta quando os árbitros, por algum motivo, julgarem necessário flexibilizar a escolha das partes (ou a escolha dos próprios árbitros). Explico: numa arbitragem nacional, em que o único elemento de ligação com uma língua estrangeira for a existência de documentos em língua estrangeira (ou a possível necessidade de ouvir depoimentos de pessoas que tenham que se expressar em outro idioma) os árbitros terão que decidir se franquearão ou não a utilização, para determinados atos (produção de documentos e oitiva de depoimentos) de outro idioma que não o português. Neste caso, parece adequado levar em conta a capacidade dos advogados (dando por descontada a capacidade dos próprios árbitros) de manejar bem o idioma estrangeiro em questão. Situação diversa é aquela em que os árbitros – diante do desacordo dos litigantes – percebem que deverão empregar idioma que um ou alguns dos representantes das partes claramente não domina. Neste caso, o fato de o advogado ter dificuldade com o idioma da arbitragem é um problema que a parte deverá resolver, providenciando

---

[17] A Lei de Arbitragem brasileira (art. 21, § 3.º) faculta – mas não exige – que as partes se façam representar por advogados. Nada impede, porém, que o representante da parte seja profissional de outra área (da mesma forma que não está proibido à parte apresentar suas razões diretamente, sem necessidade de representação).

profissional adequado ao caso concreto (e não creio que se possa cogitar, a não ser que haja acordo sobre isso, da presença de um tradutor para superar a deficiência do representante, como bem apontou Vigoriti).

45. O local da arbitragem deve ser levado em conta pelos árbitros na decisão a respeito do idioma? A resposta a esta pergunta deve ser afirmativa, *cum grano salis*. Com efeito, a escolha do lugar da arbitragem pode funcionar como *mais um* elemento identificador da vontade das partes no que diz respeito ao idioma que será usado no procedimento: quem pretende que um procedimento se desenvolva em Roma certamente terá imaginado pelo menos a possibilidade de que o procedimento utilize o idioma italiano. Mas tal ingrediente é apenas mais um tempero que deve ser considerado entre aqueles que os árbitros misturarão para sua decisão, já que muitas vezes a escolha do lugar da arbitragem tem como finalidade apenas garantir a *neutralidade* do território em relação às partes. Em outros termos, uma empresa vietnamita e uma sociedade brasileira podem optar por uma arbitragem em Roma apenas para que o tribunal arbitral trabalhe em local isento de qualquer circunstância que possa pressionar ou influenciar de algum modo os julgadores. A escolha do local, portanto, não pode ser confundida com manifestação inequívoca (ainda que tácita) de vontade dos litigantes de produzir um procedimento arbitral em italiano: aliás, a escolha do idioma italiano em tal circunstância poderia causar alguma perplexidade entre os litigantes. Em conclusão, o local da arbitragem pode ser levado em conta pelos árbitros no momento de decidir sobre o idioma da arbitragem, mas cede passo a outros elementos de conexão mais fortes, como o idioma em que estiver redigido o contrato em discussão (se for o caso), a língua do local em que o negócio tiver sido celebrado (ou a do local em que a obrigação tiver que ser cumprida), o idioma que as partes tiverem utilizado para a troca de correspondência, entre tantos outros critérios.

V. A ESCOLHA DO VERNÁCULO

46. Embora nosso idioma seja falado em diversos países[18], não se pode dizer que o português seja uma língua de escolha muito frequente nas arbitragens internacionais. Nas arbitragens domésticas, porém, não há dúvida que a opção por língua estrangeira seja uma exceção, sendo a escolha do idioma normalmente atrelada à aplicação do direito material pátrio. A dupla seleção (idioma e lei aplicável) é razoável e racional: fazer com que alguém que não conheça nosso idioma aplique o direito material brasileiro certamente levará a inevitáveis incongruências além de gerar enorme limitação quanto à pesquisa de doutrina e jurisprudência, ferramentas que qualificam uma boa decisão.

---

[18] O português é falado em Angola, Brasil, Cabo Verde, Guiné Bissau, Moçambique, Portugal, Timor Leste e São Tomé e Príncipe; ainda restam poucos lusófonos na China (Macau) e na Índia (Goa, Damão e Diu). Há, por fim, comunidades com mais de 100 mil pessoas que falam português nos Estados Unidos, no Canadá, na África do Sul, na Venezuela, na Argentina e no Japão. Trata-se da oitava língua mais falada no planeta (cerca de 230 milhões de pessoas).

47. É natural, de qualquer modo, que a utilização do português funcione como barreira para a atuação de árbitros estrangeiros que não dominem nosso idioma, o que pode até mesmo gerar alguns problemas que tocam a higidez da sentença arbitral: já ocorreu no Brasil pelo menos um caso em que a parte derrotada no processo arbitral propôs demanda judicial sob a afirmação de que um dos componentes do painel arbitral não dominava de modo adequado o idioma pátrio[19].

48. A questão é importante: quando o árbitro afirma-se *competente*, nos termos do art. 13, § 6.º, da Lei de Arbitragem, está implicitamente afirmando que tem capacidade de compreender bem o idioma escolhido para a arbitragem. Significa tal afirmação que o árbitro é capaz de falar, expressar-se e escrever na língua em questão. A frustação desta expectativa (se o árbitro mostrar, no curso do processo arbitral, que não tinha o domínio adequado do idioma, como havia afirmado) pode comprometer a validade de todo o processo arbitral, já que quem não compreende o que se discute não tem capacidade de decidir.

49. Escolher o português não significa, de qualquer modo, impedir que alguns atos sejam praticados em língua estrangeira: eventuais depoimentos ou documentos que tenham relação com o caso poderão – mediante acordo prévio – utilizar outro idioma; da mesma forma, depoimentos em língua espanhola certamente não constituirão obstáculo e podem ser perfeitamente admitidos, do mesmo modo que a produção de documentos em língua estrangeira que possa ser facilmente compreensível (lembro sempre o espanhol, falado em todos os países da América do Sul, com exceção do Brasil e das três Guianas).

50. Por fim, menciono uma experiência interessante que vem ocorrendo em nossas arbitragens domésticas, qual seja, a presença de profissionais portugueses, espanhóis (ou de fala castelhana) e galegos em painéis que devem aplicar a lei brasileira. Até onde consigo discernir – e usando minha experiência pessoal – devo admitir que o resultado tem sido muito bom, já que os profissionais escolhidos, compreendendo nosso idioma, podem com facilidade tirar diretamente suas dúvidas acerta da correta interpretação dos fatos e do direito nacional sem maiores percalços[20].

---

[19] Trata-se da disputa entre Elétron S.A. e Bradespar S.A. em que esta última promoveu demanda de produção antecipada de provas, antecedente de demanda anulatória de sentença arbitral, sob afirmação (entre outros temas) de que um dos árbitros não poderia fazer parte do painel arbitral por não ter proficiência no idioma nacional. O objetivo da demanda cautelar era "[...] aferir seu [do árbitro] grau de percepção, domínio e entendimento do sistema jurídico brasileiro (lei do contrato e das contratantes) e da sua proficiência no idioma nacional, com a finalidade de avaliar sua real compreensão do conjunto probatório, dos fatos e razões constantes do procedimento arbitral por ele presidido". A questão está narrada no acórdão proferido pela 20ª Câmara Cível do Tribunal de Justiça do Estado do Rio de Janeiro que, em sede de agravo de instrumento, extinguiu a medida cautelar de produção antecipada de provas (Agravo de Instrumento 0052872-07.20-11.8.19.0000, Rel. Des. Letícia Sardas, v.u., j. 08.02.2012).

[20] É importante frisar que os árbitros estrangeiros (em relação ao direito material a ser aplicado na arbitragem) não podem valer-se do árbitro (ou dos árbitros) nacional para tirar eventuais dúvidas sobre a interpretação do direito: se assim for, o árbitro estrangeiro estaria confirmando sua

VI. USO OBRIGATÓRIO DO PORTUGUÊS NA ARBITRAGEM: A ADMINISTRAÇÃO PÚBLICA ENTRA EM CENA

51. Embora a lei de arbitragem nada diga sobre o uso mandatório do vernáculo, o envolvimento cada vez mais consistente da Administração Pública nas arbitragens tem suscitado preocupação com o tema. Explico: algumas leis esparsas, embora tenham reforçado o que agora está claro no art. 1.º da Lei de Arbitragem (ou seja, a possibilidade de a administração direta ou indireta submeter conflitos à solução de árbitros) determinam que a arbitragem tenha que se desenvolver em português. É esta a previsão da Lei 11.079/2004 (Lei das PPP) e do Decreto Presidencial 8.465/2015.

52. A Lei das PPP dispõe, em seu art. 11, III, que o edital convocatório para a contratação de parceria público-privada deverá conter a minuta do contrato a ser celebrado, minuta essa que poderá prever o emprego de arbitragem para a solução de controvérsias. Em tal hipótese, constará obrigatoriamente do contrato que a arbitragem se desenvolverá no Brasil e em língua portuguesa.

53. O Decreto 8.465/2015, que pretende regulamentar o § 1.º do art. 62 da Lei 12.815/2013 (infraestrutura portuária), prevê – no art. 3.º, III – que pode ser empregada a arbitragem para a solução dos litígios relativos a direitos patrimoniais disponíveis que digam respeito a concessões, arrendamentos, autorizações e operações portuárias que envolvam a União (ou entidades da administração federal indireta), desde que a arbitragem seja realizada no Brasil e em língua portuguesa.

54. A exigência de utilização do idioma nacional nos dois diplomas citados traz clara inconveniência: as parcerias público-privadas naturalmente tendem a atrair investimentos estrangeiros (seja para a construção, seja para o financiamento da obra), de modo que o afastamento da língua-franca usual para os contratos internacionais (o inglês) desde logo cria um fator de desconfiança para o contratante estrangeiro. O mesmo pode ser dito para o investidor privado que queira participar da implementação de novas estruturas portuárias no Brasil: certamente as companhias estrangeiras sentir-se-ão intimidadas se, diante de conflito, tiverem que enfrentar procedimento em língua portuguesa (o que dificultará não só a defesa de seus interesses, mas também o acompanhamento, pelos seus advogados locais, do andamento do processo). Mas não é só: o processo arbitral tem uma característica importante que ainda não foi bem apreendida pelos operadores em geral, qual seja, a extrema necessidade do engajamento da parte na preparação de todos os atos do processo. Assim, o advogado (ou o representante da parte, já que a presença do advogado na arbitragem não é obrigatória) precisa contar com a constante cooperação do cliente (ou do representado) para que as peças apresentadas e as provas (produzidas ou cuja produção se requer) atinjam a sua finalidade. A utilização do português, desnecessário dizer, trará dificuldade suplementar para os estrangeiros (especialmente para as corporações de porte médio e grande), cujo *staff* precisará da constante ajuda de tradutores para que seus diretores, tes-

---

incapacidade para funcionar como julgador, já que dependeria de terceiro (ainda que este terceiro integre o painel arbitral) para decidir!

temunhas e peritos possam contribuir de modo efetivo para o desenvolvimento da arbitragem. Tudo isso tende a aumentar os custos de transação, com reflexo no preço dos serviços, o que naturalmente influenciará o valor final aportado para a participação de estrangeiros em projetos de desenvolvimento nacional. O que pode ser uma ideia confortável a curto prazo (facilitação da defesa dos interesses do Estado) tornar-se-á um tormento dentro de pouco tempo, com agregação desnecessária (e desproporcional) de custos e despesas ou – o que é pior – afastando bons parceiros de negócios que preferirão investir em ambientes mais confiáveis.

55. A forma que imagino razoável para minimizar o desconforto causado pela xenófoba previsão legislativa acima referida (Lei 11.079/2004 e Decreto Presidencial 8.465/2015) é a utilização (não proibida) de fórmula bilíngue, ou seja, a determinação de que todos os atos do procedimento arbitral sejam praticados tanto em português quanto em inglês, de modo que o grau de dificuldade com a língua seja diluído e distribuído de forma equânime entre os nacionais e os estrangeiros.

56. É compreensível a restrição linguística lançada nos dois diplomas legislativos: preocupa-se o Estado com a possibilidade de participar de processo arbitral que se desenvolva em idioma estrangeiro, já que seus procuradores (seja da administração direta, seja da indireta) nem sempre tem familiaridade com línguas estrangeiras (e tal habilidade não tem sido exigida nos concursos públicos para admissão de tais servidores). É natural, porém, que os novos ventos exijam novas posturas: se o Estado efetivamente quer utilizar a arbitragem (e, com franqueza, isso já não é mais uma mera opção, mas sim uma necessidade de mercado, sem a qual as parcerias com entidades privadas não decolarão), precisará adequar e qualificar suas equipes. A restrição linguística, em suma, pode servir de escudo durante algum tempo; mas, em médio prazo, tenderá a afastar parceiros importantes, que certamente se sentirão intimidados (ou, pior, desconfiados) se forem obrigados a submeter-se a um julgamento em que todos os atos sejam praticados com a utilização exclusiva da língua da parte mais forte (o Estado) e não com o emprego de um idioma neutro e geral, típico dos contratos internacionais (no caso – e considerando o que ocorre hoje – o inglês).

VII. OPÇÃO POR IDIOMA ESTRANGEIRO EM ARBITRAGENS DOMÉSTICAS

57. Tenho vivenciado uma situação peculiar que convém relatar e analisar: partes brasileiras submetem à arbitragem, no Brasil, uma causa sem qualquer conexão com elementos estrangeiros (exceto o fato de que uma delas tem controle de companhia estrangeira). Escolhem, na cláusula compromissória, o idioma inglês, mas determinam a aplicação da lei brasileira (até porque não haveria nada que recomendasse o emprego de outra legislação que não fosse aquela que, afinal de contas, seria a adequada para regular uma relação jurídica integralmente nacional). O tribunal arbitral em tal caso normalmente será composto por árbitros brasileiros (até porque possivelmente nenhuma das partes vai querer correr o risco de nomear um estrangeiro para aplicar o direito nacional). Qual o sentido de eleger um idioma estrangeiro? A resposta, já se sabe, é tão simples quanto surpreendente: permitir o controle (e acompanhamento) do processo arbitral pela matriz estrangeira.

58. Esta configuração (já estive envolvido em pelo menos meia-dúzia de arbitragens com tal espectro) causará uma série de percalços e improvisos: todas as peças processuais (petições, ordens processuais, sentença) serão escritas no idioma escolhido, mas o contato entre árbitros e advogados provavelmente será em português, o mesmo ocorrendo se alguma testemunha for brasileira (normalmente todas serão, pois os fatos terão ocorrido no Brasil, onde o contrato em discussão estará sendo cumprido). Os documentos grafados em língua portuguesa provavelmente serão apresentados sem tradução, já que seria um desperdício de tempo e dinheiro mandar verter para o idioma estrangeiro peças que os árbitros lerão no original. Enfim, por conta do conforto da matriz de uma das partes, cria-se complicação que comprometerá a qualidade do processo e do julgamento, pois, mesmo que os árbitros dominem bem o idioma da arbitragem, é evidente que sairão de sua zona de conforto e de segurança ao utilizarem (ou se preocuparam em usar) língua diversa da sua. Por fim, em termos de duração do processo arbitral, naturalmente a necessidade de os árbitros redigirem ordens processuais em idioma estrangeiro tomará mais tempo, aumentando os custos indiretos suportados pelos contendentes.

59. A melhor solução para esse tipo de dificuldade (a parte cuja matriz quer exercer o controle sobre a arbitragem raramente concorda em abrir mão de sua situação de conforto) é sugerir que pelo menos os depoimentos e as eventuais perícias sejam produzidas na língua local, contratando-se tradutor (o custo será agregado às demais despesas da arbitragem) para verter tais atos para o estrangeiro interessado. Outra possibilidade será a produção de atos colunados bilíngues (para os atos escritos), de modo que a comunicação não seja truncada pela eventual dificuldade de tratar (em outro idioma) do direito local (pense-se na dificuldade – e na distorção – de traduzir doutrina e jurisprudência de nossos tribunais para outro idioma!). Esta última técnica, porém – é inútil ocultar – leva quase sempre ao completo descaso pela versão estrangeira das alegações, concentrando os árbitros sua atenção na coluna cujo idioma lhes é natural. Trata-se, em suma, de perda de tempo que precisa ser evitada, sendo importante que os advogados mostrem a seus clientes (com matriz estrangeira) que mais vale providenciar tradução (para consumo interno) dos atos para revisão e conhecimento do estrangeiro (tradução contratada em caráter particular, fora do âmbito da arbitragem) do que complicar desnecessariamente o procedimento arbitral.

60. Por outro lado, aplicar o direito brasileiro, por brasileiros, usando idioma diferente do português, só para facilitar o controle da matriz estrangeira, pode por a pique a qualidade do processo arbitral, dificultando a comunicação clara de teses e ideias: os árbitros discutirão e decidirão tudo usando seu próprio idioma, focando documentos provavelmente escritos em português e depoimentos prestados em nosso idioma, sendo obrigados a verter para o idioma da arbitragem suas considerações, com provável perda de precisão. Trata-se, em suma, de um fatal e injustificável desperdício de energia e de dinheiro, um verdadeiro desserviço aos litigantes, que ainda ficam limitados na escolha dos árbitros por conta de um requisito linguístico que, *in casu*, seria completamente despiciendo.

VIII. ARBITRAGEM BILÍNGUE

61. Como observou Vigoriti, não é proibida a escolha de mais de um idioma na arbitragem. Nada impede, portanto, que os litigantes consensualmente decidam que, numa determinada arbitragem, os atos sejam praticados em inglês ou em francês, de modo indiferente, o que autoriza os árbitros a produzir uma sentença em qualquer um dos idiomas escolhidos. Esta opção interessa bastante aos brasileiros, já que – no âmbito da América do Sul – certamente surgirá hipótese em que convenha adotar tanto o espanhol quanto o português como línguas oficiais do processo arbitral (tendo em conta, inclusive, que o painel julgador possivelmente será integrado por lusófonos e castelhanos).

62. Tal opção – embora não seja de todo usual – nada tem de exótica e levará em conta a existência de documentos em diversos idiomas, evitando a tradução deles (fator de encarecimento, demora e insegurança). O preço, de qualquer modo, será uma natural limitação da possibilidade escolha dos membros do painel arbitral, que deverão dominar os idiomas escolhidos pelas partes.

63. Diferencio, porém, duas situações: a primeira é aquela em que as partes escolhem um idioma para a arbitragem, mas permitem que eventuais documentos redigidos em outro idioma não careçam de tradução; a segunda, bem diversa, é a escolha de dois idiomas alternativos, de modo que árbitros e partes podem praticar os atos processuais utilizando indiferentemente qualquer um deles. Parece-me que no primeiro cenário (escolha de um idioma *subsidiário*), em que o emprego de um segundo idioma será eventual e esporádico, o conhecimento que se espera dos árbitros e dos advogados será apenas mediano, já que os operadores não sentirão necessidade de habilidades de redação e fala, mas apenas de leitura; já na segunda situação (escolha de um idioma *alternativo*), todos – árbitros e advogados – deverão conhecer os dois idiomas de modo simétrico, com habilidade elevada de compreensão e manejo das línguas (sob pena de não preencherem o requisito de *competência*, expressamente referido no art. 13, § 6.º, da Lei de Arbitragem Brasileira).

64. A experiência arbitral brasileira tem contemplado com alguma frequência a escolha de idioma *subsidiário* para dispensar a tradução de documentos ou depoimentos prestados em língua que os árbitros dominem: no termo de arbitragem convencionam as partes que documentos redigidos em inglês e espanhol, por exemplo, não carecerão de tradução (a não ser que os árbitros considerem tais documentos muito complexos, hipótese em que poderão determinar a tradução). A salvaguarda de permitir que o Tribunal determine, apesar da escolha do idioma subsidiário, a tradução de documentos em língua estrangeira quando sentir necessidade (documentos excessivamente técnicos, por exemplo) tem funcionado como um fator de temperança bastante adequado.

65. Fazendo coro com Vigoriti, não vejo nenhum impedimento de determinarem os árbitros – na ausência de consenso entre as partes – que seja apresentada apenas a tradução parcial de documentos. É bastante comum que, em arbitragens que

envolvam construção ou financiamento, existam trechos inteiros de documentos que nenhum interesse tem para o deslinde da causa, o que permite dispensar traduções inúteis e custosas. E – *last but not least* – convém lembrar que no processo arbitral não vigora necessariamente o dispositivo legal (aplicável, mesmo que *cum grano salis*, ao processo estatal) que determina a tradução oficial de documentos estrangeiros, com os registros, carimbos e burocracia que acompanham esta exigência (art. 192, parágrafo único, do NCPC). Nada impede, portanto, que as partes optem por traduções simples (e sem qualquer tipo de oficialização ou registro) ou que os árbitros – apostando forte no princípio da boa-fé e na possibilidade de conferirem eles próprios a acuidade da tradução simples – dispensarem gastos inúteis e antiquados com traduções juramentadas (muitas vezes de qualidade duvidosa por conta do apego de muitos tradutores à literalidade dos textos vertidos).

66. Quanto aos depoimentos de testemunhas que não dominem o idioma da arbitragem, torna-se cada vez mais frequente a oitiva dos depoentes na língua subsidiária, desde que haja consenso sobre isso (não só das partes, mas também dos árbitros, já que a hipótese só será viável se o idioma subsidiário for de conhecimento dos julgadores). Tal consenso pode constar da própria convenção de arbitragem ou ser obtido no termo de arbitragem ou no decorrer da arbitragem (normalmente após a apresentação do rol de testemunhas).

67. É curial, portanto, que a convenção de arbitragem (quando for o caso) esclareça exatamente o que se pretende dos operadores na hipótese de emprego de mais de um idioma, deixando expresso se o segundo idioma escolhido é *subsidiário* ou *alternativo*: no segundo caso, a escolha será um fator limitante para a escolha dos árbitros, que terão que ostentar, como já disse, conhecimento avançado e consistente dos idiomas escolhidos.

IX. ARBITRAGENS COMERCIAIS INTERNACIONAIS NO BRASIL E ESCOLHA DE IDIOMA ESTRANGEIRO

68. Fisiologicamente, a escolha de idiomas estrangeiros para o processamento da arbitragem vai ocorrer quando as partes se envolverem em contendas de caráter internacional. É bem verdade que a Lei de Arbitragem não define o que seja uma arbitragem internacional, já que o marco legal brasileiro preocupa-se apenas em identificar a nacionalidade da sentença. Para os efeitos da Lei de Arbitragem (art. 34, parágrafo único), é estrangeira a sentença proferida fora do território nacional, ficando sujeita, portanto, à homologação pelo STJ se houver necessidade de fazer produzir efeitos no Brasil. A lei brasileira, como já se viu, é monista e não prevê regras distintas para arbitragens domésticas ou internacionais.

69. A Convenção de Nova Iorque[21] também não fixa o conceito de arbitragem internacional, tratando apenas do reconhecimento e da execução de sentenças arbitrais

---

[21] A Convenção sobre o Reconhecimento e a Execução de Sentenças Arbitrais Estrangeiras, concluída em Nova Iorque em 10 de junho de 1958, foi aprovada pelo Decreto Legislativo 52/2002 e promulgada no Brasil pelo Decreto 4.311/2002.

estrangeiras proferidas fora do território nacional. Da mesma forma, a Convenção do Panamá – embora trate especificamente da arbitragem comercial internacional – preferiu não definir a locução. Coube à Lei Modelo da Uncitral definir (ou tentar definir) o que se deve entender por arbitragem internacional, com a fixação de alguns parâmetros importantes: o art. 3.º do texto indica que uma arbitragem é internacional se as partes da convenção arbitral tiverem seus estabelecimentos em estados diferentes (considerado o momento da assinatura da convenção de arbitragem), se o lugar da arbitragem ou o lugar do cumprimento de parte substancial da obrigação estiver situado fora estado em que se localiza o estabelecimento da parte, ou ainda se as partes convencionarem que o objeto do litígio tem relação com mais de um estado. De modo bastante conveniente, portanto, o conceito recomendado pela Lei Modelo é amplo e aberto, permitindo enquadramento (inclusive convencional) de determinado litígio no campo da arbitragem comercial internacional (o que é relevante para países *dualistas*, que possuam regime diferenciado para a arbitragem doméstica e para a arbitragem internacional).

70. Seja como for – e ainda que o conceito de arbitragem comercial internacional não seja fundamental para o Brasil – sempre que houver um elemento relevante de conexão com o território de outro estado é possível vislumbrar uma arbitragem internacional, ainda que tal elemento seja apenas o local da arbitragem (elemento de conexão impróprio, já que em boa técnica espera-se que o local da arbitragem comercial internacional seja um elemento de neutralidade).

71. Havendo então elemento de contato com estado estrangeiro é possível qualificar uma arbitragem como internacional. E isto coloca em linha a discussão que pretendo endereçar: o que se deve pensar da hipótese de o único elemento forâneo da arbitragem ser exatamente a escolha do território brasileiro?

72. Dito de outro modo, a questão que quero examinar é a escolha do território nacional para dirimir um conflito entre dois nacionais de outro estado: imagine-se uma contenda entre duas empresas venezuelanas, com atos e fatos ocorridos em território venezuelano e que queiram dirimir o litígio com a aplicação do direito daquele país. O único elemento de internacionalidade é causado exatamente pelo lugar da arbitragem. Em tal circunstância a escolha do idioma castelhano seria natural e recomendável, já que a utilização do português traria fator de complicação desnecessário, sendo importante notar que a escolha de território que nada tenha a ver com as partes e com o conflito é matéria de mera conveniência e de garantia de neutralidade. Se houver necessidade de recorrer às cortes brasileiras (cartas arbitrais), as traduções e registros (com aplicação, já se viu, das regras processuais próprias da utilização de documentos redigidos em língua estrangeira) serão de rigor; a mesma dificuldade pode ocorrer se alguma das partes pretender anular a sentença arbitral e quiser propor a demanda no Brasil. Mas convém lembrar que no exemplo que estou figurando a parte que pretender submeter a sentença arbitral ao juízo anulatório tem à sua disposição dois foros distintos: o do lugar em que a sentença arbitral foi proferida (Brasil) ou o do lugar cuja lei as partes escolheram para solucionar o litígio (o que poderia levar a ação anulatória para a Venezuela, conforme se depreende ao art. V, "e", *in fine*, da Convenção de Nova Iorque). O exemplo é emblemático e pode interessar advogados pragmáticos e experientes:

se eventuais embates no judiciário tiverem que ser travados no país de origem das partes, a escolha do idioma do lugar da arbitragem será pouco recomendável.

X. ESCOLHA DO IDIOMA: CONSEQUÊNCIAS DO EMPREGO DE OUTRA LÍNGUA QUE NÃO AQUELA SELECIONADA PELAS PARTES OU PELOS ÁRBITROS

73. A autonomia da vontade das partes é um dos pilares da arbitragem. Dá-se aos litigantes, como já afirmei tantas vezes, ampla possibilidade de construção dos marcos procedimentais que pretendem ver seguidos, de modo que – cumpridos os parâmetros convencionados (que podem ostentar grande variação em relação ao modelo procedimental estatal) – nenhum dos contendentes pode alegar surpresa e prejuízo na dedução de suas alegações, na construção de seu caso e na produção das evidências que deem suporte a seus pleitos.

74. Diante dessa expectativa de um procedimento sem surpresas, é preciso examinar o que acontece quando a expectativa das partes (ou de alguma das partes) acerca da utilização de um determinado idioma é frustrada.

75. A primeira hipótese a examinar é aquela em que as partes não fixaram um idioma e os árbitros, utilizando critérios que reputam adequados, concluem que no caso concreto deva ser empregada esta ou aquela língua, justificando os elementos de conexão escolhidos. Ainda que a decisão resulte em insatisfação (de alguma das partes ou de todas elas), a escolha dos julgadores é realizada dentro do campo destinado à decisão, não podendo as partes questionar – em sede de juízo anulatório – a correção ou não da opção. Se os contendentes não tomaram o cuidado de selecionar o idioma (o que, já se viu, é um problema típico de arbitragens internacionais), não poderão se lamentar da decisão dos árbitros, que não está sujeita (tanto quanto a decisão de mérito) a revisão ou reexame pelo Poder Judiciário.

76. Não creio que teria algum sentido a parte vencida alegar prejuízo ao contraditório por conta de escolha de idioma que, em seu sentir, não tenha levado em conta algum elemento de conexão que repute essencial. Fixado o idioma da arbitragem, terão as partes a oportunidade de se prepararem para deduzir suas alegações e apresentarem as provas com o emprego de tal idioma. A parte que não se preparar convenientemente estaria se aproveitando da própria desídia para tentar atacar um processo arbitral em princípio hígido. Como dizem os italianos, "chi è causa del suo mal, pianga se stesso"!

77. A segunda hipótese é aquela em que as partes escolhem um idioma, mas os árbitros utilizam outro em seu lugar. Nesse caso, vejo patologia que pode levar à anulação da decisão arbitral, já que terá sido desrespeitada a convenção de arbitragem, com possível violação do princípio do contraditório (art. 32, IV e VIII, da Lei de Arbitragem). E digo que *pode* haver anulação da sentença arbitral (e não que a sentença *deverá* ser anulada) porque, apesar da violação da vontade das partes, pode dar-se o caso de a utilização de outro idioma (que não aquele escolhido pelas partes) não causar prejuízo algum para a defesa dos

interesses das partes. Imagine-se a hipótese de as partes terem escolhido, numa arbitragem doméstica, o idioma inglês: se árbitros, partes e advogados forem brasileiros e o procedimento correr todo ele com a utilização do idioma pátrio, haverá algum prejuízo para o regular e pleno desenvolvimento do contraditório? Friso, portanto, que a simples violação – ainda que direta e generalizada – da cláusula de idioma não autoriza, de modo imediato e automático, a anulação da sentença arbitral: é preciso demonstrar que a violação da vontade das partes causou prejuízo. Em outros termos, *pas de nullité sans grief*!

78. A terceira hipótese que parece interessante averiguar é aquela em que, escolhido o idioma da arbitragem, os árbitros praticam algum (ou alguns) atos utilizando outro idioma, sem o consentimento das partes. Seria a hipótese de os árbitros ouvirem uma testemunha – que não se expresse na língua escolhida para a arbitragem – em seu idioma natal. Também aqui (e concordo integralmente com a concepção de Vigoriti) não se poderá afirmar que o deslize (ou a escolha consciente dos árbitros) possa provocar automática anulação da sentença arbitral. Se não ficar demonstrado que a violação da vontade manifestada pelas partes provocou prejuízo ao contraditório, não haveria motivo para desmontar o processo arbitral (e a sentença arbitral). Basta imaginar que a sentença arbitral seja toda ela calcada em documentos juntados pelas partes, atestando os árbitros – no exemplo figurado – que o depoimento testemunhal, tomado em língua diversa daquela convencionada, não tenha trazido qualquer elemento probatório que pudesse ser aproveitado na decisão. Mais uma vez, invoco o princípio processual que impede a declaração de nulidade quando não houver prejuízo. Trata-se, fique bem claro, de situação que deverá ser examinada caso a caso, concretamente. Tudo que posso fazer em sede de ensaio é afirmar que não haverá automaticamente direito à desconstituição do processo arbitral pelo simples fato de ser violada a vontade das partes.

XI. PARA ENCERRAR

79. A ampla autonomia das partes no manejo do processo arbitral permite-lhes, entre tantas oportunidades de construir o procedimento mais adequado para o caso concreto, a escolha do idioma que será utilizado na arbitragem. Tal autonomia está animando também o processo estatal, já que o art. 190 do NCPC permite que as partes façam algumas escolhas relativas ao procedimento judicial que querem fazer seguir. E não se descarta, mesmo em sede judicial, a possibilidade de escolha de idioma estrangeiro no âmbito do negócio jurídico processual.

80. A escolha do idioma, porém, pode significar uma armadilha para os incautos: focar a opção em supostas facilidades de matrizes e diretorias internacionais, que pretendam acompanhar o desenvolvimento do processo arbitral pode significar uma sobrecarga desnecessária e inadequada de dificuldades e limitações que, no final do dia, podem causar prejuízo irrecuperável para a boa exposição da

causa e para a qualidade da prova a ser produzida. Da mesma forma, escolher idiomas significa não só criar natural limitação quanto à composição do tribunal arbitral, mas também introduzir fator de dificuldade no manejo e produção da prova (em especial a prova pericial).

81. O que pretendi com este ensaio, partindo das considerações de Vincenzo Vigoriti, foi estabelecer não só uma interlocução com meu querido amigo florentino, mas também abrir um diálogo polêmico com os operadores do processo judicial e do processo arbitral: o tom provocador de minhas considerações, portanto, não é acidental!

REFERÊNCIA BIBLIOGRÁFICA

ANDRADE, Érico. A "contratualização" do processo no Novo Código de Processo Civil. In: DIDIER JR., Fredie (Coord.). Salvador: JusPodium, 2016. (Coleção Novo CPC – Doutrina Selecionada.)

CABRAL, Antonio do Passo. Convenções processuais: entre publicismo e privatismo. 2015. Tese (Livre-docência) – Faculdade de Direito da USP, São Paulo.

MONIZ DE ARAGÃO, E.D. Comentários ao Código de Processo Civil. Rio de Janeiro: Forense, 1983. v. II.

NOVELLI, Giovanni; PETITI, Stefano. Codice di Procedura Civile Annotato con la Giurisprudenza. Milano: Giuffrè, 2007.

SANTOS, Nelton A. Moraes. Código de Processo Civil interpretado. Coord. Antonio Carlos Marcato. São Paulo: Atlas, 2004.

LEGISLAÇÃO REFERIDA

Código de Processo Civil e Comercial do Estado de São Paulo (Lei 2.421/1930)

Código de Processo Civil brasileiro de 1939

Código de Processo Civil italiano (Decreto 1.443/1940)

Official Languages Act, de 1969 (Canadá)

Código de Processo Civil brasileiro de 1973

Código de Processo Civil argentino (Lei 17.454/1981)

Constituição Federal da República Federativa do Brasil de 1988

Código de Processo Civil venezuelano (Lei 4.209/1990)

Lei de Arbitragem Brasileira (Lei 9.307/1996)

Convenção sobre o Reconhecimento e a Execução de Sentenças Arbitrais Estrangeiras (Convenção de Nova Iorque, de 1958, Decreto 4.311/2002)

Official Languages Act de 2003 (República da Irlanda)

Código de Processo Civil português (Lei 41/2013)

Código de Processo Civil brasileiro (Lei 13.105/2015)

Convenção sobre a Eliminação da Exigência de Legalização de Documentos Públicos Estrangeiros ("Convenção da Apostila", Decreto 8.660/2016)

CONVENÇÃO DE ARBITRAGEM DA REVOLUÇÃO DE 1996 A UMA PRÁTICA EM CONSOLIDAÇÃO[1]

Luis Fernando Guerrero

Sumário: 1. Introdução e objetivo – 2. Os elementos da cláusula compromissória – Arbitrabilidade – 3. A "mobilidade" da convenção de arbitragem – 4. A convenção de arbitragem e a *kompetenz-kompetenz* – 5. Convenções de solução de conflitos: convenções escalonadas e os negócios jurídicos processuais – 6. A alegação da convenção de arbitragem como matéria preliminar – 7. Conclusão – Referências.

1. INTRODUÇÃO E OBJETIVO

O presente artigo tem por escopo analisar de que modo a convenção de arbitragem, instituto basilar para a arbitragem, vem sendo utilizado no direito brasileiro.

Assim, a metodologia não será exclusivamente de interpretação legal e nem exclusivamente baseada nas alterações propostas e incluídas na Lei 9.307, de 23.09.1996, pela Lei 13.129, de 26.05.2015 ("Lei de Arbitragem") e o novo Código de Processo Civil, mas sim na doutrina e jurisprudência, isto é, na prática do instituto, na sua forma de interpretação pelos usuários.

Nesse aspecto, os pontos de contato entre arbitragem e o Judiciário serão fundamentais. A tradição sigilosa da arbitragem faz com que apenas questões judicializadas fossem levadas ao grande público e aos estudiosos. Felizmente, nesta seara, o Brasil é bastante pródigo. Já foram usados diversos instrumentos jurídicos, de cautelares a conflitos de competência, que levaram diversas questões importantes para análise de nossos juízes e permitiram julgamentos importantes, bem como orientações doutrinárias fundamentais.

Já o ponto de partida da análise será o ano de 1996, com alterações legislativas revolucionárias e que tornaram o instituto da arbitragem utilizável, a despeito da sua existência secular em nosso sistema jurídico.

---

[1] Agradecimentos aos advogados Hugo Tubone Yamashita e Fernando Augusto Ioshimoto que muito contribuíram nos debates sobre este trabalho.

É importante ressaltar os primeiros seis anos de incerteza até que o Supremo Tribunal Federal[2] considerasse o instituto da arbitragem constitucional. A discussão versava exatamente sobre a convenção de arbitragem.

Na sequencia histórica e analítica, há o momento do florescimento e da larga utilização do instituto no direito brasileiro. Claro que também foi a fase dos abusos e dos grandes erros, fundamentais para que se verificasse, de outro lado, aquilo que funcionava e aquilo que não funcionava na prática da arbitragem.

De qualquer modo, a história vinha em uma toada de sucesso, toada essa que permitiu uma reforma branda da Lei de Arbitragem, mantendo-se o instituto incólume. Apesar de um ímpeto político inicial, as alterações na Lei de Arbitragem basicamente positivaram aquilo que já vinha sendo aplicado pelos juízes brasileiros em relação a assuntos relativos a medidas de urgência, arbitragens em setores específicos, tais como a administração pública, contratos de adesão etc.

De outro lado, por motivos variados, perdeu-se a oportunidade de avançar algumas fronteiras, especialmente no âmbito das relações de consumo e do direito do trabalho, questões sempre polêmicas para os métodos de solução de conflitos. É a questão da controversa disponibilidade dos direitos e capacidade dos agentes.

No final, as questões fundamentais da arbitragem foram mantidas e as alterações certamente permitirão maior segurança para os usuários do instituto, mantendo latente, todavia, a necessidade de observação e adequação futura em face das novas demandas sociais.

Ademais, a passagem pelo instituto da convenção de arbitragem termina na sua influência em outros métodos de solução de conflitos e a inclusão no sistema jurídico processual brasileiro do instituto do negócio jurídico processual. Serão dois eixos, um mais relacionado ao direito material e o outro mais próximo do direito processual, do processo arbitral.

Portanto, este artigo pretende, assim, indicar os contornos atuais práticos da convenção de arbitragem e tecer algumas previsões do modo pelo qual o dia a dia da arbitragem poderá ser impactado.

2. OS ELEMENTOS DA CLÁUSULA COMPROMISSÓRIA – ARBITRABILIDADE

Os conceitos de arbitrabilidade subjetiva e de arbitrabilidade objetiva são basilares para o sistema arbitral estruturado a partir de 1996 na Lei 9.307.

Trata-se do diagrama estabelecido pelo Estado brasileiro acerca das questões que podem ou não ser submetidas ao crivo dos árbitros, que serão, para elas, juízes de fato e de direito.

---

[2] STF, AgRg no SE 5206-Espanha, Rel. Min. Sepúlveda Pertence, j. 12.12.2001.

Para o instituto da arbitragem, o quadro conceitual felizmente não mudou. Continuam arbitráveis os direitos patrimoniais disponíveis a serem utilizados por aqueles indivíduos, pessoas físicas e jurídicas, que sejam capazes de contratar. Já para outros métodos de solução de conflitos, especialmente a mediação, o limite é mais amplo. São mediáveis, por exemplo, todos os direitos passíveis de transação, ainda que indisponíveis, nos termos do art. 3.º da Lei 13.140, de 25.06.2015.

Embora facilmente delimitados conceitualmente, os limites são muito complexos na prática. A dinamização da estrutura teórica estática traz uma série de dúvidas e debates, que persistem mesmo com o amadurecimento do instituto da arbitragem. Passaremos por cada uma delas.

Basicamente, os requisitos exigidos dos negócios jurídicos em geral são os mesmos exigidos da convenção de arbitragem. O objeto lícito é equivalente à arbitrabilidade objetiva e o sujeito capaz é equivalente à arbitrabilidade subjetiva. A forma indicada ou não proibida pela lei surge em situações específicas e previstas em nosso ordenamento.[3]

Pois bem, diante disso, torna-se necessário analisar alguns temas relativos à cláusula compromissória e de que modo a doutrina e a jurisprudências tratam-nos: (i) administração pública; (ii) societário; (iii) consumidor; (iv) trabalhista; (v) direitos coletivos lato sensu; (vi) requisitos do art. 4.º da Lei de Arbitragem – Contratos de Adesão em geral, exceto consumo; (vii) forma da convenção de arbitragem.

(i) administração pública

Um dos pontos mais polêmicos para a utilização da arbitragem como método de solução de conflitos sempre foi a administração pública.

A questão está localizada mais diretamente no âmbito da arbitrabilidade objetiva, isto é, saber se as questões envolvendo a administração pública envolvem direitos patrimoniais e, ainda, disponíveis. Não se discute que, em quaisquer circunstâncias, o Estado eventualmente possa contratar terceiros, o que envolve a arbitrabilidade subjetiva.[4]

Nessa linha, a discussão transborda para a natureza da atividade do Estado, isto é, o tipo de atuação Estatal em face de terceiros é um indicativo muito claro do tipo de interesse envolvido e, por tabela, da possibilidade ou não de utilização de arbitragem.

---

[3] Nesse aspecto, são basilares os ensinamentos de J.M. Carvalho Santos, para quem "A capacidade se presume, está aceito na doutrina e constitui regra, podendo assim qualquer pessoa realizar negócio jurídico facultado por lei, desde que não exista uma disposição expressa que isso lhe iniba, disposição que, pela sua natureza, deverá sempre ser interpretada restritivamente. [...] A validade do ato exige também objeto possível, sob o ponto de vista natural e jurídico. [...] **Forma**. É o modo jurídico pelo qual se deve externar a manifestação de vontade para ser a declaração desta" (*Código Civil brasileiro interpretado*. 4. ed. Rio de Janeiro: Freitas Bastos, 1952. v. II, p. 269-270 e 273). O grande desafio é, com base nesses conceitos, discutir as diversas situações em que a arbitragem pode ou não ser aplicada. Para mais detalhes sobre o tema, favor Cf. GUERRERO, L. F. *Convenção de arbitragem e processo arbitral*. 2. ed. São Paulo: Atlas, 2014. p. 60-118.

[4] O mesmo raciocínio se aplica para as arbitragens envolvendo direito da concorrência. Caso a questão discuta apenas indenização decorrente da concorrência desleal, certamente será arbitrável.

A jurisprudência brasileira, por meio do Supremo Tribunal Federal, enfrentou o célebre caso Lage, que indicava a necessidade da realização de arbitragem.

Naquela oportunidade, bens do espólio de Henrique Lage foram levados a hasta pública. Contudo, o espólio, de outro lado, devia ao fisco e discussões sobre o cálculo do produto da hasta pública frente aos impostos levaram à sugestão de um painel arbitral (conforme o Decreto-lei 9.521, de 26.07.1946, especialmente o seu art. 4.º). Embora a doutrina ainda fosse praticamente inexistente sobre o tema, o julgamento do STF foi bastante profundo. Foi discutido se aquela disposição prevendo a utilização de arbitragem seria ou não vinculante. O Relator Bilac Pinto asseverou, na ocasião, que a arbitragem não poderia ser afastada do Estado.[5]

A doutrina, por sua vez, na década de 1980, enfrentou de modo fundamental a questão. José Carlos de Magalhães já apresentava uma posição bastante clara: "[...] o mesmo não ocorre quando o Estado atua fora da sua condição de entidade pública e política da comunidade nacional e pratica ato de natureza privada. [...] O Estado poderia ser substituído por um particular no polo passivo da relação ajustada, e nada se alteraria".[6]

Após muita polêmica e discussões, a doutrina consolidou exatamente esse entendimento de que a arbitragem seria plausível para aquelas questões em que o Estado atuasse como agente econômico, no mercado (interesse público secundário), mesmo embasado na efetivação de interesses públicos de natureza primária ou original, conforme ensina Selma Maria Ferreira Lemes.[7] A atividade econômica é a pedra de toque a sacramentar a possibilidade de utilização da arbitragem, nos termos do art. 173 da Constituição Federal.[8]

E a jurisprudência seguiu o mesmo caminho a partir de 2006 por meio do julgamento do REsp 612.439/RS, do relevante caso AES Uruguaiana,[9] e, posteriormente, por meio do

---

[5]   GUERRERO, L. F. *Convenção...* cit., p. 109-110.

[6]   MAGALHÃES, J. C. de. *Do Estado na arbitragem privada*. São Paulo: Max Limonad, 1988. p. 104.

[7]   LEMES, S. M. Ferreira. *Arbitragem na Administração Pública*. São Paulo: Quartier Latin, 2007. p. 140-141. No mesmo sentido: REBELO, M. Arbitragem nos contratos administrativos. In: TRABOULSI, C. Sahium (Org.). *Negociação, mediação, conciliação e arbitragem*. Goiânia: Kelps, 2013. p. 277-282.

[8]   GRAU, E. *A ordem econômica na Constituição de 1988*. 6. ed. São Paulo: Malheiros, 2001. p. 150.

[9]   "Processo civil. Juízo arbitral. Cláusula compromissória. Extinção do processo. Art. 267, VII, do CPC. Sociedade de economia mista. Direitos disponíveis. Extinção da ação cautelar preparatória por inobservância do prazo legal para a proposição da ação principal. 1. Cláusula compromissória é o ato por meio do qual as partes contratantes formalizam seu desejo de submeter à arbitragem eventuais divergências ou litígios passíveis de ocorrer ao longo da execução da avença. Efetuado o ajuste, que só pode ocorrer em hipóteses envolvendo direitos disponíveis, ficam os contratantes vinculados à solução extrajudicial da pendência. 2. A eleição da cláusula compromissória é causa de extinção do processo sem julgamento do mérito, nos termos do art. 267, inciso VII, do Código de Processo Civil. 3. São válidos e eficazes os contratos firmados pelas sociedades de economia mista exploradoras de atividade econômica de produção ou comercialização de bens ou de prestação de serviços (CF, art. 173, § 1.º) que estipulem cláusula compromissória submetendo à arbitragem

julgamento do MS 11.308/DF.[10] Nessas oportunidades pacificou-se o entendimento de que a arbitragem seria possível envolvendo a administração pública quando esta atuasse no mercado tal como um outro agente comum atuaria, sem qualquer caráter fiscalizatório ou exercício do poder de polícia.[11]

Outra questão importante diz respeito a alguns requisitos específicos da convenção de arbitragem. Tal situação ficou mais clara com as alterações introduzidas pela Lei 13.129, de 26.05.2016. Nesse sentido, Carlos Alberto de Salles afirma:

> Na realidade, a questão central a viabilizar a arbitragem nesse campo é processual, isto é, de adequação dos mecanismos processuais pelos quais a convenção de arbitragem se constituiu e o processo dela decorrente se desenvolve. [...] Há, sim, necessidade da arbitragem se conformar a determinados valores, próprios do direito público, aplicável às relações jurídicas de fundo.[12]

E as alterações legislativas mencionadas, nesse aspecto, seguiram exatamente a linha doutrinária exposta acima. Houve uma clara formatação da arbitragem para as questões envolvendo a administração pública. O art. 1.º da Lei de Arbitragem foi alterado para garantir que a arbitragem é possível tanto para a administração pública indireta quanto para a administração pública direta (§ 1.º), se for contrata por autoridade indicada como competente (§ 2.º) e desde que respeite o princípio da publicidade e seja de direito, vedado o julgamento por equidade, portanto (§ 3.º).

Não bastassem as iniciativas federais, é importante mencionar que o Estado de Minas Gerais promulgou a Lei Estadual 19.477, de 12.01.2011,[13] e o Estado de São Paulo adotou a política de cláusulas específicas para contratos de parcerias público-privadas.[14] Há certamente mais material para debate e, agora, em diversas esferas.[15]

De qualquer modo, seguindo os requisitos indicados em lei e os casos específicos em que a contratação ocorra, certamente a arbitragem poderá ser utilizada em contratos administrativos, com respaldo doutrinário e jurisprudencial. O Brasil é um país que respeita a arbitragem envolvendo entes públicos.

---

eventuais litígios decorrentes do ajuste. 4. Recurso especial parcialmente provido" (STJ, REsp 612.439/RS, Rel. Min. João Otávio Noronha, j. 25.10.2005).

[10] STJ, MS 11.308/DF, Rel. Min. Luiz Fux, j. 09.04.2008.

[11] Para um panorama completo: PEREIRA, C. A. G. Arbitragem e Administração Pública na Jurisprudência do TCU e do STJ. In: _____; TALAMINI, E. (Coord.). *Arbitragem e Poder Público*. São Paulo: Saraiva, 2010. p. 131-149.

[12] SALLES, C. A. de *Arbitragem em contratos administrativos*. Rio de Janeiro: Gen Forense, 2011. p. 297.

[13] Disponível em: <http://www.almg.gov.br/consulte/legislacao/completa/completa.html?tipo=LEI&num=19477&ano=2011>. Acesso em: 23 jun. 2016.

[14] Disponível em:<http://www.conjur.com.br/2015-ago-11/sp-padroniza-clausula-arbitral-contratos--gera-polemica>. Acesso em: 23 jun. 2016.

[15] GUERRERO, L. F. A política "café com leite" das convenções de arbitragem. Disponível em: <http://jota.uol.com.br/politica-cafe-com-leite-das-convencoes-de-arbitragem>. Acesso em: 27 jun. 2016.

(ii) matéria societária

A arbitragem em matéria societária, obviamente, segue as regras gerais atinentes ao instituto da arbitragem de modo geral. Para questões ditas *externa corporis*, isto é, relações com outras sociedades e pessoas físicas, não há nenhuma diferença de disciplina.

Contudo, há situações no âmbito das sociedades, especialmente aqueles denominadas de capital ou com capital social bastante disperso, em que a adesão ao instituto da arbitragem para a solução de conflitos *interna corporis* é bastante espinhosa. Isso porque vige nas sociedades a chamada regra da maioria, ou seja, as deliberações sociais são tomadas pela maioria dos votos representativos com base no capital social das empresas: quem tiver mais participação terá automaticamente mais votos e, portanto, possibilidade de influir mais nas deliberações da empresa.[16]

No entanto, embora tal poder seja bastante elevado, não se pode imaginar em um Estado democrático de Direito que ele seja absoluto. Assim, as deliberações societárias são tomadas e influem na esfera de direitos dos sócios, mas não necessariamente para todas as questões. É exatamente aí que surge a grande polêmica envolvendo o direito societário e a arbitragem.

Enquanto, para alguns, a maioria do capital votante seria suficiente para definir a inclusão da cláusula compromissória no estatuto ou contrato social de uma sociedade, não restando alternativa para aquele sócios insatisfeito exceto aceitar a situação ou sair da sociedade,[17] para outros, o direito à definição do método de solução de conflitos, especialmente para uma sociedade da qual já faça parte,[18] é personalíssimo.[19] Pois bem, o sócio antigo não poderia ser obrigado a aceitar a arbitragem e a sociedade só estaria vinculada a ela no caso de uma votação unânime para a sua inclusão ou se fosse permitido direito de retirada ou de recesso para o sócio dissidente.[20]

A questão gerou muita polêmica na doutrina. E a necessidade de rever alguns conceitos e disposições legais, essa sim, parecia unânime. Paulo Osternack do Amaral relatou interessantes experiência e soluções do direito italiano, com indicação, por exemplo, de

---

[16] Sobre a arbitragem nesse ambiente: SILVA, E. Silva da. *Arbitragem e direito da empresa*. São Paulo: RT, 2003. p. 32-45.

[17] Por todos: COMPARATO, F. Konder. *O poder de controle na sociedade anônima*. 3. ed. Rio de Janeiro: Forense, 1983. p. 43-44.

[18] Para questões envolvendo a constituição de sociedades parece não haver problemas. Há a opção de não participar daquele empreendimento, caso não se concorde com a presença da cláusula compromissória.

[19] PELA, J. K. Notas sobre a eficácia da cláusula compromissória estatutária. *Revista de Direito Mercantil, Industrial, Econômico e Financeiro*, São Paulo: Malheiros, n. 126, p. 131 e 138, 2002.

[20] Essa discussão obviamente ter repercussão apenas para casos em que haja algum reverberamento do litígio para a sociedade. Se a discussão não gerar impactos para a sociedade, estaremos diante de um mero conflito *inter partes* e a adesão à cláusula compromissória, mesmo para discussões societárias, seguirá o padrão (MARTINS, P. A. B. *Arbitragem no direito societário*. São Paulo: Quartier Latin, 2012. p. 112).

quóruns qualificados para a questão.[21] Na mesma linha Livia Rossi propôs a solução do direito de retirada do acionista dissidente.[22]

O legislador brasileiro parece ter optado pela solução simples, a solução objetiva. De modo a conciliar os interesses aparentemente conflitantes entre as garantias do devido processo legal e da autonomia da vontade para a convenção de arbitragem, de um lado, e o dinamismo das atividades empresariais, de outro lado, não por acaso, houve a alteração estabelecida na Lei 13.129, de 26.05.2015, no art. 136-A da Lei 6404, 15.12.1976:

> Art. 136-A. A aprovação da inserção de convenção de arbitragem no estatuto social, observado o quórum do art. 136, obriga a todos os acionistas, assegurado ao acionista dissidente o direito de retirar-se da companhia mediante o reembolso do valor de suas ações, nos termos do art. 45.
>
> § 1.º A convenção somente terá eficácia após o decurso do prazo de 30 (trinta) dias, contado da publicação da ata da assembleia geral que a aprovou.
>
> § 2.º O direito de retirada previsto no caput não será aplicável:
>
> I – caso a inclusão da convenção de arbitragem no estatuto social represente condição para que os valores mobiliários de emissão da companhia sejam admitidos à negociação em segmento de listagem de bolsa de valores ou de mercado de balcão organizado que exija dispersão acionária mínima de 25% (vinte e cinco por cento) das ações de cada espécie ou classe;
>
> II – caso a inclusão da convenção de arbitragem seja efetuada no estatuto social de companhia aberta cujas ações sejam dotadas de liquidez e dispersão no mercado, nos termos das alíneas "a" e "b" do inciso II do art. 137 desta Lei.

A dissidência do sócios, portanto, permite o direito de se retirar da companhia, nos termos do art. 45 da Lei das Sociedades Anônimas, salvo (i) convenção de arbitragem como condição para inclusão em segmento de listagem específico da bolsa de valores; e (ii) discussão surgida em companhia com dispersão acionária nos termos do art. 137, II, da Lei das Sociedades Anônimas.[23] As exceções são justificadas pela natureza das sociedades com tais características e do mercado em que estejam listadas.

De qualquer modo, embora possam e devam prosseguir os debates doutrinários, e a solução parece absolutamente adequada,[24] há um claro e pragmático alento para aqueles que atuam na área societária. A regra sem dúvida aumenta a segurança na solução jurídica. Concordando ou não, sem dúvida, a solução escolhida é melhor do que a inexistência de definição sobre o assunto.

---

[21] AMARAL, P. O. do. Arbitragens societárias: das incertezas brasileiras às soluções italianas. Disponível em: <http://www.iappr.com.br/wpcontent/uploads/2013/10/REV_ELETRONICA_PAULOOSTERNACK.pdf>. Acesso em: 26 jun. 2016, p. 10-12.

[22] ROSSI, L. A arbitragem na Lei de Sociedades Anônimas. *Revista de Direito Mercantil, Industrial, Econômico e Financeiro*, São Paulo; Malheiros, n. 129, p. 204, 2002.

[23] MÜSSNICH, F. A. M. A cláusula compromissória no direito societário. In: ROCHA, C. C. V.; SALOMÃO, L. F. *Arbitragem e mediação*: a reforma da legislação brasileira. São Paulo: Atlas, 2015. p. 139-141.

[24] GUERRERO, L. F. *Convenção*... cit., p. 69-70.

(iii) consumidor;

A arbitragem de consumo é questão bastante polêmica no direito brasileiro. Há um suposto conflito entre as regras específicas do chamado microssistema do direito do consumidor e a aplicação da arbitragem.

A verdade, contudo, é que tal contradição é apenas aparente e a arbitragem, tecnicamente, poderia ser aplicada ao direito do consumidor ou ser um método aplicável para questões de consumo.

Pois bem, se de um lado há uma disposição no Código de Defesa do Consumidor vedando a chamada arbitragem compulsória (art. 51, VII, do Código de Defesa do Consumidor), de outro lado, com algumas especificidades, a arbitragem seria possível em contratos de adesão (que não são sinônimos de contratos de consumo, mas são típicos em relações de consumo).

É importante destacar que o sistema de arbitragem brasileiro, mesmo ainda no regime do CPC/1973, é de arbitragem voluntária, ou seja, a arbitragem só pode ser acordada pela manifestação de vontade das partes. Não há também nenhuma questão específica que deva ser solucionada por arbitragem. Portanto, qualquer direito patrimonial disponível pode ser objeto de arbitragem desde que acordado pelas partes envolvidas.[25]

Ademais, a arbitragem não é um método voltado para prejudicar o consumidor, um indivíduo que tem um conhecimento limitado sobre o produto em face do fornecedor, mas não necessariamente é um sujeito vulnerável. Claro que a arbitragem não é adequada para qualquer relação de consumo, até pelos seus custos, mas não deveria ser um método de solução de conflitos estranho para as relações de consumo.

A lógica deveria ser simplesmente a de que uma determinada operação consumo não poderia ser realizada necessariamente com a utilização de uma arbitragem indicada em contrato. Isto é, o consumidor deveria ter a possibilidade de escolher ou não a arbitragem como forma de solução de conflitos ou seguir todos os requisitos do art. 4.º, § 2.º, da Lei de Arbitragem.

Contudo, as dificuldades práticas são enormes e a polêmica também. Desde as discussões legislativas que culminaram na Lei de Arbitragem, a matéria é objeto de embates. Foram tentadas diversas possibilidades, desde a imposição de limites de valores para que as questões de consumo pudessem ser arbitradas, até a proibição pura e simples, mas nada ficou determinado de modo expresso.[26]

Assim, o sistema estabelecido em 1996, e que do ponto de vista legal, está em vigor até hoje, indica a arbitrabilidade objetiva das questões de consumo; e o consumidor, quando plenamente capaz de contratar, um sujeito apto para participar de arbitragens.[27]

---

[25] Nesse aspecto merece destaque: RODOVALHO, T. *Cláusula arbitral nos contratos de adesão*. São Paulo: Almedina, 2016. p. 148-158.

[26] GUERRERO, L. F. *Convenção...* cit., p. 80-95.

[27] Nota Técnica 167/2003 do Departamento de Proteção e Defesa do Consumidor do Ministério da Justiça.

Os movimentos de alteração da Lei de Arbitragem pretendiam, todavia, estabelecer novos limites para a arbitragem de consumo (Projeto de Lei do Senado 406 de 2013).[28] O art. 4.º da Lei de Arbitragem teria um novo parágrafo, o 3.º, para dispor que:

> Na relação de consumo estabelecida por meio de contrato de adesão, a 'cláusula compromissória só terá eficácia se o aderente tomar a iniciativa de instituir a arbitragem ou concordar expressamente com a sua instituição.

A mensagem de veto indicou, doutra feita, que:

> Da forma prevista, os dispositivos alterariam as regras para arbitragem "em contrato de adesão". Com isso, autorizariam, de forma ampla, a arbitragem nas relações de consumo, sem deixar claro que a manifestação de vontade do consumidor deva se dar também no momento posterior ao surgimento de eventual controvérsia e não apenas no momento inicial da assinatura do contrato. Em decorrência das garantias próprias do direito do consumidor, tal ampliação do espaço da arbitragem, sem os devidos recortes, poderia significar um retrocesso e ofensa ao princípio norteador de proteção do consumidor.

Como se vê, o veto foi de estranhar e parece contrário ao objetivo que se pretendia alcançar. É digno de uma estrutura que certamente não conhecia a arbitragem de consumo. Com certeza, o dispositivo tal como projetado restringiria sobremaneira a utilização da arbitragem decorrente de contratos de adesão, é bom que se frise, nas relações de consumo. Nenhuma restrição adicional haveria para as arbitragens de consumo decorrentes de contratos cujas cláusulas foram debatidas entre as partes. O comparativo entre as disposições legais deixa a questão bastante clara.

Requisitos hoje alternativos passariam a ser cumulativos:

Lei de Arbitragem	Projeto de Lei do Senado 406 de 2013
§ 2.º Nos contratos de adesão, a cláusula compromissória só terá eficácia se o aderente tomar a iniciativa de instituir a arbitragem ou concordar, expressamente, com a sua instituição, desde que por escrito em documento anexo ou em negrito, com a assinatura ou visto especialmente para essa cláusula.	"§ 2.º Nos contratos de adesão, a cláusula compromissória só terá eficácia se for redigida em negrito ou em documento apartado. § 3.º Na relação de consumo estabelecida por meio de contrato de adesão, a cláusula compromissória só terá eficácia se o aderente tomar a iniciativa de instituir a arbitragem ou concordar expressamente com a sua instituição."
*Requisitos: Aderente toma a iniciativa **ou** destaque da cláusula*	*Requisitos: destaque da cláusula **e** Consumidor toma a iniciativa.*

---

[28] CASTRO NEVES, J. R. de Arbitragem nas relações de consumo – uma nova esperança. In: ROCHA, C. C. V.; SALOMÃO, L. F. *Arbitragem e mediação*: a reforma da legislação brasileira. São Paulo: Atlas, 2015. p. 205-207.

Portanto, nada mudou. De estranhar uma comemoração de entidades de defesa do consumidor quando do veto aos §§ 2.º e 3.º da Lei de Arbitragem.[29]

A jurisprudência, contudo, e aí tem destaque o STJ, aplicou uma interpretação bastante restritiva para a arbitragem de consumo:

> Direito processual civil e consumidor. Contrato de adesão. Convenção de arbitragem. Limites e exceções. Arbitragem em contratos de financiamento imobiliário. Cabimento. Limites.
>
> 1. Com a promulgação da Lei de Arbitragem, passaram a conviver, em harmonia, três regramentos de diferentes graus de especificidade: (i) a regra geral, que obriga a observância da arbitragem quando pactuada pelas partes, com derrogação da jurisdição estatal; (ii) a regra específica, contida no art. 4.º, § 2.º, da Lei 9.307/1996 e aplicável a contratos de adesão genéricos, que restringe a eficácia da cláusula compromissória; e (iii) a regra ainda mais específica, contida no art. 51, VII, do CDC, incidente sobre contratos derivados de relação de consumo, sejam eles de adesão ou não, impondo a nulidade de cláusula que determine a utilização compulsória da arbitragem, ainda que satisfeitos os requisitos do art. 4.º, § 2.º, da Lei 9.307/1996.[30]

Tal entendimento é um entrave para o desenvolvimento da doutrina da arbitragem. As referencias no direito comparado, especialmente EUA e Espanha, são bastante proveitosa, de outro lado. O Brasil está de algum modo privado das possibilidade da arbitragem nesta seara. A verdade é que as empresas, dado o risco jurídico, não tem interesse em utilizar esse método de solução de conflitos para a suas atividades relacionadas aos contratos de consumo. A única exceção são as compras e vendas internacionais com a Convenção de Viena.[31]

A matéria ainda é e prosseguirá sendo bastante polêmica e há uma clara antinomia entre as disposições legais sobre o tema e o entendimento jurisprudencial.

(iv) trabalhista;

As questões trabalhistas são outras com aplicação muito restrita para a arbitragem quando se discutem direitos individuais do trabalho.[32]

---

[29] Entre outros: <http://brasilcon.org.br/arquivos/arquivos/6308212240c9ca3d8c164f89182e6259.pdf>. Acesso em: 3 jul. 2016.

[30] STJ, REsp 1169841/RJ, Rel. Min. Nancy Andrighi, j. 06.11.2012, *DJe* 14.11.2012. Como afirma Vitor Morais de Andrade: "O cenário não é animador para o incremento e a consolidação da arbitragem como meio de resolução de conflitos nas relações de consumo" (*Quo Vadis* arbitragem de consumo. In: HOLANDA, F.; SALLA, R. M. *A nova Lei da Arbitragem brasileira*. São Paulo: IOB Sage, 2015. p. 228). O TJSP considerou a cláusula compromissória vinculante em contratos de adesão que não envolviam questões de consumo: TJSP, Ap. Cív. 0022434-04.2011.8.26.0032, Rel. Des. Soares Levada, j. 1.º.06.2016.

[31] Decreto 8.327, de 16.10.2014. Trata-se de uma clara aplicação da *Lex Mercatoria* para conflitos de ordem internacional (CARMONA, C. A. *Arbitragem e processo*. 3. ed. São Paulo: Atlas, 2009. p. 73-75).

[32] Para dissídios coletivos a possibilidade é prevista da Constituição Federal:
"Art. 114. Compete à Justiça do Trabalho processar e julgar:

Tal como para os consumidores, a razão seria a vulnerabilidade do trabalhador e a existência de um sistema específico, da Consolidação das Leis do Trabalho. Há, contudo, uma visão mais ampla de que os direitos do trabalhador seriam transacionáveis,[33] mas não seriam patrimoniais disponíveis. Assim, tais direitos poderiam ser objeto de mediação e conciliação (art. 2.º, § 2.º, da Lei de Mediação), por exemplo, mas não poderiam ser objeto de arbitragem (art. 1.º da Lei de Arbitragem).

A controvérsia foi a tendência jurisprudencial observada ao longo das duas décadas de vigência da Lei de Arbitragem.[34] O instituto, por essa insegurança jurídica, acabou tendo aplicação muito restrita para os conflitos individuais do trabalho:

> Agravo de instrumento em recurso de revista. Juízo arbitral. Coisa julgada. Lei 9.307/1996. Constitucionalidade. O art. 5.º, XXXV, da Constituição Federal dispõe sobre a garantia constitucional da universalidade da jurisdição, a qual, por definir que nenhuma lesão ou ameaça a direito pode ser excluída da apreciação do Poder Judiciário, não se incompatibiliza com o compromisso arbitral e os efeitos de coisa julgada de que trata a Lei 9.307/1996. É que a arbitragem se caracteriza como forma alternativa de prevenção ou solução de conflitos à qual as partes aderem, por força de suas próprias vontades, e o inciso XXXV do art. 5.º da Constituição Federal não impõe o direito à ação como um dever, no sentido de que todo e qualquer litígio deve ser submetido ao Poder Judiciário. Dessa forma, as partes, ao adotarem a arbitragem, tão só por isso, não praticam ato de lesão ou ameaça à direito. Assim, reconhecido pela Corte Regional que a sentença arbitral foi proferida nos termos da lei e que não há vício na decisão proferida pelo juízo arbitral, não se há de falar em afronta ao mencionado dispositivo constitucional ou em inconstitucionalidade da Lei 9.307/1996.[35]
>
> Procedimento arbitral. Inaplicabilidade ao processo individual do trabalho.
>
> A matéria não comporta discussão no âmbito desta Corte em face das reiteradas decisões no sentido da inaplicabilidade da arbitragem nos dissídios individuais trabalhistas.[36]

[...]

§ 1.º Frustrada a negociação coletiva, as partes poderão eleger árbitros.

§ 2.º Recusando-se qualquer das partes à negociação coletiva ou à arbitragem, é facultado às mesmas, de comum acordo, ajuizar dissídio coletivo de natureza econômica, podendo a Justiça do Trabalho decidir o conflito, respeitadas as disposições mínimas legais de proteção ao trabalho, bem como as convencionadas anteriormente. (Redação dada pela Emenda Constitucional n.º 45, de 2004)"

[33] YOSHIDA, M. Arbitragem em face da indisponibilidade dos direitos trabalhistas. In: PUCCI, A. (Org.). *Aspectos atuais da arbitragem*. Rio de Janeiro: Forense, 2001. p. 236-238.

[34] MARTINS, P. A. B. A arbitragem nas relações de trabalho: proposta de tratamento legislativo. In: ROCHA, C. C. V.; SALOMÃO, L. F. *Arbitragem e mediação*: a reforma da legislação brasileira. São Paulo: Atlas, 2015. p. 25-29.

[35] TST, AIRR 248400-43.2009.5.02.0203, Rel. Min. Pedro Paulo Manus, j. 15.10.2008.

[36] TST, AIRR 248400-43.2009.5.02.0203, Rel. Min. Alexandre Agra Belmonte, j. 26.11.2014. De uma análise do entendimento do TST é possível arriscar que prevaleçam as decisões contrárias à utilização da arbitragem para o direito individual do trabalho.

A realidade parecia estar começando a mudar com o Projeto de Lei do Senado 406 de 2016 previa a inclusão de um § 4.º no art. 4.º da Lei de Arbitragem:

> Desde que o empregado ocupe ou venha a ocupar cargo ou função de administrador ou de diretor estatutário, nos contratos individuais de trabalho poderá ser pactuada cláusula compromissória, que só terá eficácia se o empregado tomar a iniciativa de instituir a arbitragem ou se concordar expressamente com a sua instituição.

Ou seja, a ideia era inteligente e partia da constatação da realidade. Os trabalhadores brasileiros não constituem uma massa homogênea, ao contrário existem grupos bastante heterogêneos entre si e, para um grupo específico desses trabalhadores, a arbitragem seria sim uma solução viável.

A mensagem de veto, todavia, indicou que:

> O dispositivo autorizaria a previsão de cláusula de compromisso em contrato individual de trabalho. Para tal, realizaria, ainda, restrições de sua eficácia nas relações envolvendo determinados empregados, a depender de sua ocupação. Dessa forma, acabaria por realizar uma distinção indesejada entre empregados, além de recorrer a termo não definido tecnicamente na legislação trabalhista. Com isso, colocaria em risco a generalidade de trabalhadores que poderiam se ver submetidos ao processo arbitral.

O veto foi restringido a uma questão formal (terminológica) e que poderia ser adequada facilmente a uma legislação trabalhista mais moderna, refletindo a realidade brasileira, que se alterou sobremaneira desde a década de 1940.

Com tal entendimento e o veto realizado, certamente caberá ao STF, no futuro, definir a amplitude da disponibilidade dos direitos individuais do trabalho[37] para que, aí sim, o instituto da arbitragem possa ter uma utilização mais ampla na esfera trabalhista.

(v)   direitos coletivos *lato sensu*;

Como se sabe, os direitos coletivos *lato sensu* envolvem basicamente três categorias: (i) individuais homogêneos; (ii) coletivos *stricto sensu*; e (iii) difusos. Trata-se de uma moderna aproximação do processo como forma de solução de conflitos e uma superação da ideologia insculpida em um processo civil individual (art. 18 do Código de Processo Civil de 2015).

Nesse aspecto, pode parecer uma contradição pensar em uma arbitragem coletiva posto que o processo arbitragem, por regra, tem a sua origem ligada a um instrumento contratual, que depende da manifestação de vontade expressa das partes. De fato, as

---

[37] PEREIRA, A. L. Reflexões sobre a utilização da arbitragem no direito individual do trabalho em relação às alterações propostas pela Lei n.º 13.129/2015 e posicionamento recente do TST (Tribunal Superior do Trabalho). In: In: HOLANDA, F.; SALLA, R. M. *A nova Lei da Arbitragem brasileira.* São Paulo: IOB Sage, 2015. p. 233-234

circunstâncias que envolvem os direitos coletivos e os interesses por eles abrangidos têm um menor ou maior grau de difusão, mas a característica básica é exatamente essa. Embora haja um liame fático entre os envolvidos, esse liame pode ser dificilmente traduzido em um contrato.

Assim, a questão parece estar ligada muito mais à forma da convenção de arbitragem do que propriamente à arbitrabilidade dos direitos coletivos. Contudo, há uma questão claramente subjetiva, de vínculo, com a assinatura da convenção de arbitragem e depois de representatividade para eventual processo arbitral. De outro lado, a questão pode ser objetiva pois o direito coletivo pode envolver direitos indisponíveis, âmbito no qual a arbitragem é impossível no Brasil. A análise, todavia, é casuística.[38]

Existem situações em nosso direito nas quais seria possível a presença de uma arbitragem dita coletiva.[39] E há experiências fáticas a serem relatadas.

Nesse aspecto, são imaginadas cláusulas compromissórias em Termos de Ajustamento de Conduta (TACs), Convenções Coletivas de Consumo, por exemplo.[40] Para os chamados direitos individuais homogêneos, tendo em vista a sua natureza, parece ser mais simples pensar em tais documentos assinados. De outro lado, os direitos coletivos *stricto sensu*, contam inclusive com previsão constitucional para a utilização da arbitragem, art. 114, §§ 1.º e 2.º, para questões envolvendo o direito coletivo do trabalho.

No mesmo raciocínio, as chamadas Câmaras de Indenização,[41] que tiveram lugar em acidentes aéreos ocorridos na primeira década dos anos 2000, poderiam prever procedimentos arbitrais *ad hoc* para a definição de culpa, por exemplo, sendo aplicada regras preestabelecidas para a liquidação de indenizações.

Tais Câmaras não realizaram arbitragens, mas sim utilizaram métodos de solução de conflitos consensuais.[42] De qualquer modo, não parece haver limite para que direitos patrimoniais disponíveis dali decorrentes pudessem ser realizados por arbitragem.

A aplicação da arbitragem para questões envolvendo os direitos coletivos lato sensu é matéria plena de possibilidades e com muito a ser desenvolvido. Entretanto, não se trata

---

[38] GONÇALVES, E. D. O papel da arbitragem na tutela dos interesses difusos e coletivos: In: LEMES, S. M. F.; CARMONA C. A.; MARTINS, P. A. Batista. *Arbitragem*: estudos em homenagem ao Prof. Guido Fernando da Silva Soares (*in memoriam*). São Paulo: Atlas, 2007. p. 157-159.

[39] LIMA, B. *A arbitrabilidade do dano ambiental*. São Paulo: Atlas, 2010. p. 170.

[40] Para uma análise mais ampla sobre os direitos coletivos: GUERRERO, L. F. *Convenção...* cit., p. 100-107.

[41] Sobre o acidente do voo JJ3054 da TAM: <http://www.conjur.com.br/2009-ago-12/camara--indenizacao-encerrada-92-acordos-acidente-tam>. Acesso em: 6 jul. 2016; e sobre o voo AF447 da Air France: TARTUCE, F. Mediação extrajudicial e indenização por acidente aéreo: relato de uma experiência brasileira. Disponível em: <http://www.fernandatartuce.com.br/wp-content/uploads/2016/02/Tartuce-Fernanda.-Media%C3%A7%C3%A3o-extrajudicial-e-acidente-aereo.pdf>. Acesso em: 6 jul. 2016.

[42] OSTIA, P. H. R. *Desenho de sistema de solução de conflito*: sistema indenizatórios em interesses individuais homogêneos. 2014. Dissertação (Mestrado) – Faculdade de Direito da Universidade de São Paulo, São Paulo, p. 61 e ss.

de um problema apenas da matéria dos métodos de solução de conflitos, mas também da própria afirmação dos direitos coletivos. A doutrina processual ainda precisa de desenvolvimento a fim de que os institutos caminhem juntos.

(vi) forma escrita da convenção de arbitragem;

Como se vê, a prática adequou e até alterou o que fora estabelecido em lei. O sistema, contudo, apesar de diversas discussões, se consolidou, especialmente pelo trabalho do Superior Tribunal de Justiça.[43]

Quanto à forma, basicamente duas questões são colocadas. A primeira delas diz respeito à forma escrita das convenções de arbitragem, algo insculpido nos arts. 4.º, § 1.º, e 9.º, §§ 1.º e 2.º, da Lei de Arbitragem, e a segunda diz respeito aos requisitos genéricos da convenção de arbitragem nos contratos de adesão.[44]

O primeiro ponto é mais complexo e poderia ter sido objeto de alteração legislativa. Diversas legislações estrangeiras, com destaque para a legislação espanhola e a mexicana,[45] indicam que a origem da convenção de arbitragem não é somente escrita, mas sim em qualquer forma que possa ser reduzida a termo. Dessa forma, manifestações de vontade via instrumentos de comunicação via voz, por exemplo, podem vincular as partes, sem maiores discussões.

No direito brasileiro, sem uma previsão legal, mais adequada para o dia a dia e a velocidade das transações comerciais, a adequação coube ao Superior Tribunal de Justiça:

> Sentença arbitral estrangeira. Cláusula compromissória. Contrato não assinado pela requerida. Comprovação do pacto. Ausência de elementos.
>
> 1. Tem-se como satisfeito o requisito da aceitação da convenção de arbitragem quando a parte requerida, de acordo com a prova dos autos, manifestou defesa no juízo arbitral, sem impugnar em nenhum momento a existência da cláusula compromissória.
>
> 2. Descabe examinar o mérito da sentença estrangeira no presente requerimento, na esteira de precedentes do Supremo Tribunal Federal.
>
> 3. Homologação deferida.[46]

Sem dúvida não foi o mais adequado. O Superior Tribunal de Justiça tem um papel fundamental de interpretar a lei, mas não de ampliar a extensão da lei. De qualquer modo,

---

[43] GUERRERO, L. F. O papel do Superior Tribunal de Justiça para o desenvolvimento dos ADRs. In: NASCIMBENI, A. F.; MUNIZ, J. de P.; RANZOLIN, R. *20 anos da Lei Brasileira de Arbitragem.* Brasília: OAB – Conselho Federal, 2015. p. 259-272. Nesse sentido, são fundamentais iniciativas interpretativas e de interação com a sociedade, tal como vem sendo realizado: SALOMÃO, Luis Felipe. Prevenção de litígios. *Folha de S. Paulo*, Tendências e Debates, 19 jun. 2016, p. A3.

[44] Já foram analisados neste artigo os impactos nos contratos de adesão envolvendo contratos de consumo. O momento agora é de verificar as regras gerais formais dos contratos de adesão abrangendo arbitragem.

[45] CARMONA, C. A. *Arbitragem...* cit., p. 104-105; e GUERRERO, L. F. *Convenção...* cit., p. 53-56.

[46] STJ, SEC 856-EX, Rel. Min. Carlos Alberto Menezes Direito, j. 18.05.2005.

no processo em discussão era permitido excepcionalmente que o Superior Tribunal de Justiça analisasse as provas apresentadas pelas partes e, no caso concreto, a conclusão parecia mais adequada. A parte que tem consciência da celebração de uma cláusula compromissória e se comporta durante longo tempo de modo consentâneo com tal situação, não pode posteriormente renegar a cláusula.

É importante ressaltar, ainda, que, nos idos de 2002, o extinto 1.º Tribunal de Alçada Civil do Estado de São Paulo já tinha fixado o entendimento de que a inexistência de contrato escrito não impedia a vinculação à arbitragem.[47]

Embora o resultado tenha sido interessante para a arbitragem, a alteração da lei teria sido mais adequada e aplicável para todos os casos. Aplicaram-se mais princípios gerais de boa-fé do que as regras específicas sobre a forma de celebração das convenções de arbitragem.

Já a segunda questão, requisitos de destaque e visto específico da cláusula compromissória nos contratos de adesão (art. 4.º, § 2.º, da Lei de Arbitragem), é mais simples e vem sendo adequada pelo bom senso.

Trata-se da hipótese muito comum dos instrumentos públicos, que não admitem alterações de forma, embora possam prever cláusulas compromissórias em contratos de adesão instrumentalizados em instrumentos públicos.

Obviamente garante-se uma forma de destaque da cláusula compromissória (itálico, negrito ou sublinhado), sendo flexibilizada a necessidade de um visto específico, impossível nesses casos.

Do ponto de vista formal, como se verificou, talvez o legislador pudesse, no entanto, tê-las contemplado nas alterações da Lei de Arbitragem, garantindo maior segurança aos usuários do instituto.

3. A "MOBILIDADE" DA CONVENÇÃO DE ARBITRAGEM[48]

O tema é de extrema relevância, especialmente quando consideramos o dinamismo e, por vezes, a complexidade das relações empresariais que têm a arbitragem como forma de solução de conflitos determinada.[49] Nesse aspecto é fundamental analisar o célebre caso *Trelleborg vs. Anel*.[50]

O Tribunal de Justiça do Estado de São Paulo decidiu pela incorporação ao processo arbitral de empresa que não participou da celebração de contrato a uma arbitragem envolvendo sua subsidiária brasileira, esta, sim, signatária do contrato. Nesse caso, uma

---

[47] GALÍNDEZ, V. Ação de cobrança. Contrato de agência com cláusula compromissória. Aplicação da lei francesa ao mérito. Validade. Extinção do feito. *Revista de Direito Bancário, Mercado de Capitais e Arbitragem*, São Paulo: Malheiros, n. 22, p. 403-404, 2002.

[48] A "mobilidade" abrange conceitos de extinção, extensão e transferência da convenção de arbitragem.

[49] GUERRERO, L. F. *Convenção...* cit., p. 133-149.

[50] TJSP, Ap. Cív. 267.450.4/6-00, 7.ª Câm. Dir. Privado, Rel. Des. Constança Gonzaga, j. 26.05.2006.

companhia brasileira tinha relações comerciais com a subsidiária brasileira de uma companhia sueca. Pela regra geral da Lei de Arbitragem, a controladora sueca jamais estaria vinculada a qualquer processo arbitral cuja cláusula compromissória tivesse sido assinada por sua subsidiária.

Contudo, o Tribunal de Justiça do Estado de São Paulo entendeu que a participação ativa nas negociações pela controladora sueca, fez com que ela participasse diretamente do negócio e de todos os seus termos. Dessa maneira, a controladora sueca estaria submetida à arbitragem, mesmo não tenho nenhum documento escrito em que declarasse a sua manifestação de vontade para tanto.

É interessante notar que nesse caso não foi aplicada nenhuma das tradicionais teorias da extensão da cláusula compromissória referente à interposição de pessoas. O que se fez aqui foi a substituição de um dos polos contratuais a partir do objeto do negócio jurídico, mas sem nenhum instrumento que determinasse tal substituição tal como um contrato de sub-rogação, por exemplo.

O Tribunal considerou que não obstante inexistisse a assinatura da empresa estrangeira, estava claro, em face da farta documentação acostada nos autos, que a sua participação foi ativa e determinante para a complementação do negócio devendo, desta maneira, estar vinculada à arbitragem e dela participar.

Ademais, entendeu-se que o objeto da arbitragem é dirimir litígios relativos a direitos patrimoniais disponíveis, contratualmente previstos ou não. Portanto, a comprovação de relação jurídica por via documental, como no caso concreto, é suficiente para vincular uma parte à arbitragem, conferindo-lhe legitimidade *ad causam*.

A decisão, sem dúvida, foi uma novidade e abriu caminho para novas discussões sobre o alcance da arbitragem. Não basta, contudo, que as partes pertençam ao mesmo grupo econômico, mas, sim, que haja participação ativa de empresas do mesmo grupo econômico no negócio que deu origem à convenção de arbitragem.[51]

A razão de tal entendimento do Tribunal de Justiça do Estado de São Paulo pode ser justificada pela pressão do já mencionado dinamismo das atividades comerciais internas e de comércios internacional para uma forma de vinculação mais simples às convenções de arbitragem.

De outro lado, nem tudo é para sempre. O dinamismo da vida empresarial e da vida em sociedade não necessariamente pereniza as relações e faz com que, por exemplo, Câmaras sequer administrem arbitragens decorrentes de cláusulas que a indiquem.

As partes permanecem vinculadas à arbitragem, já que a convenção de arbitragem não se esvai quando se torna ou é, em essência, vazia. No entanto, qual instituição será a responsável por administrar o conflito quando a instituição original já deixou de existir? O Brasil já enfrentou situações assim: o Tribunal Arbitral do Comércio – Trabirtal, que

---

[51] GUERRERO, L. F. Trellenborg Case: The Express Volunteerism of the Arbitration. Is there Exception? In: MALHEIRO, G.; UVA P. S. (Org.). *YAR – Young Arbitration Review*, Lisboa, n. IV, p. 18-20, 2012.

teve a sua denominação alterada para Sp Arbitral – Câmara De Arbitragem Empresarial De São Paulo no ano de 2005,[52] que, por sua vez, foi incorporado pela CAE – Câmara de Arbitragem das Eurocâmaras em 2012.

No documento de incorporação, dentre outros pontos, ficou estabelecida: (i) a responsabilidade da SP Arbitral por passivos não inscritos (item 2); (ii) a assunção dos procedimentos pela CAE na transição (item 4); (iii) a transferência de ativos (item 5); (iv) a determinação para manifestação dos árbitros da SP Arbitragem sobre a sua adesão ao Código de Ética do CAE e Termo de Qualificação, Responsabilidade e Confidencialidade (item 6); e (v) a manutenção dos procedimentos da SP Arbitral em arquivo pelo prazo de 5 (cinco) anos (item 8).[53]

A consequência para as partes foi a garantia de atendimento em uma arbitragem institucional, sem maiores contratempos. A operação, sem dúvidas, demonstra a maturidade do instituto da arbitragem no direito brasileiro, bem como, especificamente, das regras sobre a convenção de arbitragem. Todo o cuidado é pouco, ademais, para aqueles que redigem cláusulas compromissória na medida em que, não raro, Câmaras tem denominações bem próximas.

As alterações da Lei de Arbitragem não contemplaram o tema da mobilidade das convenções de arbitragem, inclusive para intervenção de terceiros[54], que continuam a ser decididas conforme o caso por árbitros e juízes.

4. A CONVENÇÃO DE ARBITRAGEM E A *KOMPETENZ-KOMPETENZ*[55]

Pedras fundamentais do regime de coordenação entre o sistema Judiciário e o sistema arbitral são os princípios da autonomia da cláusula compromissória e da *Kompetenz-kompetenz*.

De um lado, a autonomia da cláusula compromissória estabelece que a sua validade e eficácia independe da validade e eficácia do negócio jurídico em que está contida. Ou seja, a invalidade de um contrato, ou até mesmo a sua ineficácia, não atingirão necessariamente a validade ou a eficácia, respectivamente, da cláusula compromissória. A consequência prática é a de que a discussão sobre a validade ou eficácia de um contrato será realizada por arbitragem, conforme a cláusula compromissória que tal instrumento contiver. De outro lado, o princípio da *Kompetenz-kompetenz* designa que é dado a cada julgador decidir sobre a sua própria competência. O princípio é tradicionalmente grafado pela

---

[52]   INF 104 da Fecomércio, de 23.05.2005. Disponível em: <aj_104-05.doc-fecomercio>. Acesso em: 13 jul. 2016.

[53]   Disponível em: <http://www.euroarbitragem.com.br/pt/anexo/Acordo%20de%20 incorpora%C3%A7ao.pdf>. Acesso em: 13 jul. 2016, registrado no 4.º Registro de Títulos e Documentos da Comarca de São Paulo sob o n.º 5185965.

[54]   BERALDO, L. de F. *Curso de arbitragem*. São Paulo: Atlas, 2014. p. 351-358.

[55]   GUERRERO, L. F. Princípios da arbitragem não são entendidos por completo. Disponível em: <http://www.conjur.com.br/2013-jul-10/luis-guerrero-principios-arbitragem-nao-sao-entendidos--completo>. Acesso em: 17 jul. 2016.

doutrina em alemão tendo em vista a sua origem no sistema constitucional teutônico[56] (em português encontra-se também a designação competência-competência). Assim, os árbitros tem a competência para análise de sua própria competência em questões arbitrais.

Na prática, a conjugação desses princípios indica que ainda que haja alegação de invalidade ou ineficácia do negócio jurídico que contenha cláusula compromissória ou mesmo da própria cláusula, serão os árbitros os julgadores prioritários da alegada situação. Ao Judiciário será dado analisar a questão *a posteriori*, nos termos do art. 20, § 2.º, da Lei de Arbitragem.

Nem todos os países, contudo, utilizam a mesma regra estruturante do sistema arbitral e da produção de efeitos da cláusula compromissória frente o Judiciário. Nesse aspecto, há uma denominada escola francesa,[57] uma denominada escola norte-americana,[58] de análise incondicionada, e um regime *prima facie* de análise.[59]

---

[56] PITOMBO, E. C. Os efeitos da convenção de arbitragem – adoção do princípio *kompetenz-kompetenz* no Brasil. In: LEMES, S. M. F.; CARMONA C. A.; MARTINS, P. A. Batista. *Arbitragem*: estudos em homenagem ao Prof. Guido Fernando da Silva Soares (*in memoriam*). São Paulo: Atlas, 2007. p. 327.

[57] A escola francesa defende que a análise de existência de validade da cláusula compromissória só deve ser feita pelo Judiciário após o encerramento do processo arbitral, se a arbitragem ainda não foi instituída ou se a cláusula é manifestamente nula, nos termos do art. 1.448 do *Code de Procedure Civile*: "Lorsqu'un litige relevant d'une convention d'arbitrage est porté devant une juridiction de l'Etat, celle-ci se déclare incompétente sauf si le tribunal arbitral n'est pas encore saisi et si la convention d'arbitrage est manifestement nulle ou manifestement inapplicable". Há, contudo, uma válvula de escape para um regime prima facie no sistema francês, qual seja, a manifesta nulidade ou inaplicabilidade da convenção, por exemplo, para direitos indisponíveis. De certo modo, no entanto, a solução clássica da escola francesa foi a solução adotada pela Lei de Arbitragem, conforme explicado acima.

[58] A escola americana, por sua vez, considera que tal análise possa ocorrer antes pelo Judiciário, sendo determinado ainda quais questões serão analisadas pelos árbitros, conforme caso Prima Paint vs. Flood & Conklin Manufacturing & Co. 388 U.S. 395 (1967). Disponível em: <https://supreme.justia.com/cases/federal/us/388/395/case.html>. Acesso em: 17 jul. 2016: "The plain purpose of the Act as written by Congress was this, and no more: Congress wanted federal courts to enforce contracts to arbitrate, and plainly said so in the Act. But Congress also plainly said that whether a contract containing an arbitration clause can be rescinded on the ground of fraud is to be decided by the courts, and not by the arbitrators. Prima here challenged in the courts the validity of its alleged contract with F & C as a whole, not in fragments. If there has never been any valid contract, then there is not now and never has been anything to arbitrate. If Prima's allegations are true, the sum total of what the Court does here is to force Prima to arbitrate a contract which is void and unenforceable before arbitrators who are given the power to make final legal determinations of their own jurisdiction, not even subject to effective review by the highest court in the land. That is not what Congress said Prima must do. It seems to be what the Court thinks would promote the policy of arbitration. I am completely unable to agree to this new version of the Arbitration Act, a version which its own creator in Robert Lawrence practically admitted was judicial legislation. Congress might possibly have enacted such a version into law had it been able to foresee subsequent legal events, but I do not think this Court should do so".

[59] O regime de análise *prima facie*, por fim, dispõe que o Judiciário pode analisar de modo sumário as convenções de arbitragem, quase que *in status assertiones* ou conforme alegado. Essa teoria tem

A discussão pode ser sumarizada de modo simples e objetivo. Contudo, a vida prática é mais complexa e impõe relevantes desafios. O Recurso Especial 1.278.852 é a demonstração empírica de tal situação.[60]

No referido julgamento, o ministro relator foi Luis Felipe Salomão, com um entendimento fundado na interpretação literal do art. 8.º da Lei de Arbitragem e aplicação do entendimento prevalente na doutrina: "[...] a possibilidade de atuação de órgão do Poder Judiciário é vislumbrada pela Lei de Arbitragem, mas tão somente após a prolação da sentença arbitral, nos termos dos arts. 32, I, e 33". Contudo, a tese do controle *a posteriori* das decisões arbitrais foi ressalvada pelo voto divergente declarado da ministra Maria Isabel Galotti, indicando uma tendência para uma análise *prima facie*.

É clara a existência de uma dicotomia quanto à interpretação dos princípios da Lei de Arbitragem quanto à colaboração com o Judiciário no Superior Tribunal de Justiça.

De outro lado, há a questão dos conflitos de competência e o Superior Tribunal de Justiça já teve oportunidade de se manifestar em conflitos envolvendo árbitros (STJ, CC 113.260/SP) e juízes (STJ, CC 72.848/MG e CC 111.230/DF). Quanto ao conflito envolvendo árbitros, o Superior Tribunal de Justiça entendeu pela inexistência de conflito de competência já que a questão envolvia exatamente apenas árbitros, com base em uma interpretação dos arts. 6.º e 7.º da Lei de Arbitragem. Contudo, na hipótese de conflitos entre árbitros e juízes, o Superior Tribunal de Justiça desconsiderou ao art. 8.º da Lei de Arbitragem e equiparou os Tribunais previstos no art. 105, I, "d", da Constituição Federal aos Tribunais arbitrais, o que parece ser um equívoco. O mais correto parece ser a suspensão do processo arbitral. Tratar "tribunais arbitrais" tal como "tribunais estatais" parece ser um risco que desequilibra a relação entre os sistemas e permite uma série de interpretações que podem ser perniciosas para o bom funcionamento da arbitragem.[61]

---

uma preocupação bastante nobre e parte de dados da realidade, situações em que convenções de arbitragem são realizadas de modo irregular. Contudo, o limite da análise pelo Judiciário é um ponto não conceituado, em aberto, causando risco para o equilíbrio do sistema. De mais a mais, as condutas irregulares que, infelizmente são praticadas no Brasil quanto às convenções de arbitragem, podem ser casos criminosos e que podem ser coibidos pelas autoridades competentes.

[60] STJ, REsp 1.278.852/MG, Rel. Min. Luis Felipe Salomão, j. 11.12.2012. O caso discute o ajuizamento de demanda indenizatória no Judiciário requerendo a anulação de cláusula compromissória contida em acordo celebrado entre as partes para definição do *an debeatur* de indenização a ser fixada por perito definido pelas partes. Qualquer controvérsia decorrente desse acordo e da perícia deveria ser solucionada por arbitragem. O Tribunal de Justiça do Estado de Minas Gerais, por sua vez, conspirou que: "Embora o compromisso arbitral implique renúncia ao foro estatal, o pedido de nulidade dessa cláusula pode ser examinado pelo Poder Judiciário se a ação declaratória de nulidade for proposta antes da instauração da arbitragem".

[61] Vide o artigo de MILANI, N. P. Brazilian Readings on Compétence-Competénce: Missing the Wood for the Trees. Disponível em: <http://kluwerarbitrationblog.com/blog/2013/06/11/brazilian--readings-on-competence-competence-missing-the-wood-for-thetrees/>. Acesso em: 21 jun. 2013; e GUERRERO, L. F. *Árbitros, juízes e conflitos de competência*. In: MOTTA PINTO, A. L. B. da; SKITNEVSKY, K. H. (Coord.). *Arbitragem nacional e internacional*: os novos debates e a visão dos jovens arbitralistas. Rio de Janeiro: Elsevier, 2012. p. 88.

Há, portanto, uma situação ainda não tão bem resolvida entre os limites dos sistemas judicial e arbitral. Na média, podemos dizer que a relação funciona e bem. A manutenção dos dispositivos legais que tratam do assunto no movimento de alteração da Lei de Arbitragem é uma prova disso.

5. CONVENÇÕES DE SOLUÇÃO DE CONFLITOS: CONVENÇÕES ESCALONADAS E OS NEGÓCIOS JURÍDICOS PROCESSUAIS

A complexidade das convenções de arbitragem aumentou desde que a Lei de Arbitragem foi promulgada. A convenção deixou de ser um centro de vinculação das partes à arbitragem para se tornar um centro de solução de conflitos, prevendo outros métodos no contexto da cláusula escalonada ou influenciando o processo civil com os negócios jurídicos processuais.

A base, portanto, é a das cláusulas escalonadas, aquelas "[...] estipulações contratuais que preveem fases sucessivas que contemplam os mecanismos de mediação e arbitragem para solução de controvérsias".[62] As cláusulas em formato de escada são um fenômeno bastante recente para doutrina e acompanham o crescimento ou a escalada do conflito como um ente vivo e mutável. O tratamento do conflito deverá, desta feita, seguir tal característica.[63]

A realidade, portanto, é de coordenação entre os métodos de solução de conflitos. Tanto é assim que a própria Lei de Mediação prevê em seu art. 23 os impactos de uma mediação em uma arbitragem futura ou em um processo judicial futuro. A presença de uma cláusula escalonada suspende a realização de uma arbitragem ou de um processo judicial, caso a mediação ainda não tenha ocorrido. Ademais, as provas produzidas em uma mediação não poderão ser utilizadas em uma arbitragem ou processo judicial futuros, conforme o art. 30 da Lei de Mediação.

E o Superior Tribunal de Justiça já julgou demanda a respeito, considerando que há um claro regime de cooperação entre os métodos consensuais, no caso a mediação, e os métodos adjudicatórios, no caso a arbitragem: "4. Do mesmo modo, a referência à mediação como alternativa para a resolução de conflitos não torna a cláusula compromissória nula. Com efeito, firmada a cláusula compromissória, as partes não estão impedidas de realizar acordo ou conciliação, inclusive por mediação".[64]

De outro lado, os arts. 190 e 191 do Código de Processo Civil dispõem que, nos processos envolvendo direitos passíveis de autocomposição, as partes poderão estipular mudanças no procedimento para ajustá-lo às especificidades da causa e convencionar sobre os seus ônus, poderes, faculdades e deveres processuais, antes ou durante o processo, sob o controle do juiz.

---

[62]   LEVY, F. *Cláusulas escalonadas*. São Paulo: Saraiva, 2013. p. 200.
[63]   GUERRERO, L. F. *Os métodos de solução de conflitos e o processo civil*. São Paulo: Atlas, 2015.
[64]   STJ, REsp 1.331.100, Rel. Min. Raul de Araújo, j. 17.12.2015.

Não se trata de um instituto tipicamente novo na medida em que o Código de Processo Civil revogado (art. 158) já permitia o estabelecimento de algumas regras prévias entre as partes, que poderiam gerar consequências processuais futuras. Um exemplo típico é a cláusula de eleição de foro e ou outro é a própria convenção de arbitragem,[65] embora com objeto mais restrito do que as convenções processuais em geral ("direitos que admitam autocomposição").

Contudo, inovador é o tratamento dado ao assunto. Nesse sentido, Leonardo Carneiro da Cunha afirma:

> As convenções ou os negócios processuais despontam como mais uma medida de flexibilização e de adaptação procedimental, adequando o processo à realidade do caso submetido à análise judicial. As negociações processuais constituem meios de se obter maior eficiência processual, reformando o devido processo legal, na medida em que permitem que haja maior adequação do processo à realidade do caso.[66]

Trata-se de um claro influxo dos métodos extrajudiciais de solução de conflitos no processo civil, especialmente com a lógica pós-1996. A cláusula de solução de controvérsias estanque, quer compromissória ou de foro, parece estar com os dias contados.

Cada vez mais, as cláusulas compromissórias tendem a se tornar escalonadas, de um lado, e as cláusulas de eleição de foro conterão elementos ajustados previamente pelas partes na hipótese das discussões desses contratos envolverem direitos passíveis de autocomposição.

6. A ALEGAÇÃO DA CONVENÇÃO DE ARBITRAGEM COMO MATÉRIA PRELIMINAR

A alegação de existência de convenção de arbitragem sempre foi matéria bastante debatida no direito brasileiro. Era fundamental uma definição acerca do assunto pois há, nesse caso, uma clara concorrência entre dois métodos de solução de conflitos jurisdicionais, com uma chamada competência de jurisdição que não pode coexistir entre árbitros e juízes.[67]

Durante a vigência da Lei de Arbitragem na concomitância com o Código de Processo Civil de 1973, a convenção de arbitragem deveria ser arguida em matéria preliminar de

---

[65] GUERRERO, L. F. *Convenção...* cit., p. 14.

[66] CUNHA, L. C. da. Negócios jurídicos processuais no processo civil brasileiro. Disponível em: <http://www.academia.edu/10270224/Negócios_jur%C3%ADdicos_processuais_no_processo_civil_brasileiro>. Acesso em: 18 jul. 2016. No mesmo sentido, CAIS, F. F. da S. Art. 190 do CPC. In: CRUZ E TUCCI, J. R.; FERREIRA FILHO, M. C.; APRIGLIANO, R. de C.; DOTTI, R. F.; MARTINS, S. G. *Código de Processo Civil anotado*. São Paulo: AASP e OAB Paraná, 2015. p. 332.

[67] CINTRA, A. C. de; GRINOVER, A. A. P.; DINAMARCO, C. R. *Teoria geral do processo*. 30. ed. São Paulo: Malheiros, 2014. p. 160-161.

contestação (art. 301, IX, do CPC), com todos os argumentos de defesa do réu, conforme o princípio da eventualidade. No entanto, a existência de cláusula compromissória poderia ser conhecida de ofício, ao passo que a existência do compromisso arbitral não. Este último, necessariamente, precisaria ser alegado em sede de defesa. Não havia um paralelismo entre o inciso IX (convenção de arbitragem) e o § 4.º (compromisso arbitral), como seria o natural.

Independentemente disso, o entendimento do Judiciário caminhou no sentido de que as duas espécies da convenção de arbitragem precisariam ser alegadas para não haver caracterização de renúncia à instância arbitral. O juiz não poderia conhecer de ofício nem mesmo a cláusula compromissória, apesar do art. 301, § 4.º, excetuar apenas o compromisso arbitral.[68]

Já no Código de Processo Civil de 2015 a questão da inexistência de paralelismo foi solucionada pela redação do art. 337, X e § 5.º, consolidando o entendimento jurisprudencial anterior. Ademais, houve a possibilidade de introdução de uma fase preliminar para alegação e debate sobre a existência, validade e eficácia da convenção de arbitragem. Dessa maneira, a parte requerida não seria obrigada a apresentar todos os seus argumentos de defesa em contestação. Essa era a ideia na versão aprovada na Câmara dos Deputados.[69]

---

[68] "Mandado de segurança – Extinção do processo sem resolução do mérito – Convenção de arbitragem – Conhecimento de ofício – Impossibilidade – CPC 301 § 4.º – Inteligência – Concessão da ordem. É vedado ao juiz conhecer de ofício da convenção de arbitragem" (TJSP, MS 1074475-0/8, Rel. Des. Jesus Lofrano, j. 19.12.2006).

[69] *"Art. 345. A alegação de existência de convenção de arbitragem deverá ser formulada, em petição autônoma, na audiência de conciliação.*

§ 1.º A alegação deve estar acompanhada do instrumento da convenção de arbitragem, sob pena de rejeição liminar.

§ 2.º O autor será intimado para manifestar-se imediatamente sobre a alegação. Se houver necessidade, a requerimento do autor, o juiz poderá conceder prazo de até quinze dias para essa manifestação.

§ 3.º A alegação de incompetência do juízo, se houver, deverá ser formulada na mesma petição a que se refere o caput deste artigo, que poderá ser apresentada no juízo de domicílio do réu, observado o disposto no art. 341.

§ 4.º Após a manifestação do autor, o juiz decidirá a alegação. Intimadas as partes da decisão que a rejeita, o prazo da contestação começará a fluir.

§ 5.º Se, antes da audiência de conciliação, o réu manifestar desinteresse na composição consensual, terá de, na mesma oportunidade, formular a alegação de convenção de arbitragem, nos termos deste artigo.

Art. 346. Não tendo sido designada audiência de conciliação, a alegação da existência de convenção de arbitragem deverá ser formulada, em petição autônoma, no prazo da contestação.

§ 1.º A alegação deve estar acompanhada do instrumento da convenção de arbitragem, sob pena de ser rejeitada liminarmente e o réu ser considerado revel.

§ 2.º A alegação de incompetência do juízo, se houver, deverá ser apresentada na mesma petição a que se refere o caput deste artigo, que poderá ser apresentada no juízo de domicílio do réu, observado o disposto art. 341.

§ 3.º Após a manifestação do autor, o juiz decidirá a alegação. Intimadas as partes da decisão que a rejeita, o prazo da contestação recomeçará por inteiro."

Contudo, o texto foi suprimido. Para superar tal situação, Thiago Rodovalho e José Antonio Fichtner[70] propõem a celebração de um negócio jurídico processual estipulando uma "exceção de pré-conhecimento" para alegação da matéria. A sugestão é bastante inteligente e está de acordo com a técnica processual. O questão, no entanto, é bastante arriscada pois não se sabe de que modo os Tribunais brasileiros reagirão a esse instrumento.

Como se vê, há a necessária alegação de qualquer espécie de convenção de arbitragem por parte do réu em sede de contestação, mesma oportunidade em que serão apresentados todos os seus argumentos de defesa. Ainda que a preliminar de convenção de arbitragem seja aceita, extinguindo o processo sem resolução do mérito, o réu já terá apresentado todos os seus argumentos de defesa.

7. CONCLUSÃO

A convenção de arbitragem é instituto fundamental para a arbitragem. Ela não só tem a origem do vínculo entre as partes para retirar um conflito da análise do Judiciário como também apresenta todos os seus delineamentos.

Nesses 20 anos de utilização mais ampla da arbitragem no Brasil, a técnica da convenção de arbitragem dominou as discussões, quer pela sua vertente de direito material, com consequências diretas na arbitrabilidade, quer na sua vertente processual, com extensão de sua vinculação e interpretação de seus efeitos pelo Judiciário.

Fica claro e evidente o necessário assessoramento técnico das partes na elaboração e análise da convenção de arbitragem e a espera por outras questões que virão nos próximos 20 anos. O instituto é mutável, tal como é a sociedade, ainda mais a sociedade brasileiro, sempre movimentada. Não há tédio para quem estuda arbitragem no Brasil.

REFERÊNCIAS

AMARAL, Paulo Osternack do. Arbitragens societárias: das incertezas brasileiras às soluções italianas. Disponível em: <http://www.iappr.com.br/wpcontent/uploads/2013/10/REV_ELETRONICA_PAULOOSTERNACK.pdf>. Acesso em: 26 jun. 2016.

BERALDO, Leonardo de Faria. *Curso de arbitragem*. São Paulo: Atlas, 2014.

CARMONA, Carlos Alberto. *Arbitragem e processo*. 3. ed. São Paulo: Atlas, 2009.

_____; LEMES, Selma Maria Ferreira; MARTINS, Pedro A. *Aspectos fundamentais da Lei de Arbitragem*. Rio de Janeiro: Forense, 1999.

---

[70] RODOVALHO, T. CPC perdeu chance de colocar Brasil na vanguarda em processos com arbitragem. Disponível em: <http://www.conjur.com.br/2016-mai-15/thiago-rodovalho-cpc--perdeu-chance-avancar-arbitragem-brasileira>. Acesso em: 19 jul. 2016; e FICHTNER, J. A. *Alegação de convenção de arbitragem no novo CPC*. Disponível em: <http://www.migalhas.com.br/dePeso/16,MI226957,51045-Alegacao+de+convencao+de+arbitragem+no+novo+CPC>. Acesso em: 19 jul. 2016.

_____; _____; _____. *Arbitragem*: estudos em homenagem ao Prof. Guido Fernando da Silva Soares (*in memoriam*). São Paulo: Atlas, 2007.

CARVALHO SANTOS, J. M. *Código Civil brasileiro interpretado.* 4. ed. Rio de Janeiro: Freitas Bastos, 1952. v. II.

CINTRA, Antonio Carlos de Araújo; GRINOVER, Ada Pellegrini; DINAMARCO, Cândido Rangel. *Teoria geral do processo.* 30. ed. São Paulo: Malheiros, 2014.

COMPARATO, Fabio Konder. *O poder de controle na sociedade anônima.* 3. ed. Rio de Janeiro: Forense, 1983.

CRUZ E TUCCI, José Rogério; FERREIRA FILHO, Manuel Caetano; APRIGLIANO, Ricardo de Carvalho; DOTTI, Rogéria Fagundes; MARTINS, Sandro Gilbert. *Código de Processo Civil anotado.* São Paulo: AASP e OAB Paraná, 2015.

CUNHA, Leonardo Carneiro da. Negócios jurídicos processuais no processo civil brasileiro. Disponível em: <http://www.academia.edu/10270224/Negócios_jur%C3%ADdicos_processuais_no_processo_civil_brasileiro>. Acesso em: 18 jul. 2016.

FICHTNER, José Antonio. *Alegação de convenção de arbitragem no novo CPC.* Disponível em: <http://www.migalhas.com.br/dePeso/16,MI226957,51045-Alegacao+de+convencao+de+arbitragem+no+novo+CPC>. Acesso em: 19 jul. 2016.

GRAU, Eros Roberto. *A ordem econômica na Constituição de 1988.* 6. ed. São Paulo: Malheiros, 2001.

GUERRERO, Luis Fernando. A política "café com leite" das convenções de arbitragem. Disponível em: <http://jota.uol.com.br/politica-cafe-com-leite-das-convencoes-de--arbitragem>. Acesso em: 27 jun. 2016.

_____. Árbitros, juízes e conflitos de competência. In: PINTO, A. L. B. da Motta; SKITNEVSKY, K. H. (Coord.). *Arbitragem nacional e internacional*: os novos debates e a visão dos jovens arbitralistas. Rio de Janeiro: Elsevier, 2012.

_____. *Convenção de arbitragem e processo arbitral.* 2. ed. São Paulo: Atlas, 2014.

_____. O papel do Superior Tribunal de Justiça para o desenvolvimento dos ADRs. In: NASCIMBENI, A. F.; MUNIZ, J. de P.; RANZOLIN, R. *20 anos da Lei Brasileira de Arbitragem.* Brasília: OAB – Conselho Federal, 2015.

_____. *Os métodos de solução de conflitos e o processo civil.* São Paulo: Atlas, 2015.

_____. Princípios da arbitragem não são entendidos por completo. Disponível em: <http://www.conjur.com.br/2013-jul-10/luis-guerrero-principios-arbitragem-nao-sao--entendidos-completo>. Acesso em: 17 jul. 2016

_____. Trellenborg Case: The Express Volunteerism of the Arbitration. Is there Exception? In: MALHEIRO, G.; UVA P. S. (Org.). *YAR – Young Arbitration Review*, Lisboa, n. IV, p. 18-20, 2012.

HOLANDA, Flávia; SALLA, Ricardo Medina. *A nova Lei da Arbitragem brasileira.* São Paulo: IOB Sage, 2015.

LEMES, Selma Maria Ferreira. *Arbitragem na Administração Pública.* São Paulo: Quartier Latin, 2007.

LEVY, Fernanda. *Cláusulas escalonadas.* São Paulo: Saraiva, 2013.

LIMA, Bernardo. *A arbitrabilidade do dano ambiental.* São Paulo: Atlas, 2010.

MAGALHÃES, José Carlos de. *Do Estado na arbitragem privada*. São Paulo: Max Limonad, 1988.

MALHEIRO, Gonçalo; UVA, Pedro Sousa (Org.). *YAR – Young Arbitration Review*, Lisboa, n. IV, p. 18-20, 2012.

MARTINS, Pedro A. Batista. *Arbitragem no direito societário*. São Paulo: Quartier Latin, 2012.

MILANI, Naima Perella. Brazilian Readings on Compétence-Competénce: Missing the Wood for the Trees. Disponível em: <http://kluwerarbitrationblog.com/blog/2013/06/11/brazilian-readings-on-competence-competence-missing-the-wood-for-thetrees/>. Acesso em: 21 jun. 2013.

MOTTA PINTO, Ana Luiza Baccarat; SKITNEVSKY, Karin Hlavenicka (Coord.). *Arbitragem nacional e internacional*: os novos debates e a visão dos jovens arbitralistas. Rio de Janeiro: Elsevier, 2012.

NASCIMBENI, A. F.; MUNIZ, J. de P.; RANZOLIN, R. *20 anos da Lei Brasileira de Arbitragem*. Brasília: OAB – Conselho Federal, 2015.

OSTIA, Paulo Henrique Raiol. *Desenho de sistema de solução de conflito*: sistema indenizatórios em interesses individuais homogêneos. 2014. Dissertação (Mestrado) – Faculdade de Direito da Universidade de São Paulo, São Paulo.

PELA, Juliana Krueger. Notas sobre a eficácia da cláusula compromissória estatutária. *Revista de Direito Mercantil, Industrial, Econômico e Financeiro*, São Paulo: Malheiros, n. 126, 2002.

PEREIRA, C. A. G. Arbitragem e Administração Pública na Jurisprudência do TCU e do STJ. In: _____; TALAMINI, E. (Coord.). *Arbitragem e Poder Público*. São Paulo: Saraiva, 2010.

PLMJ. *100 anos de arbitragem*: os casos essenciais comentados. Coimbra: Coimbra Editora, 2015.

PUCCI, Adriana (Org.). *Aspectos atuais da arbitragem*. Rio de Janeiro: Forense, 2001.

REBELO, M. Arbitragem nos contratos administrativos. In: TRABOULSI, Carla Sahium (Org.). *Negociação, mediação, conciliação e arbitragem*. Goiânia: Kelps, 2013.

ROCHA, Caio Cesar Vieira; SALOMÃO, Luis Felipe. *Arbitragem e mediação*: a reforma da legislação brasileira. São Paulo: Atlas, 2015.

RODOVALHO, Thiago. *Cláusula arbitral nos contratos de adesão*. São Paulo: Almedina, 2016.

_____. CPC perdeu chance de colocar Brasil na vanguarda em processos com arbitragem. Disponível em: <http://www.conjur.com.br/2016-mai-15/thiago-rodovalho-cpc--perdeu-chance-avancar-arbitragem-brasileira>. Acesso em: 19 jul. 2016.

ROSSI, Livia. A arbitragem na Lei de Sociedades Anônimas. *Revista de Direito Mercantil, Industrial, Econômico e Financeiro*, São Paulo; Malheiros, n 129, p. 204, 2002.

SALOMÃO, Luis Felipe. Prevenção de litígios. *Folha de S. Paulo*, Tendências e Debates, 19 jun. 2016, p. A3.

SILVA, Eduardo Silva da. *Arbitragem e direito da empresa*. São Paulo: RT, 2003. p. 32-45.

_____; GUERRERO, Luis Fernando; NUNES, Thiago Marinho. *Regras da arbitragem brasileira*. São Paulo: Marcial Pons; CAM/CCBC, 2015.

TARTUCE, Fernanda. Mediação extrajudicial e indenização por acidente aéreo: relato de uma experiência brasileira. Disponível em: <http://www.fernandatartuce.com.br/wp-content/uploads/2016/02/Tartuce-Fernanda.-Media%C3%A7%C3%A3o-extrajudicial-e-acidente-aereo.pdf>. Acesso em: 6 jul. 2016.

TRABOULSI, Carla Sahium (Org.). *Negociação, mediação, conciliação e arbitragem*. Goiânia: Kelps, 2013.

ÁRBITROS

IMPUGNAÇÃO DE ÁRBITROS

ADRIANA NOEMI PUCCI

SUMARIO: I. Introdução – II. O controle da arbitragem pelas partes – III. O substrato legal da impugnação de árbitros – IV. Confiança *vs*. Dúvida justificada – V. A conduta dos árbitros. Diretrizes estabelecidas na LAB. Limites do dever de revelação – VI. Hipóteses que podem ensejar a impugnação de árbitros – VII. Da ampliação das hipóteses de impugnação de árbitros – VIII. O procedimento de impugnação de árbitros – IX. Exemplos de critérios de impugnação de árbitros adotados na arbitragem de investimentos – X. Considerações finais – XI. Bibliografia.

I. INTRODUÇÃO

01. A impugnação de árbitros é um dos temas mais sensíveis da arbitragem. A parte e seu patrono, ao impugnarem a nomeação de um árbitro, adentram em um espaço onde os aspectos subjetivos prevalecem.

02. A recusa de árbitro é um mecanismo fundamental, precisa ser exercida com seriedade e respeito pela parte e deve ser aceita com profissionalismo pelo árbitro. Com a impugnação de árbitros não se questiona a pessoa do árbitro, apenas coloca-se em dúvida se o profissional encontra-se, nesse momento, totalmente isento para julgar determinada controvérsia.

03. Consoante com o entendimento acima, Selma M. Ferreira Lemes[1] afirma:

> Importa observar que não há nenhum demérito para o árbitro ser impugnado, pois faz parte do sistema arbitral verificar a possibilidade ou não dele poder atuar naquele caso específico em razão das partes, da matéria tratada, em decorrência de suas atividades pregressas etc.

---

[1] LEMES, Selma M. Ferreira. O procedimento de impugnação e recusa de árbitro como sistema de controle quanto à independência e a imparcialidade do julgador. *Revista de Arbitragem e Mediação*, v. 50, p. 371, jul.-set. 2016.

04. A impugnação de árbitros não pode gerar temor ou insegurança nas partes, nem nos advogados que militam na arbitragem. As vezes, o receio de eventuais represálias ou predisposição negativa que possam advir, caso o árbitro impugnado seja confirmado em sua posição, torna mais difícil a decisão de arguir a recusa de um árbitro ou potencial árbitro.

05. É importante reconhecer a impugnação de árbitros como um mecanismo de preservação da ética e da transparência nos processos arbitrais.

06. Entretanto, a ninguém escapa que seu uso pode mascarar eventuais pretensões de tumultuar o processo, e gerar fundamentos para uma futura anulação da sentença arbitral que se vislumbra desfavorável[2]. Por essa razão o mecanismo da impugnação de árbitros deve ser conduzido com cautela e parcimônia, procurando respeitar, e fazendo respeitar, os comandos que regulam esta matéria, sejam legais, regulamentares ou àqueles decorrentes da *soft law*[3].

II. O CONTROLE DA ARBITRAGEM PELAS PARTES

07. A arbitragem é um método de solução de controvérsias privado, no qual o julgador [o árbitro] exerce uma jurisdição *limitada*[4], proferindo decisões em instância única [a sentença arbitral não está sujeita a recurso ou a homologação pelo Poder Judiciário[5]], que possuem os mesmos efeitos da sentença proferida pelo juiz togado[6].

08. O fundamento da arbitragem encontra-se na autonomia da vontade das partes, que ao escolher esta forma de resolver controvérsias, delegam poder para determinados indivíduos [os árbitros] tomarem decisões de acordo com certa forma e modo previamente acordados. Na adoção de uma cláusula compromissória há um risco implicitamente assumido pelas partes, que estão cientes de que a decisão do árbitro é final e o controle judicial da sentença arbitral é excepcional[7].

---

[2] ELIAS, Carlos Stefen. *Imparcialidade dos árbitros*. 2014. Tese (Doutorado) – orientada pelo professor Carlos Alberto Carmona apresentada na Faculdade de Direito da Universidade de São Paulo, São Paulo, p. 11.

[3] O que se denomina de *soft law* são os instrumentos regulatórios, desenvolvidos originariamente no âmbito do direito internacional, dotados de força normativa limitada, que não são vinculantes e não criam obrigações jurídicas, mas que ainda assim produzem efeitos a seus destinatários. Cf. ABBUD, André de Albuquerque Cavalcanti. Soft law *e produção de provas na arbitragem internacional*. São Paulo: Atlas, 2014. p. 10.

[4] A expressão "jurisdição limitada" é utilizada no sentido de que a jurisdição arbitral possui todos os elementos que compõem a jurisdição, todavia carece de *imperium*. Cf. PUCCI, Adriana Noemi. *Juiz & árbitro. Aspectos atuais da arbitragem*. Rio de Janeiro: Forense, 2001. p. 9.

[5] Lei 9.307/1996, art. 18: "O árbitro é juiz de fato e de direito, e a sentença que proferir não fica sujeita a recurso ou homologação pelo Poder Judiciário".

[6] Lei 9.307/1996, art. 31: "A sentença arbitral produz, entre as partes e seus sucessores, os mesmos efeitos da sentença proferida pelos órgãos do Poder Judiciário [...]".

[7] WAMBIER, Teresa Arruda Alvim. A discussão sobre a disponibilidade do controle judicial da sentença arbitral e seus limites. *Revista Brasileira de Arbitragem*, v. 50, p. 12, 2016.

09. Pelo fato de ensejar a delegação de poder das partes ao árbitro para este julgar determinada disputa, a arbitragem deve contar com mecanismos de controle[8]. Uma vez que a Constituição Federal [art. 5.º, LIV] garante aos cidadãos o direito ao devido processo legal, é necessário que as partes possuam instrumentos jurídicos que permitam defender-se quando esse direito não é respeitado no âmbito da jurisdição privada.

10. Conforme afirma Roque Caivano[9]:

> [...] sin negar el respeto que merece la voluntad de las partes, esta administración privada de justicia no es ajena a cierto control judicial, el cual no es susceptible de ser suprimido totalmente.

11. A Lei de Arbitragem [LAB[10]] contempla duas ordens de controle do processo arbitral: [i] pelo poder judiciário, por meio da ação anulação da sentença arbitral; e, [iii] pelas partes, por meio da impugnação de árbitros.

12. O controle do poder judiciário exercido *a posteriori,* por meio da ação de anulação da sentença arbitral, reflete uma tutela externa à arbitragem, alheia às partes e aos árbitros que participaram do procedimento.

13. A atuação das partes em momento anterior à prolação da sentença arbitral, nas situações em que se justifica a impugnação de um potencial árbitro ou de um árbitro, constitui um mecanismo eficiente e capaz de prover maior solidez ao processo arbitral, diminuindo as chances de sucesso de eventual ação de anulação da sentença.

14. O controle da arbitragem por meio da recusa de árbitros contribui para manter a confiança no instituto. A impugnação de árbitros encontra-se ligada geneticamente à arbitragem, assim entendida como parte da própria concepção original do instituto[11]. Sendo certo que o árbitro deve possuir a confiança das partes, será incumbência destas fiscalizar a sua imparcialidade e independência ao início e durante todo o procedimento arbitral.

15. Tratando-se de sistema que envolve delegação de poder, com caráter jurisdicional, fundamentado na fidúcia, a arbitragem requer das partes uma postura ativa para controlar a isenção do julgador para decidir em relação a determinada disputa. Assim, a impugnação de árbitros vem a conformar uma espécie de "autocontrole" da jurisdição arbitral pelos próprios participantes do sistema.

III. O SUBSTRATO LEGAL DA IMPUGNAÇÃO DE ÁRBITROS

16. A impugnação de árbitros encontra seu substrato legal nos arts. 13 e 14 da LAB.

---

[8] REISMAN, Michael. The Breakdown of the Control Mechanism in ICSID Arbitration. *Duke Law Journal*, n. 4, p. 740, set. 1989.

[9] CAIVANO, Roque J. *Control Judicial en el Arbitraje.* Buenos Aires: Abeledo Perrot, 2011. p. 111.

[10] LAB – Lei de Arbitragem Brasileira – Lei 9.307/1996 com as modificações introduzidas pela Lei 13.129/2015.

[11] REISMAN, Michael. The Breakdown cit., p. 741.

17. No *caput* do art. 13 da LAB consta o princípio básico segundo o qual pode ser árbitro qualquer pessoas *capaz* e que tenha a *confiança* das partes. No mesmo artigo, no § 6.º, o diploma legal estabelece as diretrizes que regem a conduta dos árbitros, que deverão agir com *imparcialidade, independência, competência, diligência* e *discrição*.

18. O art. 14 da LAB declara que estão impedidos de atuar como árbitros as pessoas que tenham, com a *parte* ou o *litígio*, relações que caracterizem os casos de impedimento ou suspeição dos juízes togados, conforme previsto no Código de Processo Civil. Em adição, o artigo determina, no seu §1º, o dever de revelação, segundo o qual o árbitro tem o dever de comunicar qualquer fato que denote dúvida justificada quanto à sua imparcialidade e independência.

19. Nos arts. 15 e 20 da Lei de Arbitragem encontra-se regulamentado o procedimento a seguir nos casos em que uma parte pretenda arguir a suspeição ou impedimento de um árbitro.

20. À normativa legal deve, necessariamente, adicionar o quanto determinado pelos regulamentos de arbitragens das entidades que administram processos arbitrais.

21. Lembre-se de que, nos termos do art. 21 da LAB, as partes poderão estabelecer o processo da escolha do árbitro ou adotar as regras de um órgão arbitral institucional ou entidade especializada, seguindo-se, dessa forma, o procedimento para os casos de conflitos de interesses previstos em cada regulamento de arbitragem.

IV. CONFIANÇA *VS.* DÚVIDA JUSTIFICADA

22. A Lei de Arbitragem, ao afirmar, no art. 13, que pode ser árbitro qualquer pessoa que tenha a confiança das partes, introduz na norma, que é um elemento objetivo, um componente eminentemente subjetivo como é a *fidúcia*. Segundo a LAB, o primeiro elemento que valida a indicação de uma pessoa para ser árbitro é que goze da confiança das partes.

23. Diferentemente do Judiciário, em que não se exige que o juiz goze da confiança das partes. O cidadão não precisa ter confiança na pessoa do juiz, pois o Estado – por meio do Poder Judiciário – garante que o juiz agirá com imparcialidade e independência. A legitimidade do juiz togado advém do Estado. Entretanto, a legitimidade do árbitro decorre da confiança de quem o indicou para assumir essa função, externada de forma expressa por meio da nomeação[12].

24. Na arbitragem as partes assumem o risco da escolha do árbitro. A lei entende que a relação de *confiança* entre as partes e o árbitro é suficiente garantia de que o processo arbitral será conduzido pelo julgador com independência e imparcialidade.

---

[12] "Ou seja, enquanto no processo judicial o juiz é um terceiro institucionalizado mediante procedimentos legitimadores que lhe conferem uma credibilidade presumida, como a formação e a experiência jurídica documentadas, o concurso público, a nomeação o exercício de uma função que, a princípio, não é *ad hoc*, o árbitro goza de legitimidade pelo consenso *presumido* dos que o indicam *expressivamente*" (FERRAZ JUNIOR, Tercio Sampaio. Sobre o dever de revelar na Lei 9.307/1996. *Revista de Arbitragem e Mediação*, v. 28, p. 71, 2011).

25. Observa-se no texto legal que o árbitro deve contar com a *confiança das partes*: de ambas as partes, não apenas da parte que o indicou. Por esse motivo a LAB concedeu o direito à parte que não indicou o árbitro, e, também, a ambas as partes após conhecido fato que possa gerar dúvidas quanto a sua imparcialidade ou independência, de impugnar o julgador quando existam dúvidas justificadas quanto à sua isenção para decidir determinada controvérsia.

26. Pode-se afirmar que o princípio básico é a confiança das partes no árbitro. Todavia, a ausência de confiança *per se* não é fundamento suficiente para impugnar um árbitro ou potencial árbitro. Deverá provar a existência de alguma situação de fato que provoque dúvidas justificadas quanto a sua imparcialidade e independência.

27. A dúvida quanto à imparcialidade ou à ausência de independência do árbitro deve ser justificada e assentada em adequada prova[13].

28. A análise da impugnação deverá processar-se buscando um meio-termo entre o elemento subjetivo [*confiança*] e o elemento objetivo [*dúvida justificada*], levando-se em consideração se, aos olhos de um terceiro imparcial, a dúvida quanto à independência e imparcialidade do árbitro possui fundamento.

29. Nesse sentido, desde a perspectiva de quem está analisando a impugnação de um árbitro ou potencial árbitro, o parâmetro que guiará essa avaliação será "a opinião que um terceiro imparcial" teria em relação às dúvidas levantadas pela parte quanto à independência e imparcialidade do árbitro.

V. A CONDUTA DOS ÁRBITROS. DIRETRIZES ESTABELECIDAS NA LAB. LIMITES DO DEVER DE REVELAÇÃO

30. A Lei de Arbitragem impõe uma série de condutas aos árbitros, determinando, por um lado, que o árbitro proceda com *imparcialidade, independência, competência, diligência e discrição* e, por outro, incorporando o dever de revelação, por força do qual o árbitro deve comunicar qualquer fato que denote dúvida justificada quanto a sua imparcialidade e independência.

31. A primeira conduta exigida ao árbitro é a *imparcialidade*. O termo imparcialidade possui uma natureza subjetiva e refere-se à ausência de prejulgamento do litígio por conta de determinado "estado de espírito" do julgador. Significa a ausência de inclinação do árbitro em relação a uma das partes. A essência da *imparcialidade* é a inexistência de propensão à causa de uma das partes, por alguma noção preconcebida sobre as questões jurídicas ou técnicas[14]. A imparcialidade possui a função de possibilitar o exercício da influência dos argumentos de ambas partes no julgador[15].

---

[13] MARTINS, Pedro Batista. *Apontamentos sobre a Lei de Arbitragem*: comentários à Lei n.º 9.307/96. Rio de Janeiro: Forense, 2008. p. 210.

[14] LUCON, Paulo Henrique dos Santos. Imparcialidade na arbitragem e impugnação dos árbitros. *Revista de Arbitragem e Mediação*, v. 39, p. 39, out. 2013.

[15] ELIAS, Carlos Stefen. *Imparcialidade dos árbitros* cit., p. 187.

32. Exige-se ademais que o árbitro seja independente. A *independência* refere-se a uma situação de fato ou de direito, verificável objetivamente[16]. Aponta ao livre convencimento do árbitro. Reforça a inexistência de vínculo profissional, interesses financeiros ou questões de fato subjacentes à controvérsia que impeçam o árbitro atuar com isenção.

33. Conforme definíamos em outra oportunidade[17]:

> A postura independente do árbitro frente às partes traduz-se na inexistência de qualquer relação ou vínculo deste com aquelas ou com alguma pessoa estritamente vinculada a elas, sejam essas relações ou vínculos de caráter pessoal, social, econômico, financeiro ou de qualquer outra natureza.

34. A LAB requer que o árbitro tenha conhecimento e aptidão para dirimir a controvérsia que lhe é submetida. A *competência* é outro elemento subjetivo, difícil de avaliar por terceiros, porém fácil de determinar pelo próprio árbitro, que deverá declarar-se impedido caso considere carecer dos conhecimentos técnicos necessários para julgar determinada controvérsia.

35. Requer-se do árbitro que se conduza com *diligência*. O árbitro deve estar comprometido com o andamento da arbitragem, com a busca da verdade, deve agir com zelo em relação ao tempo e aos custos do processo arbitral, procurando não onerar sobremaneira as partes.

36. O árbitro deve ser *discreto*, evitando comentar ou deixando transcender atos praticados no decorrer do processo arbitral.

37. A LAB impõe ao árbitro o dever de revelar antes da aceitação da função, ou a qualquer momento em que tenha conhecimento, a existência de fato que denote dúvida justificada quanto à sua imparcialidade e independência.

38. As situações a revelar pelo árbitro devem poder provocar dúvida às partes. A dúvida não pode ser leviana. As partes devem ter razão de ter dúvidas quanto à independência ou imparcialidade do árbitro[18].

39. Na doutrina existem intermináveis discussões acerca da extensão do dever de revelação do árbitro, sobre o que se deve comunicar e até quantos anos de sua vida profissional pregressa devem ser informados.

40. Entendemos não ser possível definir objetivamente e taxativamente essas premissas. A independência do árbitro é uma disposição de consciência que se espelha na sua conduta. Será a consciência do árbitro, somada ao respeito que deve às partes em razão da confiança que lhe proporcionam por ocasião de sua nomeação, que definirão a amplitude da revelação.

---

[16] LUCON, Paulo Henrique dos Santos. Imparcialidade... cit., p. 40.

[17] PUCCI, Adriana Noemi. O árbitro na arbitragem internacional. Princípios éticos. *Arbitragem comercial internacional* (Coord.). São Paulo: LTr, 1998. p. 121.

[18] FERRAZ JUNIOR, Tercio Sampaio. Sobre o dever de revelar... cit., p. 78.

41. Não é esperado que o árbitro fique em estado de alerta permanente, atento a absolutamente todos os fatos à sua volta que possam ter relação direta ou indireta com a controvérsia e as partes da arbitragem[19]. O dever de revelação deve ser visto e aplicado com razoabilidade e bom senso:

> [...] retirar o dever de revelar desse contexto de razoabilidade é fazer dele um instituto abstrato que põe qualquer candidato a árbitro em situação de desamparo e a arbitragem, sujeita a um processo sem controle de deslegitimação por quebra da fidúcia (confiança na confiança)[20].

42. Nesse sentido, o silêncio do árbitro sobre fato que pode gerar o seu afastamento nem sempre poderá ser caracterizado como violação ao dever de revelação, pois é possível que o árbitro de boa-fé ignorasse o fato que poderá provocar o seu afastamento[21].

43. Os limites do dever de revelação encontram-se na própria consciência do árbitro. Ao passo que não se pode demandar um escrutínio completo de todos os eventos que ocorreram na vida do árbitro, também não se pode aceitar a não revelação de relações profissionais e pessoais profundas e patentes, sendo que, em caso de dúvida, o fato conhecido deve ser revelado.

VI. HIPÓTESES QUE PODEM ENSEJAR A IMPUGNAÇÃO DE ÁRBITROS

44. O legislador pátrio decidiu estabelecer na LAB, art. 14[22], as hipóteses que impedem exercer a função de árbitro *per relationem* àquelas de impedimento e suspeição previstas para os juízes togados no Código de Processo Civil.

45. Não obstante a referência ao diploma processual pela LAB, é necessário ter em mente que as partes, no exercício da autonomia da vontade, podem afastar de forma consensual as hipóteses previstas em LAB para a impugnação de árbitros[23] e, inclusive, podem, de comum acordo, aceitar um árbitro que objetivamente esteja impedido para o exercício da função.

46. Afora as hipóteses previstas nos arts. 144 e 145 do Código de Processo Civil, outras podem fundamentar um pedido de recusa de árbitro[24]. Neste sentido, deve atentar-

---

[19]   WALD, Arnoldo. A ética e a imparcialidade na arbitragem. *Revista de Arbitragem e Mediação*, v. 39, p. 33, out. 2013.

[20]   FERRAZ JUNIOR, Tércio Sampaio. Sobre o dever de revelar... cit., p. 79.

[21]   CARMONA, Carlos Alberto. *Arbitragem e processo*: um comentário à Lei n.º 9.307/96. 3. ed. São Paulo: Atlas, 2009. p. 255.

[22]   Lei 9.306/1996, art. 14. "Estão impedidas de funcionar como árbitros as pessoas que tenham com as partes ou com o litígio que lhes for submetido, algumas das relações que caracterizam os casos de impedimento ou suspeição dos juízes, [...]."

[23]   CARMONA, Carlos Alberto. *Arbitragem e processo*... cit., p. 253.

[24]   Conforme salienta Carlos Alberto Carmona: "Por outro lado, como se disse, o elenco dos arts. 134 e 135 do Código de Processo Civil, [...] não esgota toda a matéria. Há casos de impedimento que não estão claramente capitulados e ainda assim devem levar ao afastamento do árbitro" (*Arbitragem e processo*... cit., p. 253).

-se ao regulamento de arbitragem da instituição especializada que administra o procedimento arbitral. Estas entidades podem prever casos específicos de conflitos de interesses.

47. A convenção arbitral celebrada entre os agentes comercializadores de energia elétrica e a câmara de comercialização de energia elétrica – CCEE no âmbito da ANEEL[25], estabelece uma série de hipóteses que podem ensejar a impugnação de árbitros, que contemplam situações relacionadas à própria atividade e ao mercado de comercialização de energia[26].

48. Na recentemente publicada *Note to the Parties and Arbitral Tribunals on the Conduct of the Arbitration under the ICC Rules of Arbitration*, a ICC estabelece uma relação de situações que podem afetar a independência do árbitro[27]. A relação em comento é meramente indicativa e enumera hipóteses que envolvem não apenas o árbitro e a parte, e, o árbitro e o objeto do litígio, como faz a LAB, mas, também, o árbitro e o escritório de advocacia que representa à parte; e o árbitro e o escritório de advocacia do qual é sócio ou membro.

49. É importante ressaltar que as regras da ICC estimulam a revelação pelo árbitro de circunstância que possa macular sua independência "aos olhos das partes", aconselhando-o a que, em caso de dúvida, o árbitro, ou o potencial árbitro, faça a revelação: "Any doubts must be resolved in favor of disclosure"[28].

50. Afora a Lei de Arbitragem e os regulamentos das Câmaras de Arbitragem, é possível encontrar no *soft law* importantes contribuições acerca de condutas que podem ensejar a impugnação de árbitros.

51. Em 2014 a *International Bar Association* [IBA] aprovou a *IBA Guidelines on Conflict of Interest in International Arbitration*, diretrizes sem força vinculante que ob-

---

[25] Convenção arbitral celebrada entre os Agentes e a Câmara de Comercialização de Energia Elétrica – CCEE da ANEEL, Resolução Homologatória 531, de 07.08.2007.

[26] Anexo da Resolução Homologatória 531 da ANEEL, de 07.08.2007.

[27] Item III.A: "Each arbitrator or prospective arbitrator must assess what circumstances, if any, are such as to call into question his or her independence in the eyes of the parties or give rise to reasonable doubts as to his or her impartiality. In making such assessment, an arbitrator or prospective arbitrator should in particular, but not limited to, pay attention to the following circumstances: The arbitrator or prospective arbitrator or his or her law firm represents or advises, or has represented or advised, one of the parties or one of its affiliates. The arbitrator or prospective arbitrator or his or her law firm acts or has acted against one of the parties or one of its affiliates. The arbitrator or prospective arbitrator or his or her law firm has a business relationship with one of the parties or one of its affiliates, or a personal interest of any nature in the outcome of the dispute. The arbitrator or prospective arbitrator or his or her law firm acts or has acted on behalf of one of the parties or one of its affiliates as director, board member, officer, or otherwise. The arbitrator or prospective arbitrator or his or her law firm is or has been involved in the dispute, or has expressed a view on the dispute in a manner that might affect his or her impartiality. The arbitrator or prospective arbitrator has a professional or close personal relationship with counsel to one of the parties or the counsel's law firm. The arbitrator or prospective arbitrator acts or has acted as arbitrator in a case involving one of the parties or one of its affiliates. The arbitrator or prospective arbitrator acts or has acted as arbitrator in a related case. The arbitrator or prospective arbitrator has in the past been appointed as arbitrator by one of the parties or one of its affiliates, or by counsel to one of the parties or the counsel's law firm."

[28] *Note to the Parties and Arbitral Tribunals on the Conduct of the Arbitration under the ICC Rules of Arbitration*, cit., III.A.

jetivam assegurar um balanço entre os interesses das partes, seus advogados, árbitros e instituições arbitrais, responsáveis por assegurar a integridade, reputação e eficiência da arbitragem internacional[29].

52. Referidas diretrizes apresentam casuisticamente situações onde podem existir conflitos de interesses[30] em relação à imparcialidade e independência do árbitro, categorizando as situações em três listas: *Red List, Orange List* e *Green List.*

53. A *Red List* incorpora as situações mais graves que possam dar ensejo a dúvidas justificadas sobre o árbitro em razão de um conflito de interesses objetivamente aferível. Em particular, a lista é composta de duas categorias: A *Waivable Red List, que* compreende as situações onde há conflito aparente de interesses, mas cuja severidade não é elevada, de forma que é permitido às partes aceitarem a nomeação do árbitro, desde que de forma expressa e consciente do conflito. A *Non-Waivable Red List*, por sua vez, traz situações onde o conflito de interesses é tão severo que a aceitação pelas partes não é capaz de "superar" referido conflito[31].

54. A *Orange List* apresenta lista de situações específicas, menos severas do que aquelas da *Waivable Red List*, mas que geram o dever de revelação do árbitro e que podem gerar dúvidas "aos olhos de um terceiro imparcial" quanto a sua imparcialidade. Caso as partes não façam objeções em tempo e modo, têm-se como aceita a nomeação do árbitro que revelou fatos constantes da *Orange List*[32].

55. A *Green List* traz situações em que não há, do ponto de visa objetivo, conflito de interesses[33]. Como são situações menos severas, tais como a publicação prévia, pelo árbitro, de opinião técnica sobre assunto a ser discutido na arbitragem [não voltada especificamente à controvérsia] ou a participação do árbitro e do advogado da parte na mesma associação profissional, não há necessidade do árbitro revelar tais fatos.

56. As situações de conflito de interesses na *Non-Waivable Red List* são sobremaneira evidentes, como a proibição da identidade entre julgador e parte, proibição do julgador ser representante legal ou funcionário da parte, vedação ao árbitro que é gestor, ou possui poder de controle em uma das partes, vedação ao árbitro com interesse financeiro ou pessoal significante no resultado do caso e a proibição do árbitro que regularmente assessora ou é filiado à parte[34].

57. Entretanto, é precisamente nas hipóteses da *Waivable Red List*, assim como da *Orange List*, que reside a zona limítrofe onde a imparcialidade e independência do árbitro podem ser questionadas.

---

[29]   IBA Guidelines on Conflict of Interest in International Arbitration, p. 2.

[30]   "O conflito de interesses existe quando uma pessoa em posição de confiança possui interesses próprios divergentes daqueles que lhe são confiados, e se encontra numa situação decorrente de posição professional, com possibilidade de perseguir eventual interesse pessoal" (LEMES, Selma M. Ferreira. O procedimento de impugnação... cit., p. 8).

[31]   IBA Guidelines on Conflict of Interest in International Arbitration, p. 17.

[32]   IBA Guidelines on Conflict of Interest in International Arbitration, p. 18.

[33]   IBA Guidelines on Conflict of Interest in International Arbitration, p. 19.

[34]   IBA Guidelines on Conflict of Interest in International Arbitration, p. 20, item 1.

VII. DA AMPLIAÇÃO DAS HIPÓTESES DE IMPUGNAÇÃO DE ÁRBITROS

58. A impugnação de árbitros na LAB fundamenta-se na existência de conexões próximas dos julgadores com as partes ou eventual tendenciosidade dos árbitros em relação à matéria objeto da disputa[35]. As hipóteses de impedimento previstas na LAB fundamentam-se somente nas relações que o árbitro tenha com "as partes" e com o "litígio".

59. A Lei de Arbitragem, ao basear-se nas hipóteses do Código de Processo Civil para a impugnação dos juízes, reflete a lógica de analisar a impugnação com base na figura do julgador. Em conjunto, as hipóteses previstas no diploma processual contemplam o envolvimento do juiz com as *partes* (*v.g.*, grau de parentesco, amizade íntima ou inimigo da parte ou de seus advogados) ou com o *litígio* (*v.g.*, atuação como juiz em 1ª instância ou interesse no resultado do julgamento).

60. Entretanto, as normas da IBA e as regras da ICC, e, entre nós, a convenção arbitral dos agentes da CCEE, apontam para uma sorte de ampliação das hipóteses de impugnação de árbitros.

61. A *Note* da ICC, por exemplo, prevê hipóteses mais abrangentes de impugnação, fazendo constar que a regra se aplica ao árbitro e ao seu escritório de advocacia. Observa-se que a *Note* foi elaborada como forma de prover um guia às partes, consolidando as práticas preexistentes sob os auspícios do regulamento de arbitragem da ICC. As práticas adotadas pela ICC consistem na aplicação dos *standards* da IBA para a solução das questões relativas à impugnação dos árbitros[36].

62. O que se verifica nos instrumentos internacionais é uma extrapolação das hipóteses de impugnação meramente relacionadas à figura do árbitro.

63. Pode-se afirmar que esses instrumentos dispõem sobre situações que relacionam o árbitro não apenas às *partes* e ao *objeto* da disputa, mas também aos advogados das partes e ao escritório de advocacia do qual o advogado seja sócio e ao escritório de advocacia do qual o árbitro é sócio.

> [a] *Relação entre árbitro e o advogado e/ou escritório de advocacia que representa uma das partes*

64. As regras da IBA e da ICC passaram a tratar com maiores minúcias acerca do relacionamento entre árbitro, o advogado da parte e o escritório de advocacia que representa à parte, tendo em vista que, muito embora seja natural que existam conexões profissionais em comum, dependendo do caso concreto, a proximidade demasiada pode gerar dúvidas quanto à imparcialidade e independência do árbitro.

---

[35] ELIAS, Carlos Stefen. *Imparcialidade dos árbitros* cit., p. 20.

[36] "It is worth noting that when briefing the ICC Court on challenges and contested confirmations of arbitrators, the ICC Secretariat usually mentions any articles of the IBA Guidelines that somehow contemplate the factual situation alleged. Although the ICC Court is not bound by the Guidelines, this practice suggests that the Guidelines are an important source for interpreting the disqualification standard under the ICC Rules" (DAELE, Karen. Challenge and Disqualification of Arbitrators. *International Arbitration Law Library*, v. 42, p. 242, 2012).

65. As normas da IBA contemplam hipóteses de impugnação nos casos em que o árbitro representa ou assessora o advogado ou o escritório de advocacia de uma das partes[37]; o árbitro advoga no mesmo escritório de advocacia que representa uma das partes[38]; o árbitro e o advogado da parte possuam relacionamento pessoal próximo ou relação de inimizade; o árbitro e o advogado da parte tenham atuado conjuntamente como advogados nos últimos três anos; o árbitro foi nomeado pelo advogado ou escritório de advocacia que representa uma das partes mais de três vezes nos últimos três anos; o árbitro foi, nos últimos três anos, sócio de um outro árbitro ou de quaisquer dos advogados que participam da arbitragem[39].

66. A ICC[40] também prevê hipótese de conflito de interesses nos casos de relacionamento próximo profissional ou pessoal do árbitro com o advogado da parte, se o árbitro possuir relação próxima com o escritório de advocacia que representa a parte, incluindo ademais como possível geradora de conflito de interesses a repetida nomeação do árbitro tanto pela parte quanto pelo advogado da parte[41].

[b] Relação entre o escritório de advocacia do árbitro com a parte ou seus representantes

67. A representação dos interesses de uma das partes pelo escritório de advocacia do árbitro enseja questionamento acerca da independência do árbitro, mesmo se tal representação em nada for relacionada ao objeto da arbitragem.

68. A prestação de serviços do escritório de advocacia do árbitro para a parte ou qualquer uma de suas afiliadas, mesmo sem criar relacionamento comercial significativo e sem qualquer envolvimento do árbitro, já é capaz de ensejar dúvida justificada quanto à independência do árbitro, conforme as regras da IBA[42].

69. Casos em que o escritório de advocacia do qual o árbitro seja parte tenha litigado contra uma das partes ou suas afiliadas, ou, ao contrário, tenha atuado em benefício de uma das partes ou de suas afiliadas, seja como membro da diretora, membro do conselho de administração ou de qualquer outra forma, também podem ensejar a imparcialidade do árbitro.

[c] A convenção arbitral celebrada pelos agentes comercializadores de energia elétrica e a CCEE

70. A convenção arbitral celebrada entre os agentes comercializadores de energia elétrica e a Câmara de Comercialização de Energia Elétrica – CCEE traz hipóteses de impedimento do árbitro relativas aos demais agentes do mercado não envolvidos na controvérsia.

---

[37]   IBA Guidelines on Conflict of Interest in International Arbitration, item 2.3.2.

[38]   IBA Guidelines on Conflict of Interest in International Arbitration, item 2.3.3.

[39]   IBA Guidelines on Conflict of Interest in International Arbitration, item 3.3.

[40]   *Note to the Parties and Arbitral Tribunals on the Conduct of the Arbitration under the ICC Rules of Arbitration*, III.A.20.

[41]   *Note to the Parties and Arbitral Tribunals on the Conduct of the Arbitration under the ICC Rules of Arbitration*, III.A.

[42]   IBA Guidelines on Conflict of Interest in International Arbitration, p.22, item 3.2.1; *Note to the Parties and Arbitral Tribunals on the Conduct of the Arbitration under the ICC Rules of Arbitration*, III.A.

71. Na cláusula 12 I. a convenção determina que não poderá ser nomeado árbitro quem for empregado, funcionário, administrador ou exercer cargo de direção em qualquer uma das partes do conflito, assim como em qualquer Agente da CCEE e ainda da própria CCEE.

72. O âmbito dessa previsão, escrita no presente, expande-se sobremaneira ao impedir de atuar como árbitro aquele que foi contratado, prestador de serviço ou consultor, dentro dos últimos dois anos, das partes no conflito, de qualquer Agente CCEE e ainda da própria CCEE (cláusula 12.XI).

73. No mesmo sentido, não pode atuar como árbitro aquele que tiver interesse que o resultado do conflito beneficie às partes e/ou a outro Agente da CCEE.

74. Conclui-se assim que a convenção estabelece uma absoluta impossibilidade de qualquer pessoa vinculada a um dos Agentes Comercializadores de Energia Elétrica da CCEE atuar como árbitro em arbitragens onde sejam partes Agentes da CCEE ou a própria CCEE.

VIII. O PROCEDIMENTO DE IMPUGNAÇÃO DE ÁRBITRO

75. O árbitro somente pode ser recusado por motivo posterior à sua nomeação, salvo se não for nomeado diretamente pela parte ou o motivo para a sua recusa for conhecido posteriormente à nomeação[43].

76. O art. 15 da Lei de Arbitragem determina que a recusa do árbitro será apresentada diretamente ao árbitro ou a presidente do tribunal arbitral.

> Art. 15. A parte interessada em arguir a recusa do árbitro apresentará, nos termos do art. 20, a respectiva exceção, diretamente ao árbitro ou ao Presidente do Tribunal Arbitral, deduzindo as razões e apresentando as provas pertinentes.

77. Impugnando-se o árbitro, recorre-se ao quanto estiver disposto no regulamento de arbitragem da instituição que administra o procedimento arbitral. Caso o regulamento seja omisso quanto a este assunto, aplicar-se-ão as disposições da Lei de Arbitragem.

78. Em geral os regulamentos das Câmaras de Arbitragem atribuem a um terceiro o seu julgamento[44], como é o caso da atuação do Comitê Especial na CAM-CCBC[45], da Corte da Câmara de Comércio Internacional[46], do Comitê formado por três árbitros designados pelo Presidente da Câmara de Mediação e Arbitragem da CIESP/FIESP[47] e da Diretoria da CAMARB[48].

---

[43] Art. 14, § 2.º, da Lei de Arbitragem.

[44] SCAVONE JUNIOR, Luiz Antonio. *Manual de arbitragem*. 2. ed. rev., atual. e ampl. São Paulo: RT, 2008. p. 150.

[45] Art. 5.4 do Regulamento de Arbitragem do Centro de Arbitragem e Mediação da Câmara de Comércio Brasil-Canadá ("CAM-CCBC").

[46] Arts. 11.4, 14.1, 14.2 e 14.3 do Regulamento da Câmara de Comércio Internacional ("CCI").

[47] Art. 7.3 do Regulamento da Câmara de Conciliação, Mediação e Arbitragem CIESP/FIESP ("CIESP/FIESP").

[48] Art. 5.8 do Regulamento da Câmara de Arbitragem Empresarial – Brasil ("CAMARB").

IMPUGNAÇÃO DE ÁRBITROS | **183**

79. Esses Comitês são formados por árbitros que integram a lista das respectivas câmaras de arbitragem e são indicados pelo presidente da respectiva entidade. Ao encaminhamento da suspeição para o Comitê segue-se a abertura de prazo para manifestação do árbitro impugnado e das partes [10 dias na CAM-CCBC[49], 5 dias na CAMARB[50], sem prazo definidos nos Regulamentos CCI[51] e CIESP/FIESP[52]]. Trata-se de abertura de contraditório, ainda que reduzido, cujo intuito é provar se existe ou não fato subjacente à impugnação apresentada.

80. O órgão imparcial encarregado de julgar o pedido de impugnação deliberará, com fundamento nos motivos alegados pela parte e na resposta fornecida pelo árbitro e pela parte adversa, acerca da substituição do árbitro impedido ou suspeito. A exemplo do regulamento da ICC, os julgadores irão se pronunciar sobre a admissibilidade e os fundamentos da impugnação, após ter sido dada a oportunidade de as partes e demais membros do tribunal arbitral se manifestarem[53].

81. Acolhida a exceção, será dado prosseguimento ao afastamento e substituição do árbitro impedido ou suspeito[54]. A decisão da impugnação pelo órgão encarregado é sigilosa e será encaminhada às partes e aos árbitros[55].

82. Em especial, o Regulamento de Arbitragem da ICC prevê que a decisão da Corte acerca da substituição de árbitro é irrecorrível e seus fundamentos não serão comunicados[56]. Entretanto, a pedido das partes e com o pagamento de taxas administrativas adicionais, a ICC pode comunicar as razões sobre a decisão de manutenção ou substituição do árbitro impugnado[57].

IX. EXEMPLO DE CRITÉRIOS DE IMPUGNAÇÃO DE ÁRBITROS ADOTADOS PELA ARBITRAGEM DE INVESTIMENTO

83. A arbitragem de investimento fornece conjunto riquíssimo de decisões acerca do tema da impugnação de árbitros. Os casos do ICSID[58] apresentam a peculiaridade

---

[49]   Art. 4.8 Regulamento da CAM-CCBC.

[50]   Art. 5.7 Regulamento da CAMARB.

[51]   Art. 14.3 Regulamento da CCI.

[52]   Art. 7.3 Regulamento CIESP/FIESP.

[53]   Art. 14.3 Regulamento CCI.

[54]   Art. 15, parágrafo único, da Lei de Arbitragem.

[55]   Art. 14.3 Regulamento CCI.

[56]   Art. 11.4 Regulamento CCI.

[57]   A Corte possui total discricionariedade para aceitar ou rejeitar o pedido de comunicação dos fundamentos de manutenção ou substituição do árbitro, assim como pode fixar o montante de despesas que deve adicionalmente ser pago para a comunicação das razões, conforme disposto na recente *ICC Note to the Parties and Arbitral Tribunals on the Conduct of the Arbitration under the ICC Rules of Arbitration*, p. 3.

[58]   O ICSID (*International Centre for the Settlement of Investment Disputes*) é o Centro de Arbitragem destinado à condução de arbitragens de investimento envolvendo investidores estrangeiros e países receptores dos investimentos. O procedimento de impugnação de árbitro no ICSID é iniciado pela

de serem publicados na internet, constituindo exceção à ausência de publicidade dos fundamentos das decisões relativas às impugnações de árbitros.

84. Tomemos, portanto, como exemplo alguns casos do ICSID para apresentar hipóteses de impugnação de árbitros e critérios adotados na resolução dessas impugnações, notadamente quando envolvidos o escritório de advocacia do árbitro e a parte; em razão da repetida nomeação do árbitro pelo escritório de advocacia de uma das partes; do envolvimento pretérito do árbitro com a controvérsia; e, quando o árbitro possui cargo de direção em empresa detentora de participação acionária no capital social de uma das partes.

[a] Relação entre o escritório de advocacia do árbitro e a parte

85. No caso *Blue Bank vs. Venezuela* (2013)[59], foi impugnado o árbitro indicado pela requerente, sócio de uma banca internacional de advogados, em razão do envolvimento das filiais de Nova Iorque e de Caracas desse escritório em arbitragem em face da requerida.

86. O árbitro era sócio de filial espanhola do escritório internacional, sendo que as filiais de Nova Iorque e Caracas atuavam em um procedimento paralelo contra a requerida (*Longreef v. Venezuela*). O árbitro também era membro de um comitê de arbitragem global do escritório, muito embora não tivesse envolvimento direto no caso *Longreef v. Venezuela*.

87. A impugnação do árbitro foi deferida. Os elementos considerados pela decisão que acolheu a impugnação referem-se à identificação do nome corporativo do escritório do qual o árbitro era sócio e do escritório que demandava à requerida no caso *Longreef v. Venezuela*; a remuneração principal do árbitro originava-se em proventos do escritório; a participação do árbitro no comitê de arbitragem global do escritório (*International Arbitration Steering Committe*); e a proximidade dos casos, uma vez que a atuação e eventual decisão do árbitro no caso *Blue Bank v. Venezuela* poderia influenciar no outro caso, o *Longreef v. Venezuela*. Por conseguinte, foi declarado que o árbitro apresentava, aos olhos de um terceiro imparcial, uma óbvia aparência de parcialidade, devendo o árbitro impugnado ser substituído.

88. Cenário fático semelhante ocorreu em caso UNCITRAL denominado *ICS Inspection and Control Services v. Argentina*[60]. O árbitro apontado revelou o fato de que o seu escritório de advocacia e ele mesmo representavam a um cliente em arbitragem

---

parte que sustenta a falta de imparcialidade ou independência do árbitro. Em seguida, o procedimento arbitral é suspenso, cabendo aos demais membros do tribunal arbitral a decisão acerca do impedimento do árbitro, exceto quando a impugnação é direcionada a dois ou mais árbitros, onde caberá ao *Chairman of the ICSID Administrative Council* decidir a questão.

[59] *Blue Bank International & Trust (Barbados) Ltd. V. Bolivarian Republic of Venezuela, ICSID Case n. ARB 12/20, Decision on the Parties' Proposal to Disqualify a Majority of the Tribunal,* j. 12.11.2013. Disponível em: <http://www.italaw.com/sites/default/files/case-documents/italaw3009.pdf>. A impugnação original abrangia dois dos três membros do Tribunal Arbitral, mas um dos membros impugnados (Sr. Torres Bernárdez) renunciou antes da decisão final.

[60] *ICS Inspection and Control Services Ltd v Republic of Argentina, Decision on Challenge to Arbitrator Staimir Alexandrov, PCA Case n. 2010-9,* j. 17.12.2009.

ICSID contra a requerida (*Compañia de Aguas del Aconquija S.A. and Vivendi S.A. vs. Argentine Republic*), embora considerasse que tal fato não prejudicava a sua imparcialidade e independência.

89. Não obstante, considerou-se que o envolvimento do escritório de advocacia do árbitro quanto do próprio árbitro em outra arbitragem face a requerida, gerava, aos olhos de um terceiro imparcial, dúvida justificada quanto a sua imparcialidade e independência. O fato de o árbitro estar litigando em outro processo contra a requerida colocava esse profissional em uma situação de adversário da parte, minando a imparcialidade e a independência requeridas para o julgamento da controvérsia.

[b] Repetida nomeação do árbitro pelo escritório de advocacia de uma das partes

90. No caso *Burlington Resources vs. Ecuador*[61], o árbitro foi impugnado pelo Equador, entre outras razões, por ter sido repetidamente indicado pelo escritório de advocacia que representava a requerente (*Burlington Resources*).

91. O tribunal arbitral, constituído em 18 de novembro de 2008, havia proferido duas decisões (medidas provisórias e jurisdição) até o ano de 2013, momento em que o escritório de advocacia que representava o Equador enviou um carta ao árbitro pedindo para este revelar todas as vezes em que o escritório que representava a requerente o indicou como árbitro e, em particular, que revelasse os casos aceitos após a apresentação da declaração de imparcialidade e independência no caso *Burlington Resources*.

92. O árbitro apresentou a lista de casos pleiteada pelo Equador, comunicando que foi nomeado em oito casos ICSID pelo escritório de advocacia da requerente, entre 2007 e 2013. O Equador impugnou o árbitro com base em diferentes argumentações, entre outras, pelo fato de haver sido indicado em repetidas oportunidades pelo escritório de advocacia da parte requerente, em um curto período de tempo, e não haver revelado esse fato na arbitragem.

93. A decisão foi favorável à impugnação. Todavia o *Chairman of the ICSID Administrative Council,* a cargo da decisão sobre a impugnação do árbitro, não se manifestou sobre a imparcialidade do árbitro fundamentada nas oito indicações pelo escritório de advocacia que representava à requerente e pela ausência de revelação dessas indicações pelo árbitro, em razão desse argumento haver sido apresentado intempestivamente pela parte.

94. Embora a decisão em comento não tenha julgado a imparcialidade do árbitro em razão da reiterada indicação por parte de um mesmo escritório de advocacia em um curto espaço de tempo, o tema permanece controverso, uma vez que, neste caso, não houve julgamento a favor nem contra a hipótese em comento.

[c] Envolvimento pretérito do árbitro com a controvérsia

---

[61] *Burlington Resources Inc. v. Republic of Ecuador, ICSID Case n. ARB/08/5, Decision on the Proposal for Disqualification of Professor Francisco Orrego Vicuña,* j. 13.12.2013.

95. No caso ICSID *Catarube v Kazakhstan*[62], o árbitro foi impugnado por conta da sua participação como árbitro em caso UNCITRAL surgido do mesmo contexto factual, envolvendo o requerido Cazaquistão (*Ruby Roz Agricol LLP v. The Republic of Kazakhstan*). Além disso, o árbitro tinha sido indicado repetidas vezes pelo mesmo escritório de advocacia que representava Cazaquistão.

96. Foi considerado que havia risco de prejulgamento por parte do árbitro que participava de ambas as arbitragens, uma vez que ambos procedimentos fundamentavam-se no mesmo contexto factual. Nesse sentido, não seria possível ao árbitro manter uma "*chinese wall*" em sua mente, separando as arbitragens de forma a serem incomunicáveis.

97. Com relação à repetida nomeação do árbitro pelo escritório de advocacia da parte requerida, a decisão apontou que este tema é altamente controverso e reconheceu que existe uma prática consistente em nomear repetidamente o mesmo árbitro, uma vez que é natural que os escritórios de advocacia desejem apontar o melhor árbitro disponível para determinado caso e a experiência passada com o árbitro é uma sorte de garantia de o profissional ser o mais adequado para determinado caso.

98. Contudo, a decisão não esclareceu se a repetida nomeação, no caso concreto, ensejava aparência de parcialidade ou dependência do árbitro, pois considerou que o prévio contato com a controvérsia em outra arbitragem era suficiente para proceder ao deferimento da impugnação.

> *[d] Cargo de direção do árbitro em empresa detentora de participação acionária no capital social de uma das partes.*

99. No caso ICSID *AWG Group v. Argentina*, o árbitro foi impugnado, após dois anos da constituição do tribunal arbitral, em razão da sua participação no *supervisory board* de um banco suíço, que, à época, possuía participação minoritária nas empresas requerentes da arbitragem. Alegando que o árbitro falhou em revelar este fato quando de sua aceitação do encargo, a requerida sustentou que o árbitro não era independente em relação à parte requerente[63].

100. Decidiu-se pela manutenção do árbitro, em razão de sua remota e indireta proximidade com a parte. O árbitro era membro do *supervisory board* do banco de investimentos que detinha participação societária inexpressiva na composição societária da requerente.

101. Os coárbitros chamados a decidirem a impugnação, entenderam que o vínculo era tão distante e remoto que sequer poderia ser considerado que existia efetivamente um relacionamento entre o árbitro e a parte.

---

[62]   Catarube International Oil Company LLP & Mr. Devinccci Salah Hourani v Republic of Kazakhstan, ICSID Case n. ARB/13/13, Decision on the Proposal for Disqualification of Mr. Bruno Boetsch, j. 20.03.2014. Disponível em: <http://www.italaw.com/sites/default/files/case-documents/italaw3133.pdf>

[63]   *AWG Group Ltd v. Argentine Republic, Decision on the Second Proposal for the Disqualification of a Member of the Arbitral Tribunal*, j. 12.05.2008.

X. CONSIDERAÇÕES FINAIS

102. O presente trabalho é fruto de reflexões acerca da impugnação de árbitros e a sua função como mecanismo de controle da jurisdição conferida aos árbitros pelas partes.

103. A arbitragem é uma forma de justiça privada que prestigia em grau máximo a autonomia da vontade das partes, mas que envolve delegação de poder para indivíduos decidirem controvérsias de forma final e definitiva, sendo necessário, por essa razão, que existam mecanismos de controle da atuação dos árbitros.

104. Coexistem na arbitragem o mecanismo de controle judicial *a posteriori* da sentença arbitral (por meio da ação de anulação da sentença arbitral) e o controle da imparcialidade e independência dos árbitros, exercido pelas partes por meio da impugnação de árbitros. Tais modalidades representam as formas de tutela externa [por parte do Estado] ou interna [pelas partes] da delegação de poder conferida pelas partes aos árbitros.

105. Vimos que a tendência recente consiste na ampliação das hipóteses de impugnação de árbitros, superando a formulação original da Lei de Arbitragem, que trata somente do vínculo entre árbitro e partes e árbitro e objeto da controvérsia.

106. As hipóteses de impugnação passaram a contemplar ademais situações relativas ao relacionamento árbitro e advogado da parte; árbitro e escritório de advocacia da parte; árbitro e escritório de advocacia do qual é sócio.

107. Vislumbra-se, sobretudo nos instrumentos do *soft law*, o reconhecimento de que tais situações podem, de fato, gerar dúvidas justificadas às partes acerca da imparcialidade e independência do árbitro, motivo pelo qual devem ser enfrentadas pelo árbitro quando de sua nomeação, sendo prontamente reveladas às partes.

108. O controle da arbitragem por meio da impugnação de árbitros contribui para manter a confiança das partes e da sociedade na arbitragem. O eventual desconforto causado pela impugnação de árbitro não deve, de forma alguma, superar a necessidade de utilização desse mecanismo como forma de garantia das partes de que o processo arbitral e a decisão final serão pautados pelo devido processo legal, em especial pela imparcialidade e independência do julgador.

XI. BIBLIOGRAFIA

ABBUD, André de Albuquerque Cavalcanti. Soft law *e produção de provas na arbitragem internacional*. São Paulo: Atlas, 2014.

CAIVANO, Roque J. *Control Judicial en el Arbitraje*. Buenos Aires: Abeledo Perrot, 2011.

CARMONA, Carlos Alberto. *Arbitragem e processo*: um comentário à Lei n.º 9.307/96. 3. ed. São Paulo: Atlas, 2009.

DAELE, Karen. Challenge and Disqualification of Arbitrators. *International Arbitration Law Library*, v. 42, p. 217-268, 2012.

ELIAS, Carlos Stefen. *Imparcialidade dos árbitros*. 2014. Tese (Doutorado) – orientada pelo professor Carlos Alberto Carmona apresentada na Faculdade de Direito da Universidade de São Paulo, São Paulo.

FERRAZ JÚNIOR, Tércio Sampaio. Sobre o dever de revelar na Lei 9.307/1996. *Revista de Arbitragem e Mediação*, v. 28, p. 65-82, 2011.

LEMES, Selma M. Ferreira. O procedimento de impugnação e recusa de árbitro como sistema de controle quanto à independência e a imparcialidade do julgador. *Revista de Arbitragem e Mediação*, v. 50, p. 369-386, jul.-set. 2016.

LUCON, Paulo Henrique dos Santos. Imparcialidade na arbitragem e impugnação dos árbitros. *Revista de Arbitragem e Mediação*, v. 39, out. 2013.

MARTINS, Pedro Batista. *Apontamentos sobre a Lei de Arbitragem*: comentários à Lei n.º 9.307/96. Rio de Janeiro: Forense, 2008.

PUCCI, Adriana Noemi. Juiz & árbitro. *Aspectos atuais da arbitragem*. Rio de Janeiro: Forense, 2001. p. 3-16.

_____. O árbitro na arbitragem internacional. Princípios éticos. *Arbitragem comercial internacional* (Coord.). São Paulo: LTr, 1998.

REISMAN, Michael. The Breakdown of the Control Mechanism in ICSID Arbitration. *Duke Law Journal*, n. 4, p. 739-807, set. 1989.

SCAVONE JÚNIOR, Luiz Antonio. *Manual de arbitragem*. 2. ed. rev., atual. e ampl. São Paulo: RT, 2008.

WALD, Arnoldo. A ética e a imparcialidade na arbitragem. *Revista de Arbitragem e Mediação*, v. 39, p. 17-37, out. 2013.

WAMBIER, Teresa Arruda Alvim. A discussão sobre a disponibilidade do controle judicial da sentença arbitral e seus limites. *Revista Brasileira de Arbitragem*, v. 50, p. 7-32, 2016.

JURISPRUDÊNCIA INTERNACIONAL

AWG Group Ltd v. Argentine Republic, Decision on the Second Proposal for the Disqualification of a Member of the Arbitral Tribunal, j. 12.05.2008.

Blue Bank International & Trust (Barbados) Ltd. V. Bolivarian Republic of Venezuela, ICSID Case No. ARB 12/20, Decision on the Parties' Proposal to Disqualify a Majority of the Tribunal, j. 12.11.2013.

Burlington Resources Inc. v. Republic of Ecuador, ICSID Case No. ARB/08/5, Decision on the Proposal for Disqualification of Professor Francisco Orrego Vicuña, j. 13.12.2013.

Catarube International Oil Company LLP & Mr. Devinccci Salah Hourani v Republic of Kazakhstan, ICSID Case No. ARB/13/13, Decision on the Proposal for Disqualification of Mr. Bruno Boetsch, j. 20.03.2014.

ICS Inspection and Control Services Ltd v Republic of Argentina, Decision on Challenge to Arbitrator Staimir Alexandrov, PCA Case n. 2010-9, j. 17.12.2009.

NOTAS PRÁTICAS SOBRE A IMPARCIALIDADE DOS ÁRBITROS: EXISTÊNCIA DE RELAÇÃO ENTRE O ÁRBITRO (OU PESSOAS LIGADAS A ELE) COM A PARTE (OU PESSOAS LIGADAS A ELA)

CARLOS EDUARDO STEFEN ELIAS

Sumário: Introdução – Nota 1. O que se entende por imparcialidade do árbitro? – Nota 2. A extração da norma concreta: coerência com o sistema jurídico e com o ambiente institucional da arbitragem – Nota 3. Ainda a extração da norma concreta: as categorias fáticas que ensejam, em tese, a aparência de parcialidade do árbitro – Síntese conclusiva – Bibliografia – Anexo. Tabela de casos.

"Ora", disse o Dodô, "a melhor maneira de explicar é fazer." Lewis Carrol, *Alice no País das Maravilhas.*

INTRODUÇÃO

Na prática, a teoria é outra é um ditado usualmente empregado para demonstrar que, muitas vezes, o arcabouço teórico disponível não é adequado ou suficiente para subsidiar a obtenção da solução mais eficiente e eficaz para problemas concretos.

Como as notas aqui apresentadas pretendem-se práticas – em um tema tão abstrato e delicado como a imparcialidade – seguir o ditado imporia o abandono do enfoque técnico-sistemático em prol do enfrentamento imediato dos ditos problemas concretos, em uma abordagem exclusivamente tópica[1]. Ocorre que o tema não autoriza essa operação. Ao contrário, é imprescindível que se alcance um nível mínimo de consistência teórica, sob pena de não ser possível a eleição de critérios que permitam identificar a solução mais adequada para problemas concretos específicos ou, pior, não se alcançar alguma proporcionalidade e harmonia entre soluções de problemas similares ou que possuam características em comum. A infinita variação das situações concretas em que a imparcialidade do árbitro pode ser questionada e a impossibilidade de criação de regras que enquadrem todos os elementos e variáveis importantes para avaliação demandam um suporte teórico robusto, que enseje alguma coerência nas soluções empregadas[2]. Por exemplo: seria quase intuitivo não se considerar imparcial o árbitro que é irmão de funcionário de alto escalão de uma das partes, pois a ligação familiar direta geralmente envolve relação afetiva e, às vezes, econômica, minando a imparcialidade do julgador. Mas o que ocorreria se, a despeito dessa circunstância, fosse verificado que o irmão-árbitro já havia funcionado, nos últimos anos, em mais de sessenta casos em que a empregadora do irmão-funcionário houvesse sido parte; que essa empregadora tenha sucumbido em mais da metade desses casos; e que, além disso, não houvesse repercussão econômica da decisão do irmão-árbitro para o irmão-funcionário? Nesse caso, o conhecimento teórico que estabeleça um critério de análise mostra-se muitíssimo útil[3].

Como já se afirmou, "devil [is] in the details"[4] e se não houver alguma clareza sobre o que efetivamente caracteriza o fenômeno da imparcialidade – e os moldes em que ele é tratado pela Lei de Arbitragem – não se poderá estabelecer os passos para apontá-la ou refutá-la em determinada situação real. Assim, primeira "nota prática" justifica-se teórica vez que, na *teoria, a prática não pode ser outra*.

Ultrapassada a necessária conceituação da imparcialidade, a segunda "nota prática" busca orientar o intérprete a operar com as ferramentas que lhe permitam estruturar a norma aplicável à situação concreta que pretende regular, aqui denominadas *premissas de estrutura*.

---

[1] Rápida explicação sobre a técnica, que pressupõe a identificação de *lugares-comuns* (não sistematizados), e sua aplicação no Direito são dadas por Ferraz Junior, Tercio Sampaio. *Introdução ao estudo do direito*. 2. ed. São Paulo: Atlas, 1996. p. 327-330.

[2] Sobre as funções de estabilização, simplificação, técnico-construtiva, controle e progresso da dogmática, vide Carneiro da Frada, Manuel António C. P. *Teoria da confiança e responsabilidade civil*. Coimbra: Almedina, 2014. p. 28-29.

[3] Trata-se do caso *Consolidation Coal Company* v. *Local 1643, United Mine Workers of America*, 48 F.3d 125 (4th Cir. 1995); Disponível em: <http://law.justia.com/cases/federal/appellate-courts/F3/48/125/607195/>. Acesso em: 31 ago. 2016. O processo arbitral dizia respeito a disputa relativa ao mercado de carvão e foi administrado por CAS (*Coal Arbitration Service*). A recorrência da atuação do árbitro nesse tipo de controvérsia é fenômeno aceito nesse mercado, cujas regras aplicáveis determinam que potenciais julgadores sejam selecionados dentro de listas concebidas pelo sindicato patronal (*Bituminous Coal Operators Association – BCOA*) e pelo sindicato dos trabalhadores (*United Mine Workers of America – UMWA*), podendo as partes impedir a nomeação ("*strike*") de certo número de candidatos.

[4] Park, William W. Arbitrator integrity: the transient and the permanent. *San Diego Law Review*, v. 46, p. 641-644, 2009.

A terceira e última "nota prática" tem como objetivo fornecer ao intérprete o conteúdo que *preencha* a estrutura normativa mediante a análise das particularidades determinantes à conclusão pela parcialidade ou imparcialidade do árbitro em casos reais, agrupados em *categorias*. Dadas as limitações inerentes ao propósito destas "notas práticas", elas somente tratam das categorias que englobam a relação entre árbitro e parte, com ou sem finalidade econômica, diretamente ou mediante a interposição de entidades e pessoas.

Como "anexo" das notas segue breve relato dos casos reais mais significativos para a eleição das *premissas de conteúdo* tratadas na terceira "nota prática".

NOTA 1. O QUE SE ENTENDE POR IMPARCIALIDADE DO ÁRBITRO?

Um suporte teórico adequado deve considerar as coisas como efetivamente se apresentam, a partir de uma representação consistente e verificável da realidade. É por essa razão que não se pode aceitar a noção genérica de imparcialidade como "impossibilidade de o árbitro ser influenciado por fatores outros que não o mérito da causa apresentado pelas partes"[5], "equidistância"[6] ou "ausência de predisposição"[7] do julgador por uma das partes ou por uma das teses defendidas no processo arbitral. Já é lugar-comum, após o giro linguístico da filosofia hermenêutica[8], o entendimento de que qualquer sujeito (re) conhece o mundo a partir da sua pré-compreensão, assim entendidas as possibilidades de significado atribuíveis ao objeto que busca compreender[9]. E essas possibilidades de significado são apropriadas pelo sujeito através da sua vivência em um contexto social, ideológico, religioso, político, linguístico, cultural etc., ou seja, dentro de uma tradição.

O ato de compreender desempenhado pelo árbitro impõe que ele projete no objeto da sua compreensão todas as possibilidades (ou expectativas) de sentido que lhe per-

---

[5]   Diretrizes da IBA relativas a Conflitos de Interesses em Arbitragem Internacional, Princípio Geral 2(c).

[6]   "Arbitration assumes that arbitrators must maintain an equidistant position with respect to the positions of the parties expressed at the start of proceedings" (Rozas, Fernández. Clearer ethics guidelines and comparative standards for arbitrators. *Liber amicorum Bernardo Cremades*. Madrid: La Ley, 2010. p. 426).

[7]   "Impartiality, on the other hand, concerns the absence of a bias or predisposition toward one of the parties." ICSID Case n. ARB/03/17, *Sociedad General de Aguas de Barcelona S.A., and InterAguas Servicios Integrales del Agua S.A. v. The Argentine Republic*. Decision to disqualify on arbitrator (22.10. 2007), p. 13-14. Disponível em: <https://icsid.worldbank.org/ICSID/FrontServlet?requestType=Cas esRH&actionVal=showDoc&docId=DC689_En&caseId=C18>. Acesso em: 31 ago. 2016.

[8]   Abbagnano, Nicola. *Dicionário de filosofia*. Trad. André Bossi; Ivone Castilho Benedetti. 5. ed. São Paulo: Martins Fontes, 2007. p. 1131-1132.

[9]   "Toda a interpretação, desse modo, se move numa dimensão previamente projetada, de modo que já se está compreendido o que se quer interpretar. O homem está hermeneuticamente relacionado com o mundo; sua compreensão é a compreensão que sua historicidade constitui como possibilidade. Só é possível compreender quando se antecipa o horizonte que dá sentido à compreensão, quando se localiza e se situa aquilo que se quer compreender" (Lucas, Douglas Cesar. Hermenêutica filosófica e os limites do acontecer do direito numa cultura jurídica aprisionada pelo "procedimentalismo metodológico". Disponível em: <http://www.diritto.it/docs/31390>. Acesso em: 31 ago. 2016).

mitem a sua visão de mundo, ou melhor, o seu modo-de-ser no mundo. Aí estão suas pré-compreensões ou pré-conceitos[10], adquiridos pelo árbitro por sua imersão no mundo e no histórico de sentidos que a tradição atribui àquilo que pretende conhecer[11]. Sua compreensão jamais pode ser pura, plena ou isenta de pressuposições[12-13], mas somente baseadas uma posição prévia, uma visão prévia e em uma concepção prévia[14].

A imprescindibilidade da pré-compreensão é incompatível com a ideia de *"equidistância"* ou de inexistência de "outros fatores além do mérito da causa apresentado pelas partes". São justamente esses "outros fatores" impregnados no árbitro a partir da sua experiência e historicidade que o habilitam a apreender a narrativa das partes e, interpretando-as, ao final decidir o conflito. Seria equivocado considerar que o árbitro, ao ser apresentado a uma disputa sobre determinada questão, não seja "influenciado" por tudo o que estudou desde os bancos da faculdade, pelos casos que já enfrentou, pela sua consideração a respeito dos atores da disputa e por tantos "outros fatores" que o circundam e com os quais tomou contato ao longo de sua vida[15].

Em outras palavras, o árbitro carrega consigo sua visão prévia sobre os sujeitos processuais, sobre os direitos que serão discutidos e sobre o litígio em si[16]. Como já

---

[10] Lenio Streck distingue pré-compreensão de preconceito. A pré-compreensão seria *uma espécie de totalidade que não pode ser fatiada*, pois dá a dimensão de (pré)compreensibilidade de todos os significados possíveis ao que é interpretado e ocupa *a consciência do intérprete [mas], não se encontra à sua livre disposição*. Por sua vez, os preconceitos seriam as posições apriorísticas derivadas das visões particulares do intérprete, da sua ideologia e da sua visão de mundo. Para a análise da imparcialidade do árbitro, essa distinção não é necessária; basta que pré-compreensão ou preconceitos, como se verão final desta "nota prática", levem à vedação do árbitro à influência que uma das partes teria na composição da sua decisão. Sobre a distinção em tela, vide: Streck, Lenio Luiz. *Verdade e consenso*. 3. ed. Rio de Janeiro: Lumen Juris, 2009. p. 452-453.

[11] Bittar, Eduardo C. B. Hans-Georg Gadamer: experiência hermenêutica e experiência jurídica. In: BOUCAULT, Carlos E. de Abreu; RODRIGUEZ, José Rodrigo (Org.). *Hermenêutica plural*. São Paulo: Martins Fontes, 2002. p. 183-186.

[12] "A existência ou não dos 'pré-conceitos' na determinação de todo sentido apreendido no mundo não depende da vontade humana" (Bittar, Eduardo C. B. Hans-Georg Gadamer... cit., p. 184).

[13] "Quem compreende não tem uma mente em branco, como uma tabula rasa, e sim já tem, desde sempre, uma prévia compreensão das coisas e do mundo" (FERREIRA, Nazaré do Socorro Conte. *Da interpretação à hermenêutica jurídica*. Porto Alegre: Fabris, 2004. p. 42, nota 43).

[14] "A interpretação de algo como algo funda-se, essencialmente, numa posição prévia, visão prévia e concepção prévia. A interpretação nunca é a apreensão de um dado preliminar isenta de pressuposições" (Heidegger, Martin. *Ser e tempo*. Trad. Marcia Sá Cavalcante Schuback. 15. ed. Petrópolis: Vozes, 2005. Parte I, p. 207).

[15] "If arbitrators must be completely sanitized from all possible external influences on their decisions, only the most naïve or incompetent would be available" (Park, William W. Arbitrator integrity... cit., p. 635).

[16] Não por outra razão as partes escolhem os árbitros que serão "simpáticos" às suas posições. Literalmente: "it is preferable to designate someone who, by sharing the same legal and cultural background, is likely to be sympathetic to the position of the party that appointed them, but will be strictly impartial, deciding the case based on the facts and the law, and therefore will have a greater influence on the private deliberation of the tribunal" (López, Carlos A. Matheus. Practical

colocamos, "o que não se pode permitir é que seus pré-conceitos impeçam a apropriação e mensuração das opiniões e pontos de vista trazidos pelas partes no litígio, que as antecipações do julgador o imunizem contra a alteridade (entre as próprias convicções e os argumentos trazidos) inerente ao processo de interpretação"[17].

A questão da parcialidade somente se põe quando as preconcepções do árbitro a respeito dos temas a serem discutidos na arbitragem (ou a respeito das partes) são estabelecidas de forma tal a *impedir* ao árbitro agregar à sua interpretação do caso a contribuição das partes, ou seja, a partir de quando suas preconcepções o *imunizem contra a influência e persuasão dos argumentos que lhe são apresentados.*

Aqui entra em cena o conceito de *contraditório como influência*, segundo o qual a justificativa e a validade de uma regra concreta reside na real possibilidade de que os seus destinatários *influenciem* a sua produção[18]. Trata-se do modelo *democrático de processo*[19], calcado em leitura do contraditório como garantia de influência e que impõe a participação de todos os sujeitos processuais para a produção do seu resultado[20].

A parcialidade do árbitro, entendida como a vedação do julgador à influência de uma das partes no resultado do julgamento, é subjetiva e não pode ser aferida *in natura.* Por isso, há que se procurar fenômeno objetivamente verificável que permita, com maior ou menor grau de probabilidade, fazer-se um juízo sobre a abertura ou fechamento subjetivos do árbitro para ser influenciado pelos argumentos das partes. Trata-se da *aparência* de imparcialidade, segundo análise de fato (ou fatos) apreensível pelos sentidos e, por isso, verificável objetivamente[21], sob a perspectiva de um observador que conheça o *ambiente institucional* em que a prática da arbitragem se desenvolve[22].

---

   criteria for selecting international arbitrators. *Journal of International Arbitration*, v. 31, n. 6, p. 779, 2014).

[17] Elias, Carlos Eduardo Stefen. *Imparcialidade dos árbitros.* 2014. Tese (Doutor em Direito Processual) – Faculdade de Direito da USP, São Paulo, p. 77.

[18] Bueno, Cassio Scarpinella. *Curso sistematizado de direito processual civil.* 5. ed. São Paulo: Saraiva, 2011. v. 1 p. 145. No mesmo sentido, Pereira Paulo Sérgio Velten. Por um processo comunicativo e dialógico. In: MACÊDO, Lucas Buril de; PEIXOTO, Ravi; FREIRE, Alexandre (Org.). *Novo CPC*: doutrina selecionada. Salvador: Juspodivm, 2016. v. 1, p. 540.

[19] Nunes, Dierle José Coelho. *Processo jurisdicional democrático.* Curitiba: Juruá, 2012. p. 227.

[20] Leal, Rosemiro Pereira. *Teoria processual da decisão jurídica.* São Paulo: Landy, 2002. p. 145; Mesquita, Maíra de Carvalho Pereira. Da proteção contra surpresa processual e o novo CPC. In: MACÊDO, Lucas Buril de; PEIXOTO, Ravi; FREIRE, Alexandre (Org.). *Novo CPC*: doutrina selecionada. Salvador: Juspodivm, 2016. v. 1, p. 603.

[21] "Unless an arbitrator publicly announces his partiality or is overgeard in a moment of private admission, it is difficult to imagine how 'proof' [of impartiality] would be obtained" (Gusy, Martin F.; Hosking, James M.; Schwarz, Franz T. *A guide to the ICDR International Arbitration Rules.* New York: Oxford University Press, 2011. p. 111).

[22] Essa perspectiva também pode ser denominada como derivada de "um observador isento e informado". Sobre as diversas considerações a respeito do tipo ideal de observador dos fatos, que dariam vez a diferentes tipos de "testes" segundo a experiência inglesa na arbitragem, vide Luttrell, Samuel Ross. *Bias challenge in international commercial arbitration: the need for a "real danger" test.* The Hague: Kluwer Law International, 2009. p. 41-42 e 59-61.

É com base nessa *aparência* que o intérprete vai elaborar uma descrição do fato, o qual tentará subsumir ao juízo hipotético que criará a partir da regra (que entende) aplicável ao caso concreto. Essa operação é tratada na "nota prática" seguinte.

NOTA 2. EXTRAÇÃO DA NORMA CONCRETA: COERÊNCIA COM O SISTEMA JURÍDICO E COM O AMBIENTE INSTITUCIONAL DA ARBITRAGEM

Aquele que pretende disciplinar a parcialidade ou imparcialidade do árbitro em determinada situação concreta deve fundamentar seu entendimento em uma regra legal ou regulamentar, concebendo a partir dela a norma aplicável[23]. De modo muitíssimo simplificado, o intérprete deve identificar uma hipótese de fato com suporte no texto que compõe a regra, construindo um *juízo hipotético normativo*[24], e demonstrar que determinada ocorrência no mundo fático, quando descrita linguisticamente, compõe um *juízo descritivo* que pode ser subsumido[25] ao primeiro[26], levando à aplicação de uma consequência jurídica determinada.

A LArb dedica três regras à imparcialidade do árbitro: *(i)* art. 21, § 2.º, que a estabelece como princípio do processo arbitral; *(ii)* art. 13, § 6.º, que a impõe ao árbitro (sem a definir); e *(iii)* art. 14, *caput*, que impede "de funcionar como árbitro o profissional que ostentar, perante as partes ou o litígio, algumas das relações que caracterizam os casos de impedimento ou suspeição de juízes" previstos nos arts. 144 e 145 do CPC/2015. Com isso, o intérprete tem à sua disposição *duas alternativas* para elaborar a norma concreta: a partir de regras de comportamento que remetem aos casos de impedimento e suspeição do juiz; ou por meio de regras abertas e principiológicas, que impõem um *estado de coisas*[27] que deve ser alcançado, sem definir o comportamento necessário nesse

---

[23]   A norma não se confunde com o texto, que lhe dá substrato verbal, mas sim consiste no juízo que o intérprete retira desse substrato. Engisch, Karl. *Introdução ao pensamento jurídico*. Trad. J. Baptista Machado. 7. ed. Lisboa: Fundação Calouste Gulbenkian, 1996. p. 115-117.

[24]   O *juízo hipotético normativo* também recebe a designação de *suporte fático*. Sobre a estrutura da norma jurídica, vide Melo, Marcos Bernardes de. *Teoria do fato jurídico*: plano da existência. 7. ed. São Paulo: Saraiva, 1995. p. 35-37 (suporte fático) e p. 51-53 (preceito ou sanção). Ainda sobre a estrutura da norma, Lumia, Giuseppe. *Elementos de teoria e ideologia do direito*. Trad. Denise Agostinetti. São Paulo: Martins Fontes, 2003. p. 49-50.

[25]   A "adequação do evento social às categorias dos atos comunicativos previstos na norma jurídica geral e abstrata depende da atuação do intérprete/aplicador" (Contipelli, Ernani. *Aplicação da norma jurídica*. São Paulo: Quartier Latin, 2007. p. 80 e 120).

[26]   A subsunção de um juízo hipotético normativo a um juízo descritivo de um evento do mundo fático não se constitui um processo instantâneo ou monolítico, mas antes demanda uma série de "*ir e vir da perspectiva entre a premissa maior e a situação fática da vida*" do intérprete (Larenz, Karl. *Metodologia da ciência do direito*. Trad. José Lamego. 3. ed. Lisboa: Fundação Calouste Gulbenkian, 1997. p. 395).

[27]   ÁVILA, Humberto. *Teoria dos princípios*. 14. ed. São Paulo: Atlas, 2013. p. 104-108.

sentido[28]. Ambas as técnicas se voltam ao mesmo fim, qual seja, perseguir a situação em que o árbitro possa ser persuadido e influenciado pelos argumentos de ambas as partes no curso do processo arbitral, embora a primeira técnica autorize o intérprete partir de um comportamento já descrito na regra (o que, de modo nenhum, significa que o intérprete possa utilizar-se exclusivamente da descrição legal, sem trabalhar com sua valoração[29]-[30]-[31], ao passo que a segunda técnica é utilizada quando não há referência a comportamento, o que aumenta o ônus argumentativo[32] do intérprete para justificar que determinado evento do mundo social que ele pretende normatizar[33] se enquadra[34] entre aqueles que atentam contra a imparcialidade do árbitro.

Para o objetivo destas "notas práticas", que se limita a auxiliar o intérprete na construção da norma concreta nos acasos em que o árbitro se relaciona – direta ou indiretamente, econômica ou não-economicamente – com a parte, podem ser utilizadas como regras impositivas tanto os artigos da LArb tratados no parágrafo acima[35] como também as regras eventualmente constantes do regulamento da instituição de arbitragem aplicáveis no caso concreto.

Independentemente de qual regra lhe sirva de suporte, a norma concreta (proposta pelo intérprete) não pode ser muito rígida ou restritiva – o que redundaria na impossibilidade de demonstração da perda ou inexistência da imparcialidade, dificultado a exclusão

---

[28]   Contra, entendendo que "[t]al como faz o Código de Processo Civil ('CPC') em relação aos juízes, a LdA estabelece os casos de impedimento (e suspeição) do árbitro como 'numerus clausus'" (Baptista, Luiz Olavo. Inutilidades e futilidade daninha: a questão das impugnações de árbitro descabidas. *Revista Direito ao Ponto*, ano 6, n. 8, p. 28, 2013). No mesmo sentido, Ferraz Junior, Tercio Sampaio Suspeição e impedimento na arbitragem: sobre o dever de revelar na Lei 9.307/1996. *Revista de Arbitragem e Mediação*, v. 28, p. 75, 2011.

[29]   Engisch, Karl. *Introdução...* cit., p. 210-214.

[30]   Henrique Filho, Ruy Alves. *Direitos fundamentais e processo.* São Paulo: Renovar, 2008. p. 231.

[31]   Burdzy, Krzysztof. *The search for certainty.* Singapore: Word Scientific Publishing, 2009. p. 179. Os *conceitos indeterminados* ou *cláusulas gerais* são completados mediante referência a regras extrajurídicas, impondo a utilização de modelos de comportamento e pautas de valoração extrajurídicos, tal como se vê na expressão "amigo íntimo".

[32]   ÁVILA, Humberto. *Teoria...* cit., p. 107-108.

[33]   Nesse passo, o *modelo democrático de processo* exerce eficácia integrativa, permitindo ao intérprete a eleição do comportamento necessário para se atingir o conteúdo operativo da imparcialidade. Sobre a eficácia integrativa, vide ÁVILA, Humberto. *Teoria...* cit., p. 104-105.

[34]   "Law provides nothing but a network of criteria exteriorly and posteriorly projected onto the event. The underlying idea is to afford that I can break an event into sets of concepts and conceptual connections (artificially established as seen from any purely theoretical reconstruction of its factors and elements) so that, by their standards, I can issue a judgment upon the fact" (Varga, Csaba. The non-cognitive character of the judicial establishment of facts. *Legal System and practical reason.* Stuttgart: Franz Steiner, 1994. p. 235).

[35]   Demanda menor *ônus argumentativo* as normas lastreadas no art. 14, *caput* LArb, c.c. art. 144, incs. I, III a IX (relativamente à parte), do CPC, ou c.c. o art. 145, incs. I (relativamente à parte) a III, do CPC. Maior *ônus argumentativo* será imposto pela utilização dos arts. 13, § 6.º, e 21, § 2.º, ambos da LArb.

dos árbitros aparentemente parciais – e, ao mesmo tempo, não pode ser muito indulgente ou ampliativa –, o que facilitaria desmesuradamente a demonstração da parcialidade, gerando um estímulo para a utilização dessa alegação em técnicas dilatórias pela parte que quer frustrar o desenvolvimento ou anular o resultado do método arbitral[36]. Para evitar ambos os extremos (facilidade desmesurada ou dificuldade intransponível para demonstração da aparente falta de imparcialidade), a norma extraída pelo intérprete deve respeitar uma *primeira premissa de estrutura*: estar voltada a impedir a situação em que o árbitro esteja vedado a ser influenciado pelo argumento de ambas as partes. Não basta a mera ocorrência de um evento sancionável; é preciso verificar mais a fundo se tal evento tem o potencial de aparentar a parcialidade do julgador[37].

Uma *segunda premissa de estrutura* diz respeito a postulados hermenêuticos que dão um sentido à norma que se pretende criar pela atribuição de sentido ao fato que ela deve regular.

O primeiro dos postulados hermenêuticos que compõem a *segunda premissa de estrutura* é a *razoabilidade como equidade*, ou seja, que a norma levará em consideração o que *comumente acontece*, conforme a presunção de que os fatos a regular ocorreram dentro da normalidade. Isso significa que o intérprete deve partir da premissa de que o árbitro está de boa-fé e, caso pretenda sancionar a ausência de imparcialidade, demonstrar também que o evento que pretende regular está fora do que normalmente ocorre e do que normalmente se espera do comportamento do árbitro. Isso demanda a comparação de um padrão de comportamento razoavelmente esperado (modelado com apoio na jurisprudência brasileira ou estrangeira, regras não vinculantes emanadas de lei estrangeira ou de guias de melhores práticas, doutrina etc.) com o comportamento revelado pelas particularidades do evento que ensejariam, segundo o intérprete, a aparência de parcialidade do árbitro. Por isso, quanto mais detalhadamente forem descritas as circunstâncias envolvidas no caso específico – ou seja, quanto mais detalhes a respeito da cadência de eventos, do tempo em que eles ocorreram, dos personagens envolvidos, entre outros – menos difícil será aproximar ou afastar esse caso específico do que *comumente acontece*[38].

O segundo dos postulados hermenêuticos que compõe a *segunda premissa de estrutura* é a *coerência da norma com o sistema jurídico*, que pode ser alcançada pelo emprego de diferentes métodos, entre eles, o postulado da proporcionalidade[39] ou outra teoria a

---

[36]   Elias, Carlos Eduardo Stefen. *Imparcialidade...* cit., p. 88-89.

[37]   Por tal razão não se pode confundir a imparcialidade com o mero descumprimento do dever de revelação; é preciso que o evento não revelado seja hábil, *per se*, a dar ensejo à *aparência* de imparcialidade. Do mesmo modo, o fenômeno comumente designado *independência* do árbitro (existência de vínculo *objetivo* entre ele e parte) nada diz, devendo ser valorado (ou seja, analisado sob o caráter *subjetivo*) para ensejar ou não a *aparência* de imparcialidade. Sobre o ponto, vide Elias, Carlos Eduardo Stefen. *O árbitro é (mesmo) juiz de fato e de direito?* Análise dos poderes do árbitro *vis-à-vis* os poderes do juiz no novo Código de Processo Civil Brasileiro. No prelo.

[38]   Elias, Carlos Eduardo Stefen. *Imparcialidade...* cit., p. 90.

[39]   O postulado hermenêutico da *proporcionalidade* permite o controle da proposta normativa sob os critérios da adequação (se a norma proposta fomenta, quantitativamente, qualitativamente e

respeito da argumentação jurídica[40], as quais, dados os limites deste estudo, são apenas referidas, mas não tratados com maior detalhe[41].

No que diz respeito ao ambiente institucional, é preciso ter em conta que a prática da arbitragem desenvolve-se em um mercado profissional[42], no qual os agentes (advogados, em sua maioria) se revezam entre as posições de patronos das partes e árbitro. Esse mercado é caracterizado por assimetrias informacionais[43] e, para obterem indicações de trabalho, os candidatos a árbitro precisam ostentar certo "capital simbólico"[44], agregado em três frentes: *(i)* detenção de um saber específico no campo do direito processual ou do direito material envolvido nos conflitos; *(ii)* manutenção de relações negociais, sociais ou acadêmicas que os envolvam nos centros de prática da arbitragem; e *(iii)* o reconhecimento entre os demais agentes desse mercado[45]. Somente será escolhido como árbitro o profissional que ensejar a confiança da parte (ou de seu advogado), o que pressupõe algum nível de relação negocial, social ou acadêmica entre eles – em grau diferente da-

---

probabilisticamente a promoção do *fim* ou *estado de coisas* perseguido), a necessidade (comparação entre os meios utilizados pela norma proposta frente a outros meios para se atingir o *fim* ou *estado de coisas* perseguido) e a proporcionalidade em sentido estrito (sopesamento entre a intensidade da restrição a um direito fundamental e a importância da realização do *fim* ou *estado de coisas* perseguido). Sobre o tema, vide ÁVILA, Humberto. *Teoria...* cit., p. 188-195. Vide também SILVA, Virgílio Afonso da. O proporcional e o razoável. *Revista dos Tribunais online*, v. 798, p. 36-37, 2002.

[40] Por exemplo, a teoria de MacCormick, que se funda na ideia de *justificações de segunda ordem*, pelas quais tais normas devem fazer *sentido no mundo* e *sentido no contexto do sistema jurídico*. Para que a norma proposta pelo intérprete faça *sentido no mundo*, este deve *(i)* levar em conta as consequências da sua adoção e da sua não adoção (examinando-se os tipos de decisão que seriam tomados em outros casos que se enquadrariam nos termos da norma proposta) e *(ii)* avaliar a aceitabilidade ou inaceitabilidade dessas consequências, consoante o grau de justiça ou injustiça diante das escolhas de valor predominantes (avaliação que, até certo ponto, é subjetiva). Por sua vez, para que a norma proposta faça *sentido no contexto do sistema jurídico*, ela deve respeitar a coesão e coerência desse sistema, ou seja, não contradizer nenhuma outra norma extraída do sistema, e, uma vez analisada frente às demais já extraídas, contribuir para proteger e não contrariar os valores aos quais essas normas buscam proteger (MacCormick, Neil. *Argumentação jurídica e teoria do direito*. Trad. Waldéa Barcelos. São Paulo: Martins Fontes, 2006. p. 131-135).

[41] Com mais detalhes a respeito da utilização de diferentes métodos hermenênticos para a criação da norma concreta, vide Elias, Carlos Eduardo Stefen. *Imparcialidade...* cit., p. 89-94.

[42] "Um mercado existe quando compradores que pretendem trocar dinheiro por bens e serviços estão em contato com vendedores desses mesmos bens e serviços. Desse modo, o mercado pode ser entendido como o local, teórico ou não, do encontro regular entre compradores e vendedores de uma determinada economia" (Sandroni, Paulo. *Novíssimo dicionário de economia*. São Paulo: Best Seller, 1999. p. 378).

[43] Rogers, Catherine A. The vocation of the international arbitrator. *American University International Law Review*, v. 20, p. 967-968, 2005.

[44] Dazalay, Yves; Garth Bryant G. *Dealing in virtue*: international commercial arbitration and the construction of a transnational legal order. Chicago: The University of Chicago Press, 1996. p. 29 e 31.

[45] Clay, Thomas. Quem são os árbitros internacionais: abordagem sociológica. *Revista de Arbitragem e Mediação*. v. 6, p. 109, 2005.

quele que os juízes (que não são escolhidos, mas sorteados) possuem com os patronos ou partes no processo judicial[46].

A técnica para a extração da norma a ser aplicada ao caso concreto, objeto da presente "nota prática", pouco ou nada diz a respeito dos comportamentos que ela visa regular e que são tratados na "nota prática" que segue.

NOTA 3. AINDA A EXTRAÇÃO DA NORMA CONCRETA: AS CATEGORIAS FÁTICAS QUE ENSEJAM, EM TESE, A APARÊNCIA DE PARCIALIDADE DO ÁRBITRO

A experiência permite identificar quantidade considerável de situações concretas em que a imparcialidade do árbitro foi questionada[47] e agrupá-las em três categorias primárias, resultantes de recorte ideal e valorativo: *(1)* relação entre o árbitro com a parte (o que inclui pessoas e entidades ligadas a esses agentes); *(2)* relação do árbitro ou seu escritório com o advogado ou escritório de advocacia que patrocina a parte; e *(3)* casos não enquadráveis nas categorias anteriores[48]. Cada uma dessas categorias primárias (que podem ser concomitantemente identificadas em uma mesma situação concreta) admitem certos níveis de clivagem, resultando em descrições de situações mais específicas.

A categoria *(1)* pode ser decomposta em razão da natureza da relação, abrindo-se em dois ramos: *(1.1)* relação de negócios, que envolve liames *primordialmente econômicos*; e *(1.2)* relação familiar, pessoal ou social, que envolve outros *liames que não os econômicos*. Dentro da categoria *(1.1)* é possível um terceiro nível de clivagem: *(1.1.1)* relação de trabalho (como empregado, diretor ou similar) ou societária; e *(1.1.2)* relação de prestação de serviços (entre eles, jurídicos).

Nos casos identificados pelo número *(1.1.1)*, em que o árbitro ou pessoa próxima mantinha relação de trabalho (empregado, diretor ou similar) ou societária (proprietário de ações ou quotas) com a parte ou com entidade a ela envolvida (pertencente ao mesmo

---

[46] Elias, Carlos Eduardo Stefen. *O árbitro é (mesmo) juiz de fato e de direito?...* cit. No prelo.

[47] Elias, Carlos Eduardo Stefen. *Imparcialidade...* cit., p. 108-179.

[48] Apenas para registro, a categoria *(2)*, que envolve tanto relações negociais quanto familiares, pessoais ou sociais, admite um ulterior nível de clivagem: *(2.1)* relação do árbitro com o advogado que representa a parte; *(2.2)* relação do árbitro com o escritório de advocacia do advogado que representa a parte; *(2.3)* relação do escritório ao qual pertence o árbitro com o advogado; *(2.4)* relação do escritório ao qual pertence o árbitro com o escritório ao qual pertence o advogado que representa a parte. As particularidades que ensejam a análise e a escolha por uma solução ou outra estão além do escopo do presente estudo.

A categoria *(3)* é preenchida por exclusão e envolve: *(3.1)* contato anterior do árbitro com a causa, com causas derivadas ou com questões similares; *(3.2)* posições técnicas defendidas pelo árbitro em estudos acadêmicos ou similares; *(3.3)* duplo papel do árbitro, que também funciona como advogado em outros processos; *(3.4)* atuação do árbitro no procedimento; *(3.5)* nomeação repetitiva do árbitro; *(3.6)* particularidades culturais ou distorções cognitivas derivadas da história de vida do árbitro; e *(3.7)* nacionalidade do árbitro. Aqui também as particularidades que ensejam a análise e a escolha por uma solução ou outra estão além do escopo do presente estudo.

grupo econômico ou coligada), dois critérios de análise puderam ser identificados: *(i)* a envergadura da relação negocial e; *(ii)* a repercussão econômica do resultado da arbitragem para o árbitro ou entidades e pessoas próximas.

A análise da envergadura da relação negocial envolveu a ponderação das seguintes particularidades identificáveis nas situações concretas:

(a) proximidade da relação, de modo que, quanto mais próxima ela for, ou seja, quanto menos pessoas ou entidades se interpuserem entre parte e árbitro, mais aparente a parcialidade. Assim, maior a aparência de parcialidade do árbitro que é diretor da parte que do árbitro cujo cônjuge seja um funcionário de uma empresa de propriedade de um dos sócios da parte;

(b) intensidade da relação, sendo que quanto mais intensa ela for, mais aparente a parcialidade. Assim, maior a aparência de parcialidade do árbitro que também é executivo da parte do que o seria na posição de mero consultor; e

(c) contemporaneidade da relação, sendo que quanto mais próxima ela estiver do processo arbitral no tempo, mais aparente a parcialidade. Assim, maior a aparência de parcialidade se o árbitro mantém relação externa à arbitragem concomitantemente ao processo arbitral do que se tal relação tivesse ocorrido muitos anos antes do início do processo arbitral.

A análise da repercussão econômica da decisão para o árbitro ou entes e pessoas próximas tocou as seguintes particularidades:

(d) existência demonstrável de benefício econômico para o árbitro ou pessoa a ele ligada;

(e) imediatidade (*directness*) do benefício, ou "número de passos" que constituem a cadeia de eventos pela qual o impacto da decisão irá repercutir no interesse econômico do julgador. Assim, mais imediato é o benefício se o árbitro for titular de ações da parte, que valorizariam pela sua decisão, do que se fosse titular de ações da sua concorrente não parte no processo arbitral, que seria comercialmente beneficiada por um abalo no patrimônio da parte concorrente;

(f) substancialidade[49], que incorpora:

(*f.1*) um componente absoluto, que representa o real ou verdadeiro (*actual*) valor financeiro do impacto da decisão, em números absolutos; e

(*f.2*) um componente relativo, que estabelece uma proporção entre o valor absoluto do impacto e o *status* econômico do julgador.

Os casos identificados pelo número *(1.1.2)*, em que o árbitro ou pessoa próxima mantinha relação de prestação de serviços (entre eles, jurídicos) com a parte ou com

---

[49] Allison, John R. *A process...* cit., p. 515.

entidade a ela envolvida, permitiram a identificação de duas situações distintas: *(1.1.2.1)* a prestação de serviços diretamente pelo árbitro; e *(1.1.2.2)* a prestação de serviços pelo escritório ao qual o árbitro pertence.

Na primeira situação, as particularidades da relação determinantes para análise da aparência de imparcialidade envolveram:

(a)   proximidade da relação, já tratada;

(b)   contemporaneidade da relação, já tratada;

(c)   regularidade da relação, sendo que quanto mais regular ela for, mais aparente a parcialidade. De fato, diferente é a situação de o árbitro ter prestado um serviço eventual daquela em que o árbitro representa os interesses da parte em vários casos ao longo do tempo;

(d)   afinidade do serviço com a matéria objeto do processo arbitral, sendo que quanto mais afinidade houver, mais aparente a parcialidade.

Também quando a situação prática envolveu a prestação de serviços à parte, pode-se identificar a importância da análise da repercussão econômica da relação, segundo as mesmas particularidades da categoria anterior, quais sejam:

(e)   existência demonstrável de benefício econômico para o árbitro ou pessoa a ele ligada;

(f)   imediatidade (*"directness"*) do benefício econômico; e

(g)   substancialidade desse benefício, nos seus componentes absoluto e relativo.

Nos casos identificados pelo número *(1.1.2.2)*, em que escritório do árbitro (e não o árbitro pessoalmente) mantém relação de negócio com a parte, outras particularidades foram ressaltadas em adição àquelas da categoria anterior:

(h)   o nível de dificuldade na identificação da relação, sendo que quanto mais fácil essa identificação, mais aparente a parcialidade do árbitro. Se a relação pode ser facilmente identificada pelo árbitro, mais frágil será a presunção de boa-fé do árbitro e mais presumível sua intenção de ocultar tal relação; e

(i)   a relação entre o árbitro e o escritório (sócio, associado, empregado, consultor etc.), pois quanto mais estreita essa ligação, mais aparente a parcialidade do árbitro, seja por conta da maior facilidade de acesso à informação, seja pela possibilidade de que sua remuneração esteja mais intimamente ligada aos proventos auferidos pelos serviços prestados à parte.

Na categoria *(1.1)* em questão, vale ressaltar a relevância da amplitude do mercado de árbitros disponíveis e sua especialidade na matéria objeto de disputa: quanto menor o número de especialistas disponíveis, menos aparente será a parcialidade do árbitro e mais provável será a existência pretérita ou atual de relação econômica com as partes ou com os demais envolvidos no processo arbitral.

Os casos identificados pelo número *(1.2)*, que envolvem contato ou relação familiar, pessoal ou social do árbitro com a parte ou entidades e pessoas ligadas a ela, mediante outros liames que não os econômicos, os critérios de análise identificados foram:

(a)   intensidade da relação ou regularidade dos contatos do árbitro, sendo que quanto mais intensas e regulares, maior a aparência de parcialidade;

(b)   o envolvimento que a pessoa com quem o árbitro se relaciona tem com a parte ou com o litígio, sendo que quanto maior o envolvimento, mais aparente a parcialidade do árbitro.

SÍNTESE CONCLUSIVA

Com o que se viu, aquele que pretende normatizar uma situação concreta deve criar proposta normativa que: *(i)* tenha por base uma regra de comportamento ou regra principiológica impositiva, sendo que essa última aumentará o ônus argumentativo do intérprete; *(ii)* leve em conta que a imparcialidade do árbitro significa sua abertura à influência dos argumentos apresentados por ambas as partes e que esse é o bem jurídico a ser protegido; *(iii)* leve em conta o que *comumente ocorre* e o que *comumente se espera* nas situações práticas, comparando as particularidades do evento concreto com o que normalmente acontece; e *(iv)* seja coerente com o sistema jurídico, passando por métodos de orientação e controle (postulado da proporcionalidade, justificações de segunda ordem ou outros), sobretudo levando em conta o ambiente institucional no qual a arbitragem se desenvolve; e *(iv)* encontre apoio, nas *idas e vindas de perspectiva*, nas particularidades já decantadas de categorias típicas de casos.

Seguidos os passos propostos nestas "notas práticas", a proposta normativa elaborada para determinada situação concreta contará com maior probabilidade de, efetivamente, estar conforme ao direito pátrio e, assim, ser acatada por quem detém o poder vinculante de declará-la correta, cumprindo o requisito de fazer coincidir teoria e prática.

BIBLIOGRAFIA

ABBAGNANO, Nicola. *Dicionário de filosofia*. Trad. André Bossi; Ivone Castilho Benedetti. 5. ed. São Paulo: Martins Fontes, 2007.

ÁVILA, Humberto. *Teoria dos princípios*. 14. ed. São Paulo: Atlas, 2013.

BAPTISTA, Luiz Olavo. Inutilidades e futilidade daninha: a questão das impugnações de árbitro descabidas. *Revista Direito ao Ponto*, ano 6, n. 8, 2013.

BITTAR, Eduardo C. B. Hans-Georg Gadamer: experiência hermenêutica e experiência jurídica. In: BOUCAULT, Carlos E. de Abreu; RODRIGUEZ, José Rodrigo (Org.). *Hermenêutica plural*. São Paulo: Martins Fontes, 2002.

BUENO, Cassio Scarpinella. *Curso sistematizado de direito processual civil.* 5. ed. São Paulo: Saraiva, 2011. v. 1.

BURDZY, Krzysztof. *The search for certainty.* Singapore: Word Scientific Publishing, 2009.

CARNEIRO DA FRADA, Manuel António C. P. *Teoria da confiança e responsabilidade civil.* Coimbra: Almedina, 2014.

CLAY, Thomas. Quem são os árbitros internacionais: abordagem sociológica. *Revista de Arbitragem e Mediação.* v. 6, 2005.

CONTIPELLI, Ernani. *Aplicação da norma jurídica.* São Paulo: Quartier Latin, 2007.

DAZALAY, Yves; Garth Bryant G. *Dealing in virtue*: international commercial arbitration and the construction of a transnational legal order. Chicago: The University of Chicago Press, 1996.

ELIAS, Carlos Eduardo Stefen. *O árbitro é (mesmo) juiz de fato e de direito?* Análise dos poderes do árbitro *vis-à-vis* os poderes do juiz no novo Código de Processo Civil Brasileiro. No prelo.

_____. *Imparcialidade dos árbitros.* 2014. Tese (Doutor em Direito Processual) – Faculdade de Direito da USP, São Paulo.

ENGISCH, Karl. *Introdução ao pensamento jurídico.* Trad. J. Baptista Machado. 7. ed. Lisboa: Fundação Calouste Gulbenkian, 1996.

FERRAZ JUNIOR, Tercio Sampaio. *Introdução ao estudo do direito.* 2. ed. São Paulo: Atlas, 1996.

_____. Suspeição e impedimento na arbitragem: sobre o dever de revelar na Lei 9.307/1996. *Revista de Arbitragem e Mediação,* v. 28, 2011.

FERREIRA, Nazaré do Socorro Conte. *Da interpretação à hermenêutica jurídica.* Porto Alegre: Fabris, 2004.

GUSY, Martin F.; Hosking, James M.; Schwarz, Franz T. *A guide to the ICDR International Arbitration Rules.* New York: Oxford University Press, 2011.

HEIDEGGER, Martin. *Ser e tempo.* Trad. Marcia Sá Cavalcante Schuback. 15. ed. Petrópolis: Vozes, 2005. Parte I.

HENRIQUE FILHO, Ruy Alves. *Direitos fundamentais e processo.* São Paulo: Renovar, 2008.

LARENZ, Karl. *Metodologia da ciência do direito.* Trad. José Lamego. 3. ed. Lisboa: Fundação Calouste Gulbenkian, 1997.

LEAL, Rosemiro Pereira. *Teoria processual da decisão jurídica.* São Paulo: Landy, 2002.

LÓPEZ, Carlos A. Matheus. Practical criteria for selecting international arbitrators. *Journal of International Arbitration,* v. 31, n. 6, p. 795-806, 2014.

LUCAS, Douglas Cesar. Hermenêutica filosófica e os limites do acontecer do direito numa cultura jurídica aprisionada pelo "procedimentalismo metodológico". Disponível em: <http://www.diritto.it/docs/31390>. Acesso em: 31 ago. 2016.

LUMIA, Giuseppe. *Elementos de teoria e ideologia do direito.* Trad. Denise Agostinetti. São Paulo: Martins Fontes, 2003.

LUTTRELL, Samuel Ross. *Bias challenge in international commercial arbitration: the need for a "real danger" test.* The Hague: Kluwer Law International, 2009.

MACCORMICK, Neil. *Argumentação jurídica e teoria do direito.* Trad. Waldéa Barcelos. São Paulo: Martins Fontes, 2006.

MELO, Marcos Bernardes de. *Teoria do fato jurídico*: plano da existência. 7. ed. São Paulo: Saraiva, 1995.

MESQUITA, Maíra de Carvalho Pereira. Da proteção contra surpresa processual e o novo CPC. In: MACÊDO, Lucas Buril de; PEIXOTO, Ravi; FREIRE, Alexandre (Org.). *Novo CPC*: doutrina selecionada. Salvador: Juspodivm, 2016. v. 1.

NUNES, Dierle José Coelho. *Processo jurisdicional democrático*. Curitiba: Juruá, 2012.

PARK, William W. Arbitrator integrity: the transient and the permanent. *San Diego Law Review*, v. 46, 2009.

ROGERS, Catherine A. The vocation of the international arbitrator. *American University International Law Review*, v. 20, 2005.

ROSSEIN, Merrick T.; HOPE, Jennifer. Disclosure and disqualification standards for neutral arbitrators: how far to cast the net and what is sufficient to vacate an award. *St. John's Law Review*, v. 81, 2007.

ROZAS, Fernández. Clearer ethics guidelines and comparative standards for arbitrators. *Liber amicorum Bernardo Cremades*. Madrid: La Ley, 2010.

SANDRONI, Paulo. *Novíssimo dicionário de economia*. São Paulo: Best Seller, 1999.

SILVA, Virgílio Afonso da. O proporcional e o razoável. *Revista dos Tribunais online*, v. 798, 2002.

STRECK, Lenio Luiz. *Verdade e consenso*. 3. ed. Rio de Janeiro: Lumen Juris, 2009.

VARGA, Csaba. The non-cognitive character of the judicial establishment of facts. *Legal System and practical reason*. Stuttgart: Franz Steiner, 1994.

ANEXO. TABELA DE CASOS

Casos relativos à Categoria (1.1.1)

(i) *ICSID Case n.º ARB/03/19* (Vivendi) e *ICSID Case n.º ARB/03/17* (Suez). Decisão disponível em: <http://italaw.com/documents/Suez-VivendiChallenge2.pdf>. Acesso em: 31 ago. 2016.

No caso, verificou-se que a árbitra impugnada era diretora do *Comitê de Nomeação e Governança* de banco de investimento que possuía fração do capital votante das partes (2,38% da Vivendi e 2,1% da Suez). A relação da árbitra com as partes foi considerada pouco próxima (relação remota e indireta) e a intensidade dessa relação, fraca, visto que a árbitra sequer conhecia os diretores das partes. Considerou-se, por fim, que a participação do banco nas empresas não seria suficiente para que a vitória no processo arbitral significasse valorização das ações da instituição ou incremento na remuneração da árbitra na qualidade de diretora. Por tais razões, a impugnação da árbitra não foi acatada.

(ii) *Morelite Constr. Corp. v. New York City Dist. Council Carpenters Ben. Funds*, 748 F.2d 79, (2d Cir.1984). Decisão disponível em: <https://law.resource.org/

pub/us/case/reporter/F2/748/748.F2d.79.84-7351.86.html>. Acesso em: 31 ago. 2016.

No caso, o pai do árbitro era o presidente do sindicato parte no litígio. O árbitro não revelou a relação de parentesco. Como nenhuma das partes provou qual o grau de ligação negocial, econômica ou sentimental entre pai e filho, a Corte de Apelação do Segundo Circuito utilizou-se de presunção para anular a sentença arbitral, sob o entendimento de que, em geral, filhos são leais a seus pais e inclinados a beneficiá-los.

(iii) *Consolidation Coal Company v. Local 1643, United Mine Workers of America,* 48 F.3d 125 (4th Cir. 1995). Decisão disponível em: <http://law.justia.com/cases/federal/appellate-courts/F3/48/125/607195/>. Acesso em: 31 ago. 2016.

No caso, foi considerado imparcial o árbitro irmão de funcionário de alto escalão de uma das partes, visto que ela teria sido vencida em mais de metade (de um total superior a 60) das disputas arbitradas pelo irmão. Na decisão que deu pela imparcialidade analisou-se, expressamente, a *(i)* existência de interesse pessoal, pecuniário ou similar do árbitro no resultado da arbitragem; *(ii)* imediatidade *(directness)* da relação entre árbitro e parte; *(iii)* conexão da relação com a arbitragem; e *(iv)* proximidade de tempo entre a relação e o procedimento arbitral.

(iv) *AT&T Corporation v Saudi Cable Co* [2000] APP.L.R. 05/15. Decisão disponível em: <http://www.nadr.co.uk/articles/published/ArbitrationLawR/AT&T%20 v%20Saudi%202000.pdf>. Acesso em: 31 ago. 2016.

No caso, o árbitro não havia revelado ser diretor não executivo de companhia concorrente da parte (e que havia sido vencida no certame que deu origem ao contrato discutido na arbitragem). Verificou-se que o árbitro possuía 474 ações dessa companhia, de modo que a decisão que reconheceu a imparcialidade do árbitro levou em conta (além do fato de desconhecer que a companhia da qual era diretor havia participado da concorrência), que: eventual benefício indireto trazido pelo resultado da arbitragem seria irrelevante para o árbitro; seu envolvimento com a companhia concorrente era limitado e foi cabal e detalhadamente descrito como incidental na sua vida profissional, tanto que o árbitro ofereceu-se para renunciar ao posto de diretor.

Casos relativos à Categoria (1.1.2)

(v) *Commonwealth Coatings v. Continental Casualty.* Extrato da decisão disponível em: <https://bulk.resource.org/courts.gov/c/US/393/393.US.145.14.html>. Acesso em: 31 ago. 2016[50].

---

[50] Análise detalhada da decisão, fundamental para a jurisprudência norte-americana, foi feita por ROSSEIN, Merrick T.; HOPE, Jennifer. Disclosure and disqualification standards for neutral ar-

No caso, a Suprema Corte norte-americana reconheceu a parcialidade do árbitro que havia prestado serviços diretamente a uma das partes – relativos a projeto que acabou sendo objeto de controvérsia –, recebendo dela remuneração de USD 12 mil, sem que nada tivesse revelado no curso do procedimento arbitral. Ponderando que a relação entre árbitro e parte não era *de minimis*, além de ser direta, a Suprema Corte entendeu evidente a parcialidade do árbitro, consoante o *Federal Arbitration Act*.

(vi) *KPMG AB v ProfilGruppen AB*, caso T 1085-11. Tradução não oficial da decisão para o inglês disponível em: <http://www.jpinfonet.se/files/1023796/T%20 1085-11_eng.pdf>. Acesso em: 31 ago. 2016.

No caso, o árbitro indicado por uma das partes era sócio sênior da filial de um escritório de advocacia que passou a patrocinar um litígio de várias centenas de milhões de euros contra uma das partes, poucos dias após a prolação da sentença arbitral. Por conta das particularidades da relação, foi reconhecida a perda de imparcialidade do árbitro.

(vii) *Compañía de Aguas del Aconquija S.A. & Vivendi Universal v. Argentine Republic*, ICSID Case No. ARB/97/3. Decisão disponível em: <http://www. italaw.com/sites/default/files/case-documents/ita0208.pdf>. Acesso em: 31 ago. 2016.

No caso, um dos sócios do árbitro na banca de advogados havia orientado a empresa predecessora da parte em uma questão tributária em outro país, o que rendeu ao escritório um total de USD 216 mil em honorários, dos quais USD 204 mil se referiam a trabalho prestado anos antes do processo arbitral. O trabalho, vindo sob solicitação de outro escritório que atuava como *leading counsel*, ainda não estava terminado ao tempo em que se desenvolvia o procedimento de anulação da sentença, restando ainda tarefas triviais relativas ao *winding up* da operação, que resultariam em honorários finais não superiores a USD 2 mil. Decidiu-se que a existência de relações profissionais do árbitro com uma parte não configurava base automática para o seu afastamento, e que o árbitro não deveria ser considerado parcial pois não possuía relação advogado-cliente diretamente com a parte ou suas afiliadas. Além disso, o serviço prestado pelo sócio do árbitro não tinham relação com o conflito submetido à arbitragem, não consistia na prestação de orientações jurídicas ou estratégicas aos requerentes, mas sim concernentes a um negócio específico, e que a relação entre a parte e o escritório logo se encerraria com o fechamento do negócio.

(viii) *Joseph Charles Lemire v. Ukraine*, ICSID Case No. ARB(AF)/98/1, referido por DAELE, Karel. *Challenge and disqualification of arbitrators in international*

---

bitrators: how far to cast the net and what is sufficient to vacate an award. *St. John's Law Review*, v. 81, 2007, p. 206-209.

arbitration. Netherlands: Kluwer Law International, 2012. p. 112-114 e 329-330.

No caso, o árbitro revelou, pouco mais de um ano após a constituição do tribunal, que seu escritório patrocinaria processo arbitral por uma das partes (Estado), mas que não se envolveria no caso e que seu escritório levantaria um *ethical screen* para isolar o árbitro do futuro procedimento. A outra parte (investidor) afirmou não ter objeções ao fato; no entanto, o próprio Estado apontou que a posição do árbitro redundaria em conflito, visto que o Ministro da Justiça encabeçaria ambas as disputas em nome do Estado. Por isso, impugnou o árbitro. A impugnação foi afastada pelos coárbitros, que consideraram que o *ethical screen* seria suficiente para a manutenção da condição de imparcialidade do árbitro.

(ix) *HSMV Corp. v. ADI Ltd.*, 72 F.Supp.2d 1122 (C.D. Cal. 1999). Decisão disponível em: <http://www.leagle.com/decision/1999119472FSupp2d1122_11086>. Acesso em: 31 ago. 2016.

No caso, o escritório do árbitro estava prestado assessoria para a venda da sociedade parte no processo arbitral (ao mesmo tempo em que este se desenvolvia). Embora o árbitro houvesse alegado desconhecer a operação, considerou-se que envolvimento contemporâneo da banca na alienação da sociedade parte na arbitragem claramente representava conflito de interesses e que o árbitro tinha o dever de investigar as relações do seu escritório com seus clientes.

(x) *Jean Schmitz; Leonard Schmitz v. Carlos J. Zilveti, III; Nicholas S. Meris; Prudential-Bache Securities Inc.*, 20 F.3d 1043 (9th Cir. 1994). Decisão disponível em: <http://www.leagle.com/decision/1994106320F3d1043_1893>. Acesso em: 31 ago. 2016.

No caso, a parte vencida fez uma pesquisa na qual descobriu que o escritório de advocacia de um dos árbitros havia representando a empresa controladora de uma das partes em pelo menos dezenove casos nos últimos trinta e cinco anos, tendo a representação mais recente terminado vinte e um meses antes do início do processo arbitral. A despeito da longa relação entre seu escritório e a parte, o árbitro efetivamente a desconhecia, deixando de fazer checagem interna de possíveis conflitos de interesses. A despeito do desconhecimento pelo árbitro, reconheceu-se seu dever em obter informações de relações negociais de seu escritório.

(xi) *Abdullah E. Al-Harbi v Citibank N.A and Citibank A.S.*, 85 F. 3d 680 (U.S. App. D.C. 115). Decisão disponível em: <https://law.resource.org/pub/us/case/reporter/F3/085/85.F3d.680.95-7192.html>. Acesso em: 31 ago. 2016.

No caso, o árbitro havia anteriormente trabalhado em escritório de advocacia – do qual já havia se desligado – que havia patrocinado uma das partes em processo não relacionado com a disputa objeto do processo arbitral. Foram determinantes os critérios da temporalidade da relação entre parte e escritório do árbitro e a não ciência deste a respeito dessa relação para a conclusão de que o árbitro mantinha-se imparcial.

(xii) *Gianelli Money Purchase Plan and Trust v ADM Investor Services, Inc.*, 146 F.3d 1309 (11.º Cir. 1998). Decisão disponível em: <https://bulk.resource.org/ courts.gov/c/F3/146/146.F3d.1309.97-2586.html>. Acesso em: 31 ago. 2016.

No caso, o escritório ao qual havia sido incorporado o árbitro havia representado, em diversos negócios, o presidente de uma empresa parceira de uma das partes, inclusive no negócio que levou à arbitragem, em que tal empresa figurou como garante (embora não fosse parte no processo arbitral). O Tribunal considerou que inexistia conflito real de interesses, uma vez que o árbitro não conhecia os contatos passados do seu escritório com a empresa garantidora do negócio levado à arbitragem. O caso *Gianelli Money v. ADM Investor* insere a questão do conhecimento do árbitro quanto às relações do passado entre o escritório ao qual posteriormente se incorporou, com o presidente de uma empresa ligada diretamente ao conflito. No caso, o árbitro não conhecia tais vínculos, sendo que a única relação posterior à sua integração na banca, apontada no curso da arbitragem, não ensejou impugnação das partes.

(xiii) *Lifecare International, Inc. v CD Medical, Inc.*, 68 F. 3d 429 (11.º Cir. 1995). Decisão disponível em: <https://bulk.resource.org/courts.gov/c/F3/68/68. F3d.429.94-4595.html>. Acesso em: 31 ago. 2016.

No caso, não foi considerado parcial o árbitro que, meses antes de ser indicado, tornou-se *of counsel* do escritório que, mais de quatro anos antes do início do processo arbitral, havia sido contratado pelas partes para revisar um aditamento contratual celebrado entre elas, e que, dois anos antes do início do processo arbitral, havia sido (o escritório, não o árbitro) consultado por uma delas para representá-la na arbitragem. Foi demonstrado que o árbitro não conhecia essas situações, ocorridas anos antes de tornar-se *of counsel*, e que não se beneficiou delas.

(xiv) *Betz v. Pankow*, 31 Cal. App. 4 1503 (1995). Decisão disponível em: <http:// www.leagle.com/decision/1995153431CalApp4th1503_11451>. Acesso em: 31 ago. 2016.

No caso, o escritório do qual o árbitro havia se desligado 6 meses antes do início do processo arbitral havia prestado serviços – 6 anos antes do início do processo arbitral – a empresas ligadas a uma das partes. O árbitro sequer tinha conhecimento desses serviços e eles não representariam qualquer benefício econômico ao árbitro.

(xv) *Middlesex Mutual Insurance Company, Patriot General Insurance Company, and Allstate Insurance Company v. Stuart Levine*, 675 F.2d 1197 (11th Cir. 1982). Decisão disponível em: <https://www.casetext.com/case/middlesex- -mut-ins-co-v-levine/>. Acesso em: 31 ago. 2016.

No caso, o árbitro deixou de informar que representava e atuava diretamente em nome de uma empresa seguradora em litígio com algumas das companhias parte no processo arbitral, em processo que lhe havia rendido procedimento disciplinar do *Florida Bar* (no qual apresentou declarações quatro semanas antes da audiência de instrução arbitral). Além disso, a Corte de Apelação considerou que os contatos entre o árbitro e a parte contrária ultrapassavam aqueles que ocorreriam no curso normal do exercício profissional do árbitro, podendo influir no resultado do processo arbitral em curso.

(xvi) SCC 46/2007, referido por JUNG, Helena. SCC practice: challenges to arbitrators – SCC Board decisions 2005-2007, p. 13-15. Disponível em: <http://www.sccinstitute.se/filearchive/2/28190/04-Art32-Jung.pdf>. Acesso em: 31 ago. 2016.

No caso, o *Board* da *Stockholm Chamber of Commerce5* deu provimento à impugnação do árbitro que estava atuando como *legal expert* e produzindo uma *legal opinion* contra a parte que o havia impugnado.

(xvii) *African Holding Company of America, Inc. and Société Africaine de Construction au Congo S.A.R.L. v. Democratic Republic of the Congo, ICSID Case n.* ARB/0/21, referido por DAELE, Karel. *Challenge...* cit., p. 277-278. Referência à renúncia da árbitra é feita no parágrafo 8.º da sentença. Disponível em: <https://icsid.worldbank.org/ICSID/FrontServlet?requestType=CasesRH& actionVal=showDoc&docId=DC776_Fr&caseId=C66>. Acesso em: 31 ago. 2016.

No caso, a parte investidora impugnou a árbitra indicada pelo Congo porque o escritório ao qual ela pertencia havia patrocinado esse Estado em matéria relacionada à controvérsia, sem receber a integralidade dos honorários. Com isso, o escritório era credor do Congo, o que inclinaria a árbitra a julgar a causa procedente para o Estado e aumentar suas chances de receber o crédito. A questão não chegou a ser decidida em razão da renúncia da árbitra.

Casos relativos à Categoria (1.2)

(xviii) *TEMBEC INC. v The United States of America, Case n. 05-2345 (D.D.C., 2006).* Disponível em: *<http://www.state.gov/documents/organization/64890.pdf>. Acesso em:* 31 ago. 2016.

No caso, os requerentes impugnaram um árbitro sob a alegação de que ele não teria revelado o fato de que sua mulher era prima do presidente George W. Bush, o qual havia se envolvido pessoal e diretamente no tema central da arbitragem. O árbitro não havia revelado, ainda, ter recebido duas importantes nomeações na administração norte-americana: *Legal Adviser of the United States Department of State* enquanto George Bush (pai) era vice-presidente dos Estados Unidos; e indicação para o painel de árbitro da ICSID por George W. Bush (filho). O Secretário-Geral do ICSID rejeitou a impugnação, mas, três meses após tal decisão, os requerentes pleitearam a anulação da decisão com base na *evident partiality* prevista na *Section 10* do Federal Arbitration Act. A Corte Distrital de Colúmbia anulou a decisão arbitral, sob as considerações de que a relação familiar e a proximidade com a família Bush, bem como os cargos na administração pública para os quais o árbitro foi nomeado – agravadas pela não revelação – seriam substrato suficiente para a constatação da *evident partiality* coibida por lei.

(xix) *Zhinvali v. Georgia*, Decisão não publicada, mas referida por Karel Daele. *Challenge... op. cit.*, pp. 288-289 e por LUTTRELL, Samuel Ross. *Bias...* cit., p. 226.

No caso, o árbitro foi impugnado por ter participado de uma *dinner party* com um executivo sênior – com papel central na arbitragem – de um dos três acionistas de uma das partes. Também foi trazido à baila o fato de o árbitro ter visto esse mesmo executivo em outras reuniões informais. A impugnação não foi aceita.

(xx) *PK Time Group, LCC v. Cinette Robert*, No. 12 Civ. 8200, 2013 (S.D.N.Y. July 23, 2013). Disponível em: <http://f.datasrvr.com/fr1/613/93802/6_PK_Time_Group_v_Robert.pdf>. Acesso em: 31 ago. 2016.

No caso, foi requerido o afastamento de dois árbitros porque eles teriam proferido palestra na conferência *International Dispute Resolution*, na qual a testemunha técnica de uma das partes também fez exposição. A conferência foi patrocinada pela empresa que empregava a testemunha técnica. A impugnação não foi aceita.

(xxi) Em caso CCI, referido por WHITESELL, Anne Marie. *Independence...* cit., p. 29-30.

No caso, o árbitro nomeado pelo requerido foi impugnado pelo requerente por alegadamente ter mantido comunicações *ex parte* com os representantes de uma das partes em um seminário, poucas semanas antes da audiência de instrução. Segundo a alegação, o árbitro estava no seminário para se patrocinar profissionalmente, de modo que a conversa demonstraria que ele esperava beneficiar-se de uma futura relação com a parte. Ainda segundo o requerente, o árbitro deveria ter revelado esse contato e, não o fazendo, trazia à tona o questionamento sobre a sua independência. O árbitro respondeu que não tinha envolvimento na organização ou promoção da conferência nem com a escolha dos convidados, que seu contato com um dos empregados do requerido foi extremamente limitado e não substancial, e que as alegações careciam de fundamento, configurando mera especulação. A impugnação foi improvida.

(xxii) Caso referido por DAELE, Karel. *Challenge...* cit., p. 444. Vide, ainda, *Investment Treaty News*, de 19 de outubro de 2006. Disponível em: <http://www.iisd.org/pdf/2006/itn_oct19_2006.pdf>. Acesso em: 31 ago. 2016.

No caso, o árbitro foi impugnado por ser membro e diretor da Câmara de Comércio América-Chile (Amcham), o que ensejaria simpatia e favorecimento dos investidores norte-americanos. Na decisão, buscou-se ligações mais sólidas do árbitro com a parte, levando em consideração que *(i)* a Asset Recovery não era membro da Amcham; *(ii)* o árbitro presidente não tinha relação com a companhia; *(iii)* não havia evidência de que a Asset Recovery tivesse negócios no Chile; *(iv)* não havia evidência de que o árbitro presidente participasse de atividades na Argentina; e *(v)* a Amcham ou seus membros não figuravam como parte no processo arbitral. Assim, a impugnação foi julgada improcedente.

NOMEAÇÃO DE ÁRBITROS EM ARBITRAGENS MULTIPARTE: QUESTÃO RESOLVIDA?

EDUARDO GREBLER

Sumário: I. Introdução – II. A origem da questão: o Caso Dutco – III. Os efeitos do Caso Dutco – IV. Crítica da solução decorrente do Caso Dutco – V. Conclusão – Bibliografia.

I. INTRODUÇÃO

Vão-se mais de vinte anos desde que a Corte de Cassação francesa decidiu, no célebre *Caso Dutco*[1], de 1992, que o princípio da igualdade entre as partes restava vulnerado quando duas partes integrantes do polo passivo, mas com interesses divergentes, se vissem compelidas a designar conjunto um só árbitro, ao passo que a parte situada no polo processual ativo podia nomear árbitro de sua livre escolha.

Para os estudiosos da arbitragem, o tema deste artigo poderá parecer superado desde essa histórica decisão. Não obstante o tempo decorrido, a questão da nomeação de árbitros em arbitragens multiparte continua a provocar comentários e justificativas até os dias de hoje, a revelar certo desconforto com a inesperada decisão da Corte de Cassação. Além disso, a extraordinária expansão do instituto da arbitragem, em especial em anos recentes, ensejou o rápido crescimento do número de casos que envolvem múltiplas partes[2], circunstância que suscita novas reflexões sobre o problema e sobre as soluções engendradas para resolvê-lo, à luz do objetivo de dar maior eficiência à arbitragem como meio de resolução de disputas empresariais.

A existência de arbitragens multiparte pode se originar de distintas situações, das quais a mais frequente é aquela que se configura no nascedouro da relação contratual,

---

[1] Cour de Cassation, Chambre civile 1, 07.01.1992, 89-18.708 89-18.726.

[2] Cf. CAPRASSE, Olivier. A Constituição do Tribunal Arbitral em Arbitragem Multiparte. *RBA*, n. 8, p. 84, out.-nov.-dez. 2005.

quando duas ou mais partes signatárias da convenção de arbitragem assumem em conjunto obrigações perante a contraparte do contato. Em decorrência dessa comunhão de interesses, devem comparecer juntas ao procedimento iniciado pela parte situada no outro polo do processo arbitral, caracterizando-se o litisconsórcio, que pode ser necessário-unitário se a decisão a ser proferida pelo tribunal arbitral houver de alcançar obrigatoriamente essas partes em conjunto[3].

Formato semelhante pode também se dar quando múltiplas partes signatárias da convenção de arbitragem se situam na posição de contratante ou de contratado, porém com direitos e obrigações contraídos individualmente perante a contraparte do negócio, configurando um litisconsórcio facultativo[4].

Ao lado dessas, outras situações de arbitragem multiparte se apresentam quando duas ou mais partes, não ligadas desde o início da relação jurídica e signatárias de distintas convenções de arbitragem, se encontram reunidas em um só procedimento arbitral por força da conexidade ou da prejudicialidade. É o caso, por exemplo, da relação entre o contratante, o contratado e o subcontratado, em que o primeiro imputa ao segundo os efeitos da responsabilidade contratual, e este, por sua vez, a imputa ao terceiro. Nessa hipótese, uma solução única pode se mostrar conveniente, a ser alcançada mediante a reunião dos procedimentos em uma única arbitragem, em que o contratado e o subcontratado se contrapõem um ao outro, mas ambos se contrapõem em conjunto ao contratante.

Outro desenho, ainda, se verifica quando a relação processual se inicia com formato bipolar mas, em momento subsequente, nela intervém um terceiro, cuja relação com uma ou com ambas as partes acarreta seu comparecimento ao procedimento arbitral para responder no polo passivo ou, eventualmente, como autor de um pedido contraposto.

A variedade de situações que, em tese, podem dar origem à arbitragem multiparte oferece desafios à doutrina arbitral, já que a participação no procedimento tem como pressuposto o consentimento à convenção de arbitragem. Não basta, pois, que uma das partes ou o próprio tribunal arbitral pretenda convocar uma terceira parte para se integrar ao procedimento, porquanto o princípio da inevitabilidade da jurisdição, que Dinamarco considera a "projeção da inevitabilidade do próprio poder estatal", não se aplica à arbitragem[5].

A prática arbitral demonstra que os institutos do direito processual civil que versam a multiplicidade de partes– o litisconsórcio e a intervenção de terceiros –, formulados para regular a hipótese no âmbito do poder judiciário, por vezes não se mostram eficazes para reger a relação multiparte no âmbito do procedimento arbitral.

Diante desse multifacetado problema, o presente artigo se ocupa da hipótese em que a situação multiparte se apresenta ao início da relação processual – isto é, quando dois ou mais requerentes ou dois ou mais requeridos compartilham o mesmo polo processual, sem que as outras partes ofereçam resistência à participação plúrima no polo adversário.

---

[3]   Cf. DINAMARCO, Cândido R. *Arbitragem na teoria geral do processo*. São Paulo: Malheiros, 2013. p. 128.

[4]   DINAMARCO, Cândido R. *Arbitragem...* cit., p. 127.

[5]   DINAMARCO, Cândido R. *Arbitragem...* cit., p. 129.

O objetivo desta reflexão é avaliar criticamente o tratamento que se dá à nomeação de árbitros em arbitragens multiparte a partir do *Caso Dutco*, e verificar se os efeitos desse tratamento estão ajustados ao atual estágio de desenvolvimento do instituto da arbitragem.

II. A ORIGEM DA QUESTÃO: O *CASO DUTCO*

A primeira e mais notável consequência do compartilhamento do mesmo polo processual por duas ou mais partes reside na faculdade de nomear conjuntamente o árbitro. Essa faculdade, no entanto, pode conduzir a impasse, quando essas partes, situadas no mesmo polo, não se põem de acordo sobre o árbitro que lhes corresponde nomear.

Até o início da década de 1990, a presença de mais de uma parte em um dos polos da relação processual na arbitragem não suscitava maiores problemas. Os regulamentos arbitrais de então refletiam o entendimento generalizado de que partes situadas em um só polo processual deveriam compartilhar a nomeação de um mesmo árbitro, mantendo a paridade entre os polos – e não entre as partes – na designação de seus respectivos árbitros. No estágio em que então se encontrava o instituto da arbitragem, o critério assegurava o equilíbrio entre os contendores, evitando que duas ou mais partes com interesses comuns pudessem valer-se de sua superioridade numérica para fazer com que a composição do tribunal arbitral pendesse para o polo com pluralidade de contendores. Ao início da década de 2000, dizia Humberto Theodoro Júnior que

> [...] não se deve, em regra, reconhecer a cada litisconsorte o direito pessoal de nomear seu próprio árbitro. Na relação processual em que litisconsortes estiverem agrupados em números diferentes de cada lado, criar-se-ia um tribunal desequilibrado quantitativamente. O ideal é que cada grupo litisconsorcial designe o seu árbitro, ou os seus árbitros, de modo que de cada lado do processo figure número igual de julgadores, dispondo as partes sobre a forma de escolha do desempatador[6].

Excepcionalmente, diante de um nítido conflito de posições entre dois litisconsortes passivos, podia-se constituir o tribunal arbitral com cinco membros, número em geral suficiente para acomodar a nomeação individual de um árbitro por cada parte envolvida na contenda. Contudo, tribunais arbitrais compostos por cinco membros podem apresentar problemas de funcionamento, ocasionados pela dificuldade de conciliar a disponibilidade simultânea de todos os seus integrantes para as audiências e deliberações, levando a atrasos e ao incremento dos custos de administração do procedimento. Esta a razão pela qual essa fórmula fica restrita a casos excepcionais, sendo mais comum nas arbitragens de direito internacional público do que na arbitragem comercial[7].

---

[6] THEODORO JÚNIOR, Humberto. Arbitragem e terceiros – Litisconsórcio fora do pacto arbitral – Outras intervenções de terceiros. In: MARTINS, Pedro A. B.; GARCEZ, José Maria Rossani. *Reflexões sobre arbitragem*. São Paulo: LTr, 2002. p. 259.

[7] Cf. LEW, Julian D.; MISTELIS, Loukas A.; KRÖLL, Stefan M. *Comparative International Commercial Arbitration*. The Hague: Kluwer Law International, 2003. p. 231.

Em consonância com a prática então vigente, o dispositivo presente nas Regras de Arbitragem da *ICC* dispunha que partes integrantes do mesmo polo da arbitragem deveriam escolher um árbitro comum; ocorrendo de não alcançarem consenso sobre a nomeação conjunta do árbitro, caberia à Corte de Arbitragem designá-lo, em substituição às partes situadas no mesmo polo processual[8]. Todavia, uma nova perspectiva para a questão foi inaugurada a partir do *Caso Dutco,* ao se considerar o direito de cada parte nomear seu próprio árbitro como essencial para assegurar a igualdade entre elas, tido como um princípio inafastável do sistema arbitral.

Esse caso, cuja trajetória pelo sistema judicial francês foi um tanto sinuosa, tornou-se amplamente conhecido e debatido pela comunidade arbitral em todo o mundo. Tratava-se de uma arbitragem conduzida na França, sob as regras da *ICC*, tendo como requerente *Dutco Consortium Construction Co.* e como requeridas duas empresas em conjunto, *BKMI Industrie anlagen GmbH* e *Siemens AG*. Ao constituir-se o tribunal arbitral, *Dutco* nomeou um árbitro de sua escolha, ao passo que *BKMI* e *Siemens* objetaram à designação conjunta de um só árbitro por ambas, ao fundamento de serem divergentes seus respectivos interesses processuais. Diante da norma então vigente nas Regras de Arbitragem da *ICC*, as requeridas se viram compelidas a nomear um só árbitro, mas o fizeram sob protesto, reservando-se o direito de questionar a composição do tribunal arbitral posteriormente.

Iniciado o procedimento, as requeridas suscitaram seu inconformismo perante o próprio tribunal arbitral, mas este, em decisão parcial, entendeu que a previsão regulamentar fora devidamente cumprida, mantendo a nomeação conjunta feita por *BKMI* e *Siemens*. Inconformadas, as duas requeridas propuseram então uma demanda perante a Corte de Apelação de Paris objetivando anular a decisão parcial; contudo, não lograram êxito, pois o veredito dessa Corte também foi no sentido de que, ao firmarem a convenção de arbitragem, as partes a ela incorporaram as Regras de Arbitragem da *ICC* e, em razão disto, a regra que dele constava sobre nomeação de árbitros deveria prevalecer mesmo no caso de uma arbitragem multiparte. Em consequência, a Corte de Apelação de Paris confirmou a decisão do tribunal arbitral no tocante à sua composição, desacolhendo o recurso de *BMKI* e *Siemens*[9].

Ainda insatisfeitas, *BMKI* e *Siemens* apresentaram novo recurso para o mais alto tribunal do sistema judiciário francês, a Corte de Cassação. Surpreendentemente, a pretensão das recorrentes resultou acolhida pela 1.ª Câmara Civil desse tribunal, cuja decisão declarou que (i) o princípio da igualdade das partes para designar árbitros é de ordem pública, não se podendo a ele renunciar antes do surgimento do litígio; (ii) no contrato de consórcio celebrado entre a requerente *Dutco* e as requeridas *BKMI* e *Siemens,* fora estipulado que todas as divergências seriam resolvidas segundo as Regras de Arbitragem da *ICC*, por três árbitros nomeados conforme tal regulamento; (iii) a arbitragem requerida

---

[8] International Chamber of Commerce, ICC n. publication 447(1988): "Article 2(4) – Where the dispute is to be referred to three arbitrators, each party shall nominate in the Request for Arbitration and the Answer thereto respectively one arbitrator for confirmation by the Court. Such person shall be independent of the party nominating him. If a party falls to nominate an arbitrator, the appointment shall be made by the Court".

[9] Corte de Apelação de Paris, 05.05.1989, Dutco, *Rev. arb.*, 1989, p. 723.

por *Dutco* contra *BKMI* e *Siemens* contivera pedidos separados e distintos contra cada uma delas; (iv) a designação conjunta de um único árbitro para compor o tribunal arbitral fora feita sob protesto pelas requeridas. Por esses fundamentos, concluiu o acórdão terem sido violados os arts. 1.502, inciso 2.º, e 1.504 do Código de Processo Civil francês, bem como o art. 6.º do Código Civil francês, consequentemente cassando e anulando o acórdão da Corte de Apelação de Paris[10].

III. OS EFEITOS DO *CASO DUTCO*

Nas primeiras manifestações que se seguiram à decisão da Corte de Cassação francesa, arbitralistas influentes reagiram negativamente, não tanto pela afirmação do princípio da igualdade entre as partes contida no julgado mas pelo não reconhecimento da possibilidade de renúncia da parte ao direito de nomear diretamente seu árbitro na convenção de arbitragem[11]. Contudo, a reação inicial foi substituída pelo gradativo acatamento da posição manifestada pela Corte de Cassação francesa e pela assimilação do entendimento de que a nomeação equilibrada dos integrantes do tribunal arbitral assegurava o respeito ao princípio da igualdade das partes e, por isto, teria caráter de ordem pública[12]. O julgado da Corte de Cassação acabou por merecer considerações elogiosas da doutrina, que vislumbrou nela um caráter "liberal" pelo fato de assegurar a igualdade de todas as partes na designação de árbitros, mesmo com sacrifício ao direito de cada uma indicar o seu[13].

Alguns anos após a decisão final do *Caso Dutco*, decidiu a *ICC* reformular suas Regras de Arbitragem, incorporando à versão de 1998 um novo art. 10, dedicado especialmente às arbitragens com múltiplas partes. A nomeação de árbitros nessa modalidade de procedimento passou, então, a observar uma nova sistemática: quando partes situadas no mesmo polo processual deixassem de nomear em conjunto um árbitro comum a ambas, a Corte de Arbitragem se incumbiria de nomear a totalidade dos membros do tribunal arbitral, independentemente de a parte situada no outro polo processual já ter nomeado seu árbitro ou estar em condições de fazê-lo[14].

---

[10] Cf. Nota n. 1 *supra*.

[11] Cf. GAILLARD, Emmanuel; SAVAGE, John (Ed.). *Fouchard Gaillard Goldman On International Commercial Arbitration*. The Hague: Kluwer Law International, 1999. p. 468, citando críticas feitas por Jean-Louis Devolvé e Christopher R. Seppala em comentários sobre o *Caso Dutco*.

[12] Cf. SCHWARTZ, Eric A. Multi-Party Arbitration and the ICC. In the Wake of Dutco. *Journ. Int'l Arb.*, v. 10, n. 3, p. 5-20, 1993; LEBOULANGER, Philippe. Multi-Contract Arbitration. 13 *J. Int'l Arb.*, n. 4, p. 43, 1996; GRAVEL, S. Multiparty Arbitration and the ICC in the Wake of Dutco. 7 *ICC Bull.*, n. 2, p. 45, 1995; JARROSSON, Charles. Note on Dutco Case. *JDI* (Clunet) 726, 1992; BOND, S. The Constitution of the Arbitral Tribunal. *ICC Bull.*, Supp 23-24, 1997.

[13] Cf. GAILLARD, Emmanuel; SAVAGE, John (Ed.). *Fouchard...* cit., Nota 9 *supra*, p. 469.

[14] International Chamber of Commerce, *ICC Publication n. 838*: "Article 10 – Multiple Parties (1) – Where there are multiple parties, whether as Claimant or as Respondent, and where the dispute is to be referred to three arbitrators, the multiple Claimants, jointly, and the multiple Respondents, jointly, shall nominate an arbitrator for confirmation pursuant to Article 9. (2) In the absence of such a joint nomination and where all parties are unable to agree to a method for the constitution of the Arbitral Tribunal, the Court may appoint each member of the Arbitral Tribunal and shall

A alteração promovida nas Regras de Arbitragem da *ICC* reconhecidamente decorreu da jurisprudência do *Caso Dutco*. Não obstante já haver, naquela altura, manifestações jurisprudenciais de tribunais de outros países em sentido diverso da opinião da corte francesa[15], a Corte de Arbitragem da *ICC* optou por se adequar à visão do judiciário francês, tendo em vista preservar a igualdade entre as partes, mesmo que isto implicasse privar uma delas do direito de nomear um dos membros do tribunal arbitral[16].

A nova fórmula introduzida nas Regras de Arbitragem da *ICC* de 1998 foi mantida na versão de 2012 dessas mesmas Regras, com linguagem bastante similar à versão anterior[17]. De então até os dias de hoje, cabe à Corte de Arbitragem o poder de nomear a totalidade dos membros do tribunal arbitral quando as partes que integram o mesmo polo processual não fazem conjuntamente a designação, seja em decorrência de desacordo entre elas sobre o árbitro a ser nomeado, seja por inércia de ambas.

Nos anos que se seguiram à alteração promovida nas Regras de Arbitragem da *ICC*, volumosa literatura foi produzida a respeito, com foco nos dizeres de seu novo art. 10(2). Embora persistissem opiniões desfavoráveis, avolumaram-se os escritos reconhecendo os méritos da solução encontrada pela *ICC*[18].

Desde então, outras instituições de arbitragem aderiram ao entendimento e decidiram também reformular seus regulamentos de arbitragem, adotando soluções inspiradas no modelo da *ICC*[19]. Foi o que se deu, entre outros, com os regulamentos da *London Court of International Arbitration (LCIA)*[20], da *Camera Arbitrale di Milano*

---

designate one of them to act as chairman. In such case, the Court shall be at liberty to choose any person it regards as suitable to act as arbitrator, applying Article I when it considers appropriate".

[15] *Arab Republic of Egypt v. Westland Helicopters Ltd.*, Swiss Federal Court, 1989 *Rev. Arb.* 525; 7 *ASA Bull.* 63 (1989); 16 *Y.B. Com. Arb.* 180 (1991).

[16] CRAIG, W. L.; PARK, William W.; PAULSSON, J. Annotated Guide to the 1998 ICC Arbitration Rules with Commentary, Oceana, 1998, p. 87.

[17] International Chamber of Commerce, *ICC Publication n. 865*: "Article 12 – Constitution of the Arbitral Tribunal (6) – Where there are multiple claimants or multiple respondents, and where the dispute is to be referred to three arbitrators, the multiple claimants, jointly, and the multiple respondents, jointly, shall nominate an arbitrator for confirmation pursuant to Article 13. (8) In the absence of a joint nomination pursuant to article 12(6) or 12(7) and where all parties are unable to agree to a method for the constitution of the arbitral tribunal, the Court may appoint each member of the arbitral tribunal and shall designate one of them to act as president. In such case, the Court shall be at liberty to choose any person it regards as suitable to act as arbitrator, applying Article 13 when it considers this appropriate".

[18] Cf. PLATTE, M. When Should an Arbitrator Join Cases, *Arb. Int'l*, v. 18, n. 1, p. 67-82, 2002; HANOTIAU, B. *Complex Arbitrations* – Multiparty, Multicontract, Multi-Issue and Class Actions. The Hague: Kluwer Law International, 2005. p. 201.

[19] Cf. BORN, Gary B. Multiparty and Multi-Contract Issues in International Arbitration. *International Arbitration*: Law and Practice. 2. ed. The Hague: Kluwer Law International, 2015. p. 227-238.

[20] "Article 8.1. Where the Arbitration Agreement entitles each party howsoever to nominate an arbitrator, the parties to the dispute Number more than two and such parties have not all agreed in writing that the disputant parties represent two separate sides for the formation of the Arbitral Tribunal as Claimant and Respondent respectively, the LCIA Court shall appoint the Arbitral Tribunal without regard to any party's nomination."

(CAM)[21], da *Stockholm Chamber of Commerce (SCC)*[22], do *Centre Belge d'Arbitrage et de Médiation (CEPANI)*[23], da *China International Economic and Trade Arbitration Commission (CIETAC)*[24] e da *Deutsche Institution für Schidsgerichtsbarkeit (DIS)*[25]. A tendência de adoção da fórmula da *ICC* ficou evidente no caso da *Hong Kong International Arbitration Center (HKIAC)*, cujas regras de arbitragem ainda em 2008 adotavam solução distinta[26], que só veio a ser alterada na revisão promovida em 2013, quando passou a incorporar a fórmula da *ICC*[27].

Dentre as instituições arbitrais brasileiras, também seguiram esse exemplo a Câmara de Arbitragem Empresarial Brasil (CAMARB)[28], o Centro de Arbitragem e Mediação

---

[21] "Article 16. Where the request for arbitration is filed by or against several parties, the Arbitral Council shall appoint all the members of the Arbitral Tribunal, notwithstanding a different provision in the arbitration agreement, if any; it shall appoint a sole arbitrator where it deems appropriate and the arbitration agreement does not provide for a panel. However, where the parties form into two groups at the outset and each group appoints an arbitrator, as if the dispute were between two parties only, and accept that the Arbitral Tribunal consist of three members, the Arbitral Council shall appoint only the President."

[22] "(4) Where there are multiple Claimants or Respondents and the Arbitral Tribunal is to consist of more than one arbitrator, the multiple Claimants, jointly, and the multiple Respondents, jointly, shall appoint an equal number of arbitrators. If either side fails to make such joint appointment, the Board shall appoint the entire Arbitral Tribunal."

[23] "Article 9-3. In the absence of such a joint nomination and where all parties are unable to agree on a method for the constitution of the Arbitral Tribunal, the Appointments Committee or the chairman may appoint each member of the Arbitral Tribunal and shall designate one of them to act as chairman."

[24] "Article 24. Where the Claimant side and;/or the Respondent side fail to jointly appoint or jointly entrust the Chairman of the CIETAC to appoint one arbitrator within fifteen days from the date of receipt of the Notice of Arbitration, the arbitrator shall be appointed by the Chairman of the CIETAC."

[25] "Section 13.2. If two or more respondents are named in the statement of claim, unless otherwise agreed by the parties, the respondents shall jointly nominate one arbitrator within 30 days after their receipt of the statement of claim. [...] If the respondents fail to agree on a joint nomination within the time-limit, the DIS Appointing Committee, after having consulted the parties, nominates two arbitrators, unless the parties agree otherwise. A nomination made by the claimant side is set aside by the DIS Appointing Committee's nomination. The two arbitrators nominated by the parties or the DIS Appointing Committee nominate the chairman of the tribunal[...]".

[26] "8.2.(c). Where one or more parties or groups of parties fail to designate an arbitrator in multiparty proceedings within the time-period set by the HKIAC Secretariat, the HKIAC Council shall appoint the arbitrator in question and the presiding arbitrator. Prior to doing so, the HKIAC Secretariat shall give any party or group of parties which has duly appointed an arbitrator the opportunity within a specified time to elect in writing whether to withdraw such appointment and allow the HKIAC Council to appoint all three arbitrators. Failing such election within the specified time, the appointment shall be deemed not to have been withdrawn."

[27] "8.2(c). In the event of any failure to designate arbitrators under Article 8.2(a) or if the parties do not all agree in writing that they represent two separate sides (as Claimant(s) and Respondent(s) respectively) for the purposes of designating arbitrators, HKIAC may appoint all members of the arbitral tribunal without regard to any party's designation."

[28] "5.12 – Na ausência de consenso para a indicação de árbitro pelos múltiplos requerentes ou pelos múltiplos requeridos, no prazo fixado neste Regulamento, a Diretoria da CAMARB nomeará os três integrantes do Tribunal Arbitral, indicando quem exercerá a presidência."

da Câmara de Comércio Brasil Canadá (CAM-CCBC)[29], a Câmara de Mediação da Câmara Americana de Comércio (AMCHAM)[30], a Câmara de Mediação e Arbitragem da BOVESPA[31], a Câmara FGV de Arbitragem, a Câmara de Mediação e Arbitragem FIESP-CIESP (CAM-FIESP)[32] além de outras mais[33], mediante a revisão de seus regulamentos de arbitragem promovida ao longo da última década.

No plano transnacional, o Regulamento de Arbitragem da UNCITRAL de 1976 foi omisso no tocante à arbitragem multiparte, refletindo a tendência dos regulamentos de arbitragem vigentes por todo o mundo naquela época. A composição do tribunal arbitral foi nele tratada com bastante simplicidade, adotando a solução, até então tradicional, de atribuir à autoridade indicadora a responsabilidade pela escolha do árbitro em lugar do polo que não o fizera, independentemente do número de partes que lá estivessem ou do motivo pelo qual isto ocorrera[34]. Contudo, na revisão publicada em 2010, o tema passou a ser disciplinado de modo análogo à fórmula da *ICC*, atribuindo-se à autoridade indicadora a prerrogativa de nomear todos os membros do tribunal arbitral, deixando explícito que, nesta hipótese, a indicação do árbitro porventura já realizada pelo outro polo processual poderia ser por ela revogada[35].

---

[29] "4.16. No caso de arbitragem com múltiplas partes, como requerentes e/ou requeridas, não havendo consenso sobre a forma de indicação de árbitro pelas partes, o Presidente do CAM-CCBC deverá nomear todos os membros do Tribunal Arbitral, indicando um deles para atuar como presidente, observados os requisitos do artigo 4.12 deste Regulamento."

[30] "9.5 – Quando houver múltiplas Requerentes ou Requeridas, as Requerentes juntas indicarão um árbitro e as Requeridas juntas indicarão um árbitro, exceto nos casos em que o Tribunal Arbitral será formado por um árbitro único. Caso as Partes não concordem sobre a indicação dos árbitros, a Secretária Geral do Centro indicará os árbitros, conforme o Artigo 9 deste Regulamento."

[31] "3.6 Se houver mais de uma parte Requerida ou Requerente, essas, conforme seus interesses em comum, deverão indicar conjuntamente um árbitro, nos termos deste Regulamento. Na ausência de consenso, o Presidente da Câmara de Arbitragem indicará todos os árbitros."

[32] "3.1. Quando forem vários demandantes ou demandados (arbitragem de partes múltiplas), as partes integrantes do mesmo polo no processo indicarão de comum acordo um árbitro, observando-se o estabelecido nos itens 2.1 a 2.5. Na ausência de acordo, o Presidente da Câmara nomeará todos os árbitros que integrarão o Tribunal Arbitral."

[33] Cf. CARVALHO, Lucila de O.; LOPES, Luiz Felipe C. Arbitragem multiparte e multicontrato: um estudo comparativo de regulamentos de arbitragem. *Revista Brasileira de Arbitragem*, n. 42, p. 35-55, abr.-jun. 2014.

[34] "Article 7(2). If within thirty days after the receipt of a party's notification of the appointment of an arbitrator the other party has not notified the first party of the arbitrator he has appointed:

(a) The first party may request the appointing authority previously designated by the parties to appoint the second arbitrator; or

(b) If no such authority has been previously designated by the parties, or if the appointing authority previously designated refuses to act or fails to appoint the arbitrator within thirty days after receipt of a party's request therefor, the first party may request the Secretary-General of the Permanent Court of Arbitration at The Hague to designate the appointing authority. The first party may then request the appointing authority so designated to appoint the second arbitrator. In either case, the appointing authority may exercise its discretion in appointing the arbitrator."

[35] "Article 10(3). In the event of any failure to constitute the arbitral tribunal under these Rules, the appointing authority shall, at the request of any party, constitute the arbitral tribunal and, in doing

A despeito da tendência avassaladora das instituições arbitrais no sentido de adotar a fórmula da *ICC*, algumas delas preferiram não aderir à nova fórmula, mantendo em seus regulamentos a regra de que a nomeação de árbitros pelas partes se orienta pela igualdade entre os polos processuais, sem considerar individualmente as partes que integram cada um deles. Nesse grupo se encontram o *Vienna International Arbitration Center – VIAC*[36] e a *WIPO International Arbitration and Mediation Center*[37].

Segundo esta linha de entendimento, havendo interesses conflitantes dentro do mesmo polo processual que impeçam a escolha de um árbitro comum pelas partes individualmente consideradas, cabe à instituição de arbitragem nomear somente o árbitro desse polo, em substituição às partes que não o fazem, preservando a escolha do árbitro realizada pelo outro polo processual. Segundo essa posição, o fato de a instituição arbitral nomear apenas o árbitro do polo processual omisso[38], facultando ao outro polo o direito de fazer sua nomeação, não acarreta disparidade entre as partes nem viola a ordem pública, particularmente naqueles casos em que não sejam postas em dúvida a independência ou a imparcialidade do árbitro indicado pelo polo que exerceu esse direito[39].

Em 2014, o Judiciário brasileiro teve ocasião de apreciar, ao que se sabe pela primeira vez, a hipótese objeto destes comentários. Em decisão da 11.ª Câmara de Direito Privado do Tribunal de Justiça de São Paulo[40], foi debatida a nomeação de árbitros em arbitragem multiparte, na qual o Presidente da CCBC, com fundamento do art. 5.5 do respectivo Regulamento, nomeou um árbitro em lugar dos litisconsortes que não escolheram seu árbitro de comum acordo. O acórdão em comento abraçou inteiramente o entendimento oriundo da Corte de Cassação francesa no *Caso Dutco* (embora sem citá-lo expressamente), confirmando a decisão de primeiro grau que anulara a sentença, ficando assim ementado o trecho pertinente do referido acórdão:

> [...]
> ARBITRAGEM. Caso envolvendo litisconsórcio de partes com interesses divergentes no mesmo polo. Omissão do Regulamento da Câmara de Arbitragem quanto à indicação de

---

so, may revoke any appointment already made and appoint or reappoint each of the arbitrators and designate one of them as the presiding arbitrator."

[36] "Article 10-7. If no arbitrator is jointly nominated within the period mentioned in paragraph 6 of the present Article and if the dispute is to be decided by an arbitral tribunal, the Board shall appoint the arbitrator for the defaulting Defendants."

[37] "Article 18(b) [...] If for whatever reason the Respondents do not make a joint appointment of an arbitrator within 30 days after receiving the Request for Arbitration, any appointment of the arbitrator previously made by the claimant or Claimants shall be considered void and two arbitrators shall be appointed by the Center. The two arbitrators thus appointed shall, within 30 days after the appointment of the second arbitrator, appoint as third arbitrator, who shall be the presiding arbitrator."

[38] Corte Federal suíça, *Arab Republic of Egypt v. Westland Helicopters Ltd.*, 16/5/1983, *ASA Bull.* 203 (1984).

[39] Cf. POS, Maria Victoria Sánchez. La constitución del tribunal en el arbitraje con pluralidad de partes. *Arbitraje: Revista de Arbitraje Comercial y de Inversiones*, Kluwer Law International, IproLex, v. 8, p. 97-121, 2015.

[40] *Paranapanema S.A. v. Banco Santander S.A. e Banco Pactual S.A.*, Apel. 0002163-90.2013.8.26.0100, 11.ª CDP-TJSP, rel. Des. Gilberto do Santos, j. 03.07.2014.

árbitros em casos de multipartes com interesses distintos no mesmo polo. Integração do Regulamento pelo Presidente daquele órgão que não se deu com a melhor técnica jurídica por fazer prevalecer a indicação de árbitros de apenas uma das partes, suprimindo o direito de indicação das outras. Inobservância de princípios basilares da isonomia e imparcialidade que viciaram a formação do painel arbitral. Parte prejudicada que invoca a reserva legal de apreciação de tal questão pelo judiciário. Inocorrência de preclusão nos termos do art. 19, parágrafo 2.º, da Lei n.º 9.307/96. Sentença arbitral anulada. Recursos dos réus não providos.

Nos fundamentos dessa decisão, afirmou o relator que "o regulamento acima foi falho pela total ausência de previsão de escolha de árbitros para casos com *múltiplas partes* com interesses distintos num ou noutro polo da contenda" (grifos no original). Prosseguiu o voto condutor declarando que, "se no procedimento arbitral é possível a ocorrência de litisconsórcio, também tem de ser possível que cada litisconsorte indique árbitro de sua confiança", para concluir que seria "inaceitável a tese do Banco de que cada polo engloba todas as partes nele inseridas, portanto devendo todas elas indicar um único árbitro, porque isso ofende direito básico de indicação individual".

Parece patente a contradição nos fundamentos do acórdão, na medida em que consagra o direito de um dos requeridos de indicar seu próprio árbitro, sem atentar para o fato de que tal fórmula leva a que a parte requerente perca esse mesmo direito...

No caso apreciado na decisão em comento, houve um elemento complicador: na própria cláusula compromissória, disseram as partes que "cada parte com interesse distinto terá direito de eleger um (1) árbitro". Talvez tenha sido este o aspecto que levou à conclusão dos julgadores, expressamente ratificada em declaração de voto vencedor proferida pelo revisor, salientando o caráter de ordem pública do princípio da igualdade das partes no processo arbitral. Nas circunstâncias do caso, mais fácil e adequada teria sido a solução preconizada por José Carlos de Magalhães e Débora Visconte, lembrada na declaração de voto, de cada uma das três partes indicar seu árbitro e estes, entre si, nomearem o presidente.

Contudo, em 2015, em decisão da 1.ª Câmara Reservada de Direito Empresarial[41], o mesmo Tribunal de Justiça de São Paulo se pronunciou em sentido diametralmente oposto. O caso era análogo àquele que deu origem ao *Caso Dutco*, tendo os apelantes alegado, entre outros argumentos, que não tiveram a mesma oportunidade dada a seus adversários de nomear árbitro, em violação à paridade de armas entre as partes. Segundo os apelantes, "o Regulamento da câmara arbitral então vigente não poderia se sobrepor às garantias processuais, de modo que deveria o presidente da CCBC ter desconsiderado a indicação do primeiro e segundo árbitros e nomeado os três". Em seu voto condutor, o relator do acórdão afirmou:

> Como não houve consenso entre elas e os outros requeridos, foi aplicada a regra prevista para a hipótese no regulamento do Centro de Arbitragem e Mediação da Câmara de

---

[41] *GP Capital Partners V e Smiles LLC v. Rodrigo Martins de Souza e Outros*, Apel. 0035404-55.2013.8.26.0100, 1.ª CRDE-TJSP, rel. Des. PEREIRA CALÇAS, j. 26.08.2015.

Comércio Brasil-Canadá, livremente eleito pelas partes para a regência da arbitragem, com a indicação do árbitro pela Presidência da Câmara.

No tocante à matéria em debate, o aspecto mais relevante deste acórdão foi o reconhecimento de que a norma do regulamento da instituição de arbitragem eleita pelas partes equivale à manifestação de vontade delas, devendo, pois, prevalecer, sem que tal implique violação ao princípio da igualdade.

IV. CRÍTICA DA SOLUÇÃO DECORRENTE DO *CASO DUTCO*

A solução virtualmente uniforme para a nomeação de árbitros na arbitragem multiparte, adotada por um grande número de instituições em escala mundial, sugere que a questão deixou de representar um problema como aquele que deu origem ao *Caso Dutco*. Em tese, não há como negar a maior celeridade que se obtém com a designação dos três árbitros por uma única autoridade indicadora – seja ela interna à instituição de arbitragem, seja uma autoridade indicadora externa como previsto no Regulamento da UNCITRAL.

Vale recordar, contudo, que a opção de solucionar controvérsias por meio de arbitragem assenta-se, primordialmente, na confiança das partes em que os árbitros sejam capazes de bem compreender a controvérsia e de aplicar corretamente o direito aos fatos, de maneira independente e imparcial. Nas palavras de Selma Lemes, a renúncia à instância judicial tem como pressuposto "um processo que lhe dá a segurança jurídica necessária para a obtenção de uma sentença justa, livre das peias da falta de independência e da imparcialidade do julgador, tal como se fosse prolatada por um juiz togado"[42]. É, portanto, essencial que a seleção dos árbitros pela autoridade indicadora seja feita com extrema atenção a características que, sem dúvida, influem no equilíbrio e na capacidade do tribunal arbitral de responder com eficiência e acerto às expectativas das partes.

Aspectos como nacionalidade, cultura jurídica de origem, conhecimento da matéria objeto da controvérsia, domínio dos idiomas envolvidos no procedimento e disponibilidade de tempo são fatores pessoais a ser necessariamente considerados na seleção do árbitro. Fernando Mantilla-Serrano assinala a importância que têm

> [...] factores que van desde su campo de experticia, hasta su nacionalidad y formación académica. La doctrina ha otorgado una particular importancia a la seleción del árbitro al alcuñar y reafirmar la frase: el arbitraje vale lo que vale el árbitro[43].

Nesse quadro, não se pode dizer que a seleção dos três árbitros pela mesma autoridade indicadora normalmente alcançará bom resultado. A escolha de árbitros é tarefa

---

[42] LEMES, Selma. Árbitro: princípios da independência e da imparcialidade. São Paulo: Ed. LTr, 2001. p. 159.

[43] MANTILLA-SERRANO, Fernando. La selección del árbitro y su obligación de independencia. In: GAILLARD, E.; ARROYO, Diego F. *Cuestiones Claves del Arbitraje Internacional*. Bogotá: CEDEP, 2013. p. 33.

que exige a correta avaliação da capacidade, da maturidade e dos conhecimentos jurídicos e técnicos das pessoas que virão a integrar o tribunal arbitral. É necessário que a autoridade indicadora seja, ela mesma, qualificada para fazer escolhas adequadas, sem as quais a composição do tribunal arbitral pode resultar insatisfatória para uma ou para ambas as partes.

Deixado o processo de escolha dos árbitros à discrição de cada instituição de arbitragem, já que as leis de arbitragem dele não se ocupam, cabe à própria instituição estabelecer os critérios para exercício da seleção dos futuros árbitros, sujeitos apenas aos limites objetivos da imparcialidade e independência. Mesmo se esses critérios forem bem definidos e a seleção for feita por um órgão colegiado que evite escolhas personalistas, não é desprezível o risco da má avaliação das qualidades pessoais da pessoa escolhida para cumprir a missão. Esse risco fica substancialmente aumentado se a escolha pela instituição arbitral recair sobre todos os três integrantes do tribunal arbitral, fazendo com que a investidura dos julgadores se assemelhe à distribuição aleatória de processos para juízes estatais, com os riscos a ela inerentes.

Não se deve olvidar que um dos princípios da arbitragem está na possibilidade de as partes serem protagonistas do processo de livre escolha de seus julgadores – quer diretamente, quando cada uma designa um árbitro, quer indiretamente, quando os dois árbitros escolhidos designam em conjunto o terceiro árbitro. Portanto, a hipótese de transferir para a instituição arbitral a designação de qualquer árbitro deve ser evitada sempre que possível, com vistas a preservar o tribunal arbitral como fruto legitimo da autonomia da vontade das partes. Só mesmo diante da omissão da parte em nomear o árbitro que lhe cabe, ou destes em designar o terceiro árbitro, é que se torna admissível a intervenção externa, seja da instituição arbitral, seja eventualmente do juiz. Em particular, suprimir de uma das partes o direito de nomear o árbitro que lhe compete, em decorrência de um impasse ocorrido no seio do outro polo processual, importa ferir o princípio da livre escolha do árbitro, tão relevante para o direito arbitral quanto o princípio da igualdade que a Corte de Cassação francesa pretendeu assegurar na decisão do *Caso Ducto*.

Além disso, a solução da *ICC* decorrente do *Caso Dutco* pode conduzir à possibilidade de simulação de posições divergentes entre partes situadas no mesmo polo processual, com a finalidade de obstar o exercício da função pelo árbitro nomeado pela parte contrária.

Não parece convincente o argumento de Hanotiau, segundo o qual a hipótese do *Caso Dutco* seja "relativamente incomum"[44]. Arbitragens de construção frequentemente apresentam situações de disputa entre empresas consorciadas, que se imputam reciprocamente a culpa pelo descumprimento de obrigações contratuais assumidas perante a outra contratante. Nesta hipótese, a *solução ICC* pode retirar da parte que reclama a responsabilidade conjunta das consorciadas o direito de designar seu próprio árbitro, transferindo a escolha à instituição arbitral mesmo que já tenha ela sido efetivada.

O argumento esposado por Lew, Mistelis & Kröll, de que a concordância em arbitrar sob as regras de uma instituição que estabeleça o procedimento especial de escolha

---

[44] HANOTIAU, B. *Complex Arbitrations...* cit., p. 201.

na situação multiparte torna o procedimento parte integrante da convenção entre as partes[45], se bem seja verdadeiro, também o é quando o regulamento dispõe que cabe à instituição nomear o árbitro em lugar do polo processual que não o faz. A base lógica desse argumento sugere que o *Caso Dutco* tenha sido um exercício meramente teórico da Corte de Cassação francesa, e que a revisão dos regulamentos de dezenas de instituições de arbitragem mundo afora tenha sido desnecessária.

Em outro ponto, ainda, parece inconsistente a decisão tomada pelo tribunal superior francês. Ao qualificar como *violação da ordem pública* a renúncia ao direito de escolha individual do árbitro por partes com interesses divergentes situadas no mesmo polo processual, pelo fato de tal renúncia ocorrer antes do surgimento do litígio, a Corte desconsiderou que a adoção de regras de arbitragem institucional inevitavelmente acarreta, em maior ou menor grau, renúncia da parte a direito que pretende ter, em prol tornar possível a ordenada condução do procedimento arbitral. Se o princípio da igualdade pudesse resultar malferido pela renúncia de uma parte, também o princípio da livre escolha do árbitro resultaria malferido pela solução da *ICC*, em detrimento da outra parte.

Como apontou Dominique Hascher, a Corte não atentou para o fato de que no *Caso Dutco* apenas se verificava a inexistência de comunhão de interesses entre os dois integrantes do polo passivo, o que, diante dos dizeres da convenção de arbitragem, seria suficiente para obstar a arbitragem multiparte[46]. Vislumbrar violação da ordem pública pelo fato de a instituição arbitral designar árbitro diante da ausência da sua designação pelas partes integrantes do mesmo polo processual, designação esta feita de conformidade com as regras de arbitragem aplicáveis, torna o princípio da igualdade uma abstração incompatível com os propósitos e a finalidade da arbitragem. Na realidade, a substituição da escolha das partes pela escolha da autoridade indicadora é, no dizer de Dominique Hascher, apenas "an efficiency measure that arbitration rules or legislation should feature to thwart dilatory tactics by one party"[47]. Logo, parece não haver razão para atribuir-lhe o efeito de romper o princípio da igualdade na designação dos árbitros pelas partes.

O processo arbitral é, nos dias de hoje, o mecanismo que melhor responde à necessidade dos agentes econômicos de resolver seus litígios, que são inevitáveis nas relações empresariais. Para cumprir suas finalidades, o processo arbitral necessita ser ágil, sob pena de enredar as partes em questões processuais de escassa utilidade, obstaculando o resultado almejado por elas quando elegeram a arbitragem como método de solucionar suas controvérsias. Ademais, a sacralização de ritos procedimentais oferece, à parte que tiver interesse em procrastinar, oportunidade de bloquear o início, o andamento ou o desfecho da arbitragem, podendo frustrar de maneira definitiva o propósito para o qual foi ela instituída.

---

[45]   LEW, Julian D.; MISTELIS, Loukas A.; KRÖLL, Stefan M. *Comparative...* cit., p. 382.

[46]   HASCHER, Dominique T. Complex Arbitration: Issues in Enforcement and Annulment Actions of Arbitral Awards under French Law. Permanent Court of Arbitration. *Multiple Party Actions in International Arbitration*. Oxford: Oxford University Press, 2009. p. 390.

[47]   HASCHER, Dominique T. Complex Arbitration... cit., p. 389.

V. CONCLUSÃO

A decisão da Corte de Cassação francesa no *Caso Dutco* representou um marco na evolução do instituto da arbitragem, desencadeando um abrangente processo de revisão de regulamentos de arbitragem em várias partes do mundo. Tendo sido a instituição diretamente atingida pela decisão do Judiciário francês, a *ICC* foi a primeira a adotar, em 1998, uma nova sistemática para compor o tribunal arbitral em procedimentos multiparte, abandonando a fórmula de designar o árbitro em substituição ao polo que não o faz, para adotar em seu lugar a fórmula de designar todos os três árbitros que devem compor o tribunal.

Em sequência à alteração promovida pela *ICC* em suas regras de arbitragem, muitas das instituições de arbitragem internacionais, assim como boa parte das instituições arbitrais brasileiras, também ajustaram seus regulamentos de arbitragem para introduzir solução semelhante àquela adotada pela *ICC*. Essas alterações implicaram transferir para a instituição arbitral a incumbência de nomear todos os três árbitros que compõem o tribunal arbitral sempre que, numa arbitragem multiparte, partes situadas num mesmo polo processual mas com interesses divergentes não lograrem designar conjuntamente um só árbitro.

A solução adotada inicialmente pela ICC e subsequentemente por diversas instituições de arbitragem afeta negativamente o direito da parte que já designou seu árbitro, ou que estava em condições de fazê-lo, quando se verifica a falta de consenso entre as partes que integram o outro polo processual, em nome da igualdade das partes na designação dos membros integrantes do tribunal arbitral. Em certas circunstâncias, essa fórmula pode dar lugar a manobras procrastinatórias, quando houver intenção de obstruir o procedimento arbitral.

A nomeação de todos os três árbitros pela instituição administradora do procedimento diminui a legitimidade do tribunal arbitral, na média em que exclui as partes de exercer a livre escolha de seus julgadores, que representa um dos princípios mais caros ao sistema de solução de controvérsias por meio de arbitragem.

BIBLIOGRAFIA

BONATTO, Giovanni. Arbitragem societária italiana: análise comparativa sobre a abrangência subjetiva da cláusula compromissória e a nomeação dos árbitros. *RBAr,* n. 46, p. 337-360, 2015.

BOND, S. The Constitution of the Arbitral Tribunal. *ICC Bull.,* Supp 23-24, 1997.

BORN, Gary B. Multiparty and Multi-Contract Issues in International Arbitration. *International Arbitration*: Law and Practice. 2. ed. The Hague: Kluwer Law International, 2015.

CAPRASSE, Olivier. A Constituição do Tribunal Arbitral em Arbitragem Multiparte. *RBA,* n. 8, p. 84, out.-nov.-dez. 2005.

CARVALHO, Lucila de O.; LOPES, Luiz Felipe C. Arbitragem multiparte e multicontrato: um estudo comparativo de regulamentos de arbitragem. *Revista Brasileira de Arbitragem,* n. 42, p. 35-55, abr.-jun. 2014.

CRAIG, W. L.; PARK, William W.; PAULSSON, J. Annotated Guide to the 1998 ICC Arbitration Rules with Commentary, Oceana, 1998, p. 87.

DINAMARCO, Cândido R. *Arbitragem na teoria geral do processo*. São Paulo: Malheiros, 2013.

GAILLARD, Emmanuel; SAVAGE, John (Ed.). *Fouchard Gaillard Goldman On International Commercial Arbitration*. The Hague: Kluwer Law International, 1999.

GRAVEL, S. Multiparty Arbitration and the ICC in the Wake of Dutco. 7 *ICC Bull.*, n. 2, p. 45, 1995.

HANOTIAU, B. *Complex Arbitrations* – Multiparty, Multicontract, Multi-Issue and Class Actions. The Hague: Kluwer Law International, 2005.

HASCHER, Dominique T. Complex Arbitration: Issues in Enforcement and Annulment Actions of Arbitral Awards under French Law. Permanent Court of Arbitration. *Multiple Party Actions in International Arbitration*. Oxford: Oxford University Press, 2009. p. 390.

JARROSSON, Charles. Note on Dutco Case. *JDI* (Clunet) 726, 1992.

LEBOULANGER, Philippe. Multi-Contract Arbitration. 13 *J. Int'l Arb.*, n. 4, p. 43, 1996.

LEMES, Selma. Árbitro: princípios da independência e da imparcialidade. São Paulo: Ed. LTr, 2001.

LEW, Julian D.; MISTELIS, Loukas A.; KRÖLL, Stefan M. *Comparative International Commercial Arbitration*. The Hague: Kluwer Law International, 2003.

MANTILLA-SERRANO, Fernando. La selección del árbitro y su obligación de independencia. In: GAILLARD, E.; ARROYO, Diego F. *Cuestiones Claves del Arbitraje Internacional*. Bogotá: CEDEP, 2013. p. 33.

NANNI, Giovanni E. Os cuidados na elaboração da cláusula arbitral. *Consultor Jurídico*, Boletim de Notícias Conjur, 17 jun. 2011. Disponível em: <http://www.conjur.com.br/2011-jun-17/arbitragem-nao-fundada-equidade-sim-lei>. Acesso em: 5 set. 2016.

PLATTE, M. When Should an Arbitrator Join Cases, *Arb. Int'l*, v. 18, n. 1, p. 67-82, 2002.

POS, Maria Victoria Sánchez. La constitución del tribunal en el arbitraje con pluralidad de partes. *Arbitraje: Revista de Arbitraje Comercial y de Inversiones*, Kluwer Law International, IproLex, v. 8, p. 97-121, 2015.

SCHWARTZ, Eric A. Multi-Party Arbitration and the ICC. In the Wake of Dutco. *Journ. Int'l Arb.*, v. 10, n. 3, p. 5-20, 1993.

THEODORO JÚNIOR, Humberto. Arbitragem e terceiros – Litisconsórcio fora do pacto arbitral – Outras intervenções de terceiros. In: MARTINS, Pedro A. B.; GARCEZ, José Maria Rossani. *Reflexões sobre arbitragem*. São Paulo: LTr, 2002. p. 259.

OS DEVERES DO ÁRBITRO[1]

José Carlos de Magalhães

Sumário: Os deveres legais do árbitro – Deveres éticos do árbitro – Conclusão.

Os deveres do árbitro devem ser examinados de acordo com a Lei e a Ética, não se excluindo os eventualmente estabelecidos na convenção arbitral. Cada uma obedece a princípios e pressupostos próprios, alguns se interpenetrando com outros.

A esfera legal tem por pressuposto e finalidade a regulação estatal sobre a atividade dos árbitros, impondo limites e deveres a serem observados. Seu escopo é conferir legitimidade estatal à atividade arbitral, reconhecendo-a como uma das formas de solução privadas de controvérsias, sem a utilização do aparato do Estado. Já a da Ética possui amplitude maior, abrangendo comportamentos e atitudes fora dos limites legais, mas igualmente compulsórios.

A convenção arbitral destina-se a estabelecer parâmetros específicos para a relação contratual por ela governada e se inscreve na tendência internacional da contratualização das relações econômicas e comerciais, não abrangidas pela regulação estatal, excluindo-a por deliberação das partes, fundadas na autonomia da vontade.

OS DEVERES LEGAIS DO ÁRBITRO

Ao dispor sobre o exercício da função do árbitro, o § 6.º do art. 13 da Lei 9.307/1996 limita-se a dizer que deve ele proceder com imparcialidade, independência, competência, diligência e discrição. Cada um desses requisitos comporta um sem-número de outros deveres nele integrados.

Dever de imparcialidade

O primeiro deles, comum a toda a atividade de julgar controvérsias entre terceiros, é o da imparcialidade, que impõe o dever de não proceder com tendenciosidade em favor

---

[1] Colaboraram na elaboração e revisão deste artigo Debora Visconte e Tânia Francisca Rodrigues.

de uma das partes. Imparcialidade, contudo, não significa neutralidade, pois o árbitro, como qualquer pessoa, carrega conteúdo próprio de sua formação, cultura, religião, profissão, meio social, enfim todo um universo que o cerca e do qual não se aparta, ainda que atue com imparcialidade relativamente às partes em litígio.

Quem provém de meio familiar ou social relacionado ao aparato governamental pode estar propenso a entender considerações de autoridades públicas com mais acuidade do que outros. O mesmo pode ocorrer com os que se inclinam à iniciativa privada e, assim, sensíveis a problemas empresariais. A decisão proferida é imparcial, mas não neutra, pois reflete a formação do julgador, seja ele juiz ou árbitro.

Esse requisito é de grande relevância nas arbitragens internacionais, em que pessoas de culturas e civilizações diversas podem estar envolvidas no processo, seja como partes, seja como árbitros. O árbitro muçulmano pode ter dificuldade de decidir controvérsia sobre contrato de venda e compra de bebidas alcoólicas ou o árbitro em processo arbitral em que atua, como advogado, professor de Direito, jurista de sua admiração e cujas obras influenciaram em sua formação.

Da mesma forma, a imparcialidade pode ser influenciada em controvérsias em que o árbitro já tem opinião formada sobre os princípios jurídicos e éticos que regem a pretensão de uma das partes, ainda que não tenha examinado em maior profundidade a controvérsia. Nesse caso, o seu dever é de abster-se de atuar, por estar propenso, de antemão, a acolher a pretensão que se concilia com suas convicções sobre o tema objeto da controvérsia. Não há impedimento legal, mas ético.

Dever de independência

Da mesma forma, a independência do árbitro não se limita aos aspectos econômicos. Pode ter outros componentes, como o acadêmico, religioso, social, profissional, financeiro ou de outra ordem. Cada caso deve ser examinado com mais profundidade a depender das circunstâncias. O árbitro que é indicado reiteradamente pelo mesmo escritório de advocacia não significa que tenha dependência econômica, mas pode levantar suspeita de favorecimento na condução de processos em benefício dos clientes do escritório, que o leva a sempre contar com o concurso desse árbitro.

Todavia, pode ele ser economicamente independente das partes e de seus advogados, mas seu envolvimento pessoal pode revelar certa dependência a uma delas ou a seus advogados, em determinado setor de atividades de seu interesse, social, profissional, acadêmico, ou de outra ordem.

Dever de competência

O dever de competência está relacionado ao tema da controvérsia. O árbitro pode ser renomado jurista, mas jejuno em determinada matéria que requer certa especialização e experiência na área, ao contrário de outro não jurista, mas versado no tema, como é o caso de controvérsia sobre emprego de técnicas relativas a setor especializado de atividades. Ainda que o árbitro possa valer-se da contribuição de peritos que assistam as partes ou a ele próprio, sua decisão estará baseada na opinião de terceiros que não são por ela responsáveis. Ainda que assim seja, o árbitro, ao valer-se das informações técnicas de peritos, o que é comum, deve ter a capacidade de compreensão dos fatos sob sua apreciação e dos demais elementos probatórios para adotar a conclusão técnica que considere adequada à solução da controvérsia, em conjunto com outros fatores não técnicos que nele influem.

Dever de diligência

O dever de diligência refere-se à presteza e ao cuidado na condução do processo arbitral, com a tomada de decisões apropriadas e tempestivas, evitando delongas ou ausência de providências que lhe competem. É o caso do árbitro sobrecarregado de trabalhos que lhe impedem agir com a celeridade dele esperada na tomada de decisões ou de resolver incidentes que interferem com o seu curso normal. É com esse propósito que algumas entidades de arbitragem pedem ao árbitro que indique sua disponibilidade para aceitar o encargo, bem como datas em que terá compromissos que lhe impedem participar de audiências ou de outros atos processuais. Afinal, as partes têm o direito de saber, com antecedência, quando possível, o programa de atividades do árbitro e de datas de eventuais compromissos que podem afetar a condução do processo sob sua responsabilidade.

Dever de discrição

O dever de discrição situa-se no âmbito da confidencialidade que cerca o procedimento arbitral e, mais do que isso, a conduta do árbitro, que deve estar sempre cioso em resguardar as partes e a controvérsia a ele submetida de qualquer divulgação dos fatos litigiosos. Tem o dever de evitar comentários ou observações que possam revelar a existência do processo ou indicar sua inclinação sobre o tema controvertido ou sobre as partes.

Dever de tratamento igualitário das partes e o contraditório

Entre os deveres legais dos árbitros deve-se, ainda, destacar o de assegurar o tratamento igualitário das partes e a preservação do contraditório, dois princípios essenciais do processo arbitral, inscritos no § 2.º do art. 21 da Lei 9.307/1996. Esse dever tem, como fundamento, dar às partes igual oportunidade de se manifestar sobre todo o processado, provas, argumentos, enfim, tudo o que as partes considerem relevante para a sua ampla defesa. Isso implica assegurar a elas a apresentação de seus pleitos, a produção das provas a eles relativas, a comunicação dos atos processuais, a participação das audiências, o arrolamento de testemunhas, a tomada dos depoimentos, circunscrita ao objeto do litígio, enfim a todo o conjunto de atos pertinentes à controvérsia. Para isso, tem o árbitro o dever de manter o rito processual aprovado pelas partes, evitando desvios que prejudiquem o curso do procedimento e coibindo comportamentos inadequados ou procrastinatórios, para o que deve usar de sua prudente discrição na avaliação sobre a pertinência e oportunidade de providências pretendidas. Ao ser assegurada ampla liberdade de ação às partes, há que se observar, todavia, os limites na apuração dos fatos, para o que se impõe ao árbitro diligência e firmeza na condução do procedimento.

Dever de revelação

O § 1.º do art. 14 da Lei 9.307/1996 diz: "As pessoas indicadas para funcionar como árbitro têm o dever de revelar, antes da aceitação da função, qualquer fato que denote dúvida justificada quanto à sua imparcialidade e independência".

O dever de revelação, pois, tem por objeto informar as partes sobre fatos que possam interferir com a confiança nele depositada. A redação da lei faz pressupor que os fatos revelados podem gerar dúvidas *justificadas* sobre a imparcialidade e independência. Ora, se a dúvida é justificada é porque a confiança foi afetada e, sendo assim, o pressuposto essencial para a nomeação do árbitro deixou de existir. O que se pretende é eliminar dúvidas e permitir às partes, conhecendo os fatos revelados, ratificar a confiança nele depositada.

Esse dever de revelação tem, como contrapartida, o das partes de informar todas as circunstâncias, pessoas, relações, diretas ou indiretas, que tenham a ver com a controvérsia e com as partes.

Dever de observância da ordem pública

Nas arbitragens internacionais há o componente da ordem pública dos Estados de que provém as partes e da sede da arbitragem, diante de divergências legislativas, além da ordem pública internacional, que pode ser diversa das acolhidas pelos Estados. Os princípios configuradores da ordem pública nacional devem prevalecer sobre os da ordem pública internacional, que podem, no entanto, ser acolhidos se não conflitarem com os da ordem pública interna.

Nesse ponto, é relevante a apreciação de eventual contraste entre a ordem pública nacional do país em que a sentença foi proferida e a do país de sua execução, hipótese esta adotada no art. 39, II, da Lei 9.307/1996. Se a sentença deve ser executada no Brasil, é lógico que a ordem pública brasileira, tal como entendida pelas autoridades brasileiras, deve ser respeitada, ainda que no local em que foi proferida isso não ocorra. Afinal, a repercussão social da decisão se verifica no local de sua execução e não no local da sua prolação, que pode ser irrelevante.

A matéria tem a ver com outro requisito imposto pelo inciso VI do art. 38 da Lei 9.307/1996, segundo o qual não será homologada a sentença arbitral proferida no exterior se tiver sido anulada ou suspensa por órgão judicial do país onde foi prolatada. A ordem jurídica do país onde o processo arbitral tramitou e onde a sentença foi proferida pode ser irrelevante se os seus efeitos ocorrem em outro país, subordinado a princípios e normas diversas.

Se os fatos que levaram à anulação da sentença pelo Poder Judiciário do local em que foi proferida não interferirem com os princípios e normas acolhidos no país de sua execução, parece ilógico estender a aplicação da lei estrangeira ao local de execução. Haveria, nesse caso, aplicação extraterritorial de leis estrangeiras no país da execução. Em outras palavras, anulada a sentença arbitral por violação da lei local onde foi proferida, não havendo nulidade no país de execução, a lei estrangeira estará invadindo a jurisdição territorial do país de execução.

A aplicação extraterritorial da lei nacional, contudo, está subordinada a princípios bem sedimentados na ordem internacional, qual sejam o da nacionalidade (a lei aplica-se ao nacional mesmo que esteja no exterior[2]), da personalidade passiva (a lei nacional aplica-se ao sujeito passivo do ato[3]), da universalidade do ato[4] e dos efeitos no território do ato produzido no exterior[5].

Em qualquer desses casos, há ligação estreita entre o ato realizado no exterior ou os seus participantes e o território do Estado, a justificar a aplicação da lei nacional. Esse pressuposto não existe na sentença arbitral produzida no exterior, se os seus efeitos se verificarem no país da execução. Haveria que prevalecer, no caso do Brasil, a norma do inciso II do art. 39 da Lei 9.307/1996, que impõe o não reconhecimento da sentença arbitral estrangeira se ofender a ordem pública brasileira. Da mesma forma, os pressupostos do art. 17 da Lei de Introdução às Normas do Direito Brasileiro[6] tem aplicação, havendo que prevalecer sobre a lei estrangeira e sobre a decisão judicial estrangeira que anulou sentença arbitral não homologada no Brasil.

Não se pode perder de vista que o processo arbitral é privado o que limita a interferência de autoridades públicas, judiciais ou não, no resultado e no andamento do processo arbitral, cuja sentença não está sujeita à homologação estatal. Se assim é, a sentença arbitral deveria ser considerada por si só e não vinculada às disposições do local em que foi proferida, se os seus efeitos devem ocorrer em outro país, onde vai ser executada. É neste que os pressupostos sobre a regularidade do processo arbitral devem ser examinados, independentemente da normativa legal do país em que foi proferida e no qual não haverá repercussão. Todavia, não foi esse o critério adotado pela lei brasileira, que acolheu o mesmo princípio da Convenção de Nova Iorque. O fundamento aceitável para o critério pode ser o de que a não observância da lei do local da arbitragem configura violação da vontade das partes expressa na convenção de arbitragem.

---

[2] Art. 7.º do Código Penal brasileiro: "Ficam sujeitos à lei brasileira, embora cometidos no estrangeiro: I – os crimes: a) contra a vida ou a liberdade do Presidente da República; b) contra o patrimônio ou a fé pública da União, do Distrito Federal, de Estado, de Território, de Município, de empresa pública, sociedade de economia mista, autarquia ou fundação instituída pelo Poder Público; c) contra a administração pública, por quem está a seu serviço; d) de genocídio, quando o agente for brasileiro ou domiciliado no Brasil; II – os crimes: a) que, por tratado ou convenção, o Brasil se obrigou a reprimir; b) praticados por brasileiro".

[3] Art. 7.º, § 3.º, do Código Penal brasileiro: "A lei brasileira aplica-se também ao crime cometido por estrangeiro contra brasileiro fora do Brasil, se, reunidas as condições previstas no parágrafo anterior: a) não foi pedida ou foi negada a extradição; b) houve requisição do Ministro da Justiça."

[4] Como é o caso do genocídio, crimes contra a humanidade e outros assim qualificados no Tratado que aprovou a constituição do Tribunal Penal Internacional.

[5] Art.2.º da Lei 12.529, de 30.11.2011: "Aplica-se esta Lei, sem prejuízo de convenções e tratados de que seja signatário o Brasil, às práticas cometidas no todo ou em parte no território nacional ou que nele produzam ou possam produzir efeitos".

[6] Art. 17, "As leis, atos e sentenças de outro país, bem como quaisquer declarações de vontade, não terão eficácia no Brasil, quando ofenderem a soberania nacional, a ordem pública e os bons costumes."

A lei brasileira acolheu o mesmo princípio da Convenção de Nova Iorque, aprovada nos idos de 1958, em que a ordem internacional estava subordinada a parâmetros diversos e ultrapassados.

Diz, efetivamente, o art. 38, VI, da Lei 9.307/1996, que não será homologada a sentença arbitral estrangeira que tiver sido anulada ou suspensa por órgão judicial do país onde for prolatada. A aplicação desse preceito, contudo, subentende – embora sem o dizer, por desnecessário – que a decisão judicial estrangeira que anulou ou suspendeu a sentença arbitral foi previamente homologada pelo Superior Tribunal de Justiça e, assim, dotada de efetividade no país. A entender-se diversamente estar-se-ia conferindo eficácia no Brasil à decisão judicial estrangeira não homologada pelo Judiciário brasileiro, o que contraria o art. 1.º, I, e o art. 105, (i) da Constituição Federal brasileira[7]. A exigência da homologação da sentença estrangeira baseia-se no fato de se tratar de ato oficial de outro Estado que somente pode ser aceito e ter validade no Brasil se for confirmado pela autoridade judiciária brasileira. Até porque o que se executa não é a sentença estrangeira, ato estranho ao País, mas a decisão nacional que a confirma, por meio da homologação, reconhecendo-a e lhe conferindo efetividade.

Em resumo, a sentença judicial estrangeira que anula sentença arbitral somente pode ser considerada para os efeitos do art. 38, VI, da Lei 9.307/1996, se tiver sido previamente homologada pelo Superior Tribunal de Justiça.

Por outro lado, o conceito de ordem pública é fluido e sujeito à interpretações nem sempre uniformes, seja na ordem interna, seja na internacional. A matéria tem a ver com o momento em que o processo arbitral é instaurado e com a matéria nele tratada, tendo implicações com o conjunto normativo que rege a sociedade em determinado momento. A ordem pública relevante a ser considerada deve ser a do local de execução da sentença arbitral e não ao da sua prolação, que pode ser circunstancial. O local onde se situa a sede do tribunal arbitral ou onde o processo tramita pode não ter qualquer influência na controvérsia, cujos efeitos se farão notar em outra ordem jurídica em que a sentença deve ser cumprida e executada.

A norma do art. 38, II, da Lei 9.307/1996, todavia, confere primazia à lei que rege a arbitragem ou a do país onde a sentença foi proferida, o que está de acordo com o art. 9.º da Lei de Introdução às Normas do Direito Brasileiro[8].

Já a questão da denegação de reconhecimento da sentença arbitral estrangeira que tenha sido anulada no país onde for proferida, padece de lógica, salvo se homologada pelo

---

[7] Art. 1.º "A República federativa do Brasil formada pela união indissolúvel dos Estados e Municípios e do Distrito Federal, constitui-se em Estado Democrático de Direito e tem, como fundamentos: I – a soberania."

Art. 105. "Compete ao Superior Tribunal de Justiça: (i) a homologação de sentenças estrangeiras e a concessão de *exequatur* às cartas rogatórias."

[8] Art. 9.º "Para qualificar e reger as obrigações, aplicar-se-á a lei do país em que se constituírem.

§ 1.º Destinando-se a obrigação a ser executada no Brasil e dependendo de forma essencial, será esta observada, admitidas as peculiaridades da lei estrangeira quanto aos requisitos extrínsecos do ato.

§ 2.º A obrigação resultante do contrato reputa-se constituída no lugar em que residir o proponente."

OS DEVERES DO ÁRBITRO | 233

Superior Tribunal de Justiça, como já dito. O que importa, na verdade, é se a decisão ofende, ou não, a ordem pública brasileira, a soberania nacional e os bons costumes, como estabelecido no já referido art. 17 da Lei de Introdução às Normas de Direito Brasileiro. Isto porque é no país que a sentença tem repercussão, por ser nele que deve ser cumprida e executada.

Dever de motivação

O ofício de decidir controvérsias alheias requer prudência e a percepção da grave responsabilidade assumida pelo julgador. Se as partes controvertem sobre o que entendem ser de seu direito, o julgador deve ter em mente que, ao decidir em favor de uma delas, estará negando a pretensão da outra. A repercussão na esfera pessoal e patrimonial do vencido pode ser grande, não apenas sob o prisma econômico, mas também moral e psicológico. A motivação, por isso, é dever a ser observado em toda decisão, pois se destina a convencer os litigantes das razões que levaram o julgador a tomá-la. Não se trata de requisito meramente formal, mas substancial. Tem por objetivo atingir o âmago da controvérsia, com razões que permitam convencer as partes e, no caso do juiz, também a comunidade, da justiça da decisão.

Esse dever dos árbitros compreende o de apreciar, na decisão, todos os fundamentos, fatos e provas apresentados pelas partes, denotando amplo e preciso conhecimento da controvérsia e das circunstâncias que os levaram a acolher ou rejeitar as pretensões formuladas, nos termos do art. 26 da Lei 9.307/1996. No processo judicial, o Código de Processo Civil de 2015 diz, no art. 489, II, que é um dos elementos essenciais da sentença judicial "os fundamentos, em que o juiz analisará as questões de fato e de direito".

Trata-se da motivação, sem a qual a sentença judicial será nula. Todavia, o processo arbitral não se rege pelas normas do processo judicial, podendo as partes autorizar os árbitros decidir a controvérsia sem motivação. Prevalece, nesse caso, a vontade das partes expressa na convenção arbitral. Isto porque nem todo litígio requer motivação da sentença que o resolve, como é o caso da fixação do valor da diferença de preço pago pelo comprador de determinado produto não entregue pelo vendedor e adquirido pelo comprador de terceiros por preço maior. Nesse caso, se as partes anuíram não ser necessária a motivação da decisão, mas tão somente a constatação da diferença de preço do mesmo produto, paga pelo comprador, trata-se de dado objetivo que não requer fundamentação. Ou quando, pela singularidade do caso verifica-se a desnecessidade da motivação.

É justamente a questão abordada em decisão do Supremo Tribunal Federal[9] que homologou sentença arbitral estrangeira, com base no fato de não haver o pedido sido contestado. Diz a Ementa:

> O Judiciário há de motivar sua decisão convalidatória de sentença arbitral quando, citada a parte adversa, houver contestação, em juízo, da validade daquela. Não tendo havido

---

9   STF, Sessão Plenária, Sentença Estrangeira 3397-6 – Reino Unido da Grã-Bretanha e Irlanda do Norte, rel. p/ o acórdão Min. Francisco Rezek, j. 11.11.1993, *DJU* 05.05.1995, *Revista de Arbitragem e Mediação,* n. 4, p. 267, 2005.

semelhante controvérsia, a decisão judiciária prescindia de motivação específica. Ação homologatória procedente.

A matéria tem relevância maior em regulamentos de entidades corporativas de empresas que vendem e compram *commodities*, em que é costume geral o do pagamento do valor da diferença de preço vigente do produto no mercado, em caso de inadimplemento de uma das partes.

DEVERES ÉTICOS DO ÁRBITRO

Os deveres éticos são mais abrangentes do que os legais, mas tão efetivos e eficazes quanto estes. Em alguns casos, o dever ético se confunde com o legal, mas ambos são dotados de efetividade.

Dever de clareza

Um desses deveres é o de produzir decisões inteligíveis para as partes, a quem se destinam. A sentença deve ser clara, bem redigida, em linguagem não rebuscada e sem a erudição própria dos trabalhos acadêmicos, recheados de citações em idioma nacional ou estrangeiro, que nada significam para as partes e para a comunidade. O juiz e o árbitro decidem controvérsias concretas, reais e não tese acadêmica de Direito abstrata e conceitual, para ser examinada por doutos no assunto. A decisão do árbitro, como a do juiz, ela própria, é ato de autoridade – a de julgar a controvérsia, como fundamento na jurisdição conferida pelas partes ou, no caso do juiz, pela lei. Por isso importa mais o argumento, a análise das provas e dos fundamentos adotados do que a invocação de doutrinas genéricas.

O julgador decide caso concreto, fundado no seu prudente critério na apreciação das provas e nos argumentos das partes. É claro que a doutrina e a jurisprudência podem ser úteis – por vezes necessárias – para demonstrar a pertinência da conclusão a que chegou o árbitro e que devem refletir tendências acolhidas pela comunidade sobre a matéria controvertida. Afinal, a sentença arbitral, sendo ato da autoridade privada constituída pelas partes, resulta de um processo de decisão que retrata – ou deve retratar – as expectativas da comunidade. Para apurá-las é que se impõe ao julgador a pesquisa da doutrina dominante, da jurisprudência, das manifestações da sociedade civil, enfim do conjunto de fatos em que se insere a controvérsia.

Dever de manter confiança das partes

Já se disse que o Judiciário vive da obediência das partes e a arbitragem da confiança. Essa distinção, consagrada na lei de arbitragem brasileira, ao dizer que pode ser árbitro quem possua confiança das partes (art. 13 da Lei 9.307/1996), revela a necessidade de preservação dessa confiança não apenas quando da nomeação, mas durante todo o processo arbitral e mesmo depois do seu término.

O juiz prescinde dessa confiança, mas está adstrito a observar o que a lei dispõe sobre os interesses envolvidos na controvérsia. O juiz não pode decidir *contra legem,* mas pode identificar normas legais que se ajustam à solução da controvérsia, com base em princípios que lhe permitem decidir com segurança e com justiça. Pode o julgador deixar de aplicar uma norma legal determinada e adotar outra que lhe permite atender o que considera justo.

Há situações na jurisprudência judicial que revelam a ação criativa do juiz na apreciação de caso concreto, sem, contudo, deixar de aplicar a lei. É o caso das ações reivindicatórias ou de reintegração de posse contra o Estado invasor de propriedade privada, na qual fez construir, ilegalmente, obra pública, sem prévia desapropriação. Ao julgar procedente a ação, em vez de determinar o retorno do imóvel objeto da ação ao proprietário, com a demolição da obra pública, o juiz, reconhecendo o fato consumado, converte a reintegração da propriedade em indenização ao proprietário. É o que se passou a denominar "desapropriação indireta", não prevista em lei, até porque envolve um ato ilícito do Estado invasor da propriedade privada para nela construir obra pública, cometendo esbulho possessório.

O juiz cumpre o dever de decidir com base na lei, ao reconhecer o ato ilícito do Estado e resguardar o direito de propriedade assegurado pela Constituição. Deixa, contudo, de aplicar a norma legal que reconhece o direito de o proprietário reaver o bem esbulhado, e lhe aplica a norma de Direito de receber a indenização justa. Se o Estado pode expropriar o imóvel para construir a obra pública e não o faz, comete uma falta, um ato ilícito, suprido pela decisão do juiz ao impor a indenização correspondente. Se não aplicou estritamente a lei, com a reintegração da posse do proprietário, observou uma norma de Direito, ao condenar o Estado a pagar indenização e preservar a obra.

Essa característica da atividade do juiz não pode, no entanto, ser estendida ao árbitro, cuja jurisdição é limitada à vontade das partes. Seu dever de decidir está vinculado a essa vontade expressa na convenção arbitral, não lhe sendo possível extrapolar. O árbitro não decide para a comunidade. Sua decisão restringe-se às partes e não tem repercussão pública, até pela confidencialidade que envolve o processo arbitral.

Por outro lado, se a confiança é o pressuposto da atuação do árbitro, tem ele o dever de preservá-la não só quando da sua nomeação, mas durante todo o curso do processo e mesmo depois de seu término, como já referido. Daí o dever legal de revelação de qualquer ato ou fato que possa afetar essa confiança. Todavia, não basta o árbitro afirmar que o fato revelado não afeta sua independência e imparcialidade, pois não são apenas esses requisitos que estão em jogo e sim o da confiança. Se, apesar de não interferir com a independência e a imparcialidade do árbitro, o fato gerar insegurança à parte, é aconselhável, nesse caso, retirar-se ele do caso, por falta do pressuposto fundamental de sua atuação.

Em outras palavras o dever de revelação tem o propósito de informar as partes fato que pode interferir com a confiança nele depositada, não obstante sua declaração de imparcialidade e de independência. A aparência, nesse caso, prevalece sobre a substância ao influir no requisito da confiança no árbitro, afetada pela imagem projetada pelo comportamento do árbitro durante o curso, ou mesmo após o término do procedimento arbitral. É o que pode ocorrer com a demonstração de grande familiaridade entre o árbitro e a parte contrária ou seu advogado denotando certa intimidade entre ambos. Embora não constitua ato que interfira com a independência e imparcialidade do árbitro, nem impedimento legal, fica a imagem negativa de que essa familiaridade possa ser indício de tendência favorável ao adversário. Se o advogado é capaz de compreender o fato e reconhecer o comportamento isento do árbitro, a parte pode sentir-se insegura, o que aconselha a observância de certa formalidade na condução do processo, sobretudo nas audiências. Não é por acaso que a formalidade impera nos processos judiciais, como o uso obrigatório nos tribunais da beca pelos advogados nas sustentações orais e da toga pelos desembargadores e ministros e no tratamento protocolar exigido entre juízes e advogados.

Mesmo após o término do processo, tem o árbitro o dever de preservar a confiança, evitando comportamento que induza suspeitas, como o de não aceitar receber procuração de uma das partes para representá-la em outro processo, ou para lhe prestar assessoria ou outro serviço jurídico. Não há impedimento legal algum no ato, nem caracteriza suspeição, mesmo porque o processo em que o árbitro atuou já terminou. Contudo, fica no ar a ideia de envolvimento anterior ou de recompensa pela atuação na arbitragem, enfim, nebulosidade a pairar sobre o comportamento do árbitro a ser evitada.

A esse dever dos árbitros corresponde ao das partes de informar eventuais fatos, circunstâncias e pessoas, direta ou indiretamente, a elas vinculadas ou relacionadas, para que possam eles aferir se devem ou não aceitar a indicação para atuar. Não têm os árbitros o dever de pesquisar relacionamentos das partes ou a composição societária da empresa envolvida, ou, ainda, eventuais vínculos societários e contratuais relacionados ou não com a controvérsia a ser decidida. É delas esse dever de informação. Se se omitem, não podem disso se prevalecer para arguir, quando lhes convier, o eventual impedimento ou suspeição do árbitro.

Há, ainda, que se observar que não basta a simples alegação de falta confiança no árbitro, como motivo para afastar ou impedir a sua atuação. Há que ser séria e fundada em fato concreto que a justifique. Até porque também as partes devem observar padrões éticos de comportamento, não lhes sendo lícito arguir impedimentos fundados em fatos não informados ao árbitro. Nesse caso, não se trata de mera aparência, mas de substância, sendo dever da parte esclarecer com fundamentos sérios, os fatos que possam afetar a confiança no árbitro.

Dever de examinar todos os fundamentos das pretensões das partes

A jurisprudência judicial brasileira acolhia o princípio segundo o qual se um dos fundamentos alegados por uma das partes fosse suficiente para decidir o litígio, não seria necessário examinar os demais. A lógica dessa conclusão é a de que, se um fundamento é capaz, por si só, de concluir pelo acolhimento ou rejeição de uma pretensão, não haveria necessidade de examinar os demais alegados pelas partes. É o caso do reconhecimento da prescrição da ação ou da decadência do direito. Ainda que outros fundamentos possam levar a conclusão diversa, se há o reconhecimento da prescrição da ação ou da decadência, não se justifica o exame de outros versados pelas partes, que se tornam irrelevantes, pois, ainda que procedentes, prevalece o que extingue a pretensão, qualquer que ela seja, como expresso no art. 189 do Código Civil[10].

O art. 489, § 1.º, IV, do CPC alterou essa conclusão, no plano judicial, ao consagrar princípio segundo o qual a sentença não se considera fundamentada se não enfrentar todos os fundamentos deduzidos no processo capazes, em tese, de infirmar a conclusão

---

[10] Art. 189. "Violado o direito, nasce para o titular a pretensão, a qual se extingue, pela prescrição nos prazos a que aludem os arts. 205 e 206."

do julgador. A norma, como se vê, limita-se a exigir do juiz que aprecie os fundamentos que, em tese, podem contrariar sua conclusão. Se há argumentos outros que não atingem o cerne da conclusão da sentença, não se exige sejam analisados na sentença, fundada em outras bases.

Se um dos fundamentos da sentença é suficiente para decidir a controvérsia não se justifica tenha a decisão de abordar todos os que tenham sido formulados no processo incapazes de alterar a conclusão.

O exame dos fundamentos invocados pelas partes pode demonstrar o cuidado do julgador na apreciação do processado e das provas produzidas que dão suporte a conclusão do árbitro. Assim, não bastaria apenas examiná-los, mas, também, as provas que lhes deem suporte, pois a decisão deve ser sempre fundada na prova do fato e no conjunto probatório.

O dever de julgar a controvérsia com liberdade e o *iura novit curia*

Se o julgador considerar fundamento diverso não examinado pelas partes, deve dar-lhes oportunidade de sobre ele se manifestar, evitando-se o efeito surpresa. A questão tem a ver com o princípio de que as partes devem ter oportunidade de apreciar os fundamentos que o julgador considera relevantes para a decisão da causa. E aí surge a questão de possuir ou não o julgador liberdade de deixar de lado os fundamentos desenvolvidos pelas partes e adotar outro por elas não indicados e que lhe parece apropriado. É a aplicação do princípio conhecido como *iura novit curia*, que confere ao julgador autoridade para aplicar a norma de direito, com base nos fatos a ele fornecidos. Dá-me os fatos e dar-te-ei o Direito.

A matéria é polêmica e o Código de Processo Civil a eliminou, no âmbito do processo judicial, com a previsão, no art. 10 de que "O juiz não pode decidir, em grau algum de jurisdição, com base em fundamento a respeito do qual não se tenha dado às partes oportunidade de se manifestar, ainda que se trate de matéria sobre a qual deva decidir de ofício". O que se procura é evitar o efeito surpresa às partes, que não teriam tido oportunidade de apreciar o fundamento considerado essencial pelo julgador para o julgamento da controvérsia e que poderia ser alterado, se lhes dessem oportunidade de sobre ele se manifestar ou produzir prova relativamente ao tema.

Todavia, deve-se ter em mente que o julgador não pode decidir sobre fato – e sua prova – não abordado pelas partes e que considera relevante para a decisão. Não o fundamento. O julgador não pode ser compelido a decidir apenas com base nos fundamentos de que se valeram as partes, se com eles não concordar, ou concluir ser outro a ser adotado na solução do litígio. O que é relevante para o julgamento é a prova do fato produzida como suporte da pretensão das partes. O que se pede ao Julgador é que decida a controvérsia com base em normas de Direito e na prova produzida.

Se os fundamentos das partes são, na sua visão, equivocados, deve o julgador, árbitro ou juiz, decidir a pretensão das partes com base nos fatos e nas provas do processo e na apreciação que desse conjunto faz. Em outras palavras, o julgador deve decidir a controvérsia e não se os fundamentos invocados são procedentes ou não.

Entretanto, o que a norma processual dispõe é o dever de dar as partes a oportunidade de examinar fundamento outro que não os por elas abordados e que o julgador considera relevante para o deslinde do litígio. O árbitro deve decidir com base nos fundamentos que considera apropriado para a resolução da controvérsia e não os defendidos pelas partes.

Por outro lado, deve-se ter em mente que, se a convenção das partes e o regulamento da instituição de arbitragem, nada dispuserem sobre a matéria, o árbitro deve observar o que dispõe a lei civil e não a processual, aplicável apenas ao contencioso forense.

Ao tratar da decadência, por exemplo, diz o art. 210 do Código Civil: que "deve o juiz, de ofício, conhecer da decadência, quando estabelecido por lei". Note-se que a disposição não faculta ao juiz reconhecer a decadência, não diz "pode o juiz", e sim "deve", impondo-lhe reconhecê-la de ofício, se prevista em lei. A norma que impõe o dever de ouvir as partes é do Código de Processo Civil, não aplicável ao processo arbitral, salvo se assim acordarem as partes. Conclui-se dessa análise que o árbitro deve reconhecer a decadência estabelecida por lei, quando existente, mesmo que as partes a ela não se refiram, pois está adstrito a dar cumprimento ao preceito da lei material, que lhe impõe esse dever.

Por outro lado, a questão do *iura novit curia* impõe cautela na aplicação do princípio estabelecido pela lei processual, pois, se as partes examinaram a matéria controvertida e deixaram de desenvolver determinado fundamento sobre o mesmo tema, não se pode dizer tenha faltado o dever do árbitro de lhes provocar a manifestação. O art. 10 do CPC procura, na verdade, propiciar às partes oportunidade de se manifestar sobre fundamento não desenvolvido no curso do processo e que o julgador considera relevante para a decisão.

CONCLUSÃO

O exercício da função de julgador, em especial na qualidade de árbitro, requer a observância de deveres legais e éticos durante e após o encerramento da arbitragem.

Os deveres previstos em lei de imparcialidade, independência, competência, diligência, discrição e motivação são complementados por deveres éticos de conduta que contemplam os deveres morais, os de clareza, confiança e de exame das pretensões. Deve o árbitro observar a missão que lhe foi conferida na convenção de arbitragem. Nem mais, nem menos.

A essência da jurisdição arbitral é a convenção de arbitragem que traz em seu bojo o requisito de observância desses deveres. Aquele que aceita o múnus deve manter a equidistância necessária das partes e da disputa, deve analisar os fatos e fundamentos para alcançar sua conclusão, conferindo às partes o verdadeiro contraditório. Deve proferir uma decisão justa e eficaz do litígio.

A confiança das partes, depositada no árbitro, deve ser retribuída com a observância de seu ofício.

PROCESSO DE ESCOLHA E NOMEAÇÃO DE ÁRBITRO

LETÍCIA BARBOSA E SILVA ABDALLA

Sumário: I. Introdução – II. A autonomia privada na escolha do árbitro: II.1. Críticas sobre a indicação unilateral de árbitro. A confiança no árbitro frente à liberdade das partes; II.2. Arbitragens com múltiplas partes. Derrogação da autonomia em prol da isonomia entre as partes – III. Panorama das principais regras institucionais sobre o tema – IV. Jurisprudência nacional sobre arbitragens multiparte – V. Conclusão – Bibliografia.

I. INTRODUÇÃO

Antes de dar início a este artigo, não poderia deixar de agradecer aos Profs. Selma Ferreira Lemes, Carlos Alberto Carmona e Pedro Batista Martins pelo gentil convite formulado, que aceitei com muita honra, parabenizando-os por essa bela iniciativa em comemoração aos 20 anos da Lei Brasileira de Arbitragem (Lei 9.307, de 23.09.1996) e pela justa homenagem ao Ilustre Jurista Petrônio R.G. Muniz.

Não tive oportunidade de conhecê-lo, mas ao ler os seus relatos a respeito da história de luta e de todos os percalços enfrentados na criação da Lei Brasileira de Arbitragem, em sua admirável obra "Operação Arbiter"[1], pude compreender a relevância que o Dr. Petrônio Muniz teve naquela jornada, conduzindo com competência, integridade, liderança e perseverança os trabalhos para promulgação da referida lei e para o reconhecimento da arbitragem no Brasil, definida em suas palavras como "uma via paralela à Justiça comum com objetivos convergentes"[2].

---

[1] Este livro, que estava esgotado há muitos anos, foi reeditado e distribuído em 2016 em uma excelente iniciativa do CONIMA – Conselho Nacional das Instituições de Mediação e Arbitragem, que contou com o apoio da Associação Comercial e da Assembleia Legislativa do Estado da Bahia, esta última responsável por sua reedição.

[2] MUNIZ, Petrônio R.G. *Operação* arbiter: a história da Lei n. 9.307/96 sobre a arbitragem comercial no Brasil. 2. ed. Salvador: Assembleia Legislativa, 2016. p. 31.

O ilustre advogado, que se reconhecia como um visionário e um sonhador, ressaltou na apresentação daquela obra que "ao assegurar às Partes em litígio a escolha do foro por elas próprias julgado o mais adequado para dirimir as suas diferenças de forma rápida e eficaz, a um só tempo, prestigiava-se a cidadania, homenageava-se a Justiça como valor primeiro, reforçando-se a própria Democracia e o Estado de Direito no qual ela deve assentar-se"[3]. E foi graças à ação deste e de outros "sonhadores" como ele, que temos hoje, após 20 anos de promulgação da lei, um instituto consolidado e amplamente reconhecido e utilizado em nosso país, "um legítimo produto da cidadania ativa nacional"[4].

Também não posso deixar de prestar a devida homenagem aos coordenadores desta obra, autores do anteprojeto da Lei de Arbitragem e partícipes desse "sonho" ao lado de Petrônio Muniz, e de registrar a minha sincera e enorme admiração por esses três grandes juristas e árbitros, que, como os Três Mosqueteiros, defendem bravamente a arbitragem e são constantes guardiões de seus princípios e fundamentos, nos inspirando a sempre praticar a arbitragem com retidão, honradez e galhardia.

Feita a introdução necessária, essas breves notas têm por objetivo analisar o processo de escolha e nomeação dos árbitros, à luz da autonomia privada[5] e dos regulamentos de diversas instituições nacionais e estrangeiras.

Assim, após abordar a importância da autonomia privada nesse processo, incluindo um contraponto da doutrina internacional a respeito da indicação unilateral de árbitro e uma breve análise das particularidades aplicáveis às arbitragens com múltiplas partes, será apresentado um panorama das regras vigentes nas principais instituições nacionais e estrangeiras. Ao final deste estudo, será discutido o posicionamento da nossa jurisprudência no caso de arbitragens multipartes, ainda que relativamente recente e escassa sobre o tema.

II. A AUTONOMIA PRIVADA NA ESCOLHA DO ÁRBITRO

A autonomia privada é o fio condutor da arbitragem[6].

---

[3]   MUNIZ, Petrônio R.G. *Operação* arbiter... cit., p. 31.

[4]   MUNIZ, Petrônio R.G. *Operação* arbiter... cit., p. 53.

[5]   Não se pretende aqui entrar na discussão de eventuais diferenciações entre autonomia da vontade e autonomia privada, optando-se por adotar essa nomenclatura em razão da evolução doutrinária sobre o tema. Como mencionado por Giovanni Ettore Nanni em notas a esse respeito: "Genericamente, a doutrina não diverge em reconhecer a autonomia privada como o poder de autodeterminação da pessoa, em que o ordenamento jurídico oferece e assegura aos particulares a possibilidade de regular suas relações mútuas dentro de determinados limites por meio de negócios jurídicos" (NANNI, Giovanni Ettore. Notas sobre os negócios jurídicos da arbitragem e a liberdade de escolha do árbitro à luz da autonomia privada. *Revista de Arbitragem e Mediação*, São Paulo, n. 49, p. 265, abr.-jun. 2016).

[6]   Nos dizeres de Giovanni Ettore Nanni: "A autonomia privada desempenha função preponderante na arbitragem, tanto que é por intermédio dela que se consagra aos contraentes a opção de pactuar a cláusula compromissória, de tal sorte que as controvérsias daí decorrentes sejam dirimidas por meio do instituto". E ainda: "A autonomia privada também se materializa na arbitragem, sendo um

Assim como as partes têm liberdade para escolher o direito material e processual aplicáveis, essa autonomia também é amplamente respeitada no processo de escolha e nomeação de árbitro[7].

Ao contrário do que ocorre no Poder Judiciário, em que prevalece a figura do juiz natural e a distribuição dos processos por sorteio dentre as Varas competentes[8], ao celebrar a convenção de arbitragem as partes têm ampla liberdade para escolher o julgador, seja ao estabelecer um mecanismo específico de escolha e nomeação do árbitro ou ao adotar as regras de alguma instituição arbitral.

Essa é uma das grandes vantagens da arbitragem[9], e a Lei Brasileira de Arbitragem (Lei 9.307, de 23.09.1996) prestigia a autonomia privada e a chamada indicação unilateral dos árbitros, ao dispor, no art. 13[10], que "pode ser árbitro qualquer pessoa capaz e que tenha a

---

elemento vital no instituto. É com esteio nela que se forma o negócio jurídico voltado para a eleição da arbitragem como meio de resolução de disputas decorrentes de um contrato, no qual a cláusula compromissória está inserida ou a ela faz referência" (NANNI, Giovanni Ettore. Notas... cit., p. 264-265).

[7] CARMONA, Carlos Alberto. *Arbitragem e processo*: um comentário à Lei n. 9.307/96. 3. ed. rev., atual. e ampl. São Paulo: Atlas, 2009. p. 15 e 234. Ainda a respeito da autonomia, a Prof. Selma Lemes destaca: *"O elemento volitivo que permeia a arbitragem é sua razão de ser e existência. É no princípio jurídico da autonomia da vontade que repousa a arbitragem, posto que como forma de solução de controvérsias só pode surgir como sucedâneo à via judicial, quando as partes no negócio entabulado preveem a cláusula compromissória ou sobre ela disponham em documento apartado."* (LEMES. Selma M. Ferreira. *"Cláusulas Arbitrais Ambíguas ou Contraditórias e a Interpretação da Vontade das Partes"*. Este artigo encontra-se publicado no livro "Reflexões sobre Arbitragem, In Memoriam do Desembargador Cláudio Vianna de Lima", Pedro Batista Martins e José M. Rossani Garcez (orgs.), São Paulo, LTr, 2002, p.188/208, mas está disponível no site http://selmalemes.adv.br/artigos/artigo_juri32.pdf>. Acesso em: 20 ago. 2016).

[8] A despeito dessa diferença, a arbitragem não fere o princípio constitucional do juiz natural, como já foi amplamente discutido pela doutrina e jurisprudência nacionais: *"A arbitragem não ofende os princípios constitucionais da inafastabilidade do controle jurisdicional, nem do juiz natural. A Lei de Arbitragem deixa a cargo das partes a escolha, isto é, se querem ver sua lide julgada por juiz estatal ou por juiz privado. Seria inconstitucional a Lei de Arbitragem se estipulasse arbitragem compulsória, excluindo do exame, pelo poder Judiciário, a ameaça ou lesão a direito. Não fere o juiz natural, pois as partes já estabelecem, previamente, como será julgada eventual lide existente entre elas. O requisito da pré-constituição na forma da lei, caracterizador do princípio do juiz natural, está presente no juízo arbitral."* (NERY JÚNIOR, Nelson; NERY, Rosa Maria de Andrade. *Código de processo civil comentado: e legislação extravagante*. 9. ed. São Paulo: RT, 2006, p. 1164).

[9] Vide a respeito: *"A major attraction of arbitration is that it allows parties to submit a dispute to judges of their own choice rather than allow such choice to be exercised by a third party on their behalf. Where an arbitral tribunal is to consist of more than one arbitrator, it is usual for each party to nominate one arbitrator, leaving the third arbitrator to be appointed by one of the methods discussed below."* (BLACKABY, Nigel; PARTASIDES, Constantine; REDFERN, Alan; HUNTER, Martin. *Redfern and Hunter on International Arbitration*. Oxford University Press, 5th edition, 2009, p. 251).

[10] *"Art. 13. Pode ser árbitro qualquer pessoa capaz e que tenha a confiança das partes.*

§ 1.º As partes nomearão um ou mais árbitros, sempre em número ímpar, podendo nomear, também, os respectivos suplentes.

§ 2.º Quando as partes nomearem árbitros em número par, estes estão autorizados, desde logo, a nomear mais um árbitro. Não havendo acordo, requererão as partes ao órgão do Poder Judiciário a

confiança das partes", "as partes nomearão um ou mais árbitros, sempre em número ímpar", e "as partes poderão, de comum acordo, estabelecer o processo de escolha dos árbitros, ou adotar as regras de um órgão arbitral institucional ou entidade especializada".

A reforma ocorrida em 2015 (por meio da Lei 13.129, de 26.05.2015) também reafirmou o protagonismo das partes no processo de escolha e nomeação de árbitro, consolidando o respeito à autonomia privada. Isso porque, ao acrescentar o § 4.º ao referido artigo, o legislador permitiu às partes afastar as regras da instituição arbitral que limitem a escolha do árbitro único, coárbitro ou presidente do tribunal à respectiva lista de árbitros, autorizado o controle da escolha pelos órgãos competentes da instituição.

Por outro lado, nos casos de impasse e de arbitragem multiparte[11], o referido parágrafo dita que deverá ser observado o que dispuser o regulamento aplicável. Apesar da aparente contradição, ao não se permitir alteração das regras a esse respeito, na realidade a autonomia privada não foi afetada, pois as partes continuam tendo ampla liberdade para escolher, na convenção de arbitragem, a instituição com as regras que lhe forem mais convenientes. E como veremos mais adiante, ao assim dispor, o legislador prestigiou outro princípio muito caro à arbitragem: o da isonomia entre as partes.

II.1. Críticas sobre a indicação unilateral de árbitro. A confiança no árbitro frente à liberdade das partes

Embora a possibilidade de se escolher o julgador sempre tenha sido, e ainda seja, considerada uma das principais vantagens da arbitragem[12], nos últimos anos começaram

---

que tocaria, originariamente, o julgamento da causa a nomeação do árbitro, aplicável, no que couber, o procedimento previsto no art. 7.º desta Lei.

§ 3.º As partes poderão, de comum acordo, estabelecer o processo de escolha dos árbitros, ou adotar as regras de um órgão arbitral institucional ou entidade especializada.

§ 4.º As partes, de comum acordo, poderão afastar a aplicação de dispositivo do regulamento do órgão arbitral institucional ou entidade especializada que limite a escolha do árbitro único, coárbitro ou presidente do tribunal à respectiva lista de árbitros, autorizado o controle da escolha pelos órgãos competentes da instituição, sendo que, nos casos de impasse e arbitragem multiparte, deverá ser observado o que dispuser o regulamento aplicável."

[11] A respeito da definição de arbitragem multiparte, Olivier Caprasse pondera: *"Diversas definições de arbitragem multiparte têm sido dadas pela doutrina. Conforme a mais evidente, haverá arbitragem multiparte quando o litígio envolver mais de duas partes. Pode ocorrer, contudo, que uma controvérsia envolvendo mais de duas partes pareça exatamente igual a uma puramente bilateral. De fato, poderá haver vários demandantes e diversos demandados que possam ser divididos em apenas dois lados. Ademais, o fato de haver mais de duas partes não muda muito o desenrolar da arbitragem. Esse é o porquê de se restringir a definição de arbitragem multiparte àquelas situações onde há não apenas mais de duas partes envolvidas, bem como mais de duas partes com interesses conflitantes. Veremos que dessa situação emergem questões específicas, sobretudo em relação à constituição do tribunal arbitral."* (CAPRASSE, Olivier. "A Constituição do Tribunal Arbitral em Arbitragem Multiparte", *Revista Brasileira de Arbitragem*, n.º 8, out/dez 2005, p. 83–100).

[12] Como ressaltado por Pedro Batista Martins em obra publicada poucos anos após a promulgação da lei de arbitragem: "Instituto milenar, tem por virtude a informalidade e a opção de as partes

a surgir, especialmente na doutrina internacional, algumas discussões e críticas a respeito desse preceito.

Em palestra proferida em 2010[13], que levantou a polêmica e gerou muitos debates, seguindo texto divulgado no ano anterior[14], o Professor Jan Paulsson defendeu a proibição, ou ao menos um controle restrito, da indicação do árbitro pela parte, a chamada indicação unilateral[15]. Segundo ele, as indicações unilaterais são inconsistentes com o princípio fundamental da mútua confiança nos árbitros[16]. No seu entendimento, é muito improvável que a parte tenha confiança em um árbitro selecionado por seu oponente, ponderando que os votos divergentes, na grande maioria dos casos, são proferidos pelo árbitro indicado pela parte que perdeu a disputa[17].

---

envolvidas no conflito poderem estabelecer as regras do jogo e indicar, por sua livre vontade, a pessoa (ou pessoas) que deve decidir a matéria posta em questão" (Acesso à Justiça. In: _____; LEMES, Selma Ferreira; CARMONA, Carlos Alberto. *Aspectos fundamentais da lei de arbitragem.* Rio de Janeiro: Forense, 1999. p. 10). Nesse sentido, a pesquisa realizada em 2015 pela *Queen Mary, University of London* em parceria com o escritório *White & Case*, constatou que a possibilidade de se escolher o árbitro continua sendo vista como uma das cinco principais vantagens da arbitragem internacional, juntamente com a execução das sentenças e o fato de se evitar um determinado sistema judicial local, a flexibilidade e a confidencialidade do procedimento, *in* 2015 International Arbitration Survey: Improvements and Innovations in International Arbitration. Disponível em: <http://www.arbitration.qmul.ac.uk/research/2015/>. Acesso em: 20 ago. 2016.

[13] PAULSSON, Jan. Moral hazard in international dispute resolution. Inaugural lecture as holder of the Michael R. Klein distinguished scholar chair. *University of Miami School of Law.* 29 April 2010. Disponível em:<http://www.arbitration-icca.org/media/0/12773749999020/paulsson_moral_hazard.pdf>. Acesso em: 20 ago. 2016.

[14] PAULSSON, Jan. Are Unilateral Appointments Defensible?. Kluwer Arbitration Blog, 02.04.2009. Disponível em: <http://kluwerarbitrationblog.com/2009/04/02/are-unilateral-appointments--defensible/>. Acesso em: 20 ago. 2016.

[15] No original, ele discorre: "The best way to avoid such incidents is clearly to forbid, or at least rigorously police, the practice of unilateral appointments. This would involve a significant change in prevailing practices, because the fact is that arbitrations routinely begin with each side naming an arbitrator. References are occasionally made to "the fundamental right" to name one's arbitrator. But there is no such right. Moreover, if it existed, it would certainly not be fundamental. The original concept that legitimates arbitration is that of an arbitrator in whom both parties have confidence. Why would any party have confidence in an arbitrator selected by its unloved opponent?" (PAULSSON, Jan. Moral hazard... cit., p. 8).

[16] Segundo Paulsson, "The problem is that the inevitability of such calculations proves that unilateral appointments are inconsistent with the fundamental premise of arbitration: mutual confidence in arbitrators" (PAULSSON, Jan. Moral hazard... cit., p. 9).

[17] No original: "It is quite unlikely that a party will have confidence in an unknown arbitrator selected by its unloved opponent.

We must confront an uncomfortable fact: as illustrated by two studies of ICC cases in different years earlier this decade, dissenting opinions were almost invariably (more than 95%) the work of the arbitrator nominated by the losing party. (See Alan Redfern, 'Dissenting Opinions in International Commercial Arbitration: the Good, the Bad and the Ugly', 2003 Freshfields Lecture, 20 Arbitration International 223 (2004); Eduardo Silva Romero, 'Brèves observations sur l'opinion dissidente', Les arbitres internationaux in Société de législation comparée at 179-186 (2005))" (PAULSSON, Jan. Are Unilateral... cit.).

A solução, na sua visão, seria a indicação de todos os integrantes do tribunal arbitral conjuntamente, ou por um órgão neutro, o que poderia ser obtido a partir de uma lista predefinida pela instituição arbitral, mencionando como exemplo o mecanismo utilizado pela Corte Arbitral do Esporte (CAS)[18].

Paulsson termina sua análise ponderando que, se a única razão para se defender a indicação unilateral de árbitro é a falta de uma opção melhor, por incapacidade de se confiar às instituições arbitrais a nomeação de bons árbitros, estas deveriam rever suas normas e práticas, de forma a convencer as partes que seu processo de seleção é confiável e está focado em escolher os melhores árbitros para o caso[19].

Esse posicionamento ecoou em comentários de diversos doutrinadores e praticantes da arbitragem comercial internacional, dentre eles Albert Jan van den Berg, que reforçou a utilização de listas para a seleção dos árbitros, e ressaltou que a lei holandesa,

---

[18] No original, afirma o autor: "The only decent solution – heed this voice in the desert! – is thus that any arbitrator, no matter the size of the tribunal, should be chosen jointly or selected by a neutral body. [...] One way involves the restriction of unilateral nominations by specific contractual limitation, such as a requirement that no arbitrator may have the nationality of any party.

An even more effective mechanism, provided that it is properly conceived, may be an institutional requirement that appointments be made from a pre-existing list of qualified arbitrators. When composed judiciously by a reputable and inclusive, international body, with in-built mechanisms of monitoring and renewal, such a restricted list may have undeniable advantages as a fairly intelligent compromise. Parties may freely select any one of a number of arbitrators, but each potential nominee has been vetted by the institution and is less likely to be beholden to the appointing party.

An example is that of the international body created in 1985 as the Court of Arbitration for Sport, which has its seat in Lausanne. [...] The CAS solution is to require all nominees to be found on a list of qualified arbitrators. It is of crucial importance that this list is lengthy and inclusive, containing names from all over the world. (In 2008, there were 267 arbitrators on the CAS list.) Any party is free to choose the arbitrator it considers the best for its case. However selfish its motives, it is restricted to this list of prequalified individuals – and it knows that the same is true for its opponent" (PAULSSON, Jan. Moral hazard... cit., p. 11-12).

[19] Segundo Paulsson, "The sole defense of unilateral appointments to which I have no answer is that it is a pragmatic response to an inability to trust the arbitral institution to appoint good arbitrators. [...] And so these reflections on one sensitive subject thus leads ineluctably to consideration of another, equally important and delicate matter: the standards and practices of arbitral institutions. Significant progress seems impossible if appointing authorities cannot convince disputants that their selection process is untainted by undue influence. If the only reason to tolerate the unprincipled tradition of unilateral appointment of arbitrators is that there is no better alternative, the organizations that call themselves arbitral institutions need to look at themselves and ask why it is that they are so exposed to *suspicions of poor selection of arbitrators, and maybe even worse: cronyism and other forms of corruption*" (PAULSSON, Jan. Moral hazard... cit., p. 13). No mesmo sentido, em artigo anterior publicado no *Kluwer Arbitration Blog*, ele havia ressaltado: "These reflections on one sensitive subject thus lead ineluctably to consideration of a second, equally important and delicate matter: the standards and practices of arbitral institutions. None of the solutions imagined above could lead to significant progress if appointing authorities cannot convince the participants in the arbitral process that their selection process is absolutely untainted by undue influence, and to the contrary is dependably and uncompromisingly focused on selecting the best arbitrators for the job. But that is another story which deserves treatment on its own" (PAULSSON, Jan. Are Unilateral... cit.).

ao contrário da maioria das legislações e da Lei Modelo da UNCITRAL, adere a esta posição, ao determinar que, caso as partes não tenham predeterminado um mecanismo para indicação do(s) árbitro(s), deverão indicá-los conjuntamente[20].

Alexis Mourre, por sua vez – embora reconhecendo a existência de casos em que o árbitro indicado pela parte tende a querer agradar a parte indicada – defende que a existência de diferentes métodos para a formação do tribunal arbitral é uma vantagem para os usuários da arbitragem e que o mercado se encarregará de selecionar o mecanismo mais eficiente[21].

---

[20] Em comentário ao texto de Jan Paulsson, o Professor Van den Berg afirmou: "Jan is actually advocating the Dutch legislator's view. While the legislator does not prohibit party-appointed arbitrators, it is not its preferred method either. For the very reasons set out in Jan's contribution, the Netherlands Arbitration Act of 1986 provides that when parties have not agreed on a method for appointing arbitrators, all arbitrators must be appointed by consent of all parties (Art. 1027(1) CCP). This is in contrast to most arbitration laws, including notably the Uncitral Model Law, which have as default method the system of party-appointed arbitrators. Following Jan's comments, the Model Law system of appointment may be a candidate for future amendment.
I would like to add a comment on the list procedure. Jan mentions the CAS. It was actually the AAA that, to my knowledge, has invented the list procedure to avoid party-appointed arbitrators. I have some 8 year of experience myself with the list procedure as SG for the NAI (which had copied it from the AAA). It involves the drawing up of a list of candidate arbitrators (minimal 3 for a sole, and minimal 9 for a 3 member panel), taken from a large General List of Arbitrators (pre-screened and now on a data base). Each party receives an identical list. Each party may delete the names of candidates against whom that party has a major objection and number the remaining names in the sequence of its preference. The list must be returned to the Registrar within 2 weeks. Key in the process is that neither party knows how the other fills out the list. It is interesting to note that the preferences coincide in 70-80% of the cases. The advantages of the list procedure are that the parties have a certain influence regarding who will be nominated and that they are not tainted by the factor that a candidate is suspect for the mere reason that he or she is proposed by the other side" (PAULSSON, Jan. Are Unilateral... cit.). Apesar de a lei holandesa de arbitragem (parte do Código de Processo Civil) ter sido reformada em 2015, a regra continua a mesma: "Article 1027 Appointment of arbitrators – 1. The arbitrator or arbitrators shall be appointed by any method agreed by the parties. The parties may entrust to a third person the appointment of the arbitrator or arbitrators or any of them. If no method of appointment is agreed upon, the arbitrator or arbitrators shall be appointed by consensus between the parties" (versão em inglês disponível em: <http://www.nai-nl.org/downloads/Text%20Dutch% 20Code%20Civil%20Procedure.pdf>. Acesso em: 20 ago. 2016)

[21] Alexis Mourre publicou seu comentário em contraposição ao entendimento de Jan Paulsson poucos meses depois da sua palestra, anos antes de assumir a Presidência da Corte Internacional de Arbitragem da CCI: "Arbitration offers a wide range of options to its users. Parties can retain full control over the arbitration by opting for ad hoc arbitration. They can also choose rules that allow them to appoint the arbitrators while ensuring some degree of control by the institution. Other institutions, like the LCIA, offer the kind of entirely neutral process in the constitution of the arbitral tribunal that Jan Paulsson advocates. Some, like the NAI, use in an effective manner list procedures to appoint all arbitrators in cooperation with the parties. The ICC is midway: the parties can appoint "their" arbitrator, but unless they agree on the contrary the chair will be appointed by the institution. Each institution has its own specificities, and is very much keen to maintain these differences as a means of identifying itself on a highly competitive market. Why should those differences disappear? This variety of offers is an advantage to the consumers of arbitration, provided they are well advised. The market will ultimately select the most efficient

No mesmo artigo, ao analisar os dados disponíveis à época em instituições como a Corte Internacional de Arbitragem da Câmara de Comércio Internacional (CCI) e a *London Court for International Arbitration* (LCIA), Mourre ponderou que em mais da metade dos casos as partes optaram por afastar as regras que previam indicação pela instituição (no caso da CCI, se referindo ao presidente do tribunal arbitral, e da LCIA a todos os integrantes do tribunal arbitral), o que indicaria uma forte intenção de se manter algum grau de controle sobre a constituição do tribunal arbitral[22].

E conclui a sua análise afirmando que a indicação unilateral tem um propósito mais amplo, de fazer com que as partes tenham uma participação maior no processo, o que é uma importante diferença em relação à jurisdição estatal, e que a confiança das partes na arbitragem não é apenas no árbitro por elas indicado, mas no sistema como um todo[23].

Além disso, Alexis Mourre ressalta que banir as indicações unilaterais poderia afastar os usuários, e que o desenvolvimento da arbitragem na comunidade empresarial poderia restar prejudicado se as partes não se considerassem como parte do sistema, ponderando que, a despeito de desvios pontuais, as partes atualmente tendem a selecionar um árbitro mais por sua integridade e imparcialidade do que por sua suposta predisposição a apoiar a tese da parte que o indicou, e que o próprio sistema se encarrega de regular esses desvios[24].

---

system" (MOURRE, Alexis. Are unilateral appointments defensible? On Jan Paulsson's Moral Hazard in International Arbitration. Kluwer Arbitration Blog, 05.10.2010. Disponível em: <http://kluwerarbitrationblog.com/2010/10/05/are-unilateral-appointments-defensible-on-jan-paulssons--moral-hazard-in-international-arbitration/>. Acesso em: 20 ago. 2016).

[22] As estatísticas divulgadas pela CCI nos últimos dois anos, referentes a 2014 e 2015, comprovam esse fato, pois, em 2014, de 750 nomeações de coárbitros feitas naquele ano, mais de 93% (704 no total) foram pelas partes, com a instituição atuando em apenas 46 casos. Esse percentual também se manteve em 2015 (de 729 nomeações de coárbitros, 683 foram pelas partes). Também em relação à escolha do presidente do tribunal arbitral, é possível verificar uma tendência das partes de afastar a atuação da instituição nesse processo, seja por meio de indicação direta ou através dos coárbitros. Nesse ponto, em 2014, de 357 nomeações de presidente, 218 foram pelos coárbitros e 17 diretamente pelas partes, ficando a CCI responsável apenas por 34% das nomeações. Já em 2015, de 333 nomeações de presidente, 165 foram pelos coárbitros, e 30 diretamente pelas partes. Em seu relatório de 2014, a CCI reconheceu: "It shows the prominent role parties play in the constitution of ICC arbitral tribunals, by choosing arbitrators directly themselves or entrusting the choice to arbitrators they have chosen" (ICC Dispute Resolution Bulletin, *2014 ICC Dispute Resolution Statistics*, ICC – International Chamber of Commerce, 2015, issue 1, p. 12, e ICC Dispute Resolution Bulletin, *2015 ICC Dispute Resolution Statistics*, ICC – International Chamber of Commerce, 2016, issue 1, p. 13).

[23] No original: "But unilateral appointments serve a broader purpose: by appointing an arbitrator, the parties – rightly or wrongly – get a sense of proximity with the process. Unilateral appointments give the parties the impression that they control the arbitration, and that is an important difference between arbitration and court litigation. The parties' trust in the arbitral process is not the arithmetical addition of each individual party's own trust in its own appointee; it is more a matter of collective trust in the system as a whole, a trust which rests on a variety of factors, amongst which the perception of proximity and control is an important one" (MOURRE, Alexis. Are unilateral appointments defensible?... cit.).

[24] No original: "The bottom line is that if parties really want to enhance their chances of success, they should appoint experienced, impartial, arbitrators rather than super-advocates. Jan Paulsson's

Na mesma linha, as advogadas Ank Santens e Heather Clark criticaram o posicionamento de Jan Paulsson e a utilização de listas fechadas, analisando as dificuldades enfrentadas para a escolha de um árbitro nessas condições, e ressaltando que esta é uma prática a ser afastada, por não garantir a redução de eventual parcialidade de um árbitro[25].

Em que pesem os entendimentos contrários e as ponderações a respeito do tema, a nosso ver a indicação unilateral de árbitro não afeta a premissa fundamental de que os árbitros devem ter a confiança das partes. Primeiro porque não se pode presumir que o árbitro indicado por uma das partes sempre defenderá a sua posição, tanto assim que, em arbitragens comerciais, as sentenças arbitrais com voto divergente são minoria[26]. Segundo, qualquer dos árbitros indicados deve gozar da confiança de ambas as partes, e não apenas da que o indicou[27], e as legislações e regras institucionais contêm mecanismos

---

proposal rests on the premise that parties are not capable of doing so. I believe, on the contrary, that the progresses of arbitral culture around the world commands a different answer; but the deepest values of international arbitration will not fully make their way in the business community if the users do not regard themselves as part and parcel of the system, something unilateral appointments greatly contribute to" (MOURRE, Alexis. Are unilateral appointments defensible?... cit.).

[25] No original: "In sum, in our view the closed list is a practice that we should continue to move away from, rather than move back to. Mr. Paulsson and others are right to seek solutions to the bias issue that the current party appointment system raises, but a closed list is not the answer. As shown above, it is questionable that a closed list reduces bias in party-appointed arbitrators; if short, it may well have the opposite effect. Any bias-reducing effect that closed lists may have is in our view largely offset by the problems that they create. Finally, the positive effects of closed-list systems can also be accomplished with the use of a well-maintained reference list. Careful promotion of these lists by the arbitral institutions, particularly to inexperienced parties, might be a good place to start" (SANTENS, Ank; CLARK, Heather. The Move Away from Closed-List Arbitrator Appointments: Happy Ending or a Trend to Be Reversed?. Kluwer Arbitration Blog, 28.06.2011. Disponível em: <http://kluwerarbitrationblog.com/2011/06/28/the-move-away-from-closed-list-arbitrator-appointments--happy-ending-or-a-trend-to-be-reversed/>. Acesso em: 20 ago. 2016).

[26] O próprio Jan Paulsson pontua em seu texto que, em geral, os tribunais arbitrais proferem decisões unânimes (mas, na sua visão, ainda assim haveria motivos para preocupação): "It may be objected that these animadversions against the practice of unilateral appointments are excessive. The world of arbitration is well used to the phenomenon, and indeed it seems that three-member tribunals generally reach unanimous decisions. Satisfactory empirical data are not at hand, but let us for the moment accept that this is so. There are still reasons for serious concern" (PAULSSON, Jan. Moral hazard... cit., p. 12). Embora não tenhamos acesso a informações das várias instituições arbitrais aqui mencionadas, na Câmara de Conciliação, Mediação e Arbitragem CIESP/FIESP, entre 2015 e meados de 2016, apenas 12% das sentenças proferidas no período não foram unânimes e tiveram declaração de voto divergente. Já na CCI, de acordo com as estatísticas divulgadas em relação ao ano de 2015, menos de 17% das sentenças proferida no ano tiveram declaração de voto divergente (ICC Dispute Resolution Bulletin, *2015 ICC Dispute Resolution Statistics*, ICC – International Chamber of Commerce, 2016, issue 1, p. 18). A situação tem se mostrado diferente em arbitragens de investimento, a quais, todavia, não são objeto de análise nesse estudo. Para maiores informações a esse respeito, vide VAN DEN BERG, Albert Jan. Dissenting Opinions by Party-Appointed Arbitrators in InvestmentArbitration.Disponívelem:<http://www.arbitration-icca.org/media/0/12970228026720/van_den_berg-dissenting_opinions.pdf>. Acesso em: 20 ago. 2016.

[27] Nesse sentido, ao analisar o direito da parte de indicar o árbitro em arbitragem internacional, Ezequiel H. Vetulli pondera que, "Although the parties may expect the party appointed arbitrators to

de controle, possibilitando à parte impugnar o árbitro que não detenha a sua confiança, o que é exceção[28].

Assim, a autonomia privada deve ser preservada, com o mínimo de restrição possível, a fim de que as partes definam na convenção de arbitragem o método que lhes for mais conveniente para a formação do tribunal arbitral, seja pela adesão das regras de alguma instituição arbitral ou pela definição de um critério específico.

II.2. Arbitragens com múltiplas partes. Derrogação da autonomia em prol da isonomia entre as partes

Em que pese a autonomia privada ser fator preponderante no processo de escolha do árbitro e formação do tribunal arbitral, esse princípio tem sido mitigado nos regulamentos das principais instituições arbitrais nos casos de arbitragem com múltiplas partes e três árbitros, em que não se consegue consenso entre os integrantes do mesmo polo para indicação de um árbitro comum.

Nessa hipótese, as instituições têm adotado por regra proceder à nomeação de todos os integrantes do tribunal arbitral, afastando a nomeação eventualmente realizada pelo outro polo a fim de prestigiar princípio igualmente relevante na arbitragem, a igualdade das partes[29].

---

benefit each of them, this should not happen since the party appointed arbitrators do not work for the appointing party, rather they are members of the panel and all of them must play the same role. Their duty is towards both parties, irrespective of who appointed each of them" (VETULLI, Ezequiel H. The Parties' Right to Appoint "their" Arbitrator in an International Arbitration Proceeding. International Academy for Arbitration Law, Laureate of the Academy Prize. Disponível em: <http://www.arbitrationacademy.org/wp-content/uploads/2013/08/Winning-Essay-Ezequiel-Vetulli.pdf>. Acesso em: 20 ago. 2016). No mesmo artigo, o autor sugere um diferente método para indicação dos árbitros, uma forma híbrida de indicação unilateral e utilização de lista fechada, com a seleção de 3 árbitros por cada parte, para que a outra escolha um desses árbitros, sendo que os dois escolhidos indicarão o presidente do tribunal arbitral, preservando, assim, o direito da parte à indicação, ao mesmo tempo em que ambas participam conjuntamente da formação do tribunal arbitral.

[28] Para se ter uma ideia, na Câmara de Conciliação, Mediação e Arbitragem CIESP/FIESP, entre 2015 e meados de 2016, o volume de casos em andamento variou de 95 a 105 casos, e, dentre estes, houve apenas um caso de impugnação de árbitro. Segundo relatórios estatísticos divulgados pela CCI, em 2014 foram apresentadas 60 impugnações de árbitro, em um total de 1523 casos no ano, o que representa menos de 4% dos casos em andamento (ICC Dispute Resolution Bulletin, *2014 ICC Dispute Resolution Statistics*, ICC – International Chamber of Commerce, 2015, issue 1, p. 8 e 12). Já em 2015 o número de impugnações caiu pela metade em relação ao ano anterior, totalizando apenas 28 casos no ano (ICC Dispute Resolution Bulletin, *2015 ICC Dispute Resolution Statistics*, ICC – International Chamber of Commerce, 2016, issue 1, p. 14). Embora não tenhamos acesso a dados estatísticos de outras instituições a esse respeito, certamente o volume de impugnações também não é expressivo.

[29] Conforme disposto no art. 21, § 2.º, da Lei Brasileira de Arbitragem: "Art. 21. A arbitragem obedecerá ao procedimento estabelecido pelas partes na convenção de arbitragem, que poderá reportar-se às regras de um órgão arbitral institucional ou entidade especializada, facultando-se, ainda, às partes delegar ao próprio árbitro, ou ao tribunal arbitral, regular o procedimento.

Esse entendimento começou a ser adotado pelas principais instituições a partir da decisão proferida pela Corte de Cassação francesa, em 1992, no célebre caso *Dutco Construction v. BKMI et Siemens*[30]. Naquele caso, Dutco havia celebrado um contrato com duas companhias alemãs e deu início a uma arbitragem CCI em face das duas empresas. Cada uma das requeridas reclamou o direito de indicar um árbitro para a disputa, mas como o Regulamento CCI vigente à época não previa a constituição de tribunal arbitral com mais de três árbitros, a CCI determinou que as requeridas indicassem um árbitro em conjunto, o que foi feito com a ressalva de que impugnariam essa decisão por privá-las do direito de que cada parte indicasse um árbitro para a disputa. Quando a questão foi submetida às cortes francesas, a Corte de Cassação acatou o argumento das companhias alemãs e considerou que o princípio da igualdade das partes na indicação do árbitro era matéria de ordem pública e que não poderia ser renunciado antes do nascimento do litígio[31].

Esse precedente francês levou a CCI a alterar seu Regulamento em 1998, o que foi seguido por diversas instituições internacionais nos anos posteriores, e também pelas instituições brasileiras nos últimos anos.

Como será visto no capítulo a seguir, as instituições, em geral, concedem às partes integrantes do mesmo polo a prerrogativa de indicarem um árbitro de comum acordo, mas se não houver consenso nessa indicação ambos os polos perdem o direito à indicação unilateral, e os três integrantes do tribunal arbitral serão indicados pela própria instituição.

A intenção é que todas as partes estejam em igualdade de posições, e que aquelas integrantes de um mesmo polo não sofram de forma desigual as consequências de estarem "do mesmo lado", muitas vezes compulsoriamente e defendendo interesses distintos[32].

---

§ 1.º Não havendo estipulação acerca do procedimento, caberá ao árbitro ou ao tribunal arbitral discipliná-lo.

§ 2.º Serão, sempre, respeitados no procedimento arbitral os princípios do contraditório, da igualdade das partes, da imparcialidade do árbitro e de seu livre convencimento".

[30] Essa decisão foi publicada na Revista Brasileira de Arbitragem, com introdução da Prof. Selma Ferreira Lemes (Clássicos da arbitragem. Cour de Cassation. Dutco Construction v. BKMI et Siemens (1992). *Revista Brasileira de Arbitragem*, n. 29, p. 210-213, jan.-mar. 2011). Vide também a respeito BLACKABY, Nigel; PARTASIDES, Constantine; REDFERN, Alan; HUNTER, Martin. *Redfern and Hunter on International Arbitration*. 5. ed. Oxford: Oxford University Press, 2009. p. 150-151; e CARDOSO, Miguel Pinto; BORGES, Carla Gonçalves. Constituição do Tribunal Arbitral em arbitragens multipartes. *Revista de Arbitragem e Mediação*, São Paulo, ano 7, n. 25, p. 214-223, abr.-jun. 2009.

[31] Vide ementa no original: "Titrages et résumés: Arbitrage – Arbitre – Désignation – Principe d'égalité des parties – Règle d'ordre public Le principe de l'égalité des parties dans la désignation des arbitres est d'ordre public et on ne peut y renoncer qu'après la naissance du litige" (Clássicos da arbitragem. Cour de Cassation. Dutco Construction v. BKMI et Siemens (1992), cit., p. 213).

[32] Conforme explicado por Yves Derains e Eric A. Schwartz, ao comentar o Regulamento da CCI: "All of the parties are, thus, treated equally, and, in the same name of equality, all are deprived of the right to nominate an arbitrator" (DERAINS, Yves; SCHWARTZ, Eric A. *Guide to ICC Rules of Arbitration*. 2. ed. The Hague: Kluwer Law International, 2005. p. 183).

Segundo Yves Derains e Erick A. Schwartz, quando essa regra foi adotada pela CCI, inicialmente foi vista com reservas por alguns, por supostamente obstar a autonomia das partes em relação à constituição do tribunal arbitral[33].

Contudo, esse entendimento foi superado e atualmente se considera que a igualdade entre as partes é o bem maior a ser preservado[34], mantendo-se a autonomia das partes para definir um procedimento específico na cláusula compromissória, ou para aderir às regras institucionais que lhe sejam mais convenientes.

III. Panorama das principais regras institucionais sobre o tema

A despeito de algumas vozes dissonantes na doutrina internacional, ao analisar as regras vigentes em diversas instituições arbitrais domésticas e internacionais a respeito do processo de escolha do árbitro e formação do tribunal arbitral[35], verificamos que, à exceção da *London Court of International* Arbitration ("LCIA"), a maior parte das instituições prestigia a autonomia privada, adotando, via de regra, a indicação unilateral como início do processo de formação do tribunal arbitral.

Quanto às arbitragens envolvendo múltiplas partes, a grande maioria dos regulamentos analisados, inspirados pelo caso *Dutco* acima mencionado, contém regra específica, afastando a indicação feita por apenas um dos polos, em caso de impossibilidade de consenso entre os integrantes do outro polo, e com a indicação de todos os integrantes do tribunal arbitral pela instituição, em prol da isonomia entre as partes.

a) Câmara de Conciliação, Mediação e Arbitragem CIESP/FIESP

De acordo com as regras vigentes[36], a não ser que as partes acordem expressamente que o litígio será dirimido por árbitro único, o caso será dirimido por um tribunal arbitral composto por três árbitros[37].

---

[33] No original: "When initially proposed as a means of treating the parties equally, in conformity with the exigencies of Dutco, Article 10(2) was viewed by some as unacceptably undercutting the autonomy of the parties in respect of the Arbitral Tribunal's constitution. However, a broad consensus eventually emerged in favor of the approach adopted, and, indeed, other arbitral institutions have since added similar provisions to their rules" (DERAINS, Yves; SCHWARTZ, Eric A. *Guide...* cit., p. 183).

[34] Vide, nesse sentido, os comentários às decisões proferidas pelo Poder Judiciário Paulista no capítulo III a seguir.

[35] Como, infelizmente, não seria possível uma análise exaustiva dos regulamentos das muitas instituições existentes, escolhemos apenas algumas das instituições mais conhecidas.

[36] Regulamento de Arbitragem vigente desde 1.º.08.2013. Disponível em: <http://www.camarade-arbitragemsp.com.br/index.php/pt-BR/regulamento/4-principal/principal/127-regulamento-de--arbitragem-2013>. Acesso em: 20 ago. 2016.

[37] "2.6. O Tribunal Arbitral será composto por 3 (três) árbitros, podendo as partes acordar que o litígio seja dirimido por árbitro único, por elas indicado, no prazo de 15 (quinze) dias. Decorrido esse prazo sem indicação, este será designado pelo Presidente da Câmara, preferencialmente dentre os membros do Quadro de Árbitros."

A despeito de a Câmara possuir um quadro de árbitros, a utilização de tal quadro não é obrigatória, tendo as partes liberdade para escolher os respectivos coárbitros[38], o mesmo valendo para a escolha do presidente do tribunal arbitral pelos coárbitros. Ao indicar árbitro não integrante do referido quadro, a parte deverá apresentar o seu currículo, a fim de que a outra parte tenha ciência da qualificação do árbitro indicado.

O Regulamento de Arbitragem dispõe que caberá aos coárbitros a escolha do presidente do tribunal arbitral, preferencialmente (mas não obrigatoriamente) dentre os integrantes do Quadro de Árbitros. Todos os nomes indicados (integrantes ou não do Quadro de Árbitros) serão submetidos à aprovação do Presidente da Câmara, após o que deverão manifestar sua aceitação mediante a assinatura de Termo de Independência, instituindo-se a arbitragem[39].

Em caso de não indicação por alguma das partes, ou pelos coárbitros, em relação ao presidente do tribunal arbitral, competirá ao Presidente da Câmara efetuar tal nomeação[40].

Quanto à arbitragem multiparte, o Regulamento de Arbitragem da Câmara dispõe expressamente que, se não houver acordo entre as partes integrantes do mesmo polo para indicação de um árbitro de comum acordo, o Presidente da Câmara nomeará todos os árbitros que integrarão o tribunal arbitral[41].

b) Centro de Arbitragem da Câmara de Comércio Brasil-Canadá (CAM-CCBC)

De acordo com o Regulamento de Arbitragem do CAM-CCBC[42], a indicação de coárbitros que não integrem seu Corpo de Árbitros deverá vir acompanhada do respectivo

---

[38] "2.2. A Secretaria da Câmara enviará cópia da notificação recebida à(s) outra(s) parte(s), convidando-a(s) para, no prazo de 15 (quinze) dias, indicar árbitro, consoante estabelecido na convenção de arbitragem, e encaminhará a relação dos nomes que integram seu Quadro de Árbitros, bem como exemplar deste Regulamento e do Código de Ética. A(s) parte(s) contrária(s) terá(ão) idêntico prazo para indicar árbitro.

2.3. A Secretaria da Câmara informará às partes a respeito da indicação de árbitro da parte contrária e solicitará a apresentação de currículo do árbitro indicado, salvo se este for integrante do Quadro de Árbitros."

[39] "2.4. O presidente do Tribunal Arbitral será escolhido de comum acordo pelos árbitros indicados pelas partes, preferencialmente dentre os membros do Quadro de Árbitros da Câmara. Os nomes indicados serão submetidos à aprovação do Presidente da Câmara. Os árbitros aprovados serão instados a manifestar sua aceitação e a firmar o Termo de Independência, com o que se considera iniciado o procedimento arbitral. A Secretaria, no prazo de 10 (dez) dias do recebimento da aprovação dos árbitros, notificará as partes para a elaboração do Termo de Arbitragem."

[40] "2.5. Se qualquer das partes deixar de indicar árbitro no prazo estabelecido no item 2.2, o Presidente da Câmara fará a nomeação. Caber-lhe-á, igualmente, indicar, preferencialmente dentre os membros do Quadro de Árbitros da Câmara, o árbitro que funcionará como Presidente do Tribunal Arbitral, na falta de indicação."

[41] "3.1. Quando forem vários demandantes ou demandados (arbitragem de partes múltiplas), as partes integrantes do mesmo polo no processo indicarão de comum acordo um árbitro, observando-se o estabelecido nos itens 2.1 a 2.5. Na ausência de acordo, o Presidente da Câmara nomeará todos os árbitros que integrarão o Tribunal Arbitral."

[42] Regulamento de Arbitragem em vigor desde 1.º.08.2013. Disponível em: <http://www.ccbc.org.br/Materia/1067/regulamento>. Acesso em: 20 ago. 2016.

currículo, e estará sujeita à aprovação do Presidente do CAM-CCBC[43]. A mesma regra se aplica caso as partes optem pela solução do litígio por árbitro único[44], o que deverá estar previamente acordado entre as partes.

Quanto à escolha do presidente do tribunal arbitral, o Regulamento prevê expressamente que este deverá ser escolhido pelos coárbitros dentre os membros integrantes do Corpo de Árbitros, admitindo-se excepcionalmente e mediante fundamentada justificativa e aprovação pelo Presidente do CAM-CCBC, a indicação de nome que não integre o Corpo de Árbitros[45].

O Regulamento de Arbitragem do CAM-CCBC também contém uma regra expressa prevendo a possibilidade de qualquer das partes requerer que o terceiro árbitro seja de nacionalidade diferente da das partes envolvidas, caso uma das partes não tenha sede ou domicílio no Brasil[46].

Se qualquer das partes deixar de indicar árbitro ou os árbitros indicados pelas partes deixarem de indicar o presidente do tribunal arbitral, tal nomeação competirá ao Presidente do CAM-CCBC, dentre os membros integrantes do Corpo de Árbitros[47].

No caso de arbitragem com múltiplas partes, o Regulamento de Arbitragem prevê que se não houver consenso entre as partes sobre a forma de indicação de árbitro, a nomeação de todos os integrantes do tribunal arbitral será feita pelo Presidente do CAM-CCBC, também

---

[43] "4.4.1. As partes poderão indicar livremente os árbitros que comporão o Tribunal Arbitral. Contudo, caso a indicação seja de profissional que não integre o Corpo de Árbitros, deverá ela ser acompanhada do respectivo currículo, que será submetido à aprovação do Presidente do CAM-CCBC."

[44] "4.13. Caso a convenção de arbitragem estabeleça a condução do procedimento por árbitro único, este deverá ser indicado de comum acordo pelas partes, no prazo de 15 (quinze) dias contados da notificação da Secretaria. Decorrido este prazo, não havendo as partes indicado o árbitro único, ou concordado a respeito da indicação, este será nomeado pelo Presidente do CAM-CCBC, observado o artigo 4.12.
4.13.1. As partes poderão indicar livremente o árbitro único. Contudo, caso a indicação seja de profissional que não integre o Corpo de Árbitros, deverá ela ser acompanhada do respectivo currículo, que será submetido à aprovação do Presidente do CAM-CCBC.
4.13.2. A instituição e processamento da arbitragem com árbitro único obedecerá ao mesmo procedimento previsto neste Regulamento para as arbitragens conduzidas por um Tribunal Arbitral."

[45] "4.9. Decorrido os prazos dos artigos 4.7 e 4.8, a Secretaria do CAM-CCBC notificará aos árbitros indicados pelas partes que deverão, no prazo de 15 (quinze) dias, escolher o terceiro árbitro dentre os membros integrantes do Corpo de Árbitros, o qual presidirá o Tribunal Arbitral.
4.9.1. A expressão "Tribunal Arbitral" aplica-se indiferentemente ao Árbitro Único ou ao Tribunal Arbitral.
4.9.2. Em caráter excepcional e mediante fundamentada justificativa e aprovação do Presidente do CAM-CCBC, os árbitros escolhidos pelas partes poderão indicar como Presidente do Tribunal, nome que não integre o Corpo de Árbitros."

[46] "4.15. Nos procedimentos em que uma das partes tenha sede ou domicílio no exterior, qualquer delas poderá requerer que o terceiro árbitro seja de nacionalidade diferente da das partes envolvidas. O Presidente do CAM-CCBC, ouvido o Conselho Consultivo, aferirá a necessidade ou a conveniência de acolher o pedido no caso concreto."

[47] "4.12. Se qualquer das partes deixar de indicar árbitro ou os árbitros indicados pelas partes deixarem de indicar o terceiro árbitro, o Presidente do CAM-CCBC fará essa nomeação dentre os membros integrantes do Corpo de Árbitros."

dentre os membros integrantes do Corpo de Árbitros[48]. Vale notar que o Regulamento não fala expressamente em acordo entre as partes integrantes do mesmo polo para indicação de um árbitro comum, mas em consenso sobre a forma de indicação, sendo permitido às partes estabelecer na cláusula compromissória a regra que lhes for mais conveniente.

c) CAMARB – Câmara de Arbitragem Empresarial – Brasil

O Regulamento de Arbitragem da CAMARB[49] prevê que, caso a convenção de arbitragem não tenha estabelecido o número de árbitros ou as partes não cheguem a consenso a esse respeito, competirá à Diretoria da Câmara tal definição, considerando a natureza do litígio envolvido[50].

Também há disposição expressa no Regulamento autorizando a nomeação de árbitros que não integrem a sua lista de árbitro, desde que sejam capazes e de confiança das partes, ressaltando que o presidente do tribunal arbitral deverá preferencialmente ser escolhido dentre os integrantes da referida lista[51].

O processo de escolha do árbitro é similar ao das Câmaras mencionadas anteriormente, competindo a cada uma das partes, no mesmo prazo, a indicação de um árbitro, e aos árbitros escolhidos pelas partes a nomeação do presidente do tribunal arbitral[52]. Não havendo indicação por uma das partes ou consenso entre os coárbitros para escolha do terceiro árbitro, competirá à Diretoria da CAMARB tal indicação, dentre os integrantes da sua lista de árbitros[53]. A mesma regra também se aplica em caso de ausência de consenso das partes quanto à indicação do árbitro único.

---

[48] "4.16. No caso de arbitragem com múltiplas partes, como requerentes e/ou requeridas, não havendo consenso sobre a forma de indicação de árbitro pelas partes, o Presidente do CAM-CCBC deverá nomear todos os membros do Tribunal Arbitral, indicando um deles para atuar como presidente, observados os requisitos do artigo 4.12 deste Regulamento."

[49] Regulamento de Arbitragem disponível em: <http://camarb.com.br/regulamento/>. Acesso em: 20 ago. 2016.

[50] "5.4. Quando as partes não houverem definido, na convenção de arbitragem, o número de árbitros que atuarão no procedimento arbitral ou não chegarem a consenso a este respeito, caberá à Diretoria da CAMARB definir se haverá nomeação de árbitro único ou de três árbitros, considerando-se a natureza do litígio, devendo a indicação se dar na forma deste Regulamento."

[51] "4.1. Poderão ser nomeados árbitros tanto os integrantes da Lista de Árbitros da CAMARB como outros que dela não façam parte, desde que sejam pessoas capazes e de confiança das partes, devendo o presidente do Tribunal Arbitral ser preferencialmente escolhido entre os nomes que integram a Lista de Árbitros."

[52] "5.3. Salvo convenção em contrário, caso as partes optem pela constituição de Tribunal Arbitral com 3 (três) membros, caberá a cada uma delas a nomeação de um árbitro no prazo fixado no item 5.1. No prazo de 10 (dez) dias após a manifestação de disponibilidade, não impedimento e independência dos árbitros indicados, estes indicarão em conjunto o terceiro árbitro, que funcionará como presidente do Tribunal Arbitral. Não sendo alcançado o consenso entre os árbitros indicados pelas partes, a indicação do árbitro presidente caberá à Diretoria da CAMARB."

[53] "5.10. Se qualquer das partes – tendo celebrado convenção de arbitragem que eleja o Regulamento de Arbitragem da CAMARB ou após concordar com a instauração da arbitragem – deixar de indicar árbitro nos prazos previstos no Regulamento, a Diretoria da CAMARB designará o árbitro

254 | 20 ANOS DA LEI DE ARBITRAGEM

Em relação às arbitragens com múltiplas partes, o Regulamento de Arbitragem prevê que, se não houver consenso entre os múltiplos Requerentes ou múltiplos Requeridos para indicação de árbitro, a Diretoria da CAMARB deverá efetuar a nomeação dos três integrantes do tribunal arbitral, indicando quem será o presidente[54].

d) Câmara FGV de Mediação e Arbitragem (Câmara FGV)

O Regulamento de Arbitragem da Câmara FGV[55] contém disposição similar à da CAMARB, deixando a critério do seu órgão diretivo, em caso de não indicação pelas partes, a definição do número de árbitros que solucionará o litígio, o qual levará em consideração nessa decisão o grau de complexidade da controvérsia, o número de partes envolvidas e o valor econômico do litígio[56].

Por outro lado, ao contrário das instituições analisadas acima, cujos regulamentos estabelecem um prazo concomitante para indicação de árbitro pela parte (i.e., as partes indicam os coárbitros ao mesmo tempo), o Regulamento de Arbitragem da Câmara FGV prevê expressamente que, quando as partes acordarem que o litígio será dirimido por três árbitros, a parte requerente deverá indicar o árbitro já no requerimento de arbitragem, estando a outra parte ciente de tal indicação quando efetuar a sua escolha por ocasião da apresentação da resposta ao requerimento de arbitragem[57]. A exemplo das outras Câmaras, a escolha do presidente do tribunal arbitral competirá aos árbitros indicados pelas partes.

No caso de ausência de indicação ou falta de consenso entre os árbitros, caberá ao Diretor Executivo da Câmara FGV tal nomeação[58]. A mesma regra se aplica para os casos em que não houver consenso entre as partes na escolha do árbitro único[59].

---

não indicado por uma das partes ou árbitro único para a solução do litígio dentre os nomes que integrarem sua Lista de Árbitros." Vide também parte final do item 5.3 transcrito na nota anterior.

54 *"5.11. Quando mais de uma parte for requerente ou requerida e a controvérsia for submetida a três árbitros, o requerente ou os múltiplos requerentes deverão indicar um árbitro, enquanto o requerido ou os múltiplos requeridos deverão indicar outro árbitro.*

5.12. Na ausência de consenso para a indicação de árbitro pelos múltiplos requerentes ou pelos múltiplos requeridos, no prazo fixado neste Regulamento, a Diretoria da CAMARB nomeará os três integrantes do Tribunal Arbitral, indicando quem exercerá a presidência."

55 Regulamento de Arbitragem vigente desde 1.º.07.2013. Disponível em: <http://camara.fgv.br/conteudo/regulamento-da-camara-fgv-de-mediacao-e-arbitragem>. Acesso em: 20 ago. 2016.

56 "Art. 17. Deixando as partes de indicar o número de árbitros que devam funcionar, a Câmara FGV decidirá se o litígio deverá ser submetido a 1 (um) ou a 3 (três) árbitros por ela nomeados, levando em consideração o grau de complexidade da controvérsia, o número de partes envolvidas e o valor econômico do litígio."

57 "Art. 16. Quando as partes acordarem que o litígio seja dirimido por 3 (três) árbitros, o requerente deverá, no requerimento de arbitragem, indicar 1 (um) árbitro e a parte requerida, na resposta ao requerimento de arbitragem, indicar outro. A escolha do terceiro árbitro, que presidirá os trabalhos, caberá, em princípio, aos outros 2 (dois) árbitros.

58 "Art. 16. [...]

§ 1.º Na falta de indicação por qualquer dos árbitros, ou havendo discordância quanto aos nomes indicados, na forma do disposto neste artigo a nomeação caberá ao Diretor Executivo da Câmara FGV."

59 "Art. 15. Quando as partes acordarem que o litígio seja dirimido por árbitro único, poderão indicá-lo de comum acordo. Caso não o façam até 15 (quinze) dias contados da data do recebimento

A Câmara FGV também possui um Corpo Permanente de Árbitros, que deverá ser preferencialmente utilizado, nos casos em que couber à Câmara a indicação do árbitro, exceto em casos especiais e desde que observadas as disposições do Regulamento[60]. A eventual indicação de árbitro que não integre essa relação estará sujeita à aprovação prévia, por parte da Comissão de Arbitragem, designada pelo presidente da Câmara FGV[61].

No caso de arbitragens com pluralidade de partes, não havendo acordo quanto à indicação por um dos polos, competirá ao Diretor Executivo da Câmara FGV a nomeação de todos os integrantes do tribunal arbitral[62].

e)   Câmara de Arbitragem do Mercado (CAM)

A exemplo da CAMARB e da Câmara FGV, o Regulamento da Câmara de Arbitragem do Mercado[63], integrante da BM&FBOVESPA, prevê que, na ausência de acordo

---

da resposta ao requerimento de arbitragem a que alude o artigo 24 abaixo, o árbitro único será nomeado pelo Diretor Executivo da Câmara FGV."

[60] "Art. 18. Cabe ao Diretor Executivo da Câmara FGV nomear os árbitros.

Parágrafo 1.º Sempre que as partes indicarem árbitro dentre os integrantes do Corpo Permanente de Árbitros, o indicado será o nomeado.

Parágrafo 2.º A nomeação de árbitro que não integre o Corpo Permanente de Árbitros deverá ser aprovada previamente, na forma do disposto no parágrafo 1.º, (a), do art. 9º deste Regulamento. Recusada a aprovação, repetir-se-á o procedimento de indicação do árbitro, no prazo de 10 (dez) dias, a contar da recusa do nome anterior.

Parágrafo 3.º Na hipótese de as partes deliberarem delegar a terceiro a indicação de árbitro, a Câmara FGV, antes da assinatura do termo de arbitragem, solicitará que a indicação seja feita, procedendo-se à nomeação na forma do disposto neste artigo. Deixando o terceiro de fazer a indicação no prazo que lhe for assinado pela Câmara FGV, o árbitro será nomeado pelo Diretor Executivo da Câmara FGV.

Parágrafo 4.º Sempre que couber à Câmara FGV indicar árbitro, a escolha recairá preferencialmente em membro do Corpo Permanente de Árbitros, podendo, entretanto, em casos especiais e observadas as disposições deste regulamento, ser indicada pessoa que não o integre, observado o disposto no parágrafo 1.º, (a), do artigo 9.º deste Regulamento.

Parágrafo 5º Os árbitros nomeados deverão, nos 10 (dez) dias subsequentes à nomeação, manifestar por escrito sua aceitação. Não aceitando o árbitro a nomeação dentro do prazo, repetir-se-á o procedimento de indicação."

[61] "Art. 9.º 6 (seis) membros do Corpo Permanente de Árbitros são designados pelo presidente da Câmara FGV para compor, 3 (três) como titulares e 3 (três) como suplentes, a Comissão de Arbitragem.

Parágrafo 1.º A Comissão de Arbitragem é o órgão de ligação entre a administração da Câmara FGV e o Corpo Permanente de Árbitros, competindo-lhe:

a) aprovar, em casos específicos, a indicação, como árbitros, de pessoas que não integrem o Corpo Permanente de Árbitros;

[...]"

[62] "Art. 16. [...]

Parágrafo 2.º Na hipótese de arbitragem com pluralidade de partes requerentes e/ou requeridas, cada um dos polos indicará, de comum acordo, 1 (um) árbitro. Na falta de acordo, competirá ao Diretor Executivo da Câmara FGV a nomeação de todos os integrantes do tribunal arbitral."

[63] Regulamento em vigor desde 26.10.2011. Disponível em: <http://www.bmfbovespa.com.br/pt_br/servicos/camara-de-arbitragem-do-mercado-cam/regulamentacao/>. Acesso em: 20 ago. 2016.

entre as partes quanto ao número de árbitros, o Presidente da Câmara decidirá a questão, levando em consideração a complexidade da matéria e o valor envolvido[64].

No caso de três árbitros, estes deverão ser indicados pelas partes, preferencialmente, dentre os integrantes do Corpo de Árbitros da Câmara. Se assim não for, deverão ser confirmados pelo Presidente e por um dos Vice-Presidentes da Câmara de Arbitragem[65]. O Regulamento da CAM prevê a indicação do árbitro pela parte requerente no requerimento de arbitragem, e pela parte requerida na resposta ao requerimento, a não ser que a convenção de arbitragem não disponha previamente sobre o número de árbitros. Nessa hipótese, decidida a questão do número de árbitros, as partes terão um prazo comum para tal indicação[66].

Já quanto ao presidente do tribunal arbitral, a ser escolhido pelos árbitros indicados pelas partes, além de o Regulamento da CAM exigir que este seja integrante do Corpo de Árbitros da Câmara, há também disposição expressa determinando que ele (ou ela) tenha formação jurídica[67]. Esses mesmos requisitos se aplicam ao árbitro único[68].

Em caso de ausência de indicação de árbitro por uma das partes, de ausência de consenso quanto ao árbitro único, ou entre os coárbitros quanto ao terceiro árbitro, tal indicação competirá ao Presidente da Câmara[69]. Já no caso de arbitragem multiparte, não havendo consenso, caberá ao Presidente da Câmara a indicação de todos os árbitros[70].

---

[64] "3.5 Na inexistência de acordo entre as partes quanto ao número de árbitros, o Presidente da Câmara de Arbitragem decidirá se a arbitragem será conduzida por um ou por três árbitros, levando em consideração a complexidade da matéria e o valor envolvido, determinando ao Secretário-Geral que as intime para que indiquem o(s) nome(s) do(s) árbitro(s) que comporá(ão) o Tribunal Arbitral."

[65] "3.7 Os árbitros indicados pelas partes deverão ser, preferencialmente, membros do Corpo de Árbitros da Câmara de Arbitragem. Caso não o sejam, deverão ser confirmados pelo Presidente e por um dos Vice-Presidentes da Câmara de Arbitragem."

[66] "3.3 Caso a convenção de arbitragem disponha que o Tribunal Arbitral será composto por três árbitros, cada parte indicará um árbitro no Requerimento de Arbitragem e na Resposta ao Requerimento. Se uma das partes deixar de fazê-lo nessa oportunidade ou após solicitação do Secretário-Geral, caberá ao Presidente da Câmara de Arbitragem efetuar a indicação.
3.3.1 Se a convenção de arbitragem não dispuser sobre o número de árbitros que comporão o Tribunal Arbitral, mas as partes decidirem que este será composto por três membros, caberá a cada uma delas, no prazo comum de 10 (dez) dias, a contar da intimação do Secretário-Geral, indicar um árbitro."

[67] "3.4.1 O terceiro árbitro deverá ter formação jurídica, e ser escolhido dentre os membros integrantes do Corpo de Árbitros da Câmara de Arbitragem. Na ausência de consenso quanto à sua indicação, esta caberá ao Presidente da Câmara de Arbitragem."

[68] "3.2 Caso as partes decidam pela condução da arbitragem por Árbitro Único, deverão indicá-lo de comum acordo, no prazo de 10 (dez) dias a contar do recebimento de notificação da Câmara de Arbitragem para esse fim. Na ausência de consenso quanto ao Árbitro Único, caberá ao Presidente da Câmara de Arbitragem indicá-lo.
3.2.1 O Árbitro Único, que deverá ter necessariamente formação jurídica, será escolhido dentre os membros do Corpo de Árbitros da Câmara de Arbitragem."

[69] Vide itens 3.3 e 3.4.1 transcritos nas notas acima.

[70] "3.6 Se houver mais de uma parte Requerida ou Requerente, essas, conforme seus interesses em comum, deverão indicar conjuntamente um árbitro, nos termos deste Regulamento. Na ausência

f) Câmara de Comércio Internacional (CCI)

Ao contrário das instituições brasileiras mencionadas acima, que contam com uma lista ou quadro de árbitros, ainda que meramente sugestiva em alguns casos, a Corte Internacional de Arbitragem da CCI ("Corte") não possui qualquer relação ou lista de árbitros, permitindo às partes a indicação de árbitros de sua livre escolha[71].

De acordo com seu Regulamento, quando não houver acordo entre as partes quanto ao número de árbitros, caberá à Corte nomear árbitro único, salvo se considerar justificada a nomeação de três árbitros, hipótese em que convidará as partes a indicar os dois coárbitros[72]. Quando as partes convencionarem que o litígio será dirimido por árbitro único, deverão indicá-lo de comum acordo, e se não o fizerem, também caberá à Corte tal nomeação[73].

Por sua vez, quando as partes convencionarem que o litígio será dirimido por três árbitros, caberá ao(s) requerente(s) indicar(em) um árbitro no requerimento de arbitragem e ao(s) requerido(s) indicar(em) o outro na resposta[74]. Quanto ao presidente do tribunal arbitral, o Regulamento prevê que a sua nomeação será feita pela Corte, mas permite que as partes definam outro mecanismo para essa escolha, que ficará sujeita à confirmação, assim como dos demais árbitros[75].

---

de consenso, o Presidente da Câmara de Arbitragem indicará todos os árbitros."

[71] Regulamento em vigor desde 1.º.01.2012. Disponível em: <http://www.iccwbo.org/products-and--services/arbitration-and-adr/arbitration/icc-rules-of-arbitration/>. Acesso em: 20 ago. 2016.

[72] "Artigo 12. Constituição do tribunal arbitral. Número de árbitros.

[...]

2. Quando as partes não concordarem quanto ao número de árbitros, a Corte nomeará um árbitro único, exceto quando considerar que o litígio justifica a nomeação de três árbitros. Neste caso, o requerente deverá designar um árbitro dentro de 15 dias do recebimento da notificação da decisão da Corte, e o requerido deverá designar outro árbitro dentro de 15 dias a contar do recebimento da notificação da designação feita pelo requerente. Se qualquer das partes deixar de designar um árbitro, este será nomeado pela Corte."

[73] Artigo 12. [...] Árbitro Único.

3. "Quando as partes tiverem convencionado que o litígio deverá ser solucionado por árbitro único, estas poderão, em comum acordo, designá-lo para confirmação. Se não houver acordo para a sua designação dentro de 30 dias contados da data de recebimento do Requerimento pelo requerido, ou dentro de qualquer novo prazo concedido pela Secretaria, o árbitro único será nomeado pela Corte."

[74] "Artigo. 12. [...] Três árbitros.

4. Quando as partes tiverem convencionado que o litígio deverá ser solucionado por três árbitros, as partes designarão no Requerimento e na Resposta, respectivamente, um árbitro para confirmação. Se uma das partes deixar de designar o seu árbitro, este será nomeado pela Corte.

[...]

6. Quando houver múltiplos requerentes ou múltiplos requeridos e o litígio for submetido a três árbitros, os múltiplos requerentes ou os múltiplos requeridos deverão designar conjuntamente um árbitro para confirmação nos termos do artigo 13."

[75] "Artigo. 12. [...] Três árbitros.

5. Quando o litígio tiver de ser solucionado por três árbitros, o terceiro árbitro, que atuará na qualidade de presidente do tribunal arbitral, será nomeado pela Corte, a menos que as partes

Em razão do seu caráter internacional, ao tratar da nomeação ou confirmação pela Corte, o Regulamento da CCI traz disposição expressa sobre a nacionalidade do árbitro em relação às partes, estabelecendo que o árbitro único ou o presidente do tribunal arbitral, via de regra, deverá ser de nacionalidade diferente das partes, admitindo exceção em determinadas circunstâncias (quando se trata de uma arbitragem doméstica, por exemplo) e desde que não haja objeção por qualquer das partes[76].

Já em relação à arbitragem com pluralidade de partes (múltiplos requerentes, múltiplos requeridos ou com partes adicionais), o Regulamento prevê que, não havendo designação conjunta – e não havendo acordo das partes a respeito da forma de constituição do tribunal arbitral, a Corte poderá nomear todos os membros do tribunal arbitral, indicando qual será o presidente[77].

g) London Court of International Arbitration (LCIA)

O Regulamento da LCIA[78] se diferencia dos demais por não estabelecer a indicação unilateral das partes como regra para a formação do tribunal arbitral. Na realidade, a regra é que o árbitro único, ou o tribunal arbitral, seja nomeado diretamente pela LCIA, levando em consideração eventual acordo expresso por escrito ou indicação conjunta das partes[79].

---

tenham decidido por outro procedimento para a sua designação, caso em que esta ficará sujeita a confirmação nos termos do artigo 13. Caso tal procedimento não resulte em designação dentro de 30 dias da confirmação ou nomeação dos coárbitros ou dentro de qualquer outro prazo acordado pelas partes ou fixado pela Corte, o terceiro árbitro deverá ser nomeado pela Corte."

[76] "Artigo. 13. [...] Nomeação e confirmação dos árbitros.

5. O árbitro único, ou o presidente do tribunal arbitral, deverá ser de nacionalidade diferente das partes. Todavia, em circunstâncias adequadas e desde que nenhuma das partes faça objeção dentro do prazo fixado pela Corte, o árbitro único ou o presidente do tribunal arbitral poderá ser do país do qual uma das partes é nacional."

[77] "Artigo. 12. [...] Três árbitros.

[...]

8. Na falta de designação conjunta nos termos dos artigos 12(6) e 12(7) e não havendo acordo das partes a respeito do método de constituição do tribunal arbitral, a Corte poderá nomear todos os membros do tribunal arbitral, indicando um deles para atuar como presidente. Neste caso, a Corte terá liberdade para escolher qualquer pessoa que julgue competente para atuar como árbitro, aplicando o artigo 13, quando julgar apropriado." Vale frisar que a Corte possui discricionariedade para utilizar esse dispositivo nos casos em que entender apropriado, e sua aplicação não é compulsória. Tanto assim que em 2015, de 275 casos em que havia múltiplas partes, em apenas nove a Corte indicou diretamente os três árbitros (ICC Dispute Resolution Bulletin, *2015 ICC Dispute Resolution Statistics*, ICC – International Chamber of Commerce, 2016, issue 1, p. 10 e 14).

[78] Regulamento em vigor desde 1.º.10.2014. Disponível em: http://www.lcia.org/dispute_Resolution_Services/lcia-arbitration-rules-2014.aspx#Article 5>. Acesso em: 20 ago. 2016.

[79] "5.6 The LCIA Court shall appoint the Arbitral Tribunal promptly after receipt by the Registrar of the Response or, if no Response is received, after 35 days from the Commencement Date (or such other lesser or greater period to be determined by the LCIA Court pursuant to Article 22.5).

5.7 No party or third person may appoint any arbitrator under the Arbitration Agreement: the LCIA Court alone is empowered to appoint arbitrators (albeit taking into account any written agreement or joint nomination by the parties).

[...]

Quanto ao número de árbitros, a previsão é de indicação de um árbitro único, salvo se houver acordo expresso ou se a Corte entender que um tribunal arbitral, de três ou mais membros, é mais adequado às circunstâncias do caso[80].

Se as partes acordarem que a indicação será feita por elas, ou por um terceiro, mas não for realizada dentro do prazo previsto, competirá à LCIA tal nomeação[81].

No caso de arbitragem com múltiplas partes, se a convenção de arbitragem conceder às partes o direito de nomear árbitro, mas não houver acordo por escrito quanto à divisão entre os dois polos da disputa, a Corte da LCIA deverá constituir o tribunal arbitral, desconsiderando qualquer eventual nomeação pelas partes[82].

O Regulamento da LCIA também contém disposições específicas a respeito da nacionalidade do árbitro presidente, no caso de partes com diferentes nacionalidades, a qual não deverá coincidir com a de qualquer das partes, a não ser que haja concordância da parte com nacionalidade diversa[83].

5.9 The LCIA Court shall appoint arbitrators with due regard for any particular method or criteria of selection agreed in writing by the parties. The LCIA Court shall also take into account the transaction(s) at issue, the nature and circumstances of the dispute, its monetary amount or value, the location and languages of the parties, the number of parties and all other factors which it may consider relevant in the circumstances."

[80] "5.8 A sole arbitrator shall be appointed unless the parties have agreed in writing otherwise or if the LCIA Court determines that in the circumstances a three-member tribunal is appropriate (or, exceptionally, more than three)."

[81] "Article 7 Party and Other Nominations

7.1 If the parties have agreed howsoever that any arbitrator is to be appointed by one or more of them or by any third person (other than the LCIA Court), that agreement shall be treated under the Arbitration Agreement as an agreement to nominate an arbitrator for all purposes. Such nominee may only be appointed by the LCIA Court as arbitrator subject to that nominee's compliance with Articles 5.3 to 5.5; and the LCIA Court shall refuse to appoint any nominee if it determines that the nominee is not so compliant or is otherwise unsuitable.

7.2 Where the parties have howsoever agreed that the Claimant or the Respondent or any third person (other than the LCIA Court) is to nominate an arbitrator and such nomination is not made within time or at all (in the Request, Response or otherwise), the LCIA Court may appoint an arbitrator notwithstanding any absent or late nomination.

7.3 In the absence of written agreement between the Parties, no party may unilaterally nominate a sole arbitrator or presiding arbitrator."

[82] "Article 8 Three or More Parties

8.1 Where the Arbitration Agreement entitles each party howsoever to nominate an arbitrator, the parties to the dispute number more than two and such parties have not all agreed in writing that the disputant parties represent collectively two separate "sides" for the formation of the Arbitral Tribunal (as Claimants on one side and Respondents on the other side, each side nominating a single arbitrator), the LCIA Court shall appoint the Arbitral Tribunal without regard to any party's entitlement or nomination.

8.2 In such circumstances, the Arbitration Agreement shall be treated for all purposes as a written agreement by the parties for the nomination and appointment of the Arbitral Tribunal by the LCIA Court alone."

[83] "Article 6 Nationality of Arbitrators

6.1 Where the parties are of different nationalities, a sole arbitrator or the presiding arbitrator shall not have the same nationality as any party unless the parties who are not of the same nationality as the arbitral candidate all agree in writing otherwise.

E ainda sobre as particularidades da LCIA vale mencionar a existência de uma disposição peculiar sobre a possibilidade de formação *expedita* do tribunal arbitral em caso de urgência[84], o que não se confunde com a indicação de um árbitro de emergência, também prevista nas referidas regras.

h) United Nations Commission on Trade Law (UNCITRAL)

O Regulamento de Arbitragem da UNCITRAL[85], muito utilizado em arbitragens *ad hoc*, e também em arbitragens de investimento, estabelece que, se não houver acordo entre as partes para solução do litígio por árbitro único, a princípio o litígio será dirimido por três árbitros[86].

---

[84] 6.2 The nationality of a party shall be understood to include those of its controlling shareholders or interests.

6.3 A person who is a citizen of two or more States shall be treated as a national of each State; citizens of the European Union shall be treated as nationals of its different Member States and shall not be treated as having the same nationality; a citizen of a State's overseas territory shall be treated as a national of that territory and not of that State; and a legal person incorporated in a State's overseas territory shall be treated as such and not (by such fact alone) as a national of or a legal person incorporated in that State."

"Article 9A Expedited Formation of Arbitral Tribunal.

9.1 In the case of exceptional urgency, any party may apply to the LCIA Court for the expedited formation of the Arbitral Tribunal under Article 5.

9.2 Such an application shall be made to the Registrar in writing (preferably by electronic means), together with a copy of the Request (if made by a Claimant) or a copy of the Response (if made by a Respondent), delivered or notified to all other parties to the arbitration. The application shall set out the specific grounds for exceptional urgency requiring the expedited formation of the Arbitral Tribunal.

9.3 The LCIA Court shall determine the application as expeditiously as possible in the circumstances. If the application is granted, for the purpose of forming the Arbitral Tribunal the LCIA Court may abridge any period of time under the Arbitration Agreement or other agreement of the parties (pursuant to Article 22.5)."

[85] Regras em vigor desde 2013. Disponível em: <https://www.uncitral.org/pdf/english/texts/arbitration/arb-rules-2013/UNCITRAL-Arbitration-Rules-2013-e.pdf>. Acesso em: 20 ago. 2016.

[86] O Regulamento prevê uma exceção, quando não tiver havido manifestação sobre a proposta de uma das partes para condução por árbitro único, nem indicação do segundo árbitro, caso em que a autoridade nomeadora poderá, a requerimento da parte, nomear árbitro único, se entender apropriado em razão das circunstâncias do caso, conforme artigo 7.2: "Number of arbitrators. Article 7.

1. If the parties have not previously agreed on the number of arbitrators, and if within 30 days after the receipt by the respondent of the notice of arbitration the parties have not agreed that there shall be only one arbitrator, three arbitrators shall be appointed.

2. Notwithstanding paragraph 1, if no other parties have responded to a party's proposal to appoint a sole arbitrator within the time limit provided for in paragraph 1 and the party or parties concerned have failed to appoint a second arbitrator in accordance with article 9 or 10, the appointing authority may, at the request of a party, appoint a sole arbitrator pursuant to the procedure provided for in article 8, paragraph 2, if it determines that, in view of the circumstances of the case, this is more appropriate."

Como a UNCITRAL não é uma instituição arbitral e não administra diretamente os procedimentos, seu Regulamento contém disposições específicas a respeito da autoridade nomeadora que ficará responsável por suprir as eventuais lacunas das partes no processo de escolha e formação do tribunal arbitral[87]. Ao exercer esse papel, há uma recomendação expressa para que a autoridade nomeadora leve em consideração a conveniência de se nomear um árbitro de nacionalidade diferente da das partes[88].

Quando o tribunal for formado por três árbitros, cada polo deverá indicar um árbitro e o presidente do tribunal arbitral será escolhido pelos dois árbitros nomeados pelas partes. Caso uma das partes deixe de indicar um árbitro, tal nomeação competirá à autoridade nomeadora, o mesmo acontecendo caso os dois árbitros deixem de indicar o presidente[89].

No caso de árbitro único, se não houver consenso entre as partes, o Regulamento prevê a indicação pela autoridade nomeadora com a utilização de lista de possíveis candidatos com veto pelas partes e indicação de ordem de preferência, a não ser que as partes rejeitem esse método ou a autoridade nomeadora entenda que não é conveniente ao caso[90].

---

[87] Vide art. 6 do Regulamento UNCITRAL: "Designating and appointing authorities". Se não houver acordo entre as partes, qualquer das partes poderá pedir ao Secretário-geral da Corte Permanente de Arbitragem ("Permanent Court of Arbitration – PCA") para designar a autoridade nomeadora.

[88] "Designating and appointing authorities. Article 6. [...] 7. The appointing authority shall have regard to such considerations as are likely to secure the appointment of an independent and impartial arbitrator and shall take into account the advisability of appointing an arbitrator of a nationality other than the nationalities of the parties."

[89] "Article 9. 1. If three arbitrators are to be appointed, each party shall appoint one arbitrator. The two arbitrators thus appointed shall choose the third arbitrator who will act as the presiding arbitrator of the arbitral tribunal.

2. If within 30 days after the receipt of a party's notification of the appointment of an arbitrator the other party has not notified the first party of the arbitrator it has appointed, the first party may request the appointing authority to appoint the second arbitrator.

3. If within 30 days after the appointment of the second arbitrator the two arbitrators have not agreed on the choice of the presiding arbitrator, the presiding arbitrator shall be appointed by the appointing authority in the same way as a sole arbitrator would be appointed under article 8."

[90] "Article 8. [...] 2. The appointing authority shall appoint the sole arbitrator as promptly as possible. In making the appointment, the appointing authority shall use the following list-procedure, unless the parties agree that the list-procedure should not be used or unless the appointing authority determines in its discretion that the use of the list-procedure is not appropriate for the case:

(a) The appointing authority shall communicate to each of the parties an identical list containing at least three names;

(b) Within 15 days after the receipt of this list, each party may return the list to the appointing authority after having deleted the name or names to which it objects and numbered the remaining names on the list in the order of its preference;

(c) After the expiration of the above period of time the appointing authority shall appoint the sole arbitrator from among the names approved on the lists returned to it and in accordance with the order of preference indicated by the parties;

(d) If for any reason the appointment cannot be made according to this procedure, the appointing authority may exercise its discretion in appointing the sole arbitrator."

Esse mesmo procedimento de lista deverá ser adotado para o presidente do tribunal arbitral, se houver necessidade de atuação da autoridade nomeadora[91].

No caso de arbitragens com múltiplas partes, o Regulamento prevê que, a não ser que as partes tenham acordado algum outro mecanismo de escolha, os integrantes do mesmo polo deverão indicar um árbitro, e caso isso não aconteça, a autoridade nomeadora deverá constituir o tribunal arbitral, podendo revogar qualquer indicação unilateral já realizada[92].

i) International Institute for Conflict Prevention and Resolution (CPR)

O CPR possui regras tanto para arbitragens não administradas, a serem adotadas em casos *ad hoc,* quanto para arbitragens administradas pelo próprio órgão[93].

Nesse sentido, o Regulamento para Arbitragem Administrada de Disputas Internacionais (*CPR Rules for Administered Arbitration of International Disputes*) contém disposições similares às das demais instituições que adotam a chamada indicação unilateral, prevendo que, a não ser que haja acordo expresso em sentido diverso, a arbitragem será conduzida por três árbitros, sendo que cada parte indicará um árbitro e o presidente do tribunal arbitral deverá ser nomeado pela instituição[94]. Podem as partes, todavia, acordar por escrito que a escolha do presidente do tribunal arbitral será feita conjuntamente pelos árbitros por elas indicados[95].

Esse Regulamento se diferencia em relação aos regulamentos analisados nos itens anteriores ao trazer disposições específicas sobre a indicação por meio da utilização de listas e também do chamado "blind appointment". De acordo com as regras[96], ao optar

---

[91] Vide artigo 9.3 acima transcrito.

[92] "Article 10.

1. For the purposes of article 9, paragraph 1, where three arbitrators are to be appointed and there are multiple parties as claimant or as respondent, unless the parties have agreed to another method of appointment of arbitrators, the multiple parties jointly, whether as claimant or as respondent, shall appoint an arbitrator.

2. If the parties have agreed that the arbitral tribunal is to be composed of a number of arbitrators other than one or three, the arbitrators shall be appointed according to the method agreed upon by the parties.

3. In the event of any failure to constitute the arbitral tribunal under these Rules, the appointing authority shall, at the request of any party, constitute the arbitral tribunal and, in doing so, may revoke any appointment already made and appoint or reappoint each of the arbitrators and designate one of them as the presiding arbitrator."

[93] O Regulamento para Arbitragens Administradas passou a vigorar em 1.º.12.2014. Disponível em: <http://www.cpradr.org/Portals/0/CPR_Admin_Arb_Rules_Intl_Disputes_1.pdf>. Acesso em: 20 ago. 2016.

[94] "5.1 a. Unless the parties have agreed otherwise in writing, the Tribunal shall consist of three arbitrators, one designated for appointment by each of the parties as provided in Rules 3.2 and 3.7 respectively, and a third arbitrator who shall chair the Tribunal, selected as provided in Rule 5.2."

[95] "5.2 a. Unless the parties agree that the third arbitrator who shall chair the Tribunal shall be selected jointly by the party-appointed arbitrators, CPR shall select the third arbitrator as provided in Rule 6."

[96] "5.4 If the parties have agreed on a Tribunal consisting of three arbitrators, two of whom are to be designated by the parties without knowing which party designated each of them, as provided for in this Rule 5.4, CPR shall conduct a screened selection of party-designated arbitrators as follows:

por esse último método, as partes farão suas indicações sem que o árbitro saiba quem o indicou, com o compromisso de que não haverá qualquer comunicação da parte ou qualquer pessoa agindo em seu nome com qualquer candidato ou árbitro indicado.

Já em relação às arbitragens com múltiplas partes, o Regulamento contém disposição similar a dos demais regulamentos, prevendo a indicação de todos os integrantes pela instituição, caso os múltiplos requerentes ou múltiplos requeridos não consigam nomear um árbitro em conjunto[97].

j)   International Center for Dispute Resolution (ICDR)

O Regulamento do ICDR[98] dispõe que, na ausência de consenso sobre o número de árbitros, o caso será dirimido por árbitro único, salvo se a instituição considerar apropriada a nomeação de tribunal arbitral em razão da magnitude, complexidade ou outras circunstâncias do caso[99].

Caberá às partes definir o procedimento para nomeação de árbitros, sendo que, na falta de acordo, o ICDR tomará as providências necessárias, podendo utilizar, para tal nomeação, o método de lista previsto em detalhes no Regulamento[100]. Nesse caso, a

---

a. Each party may provide designee(s) to CPR to be included in a list of candidates to be circulated to the parties by such date as CPR shall provide. CPR will provide each party with a copy of a list of candidates drawn in whole or in part from the CPR Panels together with confirmation of their availability to serve as arbitrators and disclosure of any circumstances that might give rise to justifiable doubt regarding their independence or impartiality as provided in Rule 7. Within 10 days after the receipt of the CPR list of candidates, each party shall designate from the list three candidates, in order of preference, for its party designated arbitrator, and so notify CPR and the other party in writing. [...] d. Neither CPR nor the parties shall advise or otherwise provide any information or indication to any arbitrator candidate or appointed arbitrator as to which party selected either of the party-designated arbitrators. No party or anyone acting on its behalf shall have any ex parte communications relating to the case with any arbitrator candidate or appointed arbitrator pursuant to this Rule 5.4. e. Unless the parties otherwise agree, the chair of the Tribunal will be appointed by CPR in accordance with the procedure set forth in Rule 6.2, which shall proceed concurrently with the procedure for appointing the party-designated arbitrators provided in subsections (a)-(d) above."

[97]   "5.5. Where the arbitration agreement entitles each party to designate an arbitrator but there is more than one Claimant or Respondent to the dispute, and either the multiple Claimants or the multiple Respondents do not jointly designate an arbitrator, CPR shall appoint all of the arbitrators as provided in Rule 6.2."

[98]   O Regulamento está em vigor desde 1.º.06.2014. Disponível em <https://www.icdr.org/icdr/faces/languageoptions/portuguese;jsessionid=1DYej3c2AHhEnv2yONhCbJy8J8iWD-iKIfS-MNmDqaOFAcP-tc0PW!1763905898?_afrLoop=1459574773304391&_afrWindowMode=0&_afrWindowId=null#%40%3F_afrWindowId%3Dnull%26_afrLoop%3D1459574773304391%26_afrWindowMode%3D0%26_adf.ctrl-state%3D1ac2wbkyro_4>. Acesso em: 20 ago. 2016.

[99]   "Artigo 11. Número de árbitros Se as partes não chegarem a um acordo com relação ao número de árbitros, será nomeado um árbitro único, salvo se o Administrador, a seu critério, entender apropriado nomear três árbitros a depender da magnitude, complexidade ou outras circunstâncias do caso."

[100]   "Artigo 12. Nomeação de árbitros. 1. As partes poderão acordar qualquer procedimento para a nomeação de árbitros e deverão informar o Administrador sobre tal procedimento. Na falta de

instituição encaminhará a ambas as partes uma lista idêntica de possíveis árbitros, aconselhando as partes a selecionar o(s) árbitro(s) em consenso. Se não houver consenso, as partes terão um prazo para apresentar os respectivos vetos e informar a ordem de preferência dos candidatos remanescentes, sem revelação à outra parte. A partir dessas listas, o Administrador fará a(s) nomeação(ões), e o presidente também poderá ser nomeado pelo Administrador, após consulta aos árbitros[101].

O Regulamento também contém uma previsão específica a respeito da nacionalidade do árbitro, dispondo que a requerimento de qualquer parte ou por iniciativa própria, o Administrador poderá nomear árbitros de nacionalidade diversa daquela das partes[102].

No caso de múltiplas partes, o ICDR poderá nomear todos os árbitros se as partes não entrarem em acordo a esse respeito no prazo designado[103].

IV. ANÁLISE JURISPRUDENCIAL SOBRE ARBITRAGENS MULTIPARTE

Como visto no item II.2 acima, a questão da derrogação da autonomia privada em arbitragens com múltiplas partes foi fruto de ampla discussão na doutrina e jurisprudência internacional e, após o conhecido caso *Dutco,* levou a maioria das instituições arbitrais renomadas a introduzir uma regra específica nos seus regulamentos, prevendo que a

---

acordo entre as partes com relação à forma de nomeação dos árbitros, o Administrador poderá utilizar o método de lista do CIRD previsto no Artigo 12(6)."

[101] "Artigo 12. [...] 6. Se as partes não tiverem selecionado árbitro(s) e não acordarem qualquer outro método de nomeação, o Administrador, a seu critério, poderá nomear árbitro(s) na forma que segue, utilizando o método de lista do CIRD. O Administrador deverá encaminhar às partes, simultaneamente, uma lista idêntica de nomes de pessoas para serem consideradas como possíveis árbitros. As partes serão aconselhadas a concordar com o(s) nome(s) de(os) um árbitro(s) da lista encaminhada e deverão informar o Administrador sobre sua escolha. Se, após o recebimento da lista, as partes não chegarem a um acordo quanto ao(s) árbitro(s), cada parte deverá, ter 15 dias, a contar da data em que a lista lhes for transmitida, para vetar nomes sugeridos, numerar os nomes remanescentes por ordem de preferência e retornar a lista ao Administrador. As partes não são obrigadas a compartilhar as listas com as seleções. Se alguma das partes não enviar a lista no prazo especificado neste Artigo, todas as pessoas nela mencionadas serão consideradas como aceitáveis. Dentre as pessoas que tiverem sido aprovadas nas listas submetidas pelas partes e de acordo com a ordem de preferência numérica, o Administrador deverá nomear o(s) árbitro(s). Se as partes não chegarem a um consenso com relação a nenhuma das pessoas listadas ou se os árbitros aceitos não tiverem disponibilidade ou não puderem atuar, ou se por qualquer outra razão a nomeação não puder ser feita dentre os árbitros constantes das listas submetidas pelas partes, o Administrador estará autorizado a nomear árbitro sem a necessidade de submeter novas listas. O Administrador poderá, se necessário, nomear o presidente após consulta ao tribunal arbitral."

[102] "Artigo 12. [...] 4. Ao fazer as nomeações, o Administrador, após consultar as partes, envidará seus melhores esforços para nomear árbitros adequados, considerando sua disponibilidade para atuarem como tal. A requerimento de qualquer parte ou por iniciativa própria, o Administrador poderá nomear árbitros de nacionalidade diversa daquela das partes."

[103] "Artigo 12. [...] 5. Se houver mais de duas partes na arbitragem, o Administrador poderá nomear todos os árbitros, salvo se as partes entrarem em acordo em até 45 dias a contar do início da arbitragem."

instituição indicará todos os integrantes do tribunal arbitral quando um dos polos com múltiplas partes não chegar a um consenso quanto à indicação do árbitro.

Essa questão também já foi analisada pela jurisprudência nacional, em especial pela Justiça paulista, em dois casos paradigmáticos e com resultados diversos, como será visto a seguir.

O primeiro deles é o caso *Paranapanema v. Banco Santander S.A.* ("Santander") *e Banco BTG Pactual S/A* ("BTG")[104]. Em 2013, Paranapanema ingressou com ação pleiteando a nulidade de sentença arbitral proferida no âmbito de procedimento arbitral que havia tramitado perante o CAM-CCBC, em razão de vícios da sentença arbitral. Para efeitos de análise, abordaremos somente um dos pontos suscitados: a violação ao art. 21, § 2.º, da Lei de Arbitragem, por não ter havido tratamento igualitário entre as partes na constituição do tribunal arbitral.

A arbitragem havia sido inicialmente proposta pelo Santander em face da Paranapanema, com a inclusão do BTG também no polo passivo. Na época da formação do tribunal arbitral[105], cada uma das partes indicou um árbitro, o que não foi aceito pelo Presidente do CAM-CCBC, sob o argumento de que ambos os requeridos deveriam indicar um único árbitro. Assim, interpretando as regras existentes no Regulamento então vigente (1998) – que não contava com uma disposição específica sobre arbitragem multiparte como a vigente a partir de 2012[106] – e por não ter havido consenso entre os integrantes do polo passivo, o Presidente do CAM-CCBC nomeou um árbitro para o polo passivo (distinto

---

[104] TJSP, 11.ª Câmara de Direito Privado, Apelação 0002163-90.2013.8.26.0100, Rel. Des. Gilberto dos Santos, j. 03.07.2014. A ação de mesmo número tramitou perante a 18.ª Vara Cível do Foro Central da Comarca de São Paulo, e havia sido julgada em 22.07.2013. A respeito desse caso, vide ainda: MELO, Leonardo de Campos. Arbitragem multiparte. Sentença arbitral condenatória. Ação anulatória. Violação ao direito de nomear árbitro. Violação ao princípio da isonomia (Lei 9.307/96, art. 21, § 2.º). Antecipação dos efeitos da tutela. Executividade suspensa. *Revista Brasileira de Arbitragem*, n. 40, p. 122-133, out.-dez. 2013; TORRE, Riccardo Giuliano Figueira. Paranapanema S.A. vs. Banco Santander S.A. e Banco BTG Pactual S.A.: a questão da violação à isonomia (art. 21, § 2.º, da Lei 9.307/1996) decorrente da nomeação forçada de coárbitro pelo presidente do CAM/CCBC em arbitragem multiparte processada sob a égide do regulamento de 1998. *Revista de Arbitragem e Mediação*, São Paulo, n. 44, p. 237-243, jan.-mar. 2015; e também sobre o tema: MAGALHÃES, José Carlos de. Arbitragem multiparte, constituição do Tribunal Arbitral, princípio da igualdade e vinculação à cláusula compromissória. *Revista de Arbitragem e Mediação*, São Paulo, n. 38, p. 321-341, jul.-set. 2013.

[105] Segundo consta da sentença da ação anulatória, a cláusula compromissória assim dispunha: "21.2 O tribunal arbitral deverá ser composto por três árbitros. Cada parte com interesse distinto terá direito de eleger um (1) árbitro. Os árbitros deverão, conjuntamente, designar um terceiro árbitro para presidir a arbitragem, no prazo de 15 (quinze) dias a partir da indicação do segundo árbitro. Se qualquer parte deixar de eleger um árbitro ou se os árbitros deixarem de eleger o árbitro presidente, a sua indicação deverá ser feita pelo CCBC, segundo suas regras".

[106] A regra em vigor era a seguinte: "5.5. Se qualquer das partes deixar de indicar árbitro e/ou seu suplente, o presidente do Centro fará essa nomeação. Caberá ao presidente do Centro, também, na falta de tal indicação na forma prevista no artigo 5.4. indicar o árbitro que funcionará como presidente do Tribunal Arbitral".

dos que haviam sido indicados por Paranapanema e BTG), mantendo a indicação que havia sido realizada pelo Santander. Na sequência, o árbitro indicado pelo Santander e o nomeado pelo Presidente da instituição indicaram um terceiro árbitro, que funcionou como Presidente do Tribunal Arbitral.

Tanto o juízo de primeiro grau quanto o Tribunal de Justiça de São Paulo entenderam que essa solução acarretou desequilíbrio na isonomia entre as partes, pois só o Santander teria tido respeitado o direito de indicar um árbitro. E consideraram, assim, ter havido violação do princípio da igualdade das partes previsto no art. 21, § 2.º. da Lei de Arbitragem, com a consequente nulidade da sentença arbitral, nos termos do art. 32, VIII. do mesmo diploma legal. Em declaração de voto vencedor, o Revisor ainda pontuou que o princípio da igualdade das partes é de ordem pública e não poderia ser derrogado pela vontade das partes[107].

Já o segundo caso, apesar de aparentemente similar, teve um desfecho diferente.

Também em 2013, GP Capital Partners V LP ("GP") e Smiles LLC ("Smiles"), vencidos em procedimento arbitral que havia tramitado perante o CAM-CCBC, ingressaram com ação declaratória de nulidade da sentença arbitral que os havia condenado a indenizar os requerentes da arbitragem, Srs. Fernando Correa Soares e Rodrigo Martins de Souza, em razão de operação societária que culminou na venda do controle da sociedade IMBRA S.A.[108]

O procedimento arbitral havia sido proposto por Fernando e Rodrigo, então acionistas da IMBRA S.A., em face não só de GP e Smiles, mas também de mais duas sociedades envolvidas na operação societária (Arbeit e Baladare), e da massa falida da IMBRA.

A alegação de nulidade da sentença arbitral foi fundada em diversos supostos vícios, mas para fins do presente artigo, focaremos na alegação de que a constituição do tribunal arbitral teria sido irregular, por violação ao princípio da igualdade na escolha dos árbitros. Segundo as autoras da ação anulatória, elas não teriam tido a mesma oportunidade que os requerentes da arbitragem na constituição do tribunal arbitral, pois, ao contrário de Fernando e Rodrigo, não puderam indicar um árbitro, em razão de não terem chegado a um consenso com os demais requeridos da arbitragem (Arbeit, Baladare e Massa Falida da IMBRA). Na ocasião, o Presidente do CAM-CCBC indicou um árbitro em nome das empresas requeridas, e este, juntamente com o árbitro indicado por Fernando e Rodrigo, elegeu o presidente do tribunal arbitral.

A sentença de primeiro grau afastou integralmente esse argumento de GP e Smiles, reconhecendo que essa situação não poderia ser considerada causa de nulidade na com-

---

[107] Em meados de 2016 ainda não havia um desfecho sobre o caso, em razão de agravo em recurso especial pendente de apreciação no Superior Tribunal de Justiça, após o recurso especial não ter sido admitido pela Corte paulista.

[108] Processo 0035404-55.2013.8.26.0100, em trâmite perante a 2.ª Vara de Falência e Recuperações Judiciais do Foro Central de São Paulo, em que figuram como autores GP e Smiles e como réus Rodrigo Martins de Souza, Fernando Correa Soares, Arbeit Gestão de Negócios Ltda., Baladare Participações S.A. e Massa Falida de Imbra S.A.

posição do tribunal arbitral, em razão de as autoras terem escolhido o Regulamento do CAM-CCBC para regência da arbitragem, sabendo que essa seria a solução adotada em caso de arbitragem multiparte[109], além de terem requerido expressamente que a indicação do árbitro fosse feita pelo Presidente do CAM-CCBC em razão da ausência de consenso, sem qualquer contestação ao longo do procedimento arbitral[110]. A ação anulatória foi julgada totalmente improcedente, mantendo integralmente a sentença arbitral.

O acórdão proferido em agosto de 2015 no âmbito do recurso de apelação de GP e Smiles corroborou essa posição, mantendo íntegra a sentença. Em seu voto, o Desembargador Pereira Calças, relator do recurso, ressaltou que somente após a sentença arbitral desfavorável é que as apelantes passaram a apontar vício na nomeação, o que constituiria verdadeiro *venire contra factum proprium*[111].

Como se depreende da fundamentação das decisões judiciais mencionadas acima, no que tange à alegação de violação do princípio da igualdade das partes, o desfecho do chamado caso IMBRA foi diferente do caso Paranapanema em razão do comportamento da parte. No caso IMBRA, GP e Smiles pediram expressamente que o Presidente do CAM-CCBC indicasse o árbitro em razão da ausência de consenso com os demais requeridos da arbitragem, sem qualquer oposição após essa indicação (os demais requeridos também não se opuseram em nenhum momento ao prosseguimento dado pelo Presidente do CAM-CCBC). Prevaleceu, assim, a autonomia das partes, que aderiram a um determinado regulamento, concordaram e pediram expressamente a aplicação das regras vigentes, abrindo mão da igualdade, não se admitindo o comportamento contraditório manifestado somente depois de terem sido vencidas na arbitragem.

Já no caso Paranapanema, havia uma particularidade na cláusula compromissória quanto à titularidade do direito à indicação do árbitro em razão de interesses diversos, além de a parte ter impugnado expressa e reiteradamente a solução dada pelo Presidente do CAM-CCBC para a constituição do tribunal arbitral.

---

[109] Apesar de a sentença e o acórdão não terem feito referência a esse fato, segundo consta das peças apresentadas na ação judicial, a cláusula compromissória do Acordo de Acionistas continha disposição expressa sobre a hipótese de a arbitragem envolver múltiplas partes: "14.10.2. [...] Fica desde já acordado entre os Acionistas que cada bloco de Acionistas, conforme previsto neste Acordo, terá direito de nomear apenas 1 (um) árbitro. Se, no prazo de 15 (quinze) dias contados do recebimento do Pedido pelo Requerido, qualquer um dos Acionistas não tiver nomeado 1 (um) árbitro, então esse árbitro será nomeado pelo [CAM/CCBC] [...]".

[110] Nesse sentido, confira-se: "As autoras afirmaram o seguinte: "[...] as requeridas não chegaram a um consenso quanto à nomeação de um árbitro comum às partes. Diante disso, as ora requeridas deixam a escolha do árbitro ao elevado critério do i. presidente deste Centro de Arbitragem, requerendo-se por fim, a juntada desta para que produza seus devidos efeitos legais" (trecho da sentença proferida pelo D. Juiz Paulo Furtado de Oliveira Filho, em 18.06.2014, no Processo 0035404-55.2013.8.26.0100, referido na nota anterior).

[111] TJSP, 1.ª Câmara Reservada de Direito Empresarial, Apelação 0035404-55.2013.8.26.0100, Des. Relator Pereira Calças, j. 26.08.2015. Referida decisão ainda não transitou em julgado em razão de recurso especial interposto, o qual em agosto de 2016 ainda não havia sido apreciado pelo TJSP.

V. CONCLUSÃO

Como se viu, a autonomia privada no processo de escolha e formação do tribunal arbitral é amplamente reconhecida no nosso ordenamento jurídico, bem como nos regulamentos das principais instituições arbitrais.

A sugestão aventada na doutrina internacional para se limitar essa autonomia e retirar das partes o protagonismo em momento crucial da arbitragem, na tentativa de se resguardar a confiança no árbitro, não nos parece, nem de longe, ser a melhor saída.

Na realidade, os números demonstram que o horizonte não é tão cinzento quanto se pinta, a ponto de se preferir matar o doente a curar a doença, pois o próprio instituto possui ferramentas e mecanismos para impedir e corrigir eventuais desvios, os quais vêm sendo utilizados na medida do necessário.

Apesar das críticas e de eventuais desvios, sem dúvida o melhor caminho ainda é a preservação dessa autonomia, de forma a permitir que as partes escolham as regras que lhe forem mais convenientes. Também é salutar que as instituições possuam regras específicas e não uniformes sobre o tema, em prol justamente dessa liberdade de escolha e do dinamismo da arbitragem.

BIBLIOGRAFIA

BLACKABY, Nigel; PARTASIDES, Constantine; REDFERN, Alan; HUNTER, Martin. *Redfern and Hunter on International Arbitration*. 5. ed. Oxford: Oxford University Press, 2009.

Câmara de Arbitragem do Mercado. *Regulamento de Arbitragem*. Disponível em: <http://www.bmfbovespa.com.br/pt_br/servicos/camara-de-arbitragem-do-mercado-cam/regulamentacao/>. Acesso em: 20 ago. 2016.

Câmara de Comércio Internacional. *Regulamento de Arbitragem*. Disponível em: <http://www.iccwbo.org/Products-and-Services/Arbitration-and-ADR/Arbitration/Rules--of-arbitration/Download-ICC-Rules-of-Arbitration/ICC-Rules-of-Arbitration-in--several-languages/>. Acesso em: 20 ago. 2016.

Câmara de Conciliação, Mediação e Arbitragem CIESP/FIESP. *Regulamento de Arbitragem*. Disponível em: <http://www.camaradearbitragemsp.com.br/index.php/pt-BR/regulamento/4-principal/principal/127-regulamento-de-arbitragem-2013>. Acesso em: 20 ago. 2016.

Câmara FGV de Mediação e Arbitragem. *Regulamento de Arbitragem*. Disponível em: <http://camara.fgv.br/conteudo/regulamento-da-camara-fgv-de-mediacao-e-arbitragem>. Acesso em: 20 ago. 2016.

CAMARB – Câmara de Arbitragem Empresarial – Brasil. *Regulamento de Arbitragem*. Disponível em: <http://camarb.com.br/regulamento/>. Acesso em: 20 ago. 2016.

CAPRASSE, Olivier. A constituição do Tribunal Arbitral em arbitragem multiparte. *Revista Brasileira de Arbitragem*, n. 8, p. 83-100, out.-dez. 2005.

CARDOSO, Miguel Pinto; BORGES, Carla Gonçalves. Constituição do Tribunal Arbitral em arbitragens multipartes. *Revista de Arbitragem e Mediação*, São Paulo, ano 7, n. 25, p. 214-223, abr.-jun. 2009.

CARMONA, Carlos Alberto. *Arbitragem e processo*: um comentário à Lei n. 9.307/96. 3. ed. rev., atual. e ampl. São Paulo: Atlas, 2009.

Centro de Arbitragem da Câmara de Comércio Brasil-Canadá. Regulamento de Arbitragem. Disponível em: <http://www.ccbc.org.br/Materia/1067/regulamento>. Acesso em: 20 ago. 2016.

Cour de Cassation. Dutco Construction v. BKMI et Siemens (1992). Clássicos da Arbitragem. *Revista Brasileira de Arbitragem*, n. 29, p. 210-213, jan.-mar. 2011.

DERAINS, Yves; SCHWARTZ, Eric A. *Guide to ICC Rules of Arbitration*. 2. ed. The Hague: Kluwer Law International, 2005.

ICC Dispute Resolution Bulletin, *2014 ICC Dispute Resolution Statistics*, ICC – International Chamber of Commerce, 2015, issue 1, p. 7-19.

ICC Dispute Resolution Bulletin, *2015 ICC Dispute Resolution Statistics*, ICC – International Chamber of Commerce, 2016, issue 1, p. 9-18.

International Center for Dispute Resolution (ICDR). *Regulamento de Arbitragem*. Disponível em: <https://www.icdr.org/icdr/faces/languageoptions/portuguese;jsessionid=1D Yej3c2AHhEnv2yONhCbJy8J8iWD-iKIfSMNmDqaOFAcP-tc0PW!1763905898?_afrLoop=1459574773304391&_afrWindowMode=0&_afrWindowId=null#%40%3F_afrWindowId%3Dnull%26_afrLoop%3D1459574773304391%26_afrWindowMode%3D0%26_adf.ctrl-state%3D1ac2wbkyro_4>. Acesso em: 20 ago. 2016.

International Institute for Conflict Prevention and Resolution (CPR). *CPR Rules for Administered Arbitration of International Disputes*. Disponível em: <http://www.cpradr.org/Portals/0/CPR_Admin_Arb_Rules_Intl_Disputes_1.pdf>. Acesso em: 20 ago. 2016.

LCIA – London Court of International Arbitration. *Arbitration Rules*. Disponível em: <http://www.lcia.org/dispute_Resolution_Services/lcia-arbitration-rules-2014.aspx#Article 5>. Acesso em: 20 ago. 2016.

LEMES, Selma M. Ferreira. Clássicos da arbitragem. Cour de Cassation. Dutco Construction v. BKMI et Siemens (1992). *Revista Brasileira de Arbitragem*, n. 29, p. 210-213, jan.-mar. 2011.

_____. Cláusulas arbitrais ambíguas ou contraditórias e a interpretação da vontade das partes. In: MARTINS, Pedro Batista; GARCEZ, José M. Rossani (Org.). *Reflexões sobre arbitragem* (*in memoriam* do Desembargador Cláudio Vianna de Lima). São Paulo, LTr, 2002. p. 188-208, Disponível em: <http://selmalemes.adv.br/artigos/artigo_juri32.pdf>. Acesso em: 20 ago. 2016.

MAGALHÃES, José Carlos de. Arbitragem multiparte, constituição do Tribunal Arbitral, princípio da igualdade e vinculação à cláusula compromissória. *Revista de Arbitragem e Mediação,* São Paulo, n. 38, p. 321-341, jul.-set. 2013.

MARTINS, Pedro A. Batista. Acesso à Justiça. In: _____; LEMES, Selma Ferreira; CARMONA, Carlos Alberto. *Aspectos fundamentais da lei de arbitragem*. Rio de Janeiro: Forense, 1999.

MELO, Leonardo de Campos. Arbitragem multiparte. Sentença arbitral condenatória. Ação anulatória. Violação ao direito de nomear árbitro. Violação ao princípio da isonomia (Lei 9.307/96, art. 21, § 2.º). Antecipação dos efeitos da tutela. Executividade suspensa. *Revista Brasileira de Arbitragem,* n. 40, p. 122-133, out.-dez. 2013.

MOURRE, Alexis. Are unilateral appointments defensible? On Jan Paulsson's Moral Hazard in International Arbitration. Kluwer Arbitration Blog, 05.10.2010. Disponível em: <http://kluwerarbitrationblog.com/2010/10/05/are-unilateral-appointments--defensible-on-jan-paulssons-moral-hazard-in-international-arbitration/>. Acesso em: 20 ago. 2016.

MUNIZ, Petrônio R.G. *Operação* arbiter: a história da Lei n. 9.307/96 sobre a arbitragem comercial no Brasil. 2. ed. Salvador: Assembleia Legislativa, 2016.

NANNI, Giovanni Ettore. Notas sobre os negócios jurídicos da arbitragem e a liberdade de escolha do árbitro à luz da autonomia privada. *Revista de Arbitragem e Mediação,* São Paulo, n. 49, p. 263-284, abr.-jun. 2016.

NERY JUNIOR, Nelson; NERY, Rosa Maria de Andrade. *Código De Processo Civil comentado e legislação extravagante.* 9. ed. São Paulo: RT, 2006.

PAULSSON, Jan. Are Unilateral Appointments Defensible?. Kluwer Arbitration Blog, 02.04.2009. Disponível em: <http://kluwerarbitrationblog.com/2009/04/02/are-unilateral-appointments-defensible/>. Acesso em: 20 ago. 2016.

_____. Moral hazard in international dispute resolution. Inaugural lecture as holder of the Michael R. Klein distinguished scholar chair. *University of Miami School of Law.* 29 April 2010. Disponível em: <http://www.arbitration-icca.org/media/0/12773749999020/paulsson_moral_hazard.pdf>. Acesso em: 20 ago. 2016.

Queen Mary University of London in partnership with White & Case LLP. 2015 International Arbitration Survey: Improvements and Innovations in International Arbitration. Disponível em: <http://www.arbitration.qmul.ac.uk/research/2015/>. Acesso em: 20 ago. 2016.

SANTENS, Ank; CLARK, Heather. The Move Away from Closed-List Arbitrator Appointments: Happy Ending or a Trend to Be Reversed?. Kluwer Arbitration Blog, 28.06.2011. Disponível em: <http://kluwerarbitrationblog.com/2011/06/28/the-move-away-from--closed-list-arbitrator-appointments-happy-ending-or-a-trend-to-be-reversed/>. Acesso em: 20 ago. 2016.

TORRE, Riccardo Giuliano Figueira. Paranapanema S.A. vs. Banco Santander S.A. e Banco BTG Pactual S.A.: a questão da violação à isonomia (art. 21, § 2.º, da Lei 9.307/1996) decorrente da nomeação forçada de coárbitro pelo presidente do CAM/CCBC em arbitragem multiparte processada sob a égide do regulamento de 1998. *Revista de Arbitragem e Mediação,* São Paulo, n. 44, p. 237-243, jan.-mar. 2015.

UNCITRAL. Regulamento de Arbitragem em vigor desde 2013. Disponível em: <https://www.uncitral.org/pdf/english/texts/arbitration/arb-rules-2013/UNCITRAL-Arbitration-Rules-2013-e.pdf>. Acesso em: 20 ago. 2016.

VAN DEN BERG, Albert Jan. Dissenting Opinions by Party-Appointed Arbitrators in Investment Arbitration. Disponível em: <http://www.arbitration-icca.org/media/0/12970228026720/van_den_berg--dissenting_opinions.pdf>. Acesso em: 20 ago. 2016.

VETULLI, Ezequiel H. The Parties' Right to Appoint "their" Arbitrator in an International Arbitration Proceeding. International Academy for Arbitration Law, Laureate of the Academy Prize. Disponível em: <http://www.arbitrationacademy.org/wp-content/uploads/2013/08/Winning-Essay-Ezequiel-Vetulli.pdf>. Acesso em: 20 ago. 2016.

ÁRBITRO, CONFLITO DE INTERESSES E O CONTRATO DE INVESTIDURA

Não refletimos para averiguar teoricamente o que é a virtude,
mas para nos tornarmos virtuosos.
Aristóteles

SELMA FERREIRA LEMES

Sumário: I. Introdução – II. O Contrato de investidura. Características e princípios – III. O conflito de interesses: III-1. Tipos de conflitos de interesses; III-2. Princípios da boa-fé, da confiança e da lealdade e o agir em interesse de outrem; III-3. A peculiaridade do princípio da lealdade para o árbitro e o contrato de investidura – IV. Vínculos de interesses (ou interesses comuns) e conflito de interesses: IV-1. Árbitros e advogados das partes – V. Jurisprudência francesa. Conflito de interesses e dependência econômica ("negócios correntes") – VI. Conclusão.

I. INTRODUÇÃO

Este artigo se propõe analisar a relação contratual existente entre o árbitro e as partes, o denominado contrato de investidura e seus princípios.[1] A inexistência de conflito de

---

[1] Não constitui objeto deste artigo se aprofundar nos temas correlatos referentes aos princípios da independência e da imparcialidade do árbitro, o dever de revelação, códigos de ética de instituições arbitrais ou as diretrizes da *International Bar Association – IBA* para árbitros internacionais, a impugnação de árbitro e a ação de anulação de sentença arbitral, fundada em motivo no qual esta (sentença arbitral) emanou de quem não podia ser árbitro (art. 32, II, da Lei 9.307/1996). Sobre estes temas verificar: ELIAS, Carlos Eduardo Stefen. *Imparcialidade dos árbitros.* 2014. Tese (Doutorado) – FADUSP (inédito). JÚDICE, José Miguel. Árbitros: características, perfis, poderes e deveres. *Revista de Arbitragem e Mediação* (RArb), n. 22, p. 119-146, jul.-set. 2009. CLAY, Thomas. *L'Indépendance et* l'impartialité de l'arbitre et les règles du procès èquitable. *La impartialité du juge et de l'arbitre.* Bruxelles: Bruylant, 2006. p. 199-237. CARMONA, Carlos Alberto. Em torno do árbitro. *Rarb*, n. 28, p. 47-63, jan.-mar. 2011. FERRO, Marcelo Roberto. Apontamentos sobre a independência dos árbitros. *Temas de direito societário e empresarial contemporâneos. Liber Amicorum* Prof. Dr. Erasmo Valladão Azevedo

interesses constitui a essência dos princípios da independência e da imparcialidade do árbitro e, estes, são pressupostos do contrato de investidura. Analisaremos o conflito de interesses, no qual uma pessoa que vela pelos interesses de terceiros não pode ter interesse pessoal que com aquele colida.

Na base do conceito de conflito de interesses está os princípios da confiança (lealdade) e de informar (dever de revelação). Quanto ao princípio da lealdade, para o árbitro, este possui particularidade em relação ao objeto do contrato de investidura, tal como será exposto na seção correspondente deste artigo.

Também, na ótica da arbitragem impõe-se estabelecer a diferença entre o conflito de interesses e os denominados interesses comuns. Referida distinção pode contribuir para afastar entendimentos equivocados quanto à invocação de impedimentos de árbitros.

---

e Novaes França. São Paulo: Malheiros, 2011. p. 849-886. GISBERT POMATA, Marta. De los árbitros. In: HINOJOSA SEGOVIA, Rafael (Coord.). *Comentarios a la nueva ley de Arbitraje.* Barcelona: Grupo Difusión, 2004. p. 99-119. MARTINS, Pedro Batista. *Apontamentos sobre a lei de arbitragem.* Rio de Janeiro: Forense, 2008. p. 185-224. ALVES, Rafael Francisco. A imparcialidade do árbitro no direito brasileiro, autonomia privada ou devido processo legal. *RArb*, n. 7, p. 109-126, out.-dez. 2005. PUCCI, Adriana Noemi. O árbitro na arbitragem internacional, princípios éticos", *In: Arbitragem comercial internacional*, PUCCI, Adriana Noemi (org.). São Paulo: LTr, 1996, p. 112/137. CAVALIERI, Thamar, "Imparcialidade na arbitragem", RArb, n.º 41, abr./jun./2014, p. 117/171. PINTO, Jose Emilio Nunes, "Recusa e impugnação de árbitro", RArb. 15, out./dez./2015, p. 80/84. E nossos: "Arbitragem. Princípios jurídicos fundamentais. Direito brasileiro e comparado". RT 686/73-89, dez. 1992 e na *Revista de la Corte Espanhola de Arbitraje*, vol. VII, 1991, p. 31/57. Também disponível em: http://selmalemes.adv.br/artigos/artigo_juri20.pdf; "Árbitro:padrãodecondutaideal", In:*Arbitragem, lei brasileira e praxe internacional*, CASELLA, Paulo Borba (coord.). São Paulo: LTr, 2.º ed., 1999, p. 233/268. Também disponível em: http://selmalemes.adv.br/artigos/artigo_juri33.pdf; *Árbitro. Princípios da independência e da imparcialidade*, São Paulo: LTr, 2001, 239 p. ; "Dos árbitros", In: MARTINS, Pedro A. Batista, LEMES, Selma M. Ferreira e CARMONA, Carlos Alberto, *Aspectos fundamentais da lei de arbitragem*, Rio de Janeiro: Forense, 1999, p. 245/287; "O papel do árbitro", 2006. Disponível em http://selmalemes.adv.br/artigos/artigo_juri11.pdf; *"A independência e a imparcialidade do árbitro e o dever de revelação"*. Revista Brasileira de Arbitragem (RBA), v. 26/21-34, abril/junho 2010 e III Congresso do Centro de Arbitragem da Câmara de Comércio e Indústria Portuguesa (Centro de Arbitragem Comercial), Coimbra: Almedina, 2010, p.41/57; "O dever de revelação do árbitro e a ação de anulação da sentença arbitral", In: LEMES, Selma Ferreira e BALBINO, Inez (coords.). *Arbitragem. Temas contemporâneos.* São Paulo:Quartier Latin, 2012, p. 449/462; "O dever de revelação do árbitro, o conceito de dúvida justificada", RArb n.º 36, p. 231/251, 2013; "Árbitro. Dever de revelação. Inexistência de conflito de interesses. Princípios da independência e da imparcialidade do árbitro". RBA, n.º 41, Jan./Mar, 2014, p. 07/41; "Árbitro e o conflito de interesses". Palestra proferida no "Curso Novas Perspectivas da Arbitragem Internacional", realizado em parceria com a Universidade Federal de Santa Catarina – UFSC e a Università degli studi di Milano, auditório da Faculdade de Direito– UFESC, Florianópolis 10.09. 2014 (inédito); "O procedimento de impugnação e recusa de árbitro, como sistema de controle quanto à independência e a imparcialidade do julgador", RArb, n.º 50, 369/386, 2016.

Essencialmente o objetivo deste trabalho é discorrer sobre o conflito de interesses em sua acepção genérica e em sua intersecção com o mister do árbitro, à luz do contrato de investidura.

II. O CONTRATO DE INVESTIDURA. CARACTERÍSTICAS E PRINCÍPIOS

A relação contratual que se estabelece entre árbitro e partes na arbitragem, o contrato para arbitrar[2], ou contrato de árbitro,[3] tem características especiais, pois no seu nascedouro é contratual e tem como objeto uma função jurisdicional, pois ao árbitro cumpre ditar, ao final do processo arbitral instaurado e em decorrência da existência de convenção de arbitragem, a sentença arbitral. O árbitro recebe das partes a missão para solucionar o conflito por arbitragem (*receptum arbitrii*).[4] Constitui essa missão uma obrigação de resultado: ditar a sentença arbitral.

Há de distinguir na arbitragem a existência de dois contratos: a convenção de arbitragem que representa o acordo entre as partes de submeter o litígio à arbitragem e o contrato do árbitro, que se refere aos direitos e obrigações recíprocos entre árbitros e partes. O contrato de árbitro, acentua Alexis Mourre, não é somente distinto da convenção de arbitragem, mas também é autônomo a ela e gera efeitos, mesmo após a sentença arbitral ser ditada.[5]

O contrato para arbitrar ou o contrato de árbitro é também identificado como contrato de investidura, denominação que adotamos. O árbitro ao aceitar a designação das partes é *investido* por elas de uma missão.[6] O contrato de investidura representa uma prestação de serviços *sui generis*.[7] O árbitro se compromete em fornecer e executar para as partes, com o benefício de seu conhecimento e habilidade, o desempenho de determinadas tarefas: investigar o caso, ouvir as partes e testemunhas, analisar as provas, aplicar

---

[2]   BAPTISTA, Luiz Olavo. *Arbitragem Comercial Internacional*, São Paulo: Lex Magister, 2011, p. 177.

[3]   MENEZES CORDEIRO, António. Tratado da Arbitragem. Coimbra: Almedina, 2015, p. 129. Esclarece este autor que o contrato de árbitro é "negócio bilateral concluído entre o(s) árbitro(s) nomeado(s) e as partes, que define a sua missão, retribuição e outros elementos; tais fatores podem resultar da adesão a um regulamento ou de normas supletivas."

[4]   DAVID, René, *L'Arbitrage dans le commerce intenacional*. Paris: Economica, 1982, p. 371.

[5]   MOURRE, Alexis, "Quien tiene competencia sobre los árbitros? Reflexiones sobre el contrato de árbitro", *Arbitragem e comércio internacional, Estudos em homenagem a Luiz Olavo Baptista*. CELLI JUNIOR, Umberto, BASSO, Maristela e AMARAL JUNIOR, Alberto do (coords.). São Paulo: Quartier Latin, 2013, p. 704.

[6]   Para uma visão da análise empreendida na doutrina comparada quanto à tipificação contratual da relação que se estabelece entre árbitro e partes, verificar nosso livro *Árbitro. Princípios da independência e da imparcialidade*, São Paulo: LTr, 2001, p. 48/51.

[7]   Acentua Luiz Olavo BAPTISTA: "o objeto do contrato [contrato para arbitrar] é uma empreitada de lavor, onde a obra que será entregue é a sentença (objeto da prestação); o objeto da obrigação é de fazer. (...) O contrato é comutativo, pois o árbitro presta o serviço e é remunerado por ele. (...) É consensual, inominado (pois a lei não o conceitua nem o nomeia), é sinalagmático." (op. cit. p. 177).

os princípios do devido processo legal, ser diligente, discreto e no prazo fixado, ditar a sentença arbitral, sendo, para isso, remunerado (prestação de serviço).

Acentua Philippe Fouchard: "Na verdade o relacionamento contratual formado entre o árbitro e as partes não pode ser categorizado como um tipo de contrato civil predeterminado. Este contrato contém características mistas e inerentes à arbitragem – contratual na fonte e judicial no objeto" (tradução livre).[8] Manuel Barrocas esclarece que "a regulação desse contrato é feita triplamente pela convenção de arbitragem, pela lei aplicável e pelo próprio contrato de árbitro".[9]

> A exteriorização do contrato de investidura pode ocorrer de diversas maneiras. Tanto pode ser firmado um contrato em apartado entre as partes e os árbitros, como pode estar representado na aceitação e assunção da responsabilidade de bem cumprir seu mister, estabelecido no compromisso arbitral firmado pelas partes e árbitros na forma prevista no art. 10 da Lei n. 9307/96. Também pode estar representado no Termo de Arbitragem, instrumento utilizado nas instituições arbitrais nacionais e internacionais (especialmente na Corte Internacional de Arbitragem da Câmara de Comércio Internacional) e previsto nos respectivos regulamentos, que tem por objetivo circunscrever a controvérsia a ser dirimida, as condições e formas de atuação dos árbitros, partes e procuradores, prazos, formas de intimação etc. Assemelha-se, *mutatis mutandis*, ao compromisso arbitral, mas decorre da convenção de arbitragem na modalidade de cláusula compromissória, consoante previsto no art. 4 da lei de arbitragem.[10]

Ou seja, o contrato de investidura pode revestir-se de um instrumento independente ou decorrer da declaração de independência, imparcialidade e disponibilidade (documento existente em várias institucionais arbitrais), ata de missão ou termo de arbitragem (instrumentos ordenadores do procedimento arbitral)[11] ou compromisso arbitral (art. 9.º da Lei 9.307/1996).

Como pressuposto do contrato de investidura exige-se que o prestador desse serviço, o árbitro, somente possa aceitar a missão que lhe é confiada se for independente e imparcial, pois a prestação (exarar uma decisão, exercer missão jurisdicional) somente será possível e terá validade se advier de um julgamento proferido por pessoa independente e imparcial.[12]

---

[8]   FOUCHARD, Philippe. "Relationships between the arbitrator and the parties and the arbitral institution", *The status of the arbitrator*, ICC Publication n.º 564, p. 16, 1995.

[9]   BARROCAS, Manuel Pereira. Manual de Arbitragem. Coimbra: Almedina, 2010, p. 325.

[10]   Nosso Árbitro. Princípios..., p. 51.

[11]   Cf. nosso "Convenção de arbitragem e termo de arbitragem. Características, efeitos e funções". *Revista do advogado*, AASP, n.º 87, set./2006, p. 94/99.

[12]   Art. 13, § 6.º da LArb: "No desempenho de sua função, o árbitro deverá proceder com imparcialidade, independência, competência, diligência e discrição". Art. 14, § 1.º "As pessoas indicadas para funcionar como árbitro têm o dever de revelar, antes da aceitação da função, qualquer fato que denote dúvida justificada quanto à sua imparcialidade e independência". Art. 21, § 2.º " Serão sempre respeitados no procedimento arbitral os princípios do contraditório, da igualdade das partes, da imparcialidade do árbitro e de seu livre convencimento." Art. 32 "É nula a sentença arbitral se(...) II –emanou de quem não podia ser árbitro."

O árbitro deve ser independente e imparcial, isto é, não deve ter vínculo com as partes (independência) e interesse na solução do conflito (imparcialidade). A independência e a imparcialidade representam *standards* de comportamento. A independência é definida como a manutenção pelo árbitro, num plano de objetividade tal, que no cumprimento de seu mister não ceda a pressões nem de terceiros nem das partes. O árbitro deve decidir a controvérsia exclusivamente com base nas provas produzidas nos autos e no Direito (ou por equidade se assim estiver autorizado pelas partes). A independência do árbitro está vinculada a critérios objetivos de verificação. Já a imparcialidade vincula-se a critérios subjetivos e de difícil aferição, pois externa um estado de espírito (*state of mind*).[13]

Acentua Luiz Olavo Baptista, ao se referir às peculiaridades do contrato para arbitrar que "a característica principal desse contrato é que o árbitro não está vinculado à parte que o indicou, pois seu dever de independência se sobrepõe a essa relação inicial".[14]

Ao analisar as particularidades da independência e da imparcialidade do árbitro, aduz Judith Martins-Costa, que estes constituem "pressupostos ou requisitos para o regular processamento e adimplemento do dever principal de julgar".[15] E complementa:

> [...] os requisitos subjetivos do contrato (independência e imparcialidade) explicam as especificidades da feição assumida no contrato de investidura pelo princípio da boa-fé, bem como a gama de deveres anexos decorrentes do princípio. Nessa figura contratual, há superposição entre confiança e boa-fé, que amalgamada estão no núcleo do contrato.[16]

O árbitro é investido do poder de julgar por deter a confiança das partes, tal como disposto no art. 13 da LArb ("pode ser árbitro qualquer pessoa capaz e que tenha a confiança das partes"). A confiança mencionada na Lei projeta-se na pessoa do árbitro, tanto de forma intrínseca como extrínseca.

> A primeira, intrínseca, significa que o árbitro deve ser pessoa de bem, honesta e proba. É o que se denomina de *probidade arbitral*.[17] A honorabilidade de uma pessoa para ser

---

[13] Nosso, *Árbitro. Princípios...* p. 53. Não obstante a imparcialidade ser classificada por critérios subjetivos (*state of mind*), não se pode olvidar a existência da imparcialidade objetiva. A imparcialidade objetiva se verifica na análise jurídica dos fatos submetidos à apreciação dos árbitros. A matéria foi apreciada pelo Tribunal Europeu de Direitos Humanos, em 1982, no caso Piersack: "se pode distinguir assim entre um aspecto subjetivo, que se trata de averiguar a convicção pessoal de um juiz determinado em um caso concreto e um aspecto objetivo, que se refere a este oferecer as garantias suficientes para excluir qualquer dúvida razoável a respeito" (DÍAZ CABIALE, José Antonio. *Principios de aportación de parte y acusatorio: la imparcialidad del juez*, Granada: Comares, 1996, 407).

[14] BAPTISTA, Luiz Olavo, Arbitragem comercial internacional, São Paulo: Lex Magister, 2011, p. 177.

[15] MARTINS-COSTA, Judith, *A boa-fé no direito privado*, São Paulo, Marciel Pons, 2015, p. 338.

[16] Op. cit. p. 339.

[17] Félix ALONSO Y ROYANO "Deontologia y arbitrage", em *Comentario breve a la ley de arbitraje*, Estudios Vascos sobre Derecho Procesal n. 6, Antonio M. LORCA NAVARRETE (coord.), San Sebastian: Instituto Vasco de Derecho Procesal, 1989, p. 30.

indicada como árbitro representa a sua idoneidade legal para o exercício da função.[18] A segunda, extrínseca, representa a certeza [a incutir em terceiros que nele confiam] ser pessoa capaz de exarar decisão sem se deixar influenciar por elementos estranhos e que não tenha interesse no litígio. O árbitro deve ser independente e imparcial. A confiança da parte depositada na pessoa do árbitro representa a certeza que este terá independência para julgar com imparcialidade, posto que a independência é um pré--requisito da imparcialidade.[19]

A confiança ditada na LArb classifica-se como confiança (fiducial) representando "uma espécie de *encargo* que alguém assume perante alguém e vice-versa, isto é, perante o outro de quem se espera um comportamento correspondente, posto que é um mecanismo de convivência. Por isso boa-fé, de um lado, lealdade de outro, como verdadeiro corpo de regras e princípios que atingem as próprias *consciências* como objeto jurídico", acentua Tércio Sampaio Ferraz Junior.[20]

Tanto a independência como a imparcialidade do árbitro se conectam com o conceito de confiança, que no dizer de Tércio S. Ferraz Junior se refere também à *confiança fiducial* acima mencionada, ou seja, *a confiança na confiança do outros* e que se identifica com a *lealdade* de forma recíproca (partes e árbitros); portanto, com a *boa-fé*.[21] Esclarece o citado autor: "com a imparcialidade tocamos num dado fiducial da confiança como princípio basilar de comportamento. Como se trata de uma disposição de consciência que se espelha na conduta, é uma condição subjetiva, que se comunica, em termos do binômio: fidúcia no escolhido/lealdade de quem escolhe, aliada à competência, diligência e discrição"[22] (art. 13, § 6.º, da LArb). E "a independência tangência a confiança fiducial com a confiança cognitiva, pois é um atributo com características mais objetivas".[23]

O contrato de investidura (contratual na fonte e jurisdicional no objeto) está calcado na confiança das partes na figura do julgador, o árbitro. É a confiança fiducial (*fides*),[24] que é a confiança na confiança dos outros (lealdade). Assevera Judith Martins-Costa:

---

[18] Cf José F. MERINO MERCHÁN, *Estatuto y Responsabilidad del Árbitro,* Navarra: Editorial Aranzadi, 2004, p. 41.

[19] Nosso "O dever de revelação do árbitro, o conceito de dúvida justificada", Revista de Arbitragem e Mediação (RArb) n.º 36, p. 236, 2013.

[20] FERRAZ JUNIOR, Tercio Sampaio, "Suspeição e impedimento em arbitragem. Sobre o dever de revelar na Lei 9.307/96", RArb.28, jan./mar., p. 70, 2011.

[21] Op. cit. p. 70.

[22] Op. cit., p. 77.

[23] Op. cit. p. 73. A confiança cognitiva está vinculada às expectativas cognitivas, ou seja, à experiência em gerar confiança, na medida em que produz expectativa de probabilidade, conforme acentua FERRAZ JUNIOR (op. cit. p. 68/69).

[24] "Etimologicamente, confiança provém de *fides*, a fé reitora das condutas comunicativas na ordem social. Toda a comunicação é um agir que tem por função própria o entendimento entre as pessoas. Encarada no seu aspecto central de meio de entendimento, afirma Baptista Machado, toda e qualquer conduta comunicativa só pode cumprir o seu papel se observadas 'regras éticas elementares, como a da veracidade e lealdade, às quais correspondem os conceitos complementares

O "poder confiar" é uma condição básica de toda convivência, é condição básica da própria possibilidade de comunicação. Ambos os aspectos (a "pretensão de veracidade" decorrente das condutas comunicativas e a necessidade desse "poder confiar") são recebidos no Direito, que os sintetiza na expressão "princípio da confiança".[25]

A confiança está no núcleo do contrato de investidura. Assim, esta relação obrigacional exige a verificação de um sistema de controle para aferição da inexistência de conflito de interesses em relação ao árbitro e as partes. O dever de revelação do árbitro previsto na LArb (art. 14, § 1.º) advindo de uma relação contratual, fundamenta-se nos princípios que decorrem da clausula geral da boa-fé, os princípios da confiança, da lealdade e da informação.

O dever de revelação impõe ao árbitro (com o auxílio de informações complementares prestadas pelas partes)[26] a verificação da inexistência de conflitos de interesses que possa gerar a falta de independência e imparcialidade da pessoa indicada para ser investida na missão de árbitro. O dever de revelar é um instrumento, um meio e não um fim em si mesmo.[27] "O dever de revelação se presta a demonstrar a inexistência de liames de natureza social (amigo íntimo ou inimigo figadal), financeira, comercial e de parentesco entre os árbitros e as partes."[28]

O dever de revelação e a exigência da independência e da imparcialidade se mantêm durante todo o procedimento até a sentença arbitral ser ditada, quando termina a missão do árbitro, notando que este é "investido de uma competência de atribuição e decorrente do consensualismo das partes", tal com assevera Serge Lazareff.[29]

O princípio da confiança (lealdade) está no âmago da análise do conceito de conflito de interesses, mas possui uma pequena distinção, no que concerne ao objeto do contrato de investidura, como será abordado a seguir.

---

de credibilidade e responsabilidade'" (MARTINS-COSTA Judith, *Comentários ao novo código civil*, vol. V, tomo II, FIGUEIREDO TEIXEIRA, Sálvio (coord.). Rio de Janeiro: Forense, 2009, p. 64).

[25] Op. cit. p. 64/65.

[26] Em determinadas situações a prestação de informações das partes para o árbitro, a fim de que verifique a inexistência de eventual conflito de interesses é de natureza obrigatória, especialmente quando se está diante de grupos econômicos, empresas coligadas etc., sendo que essas informações não estão facilmente disponíveis.

[27] A propósito das consequências da inexistência de revelação pelo árbitro e a ação de anulação de sentença arbitral aduz Marc HENRY *"a ausência da obrigação de revelação não substitui a obrigação de independência e não é a falta de revelação que justifica a ação de anulação, mas atentar à exigência de independência que o silêncio do árbitro poderia revelar."* (HENRY, Marc. "Les obligations d' independence et d' information de l' arbitre à la lumière de la jurisprudence recente". *Revue de l' arbitrage*, 1999, p. 223).

[28] Nosso "O dever de revelação do árbitro, o conceito de dúvida justificada", Revista de Arbitragem e Mediação (RArb) n.º 36, 2013, p. 236.

[29] LAZAREFF, Serge, "L´Arbitreest-il um Juge?", *LiberAmicorum Claude Reymond, Paris:* Litec, 2004, p.173. Como contraponto entre a figura do árbitro e do juiz, o citado autor pondera: *"O juiz detém seu poder da lei e é institucional. Sua competência é delegada e permanente. (p. 173.).* Nosso "Árbitro. Dever de revelação. Inexistência de conflito de interesses. Princípios da independência e da imparcialidade do árbitro". RBA, n.º 41, Jan./Mar, 2014, p. 17.

III. O CONFLITO DE INTERESSES

Em breve digressão histórica, verifica-se que a reflexão sobre o conflito de interesses nasce com o início do Estado de Direito e a democracia, como uma discussão jurídica e política, em que a lei não se confunde com o interesse do mais forte. A noção de conflito de interesse surge como uma limitação desse poder.[30]

Plutarco[31] registrou o primeiro conflito de interesses da história ocidental ao se instalar a primeira democracia em Atenas. Sólon foi formalmente acusado de conflito de interesses (e de ser cúmplice de uma fraude), pois inconscientemente comentou com amigos de sua confiança a conduta que adotaria em relação a uma legislação injusta, que transformava pequenos proprietários em escravos de seus credores. Sólon comentou com os amigos Conon, Clinias e Hipponicus que não tocaria nas terras, mas anistiaria todas as dívidas. Assim Sólon editou um de seus primeiros decretos estabelecendo a abolição de todos os débitos privados e públicos. Seus amigos, ao terem conhecimento prévio dos fatos confidenciados por Sólon contraíram empréstimos de altas quantias e adquiriram terras, antes de o decreto ser divulgado. Sólon confiou em seus amigos quando revelou sua intenção. "Sólon verificou que o conflito de interesses resulta da consequência contraditória da afeição e da justiça que se atribui igual importância. Ele compreendeu também que alguém pode ser acusado de conflito de interesses sem ser desonesto" (tradução livre), acentua Pierre pichault.[32]

Daniel Cohen define o conflito de interesse

> [...] quando uma pessoa em posição de confiança possui interesses próprios divergentes daqueles que lhe são confiados e se encontra numa situação decorrente de posição profissional, com possibilidade de perseguir eventual interesse pessoal. O conflito de interesses nasce, assim, com a pessoa investida de um interesse de terceiros, no qual o seu interesse pessoal se encontra em oposição com o seu dever[33] (tradução livre).

A regulação do conflito de interesses destina-se a proteger dois valores: a lealdade e a imparcialidade. A lealdade no caso daqueles investidos em defender interesses de terceiros; a imparcialidade daqueles que em decorrência de suas funções sejam imparciais *vis-à-vis* os interesses daqueles ao qual atuam, observa Joel Moret-Bailly.[34]

---

[30] PICHAULT, Pierre, "Petite typologie du conflit d´intérêts", In: *L´avocat et les conflits d´intérêts, ActesduColloque 18 novembre 2011*, Limal: Anthemis, p. 9.

[31] PLUTARCO, *Vidas de los varones ilustres griegos y romanos*. Tradução de Alonso de Palencia. Madrid: em la imprenta real, 1792. Disponível na biblioteca google: https://books.google.es/books/about/Vidas_de_los_varones_ilustres_griegos_y.html?id=u92na5zNEIAC&hl=es. Historiador grego, tornou-se cidadão romano (46 AD-120).

[32] Op. cit. p. 9/10.

[33] COHEN, Daniel, "Indépéndence des arbitres et conflits d´intérêts", *Revue de l' arbitrage*, 2011, p.614. Nosso "Árbitro. Dever de revelação. Inexistência de conflito de interesses. Princípios da independência e da imparcialidade do árbitro". RBA, n.º 41, Jan./Mar, 2014, p. 26.

[34] Op. cit. p. 62.

Considerando que a aferição de existência de conflito de interesses depende da verificação de cada caso específico, este deve ser analisado sob o enfoque do modo como foi exercido, a natureza e a frequência. "O objetivo consistiria em aferir a influência no espírito da pessoa que atuaria como árbitro, no sentido de influenciar sua decisão e interferir na sua imparcialidade no ato de julgar."[35]

O conceito de conflito de interesses se situa entre um princípio deontológico e o Direito, fundado nos princípios da lealdade e da informação, considerando o aspecto contratual da arbitragem. O árbitro deve revelar fatos que possam representar dúvidas justificadas quanto à sua independência e imparcialidade, em decorrência da função jurisdicional que exercerá.

Constitui obrigação contratual do árbitro, ao ser indicado, o dever de aferir e revelar situações presentes ou passadas (levando em consideração período de tempo pretérito razoável) que possam representar dúvidas justificadas, dúvidas legítimas, quanto à sua independência e imparcialidade.

Da expressão legal *dúvida justificada* (art. 14, § 1.º, da LA) deflui a necessidade de aferir a eventual existência de conflito de interesses. Somente situações geradoras de conflito de interesses significativos poderiam representar dúvidas justificadas ou dúvidas legítimas a influenciar o julgamento do árbitro na sua decisão.[36]

III-1. Tipos de conflitos de interesses

Neste ponto cumpre também notar ser possível distinguir três tipos de conflitos de interesses, consoante observa Paul Cassia,[37] ao se referir a situações presentes na área pública e social, às quais, *mutatis mutandis*, também servem de balizamento para aferir eventual conflito de interesses na área do contrato de investidura do árbitro.

O conflito de interesses pode ser (i) *intelectual* (opiniões pessoais). Não constituiria conflito de interesses a opinião pessoal do árbitro, pois não existe árbitro neutro e a neutralidade não se confunde com a imparcialidade e a independência. A neutralidade no âmbito da arbitragem internacional está vinculada à nacionalidade do árbitro.[38] O ser humano é fruto do ambiente em que vive e de suas convicções políticas e religiosas. Assim como não existe juiz neutro, também não há árbitro neutro.[39] Nesta perspectiva,

---

[35] Op. cit. p. 26.

[36] PICHÉ, Catherine "Définir l´entendue des tentacules du conflitd´intérêts pour mieux les maîtriser", *In: Les conflicts d' interests, Association Henri Capitant, Journées Nationales, Tome XVII/Lyon*, Paris: Dalloz, 2013, p. 35.

[37] CASSIA, Paul, *Conflits D´Intérêt. Les liaisons dangereuses de la république*. Paris: Odile Jacob, 2014, p. 37/40.

[38] *A latere*, note-se que em certos países mulçumanos mais ortodoxos, que seguem a *sharia*, somente mulçumanos podem ser árbitros, sendo o caso de Dubai, Abu Dhabi, Qatar, Arábia Saudita e outros, consoante salienta BARROCAS. (BARROCAS, Manuel Pereira. Manual de Arbitragem, Coimbra: Almedina, 2010, p. 312).

[39] A material foi por nós abordada no livro Árbitro... p. 68/72.

o conflito de interesses intelectual pode ser ignorado e não gerar nenhum impedimento. Reitere-se, o árbitro decidirá de acordo com o Direito ou a equidade (se assim estiver autorizado pelas partes), à luz das provas produzidas. Suas convicções políticas ou religiosas (como para o juiz) não consubstanciam conflitos de interesses.

Pode também ser (ii) *pontual* ou *menor* e nessa forma é possível ser tolerado. Seria o caso de uma situação episódica e de pequena importância. No âmbito da arbitragem, seria o caso provável das situações relacionadas na lista verde ou amarela (estas demandariam verificação caso a caso) das referências da *IBA Guidelines*.

Ao se referir ao conflito de interesses pontual e menor, Paul Cassia acentua que a prevenção do conflito de interesses não deve ser um pretexto para se aprofundar em uma paranoia que conduziria a uma austeridade extrema (jansenismo), a gerar mais dificuldades do que avanços, em que a transparência com exagero conduziria à negação das liberdades individuais e de um civismo bem constituído.[40]

Foi exatamente nessa linha que ressaltamos quanto à aplicação extrema do dever de revelar do árbitro:

> A obrigação de informar (o motivo alegado) não faz surgir na parte que alega a ausência de revelação o direito de invocá-lo, pois além do acima mencionado [matéria penal alcançada pela prescrição], o tipo de informação reclamada classifica-se nos denominados direitos que estão protegidos na ordem dos princípios e valores constitucionais,[41] entre eles, o princípio da privacidade (art. 5.º, X), o princípio da inocência (art. 5.º, LVII), e o princípio da legalidade (art. 5.º, II).[42]

E completamos:

> [...] é a legalidade que rege a conduta das partes e dos árbitros. O dever de revelação observa a Lei e não se presta a casuísmos ou *a instituição de penalidade moral* que não existe e é vedada pela Constituição Federal art. 5.º, incisos II e XLVII, *b* ("não haverá pena de caráter perpétuo").[43]

Enfim, ao se invocar um conflito de interesses pontual e menor, há de ser este analisado com bom senso, razoabilidade e serenidade (por analogia, *summum jus, summa injuria).*

O último tipo de conflito (iii) seria *estrutural* ou *maior*. Gera conflito de interesses e impedimentos à pessoa indicada. Seria um tipo de conflito evidente. No âmbito da arbitragem, por exemplo, seria o caso de um advogado indicado por uma parte para atuar como árbitro, sendo que esse advogado atuou recentemente como patrono da parte que

---

[40] Op. cit. p. 39.

[41] Cf. Christoph FABIAN, *O Dever de Informar no Direito Civil*, São Paulo: RT, 2002, p. 155.

[42] Nosso O dever de revelação do árbitro, o conceito de dúvida justificada", Revista de Arbitragem e Mediação (RArb) n.º 36, p. 243/244, 2013.

[43] Op. cit. p. 244.

ora o indica como árbitro.[44] Poderiam representar os casos apontados na lista vermelha das diretrizes da IBA.

O conflito de interesses é gerado no campo de incompatibilidades de atividades distintas e paralelas, que passam a alterar seu rumo linear. Neste momento se entrelaçam e se chocam (existência de conflitos). Passa a ser incompatível a cumulação das duas atividades. Por ser incompatível, passa a ser excludente (pode exercer uma ou outra atividade, vedando-se a cumulatividade de tarefas).

Por exemplo, seria o caso de um advogado (ou a sociedade de advogados que integra) atuar em processo judicial em que uma das partes naquele processo é parte na arbitragem. Ele não poderá ser árbitro, salvo, evidentemente, se as partes, cientes de tal fato, opinarem por mantê-lo como árbitro (princípio "ciência-anuência").[45]

A atividade preponderante de um árbitro pode ser atuar como advogado, professor, consultor, parecerista etc.[46] Essa dualidade de atividades (advogado/árbitro) poderá representar a existência de riscos de conflito de interesses que se verificam com mais constância do que ocorria com magistrados, por exemplo, devido às limitações impostas ao exercício de atividades fora da judicatura.[47]

O conflito de interesses é significativo quando representa uma ameaça real e efetiva e quanto a ser suscetível de exercer influência sobre o agente investido de um interesse superior, que se vê ameaçado de se desviar de seu dever. No caso do árbitro nessa situação, não existiria a independência e a imparcialidade exigidas e compatíveis com a missão de árbitro.

Esse caráter significativo pode ser definido ou declarado por uma convenção, caso a caso pelo julgador (juiz ou comitê de avaliação de impugnação de árbitros instituída no âmbito das arbitragens institucionalizadas, bem como pelo tribunal arbitral no caso de arbitragem *ad hoc*),[48] seja objetivamente pela lei ou por um sistema de referências.[49]

---

[44] Não obstante o caráter teratológico da situação, reporta-se o julgado do Tribunal de Justiça de Minas Gerais, que afastou a cláusula compromissória inserida em contrato, cuja redação contou com a assessoria de escritório de advocacia, que indicou na cláusula compromissória serem os litígios dele decorrentes dirimidos por árbitra advogada integrante da própria banca de advocacia. Há, no caso, nítido conflito de interesses. Consoante acentua Mariana Cattel Gomes ALVES "é inequívoca a falta de imparcialidade da árbitra indicada na cláusula compromissória" e " não se admite que árbitro aprecie conflito no qual atuou como advogado da parte". (TJMG, Agravo de Instrumento n. 0561669-7202014.8.13.0000, 14.º C.C., Des. Relator Marco Aurelio FERENZINI, j. 22.01.2015. ALVES, Mariana Cattel Gomes, "Arbitragem. Conflito de Interesses. Contrato de prestação de serviços de assessoria jurídica. Árbitro eleito na cláusula compromissória". RBA, n.º 49, jan./mar./2016, p. 127/139).

[45] Quanto ao princípio "ciência-anuência" verificar ALVES, Rafael Francisco. A imparcialidade... cit., p. 109-126.

[46] O mesmo se aplica para outras profissões, tais como engenheiro, peritos contadores que atuam em várias áreas, como consultores, peritos e árbitros.

[47] Cf. Yves REINHARD, "Arbitrage et conflits d´intérêts", *In: Les conflicts d´interêsts, Association Henri Capitant, Journées Nationales, Tome XVII/Lyon*, Paris: Dalloz, 2013, p. 93.

[48] Cf. nosso "O procedimento de impugnação e recusa de árbitro, como sistema de controle quanto à independência e a imparcialidade do julgador", RArb, n.º 50, 369/386, 2016.

[49] MEKKI, Mustapha, op. cit., p. 11.

Genericamente, pode-se dizer que o conflito de interesses expressa-se em um julgamento de valores[50] e estão vinculados a necessidades práticas de boas condutas e não apenas a questionamentos teóricos.

O conflito de interesses pode ser gerado não apenas pelo árbitro e sua situação profissional, mas também por aqueles que lhes são próximos (cônjuges, ascendentes e descendentes).[51]

Considerando que o elemento factual é o que se destaca e releva analisar caso a caso, *in concreto*, é impossível supor a elaboração de normatização a respeito, quanto a situações que representariam conflito de interesses com o ato de julgar (árbitro).

Como dito acima, a expressão "dúvida justificada" prevista no art. 14, § 1.º, da LArb,[52] tem em seu âmago a verificação da eventual existência de conflito de interesses. O conflito de interesses é justificado e, portanto existente, quando for significativo, substancial e efetivo, a gerar incompatibilidade com a missão do árbitro e o cumprimento do objeto do contrato de investidura: o ato de julgar.

O dever de revelar do árbitro é um instrumento para prevenir riscos de conflitos de interesses. O árbitro deve fazer um juízo de consciência, após aferir os fatos que poderiam suscitar dúvidas quanto à sua independência e imparcialidade. Seria tal fato realmente relevante a consubstanciar um conflito de interesses? Poderia fazer a si as perguntas: se fosse parte gostaria de conhecer tal fato? A jurisprudência estrangeira utiliza os denominados "testes de prova", entre estes, o da verificação dos fatos na visão de um terceiro razoável.[53] Muitas vezes os Códigos de Conduta e as Diretrizes elaboradas pela IBA em 2004 e revistas em 2014 podem servir como um referencial (e não como uma norma) para verificar e aquilatar se a situação em questão deve ser revelada e dar-lhe a transparência necessária (dever de informar), notando também que o fundamento dessa transparência necessária se pauta na confiança, presente no contrato de investidura e na ética da arbitragem.[54]

---

[50] Op. cit., p. 17.

[51] Observe-se que o Novo Código de Processo Civil – NCPC ampliou significativamente os motivos de impedimentos e suspeições para os juízes (arts. 144 e 145), anteriormente regulados nos arts. 134 e 135 do CPC de 1973. É indubitável que a interpretação desses dispositivos por extensão do art. 14 da LArb., deve ser efetuada com moderação e bom senso, pois as partes podem afastar algumas das hipóteses contempladas no NCPC. Além disso, algumas das extensões preconizadas nos mencionados artigos do NCPC são impróprias à arbitragem e se mostram de difícil operacionalização, como, por exemplo, ter o árbitro de revelar os clientes do escritório de advocacia que um parente seu até terceiro grau exerce a advocacia (art. 144, VIII) e, sem mencionar ainda a existência de óbices legais (Estatuto da Advocacia, Lei n.º 8.906/94, art. 33 e o Código de Ética e Disciplina, art. 33, IV).

[52] Art. 14, § 1º da LArb: "As pessoas indicadas para funcionar como árbitro têm o dever de revelar, antes da aceitação da função, qualquer fato que denote dúvida justificada quanto à sua imparcialidade e independência." O dever de revelar perdura durante todo o procedimento arbitral ocorrendo fato posterior que o justifique.

[53] CAVALIERI, Thamar, "Imparcialidade na arbitragem", RArb, n.º 41, abr./jun./2014, p. 153/166.

[54] AYNÉS, Laurent " L´éthique du droit de l´arbitrage", L´*éthique du droit des l´affaires*, Paris: Pierri TÉQUI Éditeur, 2008, p. 57. MAGALHÃES, José Carlos, "A ética na Arbitragem", *Revista Direito*

III-2. Princípios da boa-fé, da confiança e da lealdade e o agir em interesse de outrem

Ao propor estudo fundado na materialidade da relação jurídica subjacente e no critério do *interesse estruturante* de diversas relações obrigacionais sob a ótica do mandamento geral pela boa-fé, Judith Martins-Costa adota a distinção entre o agir no interesse próprio (*mea res agitur*), no interesse de outrem (*tua res agitur*) ou no interesse comum, suprapessoal (*nostra res agitur*).[55] Para o caso do contrato de investidura, interessa-nos neste estudo o agir em interesse de outrem (*tua res agitur*).

Mustapha Mekki ao analisar o conflito de interesses efetua também três distinções de agentes que atuam na tutela de interesses de terceiros:

> o conflito de interesses é definido como uma situação de interferência entre o interesse confiado a uma pessoa em virtude *de um poder que lhe foi delegado*, de *uma missão de árbitro que lhe foi atribuída* e de *uma função de avaliador que lhe foi confiada* e outro interesse público ou privado, direto ou indireto, que possa influenciar ou parecer influenciar o exercício leal de sua missão[56-57] (tradução livre; grifos nossos).

---

aoPonto,12.07.2013,disponívelem:http://direitoaoponto.com.br/a-etica-na-arbitragem/.Gilberto de Mello KUJAWSKI, reportando-se aos ensinamentos de Ortega y Gasset aduz que "(...)a vida é intrinsecamente moral. Como tenho que justificar a cada passo o que estou fazendo, inclusive ao falar e ao escrever, a ética não consiste em algo acrescido de fora ao que eu faço, e sim numa exigência vital constitutiva da minha própria vida para que ela não se falsifique, mas fique em verdade consigo mesma. Vida é responsabilidade, e esta é a substância da moral". (KUJAWSKI Gilberto de Mello. *O sentido da vida*, São Paulo: Gaia, 2010, p. 23). "Só podemos julgar moralmente uma conduta quando podemos reconhecê-la como portadora de um sentido ético. Uma conduta passível de avaliação moral é a que se deixa exprimir por meio de proposições éticas" (COSTA, Jurandir Freire. *A ética e o espelho da cultura*, Rio de Janeiro: Rocco, p. 19, 1994).

[55] MARTINS-COSTA, Judith, *A boa-fé no direito privado*. São Paulo: Marciel Pons, 2015, p. 322.

[56] MEKKI, Mustapha, op. cit., p. 19/20.

[57] *A latere*, quanto ao conflito de interesses envolvendo um poder delegado, digno de nota é a abordagem na legislação societária, muito provavelmente a área em que o conflito de interesses é mais estudado e analisado. Luiz Felipe SPINELLI define o conflito de interesse na administração da sociedade anônima como sendo: "um conflito de interesses intersubjetivo, abarcado pelo *duty of loyalty*, que ocorre quando da tomada de uma decisão de gestão, a qual é influenciada por ter o administrador interesse pessoal contraposto ao interesse da sociedade. Em outras palavras, há confronto de interesses em sentido estrito (...) na administração da sociedade anônima quando o gestor, de posse de informações do ente coletivo, utilizar de sua posição e, tendo interesse particular que influencia de modo determinante algum ato decisório (de competência individual dele ou colegiada – mas do qual ele participa), acaba por auferir vantagem (de modo doloso ou culposo – nos termos do art.158, I e II, da Lei 6.404/1976 –, sendo este último mais raro) em detrimento da companhia." (SPINELLI, Luiz Felipe. *Conflito de interesses na administração da sociedade anônima*, São Paulo: Malheiros, 2012, p. 137.) Também Dominique SCHIMIDT define o conflito de interesses no âmbito societário de forma genérica como sendo "toda situação que um acionista ou dirigente escolhe em exercer seus direitos e poderes em violação de um interesse comum, seja para satisfazer um interesse pessoal exterior à sociedade, seja por conceder na sociedade uma vantagem em prejuízo dos outros acionistas" (SCHIMIDT, Dominique. *Les conflits d'intérêts dans la société anonyme*, Paris: Joly, 2004, p. 31). (tradução livre). Note-se, também, que os efeitos do conflito de

Apesar de a atividade do árbitro não se classificar como uma profissão, não há dúvida que ao ser investido de uma atividade específica e pontual e, por decorrência das características do contrato de investidura, contrato de arbitrar (*receptum arbitrii*), exerce um ofício eventual, uma função ou missão. Ao se referir ao contrato de investidura do árbitro Judith Martins-Costa adverte, tal como anteriormente salientado, que "os requisitos subjetivos do contrato (independência e imparcialidade) explicam as especificidades da feição assumida no contrato de investidura pelo princípio da boa-fé, bem como a gama de deveres anexos decorrentes do princípio. Nessa figura contratual, há superposição entre confiança e boa-fé, que amalgamada estão no núcleo do contrato."[58]

O princípio da lealdade[59] está na essência do conceito de conflito de interesses e, no que toca à arbitragem, encontra-se entrelaçado com o dever de revelar,[60] haja vista a sua natureza contratual. É a lealdade na acepção de confiança na confiança dos outro, antes mencionada. O árbitro na missão de julgar, não pode se encontrar em conflito de interesses, pois estes redundarão na ausência de imparcialidade e também na ausência de independência, que é um pré-requisito daquela (imparcialidade). Estará irregular a sua missão para arbitrar, pois não reúne os pressupostos para isso.

III-3. A peculiaridade do princípio da lealdade para o árbitro e o contrato de investidura

Na área da arbitragem, como dito acima, o princípio da lealdade ínsito ao dever de revelar e de evitar conflito de interesses tem sua matriz no aspecto contratual do instituto. Mas o princípio da lealdade não se projeta exatamente do mesmo modo no seu objeto – ato de julgar –, pois nesta fase o árbitro atua na função de julgador e está adstrito ao princípio

---

interesses no direito de voto do acionista e os interesses da companhia regulado no art. 115, § 1.º da Lei n. 6.404/76, têm propiciando a difusão de ampla doutrina e jurisprudência sobre o tema. À parte das peculiaridades existentes, distingue-se o "conflito de interesses formal" e o "conflito de interesses material". Neste sentido esclarece Otávio YASBEK: "Isso porque, no tema sob análise, não há como negar razoabilidade a qualquer das duas correntes existentes. E ambas apresentam também suas falhas. Em linhas muito gerais, aqueles que defendem o chamado "conflito formal", em que há vedação pura e simples, apriorística, do voto em caso de conflito de interesses, por um lado se apoiam no texto legal e sustentam uma determinada política, de cunho profilático, mas por outro assumem determinados riscos decorrentes de sua interpretação. Já aqueles que defendem o "conflito material", sustentando que não se pode, *ex ante*, identificar o conflito e impedir o voto do acionista, apoiam-se no pragmatismo de sua posição, mas acabam por deixar de lado outras questões de relevo, inclusive no que tange à sua forma de aproximação do texto legal." Observa o citado autor que a posição dominante na CVM é a de acolher o conflito de interesses formal. (Voto do Diretor Otávio YASBEK, 09.09.2010, CVM. Processo administrativo n.º RJ 2009-13179. Decisão do Colegiado. Consulta sobre o impedimento de voto do acionista controlador na assembleia que deliberar sobre transação com parte relacionada à companhia. Disponível em http://www.cvm. gov.br/decisoes/2010/20100909_R1/20100909_D09.html)

[58] Op. cit. p. 339.
[59] Cf. MEKKI, Mustapha, op. cit., p. 17.
[60] Art. 14, § 1.º da Lei n.º 9.307/96.

da imparcialidade, como todo juiz ou árbitro.[61] O árbitro não defende o interesse da parte que o indicou. O árbitro é árbitro das partes, inclusive da parte que não o indicou. A independência e a imparcialidade ínsitos ao ato de julgar não permite aplicar o conceito da lealdade, tal como acima mencionado, nesta fase da arbitragem. Assim é que a lealdade está vinculada à sua indicação como árbitro, ao dever de revelar e não ao ato de julgar. Esta distinção quanto à aplicação do princípio da lealdade é importante e peculiar ao conceito do contrato de investidura. Vale dizer, a lealdade não se projeta diretamente no ato de julgar, mas é uma condição que deve estar presente ao aceitar a missão para atuar como árbitro.

Ao se referir especificamente ao conflito de interesses e a missão de julgar do juiz e do árbitro, bem como envolvendo as especificidades da missão do mediador e do conciliador, acentua Mustapha Mekki: "muitas vezes estaremos diante de uma questão de imparcialidade, mas a ideia em tela de fundo, talvez esteja vinculada à noção mais geral de conflito de interesses"[62] (tradução livre).

Ao se conceituar uma situação geradora de conflito de interesses, esta se traduz em um parâmetro para impedir a investidura de um árbitro que pode não ser imparcial e independente. A classificação de um vínculo como gerador de conflito de interesses é um meio para se atingir um fim: impedir a parcialidade do julgador.

O dever de revelar (dever de informar) do árbitro é um instrumento que serve para dar transparência à idoneidade de sua conduta. Um provável árbitro pode estar em dúvida se um fato é relevante a ponto de merecer uma revelação ou mesmo sabendo não ser um fato impeditivo para atuar, julga adequado revelá-los. Esse comportamento, muitas vezes, fortificará a legitimidade dos atos do árbitro e fará crescer ainda mais a confiança das partes na sua imparcialidade e independência.[63] A confiança que as partes depositam no árbitro é condição essencial do sucesso do instituto da arbitragem.[64] Thomas Clay acentua que o dever de revelação é o seguro de vida da arbitragem.[65]

Quando se menciona o princípio da lealdade vinculado ao dever de revelar verifica-se que este implica uma unidade de comportamento que o conflito de interesses coloca em causa, segundo Joel Moret-Bailly.[66] O princípio da lealdade é um valor fundado no vínculo da confiança, que deve estar presente em todos os vínculos sociais.[67] A lealdade

---

[61] MORET-BAILLY, Joel, op. cit., p. 60/61.

[62] MEKKI Mustapha, op. cit., p. 18.

[63] "Desde que a revelação é efetuada, a confiança entre esse árbitro e as partes se encontrará incontestavelmente reforçada", assevera VAN LEYNSEELE. O citado autor argumenta, também, que o terceiro que descreve lealmente e honestamente as situações que se apresentam ganhará a confiança e a autoridade de bem exercer sua função. (VAN LEYNSEELE, Patrick. "Modes alternatifs de résolution des conflits et conflits d´intérêts: queques principes", *L´avocat et les conflit´s d´ intérêts*. Actes du colloque 18 novembre 2011, Ordre des barreaux francophones et germanophone de Belgique, Limal: Anthemis, 2011, p. 74.)

[64] Op. cit. p. 59.

[65] Cf. CLAY, Thomas. *L'Indépendance... cit.*, p. 218.

[66] Op. cit. p. 54/55.

[67] Op. cit. p. 54/55.

definida como um dever moral, uma norma de comportamento.[68] E também como consectário do princípio da boa-fé.

A aferição e a revelação de um conflito de interesses representam um comportamento jungido a um valor moral (lealdade), que toca a consciência de cada um. Os códigos deontológicos de diversas profissões e atividades fiduciárias, bem como as regras de *compliance* aplicáveis às empresas e ao setor público se incumbem de dispor a respeito.[69] Também, a inclusão de cláusulas sobre conflito de interesses em contratos contribuem para a difusão da cultura da prevenção de conflito de interesses, acentua Mekki.[70]

A gestão do conflito de interesses representa o cerne dos códigos deontológicos.[71] Referidas diretrizes classificam-se como *soft law* e são enaltecidas pelo direito posto,[72] tal como disposto no art. 13, § 6.º, da LArb.[73]

Os pontos acima abordados devem ser complementados com a distinção conceitual entre vínculos de interesses ou interesses comuns e conflito de interesses, a seguir efetuada.

IV. VÍNCULOS DE INTERESSES (OU INTERESSES COMUNS) E CONFLITO DE INTERESSES

Como acentua Joel Moret-Bailly a distinção entre vínculos de interesses e conflitos de interesses é crucial,[74] pois pode existir situação em que haverá vínculos comuns de interesses, mas não conflitos de interesses.

---

[68] Cf. Mustapha MEKKI, *Ibidem*, p. 17. Interessante debate é travado na doutrina francesa quanto à limitação do conceito de lealdade a uma regra moral, pois se poderia conceituá-la como um verdadeiro princípio jurídico. A lealdade seria, portanto, um *standard* jurídico englobando um conjunto de normas de comportamento. (Cf. Catherine PICHÉ, "Définir l´éntendue des tentacules du conflit d´intérêts pour mieux les maîtriser", *In: Les conflicts d' interests, Association Henri Capitant, Journées Nationales, Tome XVII/Lyon*, Paris: Dalloz, 2013, p. 37).

[69] Acentua Augusto HORTAL ALONSO ao abordar sobre a ética e as profissões que "as profissões precisam não apenas de institucionalização, mas também de legitimações, e estas, de uma maneira ou de outra, estarão relacionadas às finalidades da vida humana. Pode-se comparar a ética ao "controle de qualidade" ou à "denominação de origem", aplicadas agora não a um determinado produto, mas aos serviços profissionais." (HORTAL ALONSO, Augusto. Ética das profissões. São Paulo: Loyola, 2006, p. 19. Tradução de LEITE, Silvana Cobucci)" (op. cit. p. 17).

[70] MEKKI, Mustapha, op. cit. p. 26.

[71] Cf. JUBAULT Christian. Les "codes de conduite privés," *Le droit souple*, Journées nationales, tome XIII/ Boulogne-sur-Mer, Paris: Dalloz, 2009, p. 34.

[72] Cf. Mustapha MEKKI, op. cit., p. 24.

[73] "Art. 13, § 6.º No desempenho de sua função, o árbitro deverá proceder com imparcialidade, independência, competência, diligência e discrição." Em estudo pregresso, valendo-nos dos ensinamentos de PECES-BARBA, Gregório *(Ética, poder y derecho – Reflexiones ante el fin de siglo*, Centro de Estudos Constitucionales, Madrid, 1995, p. 156) mencionamos que "o código de ética dos árbitros incorporado ao estatuto arbitral brasileiro é a denominada moralidade legalizada ou positivada, que contrasta com a moralidade crítica, quando ainda mais incorporada ao direito positivo." (LEMES, Selma M. Ferreira, "Dos Árbitros", In: MARTINS, Pedro A. Batista, LEMES, Selma M. Ferreira e CARMONA, Carlos Alberto, *Aspectos Fundamentais da Lei de Arbitragem*, Rio de Janeiro: Forense, 1999, p. 273).

[74] Op. cit. p. 65.

IV-1. Árbitros e advogados das partes

A indicação de um árbitro pressupõe uma capacidade (art. 13 da LArb) e essa capacidade está vinculada a sua idoneidade moral, mas também profissional e que é aquilatada pela comunidade jurídica no ambiente profissional em que vive o árbitro. Seria ilógico e destoaria das características que a lei exige da pessoa investida na condição de árbitro, prever a inexistência de nenhum vínculo entre o árbitro e os advogados das partes. Pretender tratar o árbitro como uma pessoa isolada da sociedade profissional (um ermitão) não permitiria aquilatar a capacidade que a lei determina tenha o árbitro. Não é essa a aplicação a ser conferida à lei no plano fático. O intérprete não pode conduzir a aplicação de um conceito, alheio à realidade em que se insere. Assim é que distinguir vínculo de interesse (ou interesse comum) oriundo de um ambiente profissional comum, com conflito de interesses, que envolve relação de negócios é fundamental.

O vínculo de interesses (ou interesses comuns) e o conflito de interesses devem ser analisados de formas distintas, pois o vínculo de interesse é factual e o conflito de interesse constitui uma qualificação. Pode-se concluir que é possível ter vínculos de interesses sem se vislumbrar uma situação de conflito de interesses.[75]

O árbitro não está isolado da comunidade profissional que integra, como acima mencionado. A dualidade de atividades árbitro e advogado, por exemplo, faz com que o profissional transite em círculos de difusão científica, profira palestras (às vezes cumula também o magistério na qualidade de professor universitário), exare pareceres e opiniões doutrinárias, publique artigos, seja orientador em dissertações e teses de doutoramento, participe de conselhos de entidades culturais etc. O árbitro convive socialmente no mesmo ambiente, frequenta as mesmas festividades natalinas, participa de lançamento de livros em que toda a comunidade jurídica se faz presente, inclusive com obras coletivas nas quais participam árbitro e advogado de parte etc.. Nestas situações não se pode dizer que haja conflito de interesses entre o árbitro e os advogados das partes que compartilham os mesmos círculos, pois, como mencionado, o que faz o advogado aconselhar seu cliente sobre a indicação de um árbitro é justamente experiência profissional do árbitro, sua notoriedade, credibilidade, lisura de comportamento, capacidade de agir com total independência e imparcialidade, solucionando a controvérsia de acordo com sua consciência, sopesando as provas produzidas, a Lei e o Direito.

Existe, portanto, uma justificativa racional calcada no princípio da razoabilidade e também fundada especialmente na confiança de que aquele árbitro terá condições de julgar a controvérsia pelos seus atributos pessoais e intelectuais. Portanto, não se pode dizer que a indicação reiterada de um mesmo árbitro por um advogado para casos com partes e relações jurídicas diferentes haja conflito de interesses.

O que se verifica, a teor do acima mencionado, é a existência de vínculo de interesses ou interesses comuns por compartilharem o mesmo ambiente profissional, por serem operadores do direito, especialmente por considerar que atuar como árbitro representa

---

[75] Op. cit. p. 68.

uma missão, um encargo para solucionar a controvérsia e essa missão é temporária, pois o árbitro exerce outras ocupações decorrentes da sua profissão e que são suas fontes de remuneração. São muito poucos os árbitros que atuam exclusivamente como árbitros. Reitere-se, estaremos diante de vínculos de interesses que não representam impedimentos para indicar um árbitro e não há falar em conflitos de interesses.

O que poderá gerar conflitos de interesses entre árbitros e advogados das partes, por exemplo, seria uma relação em que o mesmo árbitro fosse sempre indicado pela mesma parte ou pelo mesmo advogado em casos idênticos, bem como não haver revelação do árbitro a respeito ou ser a revelação insuficiente para que a outra parte possa avaliar a situação presente e aferir se haveria ou não conflito de interesses, para, se for o caso, apresentar impugnação do árbitro.

Outro exemplo seria o caso de um professor cuja atividade profissional também é de exarar pareceres. O fato de emitir opiniões doutrinárias para clientes de um advogado não o incompatibiliza como árbitro em relação que não esteja vinculada ao parecer que exarou ou para outros clientes do advogado, pois entre o árbitro (professor que elabora pareceres) e o advogado existe um vínculo de interesses ou interesses comuns, e não um conflito de interesses. O mesmo se verifica entre árbitros e peritos indicados para efetuar perícias em procedimentos arbitrais.

Portanto, conclui-se que o impedimento para atuar como árbitro está calcado no conflito de interesses (que redunda na falta de imparcialidade e independência para julgar) e não no vínculo de interesses ou interesses comuns inerentes àqueles que convivem num mesmo ambiente profissional.

Aduz Moret-Bailly que:

> [...] podemos assim estimar que não se trata de exigir dos árbitros que eles não tenham nenhum vínculo com as partes ou com seus conselheiros que os nomeiam. Nós chegaríamos a um resultado absurdo, contrário ao princípio mesmo da arbitragem: aquele que repousa na confiança das partes, a qual é necessariamente nutrida pela experiência [do árbitro][76] (tradução livre).

V. JURISPRUDÊNCIA FRANCESA. CONFLITO DE INTERESSES E DEPENDÊNCIA ECONÔMICA ("NEGÓCIOS CORRENTES")

A jurisprudência francesa classifica a situação de um árbitro frequentemente indicado pelas mesmas partes para decidir matérias similares como "negócios correntes" (*courant d´affaires*) entre o árbitro e as partes ou entre o árbitro e o advogado. Haveria no caso nítido conflito de interesses, haja vista a dependência econômica gerada na relação e vínculo entre as partes, o advogado que reiteradamente indica o árbitro para decidir matéria com a mesma base contratual.

---

[76] Cf. MORET-BAILLY, Joel. p. 67.

Essa jurisprudência se refere à designação sistemática do mesmo árbitro, em casos similares e por empresas do mesmo grupo econômico. Os exemplos paradigmáticos são os casos em que o árbitro foi indicado 34 vezes e no outro 51 vezes. Os árbitros ao prestarem as declarações de independência informaram de forma lacônica a participação em arbitragens anteriores do mesmo grupo econômico e em contratos similares. No primeiro caso houve a revelação que "havia atuado em várias arbitragens do grupo" e no outro caso o árbitro afirmava ser "regularmente designado pelo grupo". Nos citados precedentes a Corte de Cassação fixou entendimento fundado nas seguintes características para classificar a existência de *courant d'affaires* e o dever de prestar informação adequada:

> [...] a característica sistemática da designação de uma mesma pessoa efetuada pela sociedade de um mesmo grupo, sua frequência e regularidade em longo período de tempo referente a contratos similares, criou as condições de um negócio corrente [*courant d'affaires*] entre essa pessoa e as sociedades integrantes do grupo partes no processo, de sorte que o árbitro tem que revelar a integralidade dessa situação à outra parte para que possa propiciar o exercício de seu direito de recusa (tradução livre).[77]

Yves Reinhard observa que a independência não pode se acomodar com os negócios. A obrigação de revelação deve ser integral e desde que reúnam as quatro condições que caracterizariam um negócio corrente: a) uma designação sistemática, frequente e regular; b) por uma sociedade do mesmo grupo; c) por longo período de tempo; e d) referente a contratos similares.[78]

Enfim, o que se observa desses precedentes extremos da jurisprudência francesa, no que concerne ao conflito de interesses, a necessidade de se verificar quanto aos atos indicados, como dito anteriormente, *o modo como foi exercido, a natureza e a frequência*.[79] Outra conclusão que deflui dos julgados franceses, *a contrario sensu*, é que diante da inexistência daqueles conjunto de requisitos não há conflito de interesses.

Note-se também que os fatos relatados nos precedentes franceses representam situações absolutamente atípicas no mundo arbitral, pois os árbitros ao verificarem a coincidência de matérias tratadas e se referirem às mesmas partes, recusam a indicação, ou, se for o caso de entender que há peculiaridades distintas efetuam a revelação e prestam os esclarecimentos complementares solicitados pelas partes.

VI. CONCLUSÃO

É da relação peculiar decorrente do contrato de investidura que deflui a necessidade de se aferir a inexistência de conflito de interesses, tal como acima analisado. É indubitável que a questão sobre conflito de interesses do árbitro e sua verificação diante

---

[77] Cf. REINHARD Yves. "Arbitrage et conflits d´intérêts", In: *Les conflicts d' interests, Association Henri Capitant, Journées Nationales, Tome XVII/Lyon*, Paris: Dalloz, 2013, p. 95.

[78] Op. cit. p. 95.

[79] Daniel Cohen, p. 614.

de uma indicação para atuar, deve ser analisada caso a caso. O tema envolve as infinitas variações das relações humanas, conflituosas e intersubjetivas.

Como asseverado, a matéria integra a ética da arbitragem e está regulada na LArb, seja no que se refere aos atributos para atuar como árbitro (art. 13, § 6.º), seja no dever de revelar situações que possam constituir dúvidas justificadas (14, § 1.º), que o impediria de atuar como árbitro.

Enfim, aquele terceiro que recebe das partes a atribuição de julgar uma controvérsia deve ser um bom árbitro (competente). Mas também um árbitro bom (ético) e, para isso, a verificação da inexistência de conflito de interesses é questão indispensável.

PROCEDIMENTO ARBITRAL

PROVAS
NA ARBITRAGEM

FERNANDO EDUARDO SEREC

Sumário: I. Introdução – II. Garantias constitucionais atinentes à prova – III. As provas na Lei de Arbitragem – IV. Provas no Código de Processo Civil – Princípios aplicáveis à arbitragem – V. Provas nos regulamentos das instituições arbitrais – VI. *Soft law* e a produção de provas – VII. Valoração das provas – VIII. Produção de documentos – IX. Provas testemunhais e oitiva dos representantes das partes – X. Perícias – XI. Decisões judiciais relacionadas à produção de provas em arbitragem – XII. Conclusão.

I. INTRODUÇÃO

Neste artigo discorrerei sobre as questões constitucionais e infraconstitucionais que regulam a questão de produção de provas na arbitragem, além de citar alguns casos práticos recolhidos ao longo da minha prática.

Trata-se, sem dúvida, de assunto complexo que ganha maior relevo com o aumento do número de arbitragens e a participação de profissionais com formações e origens diversas, inclusive territoriais.

Além disso, o tema é ainda mais instigante em função de toda a flexibilidade que o processo arbitral permite. De fato, em se tratando de processo que se baliza pela autonomia privada e liberdade de definição de regras procedimentais, maior dimensão ganha a questão da produção de provas.

II. GARANTIAS CONSTITUCIONAIS ATINENTES À PROVA

A Constituição Federal brasileira, de 05.10.1988, traz no art. 5.º, incisos LIV, LV e LVI, garantias que se relacionam com o direito à produção de provas.

O inciso LIV trata do devido processo legal, o LV trata da preservação do contraditório e da ampla defesa em processos judiciais e administrativos, não há dúvida que também aplicável à arbitragem e, por fim, o LVI trata da proibição da prova ilegalmente obtida.

O princípio do devido processo legal assegura a todos o direito a um processo justo com todas as fases previstas em lei. Como se vê não se trata de um conceito que se esgota em si mesmo. É abstrato, como escreveu Eduardo Parente[1], precisa ser integrado por regras que o tornem objetivo.

Com relação ao princípio do contraditório e da ampla defesa, como afirma Vicente Greco Filho[2], ele se efetiva desde que assegurados: a) a citação ou intimação válida; b) a oportunidade de se contrariar o pedido inicial; c) a produção de provas e de manifestação quanto à prova produzida pela outra parte; d) a presença ou oportunidade de presença em todos os atos processuais orais e; finalmente e) a oportunidade de recurso.

Tanto o *due process of law* quanto o princípio do contraditório e ampla defesa fornecem proteção para que as partes numa arbitragem possam requerer a produção das provas necessárias, úteis e admitidas legalmente para suportar suas alegações.

No que concerne à proibição da utilização de prova ilegalmente obtida, parece um conceito já contido em seu próprio enunciado, são aquelas obtidas em desrespeito ao direito material[3].

Provavelmente outros princípios e garantias constitucionais poderiam ser trazidos aqui como relacionados à produção de provas em arbitragem, como, por exemplo, o princípio da igualdade. No caso específico das provas, o julgador deve dar tratamento e oportunidades iguais para que as partes possam apresentar e contestar as provas produzidas no curso do processo.

---

[1] CONJUR – Eduardo de Albuquerque Parente – Princípios Constitucionais Integram Processo Arbitral.

Entendo que o conceito de devido processo legal não se sustenta sozinho, que ele não possui sentido concreto. Muito ao contrário; é abstrato, enquanto não preenchido pela lei. Em outras palavras, o princípio do devido processo legal deve ser integrado por regras e princípios processuais que lhe deem sentido objetivo. Se por um lado podemos dizer que os princípios constitucionais da ampla defesa e do contraditório fazem parte de um conceito largo de devido processo legal – conforme a Constituição Federal –, por outro cremos ser na lei que o princípio do devido processo legal atinge o seu alcance efetivo. O que significa que todo processo é regrado por institutos que dão concretude também à própria ideia de ampla defesa e contraditório e, assim, consequentemente, de devido processo legal.

[2] GRECO FILHO, Vicente. *Direito processual civil brasileiro*. 11. ed. atual. São Paulo: Saraiva, 1996. v. 2, p. 90. "O contraditório se efetiva assegurando-se os seguintes elementos: a) o conhecimento da demanda por meio de ato formal de citação; b) a oportunidade, em prazo razoável, de se contrariar o pedido inicial; c) a oportunidade de produzir prova e se manifestar sobre a prova produzida pelo adversário; d) a oportunidade de estar presente a todos os atos processuais orais, fazendo consignar as observações que desejar; e) a oportunidade de recorrer da decisão desfavorável".

[3] PELLEGRINI, Ada. *As nulidades no processo penal*. 6. ed. São Paulo: Saraiva, 1996: "aquela colhida com infringência às normas ou princípios colocados pela Constituição e pelas leis, frequentemente para a proteção das liberdades públicas e, especialmente, dos direitos de personalidade e mais especificamente do direito à intimidade".

O processo arbitral no Brasil está formalmente vinculado a tais princípios e o desrespeito a qualquer deles acarretará necessariamente a nulidade da sentença arbitral.

III. AS PROVAS NA LEI DE ARBITRAGEM

Antes de iniciar este tópico, é conveniente reprisar que a arbitragem é meio de resolução de conflito privado que se baseia na liberdade de convenção das partes, particularmente no que tange ao regramento do procedimento. Desta forma, a liberdade de definição de formas de prova é ampla.

Sendo assim, não haveria necessidade de a lei de arbitragem regular de forma mais detalhada a produção de provas. A despeito disso, a Lei de Arbitragem regulou em seus arts. 21, 22 e 32 questões também atinentes à produção de provas.

O art. 21[4], particularmente o § 2.º, menciona que os princípios do contraditório, da igualdade de partes, da imparcialidade do árbitro e de seu livre convencimento deverão ser sempre respeitados.

Já o art. 22[5] da Lei é ainda mais específico no que concerne à produção de provas ao mencionar a possibilidade do tribunal arbitral em tomar depoimentos das partes, ouvir testemunhas, determinar perícias e deferir ou requisitar outras provas que julgue necessárias. Neste aspecto, Selma Lemes, Pedro Batista Martins e Carlos Alberto Carmona, corretamente a meu ver, preferiram seguir a Lei Modelo Uncitral, Artigo 19 (2)[6], que trata a determinação da produção provas como parte da prerrogativa do Tribunal Arbitral de estabelecer as regras do procedimento como bem entender. Aliás, a genialidade do texto

---

[4] Art. 21. A arbitragem obedecerá ao procedimento estabelecido pelas partes na convenção de arbitragem, que poderá reportar-se às regras de um órgão arbitral institucional ou entidade especializada, facultando-se, ainda, às partes delegar ao próprio árbitro, ou ao tribunal arbitral, regular o procedimento.

§ 2.º Serão, sempre, respeitados no procedimento arbitral os princípios do contraditório, da igualdade das partes, da imparcialidade do árbitro e de seu livre convencimento.

[5] Art. 22. Poderá o árbitro ou o tribunal arbitral tomar o depoimento das partes, ouvir testemunhas e determinar a realização de perícias ou outras provas que julgar necessárias, mediante requerimento das partes ou de ofício.

§ 1.º O depoimento das partes e das testemunhas será tomado em local, dia e hora previamente comunicados, por escrito, e reduzido a termo, assinado pelo depoente, ou a seu rogo, e pelos árbitros.

§ 2.º Em caso de desatendimento, sem justa causa, da convocação para prestar depoimento pessoal, o árbitro ou o tribunal arbitral levará em consideração o comportamento da parte faltosa, ao proferir sua sentença; se a ausência for de testemunha, nas mesmas circunstâncias, poderá o árbitro ou o presidente do tribunal arbitral requerer à autoridade judiciária que conduza a testemunha renitente, comprovando a existência da convenção de arbitragem.

[6] "(2) Failing such agreement, the Tribunal may, subject to the provisions of this Law, conduct the arbitration in such a manner as it considers appropriate. The power conferred upon the arbitral tribunal includes the power to determine the admissibility, relevance, materiality and weight of any evidence."

de nossa Lei de Arbitragem está exatamente na ausência de regramentos excessivos como, por exemplo, no tratamento igualitário dado às arbitragens locais e internacionais, sem as divisões desnecessárias de normas sobre arbitragens internacionais e locais.

Percebe-se também, pelo teor do artigo que os autores da Lei preferiram não adotar o modelo da Lei de Arbitragem Voluntária Portuguesa de 1986 que menciona em seu art. 18 que na arbitragem serão admitidos todos os meios de provas admitidos na lei processual.

Por fim, o art. 32[7], dedicado à lista de possíveis nulidades da sentença arbitral, menciona em seu inciso VII o desrespeito ao contraditório, igualdade de tratamento das partes, da imparcialidade e livre convencimento dos árbitros.

IV. PROVAS NO CÓDIGO DE PROCESSO CIVIL – PRINCÍPIOS APLICÁVEIS À ARBITRAGEM

Um *disclaimer* inicial ou ressalva importante (para os que não suportam angli-cismos), antes de tocar neste tópico. Não se está afirmando neste artigo, tampouco se propondo, que o Código de Processo Civil regule a matéria concernente à prova também no processo arbitral.

Entendo, como a maioria dos advogados que militam na área, que não se deve "pro-cessualizar" a arbitragem ou torná-la extremamente formal e que a aplicação do Código de Processo Civil é absolutamente subsidiária no processo arbitral.

Seria um contrassenso engessar o procedimento arbitral com regras restritivas de procedimento.

A flexibilidade é a tônica na arbitragem, mas o processo arbitral não é descontrola-do ou arbitrário, conforme menciona Carlos Alberto Carmona[8], as regras da instituição (quando a arbitragem for institucional) e as disposições acordadas entre as partes devem ser seguidas. No que concerne à prova, há uma flexibilidade organizada e os parâmetros dos arts. 21 e 22 da Lei da Arbitragem (que consagram os princípios do devido processo legal, do contraditório e da ampla defesa) devem ser observados.

---

[7] Art. 32. É nula a sentença arbitral se:

VIII – forem desrespeitados os princípios de que trata o art. 21, § 2.º, desta Lei.

[8] CARMONA, Carlos Alberto. Duas palavras sobre o procedimento arbitral. Disponível em: http://www.mrtc.com.br>. Em síntese, a processualização da arbitragem, o engessamento do procedimento arbitral e o formalismo exagerado são males que precisam ser evitados. Isto não quer dizer que o processo arbitral seja descontrolado ou arbitrário (e o art. 21, § 2.º, da Lei de Arbitragem mostra que existem princípios que não podem ser desrespeitados). Mas é preciso entender que o árbitro, tendo obrigação de fornecer às partes um excelente trabalho, no que diz respeito à solução do litígio que lhe for submetido para decisão, deve ter necessariamente a possibilidade de flexibilizar até mesmo as normas regulamentares escolhidas pelas partes, de tal sorte que o processo e seus cânones não destruam as grandes vantagens clássicas da arbitragem, entre elas a celeridade".

José Emilio Nunes Pinto[9] assevera com correção que as disposições do Código de Processo Civil não se aplicam mandatoriamente à arbitragem.

Nessa linha, o princípio constitucional da igualdade de tratamento pelo julgador, privado ou togado, que também se relaciona com a produção de provas, está assegurado no art. 139[10] do Código de Processo Civil.

Também o princípio da amplitude quanto aos meios de prova encontra-se estampado no texto do art. 369[11] do Código de Processo Civil e por sua vez também permeia a arbitragem.

O art. 370[12] também inculpe o princípio de que a prova é destinada ao julgador e a ele cabe determinar quais evidências são relevantes para o julgamento de mérito. Entretanto, a decisão sobre as provas, em especial, eventual recusa, deverá ser devidamente fundamentada e somente terá vez quando o requerimento se referir a provas inúteis ou meramente protelatórias.

Outra regra que poderá ter aplicação prática na arbitragem é o da prova emprestada, mencionada no art. 372[13].

A questão do ônus da prova, mencionada no art. 373[14] do Código de Processo Civil, tem aplicação subsidiária e entendo existir maior flexibilidade nas arbitragens com relação a eventual transferência do ônus probatório.

---

[9]   NUNES PINTO, José Emilio. As disposições do Código de Processo Civil não se aplicam mandatoriamente à arbitragem. Ao contrário, o procedimento arbitral não pode e não deve abrir mão dos princípios, estes, sim, do processo civil.

[10] Art. 139. O juiz dirigirá o processo conforme as disposições deste Código, incumbindo-lhe:
I – assegurar às partes igualdade de tratamento;

[11] Art. 369. As partes têm o direito de empregar todos os meios legais, bem como os moralmente legítimos, ainda que não especificados neste Código, para provar a verdade dos fatos em que se funda o pedido ou a defesa e influir eficazmente na convicção do juiz.

[12] Art. 370. Caberá ao juiz, de ofício ou a requerimento da parte, determinar as provas necessárias ao julgamento do mérito.
Parágrafo único. O juiz indeferirá, em decisão fundamentada, as diligências inúteis ou meramente protelatórias.

[13] Art. 372. O juiz poderá admitir a utilização de prova produzida em outro processo, atribuindo-lhe o valor que considerar adequado, observado o contraditório.

[14] Art. 373. O ônus da prova incumbe:
I – ao autor, quanto ao fato constitutivo de seu direito;
II – ao réu, quanto à existência de fato impeditivo, modificativo ou extintivo do direito do autor.
§ 1.º Nos casos previstos em lei ou diante de peculiaridades da causa relacionadas à impossibilidade ou à excessiva dificuldade de cumprir o encargo nos termos do caput ou à maior facilidade de obtenção da prova do fato contrário, poderá o juiz atribuir o ônus da prova de modo diverso, desde que o faça por decisão fundamentada, caso em que deverá dar à parte a oportunidade de se desincumbir do ônus que lhe foi atribuído.
§ 2.º A decisão prevista no § 1.º deste artigo não pode gerar situação em que a desincumbência do encargo pela parte seja impossível ou excessivamente difícil.

Também são plenamente utilizáveis em arbitragem as presunções e a desnecessidade de prova mencionados no art. 374 do Código de Processo Civil. Assim, os fatos notórios, aqueles afirmados por uma parte e confessados pela outra, admitidos no curso do processo como incontroversos ou em cujo favor milita presunção legal de existência ou de veracidade.

Neste mesmo diapasão também se persegue na arbitragem o atendimento aos princípios da atuação de boa-fé e a obrigação de atuar de forma leal e cooperativa estampados nos arts. 378, 379[15] do Código de Processo Civil.

Quanto à questão da produção antecipada de prova, os balizamentos do Código de Processo Civil, em especial do art. 381[16] também poderão ser úteis quando um Tribunal Arbitral tiver que decidir questões que comportem este tipo de produção de prova.

No tocante aos depoimentos pessoais e oitiva de testemunhas o sistema que impera nas arbitragens é bastante diferente, com maior liberdade para os questionamentos de testemunhas.

Os depoimentos escritos são cada vez mais utilizados em arbitragens locais e internacionais envolvendo partes brasileiras.

No que concerne às inferências negativas, aludidas no art. 386[17], também na arbitragem elas podem ocorrer de forma similar ao que foi regrado no nosso Código de Processo Civil. Assim, pode ter peso na decisão arbitral depoimentos em que a testemunha deixa de responder ao que lhe for perguntado ou emprega meios evasivos para evitar respostas.

Também podem fornecer balizamento nos procedimentos arbitrais as regras concernentes à exibição de documento ou coisa[18], entretanto, são extremamente mais flexíveis e

---

§ 3.º A distribuição diversa do ônus da prova também pode ocorrer por convenção das partes, salvo quando:

I – recair sobre direito indisponível da parte;

II – tornar excessivamente difícil a uma parte o exercício do direito.

§ 4.º A convenção de que trata o § 3.º pode ser celebrada antes ou durante o processo.

[15] Art. 378. Ninguém se exime do dever de colaborar com o Poder Judiciário para o descobrimento da verdade.

Art. 379. Preservado o direito de não produzir prova contra si própria, incumbe à parte:

I – comparecer em juízo, respondendo ao que lhe for interrogado;

II – colaborar com o juízo na realização de inspeção judicial que for considerada necessária;

III – praticar o ato que lhe for determinado.

[16] Art. 381. A produção antecipada da prova será admitida nos casos em que:

I – haja fundado receio de que venha a tornar-se impossível ou muito difícil a verificação de certos fatos na pendência da ação;

II – a prova a ser produzida seja suscetível de viabilizar a autocomposição ou outro meio adequado de solução de conflito;

III – o prévio conhecimento dos fatos possa justificar ou evitar o ajuizamento de ação.

[17] Art. 386. Quando a parte, sem motivo justificado, deixar de responder ao que lhe for perguntado ou empregar evasivas, o juiz, apreciando as demais circunstâncias e os elementos de prova, declarará, na sentença, se houve recusa de depor.

[18] Art. 396. O juiz pode ordenar que a parte exiba documento ou coisa que se encontre em seu poder.

Art. 397. O pedido formulado pela parte conterá:

informais os parâmetros aplicáveis à arbitragem, chegando-se a ponto de ser possível a aplicação de conceitos próximos do "Discovery"[19] americano, mesmo em arbitragens nacionais.

V.   PROVAS NOS REGULAMENTOS DAS INSTITUIÇÕES ARBITRAIS

As regras de arbitragem das instituições brasileiras invariavelmente contêm disposições acerca da prova. Algumas delas possuem regras um pouco mais detalhadas, outras apenas princípios básicos.

Iniciando pela AMCHAM[20], seu regulamento contém disposições sobre a condução célere do processo e eficiente e demanda o respeito ao contraditório e igualdade.

Também contém disposições mais específicas sobre o poder do Tribunal Arbitral para decidir sobre a produção de provas, forma de produção de prova oral e diligências necessárias.

I – a individuação, tão completa quanto possível, do documento ou da coisa;

II – a finalidade da prova, indicando os fatos que se relacionam com o documento ou com a coisa;

III – as circunstâncias em que se funda o requerente para afirmar que o documento ou a coisa existe e se acha em poder da parte contrária.

[19] The entire efforts of a party to a lawsuit and his/her/its attorneys to obtain information before trial through demands for production of documents, depositions of parties and potential witnesses, written interrogatories (questions and answers written under oath), written requests for admissions of fact, examination of the scene and the petitions and motions employed to enforce discovery rights. The theory of broad rights of discovery is that all parties will go to trial with as much knowledge as possible and that neither party should be able to keep secrets from the other (except for constitutional protection against self-incrimination). Often much of the fight between the two sides in a suit takes place during the discovery period. Disponível em: <http://dictionary.law.com/default.aspx?selected=530#ixzz49pHuc1Pw>.

[20] Regulamento de Arbitragem do Centro de Arbitragem e Mediação da AMCHAM

10.3. O procedimento arbitral será conduzido pelas Partes e pelos árbitros de forma expedita e eficiente, levando em conta a complexidade do litígio.

10.4 Serão sempre respeitados os princípios do contraditório e da igualdade das Partes.

13.1 O Tribunal Arbitral procederá à instrução da causa com brevidade, cabendo a ele decidir sobre a produção de provas solicitadas pelas Partes ou determinar a realização das que entender cabíveis.

13.2 Na hipótese de necessidade da produção de prova oral, o Tribunal Arbitral convocará as Partes, as testemunhas e os peritos, se for o caso, para a audiência de instrução, em local, data e horário predeterminados.

13.3 O Tribunal Arbitral poderá determinar a realização de diligência fora da sede da arbitragem, devendo comunicar às Partes a data, a hora e o local para que elas possam acompanhar a diligência. Caberá ao Tribunal Arbitral, dentro de 10 (dez) dias após a conclusão da diligência, a lavratura de termo contendo relato das ocorrências, que deverá acompanhar a comunicação a ser expedida imediatamente às Partes.

13.4 O Tribunal Arbitral poderá solicitar que as Partes forneçam provas adicionais.

13.5 Salvo quando as Partes solicitem a realização de audiência, o Tribunal Arbitral poderá decidir a controvérsia com base só nos documentos fornecidos pelas Partes.

Na mesma linha seguem as regras da CCBC[21] e da FIESP, asseverando sobre a amplitude dos meios probatórios, o poder do Tribunal Arbitral, a possibilidade de perícias e o respeito aos princípios da ampla defesa, contraditório e igualdade de tratamento das partes.

São relativamente parecidos também os regulamentos das Câmaras de Arbitragem da FGV[22], do Mercado[23] e da CAMARB no que concerne ao seu conteúdo a respeito das provas.

Com relação às Instituições Internacionais mais comumente utilizadas no Brasil, os regulamentos também não diferem muito se comparados com os nacionais, ao menos no que se relaciona à questão da prova.

O Regulamento da CCI[24] traz em seu art. 25 o princípio da celeridade do procedimento e segue com disposições sobre provas orais, nomeação de peritos realização de audiências e julgamento antecipado, sempre de acordo com a convenção das partes.

---

[21] Regulamento de Arbitragem da Câmara de Arbitragem da CCBC

7.4.1. Caberá ao Tribunal Arbitral deferir e estabelecer as provas que considerar úteis, necessárias e adequadas, segundo a forma e a ordem que entender convenientes ao caso concreto.

7.5. O procedimento prosseguirá na ausência de qualquer das partes, desde que esta, devidamente notificada, não se apresente.

7.5.1 A sentença arbitral não poderá fundar-se na revelia da parte.

7.6. Os aspectos de natureza técnica envolvidos no procedimento arbitral poderão ser objeto de perícia ou esclarecimentos prestados por especialistas indicados pelas partes, os quais poderão ser convocados para prestar depoimento em audiência, conforme determinar o Tribunal Arbitral.

7.8. O Tribunal Arbitral adotará as medidas necessárias e convenientes para o correto desenvolvimento do procedimento, observados os princípios da ampla defesa, do contraditório e da igualdade de tratamento das partes.

[22] **Câmara de Arbitragem da FGV**

Art. 47. Entendendo necessária a produção de provas, o tribunal arbitral determinará o modo pelo qual devam ser produzidas e assinará prazo de 10 (dez) dias para a sua produção.

Parágrafo único. Às partes é assegurado o direito de acompanhar a produção das provas, inclusive inquirindo testemunhas e, em caso de perícia, o de apresentar quesitos.

Art. 48. Encerrada a fase probatória, o tribunal arbitral por meio de ordem processual, fixará prazo para que as partes apresentem alegações finais escritas, na ausência de previsão no termo de arbitragem.

[23] **Câmara de Arbitragem do Mercado**

4.6 Produção de Provas. Todas as provas serão produzidas perante o Tribunal Arbitral, que determinará a produção das provas que sejam úteis e necessárias para a solução da controvérsia, fixando o procedimento e a ordem de realização de cada uma delas.

4.7 Caso seja deferida a produção de prova testemunhal, as partes serão intimadas para apresentarem o rol de testemunhas, com a qualificação completa, acompanhado de informação sucinta sobre o objeto do depoimento de cada uma delas. As partes deverão informar se conduzirão as testemunhas, ou se será necessária intimação pela Secretaria da Câmara de Arbitragem.

[24] **Regulamento de Arbitragem da CCI**

Artigo 25. Instrução da causa

O Regulamento da ICDR[25] contém disposições específicas no art. 21 sobre o procedi-

---

1. O tribunal arbitral deverá proceder à instrução da causa com a maior brevidade possível, recorrendo a todos os meios apropriados.

2. Após examinar todas as manifestações das partes e todos os documentos pertinentes, o tribunal arbitral deverá ouvir as partes em audiência presencial, se alguma delas o requerer. Na ausência de tal solicitação, poderá o tribunal arbitral decidir ouvir as partes por iniciativa própria.

3. O tribunal arbitral poderá ouvir testemunhas, peritos nomeados pelas partes ou qualquer outra pessoa, na presença das partes ou na sua ausência, desde que tenham sido devidamente convocadas.

4. Ouvidas as partes, o tribunal arbitral poderá nomear um ou mais peritos, definir-lhes as missões e receber os respectivos laudos periciais. A requerimento de qualquer das partes, poderão estas interrogar em audiência qualquer perito nomeado dessa forma.

5. A qualquer momento no decorrer do procedimento, o tribunal arbitral poderá determinar a qualquer das partes que forneça provas adicionais.

6. O tribunal arbitral poderá decidir o litígio apenas com base nos documentos fornecidos pelas partes, salvo quando uma delas solicitar a realização de audiência.

[25] Regulamento de Arbitragem do *ICDR*

Artigo 21: Intercâmbio de Informações

1. O tribunal arbitral administrará o intercâmbio de informações entre as partes visando preservar a eficiência e a economia processual. O tribunal e as partes devem envidar esforços no sentido de evitar atrasos e despesas desnecessários, buscando ao mesmo tempo um equilíbrio entre os objetivos almejados, quais sejam, o de evitar surpresas e assegurar a igualdade de tratamento e a oportunidade a cada uma das partes de apresentar suas demandas e defesas de forma justa.

2. As partes poderão apresentar ao tribunal seus entendimentos quanto ao nível adequado de intercâmbio de informações em cada caso, revestindo-se, contudo, o tribunal, de autoridade para decidir a esse respeito de forma definitiva. Se as partes desejarem adotar um nível de intercâmbio de informações diferente daquele que o tribunal tiver determinado, poderão fazê-lo apenas mediante acordo escrito e mediante consulta ao tribunal.

3. As partes promoverão o intercâmbio de todos os documentos em que pretendem fundamentar suas alegações no cronograma estabelecido pelo tribunal arbitral.

4. O tribunal poderá, se assim requerido, exigir que uma das partes apresente à outra documentos que estejam em seu poder porém indisponíveis à solicitante, se houver motivo razoável para crer que existam e que guardem relevância e materialidade com o resultado do procedimento. Os requerimentos de documentos conterão descrição dos documentos específicos ou classes de documentos, acompanhados da justificativa quanto à relevância e materialidade para o resultado do procedimento.

5. O tribunal poderá condicionar eventual intercâmbio de informações protegidas por sigilo técnico ou comercial à adoção de medidas adequadas para garantir esse sigilo.

6. Quando os documentos objeto de intercâmbio existirem em formato eletrônico, a parte em poder de tais documentos poderá disponibilizá-los na forma (inclusive em cópia física) que lhe for mais conveniente e econômica, salvo se, mediante requerimento, o tribunal determinar que a parte deva dar acesso aos documentos obrigatoriamente num determinado formato. Os requerimentos de acesso a documentos em formato eletrônico devem ser especificados e estruturados de forma que a busca possa ser feita da maneira mais econômica possível. O tribunal poderá determinar o teste por amostragem ou outra forma disponível para restringir e limitar eventuais buscas.

7. O tribunal poderá, mediante requerimento, exigir que uma parte permita inspeções a instalações ou objetos relevantes, mediante aviso com antecedência razoável.

8. Ao dirimir eventual controvérsia a respeito do intercâmbio de informações prévio à audiência, o tribunal exigirá que a parte requerente justifique o tempo e as despesas que seu requerimento poderá

mento de intercâmbio de informações ("Discovery"). Como é de conhecimento comum, o ICDR é a divisão internacional da Associação Americana de Arbitragem ("AAA").

VI. *SOFT LAW* E A PRODUÇÃO DE PROVAS

Tarefa difícil é definir a expressão *soft law*, pois o termo engloba regras mencionadas em tratados, resoluções não vinculativas, recomendações, códigos de condutos e padrões de conduta. André de Albuquerque Cavalcanti Abud[26] menciona que a expressão qualifica qualquer instrumento regulatório dotado de força normativa limitada.

O instrumento de soft law mais utilizado em arbitragens com partes brasileiras são as Regras de Produção de Provas em Arbitragem Internacional da IBA[27] ("International Bar Association"), editadas em 1999 e revisadas em 2010.

Como menciona o próprio preâmbulo das aludidas regras, o propósito do documento é fornecer um eficiente, econômico e justo processo para a tomada de provas em arbitragens internacionais.

O documento foi elaborado a partir da experiência prática de diversos especialistas em arbitragem de origens variadas, tanto no sistema da Common Law, como nos sistemas da Civil Law. Como menciona Gabrielle Kaufmann-Kohler[28], na questão da troca de documentos, por exemplo, as regras adotaram um meio termo entre o Sistema de Discovery dos Americanos e Disclosure dos Ingleses e os procedimentos dos sistemas da *civil law*.

---

acarretar, podendo também condicionar o atendimento desse requerimento ao pagamento da totalidade ou de parte desses custos pela parte requerente. O tribunal poderá também alocar entre as partes os custos incorridos no fornecimento de informações, tanto em decisão liminar quanto em sentença.

9. Se alguma das partes deixar de observar uma ordem que determine o intercâmbio de informações, o tribunal poderá aplicar inferência negativa em prejuízo dos interesses de tal parte e levar tal descumprimento em conta ao alocar as custas.

10. Os depoimentos, interrogatórios e reconhecimentos da procedência de pedidos, conforme vigentes no sistema judiciário dos Estados Unidos da América, não são, de maneira geral, considerados procedimentos apropriados para a obtenção de informações em arbitragem de acordo com este Regulamento.

[26] André de Albuquerque Cavalcanti Abud, entrevista a *Carta Forense*, 02.07.2014. Disponível em: <http://www.cartaforense.com.br/conteudo/entrevistas/soft-law/13960>.

Soft law é expressão usada para designar uma realidade bastante ampla e variada. Em um sentido mais genérico, refere-se a qualquer instrumento regulatório dotado de força normativa limitada, isto é, que em princípio não é vinculante, não cria obrigações jurídicas, mas ainda assim pode produzir certos efeitos concretos aos destinatários. Às vezes a expressão identifica documentos cuja própria forma é *soft*, como memorandos de entendimentos e recomendações, às vezes conteúdos pouco constritivos, como normas e princípios formulados com cláusulas gerais e conceitos jurídicos indeterminados, outras vezes ainda regras que não podem ser impostas por mecanismos compulsórios de resolução de disputas (*soft enforcement*).

[27] International Bar Association Rules on the Taking of Evidence in International Commercial Arbitration.

[28] The rules adopt a middle ground between, on the one hand, US pre-trial Discovery and English document disclosure and, on the other hand, court procedures in civil law jurisdictions where, whole not entirely unknow, document production is very restrict.

Percebe-se ao longo do documento uma tentativa de equilíbrio entre a prática da *common law* e a prática da *civil law*. A saída foi permitir um Discovery limitado, que deverá ser justificado em relação ao tema e valor do que se quer evidenciar, dependendo sempre da chancela do Tribunal (Artigo 3 (3) das Regras IBA).

As Regras constituem um documento extenso que pode ser utilizado como regra cogente, caso haja convenção entre as partes numa arbitragem. Não é incomum que a adoção destas regras ocorra no momento da assinatura do Termo de Arbitragem por solicitação do Tribunal e/ou acordo das Partes.

As regras da IBA para produção de provas englobam desde o seu escopo de aplicação, a necessária consulta prévia entre as Partes, a troca de documentos e suas variadas formas, a tomada de depoimentos de testemunhas de fato, o trabalho de peritos ou experts designados pelas Partes ou pelo Tribunal, a inspeção, as audiências de produção de provas e a análise de admissibilidade e acessibilidade às provas.

Outros instrumentos também importantes de soft law que poderiam ser citados são as Técnicas da CCI para Controle de Tempo e Custos na Arbitragem (2007), Protocolo sobre Produção de Documentos e Apresentação de Testemunhas em Arbitragem Comercial do CPR (2007), Diretrizes para os Árbitros Relativas ao Intercâmbio de Informações do ICDR, Técnicas para Controle de Produção de Documentos Eletrônicos na Arbitragem Internacional da CCI (2011).

VII. VALORAÇÃO DAS PROVAS

Existem três principais sistemas de valoração da prova no direito. O sistema da prova legal ou tarifada, em que a lei estabelece o valor da prova, proibindo que o julgador utilize critérios diferentes daqueles definidos. Além deste, existe o sistema do livre convencimento puro em que o julgador tem liberdade para apreciar a prova, sem que seja necessário expor as razoes que formaram seu convencimento.

No Brasil prevalece o sistema do livre convencimento motivado ou da persuasão racional, em que o julgador é livre para apreciar e dar valor às provas, porém exige-se que toda a decisão seja motivada, que sejam expostas as razões do seu convencimento.

De fato, todas as decisões de processos, sejam administrativas[29], judiciais[30] ou arbitrais emitidas conforme a legislação brasileira, necessariamente devem ser fundamentadas.

---

[29] Art. 93, X, Constituição Federal

X – as decisões administrativas dos tribunais serão motivadas e em sessão pública, sendo as disciplinares tomadas pelo voto da maioria absoluta de seus membros; (Redação dada pela Emenda Constitucional n.º 45, de 2004).

[30] Art. 93, IX, Constituição Federal

IX – todos os julgamentos dos órgãos do Poder Judiciário serão públicos, e fundamentadas todas as decisões, sob pena de nulidade, podendo a lei limitar a presença, em determinados atos, às próprias partes e a seus advogados, ou somente a estes, em casos nos quais a preservação do direito

Como ocorre com a maioria das leis sobre arbitragem no mundo, a lei brasileira reconhece discricionariedade dos Tribunais Arbitrais nas questões de admissibilidade e valoração de provas, mas também adotou o sistema do livre convencimento motivado quando estabeleceu entre os requisitos obrigatórios das sentenças arbitrais a fundamentação da decisão (art. 26, II, da Lei 9.307/1996.

Conforme afirmou Pedro Batista Martins em seu artigo "Panorâmica das Provas na Arbitragem"[31], a limitação imposta aos árbitros no que toca à análise das provas se dá pela necessidade de fundamentação das decisões.

Este sistema está em linha com a prática da arbitragem internacional, que preza a soberania do Tribunal para analisar a prova.

VIII. PRODUÇÃO DE DOCUMENTOS

Como já mencionado neste artigo, a questão de produção de documentos em arbitragem pode diferir bastante dependendo se a arbitragem for local ou internacional.

Nas arbitragens nacionais ainda prevalece, na maioria dos casos, a utilização pelas partes dos documentos que estejam em seu poder, ou seja, cada parte traz para o procedimento aqueles documentos que considera como apropriados para comprovar os fatos e direito alegados.

No entanto, não são raros os casos em que uma das partes requer a apresentação de documentos que estejam em poder da outra parte. Isto pode acontecer em diversas circunstâncias, como nas disputas derivadas de contratos de aquisição de empresas (M&A) em que são discutidas questões de indenização por processos judiciais e administrativos. Não raro, a parte vendedora, para fazer sua defesa plena, depende de relatórios de auditoria ou informações contábeis ou documentos que estão em poder da parte compradora.

Nas arbitragens internacionais os pedidos de produção de documentos são muito mais frequentes e há menor discussão sobre a conveniência e necessidade de produção, a despeito de existirem disputas entre as partes sobre a apresentação de determinados documentos.

Considerando a complexidade de algumas arbitragens foram desenvolvidas determinas técnicas e diretrizes que podem facilitar a organização, as discussões entre as

---

à intimidade do interessado no sigilo não prejudique o interesse público à informação. (Redação dada pela Emenda Constitucional n.º 45, de 2004.)

[31] MARTINS, Pedro Batista. Panorâmica das provas na arbitragem, <batistamartins.com.br>.

Conquanto a liberdade na análise das provas seja ampla o suficiente a permitir ao árbitro a aplicação do direito ao caso concreto, por via da sentença arbitral, fato é que essa liberdade encontra uma limitação na motivação que a norteia. Trata-se de norma cogente e que implica uma decisão que esteja embasada nos elementos e provas constantes dos autos que formam o processo e, portanto, não alheios a eles. A motivação da decisão reprime o convencimento do árbitro já que sua decisão deve se basear no que, restou do demonstrado no, ou que se possa extrair do devido processo legal. Há que se ter uma racionalidade na adoção do livre convencimento. Este não pode ser fluido a ponto de ignorar o debate processado na arbitragem.

partes acerca da produção de documentos e a decisão dos Tribunais Arbitrais. A ICC, em seu Relatório da Comissão sobre Controle de Tempo e Custos em Arbitragem[32], traz diversas proposições acerca da produção de documento.

Entre as diretrizes se encontram as seguintes:

1. Uso de um sistema coerente de organização de documentos desde o início da arbitragem;

2. Se possível, as partes devem evitar pedidos de documentos para a outra parte, utilizando o pedido de produção de documentos apenas nos casos absolutamente necessários;

3. Quando necessário o requerimento de produção de documentos entre as partes, o Tribunal deverá estabelecer procedimentos eficientes para que a produção ocorra (por exemplo, o relatório recomenda a utilização do calendário para a apresentação de documentos criado por Alan Redfern, "*Redfern Schedule*");

4. As partes devem evitar a duplicação de documentos;

5. Documentos não importantes para o caso não devem ser juntados;

6. Quando possível, evitar a produção de documentos em papel, privilegiando a utilização de meios eletrônicos para a troca de documentos entre as partes;

7. Evitar demandas sobre traduções juramentadas de documentos.

É comum, em pedidos de documentos feitos de forma muito genérica, os árbitros interferir e definir a questão. Pedidos muito genéricos de produção de documentos são, por exemplo, aqueles em que a parte não especifica o assunto, a provável data e o conteúdo da documentação (todo e qualquer documento que esteja na posse da parte B que envolva a parte A).

Outro tema que pode gerar algum tipo de disputa entre as Partes se refere a documentos privilegiados (exemplo: correspondências entre advogado e cliente) ou que contenha alguma disposição de confidencialidade (contratos).

Tive uma experiência interessante em relação a produção de documentos privilegiados em uma arbitragem. No caso concreto, num único contrato de M&A existiam duas cláusulas arbitrais. Iniciarem-se simultaneamente duas arbitragens com objetos diferentes, uma no Brasil e outra em Nova York (administradas por instituições diferentes).

Quando da fase de "Discovery" no procedimento em Nova York, a parte contrária apresentou documentos trocados entre advogado e executivos desta parte. Os documentos eram importantes para os dois casos.

Na arbitragem em Nova York, o árbitro presidente decidiu rejeitar requerimento para que os documentos pudessem ser utilizados.

---

[32] ICC Commission – Controlling Time and Costs in Arbitration - Techniques for Controlling Time andCostsinArbitrationwww.iccwbo.org/about-icc/policy-commissions/arbitration/commission-
-rules,-reports-and-guidelines/ and at www. iccdrl.com.

Na arbitragem conduzida no Brasil, em vez de requerer a juntada destes documentos, decidi juntá-los, sem qualquer consulta prévia aos árbitros, pois entendia que, como os documentos foram obtidos de forma lícita, não havia qualquer impedimento para a utilização dos mesmos. De fato, o Tribunal Arbitral entendeu que os documentos deveriam ser mantidos e considerados no procedimento.

IX. PROVAS TESTEMUNHAIS E OITIVA DOS REPRESENTANTES DAS PARTES

A produção de provas testemunhais e oitiva de representantes das partes, em arbitragem, segue parâmetros muito mais livres do que a forma utilizada nos processos judiciais. Uma das principais diferenças é que os advogados podem direcionar perguntas diretamente para as testemunhas, sem necessidade de formular o questionamento para os árbitros

Em muitos casos, a prova testemunhal se inicia com a apresentação ao Tribunal de declarações escritas pelas testemunhas. É extremamente comum que os advogados das Partes auxiliem as testemunhas na produção destas declarações escritas.

Quando ocorre a apresentação de declarações escritas, evitam-se surpresas sobre os fatos e permite-se que a outra parte possa contestar o testemunho através de documentos ou outros testemunhos.

Nas audiências poderá também ocorrer a confirmação dos testemunhos escritos e o questionamento da outra parte acerca do testemunho dado em declaração escrita ("direct and cross examination").

Menos comum nas arbitragens internacionais são as oitivas dos representantes das Partes, que em arbitragens locais são bastante usuais.

Em algumas arbitragens os depoimentos podem ser feitos por videoconferência, visando economia, quando a sede da arbitragem for diferente daquela em que residem as testemunhas ou viabilizando oitivas que dificilmente poderiam ser realizadas sem a utilização do recurso.

Na minha prática tive casos com sede fora do Brasil em que ouvimos grande parte das testemunhas por videoconferência, sem qualquer prejuízo de qualidade das oitivas. Em outra situação, conseguimos obter depoimento de um ex-executivo de nossa cliente que residia no exterior, tendo em vista requerimento formulado pela outra parte.

Recentemente atuei em um processo como árbitro em que o Tribunal foi instado a demandar ao Judiciário para condução coercitiva de testemunha. Trata-se de procedimento plenamente viável, porém de demorada e, por vezes, tormentosa execução. No caso concreto, após alguns contratempos conseguimos ouvir uma das testemunhas e a parte acabou desistindo de ouvir a outra.

Outra experiência prática que entendo conveniente dividir com os leitores do artigo, é o fato de considerar absolutamente inconveniente, inadequada inútil e mesmo ilegal, em alguns casos, a indicação ou intimação de advogados como testemunhas fáticas. O advogado está obrigado a respeitar o sigilo de toda a informação obtida em função do seu exercício. Trata-se de um risco para o profissional e, normalmente uma inutilidade para o procedimento, além de um aborrecimento para os Tribunais Arbitrais.

Já tive caso em que a outra parte tentava comprovar que haviam sido apresentadas garantias suficientes para a concretização de um determinado negócio. Uma das condições do negócio era a apresentação de garantias. Depois de muitas discussões com o Tribunal e minha oposição veemente, decidiu-se por ouvir o advogado. Ele respondeu que, quando da reunião para concretização do negócio ele portava um envelope com documentos que comprovavam a garantia suficiente para o negócio. Entretanto, quando eu comecei a questioná-lo sobre o conteúdo, adequação e suficiência da garantia, o advogado alegou que não poderia responder minhas questões em razão de sua obrigação de sigilo. Obviamente que o Tribunal teve sua própria conclusão sobre a matéria em discussão, mas o depoimento foi, no mínimo, uma perda de tempo.

X. PERÍCIAS

Curiosamente em arbitragens locais e mesmo nas internacionais, conduzidas em território brasileiro, é comum a tendência de os Tribunais Arbitrais conduzirem o procedimento sem a utilização de um perito do Tribunal.

Na maioria dos casos em que atuei, as matérias técnicas (contábeis, de engenharia ou de outro campo) foram bem definidas pelo Tribunal a partir dos documentos apresentados e de laudos técnicos produzidos pelas Partes.

São muito úteis as audiências de esclarecimentos da prova técnica, a oitiva concorrente dos experts contratados pelas Partes e a utilização do sistema de *hot tubbing* em que os peritos indicados pelas Partes se reúnem previamente para definir pontos de concordância e de discordância sobre os temas técnicos. Em alguns casos, a reunião dos peritos (hot tubbing) ocorre antes da audiência com as Partes, Advogados e Tribunal, e os experts recebem a incumbência de produzir um relatório ou ata dos temas discutidos, acordados e ainda divergentes.

Entretanto, em determinados casos não convém que os Tribunais Arbitrais adiem por muito tempo a decisão acerca da nomeação de peritos independentes pelo Tribunal. E esta situação ocorre em alguns casos.

De fato, em alguns procedimentos em que atuei como advogado, a nomeação de perito do Tribunal somente foi tomada depois de mais de um ano do curso do procedimento, em virtude de ter sido impossível para o Tribunal, definir entre opiniões técnicas completamente opostas expressas nos laudos técnicos produzidos pelas Partes.

Com relação ao procedimento, mais uma vez feita a ressalva quanto à maior flexibilidade da arbitragem, tenho percebido uma sequência muito parecida com aquela adotada nos processos judiciais, qual seja:

1. Nomeação do Perito, conforme requerimento das Partes ou por decisão do Tribunal Arbitral;
2. Apresentação de quesitos pelas partes e indicação dos assistentes técnicos que acompanharão a perícia;
3. Definição de honorários e depósito pelas partes;

4. Entrega do laudo técnico;

5. Apresentação de quesitos suplementares; e

6. Esclarecimentos (por escrito ou/e em audiência).

XI. DECISÕES JUDICIAIS RELACIONADAS À PRODUÇÃO DE PROVAS EM ARBITRAGEM

Talvez a mais comentada decisão judicial acerca de produção de provas em arbitragem tenha sido a liminar concedida pela 13.ª Vara da Fazenda Pública de São Paulo-SP, em Mandado de Segurança 053.10.017261-2, para garantir a realização de perícia de engenharia que havia sido indeferida pelo Tribunal Arbitral. O caso envolvia a Companhia do Metropolitano de São Paulo – Metrô e o Consórcio Via Amarela.

Os efeitos da decisão liminar foram suspensos pelo Desembargador Franco Cocuzza e posteriormente, em julgamento do Agravo de Instrumento 0284191-48.2010.8.26.0000, a questão foi definitivamente corrigida.

Tendo em vista que o tema do artigo é a produção de provas em arbitragem não nos alongaremos nos argumentos contra a tentativa de utilização do Mandado de Segurança para reversão de decisões arbitrais finais ou parciais. De fato, em nenhuma hipótese poderia se entender cabível o procedimento sob pena de inviabilizar por completo a arbitragem. A existência de convenção arbitral impede a intervenção estatal, mormente pela via do Mandado de Segurança. Tribunal Arbitral não é autoridade coatora em qualquer hipótese.

De fato, como já afirmado, no tocante à decisão sobre a admissibilidade de provas, somente cabe aos árbitros tomá-la. A intervenção da jurisdição estatal somente está prevista nas hipóteses de auxílio para cumprimento de decisões arbitrais ou na hipótese de anulação da sentença. Cabe somente aos árbitros a decisão sobre se determinada perícia ou prova qualquer deve ou não ser produzida.

Mudando de tema, não são numerosos os casos na jurisprudência nacional relacionados à tentativa de anulação de sentenças arbitrais por cerceamento de defesa, erro na apreciação das provas ou indeferimento de produção de provas.

No Tribunal de Justiça do Estado de São Paulo, em todos os casos pesquisados, em que se alegou algum tipo de violação do devido processo legal por indeferimento de provas ou outros tipos de alegações de vícios da sentença arbitral relacionados à prova, a sentença arbitral foi mantida íntegra[33][34][35][36].

---

[33] Apelação 1046552-75.2015.8.26.0100, registro 2015.0000782312, Spazio K Engenharia Ltda. Vs. Marcelo Hsiu e Michel Hsiu (Rel. Des. Claudio Godoy).

[34] Apelação 1017366-75.2013.8.26.0100 – registro 2015.00004022949, Iódice Indústria e Comércio da Moda Ltda. Vs. Maria Antonieta Com. de Artigos de Vestuário e Outros (Rel. Des. Teixeira Leite).

[35] Apelação 9000084-58.2008.8.26.0100 – registro 2014.0000310035, Comercial Construtora PPR Ltda. Vs. Ema Arquitetura Ltda. (Des. Sebastião Flávio).

[36] Apelação 0030242-71.2012.8.26.0100 – registro 2014.0000231220, Amanary Eletricidade Ltda. Vs. Robert Bosch Ltda. (Rel. Des. Orlando Pistoresi).

Caso curioso foi decidido pela 1.ª Câmara Reservada de Direito Empresarial do TJSP, na Apelação Cível 0133123-71.2012.8.26.0100[37], em que se pleiteava a reforma de sentença que não havia anulado decisão arbitral. A despeito da decisão não ter modificado a sentença judicial de primeira instância, em voto divergente, o Desembargador Enio Zuliani entendeu que a sentença arbitral deveria ser anulada. A ementa do seu voto é eloquente:

> Sentença arbitral. Nulidade. Embora formalmente estruturada, a decisão dos árbitros peca por ausência de motivação racional quanto ao ponto fulcral do litígio e encerra um resultado inexplicável diante das provas e dos princípios jurídicos aplicáveis. A sentença arbitral admite o inadimplemento da parte adversa e condena as autoras na restituição dos valores adiantados por lucros previsíveis. Premissa lançada no corpo do julgado sugerindo terem as autoras alguma responsabilidade por algo que não se obrigaram e que seria fato inexistente (que a licença ambiental para o empreendimento não seria possível, quando já estava emitida na época do julgamento). Inadmissibilidade. Incidência do art. 33, § 2.º, II, da Lei 9.307/1996. Recurso das autoras provido, prejudicado o da ré.

Desconheço a sentença arbitral que motivou o julgamento em questão. Com a devida vênia, a despeito de entender certo inconformismo do ilustre e brilhante Desembargador, quanto à qualidade da decisão arbitral, parece que a decisão invade a esfera do mérito da sentença arbitral e não consigo enquadrar o caso nas situações de nulidade previstas no art. 32 da Lei de Arbitragem.

Outra decisão que merece destaque é a da Terceira Turma do Superior Tribunal de Justiça, tendo o Ministro Otávio Noronha como relator. Ao julgar Recurso Especial 1500667/RJ (2013/0229745-5), a Terceira Turma modificou decisões da primeira e segunda instâncias do Rio de Janeiro, que haviam anulado sentença arbitral.

> Processual civil. **Arbitragem.** Ação anulatória de sentença arbitral. Indeferimento de realização de perícia contábil. Não ocorrência de violação do contraditório. Invasão do mérito da decisão arbitral.
> Aplicação do princípio do livre convencimento.
> 1. O indeferimento de realização de **prova** pericial pelo juízo arbitral não configura ofensa ao princípio do contraditório, mas consagração do princípio do livre convencimento motivado, sendo incabível, portanto, a pretensão de ver declarada a nulidade da sentença arbitral com base em tal argumento, sob pena de configurar invasão do Judiciário no mérito da decisão arbitral.
> 2. Recurso especial provido.

Convém ainda citar trecho do Voto do Ministro Otávio Noronha:

> É incontroverso, portanto, que, quando da formalização do compromisso arbitral, não houve impugnação por qualquer das partes da escolha do perito em engenharia e que,

---

[37] Registro: 2013.0000689732 TEC Incorporações e Empreendimentos Imobiliários S.A. e Outra vs. Patri Sete Empreendimentos Imobiliários Ltda. (Rel. Des. Fortes Barbosa).

ao indeferir o pedido de realização de perícia contábil, o árbitro o fez de forma motivada, o que afasta a alegada nulidade da sentença arbitral por violação do princípio do contraditório. Isso porque o indeferimento da prova requerida não violou seu direito de defesa, pois fundou-se na aplicação do princípio do livre convencimento motivado consagrado no caput do art. 22 e no § 2.º do art. 21 da Lei n. 9.307/96.

XII. CONCLUSÃO

Aos tribunais arbitrais são dados poderes para ordenar ou recusar a produção de provas em arbitragem, mas tais poderes não são ilimitados, na medida em que as decisões arbitrais devem ser justificadas ou fundamentadas. As provas úteis devem ser deferidas, quando houver requerimento das partes, mas isto não quer dizer que os Tribunais Arbitrais devem se curvar a todo e qualquer requerimento formulado pelas partes.

Por outro lado, após 20 anos de existência da Lei de Arbitragem, a miscigenação de práticas nacionais e internacionais trouxe muitos benefícios para os procedimentos conduzidos no Brasil.

De fato, a utilização de sistemáticas, procedimentos e técnicas utilizados em outros sistemas, como o "Discovery" e a forma de tomada de depoimentos (especialmente o *cross examination*) são positivas para tornar a arbitragem mais global.

AS TÁTICAS DE GUERRILHA NA ARBITRAGEM

Hermes Marcelo Huck

É tênue, quase invisível, a linha que divide, no curso de um processo arbitral, a aguerrida combatividade do advogado em defesa dos interesses de seu cliente e a condenável prática de guerrilha chicaneira, cujo objetivo, longe de exercer o regular contraditório ou postular com bons argumentos, busca apenas transtornar o procedimento, retardar o curso do feito, confundir a parte contrária e os árbitros. De maneira apressada ou superficial, poder-se-ia resumir o tema com a afirmação de que a atuação agressiva do patrono, porém legítima e dentro dos marcos de comportamento aceitável no processo, termina quando os movimentos antiéticos da guerrilha começam.

No entanto, traçar a fronteira nesse tenso cenário – no interior do processo arbitral – requer grande dose de subjetividade e critérios aguçados. Quanto menos objetivas as regras, mais difícil impô-las e fazê-las respeitadas. Quando a agressividade aceitável torna-se guerrilha? Quando a guerrilha termina em terrorismo? São perguntas que árbitros e partes se impõem sempre que confrontados com um clima menos cordial e tolerante no curso dos atos processuais e, ainda, durante os trâmites de uma audiência para debates ou produção de prova oral.

Atos e atitudes de guerrilha processual na arbitragem podem ser encontrados dentro ou fora dos puros lindes do processo. De fato, o recurso às táticas guerrilheiras pode ocorrer fora dos limites do processo, longe da percepção de partes e árbitros. O comportamento reprovável utilizado dentro do quadro processual é mais bem – e mais facilmente – percebido, inclusive pelos árbitros. Ao constatar que uma das partes passa a se valer de artifícios condenáveis, o primeiro estrilo parte usualmente da parte contrária. Nem sempre o reclamo tem fundamento. Muita vez é a sensibilidade exacerbada do patrono que vê terrorismo onde apenas há agressividade razoável na argumentação ou no comportamento. Entretanto, se os limites do bom comportamento processual forem ultrapassados, cabe ao Tribunal coibir essas transgressões.

De alguma forma, mais cedo ou mais tarde, as práticas desleais cometidas no curso interno do processo são mais rapidamente perceptíveis, seja pelas partes ou pelos árbitros. Fora do processo, entretanto, inacessíveis de imediato ao conhecimento dos interessados, são aqueles fatos que interferem diretamente na arbitragem, porém praticados por detrás das cortinas, distantes da imediata percepção dos árbitros e da parte contrária. Tratemos inicialmente dos atos processuais reprováveis, que podem ser mais facilmente detectados, ou seja, aqueles praticados dentro e no curso objetivo do processo.

A tática primeira do guerrilheiro arbitral é fugir do processo. Tão logo notificado do requerimento de arbitragem ou se queda silente ou encaminha petição à Câmara argumentando sobre o descabimento da arbitragem. São os brados de inarbitrabilidade objetiva ou subjetiva que primeiro são ouvidos pelas Câmaras. A lei oferece instrumentos para superar tais chicanas, porém a inafastável consequência dessas práticas – por mais infundadas que sejam – implicam o retardamentodo início do processo. Não raro, a parte fugitiva, esgotadas as manobras diversionistas, acaba por surgir no dia da audiência para assinatura do termo, reiterando protestos e clamando ameaças de nulidade.

Essa é apenas a tática inicial, pois outras tantas podem surgir, na sequência. Recusar-se ao pagamento das taxas administrativas e honorários de árbitro, mesmo com recursos para arcar com tais despesas, é comportamento pouco original. Essa recusa retarda o andamento do processo, além de transferir para a parte contrária o ônus financeiro da disputa. É incidente que pode desincentivar o seguimento da arbitragem ou mesmo de-cretar sua morte. Da mesma forma, e com certa frequência, nota-se o comportamento de guerrilha no momento da discussão do termo. O guerrilheiro faz exigências descabidas, convencido de que a parte contrária não as aceitará. Ante a falta de consenso, somente restará ao Tribunal aplicar as regras da Câmara, isso quando se trata de arbitragem institucional. Em casos de procedimentos *ad hoc*, a guerrilha vira guerra e pode matar a arbitragem.

Cabe também mencionar o velho estratagema de retardar o processo apresentando impugnações frívolas ao nome do árbitro indicado pela parte contrária ou ao presidente do Tribunal. Casos há em que o guerrilheiro apresenta impugnação ao próprio árbitro por ele nomeado. Não raro, para postergar a formação do Tribunal, a parte chicaneira submete questionários despropositados a serem respondidos pelos árbitros já indicados, e, quando não, levanta exigências solicitando revelações descabidas, que resultam em impugnações igualmente descabidas. A literatura arbitral é prolífica em tratar casos dessa estirpe que, ao final, são resolvidos – mas não raro –, implicam renúncias desnecessárias e significativo atraso no curso do processo.

Na mesma linha, vale lembrar as impugnações – igualmente fúteis – de peritos; a batalha inócua, porém longa, para impor quesitos e condenar os da parte contrária; a juntada de pilhas de documentos inúteis, quando não repetidos; o comportamento mal-educado durante as audiências; o desrespeito ao tempo concedido. O rosário de artimanhas desleais quase não tem fim.

Cuidemos das manobras de guerrilha praticadas fora do âmbito processual, propriamente dito. Manobras imorais ou ilegais, quando praticadas fora do cenário da arbitragem e destinadas a influenciar ou distorcer os caminhos da decisão, são mais difíceis de detectar, seja pelas partes, seja pelos árbitros. Um árbitro que aparente ser tendencioso perante seus pares não necessariamente é corrupto. Uma testemunha incoerente pode não ter sofrido influência daninha. O perito que traz estranhas conclusões pode apenas ter sido mal escolhido ou induzido a erro.

Corrupção é tema espinhoso em qualquer sítio e, na arbitragem, não é diferente. Nesse ponto, e independentemente da estratégia – mais ou menos agressiva – utilizada pelos patronos, os fatos ilícitos, antes de seus vínculos com a arbitragem, podem estar inseridos no contrato ou na origem do negócio posto em discussão e que a precedem. Notando que o contrato sobre o qual as partes divergem está tisnado pela corrupção, qual deverá ser a conduta do Tribunal Arbitral? Da mesma forma, constatando que houve evasão fiscal aparente na relação entre as partes, devem os árbitros denunciar tal fato?

Sendo juiz de fato e de direito, cabe ao árbitro, pelo menos em princípio, denunciar para as autoridades competentes os ilícitos de que venha a ter conhecimento. Não raro discussões desse jaez são travadas entre os membros do Tribunal Arbitral, quando defrontados com tais situações. De um lado, o árbitro que entende ser seu dever denunciar o ilícito constatado na relação entre as partes e, de outro, o árbitro que não se considera fiscal ou autoridade repressora e repele a ideia de qualquer ato de denúncia a ser adotado pelo Tribunal. A gravidade da infração pode ser a variável que defina uma ou outra decisão dos árbitros? Nessa hipótese, o "tamanho do ilícito" ou a extensão de suas consequências determinariam o comportamento dos árbitros. Não são poucas as opiniões expressas em meio a processos decisórios no sentido de que, tratando-se de uma relação corrupta que envolva suborno de médicos para que adotem determinado produto, devam os árbitros denunciá-la, enquanto, versando o ilícito sobre comportamento aparentemente menos grave, como sonegação de impostos, o caso poderá correr sem incidentes. Decisões subjetivas dessa espécie são sempre perigosas e muita vez incorretas.

A confidencialidade e o sigilo impostos à maioria dos procedimentos arbitrais servem (ou podem servir) como desculpa para a tolerência para com determinadas práticas ilícitas precedentes ao processo e que nele vêm à tona. Contudo, a cortina de silêncio não tem as características do confessionário. Árbitros não são sacerdotes e, ainda que sua atuação tenha origem contratual, sua responsabilidade é jurisdicional. Se a corrupção pré-arbitral enseja dúvida e indecisão, o mesmo não pode ocorrer com aquela que interfere diretamente no processo e na própria decisão, seja interna ou externa. Se pode haver dúvida quanto às medidas a serem tomadas pelos árbitros no primeiro caso, no segundo, não pode haver hesitação.

Um árbitro tendencioso, seja quais forem os motivos dessa parcialidade, é problema para os demais árbitros, em primeiro lugar. Nas reuniões do tribunal, nas discussões sobre decisões interlocutórias, no comportamento durante a audiência, os demais árbitros percebem a conduta irregular de seu companheiro. Como raramente há provas de ilícito nessa parcialidade, resta aos pares reagir de forma concertada para evitar ou minimizar os males desse comportamento. Casos há em que o inconformismo dos árbitros com as atitudes parciais de seu colega os leva à renúncia. Não parece ser a solução adequada, pois com ela perdem todos, inclusive o instituto da arbitragem. Melhor combater a corrupção, adotando formas eficientes para circunscrever a atividade danosa e comprometedora do árbitro parcial, pois renúncia é forma passiva de compactuar.

A prova testemunhal, na maioria dos casos, mostra-se essencial para que os árbitros tenham acesso e conhecimento sobre os fatos relativos ao processo. Deixemos de lado as testemunhas técnicas, pois estas depõem sem compromisso de dizer a verdade e sua credibilidade vem associada apenas ao currículo que apresentem e a verossimilhança de seus depoimentos. Testemunhas fáticas, de seu lado, são mais propícias a ser transformadas em instrumentos da guerrilha, pois podem ser induzidas, instruídas ou simplesmente mentirosas. Um árbitro experiente consegue armazenar critérios que lhe permitam identificar o que há de (aparentemente) veraz no testemunho. Uma testemunha, entretanto, que tenha talento de ator pode tingir grandes falsidades, mostrando-as como fatos reais, concretos e convincentes.

O testemunho escrito apresenta pontos críticos e discutíveis, objeto de grandes e profundas divergências. Poderá ser útil para o Tribunal – e para a parte contrária – saber de antemão o exato teor do depoimento testemunhal a ser prestado em audiência. De outro lado, o testemunho escrito retira da prova a possibilidade do imprevisto, levando, irresistivelmente, à prática do interrogatório (*cross examination*), utilizada no processo da *common law*, na qual mais se busca destruir a credibilidade da testemunha do que dela obter fatos verdadeiros. A testemunha, ainda que não tenha – ela própria – redigido seu depoimento (o que normalmente acontece), já o leu e releu, não raro sabendo-o de cor. No dito *written statement*, a possibilidade de a testemunha sair do *script* é próxima de zero. Nesses casos, quanto mais resistente o depoente às perguntas que lhe fazem, menos dele se obterá além daquilo que já consta do escrito previamente apresentado.

Ademais, não há depoimento escrito que tenha sido integralmente redigido pela testemunha ou que, no mínimo, não tenha passado pelo crivo censurador do patrono da parte que a arrolou. É notório e plenamente aceito, inclusive pelas regras da IBA, que o advogado participe da redação do testemunho. Por certo, nenhum advogado permitirá a juntada de determinado depoimento testemunhal que prejudique os interesses de seu cliente. Se a prova testemunhal puramente oral é duvidosa e incerta por natureza, o que dizer dessa prova previamente preparada e escrita sob a supervisão de um advogado? A credibilidade para os fatos que possa trazer é sempre precária e somente uma hesitação ou um tropeço da testemunha revelará algo de novo (e útil) para ajudar na formação do convencimento dos árbitros. Já o testemunho puramente oral pode ensejar melhores e mais confiáveis dados para o Tribunal, pois perguntas bem formuladas podem levar a respostas não ensaiadas.

A prova testemunhal, seja oral ou escrita, é campo fértil para o terrorismo. Testemunhas podem ser pressionadas. Testemunhas podem ser subornadas. Nessa linha, parece mais fácil para um Tribunal experiente perceber indícios de terror num determinado testemunho, quando não venha ele previamente preparado e apresentado por escrito. Uma testemunha amedrontada (física, psicológica ou financeiramente) prende-se com mais facilidade ao que já escreveu (ou apenas assinou), mas releu dezenas de vezes. Essa mesma testemunha, que compareça para depor sem roteiro já escrito, pode mais facilmente trair-se e destruir a artimanha terrorista que a trouxe para prestar depoimento.

Feitas as considerações, resta saber como distinguir, no processo arbitral, a atuação agressiva, porém aceitável, da parte e seus patronos, da prática de atos de guerrilha ou terrorismo. As principais câmaras de arbitragem do mundo, bem como outras organizações internacionais dedicadas ao tema, divulgam suas regras procedimentais e as normas éticas para conduta durante o procedimento. No geral, são bem redigidas e adequadas, mas não passam de regras de conduta, guias éticos ou normas de bom comportamento. Podem ser muito úteis e auxiliar na condução de um processo, mas – se muito delas se exigir – podem falhar, ser insuficientes ou mesmo inaplicáveis.

A esse arsenal ético se pode recorrer, quando o Tribunal detecta o uso de táticas de guerrilha pela parte. No entanto, tal suspeita (ou convicção) nem sempre será suficiente. Nessas circunstâncias, não há alternativa senão recorrer à razoabilidade e à boa-fé, imprescindíveis na arbitragem, para combater as práticas terroristas que apenas fazem por desacreditar a instituição. Ao Tribunal Arbitral cabe decidir como enfrentar tais situações, no caso concreto. Os árbitros detêm e concentram poderes para conduzir o processo arbitral e impor limites ao comportamento das partes e seus patronos.

Árbitros não têm, entretanto, poder de coação. Na condução de uma audiência, nem sempre é facil coibir o comportamento antiético ou mesmo antijurídico. O Presidente do Tribunal sequer dispõe de força para exigir a retirada do recinto de um advogado ou parte que apresentem comportamento comprometedor e nocivo ao andamento do processo. No entanto, se o árbitro não tem recursos para retirar o inconveniente do recinto, pode ele próprio deixar a sala de audiências e suspender a sessão, ou mesmo suspender o processo.

A legislação processual brasileira regula a litigância de má-fé. Parece ser punição adequada para as táticas de guerrilha. Na experiência arbitral brasileira tem sido pouco utilizada a punição ao comportamento de má-fé processual. As sentenças arbitrais, por vezes, tentam punir tal abuso no momento da distribuição dos ônus de custas e despesas processuais, ou ainda, quando viável, na ponderação da sucumbência. Isso é muito pouco.

Aplicar multas mais pesadas pela conduta inadequada ou pelo uso da má-fé processual pode ser a solução mais imediata. Cabe também aos árbitros conduzir o processo de educação para a arbitragem. Lições inesquecíveis são aquelas que atingem os bolsos. É a primeira arma a ser utilizada no combate aos guerrilheiros da arbitragem.

PRODUÇÃO DE PROVAS NA ARBITRAGEM

MARCELO A. MURIEL

Sumário: Introdução – *Due process of law* na arbitragem: equilíbrio entre justiça e eficiência – Regras aplicáveis à produção probatória: o risco de burocratização do procedimento arbitral – O poder do árbitro na condução da fase probatória – Duração da fase probatória – Tipos de prova – Conclusão – Referências bibliográficas.

INTRODUÇÃO

A arbitragem vivencia uma fase próspera no direito brasileiro. Nas últimas duas décadas, marcadamente após a promulgação da Lei n.º 9.307 de 1996 ("Lei da Arbitragem") e a adesão, em 2002, à Convenção de Nova York de 1958, o Brasil passou de "ovelha negra" a grande polo de arbitragens domésticas e internacionais. Bastou pouco mais que uma década para que a arbitragem se consagrasse não somente na prática, como demonstram as estatísticas disponíveis, mas sobretudo no reconhecimento judiciário e no grande apoio que vem merecendo das cortes brasileiras.

Muito se fala sobre as diferenças entre o processamento de uma controvérsia perante o Judiciário estatal e perante um procedimento arbitral. E com razão, porque as diferenças não são poucas, nem irrelevantes. Mas dentre todas as diferenças, talvez resida na produção de provas uma das mais significativas. É na liberdade de regras, e na disponibilidade de tempo do procedimento arbitral, que o grande esforço da procura da verdade se afirma e se revela como fator de atratividade à aplicação da arbitragem como forma de resolução de controvérsias.

Não raro, alguns profissionais muito atuantes em arbitragem dedicam muito tempo e esforço aos seus aspectos acadêmicos e até filosóficos. Por vezes esquecem que a arbitragem nada mais é que um meio para solucionar uma controvérsia. E controvérsia é fundamentalmente um caso litigioso, cujo deslinde depende, em grande parte, da produção de provas. Sob esse enfoque, não é demasiado dizer que a produção de provas constitui o núcleo essencial do procedimento arbitral, razão pela qual merece atenção deste breve e despretensioso artigo. Não se pretende aqui esgotar os temas abordados, senão destacar tão somente alguns dos mais importantes questionamentos relacionados à produção de prova na arbitragem, muitos ainda sem respostas.

DUE PROCESS OF LAW NA ARBITRAGEM: EQUILÍBRIO ENTRE JUSTIÇA E EFICIÊNCIA

Não por acaso, a Lei de Arbitragem prevê, em seu art. 21, § 2.º, o respeito ao contraditório, à igualdade das partes, à imparcialidade do árbitro e ao seu livre convencimento, sem os quais a sentença arbitral será anulável, conforme o art. 32, VIII. Como em todo e qualquer processo, a arbitragem deve respeitar e garantir as regras basilares do chamado *due process of law*.

Tamanha é a importância desses cânones que o princípio da autonomia da vontade das partes é tão importante para o procedimento arbitral quanto o da igualdade entre as partes[1].

De notar desde logo que o devido processo legal, apesar de sua efetiva relevância, não concede às partes um direito irrefreável à produção de provas. O árbitro pode e deve, de acordo com seu juízo de conveniência, determinar a produção daquelas provas úteis e necessárias para a "busca da verdade", rejeitando aquelas que considerar desnecessárias ou inúteis.

Caso assim não fosse, o procedimento arbitral, concebido para ser célere e eficaz, estaria sujeito ao risco da lentidão, desperdiçando-se tempo e dinheiro das partes, o que se traduz, por óbvio, em ineficiência. Não é rara a constatação de sentimento de frustração daqueles que, à espera da propagandeada celeridade da arbitragem, vivenciam atrasos injustificados ao longo do procedimento[2].

No cumprimento de sua função jurisdicional, deve o árbitro buscar os elementos de convicção necessários ao entendimento dos fatos controvertidos. Em outras palavras, deve "buscar a verdade", ou o mais próximo que se possa chegar dela, ainda que as próprias partes não tenham requerido a produção de determinadas provas, ou mesmo que tenham formulado oposição à sua produção.

---

[1] REDFERN, Alan; HUNTER, J. Martin. *Redfern and Hunter on International Arbitration*. 6. ed. Oxford: Oxford University Press, 2015. para. 6.10.

[2] Idem, para. 6.27. Nesse mesmo sentido é que se diz que a morosidade, além de ineficiente, traduz-se em injustiça. Nas palavras imortalizadas por Rui Barbosa, "justiça atrasada não é justiça, senão injustiça qualificada e manifesta. Porque a dilação ilegal nas mãos do julgador contraria o direito escrito das partes, e, assim, as lesa no patrimônio, honra e liberdade".

REGRAS APLICÁVEIS À PRODUÇÃO PROBATÓRIA: O RISCO DE BUROCRATIZAÇÃO DO PROCEDIMENTO ARBITRAL

Outro pilar da arbitragem é a liberdade procedimental. Diferentemente dos processos estatais, inexistem regras previamente aplicáveis à produção de provas na arbitragem, sendo elas estabelecidas pela vontade das partes, livres para moldar o procedimento da forma que mais lhes aprouver[3].

No silêncio das partes, ou diante de seu desentendimento, o árbitro é quem delimitará as regras atinentes ao procedimento[4]. Assim como as partes, o árbitro não está subordinado a normas estanques, características dos diplomas processuais, podendo, dessa forma, buscar os mais variados e flexíveis meios para conduzir a arbitragem, especialmente em relação à produção probatória.

O caso *Petroleum Separating Company vs. Interamerican Refining Corporation* é um excelente exemplo da flexibilidade intrínseca à arbitragem, bem como da independência do instituto em relação às normas estatais. Naquele caso, os árbitros aceitaram e levaram em conta a *hearsay evidence*, prova testemunhal indireta que se pauta em conhecimento obtido por terceiros, não pela própria testemunha. Tal prova, conquanto rechaçada pelas cortes estatais, não necessariamente encontra óbice na arbitragem. Com destreza, a corte americana estabeleceu naquele caso:

> The arbitration was conducted in accordance with the rules of the American Arbitration Association, as agreed, and we can perceive no misconduct; *the arbitrators appear to have accepted hearsay evidence from both parties, as they were entitled to do. If parties wish to rely on such technical objections they should not include arbitration clauses in their contracts.* The appeal is quite insubstantial[5] (grifos nossos).

Os poderes do árbitro, porém, nem sempre significam a sujeição das partes a um procedimento incompatível com seus interesses. Desde que observado o devido processo legal, as partes são livres para limitar a atuação do árbitro, prezando, no mais das vezes, por um procedimento mais rígido, baseado em provas produzidas nos termos dos diplomas processuais. Para tanto, contudo, exige-se declaração de vontade inequívoca. Não basta eleger a lei aplicável e esperar que disso resulte o automático emprego dos diplomas processuais, tampouco ter a esperança de que o árbitro aplique, sem hesitar, as normas

---

[3] Sobre o tema: Article 2 (1) IBA Rules on Taking Evidence: "The Arbitral Tribunal shall consult the Parties at the earliest appropriate time in the proceedings and invite them to consult each other with a view to agreeing on an efficient, economical and fair process for the taking of evidence".

[4] Sobre esse tema: art. 21, § 1.º, da Lei de Arbitragem; art. 19 (2) UNCINTRAL Model Law; art. 22 (2) ICC Arbitration Rules; art. 22(vi) LCIA Arbitration Rules; art. 27(2) VIAC Rules of Arbitration; arts. 7.4 e 7.4.1 do Regulamento de Arbitragem do CAM-CCBC.

[5] Petroleum Separating Company, Petitioner-appellee, vs. Interamerican Refining Corporation, Respondent-appellant, U.S. Court of Appeals for the Second Circuit, Decided November 20, 1967.

processuais da *lex fori*. Conquanto a lei eleita para a solução do conflito (*substantive law*) não se relaciona com a lei processual, a sede da arbitragem *(procedural law)* apenas determinará qual lei arbitral aplicável, jamais fazendo incidir automaticamente as regras do processo estatal[6].

Uma vez definidas as regras do jogo, com ou sem ressalvas, a liberdade conferida aos árbitros é inconteste, devendo as partes respeitar a natureza do procedimento arbitral e com ele cooperar[7]. Mesmo assim, infelizmente, é comum, especialmente na arbitragem doméstica, a existência de "ruídos processuais" de partes que, não raro, tumultuam o procedimento e insistem em invocar desmedidamente a lei processual[8]. Como alerta Carmona:

> É natural, porém, que os advogados – seja por vezo profissional, seja por conta do interesse de seus clientes – queiram impor ao processo arbitral o mesmo ritmo do processo estatal. Trata-se, não é preciso dizer, de uma verdadeira contradição em termos: se as partes optaram por um sistema diferente (arbitragem) não faz sentido a tentativa de usar mecanismos de outro sistema (o processo estatal). Muitas vezes o árbitro acaba enredado nas teias traçadas pelos advogados de uma ou de outra parte (quando não das duas, cada qual com um interesse diverso, esperando um resultado diferente). *Na arbitragem interna, a grande ameaça é o Código de Processo Civil, cujos dispositivos vem invocados sem cerimônia, ainda que haja regras expressas em contrário no regulamento adotado*[9] (grifos nossos).

Forçoso notar que a incorporação de regras processuais pode engessar o procedimento de tal forma que corre o risco de arruiná-lo, destituindo-o de sua essencial flexibilidade[10]. Nesses momentos, o árbitro deve ser resistente: deve impor limites às inoportunas manifestações das partes e, assim, impedir a burocratização da arbitragem, com o fim máximo de preservar a eficiência do procedimento e, ao fim e ao cabo, o próprio instituto da arbitragem.

---

[6] BORN, Gary. *International Arbitration*: Law and Practice. 2. ed. The Hague: Kluwer International Law, 2015. para. 8.03.

[7] Nesse sentido, destaca-se acertada previsão da ICC Arbitration Rules relativa à condução do procedimento: "Article 22 (5). The parties undertake to comply with any order made by the arbitral tribunal".

[8] CARMONA, Carlos Alberto. Em torno do árbitro. *Revista de Arbitragem e Mediação*, São Paulo, v. 28, p. 54, jan.-mar. 2011.

[9] CARMONA, Carlos Alberto. Em torno do árbitro... cit., p. 53.

[10] Tal receio não é infundado: a lentidão do judiciário é, infelizmente, decorrência direta da rigidez das regras processuais, muitas vezes injustificada. Nesse sentido, forçoso notar que o próprio diploma processual busca combater esse paradigma, extremamente prejudicial, destacando-se, nesse sentido, o art. 190 do Novo Código de Processo Civil ("CPC/2015"), que permite às partes a celebração de negócios jurídicos processuais, inspirado na flexibilidade da própria arbitragem, a fim de incuti-la também no procedimento estatal. Com efeito, o caminho inverso – o engessamento do procedimento arbitral – não pode ser admitido.

O PODER DO ÁRBITRO NA CONDUÇÃO DA FASE PROBATÓRIA

Pode o árbitro, diante do poder que lhe é conferido, limitar a produção probatória? Ou, ainda, pode o árbitro determinar a produção de provas ainda que indesejadas pelas partes? A resposta é afirmativa para ambas as indagações.

O árbitro depara-se amiúde com casos nos quais algumas provas pleiteadas se mostram irrelevantes ou, pior, protelatórias. Nesses casos, não se trata apenas de *poder:* o árbitro, em verdade, tem o dever de indeferir as provas manifestamente desnecessárias, zelando pela boa administração do procedimento[11]. Ao contrário do que as partes irresignadas costumam defender, não há que se falar em violação ao contraditório e à ampla defesa nessas hipóteses[12].

Embora o árbitro tenha, de fato, que respeitar tais princípios, é necessário apontar que a produção probatória não deve nem pode estender-se *ad infinitum* com a justificativa, muitas vezes exagerada e distorcida, de assegurar o contraditório. Para que as partes possam expor e contrapor seus argumentos, basta que existam provas *suficientes*, crivo esse de poder do árbitro.

Para pautar sua função jurisdicional, deve o árbitro ater-se ao princípio inquisitório[13] e à busca pela verdade. Por essa razão o árbitro pode determinar a produção de determina prova *ex officio*[14], mesmo nos casos em que as partes, por meio da convenção arbitral, tenham expressamente afastado a sua produção.

Não é totalmente incontroversa a assertiva. Há que sustente, em sentido diverso, que o árbitro tem o dever de sujeitar-se à autonomia da vontade das partes – razão pela qual, segundo Carreira Alvim, seriam incabíveis as provas determinadas de ofício[15]. Ocorre que o árbitro tem que, acima de tudo, respeitar o seu compromisso com a verdade, de modo a garantir a produção das provas – mais do que suficientes – *indispensáveis* ao correto julgamento da controvérsia. Se assim não fosse, as partes poderiam até mesmo chegar a ponto de utilizar o procedimento arbitral para uma fraude processual, com o intuito de lavagem de dinheiro, por exemplo, sem que os árbitros pudessem investigar as reais razões subjacentes, que as partes em conluio buscavam encobrir.

---

[11] Alguns regulamentos até mesmo adotam expressamente essa regra, como exemplo o Article 27(4), UNCITRAL Arbitration Rules: "The arbitral tribunal shall determine the admissibility, relevance, materiality and weight of the evidence offered". No mesmo sentido, o Art. 19(2) UNCINTRAL Model Law, inspiração para diversos ordenamentos pátrios, bem como o art. 9(1) IBA *Rules on Taking Evidence.*

[12] No caso *Consórcio Via Amarela vs. Companhia do Metropolitano de São Paulo – Metro,* decidiu-se que: "Agravo de instrumento. Mandado de segurança. Liminar deferida para suspender determinação do tribunal arbitral para garantir a realização de prova pericial de engenharia. Inadmissibilidade. *Ausência do periculum in mora e fumus boni iuris. Inexistência de qualquer irregularidade cometida pelo tribunal arbitral.* Recurso provido" (TJSP, Agravo de Instrumento 0284191-48.2010.8.26.0000, Rel. Des. Franco Cocuzza, j. 14.03.2011 – grifos nossos).

[13] Sobre o tema: art. 22 da Lei de Arbitragem; article 27(3) UNCITRAL Arbitration Rules.

[14] Idem 14.

[15] CARREIRA ALVIM, J.E. *Direito arbitral.* Rio de Janeiro: Forense, 2004. p. 321-322.

De fato, há casos em que a ausência de uma prova pode, devido à sua essenciali-dade, violar a busca pela verdade e, porque não, o próprio contraditório, fazendo com que a sentença arbitral esteja sujeita à anulação (art. 32, VIII, da Lei de Arbitragem) e, até mesmo, camuflando eventual colusão das partes – que não pode ser admitida sob qualquer hipótese.

Forçoso notar, nessa seara, que o árbitro possui efetivos mecanismos para exercer tal controle na arbitragem.

Caso as partes se recusem a produzir determinada prova, pode o árbitro até mesmo determinar, por meio da carta arbitral, o cumprimento forçado do ato (art. 22-C, Lei de Arbitragem, e art. 237, IV, do CPC), enviando ofício ao juiz estatal para que este, investido de *imperium,* aplique toda sorte de medidas coercitivas necessárias, como multa diária, por exemplo. Pode também, quando preciso, deprecar até mesmo a condução coercitiva de testemunha (art. 21, § 2.º, da Lei de Arbitragem).

Destarte, o árbitro tem o poder-dever de buscar a verdade, podendo ora se contentar com as provas já apresentadas, ora determinar a produção de novas provas indepen-dentemente da vontade das partes, valendo-se, caso necessário, até mesmo de medidas coercitivas, tudo com o fim máximo de se observar o *due process of law* e a destreza do procedimento arbitral.

DURAÇÃO DA FASE PROBATÓRIA

No procedimento arbitral, a instrução probatória não é estanque: pela intrínseca flexibilidade do procedimento, o árbitro e as partes não estão obrigados a seguir deter-minada ordem na instrução probatória, tampouco limitar a sua duração.

É importante, ressalte-se, que o árbitro concilie essa maleabilidade com a organização do procedimento. Não por acaso, constitui prática comum e consagrada a determinação de calendários processuais com o fim de estabelecer os prazos a serem cumpridos pelas partes.

Note-se, porém, que os prazos fixados em arbitragem são destituídos da rigidez conhecida no procedimento estatal. Não há que falar, assim, do austero regime de pre-clusão característico do procedimento estatal. Por essa razão, como nota Gaillard, há certa tendência em evitar, mesmo diante do descumprimento dos prazos processuais, a penalização da parte. É necessário, contudo, que haja uma justificativa válida para even-tual atraso da parte, pois, caso contrário, o tribunal arbitral não será obrigado a aceitar a manifestação tardia[16].

Destaca-se, aqui, um equilíbrio a ser buscado pelos árbitros: assim como não podem adotar a rigidez característica do processo estatal, no qual o simples protocolo segundos após o término do prazo processual é suficiente para caracterizar a intem-

---

[16] GAILLARD, Emmanuel; SAVAGE, John. *Fouchard Gaillard Goldman on International Commercial Arbitration.* The Hague: Kluwer International Law, 1999. p. 694.

pestividade do ato, tampouco podem permitir o desenfreado e injustificado descumprimento dos prazos consensualmente estabelecidos pelas partes. Tal descumprimento, no limite, pode beirar a má-fé processual, e influenciar na alocação da responsabilidade pelos custos da arbitragem quando da prolação da sentença arbitral (art. 27 da Lei de Arbitragem).

O árbitro deve, pois, ser flexível, mas também, e sempre que necessário, ser firme. Esse equilíbrio deve ser observado a todo o tempo, mas destacadamente quando do término da fase instrutória: no momento em que estiver satisfeito com a exposição das partes, certo de que houve o contraditório e munido de prova suficiente para formar seu livre convencimento, deve o árbitro comunicar as partes sobre o fim da fase instrutória[17].

Como destaca Gary Born, é fundamental que o tribunal arbitral comunique, com clareza, o término das fases do procedimento às partes:

> It is important for the tribunal to make an unequivocal close to the submission of evidence and legal argument by the parties. This gives the parties notice of the date beyond which they will not be permitted to further argue their case, ensuring that they focus their energies when the opportunity is available. It also ensures that there will be a definite end to the arbitral process, after which the award will be rendered[18].

Por mais que a duração da fase instrutória seja flexível, não tendo data e hora para se encerrar, deve o árbitro estar preparado para, quando necessário, determinar expressamente o seu fim, sob pena de permitir a procrastinação indevida do procedimento. Também constitui boa prática que, ao final da produção de provas, os árbitros indaguem às partes se estão satisfeitas com a oportunidade que tiveram de provar suas alegações. Isso se revela de particular importância em momento posterior à prolação da sentença arbitral, quando a parte derrotada pretender buscar uma possível declaração de nulidade por violação ao devido processo legal, ou por cerceamento de defesa.

TIPOS DE PROVA

Por fim, cumpre apontar, brevemente, algumas peculiaridades das chamadas provas típicas, com destaque às provas documental, testemunhal e pericial no bojo de um procedimento arbitral.

---

[17] Sobre o tema: Article 32 VIAC Rules of Arbitration: "As soon as the arbitral tribunal is convinced that the parties have had an adequate opportunity to make submissions and to offer evidence, the arbitral tribunal shall declare the proceedings closed as to the matters to be decided in the award, and shall inform the Secretary General and the parties of the anticipated date by which the final award will be rendered. The arbitral tribunal may reopen the proceedings at any time".

[18] BORN, Gary. *International Arbitration*... cit., para. 47.

a) Prova documental

Na arbitragem, assim como em qualquer outro processo, a prova documental é de inexorável importância. Em casos complexos, notadamente em arbitragem de construção, é comum que a produção de documentos chegue a volumes assustadores. Também nesse aspecto é fundamental a atuação firme e coordenada do árbitro, que deve exercer um controle sobre a apresentação de documentos, a sua ordem, numeração, organização, classificação, relevância, visando sempre a uma produção probatória eficiente.

A tecnologia tem trazido à colação algumas novidades que não passaram despercebidas ao mundo arbitral. A produção de documentos em base física ou eletrônica pode significar uma grande diferença quanto ao conteúdo probatório de um determinado documento. Uma planilha em Excel, por exemplo, pode conter muito mais informações se apresentada como um arquivo ".xls" (que contém fórmulas, valores e macros), do que se a mesma planilha for apresentada em formado "pdf" (que captura somente a imagem do documento, sem os dados subjacentes), ou ainda se for apresentada em meio físico apenas.

Também relevantes podem ser os dados inerentes aos arquivos de computador, na função "propriedades", que indicam a data de criação do documento, suas edições e alterações, a identidade de seu criador e revisor, dados estatísticos de edição etc. Por todas essas razões os chamados "metadados" podem ser ocultados nos documentos fornecidos em meio eletrônico, de modo que as partes e tribunais arbitrais devem permanecer atentos.

Discute-se muito, nesse sentido, o chamado *discovery* na arbitragem. Característico dos países de *common law*, com destaque ao direito norte-americano, o *discovery* se define como uma espécie de *pre-trial proceeding*, no qual as partes são obrigadas a apresentar todos os documentos que estejam sob sua posse e que tenham relação direta com o litígio.

Em que pese a utilidade do procedimento, há que falar, no mínimo, em sua limitação na arbitragem. O *discovery* não só é um procedimento longo e custoso, como também pode degenerar na chamada *fishing expedition*: não são raras as vezes em que, durante o *discovery*, a parte solicita toda sorte de documentos ao adversário não com o fim de efetivamente angariar as provas que imagina constarem dos documentos, mas sim com o fim escuso de buscar quaisquer vestígios que a favoreçam, na tentativa de encontrar uma potencial vantagem na enxurrada de documentos solicitados. Nesse sentido, os comentários ao IBA *Rules on Taking Evidence* colocam como um dos princípios inerentes à fase probatória a limitação produção de prova documental quanto às matérias estritamente relevantes ao caso, declarando expressamente que o *discovery* é usualmente considerado inapropriado à arbitragem internacional[19].

---

[19] "The Working Party was able to reach agreement on certain principles governing document production because practices in international arbitration can be, and have been, harmonised to a large extent. The Working Party was guided by several principles: 1. Expansive American – or English-style discovery is generally inappropriate in international arbitration. Rather, requests for documents to be produced should be carefully tailored to issues that are relevant and material to the determination of the case" (Commentary on the revised text of the 2010 IBA Rules on the Taking of Evidence in International Arbitration, International Bar Association, May 2010, p. 7).

Ainda assim, o *discovery* pode ter seus benefícios. Nesse cenário, destaca-se o *electronic discovery*, que vem se desenvolvendo no direito norte-americano. O *e-discovery* consiste no emprego de *softwares* para identificar, coletar e reproduzir informações armazenadas eletronicamente, investigando-se arquivos, *e-mails*, documentos, apresentações, bancos de dados, planilhas eletrônicas, correios de voz, áudio e vídeo, mídias sociais, websites, dados, metadados e, até mesmo, *malwares, trojans* e *spywares*. Trata-se, por óbvio, de um procedimento altamente custoso e ainda sob desenvolvimento. Não obstante, a depender do caso concreto, pode ser uma ferramenta de extrema valia à disposição dos árbitros e das partes, especialmente em relação às cada vez mais frequentes operações econômicas desenvolvidas exclusivamente por meio unicamente eletrônico.

Nessa busca por provas documentais, outro assunto delicado é a recusa justificada da parte em relevar certos documentos à parte adversária, máxime aqueles relativos a *know-how*, segredos de negócio, segredos de indústria, e demais estratégias comerciais, cuja revelação pode resultar em vantagens indevidas à parte contrária. Não pode essa recusa, ainda que munida de justificativa, impedir o árbitro de analisá-los, especialmente quando o documento é essencial para o deslinde da controvérsia. Nesse sentido, cabe ao tribunal arbitral tomar as medidas necessárias para proteger os segredos comerciais e informações confidenciais[20].

Para tanto, algumas práticas têm sido utilizadas, como por exemplo a submissão reservada de tais documentos, em resguardo ao interesse da parte, de modo que somente o tribunal arbitral terá acesso e conhecimento, sem disponibilizá-los à outra parte[21]. Para que isso não signifique violação ao *due process of law*, porém, é necessário que a parte adversária seja comunicada da existência e submissão do documento, ainda que obstada de analisar seu conteúdo, podendo ainda se falar em celebração de acordo de confidencialidade especificamente quanto a esse documento, a fim de assegurar a sua efetiva proteção.

Caso ainda assim, a parte se recuse a apresentar os documentos solicitados, pode-se incidir a chamada *negative inference*, como indicado pela IBA *Rules on Taking Evidence*. Diante de sua recusa, pode o árbitro interpretá-la como tentativa de ocultar documentos contrários ao seu interesse, fazendo da própria recusa uma "espécie" de prova, a ser valorada juntamente com as demais evidências[22]. Claro que, nesse momento, o Tribunal deve agir com toda cautela e parcimônia possíveis.

---

[20] Nesse sentido, a ICC *Arbitration Rules* adota previsão que merece elogios: "Art. 20, § 3.º. Mediante requerimento de qualquer parte, o tribunal arbitral poderá proferir ordens relativas à confidencialidade do procedimento arbitral ou de qualquer outro assunto relacionado à arbitragem e poderá adotar quaisquer medidas com a finalidade de proteger segredos comerciais e informações confidenciais".

[21] GAILLARD, Emmanuel; SAVAGE, John. *Fouchard Gaillard...* cit., p. 691-692.

[22] Nesse sentido: "Art. 9 (5). If a Party fails without satisfactory explanation to produce any Document requested in a Request to Produce to which it has not objected in due time or fails to produce any Document ordered to be produced by the Arbitral Tribunal, the Arbitral Tribunal may infer that such document would be adverse to the interests of that Party".

b) Prova testemunhal

As testemunhas, nas célebres palavras de Jeremy Bentham, são "os olhos e os ouvidos da justiça"[23]. Por essa razão, todo cuidado é pouco no tocante a produção de prova testemunhal.

Devido à flexibilidade do procedimento arbitral, as partes podem livremente arrolar testemunhas tanto fáticas quanto técnicas. Enquanto as primeiras prestarão depoimento quanto aos fatos de seu conhecimento, as chamadas testemunhas técnicas podem contribuir com seu conhecimento técnico, expondo opiniões e ajudando na compreensão de situações semelhantes e paradigmáticas.

As partes podem, também, como uma forma de organização da prova testemunhal, combinar que sua apresentação será feita por meio de *written witness statements*. Trata-se de prática que vem sendo muito utilizada no Brasil, cuja origem vem da prática internacional, mas que nem sempre é bem entendida e aplicada. Seu objetivo é permitir que a testemunha produza um texto mais completo e cuidadoso sobre todos os aspectos relevantes de seu conhecimento. Por ser produzido de forma unilateral, o texto tem de ser submetido ao crivo do contraditório (sempre o devido processo legal) para se tornar válido. Assim, não basta apresentar o depoimento escrito de uma testemunha, que não se disponibilize a comparecer à audiência para ser inquirida a respeito de seu conteúdo pela parte adversa[24].

Assim, desde logo, as partes sabem quais fatos deverão combater e, de outro lado, o tribunal arbitral sabe qual substrato fático estará à sua disposição para balizar a inquirição das testemunhas, limitando-se o *cross examination* somente às manifestações previamente apresentadas. A depender do caso, diante dos testemunhos escritos, o tribunal arbitral pode entender ser conveniente até mesmo a dispensa da oitiva das testemunhas, evitando despesas e delongas desnecessárias.

Destacam-se, ademais, outras questões a serem respondidas quanto à produção de prova oral em audiência, notadamente quanto à alocação e divisão de tempo entre as partes. O senso comum prontamente diria de forma simplista que o tempo deve ser

---

[23] BENTHAM, Jeremy. *A Treatise on Judicial Evidence*. London: published by Messrs. Baldwin, Cradock, and Joy, Paternoster-row, 1825. p. 22.6.

[24] Nesses casos, a *IBA Rules on taking evidence* sugere os seguintes requisitos para que o *witness statement* alcance a finalidade a que se destina: "Article 4 (5). Each Witness Statement shall contain: (a) the full name and address of the witness, a statement regarding his or her present and past relationship (if any) with any of the Parties, and a description of his or her background, qualifications, training and experience, if such a description may be relevant to the dispute or to the contents of the statement; (b) a full and detailed description of the facts, and the source of the witness's information as to those facts, sufficient to serve as that witness's evidence in the matter in dispute. Documents on which the witness relies that have not already been submitted shall be provided; (c) a statement as to the language in which the Witness Statement was originally prepared and the language in which the witness anticipates giving testimony at the Evidentiary Hearing; (d) an affirmation of the truth of the Witness Statement; and (e) the signature of the witness and its date and place".

dividido igualitariamente. Em inúmeros casos, contudo, a divisão igualitária do tempo pelas partes produz toda sorte de efeitos, menos a igualdade.

Imagine-se, por exemplo, o caso em que uma das partes não tem interesse que o tribunal arbitral entenda os fatos de maneira completa, e arrola apenas duas testemunhas. A parte contrária, por sua vez, pretende uma investigação completa, profunda e cuidadosa dos fatos, e arrola nada menos que dezoito testemunhas. A divisão igualitária pode encerrar, de forma simplista e superficial, um prejuízo intransponível ao direito da parte de provar suas alegações e apresentar seu caso ao tribunal.

Destarte, percebe-se que a divisão de tempo não é tarefa simples, como a princípio poderia parecer. Cabe ao árbitro, caso a caso, agir com diligência para encontrar – sempre que possível em conjunto com as partes – o cronograma de oitivas mais adequado para atender aos múltiplos interesses em jogo.

Além da divisão equitativa de tempo, a audiência deve ter um tempo de duração razoável. Mas, afinal, o que é *razoável*? No cenário internacional, o termo razoabilidade possui distintas interpretações, até mesmo opostas. Enquanto as partes de *civil law* estão acostumadas a audiências relativamente curtas, que duram poucos dias, partes habituadas ao *common law* seguem a tradição de audiências longas, cuja duração, a depender do caso, pode ser mensurada em meses[25].

Sejam nestes casos, seja na arbitragem doméstica, o árbitro deve ter em mente que, não obstante o desejo das partes de sempre angariar o máximo de tempo possível para apresentação de seus casos, "time is the scarcest resource in arbitral proceedings"[26]. A razoabilidade, mais uma vez, emerge da casuística do caso, cabendo ao árbitro, diante de suas peculiaridades, procurar garantir que a audiência tenha tempo *suficiente* para a sua *adequada* realização.

Pela complexidade do caso, pode o tribunal arbitral também determinar a organização dos depoimentos, de molde a ouvir testemunhas por temas ou matérias, para facilidade de entendimento, ainda que a mesma testemunha tenha que prestar vários depoimentos separadamente, se for conhecedora de fatos relacionados a vários temas diferentes. Isso sem dúvida facilita a compreensão e a própria inquirição da testemunha, que se for ouvida de uma única vez terá de abordar uma série de fatos e temas e esgotar o assunto, por assim dizer.

Outros mecanismos para se otimizar a inquirição das testemunhas – sejam elas técnicas ou fáticas – podem ser destacados. Entre eles, discute-se a chamada *witness-conferencing* (ou *hot tubbing*), pela qual mais de uma testemunha é inquirida, ao mesmo tempo, sobre o mesmo tema.

A *witness-conferencing* tem o notável propósito de confrontar testemunhas cujas declarações possam a vir a ser contraditórias – o que é facilmente verificável entre tes-

---

[25] MOHTASHAMI, Reza. The Requirement of Equal Treatment with Respect to the Conduct of Hearings and Hearing Preparation in International Arbitration. *Dispute Resolution International*, v. 3, n. 2, p. 129, Oct. 2009.

[26] BORN, Gary. *International Arbitration...* cit., item 8.07, para. 40.

temunhas arroladas pelas partes adversárias – para identificar possíveis consensos entre as narrativas opostas e, por meio do embate, avaliar a credibilidade dos testemunhos[27].

Não obstante os benefícios que podem advir desta técnica, a *witness-conferencing* requer preparação técnica de todas as partes envolvidas. Ademais, as partes e o tribunal não podem se iludir: raramente a oitiva conjunta de testemunhas irá economizar tempo. Pelo contrário, dada sua complexidade, a expectativa é de que as audiências que fizerem uso deste mecanismo tenham sua duração prolongada[28].

Aspecto interessante, também, diz respeito ao impedimento de testemunhas. Ao contrário do que ocorre nas cortes estatais, os tribunais arbitrais dificilmente recusam a oitiva de indivíduos relacionados às partes, como empregados e seus representantes[29], cujos testemunhos podem ser livremente preparados[30], cabendo ao árbitro avaliar o peso dessas provas. Dessa forma, testemunhas que estariam impedidas de depor a um juiz estatal podem ser admitidas em procedimento arbitral, e até mesmo entrevistadas anteriormente ao depoimento, o que tampouco as desqualifica a depor.

c)   Prova pericial

Nem sempre a prova pericial é, de fato, imprescindível para a solução do conflito, não obstante as partes, por apego aos costumes forenses, costumem requerer sua produção. Via de regra, a produção de prova pericial é cara e demorada, podendo ser essa delonga evitada por técnicas alternativas.

Uma alternativa cabível, de fácil alcance das partes, é a escolha adequada do próprio tribunal arbitral. Por exemplo: caso o litígio envolva aspectos complexos de engenharia civil, poder-se-á nomear um engenheiro para compor o painel arbitral. A especialidade do árbitro cria no tribunal arbitral uma simetria de informações: um engenheiro, que dele faça parte, poderá auxiliar os demais árbitros a compreender adequadamente os liames técnicos do conflito e, no limite, até dispensar eventual perícia, a evidente benefício da celeridade e economia.

Claro que, a depender da hipótese concreta, a perícia pode se mostrar necessária. Por isso, não há que se falar em rigidez quanto à sua determinação. Algumas técnicas vêm sendo utilizadas pelos Tribunais Arbitrais para definir e racionalizar a prova pericial, como a colheita de prova oral de modo a delimitar os pontos relevantes e controvertidos do caso, para só então avaliar a necessidade ou não de se deferir a realização de prova pericial. Outra técnica consiste em permitir que os aspectos técnicos sejam objeto de

---

[27]   BORN, Gary. *International Arbitration...* cit., item 8.07, para. 45.

[28]   Idem.

[29]   Nesse sentido: "*Article 4 (2) IBA Rules on taking evidence.* Any person may present evidence as a witness, including a Party or a Party's officer, employee or other representative".

[30]   "*Article 4 (3) IBA Rules on taking evidence.* It shall not be improper for a Party, its officers, employees, legal advisors or other representatives to interview its witnesses or potential witnesses and to discuss their prospective testimony with them."

pareceres da lavra de experts contratados pelas partes, o que pode ser suficiente para o convencimento dos árbitros, ou pode ser objeto de avaliação técnica por um terceiro da confiança do julgador. Nesse último caso, o terceiro não se encarregaria propriamente do levantamento de dados e informações, mas tão somente da análise crítica dos dados, da consistência do estudo técnico, e das conclusões a que chegaram os *experts* contratados pelas partes.

Assim como todas as outras modalidades, a prova pericial é mais uma ferramenta à disposição do árbitro e das partes e, se utilizada com sabedoria e parcimônia, poderá ser essencial para o desfecho do litígio. Sua produção no mais das vezes impõe custos altos e demoras no processamento do caso, mas pode contribuir sobremaneira para o deslinde da controvérsia.

CONCLUSÃO

A eficiência do procedimento arbitral está umbilicalmente ligada ao adequado desenvolvimento da produção probatória, cujas engrenagens devem ser ajustadas pelos árbitros e pelas partes, em conjunto e em regime de cooperação, para que se atinja seu bom funcionamento. Não é por outra razão que uma produção probatória deficiente pode fulminar a decisão arbitral de nulidade.

Não seria exagero dizer que na fase probatória o advogado que atua em arbitragem mostra todo seu engenho e arte, utilizando-se da técnica processual a benefício da demonstração do caso de seu cliente. É na fase probatória, também, que o tribunal arbitral deve exercer seu poder-dever de buscar a verdade da forma menos onerosa e mais eficaz, conduzindo o procedimento de modo a buscar a verdade sem descurar do direito de defesa, do contraditório, e do devido processo legal.

REFERÊNCIAS

BARBOSA, Rui. *Oração aos moços*. Edição popular anotada por Adriano da Gama Kury. 5. ed. Rio de Janeiro: Edições Casa Rui Barbosa, 1999.

BENTHAM, Jeremy. *A Treatise on Judicial Evidence*. London: published by Messrs. Baldwin, Cradock, and Joy, Paternoster-row, 1825.

BORN, Gary. *International Arbitration*: Law and Practice. 2. ed. The Hague: Kluwer International Law, 2015.

CARMONA, Carlos Alberto. Em torno do árbitro. *Revista de Arbitragem e Mediação*, São Paulo, v. 28, p. 43-67, jan.-mar. 2011.

CARREIRA ALVIM, J.E. *Direito arbitral*. Rio de Janeiro: Forense, 2004.

Consórcio Via Amarela vs. Companhia do Metropolitano de São Paulo – Metro Tribunal de Justiça do Estado de São Paulo, Agravo de Instrumento 0284191-48.2010.8.26.0000, Des. Rel. Franco Cocuzza, j. 14.03.2011.

GAILLARD, Emmanuel; SAVAGE, John. *Fouchard Gaillard Goldman on International Commercial Arbitration*. The Hague: Kluwer International Law, 1999.

MOHTASHAMI, Reza. The Requirement of Equal Treatment with Respect to the Conduct of Hearings and Hearing Preparation in International Arbitration. *Dispute Resolution International*, v. 3, n. 2, p. 124-133, Oct. 2009.

Petroleum Separating Company, Petitioner-appellee, vs. Interamerican Refining Corporation, Respondent-appellant, U.S. Court of Appeals for the Second Circuit, Decided November 20, 1967.

REDFERN, Alan; HUNTER, J. Martin. *Redfern and Hunter on International Arbitration*. 6. ed. Oxford: Oxford University Press, 2015.

TÁTICAS DE GUERRILHA NA ARBITRAGEM INTERNACIONAL

MAURICIO GOMM F. DOS SANTOS

Sumário: I. Breves palavras sobre Petrônio Muniz – II. Introdução – III. Cenário de transformação – IV. O MDC – V. Diferenças culturais – VI. Definição e exemplos – VII. Anseio regulatório – VIII. Conclusão.

I. BREVES PALAVRAS SOBRE PETRÔNIO MUNIZ

É com grande júbilo que recebi da professora Selma Maria Ferreira Lemes, amiga arbitral de primeira hora, o honroso convite para contribuir – com renomados colegas – com singelo artigo à obra comemorativa dos 20 anos da lei de arbitragem, em justa homenagem a Petrônio Muniz.

Haja vista relacionamento próximo com o ilustre e saudoso homenageado, pediu-me Selma que dedicasse algumas palavras embrionárias àquele que – pode-se dizer – foi o pai da moderna arbitragem brasileira. Aliás, a saga para recriar o regime jurídico arbitral está registrada no livro *Operação Arbiter*.[1] A obra, cuja leitura deveria fazer parte do *curriculum* inicial de todos os cursos voltados à arbitragem no Brasil, traz um importante registro histórico, debaixo de uma leitura simples, agradável e dotada de pinceladas épicas, bem ao estilo da personalidade do autor.

Falar e discutir a arbitragem hoje é instigante e, de certa forma, fácil, por mais complexo que seja o intrínseco tópico; situação radicalmente diferente era *tentar* falar da arbitragem há mais de 20 anos, época em que imperava o desconhecimento e, com ele, um ostensivo desinteresse e, consequentemente, um velado deboche. Como lembrou Petrônio Muniz, citando Arthur Schoppenhauer "[t]oda verdade passa por três etapas: primeiro, ela é ridicularizada; depois violentamente antagonizada; por último é aceita

---

[1] MUNIZ, Petrônio R. G. *Operação Arbiter*: a história da Lei n. 9307/96 sobre a arbitragem comercial no Brasil. Instituto Liberal, 2005.

universalmente como autoevidente".[2] O fato de o Brasil atualmente navegar nas ondas da terceira etapa deve-se, em boa medida, à vigilância e determinação do Petrônio Muniz em não desistir de levar adiante a *Operação Arbiter*.

No início dos anos 1990, o advogado pernambucano possuidor de contagiante energia juvenil, aguçada sensibilidade política e estratégia militar – pinçou na academia arbitral em gestação no Rio de Janeiro e São Paulo representantes[3] que, na sequência, se encarregariam de redigir um anteprojeto de lei de arbitragem. Para conferir-lhe aura nacional, o texto foi finalmente apresentado à sociedade em 27 de abril de 1992 na cunhada *histórica reunião de Curitiba*. Neste dia, conheci Petrônio Muniz e os diletos colegas organizadores desta bela obra, poucos meses antes de embarcar para Londres para o mestrado em arbitragem na *Queen Mary College – University of London*. A partir daí passei a acompanhar, participar e contribuir ativa, embora remotamente, com todos os passos que culminariam, em setembro de 1996, na sanção presidencial da hoje festejada Lei 9.307.[4]

O instituto, ouso dizer, não tinha à época de sua fase parlamentar, a mínima relevância que justificasse uma tramitação acelerada. Além de o País estar mergulhado no processo de *impeachment* do ex-Presidente Collor, o projeto de lei em si não apresentava dividendo eleitoral algum a qualquer congressista. Aliás, lembro-me das palavras, com pitadas de humor britânico, do professor Julian Lew, *head of the School of International Arbitration* da Queen Mary – a quem reportava as minhas agruras pelo atraso e constantes emendas legislativas: "arbitration is not a sexy subject to draw the attention of members of parliament in a timely manner".

Neste contexto de pouca – ou nenhuma – sedução ao tema e incontestável desconhecimento, avultou a presença, o ideal e a perseverança de Petrônio Muniz. Não por acaso, formou seu time colocando na frente parlamentar o então senador Marco Maciel – dotado de inegável habilidade junto a diferentes correntes ideológicas – e na retaguarda técnica o pequeno e competente grupo de jovens *arbitrófilos*. Há 20 anos, o comodismo para deixar tudo como estava era evidente, assim como claro era o risco de revés para introduzir "algo insano e exótico" que apregoava que a função da *jurisdictio* não seria mais privativa do juiz togado. Todavia, como dizia Franklin Delano Roosevelt "[o] progresso é realizado pelos homens que fazem e não pelos que discutem de que maneira as coisas não devem ser feitas".

Portanto, a discussão à época não era sobre assuntos *intra-arbitragem*, como, aliás, são tratados de forma sofisticada nesta obra, mas temas básicos, tais como a autonomia da cláusula compromissória, desnecessidade de chancela judicial do laudo arbitral para gozar de executoriedade, entre outros que a todos hoje soam evidentes. Colocada de forma mais amplo-reflexiva a questão posta era discutir se o país queria – e iria – abrir a porta de entrada da modernidade, ainda que desconhecida, ou permanecer fechado

---

[2]   Idem, p. 89.

[3]   Carlos Alberto Carmona, Pedro Baptista Martins e Selma Maria Ferreira Lemes.

[4]   Emendada pela Lei.13.129/2015.

no obscurantismo dogmático, bem conhecido. Como Petrônio Muniz costumava dizer "[a] alternativa é uma só: ou evoluímos com a modernidade ou involuímos sem ela".[5]

Projetando a importância da arbitragem para o melhor e maior desenvolvimento socioeconômico do país em um momento de maior abertura internacional, Petrônio corretamente advogava que

> [...] [o] capital privado, notadamente o de origem externa, não pode – na quadra atual – ser considerado, primária e xenofobicamente, como arma do imperialismo. Devidamente disciplinado, por marcos legais adequados, poderá constituir-se em poderoso componente dos investimentos produtivos. Um país como o nosso já não tem como coexistir com *totens e tabus* (Freud) mesmo porque *quem não cresce, diminui quando os outros crescem.*

Nestes 20 anos de prática, a comunidade arbitral e judiciário brasileiros criaram o binômio necessário à segurança jurídica tão almejada pelo investidor nacional e estrangeiro: (i) a moderna letra crua da lei, baseada no consenso internacional, (ii) somada à boa interpretação que dela tem feito as cortes judiciais; em especial o Superior Tribunal de Justiça. Consequentemente, a arbitragem expandiu-se no Brasil, vertical e horizontalmente. Este fato também trouxe há alguns anos o reconhecimento externo, como bem frisou Albert Van den Berg, o maior estudioso da Convenção de Nova Iorque, em pronunciamento no Superior Tribunal Justiça sobre o louvável *case law* brasileiro em tema arbitral.[6]

Em suma, as sementes plantadas por Petrônio Muniz germinaram e deram bons frutos. E cabe aqui um registro final: embora a causa pela qual tanto lutou não lhe tenha conferido resultados econômicos, presenteou-o, segundo suas próprias palavras, com algo mais valioso: "[a] arbitragem até agora não me trouxe vantagens financeiras. Antes pelo contrário. Os amigos porém que fiz por seu intermédio não têm preço. O seu valor é inestimável".[7]

Alguns de seus muitos amigos prestam-lhe a simpática e tempestiva homenagem com este livro. Outras iniciativas existem como a Competição Arbitral *Petrônio Muniz*, anualmente e competentemente organizada pela CAMARB. Trata-se, em boa hora, de belo reconhecimento e justa gratidão pois, como disse G.K. Chesterton "[h]á grandes homens que fazem com que todos se sintam pequenos. Mas, o verdadeiro grande homem é aquele que faz com que todos se sintam grandes".

II. INTRODUÇÃO

Nas duas últimas décadas, não só a arbitragem no Brasil, mas também a arbitragem internacional se modificou. Ambas passaram a lidar com temas mais complexos, vultosos valores e um número crescente de partes e usuários, novos advogados e ingressantes

---

5   MUNIZ, Petrônio R. G. *Operação Arbiter...* cit., p. 158.

6   Jurisprudência do STJ Consolida Arbitragem no Brasil (Disponível em: <http://www.conjur.com.br/2012-set-30/jurisprudencia-stj-contribui-consolidacao-arbitragem-brasil>.Acessoem:28set.2016).

7   MUNIZ, Petrônio R. G. *Operação Arbiter...* cit., p. 102.

árbitros. Se, de um lado, tais fatos contribuem para o desenvolvimento da arbitragem, sua renovação e oxigenação, oferecem, de outro, espaço para o uso – e abuso – de comportamentos questionáveis de advogados, sobretudo no decurso do processo arbitral.

Em um momento que se constata um esforço coletivo e universal para que a arbitragem, à luz desta instigante e mutante realidade, seja mesmo *cost efficient*, sem prejuízo da observância aos princípios basilares do devido processo legal e ampla defesa, surgem posturas – rotuladas de táticas de guerrilha – que conspiram contra o que dela se espera e fazem transpirar críticas que levam a várias reflexões, dentre as quais o desejo de regulamentação.

III. CENÁRIO DE TRANSFORMAÇÃO

De uma fase arbitral inicial onde era praticada por um grupo pequeno e homogêneo de profissionais que atuavam em clima de "ethical no man's land"[8] para um grande e heterogêneo grupo, a arbitragem – sobretudo internacional – acabou se transformando em um "crowded teenager's bedroom,"[9] nas palavras de Gary Born. De fato, no passado eram poucos os atores da arbitragem que gravitavam ao redor de um mesmo *habitat* comportamental, enquanto a realidade hoje revela um prática global na qual os usuários provêm de diversos sistemas jurídicos e ambientes legais, sociais, econômicos e culturais distintos.

No Brasil, por exemplo, os vinte anos de convivência arbitral, pode ser resumido nas ondas dos quatro "es". O primeiro "e" caracteriza-se pelo período de *exclusão* da arbitragem; a chamada fase pré-lei 9.307/1996. Embora presente no ordenamento jurídico, a arbitragem, neste período, não tinha condições legais de desenvolver-se. O segundo período foi o da *expectativa* vivido entre 1996 e 2001; entre a sanção da lei até o reconhecimento, pelo Supremo Tribunal Federal, da sua completa constitucionalidade. Em seguida, em 2002, com a entrada em vigor no Brasil da Convenção de Nova Iorque, inicia-se a fase de *expansão* da arbitragem que perdurou aproximadamente até a crise internacional de 2008 culminada com a pujança econômica. A partir de 2009, inicia-se a quarta onda "e": da *explosão* da arbitragem.

Esse cenário – experimentado, em menor ou maior escala – em outros países – fez emergir uma preocupação sobre padrões éticos na assistência letrada perante tribunais arbitrais. O momento trouxe um quadro desafiador, rotulado como um "crowded teenager's bedroom". Um cenário vivo, energizado, mas desorganizado. Consequentemente, vozes se levantam para enfrentar o problema e disciplinar a conduta de advogado na arbitragem, isto é, colocar "ordem no quarto".

No entanto, como conciliar conceitos e princípios que possam ser absorvidos e praticados por todos os integrantes do sistema? Como definir ou harmonizar padrões comportamentais de atuação arbitral no contexto internacional? Como criar uma espinha dorsal de cunho

---

[8]   ROGERS, Catherine. Fit and Function in Legal Ethics: Developing a Code of Conduct for International Arbitration. 23 *Mich. Int'l L. J.* 341, 2002.

[9]   FLETCHER, Barry. Populating the Ethical No Man's Land – A Conference Report, Conference hosted by Queen Mary Institute for Regulations and Ethics, entitled: "The Arguments For and Against Further Regulation of Arbitration Counsel". LexisNexis, September 2014.

deontológico que possa ser aplicada a todos ou por todos observada? O tema da ética na arbitragem internacional tem gerado muito debate, mas proporcionalmente poucas respostas.[10]

IV. O MDC

A arbitragem internacional vive e desenvolve-se em busca de consensos, pois estes aumentam a previsibilidade e segurança do instituto. Assim, surgiram a Convenção das Nações Unidas sobre reconhecimento e execução de laudo arbitral estrangeiro ("Convenção de Nova Iorque") e a Lei Modelo de Arbitragem desenvolvida pela Comissão das Nações Unidas para o Direito Comercial Internacional ("Lei Modelo"). Embora na referida convenção há sempre o risco de interpretação judicial local em desacordo com a prática internacional e na Lei Modelo há a possibilidade de Estados adotarem na íntegra ou parcialmente o seu texto, o fato é que ambos os diplomas indiscutivelmente representam um consenso na arbitragem internacional.

Dos debates que hoje emergem sobre comportamento ético na arbitragem faz também surgir o desejo de criar regras universais consensuais para representação jurídica nos processos arbitrais. No entanto, as dificuldades não são poucas. Será melhor um tratado, um código, guias elucidativos, princípios básicos ou simplesmente deixar como está a fim de que cada Tribunal Arbitral enfrente o problema da forma que melhor lhe aprouver à luz das peculiaridades de cada caso e das leis e regras aplicáveis? Além do aspecto formal, a questão a enfrentar é se os advogados, ao tempo em que defendem os interesses de seus clientes (e são remunerados para tal), comportam-se como *gentlemen*, dentro de padrões mínimos aceitáveis por todos. A equação é desafiadora. O que é certo para um pode não ser para outro e o que é ético para um pode não ser para outro. A missão é semelhante ao exercício que fazíamos em tempos de escola primária quando buscávamos o *mínimo denominador comum* ("MDC"). Existirá um MDC em tema de representação jurídica que possa ser minimamente comum e aceito por toda a comunidade arbitral internacional?

Os advogados quando litigam perante as cortes judiciais de seus respectivos países o fazem debaixo de regras éticas definidas ou localmente aceitas. Aliás, o saudoso desembargador fluminense Claudio Vianna de Lima costumava dizer que nós, os advogados, somos *formados, conformados e deformados* pelos cacoetes desenvolvidos nos bancos das faculdades de direito e práticas do meio jurídico em que exercemos nossa profissão. Esse cacoete, não raro, é levado adiante na prática arbitral; consciente ou inconscientemente. Mesmo atuando em arbitragem internacional, em sede situada fora das fronteiras da respectiva jurisdição estatal, o advogado pode submeter-se às regras de conduta da sede da arbitragem. O tema é instigante e está longe de estar apaziguado.

Na União Europeia, por exemplo, a EU Directive 98/5/EC[11] exige adesão as regras de conduta da sede em qualquer arbitragem realizada dentro de seu territó-

---

[10] GOLDSMITH QC, Peter. Keynote Speech, ICC UK Annual Arbitrators Forum: Ethics in International Arbitration, Conference Materials, 2013.

[11] EC, Directive 98/5/EC of the European Parliament and of the Council of 16 February 1998 to facilitate practice of the profession of lawyer on a permanent basis in a Member State other than that in which the qualification was obtained, [1998] OJ L 77. See, specifically, art. 6 (1), which

rio.[12] Similar linha foi implementada em alguns Estados americanos que adotaram as Regras Modelo de Conduta Profissional da *American Bar Association*.[13] Em 2014, e, levando-se em conta os desafios, insatisfação e até certo ponto confusão quanto à eventual contradição de regras éticas no exercício da arbitragem internacional, a Queen Mary College da Universidade de Londres constituiu o *Institute for Regulation and Ethics* ("IRE") com objetivo de melhorar padrões éticos nas áreas do direito comercial, incluindo a da arbitragem internacional. Na conferência inaugural foram travados debates sobretudo quanto às *IBA Guidelines on Party Representation in International Arbitration* ("Guias da IBA"), oferecidas em 2013, bem como as recentes regras de Arbitragem Internacional, publicadas pela *London Court of International Arbitration*. Gary Born, na ocasião, defendeu – com serena precaução – que novas regulamentações sobre condutas de advogados em arbitragem internacional poderiam oferecer espaço para impugnação futura de laudos arbitrais com base em eventual violação a suposto dever de conduta ética.[14] Todavia, o *approach* enfrenta as consequências e não a causa; portanto, resolve apenas parte do problema caracterizado por um *melting pot* cultural.

V. DIFERENÇAS CULTURAIS

A arbitragem internacional carrega um amálgama de legislações, peculiaridades e diferentes percepções. Por exemplo, ao perguntar para advogados provenientes de jurisdições distintas sobre o que esperam do julgador é possível – aliás bem provável – que a resposta seja diferente. Enquanto há aqueles que entendem que do julgador espera-se que faça justiça ao caso concreto, outros dão ênfase a função do julgador de preservar a igualdade das partes, cabendo a cada advogado usar as ferramentas existentes para o benefício de seu cliente. No primeiro caso, o julgador tem uma participação mais ativa – em busca da justiça – enquanto no segundo, o julgador tem uma postura mais reativa com ênfase na noção do *due process*.

Aliás, percebe-se uma lente cultural diversa quando deparamo-nos sobre qual é a verdadeira obrigação do advogado no processo adversarial. Na Inglaterra e País de Gales, por exemplo, a obrigação primária de um advogado é com o respeito e honra ao

---

provides that "a lawyer practicing under his home-country professional title shall be subject to the same rules of professional conduct as lawyers practicing under the relevant professional title of the host Member State in respect of the activities he pursues there".

[12] Ibid, art. 4.1 which provides that "[a] lawyer who appears, or takes part in a case, before a court or tribunal must comply with the rules of conduct applied before that court or tribunal".

[13] American Bar Association Model Rules of Professional Conduct (2000), art. 8.5 (b): "in any exercise of the disciplinary authority of this jurisdiction, the rules of professional conduct to be applied shall be as follows: (1) for conduct in connection with a matter pending before a tribunal, the rules of the jurisdiction in which the tribunal sits, unless the rules of the tribunal provide otherwise".

[14] WESSEL, Jane; MC. ALLISTER, Gordon. Towards a Workable Approach to Ethical Regulation in International Arbitration. *Canadian International Lawyer*, v. 10, n. 2, p. 6, 2015.

Poder Judiciário, à Corte.[15] Em outras jurisdições, o dever perante o cliente está acima.[16] Consequentemente, o advogado que participa em arbitragens internacionais tem uma percepção – ou uma expectativa – baseada na sua prática e nos cânones éticos aos quais se submete. Por exemplo, o dever de entregar documentos, mesmo que contrários aos interesses de seu cliente, soa como uma obrigação básica para determinados profissionais do direito, enquanto para outros tal obrigação soa inadequada, quando não provocativa. Não há portanto receita certa, mas sim receita diferente. Dentro desta premissa, indaga-se como separar – e reconhecer – um comportamento simplesmente diferente daquele que visa a conspirar contra o bom andamento do processo arbitral; isto é, uma tática de guerrilha para obter vantagens inaceitáveis?

VI. DEFINIÇÃO E EXEMPLOS

> O termo *guerilla* origina-se do idioma espanhol e significa pequena guerra. As guerrilhas seriam manobras com contornos irregulares de conflitos travados por um restrito grupo de combatentes que utilizam táticas não convencionais com elementos surpresas e com certo grau de agressividade contra exércitos tradicionais.[17]

Tais comportamentos emperram o bom e *cost efficient* processo arbitral. Nem sempre as recomendáveis precauções visando ao alcance do MDC arbitral, discutidas na audiências preliminar e corporificadas no Termo de Arbitragem, Ata de Missão ou primeira Ordem Procedimental têm o condão de afastar possíveis táticas de guerrilha.

A professora Edna Sussman[18] elaborou uma pesquisa em que buscou identificar os principais comportamentos que acabam conspirando contra o regular e bom andamento da arbitragem. Em essência, são eles:

> Excessive use of discovery, either by insisting on leaving no stone unturned, or by concealing relevant documents within large volumes of other documents.

---

[15] In *Rondel v. Worsley* [1966] 3 WLR 950, Lord Denning characterized the position in England and Wales in the following terms: "[The advocate] has a duty to the court which is paramount. It is a mistake to suppose that he is the mouthpiece of his client to say what he wants: or his tool to do what he directs. He is none of these things. He owes allegiance to a higher cause. It is the cause of truth and justice. He must not consciously mis-state the facts. He must not knowingly conceal the truth [...]. He must produce all the relevant authorities, even those that are against him. He must see that his client discloses, if ordered, the relevant documents, even those that are fatal to his case. He must disregard the most specific instructions of his client, if they conflict with his duty to the court. The code which requires a barrister to do all this is not a code of law. It is a code of honour. If he breaks it, he is offending against the rules of the profession and is subject to its discipline".

[16] Em seu artigo, Gavin Mackenzie assim constata: In the United States the duty to the client is generally seen as the lawyer's primary duty, while in Britain the duty to the court is preeminent. The Ethics of Advocacy The Advocates Society Journal (September 2008) at 26.

[17] MENEZES, Caio Campello. Como barrar as táticas de guerrilha em arbitragens internacionais?. *Revista Brasileira de Arbitragem*, Wolters Kluwer, v. 45, p. 82-107, 2015.

[18] SUSSMAN, Edna. All's Fair in Love and War – or is it? The Call for Ethical Standards for Counsel in International Arbitration, 2010.

Delaying tactics;

Creating conflicts by changing counsel during the course of the arbitration;

Frivolous challenges to arbitrators;

Last minute surprises, including the introduction of new arguments, documents or witnesses on the eve of the hearing;

Using court procedures inappropriately to challenge arbitration proceedings;

Ex-parte communication with arbitrators;

Witness intimidation;

Lack of respect towards the tribunal or opposing counsel, and

Frustrating the orderly conduct of the hearing, either by attempting to use up all available time, or by making multiple applications for reconsideration, or by various other forms of subterfuge and bluffing techniques.

Como bem sintetizou Campello,

[...] [a]s práticas de guerrilha variam de uma jurisdição para outra. Existem táticas mais suaves e outras mais extremas, que são aplicadas conforme o objetivo final do advogado guerrilheiro. As táticas mais desestabilizadoras são normalmente aplicadas quando existe a necessidade de gerar uma agressividade tal que intimide o advogado da parte contrária, os árbitros e/ou as testemunhas. São aquelas usadas em arbitragens onde os valores em disputa são muito relevantes. Os exemplos mais conhecidos de táticas de guerrilha são os seguintes:

a) Suborno ocorre quando uma das partes oferece, promete ou confere vantagem indevida a um árbitro ou a um terceiro, de modo a influenciar a sentença arbitral.

b) Intimidação: a intimidação pode ser de testemunhas ou de árbitros. Uma das formas de intimidação é a chantagem. As ameaças podem se estender a membros da família, amigos e ao próprio emprego da testemunha. Uma parte pode intimidar árbitros ajuizando ações em jurisdições fora da sede da arbitragem, pleiteando que o árbitro não seja remunerado no curso da arbitragem por alegada violação de deveres inerentes ao árbitros.

c) Métodos de controle de informação: existem relatos de casos em que as táticas de guerrilha avançaram para um terreno sofisticado de métodos de controle de informações, como, por exemplo, telefones grampeados, contratação de investigadores para vasculhar as casas de árbitros e a contratação de *experts* de tecnologia para acessar os computadores dos árbitros.

d) Fraude: apresentação de alegações falsas ou negativa de fatos que a parte saiba sejam verdadeiras são práticas fraudulentas que são usadas. Isso também se aplica a distorção ou fragmentação da narrativa dos fatos justamente para omitir episódios relevantes, mas contrários às teses defendidas pela partes. Em alguns casos, há destruição deliberada de provas relevantes que possam ser prejudiciais á parte. O grande desafio ao tribunal é ter acesso a ferramentas capazes de identificar esse tipo de conduta fraudulenta e coibir tais práticas.

e) Práticas dilatórias: as condutas para retardar o procedimento são as táticas de guerrilha mais comuns. Um exemplo clássico é a recusa injustificada de uma das partes de se submeter a uma arbitragem por entender que não está vinculada à cláusula de arbitragem, quando de fato a vinculação é clara. Outros episódios menos sérios, mas com certa recorrência são a apresentação de provas e submissões fora do prazo e os pedidos de desistência de audiência, de última hora. Outros exemplos são recusas de assinatura de Termo de Arbitragem ou de efetuar o pagamento das despesas com a instituição de arbitragem. As objeções constantes a ordens procedimentais do tribunal arbitral, bem como a substituição constante de advogados (sem motivo aparente) durante o procedimento arbitral também tem se tornado cada vez mais comum.

f) Impugnações frívolas: as impugnações de árbitros têm sido recorrentes e têm sido um motivo de grande preocupação, porque os casos de impugnações tardias ou até mesmo após a prolação da sentença arbitral vêm se tornando uma prática indesejável. Nem seria preciso mencionar que essas atitudes têm como principal objetivo se voltar contra decisões desfavoráveis, mesmo que não haja de fato fundamentos mínimos para qualquer tipo de impugnação. A intenção é justamente criar uma situação que traga rupturas e dúvidas, sempre com a intenção de frustrar a eficácia da arbitragem.[19]

Se levarmos as questões acima a advogados de diferentes sistemas jurídicos, é possível que nem todos enxerguem a existência de prática de táticas de guerrilha em algumas delas. Os exemplos são apenas ilustrativos. O que se pretende com as discussões – e eventualmente caminhos – é a manutenção de um sistema que permita igualdade de forças dentro de um ambiente que possa ser esculpido com vistas a preservar o ideal de *fairness* e *due process* na arbitragem. Por exemplo, a ideia de *discovery* – tão arraigada no sistema processual civil norte-americano – é aceita apenas com moderação e limitação – quando não rejeitada em outras jurisdições.

O *request to produce* – espécie do gênero *discovery* – é eloquente no tema das diferenças culturais e consequentemente nos desafios à boa condução arbitral e blindagem às táticas de guerrilha. Advogados integrantes da *Common law* (sobretudo os americanos) não hesitam em solicitar uma vasta apresentação de documentos, enquanto advogados da *Civil Law* concentram-se essencialmente naqueles documentos que embasam a posição de seus clientes, rejeitando os que lhe são desfavoráveis.

Segundo Bernardo Cremades, advogados latino-americanos podem sentir-se legitimamente orgulhosos ao reter – ou sugerir retenção de – documentos que poderiam ser prejudiciais aos interesses de seu cliente.[20] A denominada "preparação de testemunhas" também busca o seu MDC. Sempre é um tema sensível a começar pela expressão "preparação" o que, em alguns ambientes legais, conduz a uma equivocada ideia de indução, fabricação de versão de conveniência. Há portanto jurisdições que não permitem contato de advogado com a testemunha, enquanto outras entendem como altamente permissível, quando não necessária para a boa prática contenciosa judicial.[21]

---

[19] MENEZES, Caio Campello. Como barrar as táticas de guerrilha em arbitragens internacionais?, cit., p. 84-85.

[20] CREMADES, Bernardo. "Overcoming the Clash of Legal Cultures: The role of interactive Arbitration (1998) 14 J. Arb. Int'l 164, at 166.

[21] In Black Horse Lane Assocs., LP v. Dow Chem Corp, 228 F 3d 275, 304 (3d Cir 2000). ("[W]hen a witness is designated by a corporate party to speak on its behalf pursuant to Rule 30 (b) (6), "producing an unprepared witness is tantamount to a failure to appear", that is sanctionable.")

Na arbitragem internacional[22] é prática corrente admitir a preparação da testemunha antes da audiência. Aliás, o treinamento da testemunha não deve causar espanto, já que seu depoimento, seja escrito previamente ou não, será objeto de contrainterrogatório pelo advogado da parte contrária. A testemunha que foi "preparada" para dizer mais do que sabe – ou o que não sabe – é normalmente desacreditada durante os depoimentos, podendo colocar em risco o destino da própria causa da parte. Tribunais internacionais (mesmo domésticos) compostos por membros experientes normalmente percebem – durante o exercício do *cross-examination* – quando a testemunha "fabricou" o testemunho. De igual sorte, os Tribunais também percebem quando advogados – com maior familiaridade no exercício do *cross-examination* – querem colocar a testemunha em situação de desconforto, mesmo que esteja dizendo a verdade.

De qualquer sorte, e com vistas a apaziguar diferenças comportamentais, surgem as Regras da *IBA on Taking of Evidence in International Arbitration*.[23] Trata-se de uma tentativa de harmonização em prol do almejado MDC durante a fase instrutória da arbitragem. Nesta mesma toada, a IBA também divulgou, em 2013, os seus *Guidelines on Party Representation in International Arbitration*. O anseio por um MDC internacional persiste.

VII. ANSEIO REGULATÓRIO

Não há receita pronta ou equação ideal para enfrentar o tema das diferenças de padrões éticos e táticas de guerrilha na arbitragem internacional. Tanto a ausência quanto presença de regulamentação levam a desafios e questionamentos. Enquanto Gary Born lança preocupações quanto a possíveis problemas da regulamentação – sobretudo eventual ataque ao laudo arbitral por violação a determinadas regras – a professora Katherine Rogers defende que "international arbitration cannot continue to operate with uncertain, unwritten, and culturally variable assumptions about what constitutes proper conduct for attorneys".[24] Outras vozes se somam, como bem resumiu Campello em seu belo estudo sobre o tema.[25]

Em 2010, na conferência da ICCA no Rio de Janeiro, Doak Bishop posicionou-se no sentido de que o momento havia chegado para que fosse adotado um código de conduta

---

[22] "In international arbitration it is well recognized that witnesses may be interviewed and prepared prior to giving their oral testimony." REDFERN, Alan, HUNTER, Martin, Redfern and Hunter on International Arbitration, 5ed (2009) at 403.

[23] Artigo 4 (3) das Regras da IBA on Taking of Evidence in International Arbitration estabelece que: "it shall not be improper for a a party, its [...] legal advisors or other representatives to interview its witnesses or potential witnesses and to discuss their prospective testimony with them. " Guidelines 18 to 24 of the IBA Guidelines on Party Representation in International Arbitration provide that counsel may assist a fact or expert witness in the preparation of his or her evidence, so long as the evidence remains the witness' own.

[24] ROGERS, Catherine, *Ethics in International Arbitration* (Oxford: Oxford University Press, 2014) at 136.

[25] MENEZES, Caio Campello. Como barrar as táticas de guerrilha em arbitragens internacionais?, cit.

para guiar os usuários das arbitragens internacionais. Segundo ele, este guia também serviria para auxiliar os árbitros e as instituições de arbitragem a padronizarem um conjunto de regras para casos onde questões de conduta ética dos advogados e partes surgissem. Defendeu a tese de que a falta de clareza quanto à aplicação das regras éticas, a exigência de regras de deveres conflitantes entre si, a falta de transparência e o aumento das dimensões de um procedimental arbitral teriam sido os principais responsáveis pelo crescimento da instabilidade e pelo questionamento da confiança depositada na arbitragem como procedimento eficaz de solução de controvérsias. No seu entendimento, a solução para essa situação crítica seria, portanto, a criação de um código de ética vinculante capaz de assegurar a integridade e legitimidade do sistema:

> First, it can clarify the applicable rules and reduce ambiguity; second, it can level the playing field so that conflicting obligations do not unduly benefit one party at the expense of the other, and third, it can provide greater transparency, thus building confidence in the system.

Já, em 2012, na Conferência da ICCA de Cingapura, o assunto voltou a debate no discurso inicial feito por Sundaresh Menon que também enfatizou a urgência no desenvolvimento de um código de conduta e guia prático para advogados em arbitragens internacionais. Há, de fato, um grande coro clamando por uma nova base de regras éticas para arbitragens internacionais, como literalmente dezenas de artigos sobre o tema, com sugestões para resolver esse impasse. Isso porque constatou-se um fato incontroverso nos dias de hoje: "Lawyers engaged in transnational legal practice have little or no guidance about how these rules fit together, and even less guidance about how to manage such conflicts when appearing before international arbitration tribunals".[26]

E como fulmina Rogers em defesa da regulamentação:

> There are many pragmatic reasons why a new ethics regime is needed in international arbitration. Attorneys need more guidance about what constitutes proper conduct. Parties need to understand better how to plan their legal representation and related case strategy. Arbitrators need more clear guidance and support in making rulings on ethical issues. [...] Systematic cooperation that involves all relevant actors – parties, counsel, arbitrators, arbitral institutions and national and international regulatory authorities – is necessary to not only develop the content of the new ethical rules, but to implement them and ensure their meaningful enforcement.[27]

Existe uma fonte de responsabilidade depositada nos árbitros para que as condutas antiéticas e antiprofissionais não se proliferem a ponto de colocar em risco a eficiência da arbitragem. Os árbitros não podem e não devem se sentir intimidados com os relevantes

---

[26]   Idem, p. 90-91.

[27]   MENEZES, Caio Campello. Como barrar as táticas de guerrilha em arbitragens internacionais?, cit.

valores envolvidos na disputa, tampouco com o tamanho e a importância das partes. A eficiência da arbitragem como procedimento é maior do que tudo isso e os árbitros precisam ter ciência das suas responsabilidades para afastar todo e qualquer elemento estranho que possa comprometer a finalidade da arbitragem. Os árbitros, portanto, devem se sentir como se fossem os verdadeiros custodiantes do efetivo funcionamento de arbitragem e, para tanto, a constante supervisão das condutas éticas dos advogados é fundamental. Como mencionou Sandaresh Menon em seu "International Arbitration: the coming of a new age for Asia (and elsewhere)", os próprios clientes conta com essa responsabilidade dos árbitros:

> Beyond the costs issue, arbitrators have wrested for themselves the power to grant final, binding and authorative rulings on disputes, with little intervention from the courts. But in doing so, they have put pressure on themselves, and in turn to other members of the community, to ensure that they get the right answer. End users clamour for accountability. This coupled with the fact that arbitrators are judges for hire has put a spotlight on the tension between the personal commercial interest of the arbitrators and their public duty to do justice.[28]

VIII. CONCLUSÃO

A existência de sistemas jurídicos distintos, o crescente número de arbitragens dentro e fora dos circuitos tradicionais, somados ao crescente número de atores, disparidade de regras deontológicas e a constatação de táticas de guerrilha traz a todos que militam na arbitragem internacional um constante desconforto. Deste cenário surgem frequentes e frutíferos debates visando a aprimoramentos comportamentais com vistas ao desejado MDC. As *guidelines* elaboradas pela *International Bar Association* é, quiçá, o exemplo mais eloquente. Todavia, malgrado a existência de leis da sede da arbitragem, de *guidelines* sobre prova ou representação jurídica, é de fundamental importância que árbitros e advogados, no início do processo arbitral, procurem esculpir e delinear o MDC para o respectivo caso concreto.

O "antídoto" para enfrentar as táticas de guerrilha ainda residem na idoneidade, seriedade, zelo, cuidado e experiência dos árbitros e advogados, e, consequentemente, nos contornos – por estes – definidos sobretudo no início da arbitragem; isto é, durante a discussão do Termo de Arbitragem, Ata de Missão, Conferência Preliminar e *Case Management Hearing*. Se tais adequadas e profiláticas iniciativas não conseguem imunizar por completo o processo arbitral (dificilmente conseguirão), pelo menos pavimentam-no com princípios, regras e "munições" que permitem uma *cost efficient* condução do processo, atendendo, em essência, o espírito e objetivo das partes quando optaram pela arbitragem como método adequado de resolução de conflitos.

---

[28] MENEZES, Caio Campello. Como barrar as táticas de guerrilha em arbitragens internacionais?, cit., p. 102.

ARBITRAGEM E DEMANDAS PARALELAS: A VISÃO DO ÁRBITRO

THIAGO MARINHO NUNES

Sumário: Introdução. I. Paralelismo entre Demanda Arbitral e Demanda Judicial: 1. *Anti-Suit Injuctions*; 2. Visão do Árbitro – II. Paralelismo entre Demandas Arbitrais: 1. Litispendência Arbitral e o Instituto da Prevenção; 2. A Visão do Árbitro – Conclusão – Referências.

INTRODUÇÃO

Há vinte anos, quando era promulgada a Lei 9.307/1996 ("LArb"), dificilmente se imaginava o sucesso que o instituto da arbitragem teria no meio jurídico brasileiro. O crescimento do número de procedimentos arbitrais, a modernização das instituições arbitrais, a consolidação de uma jurisprudência favorável à arbitragem e o fomento de estudos com propostas ao aprimoramento do instituto evidenciam o sucesso da arbitragem no direito brasileiro.

Na esteira do desenvolvimento do instituto da arbitragem no Brasil, promulgou-se a Lei 13.129, de 26.05.2015,[1] que aprimorou a legislação arbitral brasileira em diversos pontos. Destacam-se a confirmação expressa da arbitrabilidade subjetiva de disputas envolvendo a administração pública, a possibilidade de ingresso ao Judiciário para a obtenção de medidas cautelares pré-arbitrais, a admissibilidade de sentenças parciais de mérito, *inter alia*.

---

[1] Sobre os principais aspectos da Lei 13.129.2015, v. LEMES, Selma Maria Ferreira. Anotações sobre a nova Lei de Arbitragem. *Revista de Arbitragem e Mediação*, São Paulo, v. 47, p. 39-44.

Sem prejuízo à importância de todas as recentes inovações legislativas, a existência de demandas paralelas na seara da arbitragem é estranha à LArb, apesar de constituir tema objeto de acurados e recentes estudos.[2]

Se no âmbito interno a questão já é suficientemente complexa, o que dirá sobre as dimensões adquiridas pelo paralelismo de demandas no âmbito internacional, em que a possível sujeição das partes a diversas leis[3] alimenta também um preocupante estado de insegurança jurídica.

Sem qualquer pretensão exaustiva, este ensaio apresenta os principais conflitos gerados pela existência de demandas paralelas, considerando o reexame de conceitos processuais clássicos *vis-à-vis* temas atuais em matéria arbitral. Essa construção será endereçada nas linhas que seguem sob o ponto de vista do árbitro, que poderá se deparar com demandas correlacionadas à sua no Poder Judiciário (I); ou em processamento perante outro Tribunal Arbitral (II). Os capítulos a seguir trazem reflexões sobre cada uma dessas hipóteses, respectivamente.

I. PARALELISMO ENTRE DEMANDA ARBITRAL E DEMANDA JUDICIAL

A primeira parte deste estudo tem como objetivo principal examinar o fenômeno das demandas paralelas e correlacionadas que envolvem Tribunais Arbitrais e Tribunais Estatais.

Não raro, Tribunais Arbitrais são surpreendidos com ordens judiciais de suspensão do procedimento, com fundamento em suposta nulidade da cláusula arbitral, suposta incompetência dos árbitros, entre outras,[4] o que ocorre por meio das chamadas medidas

---

[2] Vale dizer, a esse respeito, que o Direito brasileiro conta com três estudos específicos sobre o assunto aqui tratado: a tese de doutoramento de Priscila Knoll Aymone (*A problemática dos procedimentos paralelos*: os princípios da litispendência e da coisa julgada em arbitragem internacional. 2011. Tese (Doutorado em Direito) – Faculdade de Direito, Universidade de São Paulo, São Paulo); a tese de doutoramento de Paulo Macedo Garcia Neto (*Processos arbitrais relacionados*: poderes dos árbitros para decidir questões de conexidade. 2016. Tese (Doutorado em Direito) – Faculdade de Direito, Universidade de São Paulo, São Paulo); e a dissertação de mestrado apresentada por Ana Clara Viola Ladeira (*Conexão na arbitragem*. 2016. Dissertação (Mestrado em Direito) – Faculdade de Direito, Universidade de São Paulo, São Paulo). Todos esses trabalhos serão citados ao longo do presente estudo.

[3] A título exemplificativo, cite-se a lei aplicável ao procedimento arbitral, lei aplicável ao mérito da disputa, lei da sede da arbitragem, regulamento arbitral aplicável etc.

[4] Segundo Priscila Knoll Aymone: "Assim, poderá haver procedimentos paralelos entre tribunais arbitrais ou entre cortes nacionais e tribunais arbitrais. Os motivos que levam as partes a apresentarem procedimentos paralelos relativos à mesma disputa são o interesse em buscar uma maior proteção jurídica ou a possibilidade de aumento das chances de sucesso no resultado da controvérsia" (*A problemática dos procedimentos paralelos*: os princípios da litispendência e da coisa julgada em arbitragem internacional. 2011. Tese (Doutorado em Direito) – Faculdade de Direito, Universidade de São Paulo, São Paulo, p. 11).

antiarbitragem, ou *anti-suit injunctions* (*"medidas* anti-suit" ou simplesmente "anti-suit injunctions").

Nesse sentido, o primeiro tópico dessa subparte tratará das aludidas medidas *anti--suit* (1). Em seguida, serão tecidas considerações a respeito da visão do árbitro diante de tais *anti-suit injunctions*, concedidas com o intuito de paralisar o procedimento arbitral por meio de demanda judicial paralela (2).

1. *Anti-suit injuctions*

Como já tivemos a oportunidade examinar,[5] as *anti-suit injunctions* constituem medidas segundo as quais, a pedido de uma parte, um juiz estatal proíbe a parte adversa de iniciar ou de prosseguir um processo perante outra jurisdição. Esta última pode ser uma jurisdição estrangeira, o que acarreta graves problemas de competência, sobretudo em matéria internacional. Tal tipo de medida parte de uma concepção extremamente rígida de competência de jurisdição, que obriga uma das partes a não buscar prestação jurisdicional em qualquer ou determinado país.

As medidas *anti-suit* podem ser utilizadas como arma protetiva da arbitragem, isto é, *anti-suit injunction* proferida por uma Corte estatal que obrigue uma parte a paralisar uma demanda judicial, de modo a prosseguir na arbitragem.[6] No entanto, a análise que se propõe nesse item se dá em torno das medidas *anti-suit* que visam a paralisar o procedimento arbitral.

A problemática aqui reside na seguinte questão: na presença de uma convenção de arbitragem, pode um juiz estatal, a pedido de uma das partes (já em litígio), conceder

---

[5]   Nesse sentido ver NUNES, Thiago Marinho. A prática das *anti-suit injunctions* no procedimento arbitral e seu recente desenvolvimento no direito brasileiro. *Revista Brasileira de Arbitragem,* Porto Alegre: Thomson-IOB, ano I, n. 5, p. 15-51, 2005. Ver também a seguinte obra, totalmente dedicada ao tema: ALVES, Rafael Francisco. *A inadmissibilidade das medidas antiarbitragem no direito brasileiro.* São Paulo: Atlas, 2009.

[6]   As *anti-suit injunctions* podem efetivamente constituir um instrumento suscetível de ser utilizado em favor do procedimento arbitral, uma vez que elas permitem, que um juiz estatal proíba um signatário de uma convenção de arbitragem de ir a juízo, em virtude desta convenção, determinando, por consequência, que a parte execute a cláusula de arbitragem. Dessa forma, se na presença de uma convenção arbitral uma das partes se recusar a cumpri-la, poderia um juiz estatal proibir essa parte de buscar a prestação jurisdicional junto a outra jurisdição. Isso teria o condão de reforçar a obrigação contratual das partes de não submeterem os litígios previstos na convenção de arbitragem a outras jurisdições, deixando a sua apreciação unicamente aos árbitros. Nesse sentido, pensa Sandrine Clavel, com apoio na experiência do direito inglês: "les juridictions anglaises usent largement de leurs pouvoirs de prononcer des anti-suit injunctions pour interdire à l'une des parties à une convention d'arbitrage de poursuivre, en violation de cette convention, une procédure devant des juridictions étatiques éttrangères. Ainsi, utilisées au soutien de l'arbitrage, les anti-suit injunctions présentent toutes les apparences de la régularité et de la légitimité: eles ne sont que des mesures – parmi d'autres – destinées, à garantir l'éxecution forcée de la convention d'arbitrage par ses signataires [...]" (Anti-suit injunctions et arbitrage. *Revue de l'Arbitrage*, Paris: Litec, n. 4, p. 673, 2001).

uma medida *anti-suit* determinando que a outra parte deixe de praticar qualquer ato no procedimento arbitral paralelo que se desenvolve? Negativa é a resposta.[7]

A par dos consagrados princípios da autonomia da convenção de arbitragem e da *compétence-compétence*, tão desenvolvidos e consolidados nesses vinte anos de vigência da LArb, existe o chamado efeito negativo do princípio da *compétence-compétence*, cuja aplicação afasta toda e qualquer medida *anti-suit*.

Para Pierre Mayer[8], a regra da *compétence-compétence* não representa um poder, tampouco uma competência, resumindo pura e simplesmente na mera ausência de obrigação do árbitro de suspender o procedimento arbitral quando uma parte afirma que ele não é competente. Já para Antonia Dimolitsa, "é justamente em virtude do princípio da *compétence-compétence* que o árbitro detém verdadeiro poder para decidir sobre toda questão relacionada à sua competência, ou, em outros termos, sobre a eficácia da convenção de arbitragem [...]".[9]

O efeito negativo do princípio da *compétence-compétence* pressupõe uma ideia de cronologia.[10] Ele não só permite que os árbitros decidam sozinhos sobre a sua própria competência, mas que sejam os primeiros a fazê-lo. Assim, ele impõe às jurisdições estatais, eventualmente competentes para conhecer do litígio (não importando a questão tratada), que não se pronunciem sobre o mérito da disputa antes da apreciação do Tribunal Arbitral.

Delineado o efeito negativo do princípio da *compétence-compétence*, retorna-se às medidas *anti-suit*. Com efeito, há verdadeira oposição entre as duas figuras jurídicas. Explica-se. Entende-se que há verdadeira contradição entre uma medida *anti-suit* e o efeito negativo do princípio da *compétence-compétence* nos casos em que a medida *anti-suit* é concedida em momento em que o Tribunal Arbitral ainda não se decidiu se é competente para decidir a demanda. Nesse caso, o Juiz Estatal que concede a medida

---

[7]   Nesse sentido. v. ALVES, Rafael Francisco. *A inadmissibilidade das medidas antiarbitragem no direito brasileiro*. São Paulo: Atlas, 2009. p. 205.

[8]   MAYER, Pierre. L'Autonomie de l'arbitre international dans l'appréciation de sa propre compétence. *Recueil des cours de l'académie de droit international de La Haye*, t. 290, p. 345, 2001.

[9]   DIMOLISTA, Antonia. Autonomie et "Kompetenz-Kompetenz". *Revue de l'arbitrage*, n. 2, p. 320, 1998. No original: "[...] si en vertu du principe de l'autonomie/séparabilité l'arbitre est compétent pour statuer sur toute contéstation de l'existence ou validité du contrat principal, en vertu du principe de competence-compétence l'arbitre a le pouvoir de satuer sur toute question touchant à sa propre competence ou, en d'autre termes, à l'efficacité de la convention d'arbitrage en tant que telle".

[10]   É dessa forma que os Fouchard, Gaillard e Goldman, autores do *Traité de l'arbitrage comercial international*, ensinam que a regra da compétence-compétence pressupõe prioridade, entendida sob o viés cronológico, e não no sentido de hierarquia. Compreendida sob esses aspectos, essa regra se define como aquela em que os árbitros são os primeiros a se pronunciar sobre as questões relativas à sua competência, sob reserva, evidentemente, do controle posterior das jurisdições estatais, mormente as da sede da arbitragem. Nesse sentido v. FOUCHARD, Philippe; GAILLARD, Emmanuel; GOLDMAN, Berthold. *Traité de l'arbitrage commercial international*. Paris: Litec, 1996. p. 415.

anti-suit antes de o Tribunal Arbitral se pronunciar viola o princípio, notadamente em sua acepção temporal.

Princípios basilares da arbitragem como o da autonomia da convenção de arbitragem são por inúmeras vezes violados por juízes estatais que deferem medidas *anti-suit*, principalmente em prol de ações judiciais em curso, conforme bem lembra Sabrina Bolfer[11]:

> Nesses casos, as *anti-suit injunctions* ganham importância em nosso estudo, notadamente no que tange à violação dos princípios basilares da arbitragem, tais como a autonomia da convenção de arbitragem e da competência-competência (4.2). As jurisdições estatais, ao proferirem medidas antiprocesso contra uma arbitragem, se furtam desses princípios em relação ao seu próprio ordenamento jurídico.

Portanto, o paralelismo de demandas artificialmente originado pelas medidas *anti-suit* gera um cenário absolutamente confuso, causador de dispêndio desnecessário de tempo e de recursos financeiros, não só às partes como à máquina judiciária. Caem por terra não só o efeito negativo do princípio da *compétence-compétence*, mas o próprio texto da LArb (art. 8.º, parágrafo único) assim como a Convenção de Nova York sobre o Reconhecimento e Execução de Laudos Arbitrais Estrangeiros, devidamente incorporada ao ordenamento jurídico brasileiro.

Como controlar tal paralelismo, evitando os aludidos dispêndios? Podem os árbitros interferir no assunto, em prol da celeridade, da eficiência e da economia processual? É o que será analisado no ponto seguinte.

2. Visão do árbitro

As *anti-suit injunctions*, como visto acima, são medidas que, via de regra, se dirigem às partes litigantes. Uma pede que a outra se abstenha de dar prosseguimento a determinado caso. Assim, em caso de descumprimento da ordem judicial, as próprias partes ficam sujeitas a penalidades.[12] Contudo, como fica a autoridade do árbitro ou do Tribunal Arbitral em relação à medida *anti-suit*? Como deve ele se comportar em relação a tais medidas, ainda mais quando deferidas?

---

[11] BOLFER, Sabrina Ribas. *Arbitragem comercial internacional e* anti-suit injunctions. Curitiba: Juruá, 2007. p. 23.

[12] A esse respeito, já tivemos a oportunidade de apresentar nossas considerações: "Quando tratamos dos efeitos das *anti-suit injunctions* em relação às partes, é preciso visualizá-los em caso de respeito da medida e em caso de seu descumprimento pelas partes (sobretudo pela parte ré na *anti-suit injunction*). *A priori*, a eficácia dos meios de coerção embutidos numa medida de *anti-suit injunction* é suficiente para garantir o cumprimento da medida pela parte demandante do procedimento paralelo, no caso, do demandante da arbitragem. Dessa forma, em caso de descumprimento da ordem de injunção pela parte recalcitrante, esta ficará sujeita às sanções de *contempt of court*". Ver, nesse sentido, NUNES, Thiago Marinho. A prática das *anti-suit injunctions* no procedimento arbitral e seu recente desenvolvimento no direito brasileiro. *Revista Brasileira de Arbitragem,* Porto Alegre: Thomson-IOB, ano I, n. 5, p. 46, 2005.

No âmbito internacional, o assunto foi estudado recentemente por Emmanuel Gaillard. Pelo fato de os árbitros não possuírem foro e gozarem de uma ampla liberdade para conduzir o procedimento arbitral, devem ignorar, se caso for, alguma medida *anti--suit* proferida por um Tribunal Estatal. Nas palavras do referido autor:

> O árbitro possui, primeiramente, os poderes conferidos pela convenção de arbitragem. Seus primeiros deveres são perante as partes em si. Se ele considera a convenção arbitral válida, e as objeções invocadas para fazer com que ele adie ou se abstenha de julgar são infundadas, ele deve, em consideração às partes, dar continuidade ao procedimento e proferir uma decisão, conforme as partes haviam pretendido desde o início.[13]

A jurisprudência arbitral,[14] sobretudo no âmbito da CCI, já se posicionou sobre o assunto.

Em primeiro lugar, cita-se um caso CCI envolvendo uma empresa italiana e outra de Bangladesh. A sede da arbitragem foi fixada em Dhaka, Bangladesh. Paralelamente à arbitragem, uma medida *anti-suit* foi proposta por uma das partes com o objetivo de suspender o curso do procedimento arbitral, tendo sido tal medida concedida pelas jurisdições locais. O Tribunal Arbitral sediado no mesmo local da Corte Estatal que concedeu a medida *anti-suit* ignorou tal ordem judicial e decidiu dar continuidade ao procedimento arbitral, fundamentando-se em sua própria apreciação das condições entre as quais os árbitros podem ser recusados e que eram, segundo o Tribunal Arbitral,

---

[13] Livre tradução do original em francês: "l'arbitre tient d'abord ses pouvoirs de la convention d'arbitrage. Ses premiers devoirs sont donc à l'égard des parties ele-mêmes. S'il estime la convention d'arbitrage valable et les objections invoqueés pour lui demander de sursesoir à statuer ou de s'abstenir de juger infondées, il est tenu à l'égard des parties, de poursuivre la procédure et de rendre une décision, comme les parties l'avaient initialement envisagé" (GAILLARD, Emmanuel. L'interférence des juridictions du siège dans le déroulement de l'arbitrage. *Mélanges offertes à Claude Reymond* – Autour de l'arbitrage. Paris: Litec, 2004. p. 84). Em igual sentido, vide a lição de Thomas Clay: "Parce qu'il n'est pas missione par l'Etat pour accomplir son office juridictionnel, l'arbitre rend la justice en tant que particulier, precise Giorgio Balladore Pallieri – ce qui explique le sens qu'il faut donner à l'affirmation classique de l'absence de for de l'arbitre" (CLAY, Thomas. *L'arbitre*. Paris: Dalloz, 2001. p. 198-199).

[14] O termo "jurisprudência arbitral" ainda encontra alguma resistência no meio arbitral, muito em razão da ausência de uma autoridade reguladora, somada à limitada divulgação e publicidade das sentenças arbitrais. De nossa parte, entretanto, entendemos que a jurisprudência arbitral possui uma experiência própria, de caráter autônomo, com a diferença de que não pode ser comparada à jurisprudência dos tribunais estatais. Nesse sentido, a lição de Yves Derains: "Il est de fait que les décisions des arbitres du commerce internationalne peuvent former une jurisprudence comparable à celle des tribunaux étatiques [...]. L'inexistance d'une autorité arbitrale suprême, permettant d'unifier les diferentes tendances qui se révèlent dans les sentences, semble s'opposer de façon plus définitivw à ce que la jurisprudence arbitrale internationale puisse être comparée à celle des tribunaux internatiounaux" (Les normes d'application immédiate dans la jurisprudence arbitrale internationale. *Les droit des rélations* économiques *internationales*: Études offertes à Berthold Goldman. Paris: Litec, 1983. p. 29).

de competência da Corte Internacional de Arbitragem da CCI, e não das jurisdições locais.[15]

Em outro exemplo, também em uma arbitragem sob a égide da CCI, o litígio envolvia uma sociedade europeia e uma entidade estatal africana, em procedimento sediado no Estado Africano. Em determinado momento da arbitragem, a parte africana socorreu-se à jurisdição de seu Estado e obteve medida *anti-suit* de modo a suspender o curso da arbitragem. Segundo a ordem judicial que concedeu a medida *anti-suit*, os árbitros haviam agido com parcialidade ao exercer os poderes que lhes eram reconhecidos pela ata de missão para organizar uma audiência fora da sede da arbitragem. O Tribunal Arbitral entendeu por bem não acatar a ordem de suspensão, e, sob o fundamento de sua própria apreciação do motivo de suspensão invocado, estimaram-se ligados contratualmente às partes pela obrigação de dar continuidade ao procedimento arbitral.[16]

Os efeitos de ordem judicial sobre o árbitro vêm de há muito sendo discutidos e causam até mesmo certa polêmica. Isso porque, no âmbito doméstico, os árbitros e os juízes estariam vinculados a um único ordenamento jurídico e submetidos aos ditames da ordem jurídica interna (até mesmo porque entende-se inquestionável a premissa segundo a qual "à arbitragem interna se impõe o direito interno, seja no que tange a questões de processo como aquelas de natureza substancial").[17] Assim, ao descumprir uma ordem judicial de suspensão da arbitragem, os árbitros estariam sujeitos a crime de desobediência, previsto no art. 330 do Código Penal Brasileiro. Não se pode concordar com tal assertiva.

Ao se recusar a cumprir uma ordem judicial que concede medida *anti-suit*, age o árbitro ou o Tribunal Arbitral nos termos da convenção de arbitragem. Quando as partes validamente estipulam que todas as controvérsias decorrentes de determinado contrato

---

[15] "[...] However, the tribunal concludes that, according to the applicable ICC Rules, the only mechanism for challenging the tribunal was a challenge submitted to ICC Court, which had exclusive jurisdiction in this respect. The tribunal accordingly disregarded the Court's order [...]" (Caso CCI 7.934/CK, citado na decisão proferida no Caso CCI 10.623. 21 *Asa Bulletin* 1/2003 (mars) p. 59 e s.). No mesmo sentido, v. sentença proferida no Caso CCI 4862, DERAINS-JARVIN In Chronique des sentences arbitrales, Clunet, 1987, p. 101, apud RUBINNO-SAMMARTANO, Mauro. *International Arbitration*: Law and Practice. 2. ed. The Hague: Kluwer Law International, 2001. p. 372-373.

[16] Na versão original: "The Arbitral Tribunal accords the greatest respect to the courts of State X. Nevertheless, for the reasons set out below, the Tribunal considers that is not bound to suspend the proceedings as a result of the particular injunctions issued by Supreme Court and the First Instance Court and that, in particular circumstances of the case, it is under a duty to proceed with the arbitration". Sentença proferida no Caso CCI 10.623 sobre o requerimento de suspensão do procedimento arbitral. *21 Asa Bulletin* 1/2003 (mars) p. 59 e ss.

[17] Nesse sentido, a lição de João Bosco Lee: "O reconhecimento da autonomia da vontade é certamente uma revolução no direito internacional privado brasileiro e era mesmo imperativo para que a lei de arbitragem fosse eficaz, mas a sua extensão à arbitragem interna é 'excessiva e descabida'. À arbitragem interna se impõe o direito interno" (LEE, João Bosco. A Lei n.º 9.307/96 e o direito aplicável ao mérito do litígio na arbitragem comercial internacional. *Revista de Direito Bancário, do Mercado de Capitais e da Arbitragem*, São Paulo, v. 11, p. 355, 2001).

serão resolvidas por arbitragem, elas repelem toda e qualquer interferência do Poder Judiciário, salvo no caso de dar suporte ao procedimento, como é o exemplo das medidas cautelares pré-arbitrais, da carta arbitral, da determinação de cumprimento da sentença arbitral, *inter alia*. A arbitragem não é conduzida por um órgão estatal, mas por árbitros livremente escolhidos pelas partes. Dessa forma, os árbitros não proferem uma sentença em nome do Estado, mas em virtude da mera vontade das partes.[18]

Para ilustrar a opinião acima, é digno de nota caso de *anti-suit* injunction concedida pelo Poder Judiciário paranaense para a suspensão de uma arbitragem processada perante a Câmara de Mediação e Arbitragem da FGV. O próprio Tribunal Arbitral ignorou a medida inibitória que lhe havia sido imposta, fundamentando a sua decisão no princípio da autonomia da convenção de arbitragem. Confira-se trecho do voto proferido pelo presidente do Tribunal Arbitral, o eminente Dr. Celio Borja:

> Ora, dispõe o art. 8.º da Lei n. 9.307, de 23 de setembro de 1996, que a cláusula compromissória é autônoma [...]. Tal norma deve ser pertinentemente aplicada nas hipóteses nas quais como, no caso, o litígio submetido à decisão de árbitros constitui o fundo ou substância de uma pretensão processual distinta da que foi ajuizada na jurisdição estatal [...].

Dessa conclusão não divergiu o coárbitro Professor Gustavo Tepedino:

> A competência deste Tribunal Arbitral decorre de cláusula compromissória inserida em contrato [...]. A tramitação, pois, da referida ação judicial não tem o condão, nos termos da ordem jurídica material e processual, de paralisar os efeitos entre as partes do contrato que, por permanecer válido e eficaz, se sujeita, por isso mesmo, à jurisdição arbitral em curso [...].[19]

Ainda que a ignorância pelos árbitros das ordens judiciais concedentes de medidas *anti-suit* seja um tema delicado, e que pode acarretar até mesmo na inexequibilidade da sentença (no âmbito interno) tal como no não reconhecimento da sentença estrangeira por possível contrariedade à ordem pública[20], é possível afirmar que tal tipo de imbróglio

---

[18] A opinião de Octávio Fragata Martins vai no mesmo sentido: "De fato, qualquer litígio abrangido por uma cláusula compromissória que tenha sido apreciado definitivamente pelo Poder Judiciário está em desacordo com a vontade das partes e, portanto, deve ser desconsiderado pelo tribunal arbitral. O tribunal arbitral, em vista do princípio da competência-competência, terá o direito de, autonomamente, averiguar se o objeto da arbitragem está abrangido pela cláusula compromissória e, a partir daí, julgar definitivamente determinada controvérsia, não obstante a existência de uma ação judicial paralela" (BARROS, Octávio Fragata M. de. Concorrência de julgadores na arbitragem internacional: o Brasil e a "litispendência arbitral". *Revista Brasileira de Arbitragem*, Porto Alegre, ano I, n. 15, p. 14, 2007).

[19] Os trechos acima citados encontram-se publicados na *Revista Brasileira de Arbitragem*, Porto Alegre, ano I, n. 5, p. 147 e ss., 2007.

[20] Nesse sentido v. NUNES, Thiago Marinho. A prática das *anti-suit injunctions* no procedimento arbitral e seu recente desenvolvimento no direito brasileiro. *Revista Brasileira de Arbitragem*, Porto Alegre: Thomson-IOB, ano I, n. 5, p. 49-50, 2005.

deve ser abordado do ponto de vista das relações entre jurisdições estatais e arbitragem. É claramente evidente que não existe entre essas duas instituições relações de hierarquia, nem mesmo de competência, tampouco de concorrência. De sorte que a decisão de um juiz estatal determinando a suspensão da arbitragem não deve vincular um Tribunal Arbitral, seja qual for a sede da arbitragem.

II. PARALELISMO ENTRE DEMANDAS ARBITRAIS

O paralelismo de demandas pode ser igualmente visto na própria seara arbitral, quando a questão se mostra de resolução ainda mais sensível e complexa.

Na situação tratada no capítulo anterior, a ação judicial que visa à medida *anti-suit* atenta contra a vontade das partes acerca do meio de solução de disputas aplicável ao caso. Por outro lado, no caso que se pretende aqui tratar, instauram-se dois procedimentos arbitrais de forma simultânea, baseados ou não em uma mesma cláusula compromissória, mas cujos assuntos sejam baseados nos mesmíssimos fatos. A vontade das partes é respeitada no sentido de seguirem na via arbitral. O problema encontra-se no próprio paralelismo criado pelas duas demandas.

As considerações que serão tecidas neste item se cingirão, num primeiro momento, no estudo da litispendência arbitral e na aplicação do instituto da prevenção processual na arbitragem (1), examinando-se, em seguida a visão do árbitro sobre o assunto, desde as medidas *anti-suit* que até ele próprio pode proferir, até a medida de consolidação de demandas como solução para que se evite o paralelismo de procedimentos arbitrais cujo assunto central sejam coincidentes (2).

1. Litispendência arbitral e o instituto da prevenção

Instituto bastante conhecido do direito processual civil, a litispendência constitui efeito da citação.[21] Ela ocorre no momento em que subsistem dois litígios tramitando em diferentes tribunais igualmente competentes, de uma mesma jurisdição, havendo identidade de partes, causa de pedir e pedido. No Direito brasileiro, uma vez deflagrada a litispendência, um juiz provocado posteriormente renuncia a sua competência em favor do outro, provocado em primeiro lugar, sendo este considerado prevento.

À diferença do que fora tratado no capítulo anterior, não há aqui violação à autonomia da vontade das partes, dado que ambas tendem a seguir na arbitragem. No entanto, o problema surge no momento em que dois Tribunais Arbitrais se julgam competentes para apreciar determinada demanda. Tal situação pode ocorrer quando houver margem de discussão que dê ensejo a interpretações diversas de uma convenção de arbitragem que permita a cada uma das partes iniciar, individualmente, o procedimento arbitral.

---

[21] Na clássica lição de Pontes de Miranda: "A litispendência é efeito da citação. No sistema jurídico brasileiro, a relação jurídica processual inicia-se com o ato de ingresso e a angularidade começa ao ser citado o demandado. A lide pende" (*Comentários ao Código de Processo Civil*. Rio de Janeiro: Forense, 1974. t. III (arts. 154 a 281), p. 226).

Imagine-se que, em determinada situação hipotética, duas arbitragens oriundas ou não de uma mesma cláusula compromissória sejam iniciadas, em tempos e modos diferentes. Todos os requisitos da litispendência estão presentes, quais sejam, a identidade de partes, de causa de pedir e de pedidos. Como os Tribunais Arbitrais, já constituídos, devem agir diante dessa situação? Deve imperar aqui a regra processual da prevenção?

Surge aqui a primeira dificuldade, que reside na polêmica aplicação do Código de Processo Civil ("CPC") na arbitragem. É certo que o processo civil e arbitragem constituem instrumentos heterônimos de solução de controvérsias, que possuem o mesmo ideal de justiça. Não há dúvidas acerca do caráter processual da arbitragem, que, como no processo civil, tem como fim o estabelecimento de uma prestação.

No âmbito interno, por mais que os *dispositivos* do CPC não sejam aplicados à arbitragem, não há dúvida de que seus *princípios* se aplicam.[22] Devido processo legal, princípio da ampla de defesa, contraditório, igualdade das partes, entre outros, constituem princípios de natureza processual-constitucional que se encontram insculpidos na LArb e se aplicam a qualquer arbitragem.[23] A regra processual da prevenção poderia se enquadrar como princípio processual a ser aplicada por tribunais arbitrais? Entende-se que sim.

O instituto da prevenção, que não se confunde com a litispendência,[24] encontra-se expressamente disposto no art. 59 do CPC.[25] A importância do instituto da prevenção

---

[22] A melhor justificativa para a inaplicabilidade do dos dispositivos do CPC à arbitragem encontra--se na lição de Carlos Alberto Carmona, que defende que, de modo a evitar a processualização da arbitragem e sabendo-se que o árbitro, nas arbitragens domésticas, não está necessariamente vinculado aos dispositivos do Código de Processo Civil, pode ele valer-se de mecanismos desconhecidos (porque o Código de Processo Civil não contempla), poucos conhecidos ou inacessíveis (porque a estrutura do Poder Judiciário tem conhecida deficiência econômica) ao juiz togado, de modo que o julgamento tenderá a ser de melhor qualidade (CARMONA, Carlos Alberto. O processo arbitral. *Revista de Arbitragem e Mediação*, São Paulo, v. 1, n. 1, p. 28, jan.-abr. 2004).

[23] O saudoso arbitralista Bruno Oppetit, ao ponderar sobre as diferenças da justiça estatal e justiça arbitral, lembrava que o ideal de justiça de ambas as jurisdições é o mesmo, com peculiares diferenças, e ressalvava que os princípios do contraditório, da igualdade das partes, e da ampla defesa estão sempre presentes, em qualquer litígio, sob pena de não existir um processo justo, íntegro. Nesse sentido, dizia Bruno Oppetit: "Il ne saurait en effet exister de procès équitable sans que soient scrupuleusement respectés le principe de la contradiction et celui, proche mais distinct, de la protection de la défense, ainsi que la necessité d'un débat loyal, et ces exigences, quelles que soient les modalités qui les traduisent, se manifestent à tous les stades de la procédure" (*Justice étatique et justice arbitrale*. Études offertes à Pierre Bellet. Paris: Litec, 1991. p. 422).

[24] Segundo José Carlos Barbosa Moreira: "O fenômeno da prevenção, vale ressaltar de passagem, de modo nenhum se confunde com o da litispendência; mas a verificação desta, em se tratando de causas idênticas, ajuizadas perante órgãos de competência concorrente, importaria normalmente apuração da procedência, com que se teria instaurado um ou outro dos processos, para que subsistisse apenas o iniciado em data anterior – reconhecendo-se assim preventa a competência do órgão em que ela tivesse curso. O processo, posterior, é claro, ficaria impedido de prosseguir" (BARBOSA MOREIRA, José Carlos. *Relações entre processos instaurados sobre a mesma lide civil, no Brasil e em país estrangeiro*. Estudos em homenagem ao Professor Oscar Tenório. 1977. p. 365).

[25] Determina o art. 58 do CPC: A reunião das ações propostas em separado far-se-á no juízo prevento, onde serão decididas simultaneamente. Em seguida, determina o art. 59 do mesmo diploma legal:

para a segurança das relações jurídicas é revelada pelo próprio CPC, que invoca a regra da prevenção em diversos artigos,[26] todos com um único propósito, seja quando aplicados em primeira ou segunda instâncias: evitar decisões contraditórias em causas idênticas tramitando perante órgãos jurisdicionais diferentes, levando a sério o princípio da economia processual e da celeridade. Tamanha a importância do instituto da prevenção e de sua natureza principiológica, poder-se-ia até mesmo cogitar que tal instituto ostentaria caráter de ordem pública processual,[27] o que, todavia, mereceria estudo mais aprofundado a respeito.

O instituto da prevenção deve ser invocado, portanto, quando um Tribunal Arbitral é constituído anteriormente a outro tribunal. Dessa forma, o Tribunal Arbitral que for posteriormente constituído deverá reconhecer que não possui jurisdição sobre a controvérsia, já que, de acordo com a regra da prevenção, prevalecerá o Tribunal Arbitral primeiramente constituído.[28] Trata-se exatamente do princípio da *perpetuatio iurisdic-*

O registro ou a distribuição da petição inicial torna prevento o juízo.

[26] Destacam-se, além dos precitados arts. 58 e 59, os seguintes artigos do CPC: 60, 286, inciso III, 304, § 4.º, 340, § 2.º, 930, parágrafo único, 947, § 4.º, 1.012, § 3.º, inciso I, 1.029, § 5.º, inciso I, e 1.037, § 3.º. Todos, sem exceção, possuem um único intuito: garantir, por meio do instituto da prevenção, que não haja decisões conflitantes ou contraditórias, tudo em prol da economia e celeridade processual e, é claro, a bem da segurança das relações jurídicas. É nesse sentido, aliás, a posição da jurisprudência dos Tribunais Pátrios a respeito do assunto. Confiram-se os seguintes julgados: Processual. Ação popular. Prevenção. Distribuição. Extinção. Conexão. É a propositura da ação que previne a jurisdição. Havendo mais de uma vara, a ação considera-se proposta com a distribuição. Porém, não existindo ação correndo perante a vara cuja ação foi considerada proposta em primeiro lugar, por ter sido esta julgada extinta, não teria sentido alegar conexão entre esta (ação julgada extinta) e as demais (propostas posteriormente). *O objetivo da prevenção é evitar decisões contraditórias.* Recurso improvido (grifos nossos – STJ, 1.ª Turma, Recurso Especial 178230 DF 1998/0043454-2, Rel. Min. Garcia Vieira, j. 08.09.1998). No mesmo sentido, v. julgado emanado do Tribunal de Justiça do Estado de São Paulo: Agravo de instrumento. Alienação fiduciária. Reintegração de posse. Conexão. Ação revisional de contrato, anteriormente proposta. Necessidade de reunião dos processos. *Medida de segurança jurídica a evitar julgamentos contraditórios e garantir a economia processual.* Manutenção da decisão. Negado provimento (grifos nossos – TJSP, 27.ª Câmara de Direito Privado, Agravo de Instrumento 990.10.407457-6, Rel. Min. Hugo Crepaldi, j. 09.11.2010).

[27] Ricardo de Carvalho Aprigliano define com clareza o conceito de ordem pública no campo processual: "[...] a ordem pública processual pode ser definida como o conjunto de regras técnicas que o sistema concebe para o controle tempestivo da regularidade do processo, necessariamente voltadas para o objetivo maior de permitir que seus escopos sejam atingidos, com rapidez, economia, e racionalidade, regras que devem ser suscitadas pelas partes ou pelo magistrado com obrigatória observância do contraditório, e que apenas excepcionalmente devem conduzir à extinção anômala do processo ou impedir que se realize o julgamento quanto ao mérito do litígio" (APRIGLIANO, Ricardo de Carvalho. *Ordem pública e processo.* O tratamento das questões de ordem pública no direito processual civil. São Paulo: Atlas, 2011. p. 106).

[28] No âmbito do direito processual civil, pertinente é a lição de Pontes de Miranda a respeito do assunto: "A prevenção atua negativamente: propostas duas causas conexas, cada uma num juízo competente, o juiz da segunda perde a que foi aforada perante ele, isto é, sai da relação jurídica processual, que se havia estabelecido" (*Comentários ao Código de Processo Civil.* Rio de Janeiro:

tionis, que é "norma determinadora da inalterabilidade da competência objetiva, a qual, uma vez firmada, deve prevalecer durante todo o curso do processo".[29]

O Direito Comparado traz importantes exemplos no que diz respeito ao tratamento do instituto da prevenção em matéria arbitral, elevando-o a verdadeiro princípio processual. Trata-se de caso que o Tribunal Federal Suíço determinou a anulação de sentença arbitral proferida em uma arbitragem com sede da Suíça, que, por sua vez, confirmou a competência do Tribunal Arbitral, embora pendente uma ação judicial que tramitava no Panamá sobre o mesmo caso. Para caracterizar a prevenção, o Tribunal Federal Suíço aplicou o art. 9.º da LDIP Suíça sobre litispendência,[30] estabelecendo a prioridade da corte preventa, por ter sido a primeira a ter sido acionada, diante de procedimentos concorrentes.[31]

Outro eloquente exemplo do Direito Comparado são as regras criadas pela International Law Association ("ILA"), que propõe soluções para a problemática criada pela existência de demandas arbitrais paralelas: ILA Recommendations on Lis Pendens and Res Judicata and Arbitration. A Recomendação 1, de início, já traz implícita ideia de prevenção quando dispõe:

> 1. Um tribunal arbitral que se considera *prima facie* competente em relação à aplicação da convenção de arbitragem deveria, de acordo com o princípio competência-competência, dar prosseguimento ao procedimento arbitral (a "Arbitragem em Curso") e decidir sobre

---

Forense, 1974. t. III (arts. 154 a 281), p. 226). No mesmo sentido, v. ALVIM NETTO, José Manoel de Arruda. A "perpetuatio iurisdictionis" no Código de Processo Civil brasileiro. *Revista de Processo*, v. 4, p. 13-37, out.-dez. 1976; e DIDIER JR., Fredie. *Curso de direito processual civil*. 11. ed. Salvador: JusPodium, 2016. p. 107.

[29] Nesse sentido v. THEODORO JÚNIOR, Humberto. *Curso de direito processual civil*: teoria geral do direito processual civil e o processo de conhecimento. 55. ed. Rio de Janeiro: Forense, 2014. v. I, p. 290.

[30] Loi Fédérale sur le droit international privé de 18.12.1987. Segundo o citado art. 9.º da referida lei: "1. Quando uma ação tendo o mesmo objeto já pendente no exterior entre as mesmas partes, o tribunal suíço suspende a ação se é possível prever que jurisdição estrangeira proferirá, dentro de um prazo razoável, uma decisão que possa ser reconhecida na Suíça. 2. Para determinar quando uma ação foi introduzida na Suíça, a data do primeiro ato necessário para iniciar a instância é decisivo. A citação em conciliação é suficiente. 3. O tribunal suíço se julga incompetente desde que uma decisão estrangeira podendo ser reconhecida na Suíça lhe é apresentada". Tradução livre realizada por Priscila Knoll Aymone (*A problemática dos procedimentos paralelos*: os princípios da litispendência e da coisa julgada em arbitragem internacional. 2011. Tese (Doutorado em Direito) – Faculdade de Direito, Universidade de São Paulo, São Paulo, p. 38).

[31] Nesse sentido v. LÉVY, Laurent; SCHLAEPFER, Anne Véronique. La suspension d'instance dans l'arbitrage internacional. *Gazette du palais*, n. 318/319, p. 18 e s., 15. nov. 2001. Priscila Knoll Aymone igualmente comenta essa decisão em sua tese de doutoramento: "Na verdade, entendeu que a ordem pública – a necessidade de evitar decisões contraditórias – impõe ao árbitro suíço a obrigação de suspender o procedimento arbitral. Esta suspensão é imperativa desde que a sentença estrangeira possa ser reconhecida na Suíça" (*A problemática dos procedimentos paralelos*: os princípios da litispendência e da coisa julgada em arbitragem internacional. 2011. Tese (Doutorado em Direito) – Faculdade de Direito, Universidade de São Paulo, São Paulo, p. 97).

sua competência, sem considerar todos os outros procedimentos pendentes entre as mesmas partes perante uma jurisdição estatal ou outro tribunal arbitral, relativos a uma ou mais questões litigiosas idênticas, ou substancialmente idênticas àquelas submetidas ao tribunal arbitral da arbitragem em curso (o "Procedimento Paralelo").[32]

A existência de demandas paralelas e o risco da inexorável criação de decisões arbitrais conflitantes é algo que cria insegurança jurídica, o que é indesejável e intolerável em qualquer jurisdição. A aplicação da regra processual da prevenção na arbitragem encontra guarida nos princípios da celeridade, da economia processual e da eficiência, tão caros ao processo arbitral, evitando-se maiores dispêndios às partes, inclusive a eventual suscitação do Poder Judiciário para dirimir tal tipo de questão.[33]

2. A visão do árbitro

No capítulo anterior, verificou-se a visão do árbitro em relação ao paralelismo de demandas geradas pela incidência das *anti-suit injunctions* concedidas por Tribunais Estatais de modo a paralisar determinado procedimento arbitral. Como visto, a questão naquele tocante seria facilmente resolvida pela simples aplicação da LArb e de seus princípios, notadamente o do efeito negativo do princípio da *compétence-compétence*.

Por outro lado, o imbricamento de Tribunais Arbitrais torna a questão do paralelismo de demandas mais delicada e difícil de ser resolvida, uma vez que não há disputa sobre a cláusula arbitral, mas simplesmente a disputa por qual Tribunal Arbitral deverá prevalecer.[34]

---

[32] Tradução livre realizada por Priscila Knoll Aymone (*A problemática dos procedimentos paralelos*: os princípios da litispendência e da coisa julgada em arbitragem internacional. 2011. Tese (Doutorado em Direito) – Faculdade de Direito, Universidade de São Paulo, São Paulo).

[33] O que ocorreu por exemplo em um caso envolvendo duas empresas de São Paulo que discordavam da interpretação da clausula de arbitragem prevista em Contrato de Compra e Venda de Ações. A divergência de dava pelo fato de uma das partes entender que arbitragem deveria ser regida segundo as regras da CCI enquanto a outra entendia que a arbitragem seria *ad hoc*, sendo a CCI apenas autoridade de nomeação dos árbitros. De fato o Tribunal Arbitral constituído sob a égide da CCI reconheceu a sua jurisdição, enquanto o Tribunal Arbitral *ad hoc* renunciou a sua jurisdição. Mas, até que isso acontecesse, as partes recorreram ao Poder Judiciário do Estado de São Paulo, que, em decisão muito coerente, recusou-se a opinar acerca da questão, reconhecendo a capacidade dos previamente constituídos de decidirem sobre a sua própria jurisdição (Processo 583.00.2006.204517-7, *DJ* 20.09.2006).

[34] Octavio Fragata M. de Barros bem relata essa dificuldade: "O imbricamento entre dois tribunais é questão ainda mais complexa. Caso o tribunal constituído em segundo lugar não suspenda a arbitragem em prol do tribunal arbitral constituído em primeiro lugar, estaremos diante de uma verdadeira litispendência. Na prática teremos dois tribunais de igual jurisdição correndo para prolatar uma decisão que produzirá o efeito da coisa julgada e, assim, tornar a outra ineficaz" (Concorrência de julgadores na arbitragem internacional: o Brasil e a "litispendência arbitral". *Revista Brasileira de Arbitragem*, Porto Alegre, ano I, n. 15, p. 23, 2007).

Imagine, por exemplo, a seguinte situação hipotética: parte A, proveniente do Brasil, interpreta determinada convenção de arbitragem de modo a que se instaure, em primeiro lugar, um procedimento arbitral sob a égide de uma instituição arbitral brasileira no Brasil contra a parte B. No entanto, uma das armas de defesa da parte B é que a interpretação feita pela parte A acerca da convenção de arbitragem está equivocada e, por seu turno, se utiliza da mesmíssima convenção de arbitragem para instaurar procedimento arbitral na França, sob a égide de uma instituição arbitral daquele país, supostamente aplicável ao caso. Diante dessa situação de imbricamento, indaga-se como os árbitros devem se comportar.

No primeiro caso, volta-se aqui à discussão acerca das medidas *anti-suit* proferidas no âmbito da arbitragem. No caso da interferência judicial na arbitragem, ao se recusar a cumprir uma ordem judicial de injunção, age o árbitro nos termos da convenção de arbitragem, cuja execução ele assim determina. Ele somente se pronuncia sobre a sua competência, agindo conforme as disposições da convenção de arbitragem. No entanto, em certos casos, muito similares à situação hipotética acima descrita, é atribuído ao árbitro poder para conceder *anti-suit injunctions*, notadamente quando o procedimento arbitral é vítima de uma atitude considerada abusiva.

Na prática, a concessão da medida *anti-suit* proferida por um árbitro com o objetivo de suspender uma arbitragem paralela efetivamente ocorreu. No caso, uma arbitragem sob a égide do ICSID,[35] o Tribunal Arbitral recomendou a uma parte a suspensão do curso do procedimento arbitral ao qual ele havia se submetido, nos seguintes termos:

> The Tribunal however, also believes that normally it would be wasteful of resources for two proceedings relating to the same or substantially the same matter to unfold separately while the jurisdiction of one tribunal awaits determination. No doubt the parties have seen put to considerable expense already. At the same time, the Tribunal is concerned that Pakistan is not effectively deprived of a forum for the hearing of its own claims relating to the [...] Agreement (including the other arbitration clause).[36]

A decisão acima encontra-se totalmente em linha com a prática internacional, sobretudo nas já citadas recomendações elaboradas pelo ILA sobre Litispendência Internacional. Na hipótese de conflito entre dois Tribunais Arbitrais competentes, as regras da ILA sugerem que o segundo Tribunal deve suspender o procedimento iniciado perante ele. Nesse sentido, o parágrafo sexto das regras da ILA traz a seguinte recomendação:

> 6. Also, as a matter of sound case management, or to avoid conflicting decisions, to prevent costly duplication of proceedings or to protect a party from oppressive tactics, an arbitral tribunal requested by a party to stay temporarily the Current Arbitration,

---

[35] International Court for the Settlement of Investments Disputes.

[36] Procedural Order 2, caso SGS Société Générale de Surveillance S.A vs. Islamic Republico of Pakistan (Caso ICSID ARB/01/13. A íntegra dessa decisão pode ser consultada no *website* do ICSID: <www.worldbank.org/icsid>.

on such conditions as it sees fit, until the outcome, or partial or interim outcome, of any other pending proceedings (whether court, arbitration, or supra-national proceedings), or any active dispute settlement process, *may grant the request* whether or not the other proceedings ore settlement process are between the same parties, relate to the same subject matter, or raise one or more of the same issues as the Current Arbitration, provided that he arbitral tribunal in the Current Arbitration is:

- not precluded from doing so under the applicable law;
- satisfied that the outcome of the other pending proceedings or settlement process is material to the outcome of the Current Arbitration; and
- satisfied that there will be no material prejudice to the party opposing the stay.[37]

Ou seja, as Recomendações elaboradas pela ILA estabelecem a possibilidade de os árbitros determinarem a suspensão da arbitragem por meio de ordem *anti-suit*, em favor do Tribunal Arbitral anteriormente constituído, tudo por uma questão de boa administração de justiça (*"case management*) e eficiência[38] e na hipótese que envolve casos envolvendo partes ou objetos diferentes – que não se enquadram em uma situação de litispendência, mas sim de arbitragem conexas, em que as questões a serem decididas na primeira arbitragem causarão influência direta na segunda arbitragem.

É certo que tal regra não constitui o que se chama de *hard law* estabelecido pelos Estados por meio de tratados e convenções internacionais. Na realidade, as Recomendações da ILA configuram simples diretrizes à comunidade internacional, uma vez que refletem os comportamentos típicos do campo do direito do comércio internacional (*soft law*)[39] e, nesse sentido, conferem aos árbitros total flexibilidade de modo a suspender ou

---

[37] Os comentários apresentados no relatório final são enfáticos: "Lis pendens is recognized in most legal systems, and has also been recognized as prima facie applicable international arbitration. Te Commitee submits that the second tribunal should stay its proceedings" (International Law Association – ILA Final Report n Lis Pendens And Arbitration. Commentary to Recommendations, p. 23).

[38] Nesse sentido, a lição de Nikolaus Pitjowitz: "In some circumstances, arbitral efficiency and doing justice between the parties should persuade tribunals to stay their own proceedings pending the outcome of the other proceedings" (The Arbitrator and the Arbitration Procedure, Multi-Party Arbitrations – Joinder and Consolidation Under the Vienna Rules 2013. In: ZEILER, Gerold; WELSER, Irene et al. (Ed.). *Austrian Yearbook on International Arbitration* (Manz'sche Verlags- -und Universitätsbuchhandlung; Manz'sche Verlags und Universitätsbuchhandlung 2015). 2015. p. 313-314).

[39] Lauro Gama Jr. explica com clareza o conceito de *soft law*, tomando como base os Princípios do Unidroit do Direito do Comércio Internacional: "[...] normas de um direito flexível, que servem basicamente como critério de fundamentação de suas decisões ou de legitimação de práticas e comportamentos típicos de natureza profissional no domínio do comércio internacional, embora sejam desprovidas de caráter vinculativo e atuem mediante a persuasão ou pelo convencimento da sua conformidade com o direito ou com a deontologia comercia" (Os princípios do Unidroit relativos aos contratos do comércio internacional 2004 e o direito brasileiro: convergências e possibilidades. *Revista de Arbitragem e Mediação*, São Paulo, n. 8, p. 51-52, jan.-mar. 2006).

não determinado procedimento arbitral.[40] Tais diretrizes estão, portanto, em linha com os princípios mais básicos da arbitragem, sobretudo a internacional, cuja autonomia é revelada pela existência de uma verdadeira ordem jurídica arbitral.[41]

Como se vê, a questão do imbricamento de Tribunais Arbitrais, na prática,[42] tem sido resolvida por meio da mais coerente administração de processos, podendo os árbitros seguir determinadas regras que não possuem força de lei, mas constituem recomendações extremamente úteis e coerentes criadas pela comunidade arbitral internacional.

Outra forma de resolução do dito imbricamento que vem ganhando forças na prática arbitral é a consolidação de procedimentos arbitrais. A consolidação de procedimentos nada mais é do que um mecanismo procedimental em que se permite que dois ou mais procedimentos relacionados sejam processados de maneira conjunta. O objetivo final da consolidação de demandas arbitrais conexas é essencialmente de se evitar o risco de que sejam proferidas decisões conflitantes ou contraditórias.[43] De acordo com Pedro A. Batista Martins, em parecer publicado recentemente:

> O objetivo da consolidação de diferentes processos de arbitragem é manifesto: visa permitir maior eficiência na condução do procedimento e evitar conflito ou inconsistências resultantes de sentenças proferidas por tribunais arbitrais distintos sobre matérias que deveriam ser julgadas de forma uníssona. A eficiência encerra a adoção de um procedimento capaz de extrair maior rendimento com redução de custos e dispêndios de tempo e dinheiro. Mira a melhoria do rendimento procedimental, como, exemplificativamente, a centralização da produção de prova oral e pericial nas mãos de um mesmo painel de árbitros, a redução de tempo das testemunhas, custos de locomoção e hospedagem e, mesmo, de honorários de advogados. Sendo um só o painel de árbitros, as provas, naturalmente, não necessitarão ser produzidas mais do que uma vez, bem como os fatos

---

[40] Nesse sentido. V. AYMONE, Priscila Knoll. *A problemática dos procedimentos paralelos*: os princípios da litispendência e da coisa julgada em arbitragem internacional. 2011. Tese (Doutorado em Direito) – Faculdade de Direito, Universidade de São Paulo, São Paulo, p. 88.

[41] Preconizada por Emmanuel Gaillard em sua célebre obra Aspects philosophiques du droit de l'arbitrage international. Leiden/Boston: Les livres de poche de l'académie de droit international de l'Haye, Martinus Nijhoff Publishers, 2008.

[42] A prática adotada pelos árbitros internacionais em caso de procedimentos paralelos foi objeto de verificação por Gary Born, que assim se posicionou: "[...] In contrast, a few arbitral tribunals have stayed their proceedings in deference to related arbitrations between the same or related parties, typically citing reasons of page comity, efficiency, or sound case management. In one award's words, cited above, "no rule of international law" requires one arbitral tribunal to defer to another, but, "in the interest of international judicial order, either of the tribunals may, in its discretion and as a matter of comity, decide to stay the exercise of its discretion pending the decision of the other tribunal [...] These tribunals have typically considered the degree of overlap between the parties, claims, likely evidence and requested relief in deciding whether or not to stay an arbitral proceeding" (*International Commercial Arbitration*. 2. ed. The Hague: Kluwer Law International, 2014. p. 3805-3807).

[43] Nesse sentido v. GARCIA NETO, Paulo Macedo. *Processos arbitrais relacionados*: poderes dos árbitros para decidir questões de conexidade. 2016. Tese (Doutorado em Direito) – Faculdade de Direito, Universidade de São Paulo, São Paulo, p. 72.

e direitos que lhes são comuns restarão analisados por um tribunal arbitral, ao invés de dois ou três. A economia processual é, pois, razoável fundamento lógico e jurídico a recomendar a reunião de processos de arbitragem instaurados de forma isolada. O julgamento uniforme das demandas, por seu turno, é fator fundamental no campo da administração da justiça. Volta-se para a utilidade da sentença arbitral. É corolário da segurança jurídica e da eficácia das decisões e, por certo, matéria de extrema relevância jurídica.[44]

Em tese de doutoramento recente, Paulo Macedo Garcia Neto exalta o mecanismo da consolidação como instrumento eficaz para garantir a eficácia do julgamento de demandas arbitrais, mas, com total propriedade, destaca os mais importantes critérios para que se efetive a consolidação. Diz o referido autor:

> A consolidação se apresenta como importante mecanismo processual para garantir efetividade e consistência ao julgamento de demandas arbitrais relacionadas. Esse instrumento não pode ser visto, contudo, como uma panaceia e suas limitações devem ser ponderadas em julgamento pautado por critérios como (i) o consentimento das partes; (ii) o grau de conexidade entre as demandas; (iii) o risco de que decisões contraditórias/inconsistentes sejam proferidas, ou seja, a utilidade; (iv) o momento processual em que encontram as demandas arbitrais; e (v) a conveniência da consolidação, sendo este último critério caracterizado pela análise comparativa dos benefícios e malefícios gerados pela consolidação.[45]

Trata-se, portanto, de mecanismo de importante utilização – pelos árbitros, na busca máxima da arbitragem, que é a de proporcionar um processo justo, equânime, bem administrado, evitando-se a superveniência de julgados contraditórios[46] e reduzindo-se, por conseguinte, os "riscos de inconsistência e maximizar os ganhos de eficiência com redução de custos e tempo de duração da arbitragem".[47]

---

[44] MARTINS, Pedro A. Batista. Consolidação de procedimentos arbitrais. *Revista de Arbitragem e Mediação*, São Paulo, v. 32, p. 251, jan. 2012.

[45] GARCIA NETO, Paulo Macedo. *Processos arbitrais relacionados*: poderes dos árbitros para decidir questões de conexidade. 2016. Tese (Doutorado em Direito) – Faculdade de Direito, Universidade de São Paulo, São Paulo, p. 287.

[46] É nesse sentido que entende Ana Clara Viola Ladeira, em recentíssima dissertação de mestrado sobre o tema da Conexão na Arbitragem: "A principal solução apresentada para os problemas da conexão é a reunião dos procedimentos arbitrais conexos administrados pela mesma câmara. Essa providência implica o processamento coordenado das demandas e o seu julgamento único, pela mesma sentença arbitral, e, assim, evita a superveniência de julgados contraditórios [...]" (*Conexão na arbitragem*. 2016. Dissertação (Mestrado em Direito) – Faculdade de Direito, Universidade de São Paulo, São Paulo, p. 185).

[47] Nesse sentido, v. GARCIA NETO, Paulo Macedo. *Processos arbitrais relacionados*: poderes dos árbitros para decidir questões de conexidade. 2016. Tese (Doutorado em Direito) – Faculdade de Direito, Universidade de São Paulo, São Paulo, p. 293.

CONCLUSÃO

O presente estudo, como dito em sua parte inicial, não possui qualquer pretensão de esgotar a matéria pertinente às demandas paralelas existentes na seara arbitral.

O objetivo principal do quanto aqui exposto é tão somente apresentar algumas linhas de pensamento sobre as demandas paralelas existentes na seara arbitral, principalmente sob a perspectiva do árbitro. Com efeito, pelas breves linhas que apresentaram acima, é possível concluir que:

- as *anti-suit injunctions* proferidas com o intuito de paralisar a arbitragem estão em patente contrariedade com efeito negativo do princípio da *compétence-compétence* e contra a própria disposição contida no art. 8.º, § único da LArb;

- há precedentes no âmbito da arbitragem interna e na arbitragem internacional no sentido de que, o árbitro não está sujeito à medida *anti-suit* proferida por um Tribunal Estatal, tendo em vista que os árbitros não possuem foro e gozam de uma ampla liberdade para conduzir o procedimento arbitral;

- em casos de paralelismo de demandas arbitrais, uma das soluções adequadas é a aplicação da regra processual da prevenção na arbitragem. Assim, o Tribunal Arbitral que for posteriormente constituído deverá reconhecer sua ausência de jurisdição sobre a controvérsia, já que, de acordo com a regra da prevenção, prevalecerá o Tribunal Arbitral que for primeiro constituído;

- de toda forma, a situação de imbricamento de Tribunais Arbitrais tem se resolvido por meio de diversas formas, sejam elas a suspensão da arbitragem por meio de ordem *anti-suit*, em favor do Tribunal Arbitral anteriormente constituído, seja pela aplicação do instituto da consolidação de procedimentos arbitrais; e

- todas essas medidas visam a proporcionar um processo justo, equânime, bem administrado que culmine em uma sentença exequível, sem o risco de decisões conflitantes ou contraditórias.

Só mesmo a prática reiterada a partir de regras básicas de *case management* e bom senso poderá ao menos apaziguar o problema das demandas paralelas, seja em arbitragem doméstica, seja em arbitragem internacional.

REFERÊNCIAS

ALVES, Rafael Francisco. *A inadmissibilidade das medidas antiarbitragem no direito brasileiro*. São Paulo: Atlas, 2009.

ALVIM NETTO, José Manoel de Arruda. A "perpetuatio iurisdictionis" no Código de Processo Civil brasileiro. *Revista de Processo*, v. 4, p. 13-37, out.-dez. 1976.

APRIGLIANO, Ricardo de Carvalho. *Ordem pública e processo*. O tratamento das questões de ordem pública no direito processual civil. São Paulo: Atlas, 2011.

AYMONE, Priscila Knoll. *A problemática dos procedimentos paralelos*: os princípios da litispendência e da coisa julgada em arbitragem internacional. 2011. Tese (Doutorado em Direito) – Faculdade de Direito, Universidade de São Paulo, São Paulo.

BARBOSA MOREIRA, José Carlos. *Relações entre processos instaurados sobre a mesma lide civil, no Brasil e em país estrangeiro*. Estudos em homenagem ao Professor Oscar Tenório. 1977.

BARROS, Octávio Fragata M. de. Concorrência de julgadores na arbitragem internacional: o Brasil e a "litispendência arbitral". *Revista Brasileira de Arbitragem*, Porto Alegre, ano I, n. 15, p. 14, 2007.

BOLFER, Sabrina Ribas. *Arbitragem comercial internacional e anti-suit injunctions*. Curitiba: Juruá, 2007.

BORN, Gary. *International Commercial Arbitration*. 2. ed. The Hague: Kluwer Law International, 2014.

CARMONA, Carlos Alberto. O processo arbitral. *Revista de Arbitragem e Mediação*, São Paulo, v. 1, n. 1, p. 28, jan.-abr. 2004.

CLAVEL, Sandrine. Anti-suit injunctions et arbitrage. *Revue de l'Arbitrage*, Paris: Litec, n. 4, p. 673, 2001.

CLAY, Thomas. *L'arbitre*. Paris: Dalloz, 2001.

DIDIER JR., Fredie. *Curso de direito processual civil*. 11. ed. Salvador: JusPodium, 2016.

DERAINS, Yves. Les normes d'application immédiate dans la jurisprudence arbitrale internationale. *Les droit des rélations* économiques *internationales*: Études offertes à Berthold Goldman. Paris: Litec, 1983. p. 29.

DIMOLISTA, Antonia. Autonomie et "Kompetenz-Kompetenz". *Revue de l'arbitrage*, n. 2, p. 320, 1998.

FOUCHARD, Philippe; GAILLARD, Emmanuel; GOLDMAN, Berthold. *Traité de l'arbitrage commercial international*. Paris: Litec, 1996.

GAILLARD, Emmanuel. L'interférence des juridictions du siège dans le déroulement de l'arbitrage. *Mélanges offertes à Claude Reymond* – Autour de l'arbitrage. Paris: Litec, 2004. p. 84.

GAMA JR., Lauro. Os princípios do Unidroit relativos aos contratos do comércio internacional 2004 e o direito brasileiro: convergências e possibilidades. *Revista de Arbitragem e Mediação*, São Paulo, n. 8, p. 51-52, jan.-mar. 2006.

GARCIA NETO, Paulo Macedo. *Processos arbitrais relacionados*: poderes dos árbitros para decidir questões de conexidade. 2016. Tese (Doutorado em Direito) – Faculdade de Direito, Universidade de São Paulo, São Paulo.

LADEIRA, Ana Clara Viola. *Conexão na arbitragem*. 2016. Dissertação (Mestrado em Direito) – Faculdade de Direito, Universidade de São Paulo, São Paulo.

LEE, João Bosco. A Lei n.º 9.307/96 e o direito aplicável ao mérito do litígio na arbitragem comercial internacional. *Revista de Direito Bancário, do Mercado de Capitais e da Arbitragem*, São Paulo, v. 11, p. 355, 2001.

LEMES, Selma Maria Ferreira. Anotações sobre a nova Lei de Arbitragem. *Revista de Arbitragem e Mediação*, São Paulo, v. 47, p. 39-44.

LÉVY, Laurent; SCHLAEPFER, Anne Véronique. La suspension d'instance dans l'arbitrage internacional. *Gazette du palais*, n. 318/319, p. 18 e s., 15. nov. 2001.

MARTINS, Pedro A. Batista. Consolidação de procedimentos arbitrais. *Revista de Arbitragem e Mediação*, São Paulo, v. 32, p. 251, jan. 2012.

MAYER, Pierre. L'Autonomie de l'arbitre international dans l'appréciation de sa propre compétence. *Recueil des cours de l'académie de droit international de La Haye*, t. 290, p. 345, 2001.

NUNES, Thiago Marinho. A prática das *anti-suit injunctions* no procedimento arbitral e seu recente desenvolvimento no direito brasileiro. *Revista Brasileira de Arbitragem*, Porto Alegre: Thomson-IOB, ano I, n. 5, p. 15-51, 2005.

OPPETIT, Bruno. *Justice* étatique *et justice arbitrale*. Études offertes à Pierre Bellet. Paris: Litec, 1991.

PITKOWITZ, Nikolaus. The Arbitrator and the Arbitration Procedure, Multi-Party Arbitrations – Joinder and Consolidation Under the Vienna Rules 2013. In: ZEILER, Gerold; WELSER, Irene et al. (Ed.). *Austrian Yearbook on International Arbitration* (Manz'sche Verlags-und Universitätsbuchhandlung; Manz'sche Verlags und Universitätsbuchhandlung 2015). 2015. p. 313-314.

PONTES DE MIRANDA, Francisco Cavalcanti. *Comentários ao Código de Processo Civil*. Rio de Janeiro: Forense, 1974. t. III (arts. 154 a 281).

RUBINNO-SAMMARTANO, Mauro. *International Arbitration*: Law and Practice. 2. ed. The Hague: Kluwer Law International, 2001.

THEODORO JÚNIOR, Humberto. *Curso de direito processual civil*: teoria geral do direito processual civil e o processo de conhecimento. 55. ed. Rio de Janeiro: Forense, 2014. v. I.

A IMPORTÂNCIA DO SECRETÁRIO NA ARBITRAGEM

VERA CECÍLIA MONTEIRO DE BARROS

Sumário: 1. Os 20 anos da Lei de Arbitragem – 2. As controvérsias sobre o papel do secretário arbitral – 3. Nomeação, Deveres e Remuneração dos secretários de acordo com as Instituições Arbitrais – 4. Guia do Young ICCA sobre Secretários Arbitrais – 5. O emblemático Caso *Yukos* – 6. Conclusões – 7. Bibliografia.

1. OS 20 ANOS DA LEI DE ARBITRAGEM

Agradeço imensamente o convite dos Professores Carlos Alberto Carmona, Pedro Batista Martins e Selma Ferreira Lemes para participar desta obra em homenagem a Petrônio Muniz, em comemoração aos 20 anos da nossa Lei de Arbitragem. Não tive o prazer de conhecê-lo pessoalmente, mas Petrônio Muniz é, sem dúvida alguma, o pai da arbitragem no Brasil.

Lembro-me como se fosse ontem da primeira vez em que atuei em uma arbitragem, quando eu trabalhava no escritório Mattos Filho, Veiga Filho, Marrey Jr. e Quiroga Advogados. Em 2003, fomos contratados para defender os interesses de um cliente em um contrato que continha uma cláusula vazia de arbitragem. Apesar de a Lei de Arbitragem já estar em vigor desde 1996, não tínhamos nenhuma experiência na área e nunca tínhamos proposto uma ação do art. 7.º. Seria a primeira arbitragem do escritório, que hoje felizmente atua em diversos casos e possui vários advogados especializados na matéria.

Por sorte, diante da nossa inexperiência na área, trabalharíamos em parceria com a Professora Selma Lemes, que nos indicou o cliente. Foi quando, então, tive a honra de conhecê-la.

Diante da resistência da parte contrária em firmar o compromisso arbitral, preparamos a ação do art. 7.º e fomos despachar com a juíza, que muito honestamente nos confidenciou que não tinha familiaridade com o instituto, mas se prontificou a estudar o tema[1]. Assim o fez e, um ano e meio depois, já em 2005, pudemos ingressar com a arbitragem[2].

---

[1] A ação tramitou perante a 1.ª Vara Cível do Foro Central de São Paulo, Processo 03/070.466-0.

[2] CCBC 05/2005.

Éramos um grupo formado somente por advogadas mulheres[3] e, por conta disso, passamos a ser chamadas de equipe "saia justa" pelos advogados da parte contrária, em alusão a um programa de TV exigido pelo canal GNT. Os árbitros eram os Professores Carlos Alberto Carmona, José Carlos de Magalhães e Luiz Gastão Paes de Barros Leães.

A experiência foi incrível e, como não poderia deixar de ser, me apaixonei pela arbitragem. Alguns anos depois, em 2008, tive a sorte e o privilégio de começar a trabalhar no escritório da Professora Selma Lemes, onde estou desde então e já pude participar de mais de 120 procedimentos arbitrais, como advogada, árbitra, mas especialmente no importante papel de secretária, que é o tema que irei abordar neste artigo.

Hoje, passados 13 anos daquela primeira experiência, é uma grande alegria ver como o instituto evoluiu no Brasil e como o Poder Judiciário tem se mostrado muito mais maduro para decidir as questões que envolvem a matéria.

Essa evolução fica evidente na pesquisa que é realizada pela Professora Selma Lemes há mais de 10 anos. Em 2005, primeiro ano da pesquisa, as cinco principais câmaras brasileiras de arbitragem à época (AMCHAM, CAMARB, CCBC, CIESP/FIESP e FGV) administraram 21 procedimentos, com valores totais envolvidos de aproximadamente R$ 250 milhões. Em 2015, por sua vez, os números cresceram substancialmente e, nessas mesmas cinco Câmaras, foram iniciados 207 procedimentos, com valores totais de mais de R$ 9,5 bilhões. E se considerarmos a CAM-BOVESPA, que passou a fazer parte da pesquisa a partir de 2010, temos em 2015 um total de 222 procedimentos e valores totais que ultrapassam os R$ 10,7 bilhões.

Se hoje a arbitragem é uma realidade consolidada no Brasil, certamente tal fato se deve ao esforço, dedicação e competência dos nossos queridos e admirados Professores, coautores da Lei e coordenadores desta obra, Carlos Alberto Carmona, Pedro Batista Martins e Selma Ferreira Lemes. Mas se deve principalmente a Petrônio Muniz, que lançou os alicerces da arbitragem no Brasil e abriu à nossa sociedade uma nova porta de acesso à Justiça.

2. AS CONTROVÉRSIAS SOBRE O PAPEL DO SECRETÁRIO ARBITRAL

As partes confiam ao árbitro a solução do litígio em virtude de seu conhecimento, experiência e reputação e esperam que, ao aceitar o mandato, o árbitro tenha disponibilidade para exercer o encargo, dedicando o tempo e a atenção necessários ao bom andamento da arbitragem. O árbitro representa a "pedra angular da arbitragem"[4] e sua atividade é *intuitu personae*, devendo ser exercida sem delegação de suas funções essenciais[5].

---

[3]   Atuavam no caso a Professora Selma Lemes, as Doutoras Maria Isabel Bueno, Paula de Magalhães Chisté, Fátima Quaglia e eu.

[4]   LEMES, Selma M. Ferreira. Dos árbitros. In: _____; MARTINS, Pedro A. Batista; CARMONA, Carlos Alberto. *Aspectos fundamentais da Lei de Arbitragem*. Rio de Janeiro: Forense, 1999. p. 245.

[5]   "It is axiomatic to say of an arbitrator's mission that it is 'intuitu personae'. A party's choice of arbitrator is, of essence, personal. And so is the chosen arbitrator's mandate. In accepting appointment,

Na medida em que a condução de uma arbitragem envolve uma gama considerável de trabalho, é bastante comum que os árbitros, normalmente bastante requisitados e com uma agenda atribulada, utilizem secretários para auxiliá-los nos procedimentos arbitrais, especialmente diante da complexidade dos casos e do volume de argumentos, provas e documentos produzidos pelas partes.

Os secretários foram tradicionalmente idealizados para ocupar um papel puramente administrativo nas arbitragens, sendo utilizados, por exemplo, para organizar reuniões e audiências, enviar documentos, determinações e comunicações para as partes, organizar pastas e documentos, preparar relatórios de honorários e despesas do Tribunal Arbitral. As câmaras de arbitragem que administram os procedimentos arbitrais normalmente disponibilizam secretários que fazem grande parte desse trabalho administrativo (denominados neste artigo de "secretários administrativos"), mas muitos árbitros também fazem uso de assistentes pessoais (aqui denominados de "secretários arbitrais"), que geralmente trabalham em seus escritórios e que os auxiliam nessas tarefas[6].

O papel puramente administrativo, tanto dos secretários administrativos apontados pelas instituições de arbitragem como dos secretários arbitrais apontados pelos árbitros, em geral é bem aceito pelos usuários da arbitragem, que identificam um ganho de eficiência para o procedimento. Contudo, tornou-se cada vez mais comum que os secretários arbitrais assumam muitas tarefas que vão além daquelas meramente administrativas, com o objetivo de auxiliar os árbitros de forma mais efetiva durante todas as etapas da arbitragem.

Essa participação mais ativa e profunda dos secretários nas arbitragens fez com que surgissem debates e controvérsias sobre as tarefas designadas ao secretário, os limites de sua atuação e sobre uma possível delegação do mandato pessoal do árbitro, passando-se a se discutir, inclusive, se o secretário seria "o quarto árbitro".

Os debates sobre o tema ficaram ainda mais intensos após o emblemático Caso Yukos, que será analisado mais adiante, onde um dos argumentos utilizados pela parte vencida para buscar a anulação de uma sentença arbitral bilionária foi justamente a atuação do assistente do Tribunal Arbitral que debitou mais horas no caso que os próprios árbitros.

Além da conveniência da própria utilização de secretários arbitrais, passou-se a discutir a necessidade de regulamentação do seu papel e de suas funções, por se entender que a ausência de regras uniformes sobre o tema faz com que o papel dos secretários ainda seja uma zona cinzenta nas arbitragens, podendo afetar negativamente a legitimidade de um procedimento arbitral e de uma sentença dele resultante.

---

an arbitrator necessarily accepts a duty not to delegate that mandate" (PARTASIDES, Constantine. The Fourth Arbitrator? The Role of Secretaries to Tribunals in International Arbitration. *Kluwer Law International*, n. 2, p. 147, 2002).

[6] Nas arbitragens *ad hoc*, nas quais inexiste uma câmara de arbitragem para dar o suporte administrativo, os secretários arbitrais indicados pelos árbitros têm uma atuação bem mais intensa, pois não contam com o apoio e com toda a estrutura institucional.

3. NOMEAÇÃO, DEVERES E REMUNERAÇÃO DOS SECRETÁRIOS DE ACORDO COM AS INSTITUIÇÕES ARBITRAIS

Conforme veremos a seguir, as Instituições de Arbitragem de fato não possuem um entendimento uniforme sobre a nomeação e a remuneração dos secretários arbitrais, e possuem regras distintas sobre os deveres e limites de atuação desses secretários.

a. As instituições brasileiras de arbitragem:

As instituições brasileiras de arbitragem normalmente possuem secretários administrativos que auxiliam os árbitros nos procedimentos arbitrais. Esses secretários executam tarefas puramente organizacionais e administrativas, como a elaboração da minuta do Termo de Arbitragem, transmissão de documentos e comunicações, organização de reuniões e audiências, entre outras, e são remunerados pelas próprias instituições.

Apesar de não ser comum, por aqui, a publicação de notas, diretrizes ou guias sobre o uso de secretários arbitrais, em linha com as melhores práticas internacionais e com o fim de dar maior transparência e legitimidade aos procedimentos arbitrais, muitos árbitros experientes já têm por hábito sugerir para as partes a nomeação de um secretário arbitral, normalmente sem custo adicional para elas (exceto com relação a eventuais despesas com transporte e alimentação porventura necessários para o comparecimento em audiências)[7], com a indicação expressa do profissional no Termo de Arbitragem[8].

b. International Chamber of Commerce (ICC):

O Regulamento da Câmara de Comércio Internacional é silente quanto à nomeação, deveres e remuneração dos secretários arbitrais, mas em 01 de agosto de 2012, a Corte Internacional de Arbitragem da CCI revisou suas Notas Explicativas sobre Nomeação, Deveres e Remuneração de Secretários Administrativos ou outros assistentes do Tribunal Arbitral, definindo a política e as práticas da Corte e de sua Secretaria sobre o tema[9]. Essas notas são enviadas para as partes e para os árbitros no início dos procedimentos

---

[7] Em arbitragens institucionais, em que as Partes já arcam com taxas administrativas, não parece recomendável que a utilização de secretários pelos árbitros represente um ônus adicional para as Partes, especialmente quando o Tribunal Arbitral é remunerado tendo-se por base o valor envolvido na controvérsia. Havendo concordância das Partes, contudo, o secretário poderá ser remunerado, especialmente se os honorários do Tribunal Arbitral forem fixados de acordo com as horas trabalhadas. Havendo também concordância das partes, eventuais despesas do secretário para participação em reuniões ou audiência podem ser reembolsadas. Em arbitragens *ad hoc*, por sua vez, em que não há um suporte administrativo da Câmara, a remuneração do secretário pode ser apropriada, já que ele terá um papel bem mais amplo e ativo. De toda forma, a questão deve ser discutida entre os árbitros e as partes, e estas deverão concordar com eventual remuneração. Nada deve ser imposto sem a concordância das partes.

[8] Entende-se que o secretário deve ser escolhido e nomeado a critério do Tribunal Arbitral, mas a identificação para as Partes e a transparência na indicação e utilização são questões importantes, inclusive para que as Partes possam se insurgir ou impugnar a nomeação, caso entendam pertinente.

[9] CCI. *Note on the Appointment, Duties and Remuneration of Administrative Secretaries*. (2012). Disponível em <http://www.iccwbo.org/Products-and-Services/Arbitration-and-ADR/Flash-news/

arbitrais administrados pela Câmara, com as orientações sobre a condução da arbitragem e com as informações relativas às práticas da Corte.

De acordo com referidas notas, em arbitragens da CCI, os secretários podem prestar um serviço útil às partes e aos árbitros e podem ser nomeados a qualquer momento no curso do procedimento. Caso pretenda nomear um secretário, a Corte sugere que o Tribunal Arbitral analise cuidadosamente se essa nomeação será cabível, considerando as circunstâncias específicas de cada arbitragem.

Apesar de inexistir um procedimento formal, a Corte estabeleceu que antes de tomar qualquer providência para a nomeação do secretário, o Tribunal Arbitral deverá notificar as partes sobre sua proposta de nomeação, com o currículo do indicado e a respectiva declaração de independência e imparcialidade, deixando claro que o secretário não será nomeado se uma das partes apresentar objeção.

No que diz respeito aos deveres dos secretários, a Corte definiu que estes devem atuar segundo as instruções e sob a estrita supervisão do Tribunal Arbitral, que ficará responsável por sua conduta, podendo realizar tarefas de organização e administrativas, tais como enviar documentos e comunicados, organizar e administrar o arquivo do Tribunal Arbitral, organizar audiências e reuniões, comparecer a audiências, reuniões e deliberações, tomar notas, lavrar atas ou fazer registro de tempo, realizar pesquisas jurídicas ou similares, e fazer a revisão e a verificação de citações, datas e referências cruzadas em ordens procedimentais e sentenças arbitrais, entre outras.

A Corte de Arbitragem da CCI não prevê a possibilidade dos secretários serem utilizados na realização de tarefas não administrativas. A Corte estabelece, apenas, que o Tribunal Arbitral jamais deverá delegar a um secretário funções que envolvam a tomada de decisões, que não se apoiará neste para o cumprimento de seus deveres essenciais, e que o pedido de um Tribunal para que o secretário prepare registros ou notas escritas, não o isenta de seu dever pessoal de analisar o arquivo e/ou redigir quaisquer decisões. Consta das notas que quando em dúvida sobre as tarefas que poderão ser desempenhadas por um secretário, o Tribunal Arbitral ou o próprio secretário deverão entrar em contato com a Secretaria da Corte.

Com relação aos desembolsos e a remuneração, a Corte estabeleceu que, com exceção das despesas pessoais comprovadas e razoáveis com audiências e reuniões, a contratação do secretário não deverá representar nenhum ônus financeiro adicional para as partes. De acordo com as notas explicativas, toda remuneração devida a um secretário arbitral será paga pelo Tribunal Arbitral, de forma que os custos totais da arbitragem não sejam aumentados.

c.   London Court of International Arbitration (LCIA):

A London Court of Internation Arbitration trata dos secretários arbitrais em suas notas para árbitros[10]. Segundo a instituição, com o acordo expresso das partes, um Tribunal Arbitral pode nomear um secretário, se considerar adequado, para ajudá-lo com a gestão

---

Introduction-of-revised-Note-on-the-Appointment,-Duties-and-Remuneration-of-Administrative-Secretaries/>>. Acesso em: 2 jul. 2016.

[10]   LCIA. Notes for Arbitrators. Disponível em: <http://www.lcia.org//adr-services/lcia-notes-for--arbitrators.aspx#8. SECRETARIES TO TRIBUNALS>. Acesso em: 25 jun. 2016.

interna do caso. As funções do secretário, contudo, segundo as referidas notas, devem ser limitadas pelo Tribunal Arbitral a atividades como a organização de papéis, manutenção de cronologias factuais, reserva de salas de audiência e envio de correspondências.

Ainda de acordo com as tais notas, na medida em que o trabalho do secretário vai economizar o tempo do Tribunal Arbitral, uma taxa de hora na faixa de £ 50 a £ 150, em geral, será considerada razoável. Explicam que a prática da LCIA é pagar os honorários do secretário fora dos depósitos apresentados pelas partes.

Consta, por fim, que, se um Tribunal Arbitral tem a intenção de nomear um secretário, deve informar a LCIA assim que obtiver a concordância das partes, para que ela possa pedir que o indicado apresente uma declaração de independência. Uma vez concluído o processo, a LCIA sugere que a indicação do secretário seja feita por meio de Ordem Processual.

d.   American Arbitration Association (AAA):

Em 2004, a American Arbitration Association promulgou seu Código de Ética para Árbitros em Arbitragens Comerciais[11], em substituição do seu Código de 1977, que estabelece padrões geralmente aceitos de conduta ética para orientação dos árbitros e das partes em disputas comerciais. De acordo com o referido Código, o árbitro pode obter ajuda de um associado, um assistente de pesquisa ou outras pessoas, desde que informe as partes do uso dessa assistência e que essas pessoas concordem com as disposições do Código[12]. O Código prevê, no entanto, que o árbitro não pode delegar o dever de decidir a qualquer outra pessoa[13].

e.   Arbitration Institute of the Finland Chamber of Commerce (FCC Institute):

O Instituto de Arbitragem da Finlândia também publicou suas Notas para o Uso dos Secretários, em junho de 2013[14], substituindo um Guia anterior sobre o mesmo tema, bem mais conservador[15]. De acordo com referidas notas, o Tribunal Arbitral poderá nomear um secretário, quando for apropriado, devendo considerar cuidadosamente se as circunstâncias do caso são de natureza a justificar a nomeação. Consta das notas que, em geral, em arbitragens complexas que envolvam várias partes, pedidos, testemunhas e extensa prova documental, o uso de um secretário deve aumentar o custo-eficiência do procedimento e permitir que o Tribunal Arbitral se concentre melhor na resolução do mérito da controvérsia, contribuindo, assim, para a qualidade da sentença. Consta,

---

[11]   AAA. The Code of Ethics for Arbitrators in Commercial Disputes. Disponível em: <https://www. adr.org/aaa/ShowProperty?nodeId=/UCM/ADRSTG_003867>. Acesso em: 2 jul. 2016.

[12]   CANON VI (b): "An arbitrator may obtain help from an associate, a research assistant or other persons in connection with reaching his or her decision if the arbitrator informs the parties of the use of such assistance and such persons agree to be bound by the provisions of this Canon".

[13]   CANON V (c): "An arbitrator should not delegate the duty to decide to any other person".

[14]   The Finland Arbitration Institute. Note on the use of a secretary. Disponível em: <http://arbitration. fi/files/2013/06/note-on-the-use-of-a-secretary.pdf>. Acesso em: 2 jul. 2016.

[15]   The Finland Arbitration Institute. Guidelines for using a secretary. Disponível em: <http://arbitration.fi/files/2013/01/guidelines-for-using-a-secretary.pdf>. Acesso em: 2 jul. 2016.

por outro lado, que o uso de um secretário é geralmente inadequado em casos de baixo valor, onde as questões de direito ou de fato em litígio são simples.

Ainda de acordo com as referidas notas, antes de nomear um secretário, o Tribunal Arbitral deverá consultar as partes e, se uma delas contestar a utilização, o Tribunal pode proceder à nomeação somente se estiver convencido de que isso irá beneficiar todas as partes, economizando tempo e custos.

O Instituto de Arbitragem da Finlândia também destaca que o mandato do árbitro é pessoal e que ele não pode delegar ao secretário, em nenhuma circunstância, quaisquer de suas funções essenciais. Consta que o secretário deve atuar sob a supervisão do Tribunal Arbitral e seguir suas instruções, sem exceder o âmbito das tarefas a ele atribuídas. De acordo com as notas, o secretário pode ajudar o Tribunal Arbitral a realizar tarefas administrativas, tais como a transmissão de documentos e comunicações, organização de reuniões e audiências, entre outras.

As notas estabelecem, ainda, que além da realização das tarefas administrativas, o secretário também poderá fornecer assistência limitada no processo de tomada de decisões, desde que o Tribunal Arbitral assegure que o secretário não assumirá qualquer função na tomada de decisões e que não influenciará as suas decisões de nenhuma maneira[16].

Segundo as notas, essa assistência pode incluir, mas não está limitada a: (i) revisão e controle da exatidão das referências cruzadas, citações, datas e outras figuras em minutas de ordens processuais e sentenças, e correção de erros encontrados nas minutas; (ii) coleta de jurisprudência ou comentários publicados sobre questões legais definidas pelo Tribunal Arbitral; (iii) elaboração de resumos de jurisprudência e publicações e resumos das respectivas alegações das partes e provas de apoio, *"provided that the arbitral tribunal refrains from relying solely on a secretary's work to the exclusion of its own review of the file and legal authorities"*. Consta das notas que o secretário tem a mesma obrigação que os árbitros de manter a confidencialidade da arbitragem e da sentença arbitral.

Com relação à remuneração, as notas do Instituto de Arbitragem da Finlândia estabelecem que a nomeação de um secretário não deve representar qualquer encargo financeiro adicional para as partes e que o Tribunal Arbitral não está autorizado a buscar das partes qualquer compensação pelo trabalho feito pelo secretário.

De acordo com as notas, por fim, qualquer valor a ser pago ao secretário deverá ser deduzido dos honorários do árbitro presidente, podendo o Tribunal, de toda forma, aplicar um método diferente de alocação dos honorários do secretário entre os seus membros. As partes devem reembolsar, apenas, as despesas razoáveis do secretário incorridas em conexão com a arbitragem, como custos de viagem e hospedagem para participação em uma audiência, e qualquer taxa ou despesa paga a um secretário deve ser declarada na sentença, no acordo ou na ordem de encerramento da arbitragem.

---

[16] "as long as the arbitral tribunal ensures that the secretary does not assume any decision-making function of the tribunal, or otherwise influence the tribunal's decisions in any manner."

f. United Nations Commission on Trade Law (UNCITRAL):

De acordo com as Notas da UNCITRAL sobre a Organização de Procedimentos Arbitrais[17], alguns árbitros fazem uso de secretários, sendo incontroversa a sua utilização para a realização de tarefas puramente organizacionais. Segundo as referidas Notas, contudo, as opiniões divergem se as tarefas podem incluir pesquisa legal ou outro tipo de assistência profissional para o Tribunal Arbitral como, por exemplo, pesquisa de decisões ou comentários e estudos publicados sobre as questões legais, elaboração de resumos de jurisprudência e publicações, e ocasionalmente a preparação de minutas de ordens processuais ou de certos trechos da sentença. E divergem ainda mais quando uma tarefa do secretário for semelhante às funções profissionais dos árbitros. Conforme consta das Notas, contudo, reconhece-se normalmente ser importante assegurar que o secretário não execute qualquer função de tomada de decisão do Tribunal Arbitral[18].

g. Judicial Arbitration and Mediation Services (JAMS):

O JAMS, com sede nos Estados Unidos, que administra diversas mediações e arbitragens por ano, publicou em 2011 suas Orientações para o Uso de Funcionários e Secretários em Arbitragens[19]. Permite-se expressamente que os árbitros utilizem secretários, desde que haja concordância das partes e após o preenchimento de uma declaração de independência. As referidas Orientações especificam, ainda, que o árbitro deverá divulgar o tipo de tarefa a ser assumida pelo secretário e que em nenhum momento um secretário pode se envolver em deliberações ou tomada de decisões em nome de um árbitro ou do Tribunal. Especificam, por fim, que os honorários dos secretários podem ser cobrados da parte[20].

---

[17] UNCITRAL. Notes on Organizing Arbitral Proceedings. Disponível em: <http://www.uncitral. org/pdf/english/texts/arbitration/arb-notes/arb-notes-e.pdf>. Acesso em: 25 jun. 2016.

[18] "To the extent the tasks of the secretary are purely organizational (e.g. obtaining meeting rooms and providing or coordinating secretarial services), this is usually not controversial. Differences in views, however, may arise if the tasks include legal research and other professional assistance to the arbitral tribunal (e.g. collecting case law or published commentaries on legal issues defined by the arbitral tribunal, preparing summaries from case law and publications, and sometimes also preparing drafts of procedural decisions or drafts of certain parts of the award, in particular those concerning the facts of the case). Views or expectations may differ especially where a task of the secretary is similar to professional functions of the arbitrators. Such a role of the secretary is in the view of some commentators inappropriate or is appropriate only under certain conditions, such as that the parties agree thereto. However, it is typically recognized that it is important to ensure that the secretary does not perform any decision-making function of the arbitral tribunal."

[19] JAMS. Guidelines for Use of Clerks and Tribunal Secretaries in Arbitrations. Disponível em: <http:// www.jamsadr.com/files/Uploads/Documents/JAMS-Rules/JAMS-Guidelines-Clerks-Secretaries. pdf>. Acesso em: 25 jun. 2016.

[20] "The Tribunal's use of Clerks or Secretaries must be approved by the parties after disclosure. Clerks or Secretaries must complete a separate conflicts disclosure form which will be provided by JAMS and made available to the parties. The arbitrator should explicitly disclose with other initial disclosures or as early as practicable in the fee agreement, fee schedule, engagement letter, scheduling order or other writing, that he or she intends to use a Clerk or Secretary or that it is the practice of the arbitrator to regularly use such assistance. The arbitrator's disclosure regarding the use of a Clerk or Secretary

h. Arbitration Institute of the Stockholm Chamber of Commerce (SCC):

O Instituto de Arbitragem da Câmara de Comércio de Estocolmo (SCC) foi criado em 1917 e seu Regulamento é silente com relação à nomeação de secretários arbitrais. Em 2014, contudo, o SCC publicou um Guia para os Árbitros[21] que expressamente permite que o Tribunal indique um secretário, se as partes concordarem. O Guia não trata do papel do secretário, mas fala da sua remuneração, estabelecendo que as partes são responsáveis pelas despesas do secretário, enquanto o tribunal é responsável por seus honorários[22].

i. Hong Kong International Arbitration Centre (HKIAC)

O Regulamento do HKIAC estabelece, em seu art. 13.4, que

> [...] o Tribunal Arbitral poderá, depois de consultar as partes, indicar um secretário, que deverá permanecer, durante todo o procedimento, imparcial e independente em relação às partes, e, antes de sua nomeação, deverá revelar qualquer circunstância passível de gerar dúvidas justificáveis quanto à sua imparcialidade e independência[23].

Em 2014, o HKIAC publicou um Guia sobre o Uso de Secretários Arbitrais[24]. De acordo com tal Guia, o secretário deve assinar uma declaração de disponibilidade, imparcialidade e independência antes de sua nomeação e deverá atuar de acordo com as instruções do Tribunal Arbitral e sob sua supervisão[25]. Segundo o Guia, o secretário poderá executar tarefas organizacionais e administrativas, como a transmissão de documentos

---

will state the types of tasks assigned to the Clerk or Secretary, e.g., research and/or drafting. At no time can a Clerk or Secretary engage in deliberations or decision-making on behalf of an arbitrator or tribunal. If a Clerk or Secretary is to be billed to the parties, that must be stated in the disclosure or fee agreement, including the amount that clients will be billed for Clerk or Secretary time."

[21] Arbitration Institute of the Stockholm Chamber of Commerce. *Arbitrator's Guidelines*. Disponível em: <http://sccinstitute.com/media/45948/scc_guidelines_english.pdf>. Acesso em: 25 jun. 2016.

[22] "If the arbitral tribunal wishes to appoint an administrative secretary, the SCC should be informed of whom the arbitral tribunal wishes to appoint. The SCC will then proceed to ask the parties whether they agree to the appointment. If any party disagrees, the arbitral tribunal may not appoint the suggested individual as secretary. The fee of the secretary is borne by the arbitral tribunal. The arbitral tribunal decides how the fee should be allocated. Any expenses that the secretary incurs are borne by the parties. The same applies to social security contributions. The fee of the secretary should be stated in the final award. For further information on tax liability, see the relevant sections below."

[23] Hong Kong International Arbitration Centre. Regulamento de Arbitragem Administrada. Disponível em: <http://www.hkiac.org/sites/default/files/ck_filebrowser/PDF/arbitration/2013_hkiac_rules%28en_pt%29.pdf>. Acesso em: 25 jun. 2016.

[24] Hong Kong International Arbitration Centre. Guidelines on the Use of a Secretary to the Arbitral Tribunal.Disponívelem:<http://www.hkiac.org/sites/default/files/ck_filebrowser/PDF/arbitration/6ai_HKIAC_Guidelines_on_Use_of_Secretary_to_Arbitral_Tribunal.pdf>. Acesso em: 25 jun. 2016.

[25] Item 3.1 do Guia: "A tribunal secretary shall act upon the arbitral tribunal's instructions and under its strict supervision. A tribunal secretary shall not exceed the scope of the tasks assigned to him or her. The arbitral tribunal shall, at all times, be responsible for the secretary's conduct in connection with the arbitration".

e comunicações em nome do Tribunal Arbitral, organização e manutenção arquivos do tribunal e organização de reuniões e audiências.

Além disso, segundo o Guia do HKIAC, a menos que as partes ou os árbitros definam de outra forma, o secretário poderá também (i) realizar pesquisa legal; (ii) coletar jurisprudências ou comentários publicados sobre questões legais definidas pelo Tribunal; (iii) pesquisar questões relacionadas a provas factuais ou depoimentos de testemunhas; (iv) minutar o resumo das alegações das partes e provas; (v) participar das deliberações do Tribunal; e (vi) minutar partes não substanciais de ordens, decisões e sentenças.

O Guia do HKIAC também dispõe expressamente que o Tribunal Arbitral não poderá delegar ao secretário funções de tomada de decisão ou a execução de seus deveres essenciais[26].

Com relação à remuneração, o Guia do HKIAC estabelece que as partes são responsáveis pelas despesas razoáveis do secretário e que, se os honorários do Tribunal Arbitral forem fixados com base nas horas trabalhadas, as partes também arcarão com os honorários do secretário. Se os honorários dos árbitros, no entanto, forem fixados com base no valor da controvérsia, o Guia estabelece que o Tribunal Arbitral é que será responsável pelos honorários do secretário.

j.   Conclusões sobre esse ponto

Vê-se pela análise acima que, de fato, não há um posicionamento uniforme entre as instituições de arbitragem sobre a nomeação e a remuneração dos secretários, e as regras sobre os deveres e limites de atuação desses secretários são bastante distintas. Enquanto algumas instituições são mais liberais e preveem um papel mais amplo dos secretários nas arbitragens, outras são bastante conservadoras e preveem a execução pelos secretários de tarefas puramente administrativas. Diversas instituições, por sua vez, sequer tratam do assunto, como as Câmaras brasileiras de arbitragem.

Verifica-se, contudo, como não poderia deixar de ser, que há consenso entre as instituições que enfrentaram a matéria quanto à impossibilidade dos árbitros delegarem aos secretários arbitrais suas funções de tomada de decisão ou a execução de seus deveres essenciais.

4.   GUIA DO YOUNG ICCA SOBRE SECRETÁRIOS ARBITRAIS

No Congresso do ICCA de 2012, em Singapura, um grupo de arbitralistas resolveu enfrentar as questões mais controvertidas com relação à utilização dos secretários arbitrais[27], apresentando quatro questões sobre o tema: (1) Deve-se utilizar um secretário arbitral?; (2) Qual deve ser o papel do secretário arbitral?; (3) Quem deve atuar como secretário arbitral?; e (4) Como o secretário arbitral deve ser remunerado?

---

[26]   Item 3.2 do Guia: "The arbitral tribunal shall not delegate any decision-making functions to a tribunal secretary, or rely on a tribunal secretary to perform any essential duties of the tribunal".

[27]   O grupo era formado por Constantine Partasides, Niusha Bassri, Ulrike Gantenberg e Andrew Ricci.

Essas questões foram enviadas previamente a diversos advogados, usuários e prestadores de serviço de arbitragem, que apresentaram as seguintes respostas às perguntas formuladas: (1) 95% dos entrevistados foram a favor do uso de secretários arbitrais; (2) os entrevistados indicaram apoio à utilização dos secretários arbitrais para desempenharem inúmeras tarefas administrativas como: organizar reuniões e audiências com as partes (88,2%); manejar correspondência e provas (79,6%); e relembrar as partes de reuniões e prazos (74,2%); entretanto, indicaram um decréscimo no apoio quando as tarefas envolviam questões não administrativas, tais como desenvolver pesquisa jurídica (68,8%); redigir ordens processuais (60,2%); efetuar comunicações com as partes (57,0%) ou com a instituição arbitral (54,8%) em nome do Tribunal Arbitral; redigir partes da sentença (45,2%) e analisar as alegações das partes (38,7%); (3) 89,8% dos entrevistados se mostraram a favor da utilização de advogados juniores como secretários, sendo que a proposição do secretário de escritório ou assistente pessoal recebeu o menor apoio, com apenas um voto; (4) 62,1% dos entrevistados entenderam que os custos do secretário arbitral deveriam ser pagos pelas partes, 30,5% pelo Tribunal Arbitral e 22,1% pelo presidente do Tribunal.

Foi perguntado ainda aos participantes da pesquisa de 2012 se o procedimento arbitral seria beneficiado por uma maior regulação do papel e das funções dos secretários arbitrais, tendo a maioria se mostrado a favor da regulamentação (57,4%). Os que foram contra defenderam a proliferação de regras desnecessárias e o engessamento da arbitragem. Quanto à forma de regulamentação, a maioria foi a favor de diretrizes de melhores práticas (78,5%), enquanto apenas 13,8% foram a favor da elaboração de anexos vinculantes aos regulamentos arbitrais institucionais.

Após o Congresso do ICCA de 2012, o Young ICCA foi convidado a assumir o projeto de elaboração de um esboço de Guia sobre a indicação e o uso de secretários arbitrais. Desse modo, foi organizado um grupo de trabalho com a participação de profissionais com experiência significativa na atuação como secretários[28], com representantes das tradições de *civil law* e *common law*.

Em 2013 foi feita uma pesquisa complementar àquela realizada em 2012, onde foram entrevistados aproximadamente 100 arbitralistas internacionais, acadêmicos, representantes de instituições arbitrais e usuários da arbitragem. Com relação ao perfil do secretário, a maioria dos entrevistados entendeu que este deve ser admitido para prática do direito em pelo menos uma jurisdição (75,0%), mas 57,1% rejeitaram o requerimento de um nível mínimo de experiência após a graduação e o requerimento de um nível máximo de experiência (93,4%).

No que diz respeito à indicação do secretário, 94,0% dos entrevistados entenderam que o Tribunal Arbitral deve propor a indicação e 81,3% que o Tribunal deve nomear o secretário, mas a maioria dos entrevistados entendeu que a nomeação deve estar condicionada ao consentimento das partes (76,9%), que o secretário deve submeter declara-

---

[28] Niusha Bassiri (Bruxelas); Christopher Bloch (Cingapura); Leilah Bruton (Londres); Joshua Fellenbaum (Nova Iorque); Ulrike Gantenberg (Düsseldorf); Andrew Riccio (Nova Iorque); Garth Schofield (Haia).

ção de independência e imparcialidade (83,5%), e que as partes devem ter o direito de impugnar o secretário (91,2%).

Com relação às tarefas do secretário, que é o ponto de maior controvérsia, a realização de atividades administrativas recebeu o maior apoio. Nessa linha, 95,6% dos entrevistados se disseram a favor de o secretário arbitral organizar reuniões e audiências, 85,7% entenderam que o secretário pode realizar pesquisas jurídicas e verificar referências doutrinárias e 49,5% que ele pode resumir fatos e revisar argumentos e provas das partes. Entretanto, quando perguntados se o secretário deveria participar das deliberações do tribunal, 83,5% dos entrevistados votaram contra.

Por fim, no que diz respeito aos custos e remuneração do secretário, a maioria dos entrevistados foi a favor de o Tribunal Arbitral arcar com tais custos (60,5%), sendo que 64% indicaram a preferência de que o secretário fosse remunerado pelas horas trabalhadas e não por um valor fixo (36%). Outros 54,7% entenderam que as partes devem arcar com os custos do secretário se o Tribunal Arbitral for remunerado pelas horas trabalhadas e 65,1% que os custos devem ser assumidos pelo Tribunal Arbitral, se este for remunerado por uma quantia fixa.

Com base nos resultados das pesquisas realizadas em 2012 e 2013, foi elaborado o Guia do Young ICCA sobre Secretários Arbitrais[29], publicado em 2014, que reflete os esforços do grupo de trabalho para se definir as melhores práticas na utilização de secretários. O Guia deixa evidente as questões de consenso e as principais controvérsias sobre o tema e foca na transparência, no consentimento das partes e na alocação eficiente de custos.

As melhores práticas propostas no Guia estão dispostas em quatro artigos. O art. 1.º traz os "Princípios Gerais para Indicação e Uso de Secretários Arbitrais", estabelecendo que (1) um secretário arbitral deve ser indicado para auxiliar o Tribunal Arbitral quando este considerar que tal indicação irá ajudá-lo na resolução da disputa de uma maneira eficaz e eficiente; (2) um secretário somente pode ser indicado com a ciência e consentimento das partes; (3) o Tribunal Arbitral deve notificar as partes sobre sua intenção de indicar um secretário; (4) deve ser responsabilidade de cada árbitro não delegar qualquer parte do seu mandato pessoal ao secretário; (5) deve ser responsabilidade do Tribunal Arbitral a seleção apropriada e a supervisão do secretário arbitral; (6) quando uma arbitragem for institucional, qualquer regra ou política da instituição relacionada a secretários arbitrais será aplicável.

Pela análise de referido artigo fica claro que de acordo com as melhores práticas é do Tribunal Arbitral a decisão de indicar um secretário, quando entender que tal indicação o ajudará a resolver a disputa de maneira eficaz e eficiente, mas resta evidente a preocupação com a transparência e a legitimidade do procedimento arbitral, ao se exigir a ciência e o consentimento das partes, assim como a supervisão e controle do Tribunal Arbitral com relação às tarefas confiadas ao secretário, sem delegação do mandato pessoal.

---

[29] Guia do Young ICCA. O Guia está disponível no site do ICCA: <http://www.arbitration-icca.org>. O Guia devidamente comentado foi traduzido para o português e está Disponível em: <http://www.arbitration-icca.org/media/1/14367757369690/icca_guide_on_arbitral_secretaries_-_portuguese_final_11032015.pdf>. Acesso em: 18 jun. 2016.

O art. 2.º do Guia trata, por sua vez, da "Nomeação de Secretários Arbitrais", estabelecendo que (1) o Tribunal Arbitral pode sugerir às partes a nomeação de um secretário, selecionado levando-se em consideração as circunstâncias do caso; (2) o Tribunal Arbitral deverá propor um secretário, fornecendo às partes o currículo do candidato; (3) o Tribunal Arbitral deve confirmar às partes que o candidato é independente, imparcial e isento de quaisquer conflitos de interesse, notificando-as se as circunstâncias mudarem no curso da arbitragem; (4) deve-se garantir às partes a oportunidade de impugnar justificadamente a nomeação do secretário; (5) o Tribunal Arbitral julgará a impugnação, a não ser que a instituição que administra o procedimental arbitral tenha regras específicas a esse respeito; (6) caso não sejam feitas impugnações, ou o Tribunal Arbitral as julgue improcedentes, a nomeação definitiva pode ser feita; (7) as partes devem acordar a mesma imunidade ao secretário que é conferida ao Tribunal Arbitral; e (8) o secretário está sujeito às mesmas obrigações de confidencialidade e privacidade às quais se submete o Tribunal Arbitral.

A preocupação com a transparência e com a legitimidade do procedimento arbitral mais uma vez fica evidente neste art. 2.º, ao se exigir que o Tribunal Arbitral apresente um currículo do candidato a secretário e confirme a sua independência, imparcialidade e ausência de conflitos de interesse, garantindo às partes a possibilidade de impugnar a nomeação.

O art. 3.º do Guia trata da questão mais polêmica e de maior desentendimento sobre o tema, qual seja, a "Função do Secretário Arbitral". De acordo com a parte (1) do referido artigo, com direcionamento e supervisão apropriados do Tribunal Arbitral, "*a função do secretário arbitral pode legitimamente ir além da puramente administrativa*".

Com base nessa premissa, a parte (2) do mesmo dispositivo lista as atividades que o secretário arbitral pode desempenhar: (a) assunção de questões administrativas quando necessário na ausência de uma instituição; (b) comunicação com a instituição arbitral e as partes; (c) organização de reuniões e audiências com as partes; (d) administração e organização de correspondências, petições e provas em nome do Tribunal Arbitral; (e) pesquisa de questões de direito; (f) pesquisa de questões específicas relativas a provas fáticas e depoimentos testemunhais; (g) redação de ordens processuais e documentos similares; (h) revisão das petições e provas apresentadas pelas partes, e redação de cronologias e memorandos resumindo as petições e provas das partes; (i) estar presente nas deliberações do Tribunal arbitral; e (j) redação de partes apropriadas da sentença arbitral.

Como se pode ver, a lista, que não é exaustiva, abrange tarefas meramente administrativas, como organização de reuniões e audiências, até tarefas mais polêmicas, como a "*redação de partes apropriadas da sentença*". Cabe notar que nos comentários à primeira parte do referido art. 3.º, se esclarece que, "para se garantir que a indicação de um secretário arbitral seja aproveitada ao máximo, as responsabilidades que lhe são delegadas devem ir além do trabalho puramente administrativo", pois, se "o papel do secretário arbitral fosse limitado apenas ao suporte exclusivamente administrativo ao tribunal arbitral, isso reduziria consideravelmente os benefícios pretendidos com sua indicação".

As tarefas mais controvertidas constam dos itens (f), (g), (h), (i) e (j) acima transcritos, mas os comentários ao Guia que acompanham cada um dos artigos já trazem ponderações bastante pertinentes que explicam os limites de atuação e os cuidados a ser tomados para "se minimizar o risco de diluição do mandato pessoal dos árbitros", ressaltando-se desde logo que "os tribunais arbitrais devem instruir e supervisionar de perto o trabalho do secretário".

Nos comentários ao item (f) se pondera ser claro que

> [...] os árbitros devem revisar todos os documentos chave nos quais as partes se baseiam, porém, apesar disso, o auxílio de um secretário arbitral para revisar todo o conjunto probatório e para pesquisar questões específicas relacionadas a provas fáticas e depoimentos testemunhais que tenham sido identificadas pelo tribunal arbitral pode agregar valor e eficiência ao processo.

O grupo de trabalho esclarece que, em nenhuma medida, está sugerindo que "um árbitro deve confiar exclusivamente no trabalho do secretário arbitral".

Ao comentar o item (g), o grupo de trabalho manifesta que a redação de ordens processuais e documentos similares pode ser um processo demorado para o qual um Tribunal Arbitral pode aproveitar a ajuda de um secretário arbitral. Pondera-se que, como ordens processuais são tipicamente documentos curtos que registram, em sua maior parte, o contexto processual das questões em discussão, "a redação de ditas ordens pode ser legítima e apropriadamente delegada a um secretário arbitral, sujeita à posterior revisão e aprovação do tribunal arbitral".

Nos comentários ao item (h), por sua vez, se destaca que, "caso seja feito de forma adequada", o uso de um secretário arbitral para resumir as circunstâncias fáticas e revisar as provas e argumentos jurídicos apresentados pelas partes pode resultar em um processo arbitral melhor e mais eficiente. É destacado, contudo, que o árbitro não deve se eximir de revisar as alegações e provas das partes.

Quanto às deliberações do Tribunal, os comentários sugerem que os secretários estejam presentes para auxiliar no que for preciso, mas que não participem de maneira efetiva das deliberações. No que diz respeito à sentença, embora o Guia não contenha restrições expressas, se esclarece nos comentários que o secretário pode ser utilizado para preparar as primeiras minutas de seções específicas da sentença.

Cabe destacar, ainda, que se esclarece nos comentários ao Guia que, se "as partes assim desejarem, elas podem discutir com o árbitro o escopo das tarefas e dos deveres a serem assumidos pelo secretário arbitral no momento de sua indicação ou anteriormente".

Por fim, o art. 4.º do Guia trata dos "Custos", pontuando, desde logo, (1) que o uso de um secretário arbitral deve reduzir os custos gerais da arbitragem em vez de aumentá-los, e que (2) a remuneração do secretário deve ser razoável e proporcional às circunstâncias do caso e deve ser transparente desde o início da arbitragem. O item (3) do referido art. 4.º prevê que, a não ser quando diversamente determinado pela instituição arbitral ou acordado pelas partes, a remuneração e despesas razoáveis do secretário devem ser pagas: (i) por meio da parcela dos honorários do Tribunal Arbitral, nos casos em que este for remunerado com base no valor em disputa; ou (ii) pelas partes, nos casos em que o Tribunal Arbitral for remunerado com base nas horas trabalhadas.

Vale destacar que o Guia do Young ICCA sobre Secretários Arbitrais traz um modelo para indicação e uso do secretário, para ser inserido em uma ordem processual, termo de arbitragem, ou outro documento similar pelo Tribunal Arbitral, com o fim de registrar a indicação. Vale notar que o modelo apresentado prevê a situação em que o secretário será remunerado com base nas horas trabalhadas:

O tribunal arbitral comunicou às partes sua intenção de indicar [nome] como secretário arbitral. [Nome] é [um advogado no [escritório do presidente do tribunal arbitral]], que confirmou ao tribunal arbitral sua independência e imparcialidade nesse assunto. Os detalhes biográficos de [Nome] podem ser encontrados [no CV anexo], que foi previamente fornecido às partes. Na ausência de qualquer objeção das partes, o tribunal arbitral aqui indica [Nome] como secretário arbitral do tribunal arbitral.

O secretário arbitral atuará para facilitar o processo arbitral e desempenhar as tarefas que lhe forem designadas ou especificamente a ele/ela alocadas pelo tribunal arbitral ou pelo presidente do tribunal arbitral.

O secretário arbitral será remunerado [pelas partes/pela instituição arbitral/pelo tribunal arbitral] em um valor horário de EUR/USD [valor] pelo seu trabalho realizado nesse processo arbitral. Ele/ela será reembolsado por suas despesas com viagens e outras despesas razoáveis [dentro dos limites previstos nas regras, regulamentos e políticas da instituição arbitral em questão].

O secretário arbitral estará obrigado pelos mesmos deveres de confidencialidade e discrição que o tribunal arbitral e a ele/ela serão concedidas as mesmas imunidades do tribunal arbitral.

Como se pode ver, o Guia do Young ICCA sobre Secretários Arbitrais é um trabalho bastante completo que veio auxiliar em grande medida os usuários da arbitragem, servindo como verdadeiro norte no que diz respeito à nomeação, remuneração e especialmente quanto aos deveres e funções dos secretários. Apesar de adotar uma postura mais liberal com relação ao papel dos secretários, não há dúvida que o Guia trata das questões que geram as maiores incertezas de uma maneira direta e transparente, e que reflete uma tendência do que ocorre na prática, mas deixando a clara a possibilidade de as partes discutirem com os árbitros o escopo das tarefas e dos deveres a serem assumidos pelos secretários.

Deve-se destacar, por fim, que os comentários aos artigos do Guia são bem ponderados e certamente contribuem para a efetivação dos benefícios de um suporte administrativo relevante pelos secretários arbitrais, sem que com isso se comprometa a integridade das funções do árbitro e sem que haja usurpação indevida do mandato.

Cabe mencionar, ainda, a Pesquisa sobre Arbitragem Internacional de 2015 conduzida pela Universidade Queen Mary de Londres, em parceria com o White & Case, baseada em 763 questionários e 105 entrevistas com usuários, advogados, árbitros e instituições de todo o mundo. A pesquisa, denominada Avanços e Inovações da Arbitragem Internacional, revelou uma notável aceitação das regras de *soft law* na complementação e interpretação das regras aplicáveis ao procedimento arbitral e a maioria dos entrevistados apontou que a assistência ao Tribunal Arbitral por meio de secretários necessita de melhor regulamentação em virtude do seu uso crescente em arbitragens internacionais. Dentre as recomendações indicadas na Pesquisa, destaca-se a abstenção dos assistentes/secretários na condução de tarefas substanciais ou relacionadas ao mérito da arbitragem[30].

5. O EMBLEMÁTICO CASO *YUKOS*

Em 2005, Hulley Enterprises Limited (Chipre), Yukos Universal Limited (Isle of Man) e Veteran Petroleum Limited (Chipre), ex-acionistas da petroleira Yukos Oil Company ("Yukos"), propuseram três arbitragens contra a Federação Russa, perante a Corte Permanente de Arbitragem[31], conduzidas pelas regras da UNCITRAL. Os Requerentes pediam uma compensação de 100 bilhões de dólares, quatro vezes o total dos investimentos na Yukos, considerando quanto valeriam suas ações mais os juros. Eles basearam seus pleitos no Tratado da Carta de Energia (TCE) de 1994, que protege os investidores em seus projetos energéticos.

Apesar de serem três arbitragens, com partes e pedidos diferentes, convencionou-se que os árbitros seriam os mesmos e que o procedimento seria comum, quando possível. O Tribunal Arbitral era composto por Yves Fortier (do Canadá), Charles Poncet (da Suíça) e Stephen M. Schwebel (dos Estados Unidos da América).

Em 18 de julho de 2014, entendeu-se que a Rússia forçou a falência da Yukos e vendeu seus ativos a empresas estatais por motivos políticos, violando o art. 13 (1) do Tratado da Carta de Energia, e ela foi condenada, por unanimidade, a pagar uma indenização de aproximadamente 50 bilhões de dólares aos Requerentes.

A Rússia requereu a anulação das três sentenças arbitrais perante as Cortes Holandesas, dentre outros motivos, sob a alegação de que o Tribunal Arbitral teria delegado suas funções ao Sr. Martin J. Valasek (assistente do Tribunal Arbitral), que debitou mais horas no caso que os árbitros[32].

A Rússia defendeu que o assistente do Tribunal Arbitral tinha dedicado entre 40% e 70% mais tempo para as arbitragens do que qualquer um dos árbitros, presumindo, então, que ele teve um papel substancial na análise das provas e argumentos das partes, em deliberações e preparando as sentenças arbitrais[33]. De acordo com a Rússia, essa discrepância não pode ser explicada pelo papel logístico e administrativo do secretário,

---

[30] Queen Mary University of London. 2015 International Arbitration Survey: Improvements and Innovations in International Arbitration. Disponível em: <http://www.arbitration.qmul.ac.uk/docs/164761.pdf>. Acesso em: 25 jun. 2016.

[31] PCA Case AA 226: Hulley Enterprises Limited (Chipre) vs. The Russian Federation; PCA Case AA 227: Yukos Universal Limited (Isle of Man) vs. The Russian Federation; PCA Case AA 228: Veteran Petroleum Limited vs. The Russian Federation.

[32] Os honorários do Sr. Martins J. Valasek, assistente do Tribunal Arbitral, foram fixados em EUR 970,562.50, enquanto os do Dr. Charles Poncet foram fixados em EUR 1,513,880, do Judge Stephen M. Schwebel em EUR 2,011,092.66, e o do Hon. L. Yves Fortier em EUR 1,732,937.50. A hora do assistente foi fixada entre EUR 230-325 e dos árbitros entre EUR 750-850.

[33] "[and] thus must be presumed to have performed a substantive role in analysing the evidence and arguments, in deliberations, and preparing the final awards."

porque a logística e a administração da arbitragem foram feitas pela Corte Permanente de Arbitragem, por meio de dois membros, que atuaram respectivamente como secretário e assistente administrativos, que despenderam mais de 5000 horas nas três arbitragens, conforme relatório da Corte.

Para a Rússia, o fato de o assistente do Tribunal Arbitral ter gasto dramaticamente mais horas nos casos que os próprios árbitros indicaria que estes delegaram ao assistente substantivas responsabilidades, que não poderiam delegar. Para provar suas alegações, a Rússia se referiu ao relatório de horas do Tribunal Arbitral e do secretário, explicando, como exemplo, que durante a fase de mérito da arbitragem o Sr. Valasek debitou 2.625 horas, enquanto os árbitros debitaram uma média de 1.650 horas cada.

Segundo a Rússia, o fato seria corroborado pela recusa do Tribunal Arbitral em apresentar detalhes do trabalho realizado pelo assistente, sob a alegação de que isso ameaçaria a confidencialidade das deliberações. A delegação de funções constituiria, conforme alegado pela Rússia, violação do mandato pessoal dos árbitros e justifica a anulação das sentenças. Em apoio a sua tese, a Rússia se referiu às Notas da UNCITRAL sobre a Organização de Procedimentos Arbitrais e também ao Guia ICCA sobre Secretários Arbitrais.

Esperava-se que no julgamento das ações anulatórias a Corte Distrital de Haia analisasse os argumentos levantados pela Rússia sobre a atuação do secretário nos procedimentos. No entanto, em 19 de abril de 2016, o tribunal holandês anulou as três sentenças parciais de jurisdição e as três sentenças finais, por entender que a convenção de arbitragem não era válida e que os árbitros não tinham jurisdição para decidir a controvérsia. Uma pena, pois seria interessante ver como o Poder Judiciário enfrentaria a questão.

Fazendo uma breve análise do caso, parece evidente que o assistente do Tribunal Arbitral, de fato, teve um papel bastante importante nos procedimentos e realizou tarefas não apenas administrativas, mas não se vê evidências, contudo, de que tenha havido delegação do mandato pessoal dos árbitros.

Conforme consta dos autos, o presidente do Tribunal Arbitral informou as partes na primeira audiência (realizada em outubro de 2005) sobre sua intenção de nomear um secretário arbitral, mesmo contando com o apoio administrativo da Corte Permanente de Arbitragem, e a Rússia não se opôs. A Rússia também foi informada que o secretário arbitral gastou 381 horas durante a fase jurisdicional da arbitragem, enquanto o presidente do Tribunal gastou 490 horas, ficando evidente desde logo que o secretário não realizaria apenas tarefas administrativas. Novamente não houve oposição da parte.

Deve-se ponderar, ademais, que, de acordo com o Guia da ICCA citado pela própria Rússia para fundamentar seu pedido de anulação das sentenças, com direcionamento e supervisão apropriados do Tribunal Arbitral, "a função do secretário arbitral pode legitimamente ir além da puramente administrativa". Sendo desse modo, a quantidade de horas debitadas pelo secretário do Tribunal durante a etapa de mérito da arbitragem não parece exagerada, considerando-se a complexidade dos procedimentos e, principalmente, que as arbitragens tramitaram por quase 10 anos.

Cada sentença final tinha 615 páginas, cada sentença parcial tinha mais de 200 páginas, foram 10 dias de audiência de jurisdição, 21 dias de audiência de mérito, as transcrições das audiências tinham mais de 2.700 páginas, e as manifestações escritas e documentos apresentados pelas partes tinham mais de 12.000 páginas. A grandiosidade e a complexidade dos procedimentos parecem justificar a quantidade de horas utilizadas pelo secretário, sem razões concretas para crer que o Tribunal Arbitral delegou parte de suas funções essenciais e pessoais do mandato.

De toda forma, o interessante do caso é que ele certamente fez com que se passasse a refletir com mais profundidade sobre os limites de atuação dos secretários arbitrais, com uma maior preocupação dos árbitros com a transparência na nomeação e com a supervisão e controle das tarefas confiadas ao secretário, sem delegação do mandato pessoal, garantindo-se assim, a legitimidade do procedimento arbitral.

Há outros casos em que também se questionou a atuação do secretário. Um deles é o caso *Sacheri v. Robotto*, julgado em 1989 na Suprema Corte italiana. Os árbitros não tinham expertise para redigir a sentença arbitral e contrataram um advogado, indicado como *expert*, para redigir a sentença. *Sacheri* requereu a anulação da sentença arbitral sob o fundamento de que os árbitros não cumpriram parte essencial de sua missão. Em 13 de junho de 1985, a Corte de Apelação de Genova considerou que a sentença era válida, mas a Suprema Corte Italiana reverteu a decisão em 07 de junho de 1989, entendendo que o Tribunal Arbitral não poderia ter delegado seu dever a outras pessoas[34].

No caso *Sonatrach v. Statoil*, por sua vez, a Sonatrach requereu a anulação de uma sentença arbitral no valor de US$ 536 milhões, em procedimento administrado pela Câmara de Comércio Internacional, sob a alegação de que o Tribunal Arbitral tinha indevidamente permitido que o secretário participasse das deliberações. O Tribunal Superior de Justiça da Inglaterra e País de Gales, no entanto, entendeu que não havia evidencias de que o Tribunal Arbitral havia delegado indevidamente sua autoridade ao secretário, e julgou improcedente o pedido de anulação[35].

Há outra decisão recente, do Tribunal Federal suíço, de maio de 2015 (BGer 4A_709/2014[36]), em que o árbitro único era arquiteto e foi assistido por dois advogados, um com uma função de secretário mais administrativo e outro com funções mais de assistente do árbitro, inclusive na redação de documentos/sentença. A atuação dos advogados foi questionada por uma das partes. O Tribunal Federal suíço entendeu que não houve violação dos termos da cláusula de arbitragem ou constituição do Tribunal Arbitral.

6. CONCLUSÕES

Apesar das controvérsias e da ausência de consenso sobre o tema, e em que pese a existência de casos em que a atuação dos secretários foi judicialmente questionada, não se têm dúvidas quanto à importância do papel dos secretários e às vantagens de sua

---

[34] Corte di Cassazzione [Supreme Court]. Caso 2765. Julgado em 07.06.1989. Disponível em: <www.kluwerarbitration.com>. Acesso em: 25 jun. 2016.

[35] Sonatrach v. Statoil [de 2014] EWHC 875 (Comm) (2 de abril de 2014).

[36] Disponível em: <http://www.servat.unibe.ch/dfr/bger/150521_4A_709-2014.html>. Acesso em: 25 jun. 2016.

utilização nos procedimentos arbitrais. Quando utilizados de maneira adequada e com a devida supervisão, os secretários auxiliam os árbitros a exercer seu mandato com maior eficiência e efetividade[37].

Os secretários certamente aumentam a eficiência dos procedimentos quando auxiliam os árbitros em tarefas puramente administrativas, como a organização de correspondências, das manifestações das partes e dos documentos referentes ao caso, a organização de reuniões e audiências, as comunicações com a instituição arbitral, entre outras. É inegável que a execução de tais tarefas administrativas pelos secretários traz um enorme ganho de tempo para os árbitros.

Para se garantir, contudo, que a indicação de um secretário arbitral seja mais bem aproveitada, as tarefas a ele atribuídas devem poder ir além do trabalho puramente administrativo, caso essa seja a vontade do Tribunal Arbitral. A eficiência dos procedimentos pode ser aumentada em grande medida quando os secretários auxiliam os árbitros em outras tarefas que não têm cunho meramente administrativo, como a elaboração de minutas de ordens processuais, pesquisas de doutrina e até mesmo a redação de resumo das alegações e de partes específicas da sentença, como o relatório. Tudo, claro, com o controle, a orientação, a supervisão e mediante a revisão do Tribunal Arbitral.

Com o auxílio do secretário, o Tribunal Arbitral não perde tempo com questões administrativas e com tarefas mais simples que podem ser executadas pelo secretário, sem que a legitimidade do procedimento fique comprometida e sem a usurpação das funções essenciais dos árbitros, permitindo que estes possam se dedicar com mais afinco ao mérito da controvérsia[38].

Aqueles que defendem o papel mais restrito dos secretários, limitado a tarefas puramente administrativas, ressaltam o caráter *"intuitu personae"* do mandato do árbitro, a ser exercido sem delegação, e ponderam que diferentemente dos juízes estatais, que não podem recusar casos, os árbitros podem simplesmente declinar da indicação, se não tiverem tempo disponível para exercer seu encargo[39].

---

[37] Não parece que exista um perfil ideal do secretário, como apontado nas pesquisas mencionadas acima. Entende-se que o secretário adequado será aquele com quem o Tribunal Arbitral, ou ao menos o árbitro presidente, ou o árbitro único, tenha uma boa interação, uma relação de confiança e esteja acostumado a trabalhar, independentemente de se tratar de um estagiário, um advogado júnior ou um advogado mais sênior. Na grande maioria das vezes, o secretário arbitral indicado pelos árbitros, tanto em arbitragens institucionais como em arbitragens *ad hoc*, é profissional de confiança do presidente do Tribunal Arbitral ou do Árbitro Único, e que trabalha em seu escritório.

[38] "The administrative secretary normally attends all meetings of the arbitral tribunal; and also usually attends the hearings, so as to ensure that the various administrative procedures are running smoothly. [...] However, although even if present, the administrative secretary does not take an active part in the private deliberations of the arbitral tribunal that lead to the award. The task is to assist the arbitral tribunal, not to usurp its function" (REDFERN, Alan; HUNTER, Martin; Blackaby, Nigel; PARTASIDES, Constantine. The establishment and Organization of an Arbitral Tribunal. *Law and Practice of International Commercial Arbitration*. 4. ed. Sweet & Maxwell, 2004).

[39] Sobre o assunto, confira-se: POLKINGHORNE, Michael; ROSENBERG, Charles B. The Role of the Tribunal Secretary in International Arbitration: A Call for a Uniform Standard. Dispo-

É inegável que, de fato, a atividade do árbitro é *"intuitu personae"* e deve ser exercida sem delegação, até porque as partes confiam ao árbitro a solução do litígio em virtude de seu conhecimento, experiência e reputação e esperam que ao aceitar o encargo ele dedicará o tempo e a atenção necessários ao bom andamento da arbitragem, mas a verdade é que com o direcionamento e supervisão adequados do secretário, não haverá usurpação de funções. É notório que no Poder Judiciário os juízes, desembargadores e ministros são auxiliados por assistentes jurídicos e escreventes, sem que isso seja considerado uma derrogação de função.

Existe, ainda, uma preocupação daqueles que defendem o papel mais restrito dos secretários com o fato de que qualquer resumo ou pesquisa feita pelo secretário arbitral trará necessariamente a perspectiva deste sobre o caso, podendo influenciar indevidamente os árbitros. Mas aqui, mais uma vez, havendo a adequada supervisão dos árbitros e não se eximindo eles de revisar as provas e os documentos produzidos pelas partes, e aprofundar o trabalho realizado pelo secretário, não haverá risco de uma influência indevida.

É claro que a revisão dos argumentos das partes e das provas e documentos produzidos ao longo do procedimento arbitral representam questão relevante e indispensável para formação do convencimento dos árbitros, mas o fato dos secretários auxiliarem os árbitros nessa tarefa não retira destes a obrigação de supervisionar o trabalho realizado e de se debruçar sobre as provas e argumentos produzidos. É obrigação do árbitro assegurar que o secretário arbitral seja utilizado apropriadamente, para que a integridade do procedimento arbitral fique protegida.

Cabe notar, ainda, que os eventuais riscos de que haja uma derrogação das responsabilidades pessoais dos árbitros ou de uma influência indevida são compensados pelos benefícios inerentes à utilização de secretários e tais riscos podem ser minimizados ou até extirpados se os árbitros exercerem um controle firme sobre as tarefas confiadas ao secretário arbitral, supervisionando de perto as responsabilidades a ele atribuídas.

Um dos pontos de maior dificuldade e divergência certamente é o envolvimento do secretário na redação das sentenças arbitrais. É certo que a redação da sentença é um processo longo e difícil, provavelmente o mais difícil para os árbitros. Os casos são complicados, as petições muitas vezes são enormes e há dezenas e muitas vezes centenas de documentos.

Mas aqui também parece que, mais uma vez, se feito de maneira adequada, com a supervisão e revisão dos árbitros, o secretário pode preparar a minuta de algumas seções específicas da sentença como, por exemplo, a identificação das partes, dos seus patronos, dos árbitros, o resumo do procedimento e até mesmo o relatório das alegações das partes[40]. Não é recomendável, contudo, que o secretário redija a sentença por inteiro, especialmente os fundamentos jurídicos da decisão e o dispositivo.

---

nível em: <http://www.ibanet.org/Article/Detail.aspx?ArticleUid=987d1cfc-3bc2-48d3-959e-e18d7935f542>. Acesso em: 25 jun. 2016; KARADELIS, Kyriaki. Role of the Tribunal Secretary. Disponível em: <http://globalarbitrationreview.com/b/30051/>. Acesso em: 25 jun. 2016.

[40] Nessa linha, Gary Born ensina que os árbitros podem delegar ao secretário a minuta de partes da sentença arbitral, desde que revisem cuidadosamente o trabalho do secretário. (*International Commercial Arbitration*. The Hague: Kluwer Law International, 2014).

De toda forma, os árbitros nunca poderão delegar a tomada de decisões ao secretário e este nunca deve se tornar o quarto árbitro[41]. É inegável e indiscutível que o árbitro tem o dever de analisar as provas e os argumentos produzidos pelas partes e decidir a controvérsia pessoalmente, sem delegação dessa função e sem ser influenciado por qualquer pessoa, incluindo o secretário arbitral.

Ao fazer uso de um secretário arbitral, é preciso se ter em mente que o "bom" árbitro não estará delegando suas funções a um terceiro, muito pelo contrário, estará buscando a eficiência e o bom andamento da arbitragem para a qual fora contratado. Não se pode esquecer que o sucesso da arbitragem depende do árbitro ou dos árbitros a quem se confia a solução da controvérsia, razão para o adágio mundialmente conhecido de que "a arbitragem vale o que vale o árbitro".

O sucesso da arbitragem depende da qualidade ética, moral e técnica daqueles que irão desempenhar o papel de árbitros. O "bom" árbitro sempre supervisionará o trabalho do secretário e/ou de seu assistente, e não se eximirá de sua responsabilidade de analisar as provas e os argumentos das partes para formação do seu convencimento, e também não delegará a tomada de decisões a nenhum terceiro.

Claro que o "mau" árbitro provavelmente delegará muito mais do que dele se espera, mas provavelmente também não exercerá sua função com a dedicação, competência e a excelência buscada pela parte. O problema estará na escolha do árbitro e não nos limites da atuação do secretário arbitral. Não se deve tomar a exceção como regra, pois apesar da polêmica criada com relação ao tema, na verdade o que se vê, na prática, é que a maioria dos árbitros, ou pelo menos a grande maioria dos bons árbitros, faz uso pleno de secretários arbitrais de forma absolutamente responsável, sem a delegação indevida de funções, prestigiando a eficiência e higidez da arbitragem.

7. BIBLIOGRAFIA

AAA. The Code of Ethics for Arbitrators in Commercial Disputes. Disponível em: <https://www.adr.org/aaa/ShowProperty?nodeId=/UCM/ADRSTG_003867>. Acesso em: 2 jul. 2016.

ARBITRATION Institute of the Stockholm Chamber of Commerce. *Arbitrator's Guidelines*. Disponível em: <http://sccinstitute.com/media/45948/scc_guidelines_english.pdf>. Acesso em: 25 jun. 2016.

BORN, Gary. *International Commercial Arbitration*. The Hague: Kluwer Law International, 2014.

CCI. Note on the Appointment, Duties and Remuneration of Administrative Secretaries (2012). Disponível em: <http://www.iccwbo.org/Products-and-Services/Arbitration--and-ADR/Flash-news/Introduction-of-revised-Note-on-the-Appointment,-Duties--and-Remuneration-of-Administrative-Secretaries/>. Acesso em: 25 jun. 2016.

CORTE di Cassazzione [Supreme Court]. Caso 2765. Julgado em 07.06.1989. Disponível em: <www.kluwerarbitration.com:. Acesso em: 25 jun. 2016.

---

[41] "The secretary will essentially provide administrative assistance, and obviously cannot replace the arbitral tribunal in the decision-making process" (FOUCHARD, Phillipe; GAILLARD, Emmanuel; GOLDMAN, Bertold. Fouchard, Gaillard and Goldman. *International Commercial Arbitration*. The Hague: Kluwer Law International, 1999. p. 683).

FOUCHARD, Phillipe; GAILLARD, Emmanuel; GOLDMAN, Bertold. Fouchard, Gaillard and Goldman. *International Commercial Arbitration*. The Hague: Kluwer Law International, 1999.

GUIA do Young ICCA. Disponível em: <http://www.arbitration-icca.org>. O Guia devidamente comentado foi traduzido para o português e está disponível em: <http://www.arbitration-icca.org/media/1/14367757369690/icca_guide_on_arbitral_secretaries_-_portuguese_final_11032015.pdf>. Acesso em: 18 jun. 2016.

HONG Kong International Arbitration Centre. Regulamento de Arbitragem Administrada. Disponível em: <http://www.hkiac.org/sites/default/files/ck_filebrowser/PDF/arbitration/2013_hkiac_rules%28en_pt%29.pdf>. Acesso em: 25 jun. 2016.

_____. Guidelines on the Use of a Secretary to the Arbitral Tribunal. Disponível em: <http://www.hkiac.org/sites/default/files/ck_filebrowser/PDF/arbitration/6ai_HKIAC_Guidelines_on_Use_of_Secretary_to_Arbitral_Tribunal.pdf>. Acesso em: 25 jun. 2016.

JAMS. Guidelines for Use of Clerks and Tribunal Secretaries in Arbitrations. Disponível em: <http://www.jamsadr.com/files/Uploads/Documents/JAMS-Rules/JAMS-Guidelines--Clerks-Secretaries.pdf>. Acesso em: 25 jun. 2016.

KARADELIS, Kyriaki. The Role of the Tribunal Secretary. Disponível em: <http://globalarbitrationreview.com/b/30051/>. Acesso em: 25 jun. 2016.

LCIA. *Notes for Arbitrators*. Disponível em: <http://www.lcia.org//adr-services/lcia-notes--for-arbitrators.aspx#8. SECRETARIES TO TRIBUNALS>. Acesso em: 25 jun. 2016.

LEMES, Selma M. Ferreira. Dos árbitros. In: _____; MARTINS, Pedro A. Batista; CARMONA, Carlos Alberto. *Aspectos fundamentais da Lei de Arbitragem*. Rio de Janeiro: Forense, 1999.

PARTASIDES, Constantine. The Fourth Arbitrator? The Role of Secretaries to Tribunals in International Arbitration. *Kluwer Law International*, n. 2, 2002.

POLKINGHORNE, Michael; ROSENBERG, Charles B. The Role of the Tribunal Secretary in International Arbitration: A Call for a Uniform Standard. Disponível em: <http://www.ibanet.org/Article/Detail.aspx?ArticleUid=987d1cfc-3bc2-48d3-959e-e18d7935f542>. Acesso em: 25 jun. 2016.

QUEEN MARY UNIVERSITY OF LONDON. 2015 International Arbitration Survey: Improvements and Innovations in International Arbitration. Disponível em: <http://www.arbitration.qmul.ac.uk/docs/164761.pdf>. Acesso em: 25 jun. 2016.

REDFERN, Alan; HUNTER, Martin; Blackaby, Nigel; PARTASIDES, Constantine. The establishment and Organization of an Arbitral Tribunal. *Law and Practice of International Commercial Arbitration*. 4. ed. Sweet & Maxwell, 2004.

SONATRACH V STATOIL. EWHC 875 (Comm) (2 de abril de 2014).

THE FINLAND ARBITRATION INSTITUTE. Guidelines for using a secretary. Disponível em: <http://arbitration.fi/files/2013/01/guidelines-for-using-a-secretary.pdf>. Acesso em: 2 jul. 2016.

THE FINLAND ARBITRATION INSTITUTE. *Note on the use of a secretary*. Disponível em: <http://arbitration.fi/files/2013/06/note-on-the-use-of-a-secretary.pdf>. Acesso em: 2 jul. 2016.

UNCITRAL. Notes on Organizing Arbitral Proceedings. Disponível em: <http://www.uncitral.org/pdf/english/texts/arbitration/arb-notes/arb-notes-e.pdf>. Acesso em: 25 jun. 2016.

ARBITRAGEM INSTITUCIONAL

A VINCULAÇÃO DAS PARTES E DOS ÁRBITROS AO REGULAMENTO DE ARBITRAGEM

Frederico José Straube

Sumário: Introdução do tema – Breve histórico – A autonomia da vontade na arbitragem – Da arbitragem institucional – Da vinculação das partes e árbitros às regras da entidade – Regulamentos internacionais – Regulamentos nacionais – Conclusões – Bibliografia.

INTRODUÇÃO DO TEMA

A arbitragem, como se sabe, constitui um sistema de solução de conflitos de interesses, cuja instituição em cada caso específico e respectiva eficácia dependem essencialmente da manifestação da vontade das partes que a ela se obrigam.

É por meio de um contrato, de um acordo de vontades, que os integrantes de determinada relação jurídica resolvem escolher para a dirimência de suas desavenças dela emanadas, futuras ou já presentes, um procedimento privado, que escapa ao poder jurisdicional do Estado, desde que os direitos questionados gozem de arbitrabilidade objetiva.

Em função dessa inescapável origem contratual, sempre presente em toda arbitragem, por muito tempo, a doutrina e a própria jurisprudência entendiam que a natureza mesma do instituto era de caráter contratual.

Este posicionamento tranquilo em relação a tal sistema passou a se alterar, na medida em que, em função da ampliação da utilização da arbitragem em decorrência do incremento da atividade financeira e negocial, não só doméstica, mas também no âmbito internacional, cresceu a elaboração doutrinária e a própria institucionalização do procedimento arbitral nos vários níveis normativos.

A controvérsia centrada no dilema que opunha de um lado a afirmação de que os árbitros exerciam apenas uma função privada e de outro a de que a atividade dos árbitros e tribunais arbitrais era jurisdicional, cedeu passo com o tempo, em função da própria realidade institucional que passou a vigorar.

Entendeu-se que, ainda que a jurisdição seja manifestação da soberania estatal em relação à Justiça, não costuma existir nos países de índole democrática qualquer dispositivo de ordem legal ou até mesmo constitucional que impeça ao Estado de delegar parte de sua autoridade jurisdicional aos árbitros e tribunais arbitrais de tal sorte que esses passem a exercer função autenticamente jurisdicional ao resolver os conflitos a eles submetidos pelos particulares que optarem por esse método de solução de controvérsias.

É necessário, portanto, em princípio, que o Estado, por meio de ato consentâneo com sua realidade institucional, faça, por assim dizer, derivar de seu Poder Jurisdicional parcela do mesmo que será delegada ao Juízo Arbitral. Até mesmo porque sempre se deve ter presente o ainda vigente princípio do direito romano que diz "jus publicum pactis privatorum mutari non potest".

Isto encontramos, muito bem-posto, em Roque Caivano,[1] quando assevera:

> Si las leyes no admitieran el arbitraje, y no le atribuyeran determinadas características que tiñen de naturaleza jurisdicional a la actividad de los árbitros, los litigantes que quisieran resolver extrajudicialmente un conflito, podrian someterlo a la decisión de un tercero. Pero la actuación de éste no estaria revestida de los atributos de jurisdicción de que gozan los árbitros: no podrían requerir el auxilio de la justicia para procurar medidas de compulsión, ni para ejecutar coactivamente su decisión.

Arrematando seu pensamento o ilustre jurista argentino, ainda diz:

> El poder de los árbitros – en forma genérica – para administrar justicia proviene del ordenamiento que establece una básica asimilación entre su labor y la de los jueces, equiparando inclusive los efectos de sus sentencias; ello sin mengua del efecto que produce la voluntad de los litigantes cuando escogen – en concreto – a las personas sobre las que recaerán las designaciones.

Como, então, se pode constatar, muito embora o procedimento arbitral tenha em sua origem, um contrato, um acordo de vontades, sua validade, desde o início depende da observância de requisitos institucionais estabelecidos pelo Estado, quando fez derivar uma parcela de sua jurisdição.

Desse fato decorre, como consequência, que não estamos na arbitragem diante de um substituto perfeito da jurisdição ordinária, mas sim de um ato de confluência de vontades de pessoas físicas ou jurídicas que optam por submeter a tal sistema de solução de conflitos direitos próprios contratuais ou não, desde que não regulados por preceitos de direito cogente, susceptíveis, portanto, de transação entre elas.

Verifica-se, portanto, que a arbitragem, embora decorra sempre, em sua origem, de uma manifestação livre de vontade das partes, sua eficácia depende da obediência a

---

[1] CAIVANO, Roque. *Arbitraje*. Su eficacia como sistema alternativo de resolución de conflitos. Buenos Aires: Ad Hoc, 1993. p. 100.

determinados requisitos estabelecidos pela normatividade estatal, do que decorre inclusive sua natureza jurisdicional.

A livre manifestação de vontade das partes, bem como a normatividade estatal ou institucional, constituem fontes de atos e condutas dentro do procedimento arbitral que algumas vezes podem estar em conflito ou contraposição gerando uma tensão que necessita ser equacionada adequadamente para que o procedimento possa atingir sua plena eficácia.

É exatamente desse processo tensional e dialético que deve se ocupar o presente trabalho, examinando também do ponto de vista histórico da evolução do procedimento arbitral, na doutrina e na prática, qual o estágio presente atingido.

BREVE HISTÓRICO

Para que se possa estudar o posicionamento das partes e dos árbitros em relação às normas dos regulamentos arbitrais, necessário se faz apurar qual foi a trajetória que o instituto percorreu, em sua fase moderna de evolução, ou seja, desde o início do século passado.

Nesse sentido, poderá ser observado que, paradoxalmente, à medida que vai se afirmando de forma cada vez mais acentuada a natureza jurisdicional da arbitragem, o prestígio da manifestação da vontade das partes em importantes aspectos da condução do procedimento ganha, em contrapartida, especial relevância.

Uma das formas de aferir e comprovar tal assertiva é justamente observar como esta matéria é tratada nas duas principais convenções internacionais que se sucederam sobre a arbitragem.

Faz-se referência, aqui, ao Protocolo de Genebra, de 1923, sobre cláusulas de arbitragem que estabelecia em seu art. 2.º que "o processo de arbitragem, incluindo-se a constituição do tribunal arbitral, será regulada pela vontade das partes e pela lei do país em cujo território a arbitragem se efetuar", e à posterior e ainda vigente Convenção de Nova Iorque.

Este último tratado, firmado pelo Brasil, logo de sua edição, mas ratificado somente em 2002, estabelece em seu art. 5.º, inciso I, alínea "d", quando trata das possibilidades de rejeição de homologação da sentença estrangeira que uma das hipóteses para tanto ocorre quando "a composição da autoridade arbitral ou procedimento arbitral não se deu em conformidade com o acordado pelas partes, ou, na ausência de tal acordo, não se deu em conformidade com a lei do país em que a arbitragem ocorreu".

Verifica-se, imediatamente, pelo cotejo dos dois textos que o mais recente, ou seja, o da Convenção de Nova Iorque estabelece, por assim dizer, o primado da vontade das partes, no que concerne ao procedimento a ser adotado na arbitragem, mencionando a *lex loci*, apenas, como fonte subsidiária, na ausência de estipulação a respeito pelos litigantes.

Deve ser pontuado que a partir de 1950 houve grande incremento da arbitragem comercial, tanto em escala doméstica como, e muito principalmente, no âmbito internacional.

Tanto assim que a Corte de Comércio Internacional (CCI), que já, então, exercia notória atividade no papel de administradora de procedimentos arbitrais, foi grande impulsionadora dos esforços e reflexões que culminaram com a celebração da Convenção de Nova Iorque, que buscava, principalmente, imprimir certa uniformidade na forma com que os Estados Contratantes deveriam tratar os processos de reconhecimento e cumprimento de decisões arbitrais estrangeiras em seus territórios.

A razão determinante do referido tratado foi, portanto, incrementar a segurança jurídica nas arbitragens internacionais, contribuindo, assim, sobremaneira, para o aumento do prestígio e da utilização da arbitragem, como instrumento de solução de conflitos.

Vale salientar que Van den Berg, notório estudioso e conhecedor da Convenção de Nova Iorque, ao tratar da importância dada à soberania das partes no texto em questão, assim se manifesta:

> The role of the law of the country where the arbitration took place for the composition of the arbitral tribunal and the arbitralprocedure under article V (1)(d)can be divert into a subsidiary and a complementary role.The role is subsidiary if the parties have provided nothing in respect of these matters:in that case only the law of the place of arbitration to be taken into account.The role is complementary for those aspects not provided for by the parties in their agreement:in these cases the law of the place of arbitration can fill the lacunae in the agreement of the parties.[2]

A tendência de prestigiar o concerto de vontade das partes na disciplina e regulamentação do procedimento arbitral em detrimento das leis processuais locais continuou de forma ascendente no ambiente internacional, como atestam três tratados posteriores, quais sejam a Convenção Europeia sobre Arbitragem Internacional de 1961, a Convenção de Washington de 1965 e mais recentemente a Convenção Interamericana sobre arbitragem comercial celebrada em 1975.

Interessante ressaltar que o movimento de valorização do princípio de livre manifestação da vontade das partes que funcionou, em um primeiro momento, como orientador do posicionamento das convenções internacionais a respeito da arbitragem, logo na sequência, principalmente, a partir da importância alcançada pela Convenção de Nova Iorque, passou a atuar como elemento inspirador de alterações nas legislações nacionais, mesmo daquelas não calcadas na Lei Modelo da UNCITRAL.

Nesse sentido, pode-se verificar o que estabelece o art. 34 da Lei de Arbitragem do Reino Unido (Arbitration Act 1996): "It shall be for the tribunal to decide all procedural and evidential matters, subject to the right of the parties to agree any matter".

Também o direito suíço sobre arbitragem consagra igualmente a faculdade das partes de regrar o procedimento. A lei federal sobre Direito Internacional Privado (*Bundesgesetz über das Internationale Privatrecht*, IPRG) estabelece no parágrafo primeiro do seu art. 182 que: "As partes podem regular o procedimento por si mesmas ou mediante referência a uma ordem processual em matéria de arbitragem; também podem subordiná-lo ao direito processual de sua escolha".

Continuando o exame da questão, verifica-se que, igualmente na França, tanto no que concerne arbitragem doméstica como na internacional, a liberdade de escolha se encontra garantida.

---

[2] VAN DEN BERG, Albert Jan. *The New York Arbitration Convention of 1958*. The Hague: Kluwer Law International, 1981. p. 32.

No que tange às arbitragens domésticas é o art. 1.464 do Código de Processo Civil francês (Code de Procédure Civile) que estabelece: "A moins que les parties n'en soient convenues autrement, le tribunal arbitral détermine la procédure arbitral sans être tenu de suivre les règles établies pour les tribunaux étatiques".

Quando cuida da arbitragem internacional o art. 1.509 do mesmo diploma legal francês, ainda que usando outra linguagem faculta liberdade semelhante, como se pode conferir: "La convention d'arbitrage peut, directement ou par référence à un règlement d'arbitrage ou à des règles de procédure, régler la procédure à suivre dans l'instance arbitrale".

Os Estados Unidos, onde a arbitragem experimentou grande desenvolvimento, não albergam em seu Federal Arbitration Act nenhuma disposição reguladora da matéria que temos tratado, mas a jurisprudência de seus tribunais reconhece o direito das partes de influírem com suas disposições de vontade a respeito do procedimento a ser aplicado à arbitragem.

Sem dúvida, não se pode deixar de reconhecer a importância, para a estabilização dessa questão, do papel que desempenharam tanto o regulamento de arbitragem da Uncitral como as disposições da Lei Modelo expedida pela referida entidade.

A AUTONOMIA DA VONTADE NA ARBITRAGEM

Como se sabe, e foi dito anteriormente, o princípio da autonomia da vontade das partes é elemento fundamental e essencial para a instituição da arbitragem. Desse fato decorre, então, como consequência a ideia de que, coerentemente, deve a vontade das partes também exercer um papel central, quando se trata de escolher ou articular uma norma procedimental para regular a arbitragem.

A liberdade das partes, nesse mister, não é, contudo, ilimitada. Ela deve obedecer àqueles princípios de direito cogente que possam existir nas arbitragens nacionais relativos, normalmente, às garantias mínimas de igualdade de tratamento entre as mesmas partes, ao amplo direito de defesa e ao contraditório que se façam presentes na legislação do país onde se processa a arbitragem. Verifica-se, pois, que nos países de índole democrática, mesmo naqueles que não seguiram em seu direito interno sobre arbitragem os cânones da Lei Modelo da Uncitral, este outorga às partes ampla margem de liberdade às partes para estabelecer de comum acordo as regras que presidirão todas as fases do procedimento, caso se trate de uma arbitragem *ad hoc* ou escolhendo as regras de uma entidade especializada para reger o processo.

Cumpre também registrar que, na maioria dos países, o direito interno estabelece que, naqueles casos em que as partes, nada obstante desfrutem da prerrogativa de regular a arbitragem, se omitem, tal incumbência passa a ser exercida pelos árbitros.

A ampla liberdade concedida às partes para definir e formatar o procedimento arbitral deu origem a dois tipos básicos de arbitragem que são a arbitragem *ad hoc* e a institucional.

Ad hoc são chamados aqueles procedimentos em que as partes optam pela arbitragem, em detrimento da justiça estatal, mas não se ocupam em indicar uma entidade especializada para administrá-lo.

Nesses casos, as regras poderão ser elaboradas pelas partes e pelos árbitros, ou somente pelos árbitros, assim como, ainda, as partes podem eleger regulamentos de arbitragem disponibilizados por entidades que não se dedicam, contudo, a administrar o procedimento, como é o caso, por exemplo, da Uncitral, que possui um conjunto de regras muito bem aceito, inclusive em nível internacional.

Alguns doutrinadores mais puristas entendem que a arbitragem *ad hoc* configura uma espécie mais genuína e avançada do instituto, em função do império mais amplo da liberdade contratual e autonomia da vontade.

Este posicionamento deve ser considerado com cautela, pois, se é bem verdade que no procedimento *ad hoc* as partes e os árbitros têm condições de modelar as regras de forma a atender as várias peculiaridades da questão a ser discutida, por outro, nem sempre se podem prever todos os incidentes que venham a ocorrer durante o processamento, dando-se, assim, oportunidade a que determinados obstáculos que eventualmente surjam sejam mais dificilmente contornáveis. Isso tudo sem mencionar a tranquilidade que representa um processo bem conduzido por uma equipe especializada em administrá-lo, empregando rotinas já largamente experimentadas.

Ademais, os árbitros, na arbitragem institucional, pelo fato de não necessitarem exercer atividades administrativas em relação ao caso *sub judice*, disporão de mais tempo para analisar os aspectos jurídicos da contenda.

Antes, porém, de iniciar o exame mais aprofundado da arbitragem institucional e verificar quais os efeitos de se atrelar o desenvolvimento do procedimento arbitral a uma instituição especializada e o papel desempenhado pelo regulamento da instituição escolhida na regência do rito processual, é importante referir que a legislação brasileira sobre arbitragem, Lei 9.307/1996 com as alterações da Lei 13.129/2015, seguindo a tendência dominante, além de ser extremamente flexível, consagrou integralmente o princípio da autonomia da vontade das partes no que concerne ao procedimento a ser adotado.

Com efeito, os seguintes dispositivos confirmam plenamente o que foi enunciado acima; vejam-se:

> Art. 5.º Reportando-se as partes, na cláusula compromissória, às regras de algum órgão arbitral institucional ou entidade especializada, a arbitragem será instituída e processada de acordo com tais regras, podendo, igualmente, as partes estabelecer na própria cláusula, ou em outro documento, a forma convencionada para a instituição da arbitragem.

Mais adiante, a mesma lei reitera este comando legal quando diz no *caput* do art. 21 e seu § 1.º o quanto segue:

> Art. 21. A arbitragem obedecerá ao procedimento estabelecido pelas partes na convenção de arbitragem, que poderá reportar-se às regras de um órgão arbitral institucional ou entidade especializada, facultando-se, ainda, às partes delegar ao próprio árbitro ou ao tribunal arbitral, regular o procedimento.
>
> § 1.º Não havendo estipulação acerca do procedimento, caberá ao árbitro ou ao tribunal discipliná-lo.

Verifica-se que, na preocupação de enfatizar e fortalecer o princípio, o legislador permitiu-se até certa redundância.

Por outro lado, como já asseverado anteriormente, essa liberdade outorgada às partes encontra alguns poucos e necessários limites, como se colhe da leitura do § 2.º do mesmo artigo que estampa: "§ 2.º Serão, sempre, respeitados no procedimento arbitral os princípios do contraditório, da igualdade das partes, da imparcialidade do árbitro e de seu livre convencimento".

DA ARBITRAGEM INSTITUCIONAL

Chama-se arbitragem institucional aquele procedimento em que as partes, ao redigirem a convenção de arbitragem, ou, mais raramente, em algum momento posterior, mas antes de iniciar-se o processo arbitral, resolvem de comum acordo submeter o deslinde da questão que possa advir da relação ou negócio jurídico que as une às regras e à administração de uma entidade especializada.

Muito já se discutiu na doutrina internacional especializada as características e a natureza da relação que se estabelece entre as partes e a entidade administradora da arbitragem quando deflagrado um conflito de interesses em uma relação que prevê a arbitragem como instrumentos de solução de impasses e por eleição dos agora litigantes indicou-se uma entidade especializada e seu regulamento para reger o procedimento.

Examinando-se as várias teorias, verifica-se que, em geral, elas podem se resumir na conclusão de que a submissão da arbitragem às regras e à administração de um centro gera efeitos de quatro espécies.

Em primeiro lugar, cria-se, indiscutivelmente, uma relação jurídica entre as partes e a entidade, já que a menção ao centro em questão e às suas regras cria uma obrigação aos agora litigantes de arbitrar sua disputa segundo o estabelecido pelo regulamento da entidade escolhida voluntariamente, em momento anterior.

Logo em seguida, um segundo liame se pode vislumbrar, qual seja, a ligação que se estabelece entre as partes no processo e os árbitros, pois estes passam a se obrigar a aplicar o conjunto de regras escolhidas para a regulação do processo.

Não se pode olvidar que, tratando-se de arbitragem internacional, conforme já se indicou acima, caso os árbitros falhem na aplicação das regras escolhidas pelas partes para a condução da arbitragem, tal circunstância poderá levar à recusa do reconhecimento e da executoriedade da sentença arbitral segundo os termos do art. V, § 1 (d), da Convenção de Nova Iorque.

Uma terceira ordem de relação jurídica pode se identificar, no vínculo que se forma também entre os árbitros e a entidade especializada, visto que o direito desta de impor as regras procedimentais, bem como as normas propriamente administrativas incidentes em cada situação afetam de certa forma a atividade dos árbitros.

É bem lembrar que, em alguns casos, compreende entre os poderes da administradora até mesmo supervisionar o procedimento, chegando inclusive a proceder a uma escrutinização da sentença, antes de liberá-la para as partes.

Por outro lado, a grande maioria das administradoras define os aspectos financeiros da arbitragem, tanto no diz respeito à fixação das custas como dos honorários dos árbitros, gerindo inclusive a forma de seu pagamento aos mesmos.

Uma quarta e última relação jurídica se estabelece entre as entidades administradoras de arbitragem e as partes, na medida em que se cria entre a primeira e as últimas nomeadas uma relação de prestação de serviço; ainda que se trate de um tipo muito diferenciado e especializado de serviço.

Pelo que se pode observar, no espectro internacional, existe também grande diferença entre os serviços que são prestados pelos diferentes centros de arbitragem, pois alguns deles limitam-se a fornecer um conjunto de regras e uma lista de árbitros, mas não interferem propriamente na gestão do procedimento. Outros funcionam, apenas, como autoridade indicadora de árbitros ou peritos. Um grande número deles, contudo, ocupa-se integralmente da administração da arbitragem desde seu requerimento inicial até a publicação da sentença final e eventuais pedidos de esclarecimentos.

Além das diferenças indicadas entre as funções que os diversos centros de arbitragem executam, a forma como são encarados e qualificados tais serviços recebem consideração diversa, especialmente se os focarmos sob o ponto de vista dos sistemas da *civil law* ou da *common law*. Neste último, com maior ênfase nos Estados Unidos da América do Norte, esses misteres são considerados como quase judiciais, enquanto nos sistemas de direito estatutário são classificados como contratuais.

No Brasil, a arbitragem tem experimentado grande desenvolvimento e vem se firmando especialmente em sua modalidade institucional, mas a matéria relativa ao papel e a natureza dos centros de arbitragens e de suas atividades, apenas agora passou a ganhar mais atenção da doutrina especializada.

Nada obstante, tanto de acordo com a legislação especial que faz apenas ligeiras menções às entidades dedicadas à administração de arbitragem como da forma que, na prática, vem atuando o sistema, verifica-se que a natureza contratual da intervenção dos centros é o que efetivamente corresponde à realidade das coisas. Isso porque a presença em questão em cada procedimento somente existe porque as partes, ao escolherem a arbitragem como sistema para solução de controvérsias, indicaram também as regras regedoras do feito e a organização que a administraria.

DA VINCULAÇÃO DAS PARTES E ÁRBITROS ÀS REGRAS DA ENTIDADE

A escolha da entidade que vai administrar o procedimento arbitral é opção das partes que se manifesta, usualmente, por ocasião da redação da convenção de arbitragem.

Este ato é clara exteriorização do princípio da autonomia da vontade, eis que, ainda que possível, não é requisito essencial para a instauração de uma arbitragem a indicação de uma administradora do procedimento e de seu Regulamento, pois ela pode se processar pela forma não institucional ou *ad hoc*.

Ora, a questão que agora cabe examinar, até porque é a própria razão deste trabalho, refere-se exatamente a que consequências decorrem da escolha de um centro de arbitragem e de suas regras para o desenvolvimento do procedimento.

Ou, em outras palavras, o quanto tal atitude pode afetar a liberdade das partes e dos próprios árbitros para imprimir características próprias na forma de condução do caso específico.

Certo é que, quando se estabelece em determinado negócio jurídico uma convenção de arbitragem – que mais frequentemente assume a feição de cláusula compromissória – e nela se estipula que o conflito de interesse que venha eventualmente a surgir será administrado por determinada entidade e segundo suas regras, já o princípio da autonomia de vontade se fez valer várias vezes.

Primeiramente quando se decidiu excluir a justiça estatal em favor da arbitragem. Depois, quando se optou pela arbitragem institucional em lugar da *ad hoc* e, em um terceiro momento, quando entre os vários centros de arbitragem disponíveis no país e no exterior escolheu-se um deles.

É razoável admitir que, para que esta eleição fosse realizada, diversos aspectos devem ter sido sopesados, como a credibilidade da instituição, sua localização, seus custos e obviamente suas regras e a forma de atuação no curso do procedimento.

Destarte, considerando-se que, quando irromper a demanda entre as partes e referida entidade for instada por uma delas a dar início à instauração da arbitragem, aperfeiçoa-se entre esta parte e a instituição e posteriormente com o outro litigante ou litigantes uma relação contratual, como já se examinou acima.

Portanto, deve-se entender que os dispositivos regulamentares deverão ser obedecidos, menos nas hipóteses em que as próprias regras abram espaço ou se flexibilizam para que a vontade das partes ou do Tribunal arbitral possam atuar supletivamente ou até concorrentemente.

Sabe-se que os regulamentos arbitrais são normas privadas, não estatais, aquilo que pode ser chamado de *soft law*, entretanto não deve restar dúvida que, na medida em que foram escolhidos pelas partes, devem ser por elas prestigiados e tornam-se, portanto, obrigatórios.

Da mesma forma, por exemplo, como vinculantes se tornam, naqueles casos em que o regulamento arbitral permite e normalmente eles assim o fazem, as partes, já na convenção de arbitragem, ou posteriormente, elas ou o próprio tribunal, por ocasião, usualmente da celebração do Termo de Arbitragem ou Ata de Missão, resolvem consagrar normas, para a coleta e produção de provas, como as "IBA rules on the taking of evidence in international arbitration", ou outra.

Tais regras que *per se* não têm qualquer cunho imperativo, por força de sua origem e natureza privadas, tratando-se normalmente de diretrizes de boas práticas, passam, *ex contratu*, a constituir-se lei entre as partes que a aderiram.

Fazendo-se um exame amplo de vários regulamentos arbitrais, sejam estrangeiros, sejam nacionais, é possível aferir que, de maneira geral, estes são bastante flexíveis e muitos não se ocupam das minudências do procedimento, o que abre grande espaço para a suplementação pelos litigantes e pelos árbitros nessa matéria.

Assim, mesmo naquelas regras arbitrais consideradas mais rígidas, os prazos e a ordem de apresentação das manifestações, a forma de produzir as provas, as mídias a serem utilizadas e várias outras particularidades acidentais em relação ao processo deverão efetivamente ser reguladas pelos árbitros e pelas partes.

REGULAMENTOS INTERNACIONAIS

Oportuno parece ilustrar com alguns exemplos as afirmações feitas, focando o assunto a partir do exame de como esta liberdade de alteração das regras é tratada em alguns regulamentos internacionais mais conhecidos.

Iniciando uma visita a vários desses regulamentos, vamos constatar que as Regras de Arbitragem da Uncitral, conforme sua revisão de 2010, já em seu primeiro artigo, libera integralmente a possibilidade de as partes alterarem sem reservas o regulamento, como se pode ver de sua leitura:

> Art. 1 Where parties have agreed that disputes between them in respect of a defined legal relationship, whether contractual or not, shall be referred to arbitration under the UNCITRAL Arbitration Rules, then such disputes shall be settled in accordance with these Rules subject to such modification as the parties may agree.

Igualmente liberal se mostra a ICDR, divisão da AAA americana, que, em suas regras revistas em 2014, prontifica-se não só a acatar toda modificação proposta pelas partes, como até mesmo se dispõe a administrar arbitragens utilizando-se de regulamentos de terceiros, como se depreende da redação de seu art. 11:

> Where parties have agreed to arbitrate disputes under these International Arbitration Rules ("Rules"), or have provided for arbitration of an international dispute by the International Centre for Dispute Resolution (ICDR) or the American Arbitration Association (AAA) without designating particular rules, the arbitration shall take place in accordance with these Rules as in effect at the date of commencement of the arbitration, subject to modifications that the parties may adopt in writing. The ICDR is the Administrator of these Rules.

Passando-se à Europa, verifica-se que a Câmara de Estocolmo, respeitado centro que ganhou grande relevância na época da guerra fria, pois era a única entidade que a antiga União Soviética aceitava como administradora das arbitragens relativas aos importantes contratos de fornecimento de gás e petróleo firmados entre esse bloco de nações e os países ocidentais, permite total flexibilidade de suas normas.

É o que estabelece o parágrafo único do art. 1.º das regras que diz: "Subject to these Rules and any agreement between the parties, the Arbitral Tribunal may conduct the arbitration in such manner as it considers appropriate".

Já na Alemanha percebe-se que a livre vontade das partes, também, somente encontra limites nos preceitos de ordem pública do local onde se desenrola o procedimento arbitral. É o que prescreve o item 24.1 do regulamento do DIS – Deutche Institut für Schiedsgerichtsbarkeit (Instituto alemão para Arbitragem):

> Serão de aplicação no procedimento arbitral as disposições sobre arbitragem com caráter imperativo e próprias do lugar em que se processe o procedimento arbitral, este regulamento de arbitragem e, em cada caso, outros acordos das partes. A respeito do demais o tribunal arbitral será livre de determinar o procedimento na medida em que considere.

No que concerne à também prestigiosa LCIA, a tendência já existente em regulamentos anteriores de se conceder às partes liberdade para alterar as regras de procedimento, ainda que para objetivar melhor eficiência do processo, manteve-se na revisão de 2014. Veja-se neste sentido o que dispõe o art. 14.5:

14.5 The Arbitral Tribunal shall have the widest discretion to discharge these general duties, subject to such mandatory law(s) or rules of law as the Arbitral Tribunal may decide to be applicable; and at all times the parties shall do everything necessary in good faith for the fair, efficient and expeditious conduct of the arbitration, including the Arbitral Tribunal's discharge of its general duties.

Na abordagem dessa temática torna-se imprescindível que se traga à colação o posicionamento da CCI, certamente a mais tradicional e prestigiosa administradora de arbitragem.

Verifica-se pelo que diz a respeito do assunto o art. 19 de suas Regras, na revisão vigente a partir de 2012, que a câmara em questão limita a atuação das partes em relação à liberdade de alteração no que concerne ao procedimento. Esta afirmação apoia-se claramente na prescrição do dispositivo citado que diz:

The proceedings before the arbitral tribunal shall be governed by the Rules and, where the Rules are silent, by any rules which the parties or, failing them, the arbitral tribunal may settle on, whether or not reference is thereby made to the rules of procedure of a national law to be applied to the arbitration.

A liberdade consignada às partes está restrita aos casos e hipóteses em que "the rules are silent", ou seja, a atuação das partes no regramento do procedimento será meramente supletiva, caso haja lacuna nas regras.

À primeira vista, tem-se a impressão de que a vontade das partes precede a possibilidade do árbitro ou tribunal dispor a respeito da matéria em caso de omissão das regras, mas, se se examinar o art. 25 e especialmente seu item 1 do regulamento em questão, patenteia-se que o poder do órgão arbitral na direção do procedimento é maior que o das partes.

Veja-se o que prescreve citada norma: 1) The arbitral tribunal shall proceed within as short a time as possible to establish the facts of the case by all appropriate means". Esta impressão fica reforçada quando se conjuga com o item 3 do mesmo preceito: "3) The arbitral tribunal may decide to hear witnesses, experts appointed by the parties or any other person, in the presence of the parties, or in their absence provided they have been duly summoned". A discrição do árbitro na condução da prova e bem ampla, podendo nesses caso colidir com a intenção das partes, que, a rigor, não poderão dispor em contrário, visto que o acordo entre elas só prevalece na omissão das regras, que neste caso não é silente.

De qualquer forma, não se pode arguir, nesses casos de limitação da atuação das partes na modelagem do procedimento, que esteja havendo restrição ao princípio da livre manifestação da vontade das partes, visto que para se chegar à eleição de um Regulamento vários foram os movimentos que elas executaram livremente até se atingir a escolha final, que por sua vez foi também manifestação de liberdade.

REGULAMENTOS NACIONAIS

A arbitragem no Brasil, como se sabe, somente passou a ter vida prática, como instrumento de dirimência de conflitos de interesses, a partir do marco regulatório promulgado em 1996.

Antes disso, porém, já existia pelo menos uma entidade que se propunha a administrar procedimentos arbitrais, que era a, então, chamada Comissão de Arbitragem da Câmara de Comércio Brasil Canadá, criada em 1979.

As regras aprovadas, à época, para a gestão do litígio eram bastante calcadas em modelos europeus embora incorporasse também alguns dispositivos da prática do processo civil brasileiro.

Com o advento da nova lei, este organismo, além de alterar seu nome para Centro de Arbitragem e Mediação da Câmara Brasil Canadá, aprovou novo regulamento, em 1998, objetivando adaptar-se à nova realidade.

O panorama institucional representado pela lei regente da espécie – sintética, flexível e moderna – que se instaurou incluía vários novos conceitos que contribuiriam como de fato o fizeram para difundir a arbitragem como sistema de distribuição de justiça.

Pelo exame desse novo conjunto de regras desse centro de arbitragem se constata que elas procuraram dar flexibilidade ao procedimento, outorgando às partes a condição de alterá-lo e aos árbitros o poder de interpretá-lo.

No que concernia às alterações acordada entre os litigantes se fazia a ressalva de que aquelas modificações somente valeriam para o caso *sub judice*.

Vejam-se: 1.1. As partes que resolverem submeter qualquer pendência ao Centro de Arbitragem da Câmara de Comércio Brasil-Canadá (Centro), por meio de convenção de arbitragem, ficam vinculadas ao presente regulamento, reconhecendo a competência originária e exclusiva do Centro para administrar o procedimento arbitral.

1.2. Este Regulamento e quaisquer alterações dispostas pelas partes serão aplicáveis a cada caso específico submetido ao Centro.

Quanto à interpretação do regulamento havia duas possibilidades, uma a ser realizada pelo presidente do centro ou por comissão por ele designada de cujo trabalho deveria emergir uma disposição interpretativa de caráter geral, enquanto aos árbitros competia a exegese da norma para aplicação ao caso específico do qual se estavam ocupando.

Vejam-se:

> 2.6. Compete ao Presidente:
> (d) expedir normas complementares administrativas e de procedimento, visando dirimir dúvidas, orientar a aplicação deste Regulamento; inclusive quanto aos casos omissos;
> 2.7. Poderá o presidente formar comissões compostas por membros do Corpo de Árbitros para apresentarem estudos e recomendações com vistas ao aperfeiçoamento e desenvolvimento das atividades do Centro, inclusive realização de palestras e seminários destinados à divulgação e ainda, para opinarem quanto à interpretação ou casos omissos deste Regulamento.

Agora, no que concerne aos árbitros:

> 13.1. Os árbitros interpretarão e aplicarão o presente Regulamento em tudo que concerne aos seus poderes e obrigações.
> 13.3. Caso assim decidido por unanimidade, os árbitros poderão submeter ao presidente do Centro consulta quanto à interpretação dos dispositivos deste Regulamento.

Como se pode conferir pela leitura dos textos regulamentares atinentes à matéria objeto de exame neste trabalho, as normas internas abriam espaço para a alteração do procedimento por força de acordo entre as partes assim, como permitia aos árbitros e ao presidente do centro interpretar as normas, quando necessário, inclusive naqueles casos em que estas fossem omissas.

O incremento da arbitragem no país não só em número de casos, mas também na complexidade dos mesmos, fez com que a direção do Centro de Arbitragem e Mediação da Câmara de Comércio Brasil Canadá, que atraía o maior número de procedimentos a promover, a partir de 2009, estudos através de comissões internas, objetivando atualizar e aprimorar o regulamento existente.

A meta era tornar tais regras mais conformes às práticas internacionais ao mesmo tempo em que incorporassem novos avanços alcançados pela doutrina e jurisprudência arbitral, tanto brasileiras como alienígenas.

A minuta resultante do trabalho interno foi submetida à discussão por parte da comunidade arbitral brasileira e internacional, que ofertou sugestões para sua alteração e emendas.

A redação final foi aprovada em 1.º de setembro de 2011, entrando em vigência as regras que concerniam ao procedimento arbitral propriamente dito em 1.º de janeiro de 2012.

Este regulamento, embora continuasse a consagrar a liberdade das partes, para em acordo que só valeria para o caso em apreço, alterar normas procedimentais, estabelecia uma restrição importante, qual seja a de seriam inalteráveis os preceitos que implicassem mudanças relativas à organização e a condução dos trabalhos por parte do CAM/CCBC, nova denominação da entidade.

A limitação em questão parece muito oportuna, pois retrata exatamente, como já se teve oportunidade de discorrer, com fidelidade, a relação que se estabelece entre as partes, os árbitros e a entidade administradora do feito, segundo a qual cada ponta da relação jurídica tem direitos e obrigações a serem observadas e cumpridas, para que se possa atingir com adequação a finalidade que se objetiva.

Deve ser salientado que a restrição, ainda que se dirija somente às partes, inclui, por consequente extensão, a própria atuação dos árbitros.

Assinala-se que, também no Brasil. as principais entidades administradoras de arbitragem conformaram-se à tendência universal vigente de permitir em maior ou menor amplitude a liberdade das partes na alteração de aspectos procedimentais.

Assim, tendo já focado o posicionamento do CAM/CCBC, que foi a pioneira entre elas, para dar consistência à afirmação feita acima, vale percorrer o regulamento de alguns centros brasileiros de arbitragem mais conhecidos e concorridos.

A Câmara de Conciliação, Mediação e Arbitragem do Centro das Indústrias de São Paulo (CIESP/FIESP), em sua última versão do Regulamento, de 1.º de agosto de 2013, desde que as alterações vigorem apenas para o caso específico, não impõem outras restrições às alterações combinadas pelas partes.

Nesse sentido, é muito esclarecedor o preceito contido no item 1.2 das regras que excepciona o comando geral de subordinação ao regulamento, quando diz: "**1.2** – Qualquer alteração das disposições deste Regulamento acordada pelas partes só terá aplicação ao caso específico".

Dispositivo de sentido semelhante pode ser encontrado também nas normas da Câmara da Fundação Getulio Vargas de Conciliação e Arbitragem.

Os arts. 13 e 14 é que tratam da questão:

> Art. 13. As partes que submeterem qualquer questão à arbitragem na Câmara FGV sujeitam-se ao presente Regulamento.
>
> Art. 14. As normas deste Regulamento que regem a arbitragem poderão sofrer as modificações acordadas em cláusula compromissória ou no termo de compromisso, limitando-se a sua aplicação ao caso específico.

É oportuno ilustrar que esse novo regulamento que passou a ter vigência, muito recentemente, ou seja, em 1.º de julho de 2016, repetiu provisão já constante de anteriores.

No Brasil, o rápido exame de alguns dos regulamentos arbitrais permite concluir que a liberdade das partes para a alteração do procedimento é bastante ampla, limitando-se, porém, a aplicação destas ao caso em exame no momento.

Já no que diz respeito aos árbitros o poder a eles concedidos é mais no sentido de interpretar as normas e adequá-las ao caso *sub judice*, ou suprir omissões, operando uma interpretação integrativa.

CONCLUSÕES

Pelo estudo feito em relação à evolução da influência do princípio da livre manifestação da vontade das partes, na história da arbitragem moderna podem ser extraídas algumas conclusões que explicam o panorama vigente em relação à posição das partes e dos árbitros perante as regras integrantes dos Regulamentos das entidades administradoras de arbitragem.

Elas são as seguintes:

1. Nada obstante a trajetória feita pelo instituto, no sentido de ser, modernamente, considerado uma forma de jurisdição, a livre atuação da vontade das partes que origina inclusive a própria arbitragem, ganhou cada vez mais importância no desenvolvimento do sistema. Tanto que sua prevalência somente encontra limites em alguns poucos dispositivos de direito imperativo, relacionados à garantia dos direitos das partes ao tratamento isonômico, ampla defesa, contraditório e imparcialidade dos árbitros.

2. Na arbitragem institucional, entende-se que a escolha da entidade para administrar o procedimento já representa uma manifestação livre da vontade das partes, de tal forma que a regra do organismo eleito limita a ação tanto das partes, como dos árbitros em alterá-la além do limite constante da mesma.

3. As entidades, de forma geral, permitem modificações de caráter acidental, nos procedimentos, como prazos e forma de apresentação das peças, maneira de condução das audiências. Algumas são mais liberais e dão plena flexibilidade às partes e aos árbitros por meio das partes para redesenhar o rito. Toda sugestão de alteração apresentada pelos árbitros se aprovada pelas partes terá o condão de mudar a norma.

4. As alterações, em qualquer caso, não deverão comprometer a organização e condução administrativas dos trabalhos da entidade administradora. Nesse sentido, deve ser lembrado, por exemplo, o problema que seria acarretado se as partes, ao escolherem a CCI para reger sua arbitragem, pretendessem que, ao final, a decisão não sofresse o escrutínio pela corte. Ou então, no sentido contrário, escolhessem um centro que não dispõe dos meios para promover tal controle e exigissem que esse exame fosse feito.

Situações como essas, relacionadas à atuação das partes e ou dos árbitros interferindo nas peculiaridades dos serviços de cada câmara, são facilmente imaginadas por todo aquele que, como árbitro, advogado ou dirigente de entidade administradora de procedimentos arbitrais, tenha grande vivência e experiência no quotidiano da arbitragem.

Isto obviamente fala a favor de que por prudência, ao menos, os limites impostos pelos regulamentos camerais sejam respeitados por todos aqueles que prezam o instituto e querem contribuir para o seu constante aperfeiçoamento.

BIBLIOGRAFIA

CAHALI, Francisco José; RODOVALHO, Thiago; FREIRE, Alexandre (Coord.). *Arbitragem*: estudos sobre a Lei 13.129 de 26.05.2015. São Paulo: Saraiva, 2016.

CAIVANO, Roque. *Arbitraje*. Su eficacia como sistema alternativo de resolución de conflitos. Buenos Aires: Ad Hoc, 1993.

DINAMARCO, Cândido Rangel. *A arbitragem na teoria geral do processo*. São Paulo: Malheiros, 2013.

SILVA, Eduardo Silva da; GUERRERO, Luiz Fernando; NUNES, Thiago Marinho. *Regras da arbitragem brasileira*. São Paulo: Marcial Pons; CAM-CCBC, 2015.

STRAUBE, Frederico José; FINKELSTEIN, Cláudio; CASADO FILHO, Napoleão (Ed.). *The CAM-CCBC Arbitration Rules*: a commentary. The Hague: Eleven – International Publishing, 2016.

VAN DEN BERG, Albert Jan. *The New York Arbitration Convention of 1958*. The Hague: Kluwer Law International, 1981.

ÁRBITRO DE EMERGÊNCIA – PERSPECTIVA BRASILEIRA À LUZ DA EXPERIÊNCIA INTERNACIONAL

RENATO STEPHAN GRION

Sumário I. Introdução – histórico, origem e contexto – II. Conceito e tendência – III. Características principais do procedimento de emergência – IV. Natureza jurídica do árbitro de emergência e executoriedade de sua decisão – V. Conclusões – Bibliografia.

I. INTRODUÇÃO – HISTÓRICO, ORIGEM E CONTEXTO

As vantagens da arbitragem são conhecidas há tempos e já foram objeto de inúmeros estudos. Embora com raízes históricas muito antigas, no Brasil, foi desde a promulgação da Lei 9.307/1996 ("Lei de Arbitragem") e da declaração de sua constitucionalidade pelo Supremo Tribunal Federal em 2001[1] que o instituto começou a ser utilizado em larga escala, principalmente para a resolução de conflitos comerciais, societários e internacionais.[2] As estatísticas hoje disponíveis, compiladas por renomados centros de arbitragem, confirmam o grande sucesso que a arbitragem atingiu no Brasil.[3]

---

[1] A constitucionalidade da Lei de Arbitragem foi apreciada e julgada pelo Supremo Tribunal Federal em sede de controle difuso e incidental em Agravo Regimental em Sentença Estrangeira (cf. Supremo Tribunal Federal, Tribunal Pleno, Sentença Estrangeira n.º 5.206-7, MBV Commercial and Export Management Establishment c. Resil Indústria e Comércio Ltda., Rel. Min. Sepúlveda Pertence, j. 12.12.2001). Para maiores informações sobre a discussão a respeito da constitucionalidade da referida lei, ver: WALD, Arnoldo. Da constitucionalidade da Lei n. 9.307/96. *Revista de Direito Bancário, do Mercado de Capitais e da Arbitragem*, São Paulo, n. 7, jan.-mar. 2000.

[2] Para uma análise detalhada do desenvolvimento da arbitragem no Brasil: CONEJERO ROOS, Cristián; GRION, Renato Stephan. L'arbitrage au Brésil: droit et pratique dans une optique CCI. *Bulletin de la Cour internationale d'arbitrage de la CCI*, v. 17, n. 2, 2006; CONEJERO ROOS, Cristián; GRION, Renato Stephan. Arbitration in Brazil: The ICC Experience. *In*: FAUVARQUE--COSSON, Bénédicte; WALD, Arnoldo (Dir.). *L'arbitrage en France et en Amérique Latine à l'aube du XXI Siècle*: Aspects de Droit Comparé. Paris: Société de législation comparée, 2008. p. 329-374.

[3] Conforme apontam os últimos dados divulgados pela CCI, o Brasil manteve uma participação significativa nos casos administrados pela Corte no ano de 2015. Foram 91 partes envolvidas em

Contudo, para que um sistema de resolução de disputas seja eficiente e completo, é necessário que ele ofereça meios de se obter tutelas de urgência, de maneira a se resguardar o resultado útil da demanda, que muitas vezes leva algum tempo para ser resolvida de maneira definitiva. Com efeito, a prática demonstra não ser raro o surgimento de questões urgentes e situações emergenciais que demandam uma imediata intervenção antes da análise do mérito da disputa e da resolução final da controvérsia.

Sem a possibilidade de obter eventuais medidas de urgência,[4] o instituto da arbitragem poderia perder parte de sua utilidade, pois, em certas circunstâncias, o próprio objeto da disputa poderia estar em perigo, caso, por exemplo, não fosse ordenada uma medida imediata de preservação do *status quo*. A possibilidade de se obter esse tipo de tutela, portanto, é de grande importância prática[5] e a frequência com que partes têm pleiteado ditas medidas tem aumentado.[6]

Desde a promulgação da Lei de Arbitragem, muito se discutiu a respeito da cooperação entre o Poder Judiciário e os árbitros para que aquele pudesse determinar eventuais

---

procedimentos arbitrais CCI, 71 árbitros brasileiros escolhidos para atuar como árbitros únicos, coárbitros e presidentes de tribunal, e o Brasil foi escolhido como sede em 21 procedimentos (ICC Dispute Resolution Bulletin – 2016, Issue 1). Segundo os dados mais recentes de pesquisa anualmente conduzida por Selma Lemes, intitulada "Arbitragem em Números e Valores", o número de procedimentos arbitrais administrados pelas principais câmaras de arbitragem do país aumentou, em uma década, quase dez vezes, com valor global envolvido na casa dos 38 (trinta e oito) bilhões de reais. Disponível em: <http://selmalemes.adv.br/noticias/>. Acesso em: 20 out. 2016.

[4] Para uma definição de medida de urgência que parece refletir um certo consenso internacional sobre o tema, ver o art. 17(2) da UNCITRAL Model Law on International Commercial Arbitration: "An interim measure is any temporary measure, whether in the form of an award or in another form, by which, at any time prior to the issuance of the award by which the dispute is finally decided, the arbitral tribunal orders a party to: (a) Maintain or restore the status quo pending determination of the dispute; (b) Take action that would prevent, or refrain from taking action that is likely to cause, current or imminent harm or prejudice to the arbitral process itself; (c) Provide a means of preserving assets out of which a subsequent award may be satisfied; or (d) Preserve evidence that may be relevant and material to the resolution of the dispute". No mesmo sentido, ver também o art. 26(2) do Regulamento de Arbitragem da UNCITRAL. Ainda sobre o mesmo tema, KESSEDJIAN, Catherine. Définitions et conditions de l'octroi de mesures provisoires. In: JACQUET, Jean-Michel (Dir.). *Les mesures provisoires dans l'arbitrage commercial international*. New York: Lexis Nexis, 2007. p. 76-84.

[5] EHLE, Bernd. Emergency Arbitration in Practice. In: MÜLLER, Christoph; RIGOZZI, Antonio (Coord.). *New Developments in International Commercial Arbitration*, Schulthess §. Geneva, 2013. p. 88-89.

[6] "The Working Group agreed that these amendments were necessary in light of reports from practitioners and arbitral institutions that parties are increasingly requesting interim measures [...]" (cf. HOLTZMANN, Howard M.; NEUHAUS, Joseph E.; KRISTJÁNSDÓTTIR, Edda; WALSH, Thomas W. A Guide to the 2006 Amendments to the UNCITRAL Model Law on International Commercial Arbitration. *Kluwer Law International*, 27 ago. 2015, p. 165). Cf. também: JOLIVET, Emmanuel. L'experiénce de la Chambre de commerce internationale dans le cadre du règlement d'arbitrage. In: JACQUET, Jean-Michel (Dir.). *Les mesures provisoires dans l'arbitrage commercial international*. New York: Lexis Nexis, 2007. p. 45.

medidas urgentes até a efetiva instituição da arbitragem, que, por sua vez, ocorre quando o(s) árbitro(s) aceita(m) sua nomeação para funcionar no procedimento arbitral.[7]

A doutrina[8] e a jurisprudência[9] já vinham, em larga medida, reconhecendo o papel do Poder Judiciário para apreciar e decidir medidas cautelares e de urgência antes da instituição da arbitragem. Com a reforma da Lei de Arbitragem, ocorrida em 2015,[10] o assunto veio a ser regulado de maneira expressa, tendo ficado ainda mais claro o papel do Poder Judiciário e o verdadeiro dever de cooperação entre juízes e árbitros. Com a referida reforma, a competência para apreciação e decretação de medidas de urgência é indiscutivelmente dos árbitros,[11] o que, de resto, está alinhado com a tendência mundial sobre o tema.[12]

---

[7]   Art. 19 da Lei de Arbitragem: "Considera-se instituída a arbitragem quando aceita a nomeação pelo árbitro, se for único, ou por todos, se forem vários".

[8]   Essa possibilidade já era inclusive defendida pelos autores do Anteprojeto da Lei de Arbitragem, até mesmo antes da vigência dos arts. 22-A e 22-B da Lei de Arbitragem, incluídos pela Lei n.º 13.129/15 (cf. CARMONA, Carlos Alberto. *Arbitragem e processo*: um comentário à Lei n.º 9.307/96. 3. ed. rev., atual. e ampl. São Paulo: Atlas, 2009. p. 323; MARTINS, Pedro A. Batista. Apontamentos sobre a Lei de Arbitragem. Forense: Rio de Janeiro, 2008, p. 246; LEMES, Selma Maria Ferreira. As medidas cautelares prévias ou no curso do processo arbitragem. *Revista de Direito Bancário, do Mercado de Capitais e da Arbitragem*, n. 20, p. 411-423, abr.-jun. 2003).

[9]   "Direito processual civil. Arbitragem. Medida cautelar. Competência. Juízo arbitral não constituído. 1. O Tribunal Arbitral é competente para processar e julgar pedido cautelar formulado pelas partes, limitando-se, porém, ao deferimento da tutela, estando impedido de dar cumprimento às medidas de natureza coercitiva, as quais, havendo resistência da parte em acolher a determinação do(s) árbitro(s), deverão ser executadas pelo Poder Judiciário, a quem se reserva o poder de *imperium*. 2. Na pendência da constituição do Tribunal Arbitral, admite-se que a parte se socorra do Poder Judiciário, por intermédio de medida de natureza cautelar, para assegurar o resultado útil da arbitragem.3. Superadas as circunstâncias temporárias que justificavam a intervenção contingencial do Poder Judiciário e considerando que a celebração do compromisso arbitral implica, como regra, a derrogação da jurisdição estatal, os autos devem ser prontamente encaminhados ao juízo arbitral, para que este assuma o processamento da ação e, se for o caso, reaprecie a tutela conferida, mantendo, alterando ou revogando a respectiva decisão. 4. Em situações nas quais o juízo arbitral esteja momentaneamente impedido de se manifestar, desatende-se provisoriamente as regras de competência, submetendo-se o pedido de tutela cautelar ao juízo estatal; mas essa competência é precária e não se prorroga, subsistindo apenas para a análise do pedido liminar. 5. Recurso especial provido" (STJ, 3.ª Turma, REsp 1.297.974/RJ, Rel. Min. Nancy Andrighi, j. 12.06.2012, *DJe* 19.06.2012).

[10]   Lei 13.129, de 2015. Cf. GRION, Renato Stephan; SILVA, Guilherme Piccardi de Andrade. Arbitration in Brazil: recent legislative developments. *IBA Arbitration News*, v. 21, n. 2, p. 14-16, Aug. 2016.

[11]   Art. 22-A da Lei de Arbitragem: "Antes de instituída a arbitragem, as partes poderão recorrer ao Poder Judiciário para a concessão de medida cautelar ou de urgência.

      Parágrafo único. Cessa a eficácia da medida cautelar ou de urgência se a parte interessada não requerer a instituição da arbitragem no prazo de 30 (trinta) dias, contado da data de efetivação da respectiva decisão".

      Art. 22-B da Lei de Arbitragem: "Instituída a arbitragem, caberá aos árbitros manter, modificar ou revogar a medida cautelar ou de urgência concedida pelo Poder Judiciário.

      Parágrafo único. Estando já instituída a arbitragem, a medida cautelar ou de urgência será requerida diretamente aos árbitros".

[12]   "Plus personne ne conteste, comme cela a pu être le cas naguère, que l'arbitre puisse ordonner des mesures provisoires et l'analyse du droit comparé l'atteste" (CLAY, Thomas. Les mesures provisoires

De maneira geral, pode-se dizer que esse sistema hoje funciona de maneira altamente satisfatória, com uma clara divisão de competências (*rectius* jurisdição) entre jurisdição estatal e jurisdição arbitral, em bem delineada relação de colaboração entre ambas.[13] Tal divisão de competências é inclusive reconhecida e aplicada em outros países e faz parte do que se pode chamar de um sistema efetivo e moderno de arbitragem.

Contudo, como sabido, pode-se levar certo tempo entre a apresentação do requerimento de arbitragem e a efetiva aceitação da nomeação pelo(s) árbitro(s), sendo comum que esse processo leve algumas semanas ou até meses para ser concluído.[14]

Nesse contexto, e para que fosse preenchida essa lacuna,[15] foi criada recentemente a figura do árbitro de emergência,[16] com o objetivo de resolver o problema da inexistência de jurisdição arbitral enquanto os árbitros que decidirão o mérito da disputa ainda não tenham assumido a sua função.[17] Em verdade, a figura do árbitro de emergência, embora relativamente nova em sua configuração atual, encontra suas origens no procedimento cautelar pré-arbitral da CCI lançado em 1990,[18] cuja eficiência já era

---

demandées à l'arbitre. In: JACQUET, Jean-Michel (Dir.). *Les mesures provisoires dans l'arbitrage commercial international.* New York: Lexis Nexis, 2007. p. 15. Também, nesse sentido, confira-se o art. 17(1) da UNCITRAL Model Law on International Commercial Arbitration.

[13] BENETI, Sidnei. Arbitragem e tutelas de urgência. *Revista do Advogado*, São Paulo, ano 26, n. 87, p. 108, set. 2006.

[14] "Most arbitration practitioners have experience of *ad hoc* and institutional arbitration cases in which much more than 16 weeks have elapsed before all arbitrators have been appointed" (cf. LANDAU, Toby. Composition and Establishment of the Tribunal, 9 *AM. Rev. Int' Arb.* 45, 1998).

[15] EMARA, Fehr Abd Elazim. *L'arbitrage commercial international par rapport à la juridiction étatique en matière de mesures provisoires et conservatoires:* étude analytique et comparative. 2016. Thèse (Doctorat en droit) – Université Laval, Quebec, Canada, p. 87.

[16] O termo "árbitro de emergência", tal como utilizado neste trabalho, não é constante e uniforme em todos os regulamentos de arbitragem que adotam essa figura, embora o conceito seja muito semelhante em todos os centros de arbitragem que trazem essa previsão. Por vezes, a figura do árbitro de emergência também é conhecida como "árbitro de apoio". Na terminologia em inglês, é comumente chamado de "emergency arbitrator". Em francês e espanhol, "arbitre d'urgence" e "árbitro de emergencia", respectivamente.

[17] O presente estudo faz uma análise da figura do árbitro de emergência com base em vários regulamentos de arbitragem nacionais e internacionais, à luz do direito brasileiro notadamente. Não obstante, a análise aqui feita pode servir para esclarecer detalhes a respeito do procedimento emergencial tal como vem sendo interpretado e aplicado internacionalmente e as problemáticas relacionadas ao tema.

[18] LIMA, Leandro Rigueira Rennó. O procedimento cautelar pré-arbitral da CCI. *Revista Brasileira de Arbitragem*, v. 18, p. 60-79, 2008. CARLEVARIS, Andrea; FERIS, José Ricardo. Running in the ICC Emergency Arbitrator Rules: The First Ten Cases. *ICC International Court of Arbitration Bulletin*, v. 25, n. 1, p. 25, 2014; LOBO, Carlos Augusto da Silveira. O procedimento cautelar pré-arbitral da CCI. In: FERRAZ, Rafaella; MUNIZ, Joaquim de Paiva (Coord.). *Arbitragem doméstica e internacional:* estudos em homenagem ao Prof. Théophilo de Azeredo Santos. Rio de Janeiro: Forense, 2008. p. 55-63. Para um estudo sobre as diferenças entre o procedimento cautelar pré-arbitral da CCI e as novas disposições sobre o árbitro de emergência previstas no Regulamento de Arbitragem da CCI, ver: BÜHLER, Michael. ICC Pre-Arbitral Referee and Emergency Arbitrator Proceedings Compared. *Special Supplement 2011:* Interim, Conservatory and Emergency Measures in ICC Arbitration, 2011.

ressaltada nos primeiros casos em que foi adotado,[19] embora com pouca utilização na prática.[20]

Hoje, pode-se afirmar que uma das inovações mais importantes na revisão de vários regulamentos de arbitragem de inúmeras instituições de arbitragem foi exatamente a adoção de regras estabelecendo a possibilidade de se requerer a um árbitro de emergência a obtenção de medidas de urgência enquanto os árbitros que decidirão o mérito da disputa ainda não estão em posição de decidir.[21] A ideia subjacente a esse mecanismo é que as partes consigam resolver todas as suas controvérsias em arbitragem (*one-stop shop* arbitral), inclusive medidas de urgência, com as vantagens que a arbitragem usualmente proporciona.[22]

Vários renomados centros de arbitragem internacionais seguiram essa tendência iniciada pelo *International Centre for Dispute Resolution of the American Arbitration Association – ICDR* em 2006[23] e adotaram a figura do árbitro de emergência.[24] Algumas câmaras de arbitragem brasileiras seguiram na mesma linha, como a Câmara de Arbi-

---

Pode-se dizer que o árbitro de emergência também encontra suas origens nos Optional Rules for Emergency Measures of Protection, mecanismo lançado no ano de 1999 pela American Arbitration Association (AAA), como afirmado por Edna Sussman e Alexandra Dosman. Ver, nesse sentido, SUSSMAN, Edna; DOSMAN, Alexandra. Evaluating the Advantages and Drawbacks of Emergency Arbitrators. *New York Law Journal*, Mar. 30, 2015, p. S2.

[19] No testemunho de Bernard Hanotiau, que atuou como "tiers" num dos primeiro casos administrados pela CCI com base no *Règlement de Référé Pré-Arbitral de la CCI*: "Ce fut une expérience extrêmement enrichissante. Pour les mesures provisoires nécessaires avant la constitution du tribunal arbitral, le recours au référé pré-arbitral de la CCI est une solution qui a prouvé son efficacité. Je la soutiens avec enthousiasme et conviction" (Institut pour l'Arbitrage International (IAI). Les premières applications du Règlement de référé pré-arbitral de la CCI – Comment prendre des mesures conservatoires efficaces dans le commerce international? Séminaire du vendredi 31 maio 2002, p. 11. Disponível em <http://www.iaiparis.com/pdf/actes_colloque.pdf>. Acesso em: 20 out. 2016).

[20] Isso porque, segundo o *Règlement de Référé Pré-Arbitral de la CCI*, para que o procedimento cautelar pré-arbitral possa ser aplicável, as partes devem concordar expressamente em se submeter a tal procedimento (sistema conhecido como "opt-in"). Ver, nesse sentido, CARLEVARIS, Andrea; FERIS, José Ricardo. Running in the ICC Emergency Arbitrator Rules: The First Ten Cases. *ICC International Court of Arbitration Bulletin*, v. 25, n. 1, p. 2, 2014.

[21] EHLE, Bernd. Emergency Arbitration in Practice. In: MÜLLER, Christoph; RIGOZZI, Antonio (Coord.). *New Developments in International Commercial Arbitration*, Schulthess §. Geneva, 2013. p. 87.

[22] Segundo estudo realizado pela Queen Mary University em 2015: "Few respondents have experience with emergency arbitrators [...]. Nonetheless, 93% favour the inclusion of emergency arbitrator provisions in institutional rules". 2015 International Arbitration Survey: Improvements and Innovations in International Arbitration. School of International Arbitration. Queen Mary University. London, 2015.

[23] GHAFFARI, Amir; WALTERS, Emmylou. The Emergency Arbitrator: The Dawn of a New Age? *Arbitration International*, LCIA: Kluwer International, v. 30, Issue 30, p. 154, 2014.

[24] Por exemplo: a International Chamber of Commerce (ICC); o Singapore International Arbitration Centre (SIAC); o International Institute for Conflict Prevention and Resolution (CPR); a Stockholm Chamber of Commerce (SCC); o Australian Centre for International Commercial Arbitration (ACICA); a Swiss Chambers' Arbitration Institution; o Hong Kong International Arbitration Centre (HKIAC); e o Centro de Arbitragem Comercial da Câmara de Comércio e Indústria Portuguesa (CAC).

tragem e Mediação da Federação das Indústrias do Estado do Paraná – CAMFIEP e a Câmara de Arbitragem do Mercado – CAM, na qual a figura do árbitro de emergência é referida como "árbitro de apoio".

II. CONCEITO E TENDÊNCIA

O árbitro de emergência nada mais é do que uma pessoa investida, por meio de um acordo de partes,[25] de poderes para apreciar e julgar de maneira provisória medidas de urgência enquanto os árbitros que decidirão o mérito da controvérsia não são investidos de seus poderes.[26] Sem embargo do caráter provisório da decisão proferida pelo árbitro de emergência, sua função e o regime jurídico de sua atuação assimilam-se aos dos árbitros em geral. Sua natureza jurídica arbitral tem importantes implicações no cumprimento forçado das decisões proferidas por árbitros de emergência, como se verá no Capítulo IV a seguir.

O fato é que, atualmente, a figura do árbitro de emergência é uma realidade, sendo que alguns regulamentos de grandes e importantes centros de arbitragem já a preveem como regra, cabendo às partes, eventualmente, acordar expressamente a sua exclusão (sistema conhecido como *opt-out*). Ou seja, uma parte pode nem sequer fazer referência expressa a essa figura na cláusula compromissória e, ainda assim, aceitar a sua utilização por meio da adoção de um regulamento de arbitragem[27] que preveja, como padrão, a possibilidade de utilização do árbitro de emergência.

i. Possíveis vantagens

Notadamente no contexto da arbitragem internacional, a figura do árbitro de emergência pode apresentar algumas vantagens relevantes– que são, aliás, usualmente reconhecidas como vantagens da arbitragem em geral. Entre elas, podem ser citadas as seguintes: (i) o árbitro de emergência pode analisar o contrato em seu idioma original;[28] (ii) não existe a princípio a

---

[25] Normalmente concretizado pela escolha de um regulamento de arbitragem que contenha a figura do árbitro de emergência.

[26] Nesse sentido, confira-se a definição de árbitro de emergência constante das LCIA Notes on Emergency Procedure: "28. An Emergency Arbitrator is a temporary sole arbitrator appointed solely to address an urgent application pending formation of the Arbitral Tribunal. As such, and as distinct from an Arbitral Tribunal appointed pursuant to an application for expedited formation, an Emergency Arbitrator does not remain to determine the merits of the underlying dispute". Disponível em: <www.lcia.org>. Acesso em: 20 out. 2016.

[27] Art. 5.º da Lei de Arbitragem: "Reportando-se as partes, na cláusula compromissória, às regras de algum órgão arbitral institucional ou entidade especializada, a arbitragem será instituída e processada de acordo com tais regras, podendo, igualmente, as partes estabelecer na própria cláusula, ou em outro documento, a forma convencionada para a instituição da arbitragem".

[28] Não haverá, a princípio, a necessidade de se traduzir o contrato ou outros documentos relevantes. O art. 1.º, 4, do Apêndice V do Regulamento de Arbitragem da CCI prevê: "A Solicitação deverá ser redigida no idioma da arbitragem se tiver sido acordado pelas partes ou, na ausência de tal acordo, no idioma da convenção de arbitragem".

necessidade de se obter a mesma decisão em diversos países, nos quais a medida deverá produzir seus efeitos;[29] (iii) a maior disponibilidade de tempo do árbitro de emergência quando comparada com a média de tempo de que dispõem os juízes estatais em diversos sistemas; (iv) um eventual conhecimento técnico mais aprofundado do árbitro de emergência com relação ao tema específico tratado no caso; (v) a confidencialidade do procedimento; e (vi) a neutralidade.[30] Com relação a este último aspecto, a utilização do árbitro de emergência poderá ter grande valia em arbitragens envolvendo contratos com Estados.[31]

Além disso, no contexto de uma disputa internacional, muitas vezes o juiz estatal vê e interpreta as questões controvertidas através do prisma de seu direito nacional quanto à natureza da medida a ser buscada e às condições de sua obtenção,[32] situação que parece ser menos provável quando se escolhe um árbitro de emergência. Também não pode ser descartada a possibilidade de eventuais decisões emanadas de um árbitro de emergência terem algum impacto favorável na decisão das partes de transacionar.[33]

---

[29] FRY, Jason. The Emergency Arbitrator – Flawed Fashion or Sensible Solution. *Dispute Resolution International*, v. 7, Issue 2, p. 180, Nov. 2013.

[30] Institut pour l'Arbitrage International (IAI). Les premières applications du Règlement de référé pré-arbitral de la CCI – Comment prendre des mesures conservatoires efficaces dans le commerce international? Séminaire du vendredi 31 maio 2002, p. 6. Disponível em <http://www.iaiparis.com/pdf/actes_colloque.pdf.>. Acesso em: 20 out. 2016.

[31] "In contracts involving state parties, private parties should consider making the pre-arbitral referee the exclusive remedy" (cf. GAILLARD, Emmanuel; PINSOLLE, Philippe. The ICC Pre-Arbitral Referee: First Practical Experiences. *Arbitration International*, v. 20, n. 1, p. 24, 2004). Nessa mesma linha: "[t] his pre-arbitral mechanism can be very useful when dealing with State contracts. Where a contract is entered between a State and a private party, the latter invariably runs the risk that any application for provisional measures will be heard before the court of the State party to the contract. The inclusion in the relevant contract of a clause granting exclusive jurisdiction to a pre-arbitral referee to decide on any provisional measures, overcomes this perceived imbalance" (cf. GAILLARD, Emmanuel. First International Chamber of Commerce Pre-Arbitral Referee Decision. *New York Law Journal*, International Arbitration Law, p. 6, 7 February 2002). Ainda nesse sentido: ROMERO, Eduardo Silva. ICC Arbitration and State Contracts. *ICC International Court of Arbitration Bulletin*, v. 13, n. 1, p. 43, Spring 2002. Veja-se, também: GRION, Renato Stephan. Breves notas sobre a participação do Estado em arbitragem comercial. In: CELLI JUNIOR, Umberto; BASSO, Maristela; AMARAL JÚNIOR, Alberto do (Coord.). *Arbitragem e comércio internacional*. Estudos em homenagem a Luiz Olavo Baptista. São Paulo: Quartier Latin, 2013. p. 866.

[32] Institut pour l'Arbitrage International (IAI). Les premières applications du Règlement de référé pré-arbitral de la CCI – Comment prendre des mesures conservatoires efficaces dans le commerce international? Séminaire du vendredi 31 maio 2002, p. 6. Disponível em <http://www.iaiparis.com/pdf/actes_colloque.pdf.>. Acesso em: 20 out. 2016.

[33] Como colocado por Jean-Yves Garaud: "En effet, l'impression que se fait nécessairement le tiers sur le fond du litige va inciter les parties à transiger plutôt qu'à s'engager dans un litige sur le fond. Le référé pré-arbitral peut donc se révéler un outil moins coûteux qu'un arbitrage long et tout aussi satisfaisant en termes de résolution des litiges" (cf. GARAUD, Jean-Yves. Institut pour l'Arbitrage International (IAI). Les premières applications du Règlement de référé pré-arbitral de la CCI – Comment prendre des mesures conservatoires efficaces dans le commerce international? Séminaire du vendredi 31 maio 2002, p. 8. Disponível em: <http://www.iaiparis.com/pdf/actes_colloque.pdf>. Acesso em: 14 out. 2016). No mesmo sentido, ver: CARLEVARIS, Andrea; FERIS, José Ricardo.

ii. Possíveis desvantagens

Muitas vezes, a necessidade de obter uma medida de urgência de maneira absolutamente célere[34] e de fazê-la cumprir imediatamente somente é possível com a intervenção do Poder Judiciário.[35] Com efeito, o processo de indicação de um árbitro de emergência e obtenção de uma ordem liminar pode levar alguns dias, e não poucas horas, como em muitos casos se faz necessário. Nesse cenário, não há substituto para a intervenção do juiz togado.

Também em algumas situações a medida de urgência, para ser efetiva, precisa envolver terceiros que não firmaram a cláusula arbitral, hipótese em que a intervenção do Poder Judiciário será imprescindível.

Outra possível desvantagem é que, na maioria dos regulamentos que preveem a figura do árbitro de emergência, a medida de urgência ou cautelar não poderá ser obtida sem a oitiva da parte contrária (*ex parte*),[36] enquanto as tutelas de urgência em geral, ao menos no Brasil, podem ser obtidas perante o Poder Judiciário sem a oitiva preliminar da parte contrária (*inaudita altera parte*).[37]

III. CARACTERÍSTICAS PRINCIPAIS DO PROCEDIMENTO DE EMERGÊNCIA

Este capítulo traçará, em linhas gerais, as principais características do procedimento envolvendo o árbitro de emergência. Como as disposições relativas ao árbitro de emergência tendem a convergir,[38] a análise será feita de acordo com as características gerais e não de acordo com o regulamento de um centro de arbitragem específico, até porque

---

Running in the ICC Emergency Arbitrator Rules: The First Ten Cases. *ICC International Court of Arbitration Bulletin*, v. 25, n. 1, p. 3, 2014.

[34] Com efeito, há situações em que se faz necessária a obtenção de uma tutela cautelar ou de urgência em poucas horas, não sendo possível sequer se esperar pela indicação do árbitro de emergência.

[35] Como sabido, apesar de ser incontestável a jurisdição do árbitro para ditar uma medida de urgência, falta-lhe a possibilidade de fazê-la executar diretamente, por faltar-lhe o poder de *imperium*. Nesse sentido, como o Superior Tribunal de Justiça já teve a oportunidade de esclarecer: "1. O Tribunal Arbitral é competente para processar e julgar pedido cautelar formulado pelas partes, limitando-se, porém, ao deferimento da tutela, estando impedido de dar cumprimento às medidas de natureza coercitiva, as quais, havendo resistência da parte em acolher a determinação do(s) árbitro(s), deverão ser executadas pelo Poder Judiciário, a quem se reserva o poder de *imperium*" (REsp 1.297.974/RJ, Rel. Min. Nancy Andrighi, 3.ª Turma, j. 12.06.2012, *DJe* 19.06.2012).

[36] As exceções internacionais a essa regra parecem ser os regulamentos da SIAC, da SCAI, e da LCIA. No Brasil, o Regulamento da Câmara de Arbitragem do Mercado.

[37] Art. 9.º do Código de Processo Civil: "Não se proferirá decisão contra uma das partes sem que ela seja previamente ouvida.
Parágrafo único. O disposto no *caput* não se aplica:
I – à tutela provisória de urgência;
II – às hipóteses de tutela da evidência previstas no art. 311, incisos II e III;
III – à decisão prevista no art. 701".

[38] EHLE, Bernd. Emergency Arbitration in Practice. In: MÜLLER, Christoph; RIGOZZI, Antonio (Coord.). *New Developments in International Commercial Arbitration*, Schulthess §. Geneva, 2013. p. 90.

análises comparativas entre regulamentos já foram objeto de outros estudos.[39] Também já foram realizadas análises detalhadas a respeito dos regulamentos dos principais centros de arbitragem internacionais e nacionais,[40] bem como sobre aplicações específicas da figura do árbitro de emergência a certos tipos de disputas.[41] Quando algum regulamento de arbitragem tiver qualquer traço que mereça comentário específico, tal ponto será abordado ao longo do texto e nas notas de rodapé.

Para fins didáticos, o presente capítulo será dividido nas seguintes quatro partes: (i) consentimento quanto à adoção do árbitro de emergência; (ii) o procedimento; (iii) o árbitro de emergência; e (iv) a decisão do árbitro de emergência.

i.   Consentimento quanto à adoção do árbitro de emergência

a)   Adoção via escolha de um regulamento de arbitragem

Como é natural e intuitivo, a base para a adoção do árbitro de emergência é o consentimento das partes. Sem que as partes tenham consentido com a sua utilização, não há que se falar em árbitro de emergência.

Nesse contexto, há uma tendência mundial no sentido de que as modernas disposições sobre árbitro de emergência se apliquem automaticamente, em virtude da simples

---

[39]   BOOG, Christopher. Swiss Rules of International Arbitration – Time to Introduce an Emergency Arbitrator Procedure? *ASA Bulletin*, v. 28, n. 3, 2010; ver, ainda: D'AGOSTINO, Justin. First aid in arbitration: Emergency Arbitrators to the rescue. *Kluwer Arbitration Blog*, 15 nov. 2015. Disponível em:<http://kluwerarbitrationblog.com/2011/11/15/first-aid-in-arbitration-emergency-arbitrators--to-the-rescue/>. Acesso em: 20 out. 2016; PALAY, Marc S.; LANDON, Tanya. A Comparative Review of Emergency Arbitrator Provisions: Opportunities and Risks. Sidley Austin LLP. *ICLG – The International Comparative Legal Guide to*: International Arbitration 2012. 9. ed. London: GLG, p. 186-194, 2012.

[40]   CASTINEIRA, Eliseo. The Emergency Arbitrator in the 2012 ICC Rules of Arbitration. *The Paris Journal of International Arbitration*, Paris: LGDJ, 2012-1, Lextenso éditions, 2012. p. 65-98; CASTRO, Fernando Estavillo. El árbitro de emergencia en el nuevo reglamento de arbitraje de la CCI. Disponívelem:<http://estavilloarbitraje.com/assets/4_el-arbitro-de-emergencia.pdf>.Acessoem:20 out. 2016; SHAUGNESSY, Patricia. Pre-Arbitral Urgent Relief: The New SCC Emergency Arbitrator Rules. *Journal of International Arbitration*, p. 337-360, 2010. SHAUGNESSY, Patricia. The New SCC Emergency Arbitrator Rules. In: HOBÉR, Kaj; MAGNUSSON, Annette; ÖHRSTRÖM, Marie (Ed.). *Between East and West*: Essays in Honour of Ulf Franke. Juris, p. 459-480; VOSER, Nathalie; BOOG, Christopher. ICCEmergencyArbitratorProceedings:AnOverview.*SpecialSupplement2011:Interim, Conservatory and Emergency Measures in ICC Arbitration*, p. 81, 2011.

[41]   BARRINGTON, Louise. Emergency Arbitrators: Can they be useful to the construction industry? *Construction Law International*, v. 7, Iss. 2, p. 39-43, Jun. 2012; BROWER, Charles N.; MEYERSTEIN, Ariel; SCHILL, Stephan W. The Power and Effectivess of Pre-Arbitral Provisional Relief: The SCC Emergency Arbitrator in Investor-State Dispute. In: HOBÉR, Kaj; MAGNUSSON, Annete; Öhrström, Marie (Ed.). *Between East and West*: Essays in Honor of Ulf Franke. 2010; PINSOLLE, Philippe. A Call to Open the ICC Emergency Arbitrator Procedure to Investment Treaty Cases. In: CARLEVARIS, Andrea; LÉVY, Laurent; MOURRE, Alexis; SCHWARTZ, Eric A. (Ed.).*International Arbitration Under Review – Essays in honour of John Beechey*, ICC Product n. 772E, 2015 Edition.

escolha de determinado regulamento de arbitragem que contenha disposições sobre o árbitro de emergência.[42]

Ou seja, as partes interessadas poderão consentir com a utilização do árbitro de emergência bastando, para tanto, que façam referência a um regulamento de arbitragem que contenha previsão sobre a sua utilização.[43]

Caso as partes desejem excluir a eventual utilização do árbitro de emergência, elas devem expressamente excluir a sua aplicação (sistema do *opt-out*).[44] Uma das exceções a essa regra é o regulamento da Câmara de Arbitragem do Mercado – CAM, que exige que as partes expressamente incluam a possibilidade de utilização da figura do árbitro de emergência na cláusula compromissória.[45]

Muito embora a figura do árbitro de emergência possa ser customizada pelas próprias partes,[46] parece haver uma clara tendência de as partes escolherem regulamentos que já prevejam a existência e o funcionamento de tal figura.[47] Por essa razão, o foco do presente trabalho está nos mecanismos previstos nos regulamentos de arbitragem de algumas das principais câmaras de arbitragem do mundo e do Brasil.

b) Aspecto temporal quanto à adoção da figura do árbitro de emergência

A parte que pretenda se utilizar da figura do árbitro de emergência deve verificar atentamente o regulamento de arbitragem aplicável. Com efeito, a depender de quando a cláusula arbitral tiver sido firmada, as partes poderão ou não se valer do árbitro de emergência.

A maioria dos regulamentos de arbitragem que preveem a utilização do árbitro de emergência preceituam que este mecanismo só será cabível quando a cláusula arbitral tiver sido firmada após a data em que o regulamento se tornou aplicável. Como exceção

---

[42] EHLE, Bernd. Emergency Arbitration in Practice. In: MÜLLER, Christoph; RIGOZZI, Antonio (Coord.). *New Developments in International Commercial Arbitration*, Schulthess §. Geneva, 2013. p. 91.

[43] PALAY, Marc S.; LANDON, Tanya. A Comparative Review of Emergency Arbitrator Provisions: Opportunities and Risks. Sidley Austin LLP. *ICLG – The International Comparative Legal Guide to*: International Arbitration 2012. 9. ed. London: GLG, 2012. Chapter 1, p. 2.

[44] Para tais situações, a CCI sugere a inclusão da seguinte linguagem na sua cláusula de arbitragem padrão: "As Disposições sobre o Árbitro de Emergência não se aplicarão".

[45] Ver art. 5.1.3 do Regulamento da Câmara de Arbitragem do Mercado: "5.1.3 O Árbitro de Apoio somente poderá ser acionado se a convenção de arbitragem contiver previsão expressa quanto à sua atuação. Caso contrário, a parte deverá requerer diretamente ao Poder Judiciário as medidas conservatórias necessárias à prevenção de dano irreparável ou de difícil reparação, e tal proceder não será considerado renúncia à arbitragem".

[46] Quanto à dificuldade de se estabelecer um procedimento de árbitro de emergência *ad hoc*, ver: EMARA, Fehr Abd Elazim. *L'arbitrage commercial international par rapport à la juridiction étatique en matière de mesures provisoires et conservatoires*: étude analytique et comparative. 2016. Thèse (Doctorat en droit) – Université Laval, Quebec, Canada, p. 88. Ver também, RIVERA, Irma. El Árbitro de Emergencia: Una Figura en Crecimiento. *Arbitraje PUCP*, p. 170, 2014.

[47] YESILIRMAK, Ali. Provisional Measures in International Commercial Arbitration. *International Arbitration Law Library*, Kluwer Law International, v. 12, p. 115-116, 2005.

a essa regra, podem ser citados o regulamento da *Stockholm Chamber of Commerce* e as *Swiss Rules of International Arbitration*.[48]

ii.   Procedimento

a)   Instauração do procedimento emergencial e momento para a apresentação do requerimento de arbitragem

O árbitro de emergência, como regra geral, só pode intervir enquanto os árbitros que decidirão o mérito da disputa ainda não se encontrarem em posição de atuar no caso. Ou seja, a parte que pretende se utilizar do árbitro de emergência terá que, no momento oportuno, apresentar o seu requerimento de arbitragem.

Nesse contexto, indaga-se a respeito do momento em que a parte que requereu a indicação do árbitro de emergência deve protocolar o seu requerimento de arbitragem. Os principais regulamentos tendem a adotar duas soluções distintas.

Para alguns centros de arbitragem,[49] o pedido de indicação do árbitro de emergência só pode ser formulado concomitantemente ou após o protocolo do próprio requerimento de arbitragem. De outro lado, de acordo com os regulamentos de arbitragem de outras instituições,[50] o pedido de indicação do árbitro de emergência pode ser feito anteriormente ao protocolo do requerimento de arbitragem.[51] Essa segunda opção parece ser mais razoável e prática, sobretudo quando uma das partes se encontra numa situação de grande urgência.

b)   Celeridade

Pela sua própria natureza, o procedimento como um todo necessita ser o mais célere possível, desde a nomeação do árbitro de emergência, passando pela instrução do procedimento, até a prolação da decisão.

Por tal razão, e para garantir a necessária rapidez na nomeação do árbitro de emergência, as próprias instituições arbitrais se encarregam de fazê-lo.[52]

---

[48]   Segundo referidas regras, o regramento sobre o árbitro de emergência deve se aplicar a todos os procedimentos de arbitragem iniciados após 1.º.01.2010 e 1.º.06.2012, respectivamente, independentemente de quando a cláusula compromissória tiver sido firmada. Cf. EHLE, Bernd. Emergency Arbitration in Practice. In: MÜLLER, Christoph; RIGOZZI, Antonio (Coord.). *New Developments in International Commercial Arbitration*, Schulthess §. Geneva, 2013. p. 91.

[49]   SIAC e HKIAC.

[50]   ICC, SCC e o Swiss Chamber's Arbitration Institution.

[51]   "The application must then be 'validated' by the filing of the request for arbitration within a certain time limit from the submission of the application (10 days under the ICC and Swiss Rules and 30 days under the ICDR and SCC Rules), failing which the institution will terminate the emergency arbitration proceedings" (EHLE, Bernd. Emergency Arbitration in Practice. In: MÜLLER, Christoph; RIGOZZI, Antonio (Coord.). *New Developments in International Commercial Arbitration*, Schulthess §. Geneva, 2013. p. 92-93).

[52]   EHLE, Bernd. Emergency Arbitration in Practice. In: MÜLLER, Christoph; RIGOZZI, Antonio (Coord.). *New Developments in International Commercial Arbitration*, Schulthess §. Geneva, 2013.

Os árbitros de emergência normalmente são indicados com base na sua *expertise* e experiência, mas a disponibilidade parece ser um dos requisitos de maior destaque e importância.[53]

Em geral, os regulamentos de arbitragem preveem prazos bastante curtos para a indicação do árbitro de emergência.[54] Os principais regulamentos também preveem um prazo para o árbitro de emergência prolatar a decisão.[55]

c)   Cronograma

Alguns regulamentos de arbitragem, tal como o da CCI, preveem um sistema de admissibilidade preliminar do pedido de instauração do procedimento de árbitro de emergência.[56] Em outras palavras, uma vez apresentado o requerimento, o centro de arbitragem pode fazer uma análise *prima facie* a respeito da existência de jurisdição do árbitro de emergência.[57]

---

p. 93. Ao que parece, a única exceção a essa regra pode ser encontrada no regulamento do CPR, que prevê a possibilidade de as partes indicarem o árbitro de emergência de maneira conjunta. Nesse sentido, ver SUSSMAN, Edna; DOSMAN, Alexandra. Evaluating the Advantages and Drawbacks of Emergency Arbitrators. *New York Law Journal*, Mar. 30, 2015, p. S2.

[53] Nesse sentido, interessante notar o que preceituam as LCIA Notes on Emergency Procedure: "43. In selecting a candidate to sit as Emergency Arbitrator, the LCIA would be particularly mindful of the candidate's experience and of his/her availability to deal expeditiously with the particular claim for emergency relief". Disponível em: <www.lcia.org>. Acesso em: 20 out. 2016.

[54] SingaporeInternationalArbitrationCentre(SIAC):1(um)diacontadodorecebimento/comprovação do recebimento do requerimento – item "3" do "Schedule 1"; International Institute for Conflict Prevention and Resolution (CPR): 1 (um) dia útil contado do recebimento do requerimento – rule 14.5; Swiss Chambers' Arbitration Institution: "As soon as possible after receipt of the Application, the Registration Fee, and the deposit for emergency relief proceedings" – art. 43(2); Hong Kong International Arbitration Centre (HKIAC): 2 dias após o recebimento do requerimento e respectivo depósito – item 5 do "Schedule 4"; London Court of International Arbitration (LCIA): 3 dias contados do recebimento do requerimento– art. 9.6; Centro de Arbitragem Comercial da Câmara de Comércio e Indústria Portuguesa (CAC): prazo não pode exceder 2 dias – art. 4.º(1); Câmara de Arbitragem do Mercado (CAM): não consta disposição específica.

[55] O Regulamento de Arbitragem da CCI, por exemplo, prevê que: "A Ordem deverá ser proferida em no máximo 15 dias contados da data em que os autos foram transmitidos ao árbitro de emergência".

[56] Art. 1.º do Apêndice V do Regulamento de Arbitragem da CCI: "Se, e na medida em que o Presidente da Corte (o "Presidente") considerar, sob a base da informação contida na Solicitação, que as Disposições sobre o Árbitro de Emergência se aplicam em relação aos arts. 29(5) e 29(6) do Regulamento, a Secretaria deverá transmitir uma cópia da Solicitação e dos documentos que a acompanham à parte requerida. Se, e na medida em que o Presidente decidir em sentido contrário, a Secretaria informará às partes que o procedimento do árbitro de emergência não deverá prosseguir em relação a algumas ou todas as partes e transmitirá uma cópia da Solicitação a elas para sua informação".

[57] SANTACROCE, Fabio G. The Emergency Arbitrator: a full-fledged arbitrator rendering an enforceable decision. *Arbitration International*. Oxford: Oxford University Press on behalf of the London Court of International Arbitration, 2015. p. 285.

Nomeado o árbitro de emergência, a documentação referente ao caso é a ele transmitida. A partir desse momento, toda comunicação escrita das partes é enviada diretamente ao árbitro de emergência, com cópia à(s) outra(s) parte(s) e, eventualmente, ao centro de arbitragem.

O árbitro de emergência normalmente é instado a estabelecer um cronograma para o procedimento emergencial, que deverá ser o mais curto possível.[58]

Em geral, o árbitro de emergência deverá conduzir o procedimento da maneira que considerar apropriada, levando em consideração a natureza e a urgência da solicitação.[59] Em todos os casos, o árbitro de emergência deverá atuar de maneira a assegurar que cada parte tenha a oportunidade de expor suas alegações, em atendimento aos princípios do contraditório e do devido processo legal.[60]

A instrução do caso é normalmente bastante flexível,[61] e quaisquer reuniões com o árbitro de emergência podem ser conduzidas com a presença física dos participantes em qualquer localidade que o árbitro de emergência considerar apropriada ou por meio de videoconferência, telefone ou meios de comunicação similares.

Após a instrução do procedimento, o árbitro de emergência deverá proferir uma decisão, normalmente em poucos dias após o início do procedimento. Os regulamentos das principais câmaras de arbitragem normalmente estabelecem prazo para o árbitro de emergência prolatar a sua decisão.[62]

d)   Sede do procedimento emergencial

Os procedimentos que envolvem um árbitro de emergência têm uma sede (*seat*), tal como em qualquer outra arbitragem.[63] As regras de algumas instituições preveem que a sede do procedimento emergencial será a mesma da arbitragem.[64] O Regulamento de

---

[58]   De acordo com o art. 5.º(1) do Apêndice V do Regulamento de Arbitragem da CCI: "O árbitro de emergência deverá estabelecer um cronograma para o procedimento do árbitro de emergência dentro do menor prazo possível, normalmente em dois dias contados da transmissão dos autos nos termos do art. 2.º(3) do presente Apêndice".

[59]   EHLE, Bernd. Emergency Arbitration in Practice. In: MÜLLER, Christoph; RIGOZZI, Antonio (Coord.). *New Developments in International Commercial Arbitration*, Schulthess §. Geneva, 2013. p. 95.

[60]   RIVERA, Irma. El Árbitro de Emergencia: Una Figura en Crecimiento. *Arbitraje PUCP*, p. 169, 2014.

[61]   EHLE, Bernd. Emergency Arbitration in Practice. In: MÜLLER, Christoph; RIGOZZI, Antonio (Coord.). *New Developments in International Commercial Arbitration*, Schulthess §. Geneva, 2013. p. 95.

[62]   RIVERA, Irma. El Árbitro de Emergencia: Una Figura en Crecimiento. *Arbitraje PUCP*, p. 172, 2014.

[63]   SANTACROCE, Fabio G. The Emergency Arbitrator: a full-fledged arbitrator rendering an enforceable decision. *Arbitration International*. Oxford: Oxford University Press on behalf of the London Court of International Arbitration, 2015. p. 295.

[64]   Art. 5 do Regulamento da SCC, Apêndice II, e art. 4 do Regulamento CCI – Apêndice V.

Arbitragem da CCI vai ainda mais longe e prevê que, na ausência de um acordo quanto à sede da arbitragem, o Presidente da Corte da CCI fixará o lugar do procedimento do árbitro de emergência, sem prejuízo à determinação da sede da arbitragem nos termos do art. 18(1) do referido regulamento. Nesse sentido, não é inconcebível que haja uma sede para o procedimento de árbitro de emergência e outra para a arbitragem, no bojo da qual será decidido o mérito da disputa.

e)   Custos

Os custos relativos ao procedimento emergencial envolvem as despesas administrativas da instituição arbitral que gere o procedimento, bem como os próprios honorários daquele que atua como árbitro de emergência. Tais custos tendem a ser alocados pelo próprio árbitro de emergência em sua decisão, variando de acordo com a instituição, inclusive com relação a valores e ao modo como são calculados.[65]

Ainda que caiba ao árbitro de emergência, em sua decisão, proceder à alocação de custos, é importante esclarecer que o tribunal arbitral – ou o árbitro único posteriormente indicado –poderá não somente rever, revogar ou manter, discricionariamente, o mérito da decisão prolatada pelo árbitro de emergência, como também rever a decisão sobre a alocação dos custos relativos ao procedimento de urgência.[66]

Além disso, nota-se que os custos administrativos iniciais para se requerer uma medida cautelar ou de urgência a um árbitro de emergência são normalmente superiores aos custos administrativos ordinários para dar início a um procedimento arbitral. A lógica por trás desse regramento parece residir na ideia de que custos mais elevados podem dissuadir uma parte de solicitar medidas de urgência temerárias e que não possuam

---

[65]   EHLE, Bernd. Emergency Arbitration in Practice. In: MÜLLER, Christoph; RIGOZZI, Antonio (Coord.). *New Developments in International Commercial Arbitration*, Schulthess §. Geneva, 2013. p. 93.

[66]   Nesse sentido, confira-se o art. 29(4) do Regulamento de Arbitragem da CCI: "O tribunal arbitral decidirá qualquer pedido ou demanda das partes relativo ao procedimento do árbitro de emergência, inclusive a realocação dos custos de tal procedimento e qualquer demanda relativa a ou em conexão com o cumprimento ou não da ordem". Ver, também, o art. 9(10) das LCIA Rules: "The Special Fee paid shall form a part of the Arbitration Costs under Article 28.2 determined by the LCIA Court (as to the amount of Arbitration Costs) and decided by the Arbitral Tribunal (as to the proportions in which the parties shall bear Arbitration Costs). Any legal or other expenses incurred by any party during the emergency proceedings shall form a part of the Legal Costs under Article 28.3 decided by the Arbitral Tribunal (as to amount and as to payment between the parties of Legal Costs)". Tal posição encontra-se, inclusive, em linha com o que a Lei Modelo da UNCITRAL dispõe sobre a responsabilidade sobre custos e danos envolvendo medidas de urgência concedidas ao longo do procedimento arbitral. É o que se depreende do art. 17 G da UNCITRAL Model Law on International Commercial Arbitration: "The party requesting an interim measure or applying for a preliminary order shall be liable for any costs and damages caused by the measure or the order to any party if the arbitral tribunal later determines that, in the circumstances, the measure or the order should not have been granted. The arbitral tribunal may award such costs and damages at any point during the proceedings".

qualquer fundamento. Assim, os custos relativamente elevados funcionariam como um mecanismo para desestimular eventual abuso das partes ao solicitarem tais medidas.[67]

iii. Árbitro de emergência

a)   Escolha do árbitro de emergência

Em procedimentos que envolvem um árbitro de emergência, a regra é que seja escolhido apenas um árbitro, o que confere ao mecanismo uma garantia de flexibilidade e celeridade.[68] A regra geral é que o árbitro de emergência seja nomeado diretamente pelo centro de arbitragem.[69] Considerando a natureza cautelar do procedimento emergencial, este deve se desenvolver da maneira mais célere possível e, por isso, normalmente demanda uma disponibilidade integral do árbitro de emergência.[70]

Como qualquer outro árbitro, o árbitro de emergência deve ser e permanecer independente e imparcial com relação às partes,[71] devendo revelar quaisquer circunstâncias que possam dar ensejo a dúvidas justificadas quanto à sua independência e imparcialidade. Os regulamentos dos principais centros de arbitragem que contêm previsões sobre o árbitro de emergência preveem a possibilidade de as partes apresentarem uma impugnação quanto ao árbitro de emergência indicado.[72]

Os principais regulamentos de arbitragem também preveem que o árbitro de emergência não poderá atuar como árbitro para decidir o mérito da disputa e que o procedimento termina com a decisão do árbitro de emergência, após o que o assunto é transferido para o(s) árbitro(s) que julgará(ão) o mérito do caso, que não estará(ão) obrigado(s) pela referida decisão.[73] Inclusive, destaca-se que vários centros de arbitragem

---

[67]   EHLE, Bernd. Emergency Arbitration in Practice. In: MÜLLER, Christoph; RIGOZZI, Antonio (Coord.). *New Developments in International Commercial Arbitration*, Schulthess §. Geneva, 2013. p. 93.

[68]   Confira-se o comentário feito por Bernard Hanotiau a respeito (cf. HANOTIAU, Bernard. Institut pour l'Arbitrage International (IAI). Les premières applications du Règlement de référé pré-arbitral de la CCI – Comment prendre des mesures conservatoires efficaces dans le commerce international? Séminaire du vendredi 31 maio 2002, p. 10. Disponível em: <http://www.iaiparis.com/pdf/actes_colloque.pdf.> Acesso em: 20 out. 2016).

[69]   Conforme já mencionado, a única possível exceção a essa regra pode ser encontrada no regulamento do CPR, que prevê a possibilidade de as partes indicarem o árbitro de emergência de maneira conjunta.

[70]   EHLE, Bernd. Emergency Arbitration in Practice. In: MÜLLER, Christoph; RIGOZZI, Antonio (Coord.). *New Developments in International Commercial Arbitration*, Schulthess §. Geneva, 2013. p. 94.

[71]   RIVERA, Irma. El Árbitro de Emergencia: Una Figura en Crecimiento. *Arbitraje PUCP*, 2014, p. 169.

[72]   EMARA, Fehr Abd Elazim. *L'arbitrage commercial international par rapport à la juridiction étatique en matière de mesures provisoires et conservatoires*: étude analytique et comparative. 2016. Thèse (Doctorat en droit) – Université Laval, Quebec, Canada, p. 138; PALAY, Marc S.; LANDON, Tanya. A Comparative Review of Emergency Arbitrator Provisions: Opportunities and Risks. Sidley Austin LLP. *ICLG – The International Comparative Legal Guide to*: International Arbitration 2012. 9. ed. London: GLG, 2012. Chapter 1, p. 3.

[73]   PARKIN, Leonie; WADE, Shai. Emergency arbitrators and the state courts: will they work together? *Arbitration*, London, v. 80, n. 1, p. 49, 2014.

que oferecem o procedimento emergencial conferem amplos poderes ao tribunal arbitral a ser constituído (ou ao árbitro único a ser nomeado) para reconsiderar a decisão proferida pelo árbitro de emergência.[74]

b)   Requisitos inerentes ao árbitro de emergência

Talvez o requisito mais importante referente à pessoa do árbitro de emergência seja sua disponibilidade, pois o procedimento como um todo deve se desenrolar em poucos dias até a prolação da decisão.

Por outro lado, de nada adiantaria que o árbitro de emergência tivesse grande disponibilidade, mas não possuísse a experiência suficiente em arbitragem para administrar e julgar um pedido de urgência em tão pouco tempo, de maneira eficiente e, ao mesmo tempo, garantindo o devido processo legal.

Além desses dois requisitos, que parecem fundamentais, há outras qualidades e características que poderão ser importantes na pessoa do árbitro de emergência,[75] tais como competências culturais, linguísticas, jurídicas e técnicas, além, por vezes, da sua própria nacionalidade.[76]

iv.   Decisão do árbitro de emergência – conteúdo e forma

A forma do ato a ser utilizada para a concessão ou o indeferimento da medida urgente pode variar de acordo com o regulamento de arbitragem aplicável. As alternativas existentes são, em resumo, uma sentença (*award*) ou uma ordem (*order*), a despeito de a prática demonstrar que os árbitros se utilizam, algumas vezes, dos mais variados nomes.

No direito brasileiro, a forma da decisão não parece influenciar o seu cumprimento, pois a efetivação forçada da decisão do árbitro de emergência segue o modelo de assistência das cortes estatais.[77] Assim, pelo menos no Brasil, não parece existir razão para que a tutela de urgência seja proferida em forma de sentença. Como se verá no Capítulo IV a seguir,

---

[74]   SHERWIN, Peter J.W.; RENNIE, Douglas C. Interim Relief Under International Arbitration Rules and Guidelines: A Comparative Analysis. *The American Review of International Arbitration*, v. 20, n. 3, p. 329.

[75]   Novamente, referimo-nos às LCIA Notes on Emergency Procedure: "43. In selecting a candidate to sit as Emergency Arbitrator, the LCIA would be particularly mindful of the candidate's experience and of his/her availability to deal expeditiously with the particular claim for emergency relief". Disponível em: <www.lcia.org>. Acesso em: 20 out. 2016.

[76]   Ver comentários feitos por Pierre Tercier (cf. TERCIER, Pierre. Les premières applications du Règlement de référé pré-arbitral de la CCI – Comment prendre des mesures conservatoires efficaces dans le commerce international? *Institut pour l'Arbitrage International (IAI)*, Séminaire du vendredi 31 maio 2002, p. 15. Disponível em: <http://www.iaiparis.com/pdf/actes_colloque.pdf.>. Acesso em: 20 out. 2016).

[77]   CARRETEIRO, Mateus Aimoré. *Tutelas de urgência e processo arbitral*. 2013. Dissertação (Mestrado em Direito) – Faculdade de Direito da Universidade de São Paulo, São Paulo, p. 238.

as decisões dos árbitros de emergência proferidas no Brasil podem ser transmitidas ao Judiciário por meio da carta arbitral prevista no art. 22-C da Lei de Arbitragem ou, caso a decisão seja prolatada por árbitro de emergência funcionando no exterior, ela pode ser apresentada ao Superior Tribunal de Justiça por meio de carta rogatória.

Caso, contudo, a decisão proferida no Brasil deva produzir efeitos em outros países, a forma de sentença talvez seja necessária, a depender do lugar do cumprimento da decisão.[78] Seja como for, não há dúvidas de que a decisão deverá conter os requisitos previstos na Lei de Arbitragem.[79] Vale notar que a CCI disponibiliza uma lista indicativa do conteúdo que deve estar abarcado em uma ordem a ser proferida por árbitros de emergência,[80] como objetivo de orientar, facilitar e auxiliar o trabalho destes árbitros em procedimentos administrados com base em seu regulamento.[81]

A maioria dos regulamentos prevê que o árbitro de emergência poderá proferir tanto uma ordem como uma sentença.[82] Uma exceção notável encontra-se no Regulamento de Arbitragem da CCI, que determina que o árbitro de emergência deverá proferir uma ordem,[83] e não uma sentença, evitando assim o exame da minuta de sentença realizado pela Corte Internacional de Arbitragem da CCI, previsto no art. 33 do seu Regulamento de Arbitragem. Interessante notar que, no procedimento administrado pela LCIA, o

---

[78] CARRETEIRO, Mateus Aimoré. *Tutelas de urgência e processo arbitral*. 2013. Dissertação (Mestrado em Direito) – Faculdade de Direito da Universidade de São Paulo, São Paulo, p. 238.

[79] Arts. 26 e 27 da Lei de Arbitragem:

"Art. 26. São requisitos obrigatórios da sentença arbitral: I – o relatório, que conterá os nomes das partes e um resumo do litígio; II – os fundamentos da decisão, onde serão analisadas as questões de fato e de direito, mencionando-se, expressamente, se os árbitros julgaram por equidade; III – o dispositivo, em que os árbitros resolverão as questões que lhes forem submetidas e estabelecerão o prazo para o cumprimento da decisão, se for o caso; e IV – a data e o lugar em que foi proferida.

Parágrafo único. A sentença arbitral será assinada pelo árbitro ou por todos os árbitros. Caberá ao presidente do tribunal arbitral, na hipótese de um ou alguns dos árbitros não poder ou não querer assinar a sentença, certificar tal fato".

"Art. 27. A sentença arbitral decidirá sobre a responsabilidade das partes acerca das custas e despesas com a arbitragem, bem como sobre verba decorrente de litigância de má-fé, se for o caso, respeitadas as disposições da convenção de arbitragem, se houver."

[80] Lista de Verificação para Ordens de Árbitros de Emergência da CCI. Disponível em <www.iccwbo. org>. Acesso em: 20 out. 2016. A referida lista é dividida nos seguintes tópicos principais, cada qual com subtópicos: 1. Observações Gerais; 2. Identificação das partes, de seus representantes e do árbitro de emergência; 3. Histórico do procedimento do árbitro de emergência; 4. Admissibilidade/ Competência; 5. Custos do procedimento do árbitro de emergência (art. 7(3) e (4) do Apêndice V); 6. Seção dispositiva, sede do procedimento do árbitro de emergência, data, assinatura.

[81] Disponível em: <www.iccwbo.org.>. Acesso em: 20 out. 2016.

[82] COSTABILE, Nicolas. Enforcing emergency arbitrator decisions. *CDR – Commercial Dispute Resolution*, 19 jun. 2014, p. 1.

[83] Art. 29(2) do Regulamento de Arbitragem da CCI: "A decisão do árbitro de emergência tomará a forma de uma ordem".

próprio árbitro de emergência é incentivado a indagar as partes sobre qual a forma da decisão que elas desejam, inclusive para fins de sua eventual execução.[84]

Eventualmente, o árbitro de emergência poderá proferir decisão condicionando a concessão da tutela à prestação de garantia.[85]

Na maioria dos regulamentos de arbitragem que trazem a figura do árbitro de emergência, este deixará de ter poderes para atuar assim que o tribunal arbitral[86] que julgará o mérito da disputa estiver investido de jurisdição.[87] A regra geral costuma ser a de que o árbitro de emergência não poderá compor o tribunal arbitral que julgará o mérito da demanda,[88] mas há instituições de arbitragem que preveem uma exceção à referida regra caso as partes concordem com a indicação do árbitro de emergência para compor o tribunal arbitral.[89]

a)   Requisitos para a concessão da medida de urgência

As regras de arbitragem das principais instituições de arbitragem que preveem a figura do árbitro de emergência não contêm disposições específicas acerca dos requisitos para que o árbitro conceda o pleito de urgência ou acautelatório.[90] A análise sobre o teste a ser aplicado deverá ser feita caso a caso, considerando-se com frequência os requisitos das regras institucionais aplicáveis,[91] a lei da sede da arbitragem e até mesmo critérios estabelecidos pela prática internacional.[92]

---

[84]   LCIA Notes on Emergency Procedure: "48. The Rules do not prescribe a substantive standard for the Emergency Arbitrator to apply in reaching his decision. They do provide, however, that the Emergency Arbitrator must make his order or award in writing and provide reasons. If a party has a preference for a particular form (for example, because of enforcement considerations), it should express this to the Emergency Arbitrator. In addition, Emergency Arbitrators are encouraged to ask the parties which form they would prefer" (Disponível em: <www.lcia.org>. Acesso em: 20 out. 2016).

[85]   Ver, nesse sentido, o art. 6.º (7) do Apêndice V do Regulamento de Arbitragem da CCI: "O árbitro de emergência poderá proferir Ordem condicionando-a a quaisquer requisitos que entenda apropriados, incluindo a prestação de garantia".

[86]   Ou o árbitro único.

[87]   Confira-se, por exemplo, o art. 6(5) do Regulamento de Arbitragem do ICDR: "The emergency arbitrator shall have no further power to act after the arbitral tribunal is constituted".

[88]   Ver, por exemplo, art. 2(6) do Apêndice V do Regulamento de Arbitragem da CCI, e art. 6(5) do Regulamento de Arbitragem do ICDR.

[89]   Confira-se, por exemplo, o art. 6(5) do Regulamento de Arbitragem do ICDR.

[90]   SHERWIN, Peter J. W.; RENNIE, Douglas C. Interim Relief Under International Arbitration Rules and Guidelines: A Comparative Analysis. *The American Review of International Arbitration*, v. 20, n. 3, p. 323.

[91]   Via de regra, as regras institucionais são silentes ou apresentam termos genéricos acerca dos requisitos específicos para concessão da medida, como as hipóteses em que o tribunal arbitral "considerar apropriada" ou "entender necessária" a concessão da medida. Cf. BORN, Gary B. *International Arbitration*: Law and Practice. 2. ed. The Hague: Kluwer Law International, 2015. pp. 209-226; ROTH, Marianne. Interim Measures. University of Missouri School of Law Scholarship Repository, 2012, p. 429; BLACKABY, Nigel; PARTASIDES, Constantine; REDFERN, Alan; HUNTER, Martin. Redfern and Hunter on International Arbitration. 5th Edition: Oxford University Press, 2009, §5.28.

[92]   Esta é justamente a conclusão a que chegaram Andrea Carlevaris e José Ricardo Feris, ao analisarem as dez primeiras decisões proferidas por árbitros de emergência segundo o Regulamento de Arbitragem da CCI: "The relevance of substantive standards and requirements laid down in national laws was

De forma geral, os critérios para a concessão de uma decisão de urgência em sede arbitral não se afastam dos requisitos do *fumus boni iuris* e do *periculum in mora*[93] presentes no direito processual brasileiro.[94] Inclusive, é importante registrar que tais critérios não estão distantes daqueles previstos no art. 17A da Lei Modelo da UNCITRAL (dano não adequadamente reparável a ser sofrido pela parte caso a medida não seja concedida e a possibilidade razoável de que a parte que solicita a medida provisória tenha sucesso quanto ao mérito do pedido),[95] requisitos estes amplamente aceitos na prática.[96]

---

undisputed in some of the cases, with the parties agreeing on the criteria to be applied. In other cases, where the issue has been controversial, emergency arbitrators have taken various approaches. One emergency arbitrator found that the relevant national law standards were not meaningfully different from those of international arbitral practice, and relied on both. In at least three other cases, the emergency arbitrators relied more heavily on international arbitral practice. In one case, the emergency arbitrator held that the law governing the contract did not apply, and turned instead for guidance to practice generally followed by international arbitrators, mentioning also the procedural law at the place of arbitration. Another emergency arbitrator found that neither the law governing the contract nor the law governing court procedure at the place of the emergency arbitrator proceedings was applicable and, after finding that the law governing arbitral proceedings at the place of the emergency arbitrator proceedings was silent on standards applicable to the granting of interim relief, he ultimately found guidance in international sources such as arbitral awards grounded in common principles of law in developed states. In another case, the emergency arbitrator similarly disregarded the law governing the contract, noted that the parties had not chosen a law applicable to the arbitral procedure, and concluded that the law of the seat did not require him to take into account any national law; he consequently turned to scholarship and arbitral precedents and emphasized the importance of the factual circumstances of the case" (cf. CARLEVARIS, Andrea; FERIS, José Ricardo. Running in the ICC Emergency Arbitrator Rules: The First Ten Cases. *ICC International Court of Arbitration Bulletin*, v. 25, n. 1, p. 13, 2014).

[93] JABARDO, Cristina Saiz; ALVES, Mariana Cattel Gomes; BUENO DE MIRANDA, Sílvia. A sentença arbitral e seus desafios. *In: Arbitragem Comercial: Princípios, Instituições e Procedimentos. A prática no CAM-CCBC*. Coord. BASSO, Maristela; POLIDO, Fabrício Bertini Pasquoto. São Paulo: Marcial Pons, 2013, p. 329. BORN, Gary B. *International Arbitration*: Law and Practice. 2. ed. The Hague: Kluwer Law International, 2015. p. 209-226.

[94] Art. 300 do Código de Processo Civil: "A tutela de urgência será concedida quando houver elementos que evidenciem a probabilidade do direito e o perigo de dano ou o risco ao resultado útil do processo. § 1.º Para a concessão da tutela de urgência, o juiz pode, conforme o caso, exigir caução real ou fidejussória idônea para ressarcir os danos que a outra parte possa vir a sofrer, podendo a caução ser dispensada se a parte economicamente hipossuficiente não puder oferecê-la. § 2.º A tutela de urgência pode ser concedida liminarmente ou após justificação prévia. § 3.º A tutela de urgência de natureza antecipada não será concedida quando houver perigo de irreversibilidade dos efeitos da decisão".

[95] "Artigo 17 A. da UNCITRAL Model Law on International Commercial Arbitration: "Conditions for granting interim measures: (1) The party requesting an interim measure under article 17(2)(a), (b) and (c) shall satisfy the arbitral tribunal that: (a) Harm not adequately reparable by an award of damages is likely to result if the measure is not ordered, and such harm substantially outweighs the harm that is likely to result to the party against whom the measure is directed if the measure is granted; and (b) There is a reasonable possibility that the requesting party will succeed on the merits of the claim. The determination on this possibility shall not affect the discretion of the arbitral tribunal in making any subsequent determination. (2) With regard to a request for an interim measure under article 17(2)(d), the requirements in paragraphs (1)(a) and (b) of this article shall apply only to the extent the arbitral tribunal considers appropriate". Ver também art. 26(3) do Regulamento de Arbitragem da UNCITRAL. Sobre comentários a respeito, ver: KESSEDJIAN, Catherine. Définitions et conditions de l'octroi de mesures provisoires. In: JACQUET, Jean-Michel (Dir.). *Les mesures provisoires dans l'arbitrage commercial international*. New York: Lexis Nexis, 2007.

[96] ROTH, Marianne. Interim Measures. *Journal of Dispute Resolution*, University of Missouri School of Law Scholarship Repository, v. 2012, Iss. 2, p. 429, 2012; EHLE, Bernd. Emergency Arbitration

Em que pese, portanto, o silêncio da maioria das legislações e dos regulamentos arbitrais a respeito dos critérios para a concessão de uma medida de urgência,[97] parece existir certa previsibilidade sobre os pressupostos geralmente exigidos pelos árbitros para o deferimento de tutelas de urgência[98] e a prática parece confirmar isso.[99]

b) **Pedidos *inaudita altera parte***

Em linhas gerais, a maioria dos regulamentos de arbitragem não permite a concessão de medidas de urgência sem a oitiva da parte contrária, o que inclui os procedimentos envolvendo a concessão de tais medidas por árbitros de emergência. Destaca-se, inclusive, que os regulamentos analisados evidenciam expressamente a necessidade de que o árbitro de emergência assegure que cada uma das partes tenha oportunidade de apresentar suas alegações.

Algumas exceções a essa regra são os regulamentos da SIAC,[100] da SCAI,[101] da LCIA,[102] e da Câmara de Arbitragem do Mercado,[103] que preveem expressamente a possibilidade

---

in Practice. In: MÜLLER, Christoph; RIGOZZI, Antonio (Coord.). *New Developments in International Commercial Arbitration*, Schulthess §. Geneva, 2013. p. 96.

[97] BESSON, Sébastien. Anti-Suit Injunctions by ICC Emergency Arbitrators. In: CARLEVARIS, Andrea; LÉVY, Laurent; MOURRE, Alexis; SCHWARTZ, Eric A. (Ed.). *International Arbitration Under Review – Essays in honour of John Beechey*, ICC Product n. 772E, p. 77, 2015 Edition.

[98] CARRETEIRO, Mateus Aimoré. *Tutelas de urgência e processo arbitral*. 2013. Dissertação (Mestrado em Direito) – Faculdade de Direito da Universidade de São Paulo, São Paulo, p. 234. Contudo, importante notar que o *standard* para a concessão de medidas cautelares pode variar em diferentes jurisdições e mesmo em cortes distintas de um mesmo país, e isso poderá ter uma importância relevante na decisão do árbitro de conceder ou não a medida. Vide, nesse sentido: SHERWIN, Peter J.W.; RENNIE, Douglas C. Interim Relief Under International Arbitration Rules and Guidelines: A Comparative Analysis. *The American Review of International Arbitration*, v. 20, n. 3, p. 323.

[99] Pesquisa relatada por Kaj Hobér com 33 experientes árbitros internacionais (ao que consta, nenhum árbitro brasileiro foi entrevistado): "Judging from the responses to the questionnaire a majority of arbitrators appears to agree that (a) the party who requests an interim measure must show that there is a possibility to succeed on the merits, (b) the degree of such possibility does not need to exceed 50 per cent, (c) the party requesting an interim measure must show that harm not adequately reparable is likely to result if the measure is not ordered, (d) the requesting party must show that such harm outweighs the harm that is likely to result to the party against whom the measure will be directed, (e) the requesting party must show that there is urgency, (f) arbitrators should aim at avoiding examining the merits of the case when deciding on interim measures, (g) arbitrators should aim at avoiding a final determination of the dispute through a decision on interim measures, and that (h) the requesting party should in most cases be requested to provide security for damages which the measure may result in, lacking which the request may be denied" (cf. BERG, Albert Jan van den. International Arbitration 2006: Back to Basics? *ICCA Congress Series*, Kluwer Law International, v. 13, p. 740, 2007).

[100] Schedule 1 (8).

[101] Swiss Chamber's Arbitration Institutions. Art. 26.3.

[102] Art. 9.7.

[103] "Art. 5.1.1 O Árbitro de Apoio deverá decidir sobre a medida de urgência após ouvir a parte contrária, que será notificada para manifestar-se no prazo de 48 (quarenta e oito) horas. A medida de urgência poderá ser determinada sem a oitiva da parte contrária, quando for indispensável para a sua eficácia, devendo o árbitro ordenar sua notificação imediata acerca do conteúdo da decisão."

de decisões serem proferidas sem que as demais partes sejam notificadas anteriormente, possibilidade esta que se estende às decisões proferidas por árbitros de emergência.

Trata-se, pois, de hipóteses em que a própria natureza da medida de urgência pretendida impede que a parte contrária seja cientificada a respeito inclusive da existência de um pleito de tal teor, o que se justifica sob diversos aspectos. O mais comum, certamente, é a perda do elemento surpresa, o que poderia implicar atitudes da parte contrária que acabassem por dissipar elementos circunscritos ao bem da vida que se pretende atingir com a medida de urgência. Este é, inclusive, o *rationale* utilizado pelo art. 17.B da Lei Modelo da UNCITRAL ao prever expressamente a possibilidade de concessão de uma medida *inaudita altera parte*.[104]

c)   Jurisdição concorrente – interação com o Poder Judiciário

Conforme já mencionado à guisa de introdução, a concessão de medidas de urgência pelo Poder Judiciário, anteriormente à constituição do tribunal arbitral, é plenamente aceita no sistema jurídico brasileiro. Tanto é assim que a Lei 13.129/2015 incluiu o art. 22-A na Lei de Arbitragem, que agora prevê essa possibilidade expressamente.

No entanto, a questão ganha novos contornos quando abordada sob o enfoque da figura do árbitro de emergência, uma vez que seu escopo de atuação se dá justamente no momento em que as partes poderiam se socorrer das cortes estatais na busca de medidas de urgência, criando possíveis conflitos de jurisdição.

A problemática envolvendo o tema reside justamente na existência de regras institucionais que preveem a figura do árbitro de emergência, mas, ao mesmo tempo, não excluem a jurisdição estatal para apreciar tutelas de urgência. Nesse sentido, questiona-se: as jurisdições do árbitro de emergência e das cortes estatais são concorrentes ou mutuamente excludentes?

O fato é que os regulamentos de arbitragem dos principais centros de arbitragem do mundo que contêm a figura do árbitro de emergência não excluem a possibilidade de que as partes recorram diretamente ao Poder Judiciário, criando-se, assim, duas jurisdições concorrentes.[105]

---

[104]   UNCITRAL Model Law on International Commercial Arbitration: "Art. 17 B. Applications for preliminary orders and conditions for granting preliminary orders (1) Unless otherwise agreed by the parties, a party may, without notice to any other party, make a request for an interim measure together with an application for a preliminary order directing a party not to frustrate the purpose of the interim measure requested. (2) The arbitral tribunal may grant a preliminary order provided it considers that prior disclosure of the request for the interim measure to the party against whom it is directed risks frustrating the purpose of the measure. (3) The conditions defined under article 17A apply to any preliminary order, provided that the harm to be assessed under article 17A (1) (a), is the harm likely to result from the order being granted or not".

[105]   PALAY, Marc S.; LANDON, Tanya. A Comparative Review of Emergency Arbitrator Provisions: Opportunities and Risks. Sidley Austin LLP. *ICLG – The International Comparative Legal Guide to*: International Arbitration 2012. 9. ed. London: GLG, 2012. Chapter 1, p. 3.

Portanto, quando adotado um regulamento com tal previsão, não parece haver discussão quanto ao fato de que as partes poderão escolher entre o Poder Judiciário ou o árbitro de emergência para pleitearem medidas acautelatórias antes da constituição do tribunal arbitral ou da indicação do árbitro que julgará o mérito da disputa.[106]

Apesar de jurisdições concorrentes, contudo, parece não se poder conceber que as partes provoquem ambas as jurisdições ao mesmo tempo, já que isso poderia dar ensejo à existência de decisões conflitantes sobre um mesmo tema.[107] Parece, assim, que a possibilidade da escolha entre uma e outra jurisdição termina no momento em que as partes decidem escolher uma delas, implicando uma renúncia tácita quanto a outra. De maneira análoga, seria situação similar à aplicação do instituto processual da litispendência, de forma a evitar a concomitância de procedimentos idênticos.

Uma indagação que pode surgir nas regras em que a adoção do procedimento de árbitro de emergência é automática, é a maneira pela qual deverá ser operacionalizada sua exclusão (*opt-out*), caso seja esse o desejo das partes. Se essa exclusão é feita de maneira expressa, inclusive com linguagem sugerida por alguns centros de arbitragem, parece não haver dúvida a respeito de sua validade.[108] Uma exclusão de maneira implícita ou tácita, a partir da escolha de outro mecanismo de cautelar pré-arbitragem escolhido pelas partes,[109] por exemplo, também não parece gerar maiores dúvidas.

---

[106] Interessante notar que alguns renomados autores, como Fouchard, Gaillard e Goldman, defendem que a escolha de um procedimento pré-arbitral para concessão de medidas de urgência, tal como o mecanismo do *pre-arbitral referee* da CCI, implicaria a exclusão da jurisdição das cortes estatais: "where a pre-arbitral referee clause is provided for, the parties waive their rights to apply to the courts for all measures within the referee's jurisdiction. Such a waiver is perfectly legitimate and can be inferred from the intention to resort to a referee for the provisional measures covered by the Rules" (GAILLARD, Emmanuel; SAVAGE, John. *Fouchard Gaillard Goldman on International Commercial Arbitration*. The Hague: Kluwer Law International, 1999. p. 718). Cf., ainda, YESILIRMAK, Ali. Provisional Measures in International Commercial Arbitration. *International Arbitration Law Library*, Kluwer Law International, v. 12, p. 104, 2005. No entanto, anota-se a importante ressalva feita por Mateus Aimoré Carreteiro, no sentido de que, apesar de tal renúncia ser, a princípio, possível, "[...] em casos de eventuais limitações materiais ou jurídicas dos árbitros de emergência, nada impediria que a parte interessada formulasse o seu pedido de tutela de urgência perante as cortes estatais" (CARRETEIRO, Mateus Aimoré. *Tutelas de urgência e processo arbitral*. 2013. Dissertação (Mestrado em Direito) – Faculdade de Direito da Universidade de São Paulo, São Paulo, p. 203).

[107] A preocupação em questão já foi pontuada por Joaquim T. de Paiva Muniz e Ana Tereza Palhares Basílio: "This may lead to some conflicts with regard to competence over urgent measure, if one party submits a request for such relief to an emergency arbitrator, and the other party submits another request to a state court, there is a risk of contradictory or incompatible decisions by both entities" (cf. MUNIZ, Joaquim T. de Paiva; BASÍLIO, Ana Tereza Palhares. *Arbitration Law of Brazil*: Practice and Procedure. New York, 2016. p. 129).

[108] Art. 29(6)(b) do Regulamento de Arbitragem da CCI: "As Disposições sobre o Árbitro de Emergência não são aplicáveis quando: [...] b) as partes tiverem convencionado excluir a aplicação das Disposições sobre o Árbitro de Emergência".

[109] O art. 29(6)(c) do Regulamento de Arbitragem da CCI preceitua que: "As Disposições sobre o Árbitro de Emergência não são aplicáveis quando: [...] c) "as partes tiverem convencionado a

Uma hipótese, contudo, que em tese poderia gerar discussão sobre a exclusão ou não da aplicação do árbitro de emergência seria uma situação em que haja a adoção de um regulamento de arbitragem que preveja a aplicação automática do árbitro de emergência, mas em que as partes, na cláusula arbitral, estipulassem que o Poder Judiciário teria competência *exclusiva* para apreciar e julgar pedidos cautelares e medidas de urgência antes da constituição do tribunal arbitral.[110]

Nesse cenário, poder-se-ia inquirir se as partes tiveram a intenção de excluir a aplicação das disposições sobre o árbitro de emergência, tendo-se em vista a aparente incompatibilidade entre a utilização do árbitro de emergência e a vontade expressamente manifestada pelas partes em outorgar jurisdição *exclusiva* ao Poder Judiciário em matéria de medidas de urgência.[111]

---

aplicação de algum outro procedimento pré-arbitral o qual preveja a possibilidade de concessão de medidas cautelares, provisórias ou similares". Entende-se que esse dispositivo refere-se tão somente a mecanismos disponíveis às partes fora do sistema das cortes estatais. Ou seja, a adoção de procedimentos pré-arbitrais para a obtenção de medidas de urgência que não aquele das cortes estatais pode ser interpretada como uma renúncia implícita à aplicação das regras referentes ao árbitro de emergência. Como comentado pela doutrina: "The parties must not have agreed to another pre-arbitral procedure that provides for the granting of conservatory, interim and similar measures(Article 29(6), subparagraph (c)). This provision is intended to avoid conflicts between different systems of pre-arbitral provisional relief available to parties outside state courts" (VOSER, Nathalie; BOOG, Christopher. ICC Emergency Arbitrator Proceedings: An Overview. *Special Supplement 2011: Interim, Conservatory and Emergency Measures in ICC Arbitration*, p. 9, 2011).

[110] Cabe mencionar a existência de pelo menos dois casos de árbitro de emergência na CCI em que a questão da interação entre a jurisdição estatal e a jurisdição do árbitro de emergência foi discutida de alguma maneira. O primeiro deles envolveu disposição contratual na qual as partes aceitavam a jurisdição de duas cortes para fins de concessão de medidas de urgência. Após a manifestação de uma das partes, no sentido de que tal disposição excluiria a jurisdição do árbitro de emergência, este decidiu por afastar tal alegação, consignando que o *opt out* das regras atinentes ao árbitro de emergência deve ser explícito, sugerindo que a escolha de outro procedimento pré-arbitral para concessão de medidas de urgência não pode ser ambígua, sendo certo, ainda, que as partes não atribuíram jurisdição exclusiva às cortes estatais. O segundo caso trata da hipótese em que o contrato previa que medidas de urgência deveriam ser pleiteadas perante uma corte estatal específica. O árbitro de emergência entendeu, no entanto, que tal disposição não impedia as partes de recorrerem à jurisdição do árbitro de emergência (Cf. CARLEVARIS, Andrea; FERIS, José Ricardo. Running in the ICC Emergency Arbitrator Rules: The First Ten Cases. *ICC International Court of Arbitration Bulletin*, v. 25, n. 1, p. 10-11, 2014). Vale frisar, contudo, que, aparentemente, em nenhum dos dois casos citados havia cláusula estabelecendo a jurisdição exclusiva das cortes estatais, o que poderia levar a um resultado eventualmente diferente.

[111] Caso adotado o conceito genérico de "jurisdição exclusiva" referente à cláusula de escolha de foro, poder-se-ia chegar à conclusão de que a utilização da expressão "cortes estatais com jurisdição exclusiva" excluiria automaticamente a jurisdição do árbitro de emergência, ainda que de forma implícita. Confira-se, nesse sentido, a doutrina de Gary Born: "An exclusive (or "mandatory") forum selection clause requires that disputes covered by the clause be resolved solely in the specified forum, and nowhere else" (BORN, Gary B. International Arbitration and Forum Selection Agreements. *Kluwer Law International*, p. 17, 1999).

Outro cenário, um pouco diferente, seria o de as partes estabelecerem o foro de determinada comarca para apreciação de eventuais medidas urgentes ou cautelares, sem contudo, estabelecer a jurisdição *exclusiva* do Poder Judiciário para ditas medidas. Nesse cenário, poder-se-ia argumentar, por exemplo, que as partes não quiseram excluir as disposições sobre o árbitro de emergência, mas apenas fixar a competência territorial caso elas optassem por pleitear uma medida cautelar no Poder Judiciário em vez de requerê-la ao árbitro de emergência, tal como permitido pela maioria dos regulamentos de arbitragem.

Vê-se, portanto, que o cuidado com a linguagem a ser utilizada na cláusula arbitral, sobretudo quando esta estipule expressamente a possibilidade do Poder Judiciário apreciar e julgar medidas de natureza urgente, é fundamental para evitar eventuais discussões sobre o tema. Em determinadas situações, como visto, pode-se estar diante de uma incompatibilidade entre a adoção do árbitro de emergência e o Poder Judiciário, o que poderá gerar controvérsias sobre o assunto e prejudicar a própria parte que necessita obter uma medida de urgência.

A intenção das partes, portanto, é crucial nesse aspecto, e deve ficar absolutamente clara na redação da cláusula compromissória. A recomendação que fica para as partes que queiram excluir a aplicação do mecanismo do árbitro de emergência é que manifestem essa intenção de maneira clara e objetiva na cláusula arbitral, por meio de uma exclusão expressa a esse respeito.

Salvo uma exclusão nesse sentido, a possibilidade de se socorrerá jurisdição do árbitro de emergência passa a ser considerada – ao menos nos principais regulamentos arbitrais analisados– uma forma adicional de proteção às partes, sendo vista como uma verdadeira jurisdição concorrente às cortes estatais.[112]

IV. NATUREZA JURÍDICA DO ÁRBITRO DE EMERGÊNCIA E EXECUTORIEDADE DE SUA DECISÃO

Uma das controvérsias mais interessantes e importantes sobre a figura do árbitro de emergência diz respeito a sua real efetividade,[113] pois existe um debate, em algumas jurisdições, sobre a natureza jurídica do árbitro de emergência[114] e a possibilidade de se executar a sua decisão quando não cumprida voluntariamente pela parte contra a qual a medida foi imposta.[115] Nesse contexto, de nada valeria adotar-se esse novo mecanismo se dele não se pudesse esperar algum resultado prático em caso de não cumprimento voluntário.[116]

---

[112] PRICE, Charles (Ed.). Conflict with state courts. Association for International Arbitration. *Interim measures in international commercial arbitration.* Florida: Maklu, 2007. p. 47; VILAR, Silvia Barona. *Medidas cautelares en el arbitraje.* Navarra: Thomson Civitas, 2006. p. 151.

[113] GILI, Màrius Miró. La decisión del árbitro de emergencia: su contenido, ejecutabilidad y ejecución. *Spain Arbitration Review*: Revista del Club Español del Arbitraje, n. 16, p. 51, 2013.

[114] LOQUIN, Eric. L'arbitre d'urgence, un objet juridique non identifié. 2012, 2-2 IJPL, p. 261-273.

[115] FRY, Jason. The Emergency Arbitrator – Flawed Fashion or Sensible Solution. *Dispute Resolution International*, v. 7, Issue 2, p. 179, Nov. 2013.

[116] GHAFFARI, Amir; WALTERS, Emmylou. The Emergency Arbitrator: The Dawn of a New Age? *Arbitration International*, LCIA: Kluwer International, v. 30, Issue 30, p. 158, 2014.

Antes de se passar, contudo, à análise sobre a natureza jurídica do árbitro de emergência e da sua decisão, bem como sobre o seu possível cumprimento forçado, mister se faz tecer alguns comentários sobre o esperado cumprimento voluntário da referida decisão.

Nesse sentido, considerando-se haver um aparente alto índice de cumprimento voluntário de tutelas de urgência ordenadas em arbitragem,[117] espera-se que o mesmo ocorra com decisões prolatadas por árbitros de emergência.

Algumas razões podem ajudar a explicar essa alta taxa de cumprimento voluntário.

Em primeiro lugar, importante mencionar que a decisão proferida por um árbitro de emergência é vinculante entre as partes, segundo preceituam os mais variados regulamentos que adotam essa figura.[118] Isso, por si só, já deveria ser suficiente para que a parte contra a qual a medida foi determinada dê cumprimento espontâneo e de boa-fé[119] à decisão do árbitro de emergência, enquanto se aguarda a constituição do tribunal arbitral ou a indicação do árbitro único que decidirá o mérito da disputa.

Além do fato de a decisão ser vinculante entre as partes,[120] parece haver um forte incentivo estratégico para que a parte assim proceda. Com efeito, salvo razões fortes o bastante para demandar a adoção de outro caminho, é provável que a parte contra a qual a medida foi deferida não deseje transmitir uma imagem de descumpridora de obrigações perante o tribunal arbitral ou árbitro único que, na sequência, estará encarregado de decidir o mérito da questão.[121] Além disso, há regulamentos de arbitragem que preveem a

---

[117]   Conforme se verifica, dentre outros: KRÖLL, Stefan Michael; LEW, Julian D. M.; MISTELIS, Loukas A. *Comparative international commercial arbitration*. The Hague: Kluwer Law International, 2003. par. 23-83, p. 609; BORN, Gary B. *International commercial arbitration*. The Hague: Kluwer Law International, 2015. v. II, p. 2018; YESILIRMAK, Ali. Provisional Measures in International Commercial Arbitration. *International Arbitration Law Library*, Kluwer Law International, v. 12, par. 6-2, p. 238, 2005; CARLEVARIS, Andrea. *La tutela cautelare nell'arbitrato internazionale*. Padova: Cedam, 2006. p. 486; BOND, Stephen. The Nature of Conservatory and Provisional Measures. Conservatory and Provisional Measures in International Arbitration 8, *ICC Pub.*, n. 519, p. 17, 1993; COSTA, Marina Mendes. Os poderes do tribunal arbitral para decretar medidas cautelares. *IV Congresso do Centro de Arbitragem da Câmara de Comércio e Indústria Portuguesa*. Centro de Arbitragem Comercial, Almedina, 2011. p. 143-144.

[118]   GHAFFARI, Amir; WALTERS, Emmylou. The Emergency Arbitrator: The Dawn of a New Age? *Arbitration International*, LCIA: Kluwer International, v. 30, Issue 30, p. 157, 2014. Ver, por exemplo, o art. 29(2) do Regulamento de Arbitragem da CCI: "A decisão do árbitro de emergência tomará a forma de uma ordem. As partes se comprometem a cumprir qualquer ordem proferida pelo árbitro de emergência".

[119]   "Si les partes sont de bonne foi, et si la sentence n'est affectée d'aucun vice, une exécution amiable doit normalement s'ensuivre, au cours de la laquelle chacune des parties effectue les prestations qui sont mises à sa charge par les arbitres" (cf. ROBERT, Jean. *Traité de l'arbitrage civil et commercial en droit interne*. Paris: Sirey, 1955. p. 199).

[120]   CASTINEIRA, Eliseo. Quién tiene competencia para otorgar medidas cautelares en un arbitraje internacional: Situatión actual y aspectos del futuro. In: COAGUILA, Carlos Alberto Soto; MUR, Delia Revoredo Marsano de (Coord.). *Arbitraje Internacional*: Pasado, Presente y Futuro. Libro homenaje a Bernardo Cremades e Yves Derains. Instituto Peruano de Arbitraje, 2013. p. 82.

[121]   Nesse sentido, confira-se o comentário feito por Christian Camboulive (cf. CAMBOULIVE, Christian. Les premières applications du Règlement de référé pré-arbitral de la CCI – Comment

possibilidade de que estes venham a considerar o descumprimento da decisão do árbitro de emergência na alocação das custas da arbitragem.[122]

Outra razão que aparentemente pode contribuir para o cumprimento voluntário da decisão proferida por árbitros em geral diz respeito à possibilidade defendida pela doutrina de aqueles fixarem, na própria decisão, multas na hipótese de eventual descumprimento (*astreintes*).[123]

Por fim, uma decisão bem fundamentada e proferida por um árbitro de emergência competente[124] e reconhecido também parece ser um elemento que pode incentivar o cumprimento voluntário de decisões.[125]

Em vista do exposto, independentemente da possibilidade de execução forçada da decisão do árbitro de emergência perante o Poder Judiciário, parece que a própria existência de uma decisão já seria, na maioria dos casos, suficiente para que aquela seja cumprida de maneira voluntária, sem quaisquer entraves.[126] Como lembrado por um experiente profissional, "muitas vezes, basta ao juízo decretar uma providência, para que, dócil, a parte a cumpra".[127]

Por outro lado, não se pode ignorar que haverá situações em que a parte contra a qual foi decretada uma medida cautelar ou de urgência deixará de cumprir voluntariamente a decisão.[128] Nesse contexto, necessário se faz analisar a possibilidade de se fazer cumprir

---

prendre des mesures conservatoires efficaces dans le commerce international? *Institut pour l'Arbitrage International (IAI)*. Séminaire du vendredi 31 maio 2002, p. 7. Disponível em: <http://www.iaiparis.com/pdf/actes_colloque.pdf.>. Acesso em: 20 out. 2016.

[122] Art. 29(4) do Regulamento de Arbitragem da CCI: "O tribunal arbitral decidirá qualquer pedido ou demanda das partes relativo ao procedimento do árbitro de emergência, inclusive a realocação dos custos de tal procedimento e qualquer demanda relativa a ou em conexão com o cumprimento ou não da ordem".

[123] DINAMARCO, Cândido Rangel. *A arbitragem na teoria geral do processo*. São Paulo: Malheiros, 2013. pp. 228-229; AMARAL, Guilherme Rizzo. *As astreintes e o processo civil brasileiro*. 2. ed. Porto Alegre: Livraria do Advogado, 2010. p. 277; CARLEVARIS, Andrea. *La tutela cautelare nell'arbitrato internazionale*. Padova: Cedam, 2006. p. 499.

[124] GAILLARD, Emmanuel; PINSOLLE, Philippe. The ICC Pre-Arbitral Referee: First Practical Experiences. *Arbitration International*, v. 20, n. 1, p. 24, 2004. Os referidos autores relatam que "in one case, the two parties were so satisfied with the work of the referee that a year later, for a related dispute between them, they agreed to the same person acting again as referee".

[125] CASTINEIRA, Eliseo. Quién tiene competencia para otorgar medidas cautelares en un arbitraje internacional: Situatión actual y aspectos del futuro. In: COAGUILA, Carlos Alberto Soto; MUR, Delia Revoredo Marsano de (Coord.). *Arbitraje Internacional*: Pasado, Presente y Futuro. Libro homenaje a Bernardo Cremades e Yves Derains. Instituto Peruano de Arbitraje, 2013. p. 841.

[126] FRY, Jason. The Emergency Arbitrator – Flawed Fashion or Sensible Solution. *Dispute Resolution International*, v. 7, Issue 2, p. 179, Nov. 2013.

[127] BERMUDES, Sergio. Medidas coercitivas e cautelares no processo arbitral. In: MARTINS, Pedro A. Batista; GARCEZ, José Maria Rossani (Coord.). *Reflexões sobre arbitragem*. São Paulo: LTr, 2002. p. 279.

[128] SHERWIN, Peter J.W.; RENNIE, Douglas C. Interim Relief Under International Arbitration Rules and Guidelines: A Comparative Analysis. *The American Review of International Arbitration*, v. 20, n. 3, p. 324.

a decisão proferida pelo árbitro de emergência de maneira forçada, por meio da intervenção do Poder Judiciário. Pode-se dizer que a autoridade dos árbitros para conceder tutelas de urgência arbitrais só se completa se também for reconhecida a possibilidade de efetivação dessas medidas de maneira forçada perante o Poder Judiciário.[129]

Apesar da existência de um debate sobre a natureza jurídica do árbitro de emergência[130] e a possibilidade de se executar forçosamente a sua decisão em algumas jurisdições estrangeiras,[131] o ordenamento jurídico brasileiro não parece deixar margem a dúvidas sobre essa possibilidade.

O sistema formado pela Lei de Arbitragem e o novo Código de Processo Civil (Lei 13.105/2015) formam um arcabouço jurídico completo e moderno que outorga à decisão do árbitro de emergência, ainda que de maneira tácita e indireta, qualidade e natureza jurídica similares a qualquer outra decisão arbitral. A consequência dessa caracterização, ao menos no Brasil, é que a decisão do árbitro de emergência, caso não seja cumprida de maneira voluntária, poderá ser objeto de cumprimento forçado, como se fosse qualquer outra medida de urgência ou cautelar proferida pelo árbitro encarregado da decisão de mérito da disputa.[132]

---

[129] CARRETEIRO, Mateus Aimoré. *Tutelas de urgência e processo arbitral*. 2013. Dissertação (Mestrado em Direito) – Faculdade de Direito da Universidade de São Paulo, São Paulo, p. 276; BORN, Gary B. *International commercial arbitration*. The Hague: Kluwer Law International, 2015. v. II, p. 2018. CARLEVARIS, Andrea. The enforcement of interim measures ordered by international arbitrators: different legislative approaches and recent developments in the amendment of the UNCITRAL Model Law. *Interim Measures in International Commercial Arbitration*, p. 14, 2007; GAILLARD, Emmanuel; SAVAGE, John. *Fouchard Gaillard Goldman on International Commercial Arbitration*. The Hague: Kluwer Law International, 1999. par. 1302, p. 708.

[130] Baruch Baigel, por exemplo, entende que o árbitro de emergência não é um árbitro e que o procedimento envolvendo o árbitro de emergência da CCI "is a sui generis procedure" (BAIGEL, Baruch. The Emergency Arbitrator Procedure under the 2012 ICC Rules: A Juridical Analysis. *Journal of International Arbitration*, v. 31, Issue 1, p. 14, 2014). Na mesma linha, mas se referindo ao Règlement de Référé Pré-Arbitral de la CCI, confira-se a opinião de BERGER, Klaus Peter. Pre--Arbitral Referees: Arbitrators, Quasi-Arbitrators, Hybrids or Creatures of Law. *Global Reflections on International Law, Commerce and Dispute Resolution*. Paris: ICC Publishing, 2005. p. 87.

[131] A problemática parece ser universal: a pesquisa anual da Queen Mary University sobre arbitragem internacional, que, em 2015, tratou de avanços e inovações da arbitragem internacional, constatou que "few respondents have experience with emergency arbitrators and some expressed concerns about the enforceability of emergency arbitrator decisions". 2015 International Arbitration Survey: Improvements and Innovations in International Arbitration. School of International Arbitration. Queen Mary University. London, 2015.

[132] ANDRIGHI, Nancy. O árbitro de emergência e a tutela de urgência: perspectivas à luz do direito processual brasileiro. In: YARSHELL, Flávio Luiz; PEREIRA, Guilherme Setoguti J. (Coord.). *Processo societário*: adaptado ao Novo CPC – Lei n.º 13.105/2015. São Paulo: Quartier Latin, 2015. v. II, p. 589. Nesse sentido, assim se manifesta a Ministra Nancy Andrighi: "Assim, mesmo diante da omissão legislativa acerca do árbitro de emergência, deve-se ter em mente que sua utilização remanesce albergada pela legislação nacional enquanto esta prevê ampla liberdade para as partes regularem o procedimento que será adotado. Desse modo, convencionada a adoção sem ressalvas de regulamentos arbitrais institucionais que alberguem a opção do árbitro de emergência, sua utilização deverá ser admitida, e garantida a máxima eficácia de suas decisões".

Para que se possa chegar a essa conclusão, necessário se faz perquirir de maneira mais aprofundada a respeito da natureza jurídica do árbitro de emergência, bem como da decisão a ser por ele proferida.

Com relação ao primeiro aspecto, não parece haver grandes dificuldades em se caracterizar o árbitro de emergência como um árbitro,[133] nos moldes do que prevê a Lei de Arbitragem.

Tal como qualquer árbitro, o árbitro de emergência é investido de poderes para julgar uma determinada disputa com base na vontade manifestada expressamente pelas partes.[134] Nesse sentido, é conhecida a histórica e paradigmática decisão proferida pelo Supremo Tribunal Federal,que declarou a constitucionalidade da Lei de Arbitragem, reconhecendo ser válida a opção das partes de outorgar a terceiro o poder de julgar determinadas lides.[135]

Nesse contexto, se as partes podem outorgar poderes para que árbitros julguem determinada disputa, inclusive com poderes para decretar medidas cautelares,[136] não se vislumbra uma razão jurídica válida para que as partes não possam outorgar esses mesmos poderes ao árbitro de emergência. A essência do *munus* de decidir do árbitro de emergência e do árbitro que julgará o mérito da disputa parece ser exatamente a mesma. A única diferença é que o escopo de atuação do árbitro de emergência é limitado no tempo (enquanto o árbitro que se encarregará da resolução do mérito da disputa não é investido de seus poderes) e com relação à natureza das tutelas que podem ser decretadas (medidas de urgência).[137]

Além disso, há diversos outros elementos que confirmam a natureza arbitral do chamado árbitro de emergência, tal como sistematizado na Lei de Arbitragem.

---

[133] "In our view, the referee does render a jurisdictional decision unlike, for example, an expert." (GAILLARD, Emmanuel; PINSOLLE, Philippe. The ICC Pre-Arbitral Referee: First Practical Experiences. *Arbitration International*, v. 20, n. 1, p. 24, 2004). Ver, também, BESSON, Sébastien. *Arbitrage international et mesures provisoires*. Zurich: Schulthness Polygraphischer Verlag, 1998. at 75, § 91: "There is no single reason other than a terminological one, not to recognize the capacity of the third party as "arbitrator of provisional measures". Ver também GIARDINA, Andrea. Institut pour l'Arbitrage International (IAI): "Les premières applications du Règlement de référé pré-arbitral de la CCI – Comment prendre des mesures conservatoires efficaces dans le commerce international?" Séminaire du vendredi 31 maio 2002, p. 19. Disponível em: <http://www.iaiparis. com/pdf/actes_colloque.pdf.>. Acesso em: 20 out. 2016.

[134] Como já observava Henry Motulsky na década de 1970: "Justice privée, l'arbitrage tire sa force de la volonté des parties". Ver MOTULSKY, Henry. Écrits: Études et notes sur l'arbitrage. Paris: Dalloz, 1974. p. 16.

[135] STF, Tribunal Pleno, Sentença Estrangeira 5.206-7, MBV Commercial and Export Management Establishment c. Resil Indústria e Comércio Ltda., Rel. Min. Sepúlveda Pertence, j. 12.12.2001.

[136] Como bem apontado por Sidnei Beneti: "O poder cautelar integra o feixe de poderes outorgado ao árbitro pela convenção de arbitragem" (BENETI, Sidnei. Arbitragem e tutelas de urgência. *Revista do Advogado*, São Paulo, ano 26, n. 87, p. 103, set. 2006).

[137] BOOG, Christopher; STOFFEL, Bertrand. Preliminary Orders and the Emergency Arbitrator: Urgent Interim Relief by an Arbitral Decision Maker in Exceptional Circumstances. In: VOSER, Nathalie. 10 Years of Swiss Rules of International Arbitration. *ASA Special Series*, n. 44, p. 78-79, 2015.

Em primeiro lugar, pode-se notar que todos os regulamentos de arbitragem utilizam a palavra "árbitro" ao fazerem referência à figura do árbitro de emergência. Ainda que se reconheça que o nome que se atribua a certa figura não pareça ser determinante quanto à determinação de sua natureza jurídica, o termo "árbitro" não deixa de ser um elemento que reforça a ideia de que o árbitro de emergência é, sim, um árbitro, nos moldes da Lei de Arbitragem.

Também importante ressaltar que a fonte de poderes do árbitro de emergência é contratual, dependendo da vontade expressa das partes.[138] Na maioria das vezes, a própria origem do árbitro de emergência advém da mesma cláusula compromissória que cria a jurisdição arbitral.

O árbitro de emergência também parece ter uma clara função jurisdicional.[139] Não se pode contestar que, ao optar pela figura do árbitro de emergência, as partes decidem lhe outorgar o poder de julgar. Mesmo que com certas limitações temporais e a respeito do tipo de medidas que podem tomar, tal como aliás ocorre com a intervenção do Poder Judiciário anteriormente à constituição do tribunal arbitral, é incontestável que o árbitro de emergência é investido do poder de julgar.[140] Ainda nesse sentido, importante notar que os principais regulamentos de arbitragem que contêm disposições sobre o árbitro de emergência outorgam ao julgador o poder de decidir sobre sua própria competência,[141] o que parece reforçar ainda mais a característica jurisdicional do procedimento.

Outro ponto importante que parece confirmar a função jurisdicional do árbitro de emergência é que a sua nomeação não se diferencia, na essência, da indicação dos árbitros que julgarão o mérito da lide, salvo pela necessária e evidente nomeação mais célere.[142] Além disso, o árbitro de emergência, tal como qualquer outro árbitro, deve ter o mesmo grau de independência e imparcialidade com relação às partes,[143] o que é confirmado

---

[138] BERGER, Klaus Peter. Pre-Arbitral Referees: Arbitrators, Quasi-Arbitrators, Hybrids or Creatures of Law. *Global Reflections on International Law, Commerce and Dispute Resolution*. Paris: ICC Publishing, 2005. p. 74.

[139] BOOG, Christopher; STOFFEL, Bertrand. Preliminary Orders and the Emergency Arbitrator: Urgent Interim Relief by an Arbitral Decision Maker in Exceptional Circumstances. In: VOSER, Nathalie. 10 Years of Swiss Rules of International Arbitration. *ASA Special Series*, n. 44, p. 78-82, 2015.

[140] "L'arbitrage n'est plus réductible à un pur phénomène contractuel, ainsi que le proclamaient les philippiques enflammées de Merlin: sa nature juridictionnelle n'est plus contestée, même si son origine reste contractuelle ; l'arbitrage est une justice, privée, certes, mais une justice : elle procède de la volonté des parties de confier à un tiers le pouvoir de juger" (cf. OPPETIT, Bruno. *Théorie de l'arbitrage*. Paris: PUF, 1998. p. 28).

[141] SANTACROCE, Fabio G. *The Emergency Arbitrator*: a full-fledged arbitrator rendering an enforceable decision. Arbitration International. Oxford: Oxford University Press on behalf of the London Court of International Arbitration, 2015. p. 294.

[142] Nesse sentido, confira-se o quanto disposto no item 42 das LCIA Notes on Emergency Procedure: "42. The process for appointing an Emergency Arbitrator would include many of the same steps, albeit condensed into a much shorter timeframe". Disponível em: <www.lcia.org>. Acesso em: 20 out. 2016.

[143] O art. 5.1 do Regulamento de Arbitragem da Câmara de Arbitragem do Mercado faz expressa referência ao art. 13, § 6.º, da Lei de Arbitragem: "Na indicação do Árbitro de Apoio será observado o disposto no art. 13, § 6.º, da Lei n.º 9.307, de 23.09.1996". Já o art. 13, § 6.º, da Lei de Arbitragem assim preceitua: "No desempenho de sua função, o árbitro deverá proceder com imparcialidade,

por vários dos regulamentos de arbitragem hoje existentes. A própria CCI solicita que o árbitro de emergência preencha um formulário de independência e imparcialidade.[144] O árbitro pode, inclusive, ser impugnado por faltar-lhe independência e imparcialidade.[145]

O árbitro de emergência, tal como os árbitros que julgarão o mérito da disputa, deve observar o princípio do contraditório[146] e da igualdade das partes, nos moldes da Lei de Arbitragem e da própria Constituição Federal.[147] Além disso, há sempre o dever de motivação das decisões.[148] E não se pode olvidar que, para que a decisão seja válida, o árbitro de emergência é obrigado a proferir uma decisão que se adeque, formalmente e em termos de conteúdo, a qualquer outra decisão arbitral.[149]

Ademais, a figura do árbitro de emergência se encontra hoje no contexto dos próprios regulamentos de arbitragem, o que denota a vontade clara das partes de tratar o árbitro de emergência como qualquer outro árbitro. Mais do que isso, os próprios regulamentos de arbitragem preveem, dentro do mesmo conjunto de regras, os papéis que o árbitro de

---

independência, competência, diligência e discrição". Veja-se, nesse sentido, o que dispõe o art. 2.º (4) do Apêndice V do Regulamento de Arbitragem da CCI: "Todo árbitro de emergência deverá ser e permanecer imparcial e independente das partes envolvidas no litígio".

[144] Veja-se, nesse sentido, o que dispõe o art. 2.º (5) do Apêndice V do Regulamento de Arbitragem da CCI: "Antes de sua nomeação, o árbitro de emergência proposto deverá assinar uma declaração de aceitação, disponibilidade, imparcialidade e independência. A Secretaria enviará uma cópia de tal declaração às partes".

[145] CARRETEIRO, Mateus Aimoré. *Tutelas de urgência e processo arbitral.* 2013. Dissertação (Mestrado em Direito) – Faculdade de Direito da Universidade de São Paulo, São Paulo, p. 209. Veja-se, nesse sentido, o que dispõe o art. 3.º (4) do Apêndice V do Regulamento de Arbitragem da CCI.

[146] CASTINEIRA, Eliseo. Quién tiene competencia para otorgar medidas cautelares en un arbitraje internacional: Situatión actual y aspectos del futuro. In: COAGUILA, Carlos Alberto Soto; MUR, Delia Revoredo Marsano de (Coord.). *Arbitraje Internacional*: Pasado, Presente y Futuro. Libro homenaje a Bernardo Cremades e Yves Derains. Instituto Peruano de Arbitraje, 2013. p. 838; BOOG, Christopher; STOFFEL, Bertrand. Preliminary Orders and the Emergency Arbitrator: Urgent Interim Relief by an Arbitral Decision Maker in Exceptional Circumstances. In: VOSER, Nathalie. 10 Years of Swiss Rules of International Arbitration. *ASA Special Series*, n. 44, p. 78, 2015; SANTACROCE, Fabio G. *The Emergency Arbitrator*: a full-fledged arbitrator rendering an enforceable decision. Arbitration International. Oxford: Oxford University Press on behalf of the London Court of International Arbitration, 2015. p. 295.

[147] Art. 5.º, LV, da Constituição Federal: "Aos litigantes, em processo judicial ou administrativo, e aos acusados em geral são assegurados o contraditório e ampla defesa, com os meios e recursos a ela inerentes". Veja-se, nesse sentido, o que dispõe o art. 5.º (2) do Apêndice V do Regulamento de Arbitragem da CCI: "O árbitro de emergência deverá conduzir o procedimento na maneira que considerar apropriada, levando em consideração a natureza e a urgência da Solicitação. Em todos os casos o árbitro de emergência deverá atuar de maneira justa e imparcial e assegurar que cada parte tenha ampla oportunidade de expor suas alegações".

[148] SANTACROCE, Fabio G. *The Emergency Arbitrator*: a full-fledged arbitrator rendering an enforceable decision. Arbitration International. Oxford: Oxford University Press on behalf of the London Court of International Arbitration, 2015. p. 289. Veja-se, nesse sentido, o que dispõe o art. 6.º (3) do Apêndice V do Regulamento de Arbitragem da CCI: "A Ordem deverá ser proferida por escrito, fundamentada, datada e assinada pelo árbitro de emergência".

[149] É cabível, novamente, referência aos arts. 26 e 27 da Lei de Arbitragem.

emergência e os árbitros que julgarão o mérito da disputa deverão desempenhar na resolução de determinada disputa, bem como a sua interação e a transferência de jurisdição entre ambos. Por essa razão, parece não haver dúvida de que a figura do árbitro de emergência faz parte integral do procedimento de resolução de conflitos escolhido pelas partes.

Ainda a confirmar esse ponto, a natureza jurídica procedimental parece ser exatamente a mesma, pois os árbitros poderão rever a decisão proferida pelo árbitro de emergência, o que parece atestar a mesma natureza jurídica das decisões.[150] Com efeito, não faria sentido os árbitros poderem rever a decisão do árbitro de emergência se as naturezas jurídicas das decisões fossem diversas quanto à sua origem, validade e força jurídica.

É importante também lembrar os tipos de medidas que o árbitro de emergência poderá ditar. Segundo os principais regulamentos de arbitragem que preveem a figura do árbitro de emergência, não há diferenças, na essência, quanto aos tipos de medidas de urgência que o árbitro de emergência e os árbitros que julgarão o mérito da disputa poderão decretar.[151] Tal fato parece demonstrar a equiparação do árbitro de emergência aos árbitros em geral quanto à jurisdição que detêm para apreciar e julgar pedidos cautelares e medidas de urgência.

Também deve ser lembrado que o procedimento que envolve o árbitro de emergência, tal como em arbitragens em geral, possui uma sede, com todas as implicações daí advindas, como a conexão a uma determinada ordem jurídica. Se o árbitro de emergência fosse apenas uma criação contratual, não haveria necessidade de se ter uma sede.[152]

Em vista do exposto, ao escolherem o mecanismo do árbitro de emergência, as partes parecem ter a clara intenção de que o árbitro de emergência exerça um papel de jurisdição, e não de uma figura meramente contratual.

Viu-se, portanto, que as características fundamentais da arbitragem estão presentes e são devidamente respeitadas durante o procedimento que envolve a indicação e a atuação do árbitro de emergência. E, apenas para confirmar que a natureza jurídica do árbitro de emergência é semelhante ou pelo menos compatível com a natureza jurídica dos árbitros que decidirão o mérito da disputa,[153] pelo menos um país já possui legislação equiparando o árbitro de emergência a qualquer outro árbitro.[154]

---

[150] Nesse sentido, confira-se o art. 29(3) do Regulamento de Arbitragem da CCI: "A ordem do árbitro de emergência não vinculará o tribunal arbitral no que tange a qualquer questão, tema ou controvérsia determinada em tal ordem. O tribunal arbitral poderá alterar, revogar ou anular uma ordem ou qualquer modificação a uma ordem proferida pelo árbitro de emergência".

[151] SANTACROCE, Fabio G. *The Emergency Arbitrator*: a full-fledged arbitrator rendering an enforceable decision. Arbitration International. Oxford: Oxford University Press on behalf of the London Court of International Arbitration, 2015. p. 295-296.

[152] SANTACROCE, Fabio G. *The Emergency Arbitrator*: a full-fledged arbitrator rendering an enforceable decision. Arbitration International. Oxford: Oxford University Press on behalf of the London Court of International Arbitration, 2015. p. 296.

[153] CARLEVARIS, Andrea. Tutela cautelare "pre-arbitrale": natura del procedimento e della decisione. *Revista dell'Arbitrato*, Milano: Giuffrè, ano 13, p. 277, 2003.

[154] Section 2(1) of the Singapore International Arbitration Act: "2.(1) In this Part, unless the context otherwise requires – 'arbitral tribunal' means a sole arbitrator or a panel of arbitrators or a perma-

Com efeito, parece não haver qualquer razão para rejeitar a princípio a possibilidade de execução da decisão do árbitro de emergência quando o sistema jurídico ou a prática de um determinado país permita a execução forçada de medidas provisórias ordenadas por um árbitro.[155]

Em consonância com a interpretação proposta acerca da execução das decisões proferidas por árbitros de emergência, alguns países têm adotado posições de vanguarda para manterem-se em linha com a tendência de utilização da figura do árbitro de emergência, alterando suas legislações de forma a garantir e simplificar o procedimento de execução. Citam-se, como exemplo, as modernas legislações sobre o tema existentes em Singapura,[156] como antes citado, e em Hong Kong[157]. Tal postura mostra-se extremamente benéfica, uma vez que minimiza eventuais dúvidas sobre a exequibilidade da decisão proferida pelo árbitro de emergência.[158]

Destaca-se, ainda, a existência de alguns casos em que a execução de decisões proferidas por árbitros de emergência foi reiteradamente confirmada pelas cortes dos locais em que se buscou a sua execução. É o caso da Ucrânia, onde se tem notícia do primeiro caso envolvendo uma arbitragem de investimento, em que uma decisão proferida por árbitro de emergência contra o próprio país foi confirmada pelas cortes locais.[159] Nesse

---

nent arbitral institution, and includes an emergency arbitrator appointed pursuant to the rules of arbitration agreed to or adopted by the parties including the rules of arbitration of an institution or organization".

[155] TERCIER, Pierre. L'expérience de la Chambre de commerce internationale dans le cadre du référé pré-arbitral. In: JACQUET, Jean-Michel (Dir.). *Les mesures provisoires dans l'arbitrage commercial international*. New York: Lexis Nexis, 2007. p. 55. No mesmo sentido, ver JONES, Doug. Emergency Arbitrators and Interim Relief in International Commercial Arbitration. In: CARLEVARIS, Andrea; LÉVY, Laurent; MOURRE, Alexis; SCHWARTZ, Eric A. (Ed.). *International Arbitration Under Review* – Essays in honour of John Beechey, ICC Product n. 772E, 2015 Edition, p. 3.

[156] Section 2(1) of the Singapore International Arbitration Act.

[157] De forma a evitar possíveis problemas envolvendo a classificação ou natureza das decisões proferidas por árbitros de emergência, a legislação de arbitragem de Hong Kong foi alterada, contemplando a execução de qualquer decisão de urgência proferida por árbitro de emergência, seja ela proveniente de Hong Kong ou não. Esta é a disposição da Seção 22B (1) da Parte 3A da Arbitration Ordinance de Hong Kong: "(1) Any emergency relief granted, whether in or outside Hong Kong, by an emergency arbitrator under the relevant arbitration rules is enforceable in the same manner as an order or direction of the Court that has the same effect, but only with the leave of the Court". Disponível em: <http://www.legislation.gov.hk/blis_pdf.nsf/6799165D2FEE3FA948 25755E0033E532/C05151C760F783AD482577D900541075/$FILE/CAP_609_e_b5.pdf>.Acesso em: 20 out. 2016.

[158] Em Portugal, por exemplo, a opção pelo árbitro de emergência parece ser totalmente compatível com o sistema jurídico lá existente. CAETANO, Ana. Emergency Arbitrator – Is he or she a true arbitrator? The single row consent of parties and portuguese overview. *YAR – Young Arbitration Review*, Edition 12, p. 51, Jan. 2014.

[159] A decisão em questão foi proferida sob as regras de árbitro de emergência da Câmara de Comércio de Estocolmo. A execução foi inicialmente deferida pela Corte Distrital de Pechrsk em Kiev, o que ensejou recurso à Corte de Apelações de Kiev, que reformou a decisão inferior, negando a execução. O caso chegou, então, à Suprema Corte da Ucrânia, que cassou a decisão proferida pela Corte de Apelações (JKX OIL & GAS PLC, Poltava Gas B.V. e Joint Venture Poltava Petroleum

ÁRBITRO DE EMERGÊNCIA – PERSPECTIVA BRASILEIRA À LUZ DA EXPERIÊNCIA INTERNACIONAL | **435**

mesmo sentido, cita-se decisão proferida por um árbitro de emergência de acordo com as regras da *Swiss Chamber's Arbitration Institution*, cuja execução foi intentada na Austrália, tendo a Suprema Corte de Victoria determinado o cumprimento da decisão[160] – posicionamento este mantido pela Corte de Apelações,[161] após recurso da parte executada. É de se notar, ainda, importante decisão da Corte Distrital do Sul de Nova Iorque, que confirmou decisão proferida por árbitro de emergência sob o regime das *Optional Rules for Emergency Measures of Protection* da *American Arbitration Association*.[162]

Por tudo o quanto exposto, o árbitro de emergência pode ser, em seus aspectos mais relevantes, equiparado a qualquer outro árbitro.[163]

E, como decorrência lógica dessa conclusão, pode-se afirmar que a decisão do árbitro de emergência é em tudo equiparada à decisão de urgência que será tomada pelo árbitro que decidirá o mérito da disputa,[164] cuja jurisdição para ditar medidas de urgência é expressamente prevista na Lei de Arbitragem, em seu art. 22-B.[165]

Company vs. Estado da Ucrânia, Suprema Corte da Ucrânia, Caso No. 6-30579ск15, decidido em 24.02.2016. Disponível em: <http://sccinstitute.com/media/93681/resolution-scc.pdf>. Acesso em: 20 out. 2016). Ver, ainda: JONES, Doug. Emergency Arbitrators and Interim Relief in International Commercial Arbitration. In: CARLEVARIS, Andrea; LÉVY, Laurent; MOURRE, Alexis; SCHWARTZ, Eric A. (Ed.). *International Arbitration Under Review* – Essays in honour of John Beechey, ICC Product n. 772E, 2015 Edition. p. 210-211.

[160] Giedo van der Garde BV vs. Sauber Motorsport AG, [2015] Victoria Supreme Court 80, decidido em 11.03.2016.

[161] Sauber Motorsport AG vs. Giedo van der Garde BV e Outros, [2015] Victoria Supreme Court of Appeals 37, decidido em 12.03.2015. Para uma análise completa de todo o histórico processual do caso, ver: MÜLLER, Christoph; PEARSON Sabrina. Waving the Green Flag to Emergency Arbitration under the Swiss Rules: the Sauber Saga. *ASA Bulletin*, Kluwer Law International, v. 33, Issue 4, p. 818-823, 2015.

[162] Yahoo Inc. vs. Microsoft Corporation, United States District Court for the Southern District of New York, Case n. 1:2013cv07237 – Document 26 (S.D.N.Y. 2013), cf. SUSSMAN, Edna; DOSMAN, Alexandra. Evaluating the Advantages and Drawbacks of Emergency Arbitrators. *New York Law Journal*, Mar. 30, 2015, p. S2.

[163] Como apontou Emmanuel Gaillard, quando se referia ao "tiers", com base no *Règlement de référé pré-arbitral de la CCI* (cf. GAILLARD, Emmanuel. Institut pour l'Arbitrage International (IAI). Les premières applications du Règlement de référé pré-arbitral de la CCI – Comment prendre des mesures conservatoires efficaces dans le commerce international? Séminaire du vendredi 31 maio 2002. Disponível em: <http://www.iaiparis.com/pdf/actes_colloque.pdf>. Acesso em: 20 out. 2016. Ver também, no mesmo sentido, CARLEVARIS, Andrea. Tutela cautelare "pre-arbitrale": natura del procedimento e della decisione. *Revista dell'Arbitrato*, Milano: Giuffrè, ano 13, p. 277, 2003.

[164] Como dito por Pierre Tercier, no contexto de comentários relacionados ao *référé pré-arbitral* da CCI: "Ce n'est qu'une mesure provisionelle, mais c'est tout de même une mesure provisionelle" (TERCIER, Pierre. L'expérience de la Chambre de commerce internationale dans le cadre du référé pré-arbitral. In: JACQUET, Jean-Michel (Dir.). *Les mesures provisoires dans l'arbitrage commercial international*. New York: Lexis Nexis, 2007. p. 55).

[165] Nesse sentido, e pela relevância da autoridade da opinião, cite-se o entendimento da Ministra Nancy Andrighi sobre o tema: "Muito embora a Lei não se refira ao árbitro de emergência como comentado acima, a mera omissão legislativa não representa qualquer empecilho jurídico à adoção do novo procedimento. Uma vez reconhecida a competência do árbitro de emergência, a qual decorrerá

20 ANOS DA LEI DE ARBITRAGEM

i. Efetivação de decisões proferidas por árbitros de emergência no Brasil

Das conclusões traçadas nos itens antecedentes deriva a premissa maior deste artigo: a ideia de que as decisões proferidas por árbitros de emergência devem receber tratamento jurídico idêntico àquele atualmente conferido às decisões cautelares e de urgência proferidas em arbitragem em geral, nos moldes da Lei de Arbitragem.

O direito brasileiro adotou claramente o modelo da efetivação das tutelas de urgência por meio de assistência das cortes estatais,[166] em verdadeira cooperação entre árbitros e o Poder Judiciário. Tal modelo é hoje refletido claramente na opção da lei pela criação da carta arbitral.[167] O art. 237, IV, do Código de Processo Civil,[168] em sua parte final, não deixa dúvidas quanto ao fato de que a carta arbitral[169] também deve ser utilizada para "efetivação de tutela provisória".

---

da contratação de procedimento no qual esteja inserida sua previsão associada à demonstração da urgência qualificada, suas decisões devem ter o mesmo efeito prático atribuído aos árbitros instituídos em situação de normalidade (diga-se, ausência de emergência)" (ANDRIGHI, Nancy. O árbitro de emergência e a tutela de urgência: perspectivas à luz do direito processual brasileiro. In: YARSHELL, Flávio Luiz; PEREIRA, Guilherme Setoguti J. (Coord.). *Processo societário*: adaptado ao Novo CPC – Lei n.º 13.105/2015. São Paulo: Quartier Latin, 2015. v. II, p. 587).

[166] Vale lembrar, como bem apontado por Mateus Aimoré Carreteiro, que, "de acordo com o tipo de proteção conferida à situação da vida retratada e a consequência que os árbitros possam extrair do descumprimento, existem diferentes graus de necessidade de assistência das cortes estatais". Ainda segundo o mesmo autor: "Como se pode perceber, a real necessidade de auxílio das cortes estatais está relacionada ao tipo de provimento jurisdicional pleiteado e pode variar substancialmente" (CARRETEIRO, Mateus Aimoré. *Tutelas de urgência e processo arbitral*. 2013. Dissertação (Mestrado em Direito) – Faculdade de Direito da Universidade de São Paulo, São Paulo).

[167] Art. 22-C da Lei de Arbitragem: "O árbitro ou o tribunal arbitral poderá expedir carta arbitral para que o órgão jurisdicional nacional pratique ou determine o cumprimento, na área de sua competência territorial, de ato solicitado pelo árbitro". Confira-se, nesse sentido, o comentário de João Bosco Lee e Clávio de Melo Valença Filho sobre o dispositivo em questão: "Na prática, toda medida de urgência arbitral cuja eficácia dependa dos atos de execução direta requer a participação do juiz nacional, o que evidencia a necessária complementaridade entre a jurisdição do árbitro e a do juiz nacional na distribuição da tutela de urgência. Incide, neste aspecto, uma das principais contribuições da Lei 13.129, de 26.05.1015, cujo texto regulamenta a necessária comunicação árbitro-juiz para a promoção da execução compulsória da tutela de urgência outorgada pelo árbitro, por intermédio da carta arbitral prevista no art. 22-C [...]" (cf. LEE, João Bosco; VALENÇA FILHO, Clávio de Melo. O árbitro, o juiz e a distribuição da tutela de urgência. In: MELO, Leonardo de Campos; BENEDUZI, Renato Resende (Coord.). *A reforma da arbitragem*. Rio de Janeiro: Forense, 2016. p. 651-652).

[168] Art. 237, inciso IV, do Código de Processo Civil: "Será expedida carta: [...] IV – arbitral, para que órgão do Poder Judiciário pratique ou determine o cumprimento, na área de sua competência territorial, de ato objeto de pedido de cooperação judiciária formulado por juízo arbitral, inclusive os que importem efetivação de tutela provisória".

[169] Art. 260 do Código de Processo Civil: "São requisitos das cartas de ordem, precatória e rogatória: I – a indicação dos juízes de origem e de cumprimento do ato; II – o inteiro teor da petição, do despacho judicial e do instrumento do mandato conferido ao advogado; III – a menção do ato processual que lhe constitui o objeto; IV – o encerramento com a assinatura do juiz. [...] § 3.º A carta arbitral atenderá, no que couber, aos requisitos a que se refere o caput e será instruída com a convenção de

A completar a regulamentação jurídica da carta arbitral, o sistema vigente hoje no Brasil proporciona significativa segurança à parte interessada, que tem clareza quanto ao juízo competente para a efetivação do *decisum*[170] e a manutenção da confidencialidade do procedimento, quando aplicável.[171]

ii. Cumprimento de decisão proferida por árbitro de emergência fora do Brasil

Conforme aduzido acima, não nos parece que o cumprimento forçado de decisões proferidas por árbitros de emergência em território brasileiro suscite maiores problemas ou considerações.[172] No entanto, tal questão pode se tornar mais complexa quando considerada a exequibilidade de decisões proferidas fora do Brasil, e cuja efetivação se pretenda em território nacional.[173]

Com efeito, parte das dúvidas que circundam o reconhecimento e a execução da decisão cautelar ou de urgência proferida por árbitro fora do Brasil diz respeito ao mecanismo a ser utilizado para operacionalizar a medida:[174] concessão de *exequatur* a carta rogatória ou homologação de sentença estrangeira.

---

arbitragem e com as provas da nomeação do árbitro e de sua aceitação da função". Ainda quanto ao conteúdo da carta arbitral, assim esclarece Guilherme Rizzo Amaral: "A carta arbitral, por ser instituto criado pelo atual CPC, não continha previsão de seus requisitos na lei processual revogada. Não obstante, tais requisitos serão fundamentalmente os mesmos das cartas rogatória, precatória e de ordem, devidamente adaptados à carta arbitral: (i) indicação do tribunal arbitral ou do árbitro único e do juízo ao qual é direcionada a carta para cumprimento, (ii) inteiro teor da petição apresentada no procedimento arbitral (salvo se se tratar de decisão de ofício), da decisão arbitral e do instrumento de mandato conferido ao advogado, (iii) referência ao ato processual que lhe constitui o objeto e (iv) encerramento com assinatura do(s) árbitros(s), acrescidos de (v) cópia da convenção de arbitragem e dos documentos comprobatórios da nomeação do árbitro e da sua aceitação da função" (AMARAL, Guilherme Rizzo. *Comentários às alterações do Novo CPC.* 2. ed. rev., atual. e ampl. São Paulo: RT, 2016. p. 357. Coment. 2, Art. 260 do CPC). Com vistas a facilitar a preparação de cartas arbitrais, o Comitê Brasileiro de Arbitragem – CBAr disponibiliza, em seu *website,* um modelo de carta arbitral. Disponível em: <http://cbar.org.br/site/carta-arbitral>. Acesso em: 20 out. 2016.

[170] Vide art. 237, inciso IV e parágrafo único, do Código de Processo Civil. Cf. proposição 3 aprovada durante a I Jornada "Prevenção e Solução Extrajudicial de Litígios", realizada na sede do CJF, no dia 23.8.2016: "A carta arbitral poderá ser processada diretamente pelo órgão do Poder Judiciário do foro onde se dará a efetivação da medida ou decisão".

[171] Arts. 189, inciso IV, do Código de Processo Civil e 22-C, parágrafo único, da Lei de Arbitragem.

[172] ANDRIGHI, Nancy. O árbitro de emergência e a tutela de urgência: perspectivas à luz do direito processual brasileiro. In: YARSHELL, Flávio Luiz; PEREIRA, Guilherme Setoguti J. (Coord.). *Processo societário*: adaptado ao Novo CPC – Lei n.º 13.105/2015. São Paulo: Quartier Latin, 2015. v. II, p. 587-589. Ver, ainda: MANGE, Flavia Fóz. *O ordenamento jurídico brasileiro e a ordem internacional*: admissibilidade de medidas de urgência nos litígios comerciais internacionais. 2008. Dissertação (Mestrado em Direito) – Universidade de São Paulo, São Paulo, p. 121.

[173] MANGE, Flavia Fóz. *O ordenamento jurídico brasileiro e a ordem internacional*: admissibilidade de medidas de urgência nos litígios comerciais internacionais. 2008. Dissertação (Mestrado em Direito) – Universidade de São Paulo, São Paulo, p. 114.

[174] Confira-se o disposto no art. 961 do Código de Processo Civil: "A decisão estrangeira somente terá eficácia no Brasil após a homologação de sentença estrangeira ou a concessão do exequatur às cartas rogatórias, salvo disposição em sentido contrário de lei ou tratado".

Nesse cenário, o novo Código de Processo Civil(Lei n.º 13.105/2015) trouxe novidades no tocante à cooperação jurídica internacional[175] e ao cumprimento de decisões interlocutórias estrangeiras no Brasil, sendo peremptório no sentido de que a internalização de ditas decisões deve ocorrer por meio de carta rogatória (art. 960, § 1.º): "a decisão interlocutória estrangeira poderá ser executada no Brasil por meio de carta rogatória". Já o § 3.º do art. 960 preceitua que "a homologação de decisão arbitral estrangeira obedecerá ao disposto em tratado e em lei, aplicando-se, subsidiariamente, as disposições deste Capítulo".

Ainda a confirmar esse ponto, o art. 515, IX, do Código de Processo Civil, estabelece que: "são títulos executivos judiciais, cujo cumprimento dar-se-á de acordo com os artigos previstos neste Título: [...] IX – a decisão interlocutória estrangeira, após a concessão do *exequatur* à carta rogatória pelo Superior Tribunal de Justiça".

Mais do que isso, o novo Código de Processo Civil, em seu art. 962, inovou ao explicitar que "é passível de execução a decisão estrangeira concessiva de medida de urgência" e que referida execução "dar-se-á por carta rogatória".[176]

Partindo-se da premissa de que a decisão proferida pelo árbitro de emergência é uma decisão de natureza interlocutória concessiva de medida de urgência, podendo ser equiparada a qualquer outra decisão arbitral, com força de decisão judicial, parece-nos que as disposições do novo Código de Processo Civil devem se aplicar também para a internalização e execução de decisões proferidas por um árbitro de emergência fora do Brasil.

Ainda que seja superada tal questão, contudo, controvérsias podem surgir no que se refere à operacionalização das medidas para que a carta rogatória seja processada perante o Superior Tribunal de Justiça. Com efeito, dúvidas também podem surgir sobre qual autoridade seria competente para expedir a carta rogatória contendo a decisão proferida pelo árbitro de emergência e de transmiti-la à autoridade brasileira responsável pelo encaminhamento ao Poder Judiciário local.

Destaca-se, nesse contexto, precedente do Superior Tribunal de Justiça em sede de concessão de *exequatur* a carta rogatória proveniente do *Tribunal Arbitral Geral da Bolsa de Comércio de Buenos Aires*,[177] onde a referida Corte entendeu ser cabível o processamento

---

[175] "Art. 27. A cooperação jurídica internacional terá por objeto: [...] III – homologação e cumprimento de decisão". "Art. 40. A cooperação jurídica internacional para execução de decisão estrangeira dar-se-á por meio de carta rogatória ou de ação de homologação de sentença estrangeira, de acordo com o art. 960".

[176] "Art. 962. É passível de execução a decisão estrangeira concessiva de medida de urgência. § 1.º A execução no Brasil de decisão interlocutória estrangeira concessiva de medida de urgência dar-se-á por carta rogatória. § 2.º A medida de urgência concedida sem audiência do réu poderá ser executada, desde que garantido o contraditório em momento posterior. § 3.º O juízo sobre a urgência da medida compete exclusivamente à autoridade jurisdicional prolatora da decisão estrangeira. § 4.º Quando dispensada a homologação para que a sentença estrangeira produza efeitos no Brasil, a decisão concessiva de medida de urgência dependerá, para produzir efeitos, de ter sua validade expressamente reconhecida pelo juiz competente para dar-lhe cumprimento, dispensada a homologação pelo Superior Tribunal de Justiça."

[177] STJ, CR 6.562-AR (2012/0034367-3), Rel. Min. Ari Pargendler (Presidente), j. 15.05.2012.

de decisão encaminhada via carta rogatória pelo próprio tribunal arbitral diretamente ao Departamento de Recuperação de Ativos e Cooperação Jurídica Internacional do Ministério da Justiça, que solicitou o cumprimento da medida de urgência perante o Superior Tribunal de Justiça[178]. No caso, houve a concessão do *exequatur*.

O tema relacionado ao reconhecimento e cumprimento de decisões estrangeiras sempre suscita questões difíceis e complexas, e não é o foco de análise do presente trabalho. Não obstante, as disposições trazidas pelo novo Código de Processo Civil parecem ser auspiciosas no sentido de deixarem mais claro o regime de internalização das decisões interlocutórias estrangeiras no Brasil. Caberá ao Poder Judiciário, notadamente ao Superior Tribunal de Justiça, que teve e tem um papel crucial na consolidação da arbitragem no Brasil, interpretar de maneira sistemática o atual conjunto de normas vigentes no Brasil, esperando-se que o país possa contar com mecanismos rápidos e eficientes de cooperação internacional, inclusive no que toca ao cumprimento de decisões estrangeiras proferidas por árbitros de emergência para cumprimento em território nacional.

V. CONCLUSÕES

Em 2016, ano em que a Lei de Arbitragem completa 20 anos, pode-se dizer que a arbitragem se encontra plenamente consolidada no Brasil, mormente para a resolução de disputas comerciais, societárias e internacionais.

Desde a promulgação da referida lei, a evolução da arbitragem foi constante, seja pela boa aplicação feita pelo Poder Judiciário brasileiro sobre o tema, seja pela promulgação de importantes tratados internacionais como a Convenção de Nova Iorque[179] e até mesmo por meio do próprio aperfeiçoamento de nasalei de Arbitragem, reformada em 2015.

Durante esse período, o Brasil alcançou um lugar de destaque no cenário internacional em matéria arbitral, com grande e relevante participação nas principais câmaras de arbitragem no mundo.

Nesse contexto, a figura do árbitro de emergência vê completar uma lacuna arbitral antes existente, quando as partes tinham à sua disposição apenas a possibilidade de se socorrer do Poder Judiciário, até a efetiva constituição do tribunal arbitral. Mesmo não sendo uma panaceia, o árbitro de emergência é hoje uma realidade e pode ser uma interessante ferramenta à disposição das partes,[180] sendo que a prática tem demonstrado uma

---

[178] Compulsando os autos do processo em questão, parece-nos que a carta rogatória foi expedida pelo próprio Tribunal Arbitral Geral da Bolsa de Comércio de Buenos Aires, e enviada diretamente à autoridade central brasileira com base no Acordo de Cooperação e Assistência Jurisdicional em Matéria Civil, Comercial, Trabalhista e Administrativa entre os Estados Partes do Mercosul, a República da Bolívia e a República do Chile, Promulgado pelo Decreto 6.891/2009.

[179] Convenção sobre o Reconhecimento e a Execução de Sentenças Arbitrais Estrangeiras. Decreto 4.311, de 23.07.2002.

[180] Ver, nesse sentido, os comentários de Pierre Tercier sobre o *référé pré-arbitral* da CCI, do qual se inspirou e originou o mecanismo do árbitro de emergência tal como conhecido nos dias de hoje: "Dans la pratique, le référé pré-arbitral ne constitue pas la panacée universelle, mais c'est une

boa aceitação em sua utilização.[181] Hoje, caso as partes concordem com a utilização do árbitro de emergência – o que ocorre atualmente em muitos casos pela simples escolha de um regulamento de arbitragem que preveja esse mecanismo –, essa lacuna deixará de existir, outorgando-se às partes mais uma importante alternativa no contexto geral de resolução de disputas.

A conveniência da utilização do árbitro de emergência, sopesando-se as suas vantagens e desvantagens, há de ser avaliada conforme as circunstâncias de cada caso.[182] Tal avaliação deve ser feita tanto no momento da redação da cláusula compromissória, quanto no momento da efetiva necessidade de se obter uma tutela cautelar ou medida de urgência, pois, como visto, mesmo com a adoção de regras relativas ao árbitro de emergência, as partes ainda podem se socorrer do Poder Judiciário.[183] A figura do árbitro de emergência, portanto, vem como mais uma ferramenta visando ao aperfeiçoamento da prestação jurisdicional no âmbito arbitral.

O fato é que, em razão da tendência vista acima de aplicação automática dessa figura por meio da escolha de um regulamento de arbitragem que preveja a figura do árbitro de emergência, e a improvável expressa exclusão na maioria dos casos, espera-se que o

---

voie, parmi d'autres, pour sortir rapidement d'une difficulté. Les procédures longues et coûteuses ne sont pas toujours le gage d'une meilleure justice. Je suis sûr que le référé a sa place et suis très heureux de tous les développements qu'il permet d'envisager" (TERCIER, Pierre. Institut pour l'Arbitrage International (IAI). Les premières applications du Règlement de référé pré-arbitral de la CCI – Comment prendre des mesures conservatoires efficaces dans le commerce international? Séminaire du vendredi 31 maio 2002, p. 14. Disponível em: <http://www.iaiparis.com/pdf/actes_colloque.pdf.>. Acesso em: 20 out. 2016. Registre-se que a experiência do autor deste artigo em procedimentos de emergência também foi bastante positiva.

[181] ICDR: 70 casos (2006-2016), cf. The ICDR Arbitration Reporter, Fall 2016, Volume 5, pp. 5-6. CCI: 24 casos (2012-2015), cf. 2015 ICC Dispute Resolution Statistics, *In ICC Dispute Resolution Bulletin 2016* No. 1, 2016, p. 9. Stockholm Chamber of Commerce: 14 casos (2011-2015), cf. Statistics of the Stockholm Chamber of Commerce, disponível em: <http://www.sccinstitute.com/statistics/>. Acesso em: 20 out. 2016. SIAC: 50 casos (2010-1.6.2016), cf. Singapore International Arbitration Centre Statistics, disponível em: <http://www.siac.org.sg/2014-11-03-13-33-43/facts-figures/statistics>. Acesso em: 20 out. 2016. HKIAC: 6 casos (2013-2015), cf. 2015 Case Statistics from the Hong Kong International Arbitration Centre, disponível em: <http://hkiac.org/about-us/statistics>. Acesso em: 20 out. 2016. CPR: 6 casos (2007-14.9.2016), segundo informações gentilmente prestadas por Olivier P. André, Esq. (Vice President, International and Dispute Resolution Services) em 14.09.2016. Segundo matéria publicada pela revista Latin Lawyer em 29.09.2016, a Câmara de Arbitragem do Mercado teve o seu primeiro caso envolvendo um árbitro de apoio (nome dado à figura do árbitro de emergência em seu regulamento). Disponível em: <www.latinlawyer.com>. Acesso em: 20 out. 2016.

[182] Segundo estudo realizado pela Queen Mary University em 2015: "46% of respondents would, at present, look to domestic courts for urgent relief before the constitution of the tribunal, versus 29% who would opt for an emergency arbitrator".

[183] Para um interessante estudo sobre as situações em que pode ser apropriado recorrer-se ao Poder Judiciário ou ao árbitro de emergência, confira-se: LEVY, Daniel. Emergency Arbitrators: characters in search of author. ICCA 2016, *Interim Measures Issued by Arbitral Tribunals and Domestic Courts*. No prelo.

número de casos a serem submetidos a um árbitro de emergência cresça na medida em que as partes tenham maior conhecimento a respeito dessa possibilidade.[184]

O Brasil conta hoje com um arcabouço jurídico plenamente compatível com a existência da figura do árbitro de emergência, colocando-se numa situação de destaque mesmo quando comparado com outras jurisdições tradicionalmente modernas no âmbito da arbitragem.

Nesse contexto, o Poder Judiciário continuará a ter um papel primordial e necessário na relação de cooperação entre árbitros e juízes,[185] numa estreita sintonia para que seja, sempre, buscada a justiça efetiva no caso concreto. Além disso, será ele, no fim, quem dará a palavra final e definitiva sobre a natureza jurídica do árbitro de emergência e da sua decisão, bem como sobre o regime de seu cumprimento forçado no Brasil, especialmente de decisões proferidas fora do país. Dessa maneira, o Brasil poderá dar um passo à frente de várias jurisdições tradicionalmente modernas em matéria arbitral, consolidando-se ainda mais como um grande *player*.

O Brasil continua a dar passos largos na sua maturidade em matéria arbitral, possuindo hoje um ordenamento jurídico moderno e adequado para resolução de disputas, dentro do qual, certamente, o árbitro de emergência não apenas pode conviver, como também ter um papel importante a desempenhar.

BIBLIOGRAFIA

ACEBO, Alfonso Gómez. Indirect Enforceability of Emergency Arbitrators Orders. Disponível em: <http://kluwerarbitrationblog.com/2015/04/15/indirect-enforceability-of--emergency-arbitrators-orders/>. Acesso em 20 out. 2016.

AMARAL, Guilherme Rizzo. *As* astreintes *e o processo civil brasileiro*. 2. ed. Porto Alegre: Livraria do Advogado, 2010.

_____. *Comentários às alterações do Novo CPC*. 2. ed. rev., atual. e ampl. São Paulo: RT, 2016.

ANDRIGHI, Nancy. O árbitro de emergência e a tutela de urgência: perspectivas à luz do direito processual brasileiro. In: YARSHELL, Flávio Luiz; PEREIRA, Guilherme Setoguti J. (Coord.). *Processo societário*: adaptado ao Novo CPC – Lei n.º 13.105/2015. São Paulo: Quartier Latin, 2015. v. II.

ASCHAUER, Christian. Use of the ICC Emergency Arbitrator to Protect the Arbitral Proceedings. *ICC International Court of Arbitration Bulletin*, v. 23, n. 2, 2012.

ATILHAN, Özen. The Main Principles Governing Interim Measures in the Pre-Arbitral Proceedings – Specifically, The ICC Emergency Arbitrator Rules (2012). *Annales* XLIII, n. 60, 2011.

---

[184] Estudo realizado pela Queen Mary University em 2015 mostrou que ainda poucas pessoas têm experiência com procedimentos envolvendo um árbitro de emergência: "Few respondents have experience with emergency arbitrators". Ver 2015 International Arbitration Survey: Improvements and Innovations in International Arbitration. School of International Arbitration. Queen Mary University. London, 2015.

[185] FERNÁNDEZ ROZAS, José Carlos. Le rôle des juridictions étatiques devant l'arbitrage commercial international. *Recueil des cours de l'Académie de droit international de La Haye*, t. 2, p. 166, 2002.

BAIGEL, Baruch. The Emergency Arbitrator Procedure under the 2012 ICC Rules: A Juridical Analysis. *Journal of International Arbitration*, v. 31, Issue 1, 2014.

BARRINGTON, Louise. Emergency Arbitrators: Can they be useful to the construction industry? *Construction Law International*, v. 7, Iss. 2, Jun. 2012.

BENETI, Sidnei. Arbitragem e tutelas de urgência. *Revista do Advogado*, São Paulo, ano 26, n. 87, set. 2006.

BERGER, Klaus Peter. International Arbitration 2006: Back to Basics? *ICCA Congress Series*, Kluwer Law International, v. 13, 2007.

_____. Pre-Arbitral Referees: Arbitrators, Quasi-Arbitrators, Hybrids or Creatures of Law. *Global Reflections on International Law, Commerce and Dispute Resolution*. Paris: ICC Publishing, 2005.

BERMUDES, Sergio. Medidas coercitivas e cautelares no processo arbitral. In: MARTINS, Pedro A. Batista; GARCEZ, José Maria Rossani (Coord.). *Reflexões sobre arbitragem*. São Paulo: LTr, 2002.

BESSON, Sébastien. Anti-Suit Injunctions by ICC Emergency Arbitrators. In: CARLE-VARIS, Andrea; LÉVY, Laurent; MOURRE, Alexis; SCHWARTZ, Eric A. (Ed.). *International Arbitration Under Review – Essays in honour of John Beechey*, ICC Product n. 772E, 2015 Edition.

_____. *Arbitrage international et mesures provisoires*. Zurich: Schulthness Polygraphischer Verlag, 1998.

BLACKABY, Nigel; PARTASIDES, Constantine; REDFERN, Alan; HUNTER, Martin. *Redfern and Hunter on International Arbitration*. 5. ed. Oxford: Oxford University Press, 2009.

BOSCO LEE, João; VALENÇA FILHO, Clávio de Melo. O árbitro, o juiz e a distribuição da tutela de urgência. In: MELO, Leonardo de Campos. BENEDUZI, Renato Resende. *A reforma da arbitragem*. Rio de Janeiro: Forense, 2016.

BOOG, Christopher. Swiss Rules of International Arbitration – Time to Introduce an Emergency Arbitrator Procedure? *ASA Bulletin*, v. 28, n. 3, 2010.

_____; STOFFEL, Bertrand. Preliminary Orders and the Emergency Arbitrator: Urgent Interim Relief by an Arbitral Decision Maker in Exceptional Circumstances. In: VOSER, Nathalie. 10 Years of Swiss Rules of International Arbitration. *ASA Special Series*, n. 44, 2015.

BOND, Stephen. The Nature of Conservatory and Provisional Measures. Conservatory and Provisional Measures in International Arbitration 8, *ICC Pub.*, n. 519, 1993.

BORN, Gary B. International Arbitration and Forum Selection Agreements. *Kluwer Law International*, 1999.

_____. *International Arbitration*: Law and Practice. 2. ed. The Hague: Kluwer Law International, 2015.

_____. *International commercial arbitration*. The Hague: Kluwer Law International, 2015. v. II.

BOSE, Raja; MEREDITH, Ian. Emergency Arbitration Procedures: A Comparative Analysis. *International Arbitration Law Review*, Iss. 5, Thomson Reuters, 2012.

BROWER, Charles N.; MEYERSTEIN, Ariel; SCHILL, Stephan W. The Power and Effectivess of Pre-Arbitral Provisional Relief: The SCC Emergency Arbitrator in Investor-State

Dispute. In: HOBÉR, Kaj; MAGNUSSON, Annete; Öhrström, Marie (Ed.). *Between East and West:* Essays in Honor of Ulf Franke. 2010.

BÜHLER, Michael. ICC Pre-Arbitral Referee and Emergency Arbitrator Proceedings Compared. *Special Supplement* 2011: Interim, Conservatory and Emergency Measures in ICC Arbitration, 2011.

CAETANO, Ana. Emergency Arbitrator – Is he or she a true arbitrator? The single row consent of parties and portuguese overview. *YAR – Young Arbitration Review*, Edition 12, Jan. 2014.

CAMBOULIVE, Christian. Les premières applications du Règlement de référé pré-arbitral de la CCI – Comment prendre des mesures conservatoires efficaces dans le commerce international? *Institut pour l'Arbitrage International (IAI).* Séminaire du vendredi 31 maio 2002, p. 7. Disponível em: <http://www.iaiparis.com/pdf/actes_colloque.pdf.>. Acesso em: 20 out. 2016.

CARLEVARIS, Andrea. *La tutela cautelare nell'arbitrato internazionale.* Padova: Cedam, 2006.

_____. The enforcement of interim measures ordered by international arbitrators: different legislative approaches and recent developments in the amendment of the UNCITRAL Model Law. *Interim Measures in International Commercial Arbitration*, 2007.

_____. Tutela cautelare "pre-arbitrale": natura del procedimento e della decisione. *Revista dell'Arbitrato*, Milano: Giuffrè, ano 13, 2003.

_____; FERIS, José Ricardo. Running in the ICC Emergency Arbitrator Rules: The First Ten Cases. *ICC International Court of Arbitration Bulletin*, v. 25, n. 1, 2014.

CARMONA, Carlos Alberto. *Arbitragem e processo:* um comentário à Lei n.º 9.307/96. 3. ed. rev., atual. e ampl. São Paulo: Atlas, 2009.

CARNEIRO, Athos Gusmão. Arbitragem. Cláusula compromissória. Cognição e *imperium*. Medidas cautelares e antecipatórias. *Civil law* e *common law*. Incompetência da Justiça estatal. *Revista Forense*, v. 100, n. 375, 2004.

CARRETEIRO, Mateus Aimoré. *Tutelas de urgência e processo arbitral.* 2013. Dissertação (Mestrado em Direito) – Faculdade de Direito da Universidade de São Paulo, São Paulo.

CASTINEIRA, Eliseo. Quién tiene competencia para otorgar medidas cautelares en un arbitraje internacional: Situación actual y aspectos del futuro. In: COAGUILA, Carlos Alberto Soto; MUR, Delia Revoredo Marsano de (Coord.). *Arbitraje Internacional*: Pasado, Presente y Futuro. Libro homenaje a Bernardo Cremades e Yves Derains. Instituto Peruano de Arbitraje, 2013.

_____. The Emergency Arbitrator in the 2012 ICC Rules of Arbitration. *The Paris Journal of International Arbitration*, Paris: LGDJ, 2012-1, Lextenso éditions, 2012.

CASTRO, Fernando Estavillo. El árbitro de emergencia en el nuevo reglamento de arbitraje de la CCI. Disponível em: <http://estavilloarbitraje.com/assets/4_el-arbitro-de--emergencia.pdf>. Acesso em: 20 out. 2016.

CLAY, Thomas. Les mesures provisoires demandées à l'arbitre. In: JACQUET, Jean-Michel (Dir.). *Les mesures provisoires dans l'arbitrage commercial international.* New York: Lexis Nexis, 2007.

CONEJERO ROOS, Cristián; GRION, Renato Stephan. L'arbitrage au Brésil: droit et pratique dans une optique CCI. *Bulletin de la Cour internationale d'arbitrage de la CCI*, v. 17, n. 2, 2006.

_____; GRION, Renato S. Arbitration in Brazil: The ICC Experience. *In*: FAUVARQUE-COSSON, Bénédicte; WALD, Arnoldo (Dir.). *L'arbitrage en France et en Amérique Latine à l'aube du XXI Siècle*: Aspects de Droit Comparé. Paris: Société de législation comparée, 2008.

COSTA, Marina Mendes. Os poderes do tribunal arbitral para decretar medidas cautelares. *IV Congresso do Centro de Arbitragem da Câmara de Comércio e Indústria Portuguesa*. Centro de Arbitragem Comercial, Almedina, 2011.

COSTABILE, Nicolas. Enforcing emergency arbitrator decisions. *CDR – Commercial Dispute Resolution*, 19 jun. 2014.

D'AGOSTINO, Justin. First aid in arbitration: Emergency Arbitrators to the rescue. *Kluwer Arbitration Blog*, 15 nov. 2015. Disponível em: <http://kluwerarbitrationblog.com/2011/11/15/first-aid-in-arbitration-emergency-arbitrators-to-the-rescue/>. Acesso em: 20 out. 2016.

DINAMARCO, Cândido Rangel. *A arbitragem na teoria geral do processo*. São Paulo: Malheiros, 2013.

DUNMORE, Michael. The Use of Emergency Arbitration Provisions. *Asian Dispute Review*, July 2015. Disponível em: <http://globalarbitrationnews.com/use-emergency-arbitration-provisions/>. Acesso em 20 out. 2016.

EMARA, Fehr Abd Elazim. *L'arbitrage commercial international par rapport à la juridiction étatique en matière de mesures provisoires et conservatoires*: étude analytique et comparative. 2016. Thèse (Doctorat en droit) – Université Laval, Quebec, Canada.

EHLE, Bernd. Emergency Arbitration in Practice. In: MÜLLER, Christoph; RIGOZZI, Antonio (Coord.). *New Developments in International Commercial Arbitration*, Schulthess §. Geneva, 2013.

FERNÁNDEZ ROZAS, José Carlos. Le rôle des juridictions étatiques devant l'arbitrage commercial international. *Recueil des cours de l'Académie de droit international de La Haye*, t. 2, 2002.

FINKELSTEIN, Cláudio; VIEIRA, Fábio Alonso; SKITNEVSKY, Karin Hlavnicka. A função dos tribunais nacionais estatais no processo arbitral. In: BASSO, Maristela; POLIDO, Fabrício Bertini Pasquot (Coord.). *Arbitragem comercial, princípios, instituições e procedimentos*. São Paulo: Marcial Pons e CAM-CCBC, 2013.

FRY, Jason. The Emergency Arbitrator – Flawed Fashion or Sensible Solution. *Dispute Resolution International*, v. 7, Issue 2, Nov. 2013.

FUMAGALLI, Luigi. Le Emergency Arbitration Rules nel nuovo Regolamento di Arbitrato della Camera di Commercio Interazionale. *Rivista Dell'Arbitrato*, Milano: Giuffrè, v. 23, 2013.

GAILLARD, Emmanuel. First International Chamber of Commerce Pre-Arbitral Referee Decision. *New York Law Journal,* International Arbitration Law, 7 February 2002.

_____. Les Premières Applications du Règlement de Référé Pré-Arbitral de La CCI – Comment prendre des mesures conservatoires efficaces dans le commerce international? Séminaire du Vendredi, 2002. Disponível em: <http://www.iaiparis.com/pdf/actes_colloque.pdf.>.Acesso em 20 out. 2016.

_____; PINSOLLE, Philippe. The ICC Pre-Arbitral Referee: First Practical Experiences. *Arbitration International*, v. 20, n. 1, 2004.

_____; SAVAGE, John. *Fouchard Gaillard Goldman on International Commercial Arbitration*. The Hague: Kluwer Law International, 1999.

GARAUD, Jean-Yves. Institut pour l'Arbitrage International (IAI). Les premières applications du Règlement de référé pré-arbitral de la CCI – Comment prendre des mesures conservatoires efficaces dans le commerce international? Séminaire du vendredi 31 maio 2002, p. 8. Disponível em: <http://www.iaiparis.com/pdf/actes_colloque.pdf>. Acesso em: 14 out. 2016.

GARCEZ, José Maria Rossani. Medidas cautelares e de antecipação de tutela na arbitragem. In: FERRAZ, Rafaella; MUNIZ, Joaquim de Paiva (Coord.). *Arbitragem doméstica e internacional*: estudos em homenagem ao Prof. Theóphilo de Azeredo Santos. Rio de Janeiro: Forense, 2008.

GHAFFARI, Amir; WALTERS, Emmylou. The Emergency Arbitrator: The Dawn of a New Age? *Arbitration International*, LCIA: Kluwer International, v. 30, Issue 30, 2014.

GIARDINA, Andrea. Institut pour l'Arbitrage International (IAI): "Les premières applications du Règlement de référé pré-arbitral de la CCI – Comment prendre des mesures conservatoires efficaces dans le commerce international?" Séminaire du vendredi 31 maio 2002, p. 19. Disponível em: <http://www.iaiparis.com/pdf/actes_colloque.pdf.>. Acesso em: 20 out. 2016.

GILI, Màrius Miró. La decisión del árbitro de emergencia: su contenido, ejecutabilidad y ejecución. *Spain Arbitration Review*: Revista del Club Español del Arbitraje, n. 16, 2013.

GRION, Renato Stephan. Breves notas sobre a participação do Estado em arbitragem comercial. In: CELLI JUNIOR, Umberto; BASSO, Maristela; AMARAL JÚNIOR, Alberto do (Coord.). *Arbitragem e comércio internacional*. Estudos em homenagem a Luiz Olavo Baptista. São Paulo: Quartier Latin, 2013.

_____; SILVA, Guilherme Piccardi de Andrade. Arbitration in Brazil: recent legislative developments. *IBA Arbitration News*, v. 21, n. 2, Aug. 2016.

GUERRERO, Luis Fernando. Tutela de urgência e arbitragem. *Revista Brasileira de Arbitragem*, São Paulo: IOB Thompson, v. 24, 2010.

HANOTIAU, Bernard. Institut pour l'Arbitrage International (IAI). Les premières applications du Règlement de référé pré-arbitral de la CCI – Comment prendre des mesures conservatoires efficaces dans le commerce international? Séminaire du vendredi 31 maio 2002, p. 10. Disponível em: <http://www.iaiparis.com/pdf/actes_colloque.pdf> Acesso em: 20 out. 2016.

HOBÉR, Kaj. The Trailblazers v. the Conservative Crusaders, or why arbitrators should have the power to order ex parte interim relief. In: BERG, Albert Jan van den (Ed.). *New Horizons in International Commercial Arbitration and Beyond*. ICCA Congress Series. The Hague: Kluwer Law International, 2005.

HOLTZMANN, Howard M.; NEUHAUS, Joseph E.; KRISTJÁNSDÓTTIR, Edda; WALSH, Thomas W. A Guide to the 2006 Amendments to the UNCITRAL Model Law on International Commercial Arbitration. *Kluwer Law International*, 27 ago. 2015.

HOSKING, James; VALENTINE, Erin; LINDSEY, Chaffetz. Pre-Arbitral Emergency Measures of Protection: New Tools for an Old Problem. *Commercial Arbitration 2011*: New Developments and Strategies for Efficient, Cost-Effective Dispute Resolution, at 199. PLI Litig. &Admin. Practice, Course Handbook Ser. n. H-865, 2011.

INTERNATIONAL Arbitration Survey: Improvements and Innovations in International Arbitration. *School of International Arbitration.* London: Queen Mary University, 2015.

INSTITUT pour l'Arbitrage International (IAI). Les premières applications du Règlement de référé pré-arbitral de la CCI – Comment prendre des mesures conservatoires efficaces dans le commerce international? Séminaire du vendredi 31 maio 2002. Disponível em <http://www.iaiparis.com/pdf/actes_colloque.pdf.>. Acesso em: 20 out. 2016.

JABARDO, Cristina Saiz; ALVES, Mariana Cattel Gomes; BUENO DE MIRANDA, Sílvia. A sentença arbitral e seus desafios. In: BASSO, Maristela; POLIDO, Fabrício Bertini Pasquot (Coord.). *Arbitragem comercial, princípios, instituições e procedimentos.* São Paulo: Marcial Pons e CAM-CCBC, 2013.

JOLIVET, Emmanuel. L'experiénce de la Chambre de commerce internationale dans le cadre du règlement d'arbitrage. In: JACQUET, Jean-Michel (Dir.). *Les mesures provisoires dans l'arbitrage commercial international.* New York: Lexis Nexis, 2007.

JONES, Doug. Emergency Arbitrators and Interim Relief in International Commercial Arbitration. In: CARLEVARIS, Andrea; LÉVY, Laurent; MOURRE, Alexis; SCHWARTZ, Eric A. (Ed.). *International Arbitration Under Review – Essays in honour of John Beechey,* ICC Product n. 772E, 2015 Edition.

KARRER, Pierre A. Interim measures issued by arbitral tribunals and the courts: less theory please. In: BERG, Albert Jan van den (Ed.). *International arbitration and national courts:* the never ending story. ICCA Congress Series, 2000, New Delhi. The Hague: Kluwer Law International, 2001. v. 10.

KESSEDJIAN, Catherine. Définitions et conditions de l'octroi de mesures provisoires. In: JACQUET, Jean-Michel (Dir.). *Les mesures provisoires dans l'arbitrage commercial international.* New York: Lexis Nexis, 2007.

KRÖLL, Stefan Michael; LEW, Julian D. M.; MISTELIS, Loukas A. *Comparative international commercial arbitration.* The Hague: Kluwer Law International, 2003.

LANDAU, Toby. Composition and Establishment of the Tribunal, 9 *AM. Rev. Int' Arb.* 45, 1998.

LEE, João Bosco; VALENÇA FILHO, Clávio de Melo. O árbitro, o juiz e a distribuição da tutela de urgência. In: MELO, Leonardo de Campos; BENEDUZI, Renato Resende (Coord.). *A reforma da arbitragem.* Rio de Janeiro: Forense, 2016.

LEMES, Selma Maria Ferreira. As medidas cautelares prévias ou no curso do processo arbitragem. *Revista de Direito Bancário, do Mercado de Capitais e da Arbitragem,* n. 20, p. 411-423, abr.-jun. 2003.

_____. Parecer – A inteligência do artigo 19 da Lei de Arbitragem (instituição da arbitragem) e as medidas cautelares preparatórias. Disponível em: <http://selmalemes.adv.br/artigos/A%20intelig%C3%AAncia%20do%20art.%2019%20da%20LA%20e%20as%20Medidas%20Cautelares%20Pr%C3%A9vias.pdf>. Acesso em: 20 out. 2016.

LEVY, Daniel. Emergency Arbitrators: characters in search of author. ICCA 2016, *Interim Measures Issued by Arbitral Tribunals and Domestic Courts.* No prelo.

LIMA, Leandro Rigueira Rennó. O procedimento cautelar pré-arbitral da CCI. *Revista Brasileira de Arbitragem,* v. 18, 2008.

LOBO, Carlos Augusto da Silveira. O procedimento cautelar pré-arbitral da CCI. In: FERRAZ, Rafaella; MUNIZ, Joaquim de Paiva (Coord.). *Arbitragem doméstica e in-*

ternacional: estudos em homenagem ao Prof. Theóphilo de Azeredo Santos. Rio de Janeiro: Forense, 2008.

LOQUIN, Eric. L'arbitre d'urgence, un objet juridique non identifié. 2012, 2-2 IJPL.

LU, Jue Jun. The emergency arbitrator procedure: effective tool or enforcement headache?. Disponível em: <http://www.blplaw.com/expert-legal-insights/articles/the-emergency--arbitrator-procedure-effective-tool-or-enforcement-headache>. Acesso em: 20 out. 2016.

MANGE, Flavia Fóz. *O ordenamento jurídico brasileiro e a ordem internacional*: admissibilidade de medidas de urgência nos litígios comerciais internacionais. 2008. Dissertação (Mestrado em Direito) – Universidade de São Paulo, São Paulo.

MARTINS, Pedro A. Batista. *Apontamentos sobre a Lei de Arbitragem*. Rio de Janeiro: Forense, 2008.

_____. Da ausência de poderes coercitivos e cautelares do árbitro. In: _____; LEMES, Selma Ferreira; CARMONA, Carlos Alberto (Coord.). *Aspectos fundamentais da lei de arbitragem*. Rio de Janeiro: Forense, 1999.

MAYER, Pierre; ROMERO, Eduardo Silva. Le nouveau règlement d'arbitrage de la Chambre de commerce internationale (CCI). *Revue de l'Arbitrage*, v. 2011, Iss. 4, 2011.

MOTULSKY, Henry. *Écrits*: Études et notes sur l'arbitrage. Paris: Dalloz, 1974.

MÜLLER, Christoph; PEARSON, Sabrina. Waving the Green Flag to Emergency Arbitration under the Swiss Rules: the Sauber Saga. *ASA Bulletin*, Kluwer Law International, v. 33, Issue 4, 2015.

MUNIZ, Joaquim T. de Paiva; BASÍLIO, Ana Tereza Palhares. *Arbitration Law of Brazil*: Practice and Procedure. New York, 2016.

OPPETIT, Bruno. *Théorie de l'arbitrage*. Paris: PUF, 1998.

PALAY, Marc S.; LANDON, Tanya. A Comparative Review of Emergency Arbitrator Provisions: Opportunities and Risks. Sidley Austin LLP. *ICLG – The International Comparative Legal Guide to*: International Arbitration 2012. 9. ed. London: GLG, 2012.

PARKIN, Leonie; WADE, Shai. Emergency arbitrators and the state courts: will they work together? *Arbitration*, London, v. 80, n. 1, 2014.

PINSOLLE, Philippe. A Call to Open the ICC Emergency Arbitrator Procedure to Investment Treaty Cases. In: CARLEVARIS, Andrea; LÉVY, Laurent; MOURRE, Alexis; SCHWARTZ, Eric A. (Ed.). *International Arbitration Under Review – Essays in honour of John Beechey*, ICC Product n. 772E, 2015 Edition.

PRICE, Charles (Ed.). Conflict with state courts. Association for International Arbitration. *Interim measures in international commercial arbitration*. Florida: Maklu, 2007.

RIVERA, Irma. El Árbitro de Emergencia: Una Figura en Crecimiento. *Arbitraje PUCP*, 2014.

ROBERT, Jean. *Traité de l'arbitrage civil et commercial en droit interne*. Paris: Sirey, 1955.

ROMERO, Eduardo Silva. ICC Arbitration and State Contracts. *ICC International Court of Arbitration Bulletin*, v. 13, n. 1, Spring 2002.

ROTH, Marianne. Interim Measures. *Journal of Dispute Resolution*, University of Missouri School of Law Scholarship Repository, v. 2012, Iss. 2, 2012.

SANTACROCE, Fabio G. The Emergency Arbitrator: a full-fledged arbitrator rendering an enforceable decision. *Arbitration International*. Oxford: Oxford University Press on behalf of the London Court of International Arbitration, 2015.

SHAUGNESSY, Patricia. Pre-Arbitral Urgent Relief: The New SCC Emergency Arbitrator Rules. *Journal of International Arbitration*, 2010.

_____. The New SCC Emergency Arbitrator Rules. In: HOBÉR, Kaj; MAGNUSSON, Annette; ÖHRSTRÖM, Marie (Ed.). *Between East and West*: Essays in Honour of Ulf Franke. Juris.

SHERWIN, Peter J. W.; RENNIE, Douglas C. Interim Relief Under International Arbitration Rules and Guidelines: A Comparative Analysis. *The American Review of International Arbitration*, v. 20, n. 3.

SILLS, Robert. The Continuing Role of the Courts in the Era of the Emergency Arbitrator. In: BERG, Albert Jan van den (Ed.). *Legitimacy*: Myths, Realities, Challenges, ICCA Congress Series, Kluwer Law International, v. 18, 2015.

SUSSMAN, Edna; DOSMAN, Alexandra. Evaluating the Advantages and Drawbacks of Emergency Arbitrators. *New York Law Journal*, Mar. 30, 2015.

TERCIER, Pierre. Institut pour l'Arbitrage International (IAI). Les premières applications du Règlement de référé pré-arbitral de la CCI – Comment prendre des mesures conservatoires efficaces dans le commerce international? Séminaire du vendredi 31 maio 2002, p. 14. Disponível em:<http://www.iaiparis.com/pdf/actes_colloque.pdf.>. Acesso em: 20 out. 2016.

_____. L'expérience de la Chambre de commerce internationale dans le cadre du référé pré-arbitral. In: JACQUET, Jean-Michel (Dir.). *Les mesures provisoires dans l'arbitrage commercial international*. New York: Lexis Nexis, 2007.

_____. Le référé pré-arbitral. *ASA Bulletin, Association Suisse de l'Arbitrage*, Kluwer Law International, v. 22, Issue 3, 2004.

_____. Les premières applications du Règlement de référé pré-arbitral de la CCI – Comment prendre des mesures conservatoires efficaces dans le commerce international? *Institut pour l'Arbitrage International (IAI)*, Séminaire du vendredi 31 maio 2002, p. 15. Disponível em: <http://www.iaiparis.com/pdf/actes_colloque.pdf.>. Acesso em: 20 out. 2016.

VEEDER, V. V. Le nouveau règlement 2014 de la LCIA: quelques nouveautés. *Revue de l'Arbitrage*, Comité Français de l'Arbitrage, v. 2015, Issue 1.

_____. Provisional and conservatory measures. In: UNITED NATIONS (Org.). *Enforcing arbitration awards under the New York Convention*: experience and prospects. New York: United Nations Publication, 1999.

VILAR, Silvia Barona. *Medidas cautelares en el arbitraje*. Navarra: Thomson Civitas, 2006.

VOSER, Nathalie; BOOG, Christopher. ICC Emergency Arbitrator Proceedings: An Overview. *Special Supplement 2011: Interim, Conservatory and Emergency Measures in ICC Arbitration*, 2011.

WALD, Arnoldo. Da constitucionalidade da Lei n. 9.307/96. *Revista de Direito Bancário, do Mercado de Capitais e da Arbitragem*, São Paulo, n. 7, jan.-mar. 2000.

YESILIRMAK, Ali. Provisional Measures in International Commercial Arbitration. *International Arbitration Law Library*, Kluwer Law International, v. 12, 2005.

TUTELAS CAUTELARES E DE URGÊNCIA

MEDIDAS CAUTELARES EM ARBITRAGEM

FLÁVIA BITTAR NEVES

CHRISTIAN SAHB BATISTA LOPES

Sumário: 1. Introdução – 2. Cautelares e arbitragem: panorama comparativo: 2.1. Quem? Modelos de competência para concessão de medidas cautelares: 2.2. Em que circunstâncias? Parâmetros para a concessão de cautelares em arbitragem; 2.3. Como? Ordem processual ou sentença parcial – 3. Concessão de medidas cautelares no âmbito da arbitragem à luz da legislação brasileira – 4. Medidas cautelares concedidas *ex parte* – 5. Árbitro de emergência – 6. Conclusão – 7. Referências bibliográficas.

1. INTRODUÇÃO

Não são raras as vezes em que, no curso de um procedimento arbitral, surge a necessidade de se obter medida de urgência que sirva para acautelar o resultado útil da arbitragem que se desenvolve ou se desenvolverá, ou preservar o direito ali pleiteado.

Na hipótese de a arbitragem ainda não ter se iniciado, situação em que seria necessária uma medida cautelar preparatória, deve-se reconhecer que, ainda que a celeridade seja uma das características marcantes do procedimento arbitral, podem-se levar semanas, ou até mesmo meses, para que o tribunal arbitral seja constituído. Esta demora pode ser incompatível com a urgência da parte que necessita buscar prestação jurisdicional de natureza cautelar. Nestes casos, algumas alternativas se apresentam para que as questões de natureza cautelar sejam apreciadas e resolvidas, com a urgência que a medida requer.

A alternativa atualmente mais buscada é o recurso às cortes domésticas para a apreciação de tais medidas, cuja decisão cautelar poderá, posteriormente, ser mantida, modificada ou revogada pelo tribunal arbitral, uma vez constituído. As medidas cautelares podem ser decididas após a manifestação de ambas as partes ou, em alguns casos específicos, *ex parte*, ou seja, sem que seja ouvida a parte contrária.

Além da possibilidade de buscar as cortes domésticas, pode-se recorrer ao chamado árbitro de emergência, quando houver previsão desta alternativa no regulamento de arbitragem aplicável à resolução do litígio. Neste caso, a questão emergencial será apreciada e julgada por árbitro único, nomeado pela instituição arbitral, previamente à constituição do tribunal. Este árbitro único possui competência restrita à apreciação da medida cautelar, e sua jurisdição cessa quando da constituição do tribunal arbitral, conforme se verá, em maior detalhe, no decorrer deste trabalho.

Por outro lado, adoção de uma medida de urgência que sirva para acautelar o resultado útil da arbitragem que se desenvolve ou preservar o direito ali pleiteado pode ser necessária no curso do procedimento arbitral, já constituído o tribunal. Nesse caso, o próprio tribunal arbitral poderia conhecer e conceder, em tese, a medida pleiteada, sem, entretanto, ter poder de coerção para, se necessário, fazer valer sua decisão. Desta forma, mesmo que o tribunal arbitral defira a medida de urgência, havendo necessidade de seu cumprimento forçado, deverá ela ser cumprida com o auxílio do Poder Judiciário. Em razão das vantagens e desvantagens de cada opção, é possível identificar, no direito comparado, várias soluções quanto à alocação da competência para a decisão sobre medidas cautelares e o papel do Poder Judiciário como juízo de apoio.

Essas questões serão objeto do presente trabalho.

2. CAUTELARES E ARBITRAGEM: PANORAMA COMPARATIVO

É consenso entre as várias culturas jurídicas a necessidade de medidas cautelares com o objetivo de preservar o resultado útil da arbitragem ou do direito pleiteado por qualquer das partes. A concordância, todavia, parece parar por aí. Divergem as legislações nacionais, instrumentos internacionais e regulamentos de instituições de arbitragem com relação a quem deve concedê-las e em que circunstâncias e como devem ser concedidas medidas com tal objetivo. Esses temas passam a ser tratados a seguir.

2.1. Quem? Modelos de competência para concessão de medidas cautelares

Podem-se identificar, entre os vários ordenamentos jurídicos, quatro modelos básicos para a competência para medidas cautelares: competência exclusiva dos árbitros, competência exclusiva do Poder Judiciário, competência concorrente e competência coordenada[1].

O modelo de competência exclusiva dos árbitros não é adotado em nenhuma legislação nacional[2], sendo hoje meramente teórico. De fato, causaria estranheza que as

---

[1] Cf. YESILIRMAK, Ali. *Provisional measures in international commercial arbitration*. 2003. Tese (Doutorado) – Queen Mary College, University of London, p. 103-165. Yesilirmak menciona os três primeiros modelos, mas parece-nos mais adequado desmembrar o que chama de competência concorrente nos dois últimos modelos mencionados acima.

[2] Cf. Idem, p. 103.

ordens jurídicas estatais abdicassem completamente do *munus* de acautelar situações de urgência atribuindo-o à jurisdição privada escolhida pelas partes.

Entretanto, no âmbito da arbitragem de investimentos, pode-se encontrar um exemplo histórico de tal modelo. Até a alteração das Regras de Arbitragem da ICSID ocorrida em 1984, entendia-se, a partir da leitura do art. 26 da Convenção ICSID, que a arbitragem de investimento nela prevista era um sistema fechado e autônomo, que tinha por objetivo a despolitização dos litígios a ele submetidos. Após a reforma referida, entretanto, a Regra 39(6) possibilita que medidas cautelares sejam requeridas perante o Poder Judiciário, desde que tal possibilidade tenha sido prevista no contrato entre as partes.[3]

A jurisprudência estadunidense flertou com o modelo de competência exclusiva dos árbitros para conceder medidas cautelares relativas a arbitragens internacionais nos casos *McCreary Tire & Ribber Co. v. CEAT, SpA* e *Cooper v. Ateliers de la Motobecane, SA*[4]. Nesses precedentes, o Tribunal do Terceiro Circuito e o Tribunal de Apelações de Nova York entenderam que admitir que as partes recorram ao Poder Judiciário para requerer quaisquer medidas – inclusive cautelares – significaria violação do art. II(3) da Convenção de Nova York[5]. Essa posição, entretanto, foi abandonada em prol do entendimento de que medidas cautelares podem ser determinadas pelo juiz, pois o são em favor ou auxílio à arbitragem. Não haveria assim violação ao referido dispositivo convencional[6].

O modelo de competência exclusiva do Poder Judiciário é adotado em alguns ordenamentos jurídicos e pode encontrar diferentes justificativas. Historicamente, via-se com reserva a possibilidade de que árbitros pudessem decidir sobre medidas acautelatórias, como se o estado estivesse renunciando excessivamente de sua jurisdição em favor da arbitragem. Ao longo do tempo, a comunidade jurídica, de forma geral, convenceu-se da possibilidade de que árbitros determinassem tais medidas e vários países migraram desse modelo para o de competência concorrente. Há, ainda, entendimento de que as partes não podem dispor a respeito de medidas coercitivas e, portanto, essa seria matéria inarbitrável. Outra razão reside na conveniência: árbitros não têm poder de coerção e, dessa forma, entende-se que suas medidas cautelares serão voluntariamente cumpridas

---

[3] Cf. SAVAGE, John; GAILLARD, Emmanuel. *Fouchard Gaillard Goldman on International Commercial Arbitration*. The Hague: Kluwer Law International, 1999. p. 713.

[4] Cf. BORN, Gary B. *International Commercial Arbitration*: Cases and Materials. 2. ed. The Hague, Boston: Kluwer Law International, 2015. p. 903-907.

[5] Convenção das Nações Unidas sobre o reconhecimento e a execução de sentenças arbitrais estrangeiras feita em Nova York em 10 de junho de 1958. O dispositivo citado é o seguinte: "Artigo 2.

3. O tribunal de um Estado signatário, quando de posse de ação sobre matéria com relação à qual as partes tenham estabelecido acordo nos termos do presente artigo, a pedido de uma delas, encaminhará as partes à arbitragem, a menos que constate que tal acordo é nulo e sem efeitos, inoperante ou inexequível."

[6] Cf. BORN, Gary B. *International Commercial Arbitration*: Cases and Materials cit., p. 907-908.

pelas partes ou não terão eficácia. Nesse sentido, atribuir a competência ao juiz, que poderia usar seus poderes de coerção, seria a melhor forma de tutelar o direito alegado até a decisão final pelos árbitros. Por fim, menciona-se que, em matéria de tutela de urgência, juízes tendem a dar decisões de forma mais célere que os árbitros.[7]

Exemplos desse modelo são Itália (art. 818 do Código de Processo Civil), China (art. 68 da Lei de Arbitragem), Tailândia (§16 da Lei de Arbitragem)[8] e a Suíça para as arbitragens domésticas (art. 26 do Concodat sur l'Arbitrage). A Argentina era outro exemplo desse modelo, visto que o art. 753 de seu Código Processual Civil afirmava expressamente que os árbitros não poderiam decretar medidas compulsórias, as quais deveriam ser requeridas ao juiz. Todavia, o novo Código Civil e Comercial, que entrou em vigor em 1º de agosto de 2015, adotou diferente orientação em seu art. 1.655[9], filiando o país ao modelo de competência concorrente.

A tendência entre os diversos países tem sido o modelo de competência concorrente, em que as partes podem solicitar medidas de urgência ao juiz ou ao tribunal arbitral[10].

A Lei Modelo da UNCITRAL prevê o modelo de competência concorrente sem qualquer tipo de restrição, possibilitando que a parte que necessitar de medida cautelar escolha entre a jurisdição estatal ou a arbitral, sendo que essa última pode ser excluída por vontade das partes. Com efeito, assim dispõem os dispositivos relevantes da Lei Modelo:

> Article 17. Power of arbitral tribunal to order interim measures
> (1) Unless otherwise agreed by the parties, the arbitral tribunal may, at the request of a party, grant interim measures.
> [...]
> Article 17 J. Court-ordered interim measures
> A court shall have the same power of issuing an interim measure in relation to arbitration proceedings, irrespective of whether their place is in the territory of this State, as it has in relation to proceedings in courts. The court shall exercise such power in accordance with its own procedures in consideration of the specific features of international arbitration.

---

[7]   Cf. YESILIRMAK, Ali. *Provisional measures...* cit., p. 103.

[8]   BORN, Gary B. *International Commercial Arbitration*. 2. ed. The Hague: Kluwer Law International, 2014. p. 2439.

[9]   "ARTÍCULO 1655. Dictado de medidas previas. Excepto estipulación en contrario, el contrato de arbitraje atribuye a los árbitros la facultad de adoptar, a pedido de cualquiera de las partes, las medidas cautelares que estimen necesarias respecto del objeto del litigio. Los árbitros pueden exigir caución suficiente al solicitante. La ejecución de las medidas cautelares y en su caso de las diligencias preliminares se debe hacer por el tribunal judicial. Las partes también pueden solicitar la adopción de estas medidas al juez, sin que ello se considere un incumplimiento del contrato de arbitraje ni una renuncia a la jurisdicción arbitral; tampoco excluye los poderes de los árbitros.

Las medidas previas adoptadas por los árbitros según lo establecido en el presente artículo pueden ser impugnadas judicialmente cuando violen derechos constitucionales o sean irrazonables."

[10]   Cf. SAVAGE, John; GAILLARD, Emmanuel. *Fouchard...* cit., p. 709.

A Lei Modelo estabelece, ainda, a atuação da jurisdição estatal em apoio à arbitragem, determinando a execução por juízes das decisões proferidas por árbitros (art. 17-H(1)), a qual não poderá ser negada a menos que esteja presente uma das condições listadas no art. 17-I. Embora o juiz não faça revisão de mérito da medida cautelar decidida pelo árbitro, poderá requerer a prestação de caução por decisão sua, mesmo que os árbitros não a tenham determinado (art. 17-H(3)).

Esse modelo deriva da constatação de que cada uma das jurisdições apresenta vantagens em relação à outra. De acordo com Fouchard, Gaillard e Goldman:

> The thinking is that parties to an arbitration agreement should not be deprived of the benefit of emergency measures available from the courts. It is considered more effective to apply to the courts where emergency measures are needed both because the courts will hear an application as a matter of urgency, and because their decisions will be readily enforceable[11].

Por outro lado, o tribunal arbitral parece como "juiz natural" da questão, uma vez que as partes escolheram arbitragem como solução de controvérsias, sendo a medida acautelatória uma providência auxiliar ou acessória com relação ao todo o litígio[12]. O conhecimento de todo o caso (na hipótese de medidas requeridas no curso da arbitragem) ou a análise estratégica de como pretende conduzir o caso (na hipótese de medidas solicitadas logo após a constituição do tribunal arbitral) conferem vantagens aos árbitros, se comparados ao juiz.

Por desse motivo, a Lei Modelo e os países que a adotaram ou usaram como inspiração preservam a possibilidade de a medida cautelar ser requerida perante o juiz ou o árbitro. O fato de a requerer perante a jurisdição estatal não significa renúncia à arbitragem[13], pois será por esse meio de controvérsias que será resolvido o mérito da demanda. Por outro lado, se a providência acautelatória for solicitada aos árbitros e a coerção for necessária, preserva-se a possibilidade de utilizar a justiça estatal para executar a medida apreciada e decidida pelo tribunal arbitral.

O modelo, entretanto, não é isento de críticas. Além de ser uma solução que não se coaduna com o sistema arbitral, em que, via de regra, a escolha pela arbitragem retira a competência do juiz, a competência concorrente pode causar procedimentos paralelos e duplicados, elevando os custos para as partes. Há ainda o risco de determinações inconsistentes ou conflitantes entre as decisões judiciais e arbitrais, ensejando o risco da estratégia oportunista de *forum shopping*. Apesar desses inconvenientes, atesta Born que

---

[11]   SAVAGE, John; GAILLARD, Emmanuel. *Fouchard...* cit., p. 710.

[12]   Cf. GARCEZ, José Maria Rossani. Medidas cautelares e de antecipação de tutela na arbitragem. In: FERRAZ, Rafaella; MUNIZ, Joaquim de Paiva. *Arbitragem doméstica e internacional*: estudos em homenagem ao Prof. Theóphilo de Azeredo Santos. Rio de Janeiro: Forense, 2008. p. 222. Cf. YESILIRMAK, Ali. *Provisional measures...* cit., p. 110.

[13]   Exemplificativamente, ver art. 9.º da Lei Modelo.

a competência concorrente está profundamente enraizada no contexto da arbitragem internacional e é necessária por motivos de ordem prática[14].

Podem ser citados como exemplos do modelo de competência concorrente: Alemanha (art. 1.041 do Código de Processo Civil), Suíça, para arbitragens internacionais (art. 183 do Código Federal de Direito Internacional Privado), Argentina (art. 1.655 de seu novo Código Civil e Comercial, acima referido), França (art. 1.449 do Código de Processo Civil, a partir da reforma de 2011) e Japão (art. 15 da Lei de Arbitragem). De se destacar, adicionalmente, Portugal, cuja lei de arbitragem recentemente reformada reproduz, em seus arts. 20 a 29, a Lei Modelo da UNCITRAL, prevendo a competência concorrente entre juízes e árbitros.

A competência concorrente é adotada pelo Regulamento de Arbitragem do ICDR (art. 6(7) e art. 24) e da UNCITRAL (art. 26).

Por fim, cabe mencionar a competência coordenada entre jurisdição estatal e arbitral para a apreciação e concessão de medidas cautelares. Esse modelo difere daquele anteriormente visto, pois escolhe a jurisdição arbitral como preferencial, mas mantém a competência do Poder Judiciário quando parece ser mais indicada diante de circunstâncias previstas na lei.

Interessante exemplo desse modelo é aquele adotado no Reino Unido. No art. 39 de sua Lei de Arbitragem, é prevista a competência dos árbitros para a concessão de medidas de urgência, nos seguintes termos:

> 39. Power to make provisional awards.
> (1) The parties are free to agree that the tribunal shall have power to order on a provisional basis any relief which it would have power to grant in a final award.
> (2) This includes, for instance, making.
> (a) a provisional order for the payment of money or the disposition of property as between the parties, or
> (b) an order to make an interim payment on account of the costs of the arbitration.
> (3) Any such order shall be subject to the tribunal's final adjudication; and the tribunal's final award, on the merits or as to costs, shall take account of any such order.
> (4) Unless the parties agree to confer such power on the tribunal, the tribunal has no such power.
> This does not affect its powers under section 47 (awards on different issues, &c.).

Em seu art. 44, a lei britânica de arbitragem estabelece a competência de cortes estatais para processar pedidos de tutela acautelatória. Inicialmente, o art. 44(1) deixa clara a possibilidade de as partes excluírem a competência do Poder Judiciário para processar medidas cautelares, o que não está previamente previsto na Lei Modelo e nos regimes que a seguem. As medidas podem ser adotadas pelo juiz apenas se os seguintes requisitos estiverem presentes:

(i) a medida for urgente (art. 44(2)) ou se houver o consentimento do tribunal arbitral ou de todas as outras partes para que tal tutela seja requerida no Poder Judiciário (art. 44(3));

---

[14] Cf. BORN, Gary B. *International Commercial Arbitration*, cit. p. 2456.

(ii) o tribunal arbitral não tiver poderes ou for, no momento, incapaz de agir de forma eficaz (art. 44(5))[15].

O tribunal arbitral pode não ser capaz de resolver a questão de forma eficaz se a tutela abranger ordens com relação a terceiros ou bens destes, se forem necessárias medidas coercitivas, se a tutela for necessária antes de o tribunal estar formado, se o tribunal arbitral estiver paralisado ou demorar excessivamente para apreciar a medida de urgência requerida[16]. Portanto, o sistema britânico, ao mesmo tempo em que restringe o cabimento de pedidos de tutela cautelar no Poder Judiciário a situações excepcionais (reduzindo as possibilidades de *forum shopping*, procedimentos paralelos e decisões inconsistentes), confere flexibilidade para que o Poder Judiciário possa cooperar como juiz de apoio ou em auxílio à arbitragem quando necessário.

O Brasil constitui outro exemplo de competência coordenada entre jurisdição estatal e arbitral para conceder tutelas acautelatórias. De acordo com a lei de arbitragem

---

[15] "44 Court powers exercisable in support of arbitral proceedings.

(1) Unless otherwise agreed by the parties, the court has for the purposes of and in relation to arbitral proceedings the same power of making orders about the matters listed below as it has for the purposes of and in relation to legal proceedings.

(2) Those matters are:

(a) the taking of the evidence of witnesses;

(b) the preservation of evidence;

(c) making orders relating to property which is the subject of the proceedings or as to which any question arises in the proceedings:

(i) for the inspection, photographing, preservation, custody or detention of the property, or

(ii) ordering that samples be taken from, or any observation be made of or experiment conducted upon, the property;

and for that purpose authorising any person to enter any premises in the possession or control of a party to the arbitration;

(d) the sale of any goods the subject of the proceedings;

(e) the granting of an interim injunction or the appointment of a receiver.

(3) If the case is one of urgency, the court may, on the application of a party or proposed party to the arbitral proceedings, make such orders as it thinks necessary for the purpose of preserving evidence or assets.

(4) If the case is not one of urgency, the court shall act only on the application of a party to the arbitral proceedings (upon notice to the other parties and to the tribunal) made with the permission of the tribunal or the agreement in writing of the other parties.

(5) In any case the court shall act only if or to the extent that the arbitral tribunal, and any arbitral or other institution or person vested by the parties with power in that regard, has no power or is unable for the time being to act effectively.

(6) If the court so orders, an order made by it under this section shall cease to have effect in whole or in part on the order of the tribunal or of any such arbitral or other institution or person having power to act in relation to the subject-matter of the order.

(7) The leave of the court is required for any appeal from a decision of the court under this section."

[16] Cf. YESILIRMAK, Ali. *Provisional measures...* cit., p. 140.

brasileira, conforme se verá mais pormenorizadamente a seguir, o Poder Judiciário tem competência para medidas cautelares até a formação do tribunal arbitral – chamadas de medidas preparatórias – e os árbitros têm poderes para tanto a partir de então (art. 22-A e 22-B). São duas competências exclusivas, em momentos distintos. Ademais, o juiz age em cooperação com os árbitros quando necessária medida coercitiva para dar cumprimento à tutela de urgência concedida pelo tribunal arbitral (art. 22-C)[17].

A abordagem de dividir a competência para concessão de medidas cautelares entre a jurisdição estatal e a arbitral conforme esteja ou não formado o tribunal arbitral é também adotada pelo Regulamento de Arbitragem da ICC (art. 28) e da LCIA (art. 25.3(i))[18]. Este último, entretanto, abre a possibilidade de a parte requerer a tutela de urgência nas cortes estatais, mesmo depois de formado o tribunal arbitral, em casos excepcionais e com autorização do tribunal arbitral (art. 25.3(ii)).

Uma última observação deve ser acrescida: a competência territorial para conceder a tutela de urgência, caso essa seja requerida perante o Poder Judiciário. Quando há a necessidade de execução de uma medida cautelar em uma arbitragem internacional, pode ser mais efetivo requerer tais medidas perante as cortes estatais do local em que a medida acautelatória deverá ser implementada, o que evita a necessidade de *exequatur* ou homologação da decisão no país em que será cumprida. Pode-se exemplificar com a situação em que a medida solicitada é a de bloqueio de bens de uma das partes que estejam situados em determinada jurisdição. Ao comparar a eficácia de uma medida determinada por um árbitro de emergência[19] com aquela obtida em uma jurisdição estatal, Redfern, Hunter, Blackaby e Partasides pontuam que:

> Following these developments in arbitration rules, legislation has also been implemented in certain jurisdictions to facilitate the enforcement of emergency relief orders. Notably,

---

[17] NALIN, Paulo; PUGLIESE, William Soares. Tutelas provisórias emitidas pelo Poder Judiciário brasileiro em apoio à arbitragem. *Revista Brasileira de Arbitragem*, São Paulo, v. 13, n. 50, p. 79-91, 2016.

[18] É questionável a eficácia desses dispositivos se a lei aplicável não prever que as partes podem afastar a jurisdição estatal. A jurisdição arbitral nasce da vontade das partes e, assim, estas podem convencionar que o tribunal arbitral não concederá medidas cautelares. Nessa linha é o art. 17(1) da Lei Modelo da UNCITRAL ("Unless otherwise agreed by the parties..."). No entanto, entende-se que as partes não podem, por sua vontade, excluir a jurisdição estatal para apreciar medidas cautelares se a lei aplicável não tiver expressamente previsto essa possibilidade. Note-se que o art. 17-J da Lei Modelo, que trata do poder das cortes estatais de concederem tutelas de urgência, não traz a mesma ressalva quanto à possibilidade das partes estabelecerem de forma diversa. Por outro lado, a lei britânica expressamente prevê, no art. 44(1), que as cortes estatais podem conceder medidas cautelares "unless otherwise agreed by the parties". Se a lei aplicável a ser considerada não tiver ressalva semelhante a essa, entende-se que restrição feita por um regulamento de arbitragem, incorporado à vontade das partes por referência, não tem o condão de afastar a jurisdição estatal. No mesmo sentido, cf. CATRAMBY, Alexandre Spínola. *Das relações entre o tribunal arbitral e o Poder Judiciário para a adoção de medidas cautelares*. Rio de Janeiro: Lumen Juris, 2012. p. 53. Contra, por entender que a matéria não é de ordem pública: SAVAGE, John; GAILLARD, Emmanuel. *Fouchard...* cit., p. 717.

[19] O raciocínio seria o mesmo para a medida cautelar determinada pelo tribunal arbitral, na hipótese em que já está formado.

the Hong Kong Arbitration Ordinance of 2013 allows Hong Kong courts to enforce relief granted by emergency arbitrators whether the order is issued in Hong Kong or abroad. However, where there is no specific provision for the enforcement of the orders of an emergency arbitrator, a party may still prefer to rely on the competent national court to ensure state-backed enforcement of an interim order[20].

Portanto, a menos que as partes tenham elegido um foro para a apreciação de tais medidas (caso em que a escolha das partes pode ou não ser vinculante, a depender da *lex fori*) ou que a lei aplicável disponha em contrário, é possível que outras cortes – que não aquela do local em que se desenvolve a arbitragem – apreciem a medida. Isto se deve ao fato de que algumas medidas cautelares possuem eficácia estritamente territorial, sendo difícil ou, por vezes, impossível garantir sua eficácia, por exemplo, na sede da arbitragem, como lembra Gary Born:

> As a practical matter, however, the courts of the arbitral seat may not be in a position to grant effective provisional relief. Particularly where attachment or similar remedies are sought, only the jurisdiction where the defendant's assets are located may be able to grant meaningful remedies. That is because security measures often have only territorial effect and, even when they purport to apply extraterritorially, enforcement may be difficult or impossible. In those circumstances, according exclusive jurisdiction to courts in the seat may not be warranted[21].

2.2. Em que circunstâncias? Parâmetros para a concessão de cautelares em arbitragem

Não há uniformidade na abordagem sobre quais requisitos devem ser preenchidos para que a parte que solicita uma medida cautelar em arbitragem tenha seu pedido acolhido, nas leis dos diversos países e nos regulamentos de arbitragem. Em geral, muita discricionariedade é conferida aos árbitros em tal tarefa como anotam Redfern, Hunter, Partasides e Blackaby:

> Whilst most arbitration rules and laws of arbitration permit interim measures to be granted at the tribunal's discretion, they provide little guidance as to how that discretion should be exercised. Traditionally, arbitrators have looked to concepts common to most legal systems in the granting of such measures—such as the need to establish a prima facie case on the merits and the risk of serious and irreparable harm if the measure is not granted. [...][22]

---

[20] BLACKABY, Nigel; HUNTER, J. Martin; PARTASIDES, Constantine; REDFERN, Alan. *Redfern and Hunter on International Arbitration*. 6. ed. Oxford: Oxford University Press, 2015. p. 415-440.

[21] BORN, Gary B. *International Arbitration*: Law and Practice. 2. ed. The Hague: Kluwer Law International, 2015. p. 209-226.

[22] BLACKABY, Nigel; HUNTER, J. Martin; PARTASIDES, Constantine; REDFERN, Alan. *Redfern and Hunter*... cit., p. 321-322. Os autores mencionam, ainda, o seguinte trecho retirado do julgado de um caso ICSID: "It is also well-established that provisional measures should only be granted in situations of necessity and urgency in order to protect rights that could, absent such measures, be definitively lost." (Occidental Petroleum Corporation and Occidental Exploration and Production Company v. Republic of Ecuador, Decision on Interim Measures, ICSID Case No ARB/06/11, IIC 305 (2007), para 59).

A Lei Modelo da UNCITRAL estabeleceu, em seu art. 17-A, os seguintes critérios para a concessão de medida cautelar pelos árbitros:

(a) é provável que ocorra um prejuízo que não seja passível de ser reparado adequadamente quando for a sentença for proferida;

(b) o prejuízo evitado pela parte que requer a medida compense, de forma substancial o prejuízo que a tutela cautelar possa causar à parte contra a qual é concedida;

(c) há uma possibilidade razoável que a parte que requer a medida cautelar prevaleça no mérito da causa.

Em suma, a Lei Modelo prevê a necessidade de demonstrar: (a) *periculum in mora*, (b) ausência de dano reverso ou ser ele justificável à luz do prejuízo evitado, e (c) *fumus boni iuris*. Esses requisitos podem, no todo ou em parte, ser dispensados pelo tribunal arbitral se o objetivo da medida cautelar for a preservação de provas (art. 17-A(2)).

A lei de arbitragem portuguesa reproduz esses critérios em seu art. 20. No entanto, essa não é a orientação da maioria dos ordenamentos pesquisados, uma vez que as leis dos seguintes países não estabelecem, especificamente para a concessão de cautelares por árbitros, os critérios que devem ser observados: Reino Unido, Japão, Argentina, França, Suíça (para arbitragens internacionais), Alemanha e Brasil.

A maioria dos regulamentos igualmente não fixam tais requisitos[23], deixando grande margem de discricionariedade aos árbitros. São assim os regulamentos da ICC, LCIA e ICDR.

2.3. Como? Ordem processual ou sentença parcial

A medida cautelar deferida por um tribunal arbitral pode tomar a forma de uma sentença parcial (*interim award*) ou uma ordem processual. Em geral, a sentença é vista como uma decisão na qual os árbitros encerram uma ou mais questões submetidas à arbitragem, enquanto a ordem processual é algo que regula aspectos técnicos e procedimentais[24].

As duas opções estão, em tese e sem referência a um ordenamento jurídico determinado, disponíveis. Pode-se considerar a tutela cautelar requerida como uma questão específica a ser decidida por arbitragem. Dessa forma, a sentença parcial poria fim a esse litígio (ao litígio cautelar) e deixaria as demais questões, de mérito, a serem resolvidas na continuidade da arbitragem. Por outro lado, pode-se considerar a tutela acautelatória como medida inerente ao processo arbitral a fim de assegurar seu adequado desenvolvimento. Nesses termos, bastaria uma ordem processual determinando a conservação de bens ou de determinada situação jurídica, o arresto de bens, a manutenção de um contrato etc.

---

[23] Cf. BORN, Gary B. *International Commercial Arbitration*, cit. p. 2444.

[24] Cf. YESILIRMAK, Ali. *Provisional measures...* cit., p. 254.

De acordo com Rubino-Sammartano, a escolha pode interferir com a possibilidade ou a forma de se executar a medida determinada pelos árbitros:

> Attempts at enforcing an arbitral injunction produce different results depending on whether it has been granted or not in the shape of an award. In the positive case in general it may be enforced as any other award. In the negative case this will depend on the legal system, i.e. whether the order may be treated – due to its contents – as an award or if not whether it is enforceable. In those systems in which a mere order is not enforceable the party in whose favour the injunction has been granted may try to apply to a state court for the issue by that court of the same injunction in order to be able to enforce it[25].

Yesilirmak enuncia as vantagens e desvantagens de uma e outra forma de se determinar medidas cautelares pelos árbitros[26]:

(a) a sentença é mais formal e, portanto, demanda mais tempo para ser realizada; se se tratar de arbitragem ICC, deverá passar pelo escrutínio da Corte;

(b) a sentença faz coisa julgada, enquanto a ordem processual não;

(c) a sentença parcial e a ordem processual podem ou não ser exequíveis em um determinado país, não havendo opção *a priori* segura quanto a isso;

(d) uma sentença é passível de reconhecimento e execução no quadro da Convenção de Nova York, enquanto essa matéria quando se tratar de ordem processual é passível de discussões doutrinárias[27];

(e) a prolação de uma sentença *ex parte* é mais problemática do que a prolação de uma ordem processual *ex parte*.

Em arbitragens domésticas, os árbitros deverão verificar se a lei aplicável exige uma ou outra forma. Se ambas forem admitidas, deve-se adotar a forma cuja execução (com ou sem o auxílio da jurisdição estatal) seja mais célere. Em arbitragens internacionais, é recomendável[28] verificar a forma exigida ou a melhor (mais eficaz e célere) no país em que a medida cautelar deva ser cumprida.

Para assegurar essa flexibilidade, os regulamentos das instituições internacionais de arbitragem costumam deixar para os árbitros a decisão sobre a forma que será adotada para a medida de urgência, podendo-se citar, exemplificativamente, o Regulamento de

---

[25] RUBINO-SAMMARTANO, Mauro. *International Arbitration*: law and practice. 2. ed. The Hague: Kluwer Law International, 2001. p. 644.

[26] Cf. YESILIRMAK, Ali. *Provisional measures...* cit., p. 254-256.

[27] A Convenção de Nova York não trata especificamente do tema.

[28] Embora Yesilirmak (citando trecho constante do ICC Interlocutory Award 10596 of 2000) afirme que não é obrigação dos árbitros saberem se a medida será executável no país em que se destina, sendo essa uma função da parte que a requer. Cf. YESILIRMAK, Ali. *Provisional measures...* cit., p. 255.

Arbitragem da ICC (art. 28, parte final[29]) e do ICDR (art. 24(2)[30]). O Regulamento de Arbitragem da LCIA é silente quanto ao assunto, deixando para os árbitros a decisão sobre a forma em que a medida é determinada.

3. CONCESSÃO DE MEDIDAS CAUTELARES NO ÂMBITO DA ARBITRAGEM À LUZ DA LEGISLAÇÃO BRASILEIRA

Em sua redação original, a Lei 9.307/1996 ("Lei de Arbitragem") tratava da matéria de medidas cautelares da seguinte forma:

> Art. 22. [...]
> § 4.º Ressalvado o disposto no § 2.º, havendo necessidade de medidas coercitivas ou cautelares, os árbitros poderão solicitá-las ao órgão do Poder Judiciário que seria, originariamente, competente para julgar a causa.

Esse dispositivo foi objeto de controvérsias doutrinárias e de diferentes interpretações jurisprudenciais. Com efeito, questionava-se se os árbitros teriam competência para decidir sobre tutelas cautelares ou se, na literalidade do referido § 4.º, deveriam apenas solicitá-las ao Poder Judiciário que as decidiria[31], havendo quem afirmasse que, para que os árbitros pudessem concedê-las, seria necessária declaração de vontade das partes nesse sentido[32]. Entre os julgados, encontra-se posição diametralmente oposta: a de que o Poder Judiciário não poderia decidir sobre medida cautelar, mesmo antes de formado o tribunal arbitral porque isso constituiria usurpação da competência do juízo arbitral, escolhido pelas partes[33].

No entanto, a maioria da doutrina defendia que o § 4.º do art. 22 da redação original da Lei de Arbitragem conferia aos árbitros o poder de determinar medidas acautelatórias. A expressão "solicitar medidas coercitivas ou cautelares" mencionada em tal dispositivo significava que os árbitros decidiriam a tutela de urgência e solicitariam a cooperação judicial para que lhe fosse dado cumprimento. No entanto, caso não o tribunal arbitral não estivesse ainda instalado, o Poder Judiciário teria competência para decidir e dar cumprimento a tais medidas. Esse entendimento foi claramente influenciado pela solução adotada pelo Regulamento de Arbitragem da ICC de 1998 (art. 23), que permanece a mesma no atual. Essa foi a visão que acabou prevalecendo nos Tribunais estatais, sendo

---

[29] "A medida que for adotada tomará a forma de ordem procedimental devidamente fundamentada, ou a forma de uma sentença arbitral, conforme o tribunal arbitral considerar adequado."

[30] "Such interim measures may take the form of an interim order or award, and the tribunal may require security for the costs of such measures."

[31] Posição de Ernani Fidélis dos Santos e José Cretela Neto, segundo Alexandre Espínola Catramby. Cf. CATRAMBY, Alexandre Spínola. *Das relações...* cit., p. 72-73.

[32] Posição de Paulo Cezar Pinheiro Carneiro e José Carlos de Magalhães, segundo Alexandre Espínola Catramby. Cf. CATRAMBY, Alexandre Spínola. *Das relações...* cit., p. 73.

[33] Cf. TJSP, 1.ª Câm., Ap. 0205403-40.2012.8.26.0100, Rel. Des. Enio Zulani, j. 23.04.2013. Apud BERALDO, Leonardo de Faria. *Curso de arbitragem*. São Paulo: Atlas, 2014. p. 360.

possível afirmar que, mesmo antes das alterações promovidas na Lei de Arbitragem, a jurisprudência já havia se pacificado nesse sentido.

Com efeito, pouco antes da reforma da Lei de Arbitragem, o Superior Tribunal de Justiça havia confirmado tal posicionamento, por meio do REsp 1325847/AP[34]. Neste caso, foi discutida a manutenção da eficácia e dos efeitos de medida cautelar concedida pelo Poder Judiciário, uma vez que a ação principal em curso era ação de instituição compulsória de arbitragem (prevista nos arts. 6.º e 7.º da Lei de Arbitragem), a qual, se julgada improcedente, levaria à não instauração do procedimento arbitral. O Relator do recurso, Ministro Paulo de Tarso Sanseverino, manifestou o seguinte entendimento em seu voto:

> Na iminência da instalação de procedimento arbitral, o conhecimento pelo Poder Judiciário da situação acautelanda há de ser provisório.
>
> Uma vez instalada a jurisdição privada, o tribunal arbitral passará a ser competente para análise das questões controvertidas relacionadas ao contrato celebrado entre Ecometals e Alto Tocantins e, inclusive, a necessidade de acautelar-se a situação.
>
> No entanto, poderá ocorrer que não seja instalado o procedimento arbitral, isso consoante o resultado final na demanda de instalação da jurisdição privada.
>
> [...]
>
> Em outras palavras, os efeitos da decisão prolatada pelo Estado-jurisdição, assim, manter-se-ão até o trânsito em julgado da ação de instalação, se improcedente o pedido formulado nesta demanda.
>
> Se procedente, os efeitos protraem-se até a submissão da questão ao juízo arbitral, quando, então, o tribunal de arbitragem competente poderá retirar a eficácia da medida concedida, simplesmente confirmá-la ou dispor de forma diferenciada, contando com o auxílio do Poder Judiciário para eventuais medidas constritivas.

Reconheceu-se, assim, a competência dos árbitros para decidir medidas cautelares, uma vez constituído o tribunal arbitral, mantendo-se a competência precária do Poder Judiciário antes disto. O precedente aclarou o posicionamento das cortes judiciais quanto aos efeitos temporais de medidas cautelares concedidas pelo Judiciário, delimitando-se a eficácia de tais medidas de modo a reforçar a cooperação entre o Poder Judiciário e a arbitragem, com o primeiro possibilitando a consecução dos fins do procedimento arbitral.

O entendimento manifestado no referido julgado confirmou entendimento exarado em outros julgados do Superior Tribunal de Justiça, a exemplo do Recurso Especial 1.297.974/RJ, no qual a Ministra Nancy Andrighi afirmou que:

> Em situações nas quais o juízo arbitral esteja momentaneamente impedido de se manifestar, desatende-se provisoriamente as regras de competência, submetendo-se o pedido de tutela cautelar ao juízo estatal; mas essa competência é precária e não se prorroga, subsistindo apenas para a análise do pedido liminar[35].

---

[34] STJ, 3.ª Turma, Recurso Especial 1325847/AP, Rel. Min. Paulo de Tarso Sanseverino, j. 05.03.2015.

[35] STJ, 3.ª Turma, Recurso Especial 1.297.974/RJ, Rel. Min. Nancy Andrighi, j. 12.06.2012.

O mesmo posicionamento foi seguido no Agravo Regimental no Conflito de Competência 116.395[36] e Conflito de Competência 111.230/DF[37], julgados pelo Superior Tribunal de justiça, e no Agravo de Instrumento 1.0024.14.310088-1/001[38] e Embargos de Declaração 1.0024.11.214136-1/002, julgados pelo Tribunal de Justiça de Minas Gerais.

Este último merece destaque, uma vez que não apenas foi reconhecida a competência do Tribunal Arbitral para apreciar e julgar a medida cautelar, como também foi ordenada a remessa dos autos à câmara arbitral pelo TJMG, conforme se depreende da ementa que segue:

> Embargos de declaração. Agravo de instrumento. Extinção da ação cautelar de produção antecipada de provas. Ônus sucumbenciais. Inexistência. Acolhimento sem efeitos infringentes. Remessa ao juízo arbitral. Possibilidade. Acolhimento parcial. Rediscussão da matéria. Rejeição[39].

O relator do caso, Desembargador Wanderley Paiva, determinou, ao reconhecer a competência do Tribunal Arbitral, "a remessa dos autos da Ação Cautelar de Produção Antecipada de Provas ao Juízo Arbitral".

Esse foi o entendimento acolhido pela reforma trazida pela Lei 13.129/2015, que introduziu o Capítulo IV-A na Lei de Arbitragem. Os dispositivos inseridos têm as seguintes redações:

> Art. 22-A. Antes de instituída a arbitragem, as partes poderão recorrer ao Poder Judiciário para a concessão de medida cautelar ou de urgência.
>
> Parágrafo único. Cessa a eficácia da medida cautelar ou de urgência se a parte interessada não requerer a instituição da arbitragem no prazo de 30 (trinta) dias, contado da data de efetivação da respectiva decisão.
>
> Art. 22-B. Instituída a arbitragem, caberá aos árbitros manter, modificar ou revogar a medida cautelar ou de urgência concedida pelo Poder Judiciário.
>
> Parágrafo único. Estando já instituída a arbitragem, a medida cautelar ou de urgência será requerida diretamente aos árbitros.

Observa-se, portanto, que a reforma da Lei de Arbitragem positivou o consenso que havia se formado no país quanto à divisão de competências entre árbitros e juízes para a concessão de medidas cautelares. O sistema adotado claramente confere a preferência aos árbitros para a apreciação de tutelas de urgência[40]. Por ter sido a jurisdição arbitral a que foi

---

[36] STJ, 2.ª Seção, Agravo Regimental no Conflito de Competência 116.395, Rel. Min. Paulo de Tarso Sanseverino, j. 12.06.2013.

[37] STJ, 2.ª Seção, Conflito de Competência 111.230/DF, Rel. Min. Nancy Andrighi, j. 08.05.2013.

[38] TJMG, 15.ª Câmara Cível, Agravo de Instrumento 1.0024.14.310088-1/001, Rel. Des. Tiago Pinto, j. 28.01.2016.

[39] TJMG, 11.ª Câmara Cível, Embargos de Declaração 1.0024.11.214136-1/002, Rel. Des. Wanderley Paiva, j. 25.07.2012.

[40] Em termos de organização, andaria melhor o legislador se a ordem dos dispositivos em comento fosse invertida, de forma a refletir a prioridade dada aos árbitros para decidir medidas cautelares.

escolhida pelas partes, por caber aos árbitros a instrução do processo e a decisão de mérito e por ser a cautelar uma medida acessória e auxiliar da demanda principal, estão os árbitros realmente em melhor posição para apreciar os pedidos de tutela acautelatórias que possam surgir relativamente à arbitragem. Decorre daí a preferência do legislador. No entanto, na hipótese de impossibilidade fática de os árbitros decidirem a questão – por ainda não existir tribunal arbitral formado – a cautelar será apreciada e, se deferida, executada diretamente pelo Poder Judiciário. Mas, mesmo nesse caso, ela poderá ser reapreciada pelo tribunal arbitral a partir do momento que este estiver constituído, demonstrando, mais uma vez, a preferência do legislador por outorgar a competência para decisão sobre a tutela de urgência aos árbitros.

A Lei de Arbitragem não prevê expressamente qual é a forma de os árbitros determinarem medidas de urgência: sentença parcial ou ordem processual. Desta forma, pode-se, em princípio, considerar que as duas alternativas são admissíveis. decisão cautelar[41]. Caso seja emitida sentença parcial, a parte interessada na medida deverá exigir seu cumprimento pela via do processo de execução. Por outro lado, caso o tribunal arbitral conceda a tutela por meio de ordem processual, sua exigibilidade dar-se-á por carta arbitral, na forma do art. 22-C.

Com efeito, a Lei de Arbitragem[42] prevê um mecanismo eficaz de cooperação judicial, a carta arbitral, por meio da qual o árbitro poderá solicitar ao Poder Judiciário seu apoio para a prática ou para que determine o cumprimento de qualquer ato, seja de natureza cautelar ou não. Nesse sentido, a adoção de medidas cautelares por ordem processual, seguida da expedição de carta arbitral, é o meio mais eficiente no Brasil para assegurar o cumprimento de medidas cautelares que tenham por objeto garantir o resultado útil da arbitragem ou do direito nela pleiteado. O cumprimento da medida determinada pelo árbitro será certamente mais célere dessa forma do que seria pela execução de uma sentença parcial.

4. MEDIDAS CAUTELARES CONCEDIDAS *EX PARTE*

Em determinadas situações, a parte pode precisar requerer uma medida cautelar *ex parte*, ou seja, sem que seja dada ciência ou notificação à parte contra quem a medida se dirige, a depender da urgência do caso concreto. Apesar de esta alternativa ser possível e autorizada em algumas legislações e regulamentos, sua aceitação ainda é bastante limitada.

A Lei Modelo da UNCITRAL, por exemplo, prevê a possibilidade de requerimentos de medidas de urgência *ex parte*, ainda que em situações bem restritas, conforme dispõe seu art. 17-B(1)(2):

> (1) Unless otherwise agreed by the parties, a party may, without notice to any other party, make a request for an interim measure together with an application for a preliminary order directing a party not to frustrate the purpose of the interim measure requested.

---

[41] NALIN, Paulo; PUGLIESE, William Soares. Tutelas provisórias... cit., p. 79-91.

[42] Além da Lei de Arbitragem, a carta arbitral está prevista no Código de Processo Civil, nos arts. 69, § 1.º, 237, IV, e 260, § 3.º.

(2) The arbitral tribunal may grant a preliminary order provided it considers that prior disclosure of the request for the interim measure to the party against whom it is directed risks frustrating the purpose of the measure.

Contudo, o art. 17-C do mesmo conjunto de normas prevê que o tribunal arbitral deve, imediatamente após a apreciação do requerimento, dar ciência a todas as partes, sem a qual a medida concedida não será executável. Desse modo, a solução oferecida pela Lei Modelo perde sua importância prática na grande maioria dos casos[43].

Trata-se, em verdade, de situações excepcionais, já que a concessão de provimento jurisdicional de natureza acautelatória liminarmente, sem ouvir a parte contrária, não é uma tendência traduzida nas legislações domésticas que regulamentam o instituto da arbitragem nas sedes mais utilizadas.

As regras institucionais também costumam excluir, expressa ou tacitamente, a possibilidade de medidas cautelares *ex parte*. Exemplo de exceção à regra pode ser encontrado no Regulamento da SCAI (Swiss Rules, 2014), que prevê expressamente tal alternativa, em seu art. 26 (3):

> In exceptional circumstances, the arbitral tribunal may rule on a request for interim measures by way of a preliminary order before the request has been communicated to any other party, provided that such communication is made at the latest together with the preliminary order and that the other parties are immediately granted an opportunity to be heard.

São bastante limitadas, portanto, as possibilidades de se obter medidas cautelares *ex parte* junto a um tribunal arbitral. Blackaby, Hunter, Partasides e Redfern afirmam que, por esta razão, quando tais medidas se fazem necessárias, pela urgência do caso concreto ou pelo risco de que a medida se frustre caso a parte contra quem será dirigida seja previamente informada de seu requerimento, as cortes domésticas se apresentam como a opção mais viável[44], ainda que já esteja constituído o tribunal arbitral, em observância aos limites da convenção de arbitragem, do regulamento e da legislação aplicável.

No Brasil, a partir da reforma da Lei de Arbitragem realizada pela Lei 13.129/2015, afastou-se, em tese, a possibilidade de requerer medidas cautelares ao Poder Judiciário após a constituição do Tribunal Arbitral, à luz do art. 22-B[45]. Contudo, em situações excepcionais, em que as circunstâncias fáticas ou a natureza da medida de urgência pretendida justifique a intervenção do Poder Judiciário, há que se considerar a possibilidade de flexibilização do citado dispositivo legal. Este pode ser o caso quando, por exemplo, um dos membros do

---

[43] BORN, Gary B. *International Arbitration*: Law and Practice, cit., p. 209-226.

[44] BLACKABY, Nigel; HUNTER, J. Martin; PARTASIDES, Constantine; REDFERN, Alan. *Redfern and Hunter...* cit., p. 415-440.

[45] Art. 22-B. Instituída a arbitragem, caberá aos árbitros manter, modificar ou revogar a medida cautelar ou de urgência concedida pelo Poder Judiciário.
Parágrafo único. Estando já instituída a arbitragem, a medida cautelar ou de urgência será requerida diretamente aos árbitros.

Tribunal Arbitral estiver ausente, impossibilitado de tomar parte da decisão colegiada, ou mesmo quando a instituição arbitral estiver em recesso, inviabilizando o recebimento de requerimentos das partes, e os árbitros não puderem ser localizados diretamente por elas. Além disso, o recurso ao Poder Judiciário pode ser a única alternativa disponível à parte que necessita da concessão de medida cautelar *ex parte*, sob pena de frustrar o resultado do provimento de urgência, já que dificilmente este será concedido sem a oitiva da parte contrária em arbitragem. Esta possibilidade é permitida por alguns regulamentos de câmaras internacionais[46], o que reforça a necessidade de discussão no âmbito nacional.

5. ÁRBITRO DE EMERGÊNCIA

A figura do árbitro de emergência surge, na arbitragem internacional, como uma alternativa ao apelo às cortes domésticas para a apreciação de medidas cautelares antes de constituído o tribunal arbitral.

A evolução no uso dessa alternativa torna-se cada vez mais perceptível diante de recentes mudanças em regulamentos de arbitragem de importantes instituições arbitrais que passaram a prever a possibilidade da nomeação de árbitro de emergência, destacando--se os seguintes: Regulamento da CCI (2012), art. 29 e Apêndice V, Regulamento da ICDR (2014), art. 6, Regulamento da SIAC (2013), Anexo 1, Regulamento do Instituto de Arbitragem da Holanda (NAI Rules, 2015), art. 36, Regulamento da LCIA (2014), art. 9B, Regulamento da HKIAC (2013), Anexo 4, Regulamento da SCAI (Swiss Rules, 2012), art. 43, e o Regulamento da SCC (Stockholm Chamber of Commerce), Apêndice II. No entanto, esta alternativa ainda não foi adotada pelas instituições arbitrais brasileiras[47].

O árbitro de emergência é um árbitro único, geralmente indicado pela instituição arbitral eleita para administrar o procedimento, apenas para decidir as questões de natureza cautelar anteriormente à constituição do tribunal arbitral. A jurisdição do árbitro de emergência se limita às questões relacionadas às medidas cautelares pleiteadas, não se estendendo às questões de mérito[48].

---

[46] Cf. Regulamento de Arbitragem da CCI, art. 23 (2): "As partes poderão, antes da remessa dos autos ao Tribunal Arbitral e posteriormente, em circunstâncias apropriadas, requerer a qualquer autoridade judicial competente que ordene as medidas cautelares ou provisórias pertinentes. O requerimento feito por uma das partes a uma autoridade judicial para obter tais medidas, ou a execução de medidas similares ordenadas por um Tribunal Arbitral, não será considerado como infração ou renúncia à convenção de arbitragem e não comprometerá a competência do Tribunal Arbitral a este título. Quaisquer pedidos ou medidas implementadas pela autoridade judicial deverão ser notificados sem demora à Secretaria, devendo esta informar o Tribunal Arbitral".

[47] Entre os regulamentos de arbitragem consultados (CAM-CCBC, CAMARB, CMA-CIESP, CA-MFIEP e Câmara FGV), apenas a CAMFIEP conta com previsão de árbitro de emergência.

[48] Chartered Institute of Arbitrators International. Arbitration Practice Guideline – Applications for Interim Measures. London: CIArb, 2015. p. 27-28. Disponível em: <http://www.ciarb.org/docs/default-source/ciarbdocuments/guidance-and-ethics/practice-guidelines-protocols-and-rules/international-arbitration-guidelines-2015/2015applicationinterimmeasures.pdf?sfvrsn=20>.Acesso em: 13 set. 2016.

Assim como ocorre quando da apreciação de medidas cautelares por cortes domésticas, o tribunal arbitral não se vincula à decisão do árbitro de emergência, possuindo competência para manter, modificar ou revogar quaisquer decisões tomadas por este.

Quando se busca um árbitro de emergência, o procedimento é substancialmente expedito, o que facilita a adequada preservação do *status quo ante* e do direito das partes. A título de exemplo, deve-se mencionar que o Regulamento de Arbitragem da CCI, que disciplina tal procedimento em seu Apêndice V, tem previsão de prazos bem curtos. Após o recebimento do requerimento de instalação do procedimento de árbitro de emergência, o Presidente da Corte deve nomear o árbitro de emergência em apenas dois dias[49]. Uma vez nomeado o árbitro, e transmitido a ele o requerimento, a decisão deve ser proferida em até quinze dias[50], prazo este que poderá ser prorrogado pelo Presidente da Corte mediante requerimento do árbitro de emergência. Havendo necessidade de reuniões entre as partes e o árbitro de emergência, as regras determinam que sejam realizadas por videoconferência, conferência telefônica ou outros meio remotos[51], o que contribui para a celeridade do procedimento. [52]

Uma questão que permeia a decisão entre optar pelo árbitro de emergência ou por recorrer às cortes domésticas refere-se à execução e implementação da decisão. A execução da decisão proferida pelo árbitro de emergência no âmbito internacional pode gerar insegurança às partes, diante da polêmica existente em torno da exequibilidade da decisão, especialmente, no âmbito da Convenção de Nova Iorque[53], uma vez que a maioria das regras institucionais se refere a essa decisão como *order*, não utilizando o termo *award*.

Em verdade, segundo a Convenção, apenas sentenças ou decisões que resolvem de modo definitivo as matérias submetidas à arbitragem podem ser executadas; ou seja, decisões de caráter provisório ou cautelar não se enquadram no seu escopo. Surge o receio, portanto, de que decisão provisória proferida pelo árbitro de emergência possa encontrar óbices à sua execução em nível internacional. Contudo, o status de uma decisão quanto à sua finalidade e urgência é, em última análise, determinado pela corte incumbida de processar sua execução, podendo-se concluir que a nomenclatura utilizada não enseja, *per se*, certeza ou incerteza quanto à execução da decisão pela corte doméstica.[54]

---

[49]   Regulamento da CCI (2012), Apêndice II, Art. 2(1).

[50]   Regulamento da CCI (2012), Apêndice II, Art. 6 (4).

[51]   Regulamento da CCI (2012), Apêndice II, Art. 4 (2).

[52]   LIMA, Renata Faria Silva; REZENDE, Lídia Helena Souza. O novo regulamento de arbitragem da CCI: o árbitro de emergência e o ordenamento jurídico brasileiro. *Revista de Arbitragem*, Belo Horizonte, ano 2, n. 4, p. 48.

[53]   Article V.

1. Recognition and enforcement of the award may be refused, at the request of the party against whom it is invoked, only if that party furnishes to the competent authority where the recognition and enforcement is sought, proof that:

(e) The award has not yet become binding on the parties or has been set aside or suspended by a competent authority of the country in which, or under the law of which, that award was made.

[54]   PAULSSON, Marike R. P. *The 1958 New York Convention in Action*. The Hague: Kluwer Law International, 2016. p. 116.

Marike Paulsson, ao analisar essa problemática, afirma que:

> Not all "awards" are awards, and some "orders" are. Courts apply the criterion of "finality" with the contextual use of Article V(1)(e) without reintroducing the 1927 Geneva Convention's double exequatur. The requirement of "finality" applied by courts only means that the award is binding on the parties[55].

Um recente precedente ilustra o debate sobre a questão. Trata-se do caso *The Ministry of Justice of Ukraine v. JKX Oil & Gas Plc*[56], arbitragem sediada em Estocolmo, em que se discutiu, no mérito, alegado inadimplemento da Ucrânia de obrigações dispostas no *Energy Charter Treaty*. Foi requerida a nomeação de um árbitro de emergência, segundo o Regulamento da SCC (*Stockholm Chamber of Commerce*), mas apesar de devidamente notificada, a Ucrânia não participou do procedimento. O árbitro de emergência proferiu decisão ordenando à Ucrânia que se abstivesse de recolher royalties referentes à produção de gás aplicando-se taxa que excedesse aquela previamente estipulada pelas partes.

Em resposta à execução dessa decisão, a Ucrânia aduziu, entre outros, os argumentos de que não teria sido propriamente notificada acerca do procedimento arbitral emergencial e a submissão da questão ao árbitro de emergência se encontrava fora do escopo da convenção de arbitragem. Apesar de ter sido a apelação rejeitada pela Corte de Apelações de Kiev, a questão ainda possui um pedido de cassação pendente, ou seja, até o presente momento, mais de um ano após o proferimento da decisão exarada pelo árbitro de emergência, esta ainda não pôde ser executada pela JKX[57].

A opção pelo procedimento do árbitro de emergência foi objeto da pesquisa realizada pela Queen Mary University of London e pelo escritório White&Case LLP em 2015[58]. Apurou-se que, dentre os entrevistados, poucos tinham experiência prática com o procedimento e alguns manifestaram preocupação com questões relativas à execução. Cerca de 46% dos entrevistados afirmaram que optariam pelo recurso às cortes domésticas para requer medidas cautelares pré-arbitrais, enquanto 29% afirmaram que optariam pela nomeação de um árbitro de emergência. Contudo, 93% se manifestaram positivamente à inclusão de disposições acerca de árbitro de emergência nas regras institucionais, o que revela a tendência a um possível aumento do uso dessa alternativa, na medida em que for incluída nos regulamentos das principais câmaras arbitrais.

---

[55] PAULSSON, Marike R. P. *The 1958 New York Convention in Action*, cit., p. 115-116.

[56] Ukraine No. 2016-1, The Ministry of Justice of Ukraine v. JKX Oil & Gas Plc, Court of Appeals of the City of Kiev, Case No. 22-ц/796/9284/2015, 17 September 2015.

[57] Sobre o caso, cf. PETROV, Yaroslav. *JKX vs. Ukraine: An Update on the Enforcement of Emergency Arbitrator's Award*. Kluwer Arbitration Blog, 12 de agosto de 2016. Disponível em: <http://kluwerarbitrationblog.com/2016/08/12/jkx-vs-ukraine-an-update-on-the-enforcement-of-emergency--arbitrators-award/>. Acesso em: 13 set. 2016.
Cf. *Yearbook Commercial Arbitration 2016*. The Hague: Kluwer Law International, 2016. v. 41. p. 1-12.

[58] 2015 International Arbitration Survey: Improvements and Innovations in International Arbitration. Disponível em: <http://www.arbitration.qmul.ac.uk/research/2015/>.

Algumas estatísticas sobre o crescimento do uso do procedimento do árbitro de emergência já são conhecidas. A SIAC recebeu, entre 2010 e 2014, 42 requerimentos de instauração de procedimentos envolvendo árbitro de emergência, enquanto a ICDR relatou ter administrado 28 arbitragens de emergência. A CCI relatou ter recebido 10 casos envolvendo árbitro de emergência desde a publicação de seu Regulamento de 2012, até julho de 2015[59].

Observa-se, portanto, que a figura do árbitro de emergência foi inserida na arbitragem internacional como alternativa ao apelo à jurisdição estatal para a obtenção de provimento jurisdicional de natureza cautelar, ou seja, como forma de proporcionar às partes possibilidade de apreciação ampla de todas as controvérsias inseridas no escopo da cláusula arbitral, sem que se tenha que recorrer às cortes domésticas, se não para fins executórios.

Apesar de não ser ainda a primeira opção da maioria dos advogados com atuação em arbitragem internacional, o procedimento arbitral de emergência vem passando por grande evolução e crescente aceitação ao longo dos anos, sendo possível vislumbrar que se tornará uma importante ferramenta para a obtenção de medidas acautelatórias do resultado útil da arbitragem internacional ou do direito nela pleiteado.

6. CONCLUSÃO

É questão comum a vários ordenamentos jurídicos a necessidade de garantir o direito material que é ou será objeto de arbitragem ou o resultado útil do processo arbitral em curso ou a ser iniciado. As medidas acautelatórias podem ser preparatórias ou incidentais, determinadas pelo Poder Judiciário, por árbitros ou por um terceiro nomeado especialmente para tal mister, geralmente chamado de árbitro de emergência. Caso a medida não tenha sido ordenada pelo tribunal arbitral ou pelo árbitro de emergência, surge, diante do não atendimento da ordem pela parte contra a qual foi proferida, a necessidade de que o Poder Judiciário seja utilizado como juiz de apoio à arbitragem, determinando que sejam implementados os instrumentos de coerção cabíveis.

Nos vários ordenamentos jurídicos analisados nesse trabalho e no instrumento uniformizador da UNCITRAL, foram encontradas diferentes abordagens a esse problema. Na comparação com os demais ordenamentos jurídicos, as soluções adotadas pelo Brasil parecem eficazes.

O modelo adotado pela Lei de Arbitragem de concorrência coordenada entre a jurisdição privada e a estatal para a concessão de medidas cautelares é claro e objetivo, sendo que o único critério para separar as competências do órgão judicial e dos árbitros é o temporal. Até a constituição do tribunal arbitral, a competência é do juiz togado; a partir daí, a competência passa a ser dos árbitros.

Evitam-se, assim, os problemas de uma competência concorrente, como o sugerido pela Lei Modelo da UNCITRAL, em que pode haver duplicação de procedimentos, com

---

[59] DUNMORE, Michael. The Use of Emergency Arbitration Provisions. *Asian Dispute Review*, Hong Kong, July 2015.

aumento de custos para as partes e risco de decisões contraditórias. A clareza da regra brasileira, que adota um único critério objetivo, evita ainda um contencioso prévio sobre a competência para determinar medidas acautelatórias. O modelo inglês também adota competência coordenada, mas, em contraposição, traz critérios mais vagos para separação da atribuição entre a jurisdição privada e a estatal para conceder medidas cautelares. Comparando-o ao modelo brasileiro, traz maior incerteza quanto à competência, mas é capaz de dar melhor guarida a situações em que o tribunal arbitral, apesar de estar constituído, não decide sobre a medida cautelar requerida por uma das partes, seja por falecimento de um dos árbitros, impossibilidade de contatar algum membro do tribunal ou qualquer outro motivo. Enfim, a escolha entre um ou outro modelo representa a opção entre maior previsibilidade e segurança, por um lado, e maior flexibilidade e possibilidade de adaptação ao caso concreto, por outro.

Com a reforma promovida em 2015 na Lei de Arbitragem e com a promulgação do novo Código de Processo Civil, o direito brasileiro passou a tratar da maneira satisfatória a cooperação entre árbitros e Poder Judiciário para o cumprimento de medidas cautelares por meio da carta arbitral. Esse instrumento complementa o regime legal acerca das medidas de urgência, assegurando a sua eficácia no país.

Talvez em razão da boa solução do direito interno brasileiro para a tutela cautelar, não tenha havido pelas instituições de arbitragem nacionais, de forma geral, a previsão do árbitro de emergência em seus regulamentos. O tempo para que o árbitro de emergência decida a tutela requerida termina por ser maior do que aquele geralmente utilizado pelo Poder Judiciário, em razão da necessidade de nomeação de árbitro de emergência, possibilidades de impugnação e a oitiva da outra parte (considerando-se que há, em geral, resistência à concessão de medidas cautelares *ex parte*). Entretanto, na experiência internacional, a faculdade de uma das partes recorrer ao árbitro de emergência não exclui a possibilidade de utilizar o Poder Judiciário para apreciar medidas cautelares e, desta forma, sua previsão em instituições pátrias não traria qualquer prejuízo para o regime legalmente previsto e franquearia mais uma opção para a parte que tem necessidade de acautelar seu direito ou o resultado útil da arbitragem.

Portanto, o regime brasileiro de medidas cautelares em arbitragem é dotado de certeza e previsibilidade, além de ser eficaz sejam em medidas preparatórias determinadas pelo juízo estatal, seja em medidas incidentais determinadas pelos próprios árbitros e cumpridas, se necessário, com o auxílio do Poder Judiciário por meio da carta arbitral. Constitui, portanto, um importante fator para criar um ambiente seguro para a realização de arbitragens domésticas e para fixar o país como local para realização de arbitragens internacionais.

7. REFERÊNCIAS BIBLIOGRÁFICAS

BERALDO, Leonardo de Faria. *Curso de arbitragem*. São Paulo: Atlas, 2014.

BLACKABY, Nigel; PARTASIDES, Constantine; REDFERN, Alan; HUNTER, Martin. *Redfern and Hunter on international arbitration*. 6. ed. Oxford: Oxford University Press, 2015.

BORN, Gary B. *International Arbitration*: Law and Practice. 2. ed. The Hague: Kluwer Law International, 2015.

_____. *International Commercial Arbitration*: Cases and Materials. 2. ed. The Hague: Kluwer Law International, 2015.

_____. *International Commercial Arbitration*. 2. ed. The Hague: Kluwer Law International, 2014.

CATRAMBY, Alexandre Spínola. *Das relações entre o tribunal arbitral e o Poder Judiciário para a adoção de medidas cautelares*. Rio de Janeiro: Lumen Juris, 2012.

CHARTERED INSTITUTE OF ARBITRATORS INTERNATIONAL. Arbitration Practice Guideline – Applications for Interim Measures. London: CIArb, 2015. p. 27-28. Disponível em: <http://www.ciarb.org/docs/default-source/ciarbdocuments/guidance-and--ethics/practice-guidelines-protocols-and-rules/international-arbitration-guidelines--2015/2015applicationinterimmeasures.pdf?sfvrsn=20>.

DUNMORE, Michael. The Use of Emergency Arbitration Provisions. *Asian Dispute Review*, Hong Kong, July 2015.

GARCEZ, José Maria Rossani. Medidas cautelares e de antecipação de tutela na arbitragem. In: FERRAZ, Rafaella; MUNIZ, Joaquim de Paiva. *Arbitragem doméstica e internacional*: estudos em homenagem ao Prof. Theóphilo de Azeredo Santos. Rio de Janeiro: Forense, 2008.

LIMA, Renata Faria Silva; REZENDE, Lídia Helena Souza. O novo regulamento de arbitragem da CCI: o árbitro de emergência e o ordenamento jurídico brasileiro. *Revista de Arbitragem*, Belo Horizonte, ano 2, n. 4, p. 48.

NALIN, Paulo; PUGLIESE, William Soares. Tutelas provisórias emitidas pelo Poder Judiciário brasileiro em apoio à arbitragem. *Revista Brasileira de Arbitragem*, São Paulo, v. 13, n. 50, 2016.

PAULSSON, Marike R. P. *The 1958 New York Convention in Action*. The Hague: Kluwer Law International, 2016.

PETROV, Yaroslav. *JKX vs. Ukraine: An Update on the Enforcement of Emergency Arbitrator's Award*. Kluwer Arbitration Blog, 12 de agosto de 2016. Disponível em: <http://kluwerarbitrationblog.com/2016/08/12/jkx-vs-ukraine-an-update-on-the-enforcement-of--emergency-arbitrators-award/>.

RUBINO-SAMMARTANO, Mauro. *International Arbitration*: law and practice. 2. ed. The Hague: Kluwer Law International, 2001.

SAVAGE, John; GAILLARD, Emmanuel. *Fouchard Gaillard Goldman on International Commercial Arbitration*. The Hague: Kluwer Law International, 1999.

VAN DEN BERG, Albert Jan. *Yearbook Commercial Arbitration 2016*. The Hague: Kluwer Law International, 2016. v. 41.

YESILIRMAK, Ali. *Provisional measures in international commercial arbitration*. 2003. Tese (Doutorado) – Queen Mary College, University of London.

TUTELA PROVISÓRIA NA ARBITRAGEM E NOVO CÓDIGO DE PROCESSO CIVIL: TUTELA ANTECIPADA E TUTELA CAUTELAR, TUTELA DE URGÊNCIA E TUTELA DA EVIDÊNCIA, TUTELA ANTECEDENTE E TUTELA INCIDENTAL

JOSÉ ANTONIO FICHTNER

ANDRÉ LUÍS MONTEIRO

Sumário: 1. Introdução – 2. Direito processual aplicável à arbitragem – 3. Arbitragem, institutos processuais reconhecidos na sede da arbitragem e o Novo Código de Processo Civil – 4. Tutela provisória no novo Código de Processo Civil e arbitragem: 4.1. Primeiras noções sobre a nova disciplina da tutela provisória; 4.1.1. Processo judicial; 4.1.2. Arbitragem – 4.2. Tutela provisória de urgência: regime unificado: 4.2.1. Pressupostos para concessão; 4.2.1.1. Processo judicial; 4.2.1.2. Arbitragem – 4.2.2. Contracautela: 4.2.2.1. Processo judicial; 4.2.2.2. Arbitragem – 4.2.3. Concessão inaudita altera parte: 4.2.3.1. Processo judicial; 4.2.3.2. Arbitragem – 4.2.4. Concessão da tutela provisória após audiência de justificação prévia: 4.2.4.1. Processo judicial; 4.2.4.2. Arbitragem – 4.2.5. Irreversibilidade da medida: 4.2.5.1. Processo judicial; 4.2.5.2. Arbitragem – 4.2.6. Atipicidade dos meios de efetivação da tutela provisória: 4.2.6.1. Processo judicial; 4.2.6.2. Arbitragem – 4.2.7. Responsabilidade do autor pela efetivação da tutela provisória: 4.2.7.1. Processo judicial; 4.2.7.2 Arbitragem – 4.2.8. Tutela provisória *ex officio*? – 4.2.8.1. Processo judicial: 4.2.8.2. Arbitragem – 4.2.9. Revogabilidade da tutela provisória: 4.2.9.1. Processo judicial; 4.2.9.2. Arbitragem – 4.2.10. Fundamentação da decisão que examina o pedido de tutela provisória: 4.2.10.1. Processo judicial; 4.2.10.2. Arbitragem – 4.2.11. Fungibilidade entre as modalidades de tutela provisória: 4.2.11.1. Processo judicial; 4.2.11.2. Arbitragem – 4.2.12. Competência para concessão da tutela provisória e consagração da regra da *translatio iudicii*: 4.2.12.1. Processo judicial; 4.2.12.2. Arbitragem – 4.2.13. Especificidades do procedimento da tutela provisória de urgência antecipada antecedente: 4.2.13.1. Processo judicial: 4.2.13.2. Arbitragem – 4.2.14. Especificidades do procedimento da tutela provisória de urgência cautelar antecedente: 4.2.14.1. Processo judicial:

4.2.14.2. Arbitragem – 4.2.15. Tutela provisória da evidência: 4.2.15.1. Processo judicial: 4.2.15.2. Arbitragem – 4.2.16. Estabilização da tutela e arbitragem: 4.2.16.1. Processo judicial; 4.2.16.2. Arbitragem – 5. Conclusão.

1. INTRODUÇÃO

Após duas décadas de vigência, a Lei de Arbitragem brasileira sofreu sua primeira reforma, com a promulgação da Lei 13.129/2015. A iniciativa de modificar a Lei 9.307/1996 – oriunda do Anteprojeto proposto por Carlos Alberto Carmona, Pedro A. Batista Martins e Selma M. Ferreira Lemes, como ápice da *Operação Arbiter*, conduzida por Petronio Muniz – em um primeiro momento preocupou a comunidade dedicada à arbitragem, em razão dos inegáveis avanços obtidos na matéria no período de vigência da lei original.

A Comissão de Juristas dedicada à Reforma da Lei de Arbitragem, presidida pelo Ministro Luís Felipe Salomão e formada majoritariamente por pessoas que reconheciam a necessidade de preservar as conquistas obtidas, encontrou espaço para tratar de temas que haviam atingido a maturidade necessária na comunidade jurídica brasileira, como a arbitrabilidade envolvendo entes públicos, a arbitrabilidade em conflitos societários, a interrupção da prescrição na arbitragem, as medidas urgentes na arbitragem, a sentença parcial, um instrumento formal de comunicação entre árbitros e juízes estatais (carta arbitral).

Na mesma época, promulgou-se também no País o Novo Código de Processo Civil (Lei 13.105/2015 – advinda, com modificações, do Anteprojeto redigido pela Comissão de Juristas presidida pelo Ministro Luiz Fux e relatada pela Professora Teresa Arruda Alvim Wambier), trazendo diversas novidades ao sistema processual civil brasileiro. Apresenta-se bastante oportuno, na quadra atual, investigar as inter-relações eventualmente existentes entre estas duas novidades.

Por um lado, é correto dizer que o procedimento descrito no estatuto processual civil estatal não se aplica, obrigatória e automaticamente, salvo escolha expressa pelas partes contratantes, à arbitragem. Não obstante, por outro lado, parece impossível negar que existe uma interação entre o sistema arbitral e o sistema processual da sede da arbitragem[1], o que se mostra evidente, especialmente por conta da disciplina espartana presente da própria lei de arbitragem, dos regulamentos de arbitragem e também das convenções de arbitragem. Talvez um dos pontos em que esta interação seja mais perceptível seja no trato das medidas urgentes na arbitragem.

A Lei de Arbitragem brasileira – após a Reforma – dedica apenas dois dispositivos ao trato das medidas de urgência na arbitragem. Segundo o art. 22-A da Lei, "antes de instituída a arbitragem, as partes poderão recorrer ao Poder Judiciário para a concessão de medida cautelar ou de urgência". O parágrafo único desse mesmo dispositivo estatui que "cessa a eficácia da medida cautelar ou de urgência se a parte interessada não requerer

---

[1] Proveitoso nesse sentido o trabalho de: PARENTE, Eduardo de Albuquerque. *Processo arbitral e sistema*. São Paulo: Saraiva, 2012. passim.

a instituição da arbitragem no prazo de 30 (trinta) dias, contado da data de efetivação da respectiva decisão". O art. 22-B, por sua vez, prevê que "instituída a arbitragem, caberá aos árbitros manter, modificar ou revogar a medida cautelar ou de urgência concedida pelo Poder Judiciário". Por fim, o parágrafo único deste dispositivo dispõe que "estando já instituída a arbitragem, a medida cautelar ou de urgência será requerida diretamente aos árbitros".

Como se vê, a Lei de Arbitragem brasileira não dispõe sobre os pressupostos para concessão de medidas de urgência nem estabelece os meios que estão à disposição do tribunal arbitral para permitir a efetivação das decisões proferidas, bem como não apresenta disciplina específica a respeito do chamado "árbitro de emergência", previsto com razoável frequência nos regulamentos de instituições arbitrais nacionais e estrangeiras. Por essa razão, a busca por modelos já testados e reconhecidos no sistema processual da sede da arbitragem representa uma alternativa útil. Neste trabalho, pretende-se apresentar o regime da tutela provisória inaugurado pelo Novo Código de Processo Civil e examinar a interação desse regime oriundo do processo civil estatal com a arbitragem, apontando identidades e diferenças, quando cabível, bem como provocando a reflexão sobre temas que podem se mostrar complexos teórica e praticamente.

2. DIREITO PROCESSUAL APLICÁVEL À ARBITRAGEM

O processo judicial é marcado pelo princípio da territorialidade da lei processual, segundo o qual a lei processual aplicável ao processo judicial é, necessariamente, aquela em vigor no local em que o julgador exerce a jurisdição (*lex fori*). Nesse sentido, o art. 1.º do Novo Código de Processo Civil estabelece que "o processo civil será ordenado, disciplinado e interpretado conforme os valores e as normas fundamentais estabelecidos na Constituição da República Federativa do Brasil, observando-se as disposições deste Código". Não há, no processo judicial, possibilidade de as partes elegerem o direito processual aplicável ao caso.

Na arbitragem é diferente. As partes possuem liberdade para eleger o Direito aplicável não apenas à convenção de arbitragem e ao mérito do litígio como também ao próprio processo arbitral. Essa possibilidade decorre da interpretação do § 1.º do art. 2.º da Lei de Arbitragem, segundo o qual "poderão as partes escolher, livremente, as regras de direito que serão aplicadas na arbitragem, desde que não haja violação aos bons costumes e à ordem pública"[2]. Não se trata de nenhuma peculiaridade da arbitragem brasileira, pois essa possibilidade de escolha do Direito aplicável ao processo arbitral é largamente reconhecida[3].

Segundo Gary Born, na omissão das partes quanto ao direito processual aplicável, "the various issues encompassed by the procedural law of the arbitration (both 'inter-

---

[2] BAPTISTA, Luiz Olavo. *Arbitragem comercial e internacional*. São Paulo: Lex, 2011. p. 194. Em sentido semelhante: DINAMARCO, Cândido Rangel. *Arbitragem na teoria geral do processo*. São Paulo: Malheiros, 2013. p. 45-46.

[3] FOUCHARD, Philippe; GAILLARD, Emmanuel; GOLDMAN, Berthold. *International commercial arbitration*. Edited by Emmanuel Gaillard e John Savage. The Hague: Kluwer, 1999. p. 647.

nal' and 'external') will be governed by the law of the arbitral seat"[4]. O papel da sede da arbitragem – ou seja, o instituto que relaciona juridicamente a arbitragem a um local específico, normalmente uma cidade e/ou país[5] – não se resume a servir de elemento de conexão subsidiário para fins de definição do Direito processual aplicável à arbitragem[6]. A sede da arbitragem, dentre outras coisas, serve também de limitador à aplicação do Direito escolhido pelas partes caso essa escolha importe, em alguma medida, violação da ordem pública tal como entendida naquele local.

3. ARBITRAGEM, INSTITUTOS PROCESSUAIS RECONHECIDOS NA SEDE DA ARBITRAGEM E O NOVO CÓDIGO DE PROCESSO CIVIL

Conforme estabelecido no item anterior, a arbitragem não se submete, integralmente, ao princípio da territorialidade da lei processual, de modo que as partes podem eleger o Direito processual aplicável à arbitragem. Como dificilmente as partes acordam expressamente a respeito do Direito processual aplicável ao processo arbitral, cumpre ficar atento ao Direito processual da sede da arbitragem, especialmente no que diz respeito às disposições de ordem pública processual. Nesse sentido, importa perquirir em que medida essa preocupação se relaciona à disciplina constante da legislação processual estatal da sede da arbitragem destinada a reger os processos judiciais. No Brasil, a pergunta seria simples: o Novo Código de Processo aplica-se à arbitragem sediada em território brasileiro?

Preliminarmente, como já se adiantou acima, cumpre deixar bem claro que o procedimento descrito no estatuto processual civil estatal não se aplica, obrigatória e automatica-

---

[4] BORN, Gary B. *International commercial arbitration*. Alphen aan den Rijn: Kluwer, 2009. v. I, p. 1327. Idem: DOLINGER, Jacob; TIBURCIO, Carmen. *Direito internacional privado*: arbitragem comercial internacional. Rio de Janeiro: Renovar, 2003. p. 79.

[5] Para fins de perfeito entendimento da questão, cumpre esclarecer que a sede da arbitragem, na lição de Gary Born, é "the legal domicile or judicial home of the arbitration", o que, na prática, significa que "the arbitral seat will be the state that the parties have specified in their arbitration agreement as the place of arbitration (or that the arbitrators or an arbitral institution have selected, in the absence of agreement between the parties, as the place of arbitration)" (BORN, Gary B. *International commercial arbitration*. Alphen aan den Rijn: Kluwer, 2009. v. I, p. 1240).

[6] Na doutrina nacional, Adriana Braghetta explica que "o estudo da sede, do ponto de vista jurídico, tem repercussão para: (i) a definição de nacionalidade do laudo com reflexos na execução; (ii) definição da competência do Judiciário para controle do laudo via ação de nulidade; (iii) a lei da sede tem papel subsidiário para regular a validade da convenção arbitral; e (iv) a lei da sede também desempenha papel importante nas disposições procedimentais imperativas, que podem representar limitações à vontade das partes na escolha de instituições, na escolha de árbitros ou mesmo na atuação de advogados, entre outros" (BRAGHETTA, Adriana. A importância da sede da arbitragem. In: LEMES, Selma Ferreira; CARMONA, Carlos Alberto; MARTINS, Pedro Batista (Coord.). *Arbitragem*: estudos em homenagem ao Prof. Guido Fernando da Silva Soares. São Paulo: Atlas, 2007. p. 25). De forma semelhante: GABBY, Daniela Monteiro; MAZZONETTO, Nathalia; KOBAYASHI, Patrícia Shiguemi. Desafios e cuidados na redação das cláusulas de arbitragem. In: BASSO, Maristela; POLIDO, Fabrício Bertini Pasquot (Org.). *Arbitragem comercial*: princípio, instituições e procedimentos: a prática da CAM-CCBC. São Paulo: Marcial Pons, 2013. p. 111.

mente, à arbitragem[7]. Assim, *v.g.*, o prazo e a forma de apresentação da defesa no processo judicial, tal como disposto no Novo Código de Processo Civil, não serão aplicados na arbitragem, em que será observado o procedimento descrito na convenção de arbitragem, no regulamento de arbitragem ou no termo de arbitragem. Na omissão das partes, caberá aos árbitros definir esse procedimento. Da mesma maneira, a ordem e o rito de colheita das provas disposto no diploma processual civil estatal não incidirão na arbitragem.

Não obstante essa inaplicabilidade do procedimento descrito no Novo Código de Processo Civil à arbitragem, os sistemas processual e arbitral não são completamente independentes. Isso porque existe uma relação próxima entre a arbitragem e os institutos processuais reconhecidos na sede da arbitragem. O que se quer dizer é que o procedimento descrito no diploma processual civil estatal não se confunde com os institutos processuais reconhecidos na sede da arbitragem, alguns deles previstos nos códigos de processo civil e outros não. Enquanto o procedimento descrito na legislação processual para os processos judiciais não se aplica na arbitragem, os institutos processuais reconhecidos na sede da arbitragem possuem relevante influência no processo arbitral, pois eles integram o Direito processual da sede da arbitragem e algumas vezes a desconsideração desses institutos poderá redundar em ofensa à ordem pública processual da sede.

Assim, por exemplo, o princípio da não autoincriminação vigorará ou não na arbitragem a depender do seu reconhecimento e extensão na sede da arbitragem[8]. Da mesma forma,

---

[7] Também assim: CARMONA, Carlos Alberto. *Arbitragem e processo*. 3. ed. São Paulo: Atlas, 2009. p. 289; CARMONA, Carlos Alberto. Em torno do árbitro. *Revista de Arbitragem e Mediação*, São Paulo: RT, ano 8, n. 28, p. 49, jan.-mar. 2011; PINTO, José Emilio Nunes. Anotações práticas sobre a produção de prova na arbitragem. In: FINKELSTEIN, Cláudio; VITA, Jonathan B.; CASADO FILHO, Napoleão (Coord.). *Arbitragem internacional*: Unidroit, Cisg e direito brasileiro. São Paulo: Quartier Latin, 2010. p. 83; e MAGALHÃES, José Carlos de. O risco de processualização da arbitragem. Disponível em:<http://www.jcmadvs.com.br/download/artigos/processualizacao_arbitragem.pdf>. Acesso em: 1.º jun. 2016; LOPES, João Batista. A prova no direito processual civil. 3. ed. São Paulo: RT, 2007, p. 180. Em sentido um pouco diverso, admitindo aplicação subsidiária: DINAMARCO, Cândido Rangel. *Arbitragem na teoria geral do processo*. São Paulo: Malheiros, 2013. p. 46.

[8] No Brasil, o art. 379 do Novo Código de Processo Civil estatui que "preservado o direito de não produzir prova contra si própria, incumbe à parte: I – comparecer em juízo, respondendo ao que lhe for interrogado; II – colaborar com o juízo na realização de inspeção judicial que for considerada necessária; III – praticar o ato que lhe for determinado". A primeira parte do dispositivo consagra o princípio da não autoincriminação no âmbito do processo civil. Há dúvida na doutrina, porém, a respeito da sua extensão na seara processual civil. Nelson Nery Junior e Rosa Maria de Andrade Nery, em interpretação ampla, explicam que "não se pode exigir da parte, em processo contraditório, que faça afirmações que poderiam beneficiar a parte contrária e atuar em detrimento do declarante, vale dizer, não se pode exigir da parte que produza prova contra si mesma" (NERY JUNIOR, Nelson; NERY, Rosa Maria de Andrade. *Comentários ao Código de Processo Civil*. São Paulo: RT, 2016. p. 1.009-1.010). Em sentido contrário, reduzindo bastante o alcance do dispositivo antes referido, Luiz Guilherme Marinoni, Sérgio Cruz Arenhart e Daniel Mitidiero afirmam que "a referência ao direito de não produzir prova contra si deve ser compreendido no contexto de todo o código", sendo certo que "não existe no âmbito civil um 'direito geral de não produzir prova contra si', semelhante ao direito contra a autoincriminação criminal" (MARINONI, Luiz Guilherme; ARENHART, Sérgio Cruz; MITIDIERO, Daniel. *Novo Código de Processo Civil*

a possibilidade de realização na arbitragem do procedimento probatório conhecido como *discovery* dependerá do seu reconhecimento ou não na sede da arbitragem. Observe-se, ainda, que, na ausência de disposição de lei específica na legislação arbitral, não se admitiria a possibilidade de concessão de medidas de urgência pelos árbitros caso o instituto da tutela provisória (antecipada ou cautelar) não fosse reconhecido na sede da arbitragem. O ônus da prova, caso não disposto na própria lei de arbitragem, seguirá a regra do Direito processual da sede da arbitragem (naqueles ordenamentos, como o brasileiro[9], em que o instituto do ônus da prova é reconhecido como matéria de direito processual e não de direito material).

*É importante sempre registrar que, d*esde que não importe em violação da ordem pública processual da sede da arbitragem, a vontade das partes pode alterar essa relação, bastando que as partes estabeleçam disposições em sentido contrário na convenção de arbitragem, no regulamento de arbitragem ou no termo de arbitragem. De toda forma, essa é a regra geral a ser observada, ou seja, a sede da arbitragem cria um laço entre a disciplina do processo arbitral e os institutos processuais reconhecidos na sede da arbitragem. E é exatamente por essa relação entre a arbitragem e os institutos processuais reconhecidos na sede da arbitragem que se mostra importante analisar as alterações estabelecidas pelo Novo Código de Processo Civil, de modo a se entender o que nessa nova disciplina representa, de fato, o reconhecimento de novos institutos processuais no Brasil e, nos casos positivos, em que medida eles podem repercutir no processo arbitral brasileiro.

4. TUTELA PROVISÓRIA NO NOVO CÓDIGO DE PROCESSO CIVIL E ARBITRAGEM

4.1. Primeiras noções sobre a nova disciplina da tutela provisória

4.1.1. Processo judicial

O Novo Código de Processo Civil dedica um livro inteiro ao trato da chamada tutela provisória, composto por um pouco menos do que 20 (vinte) dispositivos. A re-

---

comentado. São Paulo: RT, 2015. p. 404). Reduzindo ainda mais a abrangência desse dispositivo, confira-se o entendimento de William Santos Ferreira: "A parte só está autorizada a não produzir prova contra si, para observar a garantia constitucional nos casos em que a prova poderia ser utilizada para acusação da parte no âmbito criminal" (FERREIRA, William Santos. Provas. In: WAMBIER, Teresa Arruda Alvim; DIDIER JR., Fredie; TALAMINI, Eduardo; DANTAS, Bruno (Coord.). *Breves comentários ao novo Código de Processo Civil*. São Paulo: RT, 2015. p. 1.024).

[9] Nesse sentido, confiram-se os seguintes trabalhos: ARRUDA ALVIM, José Manoel de. *Curso de direito processual civil*. São Paulo: RT, 1971. v. I, p. 119; ARRUDA ALVIM, José Manoel de. *Manual de direito processual civil*. 12. ed. São Paulo: RT, 2008. v. 2, p. 470; LOPES, João Batista. *A prova no direito processual civil*. 3. ed. São Paulo: RT, 2007. p. 28; REGO, Hermenegildo de Souza. *Natureza das normas sobre prova*. São Paulo: RT, 1985. p. 120; ARRUDA ALVIM, José Manoel de; MICHELI, Gian Antonio; FORNACIARI JÚNIOR, Clito; PELUSO, Antonio Cezar. O ônus da prova e o direito intertemporal. In: WAMBIER, Luiz Rodrigues; WAMBIER, Teresa Arruda Alvim (Org.). *Doutrinas essenciais*: processo civil. São Paulo: RT, 2011. p. 743. Na doutrina internacional, confira-se o trabalho de: MORELLI, Gaetano. *Derecho procesal civil internacional*. Traducción de Santiago Sentis Melendo. Buenos Aires: EJEA, 1953. p. 38.

levância da tutela provisória se assenta em duas questões muitas vezes coincidentes: (i) impedir que o tempo destrua aquilo que o ordenamento jurídico idealiza proteger e (ii) inverter o ônus processual pela demora da prestação jurisdicional definitiva (este ônus normalmente é suportado pelo autor, mas a concessão de uma tutela provisória pode fazê-lo recair sobre os ombros do réu, invertendo a equação tempo-benefício entre os sujeitos do processo). Esses objetivos possuem profunda relação com os mandamentos constitucionais do acesso à justiça e da duração razoável do processo[10].

A tutela provisória descrita do Novo Código de Processo Civil assenta-se na concessão de tutela com base em cognição sumária não definitiva. Trata-se de cognição sumária porque o julgador decide a seu respeito antes do término da fase instrutória, normalmente *inaudita altera parte* ou logo após a apresentação de defesa. Na prática, a decisão é tomada, em regra, com base no exame de meras provas documentais, não obstante se possa determinar a realização de audiência de justificação prévia para complementação das provas documentais. Trata-se, ademais, de cognição não definitiva porque, em regra, depende do seu reexame em decisão posterior – normalmente na sentença – e não se sujeita à coisa julgada material[11].

O Novo Código criou uma classificação da tutela provisória razoavelmente diversa daquela prevista no Código de Processo Civil de 1973. O Código revogado possuía (i) regras disciplinando a tutela antecipada *lato sensu*, algumas delas disciplinando a tutela antecipada *stricto sensu* (art. 273) e outras regrando a tutela específica das obrigações de dar, fazer e de não fazer (arts. 461 e 461-A) e (ii) regras disciplinando a tutela cautelar (arts. 796 a 889). A tutela antecipada apenas poderia ser concedida incidentalmente. Já tutela cautelar, em caráter antecedente ou incidental.

Em linhas gerais, pode-se dizer que a doutrina tradicional considerava que no primeiro caso – tutela antecipada – a tutela provisória era satisfativa, antecipando-se o próprio bem jurídico ao final pleiteado; enquanto no último caso – tutela cautelar – se tratava de tutela provisória não satisfativa, destinada a resguardar o resultado útil do processo. Como exemplo de tutela antecipada, vale mencionar a imissão na posse, a revisão de termos contratuais, a declaração de inexistência de relação jurídica, a construção de muro de arrimo entre duas propriedades, a cessação da poluição de um rio, a abstenção ao desenvolvimento de certa atividade, a determinação de continuação do cumprimento de obrigações contratuais etc. Como exemplos de tutela cautelar, podemos citar a suspensão dos efeitos de deliberação assemblear, o arresto, o sequestro, o arrolamento de bens etc.

---

[10] A esse respeito, Nelson Nery Junior e Rosa Maria de Andrade Nery, destacando o primeiro aspecto, ensinam que "a CF 5.º XXXV prevê que nenhuma ameaça ou lesão de direito pode ser subtraída da apreciação judicial. A garantia constitucional do direito de ação significa que todos têm direito de obter do Poder Judiciário a tutela jurisdicional adequada. Por tutela adequada deve-se entender a tutela que confere efetividade ao pedido, sendo causa eficiente para evitar-se a lesão (ameaça) ou causa eficiente para reparar-se a lesão (violação)" (NERY JUNIOR, Nelson; NERY, Rosa Maria de Andrade. *Comentários ao Código de Processo Civil*. São Paulo: RT, 2016. p. 849).

[11] A esse respeito, Arruda Alvim leciona que "as medidas de urgência são, todas, provisórias, pois dependem de confirmação por uma sentença de mérito superveniente" (ARRUDA ALVIM, José Manoel de. *Novo contencioso cível no CPC/2015*. São Paulo: RT, 2016. p. 171).

O Novo Código mudou bastante esta estrutura, principalmente sob o ponto de vista organizacional. Segundo o Novo Código, há a tutela provisória e a tutela definitiva. No âmbito da tutela provisória, há a tutela de urgência e a tutela da evidência. Na esfera da tutela de urgência, há a tutela antecipada e a tutela cautelar, sendo certo que ambas as modalidades de tutela provisória podem ser ainda classificadas em tutela antecedente e tutela incidental. A tutela da evidência, segundo a posição até então mais conservadora na doutrina, não comporta ramificações. Esquematicamente, poder-se-ia desenhar a tutela jurisdicional prevista no Novo Código de Processo Civil da seguinte forma:

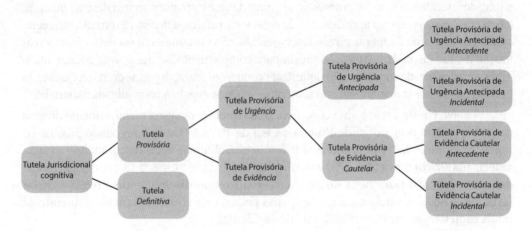

A grande divisão da tutela provisória entre tutela antecipada e tutela cautelar foi em parte mantida e em parte unificada[12]. No que diz respeito aos pressupostos para concessão, a disciplina foi unificada, exigindo-se em ambos os casos a demonstração da "probabilidade do direito" (*fumus boni iuris*) e do "perigo de dano ou o risco ao resultado útil do processo" (*periculum in mora*). Em relação, porém, ao procedimento da tutela provisória de urgência antecedente, o Novo Código criou regramento diverso a depender do caso, dispondo sobre a tutela antecipada nos arts. 303 e 304 e sobre a tutela cautelar nos arts. 305 a 310. Na unificação das tutelas provisórias de urgência, portanto, pode-se dizer que o Novo Código de Processo Civil não *atravessou o Rubicão*[13].

---

[12] WAMBIER, Teresa Arruda Alvim; CONCEIÇÃO, Maria Lúcia Lins; RIBEIRO, Leonardo Ferres da Silva; MELLO, Rogerio Licastro Torres de. *Primeiros comentários ao novo Código de Processo Civil*. São Paulo: RT, 2015. p. 499.

[13] WAMBIER, Teresa Arruda Alvim; CONCEIÇÃO, Maria Lúcia Lins; RIBEIRO, Leonardo Ferres da Silva; MELLO, Rogerio Licastro Torres de. *Primeiros comentários ao novo Código de Processo Civil*. São Paulo: RT, 2015. p. 487; MARINONI, Luiz Guilherme; ARENHART, Sérgio Cruz; MITIDIERO, Daniel. *Novo Código de Processo Civil comentado*. São Paulo: RT, 2015. p. 306; NERY JUNIOR, Nelson; NERY, Rosa Maria de Andrade. *Comentários ao Código de Processo Civil*. São Paulo: RT, 2016. p. 842; MEDINA, José Miguel Garcia. *Novo Código de Processo Civil comentado*. São Paulo: RT, 2015. p. 457.

4.1.2. Arbitragem

Na arbitragem, as medidas de urgência também se destinam a impedir que o tempo destrua aquilo que o ordenamento jurídico idealiza proteger e inverter o ônus processual pela demora da prestação jurisdicional definitiva. Tal como no processo judicial, também na arbitragem a decisão que concede uma medida de urgência é tomada com base em cognição sumária, ostenta a característica da provisoriedade e não se sujeita à coisa julgada material. A classificação criada pelo Novo Código de Processo Civil pode ser, em parte, utilizada na arbitragem. Assim, é possível falar em tutela definitiva e tutela provisória, em tutela antecipada e tutela cautelar, bem como em tutela antecedente e tutela incidental. No que tange à tutela provisória antecedente à arbitragem, como se trata de uma faculdade da parte e não prerrogativa exclusiva do Poder Judiciário, cumpre registrar que a decisão a este respeito pode ser conferida tanto pelo Poder Judiciário ou, quando convencionado pelas partes, mesmo que por simples adesão aos regulamentos de determinadas instituições arbitrais, pelo "árbitro de emergência". O tema da tutela da evidência e a tese da estabilização da tutela provisória serão examinados mais adiante.

Considerando-se a classificação acima esquematizada e narrada, pretende-se, nos próximos itens, examinar as principais características de cada uma dessas espécies de tutela jurisdicional provisória e, a partir disso, relacionar cada um desses pontos à arbitragem.

4.2. Tutela provisória de urgência: regime unificado

4.2.1. Pressupostos para concessão

4.2.1.1. Processo judicial

No Código de Processo Civil de 1973 havia, ao menos literalmente, uma distinção entre os pressupostos autorizadores da tutela antecipada e da tutela cautelar. No primeiro caso, consoante a previsão do art. 273, o juiz poderia conceder a tutela antecipada quando houvesse "verossimilhança das alegações" e "fundado receio de dano irreparável ou de difícil reparação". O § 3.º do art. 461, ao tratar da tutela antecipada nas obrigações de dar, fazer e não fazer, estatuía que o juiz poderia conceder a tutela específica liminarmente quando fosse "relevante o fundamento da demanda" e houvesse "justificado receio de ineficácia do provimento final".

No que tange à tutela cautelar, o Código Buzaid, no art. 798, autorizava a concessão de medida cautelar inominada quando houvesse "fundado receio de que uma parte, antes do julgamento da lide, cause ao direito da outra lesão grave e de difícil reparação". Diante dos textos legais, havia quem entendesse que os pressupostos autorizadores dessas medidas seriam diversos, exigindo-se mais para a concessão da tutela antecipada do que para o deferimento da tutela cautelar. O Superior Tribunal de Justiça chegou a decidir que "a tutela cautelar reclama aparência (*fumus boni juris*) e a tutela satisfativa, evidência (prova inequívoca conducente à verossimilhança da alegação)"[14]. Nunca nos pareceu, na verdade, que havia essa diferença[15].

---

[14] STJ, 1.ª T., REsp 766.236/PR, Min. Luiz Fux, j. 11.12.2007, *DJ* 04.08.2008.

[15] ARRUDA ALVIM, José Manoel de. *Novo contencioso cível no CPC/2015*. São Paulo: RT, 2016. p. 172-173.

O Novo Código de Processo Civil unificou o tratamento dos pressupostos necessários à concessão da tutela provisória de urgência (antecipada e cautelar). Segundo o art. 300 do novo diploma processual civil, "a tutela de urgência será concedida quando houver elementos que evidenciem a probabilidade do direito e o perigo de dano ou o risco ao resultado útil do processo". Os pressupostos para concessão da tutela provisória de urgência (antecipada ou cautelar) são, pois, "a probabilidade do direito" e "o perigo de dano ao processo", o que poderia ser mais bem sintetizado nas clássicas e universais fórmulas do *fumus boni iuris* e do *periculum in mora*[16]. Presentes esses pressupostos, o julgador *deve* (não há faculdade)[17] conceder a tutela provisória.

O *fumus boni iuris* estará caracterizado se o juiz se convencer, a partir das alegações e provas presentes nos autos, de que é provável que o autor venha a se sagrar vencedor naquele litígio, tenha o pleito natureza satisfativa (tutela antecipada) ou natureza conservativa (tutela cautelar)[18]. O *periculum in mora* estará presente caso o juiz se convença, a partir das alegações e provas presentes nos autos, de que o tempo necessário à concessão da tutela definitiva representa uma ameaça à perfeita fruição do bem jurídico pretendido pelo autor, tenha o pleito natureza satisfativa (tutela antecipada) ou natureza conservativa (tutela cautelar)[19].

Não obstante a unificação dos pressupostos, a doutrina continua a defender, em sua maioria, a existência de distinções ontológicas entre tutela provisória *antecipada* e tutela provisória *cautelar*. Enquanto a tutela antecipada é *satisfativa*, a tutela cautelar é *conservativa*[20]. A tutela antecipada permite a fruição imediata do bem jurídico que o autor pretende lhe seja reconhecido ao final do processo, examinando-se, para tanto, o próprio direito material em disputa. Já a tutela cautelar permite a preservação dos resultados práticos que o processo pretende alcançar, sem que, para tanto, se analise com profundidade o direito material em jogo e, por conseguinte, sem que se ponha o autor desde logo no uso do bem jurídico ao final almejado. Pode-se dizer que na cautelar protege-se para satisfazer; enquanto na tutela antecipada satisfaz-se para proteger[21].

Assim, quando, diante de uma ameaça de dissipação de bens por parte do réu, o julgador concede um pedido de arrolamento de bens (tutela provisória cautelar), o autor não passará a usufruir daqueles bens imediatamente. Observe-se que estes bens podem nem mesmo fazer parte da pretensão do autor em si mesmo considerada, mas apenas

---

[16] WAMBIER, Teresa Arruda Alvim; CONCEIÇÃO, Maria Lúcia Lins; RIBEIRO, Leonardo Ferres da Silva; MELLO, Rogerio Licastro Torres de. *Primeiros comentários ao novo Código de Processo Civil*. São Paulo: RT, 2015. p. 498.

[17] NERY JUNIOR, Nelson; NERY, Rosa Maria de Andrade. *Comentários ao Código de Processo Civil*. São Paulo: RT, 2016. p. 858.

[18] MARINONI, Luiz Guilherme; ARENHART, Sérgio Cruz; MITIDIERO, Daniel. *Novo Código de Processo Civil comentado*. São Paulo: RT, 2015. p. 312.

[19] MEDINA, José Miguel Garcia. *Novo Código de Processo Civil comentado*. São Paulo: RT, 2015. p. 472.

[20] MEDINA, José Miguel Garcia. *Novo Código de Processo Civil comentado*. São Paulo: RT, 2015. p. 455.

[21] WAMBIER, Teresa Arruda Alvim; CONCEIÇÃO, Maria Lúcia Lins; RIBEIRO, Leonardo Ferres da Silva; MELLO, Rogerio Licastro Torres de. *Primeiros comentários ao novo Código de Processo Civil*. São Paulo: RT, 2015. p. 488.

representar a garantia de solvência do réu em uma futura execução. O autor pode estar buscando a condenação do réu ao pagamento de indenização por danos morais, razão pela qual a pretensão autoral em si nada se relaciona aos bens dissipados. Porém, a manutenção desses bens sob a titularidade do réu é a garantia de que o autor, caso se sagre vencedor na demanda, poderá fazer recair a execução da decisão sobre esses bens a fim de aliená-los e obter daí o montante indenizatório devido. Mira-se, pois, nesse caso, garantir o resultado do processo, o provimento é conservativo.

Por outro lado, quando o julgador concede um pedido de reintegração de posse liminarmente (tutela provisória antecipada) contra determinado réu invasor, o autor do pedido passará a usufruir imediatamente do próprio bem jurídico perseguido em sua pretensão principal, ou seja, a posse mansa e pacífica daquele determinado bem. Trata-se aqui, efetivamente, de antecipação dos efeitos da decisão que ao final, caso procedente o pedido, seria outorgada ao autor em definitivo. Não se objetiva aqui preservar o resultado futuro do processo, mas conceder ao autor a fruição imediata do bem jurídico que corresponde à sua pretensão principal. Neste caso, portanto, o provimento é satisfativo.

4.2.1.2. *Arbitragem*

Na arbitragem, a concessão de tutela provisória deve observar também os requisitos do *fumus boni iuris* e do *periculum in mora*. A Lei de Arbitragem brasileira poderia dispor diversamente a respeito desses requisitos, mas preferiu silenciar a respeito. Por essa razão, devem-se buscar esses requisitos no Direito processual brasileiro (sede da arbitragem). Destaque-se que o *fumus boni iuris* e o *periculum in mora* não são requisitos para a concessão de tutela provisória na arbitragem porque se aplicaria ao processo arbitral o Código de Processo Civil. O fundamento não é exatamente este, mas sim o fato de que esses requisitos integram o Direito processual brasileiro. Coincidentemente esses requisitos estão dispostos no estatuto processual civil, mas poderiam não estar e ainda assim se aplicariam à arbitragem.

A distinção entre tutela provisória de urgência *antecipada* e tutela provisória de urgência *cautelar* também se aplica, teoricamente, na arbitragem, mas as consequências práticas dessa distinção são, na verdade, reduzidas. Tal como no processo judicial, a tutela provisória de urgência antecipada se destina a satisfazer, desde logo, o direito que o autor pretende ver reconhecido por ocasião a prolação da sentença arbitral, permitindo-lhe o uso do bem jurídico almejado desde já. A tutela provisória de urgência cautelar pretende assegurar o resultado útil do processo arbitral, mas não confere ao autor, antecipadamente, o bem jurídico objeto de sua pretensão. Como os requisitos para concessão dessas duas espécies de tutela provisória são os mesmos, inclusive na arbitragem, a distinção acaba se limitando ao campo acadêmico.

4.2.2. Contracautela

4.2.2.1. *Processo judicial*

O § 1.º do art. 300 estabelece que, "para a concessão da tutela de urgência, o juiz pode, conforme o caso, exigir caução real ou fidejussória idônea para ressarcir os danos que a outra parte possa vir a sofrer, podendo a caução ser dispensada se a parte economicamente hipossuficiente não puder oferecê-la". Convencendo-se o juiz da necessidade de conceder a tutela provisória, mas receoso dos danos que a sua efetivação possa causar ao réu[22], o Código estabelece a faculdade de o julgador exigir do autor a apresentação de caução, o que normalmente é designado pela doutrina especializada de contracautela[23].

A caução pode ser real ou fidejussória, cabendo ao julgador examinar qual dessas modalidades é mais adequada para assegurar o ressarcimento do réu a respeito de eventuais prejuízos, devendo-se levar em conta, para tanto, a liquidez da caução e as possibilidades à disposição do autor do pedido. A exigência de contracautela não pode ser de tal forma excessiva que inviabilize ou impossibilite a efetivação da tutela provisória pelo autor. Afinal, o réu sempre terá à sua disposição a possibilidade de cobrar do autor as perdas e danos pelos eventuais prejuízos decorrentes da tutela provisória, nas hipóteses descritas no art. 302 do Novo Código.

4.2.2.2. *Arbitragem*

Na arbitragem, os árbitros também podem condicionar a concessão e/ou efetivação da tutela provisória ao oferecimento de contracautela pelo requerente, real ou fidejussória. É de dizer que, caso os árbitros não tenham determinado a apresentação de contracautela e o destinatário da tutela provisória não cumpra a decisão espontaneamente, será necessário contar com o auxílio do Poder Judiciário para efetivar a decisão dos árbitros à força. Nesse momento, o juiz togado poderá exigir contracautela, pois o juiz togado possui competência para decidir matérias relacionadas exclusivamente à execução da medida, desde que isso não importe em alteração do mérito da decisão concessiva de tutela provisória proferida pelo tribunal arbitral.

4.2.3. Concessão *inaudita altera parte*

4.2.3.1. *Processo judicial*

O § 2.º do art. 300 do Código estatui que "a tutela de urgência pode ser concedida liminarmente ou após justificação prévia". O Código utiliza o advérbio *liminarmente* para se referir à possibilidade de o julgador conceder a tutela provisória *inaudita altera parte*, ou seja, antes mesmo de ser conferida ao réu a oportunidade de se manifestar sobre o pedido do autor, o que é corroborado pelos incisos I e II do parágrafo único do art. 9.º do Código.

Trata-se de uma flexibilização ao princípio do contraditório, já que a decisão será proferida em desfavor de quem ainda não teve a oportunidade de se manifestar. Isso significa que a concessão da tutela provisória sem oitiva da outra parte requer uma fundamentação especial, evidenciando a relevância dos motivos que autorizam a concessão da medida *inaudita altera parte*, tudo dentro do poder do juiz de dirigir o processo.

---

[22]   MEDINA, José Miguel Garcia. *Novo Código de Processo Civil comentado*. São Paulo: RT, 2015. p. 474.

[23]   ARRUDA ALVIM, José Manoel de. *Novo contencioso cível no CPC/2015*. São Paulo: RT, 2016. p. 176.

Essa possibilidade, portanto, é rigorosamente compatível com o ordenamento jurídico brasileiro, ao menos quando ficar caracterizado no caso concreto que o tempo necessário à oitiva do réu poderá comprometer fatalmente o direito potencialmente tutelado[24]. Nesses casos, sacrifica-se temporariamente o princípio do contraditório para privilegiar o princípio da efetividade do processo, preservando-se, neste juízo de proporcionalidade, a compatibilidade constitucional da medida[25].

4.2.3.2. *Arbitragem*

Como o Direito processual brasileiro admite a concessão de tutela provisória *inaudita altera parte*, os árbitros também poderão se valer da possibilidade de deferir tutela provisória antes mesmo da oitiva do requerido. Essa possibilidade se mostra bastante relevante em relação ao chamado árbitro de emergência, previsto em alguns regulamentos de arbitragem. Entretanto, mesmo no curso da arbitragem, após a constituição do tribunal arbitral, pode surgir uma emergência demonstrada em condições que justifiquem a concessão de tutela provisória *inaudita altera parte*. A decisão do árbitro de emergência ou do tribunal arbitral que conceda tutela provisória *inaudita altera parte* não viola, *per se*, o princípio da contraditório.

Considerando, porém, a flexibilidade procedimental na arbitragem e, por conseguinte, a facilidade com que partes e árbitros podem se comunicar – via telefone, *e-mail* etc. –, é de se esperar e exigir muito cuidado na concessão tutela provisória sem a oitiva da parte contrária. Muitas vezes, a designação de audiência especial (audiência de justificação prévia) no prazo de 48 (quarenta e oito) horas para tratar apenas e tão somente do pedido liminar, mesmo que realizada por *conference call*, se mostra mais adequada, caso isso não importe em inocuidade da tutela provisória requerida. No caso de concessão *inaudita altera parte*, os árbitros devem providenciar o mais brevemente possível a oportunidade para o requerido se manifestar e, nessa hipótese, tratar de apreciar seus argumentos com urgência para fins de confirmar, modificar ou revogar a tutela provisória deferida.

4.2.4. Concessão da tutela provisória após audiência de justificação prévia

4.2.4.1. *Processo judicial*

Não sendo o caso de concessão liminar da tutela provisória, o julgador pode designar a chamada *audiência de justificação prévia*, tenha a tutela provisória natureza antecipada ou cautelar[26]. A audiência de justificação prévia é uma audiência especialmente designada em que o julgador, valendo-se do princípio da oralidade e do princípio da identidade física, poderá colher mais elementos para tomada de sua decisão, seja interrogando di-

---

[24]   MEDINA, José Miguel Garcia. *Novo Código de Processo Civil comentado*. São Paulo: RT, 2015. p. 475.

[25]   NERY JUNIOR, Nelson; NERY, Rosa Maria de Andrade. *Comentários ao Código de Processo Civil*. São Paulo: RT, 2016. p. 858.

[26]   WAMBIER, Teresa Arruda Alvim; CONCEIÇÃO, Maria Lúcia Lins; RIBEIRO, Leonardo Ferres da Silva; MELLO, Rogerio Licastro Torres de. *Primeiros comentários ao novo Código de Processo Civil*. São Paulo: RT, 2015. p. 500.

retamente o autor, seja permitindo a apresentação de mais provas, notadamente provas testemunhais[27], com o intuito exclusivo de checar tempestivamente[28] se os pressupostos autorizadores da tutela provisória estão presentes[29].

A audiência de justificação prévia pode ser designada a qualquer momento no processo, já que o pedido de tutela provisória pode ser pleiteado igualmente a qualquer momento do processo[30]. No caso de tutela provisória requerida antes da integração do réu à relação processual – ou seja, antes de sua citação –, entendemos que o julgador pode designar audiência de justificação prévia apenas com a presença do autor ou mesmo com a presença do réu, que deverá ser citado e intimado apenas para comparecer a esta audiência, tudo a depender do grau de urgência envolvido no caso. O mais importante é permitir que se possam colher elementos suficientes para que eventual direito ameaçado seja adequadamente protegido.

4.2.4.2. Arbitragem

A realização de audiência prévia à concessão de medidas de urgência na arbitragem constitui uma prática bastante comum na arbitragem. Com efeito, dada a flexibilidade procedimental da arbitragem, a designação de audiência especial (audiência de justificação prévia), mesmo que realizada por *conference call*, se mostra bastante adequada. Diante da facilidade de comunicação entre árbitros e partes, dificilmente será o caso de agendar uma audiência especial sem a presença de ambas as partes. Todavia, em situações realmente excepcionalíssimas, em que não se logre êxito em localizar o requerido e que, ainda assim, a realização da audiência se mostre adequada e justificável, a audiência especial pode ser realizada apenas com a presença do requerente. Em seguida, evidentemente, os árbitros deverão tomar todas as medidas possíveis para garantir a oitiva da parte contrária.

4.2.5. Irreversibilidade da medida

4.2.5.1. Processo judicial

O § 3.º do art. 300 do novo diploma processual civil dispõe que "a tutela de urgência de natureza antecipada não será concedida quando houver perigo de irreversibilidade dos efeitos da decisão". A princípio, o mencionado dispositivo impede que a tutela provisória seja concedida quando houver risco de irreversibilidade, o que faz todo sentido em se tratando de medidas de natureza provisória, concedidas com base em cognição sumária. Este risco de irreversibilidade estará mais presente nas tutelas provisórias *antecipadas*, mas não parece lícito afastar *a priori* esse risco nas tutelas provisórias *cautelares*[31].

---

[27] MEDINA, José Miguel Garcia. *Novo Código de Processo Civil comentado*. São Paulo: RT, 2015. p. 475.

[28] ARRUDA ALVIM, José Manoel de. *Novo contencioso cível no CPC/2015*. São Paulo: RT, 2016. p. 174.

[29] MEDINA, José Miguel Garcia. *Novo Código de Processo Civil comentado*. São Paulo: RT, 2015. p. 475.

[30] MARINONI, Luiz Guilherme; ARENHART, Sérgio Cruz; MITIDIERO, Daniel. *Novo Código de Processo Civil comentado*. São Paulo: RT, 2015. p. 313.

[31] WAMBIER, Teresa Arruda Alvim; CONCEIÇÃO, Maria Lúcia Lins; RIBEIRO, Leonardo Ferres da Silva; MELLO, Rogerio Licastro Torres de. *Primeiros comentários ao novo Código de Processo*

A irreversibilidade mencionada é uma irreversibilidade fática e não jurídica. Afinal, toda e qualquer decisão é juridicamente reversível até que ela seja imunizada pela coisa soberanamente julgada (ou seja, coisa julgada material formada após o decurso do prazo de ajuizamento da ação rescisória)[32]. É interessante observar que existe dúvida na doutrina em saber se a possibilidade de reparação em dinheiro do prejuízo sofrido pelo réu em razão da concessão da tutela provisória seria suficiente para caracterizar como reversível a situação no plano fático[33].

É preciso muito cuidado na adoção da fórmula segundo a qual tudo que é passível de conversão em perdas e danos é reversível. Construída tal premissa, rigorosamente nada, então, seria irreversível, pois praticamente tudo no mundo jurídico pode ser objeto de apreciação pecuniária, bastando pensar no exemplo das indenizações por danos morais decorrentes de violações a direitos da personalidade. A verdade é que muitas vezes a reparação por perdas e danos funciona como uma substituição imperfeita ao bem jurídico que se perdeu. Sob o ponto de vista financeiro, pode-se até enxergar identidade, mas esse encaixe perfeito não existe no mundo ontológico.

Podem ocorrer situações em que a não concessão da tutela provisória também pode causar uma alteração irreversível no mundo dos fatos, mas desta vez em prejuízo do autor, e não do réu. Nesses casos, o julgador se deparará, na realidade, com duas irreversibilidades fáticas em sentidos opostos, uma que poderá decorrer do deferimento da medida provisória (em prejuízo do réu) e outra que poderá advir do indeferimento da mesma medida (em prejuízo do autor)[34].

Essas situações existem no dia a dia, não há controvérsia sobre isso. O complexo é definir um critério adequado de solução desse *conflito de irreversibilidades fáticas*. Nesses casos, não há muitas alternativas, o julgador deverá realizar mesmo uma ponderação de valores, interesses e direitos em jogo para verificar, no caso concreto, qual é o bem jurídico mais relevante que deve ser preservado, ainda que isso possa causar irreversibilidade fática em prejuízo de uma das partes do processo[35], conforme já decidido, inclusive, pelo Superior Tribunal de Justiça[36].

    Civil. São Paulo: RT, 2015. p. 501.

[32] WAMBIER, Teresa Arruda Alvim; CONCEIÇÃO, Maria Lúcia Lins; RIBEIRO, Leonardo Ferres da Silva; MELLO, Rogerio Licastro Torres de. *Primeiros comentários ao novo Código de Processo Civil*. São Paulo: RT, 2015. p. 501. Idem: NERY JUNIOR, Nelson; NERY, Rosa Maria de Andrade. *Comentários ao Código de Processo Civil*. São Paulo: RT, 2016. p. 859 e MEDINA, José Miguel Garcia. *Novo Código de Processo Civil comentado*. São Paulo: RT, 2015. p. 476.

[33] Em sentido negativo: ARRUDA ALVIM, José Manoel de. *Novo contencioso cível no CPC/2015*. São Paulo: RT, 2016. p. 175. Em sentido positivo: MEDINA, José Miguel Garcia. *Novo Código de Processo Civil comentado*. São Paulo: RT, 2015. p. 476.

[34] WAMBIER, Teresa Arruda Alvim; CONCEIÇÃO, Maria Lúcia Lins; RIBEIRO, Leonardo Ferres da Silva; MELLO, Rogerio Licastro Torres de. *Primeiros comentários ao novo Código de Processo Civil*. São Paulo: RT, 2015. p. 501.

[35] ARRUDA ALVIM, José Manoel de. *Novo contencioso cível no CPC/2015*. São Paulo: RT, 2016. p. 173; e WAMBIER, Teresa Arruda Alvim; CONCEIÇÃO, Maria Lúcia Lins; RIBEIRO, Leonardo Ferres da Silva; MELLO, Rogerio Licastro Torres de. *Primeiros comentários ao novo Código de Processo Civil*. São Paulo: RT, 2015. p. 501.

[36] STJ, 3.ª T., REsp 801.600/CE, Min. Sidnei Beneti, j. 15.12.2009, *DJ* 18.12.2009.

4.2.5.2. Arbitragem

A irreversibilidade fática da medida também é um requisito (negativo) que se aplica à tutela provisória requerida na arbitragem. Em outras palavras, a concessão da tutela provisória na arbitragem também está sujeita ao obstáculo da irreversibilidade fática. É de destacar, novamente, que o requisito negativo da irreversibilidade não se aplica na arbitragem porque esteja presente no Código de Processo Civil, mas sim porque integra a própria natureza da tutela provisória, tal como entendida no Direito processual brasileiro. A provisoriedade pressupõe reversibilidade, pois, do contrário, seria definitividade e aí o ordenamento jurídico não admitiria o risco de concessão de decisões definitivas com base em cognição meramente sumária.

De toda forma, também na arbitragem pode ocorrer uma situação de *conflito de irreversibilidades fáticas*, em que tanto o deferimento da tutela provisória quanto o seu indeferimento causem irreversibilidade no plano dos fatos. Nesses casos, os árbitros deverão realizar uma ponderação de interesses, bens jurídicos e direitos e optar, num juízo de proporcionalidade, pelo mal menor. A irreversibilidade fática, portanto, cede também na arbitragem diante da relevância do direito a ser protegido e da gravidade da urgência a ser contornada. O juízo de valor a respeito da irreversibilidade da medida é exclusividade dos árbitros, razão pela qual, em regra, se trata de aspecto também insuscetível de controle pelo Poder Judiciário.

4.2.6. Atipicidade dos meios de efetivação da tutela provisória

4.2.6.1. Processo judicial

O art. 497 do Novo Código dispõe que "o juiz poderá determinar as medidas que considerar adequadas para efetivação da tutela provisória". Pouco depois, o art. 301 do mesmo Código estabelece que "a tutela de urgência de natureza cautelar pode ser efetivada mediante arresto, sequestro, arrolamento de bens, registro de protesto contra alienação de bem e qualquer outra medida idônea para asseguração do direito".

Estes dispositivos representam a adoção, generalizada, da atipicidade dos meios de efetivação da tutela provisória, o que confere grande liberdade ao julgador para escolher e determinar aquele meio que melhor se encaixe ao resultado prático almejado na hipótese *sub judice*[37]. Há, pois, uma grande liberdade na escolha do meio processual mais adequado para garantir a efetividade da tutela provisória, sendo certo que o juiz, nessa escolha, pode deferir aquele meio processual requerido expressamente pela parte beneficiária da tutela provisória ou determinar a efetivação por qualquer outro meio escolhido *ex officio*. Não há vinculação do juiz ao meio processual requerido pela parte[38].

---

[37] MEDINA, José Miguel Garcia. *Novo Código de Processo Civil comentado*. São Paulo: RT, 2015. p. 782.

[38] STJ, 3.ª T., REsp 1.178.500/SP, Min. Nancy Andrighi, j. 04.12.2012, *DJ* 18.12.2012.

Trata-se, em outras palavras, do reconhecimento do que também poderíamos denominar de "cláusula geral de efetividade da tutela"[39], o que engloba tanto as medidas de natureza antecipada quanto as medidas de natureza cautelar[40]. Observe-se que nada impede que o juiz empregue, num primeiro momento, um determinado meio de efetivação da tutela provisória e, depois, a depender da eficiência desse meio, adote uma outra técnica, mais rigorosa ou mais branda. Em casos graves de descumprimento manifestamente doloso, o julgador pode até remeter cópias dos autos ao Ministério Pública para fins de apuração de crime de desobediência[41].

4.2.6.2. *Arbitragem*

O árbitro também detém total liberdade para escolher o meio processual mais adequado para efetivar a tutela provisória concedida no processo arbitral. Aplica-se, pois, na arbitragem a designada "cláusula geral de efetividade da tutela", sendo certo que o tribunal arbitral não está vinculado ao pedido da parte – especificamente – em relação ao meio processual necessário à efetivação da medida.

O meio processual de efetivação da medida pode ser determinado *ex officio*. Assim, o requerente pode ter solicitado ao tribunal arbitral, por exemplo, a imposição de uma multa diária para coagir o requerido a entregar-lhe determinado bem móvel, mas os árbitros acabem por achar mais adequado determinar diretamente a busca e apreensão (deferida pelos árbitros, mas executada com o apoio do Poder Judiciário). Não há nenhuma ilegalidade.

Caso o requerido não cumpra espontaneamente a decisão concessiva da tutela provisória, será necessária a cooperação do Poder Judiciário para efetivá-la à força. O deferimento ou não do pedido de tutela provisória, contudo, é da competência exclusiva do tribunal arbitral, não devendo o Poder Judiciário, em regra, se imiscuir no exame da presença ou não dos requisitos – *fumus boni iuris* e *periculum in mora* – necessários ao deferimento da tutela provisória[42].

4.2.7. Responsabilidade do autor pela efetivação da tutela provisória

4.2.7.1. *Processo judicial*

O art. 302 do novo estatuto processual dispõe que "independentemente da reparação por dano processual, a parte responde pelo prejuízo que a efetivação da tutela de urgência causar à parte adversa, se: I – a sentença lhe for desfavorável; II – obtida liminarmente a tutela

---

[39] ARRUDA ALVIM, José Manoel de. *Novo contencioso cível no CPC/2015*. São Paulo: RT, 2016. p. 178.

[40] MARINONI, Luiz Guilherme; ARENHART, Sérgio Cruz; MITIDIERO, Daniel. *Novo Código de Processo Civil comentado*. São Paulo: RT, 2015. p. 313; e NERY JUNIOR, Nelson; NERY, Rosa Maria de Andrade. *Comentários ao Código de Processo Civil*. São Paulo: RT, 2016. p. 860.

[41] ARRUDA ALVIM, José Manoel de. *Novo contencioso cível no CPC/2015*. São Paulo: RT, 2016. p. 178.

[42] TALAMINI, Eduardo. Arbitragem e a tutela provisória no Código de Processo Civil de 2015. *Revista de Arbitragem e Mediação*, São Paulo, ano 12, n. 46, jul.-set. 2015. Disponível em: <http://www.revistadostribunais.com.br>. Acesso em: 7 jun. 2016.

em caráter antecedente, não fornecer os meios necessários para a citação do requerido no prazo de 5 (cinco) dias; III – ocorrer a cessação da eficácia da medida em qualquer hipótese legal; IV – o juiz acolher a alegação de decadência ou prescrição da pretensão do autor".

Este dispositivo garante ao réu a possibilidade de responsabilizar o autor, em razão de algumas circunstâncias, pelos danos que aquele tenha sofrido em razão da efetivação da tutela provisória. Há dúvida na doutrina em saber se essa responsabilidade do autor pelos prejuízos causados é objetiva[43] ou subjetiva[44]. A maioria da doutrina que até então comentou o Novo Código de Processo Civil considera que a responsabilidade (processual) do autor pelos danos causado ao réu pela efetivação da tutela provisória é objetiva, contanto que, evidentemente, incidam uma das hipóteses dos incisos I a IV do art. 302 do novo diploma processual. Trata-se de posicionamento tradicional, que também se repetia sob a égide do revogado Código de 1973.

No âmbito do Superior Tribunal de Justiça, a partir da interpretação que se dava à questão sob a égide do Código de Processo Civil de 1973, a jurisprudência pacificamente entendia que se tratava de responsabilidade objetiva[45]. A questão é realmente interessante e torna-se ainda mais complexa considerando-se duas circunstâncias. Primeiramente, a lei processual não afirma expressamente que se trata de responsabilidade (processual) objetiva, pois não utiliza expressões como "independentemente de culpa" ou "responde objetivamente", tradicionais em textos legais a esse respeito. Ademais, parece realmente inadequado que a parte que tenha obtido de boa-fé uma decisão judicial fundamentada concessiva de tutela provisória seja penalizada objetivamente porque, posteriormente, essa mesma decisão tenha sido revertida fundamentadamente.

4.2.7.2 Arbitragem

Na arbitragem, não há regra específica determinando a responsabilidade objetiva do requerente da medida pelos prejuízos causados ao requerido. Não obstante, como a efetivação forçada da decisão se dará com a cooperação do Poder Judiciário, em um processo judicial, a questão da responsabilidade subjetiva ou objetiva do requerente será objeto de debate.

Não obstante a posição majoritária na doutrina e a jurisprudência do Superior Tribunal de Justiça, construída na vigência do Código de 1973, em favor da responsabilidade

---

[43] ARRUDA ALVIM, José Manoel de. *Novo contencioso cível no CPC/2015*. São Paulo: RT, 2016. p. 176; WAMBIER, Teresa Arruda Alvim; CONCEIÇÃO, Maria Lúcia Lins; RIBEIRO, Leonardo Ferres da Silva; MELLO, Rogerio Licastro Torres de. *Primeiros comentários ao novo Código de Processo Civil*. São Paulo: RT, 2015. p. 503; NERY JUNIOR, Nelson; NERY, Rosa Maria de Andrade. *Comentários ao Código de Processo Civil*. São Paulo: RT, 2016. p. 848-849; e MEDINA, José Miguel Garcia. *Novo Código de Processo Civil comentado*. São Paulo: RT, 2015. p. 484.

[44] MARINONI, Luiz Guilherme; ARENHART, Sérgio Cruz; MITIDIERO, Daniel. *Novo Código de Processo Civil comentado*. São Paulo: RT, 2015. p. 314.

[45] STJ, 3.ª T., REsp 1.236.874/RJ, Min. Nancy Andrighi, j. 11.12.2012, *DJ* 19.12.2012; STJ, 4.ª T., REsp 1.191.262/DF, Min. Luis Felipe Salomão, j. 25.09.2012, *DJ* 16.10.2012; STJ, 3.ª T., REsp 1.327.056/PR, Min. Nancy Andrighi, j. 24.09.2013, *DJ* 02.10.2013; STJ, 3.ª T., REsp 127.498/RJ, Min. Waldemar Zveitar, j. 20.05.1997, *DJ* 22.09.1997.

objetiva do requerente pelos prejuízos causados ao requerido, ousamos entender que se trata de responsabilidade subjetiva. Primeiramente, há que se registrar que não há, na lei, disposição expressa tratando o fenômeno como hipótese de responsabilidade objetiva, pois não se utilizam expressões como "independentemente de culpa" ou "responde objetivamente", tradicionais em textos legais a esse respeito.

Como se não bastasse, parece realmente inadequado que a parte que tenha obtido de boa-fé uma decisão arbitral fundamentada, concessiva de tutela provisória, seja depois penalizada objetivamente porque outra decisão também fundamentada a tenha alterado ou revogado. Tenha-se em conta que tanto em processos arbitrais quanto em processos judicias, complexas questões de fato e de direito são submetidas a árbitros e juízes, comportando decisões com soluções diferentes e, em alguns casos, até mesmo em sentido opostos.

A decisão concessiva da tutela provisória proferida pelo tribunal arbitral legitima, juridicamente, a efetivação da medida, razão pela qual a sua atuação no mundo dos fatos, a partir da iniciativa do requerente, não possui nada de ilícito. Demonstrado, porém, que o requerente agiu de má-fé, caracterizam-se o ato ilícito e a culpa do requerente, tudo a autorizar a sua responsabilidade pelos prejuízos causados ao requerido pela efetivação da medida.

Independentemente de se adotar a tese da responsabilidade subjetiva ou objetiva, dúvida que surge na arbitragem consiste em saber se esses prejuízos deverão ser liquidados pelos árbitros nesta mesma arbitragem, por árbitros em uma outra arbitragem ou pelo Poder Judiciário, nos mesmos autos judiciais em que a decisão concessiva da tutela provisória tenha sido efetivada. Tendemos a sustentar essa última opção, já que o prejuízo terá decorrido da efetivação da decisão concessiva da tutela provisória realizada no âmbito judicial.

4.2.8. Tutela provisória *ex officio*?

4.2.8.1. *Processo judicial*

A possibilidade de concessão de tutela provisória *ex officio* na vigência do Código de Processo Civil de 1973 dependia da natureza da tutela. Caso se tratasse de tutela provisória *antecipada*, não era possível a concessão de ofício, pois o *caput* do art. 273 do Código revogado exigia expressamente "requerimento da parte". Já na hipótese de tutela provisória *cautelar* era possível a concessão sem requerimento da parte.

A justificativa para essa diferença, além dos termos legais, estava em que a tutela provisória *antecipada* dizia respeito ao próprio bem jurídico pleiteado pelo autor, envolvendo alto grau de satisfatividade, razão pela qual não poderia o juiz agir de ofício, sob pena de violar o princípio da inércia da jurisdição. A tutela antecipada, em outras palavras, dizia respeito mais estritamente aos interesses particulares da parte. Já na tutela provisória *cautelar*, pretendia-se, na verdade, a garantia de que o processo alcançaria o seu resultado útil. Almejava-se, pois, uma finalidade pública, relacionada à conservação da eficácia do processo e não, exatamente, a satisfação do direito das partes. Por conta desse viés público que circundava a tutela provisória cautelar, admitia-se a sua concessão *ex officio* pelo juiz, inclusive o Superior Tribunal de Justiça[46].

---

[46] STJ, 3.ª T., REsp 1.178.500/SP, Min. Nancy Andrighi, j. 04.12.2012, *DJ* 18.12.2012; e STJ, 3.ª T., REsp 777.293/RS, Min. Paulo Furtado, j. 09.02.2010, *DJ* 24.02.2010.

O Novo Código de Processo Civil não dispõe explicitamente sobre a necessidade de "requerimento da parte" e nem autoriza expressamente a concessão "de ofício" de tutela provisória. Na doutrina, já há divergências a respeito, alguns entendendo que ao menos a tutela cautelar pode ser concedida *ex officio*[47] e outros entendendo que nenhuma modalidade de tutela provisória pode ser concedida de ofício[48].

Parece exagerado admitir a possibilidade de o Poder Judiciário conceder tutela provisória *antecipada* independentemente de pedido da parte. Isso representaria uma indevida e excessiva intervenção do Estado na vida privada, como se o cidadão fosse incapaz de agir por conta própria, além de repercussões sérias no âmbito do quesito imparcialidade. De outra forma, todavia, exigir o requerimento da parte para a concessão de tutela provisória *cautelar* poderia também sujeitar o próprio processo – e, portanto, o ofício jurisdicional – a um desenvolvimento inócuo, o que igualmente não é desejado.

4.2.8.2. Arbitragem

A posição tradicional do ordenamento jurídico brasileiro consiste em não admitir a concessão de tutela provisória de urgência antecipada *ex officio*, mas apenas mediante requerimento da parte. A dúvida, inaugurada pelo Novo Código de Processo Civil, é saber se a tutela provisória de urgência cautelar ainda pode ser concedida de ofício, como ocorria no Código Buzaid. O que se pode dizer, com toda a certeza, é que não se admite na arbitragem com sede no Brasil a concessão de ofício pelo tribunal arbitral de tutela provisória de urgência *antecipada*. Essa possibilidade violaria o princípio da inércia da arbitragem, o princípio da livre iniciativa das partes na arbitragem e, possivelmente, o dever de imparcialidade dos árbitros.

4.2.9. Revogabilidade da tutela provisória

4.2.9.1. Processo judicial

O art. 296 do Novo Código estabelece que "a tutela provisória conserva sua eficácia na pendência do processo, mas pode, a qualquer tempo, ser revogada ou modificada". Como a tutela provisória é concedida mediante cognição sumária, é natural que esteja mesmo sujeita a modificações a qualquer tempo. O que interessa investigar é em que condições a tutela provisória antes concedida pode ser alterada ou revogada ou, então, em que condições a tutela provisória antes denegada pode ser concedida, no todo ou em parte. Há preclusão *pro iudicato* nesta matéria?

A doutrina costuma entender que a modificação da decisão que tenha examinado a tutela provisória – seja para concedê-la, seja para denegá-la – somente poderia ocorrer diante de uma *situação fática superveniente*, o que envolveria, por exemplo, novos docu-

---

[47] MEDINA, José Miguel Garcia. *Novo Código de Processo Civil comentado*. São Paulo: RT, 2015. p. 484.

[48] MARINONI, Luiz Guilherme; ARENHART, Sérgio Cruz; MITIDIERO, Daniel. *Novo Código de Processo Civil comentado*. São Paulo: RT, 2015. p. 307.

mentos, depoimentos etc.[49]. Esta alteração normalmente diz respeito a novos fatos e/ou novas provas, mas, segundo nos parece, o direito superveniente também pode justificar a modificação dessa decisão, o que engloba não apenas alterações nas leis eventualmente incidentes no caso – respeitadas as normas de Direito Intertemporal – como também e principalmente mudança jurisprudencial relevante.

4.2.9.2. *Arbitragem*

Na arbitragem, a matéria precisa ser enfrentada em três cenários: (i) quando o pedido de tutela provisória é feito ao Poder Judiciário antes de instituída a arbitragem, (ii) quando, por autorização das partes, o pedido de tutela provisória é feito ao "árbitro de emergência", antes da instituição da arbitragem e (iii) quando o pedido de tutela provisória é feito diretamente aos árbitros, depois de instituída a arbitragem.

No primeiro caso, importa dizer que o art. 22-B da Lei de Arbitragem estabelece que, "instituída a arbitragem, caberá aos árbitros manter, modificar ou revogar a medida cautelar ou de urgência concedida pelo Poder Judiciário". Trata-se, como se disse, da hipótese em que uma tutela provisória de urgência é requerida em caráter antecedente ao Poder Judiciário e, depois de instituída a arbitragem, passa a ser reexaminada pelo tribunal arbitral. Neste caso, a decisão judicial deve ser confirmada, modificada ou revogada pelos árbitros sem que seja necessária qualquer alteração no mundo fático, probatório ou jurídico, pois trata-se, na verdade, de conferir a quem de fato possui jurisdição sobre a causa o poder de conceder ou não tutelas provisórias.

Tenha-se como certo, até mesmo pelo verbo utilizado pelo legislador no art. 22-A da Lei de Arbitragem, que o recurso ao Poder Judiciário para obtenção de tutela provisória antecedente à arbitragem é uma faculdade das partes. É inegável, por outro lado, que os árbitros com jurisdição conferida pelas partes para decidir o mérito da arbitragem têm também poder para conhecer e decidir medidas liminares, na forma do parágrafo único do art. 22-B da Lei 9.307/1996. Não há, assim, qualquer óbice a que as partes livremente convencionem a figura do "árbitro de emergência" ou adiram a regulamentos institucionais que contenham a previsão de sua instituição.

Neste caso, instituída a arbitragem, os árbitros possuem o dever de reexaminar a decisão proferida pelo "árbitro de emergência", seja para confirmá-la, modificá-la ou revogá-la, tudo de acordo com o *caput* do art. 22-B da Lei. Também neste caso não há necessidade de qualquer alteração no mundo fático, probatório ou jurídico, pois trata-se,

---

[49] ARRUDA ALVIM, José Manoel de. *Novo contencioso cível no CPC/2015*. São Paulo: RT, 2016. p. 172; WAMBIER, Teresa Arruda Alvim; CONCEIÇÃO, Maria Lúcia Lins; RIBEIRO, Leonardo Ferres da Silva; MELLO, Rogerio Licastro Torres de. *Primeiros comentários ao novo Código de Processo Civil*. São Paulo: RT, 2015. p. 490; MEDINA, José Miguel Garcia. *Novo Código de Processo Civil comentado*. São Paulo: RT, 2015. p. 461; e MITIDIERO, Daniel. Tutela provisória. In: WAMBIER, Teresa Arruda Alvim; DIDIER JR., Fredie; TALAMINI, Eduardo; DANTAS, Bruno (Coord.). *Breve comentários ao novo Código de Processo Civil*. São Paulo: RT, 2015. p. 777.

na verdade, de conferir a quem de fato possui jurisdição sobre a causa – o tribunal arbitral – o poder de conceder ou não tutelas provisórias deferidas pelo "árbitro de emergência".

No que respeita, todavia, à tutela provisória concedida pelos próprios árbitros depois de instituído o processo arbitral, está ela, obviamente, sujeita a alteração ou revogação a qualquer tempo na arbitragem, desde que surja alteração fática superveniente ou direito superveniente (respeitadas, neste último caso, as regras de Direito Intertemporal). Não é possível que a decisão concessiva ou denegatória da tutela provisória seja revista simplesmente porque os árbitros pensaram melhor ou mudaram de ideia, mas apenas diante de novos fatos, novas provas ou direito novo, sob pena de violação ao princípio da segurança jurídica.

Desnecessário dizer que no momento de prolação da sentença arbitral, com a alteração desse quadro, o tribunal arbitral poderá alterar ou revogar a decisão que antes tenha examinado o pedido de tutela provisória.

4.2.10. Fundamentação da decisão que examina o pedido de tutela provisória

4.2.10.1. *Processo judicial*

Segundo o art. 298 do novo diploma processual civil, "na decisão que conceder, negar, modificar ou revogar a tutela provisória, o juiz motivará seu convencimento de modo claro e preciso". Em linha com a previsão constitucional do inciso IX do art. 93, o Novo Código exige que qualquer decisão relacionada à tutela provisória seja adequadamente fundamentada, seja para conceder, modificar, denegar ou revogar o pedido[50].

O Novo Código foi bastante atento em relação ao dever de fundamentação das decisões judiciais, dispondo sobre a matérias em vários dispositivos. Nesse sentido, o art. 11 do Código estabelece que "todos os julgamentos dos órgãos do Poder Judiciário serão públicos, e fundamentadas todas as decisões, sob pena de nulidade". Como se não bastasse, o § 1.º art. 489 estabelece ainda uma lista bastante extensiva de requisitos para que uma decisão seja considerada – *a contrario sensu* – fundamentada.

O § 2.º desse mesmo dispositivo estatui também que "no caso de colisão entre normas, o juiz deve justificar o objeto e os critérios gerais da ponderação efetuada, enunciando as razões que autorizam a interferência na norma afastada e as premissas fáticas que fundamentam a conclusão". No que tange especificamente à tutela provisória, este conjunto de dispositivos significa, em outras palavras, que muitas das fórmulas comumente utilizadas – como, p.ex., a decisão simplesmente fundamentada no sentido de que "presentes os pressupostos legais, defiro a tutela antecipada" – terão que ser repensadas para se adequar ao novo tratamento legal.

---

[50] ARRUDA ALVIM, José Manoel de. *Novo contencioso cível no CPC/2015*. São Paulo: RT, 2016. p. 172.

4.2.10.2. Arbitragem

A Lei de Arbitragem brasileira, no inciso II do art. 26, estatui que "são requisitos obrigatórios da *sentença* arbitral [...] os *fundamentos da decisão*, onde serão analisadas as questões de fato e de direito, mencionando-se, expressamente, se os árbitros julgaram por equidade".

A princípio, poder-se-ia imaginar que o dever de fundamentação na arbitragem como sede no Brasil se estenderia apenas e tão somente às *sentenças*, mas não às ordens processuais (decisões interlocutórias) nem, assim, às decisões concessivas ou denegatórias de tutela provisória. A Lei de Arbitragem, na verdade, disse menos do que prescreve (*lex minus dixit quam voluit*), pois é inegável que o dever de fundamentação se aplica a todos os provimentos com conteúdo decisório na arbitragem.

Com efeito, a decisão que concede, denegue ou altere a tutela provisória deve ser fundamentada. Não se aplica, com exatidão, na arbitragem a lista de requisitos prevista no § 1.º do art. 489 do Novo Código de Processo Civil para fins de se considerar fundamentada ou não uma decisão. De toda forma, a ideologia por trás dessa previsão legal do Novo Código irriga o processo arbitral, de modo que os provimentos com conteúdo decisório na arbitragem devem examinar, precisa e profundamente, os argumentos das partes, expondo logicamente e com referência aos fatos presentes nos autos e ao Direito aplicável as razões pelas quais se entendeu por conceder, denegar ou modificar uma medida de urgência.

4.2.11. Fungibilidade entre as modalidades de tutela provisória

4.2.11.1. Processo judicial

O Código de Processo Civil de 1973 estabelecia, no § 7.º do art. 273, que, "se o autor, a título de antecipação de tutela, requerer providência de natureza cautelar, poderá o juiz, quando presentes os respectivos pressupostos, deferir a medida cautelar em caráter incidental do processo ajuizado". Literalmente, o dispositivo permitia que um pedido formalmente intitulado de tutela antecipada fosse recebido e concedido como um pedido de tutela cautelar. Nada se dizia, porém, a respeito do oposto, isto é, quando um pedido contendo natureza antecipada fosse feito sob as vestes cautelares. Não obstante, a jurisprudência consagrou a chamada fungibilidade de mão dupla entre as tutelas de urgência[51].

O Novo Código de Processo Civil foi mais econômico no trato da matéria. O novo diploma processual dedicou apenas um dispositivo (parágrafo único do art. 305) para tratar da fungibilidade entre as tutelas de urgência. O mencionado dispositivo de lei

---

[51] Nesse sentido, admitindo pedido intitulado de tutela antecipada como tutela cautelar, confira-se: STJ, 2.ª T., REsp 900.064/RS, Min. Mauro Campbell Marques, j. 03.08.2010, *DJ* 24.08.2010; STJ, 2.ª T., REsp 1.011.061/BA, Min. Eliana Calmon, j. 24.03.2009, *DJ* 23.04.2009; STJ, 3.ª T., REsp 627.759/MG, Min. Nancy Andrighi, j. 25.04.2006, *DJ* 08.05.2006. E admitindo pedido intitulado de tutela cautelar como tutela antecipada, examine-se: STJ, 3.ª T., REsp 1.150.334/MG, Min. Massami Uyeda, j. 19.10.2010, *DJ* 11.11.2010; STJ, 4.ª T., REsp 686.209/RS, Min. João Otávio de Noronha, j. 03.11.2009, *DJ* 16.11.2009.

prevê que "caso entenda [o juiz] que o pedido a que se refere o *caput* tem natureza antecipada, o juiz observará o disposto no art. 303". Com efeito, se a parte fizer um pedido que contenha natureza de tutela provisória antecipada, não obstante intitulada tutela provisória cautelar, aplicar-se-á a fungibilidade. Nada se diz da hipótese inversa. Além disso, o dispositivo somente prevê a fungibilidade entre as tutelas requeridas em caráter antecedente, mas não em caráter incidental, o que pode gerar novas dúvidas[52].

Consideramos que há ampla fungibilidade entre as espécies de tutela provisória de urgência, tanto no que diz respeito à natureza (antecipada ou cautelar), quanto no que tange ao momento em que é requerida (em caráter antecedente ou em caráter incidental)[53]. É possível dizer, nesse sentido, que a fungibilidade da tutela provisória de urgência no Novo Código de Processo Civil é uma via de várias mãos, na verdade. Apesar de o Código não dispor literalmente a esse respeito, parece-nos que este entendimento é condizente com a principiologia do novo diploma processual de fazer render os processos, superando irregularidades e aplicando, em máximo grau, o princípio da instrumentalidade das formas.

No que diz respeito à fungibilidade entre a tutela provisória de urgência e a tutela provisória da evidência, a questão parece um pouco mais delicada. Não parece absurdo, porém, imaginar uma hipótese em que a parte apresente um pedido de tutela provisória de urgência antecipada em caráter incidental com base em relevante documentação e o juiz, convencido da evidência do direito do autor, mas sem enxergar qualquer urgência na medida, conceda a tutela provisória da evidência em vez da tutela provisória de urgência antecipada[54].

4.2.11.2. Arbitragem

Na arbitragem aplica-se a fungibilidade entre as espécies de tutela provisória, de modo que, se a parte intitular o seu pedido de tutela cautelar (tutela provisória de urgência cautelar, na linguagem do Novo Código) quando, na verdade, se trata de medida com conteúdo de tutela antecipada (tutela provisória de urgência antecipada, na terminologia do Novo Código), os árbitros estarão autorizados a aplicar a fungibilidade e conceder, caso os requisitos da medida estejam presentes, a tutela satisfativa do direito do requerente (tutela provisória de urgência antecipada). Da mesma forma o inverso, ou seja, se a parte requerer uma providência de índole cautelar sob as vestes de tutela antecipada, o tribunal arbitral poderá, sempre fundamentadamente, conceder a tutela cautelar.

---

[52] Identificando corretamente o problema, confira-se a lição de Luiz Guilherme Marinoni, Sérgio Cruz Arenhart e Daniel Mitidiero: "O novo Código não repetiu com a mesma extensão a regra da fungibilidade entre as tutelas que podem ser obtidas mediante a técnica antecipatória, na medida em que o art. 305, parágrafo único, CPC, refere-se às tutelas provisórias requeridas em caráter antecedente" (MARINONI, Luiz Guilherme; ARENHART, Sérgio Cruz; MITIDIERO, Daniel. *Novo Código de Processo Civil comentado*. São Paulo: RT, 2015. p. 307-308).

[53] ARRUDA ALVIM, José Manoel de. *Novo contencioso cível no CPC/2015*. São Paulo: RT, 2016. p. 181; MARINONI, Luiz Guilherme; ARENHART, Sérgio Cruz; MITIDIERO, Daniel. *Novo Código de Processo Civil comentado*. São Paulo: RT, 2015. p. 307-308 e MEDINA, José Miguel Garcia. *Novo Código de Processo Civil comentado*. São Paulo: RT, 2015. p. 487.

[54] NERY JUNIOR, Nelson; NERY, Rosa Maria de Andrade. *Comentários ao Código de Processo Civil*. São Paulo: RT, 2016. p. 842.

4.2.12. Competência para concessão da tutela provisória e consagração da regra da *translatio iudicii*

4.2.12.1. *Processo judicial*

O art. 299 do Novo Código de Processo Civil estatui que "a tutela provisória será requerida ao juízo da causa e, quando antecedente, ao juízo competente para conhecer do pedido principal". O parágrafo único desse mesmo dispositivo, por sua vez, prevê que "ressalvada disposição especial, na ação de competência originária de tribunal e nos recursos a tutela provisória será requerida ao órgão jurisdicional competente para apreciar o mérito".

A regra, em si, não traz nenhuma novidade, pois esta previsão já existia no Código de Processo Civil de 1973 em relação às medidas cautelares antecedentes. Trata-se do mero estabelecimento de competência, no sentido *liebmaniano* de medida da jurisdição. Como o Novo Código passou a admitir também a tutela provisória de urgência antecipada em caráter antecedente (e não apenas a cautelar antecedente, como fazia o Código revogado), esta regra de competência passou a abranger as duas modalidades de tutela provisória de urgência (antecipada e cautelar).

O aspecto relevante do Novo Código, na verdade, foi o de instituir expressamente no ordenamento jurídico brasileiro a regra da *translatio iudicii*, já bem reconhecida no ordenamento processual italiano por conta da convivência entre as jurisdições judicial e administrativa[55]. O Código revogado estatuía, no § 2.º do art. 113, que, "declarada a incompetência absoluta, somente os atos decisórios serão nulos, remetendo-se os autos ao juiz competente". Isso significava que, reconhecida a incompetência do juízo em que tramitava a causa, os atos decisórios até então tomados eram automaticamente declarados nulos, até que o novo juízo competente pudesse reapreciar as questões já debatidas.

A questão assumia ares de gravidade justamente no trato das medidas de urgência, em que o reconhecimento da incompetência do juízo que havia concedido uma tutela antecipada, por exemplo, redundava na automática declaração de nulidade dessa decisão, expondo a parte até então protegida aos males do tempo[56]. O Novo Código de Processo Civil, porém, alterou essa sistemática e passou a dispor, no § 4.º do art. 64, que, "salvo decisão judicial em sentido contrário, conservar-se-ão os efeitos de decisão proferida pelo juízo incompetente até que outra seja proferida, se for o caso, pelo juízo competente".

---

[55] Segundo Leonardo Greco, autor de um dos primeiros e mais completos trabalhos sobre o tema no Brasil, essa regra "poderia ser definida como a continuidade do processo iniciado no juízo incompetente (ou sem jurisdição, para os italianos) perante o juízo próprio, com a conservação de todos os efeitos produzidos pelos atos processuais praticados na primeira fase" (GRECO, Leonardo. *Translatio iudicii* e reassunção do processo. *Revista de Processo*, São Paulo: RT, v. 166, dez. 2008. Disponível em: <www.revistadostribunais.com.br>. Acesso em: 14 jun. 2016). Confira-se também sobre o tema o trabalho de Leonardo Carneiro da Cunha: CUNHA, Leonardo Carneiro da. A translatio iudicii no projeto do novo código de processo civil brasileiro. Revista de processo. São Paulo: RT, v. 208, jun. de 2012. Disponível em: www.revistadostribunais.com.br. Acessado em: 14.06.2016.

[56] GRECO, Leonardo. *Translatio iudicii* e reassunção do processo. *Revista de Processo*, São Paulo: RT, v. 166, dez. 2008. Disponível em: <www.revistadostribunais.com.br>. Acesso em: 14 jun. 2016.

Este dispositivo consagra a regra da *translatio iudicii*[57]. Trata-se, sem dúvida nenhuma, de ponto positivo do Novo Código.

Especificamente em relação à tutela provisória de urgência (antecipada ou cautelar), esta regra é fundamental, pois, na linha do que defende Leonardo Greco, "no caso de alteração do procedimento perante o mesmo juízo, a eficácia da tutela da urgência estará preservada até que sobrevenha a decisão final da causa ou até que seja ela revista no curso do novo procedimento, respeitado o pressuposto da boa-fé"[58]. Evidentemente que essa regra só deve privilegiar a parte que atuou de boa-fé, o que exige atenção e sensibilidade do julgador[59].

4.2.12.2. Arbitragem

A regra da *translatio iudicii* possui uma relevância muito especial na arbitragem. Isso porque, em situações de urgência, o Poder Judiciário pode acabar sendo provocado para examinar um pedido de tutela provisória antes da instituição da arbitragem. Nesse sentido, o art. 22-A da Lei estabelece que, "antes de instituída a arbitragem, as partes poderão recorrer ao Poder Judiciário para a concessão de medida cautelar ou de urgência". Ocorre que, instituída a arbitragem, há a perda do interesse de agir superveniente em relação ao processo judicial, pois agora o tribunal arbitral examinará o pedido de tutela provisória, seja para confirmar, revogar ou alterar a decisão judicial.

Nesse intervalo, poder-se-ia imaginar que a decisão concessiva de tutela provisória do Poder Judiciário fosse contaminada com nulidade superveniente, em razão do reconhecimento de sua incompetência – na verdade, ausência de jurisdição – para julgar o caso. Isso não corre na arbitragem em razão de três fundamentos. Primeiramente porque se deve interpretar extensivamente o disposto no § 4.º do art. 64 do Novo Código de Processo Civil, de modo a ler o dispositivo no sentido de que salvo decisão judicial em sentido contrário, conservar-se-ão os efeitos de decisão proferida pelo Poder Judiciário até que outra seja proferida, se for o caso, pelo tribunal arbitral.

Ademais, o art. 22-B da Lei de Arbitragem prevê que, "instituída a arbitragem, caberá aos árbitros manter, modificar ou revogar a medida cautelar ou de urgência concedida pelo Poder Judiciário". O texto legal determina a continuidade da eficácia da tutela provisória concedida pelo Poder Judiciário até que o tribunal arbitral mantenha, modifique ou revogue a decisão. Não há, segundo a Lei, solução de continuidade da eficácia da medida de urgência deferida pelo Poder Judiciário pela simples instituição da arbitragem. A solução de continuidade somente se dará a partir de uma decisão dos árbitros, de modo que até lá tudo permanece como está.

Por fim, ainda que não houvesse qualquer dessas previsões legais, a regra da *translatio iudicii* se aplica na arbitragem como corolário do princípio da efetividade do processo

---

[57] MEDINA, José Miguel Garcia. *Novo Código de Processo Civil comentado*. São Paulo: RT, 2015. p. 466.

[58] GRECO, Leonardo. *Translatio iudicii* e reassunção do processo. *Revista de Processo*, São Paulo: RT, v. 166, dez. 2008. Disponível em: <www.revistadostribunais.com.br>. Acesso em: 14 jun. 2016.

[59] GRECO, Leonardo. *Translatio iudicii* e reassunção do processo. *Revista de Processo*, São Paulo: RT, v. 166, dez. 2008. Disponível em: <www.revistadostribunais.com.br>. Acesso em: 14 jun. 2016.

arbitral. Não faz sentido – nunca fez, mesmo no processo judicial – que o direito das partes ou a utilidade do processo ficasse *à* mercê do descumprimento de regras de competência. Na ponderação entre valores, a preservação do direito das partes ou da utilidade prática do processo supera, com folgas, o estrito respeito às regras de competência, de modo que, ainda que determinada por julgador incompetente, a decisão concessiva da tutela provisória sempre manteve hígidos os seus efeitos até que nova decisão fosse prolatada[60].

Destaque-se, ainda, que a regra da *translatio iudicii* se aplica também à decisão concessiva de tutela provisória proferida pelo árbitro de emergência, de modo que a eficácia da decisão se mantém firme até que o tribunal arbitral esteja regularmente constituído e possa confirmar, alterar ou revogar a decisão.

4.2.13. Especificidades do procedimento da tutela provisória de urgência *antecipada* antecedente

4.2.13.1. *Processo judicial*

O Novo Código estabeleceu procedimento idêntico em relação à tutela provisória de urgência *incidental*, pouco importando a natureza antecipada ou cautelar do pedido (há uma exceção em relação à chamada estabilização da tutela provisória, aplicável apenas à medida de natureza antecipada, conforme se verá mais a frente). No que tange, todavia, à tutela provisória de urgência *antecedente*, o Novo Código traçou um procedimento específico para aquelas que detenham natureza *antecipada* e um outro rito determinado para aquelas que detenham natureza *cautelar*. Neste item, examina-se a tutela provisória de urgência *antecipada* antecedente.

É relevante destacar que a possibilidade inaugurada pelo Novo Código de Processo Civil de se permitir o requerimento de tutela provisória de urgência *antecipada* em caráter antecedente certamente é uma das mais relevantes alterações promovidas pelo novo diploma processual civil. De acordo com a letra do Código Buzaid, apenas a tutela cautelar poderia ser requerida em caráter antecedente, mas não a tutela antecipada[61]. De acordo com o Novo Código, ambas as modalidades de tutela provisória de urgência podem agora ser requeridas em caráter incidental[62]. Trata-se de modificação, portanto, digna de aplausos.

Segundo o art. 303 do Código, "nos casos em que a urgência for contemporânea à propositura da ação, a petição inicial pode limitar-se ao requerimento da tutela antecipada e à indicação do pedido de tutela final, com a exposição da lide, do direito que se busca realizar e do perigo de dano ou do risco ao resultado útil do processo". Isso significa que,

---

[60] Também entendendo que a regra da *translatio iudicii* se aplica na cooperação entre Poder Judiciário e árbitro no tema da tutela provisória, confira-se: MEDINA, José Miguel Garcia. *Novo Código de Processo Civil comentado*. São Paulo: RT, 2015. p. 469.

[61] WAMBIER, Teresa Arruda Alvim; CONCEIÇÃO, Maria Lúcia Lins; RIBEIRO, Leonardo Ferres da Silva; MELLO, Rogerio Licastro Torres de. *Primeiros comentários ao novo Código de Processo Civil*. São Paulo: RT, 2015. p. 507.

[62] ARRUDA ALVIM, José Manoel de. *Novo contencioso cível no CPC/2015*. São Paulo: RT, 2016. p. 181.

diante uma urgência envolvendo o próprio bem jurídico em jogo, o autor pode – é uma faculdade – ingressar com uma simples petição perante o juízo competente, requerendo a concessão da tutela provisória[63]. Não se trata, ainda, da petição inicial em sua integralidade[64], em que o autor deverá expor todos os seus argumentos e fazer o pedido de tutela definitiva, mas apenas de uma prévia da petição inicial, contendo apenas e tão somente os argumentos necessários ao pedido de tutela provisória[65].

Distribuída a demanda, o juízo competente poderá, em suma, deferir ou indeferir o pedido de tutela provisória de urgência antecipada antecedente. Segundo o inciso I do § 1.º desse mesmo dispositivo, "concedida a tutela antecipada a que se refere o *caput* deste artigo [...] o autor deverá *aditar* a petição inicial, com a complementação de sua argumentação, a juntada de novos documentos e a confirmação do pedido de tutela final, em 15 (quinze) dias ou em outro prazo maior que o juiz fixar". Isso significa que, deferido o pedido de tutela provisória, o autor deverá aditar aquela prévia de petição inicial e complementar a argumentação até então desenvolvida, bem como apresentar todos os pedidos de tutela definitiva, inclusive o pedido de confirmação da tutela provisória, de modo a transformá-la em verdadeira petição inicial.

Além disso, consoante consta do inciso II do art. 303, deferida a tutela provisória, "o réu será citado e intimado para a audiência de conciliação ou de mediação na forma do art. 334". O réu será citado, então, para comparecer à audiência de conciliação ou de mediação e intimado a respeito da decisão liminar deferida, de modo que possa cumpri-la espontaneamente e, ainda, recorrer da decisão, caso seja de seu interesse[66].

Segundo nos parece, é possível que o juiz, em vez de deferir ou indeferir o pedido de tutela provisória, determine a realização de audiência de justificação prévia ou, então, determine que o réu se manifeste exclusivamente sobre o pedido de tutela provisória, de modo que nesse último caso a citação será para integrá-lo à relação processual e permitir a sua manifestação a respeito do pedido de tutela provisória antes que o juiz efetivamente decida a questão. Apesar desse procedimento não estar exatamente descrito no Novo Código, não nos parece que haja qualquer irregularidade em adotá-lo. Apesar da ausência de previsão legal, réu poderá também apresentar manifestação a respeito do pedido de tutela provisória feito pelo autor, ainda que não tenha sido instado a fazê-lo, pleiteando a reconsideração da decisão pelo juiz.

Na forma do § 2.º do art. 303, "não realizado o aditamento a que se refere o inciso I do §1.º deste artigo, o processo será extinto sem resolução do mérito", sendo certo que,

---

[63] NERY JUNIOR, Nelson; NERY, Rosa Maria de Andrade. *Comentários ao Código de Processo Civil.* São Paulo: RT, 2016. p. 862.

[64] WAMBIER, Teresa Arruda Alvim; CONCEIÇÃO, Maria Lúcia Lins; RIBEIRO, Leonardo Ferres da Silva; MELLO, Rogerio Licastro Torres de. *Primeiros comentários ao novo Código de Processo Civil.* São Paulo: RT, 2015. p. 507.

[65] ARRUDA ALVIM, José Manoel de. *Novo contencioso cível no CPC/2015.* São Paulo: RT, 2016. p. 182.

[66] WAMBIER, Teresa Arruda Alvim; CONCEIÇÃO, Maria Lúcia Lins; RIBEIRO, Leonardo Ferres da Silva; MELLO, Rogerio Licastro Torres de. *Primeiros comentários ao novo Código de Processo Civil.* São Paulo: RT, 2015. p. 509.

consoante previsto no § 3.º deste mesmo dispositivo, "o aditamento a que se refere o inciso I do §1.º deste artigo dar-se-á nos mesmos autos, sem incidência de novas custas processuais". O dispositivo estabelece, pois, um ônus processual ao autor da demanda, no sentido de aditar a petição inicial, sob pena de extinção do processo, e, por conseguinte, cessação da eficácia da tutela provisória de urgência antecipada antecedente eventualmente deferida. Este aditamento se dará nos próprios autos já existentes – abertos em razão do pedido de concessão de tutela provisória –, o que representa sensível diferença procedimental em relação ao Código de 1973.

O § 6.º do art. 303 estatui que "caso entenda que não há elementos para a concessão de tutela antecipada, o órgão jurisdicional determinará a *emenda* da petição inicial em até 5 (cinco) dias, sob pena de ser indeferida e de o processo ser extinto sem resolução de mérito". A hipótese aqui é de indeferimento do pedido de tutela provisória de urgência antecipada antecedente. Curiosamente, enquanto o inciso I do § 1.º deste dispositivo fala em *aditar* a petição inicial no prazo de 15 dias no caso de concessão da tutela provisória, este § 6.º do art. 303 menciona a *emenda* da petição inicial no prazo de 5 dias na hipótese de denegação da tutela provisória. Isso tem levado a doutrina a divergir se esta *emenda* seria para que o autor apresentasse novos argumentos com o fim de ver seu pedido de tutela provisória deferido ou se, na verdade, seria a oportunidade para apresentar diretamente o pedido de tutela definitiva[67].

Apresentado o pedido de tutela definitiva, prossegue-se o processo normalmente até a realização da audiência de conciliação ou de mediação, na forma dos arts. 334 e seguintes do Novo Código de Processo Civil. A partir deste ponto, o procedimento é unificado, não havendo mais distinção em relação à tutela provisória de urgência *antecipada* antecedente e a tutela provisória de urgência *cautelar* antecedente (com exceção, como se disse, da chamada estabilização da tutela provisória, tema que será objeto de considerações mais adiante).

4.2.13.2. Arbitragem

No que diz respeito à arbitragem, o art. 22-A da Lei dispõe que "antes de instituída a arbitragem, as partes poderão recorrer ao Poder Judiciário para a concessão de medida cautelar ou de urgência". A expressão "medida cautelar ou de urgência", utilizada no mencionado dispositivo legal, equivale ao que o Novo Código de Processo Civil designa de tutela provisória de urgência (antecipada ou cautelar). Trata-se, ademais, de tutela provisória de urgência antecedente, uma vez que apresentada antes da instituição da arbitragem e, por conseguinte, antes da celebração do termo de arbitragem e da apresentação das alegações iniciais.

Como visto acima, o art. 303 do Novo Código estatui que "nos casos em que a urgência for contemporânea à propositura da ação, a petição inicial pode limitar-se ao requerimento da tutela antecipada e à indicação do pedido de tutela final, com a exposição da lide, do direito que se busca realizar e do perigo de dano ou do risco ao resultado

---

[67] ARRUDA ALVIM, José Manoel de. *Novo contencioso cível no CPC/2015*. São Paulo: RT, 2016. p. 183 e MARINONI, Luiz Guilherme; ARENHART, Sérgio Cruz; MITIDIERO, Daniel. *Novo Código de Processo Civil comentado*. São Paulo: RT, 2015. p. 316.

útil do processo". Em relação à arbitragem, a verdade é que isso sempre pôde acontecer. Isso porque o requerente sempre pôde apresentar ao Poder Judiciário o pedido limitado à concessão de tutela provisória, pois a argumentação completa de todos os pedidos de tutela definitiva sempre pôde ser apresentado apenas na própria arbitragem, a partir do procedimento estabelecido na convenção de arbitragem, no termo de arbitragem, no regulamento arbitral ou, ainda, conforme o que houvesse sido estabelecido pelos árbitros.

Havendo, portanto, necessidade de ingressar com alguma medida de urgência de natureza antecipada perante o Poder Judiciário antes da instituição da arbitragem, o requerente elaborará uma petição limitada à demonstração do *fumus boni iuris* e do *periculum in mora*, sendo certo que a argumentação completa será apresentada posteriormente, depois de instituída a arbitragem, na forma do procedimento arbitral eleito pelas partes ou estatuído pelos árbitros. Diante desse pedido de tutela provisória, o juiz togado poderá deferir ou indeferir a medida.

O inciso I do § 1.º do art. 303 do Novo Código estatui que,

> [...] concedida a tutela antecipada a que se refere o *caput* deste artigo [...] o autor deverá aditar a petição inicial, com a complementação de sua argumentação, a juntada de novos documentos e a confirmação do pedido de tutela final, em 15 (quinze) dias ou em outro prazo maior que o juiz fixar.

Esse procedimento não se aplica à arbitragem, pois o parágrafo único do art. 22-A da Lei de Arbitragem dispõe que "cessa a eficácia da medida cautelar ou de urgência se a parte interessada não requerer a instituição da arbitragem no prazo de 30 (trinta) dias, contado da data de efetivação da respectiva decisão".

Em outras palavras, a Lei de Arbitragem prevê um procedimento especial para as tutelas provisórias antecedentes envolvendo arbitragem, de modo que não se aplica o procedimento geral estabelecido pelo Novo Código de Processo Civil para os pedidos de tutela provisória inteiramente judiciais, por assim dizer. Com efeito, deferida a tutela provisória de urgência antecipada antecedente pelo Poder Judiciário, o requerente deverá apresentar o pedido de instauração da arbitragem no prazo de 30 (trinta) dias, sob pena de cessação da eficácia da medida, tudo na forma do parágrafo único do art. 22-A da Lei de Arbitragem. Não se aplicam a essa hipótese, igualmente, os §§ 2.º e 3.º do art. 303 do novo diploma processual civil[68].

Dessa forma, apresentado o requerimento de instauração da arbitragem perante a instituição de arbitragem eleita ou na forma do procedimento estabelecido pelas partes, o Poder Judiciário aguardará até que o tribunal arbitral confirme, altere ou revogue a decisão a respeito da tutela provisória deferida judicialmente. Nesse sentido, o art. 22-B da Lei 9.307/1996 dispõe explicitamente que, "instituída a arbitragem, caberá aos árbitros manter, modificar ou revogar a medida cautelar ou de urgência concedida pelo Poder Judiciário".

---

[68] Na forma do § 2.º do art. 303, "não realizado o aditamento a que se refere o inciso I do § 1.º deste artigo, o processo será extinto sem resolução do mérito", sendo certo que, consoante previsto no § 3.º deste mesmo dispositivo, "o aditamento a que se refere o inciso I do § 1.º deste artigo dar-se-á nos mesmos autos, sem incidência de novas custas processuais".

Isso significa que, quando a medida de urgência for antecedente à instituição da arbitragem, a atividade judicial estará limitada, em todas as suas instâncias, às decisões concernentes às medidas liminares pleiteadas, razão pela qual não cabe a apresentação do pedido de tutela definitiva, a designação de audiência de conciliação e de mediação e nem a determinação para que o requerido apresente contestação sobre o pedido de tutela definitiva. Com efeito, não se aplica à tutela provisória de urgência antecipada antecedente relacionada à arbitragem o inciso II do art. 303 do Novo Código de Processo Civil, segundo o qual deferida a tutela provisória "o réu será citado e intimado para a audiência de conciliação ou de mediação na forma do art. 334".

O réu poderá, naturalmente, apresentar petição manifestando-se sobre o pedido de tutela provisória do autor e requerendo a reconsideração da decisão pelo juiz togado. Ademais, neste interregno entre a concessão da tutela provisória pelo Poder Judiciário e a instituição da arbitragem, impõe-se a observância das regras de competência recursal do Poder Judiciário, de modo que a parte prejudicada pela decisão judicial poderá interpor todos os recursos cabíveis, percorrendo todos os graus de jurisdição judiciais existentes, até que a arbitragem seja efetivamente instituída. Assim, enquanto não instituída a arbitragem, o réu poderá interpor agravo de instrumento ao tribunal de segundo grau e, em tese, caso mantida a decisão, recurso especial e recurso extraordinário aos tribunais superiores, cujas competências recursais para analisar estes recursos estarão plenamente preservadas até o momento exato em que a arbitragem seja instituída. Também se aplica ao caso o § 6.º do art. 303 do novo estatuto processual civil[69].

O que se pode dizer, pois, é que quase nada do novo procedimento de tutela provisória de urgência antecipada antecedente se aplica aos pedidos relacionados à arbitragem, pois a Lei de Arbitragem contém um procedimento especial que prevalece sobre o Novo Código de Processo Civil.

4.2.14. Especificidades do procedimento da tutela provisória de urgência *cautelar* antecedente

4.2.14.1. *Processo judicial*

No que diz respeito à tutela provisória de urgência *cautelar* antecedente, o procedimento estabelecido pelo Novo Código de Processo Civil é um pouco mais semelhante àquele já descrito no Código Buzaid para as então denominadas ações cautelares preparatórias e, em parte, semelhante ao próprio procedimento de tutela provisória de urgência *antecipada* antecedente[70].

---

[69] O § 6.º do art. 303 estatui que, "caso entenda que não há elementos para a concessão de tutela antecipada, o órgão jurisdicional determinará a *emenda* da petição inicial em até 5 (cinco) dias, sob pena de ser indeferida e de o processo ser extinto sem resolução de mérito".

[70] WAMBIER, Teresa Arruda Alvim; CONCEIÇÃO, Maria Lúcia Lins; RIBEIRO, Leonardo Ferres da Silva; MELLO, Rogerio Licastro Torres de. *Primeiros comentários ao novo Código de Processo Civil*. São Paulo: RT, 2015. p. 515-516.

Conforme descrito no art. 305 do novo diploma processual civil, "a petição inicial da ação que visa à prestação de tutela cautelar em caráter antecedente indicará a lide e seu fundamento, a exposição sumária do direito que se objetiva assegurar e o perigo de dano ou o risco ao resultado útil do processo". Da mesma forma como ocorre em relação à tutela provisória de urgência *antecipada* antecedente, o autor também não precisará expor toda a argumentação em relação ao pedido de tutela definitiva nesta oportunidade, mas apenas os argumentos relacionados à tutela *cautelar*, em especial a demonstração do *fumus boni iuris* e *do periculum in mora*[71].

Presentes os pressupostos do *fumus boni iuris* e do *periculum in mora*, o juiz deve conceder a tutela provisória de urgência cautelar antecedente, determinando, em seguida, a citação e intimação do réu, de modo que ele possa apresentar contestação ao pedido cautelar, bem como cumprir espontaneamente a decisão liminar ou, então, interpor recurso contra essa decisão[72]. Nesse sentido, ao menos em parte, o art. 306 determina que "o réu será citado para, no prazo de 5 (cinco) dias, contestar o pedido e indicar as provas que pretende produzir".

Trata-se, como se disse, de concretização do princípio do contraditório, garantindo ao réu oportunidade para contestar o pedido de natureza cautelar. Nesta peça de defesa, o réu deve se limitar a atacar os argumentos levantados pelo autor em relação à tutela cautelar, especificamente deve demonstrar a ausência de *fumus boni iuris* e de *periculum in mora*. A defesa de mérito propriamente dita deverá ser apresentada posteriormente, no momento de oferecimento pelo réu da contestação ao futuro pedido de tutela definitiva do autor[73].

A apresentação de contestação ao pedido de natureza cautelar é um ônus do réu. Dessa forma, o art. 307 do Novo Código estabelece que "não sendo contestado o pedido, os fatos alegados pelo autor presumir-se-ão aceitos pelo réu como ocorridos, caso em que o juiz decidirá dentro de 5 (cinco) dias". Com efeito, não apresentada contestação em relação ao pedido de natureza cautelar, incide o efeito material da revelia, presumindo-se verdadeiros os fatos narrados pelo autor, ao menos para fins de concessão da tutela provisória de urgência cautelar antecedente[74]. Em seguida, o parágrafo único desse mesmo dispositivo estatui que "contestado o pedido no prazo legal, observar-se-á o procedimento comum".

O art. 308 do novo estatuto processual estabelece que "efetivada a tutela cautelar, o pedido principal terá de ser formulado pelo autor no prazo de 30 (trinta) dias, caso em

---

[71] NERY JUNIOR, Nelson; NERY, Rosa Maria de Andrade. *Comentários ao Código de Processo Civil.* São Paulo: RT, 2016. p. 865.

[72] WAMBIER, Teresa Arruda Alvim; CONCEIÇÃO, Maria Lúcia Lins; RIBEIRO, Leonardo Ferres da Silva; MELLO, Rogerio Licastro Torres de. *Primeiros comentários ao novo Código de Processo Civil.* São Paulo: RT, 2015. p. 516.

[73] WAMBIER, Teresa Arruda Alvim; CONCEIÇÃO, Maria Lúcia Lins; RIBEIRO, Leonardo Ferres da Silva; MELLO, Rogerio Licastro Torres de. *Primeiros comentários ao novo Código de Processo Civil.* São Paulo: RT, 2015. p. 516 e MEDINA, José Miguel Garcia. *Novo Código de Processo Civil comentado.* São Paulo: RT, 2015. p. 494.

[74] MARINONI, Luiz Guilherme; ARENHART, Sérgio Cruz; MITIDIERO, Daniel. *Novo Código de Processo Civil comentado.* São Paulo: RT, 2015. p. 319; e MEDINA, José Miguel Garcia. *Novo Código de Processo Civil comentado.* São Paulo: RT, 2015. p. 494.

que será apresentado nos mesmos autos em que deduzido o pedido de tutela cautelar, não dependendo do adiantamento de novas custas processuais"[75]. Efetivada a decisão que tenha concedida o pedido de tutela cautelar – ou seja, realizada na prática a decisão, por qualquer meio que o julgador entenda adequado, dada a atipicidade dos meios de efetivação da tutela provisória[76] –, o autor deverá apresentar o pedido principal no prazo de 30 (trinta) dias[77].

É de destacar que este pedido de tutela definitiva será apresentado nos mesmo autos[78] em que se processa o pedido de natureza cautelar[79]. Essa possibilidade é uma das alterações do Novo Código de Processo Civil, pois, sob o regime do Código de 1973, o pedido principal do autor dava ensejo à formação de um novo processo, com autos próprios, diversos daqueles em que tramitava o pedido de tutela cautelar (formalmente, um processo cautelar)[80].

O § 3.º desse mesmo dispositivo prevê que, "apresentado o pedido principal, as partes serão intimadas para a audiência de conciliação ou de mediação, na forma do art. 334, por seus advogados ou pessoalmente, sem necessidade de nova citação do réu". A partir desse momento, o procedimento segue o curso normal, com a realização da audiência de conciliação ou de mediação e, caso frustrada a tentativa de autocomposição, a apresentação de contestação, desta vez ao pedido de tutela definitiva[81]. Este caminho, porém, somente será percorrido se o autor, dentro do prazo de 30 (trinta) dias mencionado acima, apresentar o pedido de tutela definitiva, pois, do contrário, cessará a eficácia da medida cautelar antes deferida[82], *ex vi* do art. 309 do Código[83].

4.2.14.2. Arbitragem

Conforme já esclarecido no item anterior em relação à arbitragem, o art. 22-A da Lei dispõe que "antes de instituída a arbitragem, as partes poderão recorrer ao Poder Judiciário para a concessão de medida cautelar ou de urgência". A expressão "medida cautelar ou de urgência" corresponde ao que o Novo Código chama de tutela provisória de urgência (antecipada ou cautelar). Trata-se de tutela provisória de urgência antecedente,

---

[75] MEDINA, José Miguel Garcia. *Novo Código de Processo Civil comentado*. São Paulo: RT, 2015. p. 495.

[76] ARRUDA ALVIM, José Manoel de. *Novo contencioso cível no CPC/2015*. São Paulo: RT, 2016. p. 192.

[77] NERY JUNIOR, Nelson; NERY, Rosa Maria de Andrade. *Comentários ao Código de Processo Civil*. São Paulo: RT, 2016. p. 867.

[78] ARRUDA ALVIM, José Manoel de. *Novo contencioso cível no CPC/2015*. São Paulo: RT, 2016. p. 190.

[79] ARRUDA ALVIM, José Manoel de. *Novo contencioso cível no CPC/2015*. São Paulo: RT, 2016. p. 191.

[80] WAMBIER, Teresa Arruda Alvim; CONCEIÇÃO, Maria Lúcia Lins; RIBEIRO, Leonardo Ferres da Silva; MELLO, Rogerio Licastro Torres de. *Primeiros comentários ao novo Código de Processo Civil*. São Paulo: RT, 2015. p. 517-518.

[81] WAMBIER, Teresa Arruda Alvim; CONCEIÇÃO, Maria Lúcia Lins; RIBEIRO, Leonardo Ferres da Silva; MELLO, Rogerio Licastro Torres de. *Primeiros comentários ao novo Código de Processo Civil*. São Paulo: RT, 2015. p. 518.

[82] ARRUDA ALVIM, José Manoel de. *Novo contencioso cível no CPC/2015*. São Paulo: RT, 2016. p. 191.

[83] MARINONI, Luiz Guilherme; ARENHART, Sérgio Cruz; MITIDIERO, Daniel. *Novo Código de Processo Civil comentado*. São Paulo: RT, 2015. p. 320 e NERY JUNIOR, Nelson; NERY, Rosa Maria de Andrade. *Comentários ao Código de Processo Civil*. São Paulo: RT, 2016. p. 866-867.

uma vez que apresentada antes da instituição da arbitragem e, por conseguinte, antes da celebração do termo de arbitragem e da apresentação das alegações iniciais.

Como visto nas linhas prévias, o art. 305 do novo diploma processual civil dispõe que "a petição inicial da ação que visa à prestação de tutela cautelar em caráter antecedente indicará a lide e seu fundamento, a exposição sumária do direito que se objetiva assegurar e o perigo de dano ou o risco ao resultado útil do processo". No que tange à arbitragem, esse procedimento sempre ocorreu, já que o requerente sempre apresentou ao Poder Judiciário um pedido limitado à concessão de tutela provisória de urgência cautelar. A argumentação completa a respeito da tutela definitiva somente seria apresentada já na própria arbitragem, a partir do procedimento para ela estabelecido.

Assim, caso haja necessidade de ingressar com alguma medida de urgência de natureza cautelar perante o Poder Judiciário antes da instituição da arbitragem, o requerente elaborará uma petição limitada à demonstração do *fumus boni iuris* e do *periculum in mora*, sendo certo que a argumentação completa será apresentada posteriormente, depois de instituída a arbitragem, na forma do procedimento arbitral eleito pelas partes ou estatuído pelos árbitros. Diante desse pedido de tutela provisória, o juiz togado poderá deferir ou indeferir a medida.

O art. 308 do novo estatuto processual estabelece que "efetivada a tutela cautelar, o pedido principal terá de ser formulado pelo autor no prazo de 30 (trinta) dias, caso em que será apresentado nos mesmos autos em que deduzido o pedido de tutela cautelar, não dependendo do adiantamento de novas custas processuais". Esse procedimento não se aplica à arbitragem, pois o parágrafo único do art. 22-A da Lei de Arbitragem dispõe que "cessa a eficácia da medida cautelar ou de urgência se a parte interessada não requerer a instituição da arbitragem no prazo de 30 (trinta) dias, contado da data de efetivação da respectiva decisão".

Isso significa que a Lei de Arbitragem criou um procedimento especial para as tutelas provisórias antecedentes envolvendo arbitragem, de modo que não se aplica o procedimento geral estabelecido pelo Novo Código de Processo Civil. Dessa forma, deferida a tutela provisória de urgência cautelar antecedente pelo Poder Judiciário, o requerente deverá apresentar o pedido de instauração da arbitragem no prazo de 30 (trinta) dias, sob pena de cessação da eficácia da medida, tudo na forma do parágrafo único do art. 22-A da Lei de Arbitragem.

Observe-se que o art. 306 do Novo Código determina que "o réu será citado para, no prazo de 5 (cinco) dias, contestar o pedido e indicar as provas que pretende produzir". O réu deverá ser citado para contestar o pedido de natureza cautelar, visando à reconsideração pelo juiz togado da decisão liminar proferida. Nesta peça de defesa vale lembrar que o réu deverá se limitar a atacar os argumentos levantados pelo autor em relação à tutela cautelar, especificamente deve demonstrar a ausência de *fumus boni iuris* e de *periculum in mora*. A defesa de mérito propriamente dita deverá ser apresentada posteriormente na arbitragem, seguindo-se o procedimento arbitral convencionado.

A apresentação de contestação ao pedido de natureza cautelar é um ônus do réu. Dessa forma, o art. 307 do Novo Código estabelece que, "não sendo contestado o pedido, os fatos alegados pelo autor presumir-se-ão aceitos pelo réu como ocorridos, caso em que o juiz decidirá dentro de 5 (cinco) dias". Com efeito, não apresentada contestação em relação ao pedido de natureza cautelar, incide o efeito material da revelia, presumindo-

-se verdadeiros os fatos narrados pelo autor, ao menos para fins de concessão da tutela provisória de urgência cautelar antecedente[84]. A revelia, neste caso, porém, não produz efeitos extraprocessuais, de modo que o efeito material da revelia em relação ao pedido de tutela cautelar se limitará ao processo judicial e, assim, não se estenderá à arbitragem – lembre-se que não existe propriamente revelia na arbitragem, *ex vi* da interpretação que se dá ao § 3.º do art. 21 da Lei 9.307/1996.

Observe-se que o § 3.º do art. 308 prevê que, "apresentado o pedido principal, as partes serão intimadas para a audiência de conciliação ou de mediação, na forma do art. 334, por seus advogados ou pessoalmente, sem necessidade de nova citação do réu". Na verdade, apresentado o requerimento de instauração da arbitragem perante a instituição de arbitragem eleita ou na forma do procedimento estabelecido pelas partes, o Poder Judiciário aguardará até que o tribunal arbitral confirme, altere ou revogue a decisão a respeito da tutela provisória deferida judicialmente. Nesse sentido, o art. 22-B da Lei 9.307/1996 dispõe explicitamente que "instituída a arbitragem, caberá aos árbitros manter, modificar ou revogar a medida cautelar ou de urgência concedida pelo Poder Judiciário". Não se aplicam a essa hipótese, pois os §§ 1.º a 4.º do art. 308 e nem exatamente o art. 309, todos do novo diploma processual civil.

Em outras palavras, no interregno de tempo entre a prolação da decisão judicial examinando o pedido de tutela provisória e a decisão do tribunal arbitral a esse respeito, a única atividade do Poder Judiciário será tomar medidas para assegurar o cumprimento forçado da decisão proferida pelo juiz togado, caso a tutela provisória tenha sido concedida, bem como julgar, em grau recursal, os recursos interpostos pela parte interessada contra a mencionada decisão judicial. Caso o réu apresente contestação ao pedido de natureza cautelar, caberá ao juiz togado examinar os argumentos de defesas para fins de eventualmente reconsiderar a decisão proferida, desde que até este momento a arbitragem ainda não tenha sido instituída.

O que se pode dizer, pois, é que quase nada do novo procedimento de tutela provisória de urgência cautelar antecedente se aplica aos pedidos relacionados à arbitragem, pois a Lei de Arbitragem contém um procedimento especial que prevalece, por ser lei especial, à disciplina geral do Novo Código de Processo Civil.

4.2.15. Tutela provisória da evidência

4.2.15.1. *Processo judicial*

Nos itens precedentes, examinou-se a tutela provisória de urgência, em suas quatro subespécies inter-relacionadas: antecipada/cautelar e antecedente/incidental. Cumpre investigar, neste item, a denominada tutela provisória da evidência, uma novidade do Novo Código de Processo Civil, ao menos da forma como foi sistematizada (a bem da verdade, a ideia já estava em parte presente no inciso II do art. 273 do Código de Processo Civil de 1973).

---

[84] MARINONI, Luiz Guilherme; ARENHART, Sérgio Cruz; MITIDIERO, Daniel. *Novo Código de Processo Civil comentado*. São Paulo: RT, 2015. p. 319) e MEDINA, José Miguel Garcia. *Novo Código de Processo Civil comentado*. São Paulo: RT, 2015. p. 494.

Em breve noção, pode-se dizer que a tutela da evidência se destina a antecipar provisoriamente a tutela requerida pelo autor quando ficar demonstrada a altíssima probabilidade de seu direito[85] (algo ainda mais provável do que o *fumus boni iuris*[86]), sem que, para tanto, haja necessariamente qualquer urgência envolvida[87] (ou seja, o *periculum in mora* não é um dos seus requisitos, razão pela qual não precisa ser sequer alegado[88]). Arruda Alvim leciona que "a tutela da evidência quer proteger o requerente que tem a seu favor uma flagrância tão grande do direito que justifica, como dito nos tópicos anteriores, a redistribuição do ônus de suportar o tempo do processo, mesmo sem situação de urgência"[89].

A tutela da evidência, não obstante dispense a demonstração do *periculum in mora* e conceda ao autor diretamente a satisfação do bem jurídico em jogo, possui natureza provisória, razão pela qual pode ser modificada a qualquer tempo[90], desde que haja alteração fática (novos fatos, novas provas) ou jurídica (promulgação de novas leis, edição de novas súmulas de jurisprudência, decisões em controle de constitucionalidade) supervenientes. Trata-se, portanto, de decisão tomada com base em cognição sumária e não sujeita diretamente à imutabilidade da coisa julgada material[91]. Estas características são muito importantes para fins de diferenciar a tutela provisória da evidência (art. 311) do julgamento antecipado parcial do mérito (art. 356)[92].

O art. 311 do Novo Código de Processo Civil prevê que "a tutela da evidência será concedida, independentemente da demonstração de perigo de dano ou de risco ao resultado útil do processo, quando: I – ficar caracterizado o abuso do direito de defesa ou o manifesto propósito protelatório da parte; II – as alegações de fato puderem ser comprovadas apenas documentalmente e houver tese firmada em julgamento de casos repetitivos ou em súmula vinculante; III – se tratar de pedido reipersecutório fundado em prova documental adequada do contrato de depósito, caso em que será decretada a

---

[85] ARRUDA ALVIM, José Manoel de. *Novo contencioso cível no CPC/2015*. São Paulo: RT, 2016. p. 193 e 194.

[86] NERY JUNIOR, Nelson; NERY, Rosa Maria de Andrade. *Comentários ao Código de Processo Civil*. São Paulo: RT, 2016. p. 842.

[87] MEDINA, José Miguel Garcia. *Novo Código de Processo Civil comentado*. São Paulo: RT, 2015. p. 501.

[88] WAMBIER, Teresa Arruda Alvim; CONCEIÇÃO, Maria Lúcia Lins; RIBEIRO, Leonardo Ferres da Silva; MELLO, Rogerio Licastro Torres de. *Primeiros comentários ao novo Código de Processo Civil*. São Paulo: RT, 2015. p. 524.

[89] ARRUDA ALVIM, José Manoel de. *Novo contencioso cível no CPC/2015*. São Paulo: RT, 2016. p. 193.

[90] WAMBIER, Teresa Arruda Alvim; CONCEIÇÃO, Maria Lúcia Lins; RIBEIRO, Leonardo Ferres da Silva; MELLO, Rogerio Licastro Torres de. *Primeiros comentários ao novo Código de Processo Civil*. São Paulo: RT, 2015. p 488.

[91] ARRUDA ALVIM, José Manoel de. *Novo contencioso cível no CPC/2015*. São Paulo: RT, 2016. p. 197.

[92] WAMBIER, Teresa Arruda Alvim; CONCEIÇÃO, Maria Lúcia Lins; RIBEIRO, Leonardo Ferres da Silva; MELLO, Rogerio Licastro Torres de. *Primeiros comentários ao novo Código de Processo Civil*. São Paulo: RT, 2015. p. 523, NERY JUNIOR, Nelson; NERY, Rosa Maria de Andrade. *Comentários ao Código de Processo Civil*. São Paulo: RT, 2016. p. 871 e MARINONI, Luiz Guilherme; ARENHART, Sérgio Cruz; MITIDIERO, Daniel. *Novo Código de Processo Civil comentado*. São Paulo: RT, 2015. p. 322.

ordem de entrega do objeto custodiado, sob cominação de multa; IV – a petição inicial for instruída com prova documental suficiente dos fatos constitutivos do direito do autor, a que o réu não oponha prova capaz de gerar dúvida razoável".

Examinando todas as situações hipoteticamente prevista na norma, é possível concluir que o denominador comum capaz de amalgamá-las é a noção de defesa inconsistente[93]. Desnecessário dizer que as hipóteses são taxativas e que as situações que ensejam a concessão da tutela da evidência não são cumulativas, isto é, não precisam estar todas presentes para que o requerente da medida tenha seu pedido acolhido[94].

A primeira hipótese de concessão da tutela da evidência ocorre quando ficar caracterizado o abuso do direito de defesa ou o manifesto propósito protelatório do réu[95]. A defesa que não ataca especificamente os argumentos trazidos pelo autor ou repete teses jurídicas sem conexão com os fatos narrados no caso também se enquadra na definição de abuso do direito de defesa[96]. A caracterização do abuso do direito de defesa pode se dar ao longo do processo[97], ainda que a contestação em si tenha aparentemente trazido relevantes argumentos[98], bem como ser cumulada com a imposição de penalidades por *contempt of court* ou litigância de má-fé.

A segunda causa permissiva do deferimento da tutela da evidência trata de alegações do autor que, cumulativamente[99], possam ser comprovadas apenas por prova documental e estejam alinhadas com decisões proferidas em casos repetitivos ou enunciado vinculante de súmula de jurisprudência. Nesta hipótese não importa se a defesa do réu é consistente ou não[100], sob o ponto de vista subjetivo. Basta que esteja em sentido contrário à jurisprudência consolidada em súmula vinculante ou em julgamento de casos repetitivos para que o juiz possa conceder a tutela da evidência[101], privilegiando o direito do autor demonstrado documentalmente[102].

---

[93] MARINONI, Luiz Guilherme; ARENHART, Sérgio Cruz; MITIDIERO, Daniel. *Novo Código de Processo Civil comentado*. São Paulo: RT, 2015. p. 322.

[94] NERY JUNIOR, Nelson; NERY, Rosa Maria de Andrade. *Comentários ao Código de Processo Civil*. São Paulo: RT, 2016. p. 871.

[95] ARRUDA ALVIM, José Manoel de. *Novo contencioso cível no CPC/2015*. São Paulo: RT, 2016. p. 195.

[96] WAMBIER, Teresa Arruda Alvim; CONCEIÇÃO, Maria Lúcia Lins; RIBEIRO, Leonardo Ferres da Silva; MELLO, Rogerio Licastro Torres de. *Primeiros comentários ao novo Código de Processo Civil*. São Paulo: RT, 2015. p. 524.

[97] MEDINA, José Miguel Garcia. *Novo Código de Processo Civil comentado*. São Paulo: RT, 2015. p. 501.

[98] ARRUDA ALVIM, José Manoel de. *Novo contencioso cível no CPC/2015*. São Paulo: RT, 2016. p. 195 e WAMBIER, Teresa Arruda Alvim; CONCEIÇÃO, Maria Lúcia Lins; RIBEIRO, Leonardo Ferres da Silva; MELLO, Rogerio Licastro Torres de. *Primeiros comentários ao novo Código de Processo Civil*. São Paulo: RT, 2015. p. 524.

[99] NERY JUNIOR, Nelson; NERY, Rosa Maria de Andrade. *Comentários ao Código de Processo Civil*. São Paulo: RT, 2016. p. 872.

[100] WAMBIER, Teresa Arruda Alvim; CONCEIÇÃO, Maria Lúcia Lins; RIBEIRO, Leonardo Ferres da Silva; MELLO, Rogerio Licastro Torres de. *Primeiros comentários ao novo Código de Processo Civil*. São Paulo: RT, 2015. p. 524.

[101] MARINONI, Luiz Guilherme; ARENHART, Sérgio Cruz; MITIDIERO, Daniel. *Novo Código de Processo Civil comentado*. São Paulo: RT, 2015. p. 322.

[102] MEDINA, José Miguel Garcia. *Novo Código de Processo Civil comentado*. São Paulo: RT, 2015. p. 502.

O inciso III do art. 311 autoriza a concessão de tutela da evidência quando se tratar de pedido reipersecutório fundado em prova documental adequada do contrato de depósito. Trata-se de hipótese bem específica, cuja aplicabilidade prática provavelmente será menor em relação às demais. A previsão legal diz respeito ao inadimplemento de contrato de depósito[103], regulamentado pelos arts. 627 e seguintes do Código Civil, em que o autor da demanda faz pedido de natureza reipersecutória, objetivando reaver o bem até então não restituído pelo réu.

A última hipótese em que o Novo Código admite o deferimento de tutela da evidência diz respeito à petição inicial que for instruída com prova documental suficiente dos fatos constitutivos do direito do autor, a que o réu não oponha prova capaz de gerar dúvida razoável. É importante esclarecer, primeiramente, que esta situação não se confunde com àquela em que há parcela da causa incontroversa, a autorizar o julgamento antecipado parcial da lide, na forma do art. 356 do novo diploma processual civil[104]. No caso em tela, há controvérsia entre as partes, mas a defesa do réu não apresenta provas minimamente razoáveis para contrapor a força probatória dos documentos juntados pelo autor, gerando em favor deste último uma quase certeza de seu direito[105].

O parágrafo único do art. 311 estabelece que "nas hipóteses dos incisos II e III, o juiz poderá decidir liminarmente". O dispositivo permite, como se vê, a concessão da tutela da evidência *inaudita altera parte* na hipótese em que as alegações do autor possam ser comprovadas documentalmente e estejam em linha com a jurisprudência consolidada dos tribunais, bem como na hipótese em que se tratar de inadimplemento de contrato de depósito. A lei não admite, porém, a concessão liminar nos dois outros casos, já que se exige abuso do direito de defesa (o que, em regra, pressupõe no mínimo a elaboração da contestação) e insuficiência das provas trazidas pelo réu (o que, novamente a princípio, exige apresentação de defesa)[106].

A princípio, a tutela provisória da evidência somente comporta concessão em caráter incidental e não em caráter antecedente, tal como ocorre com a tutela provisória de urgência (antecipada ou cautelar)[107]. Da mesma forma, em um primeiro momento,

---

[103] ARRUDA ALVIM, José Manoel de. *Novo contencioso cível no CPC/2015*. São Paulo: RT, 2016. p. 196, WAMBIER, Teresa Arruda Alvim; CONCEIÇÃO, Maria Lúcia Lins; RIBEIRO, Leonardo Ferres da Silva; MELLO, Rogerio Licastro Torres de. *Primeiros comentários ao novo Código de Processo Civil*. São Paulo: RT, 2015. p. 524 e NERY JUNIOR, Nelson; NERY, Rosa Maria de Andrade. *Comentários ao Código de Processo Civil*. São Paulo: RT, 2016. p. 872.

[104] ARRUDA ALVIM, José Manoel de. *Novo contencioso cível no CPC/2015*. São Paulo: RT, 2016. p. 196; e WAMBIER, Teresa Arruda Alvim; CONCEIÇÃO, Maria Lúcia Lins; RIBEIRO, Leonardo Ferres da Silva; MELLO, Rogerio Licastro Torres de. *Primeiros comentários ao novo Código de Processo Civil*. São Paulo: RT, 2015. p. 525.

[105] MEDINA, José Miguel Garcia. *Novo Código de Processo Civil comentado*. São Paulo: RT, 2015. p. 502.

[106] NERY JUNIOR, Nelson; NERY, Rosa Maria de Andrade. *Comentários ao Código de Processo Civil*. São Paulo: RT, 2016. p. 872; e MITIDIERO, Daniel. Tutela provisória. In: WAMBIER, Teresa Arruda Alvim; DIDIER JR., Fredie; TALAMINI, Eduardo; DANTAS, Bruno (Coord.). *Breve comentários ao novo Código de Processo Civil*. São Paulo: RT, 2015. p. 795.

[107] WAMBIER, Teresa Arruda Alvim; CONCEIÇÃO, Maria Lúcia Lins; RIBEIRO, Leonardo Ferres da Silva; MELLO, Rogerio Licastro Torres de. *Primeiros comentários ao novo Código de Processo*

parece adequado dizer que a tutela da evidência serve apenas para antecipar o próprio bem jurídico pleiteado pelo autor, razão pela qual possui natureza sempre satisfativa (equiparando-se, nesta medida, à tutela provisória de urgência *antecipada*)[108]. Não obstante, a doutrina vem apresentando entendimentos conflitantes sobre o tema. O tempo, a doutrina e a jurisprudência tratarão de solucioná-los.

4.2.15.2. *Arbitragem*

Conforme se esclareceu anteriormente, a tutela da evidência representa a possibilidade de concessão da tutela provisória com base exclusivamente na demonstração da altíssima probabilidade de existência do direito, sem que, para tanto, seja indispensável demonstrar qualquer urgência (o *periculum in mora*, pois, não é um dos requisitos da tutela da evidência). Cuida-se de saber, neste item, se a tutela da evidência de aplicaria à arbitragem? Em outras palavras, cumpre descobrir se o tribunal arbitral poderia conceder uma tutela provisória sem que houvesse qualquer urgência envolvida no caso.

O que importa compreender é que, a partir da entrada em vigor do Novo Código de Processo Civil, o Direito processual brasileiro passou a admitir a concessão da tutela provisória independentemente da existência de *periculum in mora*. Com efeito, como a Lei de Arbitragem não estabelece os requisitos para a concessão da tutela provisória e, portanto, não exige a presença necessariamente do *periculum in mora*, pode-se admitir a possibilidade de o tribunal arbitral deferir um pedido de tutela provisória exclusivamente com base na altíssima probabilidade da existência do direito do requerente, sem que existe qualquer urgência envolvida[109].

O tribunal arbitral não seguirá o procedimento disposto no art. 311 e nem estará limitado aos requisitos dispostos nos incisos I a IV desse mesmo dispositivo legal. A tutela provisória sem os requisitos da urgência – tutela da evidência na arbitragem, para fazer uso da nomenclatura do Novo Código – demandará apenas a verificação por partes dos árbitros da altíssima probabilidade de existência do direito do requerente da medida. A decisão concessiva da tutela provisória nestes termos mantém a característica da provisoriedade, razão pela qual poderá ser alterada ou revogada a qualquer tempo, bastante

---

Civil. São Paulo: RT, 2015. p 494; e MARINONI, Luiz Guilherme; ARENHART, Sérgio Cruz; MITIDIERO, Daniel. *Novo Código de Processo Civil comentado*. São Paulo: RT, 2015. p. 307. Em sentido contrário, José Miguel Garcia Medina considera que é possível a concessão da tutela da evidência em caráter antecedente: MEDINA, José Miguel Garcia. *Novo Código de Processo Civil comentado*. São Paulo: RT, 2015. p. 457.

[108] MARINONI, Luiz Guilherme; ARENHART, Sérgio Cruz; MITIDIERO, Daniel. *Novo Código de Processo Civil comentado*. São Paulo: RT, 2015. p. 307.

[109] Em sentido contrário, Eduardo Talamini entende que não é possível a aplicação da tutela da evidência na arbitragem porque não se aplicam à arbitragem as normas do processo judicial: TALAMINI, Eduardo. Arbitragem e a tutela provisória no Código de Processo Civil de 2015. *Revista de Arbitragem e Mediação*, São Paulo, ano 12, n. 46, jul.-set. 2015. Disponível em: <http://www.revistadostribunais.com.br>. Acesso em: 7 jun. 2016.

512 | 20 ANOS DA LEI DE ARBITRAGEM

que para tanto surjam fatos novos, provas novos ou direito superveniente (respeitadas, neste último caso, as regras de Direito Intertemporal).

4.2.16. Estabilização da tutela e arbitragem

4.2.16.1. Processo judicial

O último tema a ser enfrentado a respeito da tutela provisória no Novo Código de Processo Civil diz respeito ao novel instituto da estabilização da tutela.

Trata-se da incorporação na lei de tese defendida pela Prof. Ada Pellegrini Grinover há muitos anos, com inspiração nas legislações processuais belga, francesa e italiana. A primeira proposta de estabilização da tutela foi feita pela mencionada estudiosa ao Instituto Brasileiro de Direito Processual em 1997[110]. Alguns anos mais tarde, o Instituto Brasileiro de Direito Processual montou Grupo de Trabalho para tratar da matéria, composto por Ada Pellegrini Grinover, José Roberto dos Santos Bedaque, Kazuo Watanabe e Luiz Guilherme Marinoni.

O Grupo de Trabalho, então, formulou nova proposta de estabilização da tutela, com a finalidade de alterar o estatuto processual civil de 1973 de modo a contemplá-la. Conforme consta da exposição de motivos do trabalho, "a proposta de estabilização da tutela antecipada procura, em síntese, tornar definitivo e suficiente o comando estabelecido por ocasião da decisão antecipatória"[111]. Como explica José Roberto dos Santos Bedaque, "em apertada síntese, sua ideia é a seguinte: deferida a tutela antecipada, incidentalmente ou em procedimento prévio, e omitindo-se as partes quanto ao prosseguimento do processo ou à propositura da demanda cognitiva, a decisão transitará em julgado"[112].

O Novo Código de Processo Civil trata da estabilização da tutela de forma um pouco diversa da idealizada nas duas propostas anteriormente mencionadas. O *caput* do art. 304 do Código estabelece que "a tutela antecipada, concedida nos termos do art. 303, torna-se estável se da decisão que a conceder não for interposto o respectivo recurso". Primeiramente, cumpre dizer que a estabilização da tutela depende de pedido expresso do autor, não podendo ser concedida *ex officio*, o que vem sendo defendido pela doutrina com certa tranquilidade até o momento[113].

---

[110] Vide texto da proposta em: GRINOVER, Ada Pellegrini. Proposta de alteração do Código de Processo Civil: tutela antecipada e execução provisória. Estabilização da antecipação de tutela. *A marcha do processo*. Rio de Janeiro: Forense Universitária, 2000. p. 128-133.

[111] GRINOVER, Ada Pellegrini. Tutela jurisdicional diferenciada: a antecipação e sua estabilização. *O processo*: estudos e pareceres. São Paulo: Perfil, 2005. p. 55.

[112] BEDAQUE, José Roberto dos Santos. Estabilização da tutela antecipada. In: COSTA, Hélio Rubens Batista Ribeiro; RIBEIRO, José Horácio Halfeld Rezende; DINAMARCO, Pedro da Silva (Coord.). *Linhas mestras do processo civil*. São Paulo: Atlas, 2004. p. 367; e GRINOVER, Ada Pellegrini. Tutela jurisdicional diferenciada: a antecipação e sua estabilização. *O processo*: estudos e pareceres. São Paulo: Perfil, 2005. p. 56.

[113] ARRUDA ALVIM, José Manoel de. *Novo contencioso cível no CPC/2015*. São Paulo: RT, 2016. p. 184; MARINONI, Luiz Guilherme; ARENHART, Sérgio Cruz; MITIDIERO, Daniel. *Novo Código*

Literalmente, consoante se extrai da expressão "tutela antecipada concedida nos termos do art. 303", a estabilização da tutela somente se aplicaria para pedidos de *tutela provisória de urgência antecipada antecedente*. Não se aplicaria para tutela provisória da *evidência*[114]. Não se aplicaria para tutela provisória de urgência *cautelar*[115]. E não se aplicaria para tutela provisória de urgência antecipada *incidental*. Mas o tema ainda está inconcluso, com muitas divergências na doutrina, o que somente o tempo e a jurisprudência poderão pacificar.

O Código prevê que, concedida a tutela provisória, o réu deverá interpor recurso contra essa decisão – no caso, agravo de instrumento (*ex vi* do inciso I do art. 1.015). Destaque-se que, consoante os termos literais do art. 304, não bastaria ao réu *contestar* o pedido do autor, a lei exigiria a interposição de *recurso* contra a decisão liminar concessiva da tutela provisória. A melhor interpretação, contudo, parece ser aquela que privilegia a *vontade do réu de resistir* à decisão concessiva da tutela provisória, seja essa vontade manifestada pela interposição de recurso[116], pela apresentação de contestação, pela apresentação de pedido de reconsideração ou, em resumo, pela apresentação de qualquer meio de defesa ou de reversão da decisão concedida. O que importa é examinar se houve *vontade de resistir*, cuja resposta afirmativa levará à impossibilidade de estabilização da tutela[117].

Caso o réu não manifeste resistência, a decisão se tornará estável e o processo será extinto, na forma do § 1.º do art. 304, conservando-se os efeitos da decisão estabilizada. Em complementação a essa previsão, consoante consta do § 2º do art. 304, "qualquer das partes poderá demandar a outra com o intuito de rever, reformar ou invalidar a tutela antecipada estabilizada nos termos do *caput*". Isso significa que a tutela provisória concedida e irrecorrida permanecerá estável, extinguindo-se o processo, até que a parte interessada proponha nova ação para discutir a matéria objeto dessa decisão.

---

de Processo Civil comentado. São Paulo: RT, 2015. p. 315; e MITIDIERO, Daniel. Tutela provisória. In: WAMBIER, Teresa Arruda Alvim; DIDIER JR., Fredie; TALAMINI, Eduardo; DANTAS, Bruno (Coord.). *Breve comentários ao novo Código de Processo Civil*. São Paulo: RT, 2015. p. 787.

[114] Expressamente negando a possibilidade de estabilização da tutela da evidência: MARINONI, Luiz Guilherme; ARENHART, Sérgio Cruz; MITIDIERO, Daniel. *Novo Código de Processo Civil comentado*. São Paulo: RT, 2015. p. 315. Em sentido contrário: WAMBIER, Teresa Arruda Alvim; CONCEIÇÃO, Maria Lúcia Lins; RIBEIRO, Leonardo Ferres da Silva; MELLO, Rogerio Licastro Torres de. *Primeiros comentários ao novo Código de Processo Civil*. São Paulo: RT, 2015. p. 512; e MEDINA, José Miguel Garcia. *Novo Código de Processo Civil comentado*. São Paulo: RT, 2015. p. 503.

[115] Expressamente negando a possibilidade de estabilização da tutela provisória de urgência cautelar: MARINONI, Luiz Guilherme; ARENHART, Sérgio Cruz; MITIDIERO, Daniel. *Novo Código de Processo Civil comentado*. São Paulo: RT, 2015. p. 315 e WAMBIER, Teresa Arruda Alvim; CONCEIÇÃO, Maria Lúcia Lins; RIBEIRO, Leonardo Ferres da Silva; MELLO, Rogerio Licastro Torres de. *Primeiros comentários ao novo Código de Processo Civil*. São Paulo: RT, 2015. p. 511.

[116] ARRUDA ALVIM, José Manoel de. *Novo contencioso cível no CPC/2015*. São Paulo: RT, 2016. p. 185.

[117] WAMBIER, Teresa Arruda Alvim; CONCEIÇÃO, Maria Lúcia Lins; RIBEIRO, Leonardo Ferres da Silva; MELLO, Rogerio Licastro Torres de. *Primeiros comentários ao novo Código de Processo Civil*. São Paulo: RT, 2015. p. 512 e MARINONI, Luiz Guilherme; ARENHART, Sérgio Cruz; MITIDIERO, Daniel. *Novo Código de Processo Civil comentado*. São Paulo: RT, 2015. p. 316-317.

Literalmente, esta demanda serviria apenas e tão somente para discutir a matéria objeto da decisão que tenha concedido a tutela provisória[118]. Haveria, neste caso, uma inversão dos polos do processo e, por conseguinte, uma inversão do ônus da prova também. Não obstante, parcela da doutrina vem defendendo que, na verdade, esta demanda serviria para dar continuidade ao processo extinto, de maneira que o seu objeto pode ser mais amplo do que o tema estabilizado pera decisão[119]. Novamente é preciso aguardar o amadurecimento do debate na doutrina e na jurisprudência.

O § 5.º do mencionado dispositivo, todavia, prevê que "o direito de rever, reformar ou invalidar a tutela antecipada, previsto no § 2.º deste artigo, extingue-se após 2 (dois) anos, contados da ciência da decisão que extinguiu o processo, nos termos do § 1.º". Trata-se, pois, de prazo decadencial[120], semelhante ao que ocorre no âmbito da ação rescisória. Ultrapassado esse prazo, extingue-se o próprio direito – e não a pretensão – de ver revista a decisão estabilizada. Não parece haver dúvidas de que, no âmbito desta ação de revisão, será plenamente possível ao interessado requerer a concessão de tutela provisória, de modo a se afastar liminarmente os efeitos da decisão anteriormente estabilizada[121].

O § 6.º do art. 304 estipula que "a decisão que concede a tutela não fará coisa julgada, mas a estabilidade dos respectivos efeitos só será afastada por decisão que a revir, reformar ou invalidar, proferida em ação ajuizada por uma das partes, nos termos do § 2.º deste artigo"[122]. O dispositivo, como se vê, deixa absolutamente claro que a decisão estabilizada não se torna indiscutível e imutável pela força da coisa julgada material[123], nem mesmo após o decurso do referido prazo de 2 (dois) anos[124]. Segundo Arruda Alvim, "cria-se, dessa maneira, uma nova espécie de imutabilidade processual, diferente

---

[118] ARRUDA ALVIM, José Manoel de. *Novo contencioso cível no CPC/2015*. São Paulo: RT, 2016. p. 186; e MEDINA, José Miguel Garcia. *Novo Código de Processo Civil comentado*. São Paulo: RT, 2015. p. 491.

[119] WAMBIER, Teresa Arruda Alvim; CONCEIÇÃO, Maria Lúcia Lins; RIBEIRO, Leonardo Ferres da Silva; MELLO, Rogerio Licastro Torres de. *Primeiros comentários ao novo Código de Processo Civil*. São Paulo: RT, 2015. p. 513; e MARINONI, Luiz Guilherme; ARENHART, Sérgio Cruz; MITIDIERO, Daniel. *Novo Código de Processo Civil comentado*. São Paulo: RT, 2015. p. 317.

[120] ARRUDA ALVIM, José Manoel de. *Novo contencioso cível no CPC/2015*. São Paulo: RT, 2016. p. 187; e WAMBIER, Teresa Arruda Alvim; CONCEIÇÃO, Maria Lúcia Lins; RIBEIRO, Leonardo Ferres da Silva; MELLO, Rogerio Licastro Torres de. *Primeiros comentários ao novo Código de Processo Civil*. São Paulo: RT, 2015. p. 513.

[121] WAMBIER, Teresa Arruda Alvim; CONCEIÇÃO, Maria Lúcia Lins; RIBEIRO, Leonardo Ferres da Silva; MELLO, Rogerio Licastro Torres de. *Primeiros comentários ao novo Código de Processo Civil*. São Paulo: RT, 2015. p. 513.

[122] ARRUDA ALVIM, José Manoel de. *Novo contencioso cível no CPC/2015*. São Paulo: RT, 2016. p. 186.

[123] WAMBIER, Teresa Arruda Alvim; CONCEIÇÃO, Maria Lúcia Lins; RIBEIRO, Leonardo Ferres da Silva; MELLO, Rogerio Licastro Torres de. *Primeiros comentários ao novo Código de Processo Civil*. São Paulo: RT, 2015. p. 514.

[124] WAMBIER, Teresa Arruda Alvim; CONCEIÇÃO, Maria Lúcia Lins; RIBEIRO, Leonardo Ferres da Silva; MELLO, Rogerio Licastro Torres de. *Primeiros comentários ao novo Código de Processo Civil*. São Paulo: RT, 2015. p. 514; e MARINONI, Luiz Guilherme; ARENHART, Sérgio Cruz; MITIDIERO, Daniel. *Novo Código de Processo Civil comentado*. São Paulo: RT, 2015. p. 317.

das preclusões e da coisa julgada", sendo certo que "o conteúdo da medida, após os dois anos, não pode ser objeto de nova ação, e, no entanto, não se pode dizer ter formado coisa julgada material"[125].

4.2.16.2. Arbitragem

No que tange à tese da estabilização da tutela, chegamos a nos posicionar pela aplicabilidade na arbitragem antes da edição da Reforma da Lei de Arbitragem[126].

Naquela oportunidade, expusemos o entendimento de que, caso a arbitragem ainda não tivesse sido instituída no prazo que o réu detinha para manifestar resistência à decisão do Poder Judiciário concedendo a medida provisória, esta decisão se tornaria estável e o autor não precisaria requerer a instituição da arbitragem, na medida em que já teria obtido a proteção de seu direito. Evidentemente que, mesmo nessa hipótese, o autor poderia, caso quisesse, apresentar seu requerimento de instituição da arbitragem, pois não se poderia excluir deste raciocínio a situação de o autor preferir a continuidade do processo à estabilização da tutela, haja vista o possível interesse em obter uma decisão definitiva sujeita à coisa julgada material.

Não obstante essa conclusão fizesse sentido à época em que o Novo Código de Processo Civil estava tramitando no Congresso Nacional, a verdade é que logo depois foi promulgada a Reforma da Lei de Arbitragem, estabelecendo um rito próprio para as tutelas provisórias relacionadas à arbitragem, *ex vi* dos arts. 22-A e 22-B da Lei 9.307/1996. Considerando aquilo que se disse a respeito do procedimento da tutela provisória de urgência antecipada antecedente relacionada à arbitragem, concluímos que a tese da estabilização da tutela não se aplica ao processo arbitral, pois o procedimento descrito no art. 304 do Novo Código de Processo Civil não se aplica às medidas urgentes relacionadas à arbitragem[127].

5. CONCLUSÃO

Pretendeu-se neste trabalho apresentar, resumidamente, as principais inovações do Novo Código de Processo Civil em relação à tutela provisória e, a partir disso, identificar o que, de fato, representa uma mudança não apenas na lei processual, mas sim no próprio Direito processual brasileiro.

---

[125] ARRUDA ALVIM, José Manoel de. *Novo contencioso cível no CPC/2015*. São Paulo: RT, 2016. p. 189.

[126] FICHTNER, José Antonio; MANNHEIMER, Sergio Nelson; MONTEIRO, André Luís. A arbitragem e o Projeto de Novo Código de Processo Civil. *Novos temas de arbitragem*. Rio de Janeiro: FGV, 2014. p. 422-431.

[127] Adotando outros fundamentos, Eduardo Talamini também nega a possibilidade de estabilização da tutela na arbitragem. Transcreva-se apenas a conclusão do autor: TALAMINI, Eduardo. Arbitragem e a tutela provisória no Código de Processo Civil de 2015. *Revista de Arbitragem e Mediação*, São Paulo, ano 12, n. 46, jul.-set. 2015. Disponível em: <http://www.revistadostribunais.com.br>. Acesso em: 7 jun. 2016.

Isso porque as alterações sentidas neste último, quando o Brasil for designado sede da arbitragem, repercutirão na arbitragem. Não se trata, como se disse, de aplicar o procedimento do Código de Processo Civil na arbitragem, mas de reconhecer a influência que os institutos processuais reconhecidos na sede da arbitragem detêm no processo arbitral. O exame dessa inter-relação entre os sistemas arbitral e processual civil resultou nos seguintes enunciados em relação tema da tutela provisória na arbitragem:

- O procedimento descrito no estatuto processual civil estatal não se aplica, salvo convenção expressa em sentido contrário, obrigatória e automaticamente, à arbitragem;
- Os institutos processuais reconhecidos na sede da arbitragem possuem influência no processo arbitral, pois eles integram o Direito processual da sede da arbitragem;
- As medidas de urgência se destinam a impedir que o tempo destrua aquilo que o ordenamento jurídico idealiza proteger, bem como a inverter o ônus processual pela demora da prestação jurisdicional definitiva;
- Para fins didáticos, é possível falar, na arbitragem, em tutela definitiva e tutela provisória, em tutela antecipada e tutela cautelar, bem como em tutela antecedente e tutela incidental;
- Também na arbitragem, a concessão de tutela provisória deve observar os requisitos do *fumus boni iuris* e do *periculum in mora*;
- Também na arbitragem, os árbitros podem condicionar a concessão e/ou efetivação da tutela provisória ao oferecimento de contracautela pelo requerente, real ou fidejussória;
- Como o Direito processual brasileiro admite a concessão de tutela provisória *inaudita altera parte*, os árbitros também poderão se valer da possibilidade de deferir tutela provisória antes mesmo da oitiva do requerido;
- Diante da flexibilidade procedimental da arbitragem, a designação de audiência especial (audiência de justificação prévia) para examinar os pressupostos da tutela provisória, mesmo que realizada por *conference call* ou qualquer outro meio de comunicação, se mostra bastante adequada;
- A *irreversibilidade fática* da medida também é um requisito (negativo) que se aplica à tutela provisória requerida na arbitragem, mas, diante de *conflito de irreversibilidades fáticas*, o árbitro pode conceder a tutela provisória que representar o *mal menor*;
- O árbitro também detém total liberdade para escolher o meio processual mais adequado para efetivar a tutela provisória concedida no processo arbitral;
- Não se admite na arbitragem com sede no Brasil a concessão de ofício pelo tribunal arbitral de tutela provisória de urgência *antecipada*;
- A tutela provisória concedida pelo Poder Judiciário antes da instituição da arbitragem deve ser confirmada, modificada ou revogada pelos árbitros independentemente de alteração fática, probatória ou jurídica superveniente;

- A tutela provisória concedida pelo "árbitro de emergência" antes da plena composição do tribunal arbitral deve ser confirmada, modificada ou revogada pelos árbitros, independentemente de alteração fática, probatória ou jurídica superveniente;

- A tutela provisória concedida pelos próprios árbitros, depois de instituída a arbitragem, está sujeita a alteração ou revogação a qualquer tempo, desde que surja alteração fática superveniente ou direito superveniente (respeitadas, neste último caso, as regras de Direito Intertemporal);

- Os provimentos com conteúdo decisório na arbitragem devem examinar, precisa e profundamente, os argumentos das partes, expondo logicamente e com referência aos fatos presentes nos autos e ao Direito aplicável as razões pelas quais se entendeu por conceder, denegar ou modificar uma medida de urgência;

- Na arbitragem, aplica-se a fungibilidade entre as espécies de tutela provisória, permitindo-se a concessão de tutela provisória *antecipada* como se fosse tutela provisória *cautelar* e vice-versa;

- Aplica-se na arbitragem a regra da *translatio iudicii*, de modo que a decisão proferida pelo Poder Judiciário em tutela provisória antecedente continua produzindo efeitos até que o tribunal arbitral possa confirmá-la, modificá-la ou revogá-la;

- Quase nada do novo procedimento de tutela provisória de urgência *antecipada* antecedente se aplica aos pedidos relacionados à arbitragem, pois a Lei de Arbitragem contém um procedimento especial que prevalece sobre o Novo Código de Processo Civil;

- Quase nada do novo procedimento de tutela provisória de urgência *cautelar* antecedente se aplica aos pedidos relacionados à arbitragem, pois a Lei de Arbitragem contém um procedimento especial que prevalece, por ser lei especial, à disciplina generalista do Novo Código de Processo Civil;

- Como o Direito processual brasileiro passou a admitir a concessão da tutela provisória independentemente da existência de *periculum in mora*, pode o árbitro conceder tutela provisória diante da altíssima probabilidade de existência do direito do requerente, ainda que não haja *periculum in mora*, mas ele não está vinculado aos pressupostos presentes no art. 311 do Novo Código de Processo Civil;

- Não se aplica a tese da estabilização da tutela à arbitragem, pois o procedimento descrito no art. 304 do Novo Código de Processo Civil é incompatível como o procedimento previsto nos arts. 22-A e 22-B da Lei de Arbitragem.

Espera-se, com o presente trabalho, motivar profícua discussão a respeito do tema na comunidade de profissionais do direito que atuam na arbitragem e no processo civil, buscando-se sempre o aprofundamento de ideias e a descoberta de novas soluções para os intrincados problemas da vida real.

CARTA ARBITRAL

CARTA ARBITRAL: INSTRUMENTO DE COOPERAÇÃO JURISDICIONAL

CARLOS SUPLICY DE FIGUEIREDO FORBES

PATRÍCIA SHIGUEMI KOBAYASHI

Sumário: 1. Introdução – 2. Breve histórico – 3. Requisitos da carta arbitral – 4. Confidencialidade da carta arbitral – 5. Objeto da carta arbitral – 6. Desafios – 7. Conclusão – 8. Bibliografia.

1. INTRODUÇÃO

As perguntas e as incertezas sobre a efetividade da arbitragem e os efeitos negativos da convenção arbitral já não assolam este método adequado de resolução de conflitos. Na realidade, tais preocupações deixaram o quotidiano dos estudiosos e praticantes muito antes do fim da segunda década de aplicação da Lei 9.307/1996 (Lei de Arbitragem). Constatou o Prof. Carlos Alberto Carmona, decorridos 12 anos da promulgação da lei, "não haver mais dúvidas sobre o efetivo enraizamento deste mecanismo de solução de litígios no Brasil"[1]. Conclui ainda em um retrospecto deste primeiro período que "aconteceu tudo o que estava previsto: vencido o medo (reação normal ao desconhecido), a arbitragem foi redescoberta"[2].

---

[1] Primeiro parágrafo da apresentação da terceira edição de sua obra *Arbitragem e processo*: um comentário a Lei 9.307/1996. 3. ed. São Paulo: Atlas, 2009. p. xvii.

[2] CARMONA, Carlos Alberto. *Arbitragem e processo*: um comentário a Lei 9.307/1996. 3. ed. São Paulo: Atlas, 2009. p. 4.

Decorridos 20 anos da promulgação da Lei de Arbitragem, verdadeiro Marco Legal, o avançado estágio de desenvolvimento do instituto torna-se ainda mais evidente. Nessa esteira, além do enorme apoio demonstrado pela magistratura brasileira, em consolidada jurisprudência, o árbitro, com o advento da Lei 13.129/2015 e do novo Código de Processo Civil (Lei 13.105/2015), acabou vendo refinada a forma pela qual se comunica com o juiz estatal, com a introdução da carta arbitral.

O refinamento traz novos desafios e é este o objeto deste artigo.

Analisar-se-ão, para tanto, a construção da via de comunicação entre árbitros e juízes, o processo de desenvolvimento e criação da Carta Arbitral, os seus aspectos formais e os desafios que o instrumento enfrenta.

A carta arbitral é instrumento de cooperação jurisdicional. Pertinente, portanto, a análise do contexto em que se insere.

Em um sistema jurídico em que a jurisdição é atribuída de forma ordenada e limitada para a convivência e manutenção de sua própria estrutura, faz-se necessária a criação de pontes entre os seus diversos detentores. Conforme estrutura delineada pelo Prof. Cândido Rangel Dinamarco, comunicam-se e cooperam: (i) juízes brasileiros e juízes internacionais na garantia de *convivência entre Estados soberanos*; (ii) o juiz de uma Comarca e o juiz de outra Comarca, na garantia da *divisão judiciária do país* e do correlato caráter territorial da jurisdição dos juízes; e (iii) os Desembargadores e Juízes de primeira instância, na garantia da distribuição hierarquicamente escalonada dos órgãos judiciários[3].

A inclusão da carta arbitral no ordenamento pátrio acrescenta uma nova forma de comunicação. Para a garantia do pleno exercício da jurisdição, inclui-se nesse rol (iv) a cooperação entre o árbitro e o juiz estatal.

Diferentemente das regras que limitam a jurisdição dos juízes estatais pelas fronteiras dos estados soberanos ou pela estrutura do próprio judiciário, a limitação da jurisdição que dá fundamento à carta arbitral advém da autonomia da vontade das partes. Escolhida a arbitragem e atribuídos os devidos poderes aos árbitros, a solução do mérito da disputa entre particulares para aquela demanda é exclusiva do árbitro.

No entanto, sendo juiz de fato e de direito constituído em esfera privada e, portanto, despido de poderes coercitivos, o árbitro solicitará ao juiz estatal, via carta arbitral, a prática de atos que requerem o emprego da força.

2. BREVE HISTÓRICO

A Lei 9.307/1996 em sua redação original era silente sobre as formas de comunicação entre árbitro e juiz. Apenas o art. 22, nos §§ 2.º e 4.º, fazia, e ainda faz, referência a solicitações direcionadas ao Poder Judiciário.

---

[3] DINAMARCO, Cândido Rangel. DINAMARCO, Cândido Rangel. *Instituições de direito processual civil* 5. ed. São Paulo: Malheiros, 2005. v. II, p. 516.

Os dispositivos tratam de duas hipóteses bastante específicas de cooperação. A primeira, prevista no § 2.º do art. 22, sobre o requerimento à autoridade judiciária para a condução de testemunha renitente. A segunda, no § 4.º do mesmo dispositivo, trata das medidas coercitivas ou cautelares, que poderão ser solicitadas pelo árbitro ou Tribunal Arbitral diretamente ao órgão do Poder Judiciário que seria, originariamente, competente para julgar a causa[4].

A inexistência de instrumento nominado exigiu dos Tribunais e dos operadores do direito uma solução para viabilizar e formalizar o pedido, sendo que a orientação advinda dos próprios magistrados era no sentido de envio de ofício[5].

Explica o Prof. Carlos Alberto Carmona que

> [o] árbitro dirigir-se-á ao juiz por meio de **ofício**, instruído com cópia da convenção de arbitragem e do adendo de que trata o art. 19, parágrafo único, da Lei de Arbitragem, se existir. Enquanto não houver regulamentação para os trâmites necessários ao cumprimento da solicitação do concurso do juiz togado, o melhor método será o da distribuição do ofício a um dos juízos cíveis competentes para o ato. Recebido o ofício e os documentos, o juiz verificará se a convenção arbitral é regular e se os dados recebidos permitem-lhe avaliar (sempre formalmente) se a solicitação preenche os requisitos que levarão ao seu cumprimento. Em caso positivo, determina as providências **deprecadas** (solicitadas, pedidas, rogadas) pelo árbitro; em caso negativo, informará ao árbitro o motivo da recusa de cumprimento, devolvendo o ofício recebido[6].

---

[4] Lei 9.307/1996, art. 22. Poderá o árbitro ou o tribunal arbitral tomar o depoimento das partes, ouvir testemunhas e determinar a realização de perícias ou outras provas que julgar necessárias, mediante requerimento das partes ou de ofício.

§ 1.º O depoimento das partes e das testemunhas será tomado em local, dia e hora previamente comunicados, por escrito, e reduzido a termo, assinado pelo depoente, ou a seu rogo, e pelos árbitros.

§ 2.º Em caso de desatendimento, sem justa causa, da convocação para prestar depoimento pessoal, o árbitro ou o tribunal arbitral levará em consideração o comportamento da parte faltosa, ao proferir sua sentença; se a ausência for de testemunha, nas mesmas circunstâncias, poderá o árbitro ou o presidente do tribunal arbitral requerer à autoridade judiciária que conduza a testemunha renitente, comprovando a existência da convenção de arbitragem.

§ 3.º A revelia da parte não impedirá que seja proferida a sentença arbitral.

§ 4.º Ressalvado o disposto no § 2.º, havendo necessidade de medidas coercitivas ou cautelares, os árbitros poderão solicitá-las ao órgão do Poder Judiciário que seria, originariamente, competente para julgar a causa. (§ 4.º revogado pela Lei n.º 13.129, de 2015.)

§ 5.º Se, durante o procedimento arbitral, um árbitro vier a ser substituído fica a critério do substituto repetir as provas já produzidas.

[5] TJMG, Agravo de Instrumento 2.0000.00.410533-5/000, Des. Alvimar de Ávila, publicado em 13.09.2003: "Com essas considerações, recomenda-se ao M.M. Juiz monocrático que, comunicado da instauração do juízo arbitral, remeta os autos para apreciação da manutenção ou não da tutela cautelar de sustação de protesto concedida, sendo que eventual não manutenção deverá ser **comunicada por ofício**, para que seja expedida ordem de revogação ao cartório de protesto de título competente " (g.n.).

[6] CARMONA, Carlos Alberto. *Arbitragem e processo*: um comentário a Lei 9.307/1996. 3. ed. São Paulo: Atlas, 2009. p. 325-326

A Corregedoria-Geral da Justiça do Paraná, por sua vez, chegou a expedir a todas as Varas Cíveis do Estado do Paraná, Ofício Circular 069/1999, segundo o qual[7]:

> Considerando a faculdade dos árbitros ou do Presidente do Tribunal Arbitral em requerer à autoridade Judiciária a condução de testemunhas ou a concessão de medidas coercitivas ou cautelares, em face do disposto nos §§ 2.º e 4.º do art. 22 da Lei n.º 9.307/96, esclareço que será competente para apreciação desses pedidos, na Capital, o Juízo Cível determinado pela distribuição, nos termos do disposto no art. 220 do Código de Organização e Divisão Judiciárias, utilizando-se o mesmo critério para as comarcas do interior do Estado em que houver mais de uma Vara Cível, adiantadas as custas correspondentes, nos termos regimentais.

Mesmo sem um instrumento específico previsto no Código de Processo Civil ou mesmo distribuição definida, a comunicação entre árbitros e Poder Judiciário se desenvolveu, baseada na previsão da Lei de Arbitragem e seguindo os alicerces da carta precatória[8].

O procedimento a ser adotado, apesar da ausência de definição no então vigente Código de Processo Civil, não impediu o avanço da cooperação jurisdicional entre árbitro e juiz estatal.

a. Criação da carta arbitral: o projeto para carta arbitral

Ainda no período que precedeu a aprovação do novo Código de Processo Civil (2015), perguntava-se se a criação da ferramenta específica para a comunicação entre juízes e árbitros configuraria um obstáculo ou se o instituto colheria os frutos da harmonização do procedimento dentro do judiciário brasileiro.

Sendo a flexibilidade característica inerente à própria arbitragem e considerando que a comunicação já existia e estava em pleno desenvolvimento, instrumentalizada por meio de ofícios, perguntava-se qual seria a contribuição de um instrumento específico.

Considerando a necessidade de uniformização das práticas dentro do judiciário brasileiro e a segurança dos próprios jurisdicionados, uma sugestão foi apresentada pelo Grupo de Pesquisa em Arbitragem – GPA, criado no programa de pós-graduação da PUC-SP[9].

---

[7] Referência de SILVA, Jonny Paulo. A regulamentação paranaense acerca da atuação do juiz de direito no processo arbitral, no que diz respeito à condução de testemunhas e execução de medidas coercitivas e cautelares. *Revista Brasileira de Arbitragem*, São Paulo: IOB Thompson, n. 3, p. 217-219, 2004.

[8] CÂMARA, Alexandre Freitas. Das relações entre a arbitragem e o Poder Judiciário. *Revista Brasileira de Arbitragem*, IOB, v. II, issue 6, p. 18-28, 2005. "Essa comunicação entre o árbitro (ou tribunal arbitral) e o Estado-juiz funciona como se fosse uma carta precatória, em que um órgão requisita a outro, não havendo entre eles qualquer hierarquia funcional, a prática de um ato processual. O árbitro-deprecante, assim, requisitará ao juízo-deprecado a condução coercitiva da testemunha que comprovadamente tenha sido intimada a comparecer para prestar depoimento e, sem motivo justificado, tenha deixado de atender à convocação."

[9] CAHALI, Francisco José. *Curso de arbitragem*. São Paulo: RT, 2015. p. 312.

CARTA ARBITRAL: INSTRUMENTO DE COOPERAÇÃO JURISDICIONAL | 525

Criava-se, assim a carta arbitral, incluída como ferramenta de cooperação judicial, mais especificamente no Capítulo II, Da Cooperação Nacional, regulada pelo Capítulo III, Das Cartas, e em capítulo próprio na Lei de Arbitragem, Capítulo IV-B, Da Carta Arbitral.

b. Revisão da Lei de Arbitragem e Novo CPC

Em 16 de março de 2015, foi promulgada a Lei 13.105. O Novo Código de Processo Civil inclui entre os atos de cooperação jurisdicional a carta arbitral, fazendo constar que será expedida

> [...] para que órgão do Poder Judiciário pratique ou determine o cumprimento, na área de sua competência territorial, de ato objeto de pedido de cooperação judiciária formulado por juízo arbitral, inclusive os que importem efetivação de tutela provisória[10].

Ainda antes da vigência do NCPC[11], em 26.05.2015, foi promulgada a Lei 13.129 aprovada com o objetivo de ampliar o âmbito de aplicação da arbitragem. A revisão, em consonância com o NCPC, incluiu a figura da carta arbitral.

> Art. 22-C. O árbitro ou o tribunal arbitral poderá expedir carta arbitral para que o órgão jurisdicional nacional pratique ou determine o cumprimento, na área de sua competência territorial, de ato solicitado pelo árbitro[12].

Com a entrada em vigor do NCPC, a comunicação entre árbitros e juízes, que até então prescindia de forma específica, passa a ter como requisitos para o seu recebimento as disposições aplicadas às cartas de ordem, precatória e rogatória, acrescidas dos documentos que comprovam a escolha da arbitragem e a constituição do Tribunal Arbitral.

3. REQUISITOS DA CARTA ARBITRAL

Segundo o art. 260 do NCPC/2015, a carta arbitral deverá conter, no que couber: I – a indicação dos juízes de origem e de cumprimento do ato; II – o inteiro teor da petição, do despacho judicial e do instrumento do mandato conferido ao advogado; III – a menção do ato processual que lhe constitui o objeto; IV – o encerramento com a assinatura do juiz.

Os requisitos previstos no referido artigo foram criados para dar maior segurança jurídica aos jurisdicionados e, por essa razão, deverão ser observados sempre que cabíveis.

Necessário observar, contudo, que uma série de diferenças precisam ser consideradas, de forma a dar efetividade à carta arbitral.

---

[10] CPC/2015, art. 237. Será expedida carta: [...] IV – arbitral, para que órgão do Poder Judiciário pratique ou determine o cumprimento, na área de sua competência territorial, de ato objeto de pedido de cooperação judiciária formulado por juízo arbitral, inclusive os que importem efetivação de tutela provisória.

[11] CPC/2015, art. 1.045. Este Código entra em vigor após decorrido 1 (um) ano da data de sua publicação oficial.

[12] Lei de Arbitragem (Lei 9.307, de 1996, capítulo incluído pela Lei 13.129, de 2015) CAPÍTULO IV-B DA CARTA ARBITRAL.

A arbitragem é um método de solução de conflitos privado. Assim, os árbitros são constituídos em esfera privada para a solução de um litígio determinado e a sua identificação e endereço de contato não são de conhecimento público como as varas judiciais. Da mesma forma, as partes não são necessariamente representadas por advogados.

Assim, necessária a análise pontual de cada um dos incisos do art. 260 do NCPC.

I – a indicação dos juízes de origem e de cumprimento do ato;

Como toda comunicação, a carta deve conter informações sobre o seu remetente e o seu destinatário. Assim, a carta precatória deve conter a qualificação do juiz deprecante ou juiz de origem, ou seja, o seu nome completo, o número e a identificação da vara, comarca e Estado. Da mesma forma deve ser identificado o juiz deprecado, ou juiz de cumprimento do ato, identificados pelo Estado, comarca e modalidade de juízo.

No caso da carta arbitral, entende-se que essa comunicação deve identificar o Tribunal Arbitral pelo nome completo dos árbitros, identificando-os pela convenção de arbitragem celebrada entre as partes, o instrumento de indicação de cada um dos árbitros e a sua respectiva aceitação. Tal qual exige-se nas cartas precatórias, o juiz destinatário do pedido de cooperação deverá ser identificado pelo Estado, comarca e pela modalidade de juízo.

Por questões práticas, e considerando a necessidade de estabelecer a devida via de comunicação entre o árbitro e o juiz de cumprimento do ato, é oportuna a referência ao endereço de contato do Tribunal Arbitral, representado pelo seu Presidente, ou, caso a arbitragem seja institucional, o endereço da instituição arbitral.

II – o inteiro teor da petição, do despacho judicial e do instrumento do mandato conferido ao advogado;

Por questão de ordem e na garantia das devidas diligências para o seu andamento, a carta deverá ainda ser instruída com a petição que solicitou a expedição da carta, se houver; com a ordem do juiz que determinou a expedição da carta e com a procuração do advogado ou dos advogados, visando garantir a comunicação dos interessados.

Ocorre que, na arbitragem, a lei não exige a constituição de advogado como nas ações judiciais[13].

Assim sendo, em regra, a carta arbitral deverá ser instruída pela ordem do Tribunal Arbitral que determinou a sua expedição. A petição que solicitou a providência será, como já ocorre com as cartas precatórias, juntada à carta arbitral, quando existente. O instrumento de mandato também deverá ser apresentado pelos eventuais patronos constituídos pelas partes para acompanhamento das diligências.

Até a constituição do patrono que, ressalte-se, não é essencial para a arbitragem ao contrário do que ocorre no judiciário, as eventuais diligências que se façam necessárias poderão ser adotadas pelo próprio Tribunal Arbitral ou pela instituição de arbitragem, por ordem deste, via ofício[14].

---

[13] CPC/2015, art. 103. A parte será representada em juízo por advogado regularmente inscrito na Ordem dos Advogados do Brasil.

[14] Essa parece ser a melhor forma de atender os princípios constitucionais da economia processual, que preconiza o máximo resultado na atuação do Direito, com o mínimo emprego de atividades processuais, e o princípio da celeridade processual inserto no art. 5.º, LXXVIII, da CF, que deter-

III – a menção do ato processual que lhe constitui o objeto;

A comunicação deverá conter ainda menção ao ato que deve ser praticado.

Tendo em vista que a ordem judicial ou arbitral é um requisito das cartas, o requisito para a menção do ato de cooperação solicitado garantirá a pronta compreensão da solicitação.

IV – o encerramento com a assinatura do juiz.

Por fim, o encerramento da carta deverá ser realizado pelo juiz, mediante a sua assinatura. Da mesma forma, a carta arbitral deverá ser encerrada pelo árbitro ou por quem o Tribunal Arbitral determinar.

Especificamente para a comprovação da jurisdição atribuída ao árbitro, o art. 260 do NCPC prevê que a carta arbitral será instruída com a convenção de arbitragem e com as provas da nomeação do árbitro e de sua aceitação da função[15].

Sendo a convenção de arbitragem o acordo das partes pela Arbitragem, essa deverá ser comprovada por qualquer dos seguintes documentos: (i) cópia do contrato que contém a cláusula compromissória; (ii) cópia do compromisso arbitral, assinado nos termos do art. 10 da Lei 9.307/1996; (iii) cópia do Termo de Arbitragem ou Ata de Missão assinado pelas partes e pelos árbitros.

Da mesma forma, a comprovação da constituição do Tribunal Arbitral pode ser realizada pela apresentação de diversos documentos, tais como: (i) petição das partes indicando os árbitros e a indicação o Presidente do Tribunal Arbitral, acompanhadas de sua aceitação, formalizada pela assinatura do Termo de Independência; ou (ii) Termo de Arbitragem ou Ata de Missão assinado pelas partes e árbitros.

Uma vez apresentada a carta, o juiz somente poderá recusar o seu cumprimento caso o pedido de cooperação[16] (i) não possua algum requisito legal; (ii) tenha sido emitido por juiz ou árbitro incompetente; ou caso haja (iii) dúvida acerca de sua autenticidade.

Não caberá ao juiz avaliar o mérito do pedido de cooperação formulado[17]. Assim como se dá com as cartas precatórias, "a defesa oposta ao cumprimento da diligencia

---

mina que os processos devem se desenvolver em tempo razoável, de modo a garantir a utilidade do resultado alcançado ao final da demanda.

[15] CPC/2015, art. 260, § 3.º A carta arbitral atenderá, no que couber, aos requisitos a que se refere o caput e será instruída com a convenção de arbitragem e com as provas da nomeação do árbitro e de sua aceitação da função.

[16] Processo civil. Conflito de competência. Cumprimento de carta precatória. Recusa do juízo deprecado. O juízo deprecado apenas pode descumprir a ordem contida na carta precatória caso esta não possua algum requisito legal, quando carecer de competência em razão da matéria ou da hierarquia ou, ainda, por motivo de dúvida sobre a autenticidade da carta. Conflito conhecido a fim de declarar-se a competência do juiz deprecado para cumprimento da carta precatória, somente (CC 31.886/RJ, Rel. Min. Nancy Andrighi, 2.ª Seção, j. 26.09.2001, *DJ* 29.10.2001, p. 179. Disponível em: <https://ww2.stj.jus.br/processo/revista/documento/mediado/?componente=IMGD&sequencial=148213&num_registro=200100650214&data=20011029&formato=HTML>. Acesso em: 13 set. 2016).

[17] "Processual civil. Conflito de competência. Cumprimento de carta precatória. Constituição Federal, art. 109, I, e § 3.º; CPC, arts. 209 e 1.213; Lei 5.010/66, art. 42.

528 | 20 ANOS DA LEI DE ARBITRAGEM

deprecada deve ser apreciada, em sua oportunidade e merecimento, pelo juízo deprecante, que é o juiz da causa"[18]. Portanto, caberá, exclusivamente, ao árbitro a avaliação sobre qualquer defesa ou oposição apresentada ao cumprimento da carta arbitral.

4. CONFIDENCIALIDADE DA CARTA ARBITRAL

Sendo a arbitragem um método privado, não se aplica a ela a regra de publicidade das ações judiciais. É certo que, desde o início de seu desenvolvimento, a confidencialidade do procedimento arbitral é adotada como regra, confundindo-se, por vezes, com o próprio instituto.

Apesar de não ser característica necessária da arbitragem, a possibilidade de manter sob sigilo segredos empresariais e informações estratégicas, financeiras e econômicas tornou a confidencialidade uma das grandes vantagens na eleição do método, justificando em muitos casos a sua adoção.[19]

As primeiras menções na legislação brasileira sobre o sigilo da arbitragem foram inseridas apenas na revisão da Lei de Arbitragem e no NCPC, no contexto do cumprimento das cartas arbitrais em juízo. Segundo o parágrafo único do art. 22-C da Lei de Arbitragem: "No cumprimento da carta arbitral será observado o segredo de justiça, desde que comprovada a confidencialidade estipulada na arbitragem"[20].

No mesmo sentido, o art. 189 do NCPC:

---

1. O Juízo deprecado não é o da causa, mas o simples executor dos atos deprecados, não lhe cabendo perquirir o merecimento, só podendo recusar o cumprimento e devolução da precatória sob o arnês das hipóteses amoldadas no art. 209, I, II e III, CPC. [...]" (CC 27688/SP, Rel. Min. Milton Luiz Pereira, *DJ* 28.05.2001).

[18] "Conflito de competência. Cumprimento de carta precatória de reintegração de posse e citatória. Poderes do juiz deprecado. O juiz deprecado somente pode recusar cumprimento a precatória e mandar devolvê-la nos casos do art. 209 do Código de Processo Civil, ou quando entender que absolutamente competente e o próprio juízo deprecado. Fora disso, a defesa oposta ao cumprimento da diligencia deprecada deve ser apreciada, em sua oportunidade e merecimento, pelo juízo deprecante, que é o juiz da causa.

Conflito suscitado pela parte autora (CPC, art. 116), julgado procedente a fim de que o juiz deprecado se abstenha de apreciar questão de mérito da demanda e simplesmente cumpra a carta precatória" (CC 1474/MA, Rel. Min. Athos Carneiro, *DJ* 1.º.07.1991).

[19] BLACKABY, Nigel; PARTASIDES, Constantine; REDFERN, Alan; HUNTER, J. Martin. *Redfern and Hunter on International Arbitration*. 6. ed. Oxford: Oxford University Press, 2015. p. 826. "2.161 The confidentiality of arbitral proceedings has traditionally been considered to be one of the important advantages of arbitration. Unlike proceedings in a court of law, where press and public are generally entitled to be present, an international arbitration is not a public proceeding. It is essentially a private process and therefore has the potential for remaining confidential. Increasingly, however, confidentiality cannot generally be relied upon as a clear duty of parties to arbitral proceedings. Parties concerned to ensure the confidentiality of their proceedings would therefore do well to include confidentiality provisions in their agreement to arbitrate, or in a separate confidentiality agreement concluded at the outset of the arbitration."

[20] LArb Capítulo IV-B (Incluído pela Lei n.º 13.129, de 2015) da Carta Arbitral.

Os atos processuais são públicos, todavia tramitam em segredo de justiça os processos: [...] IV – que versem sobre arbitragem, inclusive sobre cumprimento de carta arbitral, desde que a confidencialidade estipulada na arbitragem seja comprovada perante o juízo.

Ambas as previsões reconhecem a importância da confidencialidade dos procedimentos arbitrais e esclarecem que a regra somente se aplicará nos casos em que for pactuada.

Ainda que o acordo de confidencialidade possa ser celebrado a qualquer momento pelas partes, antes ou mesmo após a instauração da Arbitragem, verifica-se que, usualmente, o acordo está inserido na cláusula compromissória, por previsão específica na sua redação ou por referência ao regulamento de instituição arbitral que preveja a confidencialidade dos procedimentos nela conduzido.

A maior parte das instituições, se não todas, expressamente determina, em seus regulamentos, que a arbitragem será sigilosa, obrigando-se os árbitros, câmaras e partes a respeitar o dever de sigilo[21].

O CAM-CCBC, por exemplo, no art. 14 do seu Regulamento de Arbitragem:

> ARTIGO 14 – SIGILO
>
> 14.1. O procedimento arbitral é sigiloso, ressalvadas as hipóteses previstas em lei ou por acordo expresso das partes ou diante da necessidade de proteção de direito de parte envolvida na arbitragem.
>
> 14.1.1. Para fins de pesquisa e levantamentos estatísticos, o CAM-CCBC se reserva o direito de publicar excertos da sentença, sem mencionar as partes ou permitir sua identificação.
>
> 14.2. É vedado aos membros do CAM-CCBC, aos árbitros, aos peritos, às partes e aos demais intervenientes divulgar quaisquer informações a que tenham tido acesso em decorrência de ofício ou de participação no procedimento arbitral.

Comprovado o acordo pela confidencialidade do procedimento, os Tribunais brasileiros já vinham reconhecendo o dever de manutenção do sigilo do procedimento.

> Nessas condições, demonstrada a confidencialidade estipulada em arbitragem, era mesmo de rigor a restauração do segredo de justiça ao processo em fase de cumprimento de carta arbitral, conforme disposto em decisão liminar (TJSP, Voto 13.679, 1.ª Câmara Reservada de Direito Empresarial, AI 2025056-45.2016.8.26.0000-São Paulo, Juiz Daniel Carnio Costa).

O expresso reconhecimento em lei, portanto, solidifica e dá guarida à confidencialidade como característica da arbitragem.

---

[21] Como todas as instituições expressamente determinam que a arbitragem será sigilosa, é certo dizer que, no Brasil, a regra geral é a da confidencialidade na imensa maioria dos casos, em decorrência das regras aplicáveis ao procedimento, livremente escolhidas pelas partes. Assim, na generalidade dos casos, os procedimentos arbitrais serão sigilosos, obrigando-se os árbitros, câmaras e partes a respeitar o dever de sigilo (BRAGHETTA, Adriana. Notas sobre a confidencialidade na arbitragem. *Revista do Advogado*, ano XXXIII, n. 119, p. 9, abr. 2013).

5. OBJETO DA CARTA ARBITRAL

Além das solicitações para condução de testemunha renitente e o cumprimento de medidas cautelares[22] previstas no art. 22 da Lei de Arbitragem, e tendo em vista a inclusão da carta arbitral como instrumento de cooperação, passam a compor, nas hipóteses em que se demonstrarem cabíveis, o quanto disposto no art. 69 do NCPC.

A lista não exaustiva sobre o objeto do pedido de cooperação inclui[23] *a intimação ou notificação de ato; a obtenção e apresentação de provas e a coleta de depoimentos; e a efetivação de tutela provisória*.

No caso da arbitragem, é sempre necessário e fundamental observar que ao árbitro "falta o *imperium* necessário à atividade executiva, é ao juiz togado que a lei confere o poder de providenciar a implementação das medidas coercitivas, mesmo quando dentro do juízo arbitral"[24].

Dessa forma, caberá ao juiz estatal, sempre que solicitado e em regime e ambiente de cooperação, fazer cumprir a ordem proferida pelo árbitro na garantia da prestação jurisdicional.

6. DESAFIOS

a. O protocolo

A realidade impõe alguns desafios, em especial ao tratarmos de novas ferramentas e tecnologias. Não é diferente com as cartas arbitrais.

O novo instrumento foi recepcionado no ordenamento jurídico brasileiro em uma fase de mudanças estruturais nos principais tribunais do país. Na Justiça Federal e no

---

[22] "A Lei n.º 13.129, de 26 de maio deste ano, que modifica a Lei n.º 9.307 (Lei de Arbitragem – LA), de 1996, institui a carta arbitral como forma de comunicação dos árbitros com os juízes, com a finalidade de executar ato determinado pelo árbitro no curso da arbitragem, tais como o cumprimento de medida cautelar ou a condução de testemunha que se recusa a comparecer. O árbitro tem jurisdição, mas não tem o poder de constrição do juiz, por isso a necessidade da colaboração judicial" (LEMES, Selma Maria Ferreira. A carta arbitral e a arbitragem na Lei das S.A. *Valor Econômico*, 17 jun. 2015. Disponível em: <http://selmalemes.adv.br/artigos/Artigo%203%20-%20A%20carta%20arbitral%20e%20a%20arbitragem%20na%20Lei%20das%20S.A.pdf>. Acesso em: 13 set. 2016).

[23] CPC/2015, art. 69. O pedido de cooperação jurisdicional deve ser prontamente atendido, prescinde de forma específica e pode ser executado como: [...] § 2.º Os atos concertados entre os juízes cooperantes poderão consistir, além de outros, no estabelecimento de procedimento para: I – a prática de citação, intimação ou notificação de ato; II – a obtenção e apresentação de provas e a coleta de depoimentos;
III – a efetivação de tutela provisória; IV – a efetivação de medidas e providências para recuperação e preservação de empresas; V – a facilitação de habilitação de créditos na falência e na recuperação judicial; VI – a centralização de processos repetitivos; VII – a execução de decisão jurisdicional.

[24] THEODORO JÚNIOR, Humberto. *Curso de direito processual*. 46. ed. rev. e atual. Rio de Janeiro: Forense, 2014. v. III. p. 417.

Tribunal de Justiça do Estado de São Paulo (TJSP), por exemplo, as primeiras cartas arbitrais foram protocolizadas na fase final de implantação do processo eletrônico[25].

Nesse momento, os novos processos passaram a ser obrigatoriamente digitais, o que exigiu a definição de um código para o protocolo e distribuição adequados, além da identificação digital certificada do solicitante.

A cooperação dos agentes envolvidos por meio da carta arbitral gerou, então, soluções provisórias para o instrumento. A título de exemplo, em 11 de novembro de 2015, após consulta formulada pela Secretaria do CAM-CCBC, foi proferido despacho pela Corregedoria do Tribunal Regional Federal da 1.ª Região.

Esclareceu o Coordenador do Comitê de Tabelas Processuais da Justiça Federal, que "a proposta de criação da classe já foi registrada no Sistema de Gestão de Tabelas do Conselho Nacional de Justiça em 23out.2015, conforme a sugestão 608", segundo a qual, "[e]nquanto não decidida a questão, deve o processo ser classificado como 'petição', nos termos das normas do Manual de utilização das Tabelas Processuais Unificadas do Poder Judiciário, preparado pelo CNJ [...]".

Em 03.12.2015, tendo em vista as orientações fornecidas nos referidos expedientes, o CAM-CCBC distribuiu e protocolou a primeira Carta Arbitral expedida em procedimento administrado na instituição, na Justiça Federal de Brasília.

Duas outras cartas arbitrais foram expedidas em procedimentos administrados pelo CAM-CCBC, sendo ambas dirigidas TJSP.

Assim, após consulta à Corregedoria-Geral da Justiça daquele Tribunal, em 25 de fevereiro de 2016, foi autorizada "a utilização da classe '261 – Carta Precatória Cível', para configuração na competência '1-Cível', a ser vinculada apenas para o assunto 'Carta Arbitral'".

Ainda em atenção aos contatos realizados com a Secretaria de Primeira Instância do TJSP, foi publicado em 24.05.2016 o Comunicado SPI 24/2016:

> Disponibilizados no peticionamento eletrônico o assunto processual n.º 50176. Contestação, vinculado à Classe Carta Precatória e à Classe Processual n.º 12082. Carta arbitral, na competência falência e recuperação judicial/extrajudicial (Processo n.º 2016/00043782 e Processo n.º 2016/00017986).

> A Secretaria da Primeira Instância, por determinação da Egrégia Corregedoria-Geral da Justiça COMUNICA aos Meritíssimos Juízes de Direito, aos Senhores Servidores do Poder Judiciário, especialmente àqueles que executam funções de distribuição judicial, aos Nobres Advogados e ao público em geral que está disponível ao peticionamento eletrônico o assunto processual n.º 50176 – Contestação, vinculado à classe Carta Precatória Cível, para cadastramento da contestação na hipótese de incompetência do juízo, revista no artigo 340, § 1.º, do Novo Código de Processo Civil. COMUNICA também a disponibilidade da classe processual n.º 12082 – Carta Arbitral, na competência Falência e Recuperação Judicial/Extrajudicial. Eventuais dúvidas poderão ser encaminhadas

---

[25] Informação disponível no *site* do TJSP: <http://www.tjsp.jus.br/CemPorCentoDigital/Default. aspx>. Acesso em: 13 set. 2016.

via *e-mail* para <spi.apoio@tjsp.jus.br> (Disponibilizado no *DJE* 20.05.2016, Caderno Administrativo, p. 22)[26].

Também no primeiro semestre de 2016, a Câmara de Arbitragem Empresarial – Brasil (Camarb) teve uma das primeiras experiências no âmbito do Poder Judiciário em relação ao instituto da Carta Arbitral.[27] Segundo relatou o Secretário-Geral Adjunto Interino na Camarb:

> Anteriormente à vigência do novo CPC e à mudança no sistema do PJe, a Carta Arbitral era distribuída sem que houvesse um código específico. O estado de Minas Gerais, por exemplo, antevendo a demanda, criou um código provisório para a referida distribuição. Todavia, a partir da vigência do novo Código, tal instituto recebeu categoria própria no sistema devendo ser distribuída sob o código "12082 – Carta Arbitral"[28].

Superado obstáculo da distribuição, a carta arbitral distribuída pela Camarb teve a diligência cumprida em apenas dois dias pela jurisdição estatal.

Independente do êxito que as incursões e o trabalho desenvolvido por estudiosos, advogados e instituições arbitrais, a carta arbitral ainda exigirá um trabalho de harmonização nos Tribunais brasileiros.

A inexistência de classe específica nos sistemas de peticionamento eletrônico dos tribunais podem prejudicar a distribuição e cumprimento de cartas arbitrais, além de gerar incertezas no momento da distribuição.

Assim sendo, é fundamental que a autoridade competente crie a classe processual específica para a distribuição das cartas arbitrais e que, como vem demonstrando a prática, que havendo vara ou câmara de competência especializada na matéria arbitral, que sejam elas as responsáveis pelo processamento das cartas arbitrais.

b.   A redação (forma)

No sentido de dar maior rapidez na emissão das comunicações entre árbitros e juízes, o Comitê Brasileiro de Arbitragem – CBAr disponibiliza em seu *site* um modelo de carta formulado em atenção aos requisitos legais do novo instrumento[29].

---

[26]   Disponível em: <http://www.tjsp.jus.br/Institucional/PrimeiraInstancia/Comunicados/Comunicado.aspx?Id=7339>. Acesso em: 30 ago. 2016.

[27]   VÉRAS, Felipe Sebhastian Caldas. Cooperação entre jurisdições estatal e arbitral é fundamental para celeridade. *Consultor Jurídico*, 17 jul. 2016. Disponível em: <http://www.conjur.com.br/2016--jul-17/felipe-veras-cooperacao-entre-jurisdicoes-estatal-arbitral-necessidade-cumprimento--satisfatorio-decisoes>. Acesso em: 13 set. 2016.

[28]   VÉRAS, Felipe Sebhastian Caldas. Cooperação entre jurisdições estatal e arbitral é fundamental para celeridade. *Consultor Jurídico*, 17 jul. 2016. Disponível em: <http://www.conjur.com.br/2016--jul-17/felipe-veras-cooperacao-entre-jurisdicoes-estatal-arbitral-necessidade-cumprimento--satisfatorio-decisoes>. Acesso em: 13 set. 2016. O código provisório citado, segundo nota do artigo: "Código '85 – Compromisso Arbitral', nos termos do Ofício 42902001/GECOR/2016, redigido pelo Corregedor-Geral de Justiça do TJMG. Além disso, a competência para receber tal diligência seria das Varas Empresariais nos moldes da Resolução 679/2011 do TJMG".

[29]   Disponível em: <http://cbar.org.br/site/carta-arbitral>. Acesso em: 30 ago. 2016.

CARTA ARBITRAL: INSTRUMENTO DE COOPERAÇÃO JURISDICIONAL

***

CARTA ARBITRAL – [.]

Processo Arbitral n.º:

Instituição Arbitral:

Árbitro(s):

Requerente(s):

Requerido(s):

Ato(s) Solicitado(s):

Prazo para Cumprimento: **[.] dias**

SEGREDO DE JUSTIÇA (*)

ÁRBITROS: *[.]*

JUÍZO DE CUMPRIMENTO DO ATO SOLITICADO: *[.]*

*O/A. Sr(a). Dr(a). [.], Árbitro nomeado pelas partes conforme convenção de arbitragem – **Anexo I**; e documentos que atestam sua nomeação – **Anexo II**; e sua aceitação da função – **Anexo III**, na forma da lei.*

FAZ SABER ao(à) Exmo(a). Sr(a). Dr(a). Juiz(a) de Direito da Comarca de cumprimento do ato SOLICITADO a qual esta for distribuída que, perante este [Árbitro ou Tribunal Arbitral] e respectiva Instituição Arbitral [não se aplica se for *ad hoc*], *se processam os termos do processo arbitral em epígrafe, em conformidade com as peças que seguem, as quais desta passam a fazer parte integrante.*

FINALIDADE: [.].

ADVERTÊNCIA: [.].

PROCURADOR(ES): Requerente(s): Dr(a)., OAB n.º *[.]. Requerido(s): Dr(a)., OAB n.º [.].*

TERMO DE ENCERRAMENTO

Assim, pelo que dos autos consta, expediu-se a presente CARTA ARBITRAL pela qual solicita a Vossa Excelência que, após exarar o seu respeitável CUMPRA-SE, se digne de determinar as diligências para seu integral cumprimento. [Município/Estado, DATA].

Árbitro ou Presidente do Tribunal Arbitral

(em nome do Tribunal Arbitral e com a aprovação prévia dos Srs. Coárbitros)

Anexos

Anexo I – convenção de arbitragem

Anexo II – documentos que atestam a nomeação do(s) árbitro(s)

534 | 20 ANOS DA LEI DE ARBITRAGEM

Anexo III – documentos que atestam a aceitação pelo(s) árbitro(s) da função

Anexo IV – documento que atesta a estipulação da confidencialidade da arbitragem

(*) Lei n.º 13.129, de 26 de maio de 2015, Art. 22-C. Parágrafo único. No cumprimento da carta arbitral será observado o segredo de justiça, desde que comprovada a confidencialidade estipulada na arbitragem. [Anexo IV].

***

Todavia, parece razoável imaginar que cada instituição arbitral, ou o próprio tribunal arbitral, adotará uma forma própria de redação. Com o tempo, é de se imaginar que haverá alguma padronização, apesar de ser certo que não se imagina um modelo específico, mas somente a aplicação das regras legais já mencionadas.

c.   Representação

Conforme mencionado no comentário aos requisitos impostos pelo art. 260 do NCPC, a participação em procedimentos arbitrais, ao contrário do que ocorre nas ações judiciais, não exige que as partes estejam representadas por advogados[30].

Assim, a condução das diligências relativas às Cartas Arbitrais pode gerar alguns impasses.

O art. 261 do NCPC determina que as cartas deverão estabelecer (i) prazo para cumprimento. Além disso, estabelece que o juiz destinatário do pedido de cooperação deverá realizar a (ii) intimação das partes do ato de expedição da carta, devendo, portanto, as partes realizarem o (iii) acompanhamento do cumprimento da diligência perante o juízo destinatário, (iv) cooperando para que o prazo estabelecido pelo deprecante seja cumprido.

Por outro lado, a participação em processos judiciais deve, segundo o NCPC no art. 130, ser realizada necessariamente por advogado regularmente inscrito na Ordem dos Advogados do Brasil. Dessa forma, para o acompanhamento das diligências solicitadas na carta, pergunta-se sobre a necessidade de as partes, ou mesmo o Tribunal Arbitral ou a Instituição arbitral, constituir necessariamente advogado.

É certo que intimação de advogado constituído nos autos facilita e garante, por exemplo, que, tão logo seja determinado, as custas necessárias ao processamento da carta arbitral, sejam elas recolhidas. Além disso, permite que haja um contraditório inicial sobre as formalidades relativas ao pedido de cooperação[31].

---

[30]   CPC/2015, art. 103.

[31]   AMARAL, Paulo Osternack. Das cartas. In: WAMBIER, Teresa Arruda Alvim; DIDIER JR., Fredie; TALAMINI, Eduardo; DANTAS, Bruno (Org.). *Breves comentários ao novo Código de Processo Civil.* São Paulo: RT, 2015. v. 1. "2. Ciência às partes. O § 1.º do art. 261 determina que as partes sejam intimadas pelo juiz do ato de expedição da carta. A regra é inovadora e permite o estabele-

A pergunta formulada ainda não tem resposta. Somente a solução adotada em casos concretos apontará para o melhor caminho a seguir.

7. CONCLUSÃO

A Carta Arbitral é um instrumento de comunicação e assim deve ser entendido[32]. Todos os requisitos dispostos pelo NCPC justificam-se pela busca da segurança, mas em nenhuma hipótese devem obstar a efetiva comunicação entre remetente e destinatário, juiz de origem e juiz de cumprimento do ato, árbitro e juiz.

Identificados o Tribunal Arbitral e o juiz de cumprimento do ato, a solicitação de cooperação, a escolha pela arbitragem e os poderes conferidos ao árbitro, é fundamental que seja dado cumprimento ao ato.

Ademais, a confidencialidade deve ser observada sempre que comprovado o acordo pelo sigilo do procedimento.

Muitos serão os desafios. Compõe, desde logo, esta lista em formação: a indicação do código para peticionamento eletrônico, a distribuição para as varas adequadas e até mesmo a avaliação sobre como será superado o obstáculo da desnecessidade de constituição de advogado.

De toda maneira, a carta arbitral é um instrumento que confere maior eficiência a este método adequado de solução de conflitos, permitindo que árbitro exerça o seu múnus de forma ainda mais segura e eficaz, com a devida cooperação do juiz estatal.

Trata-se da evolução do direito para a realização da justiça, ideal sempre perseguido por nós, juízes, advogados, árbitros e instituições arbitrais.

8. BIBLIOGRAFIA

AMARAL, Paulo Osternack. Das cartas. In: WAMBIER, Teresa Arruda Alvim; DIDIER JR., Fredie; TALAMINI, Eduardo; DANTAS, Bruno (Org.). *Breves comentários ao novo Código de Processo Civil*. São Paulo: RT, 2015. v. 1, p. 711-719.

BIANCHI, Bruno Guimarães. Arbitragem no novo Código de Processo Civil: aspectos práticos. *Revista de Processo*, n. 255, p. 413-432, maio 2016.

---

cimento de um contraditório prévio ao cumprimento da carta, o que poderá facilitar a aferição da adequação da expedição da carta, além de permitir o imediato recolhimento das despesas relativas ao seu cumprimento pela parte interessada" (Parte Geral).
Livro IV – Dos atos processuais, Título II – Da comunicação dos atos processuais, Capítulo III. Das cartas.

[32] DINAMARCO, Cândido Rangel. *Instituições de direito processual civil* 5. ed. São Paulo: Malheiros, 2005. v. II, p. 517. Segundo o Prof. Cândido Rangel Dinamarco, "[a] cooperação jurisdicional é operacionalizada mediante as *cartas* com que um órgão jurisdicional solicita a outro a ajuda consistente em realizar ou fazer realizar atos do processo. [...] Uma carta, em sentido técnico-processual, é realmente uma *carta*, ou seja, uma mensagem com o que o juiz solicita a outro a cooperação de que tenha necessidade para o cumprimento da função jurisdicional".

BLACKABY, Nigel; PARTASIDES, Constantine; REDFERN, Alan; HUNTER, J. Martin. *Redfern and Hunter on International Arbitration*. 6. ed. Oxford: Oxford University Press, 2015.

BRAGHETTA, Adriana. Notas sobre a confidencialidade na arbitragem. *Revista do Advogado*, ano XXXIII, n. 119, p. 7-12, abr. 2013.

CAHALI, Francisco José. *Curso de arbitragem*. São Paulo: RT, 2015.

CÂMARA, Alexandre Freitas. Das relações entre a arbitragem e o Poder Judiciário. *Revista Brasileira de Arbitragem*, IOB, v. II, issue 6, p. 18-28, 2005.

CARMONA, Carlos Alberto. *Arbitragem e processo*: um comentário a Lei 9.307/1996. 3. ed. São Paulo: Atlas, 2009.

DINAMARCO, Cândido Rangel. *Instituições de direito processual civil* 5. ed. São Paulo: Malheiros, 2005. v. II.

_____. _____. São Paulo: Malheiros, 2016. v. I.

FICHTNER, José Antonio; MANNHEIMER, Sergio Nelson; MONTEIRO, André Luís. Cinco pontos sobre a arbitragem no projeto do novo Código de Processo Civil. *Revista de Processo*, n. 205, p. 307-331, mar. 2012.

LEMES, Selma Maria Ferreira. A carta arbitral e a arbitragem na Lei das S.A. *Valor Econômico*, 17 jun. 2015. Disponível em: <http://selmalemes.adv.br/artigos/Artigo%20 3%20-%20A%20carta%20arbitral%20e%20a%20arbitragem%20na%20Lei%20das%20 S.A.pdf>. Acesso em: 13 set. 2016.

MANNHEIMER, Mario Roberto. Mudanças na Lei de arbitragem (Lei 9.307, de 23.09.1996). Observações sobre a Lei 13.129, de 26.05.2015. Visão de um antigo magistrado. Revista de Arbitragem e Mediação, n. 47, p. 45-65, out.-dez. 2015.

SILVA, Jonny Paulo. A regulamentação paranaense acerca da atuação do juiz de direito no processo arbitral, no que diz respeito à condução de testemunhas e execução de medidas coercitivas e cautelares. *Revista Brasileira de Arbitragem*, São Paulo: IOB Thompson, n. 3, p. 217-219, 2004.

THEODORO JÚNIOR, Humberto. *Curso de direito processual civil*. Rio de Janeiro: Forense, 2016. v. I.

_____. _____. 46. ed. rev. e atual. Rio de Janeiro: Forense, 2014. v. III.

VÉRAS, Felipe Sebhastian Caldas. Cooperação entre jurisdições estatal e arbitral é fundamental para celeridade. *Consultor Jurídico*, 17 jul. 2016. Disponível em: <http://www. conjur.com.br/2016-jul-17/felipe-veras-cooperacao-entre-jurisdicoes-estatal-arbitral- -necessidade-cumprimento-satisfatorio-decisoes>. Acesso em: 13 set. 2016.

VILELA, Marcelo Dias Gonçalves. Reflexões sobre a tutela cautelar na arbitragem. *Revista Brasileira de Arbitragem*, v. II, p. 30-44.

WAMBIER, Teresa Arruda Alvim et al. *Breves comentários ao novo Código de Processo Civil*. São Paulo: RT, 2016.

_____ et al. *Primeiros comentários ao Novo Código de Processo Civil*: artigo por artigo. São Paulo: RT, 2015.

SENTENÇA ARBITRAL

A APLICAÇÃO DA CISG À SENTENÇA ARBITRAL: QUANDO E COMO DEVE O ÁRBITRO APLICAR A CISG

BERNARD POTSCH

Sumário: I. Introdução: histórico e importância do tema – II. Quando deve o árbitro aplicar a CISG? – III. Como deve o árbitro aplicar a CISG? – IV. Conclusão – Bibliografia.

I. INTRODUÇÃO: HISTÓRICO E IMPORTÂNCIA DO TEMA

O comércio internacional acompanha a história da humanidade dos seus primórdios. Desde as rotas terrestres que interligaram Oriente e Ocidente até as grandes navegações, e além, o movimento de troca de mercadorias entre as nações sempre representou uma grande força motriz do movimento civilizatório e do desenvolvimento humano.

Ao longo dos últimos séculos, a importância do comércio transfronteiriço só fez expandir. A revolução industrial e tecnológica, a evolução dos meios de transporte e comunicação, a crescente demanda dos países desenvolvidos e em desenvolvimento, todos contribuíram decisivamente para a crescente relevância das transações internacionais.

De acordo com as últimas estatísticas divulgadas pela Organização Internacional do Comércio[1], as exportações de mercadorias movimentaram mais de US$ 19 trilhões no ano de 2014, representando porção significativa de toda a economia mundial.

---

[1] Conforme dados estatísticos disponíveis em: <https://www.wto.org/english/res_e/statis_e/wts2016_e/wts2016_e.pdf>.

Nesse contexto, é inegável a importância do estudo do comércio internacional para o desenvolvimento das sociedades humanas.

Por óbvio, não permaneceu o Direito alheio a essa conjectura. Os comerciantes internacionais sempre demandaram certo nível de segurança jurídica para a consecução de suas atividades, dando à constituição de práticas comerciais que garantiam e incentivavam o desenvolvimento dos negócios.

De origem costumeira, erigiu-se ao longo dos séculos a intitulada *lex mercatoria*. Contudo, não veio desacompanhada. Conquanto representasse um avanço na regulação do comércio transfronteiriço, faltava-lhe a força impositiva das leis e tratados.

Não por outro motivo, o século passado presenciou grande movimento legislativo sobre o tema. Buscava-se, especificamente, a unificação dos ordenamentos jurídicos nacionais, de modo a permitir a expansão dos mercados e a diminuição das vicissitudes advindas da multiplicidade de regramentos distintos, conforme pontuou André Tunc:

> É evidente o empecilho que as diferenças entre os sistemas legais causam às transações internacionais. Este explica a razão de, apesar das dificuldades, a unificação legislativa ser constantemente alvo de esforços por advogados e ser intensamente almejada, ao menos em alguns campos ou em alguns grupos. Guarda algum significado o fato de que todos os países que tencionam desenvolver suas relações econômicas (os últimos sendo os integrantes da Comunidade Econômica Europeia) buscam unificar ou harmonizar suas leis. No entanto, esse esforço é especialmente necessário no comércio internacional. Se as partes de um contrato de compra e venda não dispuserem expressamente quanto à lei aplicável ao seu contrato, esta restará entremeada das muitas incertezas envolvidas na aplicação do direito internacional privado das diferentes municipalidades. De qualquer forma, o contrato sempre estará sujeito a uma lei que, ao menos para uma das partes, será estrangeira. Conquanto todas as normas locais possam ser em seu conjunto satisfatórias, elas também ocasionam uma variedade de dificuldades para estrangeiros[2].

Assim, já na década de 1920, iniciaram-se os esforços de uniformização legislativa, com a criação do Instituto Internacional para a Unificação do Direito Privado – Unidroit

---

[2] Tradução livre. No original: "The hindrance which differences between legal systems causes to international transactions is evident. It explains why the unification of law, difficult as it is to achieve, has been a constant aim of lawyer's endeavours and why it is today so keenly sought after at least in some fields or within certain groupings. It is of some significance that all the countries which intend to develop their commercial relations (the latest being the countries of the European Economic Community) seek to unify or to harmonise their law. Their endeavour is, however, especially necessary in regard to international sale. If the parties to a contract of sale have not expressly settled the law applicable to their contract, this law will be entangled in all the doubts which are involved in the application of the private international law of different municipal laws. In any event, the contract will always be subject to a law which, for one of the parties at least, will be a foreign law. Even though all municipal laws may on the whole be satisfactory, they also involve a variety of difficulties for foreigners" (TUNC, André. *Commentary on the Hague Conventions of the 1st of July 1964 on International Sale of Goods and the Formation of the Contract of Sale.* Disponível em: <http://www.cisg.law.pace.edu/cisg/biblio/tunc.html>).

A APLICAÇÃO DA CISG À SENTENÇA ARBITRAL: QUANDO E COMO DEVE O ÁRBITRO APLICAR A CISG | **541**

e, em especial, com a contribuição de Ernst Rabel, o qual, já em 1929, apresentava relatório quanto à possibilidade de unificação das leis comerciais, culminando com a apresentação de minutas preliminares de regramentos uniformes do comércio internacional de mercadorias nos anos de 1935 e 1939.

Infelizmente, os trabalhos foram interrompidos pela eclosão da Segunda Guerra Mundial, sendo retomados apenas em 1951. Em 1964, no seio de conferência na Haia, concluíram-se a *Convention relating to a Uniform Law on the Formation of Contracts for the International Sale of Goods* – ULF e a *Convention relating to a Uniform Law on the International Sale of Goods* – ULIS.

Essas convenções – conquanto representassem avanço e tenham contribuído para o amadurecimento do tema – não atingiram o sucesso esperado e, até a presente data, contam com apenas nove signatários[3].

Diante deste cenário, e já em 1968, a recém-instituída Comissão das Nações Unidas para o Direito do Comércio Internacional – Uncitral[4] ponderou se haveriam maneiras de promover a mais ampla aceitação das já mencionadas convenções, empreendendo consultas entre os Estados sobre a intenção de a elas aderir. O resultado não foi positivo, conforme aponta Kazuaki Sono:

> [...] as respostas aos questionários foram em sua maioria demasiadamente pessimistas para a promoção das Convenções da Haia. As razões foram diversas. As Convenções da Haia eram dogmáticas demais, predominantemente baseadas na tradição civilista europeia, e pouco claras até mesmo para advogados. Mais ainda, a elaboração das Convenções da Haia não contou com representação global. Em verdade, na Conferência da Haia de 1964, a América Latina foi representada apenas pela Colômbia, a Ásia pelo Japão, e a África pelo Egito[5].

Por tais razões, a Uncitral estabeleceu grupo de trabalho para analisar as modificações necessárias a garantir a adesão de países dos mais diversos sistemas legais, sociais e econômicos.

Amplamente revistas e integradas em um único instrumento, emergiu, em 1978, primeira minuta de convenção a regular de forma ampla o comércio internacional de

---

[3]   Nomeadamente, Bélgica, Gâmbia, Alemanha, Israel, Itália, Luxemburgo, Países Baixos, San Marino e Reino Unido. Informação disponível, quanto à ULF, em <http://www.unidroit.org/english/implement/i-64ulf.pdf>,e,quantoàULIS,em<http://www.unidroit.org/english/implement/i-64ulis.pdf>.

[4]   Diante da mais ampla difusão da sigla "Uncitral", tanto no Brasil quanto no exterior, optou-se por sua utilização, em vez da sigla "CNUDCI".

[5]   Tradução livre. No original: "the responses to the questionnaire were mostly too pessimistic to promote the Hague Conventions. The reasons were diverse: The Hague Conventions were too dogmatic, complex, predominantly of the European civil law tradition and lacked clarity even for ordinary lawyers. Moreover, the Hague Conventions had no global representation in the rule making. In fact, at the 1964 Hague Conference, Latin America was only represented by Colombia, Asia by Japan, and Africa by Egypt" (SONO, Kazuaki. *The Vienna Sales Convention: History and Perspective*. In: SARCEVINC, Petar; VOLKEN, Paul (Ed.). *International Sale of Goods*: Dubrovnik Lectures. Oceana Publications, 1986. p. 3).

mercadorias, desde a formação do contrato até sua rescisão, passando pelas obrigações das partes e pelos possíveis remédios por seu inadimplemento.

Assim, em 1980, com mais de cinquenta anos de desenvolvimento através das sucessivas tentativas anteriores, 42 países aprovaram a Convenção das Nações Unidas sobre Contratos de Compra e Venda Internacional de Mercadorias – CISG, tendo o décimo país a ratificado ao final de 1986, e, consequentemente, preenchido o último dos requisitos para que ganhasse força.

A CISG passou, então, a vigorar em janeiro de 1988.[6]

Desde então, cada vez mais países têm a esta aderido, tendo sido atingido o número de 85 participantes em 03.05.2016, com a acessão do Azerbaijão.

A atual relevância de dito instrumento no comércio internacional é inegável. A título exemplificativo, verifica-se que os quatro maiores países exportadores de mercadorias no ano de 2015 – que representam, sozinhos, 35% do total das exportações mundiais – são partes da Convenção. O mesmo ocorre quanto às importações, sendo os quatro países mais ativos, responsáveis por 34% do valor total comercializado, partes da CISG[7].

Mais ainda, percentual superior a 80% do comércio mundial de mercadorias é realizado por países que ratificaram a Convenção. Posto em números, tal fato implica um fluxo de valores superior a US$ 13 trilhões apenas no ano de 2015 sob a égide da Convenção[8].

No Brasil, observa-se que, em 2015, mesmo diante de grave recessão, a exportação e importação de mercadorias representou fluxo de valores de quase US$ 0,4 trilhão[9], sendo o comércio internacional um dos mais relevantes setores da economia. Cumpre ressaltar a recente edição dos decretos legislativo[10] e executivo[11] aprovando o texto da

---

[6]   O histórico da Convenção que ora se relata já foi abordado por diversos autores, dentre os quais destacamos os seguintes: SONO, Kazuaki. *The Vienna Sales Convention: History and Perspective*. In: SARCEVINC, Petar; VOLKEN, Paul (Ed.). *International Sale of Goods*: Dubrovnik Lectures. Oceana Publications, 1986; HUBER, Peter; MULLIS, Alastair. *The CISG*: a new textbook for students and practitioners. München: Sellier, 2007. p. 1-3; HONNOLD, John O.; FLECHTNER, Harry M.. *Uniform Law for International Sales under the 1980 United Nations Convention*. 4. ed. New York: Wolters Kluwer, 2009. p. 5-12, §§4-10; HACHEM, Pascal; SCHWENZER, Ingeborg. The CISG – A Story of Worldwide Success. Disponível em: <http://ius.unibas.ch/uploads/public s/9587/20110913164502_4e6f6c6e5b746.pdf>.

[7]   Conformedadosestatísticosdisponíveisem:<https://www.wto.org/english/res_e/statis_e/wts2016_e/ wts2016_e.pdf>.

[8]   Conformedadosestatísticosdisponíveisem:<https://www.wto.org/english/res_e/statis_e/wts2016_e/ wts2016_e.pdf>.

[9]   Conformedadosestatísticosdisponíveisem:<https://www.wto.org/english/res_e/statis_e/wts2016_e/ wts2016_e.pdf>.

[10]   Conforme Decreto Legislativo 538, de 2012, disponível em: <http://legis.senado.gov.br/legislacao/ ListaTextoIntegral.action?id=246032&norma=265739>.

[11]   Conforme Decreto 8.327, de 2014, disponível em: <http://www.planalto.gov.br/CCIVIL_03/_ Ato2011-2014/2014/Decreto/D8327.htm>.

Convenção, e sua entrada em vigor no Brasil no plano internacional em 1.º.04.2014 e no plano interno em 17.10.2014[12].

Denota-se, portanto, que, muito em breve, se iniciarão as controvérsias envolvendo a CISG em nosso país. E que estas possuirão considerável relevância no cenário jurídico e econômico.

No entanto, seguindo a tendência internacional, não serão estas – em sua grande parte – resolvidas em nossas cortes estatais, mas, sim, por meios extrajudiciais de solução de controvérsias, particularmente a arbitragem[13].

A predileção tem, inclusive, origens históricas. Paralelamente aos esforços de uniformização que culminaram na CISG, iniciou-se empreitada da Câmara de Comércio Internacional para remover obstáculos que prejudicavam o fluxo internacional de mercadorias. Ainda em 1923, instada por dita câmara, a Liga das Nações concluiu o Protocolo relativo às Cláusulas de Arbitragem, pelo qual os Estados contratantes reconheciam a validade das convenções arbitrais.

Não obstante, já na década de 1950, reconheceu-se que o Protocolo de Genebra não mais atendia às demandas do comércio internacional, eis que submetia o procedimento de arbitragem à lei do país em cujo território se realizasse.

Nesse sentido, ao apresentar ao Conselho Econômico e Social das Nações Unidas minuta do que viria a se tornar a Convenção sobre o Reconhecimento e Execução de Sentenças Arbitrais Estrangeiras de 1958, afirmou a Câmara de Comércio Internacional que

> [...] o fato de que uma sentença resolvendo disputa decorrente desse contrato [internacional] produzirá seus efeitos em diferentes países torna essencial que seja executada em todos esses países da mesma forma. Disso depende o desenvolvimento do comércio internacional[14].

---

[12] Nos termos do art. 99(2) da CISG, esta entraria em vigor no primeiro dia do mês e ano seguintes ao depósito do instrumento de acessão perante as Nações Unidas, o que ocorreu em 04.05.2013. Contudo, o decreto presidencial que promulgou a Convenção apenas foi publicado em 17.10.2014, motivo pelo qual – segundo entendimento dos tribunais superiores, contestado por parte da doutrina – apenas incorporou-se ao direito pátrio nesta data, deixando o Brasil durante quase um semestre – nas palavras de Carmen Tiburcio e Daniel Gruenbaum – "na estranha posição de há mais de um ano ter assumido o compromisso internacional de aplicar o tratado a partir de 1.º de abril de 2014, mas as suas normas ainda não fazerem parte do Direito brasileiro" (TIBURCIO, Carmen; GRUENBAUM, Daniel. A odisseia da espera. Disponível em: <http://oglobo.globo.com/opiniao/a-odisseia-da-espera-12489882>).

[13] Nesse sentido, ver MISTELIS, Loukas. Article 1. In: _____; KRÖLL, Stefan; VISCASILLAS, Pilar Perales (Ed.). *UN Convention on Contracts for the International Sale of Goods (CISG)*. München: C.H. Beck, Hart, Nomos, 2011. § 17; SCHMIDT-AHRENDTS, Nils. CISG and Arbitration. Disponível em: <http://www.cisg.law.pace.edu/cisg/biblio/schmidt-ahrendts.html>, p. 213; GRUBER, Peter. The Convention on the International Sale of Goods (CISG) in Arbitration. Disponível em: <http://www.dsg.univr.it/documenti/OccorrenzaIns/matdid/matdid224275.doc>.

[14] Tradução livre. No original: "the fact that an award settling a dispute arising in connection with this [international] agreement will produce its effects in different countries, makes it essential that

Desde então, o instituto muito se desenvolveu. Sem nos delongarmos nas potenciais vantagens competitivas oferecidas aos comerciantes, reportamo-nos à pesquisa realizada em 2015 quanto às formas preferenciais de resolução de disputas em nível internacional, na qual a arbitragem foi apontada como primeira opção por 90% dos entrevistados[15].

A prevalência do instituto da arbitragem para a resolução de disputas no âmbito do comércio internacional também se demonstra através de análise da maior base de dados de decisões sobre a Convenção, capitaneada pela *Pace Law School*. Entre as 3.152 decisões listadas em setembro de 2016, 818[16] derivam de arbitragens, o que equivale a 26% do total. O número pode parecer baixo, mas deve-se considerar que o percentual de decisões arbitrais publicadas é muito inferior a 10%, quiçá 5%[17]. Extrapolando-se esses números, chega-se à conclusão de que mais de 70% das controvérsias relacionadas à CISG são resolvidas por arbitragem[18].

Nesse sentido, e tendo em vista que a Convenção tem escopo limitado e método de interpretação próprio, mostra-se imperioso verificar quando e como deverão os árbitros aplicá-la[19].

II. QUANDO DEVE O ÁRBITRO APLICAR A CISG?

Diante dos dados postos no capítulo anterior, imaginar-se-ia que a aplicação da CISG por tribunais arbitrais fosse matéria das mais estudadas, objeto de múltiplas obras a nível internacional. Não é o que se observa. Ao revés, autores já pontuaram sua escassa

---

it should be enforced in all these countries in the same way. The development of international trade depends on this" (*Statement submitted by the International Chamber of Commerce, a non--governmental organization having consultative status in category A*. UN Doc. E/C.2/373, de 1953. Disponível em: <http://daccess-dds-ny.un.org/doc/UNDOC/GEN/N53/300/20/PDF/N5330020.pdf?OpenElement>).

[15] Os resultados da pesquisa estão disponíveis em: <http://www.arbitration.qmul.ac.uk/docs/164761.pdf>.

[16] O autor verificou que pesquisa pelos meios de busca disponibilizados pela base de dados aponta a existência de 829 decisões derivadas de arbitragens. No entanto, constatou-se que algumas decisões de cortes judiciais russas foram indevidamente catalogadas, possivelmente por intitularem-se as cortes comerciais russas de "cortes de arbitragem".

[17] Evidenciado pelo fato de os Estados Unidos da América – segundo maior exportador e primeiro maior importador de mercadorias do mundo – ter 183 decisões judiciais publicadas na mais ampla base de dados sobre a Convenção, e apenas 2 decisões arbitrais.

[18] Esta é a conclusão que atinge Loukas Mistelis em levantamento realizado em 2008: "Arguably, more than 70% of cases relating to CISG will have been (or actually are) rendered in arbitration" (MISTELIS, Loukas. CISG and Arbitration. In: JANSSEN, André; MEYER, Olaf (Ed.). *CISG Methodology*. Munique: Sellier, 2009. p. 388).

[19] De fato, como ressaltado pela doutrina, "registra-se a necessidade de estudo e reflexão sobre as nuances do diploma convencional, especialmente porque as suas normas devem ser interpretadas de forma autônoma (Art. 7.º (1)), ou seja, desvinculada do direito nacional" (TIBURCIO, Carmen. Consequências do inadimplemento contratual na Convenção de Viena sobre Venda Internacional de Mercadorias (CISG). In: WALD, Arnoldo (Coord.). *Revista de Arbitragem e Mediação*, São Paulo: RT, ano 10, v. 37, p. 183, abr.-jun. 2013).

literatura[20] e notaram que "a aplicabilidade da CISG pelos tribunais arbitrais ainda não foi efetivamente descoberta como uma matéria a ser discutida"[21]. Dedicar-se-á, então, o presente capítulo a elucidar quando – e por quais instrumentos – devem os árbitros aplicar a Convenção em seus julgados.

A primeira, mais óbvia e mais comum[22] situação na qual o árbitro aplicará a CISG decorre de estipulação contratual das partes, seja para adotar especificamente a Convenção ou, então, para determinar a aplicação de legislação nacional da qual aquela seja parte integrante.

Concernente à escolha direta e específica, deve-se ter em mente que tanto a Convenção quanto miríade de legislações e regulamentos arbitrais privilegiam a autonomia da vontade, não impondo, comumente, limitações ao seu exercício, exceto para salvaguardar o restrito campo da ordem pública.

Daí decorre que, de acordo com leis nacionais e diversos regulamentos[23], não se faz necessário que a escolha do direito aplicável à disputa limite-se a legislações domésticas. Ao revés, a adoção do termo "rules of law" – ou "regras de direito", como posto no art. 2.º, § 1.º, da Lei Brasileira de Arbitragem –, em contraponto ao termo "law", é tida como claro indicativo da possibilidade de as partes optarem pela aplicação direta de outras fontes normativas, inclusive convenções internacionais, ainda que não internalizadas em determinado ordenamento jurídico[24].

---

[20] PETROCHILOS, Georgios C. Arbitration Conflict of Laws Rules and the 1980 International Sales Convention. Disponível em: <http://www.cisg.law.pace.edu/cisg/biblio/petrochilos.html>.

[21] Tradução livre. No original: "The applicability of CISG by courts of arbitration has not been really discovered as a subject of discussion" (GRUBER, Peter. The Convention on the International Sale of Goods (CISG) in Arbitration. Disponível em: <http://www.dsg.univr.it/documenti/OccorrenzaIns/matdid/matdid224275.doc>, p. 6).

[22] Estatísticas da Corte Internacional de Arbitragem da Câmara de Comércio Internacional apontam que aproximadamente 20% dos litígios por esta administrados derivam de contratos em que as partes não estipularam a lei aplicável. *A contrario sensu*, os demais (80%) continham determinação contratual da lei aplicável.

[23] *V.g.*, Art. 28(1), Lei Modelo da Uncitral; Art. 1.710, Lei Belga de Arbitragem; Art. 1.511, Código de Processo Civil Francês; Art. 187, Lei Suíça de Direito Internacional Privado; Art. 34(2), Lei Espanhola de Arbitragem; Art. 21, Regulamento da Corte Internacional de Arbitragem da Câmara de Comércio Internacional; Art. 16.4, Regulamento de Arbitragem do London Court of International Arbitration; Art. 31(1), Regulamento de Arbitragem do International Centre for Dispute Resolution; Art. 9.4, Regulamento de Arbitragem do Centro de Arbitragem e Mediação da Câmara de Comércio Brasil-Canadá; Art. 20.1, Regulamento de Arbitragem da Câmara de Conciliação, Mediação e Arbitragem CIESP/FIESP.

[24] JANSSEN, André; SPILKER, Matthias. The relationship between the CISG and international arbitration: a love with obstacles?. In: BIN, M.; AJANI, G. (Dir.). *Contratto e impresa/Europa*, Milano: Cedam, ano XX, v. 1, p. 50-51, jan.-jun. 2015; GRUBER, Peter. The Convention on the International Sale of Goods (CISG) in Arbitration. Disponível em: <http://www.dsg.univr.it/documenti/OccorrenzaIns/matdid/matdid224275.doc>; PETROCHILOS, Georgios C. Arbitration Conflict of Laws Rules and the 1980 International Sales Convention. Disponível em: <http://www.cisg.law.pace.edu/cisg/biblio/petrochilos.html>; ver SCHWENZER, Ingeborg; HACHEM, Pascal. Intro to Arts 1-6. In: SCHWENZER, Ingeborg (Ed.). *Schlechtriem & Schwenzer*: Commentary on

Conclusão que igualmente se extrai dessas considerações é que as partes podem, inclusive, optar pela aplicação da CISG a transações dela excluídas por força de seus arts. 2.º e 3.º[25], sem embargo das restrições de ordem pública aplicáveis[26].

Vigora, portanto, via de regra, a liberdade das partes para escolher diretamente a CISG como aplicável às suas relações negociais e controvérsias.

Nada obstante, por razões diversas, a forma mais prevalente de acordo das partes a conduzir à Convenção é, certamente, a escolha de legislação nacional que a contenha. Nessa hipótese, conforme entendimento amplamente aceito por doutrinadores e cortes tanto estatais quanto arbitrais[27], estando a disputa em seu campo de aplicação, a CISG será aplicada.

---

the UN Convention on the International Sale of Goods (CISG). 4. ed. Oxford University Press, 2016. § 12.

No Brasil, ver GOMM, Maurício. A situação dos países da América Latina no que tange à lei aplicável ao mérito do litígio submetido a uma arbitragem comercial internacional. In: WALD, Arnoldo (Coord.). *Revista de Arbitragem e Mediação*, São Paulo: RT, ano 1, v. 2, p. 104, maio-ago. 2004; GARCEZ, José Maria Rossani. Escolha da lei substantiva da arbitragem. In: WALD, Arnoldo (Coord.). *Revista de Arbitragem e Mediação*, São Paulo: RT, ano 2, v. 4, p. 49-50, jan.-mar. 2005; BATISTA MARTINS, Pedro A.. *Apontamentos sobre a Lei de Arbitragem: comentários à lei 9.307/96.* Rio de Janeiro: Forense, 2008, p. 44-47.

[25] Artigo 2

Esta Convenção não se aplicará às vendas:

(a) de mercadorias adquiridas para uso pessoal, familiar ou doméstico, salvo se o vendedor, antes ou no momento de conclusão do contrato, não souber, nem devesse saber, que as mercadorias são adquiridas para tal uso;

(b) em hasta pública [entende-se que a tradução correta seria "leilão"];

(c) em execução judicial;

(d) de valores mobiliários, títulos de crédito e moeda;

(e) de navios, embarcações, aerobarcos e aeronaves;

(f) de eletricidade.

Artigo 3

(1) Serão considerados contratos de compra e venda os contratos de fornecimento de mercadorias a serem fabricadas ou produzidas, salvo se a parte que as encomendar tiver de fornecer parcela substancial dos materiais necessários à fabricação ou à produção.

(2) Não se aplica esta Convenção a contratos em que a parcela preponderante das obrigações do fornecedor das mercadorias consistir no fornecimento de mão de obra ou de outros serviços.

[26] SPOHNHEIMER, Frank. Article 2. In: KRÖLL, Stefan; MISTELIS, Loukas; VISCASILLAS, Pilar Perales (Ed.). *UN Convention on Contracts for the International Sale of Goods (CISG)*. München: C.H. Beck, Hart, Nomos, 2011. § 5; GRUBER, Peter The Convention on the International Sale of Goods(CISG)inArbitration.Disponívelem:<http://www.dsg.univr.it/documenti/OccorrenzaIns/matdid/matdid224275.doc>.

[27] SCHWENZER, Ingeborg; HACHEM, Pascal. Intro to Arts 1-6. In: SCHWENZER, Ingeborg (Ed.). *Schlechtriem & Schwenzer*: Commentary on the UN Convention on the International Sale of Goods (CISG). 4. ed. Oxford University Press, 2016. § 12; PETROCHILOS, Georgios C. Arbitration Conflict of Laws Rules and the 1980 International Sales Convention. Disponível em: <http://www.cisg.law.pace.edu/cisg/biblio/petrochilos.html>; ver WAINCYMER, Jeffrey. The CISG and Inter-

Abram-se breves parênteses para, mínima e sinteticamente[28], esclarecer qual seria dito campo de aplicação.

Nos termos de seu art. 1.º a 3.º, a Convenção aplicar-se-á aos contratos internacionais de compra e venda de mercadorias. Contratos "internacionais" são tidos como aqueles em que, no momento da conclusão do contrato, as partes têm seus estabelecimentos em Estados distintos. A nacionalidade das partes é irrelevante. Por sua vez, são considerados "mercadorias" itens que sejam móveis e tangíveis no momento de entrega[29].

Afasta-se, contudo, a Convenção dos contratos nos quais caiba ao comprador fornecer parcela substancial dos materiais necessários à manufatura da mercadoria, e dos contratos nos quais a parcela preponderante das obrigações do vendedor consiste no fornecimento de mão de obra ou de outros serviços.

São também excluídas do campo de aplicação da CISG as vendas em leilão[30] ou em execução judicial, e aquelas de valores mobiliários, títulos de crédito, moeda, navios, embarcações, aerobarcos, aeronaves e eletricidade. Também excluídas as vendas de mercadorias adquiridas para uso pessoal, familiar ou doméstico – transações de consumo –, desde que, no caso concreto, o vendedor soubesse, ou devesse saber, que essa era a finalidade a ser dada à mercadoria.

---

national Commercial Arbitration: Promoting a Complimentary Relationship between Substance and Procedure. In: ANDERSEN, Camilla B.; SCHROETER, Ulrich G. (Ed.). *Sharing International Commercial Law across National Borders*: Festschrift for Albert H. Kritzer on the Occasion of his Eightieth Birthday. Wildly, Simmonds & Hill Publising, 2008. p. 596.

Para ampla listagem de casos, ver CISG-AC Opinion 16. Disponível em: <http://www.cisgac.com/cisgac-opinion-no16>, p. 8, nota de rodapé 27.

[28] Explicitação mais detalhada desviaria sobremaneira das pretensões e do objetivo do presente artigo. Para maiores detalhes, ver KRÖLL, Stefan; MISTELIS, Loukas; VISCASILLAS, Pilar Perales (Ed.). *UN Convention on Contracts for the International Sale of Goods (CISG)*. München: C.H. Beck, Hart, Nomos, 2011. p. 21-98; UNCITRAL. *Digest of Case Law on the United Nations Convention on Contracts for the International Sale of Goods,* edição de 2012. New York: United Nations, 2012. Disponível em: <https://www.uncitral.org/pdf/english/clout/CISG-digest-2012-e.pdf>, p. 4-32.

[29] A aplicabilidade da Convenção a *software* é tópico intensamente debatido, remetendo-se o leitor aos seguintes artigos para maiores detalhes: DIEDRICH, Frank. The CISG and computer software revisited. Disponível em: <http://www.cisg.law.pace.edu/cisg/biblio/diedrich1.html>; SONO, Hiroo. The applicability and non-applicability of the CISG to software transactions. Disponível em: <http://www.cisg.law.pace.edu/cisg/biblio/sono6.html>.

[30] Julga-se a tradução empreendida, na versão em português promulgada, de *auction* para "hasta pública" inadequada, não devendo permitir o intérprete que equívocos do estilo comprometam a uniformidade da CISG nas mais diversas jurisdições. Para maiores detalhes quanto às inconsistências de tradução, ver GRUENBAUM, Daniel. A Convenção sobre Venda Internacional. Disponível em: <https://www.google.com.br/url?sa=t&rct=j&q=&esrc=s&source=web&cd=1&ved=0ahUKEwjCnqrfwo_PAhVFhZAKHVJjABAQFggcMAA&url=http%3A%2F%2Fwww2.camara.leg.br%2Fatividade-legislativa%2Fcomissoes%2Fcomissoes-mistas%2Fcpcms%2Fclipping-mercosul%2F28-05-2013-entrada--de-diario%2Fat_download%2Ffile&usg=AFQjCNG20rOvG2cqerDe21_pyJvJ3VdDig&sig2=fwjt9Bm6A8O9GJf0lwo9yA&bvm=bv.132479545,d.Y2I&cad=rja>, p. 16-18.

Adicionalmente, esclarecem os arts. 4.º e 5.º[31] que a Convenção governa, genericamente[32], a formação do contrato de compra e venda, e os direitos e obrigações do comprador e do vendedor dele derivados[33], aplicando-se, de resto, as normas subsidiárias escolhidas pelas partes ou os demais componentes da legislação nacional adotada. De forma não exaustiva, e sujeito a disposição expressa em contrário, a CISG lista como matérias que não são por ela regidas a validade do contrato ou de usos e costumes, os efeitos do contrato sobre a propriedade das mercadorias, e a responsabilidade do vendedor por morte ou lesão causada pela mercadoria a pessoas.

Fechando-se os parênteses, e voltando à escolha da lei aplicável, não se deve olvidar que a vontade das partes pode, igualmente, conduzir à não aplicação da Convenção, seja por escolha de lei nacional que não a contém, seja por exclusão – expressa ou implícita – da aplicabilidade do instrumento convencional.

Quanto à última hipótese, o art. 6 da CISG é claro ao admitir a derrogação, parcial ou total, da Convenção pelas partes[34], devendo-se, contudo, proceder à interpretação da potencial exclusão com parcimônia e cautela. Nesse sentido, os membros do CISG Advisory Council, em sua opinião de número 16, assim aconselham:

---

[31]   Artigo 4

Esta Convenção regula apenas a formação do contrato de compra e venda e os direitos e obrigações do vendedor e comprador dele emergentes. Salvo disposição expressa em contrário da presente Convenção, esta não diz respeito, especialmente:

(a) à validade do contrato ou de qualquer das suas cláusulas, bem como à validade de qualquer uso ou costume;

(b) aos efeitos que o contrato possa ter sobre a propriedade das mercadorias vendidas.

Artigo 5

A presente Convenção não se aplica à responsabilidade do vendedor por morte ou lesões corporais causadas pelas mercadorias a qualquer pessoa.

[32]   Os exatos limites do escopo de aplicação da Convenção demandam análise por demais profunda, que escaparia do propósito da presente obra. Para os fins almejados, salientamos, contudo, no que concerne à "formação do contrato", que a CISG expressamente cuida da interpretação da vontade das partes (arts. 8.º e 9.º) e da modificação do contrato (art. 29), sendo silente, por outro lado, em questões relativas à capacidade e ao consentimento. Para maiores detalhes, ver KRÖLL, Stefan. Selected problems concerning the CISG's scope of application. Disponível em: <http://www.cisg. law.pace.edu/cisg/biblio/kroll.html>; FLECHTNER, Harry M. Selected issues relating to the CISG's scope of application. Disponível em: <http://www.cisg.law.pace.edu/cisg/biblio/flechtner9.html>.

[33]   Número substancial de autores (ver, por todos, FERRARI, Franco. Burden of proof under the CISG. Disponível em: <http://www.cisg.law.pace.edu/cisg/biblio/ferrari5.html>.) e diversas cortes (ver UNCITRAL. *Digest of Case Law on the United Nations Convention on Contracts for the International Sale of Goods,* edição de 2012. New York: United Nations, 2012. Disponível em: <https://www.uncitral.org/pdf/english/clout/CISG-digest-2012-e.pdf>, p. 24-31) entendem que a CISG governa, também, questões relativas ao ônus da prova.

[34]   Artigo 6

As partes podem excluir a aplicação desta Convenção, derrogar qualquer de suas disposições ou modificar-lhes os efeitos, observando-se o disposto no Artigo 12.

3. A intenção das partes de excluir [a CISG] deve ser determinada de acordo com o Art. 8 da Convenção[35]. Essa intenção deve ser claramente manifestada, seja no momento da conclusão do contrato ou em qualquer outro posterior, inclusive quando de processos judiciais.

4. Via de regra, a clara intenção de excluir:

(a) deve ser inferida, por exemplo, pela:

(i) expressa exclusão da CISG;

(ii) escolha da lei de Estado não signatário;

(iii) escolha específica de lei ou código doméstico que seria, de outro modo, afastado pela aplicação da CISG.

(b) não deve ser inferida meramente, por exemplo, pela:

(i) escolha da lei de Estado signatário;

(ii) escolha da lei de unidade territorial de Estado signatário.

5. Durante processos judiciais, a intenção de exclusão não deve ser inferida meramente pela falha de uma ou ambas as partes em formular argumentos baseados na CISG, pouco importando se uma ou ambas as partes desconheciam a aplicabilidade da Convenção[36].

Curiosamente, em 2009, antes mesmo da vigência da CISG no Brasil, o Superior Tribunal de Justiça (STJ) se deparou com a problemática ora posta, adotando – parece-nos – posição alinhada àquela atualmente preconizada pelo CISG Advisory Council.

No caso concreto, o comprador brasileiro adquiriu de vendedor alemão guindaste portuário, estipulando contratualmente que eventuais controvérsias seriam dirimidas por arbitragem, com sede na Suíça, perante a Corte Internacional de Arbitragem da Câmara de Comércio Internacional, aplicando-se ao mérito a *Swiss material law*. Surgido litígio,

---

[35] Para maiores detalhes quanto aos critérios de determinação da vontade das partes constantes da CISG, ver POTSCH, M. Bernard. *A CISG e a conformidade das mercadorias*: qualidade, quantidade e embalagem na Convenção das Nações Unidas sobre Contratos de Compra e Venda Internacional de Mercadorias. Rio de Janeiro: Lumen Juris, 2015.

[36] Tradução livre. No original: "3. The intent of the parties to exclude must be determined in accordance with Art. 8 CISG. Such intent should be clearly manifested, whether at the time of conclusion of the contract or at any time thereafter. This standard also applies to exclusions during legal proceedings.

4. Generally, such a clear intent to exclude:

(a) should be inferred, for example, from:

(i) express exclusion of the CISG;

(ii) choice of the law of a non-Contracting State;

(iii) choice of an expressly specified domestic statute or code where that would otherwise be displaced by the CISG's application.

(b) should not be inferred merely from, for example:

(i) the choice of the law of a Contracting State;

(ii) choice of the law of a territorial unit of a Contracting State.

5. During legal proceedings an intent to exclude may not be inferred merely from failure of one or both parties to plead or present arguments based on the CISG. This applies irrespective of whether or not one or both parties are unaware of the CISG's applicability" (CISG-AC Opinion 16. Disponível em: <http://www.cisgac.com/cisgac-opinion-no16>).

o árbitro único decidiu que, sendo a Suíça Estado signatário da Convenção desde 1988, a CISG seria parte de sua legislação material, aplicando-a à resolução da disputa.

Em sede de homologação, a parte brasileira sustentou ter a sentença arbitral estrangeira sido proferida fora dos limites da convenção de arbitragem, eis que, em suma, "as partes teriam elegido, por contrato, as leis materiais suíças ou o direito material suíço, e não as regras de direito suíças" e que o "direito material suíço abarcaria apenas a legislação interna daquele país"[37].

A Corte Especial do STJ deferiu o pedido de homologação, consignando a Min. Nancy Andrighi, em seu voto-vista, que:

> [a] inclusão de uma convenção recepcionada pelo direito suíço nesse conceito [de direito material suíço] não implica ofensa aos limites da convenção de arbitragem ou mesmo à ordem pública brasileira, para fins de homologação. Ao menos em princípio, analisando a questão à luz do direito brasileiro, é cediço que um tratado ou uma convenção, ao serem recepcionados por um país contratante, passam a ter o mesmo status de lei interna desse país. Não há motivos para pensar que seria diferente na Suíça e mais que isso: não há por que imiscuir-se na sentença arbitral, quanto ao tema. [...] Ao eleger o direito material suíço para a solução da controvérsia, as partes renunciaram à aplicação da lei interna de seu respectivo país, em prol da regulação da matéria por um sistema normativo estrangeiro. Não há, na arbitragem internacional, qualquer restrição a que se faça isso (art. 2.º, § 1.º, da Lei 9.307/99 [sic])[38].

Não obstante as considerações postas, ausente manifestação das partes quanto à lei aplicável, verifica-se que, regra geral, caberá ao árbitro determiná-la, seja de forma direta (*i.e.*, identificando e apontando a lei mais próxima e adequada, fazendo uso, ou não, de regras de conexão que entenda cabíveis) ou indireta (*i.e.*, aplicando, necessariamente, regras de conexão para tal fim), a depender das leis e regulamentos aplicáveis[39].

---

[37] Brasil, Superior Tribunal de Justiça, Corte Especial, Sentença Estrangeira Contestada 3.035/EX, Rel. Min. Fernando Gonçalves, j. 19.08.2009, p. 14.

[38] Brasil, Superior Tribunal de Justiça, Corte Especial, Sentença Estrangeira Contestada 3.035/EX, Rel. Min. Fernando Gonçalves, j. 19.08.2009, p. 15.
Em sentido diverso, ver LEMES, Selma Maria Ferreira. Homologação de sentença arbitral estrangeira. Lei aplicável. Convenção das Nações Unidas sobre a Compra e Venda Internacional de Mercadorias (CISG). In: WALD, Arnoldo (Coord.). *Revista de Arbitragem e Mediação*, São Paulo: RT, ano 7, v. 24, jan.-mar. 2010.

[39] Ver REDFERN, Alan; HUNTER, J. Martin; BLACKABY, Nigel; PARTASIDES, Constantine. *Redfern & Hunter on International Arbitration*. 6. ed. Oxford: Oxford University Press, 2015. §§ 3.208-3.220; LEW, Julian D. M.; MISTELIS, Loukas; KRÖLL, Stefan. *Comparative international commercial arbitration*. The Hague: Kluwer Law International, 2003. p. 425-437; BORN, Gary B. *International Commercial Arbitration*. 2. ed. New York: Kluwer Law International, 2014. p. 2616-2625; FOUCHARD, Phillipe; GAILARD, Emmanuel; GOLDMAN, Bertrand. *Fouchard, Gaillard, Goldman on International Commercial Arbitration*. Trad. Emannuel Gaillard e John Savage. The Hague: Kluwer Law International, 1999. §§ 1.537-1.557; WAINCYMER, Jeffrey. The CISG and InternationalCommercialArbitration:PromotingaComplimentaryRelationshipbetweenSubstance

Nessa toada, diga-se que, acompanhando tendência do próprio direito internacional privado, a adoção da via direta (*voie directe*) prepondera no âmbito da arbitragem, concedendo-se ao julgador poderes para, casuisticamente, buscar a lei mais adequada e próxima ao litígio, *i.e.* a *proper law of the case*[40]. Sua adoção é cada vez mais comum[41], sem prejuízo de ainda vigorar a forma indireta (*voie indirecte*) em relevantes leis e regulamentos[42].

No caso específico da determinação da CISG como lei aplicável, relevante, ainda, ter em conta os termos de seu art. 1(1), *in verbis*:

> Artigo 1
> (1) Esta Convenção aplica-se aos contratos de compra e venda de mercadorias entre partes que tenham seus estabelecimentos em Estados distintos:
> (a) quando tais Estados forem Estados Contratantes; ou
> (b) quando as regras de direito internacional privado levarem à aplicação da lei de um Estado Contratante.

Daí se extrai que o art. 1(1)(b) aduz à possibilidade de se alcançar a Convenção por via da determinação – seguindo as regras de conexão – de legislação nacional aplicável da qual seja parte integrante, como já antes posto.

Por sua vez, e conforme pontuam diversos autores[43], o art. 1(1)(a) suplanta a necessidade de recurso a quaisquer outras regras de conexão. Funciona, assim, ele mesmo, como regra de conexão específica e exclusiva para a aplicação de dito instrumento convencional.

Destarte, estando o árbitro vinculado à determinação da lei aplicável pela via indireta (*voie indirecte*), imperioso considerar se está ou não obrigado a aplicar este último dispositivo quando sediado em Estado signatário da CISG.

---

and Procedure. In: ANDERSEN, Camilla B.; SCHROETER, Ulrich G. (Ed.). *Sharing International Commercial Law across National Borders*: Festschrift for Albert H. Kritzer on the Occasion of his Eightieth Birthday. Wildly, Simmonds & Hill Publising, 2008. p. 595.

40   TIBURCIO, Carmen. A lei aplicável às arbitragens internacionais. In: BATISTA MARTINS, Pedro A.; GARCEZ, José Maria Rossani. *Reflexões sobre arbitragem: in memoriam* do Desembargador Claudio Vianna de Lima. São Paulo: LTr, 2002. p. 106.

41   Ver, por exemplo, art. 1.511, Código de Processo Civil francês; art. 187, Lei Suíça de Direito Internacional Privado; art. 34(2), Lei Espanhola de Arbitragem; art. 21, Regulamento da Corte Internacional de Arbitragem da Câmara de Comércio Internacional; art. 16.4, Regulamento de Arbitragem do London Court of International Arbitration; art. 31(1), Regulamento de Arbitragem do International Centre for Dispute Resolution; art. 20.1, Regulamento de Arbitragem da Câmara de Conciliação, Mediação e Arbitragem CIESP/FIESP.

42   Ver, por exemplo, art. 28(1), Lei Modelo da Uncitral; art. 46(3), Lei de Arbitragem do Reino Unido; art. 1.710, Lei Belga de Arbitragem.

43   SCHWENZER, Ingeborg; HACHEM, Pascal. Article 1. In: SCHWENZER, Ingeborg (Ed.). *Schlechtriem & Schwenzer*: Commentary on the UN Convention on the International Sale of Goods (CISG). 4. ed. Oxford University Press, 2016. § 28; MISTELIS, Loukas. Article 1. In: _____; KRÖLL, Stefan; VISCASILLAS, Pilar Perales (Ed.). *UN Convention on Contracts for the International Sale of Goods (CISG)*. München: C.H. Beck, Hart, Nomos, 2011. §47.

Predomina na doutrina o entendimento de que, vinculando a Convenção unicamente os Estados contratantes, e não sendo árbitros ou tribunais arbitrais órgãos estatais, não estão a ela diretamente vinculados, e nem às regras de conexão da sede da arbitragem[44]. Não estariam, então, sujeitos ao art. 1(1)(a).

De outro modo, são inúmeros os casos em que tribunais arbitrais fizeram uso exclusivamente deste artigo para justificar a aplicabilidade da CISG. A título exemplificativo, em caso decidido em 2006, tribunal arbitral com sede na Rússia decidiu pela aplicação da CISG com a seguinte fundamentação:

> O Contrato celebrado pelas partes não estipula a lei aplicável. Como Rússia e Alemanha [países do comprador e do vendedor] são signatários da Convenção de Viena de 1980 (CISG), deve esta se aplicar às relações das partes contratantes em virtude do art. 1(1) (a) da CISG[45].

Considerando as posições doutrinárias e jurisprudenciais destacadas, verifica-se que, vinculados ou não os árbitros à aplicação do art. 1(1)(a) da CISG, certo é que o preenchimento de seus requisitos milita fortemente a favor de sua aplicação.

Dito isso, e como ilustrado acima, é cada vez mais comum entre as legislações nacionais e os regulamentos arbitrais possibilitar ao árbitro determinar a lei aplicável de forma direta (*voie directe*), sem necessidade de recurso a regras de conexão.

---

[44] PETROCHILOS, Georgios C. Arbitration Conflict of Laws Rules and the 1980 International Sales Convention. Disponível em: <http://www.cisg.law.pace.edu/cisg/biblio/petrochilos.html>; JANSSEN, André; SPILKER, Matthias. The relationship between the CISG and international arbitration: a love with obstacles?. In: BIN, M.; AJANI, G. (Dir.). *Contratto e impresa/Europa*, Milano: Cedam, ano XX, v. 1, p. 52-53, jan.-jun. 2015; SCHMIDT-AHRENDTS, Nils. CISG and Arbitration.Disponívelem:<http://www.cisg.law.pace.edu/cisg/biblio/schmidt-ahrendts.html>,p. 214; SCHWENZER, Ingeborg; HACHEM, Pascal. Intro to Arts 1-6. In: SCHWENZER, Ingeborg (Ed.). *Schlechtriem & Schwenzer*: Commentary on the UN Convention on the International Sale of Goods (CISG). 4. ed. Oxford University Press, 2016. §11. Contra, ver, GRUBER, Peter. The Convention on the International Sale of Goods (CISG) in Arbitration. Disponível em: <http://www.dsg. univr.it/documenti/OccorrenzaIns/matdid/matdid224275.doc>, p. 14; MAGNUS, Ulrich. *J. von Staudingers Kommentar zum Bürgerlichen Gesetzbuch mit Einführungsgesetz und Nebengesetzen*: Wiener UN-Kaufrecht. Berlim: Sellier, 2013. § 120. Ver também, embora sem tomar posição a respeito, FERRARI, Franco. Art. 1. In: SCHWENZER, Ingeborg (Org.). *Schlechtriem/Schwenzer Kommentar zum Einheitlichen UN-Kaufrecht*. 6. ed. Munique: C.H.Beck, 2013. § 82.

[45] Tradução livre. No original: "The Contract concluded by the parties does not contain provisions on the law which is to be applicable thereto. Since Russia and Germany are parties to the Vienna Convention of 1980 (CISG), it shall be applicable to the relations of the parties to the Contract by virtue of the provisions of art. 1(1)(a) of the CISG" (Disponível em: <http://cisgw3.law.pace.edu/ cases/060213r1.html>).

Ver, também, decisões de tribunais arbitrais perante a Corte Internacional de Arbitragem da Câmara de Comércio Internacional e a Corte de Arbitragem da Câmara de Comércio e Indústria da Hungria:CCI7399,j.1993.Disponívelem:<http://cisgw3.law.pace.edu/cases/937399i1.html>;CCI 8611, j. 23.01.1997. Disponível em: <http://cisgw3.law.pace.edu/cases/978611i1.html>; CLOUT 265, j. 25.05.1999. Disponível em: <http://cisgw3.law.pace.edu/cases/990525h1.html>.

Bem ilustra tal fato pesquisa realizada por Loukas Mistelis englobando todas as 512 decisões arbitrais relacionadas à CISG publicadas entre 1988 e 2007, no qual se concluiu que, em 57% das vezes, a adoção da Convenção decorreu, justamente, de escolha direta pelo árbitro ou tribunal arbitral[46].

Pontua-se que, ao estabelecer a lei aplicável ao litígio pela via direta, o árbitro poderá se valer tanto de regras de conexão que entenda cabíveis[47] quanto de critérios de proximidade do litígio com determinada lei ou regra de direito, devendo, em ambas as hipóteses, fundamentar sua decisão[48]. De outro modo, não deve o árbitro olvidar, nesse exercício, os limites ao escopo de aplicação da Convenção, já antes elencados.

Extrai-se, do acima, a necessária compreensão pelo árbitro das normas e métodos de determinação da lei aplicável vigentes no âmbito do Direito Internacional Privado, bem como das particularidades da própria Convenção, de modo a, própria e adequadamente, estabelecer se deve, ou não, no caso concreto, adotar a CISG para a resolução da disputa.

III. COMO DEVE O ÁRBITRO APLICAR A CISG?

Explicitadas as hipóteses nas quais poderá (ou deverá) o árbitro aplicar a CISG, importante ressaltar que a Convenção almeja regular as trocas internacionais entre as mais distintas culturas comerciais e jurídicas, de modo a alcançar uma uniformidade que a todos beneficie, em especial no que tange à previsibilidade e à segurança jurídica em suas relações[49].

Deve, portanto, aplicar-se ao redor de todo o globo de igual maneira, evitando-se interpretações divergentes que possam comprometer seus objetivos. Não por outra razão a Convenção expressamente urge seu intérprete a ter "em conta seu caráter internacional e a necessidade de promover a uniformidade de sua aplicação", conforme preceito contido em seu art. 7.º.

O risco de interpretações destoantes mostra-se particularmente presente quando as legislações domésticas igualmente tratam dos temas sobre os quais a CISG se debruçou, em especial quando estas apresentem pontos que as aproximem e assemelhem.

Posto isso, e sem a pretensão de esgotar o tema, alerta-se ao árbitro brasileiro que, em diversos temas, nossa legislação – e, em especial, o Código Civil – apresenta soluções, à primeira vista, similares à da Convenção[50], como, *e.g.*, na interpretação da vontade das

---

[46]   MISTELIS, Loukas. CISG and Arbitration. In: JANSSEN, André; MEYER, Olaf (Ed.). *CISG Methodology*. Munique: Sellier, 2009. p. 388-389.

[47]   Ressalte-se: pela *voie directe* não está o árbitro vinculado a qualquer regra de conexão, podendo, no entanto, delas fazer uso para balizar sua decisão.

[48]   Ver VERBIST, Herman; SCHÄFER, Erik. *ICC Arbitration in Practice*. 2. ed. The Hague: Kluwer Law International, 2015. p. 114-117; SCHWARTZ, Eric A.; DERAINS, Yves. *Guide to the ICC Rules of Arbitration*. 2. ed. The Hague: Kluwer Law International, 2005. p. 240-246.

[49]   Nesse sentido, ver CASELLA, Paulo Barbosa; KÜNZLI, Willi Sebastian. Disposições finais da Convenção de Viena de 1980 sobre Compra e Venda Internacional (CISG). In: WALD, Arnoldo (Coord.). *Revista de Arbitragem e Mediação*, São Paulo: RT, ano 10, v. 37, p. 226, abr.-jun. 2013.

[50]   Para outros exemplos de distinções e semelhanças entre a Convenção e o regime jurídico anteriormente vigente no Brasil, ver WALD, Arnoldo; COSTA, José Augusto Fontoura; VIEIRA, Maíra de

partes[51] e no regramento da obrigação do vendedor de entregar mercadorias que estejam de acordo com o contrato e com as legítimas expectativas das partes[52].

Nessas hipóteses, deve-se dar especial relevância à manutenção do caráter internacional e da uniformidade da CISG, evitando-se, ao máximo, que a habitualidade em sua aplicação permita aos conceitos domésticos permearem aqueles erigidos convencionalmente, em detrimento à previsibilidade e à segurança jurídica do comércio transnacional[53].

Recomenda-se, destarte, valer-se o árbitro – ao aplicar a Convenção – não só da doutrina nacional e internacional especializada[54], mas, também, da ampla jurisprudência disponibilizada em sítios eletrônicos, como http://iicl.law.pace.edu/cisg/cisg, http://www.unilex.info/, e http://www.uncitral.org/clout/index.jspx[55].

IV. CONCLUSÃO

Delineado o histórico de desenvolvimento concomitante da regulamentação do comércio transnacional e da arbitragem internacional, não é de se estranhar que as disputas relativas à CISG sejam majoritariamente resolvidas por árbitros, e não por juízes estatais.

Contudo, como pontuado, a determinação da CISG como lei aplicável encontra uma série de particularidades, derivada tanto de seu caráter convencional quanto das variações das normas de Direito Internacional Privado aplicáveis a processos arbitrais.

Nesse sentido, buscou a presente obra elucidar os aspectos mais relevantes dessa interação, de modo a municiar o árbitro brasileiro na apropriada adoção da CISG aos procedimentos que conduz e às sentenças que redige.

Mais do que isso, almejou, em breve síntese, pontuar as características distintivas da interpretação da Convenção frente ao direito interno brasileiro, com vistas a preservar

---

Melo. O impacto da Convenção de Viena sobre a Compra e Venda Internacional de Mercadorias no direito brasileiro: uma visão geral. In: WALD, Arnoldo (Coord.). *Revista de Arbitragem e Mediação*, São Paulo: RT, ano 10, v. 37, abr.-jun. 2013.

[51] Para maiores detalhes, ver POTSCH, M. Bernard. Interpretação da vontade das partes no âmbito da Convenção das Nações Unidas sobre Contratos de Compra e Venda Internacional de Mercadorias. In: TIBURCIO, Carmen (Org.). *Direito internacional*: Direito UERJ 80. Rio de Janeiro: Freitas Bastos, 2015.

[52] Para maiores detalhes, ver POTSCH, M. Bernard. *A CISG e a conformidade das mercadorias*: qualidade, quantidade e embalagem na Convenção das Nações Unidas sobre Contratos de Compra e Venda Internacional de Mercadorias. Rio de Janeiro: Lumen Juris, 2015.

[53] Nesse sentido, TRIPODI, Leandro. Interpretação da CISG: contexto, lex forismo, uniformidade e o intuito do legislador convencional. Disponível em: <http://www.cisg-brasil.net/doc/ltripodi1.pdf>.

[54] Destaca-se que o sítio eletrônico do Institute of International Commercial Law disponibiliza, gratuitamente, mais de 1.600 artigos e livros, em múltiplos idiomas – incluindo o português –, sobre temas diversos relacionados à CISG: <http://www.cisg.law.pace.edu/cisg/biblio/bib2.html>.

[55] Nessa jornada, guarda especial valia o digesto elaborado pela Uncitral em 2012, sintetizando – artigo por artigo – as opiniões das cortes e tribunais arbitrais ao redor do mundo, disponível em: <http://www.uncitral.org/pdf/english/clout/CISG-digest-2012-e.pdf>.

A APLICAÇÃO DA CISG À SENTENÇA ARBITRAL: QUANDO E COMO DEVE O ÁRBITRO APLICAR A CISG | **555**

sua internacionalidade e uniformidade, garantindo maior previsibilidade e segurança jurídica aos operadores do comércio transfronteiriço.

Perante o prospectivo incremento, na próxima década, dos litígios envolvendo a CISG julgados por árbitros brasileiros, espera-se que as pontuais observações ora lançadas auxiliem no contínuo desenvolvimento – quantitativo e qualitativo – da arbitragem no Brasil.

BIBLIOGRAFIA

BATISTA MARTINS, Pedro A. *Apontamentos sobre a Lei de Arbitragem*: comentários à Lei 9.307/96. Rio de Janeiro: Forense, 2008.

BORN, Gary B. *International Commercial Arbitration*. 2. ed. New York: Kluwer Law International, 2014.

CASELLA, Paulo Barbosa; KÜNZLI, Willi Sebastian. Disposições finais da Convenção de Viena de 1980 sobre Compra e Venda Internacional (CISG). In: WALD, Arnoldo (Coord.). *Revista de Arbitragem e Mediação*, São Paulo: RT, ano 10, v. 37, abr.-jun. 2013.

CISG-AC Opinion n. 16. Disponível em: <http://www.cisgac.com/cisgac-opinion-no16>.

DIEDRICH, Frank. The CISG and computer software revisited. Disponível em: <http://www.cisg.law.pace.edu/cisg/biblio/diedrich1.html>.

FERRARI, Franco. Art. 1. In: SCHWENZER, Ingeborg (Org.). *Schlechtriem/Schwenzer Kommentar zum Einheitlichen UN-Kaufrecht*. 6. ed. Munique: C.H.Beck, 2013.

_____. Burden of proof under the CISG. Disponível em: <http://www.cisg.law.pace.edu/cisg/biblio/ferrari5.html>.

FLECHTNER, Harry M. Selected issues relating to the CISG's scope of application. Disponível em: <http://www.cisg.law.pace.edu/cisg/biblio/flechtner9.html>.

FOUCHARD, Phillipe; GAILARD, Emmanuel; GOLDMAN, Bertrand. *Fouchard, Gaillard, Goldman on International Commercial Arbitration*. Trad. Emannuel Gaillard e John Savage. The Hague: Kluwer Law International, 1999.

GARCEZ, José Maria Rossani. Escolha da lei substantiva da arbitragem. In: WALD, Arnoldo (Coord.). *Revista de Arbitragem e Mediação*, São Paulo: RT, ano 2, v. 4, jan.-mar. 2005.

GOMM, Maurício. A situação dos países da América Latina no que tange à lei aplicável ao mérito do litígio submetido a uma arbitragem comercial internacional. In: WALD, Arnoldo (Coord.). *Revista de Arbitragem e Mediação*, São Paulo: RT, ano 1, v. 2, maio--ago. 2004.

GRUBER, Peter. The Convention on the International Sale of Goods (CISG) in Arbitration. Disponível em: <http://www.dsg.univr.it/documenti/OccorrenzaIns/matdid/matdid224275.doc>.

GRUENBAUM, Daniel. A Convenção sobre Venda Internacional. Disponível em: <https://www.google.com.br/url?sa=t&rct=j&q=&esrc=s&source=web&cd=1&ved=0ahUKEwjCnqrfwo_PAhVFhZAKHVJjABAQFggcMAA&url=http%3A%2F%2Fwww2.camara.leg.br%2Fatividade-legislativa%2Fcomissoes%2Fcomissoes--mistas%2Fpcms%2Fclipping-mercosul%2F28-05-2013-entrada-de-diario%2Fat_download%2Ffile&usg=AFQjCNG20rOvG2cqerDe21_pyJvJ3VdDig&sig2=fwjt9Bm6A8O9GJf0lwo9yA&bvm=bv.132479545,d.Y2I&cad=rja>.

HACHEM, Pascal; SCHWENZER, Ingeborg. The CISG – A Story of Worldwide Success. Disponível em: <http://ius.unibas.ch/uploads/publics/9587/20110913164502_4e6f6c 6e5b746.pdf>.

HONNOLD, John O.; FLECHTNER, Harry M. *Uniform Law for International Sales under the 1980 United Nations Convention*. 4. ed. New York: Wolters Kluwer, 2009.

HUBER, Peter; MULLIS, Alastair. *The CISG*: a new textbook for students and practitioners. München: Sellier, 2007.

JANSSEN, André; SPILKER, Matthias. The relationship between the CISG and international arbitration: a love with obstacles?. In: BIN, M.; AJANI, G. (Dir.). *Contratto e impresa/ Europa*, Milano: Cedam, ano XX, v. 1, jan.-jun. 2015.

KRÖLL, Stefan. Selected problems concerning the CISG's scope of application. Disponível em: <http://www.cisg.law.pace.edu/cisg/biblio/kroll.html>.

_____; MISTELIS, Loukas; VISCASILLAS, Pilar Perales (Ed.). *UN Convention on Contracts for the International Sale of Goods (CISG)*. München: C.H. Beck, Hart, Nomos, 2011.

LEMES, Selma Maria Ferreira. Homologação de sentença arbitral estrangeira. Lei aplicável. Convenção das Nações Unidas sobre a Compra e Venda Internacional de Mercadorias (CISG). In: WALD, Arnoldo (Coord.). *Revista de Arbitragem e Mediação*, São Paulo: RT, ano 7, v. 24, jan.-mar. 2010.

LEW, Julian D. M.; MISTELIS, Loukas; KRÖLL, Stefan. *Comparative international commercial arbitration*. The Hague: Kluwer Law International, 2003.

MAGNUS, Ulrich. *J. von Staudingers Kommentar zum Bürgerlichen Gesetzbuch mit Einführungsgesetz und Nebengesetzen*: Wiener UN-Kaufrecht. Berlim: Sellier, 2013.

MISTELIS, Loukas. Article 1. In: _____; KRÖLL, Stefan; VISCASILLAS, Pilar Perales (Ed.). *UN Convention on Contracts for the International Sale of Goods (CISG)*. München: C.H. Beck, Hart, Nomos, 2011.

_____. CISG and Arbitration. In: JANSSEN, André; MEYER, Olaf (Ed.). *CISG Methodology*. Munique: Sellier, 2009.

PETROCHILOS, Georgios C. Arbitration Conflict of Laws Rules and the 1980 International Sales Convention. Disponível em: <http://www.cisg.law.pace.edu/cisg/biblio/ petrochilos.html>.

POTSCH, M. Bernard. *A CISG e a conformidade das mercadorias*: qualidade, quantidade e embalagem na Convenção das Nações Unidas sobre Contratos de Compra e Venda Internacional de Mercadorias. Rio de Janeiro: Lumen Juris, 2015.

_____. Interpretação da vontade das partes no âmbito da Convenção das Nações Unidas sobre Contratos de Compra e Venda Internacional de Mercadorias. In: TIBURCIO, Carmen (Org.). *Direito internacional*: Direito UERJ 80. Rio de Janeiro: Freitas Bastos, 2015.

REDFERN, Alan; HUNTER, J. Martin; BLACKABY, Nigel; PARTASIDES, Constantine. *Redfern & Hunter on International Arbitration*. 6. ed. Oxford: Oxford University Press, 2015.

SCHMIDT-AHRENDTS, Nils. CISG and Arbitration. Disponível em: <http://www.cisg. law.pace.edu/cisg/biblio/schmidt-ahrendts.html>.

SCHWARTZ, Eric A.; DERAINS, Yves. *Guide to the ICC Rules of Arbitration*. 2. ed. The Hague: Kluwer Law International, 2005.

SCHWENZER, Ingeborg; HACHEM, Pascal. Article 1. In: SCHWENZER, Ingeborg (Ed.). *Schlechtriem & Schwenzer*: Commentary on the UN Convention on the International Sale of Goods (CISG). 4. ed. Oxford University Press, 2016.

_____; _____. Intro to Arts 1-6. In: SCHWENZER, Ingeborg (Ed.). *Schlechtriem & Schwenzer*: Commentary on the UN Convention on the International Sale of Goods (CISG). 4. ed. Oxford: Oxford University Press, 2016.

SONO, Hiroo. The applicability and non-applicability of the CISG to software transactions. Disponível em: <http://www.cisg.law.pace.edu/cisg/biblio/sono6.html>.

SONO, Kazuaki. *The Vienna Sales Convention: History and Perspective*. In: SARCEVINC, Petar; VOLKEN, Paul (Ed.). *International Sale of Goods*: Dubrovnik Lectures. Oceana Publications, 1986.

SPOHNHEIMER, Frank. Article 2. In: KRÖLL, Stefan; MISTELIS, Loukas; VISCASILLAS, Pilar Perales (Ed.). *UN Convention on Contracts for the International Sale of Goods (CISG)*. München: C.H. Beck, Hart, Nomos, 2011.

TIBURCIO, Carmen. A lei aplicável às arbitragens internacionais. In: BATISTA MARTINS, Pedro A.; GARCEZ, José Maria Rossani. *Reflexões sobre arbitragem: in memoriam* do Desembargador Claudio Vianna de Lima. São Paulo: LTr, 2002.

_____. Consequências do inadimplemento contratual na Convenção de Viena sobre Venda Internacional de Mercadorias (CISG). In: WALD, Arnoldo (Coord.). *Revista de Arbitragem e Mediação*, São Paulo: RT, ano 10, v. 37, abr.-jun. 2013.

_____; GRUENBAUM, Daniel. A odisseia da espera. Disponível em: <http://oglobo.globo.com/opiniao/a-odisseia-da-espera-12489882>.

TRIPODI, Leandro. Interpretação da CISG: contexto, lex forismo, uniformidade e o intuito do legislador convencional. Disponível em: <http://www.cisg-brasil.net/doc/ltripodi1.pdf>.

TUNC, André. *Commentary on the Hague Conventions of the 1st of July 1964 on International Sale of Goods and the Formation of the Contract of Sale*. Disponível em: <http://www.cisg.law.pace.edu/cisg/biblio/tunc.html>.

UNCITRAL. *Digest of Case Law on the United Nations Convention on Contracts for the International Sale of Goods,* edição de 2012. New York: United Nations, 2012. Disponível em: <https://www.uncitral.org/pdf/english/clout/CISG-digest-2012-e.pdf>.

VERBIST, Herman; SCHÄFER, Erik. *ICC Arbitration in Practice*. 2. ed. The Hague: Kluwer Law International, 2015.

WAINCYMER, Jeffrey. The CISG and International Commercial Arbitration: Promoting a Complimentary Relationship between Substance and Procedure. In: ANDERSEN, Camilla B.; SCHROETER, Ulrich G. (Ed.). *Sharing International Commercial Law across National Borders*: Festschrift for Albert H. Kritzer on the Occasion of his Eightieth Birthday. Wildly, Simmonds & Hill Publising, 2008.

WALD, Arnoldo; COSTA, José Augusto Fontoura; VIEIRA, Maíra de Melo. O impacto da Convenção de Viena sobre a Compra e Venda Internacional de Mercadorias no direito brasileiro: uma visão geral. In: WALD, Arnoldo (Coord.). *Revista de Arbitragem e Mediação*, São Paulo: RT, ano 10, v. 37, abr.-jun. 2013.

SENTENÇAS ARBITRAIS PARCIAIS: VISÃO DOUTRINÁRIA E PRÁTICA DO TEMA NOS ÚLTIMOS 20 ANOS

GILBERTO GIUSTI

DOUGLAS DEPIERI CATARUCCI

Sumário: 1. Homenagem a Petrônio Muniz – 2. Possibilidade jurídica da emissão de sentenças arbitrais parciais – Evolução do tema nos últimos 20 anos – 3. Completude e definitividade de julgamento das questões decididas na sentença arbitral parcial – 4. Pleitos "maduros" – Possibilidade material de separação dos pleitos – 5. Conveniência – Eficácia do procedimento – 6. Procedimento após a prolação de sentença parcial – 7. A sentença parcial e a coisa julgada material – 8. Execução de sentença parcial – 9. Homologação de sentença parcial arbitral estrangeira – 10. Possibilidade de anulação da sentença parcial – 11. Conclusão.

1. HOMENAGEM A PETRÔNIO MUNIZ

1.1 Foi com enorme satisfação que recebemos o convite para colaborar com a obra *20 anos da lei de arbitragem – homenagem a Petrônio Muniz*. Para além da comemoração das duas décadas da Lei 9.307, de 23.09.1996 ("Lei 9.307/1996"), neste ano de 2016 igualmente celebramos o jubileu de prata (25 anos) de um movimento único que, em recente obra de nossa autoria, chamamos de

> [...] grande cruzada cidadã que mobilizou empresários, advogados, professores e parlamentares no esforço definitivo para incorporar ao ordenamento jurídico nacional, em toda sua plenitude de credibilidade e eficácia, o instituto da arbitragem, até então de papel apenas figurativo no Código Civil de 1916 e no Código de Processo Civil de 1973[1].

---

[1] GIUSTI, Gilberto. Os vinte anos da Lei 9.307/1996. In: MELO, Leonardo de Campos; BENEDUZI, Renato Resende (Coord.). *A reforma da arbitragem*. Rio de Janeiro: Forense, 2016.

1.2 Como toda cruzada, havia um entusiasta visionário na liderança do movimento, o eminente advogado pernambucano Petrônio Muniz, justamente homenageado nesta obra. Era o ano de 1991, quando, sob a batuta do Dr. Petrônio, nasceu a chamada *Operação Arbiter*, que desembocaria cinco anos depois na sanção presidencial da Lei 9.307/1996. Aos que tiverem interesse nessa jornada, recomenda-se a leitura da obra "Operação Arbiter"[2], de autoria do homenageado, a cuja memória dedicamos nossa admiração e respeito.

2. POSSIBILIDADE JURÍDICA DA EMISSÃO DE SENTENÇAS ARBITRAIS PARCIAIS – EVOLUÇÃO DO TEMA NOS ÚLTIMOS 20 ANOS

2.1 Muito já se discutiu e ainda se discute sobre sentenças arbitrais parciais, no Brasil e no exterior. Entre nós, em um primeiro momento, a discussão girou em torno da própria validade da sentença arbitral parcial, diante da ausência de previsão expressa na edição original da Lei 9.307/1996 e do conceito então vigente no processo civil (antes da minirreforma do CPC de 2005) de que sentença era ato único e indiviso, colocando fim ao processo com ou sem julgamento de mérito.

2.2 A alteração do conceito de sentença no processo civil, retirando a ideia do ato que põe fim por completo ao processo e introduzindo a do ato que ou resolve o mérito (não necessariamente de uma só vez ou todo o mérito) ou não resolve o mérito, trouxe maior segurança à tese do cabimento de sentenças arbitrais parciais.

2.3 No entanto, assentado, ainda que com algumas vozes dissonantes, o entendimento de que o procedimento arbitral comporta, sim, a emissão de sentenças (como ato de julgamento) parciais, cresceu o debate acerca da necessidade ou não da autorização expressa das partes para que os árbitros pudessem emitir esse tipo de sentença ao longo do procedimento.

2.4 Aqueles que defendiam que os árbitros somente poderiam proferir sentenças arbitrais parciais se assim autorizados por todas as partes (seja na cláusula compromissória, seja no compromisso arbitral ou termo de arbitragem)sustentavam sua posição no máximo respeito à autonomia da vontade das partes, que é a fonte inescusável da própria jurisdição arbitral. Assim, inexistindo na Lei 9.307/1996 – e na maioria dos regulamentos das instituições arbitrais então vigentes – previsão expressa autorizando a emissão de sentenças parciais, e considerando-se que o "fatiamento" do procedimento interessaria primeira e principalmente às partes contratantes da convenção arbitral, durante muitos anos se buscou obter a concordância expressa destas quanto à possibilidade de serem emitidas sentenças parciais.

2.5 Do ponto de vista legal e regulamentar, a discussão acabou perdendo relevância diante da Lei 13.129, de 26.05.2015, que, dentre outros pontos, inseriu dois dispositivos na Lei 9.307/1996 de forma a consolidar a posição que já vinha sendo adotada pela

---

[2]   MUNIZ, Petrônio. Operação *Arbiter* – a história da Lei n.º 9.307/96 sobre a arbitragem comercial no Brasil. Instituto Arbiter Resolução Privada de Disputas, 2005.

doutrina e jurisprudência[3] acerca da validade das sentenças parciais e equiparação de seus efeitos à das sentenças finais: os arts. 23, § 1.º[4], e 33, § 1.º[5] (a Lei 9.307/1996, tal como alterada pela Lei 13.129/2015, passará a ser referida como "Lei de Arbitragem"). Ademais, deu-se a revisão de vários regulamentos de instituições arbitrais, que passaram a incluir expressamente a possibilidade de os árbitros emitirem sentenças parciais.

2.6 Atualmente, portanto, não mais se discute a possibilidade de que os árbitros emitam sentenças parciais. Prevaleceu o conceito de que as sentenças parciais, assim como as finais, têm o mesmo propósito de pôr fim à disputa em discussão de maneira definitiva. A única diferença entre elas é que a sentença final coloca fim ao conflito como um todo e, consequentemente, ao procedimento arbitral respectivo, enquanto a sentença parcial resolve pleitos determinados.[6] Tanto assim que os requisitos formais de validade da sentença previstos no art. 26 da Lei de Arbitragem valem tanto para a sentença parcial quanto para a sentença final.

2.7 Nem por isso o tema deixou de ter interesse a todos aqueles que atuam na consolidação, aprimoramento e, principalmente, na construção da credibilidade da arbitragem como meio seguro e eficaz de solução de conflitos. Debatem-se, hoje, a **necessidade, conveniência e oportunidade** de emissão de sentenças parciais, sempre em busca do objetivo da maior eficiência do procedimento, sem, no entanto, prejudicar o direito da parte de apresentar plenamente seu caso e ver produzidas todas as provas essenciais à comprovação do seu direito, no momento oportuno.

2.8 No passado recente, as sentenças parciais foram aplaudidas como um mecanismo absoluto de eficiência dos procedimentos arbitrais, sendo vista sua aplicação praticamente como regra em todos os procedimentos. Viu-se com a prática, todavia, que nem todo caso as comporta.

2.9 Não se questiona que as sentenças parciais são mecanismos extremamente úteis para algumas hipóteses. Disso não há dúvidas. No entanto, sua utilização deve ser analisada com parcimônia, de forma muito bem estudada, com o propósito de resolução do litígio da forma mais eficiente possível.

2.10 Desse modo, esse estudo será pautado na experiência do uso de sentenças parciais nesses últimos 20 anos de vigência da Lei de Arbitragem, de modo a delimitar

---

3   "[...] no âmbito do procedimento arbitral, nos termos da Lei n.º 9.307/96 (antes mesmo das alterações promovidas pela Lei n.º 13.129/2015), inexiste qualquer óbice à prolação de sentença arbitral parcial" (STJ, 3.ª Turma, REsp 1.519.041/RJ, Min. Marco Aurélio Bellizze, j. 1.º.09.2015, *DJ* 11.09.2015).

4   Art. 23, § 1.º Os árbitros poderão proferir sentenças parciais.

5   Art. 33, § 1.º A demanda para a declaração de nulidade da sentença arbitral, parcial ou final, seguirá as regras do procedimento comum, previstas na Lei n.º 5.869, de 11 de janeiro de 1973 (Código de Processo Civil), e deverá ser proposta no prazo de até 90 (noventa) dias após o recebimento da notificação da respectiva sentença, parcial ou final, ou da decisão do pedido de esclarecimentos.

6   FOUCHARD, Philippe; GAILLARD, Emmanuel; GOLDMAN, Berthold. *International Commercial Arbitration*. Edited by Emmanuel Gaillard and John Savage. The Hague: Kluwer Law International, 1999. p. 740-741.

20 ANOS DA LEI DE ARBITRAGEM

a melhor aplicação desse instituto em determinadas hipóteses, em coerência com os preceitos doutrinários e jurisprudenciais construídos nessas duas décadas.

3. COMPLETUDE E DEFINITIVIDADE DE JULGAMENTO DAS QUESTÕES DECIDIDAS NA SENTENÇA ARBITRAL PARCIAL

3.1 Os termos "final" e "parcial" das sentenças, como visto no conceito acima, não se referem ao poder decisório em si mas, sim, à proporção de pleitos resolvidos. A incontestabilidade da decisão tomada acerca das questões resolvidas em ambos os tipos de sentença é a mesma[7].

3.2 Esse conceito por si só já era apto a afastar qualquer alegação, suscitada à época dos embates sobre a validade desse mecanismo, de incoerência da prolação de sentenças arbitrais parciais com o quanto previsto no revogado inciso V do art. 32 da Lei 9.307/1996, que dispunha ser nula a sentença arbitral "que não decidir todo o litígio". Não se deve confundir, pois, sentenças parciais com sentenças *citra petita*.

3.3 Da mesma forma, as sentenças parciais não se confundem com decisões ordenatórias, nem com aquelas de caráter provisório. As decisões ordenatórias têm a finalidade de resolver questões de natureza meramente procedimental[8], como concessão de prazos e decisão sobre produção de provas. As decisões de caráter provisório, conquanto muitas vezes abordem questões atinentes ao mérito da disputa, fazem-no a título de urgência e precariedade, como as decisões cautelares[9]. Nem aquelas, nem estas, são sentenças parciais.

3.4 As sentenças parciais, repita-se, resolvem em caráter definitivo os pleitos de fundo das partes e apenas são chamadas de parciais porque o fazem de maneira fatiada ao longo do procedimento. São sentenças parciais, obviamente, aquelas que decidem o mérito da disputa em si, mas também aquelas que decidem questões de fundo prejudiciais

---

[7]   Esse é o conceito adotado, por exemplo, pelo The Secretariat's Guide to ICC Arbitration: "A partial award resolves some but no all of the issues and claims. Those claims and issues are determined finally and cannot be revisited in a subsequent award" (FRY, Jason; GREENBERG, Simon; MAZZA, Francesca. The Secretariat's Guide to ICC Arbitration. *ICC publication*, Paris, n. 729, p. 330, item 3-1191, 2012).

[8]   BORN, Gary B. *International Arbitration*: law and practice. The Hague: Kluwer Law International, 2012. p. 278.

[9]   "Por essas razões, preferimos reservar o termo 'sentença parcial' para os provimentos que contenham a definição de parte da causa (no sentido do que se procurou demonstrar no item 3.1.5 deste trabalho).Os demais termos, tais como preliminar, interlocutória ou provisória, com preferência para o último, devem ficar reservados às tutelas de caráter provisório, que não fazem coisa julgada, podem estar sujeitas a posterior revisão, por parte dos árbitros e, mais importante, não estão sujeitas à impugnação judicial e homologação (se forem estrangeiras) – enquanto provisórias.

O critério fundamental de distinção, como se vê, gira em torno da definitividade ou não do provimento. Se o provimento tem caráter final – no sentido de ser definitivo – ele tem natureza de sentença (seja final ou parcial)" (SANCHEZ, Guilherme Cardoso. *Sentenças parciais no processo arbitral*. 2013. Dissertação (Mestrado) – Faculdade de Direito da Universidade de São Paulo, São Paulo, p. 74).

ao próprio prosseguimento do procedimento arbitral, como as que tratam de ausência de jurisdição do tribunal arbitral, dentre outras possibilidades.

3.5 A conveniência de se utilizar uma sentença parcial, pois, está no caráter de sua **completude** (resolução de toda a questão posta a julgamento naquele momento, remanescendo outras a serem decididas em fase posterior do procedimento) e de sua **definitividade**(esgotamento da questão).

3.6 A sentença parcial, dentro desse contexto, é o tipo destinado especificamente às decisões que ensejam um exame exauriente da prova sobre determinado pleito de mérito – ou pleito que impactará ou será prejudicial ao mérito –, que os árbitros se sentem seguros e convencidos a decidir de modo completo e definitivo.

3.7 Por fim, uma última distinção a ser feita é com relação às sentenças que julgam parcialmente procedentes determinados pleitos. Essas não são, necessariamente, sentenças parciais. Os pleitos postos sob a jurisdição do tribunal arbitral podem ter sido resolvidos de forma completa e definitiva, com encerramento do procedimento, mas o tribunal, por entender que não cabia inteira razão à parte, indeferiu parte deles. Nesse caso, a parcialidade está na procedência do pleito em si, não na sentença que colocou fim à questão posta pelas partes, que será final.

4. PLEITOS "MADUROS" – POSSIBILIDADE MATERIAL DE SEPARAÇÃO DOS PLEITOS

4.1 Antes de se decidirem pela emissão de uma sentença parcial, os árbitros devem certificar-se de que as questões postas a julgamento estão realmente maduras para decisão, bem como analisar se a bipartição é efetivamente benéfica à maior eficiência do procedimento, sem colocar em risco o devido processo legal.

4.2 Qualquer questão somente se mostra madura para julgamento quando os árbitros estiverem convencidos de que às partes foi garantida ampla oportunidade para apresentação de seus pleitos e, principalmente, para produzir todas as provas pertinentes à demonstração do quanto alegado[10].

4.3 Para aferição da certeza absoluta de que o pleito encontra-se pronto para julgamento, recomenda-se aos árbitros que busquem certificar-se de que (i) inexiste qualquer risco de que o julgamento da questão havida como madura tenha que ser revisto por ocasião do futuro julgamento das demais questões que compõem a controvérsia objeto do procedimento arbitral; (ii) a matéria de fato que compõe o pleito a ser decidido por sentença parcial é incontroversa ou foi objeto de todas as provas pertinentes requeridas pelas partes ou determinadas de ofício pelos árbitros e havidas por estes como necessá-

---

[10] No âmbito do processo civil, o Superior Tribunal de Justiça proferiu decisão emblemática sobre o assunto: "A aplicação da Teoria da Causa Madura trazida a lume pelo novel § 4º, do art. 515, do CPC, pressupõe prévia cognição exauriente, de sorte que a pretensão do retorno dos autos a instância a quo revela notória inutilidade" (STJ, 1.ª Turma, REsp 1.051.728/ES, Min. Luiz Fux, *DJ* 17.11.2009).

rias e suficientes à plena formação de seu convencimento; (iii) no caso das questões de direito, as partes tiveram plena oportunidade para apresentar seus pontos de vista sobre a matéria; (iv) a emissão da sentença parcial não tomará as partes de surpresa; e (v) de fato, a emissão da sentença parcial se mostra adequada à maior eficiência – material e procedimental (tempo e custo) – da arbitragem.

4.4 Em que pese a garantia do princípio do livre convencimento dos árbitros prevista no art. 21, § 2.º, da Lei de Arbitragem, devem os julgadores buscar a confirmação de que as partes estão satisfeitas com a prova produzida e com as oportunidades que tiveram para a plena apresentação de seus casos. O ideal é que o tribunal obtenha uma declaração expressa das partes nesse sentido, para que não haja riscos de questionamentos.

4.5 Essa declaração das partes deve ser buscada no momento imediatamente anterior ao do encerramento da instrução, como, por exemplo, ao cabo de audiência instrutória. Caso haja resistência injustificada das partes em declarar expressamente que estão satisfeitas com as oportunidades de postular e as provas que produziram, pode o tribunal, eventualmente, antes de encerrar a instrução, fixar os pontos que entende controvertidos/ incontrovertidos e submeter para conferência das partes.

4.6 Claro que igual cuidado deve ter o tribunal quando da emissão de sentença final, mas na hipótese de uma sentença parcial, especial atenção deve ser dada para se evitar qualquer "contaminação" das fases posteriores do procedimento.

4.7 Tudo para se evitar, por exemplo, a prolação de sentença parcial por conta de análise precária realizada sobre o caso antes da completa e necessária instrução, o que acaba fazendo com que o tribunal arbitral, que poderia ter estendido um pouco mais a fase instrutória e quiçá proferido uma sentença única e final, seja posteriormente obrigado a reabrir a instrução para produção de prova sobre fatos ainda atinentes à fase anterior já encerrada, fragilizando, assim, a segurança de todo o procedimento arbitral.

4.8 Essa postura – em nome de uma suposta maior agilidade e eficiência – pode, isso sim, gerar atrasos e custos desnecessários e, pior, comprometer o procedimento como um todo.

4.9 Outra atenção a ser dada antes de se decidir por uma sentença parcial é quanto à efetiva possibilidade material de separação dos pleitos. É essencial que se avalie antes de mais nada a relação entre os pedidos formulados pelas partes para que se apurem eventuais elementos de conexão entre os pleitos e, consequentemente, a possibilidade material de sua separação.

4.10 Assim, deve ser identificado em um primeiro momento se houve nos pedidos das partes: cumulação simples, eventual, sucessiva ou alternativa. A desvinculação material entre os pedidos ficará mais clara quanto mais distantes forem os elementos de conexão.[11]

4.11 A ilustração clássica de distância material clara entre pedidos é a hipótese de prejudicialidade, no caso de preliminares ao mérito, em que há uma cumulação sucessiva

---

[11]　SANCHEZ, Guilherme Cardoso. *Sentenças parciais no processo arbitral*. 2013. Dissertação (Mestrado) – Faculdade de Direito da Universidade de São Paulo, São Paulo, p. 102.

de pedidos. Assim, poderá o tribunal arbitral bifurcar o procedimento para, primeiramente, decidir sobre a jurisdição do tribunal arbitral, por exemplo, e, posteriormente, partir para o mérito, garantindo segurança às partes de que todo o esforço despendido no procedimento terá uma finalidade e não restará prejudicado eventualmente por falta de jurisdição reconhecida apenas *a posteriori*[12].

4.12 Não raras vezes, entretanto, a distinção da questão prejudicial para o mérito em si não resta tão clara. Em algumas hipóteses, para análise adequada da preliminar de mérito, é preciso adentrar o próprio mérito, caso em que não fará sentido a separação das discussões. Como ilustração dessa hipótese, têm-se alegações de decadência do direito sobre o qual se funda a causa. Para apurar esse pleito, pode ser necessário um aprofundamento pormenorizado da questão de mérito propriamente dito da questão, de modo que a emissão de sentença parcial poderia ser prejudicial à eficiência do procedimento.

4.13 Pode se mostrar complexa ainda distinção no caso de cumulação simples de pedidos ou de pedidos alternativos, quando os pleitos puramente de mérito não possuem uma delimitação clara entre a causa de pedir e os pedidos. Ainda que os pleitos possam ser delimitados com destreza, essa facilidade de separação não é a mesma acerca dos fatos que deram origem a eles, o que consequentemente faz com que a argumentação das partes e prova produzida acabem se misturando acerca dos distintos pleitos.

4.14 A menos que os pedidos e a causa de pedir estejam claramente destacados, não se recomenda a bifurcação do procedimento no caso de cumulação de pleitos puramente de mérito. Será muito difícil distinguir questões julgadas e não julgadas. Caso haja a separação de questões interligadas, poderá haver, inclusive, prejuízo ao devido processo legal, resolvendo-se definitivamente uma questão que, na verdade, não foi abordada suficientemente na fase de instrução.

4.15 Por fim, no caso da cumulação eventual, subsidiária ou em ordem sucessiva, tampouco é recomendável o uso de sentenças parciais, uma vez que, além de os pedidos estarem claramente conectados pela causa de pedir, não podem os árbitros ignorar a ordem de subsidiariedade estabelecida pela parte requerente.

4.16 Em razão dessa necessidade de clareza quanto à independência ou não de pedido se causas de pedir, não apenas o tribunal arbitral deve ser diligente na análise do caso, mas as partes – profundas conhecedoras da causa posta – devem buscar apresentar a questão ao tribunal arbitral com clareza, delineando exatamente o que buscam e por que buscam, de modo a garantir que os árbitros realmente entendam suas pretensões e lhes dê o tratamento decisório mais adequado.

4.17 Mesmo porque, instrução do procedimento nada mais é do que a oportunidade das partes de contar aos árbitros os contornos de sua disputa. Quanto mais clara e precisa for essa informação prestada, com maior precisão o árbitro julgará a causa.

---

[12] REDFERN, Alan; HUNTER, Martin; BLACKABY, Nigel; PARTASIDES, Constantine. *Redfern and Hunter on international arbitration*. Oxford: Oxford University Press, 2009. p. 521

5. CONVENIÊNCIA – EFICÁCIA DO PROCEDIMENTO

5.1 Uma vez superada a possibilidade material de prolação de sentença parcial, deverá ser realizada uma análise de sua conveniência para o procedimento. Essa deverá estar pautada em toda a diligência já exposta acerca da suficiência da prova produzida, bem como sobre a ponderação a respeito dos efeitos que a sentença parcial terá sobre o procedimento.

5.2 A hipótese mais corriqueira, fora a das referidas questões prejudiciais ao mérito, é aquela em que se destaca o *an debeatur* do *quantum debeatur*. Em parte dos casos é uma medida adequada para maior eficiência, principalmente para diminuição de custos.

5.3 Por exemplo, no caso de pleitos indenizatórios, até mesmo recíprocos, que decorram da mesma causa de pedir. Nessa hipótese, pode o tribunal optar pelo bifurcamento do procedimento, emitindo sentença parcial para apuração da procedência ou não de cada pleito indenizatório e da responsabilidade por sua reparação (*an debeatur*), e diferindo a efetiva quantificação dos valores respectivos (*quantum debeatur*) para fase posterior do procedimento, que igualmente culminará com uma sentença de liquidação.

5.4 Contudo, mesmo nessa situação não deve haver exageros, ou seja, não é porque a apuração do *an debeatur* pode ser destacada do *quantum debeatur* que os árbitros devem automaticamente optar pela emissão de uma sentença parcial sobre o primeiro e diferir o segundo para fase posterior.

5.5 Alardeia-se muito que a bifurcação acima (*an debeatur vs. quantum debeatur*) pode facilitar, e por vezes até estimular, a composição das partes após a emissão da sentença parcial, dispensando-se a fase de liquidação da sentença. Trata-se, porém, de um dos possíveis (e positivos) efeitos da bifurcação, já que muitas vezes as partes, vinculadas à decisão parcial acerca do *an debeatur* (lembrando que a sentença parcial é completa e definitiva sobre a questão que aborda) podem preferir compor-se quanto à quantificação da condenação em lugar de iniciar uma apuração técnica que pode ser demorada e custosa[13].

5.6 Esse **efeito** em geral positivo da sentença parcial que decide o *an debeatur*, porém, não deve jamais ser a **razão** de o tribunal optar pelo bifurcamento (a não ser quando as partes expressamente assim o requerem). O que deve conduzir o tribunal a emitir qualquer sentença parcial, inclusive no cenário *an debeatur vs. quantum debeatur*, é sempre o exame da conveniência dessa estratégia no melhor atendimento ao princípio da eficiência do procedimento arbitral, na presença das premissas indicadas no item 4.3 (i) a (v) *supra*.

5.7 Nesse sentido, a princípio deve-se optar pela emissão de sentença parcial decidindo o *an debeatur* apenas nos casos em que a produção da prova para apuração do *quantum* se mostre por demais complexa e custosa, justificando a medida. Se o tribu-

---

[13] FOUCHARD, Philippe; GAILLARD, Emmanuel; GOLDMAN, Berthold. *International Commercial Arbitration*. Edited by Emmanuel Gaillard and John Savage. The Hague: Kluwer Law International, 1999. p. 744.

nal, porém, estimar que a prova e/ou os cálculos do *quantum debeatur* não encerram complexidade e podem ser ultimadas em tempo e a um custo razoáveis, sem tirar o foco da questão principal, a preferência deve ser dada à continuidade do procedimento para conclusão dessa prova e emissão de uma única e final sentença[14].

5.8 Em hipótese menos comum, em se tratando de casos altamente complexos, pode ser conveniente ao tribunal arbitral bifurcar o procedimento para focar os esforços das partes em uma questão de cada vez, quando essas forem passíveis de delimitação clara. Por exemplo, nos casos em que, para decidir sobre uma determinada prova, é necessária a produção de uma perícia mais detalhada, enquanto os outros pedidos já estão maduros para decisão[15].

5.9 A sentença parcial nesses casos será uma boa opção para o procedimento arbitral, pois é inútil esperar a produção de toda a prova necessária para decidir todos os pleitos postos, uma vez que existe questão já madura para julgamento, desde que tal questão seja delimitada e passível de um juízo de convencimento final dos árbitros.

5.10 As sentenças parciais, no entanto, não devem ser vistas como eram no passado: quase como uma regra. Em circunstâncias em que não se enquadra devidamente, a bifurcação gerará repetição de manifestações pelas partes, reanálise de fatos pelo tribunal arbitral, demora na resolução definitiva da causa, dispêndio de tempo e dinheiro.

5.11 Em vista disso, algumas câmaras de arbitragem buscam nortear as partes e o tribunal arbitral para garantir que a bifurcação seja utilizada apenas quando realmente significar um positivo controle de custo e tempo da arbitragem. O exemplo mais ilustrativo é o do Apêndice IV do regulamento de arbitragem de 2012 da Câmara de Comércio Internacional, que sugere: "[b]ifucar procedimentos ou proferir uma ou mais sentenças arbitrais parciais sobre questões centrais, quando tais medidas possam genuinamente contribuir para uma resolução mais eficiente do caso"[16].

---

[14]   FOUCHARD, Philippe; GAILLARD, Emmanuel; GOLDMAN, Berthold. *International Commercial Arbitration*. Edited by Emmanuel Gaillard and John Savage. The Hague: Kluwer Law International, 1999. p. 684.

[15]   "For example, in a case involving issues of liability and damages, if the issue of liability is broken out and the tribunal decides that there is no liability, a great deal of time and cost will be saved since there will be no need to exchange briefs and hold hearings on damages. On the other hand, if the tribunal finds that there is liability, unless such finding encourages the parties to settle the case, there will have to be a damages phase, and the breaking out of the issue of liability may then actually add to the overall time and cost of the proceedings" (International Chamber of Commerce (ICC). Effective Management of Arbitration: A Guide for In-House Counsel and Other Party Representatives. Printed in France in February 2015 by Imprimerie Port Royal, Trappes (78). Disponível em: <http://www.iccwbo.org/Advocacy-Codes-and-Rules/Document-centre/2014/Effective-Management-of-Arbitration---A-Guide-for-In-House-Counsel-and-Other-Party--Representatives/>).

[16]   Em consonância com essa recomendação, o *The Secretariat's Guide to ICC Arbitration* prevê: "Splitting the proceedings may be useful where there are dispositive preliminary issue (e.g. limi-

5.12 Nos casos em que não há uma definição prévia entre tribunal e partes acerca do fatiamento do mérito, o recomendável é que o tribunal arbitral, no momento em que decidir encerrar a instrução, já informe as partes que a sentença será parcial e indique os pleitos que serão objeto da decisão, desde que isso seja possível e não represente uma verdadeira antecipação do julgamento que possa comprometer a segurança jurídica do procedimento. Com isso, permite-se às partes que, por exemplo, elaborem suas alegações finais com objetividade, focando nas questões a serem efetivamente decididas naquele momento da arbitragem.

5.13 O que por vezes se vê, porém, é exatamente o contrário: o tribunal não fornece qualquer indicação sobre a abrangência da sentença a ser proferida e, ainda, quando do encerramento da instrução, manifesta "reserva de direito de proferir sentença parcial ou converter o julgamento em diligência, conforme o caso".

5.14 Por certo que não se nega que pode ocorrer de o tribunal, apenas quando já reunido para analisar toda a prova produzida e deliberar, vir a se dar conta da importância de uma prova cuja necessidade à formação de seu completo convencimento não foi detectada anteriormente. Plenamente justificável, nesse caso, a conversão do julgamento em diligência para coleta da indigitada prova. De igual forma, não se nega que também pode ocorrer que a opção por fatiar o julgamento se mostre clara ao tribunal também apenas no momento em que se reunir para análise da prova e deliberação.

5.16 Tais situações, porém, devem ser a exceção, e não a regra. Em geral, espera-se que o tribunal, cuja construção do convencimento deve ocorrer ao longo de todo o procedimento através do constante exame das submissões das partes e das evidências que as instruem, esteja, quando do encerramento da instrução, em condições de saber qual tipo de sentença proferirá, de modo a não precisar se socorrer da "reserva" acima mencionada. Em arbitragem, como em qualquer outro método de resolução de conflitos, às partes devem ser garantidas segurança e previsibilidade, não surpresas.

5.17 Em suma, para que a emissão de sentenças parciais crie, de fato, eficiência ao procedimento arbitral, os árbitros devem analisar sua conveniência à luz das particularidades de cada caso[17], sempre norteados pela segurança jurídica da delineação dos pleitos, maior celeridade do procedimento e diminuição de custos. Sobretudo, deve

---

tation periods) or major issues of jurisdiction to determine. The dispute may also conveniently be divided into phases on liability, quantum and costs. Where such issues may be truly dispositive of part of the dispute or the entire dispute, bifurcation can ultimately save time and cost. Conversely, it can sometimes result in protracted proceedings and significant additional costs. Parties and the arbitral tribunal will also need to consider the extent to which issues can be dealt with separately or whether evidence relating to different issues is so inextricably linked that separate phases would result in needless repetition" (FRY, Jason; GREENBERG, Simon; MAZZA, Francesca. The Secretariat's Guide to ICC Arbitration. *ICC publication*, Paris, n. 729 p. 263, item 3-923, 2012).

[17] LEW, Julian D. M.; MISTELIS, Loukas A.; KRÖLL, Stefan M. *Comparative International Commercial Arbitration*. The Hague: Kluwer Law International, 2003. p. 632. In the same sense: FOUCHARD, Philippe; GAILLARD, Emmanuel; GOLDMAN, Berthold. *International Commercial Arbitration*. Edited by Emmanuel Gaillard and John Savage. The Hague: Kluwer Law International, 1999. p. 684 e 739.

haver transparência do tribunal arbitral para que as partes saibam onde e como focar seus esforços em determinado momento do procedimento.

6. PROCEDIMENTO APÓS A PROLAÇÃO DE SENTENÇA PARCIAL

6.1 Em linha com a mencionada transparência, é ideal que o tribunal arbitral deixe claro às partes qual será o enfoque da próxima fase do procedimento, sem prejuízo de maiores aprofundamento e detalhes em ordem processual a ser proferida posteriormente. A sentença parcial não precisa trazer todos os detalhes da próxima fase do procedimento, mas deve ao menos trazer segurança para as partes de que todas as suas pretensões não decididas pela sentença parcial foram observadas e serão resolvidas adiante.

6.2 Alguns regulamentos de arbitragem, preocupados com essa transparência do procedimento, trazem expressamente que *"no caso de sentença parcial, o Tribunal Arbitral indicará as etapas processuais posteriores, necessárias à elaboração da sentença final"*, como é o caso do art. 10.2.1 do regulamento de 2012 da Câmara de Comércio Brasil-Canadá.

6.3 Nessa linha, como sugestão de aplicação da regra ao caso concreto, é recomendável que na sentença parcial sejam informadas de forma clara (i) quais questões o tribunal arbitral diferiu para a próxima fase; (ii) quais serão as providências, de uma forma geral, que o tribunal arbitral espera que as partes tomem para que possa chegar a um convencimento sobre as matérias restantes; e (iii) em que momento será emitido ato ordinatório detalhando os próximos passos.

6.4 Desse modo, evita-se que a sentença parcial traga todos os detalhes da próxima etapa, alguns deles de caráter administrativo (como fixação de cronograma, por exemplo) que podem estar sujeitos a revisão e alteração, mas apenas o suficiente para permitir às partes ter completa segurança de que todas as questões não decididas o serão a tempo e modo devidos, na próxima fase.

7. A SENTENÇA PARCIAL E A COISA JULGADA MATERIAL

7.1 No direito pátrio, conforme previsão do art. 502 do Código de Processo Civil de 2015 ("CPC/2015"), "[d]enomina-se coisa julgada material a autoridade que torna imutável e indiscutível a decisão de mérito não mais sujeita a recurso". Essa definição é plenamente aplicável às sentenças arbitrais, por estarem estas inseridas no sistema processual nacional[18].

---

[18] "[...] quando a Lei de Arbitragem trata de sentença, o conceito a que ela se reporta é o Código de Processo Civil. A lei arbitral, seguidora do bom caminho de não trazer conceituações em seu texto, não disciplina o que é sentença, simplesmente trata, por exemplo, do prazo em que será proferida (art. 23), dos requisitos formais (arts. 24 e 26) e dos encargos processuais (art. 27). O conceito de sentença, para o processo arbitral, é o estampado no processo estatal, no Código de Processo Civil" (PARENTE, Eduardo de Albuquerque. *Processo arbitral e sistema*. São Paulo: Atlas, 2912. p. 68-69).

7.2 Mesmo porque, reconhece-se pelo art. 31 da Lei de Arbitragem que "a sentença arbitral produz, entre as partes e seus sucessores, os mesmos efeitos da sentença proferida pelos órgãos do Poder Judiciário e, sendo condenatória, constitui título executivo". Dessa forma, não há dúvida de que a sentença arbitral de mérito (aqui incluídas as sentenças que, em fase inicial do procedimento, analisam o mérito da existência e/ou extensão da própria jurisdição arbitral, as chamadas "sentenças de jurisdição") faz coisa julgada material, uma vez que, ressalvado o controle judicial previsto no art. 33 da mesma lei, não é sujeita a recurso.

7.3 A sentença arbitral de mérito faz coisa julgada material na exata extensão das matérias por ela decididas em caráter definitivo, seja a sentença final ou parcial. Como visto nos capítulos anteriores deste trabalho, a sentença arbitral parcial se reveste da mesma definitividade acerca das questões que aborda quanto a sentença arbitral dita final. Desse modo, as sentenças arbitrais parciais de mérito, assim como as finais, também fazem coisa julgada material[19].

7.4 Não por outra razão, o legislador fez expressamente constar, do dispositivo da Lei de Arbitragem que trata do cabimento da ação de nulidade dos julgados arbitrais, a expressão "sentença arbitral parcial ou final"[20].

7.5 Conquanto esse fato seja elucidativo, certamente não é a mera possibilidade de a sentença arbitral parcial ser passível de ação de nulidade que lhe confere a força da coisa julgada material. Essa característica lhe é atribuída pelo fato de se caracterizar como uma sentença, que produz efeitos de caráter definitivo que, por sua vez, são protegidos pela coisa julgada.[21]

7.6 Além disso, o próprio CPC/2015 dispõe de forma incontroversa acerca da coisa julgada, tanto sobre sentenças parciais quanto finais, em seu art. 503[22], aqui mencionado

---

[19]   A doutrina nacional e internacional seguem essa mesma linha: ARMELIN, Donaldo. Notas sobre sentença parcial e arbitragem. *Revista de Arbitragem e Mediação*, São Paulo, v. 5, n. 18, p. 297, jul.-set. 2007; FICHTNER, José Antônio; MONTEIRO, André Luis. Sentença parcial de mérito na arbitragem. *Temas de arbitragem*: primeira série. Rio de Janeiro: Renovar, 2010. p. 162; MARTINS, Pedro Antonio Batista. *A arbitragem e o mito da sentença parcial*, p. 282; LY, Filip de; SHEPPARD, Audley. *ILA Interim Report on Res Judicata and Arbitration*, Kluwer Law International, v. 25, n. 1, p. 53-62, 2009; SUTTON, D.; GILL, J. *Russell on arbitration*. 22. ed. London: Sweet & Maxwell, 2003. p. 285; PINNA, Andrea. L'annulation d'une sentence arbitrale partielle. *Revue de l'Arbitrage, Comité François de l'Arbitrage*, n. 4, p. 618.

[20]   Art. 33, § 1.º: A demanda para a declaração de nulidade da sentença arbitral, *parcial ou final*, seguirá as regras do procedimento comum, previstas na Lei n.º 5.869, de 11 de janeiro de 1973 (Código de Processo Civil), e deverá ser proposta no prazo de até 90 (noventa) dias após o recebimento da notificação da respectiva sentença, parcial ou final, ou da decisão do pedido de esclarecimentos.

[21]   SANCHEZ, Guilherme Cardoso. *Sentenças parciais no processo arbitral*. 2013. Dissertação (Mestrado) – Faculdade de Direito da Universidade de São Paulo, São Paulo, p. 138.

[22]   Art. 503. A decisão que julgar total ou parcialmente o mérito tem força de lei nos limites da questão principal expressamente decidida.
        § 1.º O disposto no *caput* aplica-se à resolução de questão prejudicial, decidida expressa e incidentemente no processo, se:

como referência pelo fato de os efeitos das sentenças arbitrais serem equiparados àqueles das sentenças judiciais, como acima demonstrado.

7.7 É importante frisar que a sentença arbitral parcial apenas fará coisa julgada após transcorrido o prazo para a apresentação de pedido de esclarecimentos, ou após a decisão sobre os eventuais pedidos de esclarecimentos apresentados. O efeito prático dessa constatação é no sentido de que, proferida a sentença arbitral parcial, seus efeitos se tornam indiscutíveis e imutáveis, sujeitos apenas ao prazo legal decadencial de 90 dias para eventual impugnação judicial. Tanto as partes quanto o tribunal arbitral estarão vinculados a ela na extensão dos pleitos decididos. As questões ali resolvidas não poderão mais ser objeto de litígio entre as partes, bem como não poderão os árbitros reexaminar a questão, nem mesmo em sede de prolação de sentença final posterior.[23]

7.8 Os efeitos da coisa julgada produzidos pela sentença parcial, portanto, constituem mais uma razão pela qual os árbitros devem ser bastante criteriosos em sua utilização.

8. EXECUÇÃO DE SENTENÇA PARCIAL

8.1 Partindo-se da premissa atingida de que a sentença arbitral parcial possui os mesmos efeitos da sentença arbitral final em razão da completude e da definitividade presentes em ambas, é lógico depreender que os efeitos da sentença arbitral parcial emanam desde logo, podendo ser objeto de execução judicial antes de proferida a sentença final, caso não haja o cumprimento espontâneo. Mesmo porque, caso assim não fosse, careceria de qualquer utilidade a sua emissão.[24]

8.2 Não serão abordados aqui os detalhes sobre o processo de cumprimento de sentença arbitral parcial. Registre-se, porém, que se aplicam exatamente as mesmas regras pertinentes ao cumprimento das sentenças finais, previstas no Título II do CPC/2015, por

---

I – dessa resolução depender o julgamento do mérito;

II – a seu respeito tiver havido contraditório prévio e efetivo, não se aplicando no caso de revelia;

III – o juízo tiver competência em razão da matéria e da pessoa para resolvê-la como questão principal.

[23] MOLINA, Martin. *Arbitration in Switzerland*: the practitioner's guide. The Hague: Kluwer Law International, 2013. p. 182; FICHTNER, José Antônio; MONTEIRO, André Luis. Sentença parcial de mérito na arbitragem. *Temas de arbitragem*: primeira série. Rio de Janeiro: Renovar, 2010. p. 162.

[24] "Em algumas das situações em que seja proferida sentença arbitral parcial, esta produzirá desde logo seus efeitos substanciais, não sendo necessário esperar pela sentença final, porque isso reduziria a nada a utilidade da prolação da sentença parcial. Se esta condena o réu, acolhendo um dos pedidos do autor e deixando outro para ser decidido na sentença final, a execução judicial com fundamento nela é imediatamente admissível (cumprimento de sentença). Se anula uma escritura de compra e venda imobiliária e manda cancelar seu registro, esse cancelamento pode ser feito desde logo, sem esperar pelo julgamento em sentença final, de eventual pedido cumulado de perdas e danos. Se a desautoriza a realização de uma assembleia societária e deixa para depois a decisão sobre perdas e danos, a assembleia não se realiza" (DINAMARCO, Cândido Rangel. *A arbitragem na teoria geral do processo*. São Paulo: Malheiros, 2013. p. 178).

estarem submetidas ao mesmo regime legal destinado a essas sentenças. Vale a oportuna lembrança de que não se deve confundir a execução da sentença parcial com execução provisória, uma vez que, por ser final quanto aos pleitos resolvidos, com produção dos efeitos da coisa julgada, a sentença parcial será executada definitivamente.

8.3 Nessa linha, assim como no caso das sentenças finais, o devedor poderá se opor à validade da sentença arbitral através de ação de sua iniciativa que busque a declaração de nulidade, ou em impugnação a eventual ação de cumprimento manejada pelo credor (art. 33, §§ 1.º e 3.º, da Lei de Arbitragem).

8.4 Antes de dar início à ação de cumprimento, deve a parte se garantir que a sentença parcial que trate (i) de obrigação de pagar quantia certa[25] esteja devidamente liquidada; e (ii) de obrigação de fazer, não fazer ou de entregar coisa[26] possua a obrigação da parte condenada devidamente delimitada. Em ambos os casos deve a parte se assegurar de que foi estabelecido um prazo, claro e inquestionável – não subentendido –, para cumprimento da obrigação, até porque é requisito formal de validade das sentenças arbitrais, conforme art. 26, III, da Lei de Arbitragem.

8.5 Dessa forma, além de não haver qualquer vedação legal para tanto – muito pelo contrário –, fato é que a possibilidade de se executar as sentenças parciais sem ter de esperar provimento final da arbitragem é exatamente o que torna esse tipo de sentença tão funcional para a eficiência de determinados procedimentos arbitrais.

9. HOMOLOGAÇÃO DE SENTENÇA PARCIAL ARBITRAL ESTRANGEIRA

9.1 Reconhecidas a validade e a eficácia das sentenças arbitrais parciais no ordenamento jurídico brasileiro, esvaziou-se o antigo questionamento quanto à possibilidade de sentenças arbitrais parciais estrangeiras serem homologadas pelo Superior Tribunal de Justiça, para posterior execução no território nacional. Uma vez que as sentenças arbitrais parciais estão submetidas ao mesmo regime jurídico das sentenças arbitrais finais, repousando a distinção apenas no fato de que a sentença parcial não esgota toda a extensão do mérito do procedimento arbitral[27], a homologação de sentenças parciais pode e deve se processar regularmente perante aquela corte superior[28].

9.2 Assim como ocorre com as sentenças finais, a sentença arbitral parcial estrangeira deverá observar os requisitos estabelecidos (i) pelo art. 37 da Lei de Arbitragem; (ii) nos

---

[25]   Arts. 523 a 527 do CPC/2015.

[26]   Arts. 536 a 538 do CPC/2015.

[27]   Para maiores entendimentos sobre o tema da homologação das sentenças arbitrais estrangeiras: ABBUD, André de Albuquerque Cavalcanti. *Homologação de sentenças arbitrais estrangeiras*. São Paulo: Atlas, 2008. (Coleção Atlas de Processo Civil – Coordenação Carlos Alberto Carmona.); e GASPAR, Renata Álvares. *Reconhecimento de sentenças arbitrais estrangeiras no Brasil*. São Paulo: Atlas, 2009. (Coleção Atlas de Arbitragem – Coordenação Carlos Alberto Carmona.)

[28]   DI PIETRO, Domenico. What Constitutes an Arbitral Award under the New York Convention? In: _____; GAILLARD, Emmanuel (Ed.). *Enforcement of arbitration agreements and international arbitral awards*: the New York Convention in practice. London: Cameron May, 2008. p. 151-156.

arts. IV e V da Convenção sobre o Reconhecimento e a Execução de Sentenças Arbitrais Estrangeiras, celebrada em Nova Iorque em 1958 ("Convenção de Nova Iorque"); e (iii) no Título VII-A – Dos Processos Oriundos de Estados Estrangeiros, introduzido no Regimento Interno do Superior Tribunal de Justiça ("RISTJ") pela Emenda Regimental 18/2014[29].

9.3 Devem ser afastadas, pois, quaisquer alegações de que a sentença arbitral parcial estrangeira não poderia ser homologada em face do disposto no art. V(1)(e)[30] da Convenção de Nova Iorque, sob o argumento de que a sentença parcial ainda não teria se tornado obrigatória. Como se viu anteriormente, a sentença parcial é definitiva, gera coisa julgada, e por consequência, é obrigatória, desde que, na jurisdição em que foi proferida, assim seja reconhecida e havida como irrecorrível.

9.4 Registre-se aqui o art. 216-A, § 2.º, do RITSJ, introduzido pela já mencionada Emenda Regimental 18/2014, que estabelece que *as sentenças estrangeiras poderão ser homologadas parcialmente*. Em uma primeira leitura, esse dispositivo pode levar ao entendimento de que se refere às sentenças parciais de que tratamos neste trabalho. No entanto, o que se regulamenta nesse dispositivo é a possibilidade de o Superior Tribunal de Justiça, ele próprio, fatiar determinada sentença estrangeira submetida a homologação, acatando, por exemplo, apenas uma parte – desde que passível de separação formal e material sem afetar a questão fulcral do julgado – e afastar outra que, por exemplo, seja havida como incompatível com a soberania nacional, a ordem pública ou o princípio da dignidade humana.

9.5 Nem por isso, porém, esse dispositivo deixa de ser importante para o tema aqui tratado. Afinal, seria ilógico supor que o Superior Tribunal de Justiça pudesse fatiar uma sentença arbitral estrangeira e homologá-la apenas parcialmente, e não pudesse homologar uma sentença arbitral estrangeira parcial que cumpre todos os requisitos legais e regulamentares. Afinal, quem pode o mais, pode o menos.

10. POSSIBILIDADE DE ANULAÇÃO DA SENTENÇA PARCIAL

10.1 Inovação substancial trazida pela Lei 13.129/2015 foi a inclusão das expressões "parcial ou final" no parágrafo primeiro do art. 33, mencionado acima.

---

[29] Com relação aos requitos formais que a sentença arbitral estrangeira deve atender, registre-se que, a partir de agosto de 2016, passou a vigorar no Brasil o texto da Convenção da Apostila da Haia, que tem o objetivo de agilizar e simplificar a legalização de documentos emitidos nos mais de 100 países signatários. Com isso, a burocrática exigência de legalização de documentos nos consulados brasileiros no exterior deverá ser abolida em muitos casos.

[30] "1. O reconhecimento e a execução de uma sentença poderão ser indeferidos, a pedido da parte contra a qual ela é invocada, unicamente se esta parte fornecer, à autoridade competente onde se tenciona o reconhecimento e a execução, prova de que: [...] e) a sentença ainda não se tornou obrigatória para as partes ou foi anulada ou suspensa por autoridade competente do país em que, ou conforme a lei do qual, a sentença tenha sido proferida."

10.2 Essa inserção teve o condão de encerrar discussão eminentemente doutrinária sobre a possibilidade de ajuizamento de ação de anulação ou declaração de nulidade de sentença arbitral parcial, bem como sobre a definição do termo *a quo* do prazo decadencial para tanto.[31]

10.3 Encerrada a discussão, portanto, com a nova redação do parágrafo primeiro do art. 33 da Lei de Arbitragem, reconhece-se inquestionável que o prazo decadencial de 90 dias para ajuizamento de ação que busque a nulidade da sentença arbitral, seja ela parcial ou final, começa a fluir imediatamente após o recebimento da notificação da sentença proferida ou da decisão a respeito de pedido de esclarecimento, conforme já decidido pelo Superior Tribunal de Justiça[32].

10.4 Cabe nesse ponto uma breve observação quanto à possibilidade de se apresentar pedido de esclarecimentos em relação às sentenças parciais. Como o art. 30 da Lei de Arbitragem não especifica o tipo de sentença arbitral, assim como interpretado quando enfrentada a questão da coisa julgada, deve o dispositivo ser entendido como abrangendo tanto as sentenças parciais quanto as finais. Indo mais além, dada a sua abrangência, os pedidos de esclarecimentos também são adequados às próprias decisões interlocutórias ou de caráter provisório.

10.5 Registra-se, portanto, que, com as alterações à Lei de Arbitragem, se confirmou o entendimento de que, caso a parte interessada aguarde para tentar a anulação da sentença parcial apenas após a prolação da sentença final, seu direito à invalidação da primeira sentença terá decaído, adquirindo a sentença parcial o caráter de imutabilidade.

10.6 Também é necessário mencionar que a propositura da ação anulatória contra a sentença parcial não obsta nem seu cumprimento, nem o prosseguimento do procedimento até prolação de sentença final, a menos que haja uma ordem de suspensão do próprio juízo da anulatória para tanto. Caso contrário, abrir-se-ia um flanco para que o devedor pudesse obstar o andamento e o cumprimento da sentença arbitral pela mera propositura de ação anulatória.

---

[31] Para maiores detalhes sobre as divergências: FICHTNER, José Antonio; MANHEIMER, Sergio Nelson; MONTEIRO, André Luís. A sentença parcial na reforma da lei de arbitragem brasileira. In: MELO, Leonardo de Campos (Coord.). *A reforma da arbitragem*. Rio de Janeiro: Forense, 2016. pp. 547-550.

[32] "Não bastassem tais considerações, suficientes em si, para lastrear a compreensão de que a impugnação da sentença parcial, por meio de ação anulatória, deve ser exercida pela parte sucumbente imediatamente a sua prolação, é de se reconhecer, também e principalmente, que tal incumbência decorre da própria lei de regência (Lei 9.307/1996, inclusive antes das alterações promovidas pela Lei 13.129/2015), que, no § 1.º de seu art. 33, estabelece o prazo decadencial de 90 (noventa dias) para anular a sentença arbitral. **Compreendendo-se sentença arbitral como gênero, do qual a parcial e a definitiva são espécies, o prazo previsto no aludido dispositivo legal aplica-se a estas, indistintamente.** E, segundo restou devidamente consignado no acórdão recorrido, a possibilidade de julgamento fatiado, por meio do proferimento de sentença parcial, foi expressamente admitido pelas partes, a partir do Regulamento de Arbitragem da UNCITRAL por elas eleito" (REsp 1.519.041/RJ (2015/0014442-9), Rel. Min. Marco Aurélio Bellizze, j. 30.06.2015).

SENTENÇAS ARBITRAIS PARCIAIS: VISÃO DOUTRINÁRIA E PRÁTICA DO TEMA NOS ÚLTIMOS 20 ANOS | **575**

10.7 Por fim, questão ainda desafiadora para os que estudam a Lei de Arbitragem é aquela referente aos efeitos que a declaração de nulidade ou anulação judicial de uma sentença arbitral parcial pode ter sobre a sentença final proferida no mesmo procedimento arbitral. A princípio, em vista de todas as considerações acima, duas ou mais sentenças proferidas em um mesmo procedimento arbitral são independentes entre si, posto que resolvem de maneira completa e definitiva apenas e tão somente os pleitos nelas delimitados, daí a importância de o tribunal, como apontado no capítulo 4 deste trabalho, assegurar-se sempre da separação material dos pleitos.

10.8 De fato, nos casos previstos nos incisos III e IV do art. 32 da Lei de Arbitragem[33], os vícios que podem levar à anulação podem ser considerados como atinentes à sentença em si, gerando a nulidade apenas do ato, cabendo ao tribunal arbitral refazer o ato que tiver sido anulado.

10.9 Já nos casos previstos nos incisos I, II, VI, VII e VIII do art. 32 da Lei de Arbitragem[34], os vícios de invalidação extravasam os limites da sentença propriamente dita e podem atingir o próprio procedimento arbitral como um todo, podendo causar o reconhecimento da nulidade de toda a arbitragem, o que inclui sentença que tiver sido posteriormente proferida pelo tribunal.

10.10 Para tornar a questão ainda mais desafiadora, tem-se que o §2.º do art. 33 da Lei de Arbitragem ("a sentença que julgar procedente o pedido declarará a nulidade da sentença arbitral, nos casos do art. 32, e determinará, se for o caso, que o árbitro ou o tribunal profira nova sentença arbitral") não deixa claro se o tribunal que deverá proferir nova sentença deve ser o mesmo que emanou a decisão anulada ou outro. E fez bem o legislador, pois se trata de solução a ser adotada caso a caso.

10.11 A questão é que se poderá ter uma sentença arbitral parcial anulada pelo Poder Judiciário, com ordem para que um tribunal – que não o mesmo que prosseguiu no procedimento e eventualmente proferiu a sentença final – seja formado para proferir nova sentença parcial.

10.12 Essas e outras questões que certamente serão enfrentadas por todos aqueles que atuam em arbitragem apenas reforçam a necessidade de que o tribunal seja muito criterioso na opção de proferir sentenças parciais.

---

[33] Art. 32. É nula a sentença arbitral se:
   III – não contiver os requisitos do art. 26 desta Lei;
   IV – for proferida fora dos limites da convenção de arbitragem.

[34] Art. 32. É nula a sentença arbitral se:
   I – for nula a convenção de arbitragem
   II – emanou de quem não podia ser árbitro;
   [...]
   VI – comprovado que foi proferida por prevaricação, concussão ou corrupção passiva;
   VII – proferida fora do prazo, respeitado o disposto no art. 12, inciso III, desta Lei; e
   VIII – forem desrespeitados os princípios de que trata o art. 21, § 2.º, desta Lei.

11. CONCLUSÃO

11.1 Com base nas relevantes discussões doutrinárias e na prática arbitral dos últimos anos, e principalmente após superados os entraves de abrangência e validade acima abordados, é possível afirmar que as sentenças arbitrais parciais têm se revelado um essencial instrumento para a boa condução dos procedimentos arbitrais.

11.2 No entanto, questões relevantes que vão desde a busca pela maior eficiência do procedimento, que nem sempre passa pelo fatiamento do mérito, até o risco de problemas futuros, como no caso de anulação judicial de uma sentença parcial que pode afetar a validade de posterior sentença final já proferida, demonstram que a utilização desse mecanismo deve ser extremamente criteriosa.

11.3 De tudo o quanto analisado neste estudo, extrai-se que as sentenças parciais, para que sirvam à eficiência do procedimento, devem ser fruto de um trabalho conjunto de instrução do procedimento pelas partes e de análise aprofundada e diligente dos árbitros ao longo de todo o procedimento.

11.4 Certamente muita discussão ainda será enfrentada acerca dos casos em que as sentenças parciais são, de fato, convenientes, mesmo porque o desenvolvimento da arbitragem é muito dinâmico e a cada momento traz novas questões controversas a serem discutidas. Sejam quais forem os rumos a serem seguidos, as discussões devem sempre ser abalizadas pelo que é melhor às partes, e sempre que possível, buscar em sua própria vontade no caso concreto a resposta sobre a conveniência de se proferir sentença parcial ou final.

REFLEXÕES SOBRE A ESTRUTURA FORMAL DA SENTENÇA ARBITRAL

JOSÉ ROGÉRIO CRUZ E TUCCI

Sumário: 1. Aspectos gerais – 2. Relatório – 3. Motivação: 3.1. Garantia constitucional da motivação; 3.2. Significado e conteúdo da motivação; 3.3. Proibição do "fundamento-surpresa" e requalificação da demanda pelo tribunal arbitral; 3.4. Escopos da motivação; 3.5. Decisões consideradas nulas por defeito de motivação; 3.5.1. Nulidade decorrente de mera reprodução de fundamento legal (art. 489, § 1.º, I); 3.5.2. Nulidade decorrente da fundamentação genérica em "conceitos jurídicos indeterminados" (art. 489, § 1.º, II); 3.5.3. Nulidade decorrente de fundamentação padronizada (art. 489, § 1.º, III); 3.5.4. Nulidade decorrente de motivação insuficiente (art. 489, § 1.º, IV); 3.5.5. Nulidade decorrente de invocação impertinente de súmula ou precedente (art. 489, § 1.º, V); 3.5.6. Nulidade decorrente do desrespeito injustificado a súmula, jurisprudência ou precedente (art. 489, § 1.º, VI); 3.5.7. Nulidade decorrente de motivação *aliunde* ou *per relationem* – 3.6. Exigência de justificação na hipótese de colisão de normas (art. 489, § 2.º) – 3.7. Consequência da sentença considerada desmotivada – 4. Dispositivo – 5. Dissenso entre os árbitros – 6. Complementação da sentença arbitral – 7. Aspectos conclusivos – Bibliografia.

1. ASPECTOS GERAIS

A sentença parcial ou final, como ato magno do processo arbitral, deve ser construída a partir de um modelo lógico-formal, contendo o relatório, a motivação e o dispositivo.

A estrutura intrínseca da sentença mantém-se praticamente a mesma, de modo generalizado, nas mais diferentes experiências jurídicas.

Com a exigência de ser proferida no prazo consignado no termo de arbitragem ou, na ausência deste, em seis meses a partir do início do processo (instituição da arbitragem), e lançada em documento escrito, *ex vi* dos arts. 23, *caput*, e 24, *caput*, o subsequente art. 26 da nossa Lei de Arbitragem dispõe, com efeito, que:

> São requisitos obrigatórios da sentença arbitral:
>
> I – o relatório, que conterá os nomes das partes e um resumo do litígio;
>
> II – os fundamentos da decisão, onde serão analisadas as questões de fato e de direito, mencionando-se, expressamente, se os árbitros julgaram por equidade;

III – o dispositivo, em que os árbitros resolverão as questões que lhes forem submetidas e estabelecerão o prazo para o cumprimento da decisão, se for o caso; e

IV – a data e o lugar em que foi proferida.

Parágrafo único. A sentença arbitral será assinada pelo árbitro ou por todos os árbitros. Caberá ao presidente do tribunal arbitral, na hipótese de um ou alguns dos árbitros não poder ou não querer assinar a sentença, certificar tal fato.

2. RELATÓRIO

O relatório, como o próprio nome indica, destaca-se no preâmbulo da sentença, no qual o tribunal arbitral deve consignar, além da identificação das partes e da natureza da demanda, o cerne das respectivas postulações, a síntese do objeto litigioso, tal como retratado no termo de arbitragem, inclusive com a especificação do pedido, o registro de eventuais incidentes, o resumo das provas porventura produzidas, e tudo o mais que for reputado pertinente para a compreensão da controvérsia.

No desenvolvimento do relatório, os árbitros apenas expõem todos os pontos mais relevantes do processo, não devendo emitir qualquer juízo de valor ou enfrentar alguma questão controvertida.

Não é possível aprioristicamente sugerir qual o conteúdo ideal do relatório. Depende sempre da experiência, disposição e zelo dos integrantes do painel, e, ainda, do estilo adotado na narração dos episódios do processo arbitral. Relatórios longos são sempre desaconselháveis. A descrição objetiva e simplificada, contendo o necessário, será sem dúvida a melhor opção.

3. MOTIVAÇÃO

3.1. Garantia constitucional da motivação

O dever de motivação dos atos decisórios judiciais e arbitrais está consagrado, pela lei e pela moderna doutrina processual, na esfera dos direitos fundamentais, como pressuposto do direito de defesa e da imparcialidade e independência dos árbitros.

Assinala, a propósito, Barbosa Moreira, que o pronunciamento, destinado a firmar a inteireza da ordem jurídica, deve estar baseado no direito vigente; "e é preciso que esse fundamento se manifeste, para que se possa saber se o império da lei foi na verdade assegurado. A não ser assim, a garantia torna-se ilusória: caso se reconheça ao julgador a faculdade de silenciar os motivos pelos quais concede ou rejeita a proteção na forma pleiteada, nenhuma certeza pode haver de que o mecanismo assecuratório está funcionando corretamente, está deveras preenchendo a finalidade para a qual foi criado".[1]

---

[1] Cf. BARBOSA MOREIRA, José Carlos. A motivação das decisões judiciais como garantia inerente ao Estado de Direito. *Revista Brasileira de Direito Processual*, v. 16, p. 118, 1978.

Com efeito, considerando a dimensão de seu significado jurídico-político, desponta, na atualidade, a necessidade de controle sobre o *modus operandi* do tribunal arbitral no tocante à convicção pessoal dos respectivos árbitros.

Daí por que, embora o processo arbitral venha marcado pela confidencialidade, o dever de motivação dos atos decisórios situa-se entre as garantias do devido processo legal, estabelecidas nas Constituições democráticas, com a primordial finalidade de assegurar a transparência às partes da imparcialidade do veredito. É, aliás, o que determina o art. 93, IX, da Constituição Federal brasileira.

A garantia da motivação representa, enfim, o resultado do contraditório travado entre os litigantes.

3.2. Significado e conteúdo da motivação

Findo o relatório, o tribunal arbitral passará a externar a justificação de seu convencimento na motivação do *decisum*. É precisamente na fundamentação da sentença que os árbitros examinarão as questões de fato e de direito, fixando com tais premissas, a conclusão que se projetará na parte dispositiva.

Antes de mais nada, logo no início da motivação, o tribunal arbitral deve declinar se os árbitros julgam com observância das regras de direito ou por equidade (art. 26, II).

Os fundamentos ou motivos dos atos decisórios em geral pressupõem um labor intelectual, de conteúdo crítico, lógico e metalógico (intuitivo), que engloba um conjunto de reflexões de fato e de direito do qual o árbitro extrai o julgamento.

A exteriorização das razões de decidir revela, desse modo, o prisma pelo qual a corte arbitral interpretou a lei e examinou os fatos da causa, devendo aquelas, consequentemente, vir expostas com clareza, lógica e precisão, em prol da perfeita compreensão de todos os pontos e questões controvertidas, bem como, em particular, do desfecho da demanda.

Assim, com a exposição criteriosa dos elementos fáticos e do direito, na análise das questões preliminares e prejudiciais, sejam de natureza processual, sejam de ordem substancial, e, quando possível, do exame acerca do mérito, o árbitro apresenta os motivos determinantes da decisão.

Importa observar que a fundamentação é exigida, de forma absolutamente indiferente, em quais ordens processuais de cunho decisório, e, outrossim, tanto nas sentenças parciais quanto nos provimentos definitivos.

Não é preciso dizer que as decisões menos relevantes, proferidas no curso do processo arbitral, admitem motivação mais singela. Esta possibilidade, contudo, não significa ausência de fundamentação, mas, sim, motivação suficiente na medida da importância do *thema decidendum*, considerando-se, sempre, a situação concreta.

É de entender, portanto, que as sentenças parciais e as sentenças terminativas (i. é, "sem resolução do mérito") comportam fundamentação mais singela, sem embargo da excepcional possibilidade de o tribunal arbitral deparar-se com episódio que imponha motivação complexa.

Vale destacar, nessa linha argumentativa, o disposto no art. 373, II, § 1.º, do CPC, assim redigido:

> Nos casos previstos em lei ou diante de peculiaridades da causa, relacionadas à impossibilidade ou à excessiva dificuldade de cumprir o encargo nos termos do caput ou à maior facilidade de obtenção da prova do fato contrário, poderá o juiz atribuir o ônus da prova de modo diverso, desde que o faça por decisão fundamentada, caso em que deverá dar à parte a oportunidade de se desincumbir do ônus que lhe foi atribuído.

Observa-se aí situação típica de ordem processual que impõe motivação mais elaborada, não sendo suficiente, em tese, aquela concisão típica dessa categoria de provimento arbitral, de natureza interlocutória. Diante desta hipótese, o tribunal terá de enfrentar "as peculiaridades da causa", declinando as razões que o convenceram a determinar a inversão do ônus subjetivo da prova, legalmente distribuído nos incisos I e II do art. 373 do Código de Processo Civil.

Fundamentação complexa ou, no mínimo, mais trabalhada, também vem exigida pela regra do art. 298 do Código de Processo Civil, *in verbis*: "Na decisão que conceder, negar, modificar ou revogar a tutela provisória, *o juiz motivará o seu convencimento de modo claro e preciso*".

Entende-se perfeitamente a *mens legislatoris*. É que, nestas situações, em princípio, o ato decisório, judicial ou arbitral, mesmo que reversível, poderá acarretar sérias e imediatas consequências na esfera de direitos da parte contra a qual aquele foi deferido.

As sentenças definitivas (i. é, "com resolução do mérito") devem preencher, rigorosamente, a moldura traçada no art. 26, acima transcrito, ou seja, conter, no plano estrutural, os elementos essenciais neste exigidos.

Até mesmo as sentenças arbitrais homologatórias de transação, a teor do art. 28 da Lei de Arbitragem, devem preencher os requisitos intrínsecos ditados pelo art. 26, embora de forma mais sucinta.

Partindo-se, pois, da legislação em vigor, fácil é concluir que, na verdade, não se admite pronunciamento arbitral, de natureza decisória, despido de adequada fundamentação.

De resto, segundo entendimento doutrinário e jurisprudencial generalizado, a falta de exteriorização da *ratio decidendi* do pronunciamento arbitral acarreta a sua invalidade, em decorrência da expressa cominação prevista no art. 93, IX, da Constituição Federal e, em especial, no art. 32, III, da Lei 9.307/1996.

3.3. Proibição do "fundamento-surpresa" e requalificação da demanda pelo tribunal arbitral

Resulta, ainda, importante esclarecer que o art. 10 do Código de Processo Civil veda, com todas as letras, o "fundamento-surpresa", ao estabelecer que: "O juiz não pode decidir, em grau algum de jurisdição, com base em fundamento a respeito do qual não se tenha dado às partes oportunidade de se manifestar, ainda que se trate de matéria sobre a qual deva decidir de ofício".

O enunciado desse dispositivo constitui desdobramento do anterior art. 9.º, ao vedar, com todas as letras, o denominado "fundamento-surpresa" (ou "decisão-surpresa" – Überraschungsentscheidung), ainda que se trate de matéria cognoscível de ofício. Conexos, ainda, com a mesma *mens legislatoris*, determinam o parágrafo único do art. 493 que: "Se constatar de ofício o fato novo, o juiz ouvirá as partes sobre ele antes de decidir"; e o § 5.º do art. 921: "O juiz, depois de ouvidas as partes, no prazo de 15 (quinze) dias, poderá, de ofício, reconhecer a prescrição de que trata o § 4.º e extinguir o processo".

Fácil é verificar que estas regras estão definitivamente afinadas com a moderna ótica da ciência processual, que não admite, em hipótese alguma, a surpresa aos litigantes, decorrente de decisão escudada em ponto jurídico fundamental por eles não debatido. O tribunal deve, portanto, dar conhecimento prévio de qual direção o direito subjetivo encontra-se vulnerável, aproveitando apenas os fatos sobre os quais as partes tenham tomado posição. Dessa forma, faz-se evidente que os litigantes terão oportunidade de defender o seu direito e, sobretudo, influir na decisão arbitral. É certo que a liberdade outorgada ao tribunal, no que se refere à eleição de novo fundamento, à luz do aforismo *iura novit curia*, não dispensa a prévia manifestação das partes acerca da questão alvitrada pelo árbitro, em inafastável homenagem ao princípio do contraditório.

Como bem escreve Carlos Alberto Alvaro de Oliveira, escudado em prestigiosa orientação das doutrinas alemã e italiana, a liberdade outorgada ao órgão julgador de eleger a norma a ser aplicada, até mesmo independentemente de sua alusão pelo interessado, não supera a necessidade de colheita de prévia oitiva das partes sobre os novos rumos a serem imprimidos à solução da questão controvertida.[2]

Em obra específica, Francisco Javier Ezquiaga Ganuzas também frisa que, se o julgador eleger um terceiro caminho, deverá dar oportunidade às partes, antes da sentença, para que se pronunciem sobre o novo aspecto jurídico demarcado pelo julgador.[3]

Nos domínios da arbitragem, consideradas as peculiaridades desse meio adequado de solução das controvérsias, tal justificativa redunda plenamente aceitável.

Aduza-se que a novel regra legal, acima transcrita, encerra, ademais, verdadeiro *dever de consulta* do árbitro, impondo ao tribunal, em regime de franca cooperação, conceder às partes a oportunidade de manifestação sobre qualquer questão de fato ou de direito. O árbitro, antes de se pronunciar sobre determinada matéria não debatida, ainda que seja de conhecimento oficioso (decadência, por exemplo), deve abrir prazo para discussão pelas partes, evitando, desse modo, seja proferida decisão calcada em "fundamento-surpresa", circunstância que acarreta a nulidade da sentença arbitral por violação à garantia do contraditório (art. 32, VIII, c.c. art. 21, § 2.º, da Lei 9.307/1996).

Pode ser afirmado que o árbitro não só pode como deve, sem alterar os fatos expostos, imprimir o enquadramento jurídico que entender mais adequado. Daí por que, por

---

[2] OLIVEIRA, Carlos Alberto Alvaro de. O juiz e o princípio do contraditório. *Revista do Advogado da AASP*, São Paulo, v. 40, p. 37, 1993.

[3] EZQUIAGA GANUZAS, Francisco Javier. Iura novit curia *y aplicación judicial del derecho*. Valladolid: Lex Nova, 2000. p. 37.

exemplo, o tribunal arbitral poderá desprezar toda a discussão travada sobre a prova do ato culposo e, com base na responsabilidade objetiva, *sem modificar ou introduzir quaisquer fatos*, emprestar nova moldura jurídica aos mesmos, a partir do reconhecimento da culpa presumida do produtor demandado no âmbito de uma relação de consumo.

Suponha-se, por exemplo, que um demandante tenha requerido a instauração da arbitragem, pleiteando indenização com fundamento na culpa de preposto da Administração Pública, por ter agido com manifesta negligência. Todo o contraditório se desenvolve sobre tal questão. Todavia, guiado pelos princípios que regem a responsabilidade objetiva, o tribunal arbitral, desconsiderando a prova efetiva do ato ilícito, profere sentença de procedência do pedido com fundamento na culpa presumida do Estado.

Nessa hipótese, a circunstância essencial, fundamental para a substanciação da demanda visando à indenização decorrente de atuação culposa de funcionário público, consubstancia-se precisamente no nexo causal entre o dano e o ato do agente. Ainda que deduzida pelo autor a culpa desse agente, não lhe é carreado o ônus da prova quanto ao ato comissivo.

Igualmente, na situação em tela, também não se aplica o disposto no indigitado art. 10 do novo diploma processual, simplesmente porque o fundamento que lastreia a sentença arbitral não constitui surpresa alguma, mas, na verdade, mera subsunção lógica do fato essencial ao ordenamento jurídico.

O mesmo ocorrerá se, por ilustração, as partes estiverem litigando com base em determinados fatos que configuram coação, embora todo o debate encontre-se centrado na alegação de simulação. Dúvida não há de que, apesar do "rótulo" (simulação) sobre o qual contendem as partes, o tribunal possa julgar, requalificando o fundamento jurídico da demanda, reconhecendo ou não a existência de coação.

No entanto, a recíproca não é verdadeira, vale dizer, se o contraditório tiver como foco a possível existência de coação, é vedado aos árbitros, sem possibilitar a manifestação das partes, proferir sentença declaratória de nulidade do negócio com fundamento na simulação, visto que diferente seria a base fática.

Assim também, se o tribunal arbitral formar convencimento de que se operou a prescrição, não arguida e tampouco debatida durante toda tramitação do processo arbitral, não poderá extingui-lo, por meio de sentença de improcedência pelo reconhecimento da prescrição, sem ouvir previamente as partes envolvidas. Justifica-se a manifestação das partes, até porque poderá existir uma causa interruptiva da prescrição, não revelada pelo autor pela simples razão de não ter sido ela suscitada pelo demandado.

O mesmo se impõe quando, por exemplo, vislumbrada possível ilegitimidade de parte no momento em que, encerrada a instrução da causa, aguarda-se a prolação da sentença arbitral.

Ademais, há determinadas situações nas quais a alteração da qualificação jurídica dos fatos implica modificação do regime jurídico aplicável ao caso concreto. Não se trata aí, como se observa, de mera requalificação da demanda, mas, sim, de diferente imputação ou tipificação jurídica extraída do conjunto fático constante dos autos, que pode acarretar sérias consequências na esfera do direito material e processual das partes.

Explico-me: A empresa X ajuíza demanda de natureza ressarcitória com arrimo no art. 186 do Código Civil. A ré Y se defende, deduzindo apenas fato modificativo das circunstâncias alegadas na petição inicial.

Ao iniciar a fase instrutória, diante das postulações das partes, o tribunal arbitral se convence de que a relação é de consumo, devendo ser aplicadas as regras do Código de Defesa do Consumidor, com todas as implicações substanciais e processuais daí decorrentes.

Não tenho receio de afirmar que, nesta hipótese, antes de prosseguir com a realização dos demais atos procedimentais, o tribunal deve propiciar a manifestação das partes nos termos do art. 10 do Código de Processo Civil de 2015, a evitar futura decisão nula, escudada em "fundamento-surpresa".[4]

3.4. Escopos da motivação

A motivação da sentença, concebida como um "ensaio de persuasão",[5] tem por fim imediato demonstrar ao próprio órgão julgador, antes mesmo do que às partes, a *ratio scripta* que legitima o decisório, cujo teor se encontrava projetado em seu raciocínio. O árbitro, portanto, é o primeiro destinatário da motivação.

Quanto ao aspecto subjetivo, visa ainda a motivação a persuadir o litigante sucumbente, mostrando-lhe que o resultado do processo não é fruto de sorte ou capricho, mas de verdadeira atuação da lei. E isto porque, consoante precisa observação de Calamandrei, "o homem tem sentido a necessidade, para aceitar a justiça dos homens, de razões humanas", sendo que a fundamentação constitui, pois, aquela parte da sentença que se presta a demonstrar que o julgamento é justo e por que é justo.[6]

Sob o ponto de vista técnico, a alusão às razões de decidir, por outro lado, importa permitir o controle crítico da sentença, para a exata determinação do conteúdo da vontade do tribunal arbitral, e, consequentemente, para a verificação dos limites do julgado.

A motivação revela, sob esse prisma, eventual falha cometida pelos árbitros. Constitui, por isso – como aduz Calamandrei – relevante garantia de justiça, quando logra reproduzir fielmente, como num trabalho topográfico, o *iter* lógico que o tribunal percorreu para encontrar o *decisum*, porquanto se estiver equivocado, é possível aferir, nas razões, em que altura do percurso o seu autor se desgovernou.[7]

Trata-se, no dizer de Barbosa Moreira, de conferir garantia ao direito que têm as partes de ser ouvidas e de ver apreciadas pela corte arbitral as questões por elas suscitadas.[8]

---

[4] Examinei esta questão, de forma mais aprofundada, no artigo intitulado A liberdade do árbitro e o problema da requalificação jurídica da demanda (*20 anos da lei brasileira de arbitragem*. Obra coletiva. Brasília: OAB, 2015. p. 249 e ss.), aqui em parte reproduzido.

[5] Cf. SAUVEL, Tony. Histoire du jugement motive. *Revue du Droit Public et de la Science Politique en France et à l'étranger*, v. 61, p. 6, 1955.

[6] CALAMANDREI, Piero. *Processo e democrazia*. Opere giuridiche. Napoli: Morano, 1965. v. 1, p. 664; e, em senso análogo, CRUZ E TUCCI, José Rogério *A motivação da sentença no processo civil*. São Paulo: Saraiva, 1987. p. 22.

[7] CALAMANDREI, Piero. *Elogio dei giudici scritto da un avvocato*. 4. ed. rist. Milano: Ponte alle Grazie, 2012. p. 169.

[8] BARBOSA MOREIRA, José Carlos. A motivação das decisões judiciais... cit., p. 116.

3.5. Decisões consideradas nulas por defeito de motivação

Acrescente-se, ainda, que, por outra perspectiva, o novo Código de Processo Civil contém original e importante regra no § 1.º do art. 489, perfeitamente aplicável ao processo arbitral, que arrola determinadas situações – frequentes, diga-se de passagem –, nas quais a própria lei se adianta, antevendo ofensa aos textos legais que impõem o dever de fundamentação. Desse modo, preocupado ainda uma vez com o mandamento constitucional da garantia de motivação, o novel diploma, de forma até pedagógica, estabelece os vícios mais comuns que comprometem a higidez do ato decisório.

Entidades de classe, contudo, como a Associação Nacional dos Magistrados da Justiça do Trabalho (Anamatra), a Associação dos Magistrados Brasileiros (AMB) e a Associação dos Juízes Federais do Brasil (Ajufe), manifestaram-se contrárias à sanção desse dispositivo. Em resposta às críticas recebidas por parcela da doutrina, a Anamatra divulgou nota em que sintetiza do seguinte modo o seu inconformismo com os novos deveres de fundamentação a serem impostos aos magistrados. Como asseverou tal Associação, a entrada em vigor dessa norma comprometeria a independência funcional dos juízes, prejudicaria a duração razoável do processo, restringiria o disposto no art. 93, IX, da Constituição Federal, e tornaria vinculantes súmulas, teses e orientações jurisprudenciais, o que só o texto constitucional, segundo afirma, poderia realizar. Em sentido semelhante, o presidente da Associação dos Magistrados Brasileiros, João Ricardo Costa, afirmou que o dever imposto aos magistrados de analisar e justificar todas as alegações suscitadas pelas partes acabaria por burocratizar o processo e impediria o julgador de se valer de fundamentos outros que não aqueles suscitados pelos litigantes.

Não é exagero afirmar que o art. 489, tão atacado pelas entidades de magistrados, constitui uma das principais inovações do novo Código de Processo Civil, o que me estimula, portanto, a rebater as objeções contrárias à sua elogiável redação.

Na verdade, as aludidas determinações legais acerca do dever de motivação, inseridas no Código de Processo Civil, reforçam a ideia de que a moderna concepção de "processo justo" não compadece qualquer resquício de discricionariedade, até porque, longe de ser simplesmente *la bouche de la loi*, o árbitro proativo de época moderna deve estar comprometido e envidar esforço, tanto quanto possível, para a observância, assegurada aos litigantes, da garantia do devido processo legal![9]

3.5.1. Nulidade decorrente de mera reprodução de fundamento legal (art. 489, § 1.º, I)

Não atenderá ao requisito de motivação suficiente o pronunciamento judicial ou arbitral que simplesmente reproduza texto legal, deixando de interpretá-lo à luz da controvérsia que se apresenta ao tribunal. O processo hermenêutico de subsunção é imprescindível para que, de um lado, possa ser adequadamente interpretada a convicção dos integrantes do painel e, ainda, de outro, ser feito o controle crítico do ato decisório.

---

[9] V., sob análogo aspecto, a respeito dos poderes do juiz, BEDAQUE, José Roberto dos Santos. Discricionariedade judicial. *Revista Forense*, v. 354, p. 187, 2011.

REFLEXÕES SOBRE A ESTRUTURA FORMAL DA SENTENÇA ARBITRAL | **585**

Considerando, pois, a previsão normativa ora focada, é ainda válida – apenas para esse fim – lançar mão da ideia de que, sob o ponto de vista formal, a sentença pode ser equiparada a um silogismo, sendo a premissa maior a lei; a menor, o contexto fático-jurídico; e, por fim, a conclusão explicitada no dispositivo.

3.5.2. Nulidade decorrente da fundamentação genérica em "conceitos jurídicos indeterminados" (art. 489, § 1.º, II)

Mas não é só. O art. 489, § 1.º, II, nas hipóteses de incidência de conceitos (*rectius*: termos[10]) indeterminados – e, por certo, de cláusulas gerais e princípios jurídicos –, exige a exposição de raciocínio hermenêutico-axiológico mais pormenorizado, embasado muitas vezes pelo recurso à ponderação, para justificar a escolha, entre as opções possíveis (lembre-se do juiz Hércules na problemática alvitrada por Dworkin), daquela mais adequada para a situação concreta.

A esse respeito, escrevi, anos atrás, que o "novo Código Civil agasalhou expressamente, nos arts. 113, 421 e 422, o princípio da boa-fé objetiva. Cumpre notar, todavia, que, antes da positivação desse regramento, impunha-se ao julgador que o acolhia extensa motivação da sentença para justificar a adoção de preceito não contemplado em nosso ordenamento jurídico".[11] Assim, por exemplo, quando o tribunal arbitral se nortear pelo princípio da proporcionalidade, tem ele o mister de explicitar, tanto quando possível de forma objetiva, a razão pela qual aquele fundamento, nas fronteiras do caso concreto, determina a procedência ou improcedência do pedido.

3.5.3. Nulidade decorrente de fundamentação padronizada (art. 489, § 1.º, III)

No mesmo sentido, já agora a teor do art. 489, § 1.º, III, ao tribunal arbitral é vedado valer-se de pseudofundamentação, vale dizer, "fundamentação artificial", aparentemente padronizada, apta a justificar qualquer ato decisório.

3.5.4. Nulidade decorrente de motivação insuficiente (art. 489, § 1.º, IV)

Tenha-se outrossim presente que a primeira parte do art. 141 do Código de Processo Civil preceitua que: "O juiz decidirá o mérito nos limites propostos pelas partes...", ou seja, em senso análogo, o tribunal arbitral terá de enfrentar toda a argumentação, de direito e de fato, expendida pelas partes.

---

[10] V., quanto à incongruência da expressão "conceitos indeterminados", a importante obra de STRECK, Michael. *Generalklausel und unbestimmter Begriff im Recht der allgemeinen Ehewirkungen*. Bonn: Ludwig Röhrscheid, 1969. p. 21, que, inclusive, justifica constar ela do título de seu livro.

[11] *Precedente judicial como fonte do direito*. São Paulo: RT, 2004. p. 290-291. Consulte-se sobre o tema CANARIS, Claus-Wilhelm. *Pensamento sistemático e conceito de sistema na ciência do direito*. Trad. port. A. Menezes Cordeiro. 2. ed. Lisboa: Fundação Calouste Gulbenkian, 1996. p. 273 ss.

Caso contrário, vale dizer, se a sentença deixar de considerar alguma questão, que potencialmente poderia ensejar diferente desfecho do processo, não será suficiente a respectiva *ratio decidendi*, porque conterá vício que inquina de nulidade o ato decisório.

Expressivo precedente da 3ª Turma do Superior Tribunal de Justiça, no julgamento do Recurso Especial 47.169/MG, cujo voto condutor é da lavra do Ministro Carlos Alberto Menezes Direito, assentou ser "nula a sentença que omite questão central posta na contestação".[12]

Assim, para que a motivação atenda às exigências legais, deverá abordar toda a matéria suscitada pelos litigantes, desde que juridicamente relevante para justificar a decisão. É evidente que, pela perspectiva lógica, não será necessário enfrentar os argumentos cuja apreciação estiver prejudicada pelo acolhimento de determinada preliminar. Desse modo, se, por exemplo, for acolhida a arguição de prescrição, o tribunal arbitral não estará obrigado a examinar e decidir outras questões controvertidas que foram deduzidas pelas partes. Nesta hipótese, a sentença não poderá ser considerada viciada.

3.5.5. Nulidade decorrente de invocação impertinente de súmula ou precedente (art. 489, § 1.º, V)

A hipótese do inc. V reitera o que já está, de certo modo, previsto no precedente art. 489, § 1.º, III. Coíbe-se aqui a mera referência a súmula ou precedente judicial no corpo da sentença, sem que o tribunal arbitral demonstre, de forma cabal, a sua pertinência com o objeto da controvérsia.

Em perfeita simetria com esta regra, dispõe o § 1.º do art. 927 que, na dinâmica da observância das decisões arroladas em seus respectivos incisos, os juízes e tribunais deverão considerar as regras dos arts. 10 e 489, § 1.º, do Código de Processo Civil, isto é, ressaltar que a súmula ou precedente invocado se identifica com o cerne da tese debatida no processo.

Daí por que o tribunal arbitral não poderá fundamentar o seu respectivo *decisum* baseando-se exclusivamente em precedentes pronunciamentos pretorianos, sem qualquer argumentação adicional, deixando de revelar fundamentação própria, conexa com o objeto do processo arbitral sob julgamento.

3.5.6. Nulidade decorrente do desrespeito injustificado a súmula, jurisprudência ou precedente (art. 489, § 1.º, VI)

Por fim, nota-se que o art. 489, § 1.º, VI, é vocacionado à proteção da confiança, quando impede que o juiz (ou árbitro), ao proferir a sentença, despreze súmula ou precedente, colacionado como reforço argumentativo por uma das partes, não tomando o cuidado de explicar que o julgado paradigma não se aplica ao caso concreto, ou mesmo, que já se encontra superado pela obsolescência.

---

[12] V.u., *DJ* 14.10.1996.

Entendo que, por força do importante aforismo, *iura novit curia*, mesmo que a tese jurisprudencial, embora relevante, não seja invocada pela parte interessada, a decisão desponta eivada de nulidade, se o árbitro desprezá-la de forma injustificada.

Colocando de lado a polêmica acerca da natureza ontológica dos precedentes judiciais, quanto a ser ou não fonte primária de direito, Robert Alexy, em obra específica sobre argumentação jurídica, anota que a primordial justificação da utilização pragmática dos precedentes é ditada pelo "princípio da universalidade" ou da justiça formal, que impõe um tratamento isonômico para situações iguais.

A conciliação entre justiça e universalidade – segundo o referido jurista – pode ser alcançada, em regra, por meio da observância dos precedentes, sem embargo de admitir-se o abandono de uma determinada orientação pretoriana, desde que sobrevenham justificadas razões. E, ocorrendo esta hipótese, o ônus da argumentação deve ser imposto ao órgão julgador – estatal ou arbitral – que pretenda afastar-se do precedente. Alexy entende que, nesse particular, o princípio da inércia de Perelman é adequado, com sua exigência de que uma decisão só pode ser alterada se razões suficientes puderem ser aduzidas para tanto.[13]

Em conclusão, Alexy formula duas regras gerais do discurso jurídico para a utilização dos precedentes, a saber: *a*) quando vier invocado um precedente a favor ou contra uma decisão, ele deve, em princípio, ser seguido; e b) quem pretender se afastar de um precedente, tem o ônus da justificação.[14]

Conclui-se, pois, que, nos termos do analisado inc. VI do § 1.º do art. 489, configurando-se a hipótese aí prevista, o tribunal arbitral, assim como ocorre na esfera do processo judicial, tem o ônus de justificar que a súmula ou precedente invocado pela parte não incide no caso concreto.

3.5.7. Nulidade decorrente de motivação *aliunde* ou *per relationem*

Ressalte-se que esta hipótese continua sem previsão legal expressa, embora facilmente inferida do sistema processual.

Os motivos do julgamento devem ser declinados de modo explícito, uma vez que constitui função própria e exclusiva dos árbitros do processo a de interpretar a lei, aplicá-la aos fatos da causa e, em conclusão, proferir a decisão.

A esse respeito, como já tive oportunidade de afirmar,[15] deixará de cumprir o seu dever funcional o tribunal arbitral que se limitar a decidir, sem revelar como interpretou e aplicou a lei ao caso concreto, ou, mesmo, a fazer simples remissão a fundamentos ex-

---

[13] ALEXY, Robert. *Teoria da argumentação jurídica*. Trad. port. Zilda Hutchinson Schild Silva. São Paulo: Landy, 2001. p. 259.

[14] ALEXY, Robert. *Teoria da argumentação jurídica* cit., p. 261.

[15] BARBOSA MOREIRA, José Carlos. A motivação das decisões judiciais... cit., p. 18. Criticando igualmente essa prática, v. o tópico específico na original monografia de SCHMITZ, Leonard Ziesemer. *Fundamentação das decisões judiciais*. São Paulo: RT, 2015. p. 242 e ss.

588 | 20 ANOS DA LEI DE ARBITRAGEM

pendidos em razões, pareceres, decisões (motivação *per relationem*) ou, ainda, em atos processuais produzidos em outro processo (motivação *aliunde*).

3.6. Exigência de justificação na hipótese de colisão de normas (art. 489, § 2.º)

Ao ensejo da prolação da sentença, em algumas circunstâncias específicas, o árbitro terá de enfrentar o problema do conflito ou colisão de normas incidentes no caso concreto. Geralmente, considerando-se a hierarquia das leis, se houver incompatibilidade entre dois textos legais (antinomia), a questão pode ser resolvida à luz de três critérios hermenêuticos, quais sejam: *a*) o cronológico (*lex posterior derogat priori*); *b*) o hierárquico (*lex superior derogat inferiori*); e, ainda, *c*) o da especialidade (*lex specialis derogat generali*).

Todavia, a colisão de princípios, que se torna sempre mais intrincada e difícil, deve ser dirimida pela dimensão de peso e importância, aplicando-se o princípio da proporcionalidade.

Desse modo, assinala, com precisão, Leonardo Carneiro da Cunha,[16] ocorrendo embate de princípios, sempre será necessário que o julgador esclareça, na fundamentação de sua decisão, qual o caminho para a solução do problema,

> [...] justificando a razão da utilização de determinado princípio em detrimento de outro, a capacidade de ponderação das normas envolvidas, os critérios gerais empregados para definir o peso e a prevalência de uma norma sobre a outra e a relação existente entre esses critérios, o procedimento e o método que serviram de avaliação e comprovação do grau de promoção de uma norma e grau de restrição da outra, bem como os fatos considerados relevantes para a ponderação e com base em que critérios eles foram juridicamente avaliados.

3.7. Consequência da sentença considerada desmotivada

A própria lei – art. 93, IX, da Constituição Federal, e, em particular, o art. 32, III, da Lei de Arbitragem – determina, de modo expresso, que a desatenção ao disposto no art. 26, II, acima transcrito, implica nulidade do pronunciamento judicial.

Cuidando desse tema, há alguns anos, afirmei que a ausência ou insuficiência de motivação, por ferir norma cogente, enseja a nulidade absoluta da sentença arbitral.[17]

4. DISPOSITIVO

O epílogo da sentença, denominado "dispositivo", é o elemento mais importante do pronunciamento arbitral. É aquele no qual o tribunal, exteriorizando a vontade da lei, declara a tutela jurisdicional invocada pelos demandantes.

---

[16] CUNHA, Leonardo Carneiro. *Breves comentários ao novo Código de Processo Civil*. Obra coletiva. São Paulo: RT, 2015. p. 1.236.

[17] Ainda sobre a nulidade da sentença imotivada. *Temas polêmicos de processo civil*. São Paulo: Saraiva, 1990. p. 75 e ss.

Neste seguimento final da decisão os árbitros decidirão as questões que foram submetidas à sua respectiva apreciação, apresentando a conclusão das operações lógicas desenvolvidas na motivação. Tratando-se de sentença de natureza definitiva, é no dispositivo que: "O juiz resolverá o mérito acolhendo ou rejeitando, no todo ou em parte, os pedidos formulados pelas partes" (art. 490 do CPC).

Enquanto a ausência ou a insuficiência da motivação acarreta a nulidade da sentença, a falta de dispositivo implica inexistência do ato decisório.

Cumpre registrar que, em certas situações, diante da complexidade da demanda, torna-se difícil delimitar a motivação e a parte dispositiva da sentença, uma vez que, encerrado o relatório, poderá haver decisões atinentes a questões prévias, que não se encontram propriamente no dispositivo.

A parte dispositiva, outrossim, pode conter vários capítulos dependendo do amplitude das questões controvertidas, vale dizer, capítulos de natureza processual, aqueles que se pronunciam sobre a possibilidade do exame do mérito (presença ou ausência dos requisitos de admissibilidade do julgamento de mérito), e aqueles que concernem ao próprio objeto litigioso do processo, em especial, à antecipação da tutela.

A cisão lógica do dispositivo de uma decisão arbitral em capítulos "é de extrema utilidade, porque repercute nos mais variados temas do direito processual, tal como na atribuição do custo financeiro do processo, na liquidação e efetivação das decisões que certificam direito a uma prestação e na própria teoria da decisão judicial".[18]

Prescreve, com efeito, o art. 27 da Lei 9.307/1996 que, na parte dispositiva, a sentença arbitral "decidirá sobre a responsabilidade das partes acerca das custas e despesas [incluindo-se aqui, por certo, a questão da sucumbência] com a arbitragem", sempre em consonância com eventual ajuste contido na convenção ou no termo de arbitragem, "bem como sobre verba decorrente da litigância de má-fé", quando houver incidência das regras dos arts. 79 e seguintes do Código de Processo Civil.[19]

5. DISSENSO ENTRE OS ÁRBITROS

O art. 24, §§ 1.º e 2.º, da Lei de Arbitragem, quando o painel arbitral for colegiado, integrado por, no mínimo, três árbitros, contempla a possibilidade de haver divergência entre eles.

Se o dissenso for total, isto é, quando todos os integrantes divergirem entre si, deve prevalecer o voto do árbitro presidente do tribunal arbitral.

---

[18] Cf. DIDIER JÚNIOR, Fredie; BRAGA, Paula Sarno; OLIVEIRA, Rafael. *Curso de direito processual civil*. 10. ed. Salvador: JusPodivm, 2015. v. 2, p. 355.

[19] Consulte-se, a propósito, FICHTNER, José Antonio; MANNHEIMER, Sergio Nelson; MONTEIRO, André Luís. A distribuição do custo do processo na sentença arbitral. In: BALBINO, Inez; LEMES, Selma Ferreira (Org.). *Arbitragem*: temas contemporâneos. São Paulo: Quartier Latin, 2012; TEPEDINO, Gustavo; PINTO, José Emílio Nunes. Notas sobre o ressarcimento de despesas como honorários de advogado em procedimentos arbitrais. *Revista Trimestral de Direito Civil*, v. 34, p. 43 e ss., 2008.

Caso a divergência seja apresentada apenas por um dos árbitros, a sentença será subscrita pela maioria, podendo ou não haver declaração do voto divergente e, nesse caso, apresentará apenas a *ratio decidendi* e o dispositivo, dispensando-se o relatório.

Aduza-se, por outro lado, que nenhuma consequência haverá se os três árbitros chegarem à mesma conclusão com base em diferentes fundamentos. Nesta hipótese, o julgamento será considerado unânime.

6. COMPLEMENTAÇÃO DA SENTENÇA ARBITRAL

A despeito de ser irrecorrível, a sentença arbitral, parcial ou final, comporta ainda complementação decorrente de pedido de esclarecimento, a ser formulado pelas partes, no prazo legal de 5 dias ou de outro previamente acordado.

Cumpre frisar que tal incidente da fase decisória do processo arbitral se restringe às situações previstas no art. 30 da Lei de Arbitragem, vale dizer, apenas para a correção de qualquer erro material da sentença; ou, ainda, para sanar eventual obscuridade, dúvida, contradição ou omissão sobre alguma questão reputada relevante.

Antevendo a necessidade de contraditório, o próprio preceito legal (art. 30) já se incumbe de impor à parte que apresenta tal pleito o ônus de comunicá-lo previamente ao seu antagonista, visando a evitar a este indesejada surpresa.

O tribunal arbitral dispõe do prazo legal de dez dias ou de outro acertado com as partes para julgar referido incidente (art. 30, parágrafo único).

7. ASPECTOS CONCLUSIVOS

Atendendo-se, ainda, às disposições da lei de regência, importa salientar, por fim, que o prazo determinado para a prolação da sentença poderá ser prorrogado de comum acordo entre as partes e os árbitros (art. 23, § 2.º).

A sentença arbitral deverá ser assinada pelos árbitros, datada e, ainda, conter a especificação do lugar em que proferida (art. 26, IV e parágrafo único).

BIBLIOGRAFIA

ALEXY, Robert. *Teoria da argumentação jurídica*. Trad. port. Zilda Hutchinson Schild Silva. São Paulo: Landy, 2001.

BARBOSA MOREIRA, José Carlos. A motivação das decisões judiciais como garantia inerente ao Estado de Direito. *Revista Brasileira de Direito Processual*, v. 16, 1978.

BEDAQUE, José Roberto dos Santos. Discricionariedade judicial. *Revista Forense*, v. 354, 2011.

CALAMANDREI, Piero. *Elogio dei giudici scritto da un avvocato*. 4. ed. rist. Milano: Ponte alle Grazie, 2012.

_____. *Processo e democrazia*. Opere giuridiche. Napoli: Morano, 1965. v. 1.

CANARIS, Claus-Wilhelm. *Pensamento sistemático e conceito de sistema na ciência do direito.* Trad. port. A. Menezes Cordeiro. 2. ed. Lisboa: Fundação Calouste Gulbenkian, 1996.

CRUZ E TUCCI, José Rogério. Ainda sobre a nulidade da sentença imotivada. *Temas polêmicos de processo civil.* São Paulo: Saraiva, 1990.

_____. A liberdade do árbitro e o problema da requalificação jurídica da demanda. *20 anos da lei brasileira de arbitragem.* Obra coletiva. Brasília: OAB, 2015.

_____. *A motivação da sentença no processo civil.* São Paulo: Saraiva, 1987.

_____. *Precedente judicial como fonte do direito.* São Paulo: RT, 2004.

CUNHA, Leonardo Carneiro. *Breves comentários ao novo Código de Processo Civil.* Obra coletiva. São Paulo: RT, 2015.

DIDIER JÚNIOR, Fredie; BRAGA, Paula Sarno; OLIVEIRA, Rafael. *Curso de direito processual civil.* 10. ed. Salvador: JusPodivm, 2015. v. 2.

EZQUIAGA GANUZAS, Francisco Javier. Iura novit curia *y aplicación judicial del derecho.* Valladolid: Lex Nova, 2000.

FICHTNER, José Antonio; MANNHEIMER, Sergio Nelson; MONTEIRO, André Luís. A distribuição do custo do processo na sentença arbitral. In: BALBINO, Inez; LEMES, Selma Ferreira (Org.). *Arbitragem*: temas contemporâneos. São Paulo: Quartier Latin, 2012.

OLIVEIRA, Carlos Alberto Alvaro de. O juiz e o princípio do contraditório. *Revista do Advogado da AASP*, São Paulo, v. 40, 1993.

SAUVEL, Tony. Histoire du jugement motive. *Revue du Droit Public et de la Science Politique en France et à l'étranger*, v. 61, 1955.

SCHMITZ, Leonard Ziesemer. *Fundamentação das decisões judiciais.* São Paulo: RT, 2015.

STRECK, Michael. *Generalklausel und unbestimmter Begriff im Recht der allgemeinen Ehewirkungen.* Bonn: Ludwig Röhrscheid, 1969.

TEPEDINO, Gustavo; PINTO, José Emílio Nunes. Notas sobre o ressarcimento de despesas como honorários de advogado em procedimentos arbitrais. *Revista Trimestral de Direito Civil*, v. 34, p. 43 e ss., 2008.

SENTENÇA ARBITRAL PARCIAL, COLIGAÇÃO DE CONTRATOS E LITISCONSÓRCIO NECESSÁRIO[1]

PEDRO BATISTA MARTINS

Sinteticamente, o presente Parecer foi solicitado por Alfa S.A. ("Alfa"), por seu i. advogado Dr. AA, do escritório BB – Advogados , para juntada nos autos da Ação Anulatória de Sentença Arbitral 0298605-09.2011.8.19.0001, ajuizada na 6.ª Vara Empresarial da Comarca da Capital – Rio de Janeiro por Companhia Beta ("Beta") contra Alfa, correntemente tramitando na 16.ª Câmara Cível do Tribunal de Justiça do Estado do Rio de Janeiro.

A sentença arbitral parcial objeto do pedido de anulação foi proferida em dezembro de 2010 ("Sentença Arbitral Parcial") no âmbito de Processo de Arbitragem YYY do Centro de Arbitragem e a Resposta aos Pedidos de Esclarecimentos formulados por Beta e Omega S.A. ("Omega" acerca da Sentença Arbitral Parcial é datada de fevereiro de 2011.

Exaurida a jurisdição do Tribunal Arbitral com a entrega da Sentença Arbitral definitiva, datada de junho de 2011, Beta ajuíza, em agosto de 2011, a referida ação judicial

---

[1] Parecer jurídico elaborado em maio de 2014 para juntada em ação judicial.

594 | 20 ANOS DA LEI DE ARBITRAGEM

ora em curso na 16.ª Câmara Cível do Tribunal de Justiça do Estado do Rio de Janeiro, atacando matérias já decididas na Sentença Arbitral Parcial.

À luz dessa síntese, Alfa solicita Parecer sobre as seguintes questões:

A) Segundo Beta, muito embora haja *similitude* entre os arts. 28 e 29 da Lei 9.307/1996 e os arts. 162, § 1.º, 267 e 269 do Código de Processo Civil, tais dispositivos não guardam *coincidência*; "Em assim sendo, não é difícil se concluir que as chamadas 'sentenças parciais', no sistema da lei de arbitragem, por não implicarem a extinção do processo de arbitragem, possuem natureza de *decisão interlocutória* e, como tal, não se sujeitam ao prazo decadencial previsto no § 1.º do art. 33 da Lei 9.307/1996, que trata, apenas, *da sentença terminativa* (ou extintiva) da lide arbitral. Tais *decisões interlocutórias* somente poderão ser objeto de impugnação juntamente com a sentença arbitral que extinguir a arbitragem".[2]

Essa conclusão está correta?

B) Procede o entendimento contido no Acórdão da 16.ª Câmara Cível do Tribunal de Justiça do Estado do Rio de Janeiro, no sentido de que, "inexistindo previsão da forma de impugnação da sentença parcial na resolução adotada, na Lei de Arbitragem, ou por deliberação das partes, impossível punir a empresa autora [Beta] pelo ajuizamento da ação anulatória somente após a prolação da solução definitiva"?

C) O ingresso da Omega na arbitragem, afastado pela Sentença Arbitral Parcial, era imprescindível, por se tratar de litisconsórcio necessário?

(A)1 O conceito de sentença. Inexistência de vedação à prolação de sentença parcial

Sentença parcial é ato inerente ao processo de arbitragem. Sua ampla aceitação afirma-se, a par da vasta doutrina, pela sua previsão nos Regulamentos das mais variadas Câmaras que administram esse procedimento.[3]

---

[2] Recurso de Apelação, itens "h" e "z".

[3] Regulamento 2012 do Centro de Arbitragem e Mediação da Câmara de Comércio Brasil-Canadá, Art. 10.2; Regulamento 2013 da Câmara de Conciliação, Mediação e Arbitragem CIESP/FIESP, Art. 15.9; Regulamento 2013 do Centro Brasileiro de Mediação e Arbitragem, Art. 14.2; Regulamento da Câmara de Arbitragem Empresarial – Brasil, Art. 10.9; Regulamento 2012 da Corte Internacional de Arbitragem da Câmara de Comércio Internacional, Art. 2; Regulamento 2009 do Centro Internacional para Resolução de Disputas, Art. 27(7).

São decisões que, sem dúvida, encerram conteúdo jurídico de verdadeira *sentença*, não se confundindo com decisão interlocutória, como sugere a Beta "por não implicarem [sentenças parciais] a extinção do processo[...]".

Primeiramente, ainda quando em vigor a redação do art. 162, § 1.º, do CPC (*sentença é o ato pelo qual o juiz põe termo ao processo*), não eram raros os processualistas que admitiam o fatiamento da decisão judicial, com julgamento de um ou alguns dos pedidos cumulados.[4]

Afinal, a *cisão* do julgamento permeia a efetividade, a utilidade e a celeridade do procedimento estampados no devido processo legal substantivo, princípio esse que traduz a essência da garantia dos direitos fundamentais do jurisdicionado.

Ademais, com a edição da Lei 11.232/2005, alterou-se o citado art. 162, § 1.º do CPC[5-6] e o *fatiamento* da sentença passou a ser aceito, já agora *de lege lata*, mesmo no âmbito judicial.[7]

Se antes não existia vedação e era amplamente utilizada nas arbitragens, agora, com a citada lei, até mesmo nas lides judiciais é permitido *fatiar* o provimento, em linha com o comando contido no art. 5.º, LXXVIII, da Constituição Federal.[8]

Portanto, não há que falar em sentença como o ato que põe termo ou extingue o *processo*, como sugere Beta.

Se assim é, com muito mais razão há de ter curso o *fatiamento* das decisões em sede arbitral.[9]

---

[4] Cf. Luiz Guilherme Marinoni, Fredie Didier Jr., Wilson Alves de Souza, Daniel Francisco Mitidiero e Adolf Shönke, citados em meu artigo A arbitragem e o mito da sentença parcial. In: LEMES, Selma; CARMONA, Carlos Alberto; MARTINS, Pedro A. Batista (Coord.). *Arbitragem*: estudos em homenagem ao Prof. Guido Fernando da Silva Soares. São Paulo: Atlas, 2007.

[5] Art. 162. Os atos do juiz consistirão em sentenças, decisões interlocutórias e despachos. § 1.º Sentença é o ato do juiz que implica alguma das situações previstas nos arts. 267 e 269 desta Lei.

[6] Nota do autor: Equivalente ao art. 203, § 1.º, do Código de Processo Civil de 2015.

[7] Segundo Luiz Roberto Ayoub e Antônio Pedro Pellegrino, "[a] figura da sentença parcial, mesmo antes da Lei 11.232/2005, já era admitida no ordenamento jurídico brasileiro. A referida lei, contudo, ao modificar o §1.º do art. 162 do CPC, tão só escancarou a existência de tais sentenças, restando mitigado o princípio da indivisibilidade da decisão judicial (*rectius*: sentença)" (A sentença parcial. *Revista de Mediação e Arbitragem*, ano 6, n. 22, p. 43, 2009). Ovídio A. Baptista da Silva já entendia viável julgamento parcial antes da edição da Lei 11.232/2005 (*apud* SILVA, Ricardo de Oliveira. A sentença parcial de mérito e o processo civil moderno. *Revista da Ajuris*, v. 34, n. 108, 2007).

[8] Art. 5.º, LXXVIII: a todos, no âmbito judicial e administrativo, são assegurados a razoável duração do processo e os meios que garantam a celeridade de sua tramitação.

[9] Conforme Luiz Roberto Ayoub e Antônio Pedro Pellegrino, "Exatamente dentro dessa perspectiva que pretende empreender a celeridade processual, a sentença parcial tem aplicação idêntica no instituto da arbitragem. Não há, conceitualmente, qualquer distinção que justifique tratamento diferenciado, valendo dizer que a Lei Modelo sobre Arbitragem Comercial Internacional da CNUDCI (que representa o Regulamento Arbitral da Comissão das Nações Unidas para o Direito do Comércio Internacional), foi fonte inspiradora da Lei de Arbitragem Brasileira e que, ao menos tacitamente, admitiu a existência de sentenças arbitrais parciais" (A sentença parcial cit., p. 51).

Diga-se, primeiramente, que a sentença parcial arbitral justifica-se pela celeridade do procedimento, sua conhecida flexibilidade, e marcante de formalização.

Ademais, uma vez instrumentalizado o ato decisório, sua efetividade e utilidade não sofrem percalços, haja vista a ausência de agravo ou apelação no sistema processual arbitral.

Outrossim, muito poder-se-ia dizer sobre a harmonia e a fina sintonia das sentenças parciais com os princípios que informam o instituto da arbitragem, mas os tópicos objeto do presente estudo não demandam maiores evoluções nesse tema.

A rigor, uma simples mirada na doutrina é suficiente para demonstrar serem as sentenças parciais da essência do instituto da arbitragem.

Gary Born alude que:

> Mesmo na ausência de autorização legal ou disposição no regulamento institucional permitindo sentenças parciais, o tribunal tem poder de assim proceder (exceto no caso de disposição contrária das partes). Essa autoridade é inerente ao mandato dos árbitros para elucidar a disputa entre as partes de maneira eficiente.[10]

Segundo Arnoldo Wald, "Como se vê, não há lacuna na Lei de Arbitragem quanto à possibilidade de serem proferidas sentenças parciais".[11]

Cândido Dinamarco, por sua vez, é enfático ao afirmar:

> Não sendo a sentença arbitral qualificada como *ato que põe termo ao processo* (como era no sistema do Código de Processo Civil anterior à Reforma – *supra*, 65), não há qualquer impropriedade conceitual ou terminológica em admitir-se no processo por arbitragem a prolação de duas sentenças, uma *parcial* e outra *final* [...].[12]

Não bastasse, insta observar que as Regras UNCITRAL que regeram o procedimento de arbitragem ora em foco[13] conferem de forma patente e inquestionável aos árbitros a possibilidade de proferir sentença parcial.[14]

---

[10]   Tradução livre. No original: "Even in the absence of statutory authorization or institutional rules permitting partial awards, a tribunal has the power to make such an approach (except in the case of contrary agreement by the parties). This authority is inherent in the arbitrator's mandate to resolve the parties disputes in an efficient manner" (*International Commercial Arbitration*. Netherlands: Kluwer, 2009. v. II, p. 2431).

[11]   A validade da sentença arbitral parcial nas arbitragens internacionais. *Revista da Academia Brasileira de Letras Jurídicas*, v. 19, n. 23, p. 11, 2003.

[12]   *A arbitragem na teoria geral do processo*. São Paulo: Malheiros, 2013. p. 176 – grifos no original.

[13]   Contrato *Downstream*, Cláusula. A Arbitragem será regida, em todos os seus procedimentos, pelas Regras de Conciliação e Arbitragem da UNCITRAL e será realizada na Cidade do Rio de Janeiro, Estado do Rio de Janeiro, Brasil, sendo que a administração da Arbitragem caberá à Câmara de Mediação e Arbitragem da Associação Comercial do Estado do Rio de Janeiro.

[14]   Na época em que a cláusula arbitral foi firmada, em 31.05.2002, estava em vigor as Regras UNCITRAL de 1976, porém, quando instaurada a arbitragem, em 09.11.2010, a Alfa sugeriu a adoção das Regras UNCITRAL de 2010, o que foi expressamente aceito pela Beta e acatado pelo Tribunal

Por tudo, seja sob o ângulo (i) do sistema arbitral, (ii) do Código de Processo Civil, ou (iii) do regulamento escolhido pelas Partes para normatizar o processo de arbitragem, resta evidente a validade e a eficácia de sentenças arbitrais parciais no sistema legal brasileiro.[15]

(A)2 A sentença arbitral parcial prolatada pelo Tribunal Arbitral não é decisão interlocutória

Uma análise das manifestações de Beta e Omega no âmbito do processo de arbitragem, e do conteúdo da Sentença Arbitral Parcial proferida pelo Tribunal Arbitral, leva à conclusão inexorável de que tal decisão, conquanto de cunho parcial, tem a natureza jurídica de verdadeira *sentença*.

Aliás, não à toa, os árbitros a ela emprestaram tal acepção, e a formataram com os rigores impostos pela Lei 9.307/1996 (art. 26) e pelas Regras UNCITRAL.

Para o exame dessa questão, saliento os pontos relevantes lançados por Beta e Omega em manifestações no processo de arbitragem:

a) Beta, demandada a responder ao pedido de instituição de arbitragem apresentado por Alfa, indica árbitro em 14 de setembro de 2010 e, após, manifesta-se em 28 de setembro de 2010 através de uma notificação à Omega ("Notificação Beta"), na qual, a par de convidar Omega a ingressar no processo, postula contra ela pedido subsidiário, em caso de sucesso da Alfa, de revisão do Contrato *UP* firmado entre Beta e Omega, por quebra do equilíbrio contratual;

b) Omega, em Resposta à Notificação Beta, de 29 de outubro de 2010 ("Resposta Omega"), anui com seu ingresso no polo passivo – como parte e com interesse próprio a ser defendido –, e vai além ao (i) combater argumentos sustentados por Beta e Alfa, (ii) informar que (a) postulará a improcedência do pedido revisional de Beta e, em caso de insucesso, a ampliação subjetiva e objetiva da revisional provocada por Beta para incluir Alfa e rediscutir reflexos contratuais da aplicação do preço ajustado à época e, ainda, (b) deduzirá pedidos autônomos declaratórios cumulados com cobrança contra Beta, e, por fim, (iii) exercer, na qualidade de parte, o direito de indicar árbitro;

c) via Ordem Processual 1, os árbitros instaram Alfa, Beta e Omega a delimitarem o objeto da disputa e a se manifestarem sobre o pleito de ingresso da Omega na arbitragem; e

---

Arbitral. Nada obstante, ambas as Regras previram a possibilidade de prolação de sentença parcial, conforme, respectivamente, Artigo 32(1). Além de emitir sentença final, o tribunal arbitral poderá emitir sentenças provisórias, interlocutórias e parciais (tradução livre; no original: "In addition to making a final award, the arbitral tribunal shall be entitled to make interim, interlocutory, or partial awards"); e Artigo 34(1). O tribunal arbitral poderá emitir sentenças diversas sobre tópicos distintos em momentos distintos (tradução livre; no original: "The arbitral tribunal may make separate awards on different issues at different times").

15 Nota do autor: A Lei 13.129/2015, em harmonia com esses argumentos, alterou a Lei de Arbitragem brasileira para admitir expressamente a possibilidade de sentenças arbitrais parciais (art. 23, § 1.º).

d) em atenção ao determinado na referida Ordem Processual, Beta repisa suas pretensões contra Alfa e Omega, enquanto esta última, por seu turno, após pleitear a nomeação de novo tribunal arbitral, de forma a que dele conste o árbitro por ela já indicado, apresenta argumentos jurídicos sobre seu direito de participar da arbitragem, reitera as pretensões deduzidas na Resposta à Notificação Beta e, por fim, valendo-se da eventualidade, requer, caso não confirmada como parte no processo (i) seja negado curso à demanda apresentada por Beta contra Omega, (ii) seja declarada na sentença parcial que os efeitos advindos da sentença arbitral final não impactarão sua esfera jurídica ou econômica, e, (iii) sejam suas demandas contra Beta e Alfa consideradas como nova arbitragem, renovando, para tanto, a indicação do árbitro já anteriormente apontado.

O exame dos pedidos formulados por Omega e Beta na arbitragem – resistidos por Alfa, haja vista extrapolarem o escopo e alcance dos seus pleitos, conforme pedido de instituição de arbitragem –, e, ainda, o contraditório que precedeu à decisão dos árbitros, atestam que as matérias submetidas à decisão do Tribunal Arbitral e os efeitos dela provenientes têm ampla dimensão e repercussão marcante na esfera individual dos direitos de cada parte.

Nessa toada, é razoável, e até mesmo recomendável, que tais questões fossem, como foram, resolvidas por *sentença*, posto que seu conteúdo (negativo) pôs termo às pretensões de cunho formal e material de Omega (e outras de Beta).

Afinal, coube ao Tribunal Arbitral decidir sobre (i) a possibilidade de inclusão da Omega no polo passivo do processo arbitral, (ii) a ampliação do objeto da disputa com pleitos de Omega contra Beta e Alfa e, (iii) em caráter eventual, se não admitida como parte no polo passivo, o cabimento dos dois pedidos declaratórios de Omega na arbitragem já iniciada, a saber, (a) impossibilidade de repercussão em sua esfera jurídica e econômica dos efeitos da sentença arbitral final e (b) aceitação pelo Tribunal Arbitral de suas demandas contra Beta e Alfa como nova arbitragem.

Como se vê, a sentença arbitral parcial definiu a controvérsia, pondo termo, na raiz, a todo esse conjunto de questões controvertidas.

Omega não foi legitimada como parte para figurar no polo passivo do processo, e seus pedidos de mérito e declaratórios, por eventualidade, foram julgados prejudicados por

> [...] manifesta ausência de jurisdição do Tribunal Arbitral sobre a matéria, quer do ponto de vista formal, eis que o requerimento de arbitragem não foi deduzido perante a instituição competente, quer do ponto de vista substantivo, eis que o Tribunal Arbitral foi constituído tão somente para apreciar e julgar demanda fundada no Contrato *Downstream* firmado entre ALFA e BETA.

Trata-se, no que tange à Omega, nitidamente de decisão que pôs fim à sua pretensão – e à de Beta – de se integrar ao processo arbitral existente.

Mas não só isso: a decisão dos árbitros também apreciou e julgou pedido de instituição de arbitragem, formulado por Omega *por conversão das suas demandas* contra Beta e Alfa.

Esse pleito também foi rejeitado por ausência de jurisdição do Tribunal Arbitral e, se deferido, atenderia ao mesmo fim almejado por Beta com a convocação feita à Omega para integrá-la ao processo de arbitragem.

Em outras palavras, para Omega e Beta, tanto o ingresso daquela no processo de arbitragem quanto a instituição de nova arbitragem produziriam o mesmo resultado prático.

E essa, como todas as demais pretensões, foi afastada pelo Tribunal Arbitral, reitere-se, por ausência de jurisdição.

Nessas hipóteses, para além de usual, afigura-se recomendável – pela força que imprime – que decisão desse alcance e efeito jurídico seja proferida via sentença parcial, como, inclusive, deixou expresso o Tribunal Arbitral na Ordem Processual 1: "*Considerando* que o pleito de ingresso da OMEGA e de ampliação do objeto do litígio não obstam o prosseguimento desta arbitragem e serão decididos oportunamente, por meio de sentença parcial de jurisdição".

Como ressaltam Fouchard, Gaillard e Goldman:

> A utilidade da sentença parcial sobre jurisdição dependerá, principalmente, de verificar se estas questões de jurisdição serão determinadas pelos mesmos fatos que determinam o mérito [...] Se, por outro lado, a jurisdição parecer ser uma questão separada e as questões substantivas a serem resolvidas pelo tribunal caso detenha jurisdição sejam complexas, é usualmente apropriado que seja[a jurisdição] decidida por meio de uma sentença separada.[16]

Com efeito, ao reduzir o escopo da controvérsia àquele requerido por Alfa, e, notadamente, ao rejeitar o pedido de instituição de arbitragem apresentado por Omega, restou evidente que os árbitros negaram à Omega direito de ação, ao menos no âmbito de sua exclusiva jurisdição, *i.e.* arbitragem Alfa e Beta.

De outro lado, a sentença arbitral parcial, ao decidir pela não instituição de nova arbitragem por manifesta carência de jurisdição, incidiu no comando do art. 20, § 1.º, da Lei 9.307/1996, que encerra extinção do "processo" sem julgamento de mérito.[17]

---

[16] Tradução livre. No original: "The usefulness of partial award on jurisdiction will mainly depend on whether the issues of jurisdiction will be determined by the same facts as those determining the merits [...] If, on the other hand, jurisdiction appears to be a separate issue and the substantive issues to be resolved by the tribunal if it retains jurisdiction are complex, it will generally be appropriate to decide by way of separate award" (*International Commercial Arbitration*. Edited by Gaillard and Savage. The Hague: Kluwer, 1999. p. 743).

[17] Art. 20. A parte que pretender arguir questões relativas à competência, suspeição ou impedimento do árbitro ou dos árbitros, bem como nulidade, invalidade ou ineficácia da convenção de arbitragem, deverá fazê-lo na primeira oportunidade que tiver de se manifestar, após a instituição da arbitragem. § 1.º Acolhida a arguição de suspeição ou impedimento, será o árbitro substituído nos termos do art. 16 desta Lei, reconhecida a incompetência do árbitro ou do tribunal arbitral, bem como a nulidade, invalidade ou ineficácia da convenção de arbitragem, serão as partes remetidas ao órgão do Poder Judiciário competente para julgar a causa.

Destarte, no particular, trata-se de evidente *sentença* de eficácia terminativa.

Eficácia essa que, por si ou amalgamada ao pleito de ingresso da Omega refutado pela decisão que a julgou parte ilegítima, atingiu, também, interesse particular e direto de Beta, haja vista sua pretensão de litigar contra a Omega no processo arbitral em curso ou em nova arbitragem, que se *consolidaria* com aquela em curso, ou a esta se *agruparia* sob a forma de dois processos, sob a égide de um só tribunal arbitral.

Enfim, a decisão dos árbitros, após adequado contraditório, definiu (no sentido de pôr fim às controvérsias) uma série de questões e, por força da natureza dos pedidos e da sua repercussão jurídica, restou instrumentalizada, por determinação do Tribunal Arbitral – embasada nas Regras UNCITRAL –,em uma sentença parcial de jurisdição.

Omega e Beta, por seu turno, fundadas no regramento procedimental aplicável às sentenças parciais, apresentaram Pedidos de Esclarecimentos, sob a alegação de vícios na decisão.

Tais pedidos fundam-se, basicamente, em suposta necessidade de interpretação do conteúdo do provimento, de necessidade de emenda da decisão por suposta omissão, contradição ou obscuridade, e de complementação de laudo. Com efeito, o manejo dos Pedidos de Esclarecimentos é técnica processual dirigida a sanar falhas em sentenças, sejam parciais ou finais.

O Tribunal Arbitral, por sua vez, e dado o pressuposto de a Sentença Arbitral Parcial consubstanciar verdadeira *sentença* para os fins de direito, fez questão de registrar expressamente que sua decisão sobre tais pedidos observou os

> [...] prazos previstos nos arts. 35 e 37 das Regras de Arbitragem Uncitral (1976) aplicáveis à espécie: (i) de 45 (quarenta e cinco) dias, a contar do pedido de BETA, para que o Tribunal Arbitral emita decisão sobre *interpretação* da Sentença Parcial; e (ii) de 60 (sessenta) dias, a contar do pedido, para que o Tribunal Arbitral emita *laudo complementar* à Sentença Parcial, no caso de omissão.[18]

Vê-se do contexto processual que o Tribunal Arbitral, atento ao alcance e projeção das questões postas ao seu exame, entendeu, por bem, dada a força e os efeitos que pretendia imprimir ao seu provimento, conferir à sua decisão eficácia de relevo ao enquadrá-la no rol das sentenças parciais.

E o fez atendendo à forma e aos requisitos regulamentares, mediante informação prévia – evitando, assim, surpresas – e sem qualquer reação ou impugnação por qualquer um dos interessados, em harmonia com os propósitos do instituto da arbitragem.

E o fez, diga-se ainda, por força de o sistema arbitral conferir certa dose de flexibilidade ao árbitro para instrumentalizar o ato processual pela forma que demanda o núcleo jurídico que dele se projeta.[19]

---

[18] Resposta aos Pedidos de Esclarecimentos formulados por Beta e Omega acerca da sentença arbitral parcial, item "y".

[19] Conforme Craig, Park e Paulsson, "É uma questão de discricionariedade arbitral que se determine como e em que circunstâncias a sentença provisória ou parcial deve ser proferida, exceto se

E, ao se julgar carecedor de jurisdição, o Tribunal Arbitral enterrou a pretensão de Omega, "extinguindo o processo" sem julgamento de mérito, nos termos do art. 20, § 1.º, da Lei 9.307/1996.[20]

Em outros termos, ao negarem jurisdição, os árbitros deram por finda a (nova) arbitragem e, dessa forma, proferiram verdadeira *sentença*, em sua acepção técnica, haja vista que, conforme o art. 29 da Lei 9.307/1996, com a *sentença arbitral, dá-se por finda a arbitragem.*[21-22]

No entanto, essa dicção legal deve também ser considerada em espectro mais amplo, haja vista a ínsita relação da arbitragem com as sentenças parciais.

Em outras palavras, a mera possibilidade de sentença arbitral parcial exige uma visão menos hermética do conceito de sentença como aquela que põe fim a arbitragem, pelo simples fato de uma arbitragem não poder ter mais de um fim.[23]

---

o Termo de Arbitragem estabelecer claramente que determinadas questões preliminares devem ou não ser decididas na forma de sentença [final]" (tradução livre). No original: "It is a matter of arbitral discretion as to whether, and in what circumstances, an interim or partial award should be made, unless the Terms of Reference have set forth a clear mandate that certain preliminary issues must or must not be determined in the form of an award" (*International Chamber of Commerce Arbitration*. 2. ed. Paris: ICC Publishing, p. 323). Do mesmo modo, Fouchard, Gaillard e Goldman: "Na ausência de acordo entre as partes, são os árbitros responsáveis por determinar se é apropriado decidir por meio de sentença parcial" (tradução livre). No original: "In the absence of an agreement between the parties on this matter, the arbitrators are responsible for deciding whether it is appropriate to decide by way of partial awards" (*International Commercial Arbitration* cit., p. 742). Ainda, Derains e Schwartz, "Portanto, cabe usualmente ao Tribunal Arbitral decidir, em cada caso, dependendo de todas as circunstâncias relevantes, se uma decisão em particular deve tomar a forma de 'Sentença' ou, de outro modo, pode ser emitida na forma de uma ordem processual/procedimental." (tradução livre); no original: "Thus, it is ordinarily for the Arbitral Tribunal to decide in each case, depending upon all the relevant circumstances, whether a particular decision is required to take the form of an 'Award' or may be issued instead in the form of a procedural order" (*A Guide to the New ICC Rules of Arbitration*. The Hague: Kluwer, 1998. p. 38). Também, Schäfer, Verbist e Imhoos: "Cabe ao Tribunal Arbitral decidir se uma ordem processual é apropriada ou uma sentença é requerida tendo em vista sua eficácia" (tradução livre). No original: "It is for the arbitral tribunal to decide whether a procedural order is appropriate or an award is required on account of its greater force" (*ICC Arbitration in Practice*. The Hague: Kluwer, 2005. p. 119).

[20] No dizer de Pontes de Miranda, "A denominação 'sentença interlocutória' deturpou a diferença entre 'sentença' e 'interlocução', como a deturpou dizer-se interlocutória a sentença que extingue o processo sem julgar o mérito. Não se pode interlocutar, *interloguer* (como se diz em francês), se se fala sem haver algo que fique depois. A interlocutoriedade exige o estar-se entre *a* e *b*; não há *b*, não se profere decisão interlocutória: para-se aí. É isso o que acontece com o juiz que dá a sentença com julgamento do mérito, ou sem julgamento do mérito, pois acabou a missão que veio desde o despacho da petição inicial até a sentença" (*Comentários ao Código de Processo Civil*. 4. ed. Rio de Janeiro: Forense, 2001. t. III, p. 79).

[21] Até mesmo pelas regras do Código de Processo Civil chega-se ao mesmo denominador, haja vista que, nos termos do art. 162, § 1.º, *sentença é o ato do juiz que implica alguma das situações previstas nos arts. 267 e 269* do CPC, ou seja, extinção do processo, sem ou com resolução de mérito.

[22] Nota do autor: Equivalente ao art. 203, § 1.º, do Código de Processo Civil de 2015.

[23] Por essa razão, Cândido Dinamarco afirma que o sistema arbitral, antecipando-se à Lei 11.232/2005, "editou em seu sistema um conceito de sentença coincidente com aquele trazido no vigente art.

Dessa forma, e cientes de que as hipóteses do art. 267 do CPC[24] também se aplicam ao sistema arbitral e, ainda, de que sentença não necessariamente põe fim à arbitragem ou ao processo, pode ser considerada *sentença* o ato pelo qual o árbitro julga ilegítima uma das partes do processo ou afasta um ou alguns dos pedidos.[25]

Quer se dizer ademais que, conquanto a ilegitimidade de uma parte ou a limitação do escopo da disputa implique na redução da relação processual, e não na extinção do processo arbitral, são – essas – hipóteses dentre as quais o art. 162, § 1.º, do CPC[26] indica que o julgamento é passível de ser instrumentalizado por sentença.[27]

Conforme Cândido Dinamarco:

> Nesse quadro, seja no processo estatal seja no arbitral, o conceito de sentença engloba não só o ato final do processo como também algum outro, interlocutório a este, com que o juiz ou o árbitro decida sobre alguma das pretensões postas pelas partes (com ou sem apreciação do mérito), deixando sem decidir alguma outra também incluída no objeto do conhecimento do juiz. Ato que rejeita liminarmente uma reconvenção por

---

162, § 1.º, do Código de Processo Civil, onde a sentença é definida como 'o ato que *implica* [sic] alguma das situações previstas nos arts. 267 e 269 desta Lei" (*A arbitragem na teoria geral do processo* cit., p. 173-174). De toda sorte, e para aqueles que questionavam esse fato, pode-se afirmar que a reforma do CPC de 2005, ao fixar novo conceito de sentença, passou a admitir a prolação de sentenças parciais, circunstância essa que desfaz o sentir daqueles que alinhavam o processo civil ao processo de arbitragem para tal efeito.

[24] Nota do autor: Equivalente ao art. 485 do Código de Processo Civil de 2015.

[25] Na literatura jurídica estrangeira, Jean-François Poudret e Sébastien Besson deixam claro que a exclusão de uma das partes pode ser resolvida, definitivamente, por sentença parcial, *verbis*: "Para nós, a sentença parcial (*partial award, Teilschiedsspruch*), como o julgamento parcial, é aquela que trata de uma parte do objeto do litígio, tal como definido pelos pedidos ou conclusões das partes. Assim, trata de um dos pedidos, se eles forem distintos, notadamente de uma pretensão que pode ser acolhida com base unicamente nos documentos constantes do processo, de uma reconvenção ou da exclusão de uma das partes" (tradução livre). o original: "Pour nous, la sentence partielle (*partial award, Teilschiedsspruch*), comme le jugement partiel, est celle qui porte sur une partie de l´objet du litige tel que défini par les demandes ou conclusions des parties. Ainsi, sur un des chefs de la demande s´ils sont distincts, notamment sur une prétention pouvant être accueillie sur la base des seules pièces du dossier, sur la reconvention ou sur la mise hors de cause d´une des parties" (*Droit comparé de l'arbitrage international*. Genève : Schuthess Médias Juridiques, 2002. p. 686).

[26] Nota do autor: Equivalente ao art. 203, § 1.º, do Código de Processo Civil de 2015.

[27] Conforme Luiz Roberto Ayoub e Antônio Pellegrino: "Necessário que no afã de municiar o processo civil de celeridade, o legislador positivou, no dispositivo ora em exame [§ 1.º do art. 162 c/c os arts. 267 e 269 do CPC], o critério substancial de sentença. Essa é definida não mais pela sua localização, mas, tão só, por seu conteúdo [...] Enquanto o art. 267 do CPC prescreve casos de sentença processual, o art. 269 do CPC elenca, em seus incisos, as hipóteses de sentença de mérito" (A sentença parcial cit., p. 47-48). Segundo Fábio Milman, "[...] mesmo sem encerrar o processo, haverá sentença se ato judicial implicar algum dos casos previstos nos arts. 267 e 269 do CPC"; nessa esteira, José Maria Rosa Tescheiner: "Sentença, agora, não mais se define como ato do juiz que extingue o processo. [...] Agora, sentença é o ato do juiz que implica alguma das situações previstas nos arts. 267 e 269 do CPC" (ambas citações retiradas do texto de Ayoub e Pellegrino, A sentença parcial cit., p. 47).

prescrição ou decadência, que no sistema processual civil anterior já era admissível mas não se qualificava como sentença, agora pode perfeitamente ser conceituada como tal. Não só ali, mas também todas as vezes em que o *juiz "extingue o processo" em relação a uma das partes ou a um dos pedidos o ato com que ele o faz é sentença. Sentença parcial, mas sentença. E também assim é no sistema arbitral.*[28]

Destarte, sob qualquer ângulo que se analise a questão, concluir-se-á que tanto a ilegitimidade de parte e a redução dos pedidos de Beta e Omega quanto a declaração de carência de jurisdição para a instituição de nova arbitragem são matérias passíveis de resolução por *sentença*, qualidade esta que ostenta a sentença arbitral parcial.

Não exibindo natureza de decisão interlocutória, as sentenças parciais estão, em regra, e desde a sua prolação ou da decisão sobre os embargos arbitrais interpostos (também chamados de pedido de esclarecimentos), sujeitas à ação de anulação no prazo legal de 90 dias.

(B) O prazo para a ação de anulação de sentença parcial é de 90 dias

Por desnecessário e irrelevante, a lei de arbitragem não prevê, literalmente, prazo para a propositura de ação de nulidade de sentença arbitral parcial.[29]

Basta, para esse fim, o art. 33 da Lei 9.307/1996 (*caput* e § 1.º), cujo conteúdo informa que a parte interessada pode pleitear ao Poder Judiciário a decretação da nulidade da sentença arbitral no prazo de 90 dias.[30-31]

Nada mais é preciso para se concluir que esse prazo aplica-se tanto às sentenças parciais quanto às finais, não havendo, portanto, qualquer omissão na lei.

Isso porque o tratamento legal adotado é o da unicidade da sentença arbitral. Sentença arbitral parcial e sentença arbitral final põem fim à controvérsia, a despeito desta última concluir, formalmente, a atividade jurisdicional, com o julgamento das pretensões que remanesceram pendentes após a prolação da sentença parcial.

Destarte, ambas as sentenças são definitivas, encerram a mesma essência jurídica e não estão sujeitas a revisão ou recurso.

Nessa esteira, dúvida não há de que, com a sentença parcial, o árbitro exerce o *iudicium*, aplicando o direito ao caso concreto. Muito embora não finalize todas as questões

---

[28] *A arbitragem na teoria geral do processo* cit., p. 174 – grifos nossos.

[29] Nota do autor: Nada obstante, e conquanto dispensável, a Lei 13.129/2015, de modo a remediar a angústia dos amantes da literalidade normativa, deixou estampado no art. 33, § 1.º, da Lei de Arbitragem brasileira o que se encontraria implícito da análise sistemática da Lei 9.307/1996, com a redação que vigia à época deste parecer.

[30] Art. 33. A parte interessada poderá pleitear ao órgão do Poder Judiciário competente a decretação da nulidade da sentença arbitral, nos casos previstos nesta Lei. § 1.º A demanda para a decretação de nulidade da sentença arbitral seguirá o procedimento comum, previsto no Código de Processo Civil, e deverá ser proposta no prazo de até noventa dias após o recebimento da notificação da sentença arbitral ou de seu aditamento.

[31] Nota do autor: O art. 33 da Lei de Arbitragem sofreu pequena alteração com o advento da Lei 13.129, de 2015.

deduzidas no processo, a sentença arbitral parcial define – no sentido de *dar fim* – um ou alguns dos pedidos, de forma vinculativa e terminante.

Sob outro prisma, com a sentença arbitral parcial os árbitros dão por finda a sua jurisdição no que toca as matérias contempladas naquela decisão, sendo-lhes vedado reapreciar os pedidos já apreciados e devidamente julgados.

É nesse sentido que se afirma o caráter autônomo da sentença arbitral parcial. Dessa autonomia se extrai sua eficácia imediata e o trânsito em julgado, após o exaurimento do prazo de 90 dias previsto no art. 33, § 1.º, da lei de arbitragem.

Não há sentido lógico, jurídico ou técnico em adotar, para provimentos de idêntica finalidade, definitividade e vinculatividade – em suma, atos da mesma natureza, *sentença* parcial e final –, prazos distintos para a propositura da ação de nulidade, ainda mais quando a própria lei não o faz.

Sentenças arbitrais parciais ou finais são *sentenças*, e como tal devem ser tratadas, tanto na forma e requisitos quanto nos seus efeitos jurídicos.

O critério legal (art. 33, *caput* e § 1.º, da Lei 9.307/1996) é o da substância do provimento; daí por que, uma vez proferidas, as sentenças arbitrais parciais tornam-se aptas a transitar em julgado com o decurso do prazo de 90 dias.

Prazo esse decadencial, e não prescricional.

A doutrina, nesse particular, é expressiva quanto à natureza decadencial do prazo previsto no art. 33, § 1.º, da lei de arbitragem.[32]

Por se tratar o provimento arbitral parcial de genuína *sentença*, o prazo para propositura da ação que trata o art. 33 da lei de arbitragem (decretação da nulidade) começa a correr do seu recebimento (ou aditamento) e flui sem interrupção até que, no 91.º dia, decaído o direito, transita ela em julgado.[33]

---

[32] FERNANDES, Marcus Vinicius Tenorio da Costa. *Anulação da sentença arbitral*. São Paulo: Atlas, 2007. p. 81; FIGUEIRA JÚNIOR, Joel Dias. *Arbitragem, jurisdição e execução*. São Paulo: RT, 1999. p. 270; CÂMARA, Alexandre Freitas. *Arbitragem*: Lei 9.307/96. Rio de Janeiro: Lumen Juris, 2009. p. 138; LIMA, Cláudio Vianna de. *Curso de introdução à arbitragem*. Rio de Janeiro: Lumen Juris, 1999. p. 165; ROCHA, José de Albuquerque. *A Lei de Arbitragem* (Lei 9.307, de 23.9.1996): uma avaliação crítica. São Paulo: Malheiros, 1998. p. 134; CARREIRA ALVIM, José Eduardo. *Tratado geral da arbitragem*. Belo Horizonte: Mandamentos, 2000. p. 475; VIANNA, Duval. *Lei de Arbitragem*: comentários à Lei 9.307, de 23.9.96. Rio de Janeiro: Adcoas, 1998. p. 222; LEMES, Selma Ferreira. Decadência do direito de pleitear a nulidade da sentença arbitral. Dilação, pelas partes, do prazo para a prolação da sentença arbitral. Extinção do processo sem apreciação do mérito. *Revista de Arbitragem e Mediação*, n. 11, p. 230, 2006.

[33] Aplica-se também à arbitragem o ensinamento de Ovídio Baptista em seu estudo *Da sentença liminar* à nulidade da sentença: "Como a sentença definitiva, esta a que se dá o nome de sentença parcial também produz coisa julgada e apenas da primeira se distingue por não encerrar inteiramente o procedimento" (apud Ayoub e Pellegrino, A sentença parcial cit., p. 50). Particularmente quanto ao prazo de 90 dias para a propositura da ação de nulidade de sentença parcial, Donaldo Armelin, "Admitindo-se a autonomia da sentença parcial, como ora defendida, é de se considerar que o prazo decadencial para a propositura da ação de decretação de sua nulidade haverá de fluir após a ciência do litigante vencido da decisão que lhe foi desfavorável [...]" (Notas sobre sentença

Por todo o exposto, com as vênias de estilo, não procede o entendimento posto no Acórdão da 16.ª Câmara Cível do Tribunal de Justiça do Estado do Rio de Janeiro, haja vista existir, sim, previsão legal quanto à forma de impugnação (no caso, a ação de anulação) de sentença parcial.

Com efeito, ultrapassado o prazo legal e decadencial de 90 dias, a sentença arbitral parcial torna-se intocável, sendo vedada a propositura da ação de nulidade prevista no art. 33 da Lei 9.307/1996, sob pena de incidência do disposto no art. 269, IV, do CPC.[34]

(C) Ausência de litisconsórcio necessário. Improcedente a integração ao processo arbitral de quem não é parte

Alega Beta a nulidade da sentença arbitral parcial pelo fato de a controvérsia posta à decisão dos árbitros impor a presença de litisconsórcio necessário; no caso, Omega.

Beta sustenta esse entendimento, basicamente, pelo fato de os Contratos *Downstream* e *Upstream* (em conjunto, "Contratos") encerrarem um negócio jurídico único, com interpendência de obrigações e direitos, tendo sido esse argumento a razão substancial que norteou a decisão favorável à Beta, proferida pela 16.ª Câmara Cível do Tribunal de Justiça do Estado do Rio de Janeiro, de 8 de abril de 2014.

No entanto, o exame detido dessa relação contratual não autoriza a conclusão encampada por Beta. Ao reverso, acertada está a Sentença Arbitral Parcial ao entender "irrelevante" qualificar-se o negócio entabulado pelas três companhias como uma única operação econômica.[35]

O vínculo jurídico-contratual, por si só, não determina que toda e qualquer controvérsia oriunda ou relacionada a um dos instrumentos imponha a participação de todas as empresas no mesmo processo.

Isso porque, ainda que conexos ou interligados, nada obsta que os contratos estampem direitos e obrigações peculiares e exclusivos a uma específica relação jurídica.

---

parcial e arbitragem. *Revista de Mediação e Arbitragem*, ano 5, v. 18, p. 298-299, 2008); Leonardo de Faria Beraldo: "Como a sentença arbitral parcial, por excelência, produzirá todos os seus efeitos imediatamente, podendo, inclusive, ser executada judicialmente, parece-nos razoável e correto que o prazo decadencial de 90 dias tenha, como termo inicial, o dia seguinte ao trânsito em julgado da decisão parcial, e, não, da sentença final. Não faz sentido que a sentença parcial goze de prazo decadencial distinto daquele que valerá para a sentença final. O certo é que o prazo ao qual faz menção o §1.º do art. 33 da LA é para buscar a invalidade da sentença arbitral, pouco importando se ela é total ou parcial" (*Curso de arbitragem nos termos da Lei n.º 9307/96*. São Paulo: Atlas, 2014. p. 438); Carlos Alberto Carmona: "Admitida a sentença parcial – que deverá, para todos os efeitos, ser tratada como verdadeira sentença (como fazem os espanhóis), e não como ato provisório e ratificável na sentença final – será necessária a aplicação plena do dispositivo em questão, de modo que, não manejada a demanda de nulidade, será impossível atacar a sentença arbitral parcial com base em qualquer um dos casos do art. 32 da Lei de Arbitragem" (*Arbitragem e processo*: um comentário à Lei n.º 9.307/96. 3. ed. São Paulo: Atlas, 2009. p. 431).

[34] Nota do autor: Equivalente ao art. 487, II, do Código de Processo Civil de 2015.

[35] Cf. item 189.

O negócio econômico, mesmo que entrelaçado em um feixe de contratos, não obsta a estruturação de um microssistema contratual autônomo, aplicável, exclusivamente, a algumas das partes.

Conquanto encontre-se lançado no todo de uma operação econômica, dele se destaca por implicar ajuste eminentemente bilateral, devendo, dessa forma, ser preservado.

Em outras palavras, o liame relacional particularizado encerra alcance e efeitos próprios e autônomos, que não devem, necessariamente, ser transpostos para outra relação instrumentalizada em acordo distinto.

Cláusulas de responsabilidade, imputação de multas, assunção ou não de tributos e outras tantas podem e são ajustadas em estrito laço bilateral, ainda que o conjunto de acordos instrumentalize uma operação econômica interdependente.

Ocorre que, embora os contratos coligados tenham por fim uma unidade econômica, nada obsta que neles se insiram – e, na realidade, inserem-se – múltiplas relações e vínculos específicos e interpessoais.

Por sinal, é intuitivo inferir que a existência de mais de um contrato pressupõe variedade de prestações e contraprestações.

No caso concreto, esse microssistema jurídico revela-se no acordo particular e personalíssimo entre Beta e Alfa, lançado no Contrato *Downstream*, que desonerou esta última da assunção do custo do ICMS na aquisição do gás natural.

Essa cláusula foi, por sinal, o centro único da disputa submetida à resolução dos árbitros.

O escopo da arbitragem resumiu-se aos pedidos de Alfa de interrupção do repasse do ICMS por Beta e de devolução dos valores relativos a dito repasse retidos na conta bancária, por força da cláusula ajustada no Contrato *Downstream* que isentava Alfa desse custo tributário.

A licitude do pacto não é objeto de questionamento e por encerrar relação personalíssima e de repercussão na esfera jurídica e patrimonial de Beta e Alfa, a inclusão de Omega e suas demandas autônomas foram corretamente afastadas pelos árbitros.

Insta observar, como informado por Alfa, que, enquanto no Contrato *Downstream* Beta comprometeu-se a não repassar à Alfa o valor de ICMS incidente sobre a operação de venda de gás natural da Omega para Beta, esta, ao contrário, na sua relação pessoal com Omega, estabelecida no Contrato *UP*, assumiu o ônus de arcar com o valor do ICMS incidente na compra e venda do gás.

Esse trato diferenciado de obrigações é um exemplo de contraprestações distintas que se verificam em contratos coligados, sem embargo da unidade final econômica. Embora diversas as condições, são válidas e eficazes, posto que acordadas por livre vontade, cuja repercussão, positiva ou negativa, enquadra-se, e assim deve ser encarada, no risco do negócio.

O objeto da disputa arbitral, repise-se, é de caráter e eficácia bilateral, posto que resulta de relação jurídico-material acertada exclusivamente por Alfa e Beta. A pretensão deduzida não é, portanto, de natureza que determine a presença de Omega no processo, haja vista que a sentença, por suposto, nela não deve produzir efeitos.

Afinal, a confirmação do direito de Alfa de não assumir o encargo tributário implica, como contrapartida, a obrigação de Beta assumi-lo. Nem mais. Nem menos.

O direito não há de ser ditado para a Omega, dado dirigir-se à Alfa. Não há, também, que ser ditado para a Omega porque o ônus do ICMS sobre ela não recai.

Considerando o objeto da lide, tem-se que a natureza da sentença arbitral não é da espécie que permite *cindir o incindível*. Quer-se dizer que a relação jurídico-material não é indivisível a demandar da decisão arbitral eficácia sobre Omega.

Não há, nesse particular, relação una para todos, pois pode ser alterada (ou acertada) entre duas companhias, mantendo-se imutável para a remanescente (*i.e.* Omega).

Em outras palavras, Alfa e Beta são as únicas que se vinculam, e, portanto, são as únicas titulares dos direitos e obrigações que se projetam da relação contratual.

Reitere-se: Alfa contratou com Beta – Contrato *Downstream* – que não assumiria eventual repasse do ICMS porventura incidente sobre a operação de compra e venda de gás entre Omega e Beta, e esta, por sua vez, atraiu para si esse risco (álea negocial) ao não se exonerar desse imposto na sua relação com Omega, ajustada no Contrato *UP*.

Não há, por certo, interesse próprio de Omega a ser protegido; afinal, o provimento arbitral que se busca incide direta e exclusivamente sobre a relação particular e polarizada encetada por Alfa e Beta.[36]

Conclui-se da moldura contratual, e das distintas relações de direito material, não ostentar Omega legitimidade para agir – primeiro requisito a ser atendido para verificar a existência de litisconsórcio necessário –, pois não *figura na relação de direito processual como titular, em tese, da relação de direito material nela deduzida, ou, vistas as coisas sob outro ângulo, como titular dos interesses em lide.*[37]

É o meu entendimento.

---

[36] Conforme decisão unânime do Superior Tribunal de Justiça, "Indeferimento do pedido de admissão da empresa M&G Fibras e Resinas Ltda. para integrar o polo passivo da presente impetração, pois não foi demonstrado interesse próprio a ser protegido, razão pela qual a situação apontada pela peticionária, que poderá ser atingida apenas indiretamente pelos efeitos da decisão judicial, não se enquadra nas hipóteses de litisconsórcio necessário previstas no art. 47 do Código de Processo Civil" (AgRg no Mandado de Segurança 11.863/DF, Rel. Min. Mauro Campbell Marques, 1.ª Seção, 27.05.2009).

[37] Essa é a lição de Athos Gusmão Carneiro, apontada no voto do Ministro Teori Zavascki, no Recurso Especial 1.065.574/RJ, 1.ª Turma, unânime, 02.10.2008. Vale transcrever trecho do voto condutor: "Ora, no caso em exame, a relação de direito material posta em juízo é, exclusivamente, a que se estabeleceu entre a autora do mandado de segurança (= Viação Vila Rica Ltda.) e o Secretário de Estado de Transportes do Rio de Janeiro. Assim, a empresa Salutran Serviço Auto Transporte Ltda., porque não ostenta sequer a condição para se legitimar como parte, não pode ser litisconsorte, nem facultativo e muito menos necessário. Aliás, na petição inicial, nada é pedido em relação a ela, nenhuma pretensão é deduzida contra ela. A sentença, consequentemente não a beneficiará e nem a prejudicará. O litisconsórcio necessário, ademais, supõe, como se viu, que a relação de direito material seja única e incindível. No que se refere à hipótese dos autos, a relação jurídica ora estabelecida não se confunde com eventual relação jurídica que possa se estabelecer futuramente, caso se decida pela manutenção do cancelamento das operações da empresa Viação Vila Rica Ltda. no trecho 'Morro Agudo/Austin'. São relações distintas e juridicamente autônomas".

O ÁRBITRO E O CÁLCULO DO MONTANTE DA INDENIZAÇÃO[1]

JUDITH MARTINS-COSTA

Sumário:	Introdução – Primeira Parte. A identificação do dano indenizável: 1. Precisões concei-tuais; 2. Perdas e danos: a medida do dano indenizável – Segunda Parte. Elementos normativos a considerar na fixação da indenização: 1. Interesse positivo, interesse negativo e as perdas e danos na resolução; 2. As modalidades de obrigações e as presunções que geram; 3. A *compensatio lucri cum damno*; 4. Utilidade da técnica do "fatiamento" para o cálculo dos prejuízos – Conclusões.

INTRODUÇÃO

No art. 944 o Código Civil deixou expresso e impresso o norte a ser seguido no cálculo do montante da indenização[2]: segundo o regime geral[3], essa se mede pela extensão do dano[4]. Aí não apenas está traduzido um princípio (o da reparação integral),

---

[1] Agradeço à Professora Doutora Selma Lemes o convite para integrar essa obra que homenageia os 20 anos, muito bem-sucedidos, de vigência da Lei da Arbitragem. Sou grata, também, às muito valiosas críticas e sugestões recebidas de Amanda Moreno, Cristiano de Sousa Zanetti, Giovana V. Benetti, Gustavo Haical, Pietro Webber, Rafael Xavier e Vitor Silveira Vieira pelas discussões, pesquisas e revisões. Agradeço, igualmente, a Mariana Pargendler pelas sugestões quanto ao tema dos *consequential damages*.

[2] Escrevi sobre o tema ao comentar o Código Civil, retomando agora o texto para proceder ao aprofundamento de algumas distinções. Conferir em: MARTINS-COSTA, Judith. *Comentários ao Novo Código Civil. Do inadimplemento das obrigações*. 2. ed. Rio de Janeiro: Forense, 2009. v. V, t. II.

[3] A ressalva é feita porque, consabidamente, têm os contratantes a faculdade de dispor sobre uma indenização forfatária, por meio de uma cláusula penal, ou de limitar e, em certos casos, até mesmo excluir o dever de indenizar, por intermédio de cláusulas limitativas e exoneratórias daquele dever.

[4] O princípio é aceito em vários sistemas jurídicos como a própria razão de ser precípua (embora não exclusiva) da responsabilidade civil. Na doutrina francesa, resumem-no Geneviève Viney e

como resta assentada com clareza a distinção finalística entre a responsabilidade civil contratual e extracontratual (ressarcir o dano), de um lado, e a responsabilidade penal (punir o culpado), de outro, fornecendo ao intérprete o primeiro critério para a apuração do montante da indenização.

Porém, a densidade normativa do princípio da reparação integral não é autossuficiente. Completam-no outras regras e modelos jurídicos[5] destinados a indicar *quando se indeniza, o que se indeniza*, em *que medida se indeniza, como é composto o montante* da indenização devida. Discerne-se entre a indenização consequente à violação de um direito absoluto (responsabilidade extracontratual) e o inadimplemento de um negócio jurídico (responsabilidade negocial ou contratual, já que o contrato é, dentre os negócios jurídicos, a mais corriqueira fonte do dever de indenizar[6]).

Feitas essas distinções preliminares, ainda assim é preciso atenção. Nossa disciplina é, nessa matéria, singular[7], tanto ao agregar à inspiração francesa do princípio da reparação integral[8] ecos da disciplina germânica da especificação da indenização, quanto ao associar preceitos do Código Civil e do Código de Processo Civil, como, claramente, determina o art. 946[9] daquele.

Sem nenhuma pretensão à inalcançável tarefa de exaurir essa temática e tendo em vista, exclusivamente, a *responsabilidade contratual patrimonial*[10], este estudo inicia

---

Patrice Jourdain como o "princípio da equivalência entre os danos e sua reparação", significando que a vítima do dano deve ser ressarcida na medida do dano: o responsável deve reparar "tout le dommage, mais rien que le dommage" (VINEY, Geneviève; JOURDAIN, Patrice. *Traité de Droit Civil*. Les conditions de la responsabilité. 3. ed. Paris: LGDJ, 2010. p. 111-112).

[5] A noção de modelo jurídico aqui adotada corresponde, aproximativamente, à de "instituição". Modelos são estruturas normativas dinâmicas, que integram fatos e valores em normas jurídicas, como explicitou Miguel Reale, entre outros textos em: REALE, Miguel. Vida e morte dos modelos jurídicos. *Estudos e filosofia e ciência do direito*. São Paulo: Saraiva, 1978; e em *Fontes e modelos do direito*. Para um novo paradigma hermenêutico. São Paulo: Saraiva, 1994. especialmente p. 63-122.

[6] Acerca da distinção entre as duas espécies de responsabilidade civil quanto aos fundamentos, fontes, finalidades e regime, em vista dos efeitos da incidência da prescrição, permito-me enviar a: MARTINS-COSTA, Judith; ZANETTI, Cristiano de Sousa. Responsabilidade contratual: prazo prescricional de 10 anos. *Revista dos Tribunais*, São Paulo: RT, v. 979, p. 215-241, maio 2017.

[7] Assim observa ASSIS, Araken de. Liquidação do dano. *Revista dos Tribunais*, São Paulo: RT, v. 759, p. 12, jan. 1998. Escrevendo ainda à luz do Código de 1916, mas em lição não destituída, ainda hoje, de atualidade, anotou: "Em outras palavras, o Código Civil brasileiro, considerando certos bens, delimitou as espécies de dano, a que se sujeitariam, e a *forma* da sua liquidação. É certo, rigorosamente certo, que vários outros bens, além daqueles contemplados nessas regras, se mostram passíveis de indenização. [...]. E, se inexiste regra própria de avaliação do dano, ou de sua liquidação, aplicar-se-á outra cláusula geral, prevista no art. 1.553, que a remete a *arbitramento*".

[8] VINEY, Geneviève; JOURDAIN, Patrice. *Traité de Droit Civil*. Les conditions de la responsabilité. 3. ed. Paris: LGDJ, 2010. p. 1-3.

[9] *In verbis*: "Art. 946. Se a obrigação for indeterminada, e não houver na lei ou no contrato disposição fixando a indenização devida pelo inadimplente, apurar-se-á o valor das perdas e danos na forma que a lei processual determinar".

[10] Conquanto no Direito brasileiro ambas as espécies, a responsabilidade contratual e a extra-contratual, guardem proximidade, há distinções no regime jurídico (reenvio, a propósito, para MARTINS-COSTA, Judith. *Comentários ao Novo Código Civil*. Do inadimplemento das obri-

identificando o dano indenizável (Primeira Parte), e prossegue com o aceno a certos elementos normativos a considerar em sua avaliação (Segunda Parte).

PRIMEIRA PARTE. A IDENTIFICAÇÃO DO DANO INDENIZÁVEL

Nem todo prejuízo causado a outrem é qualificável como dano, no sentido jurídico, como tal, configurando pressuposto ao nascimento do dever de indenizar pelo inadimplemento de um contrato. Cabe, assim, delimitá-lo por meio de precisões conceituais (1) averiguando, em seguida, o seu conteúdo composto pelas perdas e danos (2).

1. PRECISÕES CONCEITUAIS

O que se indeniza é o dano. Na responsabilidade por infração a contrato, há noções interligadas, mas distintas: *(i) inadimplemento* e suas espécies, *(i.1) mora, ou inadimplemento relativo* e *(i.2) inadimplemento absoluto,* pressuposto à *resolução ou à resilição por inadimplemento; (ii) dano injusto; (iii) perdas e danos;* e *(iv) dever de indenizar.*

As distinções e a precisão conceitual são, neste campo, instrumentos imprescindíveis ao bem julgar do árbitro na quantificação do dano. Sinteticamente:

(i) O *inadimplemento* consiste no não cumprimento, imputável ao devedor, de dever resultante do vínculo obrigacional. Traduz a falta ou defeituosidade na prestação devida (se, quando, enquanto e na medida em que é devida[11]), revestindo-se por tríplice modalidade: *(i.1)* o inadimplemento relativo, denominado mora, cujo conceito é deduzido do art. 389 do Código Civil, a saber: o não cumprimento imputável, no tempo, forma e lugar devidos, da prestação prometida, sendo essa, porém, ainda possível e útil ao credor; *(i.2)* o inadimplemento absoluto, também dito "definitivo", quando a prestação não foi cumprida tal qual devida, nem poderá sê-lo, com utilidade para o credor; e *(i.3)*

---

gações. 2. ed. Rio de Janeiro: Forense, 2009. v. V, t. II, p. 155-164). Para a atividade do árbitro, interessa a responsabilidade contratual, pois, normalmente, decide sobre contratos, embora possa ser posta à sua apreciação a responsabilidade *in contrahendo* que, segundo majoritária corrente, segue, no Brasil, o regime da responsabilidade extracontratual (ZANETTI, Cristiano de Sousa. *Responsabilidade pela ruptura das negociações.* São Paulo: Juarez de Oliveira, 2005. p. 34-35). Exclui-se deste texto a valoração do dano extrapatrimonial ("dano moral"). Para tanto, remete-se à MARTINS-COSTA, Judith. Dano moral à brasileira. In: PASCHOAL, Janaina Conceição; SILVEIRA, Renato de Mello Jorge (Coord.). *Livro homenagem a Miguel Reale Júnior.* Rio de Janeiro: GZ Editora, 2014. Também publicado em *Revista do Instituto do Direito Brasileiro,* Lisboa: Faculdade de Direito da Universidade de Lisboa, ano 3, n. 9p. 7.073-7.122, 2014.

[11] Os qualificativos afirmam o entendimento segundo o qual nem toda falta (ausência, defeito ou insuficiência) de cumprimento caracterizam o inadimplemento. Para o desenvolvimento dessa temática, permito-me reportar ao que escrevi em: MARTINS-COSTA, Judith. *Comentários ao Novo Código Civil.* Do inadimplemento das obrigações. 2. ed. Rio de Janeiro: Forense, 2009. v. V, t. II, p. 108.

a violação positiva do contrato, expressiva do descumprimento de deveres relacionados imediatamente a interesses de proteção (laterais), e não a interesses de prestação[12].

Normalmente – embora não de forma necessária – o inadimplemento produzirá o dano[13]. Cogite-se da seguinte hipótese: em contrato de locação, o locatário o subloca, apesar de proibição no instrumento contratual de promover-se sublocação. Ao devolvê-lo, findo o prazo avençado, nenhum prejuízo foi produzido ao imóvel que está em perfeitas condições. Nesse caso, terá havido incumprimento do contrato, mas não dano, com o que não nascerá o dever de indenizar, embora possam incidir – se acaso pactuadas – multas pelo incumprimento. Contudo, no comum dos casos, o inadimplemento, que é ato ilícito relativo, e a lesão a interesse juridicamente protegido – caracterizadora do dano indenizável[14] – andarão *pari passu*.

(*i.1*) A *mora*, ou *inadimplemento relativo*, não se restringe ao aspecto temporal, isto é, ao incumprimento da prestação no tempo devido. Abarca também as situações, imputáveis ao devedor, de disjunção entre o *lugar* e a *forma* previstos no contrato ou na lei e aquelas verificadas na realidade. Importante notar ser a mora sempre *estado transitório*: ou é sanada, se possível e ainda útil ao credor a prestação, ou se transforma em inadimplemento absoluto. Enquanto persiste o estado de mora o credor pode exigir o cumprimento, mais o pagamento das perdas e danos causados pela mora; ou exigir indenização substitutiva da prestação incumprida. Entretanto, se a prestação se tiver tornado impossível, ou se tiver perdido a utilidade para o credor, por causa da mora, transforma-se em incumprimento absoluto (Código Civil, art. 395, parágrafo único), pois a mora tem "caráter transformista"[15]: sua persistência pode provocar a mutação na espécie de inadimplemento.

---

[12] Reenvio a MARTINS-COSTA, Judith. *Comentários ao Novo Código Civil*. Do inadimplemento das obrigações. 2. ed. Rio de Janeiro: Forense, 2009. v. V, t. II, p. 108 e ss.; Ver, ainda: FERREIRA DA SILVA, Jorge Cesa. *Inadimplemento das obrigações*. São Paulo: RT, 2007. p. 33 e ss. Acerca da violação positiva do contrato, ainda: FERREIRA DA SILVA, Jorge Cesa. *A boa-fé e a violação positiva do contrato*. Rio de Janeiro: Renovar, 2002. Sobre a resolução contratual, AGUIAR JÚNIOR, Ruy Rosado de. *Comentários ao novo Código Civil*. Da extinção do contrato. Rio de Janeiro: Forense, 2011. v. VI, t. II.

[13] ALVIM, Agostinho. *Da inexecução das obrigações e suas consequências*. 5. ed. São Paulo: Saraiva, 1980. p. 181. Embora corriqueiramente resultem danos do inadimplemento, a serem indenizados por meio do pagamento de perdas e danos moratórios ou compensatórios, podem, porém, ser geradas também outras eficácias, como o nascimento do direito formativo à resolução por inadimplemento. Este terá como pressuposto o inadimplemento absoluto da prestação, mas não necessariamente o dano, com o que, nessa hipótese, não haveria que falar em indenização por perdas e danos, sendo essas devidas apenas se, da resolução ou da resilição resultarem prejuízos à parte que pede a resolução.

[14] Ver adiante, item 2.

[15] Cf. Assis, Araken de. *Resolução do contrato por inadimplemento*. 5. ed. São Paulo: RT, 2013. p. 121, que explicita: "[a]o credor a prestação tardia parece "inútil", segundo os dizeres do art. 395, parágrafo único, do CC/2002, se o descumprimento momentâneo rompe o ajuste qualificativo da reciprocidade obrigacional, porque o bem prestado – ou prometido prestar – teve o seu valor alterado, fazendo o negócio desvantajoso, ou porque a incerteza quanto ao adimplemento retardado quebra o interesse

(i.2) O *inadimplemento absoluto*[16] significa, como acima se viu, que a prestação não foi cumprida e não mais poderá sê-lo, ou porque impossível ou por inútil aos interesses legítimos do credor (Código Civil, art. 395, parágrafo único)[17]. O incumprimento pode ser total ou parcial, nesta última hipótese quando a prestação pode ser cumprida por partes[18]; e pode dizer respeito à inexecução da prestação ou ao adimplemento insatisfatório (cumprimento defeituoso). O que importa é o caráter de definitividade do inadimplemento, derivado de sua impossibilidade ou inutilidade para o credor. Se a prestação tornou-se impossível *na espécie devida*, diz o art. 947 do Código Civil, afastando, então, a viabilidade da execução específica, pode o credor pretender indenização "pelo seu valor", isto é, a indenização *substitutiva* da prestação, também dita execução pelo *equivalente pecuniário*. Esta será feita em moeda, pelo valor da prestação incumprida, caso em que as perdas e danos terão caráter substitutivo à prestação. Ainda nessa hipótese, o credor pode também *optar*[19] entre exercer pretensão à indenização substitutiva e a pretensão à *resolução por inadimplemento*. No primeiro caso (execução pelo equivalente pecuniário), a relação contratual remanesce até que seja extinta pelo adimplemento da prestação pecuniária substitutiva, acrescida de perdas e danos. Na segunda hipótese (resolução), os efeitos da relação contratual cessam de imediato. Havendo dano, o contrato ingressa numa nova fase, chamada de relação de liquidação.

Se a opção do credor for pela resolução, outras distinções devem ser consideradas.

Conforme a *fonte* de onde provém, a resolução é dita *resolução convencional* (também, "cláusula resolutiva expressa" ou "resolução negocial"), cuja previsão está no Código Civil, art. 474, primeira parte); ou *resolução legal*, prevendo-a os arts. 474, primeira parte, e 475 do Código Civil, em regra inderrogável pela vontade das partes[20].

---

na manutenção do vínculo. Sendo inútil ou de escassa utilidade o cumprimento serôdio, em vista de tais motivos, admite-se a rejeição do credor, e o inadimplemento, de relativo, passa a absoluto. Enquanto mora, o descumprimento do obrigado não implica o florescimento do direito à resolução do contrato bilateral". Ver, ainda, ZANETTI, Cristiano de Sousa. A transformação da mora em inadimplemento absoluto. *Revista dos Tribunais*, São Paulo: RT, v. 942, p. 117-139, abr. 2014.

[16] Também dito "inadimplemento definitivo". As expressões "inadimplemento absoluto" e "inadimplemento definitivo" são utilizados como sinônimos.

[17] Vide: ALVIM, Agostinho. *Da inexecução das obrigações e suas consequências*. 5. ed. São Paulo: Saraiva, 1980. p. p. 336 e ss.

[18] Sobre a admissibilidade da resolução *lato sensu* parcial, vide: PONTES DE MIRANDA, Francisco Cavalcanti. *Tratado de direito privado*. 3. ed. São Paulo: RT, 1984. t. XXIII, § 2.800, 6, p. 137; AGUIAR JÚNIOR, Ruy Rosado de. *Comentários ao novo Código Civil*: da extinção do contrato. Rio de Janeiro: Forense, 2011. v. VI, t. II, p. 498-499.

[19] Com razão Cristiano Zanetti ao perceber que a "opção" referida no art. 475 do Código Civil é entre a execução pelo equivalente e a resolução, pois se a prestação ainda é possível e útil ao credor, cabendo (pela possibilidade e pela utilidade) execução específica, não caberá invocar o art. 475 do Código Civil (ZANETTI, Cristiano de Sousa. A transformação da mora em inadimplemento absoluto. *Revista dos Tribunais*, São Paulo: RT, v. 942, em especial p. 136-137, abr. 2014). Do mesmo modo, ZANETTI, Ana Carolina. Devito Dearo. *Contrato de distribuição*. O inadimplemento recíproco. São Paulo: GEN-Atlas, 2015. p. 121 e ss.

[20] AGUIAR JÚNIOR, Ruy Rosado de. *Comentários ao novo Código Civil*. Da extinção do contrato. Rio de Janeiro: Forense, 2011. v. VI, t. II, p. 437. Distinguem-se não só pelo critério da fonte a

Em qualquer dessas duas hipóteses, embora os aspectos que as discernem[21], a resolução configura um meio de extinção da relação obrigacional com causa no inadimplemento que se fez "absoluto" porque a prestação não foi cumprida tal qual devida e não mais poderá sê-lo, ou por ser impossível, por fato superveniente à conclusão contratual (sendo a impossibilidade imputável ao devedor[22]), ou por ter perdido a utilidade para o credor, naquelas situações em que a *mora debitoris* perturba de tal sorte o interesse do credor à prestação que desfaz o interesse justificador da vinculação contratual[23]. Trata-se, pois, de um direito formativo "reacional" à situação ofensiva que a realidade do contrato representa[24], em vista do incumprimento.

Outra distinção se faz ainda necessária, já não mais sobre a fonte, mas acerca das *consequências* da resolução legal. Considerada *lato sensu*, a figura compreende a resolução em sentido estrito e a resilição. Ambas tem como pressuposto o inadimplemento absoluto e ambas exigem, para operar seus efeitos, decisão judicial ou arbitral *constitutiva negativa*[25]. A diferença entre ambas é de eficácia.

A resolução em sentido estrito tem eficácia *ex tunc*, de modo que apanha os contratos *cuja integralidade dos efeitos pode ser desfeita*, voltando as partes ao *statu quo ante*,

---

cláusula resolutiva expressa ("resolução convencional") e a resolução legal. A primeira, expressa, opera de pleno direito para *criar* ou para *permitir o exercício* do direito de resolução pelo titular, dispensando a intervenção judicial, embora não dispense a deliberação do credor em extinguir ou executar. A sentença será declaratória (AGUIAR JÚNIOR, Ruy Rosado de. *Comentários ao novo Código Civil*. Da extinção do contrato. Rio de Janeiro: Forense, 2011. v. VI, t. II, p. 378). A resolução legal exige intervenção judicial (ou arbitral) e sentença com força constitutiva. (vide: PONTES DE MIRANDA, Francisco Cavalcanti. *Tratado de Direito Privado*. 2. ed. Rio de Janeiro: Borsoi, 1962. t. XXXVIII, § 4.248, 1, p. 337). Ainda, com enfoque na resolução convencional: ZANETTI, Cristiano Sousa. A cláusula resolutiva expressa na lei e nos tribunais: o caso do termo de ocupação. In: LOTUFO, Renan, NANNI, Giovanni; MARTINS, Fernando. *Temas relevantes do direito civil contemporâneo*. São Paulo: Atlas, 2012. p. 354 e ss.

[21] Embora tenham pontos em comum, há diferenças de trato e de regime entre a resolução negocial e a legal. Conferir em: PONTES DE MIRANDA, Francisco Cavalcanti. *Tratado de direito privado*. 2. ed. Rio de Janeiro: Borsoi, 1959. t. XXV, §§ 3.088-3091, p. 317-369; AGUIAR JÚNIOR, Ruy Rosado de. *Comentários ao novo Código Civil*. Da extinção do contrato. Rio de Janeiro: Forense, 2011. v. VI, t. II, p. 368, 386 a 400 e 454 a 460.

[22] Acerca do regime da impossibilidade e de suas espécies (que levam a diferentes eficácias) ver: COUTO E SILVA, Clóvis. *A obrigação como processo*. Rio de Janeiro: FGV Editora, 2006. p. 98-113; PONTES DE MIRANDA, Francisco Cavalcanti. *Tratado de direito privado*. 2. ed. Rio de Janeiro: Borsoi, 1959. t. XXV, §§ 3.056 e 3.057, p. 211-213, bem como t. XXIII. 3. ed. Rio de Janeiro: Borsoi, 1971. §§ 2.795-2797, p. 103-116.

[23] ALVIM, Agostinho. *Da inexecução das obrigações e suas consequências*. 5. ed. São Paulo: Saraiva, 1980. p. 55-57; AGUIAR JÚNIOR, Ruy Rosado de. *Comentários ao novo Código Civil*. Da extinção do contrato. Rio de Janeiro: Forense, 2011. v. VI, t. II, p. 585; FERREIRA DA SILVA, Jorge Cesa. *Inadimplemento das obrigações*. São Paulo: RT, 2007. p. 47 e ss.

[24] Assim, AGUIAR JÚNIOR, Ruy Rosado de. *Comentários ao novo Código Civil*. Da extinção do contrato. Rio de Janeiro: Forense, 2011. v. VI, t. II, p. 458.

[25] PONTES DE MIRANDA, Francisco Cavalcanti. *Tratado de direito privado*. 2. ed. Rio de Janeiro: Borsoi, 1959. t. XXV, § 3.091, 5, p. 338.

como se não tivessem contratado. Trata-se, nas sempre lembradas palavras de Pontes de Miranda, de "um como se", tendo-se o negócio jurídico concluído "como se concluído não tivesse sido"[26].

Já a resilição apanha as relações duradouras e certos contratos de execução diferida ou continuada, cujas prestações já havidas *não podem ser desfeitas*, regendo, então, a eficácia *ex nunc*, pois consequências se produziram e não podem, nem por ficção, ser apagadas. De modo similar atuará a *denúncia* (dita, no art. 473 do Código Civil, "resilição unilateral"[27]), que é modo próprio de encerramento de relação duradoura, pelo exercício de direito formativo extintivo-modificativo[28], independentemente de haver ou não inadimplemento, podendo ser com ou sem causa[29], conforme a lei determine ou tenham as partes pactuado no contrato.

(ii) O dano – também dito *dano injusto* – é a diminuição ou subtração de um interesse juridicamente protegido. Este é o seu fundamento, segundo a Teoria do Interesse, em vista da qual se impõe a verificação de haver ou não interesse legítimo violado. Daí ser o dano dimensionado em relação ao legítimo interesse daquele que sofreu o dano, interesse,

---

[26] PONTES DE MIRANDA, Francisco Cavalcanti. *Tratado de direito privado*. 2. ed. Rio de Janeiro: Borsoi, 1959. t. XXV, § 3.086, 3, p. 307.

[27] Sem adentrar nas discussões sobre um possível "equívoco" do legislador ao utilizar essa terminologia, advirto seguir a tradição de Pontes de Miranda, segundo o qual a denúncia caracteriza exercício do poder formativo extintivo, para pôr fim a obrigações duradouras, sem que haja, no suporte fático, o inadimplemento; enquanto a resilição traduz o exercício de poder formativo extintivo-modificativo, também nos contratos duradouros, com fundamento no inadimplemento. Seguindo-se essa terminologia, o *caput* do art. 473 do Código Civil há de ser lido: "A denúncia nos casos em que a lei expressa ou implicitamente o permita, opera mediante notificação à outra parte". (Ver: PONTES DE MIRANDA, Francisco Cavalcanti. *Tratado de direito privado*. 2. ed. Rio de Janeiro: Borsoi, 1959. t. XXV, § 3.081, p. 294; e HAICAL, Gustavo. Apontamentos sobre o direito formativo extintivo de denúncia no Contrato de Agência. In: MARTINS-COSTA, Judith. *Modelos de direito privado*. São Paulo: Marcial Pons, 2014. p. 294 e ss.).

[28] A resolução extingue eficácias do contrato, mas também as cria ou modifica, pois modifica a prestação pactuada fazendo surgir a "relação de liquidação" e cria o direito de restituir e de indenizar. (Vide: AGUIAR JÚNIOR, Ruy Rosado de. *Comentários ao novo Código Civil*. Da extinção do contrato. Rio de Janeiro: Forense, 2011. v. VI, t. II, p. 481-482; ainda, do mesmo autor, *Extinção dos contratos por incumprimento do devedor*. Resolução. 2. ed. 2.ª tiragem. Rio de Janeiro: Aide, 2004. p. 258.

[29] Daí as conhecidas metáforas de Pontes de Miranda: "Quem resile faz cessar; quem resolve, faz o que *era*, no mundo jurídico, deixar de ter sido. Quem denuncia apenas faz não continuar. Resolução apaga presente e passado; portanto, não há futuro; denúncia põe ponto final, no que é no presente; resilição raspa a reticência, que seria o futuro. O que iria continuar, e deixa de continuar, porque houve a *resilição*, foi atingido pelo corte que se fez. É como se frase estivesse feita e estivesse sendo lida, mas se interrompeu a leitura, para sempre. Não é o que se passa com a denúncia. A frase que se estava lendo foi lida. O que se quer, de agora em diante, é não mais se escreva o que se ia escrevendo e escrito não fora" (PONTES DE MIRANDA, Francisco Cavalcanti. *Tratado de direito privado*. 2. ed. Rio de Janeiro: Borsoi, 1959. t. XXV, §§ 3.083, 1, p. 300).

contudo, estabelecido nos limites da imputação[30]. "A importância da noção jurídica de interesse", explica Couto e Silva, "é que ela determina a extensão do dano que alguém esteja obrigado a indenizar"[31]. Por esta razão, em nosso sistema, embora o *quantum* do dever de indenizar possa ser convencionalmente diminuído não se admite, nas relações regidas pelo Código Civil, a chamada "indenização punitiva" (*punitive damages*) de uso corrente no *Common Law*, pela qual se acresce a indenização para além dos limites do dano, tendo o excesso um caráter misto entre punição (pena) e exemplaridade[32].

Do dano injusto decorre a noção de "dano ressarcível" (ou indenizável) e desta noção, a de perdas e danos (art. 402), como se fossem círculos concêntricos, com diferença de diâmetro a indicar a especificidade. No primeiro e mais amplo desses círculos está o "dano ressarcível" que se identifica com as consequências prejudiciais que descendem da injusta lesão, determinando *in concreto* o conteúdo da obrigação de ressarcir a cargo do responsável. O dano ressarcível apresenta variada tipologia. Quando o dano atinge interesse patrimonial ("dano patrimonial") temos o segundo círculo, é dizer, as "perdas e danos".

(*iii*) A expressão *perdas e danos* indica um triplo fenômeno, a saber: uma modalidade da obrigação de indenizar[33], diversa da reparação *in natura* (Código Civil, art. 947, *in fine*); uma consequência da obrigação de indenizar, se patrimonial o dano; e também a medida da obrigação de indenizar, acepção na qual se especifica serem indenizáveis o dano emergente e os lucros cessantes. Nesta acepção, atinem à amplitude do dano patrimonial, é dizer: aquilo que a parte perdeu e aquilo que ela deixou de ganhar.

---

[30] COUTO E SILVA, Clóvis. O conceito de dano no direito brasileiro e comparado. In: FRADERA, Vera (Org.). *O direito privado brasileiro na visão de Clóvis do Couto e Silva*. Porto Alegre: Livraria do Advogado, 1997. p. 219-223. Acentuam essa mesma perspectiva trabalhos recentes como, exemplificativamente: ZANETTI, Cristiano Sousa. A perda da chance na arbitragem: em busca do enquadramento devido. Neste volume, p. 717-734. Ver, ainda: MARINO, Francisco de Crescenzo. Perdas e danos. In: LOTUFO, Renan; NANNI, Giovanni. *Obrigações*. São Paulo: Atlas-IDP, 2011. p. 655; STEINER, Renata Carlos. *Interesse positivo e interesse negativo*: a reparação de danos no direito privado brasileiro. 2015. Tese (Doutorado) – Faculdade de Direito da Universidade de São Paulo, São Paulo, especialmente p. 258.

[31] COUTO E SILVA, Clóvis. O conceito de dano no direito brasileiro e comparado. In: FRADERA, Vera (Org.). *O direito privado brasileiro na visão de Clóvis do Couto e Silva*. Porto Alegre: Livraria do Advogado, 1997. p. 219.

[32] MARTINS-COSTA, Judith; PARGENDLER, Mariana. Us et Abus de la Fonction Punitive (Dommages-Interets Punitifs et le Droit Brésilien). *Revue Internationale de Droit Comparé*, Paris, v. 56, n. 4, 2006; PARGENDLER, Mariana. Os danos morais e os "punitive damages" no direito norte-americano: caminhos e desvios da jurisprudência brasileira. In: PASCHOAL, Janaína; SILVEIRA, Renato (Coord.). *Livro homenagem a Miguel Reale Júnior*. Rio de Janeiro: GZ Editora, 2014. p. 413-428.

[33] "Primeiramente, e de modo genérico", observa Francisco Marino, "pode-se definir perdas e danos como a indenização devida pelo sujeito passivo ao sujeito ativo de uma relação obrigacional" (MARINO, Francisco de Crescenzo. Perdas e danos. In: LOTUFO, Renan; NANNI, Giovanni. *Obrigações*. São Paulo: Atlas-IDP, 2011. p. 653 e ss.).

(iv) A obrigação de indenizar é efeito do dano indenizável; é também efeito da inexecução culposa da obrigação, ou da constituição em mora, se pactuada cláusula penal[34].

Se não convencionada cláusula penal[35] ou se não estabelecido, por lei ou por negócio jurídico, limite ou exclusão à obrigação de indenizar[36] (se e quando lícita a exclusão[37]), o

---

[34] Código Civil, art. 408. "Incorre de pleno direito o devedor na cláusula penal, desde que, culposamente, deixe de cumprir a obrigação ou se constitua em mora".

[35] Figura funcionalmente complexa, a cláusula penal consiste – em uma noção ampla – na estipulação em que ambas as partes, ou uma delas apenas, se obriga(m) antecipadamente, perante a outra, a efetuar certa prestação, normalmente em dinheiro, em caso de inadimplemento de determinada obrigação, via de regra para proceder à liquidação antecipada do dano ou para estimular/pressionar o devedor ao cumprimento, podendo ter, ainda, a finalidade de punir a mora. (V. PINTO MONTEIRO, António. *Clausula penal e indemnização*. Coimbra: Almedina, 1999. p. 601 e ss.). Trata-se de promessa condicional de prestação, caso se verifique o não cumprimento da obrigação cujo cumprimento a cláusula visa assegurar. Na lição de Pontes de Miranda, é pena negocial, "prestação, de ordinário em dinheiro, que alguém, devedor ou não, promete, como pena a que se submete, para o caso de não cumprir a obrigação, ou não a cumprir satisfatoriamente, ou para o caso de se dar algum fato, concernente ao negócio jurídico, ou não se dar" (PONTES DE MIRANDA, Francisco Cavalcanti. *Tratado de direito privado*. 2. ed. Rio de Janeiro: Borsoi, 1959. t. XXVI, § 3.112, p. 62). Escrevi sobre o tema em: MARTINS-COSTA, Judith. *Comentários ao Novo Código Civil*. Do inadimplemento das obrigações. 2. ed. Rio de Janeiro: Forense, 2009. v. V, t. II, p. 606-729.

[36] As cláusulas ou convenções de exoneração ou limitação do dever de indenizar consistem em um acordo prévio em que as partes decidem afastar, total ou parcialmente, o *efeito reparatório* consequente à incidência das regras legais sobre a responsabilidade civil. Seu escopo está em exonerar (totalmente, ou até certo limite) o responsável civil pela reparação que deveria prestar, não fosse a previsão da cláusula. Afasta-se convencionalmente apenas o efeito, pois, e não a responsabilidade civil (pelo que não é rigorosamente correto o emprego da terminologia "cláusulas de irresponsabilidade") podendo as partes estipular (considerados certos limites) que, apesar de existente, a responsabilidade não produzirá ou produzirá limitadamente o seu principal efeito, qual seja: o dever de indenizar segundo o *princípio da reparação integral* (Código Civil, art. 927 c/c o art. 944), assim afastando as consequências normais decorrentes da inexecução da obrigação (não cumprimento ou cumprimento defeituoso). Na doutrina: PONTES DE MIRANDA, Francisco Cavalcanti. *Tratado de direito privado*. 3. ed. São Paulo: RT, 1984. t. LIII, § 5.503, 8, p. 131. Ainda: PONTES DE MIRANDA, Francisco Cavalcanti. *Tratado de direito privado*. Atualizado por Judith Martins-Costa, Jorge Cesa Ferreira da Silva e Gustavo Haical. São Paulo: RT, 2012. t. I. § 4, 3, p. 70; PONTES DE MIRANDA, Francisco Cavalcanti. *Manual do Código Civil brasileiro*. Do direito das obrigações. Rio de Janeiro: Jacintho Ribeiro dos Santos, 1927. v. XVI, 3.ª parte, t. I, p. 492. No mesmo sentido: AGUIAR DIAS, José de. *Responsabilidade civil*. 2. ed. Rio de Janeiro: Forense, 1950. v. II, p. 260; SANSEVERINO, Paulo de Tarso Vieira. *Responsabilidade civil no Código do Consumidor e a Defesa do Fornecedor*. 3. ed. São Paulo: Saraiva, 2010. p. 348; CAVALIERI FILHO, Sérgio. *Programa de responsabilidade civil*. 11. ed. São Paulo: Atlas, 2014. p. 590 e ss.; AZEVEDO, Antonio Junqueira de. Cláusula cruzada de não indenizar (*cross-waiver of liability*), ou cláusula de não indenizar com eficácia para ambos os contratantes. Renúncia ao direito de indenização. Promessa de fato de terceiro. Estipulação em favor de terceiro. *Estudos e pareceres de direito privado*. São Paulo: Saraiva, 2004. p. 201.

[37] Não é tolerável a exoneração quando, por via da convenção, buscarem as partes escapar das consequências indenizatórias pelo inadimplemento da *obrigação fundamental* ou *essencial* do contrato, bem como nas hipóteses de a inexecução ou o cumprimento defeituoso provirem de

princípio da indenização integral vigorará em sua integralidade. Limitações e exclusões convencionais dirigem-se apenas ao dever de indenizar, não à responsabilidade civil em si mesma considerada.

A obrigação de indenizar mereceu, no Código Civil de 2002, tratamento destacado no Título IX do Livro II da Parte Especial. Seja na hipótese de reparação *in natura*, seja na de indenização pecuniária e também na resolução ou na resilição por inadimplemento, bem como na presença de mora, haverá a pretensão às *perdas e danos* como o efeito mais corrente da responsabilidade civil. Conforme a pretensão exercida e a medida do dano, essas é que deverão ser mensuradas para cumprir-se o princípio pelo qual se indeniza "todo o dano, e nada mais que o dano".

2. PERDAS E DANOS: A MEDIDA DO DANO INDENIZÁVEL

Como norte ao cálculo do dano patrimonial derivado de ilícito relativo, como o é o dano contratual, utiliza-se o *método da diferença*, já não mais tido como explicação do que seja o dano, como tradicionalmente postulado pela "Teoria da Diferença"[38], mas visualizado como critério para a apuração das consequências do dano no plano indenizatório.

Por esse método, "quantifica-se o prejuízo fazendo um cálculo que leva em conta o estado atual do patrimônio e a sua situação se o dano não tivesse ocorrido"[39]. Nem sempre haverá de levar-se em conta a integralidade do prejuízo sofrido, pois podem as partes ter pactuado cláusula penal que requer a inexecução culposa da prestação, ou a mora, podendo, ainda, ter ajustado um teto ou limite ao dever de indenizar. Seja como for, o método da diferença é aplicável para a quantificação do dano[40].

---

ação ou omissão dolosa ou gravemente culposa do devedor e, ainda, quando afrontarem norma de ordem pública.

[38] Como escrevi de outra feita, embora relevante e útil, a Teoria da Diferença não explica, porém, todas as hipóteses de dano, uma vez supor uma noção *naturalista* do dano, servindo tão só para verificar a sua existência nos casos de lesão patrimonial e, ainda assim, em hipóteses limitadas, não explicando satisfatoriamente, por exemplo, a situação dos danos de natureza continuada, como a situação de quem, em consequência de uma lesão, vê reduzida a sua capacidade para prestar trabalho ou para auferir outro tipo de rendimentos. A ideia subjacente à Teoria da Diferença, embora não esteja equivocada, é insuficiente para um variado grupo de situações, de modo que foi acrescida mais recentemente (sobretudo tendo em vista a tutela dos interesses extrapatrimoniais) pela noção normativa do dano, pela qual o dano é a lesão *a interesse jurídico*. Trata-se da *Teoria do Interesse*, já acima mencionada e abaixo brevemente explicitada (Segunda Parte, item 1).

[39] COUTO E SILVA, Clóvis. O conceito de dano no direito brasileiro e comparado. In: FRADERA, Vera (Org.). *O direito privado brasileiro na visão de Clóvis do Couto e Silva*. Porto Alegre: Livraria do Advogado, 1997. p. 219.

[40] Evidentemente, se pactuada cláusula penal, haverá de ser considerado o valor ajustado a *forfait*, ou, se estabelecida limitação ao dever de indenizar, há de ser observado o teto; porém, se as partes nada ajustaram, ou se avençaram a indenização suplementar de que trata o art. 416 do Código Civil, a totalidade do valor dano é considerada.

Relevante e útil, embora nem sempre suficiente, dele se retiram duas ilações principais, como explica Araken de Assis: "em primeiro lugar, a indenização atentará para o valor individual do bem, ou seja, na sua conexão intrínseca e concreta no patrimônio do lesado, e não seu valor objetivo ou de mercado; ademais, se atenderá à existência de eventuais vantagens carreadas ao ofendido (*compensatio lucri cum damno*)"[41], bem discernindo Pontes de Miranda: "indeniza-se o valor comum ou de troca no momento, 'mais' o que, 'para o prejudicado', teria se não tivesse ocorrido o ilícito, absoluto ou relativo"[42]. O grau da culpa do causador do ilícito contratual poderá ter influência *quando mínimo*, na forma do parágrafo único do art. 944 do Código Civil, para diminuir a indenização, naquela que é uma das regras exceptivas do princípio da reparação integral[43]. Inadmitindo-se os *punitive damages*, não terá influência para majorar a indenização, ainda que o inadimplemento provenha de culpa grave ou de dolo. (Código Civil, art. 403).

O método da diferença aplica-se, porém, segundo determinados critérios. O mais importante diz respeito à natureza dos efeitos que o dano opera no patrimônio de quem o sofre[44]. Avultam, então, as noções de dano emergente e de lucros cessantes, ambas constituindo, no Direito brasileiro, *prejuízos efetivos* decorrentes da violação de interesse juridicamente protegido[45].

Conquanto a expressividade da fórmula consagrada, segundo a qual os danos emergentes são o que efetivamente se perdeu e os lucros cessantes são aquilo que razoavelmente se deixou de lucrar, certo é carecer o tema de sutilezas e especificações. O dano emergente não é apenas o que efetivamente se perdeu, não é apenas a diminuição do ativo: é também o aumento do passivo[46].

---

[41] ASSIS, Araken de. Liquidação do dano. *Revista dos Tribunais*, São Paulo: RT, v. 759, p. 21, jan. 1998. Sobre a *compensatio lucri cum damno*, vide, *infra*, Segunda Parte, item 3.

[42] PONTES DE MIRANDA, Francisco Cavalcanti. *Tratado de direito privado*. 2. ed. Rio de Janeiro: Borsoi, 1958. t. XXVI, § 3.107, p. 30.

[43] *In verbis*: "Parágrafo único. Se houver excessiva desproporção entre a gravidade da culpa e o dano, poderá o juiz reduzir, equitativamente, a indenização".

[44] ALVIM, Agostinho. *Da inexecução das obrigações e suas consequências*. 5. ed. São Paulo: Saraiva, 1980. p. 73.

[45] Bem percebe Gisela Sampaio da Cruz Guedes: "Quando, entretanto, o dano emergente é definido como o que o lesado efetivamente perdeu, cria-se, às avessas, uma ideia equivocada de lucro cessante como se esta faceta do dano patrimonial também não fosse um prejuízo efetivo. Em realidade, tanto o dano emergente quanto os lucros cessantes são prejuízos efetivos decorrentes da violação de um interesse digno de tutela, embora cada qual desempenhe uma função própria no sistema de reparação" (GUEDES, Gisela Sampaio da Cruz. *Lucros cessantes*: do bom senso ao postulado normativo da razoabilidade. São Paulo: RT, 2012. p. 21 e, especialmente, p. 346).

[46] Reenvio ao que escrevi em: MARTINS-COSTA, Judith. *Comentários ao Novo Código Civil. Do inadimplemento das obrigações*. 2. ed. Rio de Janeiro: Forense, 2009. v. V, t. II, p. 477; ALVIM, Agostinho. *Da inexecução das obrigações e suas consequências*. 5. ed. São Paulo: Saraiva, 1980. p. 173; GUEDES, Gisela Sampaio da Cruz. *Lucros cessantes*: do bom senso ao postulado normativo da razoabilidade. São Paulo: RT, 2012. p. 56; FERREIRA DA SILVA, Jorge Cesa. *Inadimplemento das obrigações*. São Paulo: RT, 2007. p. 163-164.

Já os lucros cessantes – que também não compreendem necessariamente "lucros", abarcando, por igual, prejuízos que poderiam ser evitados (*i.e.*, não apenas o impedimento de aumentar o ativo, mas também o impedimento de diminuir o passivo) – não são necessariamente pretéritos (o que se deixou de ter), pois não se limitam somente ao que a parte "deixou de ganhar", mas se estendem ao que ela ainda "ganharia"[47]. Portanto, não são "lucros cessados", como já havia explicado há décadas Agostinho Alvim, argumentando: se é uma diminuição potencial de ganhos, não o podemos pôr no passado.

Não sendo necessariamente pretéritos, os lucros cessantes podem representar um prejuízo *futuro* que, não obstante, autoriza condenação *atual* porque vem a ser a evolução de um prejuízo já devidamente verificado[48].

A primeira distinção a fazer liga-se ao requisito *probabilidade*. Os lucros cessantes não são danos meramente *danos hipotéticos*[49]. Constituem projeções de uma *forte probabilidade*, a ser averiguada com base em presunções, na natureza da prestação e, afinal, no postulado normativo da razoabilidade[50], sendo considerado provável o dano que, considerados os dados reais, existentes, e com base no *id quod plerumque accidit*, verossimilmente atingiria o patrimônio do lesado[51]. Assim, ao contrário de mera hipótese ou *possibilidade*, o lucro cessante futuro configura-se como decorrência ou prolongamento temporal do fato lesivo que está a ser considerado, sendo, por isto, certo e atual na data da prolação da sentença[52].

---

[47] FERREIRA DA SILVA, Jorge Cesa. *Inadimplemento das obrigações*. São Paulo: RT, 2007. p. 164.

[48] ALVIM, Agostinho. *Da inexecução das obrigações e suas consequências*. 5. ed. São Paulo: Saraiva, 1980. p. 174.

[49] "Não é à toa", diz Gisela Sampaio da Cruz Guedes, "que a expressão 'dano hipotético' quase sempre se refere a lucro cessante; afinal, é esta a faceta do dano patrimonial que mais se deixa dominar pela forte soma de incerteza que resulta de se operar com entidades imaginárias" (GUEDES, Gisela Sampaio da Cruz. *Lucros cessantes*: do bom senso ao postulado normativo da razoabilidade. São Paulo: RT, 2012. p. 21 e, especialmente, p. 71 e ss.).

[50] Segundo Ávila, postulados normativos são normas estruturantes da aplicação de princípios e regras. E explicita: "Diversamente, os postulados, de um lado, não impõem a promoção de um fim, mas, em vez disso, estruturam a aplicação do dever de promover um fim; de outro, não prescrevem comportamentos, mas modos de raciocínio e de argumentação relativamente a normas que indiretamente prescrevem comportamentos" (ÁVILA, Humberto Bergmann. Moralidade, razoabilidade e eficiência na atividade administrativa. *Revista Eletrônica de Direito do Estado*, n. 4, p. 9, out.-dez. 2005). Assim qualifica o advérbio "razoavelmente" inserto no art. 402 do Código Civil (GUEDES, Gisela Sampaio da Cruz. *Lucros cessantes*: do bom senso ao postulado normativo da razoabilidade. São Paulo: RT, 2012. p. 244 e ss.).

[51] Há de atentar-se, sempre, à lição de Michelle Taruffo, para quem "[q]uando não existem normas ou princípios que determinem o *standard* de confirmação considerado necessário ou suficiente para que se produzam determinados efeitos, a decisão sobre se um enunciado fático deve ser considerado adequadamente provado é tomada segundo critérios racionais" (TARUFFO, Michele. *Uma simples verdade*: o juiz e a construção dos fatos. Trad. de Vitor de Paula Ramos. São Paulo: Marcial Pons, 2012. p. 253-254).

[52] GUEDES, Gisela Sampaio da Cruz. *Lucros cessantes*: do bom senso ao postulado normativo da razoabilidade. São Paulo: RT, 2012. p. 58-59.

O ÁRBITRO E O CÁLCULO DO MONTANTE DA INDENIZAÇÃO | **621**

Daí retirar a distinção entre duas espécies de lucros cessantes indenizáveis segundo o Direito brasileiro, os presentes e os futuros. Quando se diz *dano presente*, se está a aludir ao prejuízo que já se encontra materializado na ocasião em que proferida a decisão (judicial ou arbitral, ou a transação) que obriga o agente a repará-lo[53]. E diz-se *dano futuro* aquele cujos efeitos só se produzem efetivamente depois de proferida a sentença, embora como consequência, ainda, do fato lesivo[54]. O dano futuro será "certo" quando se puder estabelecer um juízo de probabilidade quanto à sua existência[55], só nessa medida podendo ser acolhidos, em nosso sistema, os *consequential damages* versados no *Common Law*[56]. Num e noutro caso (dano certo e dano futuro), pois, o requisito determinante é o da probabilidade.

---

[53] GUEDES, Gisela Sampaio da Cruz. *Lucros cessantes*: do bom senso ao postulado normativo da razoabilidade. São Paulo: RT, 2012. p. 58-59; FERREIRA DA SILVA, Jorge Cesa. *Inadimplemento das obrigações*. São Paulo: RT, 2007. p. 154; MARINO, Francisco de Crescenzo. Perdas e danos. In: LOTUFO, Renan; NANNI, Giovanni. *Obrigações*. São Paulo: Atlas-IDP, 2011. p. 668.

[54] Por vezes são utilizadas, para indicar os mesmos fenômenos, as denominações "dano imediato" e "dano mediato". Explica Araken de Assis: "Outra classificação separa o dano *imediato* e o dano *mediato*. Aquele, provoca uma mudança incontinenti no bem atingido; este, se manifesta no tempo que há de vir, seja porque a lesão é permanente ou repetida – por exemplo, a perda da visão –, seja porque sua ocorrência se dará mais adiante. O dano mediato, como se percebe, pode ser *futuro*, ou seja, dotado de extensão no porvir, ou *eventual*, quando outro fato, sem prejuízo da relação de causalidade, a ele se acrescenta mais adiante. O art. 286, II, do CPC permite ao autor formular pedido genérico com vistas ao dano mediato, porque somente perante ele não se mostraria possível *determinar, de modo definitivo, as consequências do ato ou fato ilícito*" (ASSIS, Araken de. Liquidação do dano. *Revista dos Tribunais*, São Paulo: RT, v. 759, p. 13, jan. 1998. O que chama o autor de "dano eventual" é o tema da superveniência causal, adiante examinado (Segunda Parte, item 2). A referência ao art. 286 do CPC remete ao art. 324 do CPC de 2015.

[55] MARINO, Francisco de Crescenzo. Perdas e danos. In: LOTUFO, Renan; NANNI, Giovanni. *Obrigações*. São Paulo: Atlas-IDP, 2011. p. 668.

[56] A expressão *consequential damages* não encontra tradução direta nos Direitos de tradição romano--germânica, de modo geral, e no Direito brasileiro, em particular. Mesmo no Direito contratual anglo-saxônico, o sentido da expressão "*consequential damages*" é equívoco. Não dizem respeito a danos indiretos ou danos hipotéticos – que não seriam indenizáveis – antes estando referidos a danos que não são "resultado natural" do inadimplemento, mas, ao contrário, se devem a circunstâncias especiais atinentes ao caso ou à própria parte lesada. Sendo a relação contratual regida pelo Direito brasileiro, eventual pactuação que exclua os *consequential damages* poderá ser considerada cláusula de limitação de responsabilidade, restringindo o montante indenizatório que seria devido por força da lei brasileira. Isso porque, o nosso Direito – tal como os demais sistemas de matriz romanística – não reconhece os *consequential damages* como categoria própria. Ao contrário, restringe a indenização por perdas e danos a todos os "prejuízos efetivos e lucros cessantes" que sejam efeito "direto e imediato" do inadimplemento (Código Civil, arts. 402 e 403). Assim, tal como no Direito francês, os *consequential damages* do direito norte-americano caracterizam-se, na ausência de circunstâncias especiais, como "danos diretos" resultantes do inadimplemento, na medida em que configurados os demais pressupostos para tanto (ver FARNSWORTH, Alan. *Contracts*. New York: Aspen, 1999. p. 822; WEST, Glenn; DURAN, Sara G. Reassessing the "Consequences" of Consequential Damage Waivers in Acquisition Agreements. *Business Lawyer*, v. 63, p. 778 e ss., 2008).

A linha distintiva está, pois, entre o *meramente possível* e o *fundamentadamente provável*[57]. O relevante para a sua noção é a presença de três requisitos: o fato de o lesado ter podido obter o lucro cessante, o tê-lo querido e a licitude do ganho, pois não se indenizam lucros ilícitos[58].

Desde que resultante de um nexo causal entre o ilícito contratual (o inadimplemento) e ato ou fato imputável ao devedor[59], estará o dano, então, configurado, gerando o direito às perdas e danos. Porém, na sua configuração, deve o árbitro considerar, a par dos elementos fáticos do caso, elementos normativos, atinentes, dentre outras hipóteses[60], à espécie de interesse resultante do dano e à modalidade da obrigação incumprida.

---

[57] Essa linha é baseada em entendimento consolidado no STJ, com base na doutrina de Agostinho Alvim, segundo o qual "não basta a simples possibilidade de realização do lucro, mas também não é indispensável a absoluta certeza de que este se teria verificado sem a interferência do evento danoso. O que deve existir é uma probabilidade objetiva que resulte do curso normal das coisas e das circunstâncias especiais do caso concreto". Vide, exemplificativamente: STJ, 4.ª Turma, REsp 61.512/SP, Rel. Min. Sálvio de Figueiredo Teixeira, j. 25.08.1997 ("não se exige que os lucros cessantes sejam certos, bastando que, nas circunstâncias, sejam razoáveis ou potenciais"; "o nosso Código Civil utiliza a expressão 'o que razoavelmente deixou de lucrar', cujo sentido é que, até prova em contrário, admite-se que o credor haveria de lucrar com aquilo que o bom senso diz que lucraria"); STJ, 4.ª Turma, REsp 320.417/RJ, Rel. Min. Sálvio de Figueiredo Teixeira, j. 27.11.2001 ("Acolho o recurso para deferir os lucros cessantes, mas diferindo o quantum para a liquidação de sentença por arbitramento, com razoabilidade, levando em consideração todas as circunstâncias da demanda, inclusive para evitar o enriquecimento sem causa, considerando, inclusive, o valor de mercado, as probabilidades de aluguel e que tributável eventual locação"; "Não há como negar que deixaram os recorrentes de lucrar com o atraso na entrega dos imóveis, seja com o valor do aluguel que receberiam de terceiros, seja com o aluguel que eventualmente deixariam de pagar. Ademais, importante frisar que o ônus da prova, nesses casos, incumbe àquele que alegar fato que fuja à normalidade. A míngua de tal prova, prevalece a presunção de que os recorrentes lucrariam com a utilização dos imóveis"). Na jurisprudência recente do STJ ainda se afirma a probabilidade conforme a *normalidade das circunstâncias provadas* (*E.g.*, STJ, 3.ª Turma, Ag. Int. no AREsp 887.148/SP, Rel. Min. Ricardo Villas Bôas Cueva, j. 09.08.2016; STJ, 3.ª Turma, REsp 1.549.467/SP, Rel. Min. Marco Aurélio Bellizze, j. 13.09.2016).

[58] ASSIS, Araken de. Liquidação do dano. *Revista dos Tribunais*, São Paulo: RT, v. 759, p. 22-23, jan. 1998.

[59] A extensão do dano, critério reitor da indenização, será balizada pela extensão da causa, em sua ligação "direta e imediata", como está no art. 403 do Código Civil, com o ato ou omissão imputável ao autor do dano. Por sua complexidade e extensão, não caberá tratar do tema nos limites deste texto. Remete-se o leitor para GUEDES, Gisela Sampaio da Cruz. *O problema do nexo causal na responsabilidade civil*. Rio de Janeiro: Forense, 2005. p. 313 e ss.; bem como para MARTINS-COSTA, Judith. *Comentários ao Novo Código Civil. Do inadimplemento das obrigações*. 2. ed. Rio de Janeiro: Forense, 2009. v. V, t. II, p. 496 e ss.

[60] Exemplificativamente: a espécie de dano (patrimonial ou extrapatrimonial); a espécie de obrigação incumprida (foi a obrigação principal? Ou obrigação fundamental? Ou obrigação secundária, ou dever anexo?); a mensuração do dano, em abstrato ou em concreto; a existência e a extensão, no caso, de um eventual "dever de mitigar o dano" etc.

SEGUNDA PARTE. ELEMENTOS NORMATIVOS A CONSIDERAR NA FIXAÇÃO DA INDENIZAÇÃO

Entre os elementos normativos de maior relevo para a avaliação do dano estão (1) a detecção do interesse lesado, bem como (2) a modalidade da prestação incumprida e as presunções de inadimplemento, de dano e de *onus probandi*, bem como a possível ocorrência de lucro causado pelo dano, configurando-se a *compensatio lucri cum damno* (3), finalizando-se com brevíssimas considerações sobre a utilidade da técnica do "fatiamento" para o cálculo dos prejuízos (4).

1. INTERESSE POSITIVO, INTERESSE NEGATIVO E AS PERDAS E DANOS NA RESOLUÇÃO

Se o dano é a lesão a interesse juridicamente tutelado, importa atentar à noção de interesse em causa, pois se ligam, de modo indissociável, o interesse lesado e a composição da relação jurídica de reparação do dano, já que a tutela ressarcitória, por sua função reintegradora ou sub-rogatória é, necessariamente, modelada pela situação jurídica à qual se refere[61]. A distinção entre *interesse positivo* e *interesse negativo*[62] tem imensa importância para a avaliação do dano, pois reportada à própria função da responsabilidade civil, atinente a repor o lesado na situação hipotética em que estaria não fosse o evento lesivo.

Diz-se interesse positivo (ou interesse ao cumprimento) aquele correspondente ao aumento que o patrimônio do credor teria experimentado se o contrato tivesse sido cumprido; é o acréscimo que o contratante, em caso de cumprimento da avença, auferiria com o valor da prestação, descontado o valor da contraprestação, e mais a vantagem decorrente da disponibilidade desse acréscimo desde o dia revisto para o cumprimento, até o dia da indenização"[63]. Já o interesse negativo (interesse derivado da confiança) é o

---

[61] Assim, STEINER, Renata Carlos. *Interesse positivo e interesse negativo*: a reparação de danos no direito privado brasileiro. 2016. Tese (Doutorado) – Faculdade de Direito da Universidade de São Paulo, São Paulo, p. 37.

[62] O *topos* do interesse foi assentado na Ciência Jurídica por Rudolph von Jhering em *Culpa in contrahendo oder Schadensersatz bei nichtigen oder nicht zur Perfection gelangten Verträgen*: Gesammelte Aufsätze aus den Jahrbüchern für die Dogmatik des heutigen römischen und deutschen Privatrechts, v. 1, Jena 1881, S. 327, que li na tradução francesa, como segue: De la culpa in contrahendo ou des Dommages-Intérêts dans les Conventions Nulles ou Restées Imparfaites. *Oeuvres Choisies*. Trad. de O. De Meulenaere. Paris: A Marescq, t. II, p. 1-100. Na doutrina brasileira o mais exaustivo e aprofundado trabalho sobre o tema é a tese de STEINER, Renata Carlos. *Interesse positivo e interesse negativo*: a reparação de danos no direito privado brasileiro. 2016. Tese (Doutorado) – Faculdade de Direito da Universidade de São Paulo, São Paulo. Na literatura de língua portuguesa, consultar também MOTA PINTO, Paulo da. *Interesse contratual positivo e interesse contratual negativo*. Coimbra: Almedina, 2009. Menciono brevemente o tema em: MARTINS-COSTA, Judith. *Comentários ao Novo Código Civil*. Do inadimplemento das obrigações. 2. ed. Rio de Janeiro: Forense, 2009. v. V, t. II, p. 487 e ss.

[63] AGUIAR JÚNIOR, Ruy Rosado de. *Comentários ao novo Código Civil*. Da extinção do contrato. Rio de Janeiro: Forense, 2011. v. VI, t. II, p. 703.

investido pelo contratante por ter confiado na validade e eficácia da relação contratual e que vem a ser frustrado com a invalidade ou com a decretação de ineficácia da relação consequente à resolução por inadimplemento. Compreende os *ganhos de que ficou privado* o credor por ter confiado na validade ou na eficácia do contrato, bem como as despesas que sofreu pelo mesmo investimento de confiança.

A duplicidade de interesses refletidas no "par conceitual"[64] em causa atine à comparação entre a situação real do lesado e aquela em que ele estaria *(i)* se o contrato tivesse sido adequadamente cumprido (interesse positivo) e *(ii)* se o lesado não houvesse iniciado as negociações que resultaram num contrato a *posteriori* invalidado, ou mesmo, na não conclusão do contrato, sendo as negociações frustradas em razão de um recesso injustificado de uma das partes, ou, ainda, na ineficácia da relação contratual em razão da resolução por inadimplemento (interesse negativo)[65].

Formulada originalmente para justificar o dano pelo interesse negativo nas duas primeiras hipóteses – a de contrato inválido e a do recesso injustificado –, a distinção entre a espécie de interesse indenizável resulta em polêmicas quando da averiguação dos danos resultantes da resolução por inadimplemento. Essas polêmicas por vezes podem derivar de confusões terminológicas ou, mesmo, da pouca atenção dada ao método comparatista, confrontando-se regras legais ou opiniões doutrinárias de juristas dos diferentes sistemas sem atenção aos respectivos *formantes* e *criptotipos*[66]. Por isso, parece oportuno aqui registrar os significados ora atribuídos às expressões, nem sempre idênticos em termos de Direito Comparado.

Por certo, não haverá polêmica (ao menos nos países de *Civil Law*) sobre a espécie de interesse quando é pedida indenização pela mora ou por violação positiva do contrato, pois se estará a cogitar, logicamente, do interesse ao cumprimento (interesse positivo)[67].

---

[64]   A expressão "par conceitual" é de STEINER, Renata Carlos. *Interesse positivo e interesse negativo*: a reparação de danos no direito privado brasileiro. 2016. Tese (Doutorado) – Faculdade de Direito da Universidade de São Paulo, São Paulo.

[65]   Vide, adiante, a ressalva quanto aos casos de resilição por inadimplemento.

[66]   As expressões foram cunhadas pelo grande comparatista italiano Rodolfo Sacco, para indicar o anacronismo consistente na mera comparação entre regras, esquecendo-se do entorno normativo e cultural que as circunda. Os formantes atinem à interação entre lei, doutrina e jurisprudência, não sendo possível tomar em consideração apenas um deles – por exemplo, a norma legal – desconsiderando as conotações e transformações semânticas que lhe possam ter sido conferidas pela doutrina e pela jurisprudência. O conhecimento dos sistemas exige, assim, conhecer e distinguir todos os níveis do sistema. Já os "criptotipos" ou "criptossistemas" são aqueles formantes não expressos, não verbalizados, mas subjacentes e fortemente presentes na mentalidade ou cultura dos juristas, determinando sua percepção. É possível existir, nos diversos sistemas, leis ou noções jurídicas aparentemente iguais, mas que recebem, na prática, entendimentos e aplicações muito diversas entre si. Por via dessas categorias indica-se, assim, princípio metodológico fundamental à comparação jurídica, segundo a qual se há de considerar a estrutura do sistema (ou da instituição examinada) no seu modo peculiar de articulação (SACCO, Rodolfo. *La Comparaison Juridique au Service de La Conaissance du Droit*. Paris: Economica, 1991. p. 41 e ss.).

[67]   Como bem alerta Francisco Marino, louvado em lição de Larenz, não há cabimento falar em interesse positivo ou em interesse negativo para a avaliação dos danos advindos da mora e da

Por igual, não há dúvidas sobre qual o interesse violado quando o lesado pede o cumprimento específico ou o cumprimento pelo equivalente pecuniário, com a manutenção do contrato, pois, nesses casos, também a pretensão é *ao cumprimento*, isto é, ao interesse positivo. Quando ocorrer o *cumprimento específico* da prestação, ou um *cumprimento substitutivo* via indenização pecuniária (e vindo esta no lugar da prestação pactuada), será necessário identificar no que consiste a prestação inadimplida e quantificar o prejuízo, mas, incontroversamente, o dano será avaliado em vista da lesão ao interesse positivo.

O problema – e a polêmica – estão quando o credor, em face do inadimplemento absoluto, *opta* – como está no verbo empregado pelo art. 475 do Código Civil – por pedir a resolução ou a resilição, pois quer se liberar do vínculo contratual. Nesse caso, não há mais, por definição, *interesse ao cumprimento*, já que impossível ou inútil aos legítimos interesses do credor, sendo o próprio *telos* da resolução extinguir os efeitos do vínculo, com o que a prestação e a sua contraprestação deixam de ser exigíveis. A questão é: pode ou deve o credor buscar indenização pelo interesse positivo (= interesse ao cumprimento, pedindo o que ganharia se o contrato tivesse sido cumprido)? Ou deve se entender que a lesão foi apenas ao interesse negativo (= interesse pela confiança frustrada), já que o credor investiu tempo, dinheiro, prestígio e legítimas expectativas, mas a eficácia da relação contratual foi desfeita?

Já em trabalhos anteriores, defendi o entendimento de, no desfazimento do contrato pela *resolução por inadimplemento*, caber indenização pelas perdas e danos reportadas ao interesse negativo[68]. Desfeito o contrato, com o retorno dos figurantes ao *statu quo ante*, não haveria, logicamente, pretensão ao cumprimento e, por lógica consequência, não seriam indenizáveis os benefícios esperados com um contrato que juridicamente não mais subsiste, estando as partes liberadas do cumprimento de suas obrigações principais[69].

---

violação positiva do contrato. Essa temática interessa aos danos vinculados à resolução. MARINO, Francisco de Crescenzo. Perdas e danos. In: LOTUFO, Renan; NANNI, Giovanni. *Obrigações*. São Paulo: Atlas-IDP, 2011. p. 667.

[68] MARTINS-COSTA, Judith. *Comentários ao Novo Código Civil*. Do inadimplemento das obrigações. 2. ed. Rio de Janeiro: Forense, 2009. v. V, t. II, p. 453 e ss.; e MARTINS-COSTA, Judith. Responsabilidade civil contratual. Lucros cessantes. Resolução. Interesse positivo e interesse negativo. Distinção entre lucros cessantes e lucros hipotéticos. Dever de mitigar o próprio dano. Dano moral e pessoa jurídica. In: LOTUFO, Renan; NANNI, Giovani Ettore; MARTINS, Fernando Rodrigues (Coord.). *Temas relevantes de direito civil contemporâneo*. São Paulo: Atlas, 2012. p. 562-563.

[69] No mesmo sentido ASSIS, Araken de. Dano positivo e negativo na dissolução do contrato. *Revista Ajuris*, ano XXI, v. 60, p. 125, mar. 1994 (também em: Liquidação do dano. *Revista dos Tribunais*, São Paulo: RT, v. 759, p. 11-23); AZEVEDO, Antonio Junqueira de. A boa-fé na formação dos contratos. *Revista Direito do Consumidor*, São Paulo: RT, v. 3, p. 78-87, jul.-set. 1992; GUEDES, Gisela Sampaio da Cruz. *Lucros cessantes*: do bom senso ao postulado normativo da razoabilidade. São Paulo: RT, 2012. p. 132; MARTINS-COSTA, Judith. *Comentários ao Novo Código Civil*. Do inadimplemento das obrigações. 2. ed. Rio de Janeiro: Forense, 2009. v. V, t. II, p. 453 e ss.; MARTINS-COSTA, Judith. Responsabilidade civil contratual. Lucros cessantes. Resolução. Interesse positivo e interesse negativo. Distinção entre lucros cessantes e lucros hipotéticos. Dever de mitigar o próprio dano. Dano moral e pessoa jurídica. In: LOTUFO, Renan; NANNI, Giovani

Estudos recentes[70] têm sustentado entendimento diverso, defendendo caber a indenização dos danos avaliados pelo interesse positivo. Para Paulo da Mota Pinto, o entendimento que cinge a indenização, na resolução, ao interesse negativo, encontra-se, no nível internacional, em "claro recuo"[71]. Entre nós, defende Ruy Rosado de Aguiar Júnior não se limitar a indenização na resolução ao interesse negativo, "devendo-se optar pela solução que melhor componha o interesse de ambas as partes, com predominância para o interesse positivo, de acordo com as exigências da equidade, da qual a indenização é o instrumento"[72]. Para Renata Steiner, a tese da incompatibilidade lógica entre a resolução e a indenização pelo interesse positivo, configura um "falso problema", pois a definição do conteúdo das perdas e danos cumuláveis à extinção contratual por falta de cumprimento é dependente da análise da função exercida pela resolução no Direito brasileiro, sendo essa a de tutelar o interesse do credor[73], com o que seria inconcebível "transformar a sanção [o remédio resolutivo] em desfavor do credor que, não obstante já ter sido atingido pela falta de cumprimento, veria a indenização à qual faz jus injustamente subtraída, sem que a ela tenha renunciado"[74].

A meu ver, todavia, os interesses do credor não são desprezados, nem a indenização lhe seria subtraída pelo entendimento que limita ao interesse negativo a indenização na hipótese de verificar-se a resolução em sentido estrito, bastando ter presente a distinção de causa e de efeitos entre resolução em sentido estrito e resilição. É preciso, em atenção às peculiaridades do Direito brasileiro, *compor* a regra legal determinativa do pagamento de *perdas e danos* (Código Civil, art. 475 c/c o art. 402) com a noção de interesse negativo e, quando for o caso, por via de extensão analógica, também com a regra do art. 128 do Código Civil[75], atinente à condição resolutiva, embora seja essa espécie diversa de resolução.

Ettore; MARTINS, Fernando Rodrigues (Coord.). *Temas relevantes de direito civil contemporâneo*. São Paulo: Atlas, 2012. p. 562-563.

[70] Na doutrina de língua portuguesa, STEINER, Renata Carlos. *Interesse positivo e interesse negativo*: a reparação de danos no direito privado brasileiro. 2016. Tese (Doutorado) – Faculdade de Direito da Universidade de São Paulo, São Paulo; MOTA PINTO, Paulo da. *Interesse contratual positivo e interesse contratual negativo*. Coimbra: Almedina, 2009; AGUIAR JÚNIOR, Ruy Rosado de. *Extinção dos contratos por incumprimento do devedor*. Resolução. 2. ed. 2.ª tiragem. Rio de Janeiro: Aide, 2004. p. 266.

[71] MOTA PINTO, Paulo da. *Interesse contratual positivo e interesse contratual negativo*. Coimbra: Almedina, 2009. p. 1638-1639.

[72] AGUIAR JÚNIOR, Ruy Rosado de. *Comentários ao novo Código Civil*. Da extinção do contrato. Rio de Janeiro: Forense, 2011. v. VI, t. II, p. 707.

[73] STEINER, Renata Carlos. *Interesse positivo e interesse negativo*: a reparação de danos no direito privado brasileiro. 2016. Tese (Doutorado) – Faculdade de Direito da Universidade de São Paulo, São Paulo,, p. 279.

[74] STEINER, Renata Carlos. *Interesse positivo e interesse negativo*: a reparação de danos no direito privado brasileiro. 2016. Tese (Doutorado) – Faculdade de Direito da Universidade de São Paulo, São Paulo,, p. 290.

[75] *In verbis*: "Art. 128. Sobrevindo a condição resolutiva, extingue-se, para todos os efeitos, o direito a que ela se opõe; mas, se aposta a um negócio de execução continuada ou periódica, a sua rea-

O ÁRBITRO E O CÁLCULO DO MONTANTE DA INDENIZAÇÃO | **627**

À diferença de outros sistemas, em nosso ordenamento a resolução por inadimplemento entendida em sentido amplo (e, portanto, englobando a resolução em sentido estrito e a resilição[76]) gera dupla pretensão, tanto ao desfazimento da relação quanto ao recebimento das perdas e danos. A expressão técnica do art. 475 do Código Civil é exatamente essa – perdas e danos – e não, limitadamente, dano emergente ou dano à confiança. E as perdas e danos (sabia-o bem Agostinho Alvim, redator do Livro I da Parte Especial do Anteprojeto do Código Civil), englobam o dano emergente e os lucros cessantes.

O art. 475 do Código Civil configura direito formativo *extintivo* e *criador-modificativo* do qual se irradia não apenas a pretensão a resolver, mas, por igual, a pretensão às perdas e danos. A sentença que decide o pedido resolutório é constitutiva, mas de eficácia executiva e condenatória[77]. Em vista desse sistema – e considerada a obrigação como um processo composto por fases[78] –, não há incongruência em perceber que, à relação de execução das prestações contratuais, encerrada pela eficácia da resolução, sucede uma *relação de indenização*, ingressando o processo obrigacional em outra fase, qual seja, a da relação de liquidação. Por essa razão, a eficácia extintiva, típica da resolução, não é suficiente a obstar a produção, ainda, de certos efeitos e também para cortar a pretensão às perdas e danos (dano emergente e lucro cessante) em sua integralidade.

A dívida por perdas e danos – considerado o interesse negativo – abarca o dano emergente (despesas feitas em *razão do contrato* cujos efeitos vieram a ser resolvidos) e os lucros cessantes (o que, com toda a probabilidade, o lesado *deixou de ganhar*, por ter contratado). Percebe o ponto Gisela Sampaio da Cruz Guedes, ao anotar:

> A composição do interesse negativo, tal qual do interesse positivo, também é composta pelas duas facetas do dano patrimonial: dano emergente e lucros cessantes, mas o lucro cessante aqui não é o que o lesado razoavelmente deixou de ganhar com aquele negócio particular que fora descumprido mas, sim, o que deixou de auferir por ter celebrado o tal contrato[79].

Por isto é possível concordar com Pontes de Miranda quando, em aparente (mas só aparente) contradição, afirma que em nosso sistema "o interesse negativo vem em primeiro lugar", ressalvando, todavia, que, "à diferença do direito alemão e o do suíço, o

---

lização, salvo disposição em contrário, não tem eficácia quanto aos atos já praticados, desde que compatíveis com a natureza da condição pendente e conforme aos ditames de boa-fé".

[76] Ver distinções na Primeira Parte, item 1, e, ainda, adiante, nota de rodapé 83.

[77] PONTES DE MIRANDA, Francisco Cavalcanti. *Tratado de direito privado*. 2. ed. Rio de Janeiro: Borsoi, 1959. t. XXV, § 3.091, 10, p. 349.

[78] Remete-se à conhecida orientação de COUTO E SILVA, Clóvis, exposta em obra denominada, justamente, de *A obrigação como processo*. São Paulo: José Bushatsky, 1976. Também publicada em: Rio de Janeiro: FGV Editora, 2006.

[79] GUEDES, Gisela Sampaio da Cruz. *Lucros cessantes*: do bom senso ao postulado normativo da razoabilidade. São Paulo: RT, 2012. p. 145. Vide, ainda, na doutrina portuguesa, o posicionamento de BRANDÃO PROENÇA, José Carlos. *A resolução do contrato no direito civil*. Do enquadramento e do regime. Coimbra: Coimbra Editora, 2006. especialmente, p. 187-196.

direito brasileiro admite que se levem em conta o interesse negativo e o positivo", pois o que "o contraente deixou de ganhar também é indenizado"[80].

O primeiro imbróglio terminológico aí está: o que chamam alguns de "lucros cessantes concernentes ao interesse negativo" é o que outros incluem no interesse positivo, a título de lucros cessantes. O que "o contraente deixou de ganhar" é, exatamente, a definição de lucro cessante. Assim, dizer que a indenização é regida pelo interesse negativo não exclui, *a priori*, a indenização pelos lucros cessantes.

No entanto, ainda nesse caso, indenização, na resolução, "não é o equivalente da prestação: é a indenização do dano sofrido com o inadimplemento e consequente resolução ou resilição"[81]. Há retroatividade e há, verificando-se o dano, perdas e danos (dano emergente e lucro cessante) pelo interesse negativo porque as perdas e danos referidas no texto legal pertinente sancionam o ato ilícito do inadimplemento e os danos resultantes da resolução. A indenização, aí prevista, não é o equivalente da prestação, como na indenização substitutiva ("indenização pelo equivalente"). É, diz Pontes de Miranda, "a indenização do dano sofrido com o inadimplemento e a consequente resolução, ou resilição, pois a simples restituição do que se pagou não basta"[82]. E não basta a simples restituição justamente porque há de indenizar-se integralmente o interesse negativo violado.

Porém, ocorrendo resilição – isto é, a extinção de relações obrigacionais duradouras, com eficácia *ex nunc* – e já tendo havido efetivamente prestação contratual cuja existência e efeitos *não se pode apagar sequer por ficção*, o problema se revela perpassado por peculiaridades. Aí está o segundo imbróglio terminológico, consistente na indistinção entre resolução em sentido estrito e resilição (e, por vezes, denúncia)[83].

---

[80] PONTES DE MIRANDA, Francisco Cavalcanti. *Tratado de direito privado*. 2. ed. Rio de Janeiro: Borsoi, 1962. t. XXXVIII, § 4.248, 2, p.338-341.

[81] PONTES DE MIRANDA, Francisco Cavalcanti. *Tratado de direito privado*. 2. ed. Rio de Janeiro: Borsoi, 1959. t. XXV, § 3.091, p. 343-344.

[82] PONTES DE MIRANDA, Francisco Cavalcanti. *Tratado de direito privado*. 2. ed. Rio de Janeiro: Borsoi, 1959. t. XXV, § 3.091, 9, p. 343-344.

[83] Como já antes recordado, a resolução em sentido amplo possui duas espécies: a resolução *stricto sensu* e a resilição, cuja diferença está no efeito extintivo e na espécie de relação obrigacional em que se verificam: na primeira o efeito é retroativo (*ex tunc*); na segunda, operante em relações duradouras, e podendo ser operado em contratos de execução continuada, é irretroativo (*ex nunc*). Por todos: PONTES DE MIRANDA, Francisco Cavalcanti. *Tratado de direito privado*. 3. ed. São Paulo: RT, 1984. t. XXV, § 3.086, p. 305. Acerca da resolução convencional, do mesmo autor, mesma obra, t. XXV, § 3.088, p. 318 e 319. Já a denúncia, forma de extinção de relação jurídica obrigacional por atitude desconstitutiva de um dos contratantes, requer o exercício do direito formativo extintivo, mediante declaração unilateral de vontade, independente de sentença judicial. Sua eficácia consiste em colocar fim à relação jurídica obrigacional (em regra, relação duradora, podendo, porém, ser aposta em empreitada) pré-excluindo a sua continuidade sem importar em desconstituição dos efeitos anteriormente advindos porque opera somente para o futuro (*ex nunc*). (Conferir em: PONTES DE MIRANDA, Francisco Cavalcanti. *Tratado de direito privado*, t. XLVI, § 4.849, p. 421; idem, 3. ed. São Paulo: RT, 1984. t. XXXI, § 3.567, p. 10; também: 3. ed. São Paulo: RT, 1984. t. XXV, § 3.083, p. 300).

Cogite-se de um contrato de distribuição, ou de logística integrada, com prazo de quinze anos, tendo doze já sido transcursos e que vem a ser extinto por resilição, com efeitos *ex nunc*. Não seria razoável, nesse caso, pensar em ter como "apagados" fatos e consequências que efetivamente se erigiram com a força da realidade. Não há, a rigor, a volta ao *statu quo ante* que justificaria a indenização pelo interesse negativo. Essa regra vale também para o caso de "resilição" das obrigações de execução continuada e das diferidas no tempo quando já ocorreu significativa prestação, por exemplo: em contrato de empreitada, quando cerca de 60% da obra já está executada, vindo, nesse momento, a ocorrer ato ou fato justificador do inadimplemento definitivo, com a perda do interesse do credor à continuidade da prestação.

Nesse caso, impossibilitado, por razões de fato e de lógica o retorno ao *statu quo ante*, o exercício do poder formativo extintivo-modificativo apenas pré-excluirá a continuidade dos efeitos contratuais, sem importar em desconstituição dos efeitos anteriormente advindos porque opera somente para o futuro (*ex nunc*).

Note-se, a propósito, a ressalva constante do art. 128 do Código Civil, ao excepcionar a regra da eficácia *ex tunc* da condição resolutiva aposta em negócios de execução continuada ou periódica, para resguardo dos atos já praticados. Conquanto não se confundam, de modo algum, condição resolutiva, cláusula resolutiva expressa (resolução convencional) e cláusula resolutiva tácita (resolução legal), seria sustentável conceber, em virtude de *eadem ratio*, a extensão analógica da regra do art. 128, segunda parte, para as hipóteses resolutivas previstas em cláusula resolutiva expressa (Código Civil, art. 474, primeira parte) e tácita (Código Civil, art. 475) desde que a solução seja compatível com a natureza das obrigações concretamente pactuadas e com a boa-fé[84].

Considerados todos esses elementos, cabe admitir que ocorrendo resilição (em sentido próprio, no caso das obrigações duradouras, ou por analogia, no caso das obrigações diferidas no tempo e das reiteradas no tempo), seja o dano constituído pela lesão ao *interesse ao cumprimento*. Esse é o interesse violado pelo inadimplemento definitivo subjacente ao pedido resilitório.

Para evitar essas incertezas, sejam obrigações instantâneas, reiteradas, diferidas ou duradoras, caberia ao lesado optar, preferentemente, em caso de inadimplemento absoluto, não pela resolução, mas pela *execução pelo equivalente pecuniário*, a qual levará ao adimplemento não satisfativo (porque será *outra* a prestação cumprida pelo devedor), mas com o efeito de liberação de ambas as partes.

Nesse caso, o contrato estaria mantido, requerendo, porém o credor não a prestação em espécie – por ser esta impossível ou inútil em vista do seu interesse – mas o seu equivalente em

---

[84] Parece sugerir essa possibilidade, com a qual concordo, ASSIS, Araken de et al. *Comentários ao Código Civil brasileiro*. Do direito das obrigações. Rio de Janeiro: Forense, 2007. p. 639 e 648. Manifestando-se em acordo essa sugestão, opina Ana Carolina Zanetti: "Nessa modalidade de negócio, a retroação limita-se em profundidade. A eficácia restituitória não se opera retroativamente, ou seja, não se estende às prestações já executadas" (ZANETTI, Ana Carolina Devito Dearo. *Contrato de distribuição*. O inadimplemento recíproco. São Paulo: GEN-Atlas, 2015. p. 122-123).

pecúnia[85]. Estará em causa, então, incontroversamente, lesão ao interesse positivo, sendo este a balizar o cálculo das perdas e danos que acompanharão a prestação substitutiva. Alcançar-se-á, assim, o efeito extintivo conatural ao adimplemento, recebendo o credor, em vez da prestação não feita, ou mal feita, indenização pecuniária por todo o dano sofrido, como comanda o art. 944 do Código Civil. A resolução, cujo intuito primordial é *preventivo-liberatório*[86], ficaria reservada, assim, apenas às hipóteses em que ao credor – verificando-se o inadimplemento absoluto – se afigura útil ou necessário desfazer imediatamente a eficácia contratual.

Como necessário *background* a essa análise, parece importante lembrar que as grandes categorias do Direito dos Contratos, como a da resolução, foram forjadas sobre o paradigma das *obrigações de dar*, correspondentes aos modelos econômicos mais relevantes e prevalecentes até o desabrochar do capitalismo industrial, estando então a riqueza assentada na propriedade de *coisas*. Hoje em dia, na era do *capitalismo informacional*[87], os paradigmas econômicos e jurídicos são outros, sobrelevando as *obrigações de fazer*. Mesmo nessa seara, as prestações economicamente relevantes são, muitas vezes, despersonalizadas a ponto de permitir a execução à custa de outrem, como está no art. 249 do Código Civil. É requerido ao intérprete, portanto, o cuidadoso trabalho de "reformatação" adaptativa das categorias e soluções do Direito legislado.

Esse trabalho de adaptação inovativa não se descola de modo algum da atenção ao emprego, também pelos práticos do Direito, da correta terminologia, refinada por séculos de Ciência Jurídica cuja riqueza está na aptidão adaptativa testada por séculos. Essa atenção é relevante porque os conceitos jurídicos são em larga medida performativos, produzem eficácias. Dizer, como tem sido infelizmente corrente, que um contrato foi "rescindido" (quando, na verdade, pode ter sido resolvido, resolvido, distratado, denunciado, anulado e mesmo rescindido), não permite estabelecer as diferenças eficaciais que são um dos pontos-chave na adequada avaliação do dano.

2. MODALIDADES DE OBRIGAÇÕES E AS PRESUNÇÕES QUE GERAM

Outros elementos normativos a ser considerados pelo juiz ou árbitro são as presunções. Como também esclareceu Agostinho Alvim, uma vez caracterizado o inadimplemento imputável, estará configurada uma *presunção comum* (presunção *hominis*) da existência de dano[88].

---

[85] AGUIAR JÚNIOR, Ruy Rosado de. *Extinção dos contratos por incumprimento do devedor*. Resolução. 2. ed. 2.ª tiragem. Rio de Janeiro: Aide, 2004. p. 95-96.

[86] AGUIAR JÚNIOR, Ruy Rosado de. *Comentários ao novo Código Civil*. Da extinção do contrato. Rio de Janeiro: Forense, 2011. v. VI, t. II, p. 482.

[87] Expressão cunhada por Manuel Castells para referir o sistema econômico que se alastra globalmente desde os anos 80 do séc. XX, sucedendo, na linha histórica, o capitalismo industrial (V. CASTELLS, Manuel. *A sociedade em rede*. Trad. de Roneide Venancio Majer. 6. ed. Rio de Janeiro: Paz e Terra, 2002. v. I, p. 55 e ss.).

[88] ALVIM, Agostinho. *Da inexecução das obrigações e suas consequências*. 5. ed. São Paulo: Saraiva, 1980. p. 183.

A presunção liga-se imediatamente, na responsabilidade contratual por dano patrimonial, à modalidade de prestação cujo descumprimento causou o dano, se de meios, de resultado, ou de garantia.

Toda obrigação volta-se à busca de um resultado útil, e toda obrigação importa em diligência do devedor para que o resultado seja alcançado. No entanto, distingue-se o conteúdo do dever de prestar.

Nas *obrigações de meio*, promete-se diligência para que se atinja determinado resultado, e não o resultado, por exemplo, as obrigações relativas à obtenção de licenças públicas. Este resultado, embora querido, não pode, pela natureza da obrigação, ser prometido. O que a parte promete é empregar esforços para alcançar o resultado querido. O conteúdo da obrigação é "a própria atividade diligente do profissional em vista do resultado almejado"[89]. Se não agiu com a diligência prometida (por vezes, exacerbada diligência, como nas obrigações de "melhores esforços" ou de "todos os esforços comercialmente exigíveis"), estará caracterizado o inadimplemento contratual.

Diversamente, nas *obrigações de resultado*, promete-se resultado, e esse resultado é a prestação devida, por exemplo, na empreitada, promete-se a entrega da obra. O conteúdo do prestar é o resultado prometido. Assim, conquanto seja a diligência requerida em toda e qualquer obrigação contratual[90] – e, muito especialmente, nas obrigações de fazer –, o que distingue as obrigações de resultado, diz André Tunc, é o caráter mais ou menos certo do resultado querido pelo credor, enquanto, nas obrigações de meio, o resultado terá um caráter aleatório, podendo não ser alcançado, embora o devedor empregue toda a sua diligência. Daí a regra: a obrigação tem por objeto o resultado quando se pode presumir que a diligência do devedor vai atingi-lo; no caso contrário, ela tem por objeto a própria diligência, é dizer: o conteúdo da obrigação assumida é a própria diligência[91].

Entretanto, há, ainda, uma terceira modalidade, a das *obrigações de garantia* (categoria inconfundível com a das garantias das obrigações). O seu conteúdo é a eliminação de um risco que pesa sobre o credor. Eliminar um risco, ensina Comparato, "significa 'a fortiori' reparar as consequências de sua realização. Mas mesmo que esta não se verifique, a simples assunção do risco pelo devedor de garantia representa o adimplemento de sua prestação"[92].

---

[89] Acentua Comparato que, embora toda obrigação comporte naturalmente um resultado, que corresponde à sua utilidade econômico-social para o credor, "nem sempre este resultado é compreendido no vínculo como elemento da prestação; algumas vezes, deixa de exercer a função de objeto ou conteúdo da obrigação, para ser tão somente a sua causa no sentido teleológico" (COMPARATO, Fábio Konder. Obrigações de meios, de resultado e de garantia. *Doutrinas essenciais de direito empresarial*. São Paulo: RT, 2010. v. IV, p. 63 e ss. Acesso pelo RT Online.)

[90] TUNC, André. A distinção entre obrigações de resultado e obrigações de diligência. *Revista dos Tribunais*, São Paulo: RT, v. 778, p. 756, ago. 2000.

[91] TUNC, André. A distinção entre obrigações de resultado e obrigações de diligência. *Revista dos Tribunais*, São Paulo: RT, v. 778, p. 757, ago. 2000.

[92] COMPARATO, Fábio Konder. Obrigações de meios, de resultado e de garantia. *Doutrinas essenciais de direito empresarial*. São Paulo: RT, 2010. v. IV, p. 63 e ss. Acesso pelo RT Online.

A importância prática da classificação reside na diversa disciplina do dever de indenizar a que darão ensejo as três modalidades[93] – o que se refletirá no ônus da prova e impactará na medida da responsabilidade.

Em se tratando de uma obrigação de meios, será responsável o devedor não pela falta de resultado – já que este, ainda que desejado, não é certo, não integra *internamente* o conteúdo do dever de prestar –, mas pela falta de diligência, seja comissiva ou omissiva[94]. O ônus da prova incumbe ao credor, pois ao lesado será preciso provar ter havido dano, sendo este resultante da falta de diligência devida.

Na obrigação de resultado, por outro lado, só poderá ser considerada adimplida a prestação uma vez alcançado o resultado prometido. Sendo assim, "[a] ausência do resultado constitui por si só o devedor em mora, cabendo-lhe o ônus da prova de caso fortuito ou força maior para se exonerar de responsabilidade"[95].

Por fim, nas obrigações de garantia, por terem como conteúdo justamente a eliminação de um risco – o qual ocorre de forma fortuita, independente da vontade das partes –, o devedor deverá indenizar o credor "haja o que houver", mesmo sem culpa, mesmo perante o caso fortuito e a força maior, pois "nem mesmo a ocorrência de caso fortuito ou de força maior exime o devedor de sua prestação"[96]. Basta, pois, ao credor, demonstrar a ausência do resultado que estava assegurado.

Como se vê,

> [...] a relação mais correta é aquela que se estabelece a partir da qualidade da *obrigação descumprida*: se a obrigação é de *resultado* (o devedor tem de atingir um determinado resultado), há presunção de culpa; se de *meio* (o devedor não promete um resultado, que dele independe), não. Como diversos são os contratos que preveem um determinado resultado como necessário, costuma-se vincular essa distinção aos regimes[97].

A essas presunções derivadas da modalidade da obrigação inadimplida deve acrescer, como fundamento ao pedido de perdas e danos, a lesão[98] ao interesse legítimo do autor do

---

[93] COMPARATO, Fábio Konder. Obrigações de Meios, de Resultado e de Garantia. *Doutrinas Essenciais de Direito Empresarial.* v. IV. São Paulo: RT, 2010, p. 63 e ss. Acesso pelo RT Online.

[94] TUNC, André. A distinção entre obrigações de resultado e obrigações de diligência. *Revista dos Tribunais*, São Paulo: RT, v. 778, p. 755 e ss., ago. 2000; COMPARATO, Fábio Konder. Obrigações de meios, de resultado e de garantia. *Doutrinas essenciais de direito empresarial.* São Paulo: RT, 2010. v. IV, p. 63 e ss. Acesso pelo RT Online.

[95] COMPARATO, Fábio Konder. Obrigações de meios, de resultado e de garantia. *Doutrinas essenciais de direito empresarial.* São Paulo: RT, 2010. v. IV, p. 63 e ss. Acesso pelo RT Online.

[96] COMPARATO, Fábio Konder. Obrigações de meios, de resultado e de garantia. *Doutrinas essenciais de direito empresarial.* São Paulo: RT, 2010. v. IV, p. 63 e ss. Acesso pelo RT Online.

[97] FERREIRA DA SILVA, Jorge Cesa. *Inadimplemento das obrigações.* São Paulo: RT, 2007. p. 61-62.

[98] ALVIM, Agostinho. *Da inexecução das obrigações e suas consequências.* 5. ed. São Paulo: Saraiva, 1980. p. 183, com referência ao Código Civil de 1916. A regra do antigo parágrafo único do art. 1.092 está hoje posta no art. 475 do Código Civil.

pedido, como se retira do art. 475 do vigente Código, ao discernir entre inadimplemento e perdas e danos. Assim, ao lesado será preciso confirmar a presunção decorrente do fato do inadimplemento, apontando-se também à existência da lesão a interesse legítimo. Entram em cena, então, os princípios da prova e, inclusive, as *presunções probatórias*.

Estas são perfeitamente admissíveis em face à proibição do *non liquet*, como reafirmado recentemente pelo Superior Tribunal de Justiça especificamente quanto à prova dos lucros cessantes[99]. "A utilização de presunções não pode ser afastada de plano, uma vez que sua observância no direito processual nacional é exigida como forma de facilitação de provas difíceis, desde que razoáveis." E se explicitou:

> Na apreciação dos lucros cessantes, o julgador não pode se afastar de forma absoluta de presunções e deduções, porquanto deverá perquirir acerca dos benefícios legítimos que não foram realizados por culpa da parte *ex adversa*. Exigir prova absoluta do lucro que não ocorreu, seria impor ao lesado o ônus de prova impossível[100].

Esses critérios – é bom recordar – estão atados às modalidades da prestação violada (obrigações de meios, de resultados e de garantia) e também aos tipos contratuais, pois para alguns o próprio Código Civil pré-estima os lucros cessantes, como ocorre na empreitada[101] e na prestação de serviços[102], bem como, subsidiariamente, às regras de ônus da prova. Na sua quantificação deve ainda o árbitro considerar se, do dano, não resultou algum lucro ao devedor, o que remete à figura da *compensatio lucri cum damno*, cujas eficácias impactarão, também, o cálculo do montante da indenização.

3. A *COMPENSATIO LUCRI CUM DAMNO*

A *compensatio lucri cum damno* consiste na diminuição proporcional do montante da indenização na hipótese de obtenção pelo lesado de vantagens derivadas do mesmo

---

[99] STJ, 3.ª Turma, REsp 1.549.467/SP, Rel. Min. Marco Aurélio Bellizze, j. 13.09.2016.

[100] Perceba-se que em anterior aresto do Superior Tribunal de Justiça, averbou-se: "[...] 17. De fato, se o acervo probatório é suficiente para formar a convicção do julgador, ainda que integrado por indícios ou presunções, não há dever de aplicação da regra do ônus da prova. [...]. 19. Sobreleva mencionar que constitui regra expressa contida no art. 212, IV, do CC que o fato jurídico pode ser provado mediante presunção, processo mental que, partindo de um fato comprovado (indício), conduz à aceitação de outro fato que lhe dá causa ou surge como efeito. 20. O que nosso ordenamento jurídico exige do julgador, em verdade, é que seu convencimento seja construído a partir de elementos concretos advindos exclusivamente dos autos, de modo que se obedeçam às garantias do contraditório e da ampla defesa e, consectariamente, garantindo-se segurança jurídica às partes em disputa" (STJ, 3.ª Turma, REsp 1.320.295/RS, Rel. Min. Nancy Andrighi, j. 15.10.2013).

[101] Código Civil, art. 623 ("Art. 623. Mesmo após iniciada a construção, pode o dono da obra suspendê-la, desde que pague ao empreiteiro as despesas e lucros relativos aos serviços já feitos, mais indenização razoável, calculada em função do que ele teria ganho, se concluída a obra").

[102] Código Civil, art. 603 ("Art. 603. Se o prestador de serviço for despedido sem justa causa, a outra parte será obrigada a pagar-lhe por inteiro a retribuição vencida, e por metade a que lhe tocaria de então ao termo legal do contrato").

fato. Como explica Paulo de Tarso Sanseverino, ao se proceder à avaliação da extensão dos prejuízos com o objetivo de reparação integral do patrimônio da vítima em relação às perdas sofridas, devem ser constatadas "não apenas perdas, mas também vantagens econômicas, que devem ser compensadas para se evitar a ocorrência de um enriquecimento injustificado da vítima com o evento danoso"[103]. Isto porque, afirma Pontes de Miranda, a indenização dos danos não deve conduzir o ofendido a uma situação mais favorável em relação àquela em que estava anteriormente ao ato ilícito, devendo-se restaurar o estado anterior "pelo menos em valor"[104]. Se assim não fosse, conclui em boa lógica, "reparar com lucro para o titular da pretensão seria enriquecê-lo injustificadamente"[105].

Note-se que a *compensatio lucri cum damno* não se confunde com a compensação tradicional em que dois sujeitos são simultaneamente credores e devedores entre si (Código Civil, art. 368; Código Tributário Nacional, art. 170). Como ainda explica Sanseverino:

> Considera-se apenas o próprio patrimônio da vítima, que, ao mesmo tempo em que teve perdas, também obteve lucros ou vantagens derivadas do mesmo fato. Pode ser reconhecida de ofício pelo juiz, considerando-se apenas que o máximo de abatimento é a redução da indenização a zero, quando não se constatar efetiva perda patrimonial para a vítima em decorrência do ato ilícito (ausência de prejuízo)[106].

O instituto também não se integra, em rigor técnico, no Direito da Responsabilidade Civil, pois não há, propriamente, pretensão indenizatória, mas pretensão à tutela restitutória, mas ambas decorrendo de um mesmo fato, pois ao Direito não é estranho o fenômeno da *multiplicidade de incidências*[107].

Aí está a razão de ser da compensação entre o resultado do *dever de indenizar*, forma de recompor patrimonialmente a vítima de um ato ilícito[108] extracontratual ou

---

[103] SANSEVERINO, Paulo de Tarso Vieira. *Princípio da reparação integral.* São Paulo: Saraiva, 2010. p. 63. Também em: MONTENEGRO, Antônio Lindbergh. *Responsabilidade civil.* Rio de Janeiro: Lumen Juris, 1996. p. 288.

[104] PONTES DE MIRANDA, Francisco Cavalcanti. *Tratado de direito privado.* Atualizado por Ruy Rosado de Aguiar Júnior e Nelson Nery Jr. São Paulo: RT, 2012. t. XXVI, § 3.111, 8, p. 134.

[105] PONTES DE MIRANDA, Francisco Cavalcanti. *Tratado de direito privado.* Atualizado por Ruy Rosado de Aguiar Júnior e Nelson Nery Jr. São Paulo: RT, 2012. t. XXVI, § 3.111, 8, p. 134.

[106] SANSEVERINO, Paulo de Tarso Vieira. *Princípio da reparação integral.* São Paulo: Saraiva, 2010. p. 64-65.

[107] PONTES DE MIRANDA, Francisco Cavalcanti. *Tratado de direito privado.* Atualizado por Judith Martins-Costa, Jorge Cesa Ferreira da Silva e Gustavo Haical. São Paulo: RT, 2012. t. I., § 10, 1, p. 85-86.

[108] Rigorosamente: fato ilícito (ato ilícito absoluto, ato-fato ilícito absoluto, fato ilícito *stricto sensu* absoluto). Por todos: PONTES DE MIRANDA, Francisco Cavalcanti. *Tratado de direito privado.* Atualizado por Ruy Rosado de Aguiar Júnior e Nelson Nery Jr. São Paulo: RT, 2012. t. XXII, § 2.717, p. 263 e ss. O ordenamento contempla em raras hipóteses, e desde que previamente prevista em lei, a responsabilidade derivada de um ato lícito causador de dano a outrem, como na responsabilidade por *effusis e dejectis*, ou, ainda, em certas hipóteses de nascimento do dever de indenizar à Administração Pública, como na desapropriação (Código Civil, art. 929 c/c o art. 188, II).

contratual, e o resultado do *dever de restituir*, gerado quando o transpasse patrimonial foi sem causa, já que o Direito brasileiro acolhe o princípio da conservação estática dos patrimônios: para que haja a transmissão patrimonial, em regra, há de existir uma causa lícita[109], sendo excepcionais no Direito brasileiro os atos abstratos.

De fato, a técnica jurídica se estrutura diferentemente no que diz respeito aos deslocamentos patrimoniais: estes podem ser *com causa* ou *sem causa*. Nesta segunda hipótese pode ser deflagrada a eficácia de medidas restitutórias, que se configuram quando reunidas condições pelas quais uma atribuição patrimonial ocorrida em detrimento de outrem pode gerar direito à restituição[110].

Incide, então, o *princípio da conservação estática dos patrimônios* segundo o qual "o valor dos bens e direitos atribuídos a alguém e dos bens e direitos gerados a partir desses bens e direitos já atribuídos deve permanecer, em princípio, no patrimônio desse alguém"[111], admitindo-se o deslocamento patrimonial quando há causa para tanto, *e na medida dessa causa*. Então cabe atuar a figura da *compensatio lucri cum damno*, cujo fundamento é, justamente, evitar o enriquecimento sem causa[112], regendo-se já não mais pelo direito à indenização (tutela indenizatória), mas pela pretensão restitutória, nascendo, então, a obrigação de restituir.

4. UTILIDADE DA TÉCNICA DO "FATIAMENTO" PARA O CÁLCULO DOS PREJUÍZOS

Tomados os elementos dogmáticos necessários à avaliação dos elementos fáticos trazidos pelas partes, indispensáveis para a avaliação das perdas e danos e à forma de quantificação, algumas breves notas acerca da liquidação do prejuízo do ponto de vista procedimental podem ser traçadas: se os danos emergentes e os lucros cessantes estiverem já determinados, o Tribunal Arbitral pode de imediato proferir decisão definitiva, abarcando o *an* e o *quantum debeatur*[113].

---

[109] Veja-se: MICHELON JR., Claudio Fortunato. *Direito restitutório*. São Paulo: RT, 2007. especialmente p. 19-38. Também em: PONTES DE MIRANDA, Francisco Cavalcanti. *Tratado de direito privado*. Atualizado por Ruy Rosado de Aguiar Júnior e Nelson Nery Jr. São Paulo: RT, 2012. t. XXII, § 2.727, p. 322 e ss.

[110] MICHELON JR., Cláudio Fortunato. *Direito restituitório*. São Paulo: RT, 2007. p. 29.

[111] MICHELON JR., Cláudio Fortunato. *Direito restituitório*. São Paulo: RT, 2007. p. 29.

[112] MOTA PINTO, Paulo da. *Interesse contratual positivo e interesse contratual negativo*. Coimbra: Almedina, 2009. p. 728; SANSEVERINO, Paulo de Tarso Vieira. *Princípio da reparação integral*. São Paulo: Saraiva, 2010. p. 63.

[113] BAPTISTA, Luiz Olavo. Sentença parcial em arbitragem. *Revista de Arbitragem e Mediação,* São Paulo: RT, v. 17, p. 173-195, abr.-jun. 2008. Acesso pelo RT Online; GIUSTI, Gilberto; MARQUES, Ricardo Dalmaso. Sentenças arbitrais parciais: uma análise prática. *Revista de Arbitragem e Mediação,* São Paulo: RT, v. 26, p. 46-58, jul.-set. 2010. Acesso pelo RT Online; CARMONA Carlos Alberto. Ensaio sobre a sentença arbitral parcial. *Revista de Processo*, São Paulo: RT, v. 165, p. 9-28, nov. 2008. Acesso pelo RT Online.

Se, por outro lado, as perdas e danos forem ilíquidos[114], será preciso considerar dois momentos, o da sentença parcial e o da sentença final, pois já não mais se sustentam as polêmicas sobre a validade e a eficácia de sentença parcial com a inclusão explícita do § 1.º do art. 23[115] na Lei de Arbitragem.

Como bem aponta Carmona, "não há como negar a conveniência de os árbitros decidirem questão que demande liquidação em duas etapas distintas, uma objetivando o *an debeatur*, outra focando o *quantum debeatur*"[116]. E alerta ainda ensejar essa divisão ou fatiamento até mesmo uma *organização* no procedimento arbitral, pois evita a

> [...] tendência de deferir a produção de provas que abarcarão de forma ampla todas as questões controvertidas (incluindo cálculo ou apuração de valores) quando a decisão sobre o *an debeatur*, se negativa, pode economizar tempo, dinheiro e expectativas, evitando julgamento frustrante[117].

De fato, o fatiamento é instrumentalmente adequado a permitir que o árbitro realize, com rigor máximo, o exame do "se é devido" com base na prova e tomando em consideração os critérios jurídicos para, em fase posterior e respeitado o contraditório, analisar o "quanto é devido" em relação a cada um dos pedidos indenizatórios não liquidados ao longo do processo, a partir de provas diretamente ligadas à liquidação. É ademais, recomendável que, o quanto antes, as partes assinalem poder a liquidação se dar em fase subsequente, seccionando as discussões, com o que se acelera o procedimento e se garante mais eficiência ao processo.

A decisão parcial fixará, pois, se há débito e qual é sua razão de ser[118], cabendo apurar então, em liquidação, o quanto é devido. São admissíveis duas formas de liquidação:

---

[114] A noção de "iliquidez" vinha exemplarmente posta no Código Civil de 1916, a *contrario senso* do Art. 1.533, *in verbis*: "Considera-se líquida a obrigação certa, quanto à sua existência, e determinada, quanto ao seu objeto".

[115] Lei de Arbitragem, art. 23, § 1.º: "Os árbitros poderão proferir sentenças parciais". (Inclusão realizada pela Lei 13.129, de 2015.) Malgrado o texto legal, a jurisprudência do STJ reconheceu que mesmo antes de sua entrada em vigência inexistia "qualquer óbice à prolação de sentença arbitral parcial", definindo-se esta como "o ato dos árbitros que, em definitivo (ou seja, finalizando a arbitragem na extensão do que restou decidido), resolve parte da causa, com fundamento na existência ou não do direito material alegado pelas partes ou na ausência dos pressupostos de admissibilidade da tutela jurisdicional. pleiteada" (STJ, 3.ª Turma, REsp 1.519.041/RJ, Rel. Min. Marco Aurélio Bellizze, j. 1.º.09.2015).

[116] CARMONA Carlos Alberto. Ensaio sobre a sentença arbitral parcial. *Revista de Processo*, São Paulo: RT, v. 165, p. 9-28, nov. 2008. Acesso pelo RT Online.

[117] CARMONA Carlos Alberto. Ensaio sobre a sentença arbitral parcial. *Revista de Processo*, São Paulo: RT, v. 165, p. 9-28, nov. 2008. Acesso pelo RT Online.

[118] Observam Gilberto Giusti e Ricardo Dalmaso Marques quanto à decisão parcial: "O exemplo mais utilizado pela doutrina – dado seu claro efeito prático – é o das causas que demandam, em algum momento, liquidação. Para tais casos, tem-se utilizado o chamado 'bifurcamento' do procedimento, por meio do qual é apreciado, em uma primeira fase, o mérito do debate (a existência efetiva de um dano, um inadimplemento, uma lesão etc., sua autoria e análise do elemento subjetivo (culpa ou

convencional e posterior ao dano (como a resultante de um acordo entre as partes, o que é até mesmo comum na arbitragem); e *judicial*, ou *arbitral* que poderá ser por arbitramento. A liquidação deve observar o mais rigorosamente possível os critérios deduzidos na decisão parcial. Com a sentença final o árbitro esgota sua função jurisdicional, como determina o art. 29 da Lei 9.307/1996.

CONCLUSÕES

Na avaliação do dano e, consequentemente, no cálculo do montante da indenização, alguns alertas se fazem necessários do ponto de vista do método a ser seguido pelo julgador. A primeira atitude traduz-se na diligente atenção ao princípio da reparação integral cuja relevância foi evidenciada pelo Código de 2002 ao inscrevê-lo em letra de forma. Seu fundamento é a justiça comutativa que preside as trocas contratuais, permitindo ao agente lesado pelo dano obter uma compensação no mais das vezes de ordem pecuniária pelo dano injustamente sofrido.

Na apreciação dos casos concretos, o segundo cuidado diz respeito à atenção aos eventuais limites do princípio. O árbitro deverá, então, perquirir quais as normas legais e contratuais que lhe dão efetiva concreção, já que aquele princípio não vigora ao modo absoluto, antes compondo-se, como é próprio à ordem jurídica, com outros princípios e regras que delimitarão, concretamente, o seu espaço.

Caberá, então, por exemplo, questionar: foi, no caso, ajustada indenização forfatária, isto é, uma cláusula penal? Esta se destina a indenizar danos causados pela mora ou pelo inadimplemento definitivo? Estes resultaram da total inexecução, ou do cumprimento defeituoso? Ou pactuaram as partes a limitação ou mesmo exoneração do dever de indenizar? Essas limitações ou exclusões encontram óbice normativo ou foram licitamente acordadas? Se assim for – e salvo se convencionada, de modo expresso, indenização suplementar, na forma do art. 416 do Código Civil[119] –,então cabendo a quem a alega provar o dano excedente e o nexo causal, valendo a pena convencional como mínimo de indenização, esta – a indenização – não cobrirá todo o dano, atuando apenas nos lindes traçados pelos figurantes.

Será também necessário atentar, na averiguação dos danos resultantes da resolução por inadimplemento de contrato bilateral e sinalagmático, ao interesse especificamente violado, se o interesse *ao cumprimento* ou o interesse à confiança; à espécie contratual e às

---

dolo) e o respectivo nexo de causalidade – fase do *an debeatur*), deixando para etapa posterior – se necessária a quantificação do que se decidiu na primeira (fase do *quantum debeatur*). Essa solução se mostra eficiente ao se imaginar uma situação em que uma parte alegue a existência de um dano que demande longa e apurada perícia para ser quantificado. Caso se produza toda a prova, e, ao final, decida-se pela inexistência de culpa, todo o tempo, dinheiro, esforços despendidos terão sido nitidamente em vão" (Sentenças arbitrais parciais: uma análise prática. *Revista de Arbitragem e Mediação*, São Paulo: RT, v. 26, p. 46-58, jul.-set. 2010. Acesso pelo RT Online).

[119] TJSP, 6.ª Câmara de Direito Privado, Ap. Cív. 1095252-53.2013.8.26.0100, Rel. Des. Francisco Loureiro, j. 29.09.2014.

regras específicas ao cálculo dos lucros cessantes conectadas a alguns tipos contratuais; à modalidade de obrigação pactuada, às presunções de direito material que delas decorrem, bem como a presunções de ordem processual. E também importará discernir entre a espécie de pretensão em causa, se indenizatória (visando reparar o dano causado) ou se restitutória (objetivando restituir o indevidamente subtraído ao patrimônio da vítima).

Sobretudo, caberá ao árbitro dar conta, na prática de seu mister, da ductilidade e da utilidade do princípio da reparação integral.

Apoiada na longa tradição francesa de concreção desse princípio, apontou Geneviève Viney, ao seu *valor de incitamento* aos juízes. Com fundamento no princípio, os julgadores terão mais facilidade e flexibilidade para ajustar a indenização às situações particulares que não seriam consideradas se utilizadas no cálculo da indenização fórmulas matemáticas e mais rígidas[120]. Sua valia metodológica está, de fato, na aptidão para, constantemente, por em cheque e revisar os tradicionais métodos de avaliação das perdas e danos a fim de adaptá-los às situações individuais[121]. Uma vez inscrito no art. 944 do Código Civil, assim também o árbitro deve em procedimentos a serem julgados segundo o Direito brasileiro, modelar a indenização à concretude das circunstâncias fáticas e normativas com as quais se defronta.

Canela, outubro de 2016.

---

[120] VINEY, Geneviève; JOURDAIN, Patrice. *Traité de Droit Civil*. Les conditions de la responsabilité. 3. ed. Paris: LGDJ, 2010. p. 114.

[121] VINEY, Geneviève; JOURDAIN, Patrice. *Traité de Droit Civil*. Les conditions de la responsabilité. 3. ed. Paris: LGDJ, 2010. p. 115.

able
OS HONORÁRIOS ADVOCATÍCIOS DE SUCUMBÊNCIA NA ARBITRAGEM

José Roberto de Castro Neves

Comumente, o cliente indaga a seu advogado: judiciário ou arbitragem? Nesse momento, quer-se compreender como funcionam esses dois meios de resolução de conflitos. Como, segundo muitos, o bolso é a parte mais sensível do corpo humano, questionam-se quais os gastos a parte suportaria em cada via jurisdicional.

Por meio dessa análise, as partes podem compreender os riscos assumidos com o litígio e, não raro, orientar qual postura se adotará numa negociação com a contraparte que, eventualmente, evitará a instauração da lide.

O tema, portanto, guarda enorme interesse prático, pois é legítimo – e comum – que as pessoas desistam de litigar para evitar as despesas que teriam.[1-2]

O primeiro passo nessa análise consiste em definir os conceitos de despesas e de honorários advocatícios de sucumbência no âmbito de um processo.

---

[1] No âmbito das grandes arbitragens internacionais, a estimativa desses valores torna-se ainda mais relevante. Em um procedimento arbitral entre uma empresa multinacional e a Turquia, por exemplo, apenas as despesas e os custos atingiram a cifra estratosférica de U$ 21 milhões (cf. ICSID Case n. ARB/02/5 award, International Centre for Settlement of Investment Disputes Washington, D.C. Disponível em: <http://italaw.com/sites/default/files/case-documents/ita0695.pdf>).

[2] Acerca da diferença entre os sistemas de Common Law e Civil Law quanto à alocação de custos e despesas em arbitragens comerciais internacionais, ver POWER, Jenny. The Award – Costs in International Commercial Arbitration – A Comparative Overview of Civil and Common Law Doctrines. In: KLAUSEGGER, Christian; KLEIN, Peter et al. (Ed.). *Austrian Arbitration Yearbook*, 2007, p. 261-274. Disponível em: <http://www.kluwerarbitration.com/CommonUI/document. aspx?id=KLI-KA-1006-212>.

A Constituição Federal, no art. 24, IV, estabelece que compete concorrentemente à União, aos Estados e ao Distrito Federal legislar sobre "custas dos serviços forenses". A regra constitucional cuida do conceito de "custas" de forma ampla.

O Código de Processo Civil, por sua vez, indica que as "custas" estariam abrangidas por um grande gênero das "despesas". Eis a regra do art. 84 da Lei Processual: "As despesas abrangem as custas dos atos do processo, a indenização de viagem, a remuneração do assistente técnico e a diária da testemunha". Logo se vê a amplitude do conceito, que, a rigor, aglutina duas espécies: as custas e as despesas particulares.

Numa arbitragem, as custas são gastos administrativos comuns às partes com a instauração e desenvolvimento do procedimento arbitral. Aqui se inserem o montante despendido com a taxa da câmara de arbitragem, os honorários dos árbitros, assim como dos peritos indicados pelo tribunal arbitral. No processo judicial, por sua vez, as custas se relacionam aos gastos com a instauração da ação, as chamadas custas judiciais, suportadas, em regra, pelo autor da demanda.

Já as despesas particulares são aqueles gastos próprios de cada parte, desembolsados por elas individualmente para o bom acompanhamento do processo. Entre estes se encontram, por exemplo, os honorários contratados com os advogados, do assistente técnico, de pareceristas, bem como gastos com viagens e deslocamentos, se isso for necessário. Não há diferença substancial nessas despesas particulares incorridas em processos arbitrais ou judiciais.

As despesas, sejam as particulares ou as custas, se referem diretamente ao procedimento e aos valores necessários ao seu regular andamento. Pode-se dizer que as despesas se relacionam a todos os gastos suportados pelas partes com o processo.

Os honorários advocatícios de sucumbência, contudo, diferem substancialmente das despesas. Mais ainda, os honorários advocatícios de sucumbência e as despesas têm situação radicalmente distinta nos âmbitos da arbitragem e do processo judicial.

Pois, afinal: numa eventual derrota em processo judicial ou arbitral, quais os riscos decorrentes da sucumbência? Em outras palavras, qual a extensão do ônus da parte que perde o processo?

No Brasil, por uma opção política do legislador, a parte vencida num processo judicial deve ressarcir as custas adiantadas pela parte vencedora – mas não suas despesas particulares – e, além disso, arcar com uma pena, consistente em pagar honorários ao patrono da parte vencedora.

Assim, no sistema processual civil brasileiro, a parte vencedora não é integralmente reparada pela parte vencida. O ressarcimento devido pela parte derrotada se relaciona apenas aos gastos que o vencedor despendeu no processo, mas não com os advogados, assistentes técnicos e pareceristas. Sob esse aspecto, a parte, mesmo ganhando o processo, suporta essas despesas particulares.

Contudo, entre nós, há uma situação distinta, relacionada aos honorários advocatícios de sucumbência. Segundo a legislação brasileira, a derrota no processo judicial cria uma relação obrigacional direta entre a parte vencida e o advogado da contraparte. Nessa relação, a parte vencedora é estranha.

Isso ocorre por força de lei. Em decorrência do fim do processo, o juiz condena a parte vencida a arcar com honorários do advogado da outra parte, em verba fixada pelo magistrado, levando-se em considerações as peculiaridades da causa.

Nem sempre foi assim. Até 1939, cada uma das partes arcava com a totalidade dos honorários de seus advogados, sem que houvesse qualquer relação entre uma parte e o advogado da outra. O juiz, contudo, estabelecia um valor de sucumbência, pago pela parte derrotada à parte vencedora, que variava, principalmente, em função do montante econômico discutido na causa.

Com o advento do Código de Processo Civil daquele ano de 1939, ajustou-se, no art. 64, que, quando a ação fosse ajuizada por dolo ou culpa – algo como uma ação temerária –, caberia ao juiz condenar a parte vencida a arcar com os honorários do advogado da contraparte.

Ainda no art. 76 do referido Código de Processo Civil de 1939, estipulou-se que, caso o beneficiado da justiça gratuita fosse vitorioso na causa, a parte derrotada deveria arcar com os honorários do advogado da primeira.

Entretanto, mesmo com essas regras, entendia-se que a sucumbência pertencia à parte e havia apenas uma forma de indenizá-la em relação aos honorários do advogado que teve que contratar.

A atribuição dos honorários de sucumbência ao advogado apenas ocorreu com o advento do Estatuto da Advocacia, a Lei n.º 4.215, de 27 de abril de 1963, no seu art. 99.

Não muito tempo depois, o art. 64 do Código de Processo Civil então em vigor foi alterado pela Lei 4.632, de 18.05.1965, para estabelecer que, independentemente de dolo ou culpa, a parte vencida sempre pagaria os honorários do advogado da parte vencedora.

O tema da titularidade dos honorários de sucumbência voltou a ser discutido com a entrada em vigor do Código de Processo Civil de 1973. A redação daquela Lei não explicitava que os honorários seriam dos advogados, pois, afinal, a norma falava em vencido e vencedor.

A questão se pacificou com a redação do novo Estatuto da Advocacia e da Ordem dos Advogados do Brasil, Lei 8.906, de 04.07.1994. No seu art. 23, registra-se que todos os honorários, aí incluídos os resultantes da sucumbência, pertencem aos advogados.

A redação do Código de Processo Civil de 2015, no seu art. 85, *caput*, é claríssima: "A sentença condenará o vencido a pagar honorários ao advogado do vencedor".

Assim, como se mencionou, devido a uma escolha legislativa, o titular dos honorários de sucumbência é o advogado e não a parte. A relação jurídica obrigacional criada com a sentença existe apenas entre a parte sucumbente e o advogado da parte vencedora. Esta é terceira quanto à mencionada relação.

Para fixação dos honorários de sucumbência é irrelevante quanto a parte gastou com seu advogado, ou, em outras palavras, qual foi a despesa que a parte teve com seu advogado. O patrono pode ter trabalhado de graça, como pode ter cobrado uma fortuna pela representação judicial. Isso não faz nenhuma diferença para fins de se estabelecer os honorários de sucumbência.

A natureza dessa obrigação não é, portanto, indenizatória.

A rigor, trata-se de uma sanção, cuja forma de aferir o valor encontra-se referida, de forma pormenorizada, nos parágrafos do art. 85 do Código de Processo Civil.

A lei processual, assim, indica a hipótese em que essa obrigação é devida, a parte credora dessa relação e ainda instrui quanto à forma de se apontar o montante desses honorários.

Tamanha a importância desse direito do advogado que, segundo a Súmula 256 do STF, os honorários de sucumbência são devidos mesmo se a parte não tiver feito pedido nesse sentido.

Os honorários de sucumbência nesses contornos é um modelo brasileiro, que não se encontra, com idênticas características, em outras legislações.

Na verdade, partes estrangeiras que litigam no país revelam alguma dificuldade em assimilar o conceito: se elas ganham demandas no Brasil, a parte adversária deve pagar um valor, arbitrado pelo Judiciário, não a elas (pelas despesas que suportaram), porém aos seus advogados. Estes recebem a sucumbência acrescida dos honorários contratados, cujas fontes de pagamento são distintas, embora, bem vistas as coisas, tenham por origem o mesmo fato gerador.

Na maior parte dos países, a parte vencedora recebe da parte vencida uma indenização, a fim de ressarcir todo o montante despendido para atuar no processo.[3-4] Essa soma em dinheiro, claro, não serve como fonte de enriquecimento, isto é, não há proveito. Há, na realidade, uma indenização pelo que comprovadamente se despendeu.[5]

Logo, os honorários advocatícios de sucumbência, nos processos judiciais, decorrem da força do Código de Processo Civil, numa obrigação cuja gênese é determinada por lei.

Conceitualmente, com o advento do art. 190 do referido Código de 2015, as partes podem, nos casos em que se admita a autocomposição, afastar a regra acerca dos honorários de sucumbência ou limitá-la. Com efeito, como os litigantes, no negócio processual,

---

[3] Entretanto, nos tribunais norte-americanos, prevalece a "American Rule", segundo a qual, excetuando-se casos de má-fé, cada parte deverá arcar com os seus custos e despesas. Na ausência de disposição expressa pelas partes sobre a questão, a regra também é amplamente aplicada a arbitragens domésticas com sede naquele país.

[4] Sobre a inconsistência e imprevisibilidade na alocação de custos e despesas em procedimentos arbitrais internacionais, conferir GOTANDA, John Y. Attorney's Fees Agonistes; The Implications of Inconsistency in the Awarding of Fees and Costs in International Arbitrations. In: FERNANDEZ-BALLESTEROS, Miguel Ángel; ARIAS, David (Ed.). *Liber Amicorum Bernardo Cremades*, 2010, p. 539-555. Disponível em: <http://www.kluwerarbitration.com/CommonUI/document.aspx?id=KLI-KA-1039029-n>. Segundo o autor, a imprevisibilidade e falta de transparência com relação à eventual responsabilidade pelos custos e despesas do procedimento reduzem a procura pela arbitragem como meio de solução de conflitos, pois as partes não conseguem determinar previamente os riscos financeiros decorrentes do litígio.

[5] Há quem defenda que essa indenização também possui natureza de sanção, na medida em pune a parte que ajuizou a ação ou se defendeu injustamente, além de prevenir o ajuizamento de demandas frívolas (Idem).

têm o condão de estabelecer o seu rito, elas podem estabelecer, desde o início, que, no seu processo, não haverá honorários de sucumbência.

Esse acordo apenas será plenamente oponível ao advogado se for estabelecido desde o início. Ou seja, se o causídico ingressou no feito já com essa estipulação em vigor. Caso contrário, o advogado, o verdadeiro titular da sucumbência, poderá reclamar que a convenção não lhe é oponível, pois dela não participou – e, logo, não renunciou a um direito seu.

Na arbitragem, encontra-se uma situação diversa.

Bem vistas as coisas, a apreciação dessa matéria em relação às despesas e aos honorários de sucumbência em arbitragem admite três distintos cenários.

No primeiro deles, as partes estabeleceram, na cláusula compromissória ou no compromisso arbitral, regras tratando dessa matéria: custas, despesas particulares e sucumbência.

No segundo cenário, as partes nada falam sobre o tema.

Finalmente, numa terceira hipótese, as partes divergem em relação ao tratamento desses ônus.

Examinemos a primeira situação: as partes previram, seja na cláusula compromissória, seja no termo, seja em qualquer outro documento vinculante, regras acerca das despesas com o processo e com a sucumbência.

Diante do seu extraordinário espaço para a autonomia, no âmbito da arbitragem os litigantes podem estabelecer, de forma ampla e livre, como serão divididas essas responsabilidades com as despesas e os honorários de sucumbência do advogado.[6]

Nada impede a estipulação de que apenas uma das partes arque com a totalidade das despesas e, até mesmo, com a sucumbência, assim como pode-se estabelecer que cada parte suportará as suas despesas particulares, dividirão as custas e afastarão a sucumbência. Como se disse, às partes cabe dispor livremente sobre o tema, sendo muito comum que excluam ou limitem os honorários de sucumbência.

Aliás, vale registrar que, caso as partes tenham conferido ao Tribunal o poder de fixar a sucumbência, é plenamente admissível que os árbitros elejam os parâmetros do art. 85 do Código de Processo Civil como aqueles a serem observados.

Em respeito à autonomia privada, diante da opção dos litigantes, em regra fixada no Termo da Arbitragem, os árbitros têm a sua jurisdição vinculada, de sorte que se encontram limitados àquela orientação. Dessa forma, caso as partes tenham estabelecido no compromisso que a parte vencida arcará com os honorários da parte vencedora, na forma

---

[6] Nesse sentido, dispõe o art. 11 da Lei de Arbitragem:
"Poderá, ainda, o compromisso arbitral conter: [...]
V – a declaração da responsabilidade pelo pagamento dos honorários e das despesas com a arbitragem; e
VI – a fixação dos honorários do árbitro, ou dos árbitros".

estabelecida pela lei processual brasileira, os árbitros não poderão furtar-se a efetuar essa condenação, a fim de atender a regra do contrato no qual se estabeleceu a arbitragem.

É muito comum, entretanto, que as partes ajustem que não haverá, na arbitragem que se engajaram, qualquer condenação de sucumbência direcionada aos advogados. Nessa hipótese, os árbitros, evidentemente, não estabelecerão os honorários, até mesmo porque sua jurisdição foi expressamente limitada.

Muitas vezes, estabelece-se que a parte vencida suportará os gastos da parte vencedora, dando-se uma natureza de plena indenização à sucumbência, na linha da prática inglesa, como adiante trataremos. Nesses casos, as partes apresentam, de lado a lado, as suas despesas com o procedimento arbitral, aí incluído os gastos com advogados, para que, na sentença, estipule-se a forma como a parte vencida deva ressarcir a vencedora, sempre atento ao limite do que foi despendido.

Numa segunda hipótese, as partes nada trataram do tema – por opção ou por esquecimento. De fato, pode não haver, nem na cláusula compromissória, nem no compromisso arbitral, qualquer referência a quem deva suportar tais ônus.

Nesse caso, de ausência de disposição das partes sobre o tema, aplica-se o art. 27 da Lei de Arbitragem, que possui a seguinte redação:

> Art. 27. A sentença arbitral decidirá sobre a responsabilidade das partes acerca das custas e despesas com a arbitragem, bem como sobre verba decorrente de litigância de má-fé, se for o caso, respeitadas as disposições da convenção de arbitragem, se houver.

O próprio dispositivo, na sua parte final, esclarece a sua natureza supletiva, que apenas ganha eficácia na ausência de disposição expressa das partes.

De acordo com a regra legal, a sentença arbitral deve fixar qual parte fica responsável pelas custas e despesas com a arbitragem.[7-8] A expressão "custas e despesas" deve ser

---

[7] De acordo com Gustavo Tepedino e José Emílio Nunes Pinto, não há dúvidas de que, "ao dispor quanto à responsabilidade das partes por toda a espécie de custas em que incorreram, o artigo alcança as despesas efetuadas com honorários advocatícios". Segundo os autores, o legislador só não fez referência expressa sobre esse ponto – tal como fez no Código de Processo Civil – porque, nos termos do art. 21, § 3.º, da Lei de Arbitragem, as partes de um procedimento arbitral podem postular em nome próprio, sendo prescindível a presença de advogado (Notas sobre o ressarcimento de despesas com honorários de advogado em procedimentos arbitrais. In: FERRAZ, Rafaella; MUNIZ, Joaquim Paiva (Coord.). *Arbitragem doméstica e internacional*. Rio de Janeiro: Forense, 2008. p. 189-196).

[8] Nesse sentido, também a prática internacional: "[...] in international arbitration, the tribunal usually has the power to require the losing party to pay or contribute towards the legal costs of the winning party. The general practice is that the tribunal will exercise that power and other the loser to pay most or all of the winner's costs (costs of the arbitration ad its own costs), if the winner's costs are reasonable and if there are no exceptional of mitigating circumstances" (MCILWRATH, Michael; SAVAGE, John. *International Arbitration and Mediation*: A Practical Guide. The Netherlands: Kluwer Law International, 2010. p. 321-322).

interpretada em sentido amplo, ou seja, deve compreender a integralidade dos dispêndios incorridos pela parte vencedora para a realização da arbitragem.[9]

Na tradição do Direito Inglês, vigora o princípio de que a parte vencedora, em regra, é ressarcida integralmente de suas despesas. Trata-se do conhecido "English Rule", segundo o qual os "custos seguem o evento" ("costs follow event"), dentre os quais se inserem as despesas com a contratação do advogado.[10]

Nos Estados Unidos, encontra-se um conceito diferente. Lá, cada parte absorve os honorários de seus advogados. Segundo o "American Rule", cada parte arcará com as suas próprias despesas com patronos, independentemente do resultado da ação. Em raros casos, no entanto, essa norma poderá ser excepcionada – e, mesmo assim, se as partes expressamente autorizarem o Tribunal a decidir sobre o tema.[11]

Não existe na Lei de Arbitragem determinação de qual tratamento deve ser dado aos honorários advocatícios de sucumbência.

A lei nada fala do tema. Não houve, quanto ao ponto, omissão do legislador. Deixar de cuidar da sucumbência na arbitragem foi uma inteligente e pensada opção legislativa. Afinal, a arbitragem é uma forma, muito comum em outros países, de solucionar litígios. Nesses outros sistemas jurídicos, o conceito de honorários de sucumbência, na forma como adotamos no Brasil, simplesmente não existe.

Na medida em que a nossa Lei de Arbitragem inspirou-se em outros exemplos adotados com sucesso no exterior, incluir o nosso modelo de sucumbência criaria uma regra peculiar, afastando-se do interesse de inserção no mercado, pois se distanciaria do padrão internacional.

Parece claro que o objetivo da lei consiste em permitir que os árbitros fixem a indenização da parte vencedora no processo, a fim de que se promova um ressarcimento do que ela gastou. Indenizar, como se sabe, significa deixar indene, isto é, sem dano.

O art. 27 da Lei de Arbitragem permite que os árbitros fixem exatamente a distribuição desse ônus – custas e despesas particulares –, a fim de que, consoante a decisão tomada, haja uma divisão deles, idealmente proporcional ao grau de reconhecimento de procedência das pretensões de cada parte no feito.

---

[9] Também defendendo o sentido amplo da expressão, cf. FICHTNER, José Antonio; MANNHEIMER, Sergio Nelson; MONTEIRO, André Luis. A distribuição do custo do processo na sentença arbitral. In: LEMES, Selma Ferreira; BALBINO, Inez (Coord.) *Arbitragem*: temas contemporâneos. São Paulo: Quartier Latin, 2012. p. 273 e também MARTINS, Pedro A. Batista. *Apontamentos sobre a lei de arbitragem*. Rio de Janeiro: Forense, 2008, p. 291-292.

[10] Sobre o tema, NELSON, Timothy G.; GARDINER, John L. Recovery of Attorneys' Fees in International Arbitration: the Duelling "English" and "American" Rules. *The 2010 Arbitration Review of the Americas*. Disponível em: <https://www.skadden.com/sites/default/files/publications/Publications1917_0.pdf>.

[11] Confira-se, a respeito, BALTZ, Kevin. C. Careful what you wish for: Court affirms award of attorney's fees based upon arbitration rule. Disponível em: <http://www.butlersnow.com/attorney/kevin-baltz/>. Ver também ANDRADE, Luis Tomás Alves de. Third-Party Funding in International Arbitration and the Allocation of Costs. *Revista de Arbitragem e Mediação,* ano 12, out.-dez. 2015.

Num procedimento arbitral, todos os desfechos são possíveis: a vitória completa de uma parte, a vitória parcial, um "empate" (quando ambas as partes têm seus pedidos deferidos e negados, reciprocamente), a vitória sem efeito prático, entre outra miríade de hipóteses.

Diante desse sem-fim de soluções, cabe aos árbitros, com sensibilidade, dividir os ônus das custas e das despesas, levando em consideração que a parte derrotada, nas gradações dessa perda, deve arcar com a maior parte desses gastos.[12]

Como o objetivo é de indenizar, mostra-se fundamental, para aferir esse valor, que o tribunal solicite às partes que apresentem um demonstrativo de seus gastos, juntando, inclusive, cópia dos contratos que celebraram com seus patronos para representá-los no processo.

Tratando-se de ressarcimento, não se deve admitir um arbitramento dessa indenização (na linha do que "razoavelmente se despendeu"). Aqui, cumpre aferir exatamente o tamanho da despesa, a fim de se promover integral restituição: nada mais, nada menos.

O objetivo da lei consiste, como se vê, em reparar; não em penalizar. Eis porque a lei não fala em honorários de sucumbência, que, como se viu, não guardam relação com os honorários contratados e, na sistemática do Código de Processo Civil, o destinatário desse crédito é o patrono da parte – e não a própria parte.

Como a Lei de Arbitragem não menciona a sucumbência dos advogados, diante do silêncio das partes, o tribunal arbitral não está autorizado a estabelecer esse ônus. Pode, como antes se registrou, tratar dos honorários do advogado, que devem corresponder ao ressarcimento do que se pagou, tanto assim que destinado à parte e não ao seu patrono.

Caso o Tribunal arbitral, sem estar autorizado expressamente para tanto, estabelecer o pagamento de honorários de sucumbência, estará agindo de forma ilegal, despido de jurisdição e sem fundamento jurídico.

Para começar, o art. 27 da Lei de Arbitragem fala apenas, como antes se registrou, de custas e despesas particulares: não de honorários de sucumbência. A ideia, portanto, consiste em ressarcir.

Na medida em que os honorários de sucumbência possuem um caráter de pena, ela está afastada, salvo se os litigantes tiverem expressamente concordado com essa estipulação.

---

[12] Recentemente, a CCI conduziu extensa pesquisa acerca da prática dos tribunais arbitrais quanto à alocação de custos em arbitragens internacionais. Concluiu-se, no relatório produto dessa investigação, que os tribunais comumente levam em consideração os seguintes fatores para alocar os custos de um procedimento: (i) o acordado entre as partes e as normas da respectiva instituição sobre o tema; (ii) o êxito ou a perda relativa de cada parte; (iii) a razoabilidade dos custos alegados, considerando a complexidade e o mérito da causa; (iv) a comprovação desses custos; e (v) a conduta geral das partes, como, por exemplo, se houve comportamentos de má-fé ou repetidos descumprimentos de ordens do tribunal. (ICC Commission Report – Decisions on Costs in International Arbitration. *ICC Dispute Resolution Bulletin*, Issue 2, 2015. Disponível em: <http://www.iccwbo.org/Data/Policies/2015/Decisions-on-Costs-in-International-Arbitration/>.

Não havendo autorização das partes, considerando que a sucumbência tem natureza de sanção, não se pode admiti-la sem anterior previsão legal. A imposição da sucumbência sem prévia estipulação violaria a regra legal da impossibilidade de pena sem antecedente conhecimento do penalizado.[13]

Outro fundamento, que impede o árbitro de condenar a parte a arcar com a sucumbência quando não autorizado, encontra-se no conceito processual da inércia. Afinal, não pode o árbitro tratar de matéria para a qual ele não foi concitado. Um julgamento dessa natureza seria *extra petita*. Ademais, a sua própria jurisdição encontra-se limitada pelo contrato de arbitragem que celebrou com as partes. Nulo, portanto, no que exceder à jurisdição do Tribunal.[14]

Por fim, cabe apreciar um terceiro e último cenário, que ocorre se as partes, no momento em que celebram o compromisso arbitral, divergirem em relação às custas, despesas particulares e honorários de sucumbência.

Isso ocorre em casos nos quais, não havendo estipulação sobre a questão na cláusula compromissória, as partes, no momento de celebrar o Termo da Arbitragem, não chegam a um consenso acerca desses temas. Essa divergência será mais um objeto do litígio e caberá aos árbitros apreciar a matéria.

Se, por exemplo, uma das partes pleitear que os árbitros, ao fim do procedimento, condenem ao litigante que perdeu arcar com os honorários de sucumbência, enquanto a outra entender que o tribunal arbitral não deva promover essa sanção, o tema passa a ser litigioso, cumprindo aos árbitros dirimi-lo. Nesse caso, o tribunal arbitral terá jurisdição para apreciar a matéria e, mais ainda, deverá julgar a matéria a ele submetida.

A orientação correta, nesses casos, parece ser no sentido de que, em procedimentos arbitrais, não havendo consenso, os árbitros devem seguir a orientação do art. 27 da Lei específica, indicando a responsabilidade das partes somente com relação às custas e às despesas particulares, aqui incluindo os gastos contratados com honorários do advogado. Ficam de fora os honorários de sucumbência.

Essa matéria ainda suscita algum debate devido ao "cacoete" dos advogados brasileiros de se valer dos conceitos de processo civil, aplicáveis aos processos em curso no Judiciário, nas arbitragens. A ideia de sucumbência, de fato, encontra-se arraigada na cultura jurídica, mormente porque ela representa uma grande vantagem à classe dos advogados.

Entretanto, a maturidade da arbitragem no Brasil passa pelo reconhecimento de que o Código de Processo Civil e as suas regras seguem princípios próprios em relação ao procedimento arbitral. A arbitragem possui suas peculiaridades e, nessa condição, a sua relação com outras normas e institutos deve ser compreendida, sob pena de tornar a arbitragem um apêndice do Código de Processo Civil, desvirtuando a sua estrutura e sua função.

---

[13] Trata-se, aliás, de uma garantia constitucional, prevista no inciso XXXIX do art. 5.º, cristalizado no conhecido brocardo: "Nullum crimen, nulla poena sine lege".

[14] Nesse sentido, BERALDO, Leonardo de Faria. *Curso de arbitragem*. São Paulo: Atlas, 2014. p. 345.

Como o legislador, de forma objetiva, escolheu não instituir os honorários de sucumbência entre as matérias que devem, necessariamente, constar da sentença arbitral, a indicação do Tribunal arbitral acerca desse ônus apenas deve dar-se na hipótese de as partes, de forma expressa, terem requerido essa apreciação.

Uma boa prática, claro, seria, a de que as partes, no momento em que celebram o Termo da Arbitragem, já informassem a estimativa dos honorários contratuais de seus advogados, como, inclusive, recomenda o inciso V do art. 11 da Lei de Arbitragens.[15]

A orientação firme da comunidade arbitral no sentido de estabelecer a amplitude dos riscos econômicos com o processo traz um grande proveito para esse meio de solução de conflitos.[16] Isso porque, com o advento do novo Código de Processo Civil, de 2015, houve um incremento da política referente aos honorários de sucumbência aos advogados. Com a nova lei processual, a sucumbência devida ao advogado deve, no mínimo, ser de 10% do valor econômico da causa e não mais se admite a compensação de honorários. O custo do processo judicial, por conta desse item, majorou-se consideravelmente. Não é difícil acreditar que essa orientação legislativa acarrete uma via atrativa para a escolha e adoção da arbitragem. Dessa forma, a pergunta que inicia esse trabalho – quais os custos envolvidos no processo judicial e arbitral – será feita com mais frequência. Esperamos ter uma resposta segura sobre o tema.

BIBLIOGRAFIA

ANDRADE, Luis Tomás Alves de. Third-Party Funding in International Arbitration and the Allocation of Costs. *Revista de Arbitragem e Mediação,* ano 12, out.-dez. 2015.

BALTZ, Kevin. C. Careful what you wish for: Court affirms award of attorney's fees based upon arbitration rule. Disponível em: <http://www.butlersnow.com/attorney/kevin--baltz/>.

BERALDO, Leonardo de Faria. *Curso de arbitragem.* São Paulo: Atlas, 2014.

---

[15] Nesse sentido, o já mencionado *ICC Commission Report on Decisions on Costs in International Arbitration,* o qual recomenda aos tribunais arbitrais já definirem, no Termo de Arbitragem, questões como quais despesas são recuperáveis, quais os documentos necessários para prová-las, se há teto para o ressarcimento etc. No mesmo sentido, WOBIESER, Claus. Efficient Cost Management in Arbitration. *Arbitragem e comércio internacional:* estudos em homenagem a Luiz Olavo Baptista. São Paulo; Quartier Latin, 2013.

[16] A Comissão de Arbitragem da Câmara de Comércio Internacional (CCI) estudou diversas sentenças arbitrais a respeito do tema alocação de custas, exaradas em processos arbitrais administrados pela própria CCI e também por diversas outras instituições administradoras de arbitragens pelo mundo, que cooperaram para a realização do estudo. Desse estudo, originou-se o seguinte relatório, encontrado no *site* da instituição: International Chamber of Commerce, Decisions on Costs in International Arbitration – ICC Arbitration and ADR Commission Report, dez. 2015. Disponível em:<http://www.iccwbo.org/Advocacy-Codes-and-Rules/Document-centre/2015/Decisions-on--Costs-in-International-Arbitration-ICC-Arbitration-and-ADR-Commission-Report/>. Acesso em: 1.º ago. 2016.

BORN, Gary B. *International Commercial Arbitration*. 2. ed. The hague: Kluwer Law International, 2014. Chapter 23: Form and Contents of International Arbitral Awards, p. 3012-3112.

CARMONA, Carlos Alberto. *Arbitragem e processo*: um comentário à Lei n.º 9.307/96. São Paulo: Atlas, 2009.

FICHTNER, José Antonio; MANNHEIMER, Sergio Nelson; MONTEIRO, André Luis. A distribuição do custo do processo na sentença arbitral. In: LEMES, Selma Ferreira; BALBINO, Inez (Coord.) *Arbitragem*: temas contemporâneos. São Paulo: Quartier Latin, 2012.

GOTANDA, John Y. Attorney's Fees Agonistes; The Implications of Inconsistency in the Awarding of Fees and Costs in International Arbitrations. In: FERNANDEZ-BALLESTEROS, Miguel Ángel; ARIAS, David (Ed.). *Liber Amicorum Bernardo Cremades*, 2010, p. 539-555. Disponível em: <http://www.kluwerarbitration.com/CommonUI/document.aspx?id=KLI-KA-1039029-n>.

ICC Commission Report – Decisions on Costs in International Arbitration. *ICC Dispute Resolution Bulletin*, Issue 2, 2015. Disponível em: <http://www.iccwbo.org/Data/Policies/2015/Decisions-on-Costs-in-International-Arbitration/>.

ICSID Case n. ARB/02/5 award, International Centre for Settlement of Investment Disputes Washington, D.C. Disponível em: <http://italaw.com/sites/default/files/case-documents/ita0695.pdf>.

MARTINS, Pedro A. Batista. *Apontamentos sobre a lei de arbitragem*. Rio de Janeiro: Forense, 2008.

MCILWRATH, Michael; SAVAGE, John. *International Arbitration and Mediation*: A Practical Guide. The Netherlands: Kluwer Law International, 2010.

NELSON, Timothy G.; GARDINER, John L. Recovery of Attorneys' Fees in International Arbitration: the Duelling "English" and "American" Rules. *The 2010 Arbitration Review of the Americas*. Disponível em: <https://www.skadden.com/sites/default/files/publications/Publications1917_0.pdf>.

POWER, Jenny. The Award – Costs in International Commercial Arbitration – A Comparative Overview of Civil and Common Law Doctrines. In: KLAUSEGGER, Christian; KLEIN, Peter et al. (Ed.). *Austrian Arbitration Yearbook*, 2007, p. 261-274. Disponível em: <http://www.kluwerarbitration.com/CommonUI/document.aspx?id=KLI-KA-1006-212>.

TEPEDINO, Gustavo; NUNES PINTO, José Emílio. Notas sobre o ressarcimento de despesas com honorários de advogado em procedimentos arbitrais. In: FERRAZ, Rafaella; MUNIZ, Joaquim Paiva (Coord.). *Arbitragem doméstica e internacional*. Rio de Janeiro: Forense, 2008.

WOBIESER, Claus. Efficient Cost Management in Arbitration. *Arbitragem e comércio internacional*: estudos em homenagem a Luiz Olavo Baptista. São Paulo; Quartier Latin, 2013.

IMPUGNAÇÃO DA SENTENÇA ARBITRAL

RODRIGO GARCIA DA FONSECA

Sumário: 1. Introdução – 2. A sentença arbitral e sua impugnação – 3. As hipóteses de invalidade da sentença arbitral – 4. Algumas palavras sobre o Novo Código de Processo Civil – 5. Conclusões.

1. INTRODUÇÃO

O ano de 2016 marca os 20 anos da Lei de Arbitragem Brasileira, a Lei 9.307, de 23.09.1996. São 20 anos de sucesso absoluto. O Brasil saiu, nesses 20 anos, de um cenário no qual a arbitragem era virtualmente inexistente para se tornar uma das jurisdições de arbitragem mais vibrantes do mundo.

Como é notório, temos hoje vários centros de arbitragem ativos, atuantes e modernos, não só em São Paulo e no Rio de Janeiro, os maiores centros econômicos, mas também em Belo Horizonte, em Curitiba, enfim, espalhados por todo o País, com um número impressionante de casos.[1] As estatísticas internacionais também são impressionantes. Na Corte de Arbitragem da Câmara de Comércio Internacional (CCI), baseada em Paris, França, o Brasil é consistentemente, nos últimos anos, o maior usuário da América Latina, e um dos maiores de mundo. Tem figurado ora em 4.º, ora em 5.º ou 6.º, e em 2014 chegou a ser o 3.º país com maior número de partes nacionais em arbitragens CCI, atrás apenas dos Estados Unidos e da França. São Paulo e Rio de Janeiro também se fixaram como

---

[1] Conforme pesquisa recente conduzida por Selma Lemes, nos últimos seis anos as principais câmaras arbitrais brasileiras conduziram procedimentos envolvendo valores superiores a R$ 38 bilhões. Vide: Soluções em arbitragem crescem 73% em seis anos, mostra pesquisa. *Consultor Jurídico*, 15.07.2016. Disponível em: <http://www.conujr.com.br/2016-jul-15/solucoes-arbitragem--crescem-73-seis-anos-mostra-pesquisa?>.

sedes relevantes de arbitragem, e o número de árbitros brasileiros e o uso do português em casos CCI têm sido crescentes.[2]

Na esteira desse sucesso, aprovou-se, em 2015, uma reforma pontual da Lei de Arbitragem, tratando de algumas matérias específicas, incorporando certos temas que haviam sido consolidados na jurisprudência do Superior Tribunal de Justiça e buscando estimular a arbitragem no setor público.[3] Com efeito, o ano de 2015 foi de certo furor legislativo, pois também foi aprovada uma Lei de Mediação e o novo Código de Processo Civil (Lei 13.105, de 16.03.2015, "NCPC").

Neste cenário, é mais do que justa e oportuna a homenagem a Petrônio Muniz, cujo esforço pessoal e crença na arbitragem foram fundamentais para a aprovação da Lei 9.307/1996. Sem a persistência cívica de Petrônio Muniz e a segura e cuidadosa condução da Operação Arbiter, com a sua compreensão dos meandros dos processos político e legislativo, dificilmente teríamos hoje uma realidade tão positiva da arbitragem no Brasil. Todos os profissionais que hoje trabalham com arbitragem no Brasil, ou as partes que são usuárias da arbitragem, devem muito a Petrônio Muniz, e aos organizadores da presente obra, Selma Ferreira Lemes, Carlos Alberto Carmona e Pedro Batista Martins, autores do competentíssimo anteprojeto de lei que deu origem à Lei 9.307/1996.

2. A SENTENÇA ARBITRAL E OS MEIOS PARA A SUA IMPUGNAÇÃO

Pois bem, como se mencionou acima, a Lei Brasileira de Arbitragem está completando justamente 20 anos de existência em 2016. E muito se avançou nessas duas décadas.

Eu me formei bacharel em Direito e fui admitido como advogado na Ordem dos Advogados do Brasil antes da edição da Lei de Arbitragem. Quando comecei a advogar, a arbitragem era praticamente inexistente em nosso país. Os então chamados laudos arbitrais não eram exequíveis, dependiam de homologação judicial, num processo que permitia

---

[2]   As estatísticas de 2014 estão publicadas no ICC Dispute Resolution Bulletin, Paris, 2015, issue 1, p. 7-19. A importância do Brasil no cenário internacional da arbitragem é tamanha que o Presidente da Corte de Arbitragem da CCI, Alexis Mourre, já anunciou publicamente a intenção de abrir um escritório em São Paulo para administrar os procedimentos brasileiros e de outros países latino-americanos. Seria o terceiro escritório da CCI fora da sede de Paris, depois dos que foram abertos em Nova Iorque, para a América do Norte, e em Hong Kong, para o mercado asiático.

[3]   É discutível, em tese, se a reforma de 2015 era necessária, considerando o sucesso da arbitragem brasileira sob a égide do texto original da Lei n.º 9.307/1996. Tomada a decisão política de se fazer reforma, porém, é inegável que o resultado final foi, em geral, de boa qualidade. A comissão especial de juristas formada pelo Senado Federal, capitaneada pelo Min. Luis Felipe Salomão, do STJ, merece todos os elogios pelo esforço dedicado ao projeto de reforma da legislação. As modificações não tem a pretensão de reinventar a roda; foram alterações pontuais, consolidando entendimentos jurisprudenciais (como no caso das medidas cautelares), sanando dúvidas que ainda persistiam em alguns setores (como no caso da arbitragem envolvendo a administração pública), tratando de alguns temas delicados com parcimônia (regulando a questão da interrupção da prescrição e criando a carta arbitral, por exemplo), e introduzindo poucas inovações, direcionadas à resolução de problemas pontuais (como regras específicas e mais objetivas para as arbitragens societárias).

a rediscussão de tudo o que já fora debatido e decidido na arbitragem. Não por acaso a opção pela arbitragem era raríssima – se tudo acabava mesmo em Juízo, recomeçando do zero, a arbitragem era uma etapa prévia que só acrescia tempo e custo à resolução do litígio, sem qualquer vantagem. Era essa a realidade.

Hoje não se cogita mais que a sentença arbitral não tenha força executiva, faça coisa julgada, e possa ser cumprida em Juízo sem revisão do seu mérito. A própria modificação da terminologia, passando a tratar a decisão dos árbitros como "sentença", e não mais como "laudo", espelha tal realidade, que emerge clara dos arts. 18 e 31 da Lei 9.307/1996.[4] Referidos dispositivos disciplinam que a sentença arbitral não está sujeita a recurso ou homologação pelo Poder Judiciário, e produz os mesmos efeitos que a sentença judicial.[5]

Evidente, porém, que a sentença arbitral pode ser impugnada, se apresentar determinados vícios. Por mais que a legislação queira preservar e estimular a arbitragem, é preciso que ressalve certas hipóteses nas quais as partes poderão se socorrer do Judiciário para reprimir nulidades, sob pena de chancelar injustiças flagrantes.[6]

Neste sentido, a Lei de Arbitragem estabelece as hipóteses de nulidade da sentença arbitral nos diversos incisos do seu art. 32. Como salienta Carlos Alberto Carmona, com base em lição de Barbosa Moreira, a Lei de Arbitragem melhor teria feito se fizesse referência à anulabilidade da sentença arbitral, pois via de regra, a sentença arbitral vale enquanto não for atacada judicialmente, e se não for impugnada nos prazos e meios legais, se convalida definitivamente, ainda que pudesse ser originariamente viciada.[7]

Importante ressaltar, por outro lado, que a eventual invalidade da sentença arbitral estrangeira só pode ser suscitada no Brasil como defesa na ação de homologação perante o Superior Tribunal de Justiça, sendo descabida a propositura de ação direta de nulidade perante o juiz brasileiro de primeira instância.[8] Vale lembrar que o ordenamento brasileiro adotou o

---

[4] FONSECA, Rodrigo Garcia da. Reflexões sobre a sentença arbitral. *Revista de Arbitragem e Mediação*, São Paulo, ano 2, v. 6, p. 41, jul.-set. 2005.

[5] Como afirma Selma Ferreira Lemes, com muita propriedade, duas inovações da Lei de Arbitragem formam a sua "espinha dorsal", dando sustentação ao instituto: "o efeito vinculante da cláusula compromissória e a equivalência da sentença arbitral à sentença judicial" (LEMES, Selma Ferreira. A sentença arbitral. *Revista de Arbitragem e Mediação*, São Paulo, ano 2, v. 4, p. 26, jan.-mar. 2005). A força internacional da Convenção de Nova Iorque, promulgada no Brasil com o Decreto 4.311, de 23.07.2002, também é fundamental, na medida em que obriga, no âmbito dos países signatários, o reconhecimento da validade e eficácia das sentenças arbitrais emanadas uns dos outros.

[6] Embora deva promover a finalidade e a definitividade das decisões arbitrais, um sistema eficiente deve também preservar salvaguardas processuais básicas, que impeçam resultados aberrantes e manifestamente injustos, que poderiam comprometer a própria confiança da sociedade no instituto da arbitragem. Para uma discussão sobre a tensão entre o fortalecimento das sentenças arbitrais e a reserva de poderes para os juízes togados exercerem sobre elas algum controle de legalidade: PARK, William W. Por que os tribunais revisam decisões arbitrais. *Revista de Arbitragem e Mediação*, São Paulo, ano 1, v. 3, p. 161-176, set.-dez. 2004.

[7] CARMONA, Carlos Alberto. *Arbitragem e processo*. Um comentário à Lei n.º 9.307/96. 3. ed. São Paulo: Atlas, 2009. p. 398.

[8] Sobre o tema, ver: WALD, Arnoldo. Tutela antecipada em ação declaratória de nulidade de sentença arbitral estrangeira. Indeferimento. Incompetência da Justiça Brasileira. *Revista de Direito Bancá-*

654 | 20 ANOS DA LEI DE ARBITRAGEM

critério puramente territorial para a classificação das sentenças em domésticas ou estrangeiras, de acordo com o local em que são proferidas, se no Brasil – sentenças domésticas – ou no exterior – sentenças estrangeiras, conforme o parágrafo único do art. 34 da Lei 9.307/1996.

As hipóteses do art. 32 da Lei de Arbitragem, portanto, dizem respeito às sentenças arbitrais domésticas, enquanto as hipóteses que possibilitam a denegação da homologação da sentença arbitral estrangeira são reguladas nos arts. 38 e 39 da Lei 9.307/1996, bem como no art. V da Convenção de Nova Iorque.[9]

Os meios para a alegação da nulidade da sentença arbitral vêm expressos no art. 33 da Lei de Arbitragem. Pode a parte prejudicada ajuizar a ação de anulação – ou de decretação de nulidade – pelo procedimento comum, mas o prazo decadencial é extremamente exíguo, de apenas noventas dias a partir da notificação da sentença.[10] Pode também a parte, quando houver execução judicial da sentença arbitral, opor a nulidade em impugnação.[11]

Importante inovação da reforma de 2015 da Lei de Arbitragem modificou a redação do § 1.º do art. 33 para esclarecer que, em caso de sentença arbitral parcial, o prazo decadencial de noventa dias corre desde logo, e não apenas da sentença arbitral final.[12]

---

rio, do Mercado de Capitais e da Arbitragem, São Paulo, ano 6, v. 21, p. 409-420, jul.-set. 2003, com comentários a dois acórdãos do Tribunal de Justiça de São Paulo. Na mesma linha: MAGALHÃES, José Carlos de. Sentença arbitral estrangeira. Incompetência da Justiça brasileira para anulação. Competência exclusiva do STF para apreciação da validade em homologação. *Revista de Arbitragem e Mediação*, São Paulo, ano 1, v. 1, p. 135-148, jan.-abr. 2004; MARTINS, Pedro A. Batista. Sentença arbitral estrangeira. Incompetência da Justiça brasileira para anulação. Competência exclusiva do STF para apreciação da validade em homologação. *Revista de Arbitragem e Mediação*, São Paulo, ano 1, v. 1, p. 149-170, jan.-abr. 2004; LEMES, Selma Ferreira. Sentença arbitral estrangeira. Incompetência da Justiça brasileira para anulação. Competência exclusiva do STF para apreciação da validade em homologação. *Revista de Arbitragem e Mediação*, São Paulo, ano 1, v. 1, p. 171-196, jan.-abr. 2004. Note-se que a Convenção de Nova Iorque, no art. V, 1, e, prevê o não reconhecimento da sentença que "ainda não se tornou obrigatória para as partes ou foi anulada ou suspensa por autoridade competente do país em que, ou conforme a lei do qual, a sentença tenha sido proferida". O referido dispositivo dá a impressão de que seria possível à autoridade judicial brasileira anular ou suspender uma sentença arbitral, ainda que estrangeira, desde que tivesse sido ela proferida conforme a lei brasileira. No entanto, lembre-se que a Convenção se refere à "autoridade competente", e de acordo com as leis processuais brasileiras, a única autoridade competente para apreciar a validade da sentença arbitral estrangeira é o Superior Tribunal de Justiça, no processo de homologação.

[9] Como a Lei de Arbitragem foi editada antes da internalização da Convenção de Nova Iorque, o legislador tomou a boa medida de praticamente copiar o texto do tratado internacional, de modo a trazer o Brasil para o mesmo padrão adotado no resto do mundo em matéria de reconhecimento de sentenças arbitrais estrangeiras. Assim, o texto dos arts. 38 e 39 da Lei 9.307/1996 são muito similares ao do art. V da Convenção de Nova Iorque. Vide; CARMONA, Carlos Alberto. *Arbitragem e processo* cit., p. 463-465.

[10] Art. 33, § 1.º.

[11] Art. 33, § 3.º. O texto da Lei de Arbitragem faz remissão ao Código de Processo Civil de 1973. A impugnação ao cumprimento ou execução de sentença está hoje regulada no art. 525 do Novo Código de Processo Civil de 2015.

[12] A modificação da Lei 13.129/2015 veio explicitar aquilo que já decorria do próprio sistema, ou seja, proferida a sentença parcial, começa a correr imediatamente o prazo decadencial para a pro-

A ação de nulidade deverá ser proposta no foro competente segundo as regras gerais do Código de Processo Civil, nada impedindo que as partes, no mesmo contrato em que firmaram a convenção de arbitragem, também pactuarem desde logo a eleição de um foro para as demandas não arbitráveis, como é o caso da ação de nulidade ou a própria execução da sentença arbitral.[13]

É relevante observar que a natureza e a finalidade da ação de nulidade são distintos daqueles da ação rescisória da sentença judicial, sendo a principal característica a impossibilidade de o juiz rejulgar o mérito da demanda. Julgada procedente a ação, conforme a hipótese, ou será simplesmente invalidada a sentença arbitral ou o caso será devolvido aos árbitros, para que profiram nova decisão, expurgado o vício reconhecido em sede judicial.[14]

Uma questão importante a discutir é se, não tendo havido a propositura da ação direta nos noventa dias previstos na Lei 9.307/1996, estarão preservados todos os fundamentos que nela poderiam ter sido alegados para eventual defesa na impugnação, ou se tais matérias terão decaído, e não mais poderão ser alegadas. Assim, passado o prazo, seriam arguíveis na impugnação apenas aqueles vícios do procedimento executório propriamente dito, tais como excesso de execução ou ilegitimidade do executado, por exemplo. A Lei de Arbitragem não esclarece a dúvida, embora uma leitura literal do mencionado § 3.º do art. 33 dê a impressão de que tudo poderia ser discutido na impugnação independentemente da propositura da ação própria.[15]

---

positura de ação anulatória. Neste sentido, por exemplo, julgamento do STJ no REsp 1.519.041/RJ, 3.ª T., Rel. Min. Marco Aurélio Bellizze, *DJe* 11.09.2015.

[13] Vide, por todos: DINAMARCO, Cândido Rangel. *A arbitragem na teoria geral do processo*. São Paulo: Malheiros, 2013. p. 255.

[14] Art. 33, § 2.º. Ver: ARMELIN, Donaldo. Notas sobre a ação rescisória em matéria arbitral. *Revista de Arbitragem e Mediação*, São Paulo, ano 1, v. 1, p. 13, jan.-abr. 2004. Com efeito, a restrição ao escopo da ação anulatória é justamente decorrente daquela valorização da sentença arbitral mencionada no início. Estabeleceu-se, a partir da Lei de Arbitragem, um sistema no qual não mais se pode rediscutir em juízo o mérito do que foi submetido à arbitragem, como era o caso na antiga ação de homologação de laudo arbitral no sistema anterior a 1996. Como bem observado por Marcela Kohlbach Faria: "Na ação prevista no artigo 33 da Lei n. 9.307 de 1996, o juiz não está autorizado a exercer o juízo rescisório (*iudicium rescissorium*), mas tão somente o juízo rescindente (*iudicium rescidens*). Doutrina e jurisprudência são pacíficas no sentido de que o mérito da sentença arbitral é intangível. O que o árbitro ou tribunal arbitral decidiu não pode ser revisto pelo juiz estatal. Neste aspecto, impera a autonomia da vontade das partes ao escolherem um terceiro para dirimir a sua contenda. A opção pela arbitragem retira das partes a possibilidade de ver a controvérsia decidida no mérito pelo juiz estatal. A arbitragem não deve funcionar como primeira instância e a ação anulatória não pode ser utilizada como sucedâneo de recurso de apelação" (FARIA, Marcela Kohlbach de. *Ação anulatória da sentença arbitral*. Aspectos e limites. Brasília: Gazeta Jurídica, 2014. p. 182-183).

[15] Art. 33, § 3.º: "a decretação da nulidade da sentença arbitral também poderá ser arguida mediante impugnação [...]". Admitindo que as alegações de nulidade – ou anulabilidade – da sentença arbitral podem ser trazidas sem limites na defesa contra a execução, mesmo quando não proposta a ação judicial direta no prazo de noventa dias, exemplificativamente: LEMES, Selma Ferreira. A sentença arbitral cit., p. 31; em sentido contrário, entendendo que passado *in albis* o prazo de noventa dias os embargos só poderão versar sobre as matérias processuais, igualmente de modo exemplificativo: CARMONA, Carlos Alberto. *Arbitragem e processo* cit., p. 429-430.

Cândido Rangel Dinamarco aponta, no entanto, a meu ver acertadamente, que a interpretação meramente formal descura do propósito da norma, e que se o vencido tem o direito de propor a ação anulatória, tem também o ônus de tomar tal iniciativa no prazo que a lei lhe conferiu, de modo que não pode permanecer inerte sem que isso acarrete uma consequência jurídica. É a própria parte que dá causa à consumação do prazo decadencial, razão pela qual não pode lamentar a perda do direito de alegar determinadas matérias em sua defesa.[16]

O § 12 do art. 525 do NCPC, repetindo o anterior parágrafo único do art. 741 do Código de Processo Civil, de 1973, com a redação dada pela Medida Provisória 2.180-35, de 24.08.2001, suscita questão interessante. O referido dispositivo legal permite o questionamento, em sede de impugnação ao cumprimento de sentença, da inconstitucionalidade da sentença, ao disciplinar como inexigível o título judicial fundado em lei ou ato normativo tidos por incompatíveis com a Constituição Federal, em julgamento do Supremo Tribunal Federal. Aplicando-se tal dispositivo às impugnações opostas contra execuções de sentenças arbitrais, surge um caminho para o questionamento judicial do conteúdo da sentença arbitral, e não apenas de formalidade, desde que haja matéria de repercussão constitucional.[17]

Uma vez julgada definitivamente a ação de nulidade, ou a impugnação, haverá coisa julgada naquilo que tiver sido objeto de litígio, não podendo tais temas serem renovados pelas partes naqueles ou em outros autos, salvo em eventual ação rescisória da decisão judicial da ação de nulidade ou dos embargos, no figurino do Código de Processo Civil[18].

Como regra, a ação de anulação da sentença arbitral não tem efeito suspensivo, e a eventual concessão de cautelar ou tutela antecipada para esvaziar preventivamente a eficácia da sentença deve ser apreciada com redobrada cautela e desconfiança, reservada apenas para casos extraordinários e excepcionalíssimos[19].

De outra parte, o direito ao ajuizamento da ação de nulidade vem sendo entendido como irrenunciável prévia e genericamente na convenção de arbitragem, embora nada impeça a renúncia *a posteriori*, uma vez já prolatada a sentença arbitral[20].

---

[16]   DINAMARCO, Cândido Rangel. *A arbitragem...* cit., p. 271-272.

[17]   ARMELIN, Donaldo. Notas sobre a ação rescisória... cit., p. 14-15. RANZOLIN, Ricardo. *Controle judicial da arbitragem*. Rio de Janeiro: GZ Editora, 2011. p. 188

[18]   ARMELIN, Donaldo. Notas sobre a ação rescisória... cit., p. 20.

[19]   FONSECA, Rodrigo Garcia da. Sentença arbitral. Ação de decretação de nulidade. Descabimento de tutela antecipada para suspensão da exigibilidade do título executivo. *Revista de Arbitragem e Mediação*, São Paulo, ano 2, v. 4, p. 255-261, jan.-mar. 2005, com comentários a acórdão do Tribunal de Justiça do Rio de Janeiro, 18.ª Câmara Cível, Agravo de Instrumento 2001.001.07617, Rel. Des. Roberto de Abreu e Silva, j. 31.07.2001. Ver ainda, com alguns exemplos concretos interessantes: BERALDO, Leonardo de Faria. *Curso de arbitragem*. São Paulo: Atlas, 2014. p. 535-539.

[20]   CARMONA, Carlos Alberto. *Arbitragem e processo* cit., p. 422-423. BERALDO, Leonardo de Faria. *Curso de arbitragem* cit., p. 542-543. Admitindo a possibilidade de renúncia prévia, com algumas ressalvas: WAMBIER, Teresa Arruda Alvim. A discussão sobre a disponibilidade do controle judicial da sentença arbitral e seus limites. *Revista Brasileira de Arbitragem*, Curitiba, ano 13, v. 50, p. 21, abr.-jun. 2016.

A Lei de Arbitragem não previu expressamente a possibilidade de ajuizamento da ação de nulidade por um terceiro que se sinta prejudicado pela arbitragem. Seria o caso, por exemplo, de um terceiro que reivindica a propriedade de um bem que foi atribuída, na sentença arbitral, a uma das partes. O art. 33 dispõe que "a parte interessada" poderá agir. Pode ser entendido aí como admissível o manejo da ação de nulidade da sentença arbitral pelo terceiro que demonstre prejuízo e interesse jurídico, tomando-se emprestada, analogicamente, apesar de todas as diferenças já salientadas entre as duas modalidades de processos, a legitimidade do terceiro para a propositura de ação rescisória, nos termos do art. 967, II, do NCPC.[21]

Finalmente, embora não se trate propriamente de um meio de impugnação da sentença arbitral, mas sim de esclarecimento ou integração, os chamados embargos arbitrais também podem ser utilizados para a correção de erros materiais ou obscuridades, dúvidas, contradições ou omissões, em moldes muito similares aos dos embargos declaratórios do processo civil, conforme previsto no art. 30 da Lei de Arbitragem. Em situações excepcionais, como ocorre com os embargos de declaração, os embargos arbitrais podem servir à modificação pontual da sentença arbitral, mediante a correção do vício apontado. Prestigia-se assim a efetividade da arbitragem, evitando uma ação de nulidade posterior quando o eventual problema puder ser sanado pela via dos embargos.[22]

3. AS HIPÓTESES DE INVALIDADE DA SENTENÇA ARBITRAL

Dispõe o inciso I do art. 32 que é nula a sentença arbitral se for nula a convenção de arbitragem.[23] Interessante notar que a lei não prevê a hipótese de convenção de arbitragem anulável, como a firmada em razão de coação ou erro, por exemplo. Deve ser entendido que a parte poderá alegar também a anulabilidade da convenção de arbitragem, para invalidar a sentença, devendo suscitá-la na primeira oportunidade que tiver na própria arbitragem, na linha do art. 20 da Lei de Arbitragem, sob pena de se poder

---

[21] Interessante anotar, conforme observação de Selma Ferreira Lemes, que "a eficácia da sentença arbitral pode repercutir perante terceiros", pois "idênticas consequências *são verificadas na sentença judicial*" (LEMES, Selma Ferreira. A sentença arbitral cit., p. 31). Se assim é, e com relação à sentença judicial se permite o ajuizamento de ação rescisória pelo terceiro interessado, da mesma forma deve poder o terceiro propor a ação de nulidade da sentença arbitral. De modo similar, nada impede que, surgindo na execução judicial da sentença arbitral a hipótese prevista nos art. 674 do NCPC, possa ser proposta a ação de embargos de terceiro. Neste sentido, defendendo a possibilidade do manejo da ação anulatória de sentença arbitral por terceiro que ostente interesse jurídico: FERNANDES, Marcus Vinícius Tenorio da Costa. *Anulação da sentença arbitral*. São Paulo: Atlas, 2007. p. 83.

[22] LEMES, Selma Ferreira. Os "embargos arbitrais" e a revitalização da sentença arbitral. *Revista de Arbitragem e Mediação*, São Paulo, ano 2, v. 6, p. 38-39, jul.-set. 2005. No mesmo sentido: PINTO, José Emílio Nunes. Anulação de sentença arbitral *infra petita*, *extra petita* ou *ultra petita*. In: JOBIM, Eduardo; MACHADO, Rafael Bicca (Coord.). *Arbitragem no Brasil*: aspectos jurídicos relevantes. São Paulo: Quartier Latin, 2008. p. 273.

[23] Aqui o legislador de 2015 corrigiu um equívoco redacional de 1996, pois o texto original falava em nulidade apenas do "compromisso", deixando de abranger, portanto, a nulidade da cláusula compromissória, que evidentemente macula a sentença arbitral da mesma forma. Ao substituir "compromisso" por "convenção de arbitragem", a Lei 13.129/2015 aperfeiçoou o texto normativo.

considerar ter ocorrido a convalidação do vício,[24] e desde que o prazo de anulação não se tenha extinto pela decadência, na forma do art. 178 do Código Civil de 2002.[25] Já a nulidade da convenção de arbitragem, propriamente dita, como não seria passível de convalidação, poderá ser reconhecida independentemente de ter sido ou não alegada no processo arbitral, mas se não o foi, evidentemente estará enfraquecida a alegação.[26]

Outras situações de nulidade – ou anulabilidade – decorrem de ter a sentença emanado de quem por algum motivo qualquer não podia ser árbitro (II), da falta dos requisitos obrigatórios (III),[27] da extrapolação dos limites da convenção de arbitragem, caracterizando-se como *extra* ou *ultra petita* (IV), da prevaricação, concussão ou corrupção passiva (VI), da não observância do prazo para o encerramento da arbitragem (VII)[28] ou da não observância dos princípios gerais impostos no art. 21, § 2.°, quais sejam,

---

[24] Código Civil, arts. 172 e 174.

[25] Deve ser entendido que questão da anulabilidade da convenção de arbitragem pode ser apreciada pelos próprios árbitros no bojo da arbitragem, dentro dos amplos poderes consagrados nos arts. 8.°, parágrafo único, e 20, da Lei de Arbitragem para julgarem a "nulidade, invalidade ou ineficácia da convenção de arbitragem".

[26] O Superior Tribunal de Justiça tem rejeitado, em várias oportunidades, alegações de vícios na arbitragem – e especialmente na convenção de arbitragem – quando estes não foram levados aos árbitros, no curso do procedimento arbitral. Dois exemplos são a SEC 856/GB, Rel. Min. Carlos Alberto Menezes Direito, *DJ* 27.06.2005, e a SEC n.° 3.709/US, Rel. Min. Teori Zavascki, *DJe* 29.06.2012, ambas julgadas por unanimidade na Corte Especial do STJ. Cândido Rangel Dinamarco elogia a jurisprudência do STJ no sentido da inadmissibilidade da ação anulatória da sentença arbitral quando a parte não alegou o vício da cláusula arbitral na arbitragem, somente trazendo a matéria em juízo. Ressalva, no entanto, que se o problema for de sentença arbitral envolvendo matéria não arbitrável, a nulidade não seria passível de convalidação, e pode ser conhecida mesmo se não suscitada anteriormente. DINAMARCO, Cândido Rangel. *A arbitragem...* cit., p. 241.

[27] A apreciação deste aspecto deve ser cuidadosa, para que não se coloque a forma acima da substância, o que seria incompatível com os princípios gerais regentes da arbitragem. Se a falha formal não for significativa, e não houver prejuízo às partes, poderá ser desconsiderada, aplicando-se os princípios da instrumentalidade das formas e do não reconhecimento da nulidade na falta de prejuízo (*pas de nullité sans grief*), consagrados no direito processual pátrio, nos arts. 277, 278 e 283 do novo Código de Processo Civil. A questão já foi apreciada pelo Superior Tribunal de Justiça mesmo antes da Lei da Arbitragem, e as conclusões permanecem atuais: "A exemplo do que se dá em relação ao processo jurisdicionalizado, não se deve declarar a invalidade do juízo arbitral quando ele alcança o seu objetivo não obstante a ocorrência de irregularidades formais" (STJ, 4.ª Turma, Recurso Especial 15.231/RS, Rel. Min. Sálvio de Figueiredo Teixeira, *DJU* 09.12.91).

[28] Com relação à questão do prazo, deve ser salientado que o interesse das partes é numa resolução célere do conflito, pela via arbitral. Assim, a inobservância do prazo deve ser flagrante e causar prejuízo claro às partes, sob pena de se frustrar o próprio objetivo da legislação e a vontade manifestada no contrato. Tanto é assim que o art. 12, III, da Lei 9.307/1996 prevê que, uma vez expirado o prazo, a parte interessada deve notificar o Tribunal Arbitral para que profira a decisão em dez dias, dando-se assim a oportunidade de ser corrigida a falha. A nulidade só ocorre se tiver havido, previamente, esta notificação, e o Tribunal Arbitral houver permanecido inerte. Deve ser salientado, por outro lado, que de acordo com o art. 23 da Lei de Arbitragem, as partes e os árbitros podem, de comum acordo, prorrogar o prazo originalmente estipulado. Em arbitragens institucionais, é comum que a prorrogação de prazo se realize por meio de ato da secretaria da instituição. É o

do contraditório, da igualdade das partes, da imparcialidade e do livre convencimento do árbitro (VIII).[29]

O texto original do inciso V, do art. 32, da Lei de Arbitragem, também considerava nula a sentença arbitral que não decidia todo o litígio submetido à arbitragem, ou seja, a sentença *infra petita*. A Lei 13.129/2015 revogou tal dispositivo, e acrescentou um novo § 4.º ao art. 32, dispondo que a parte pode ingressar em juízo para demandar a prolação de sentença arbitral complementar em caso de não ter sido decidido algum dos pedidos submetidos à arbitragem. A inovação é relevante e inteligente, em dois sentidos. A uma, encerra definitivamente a discussão sobre a eventual nulidade de sentenças parciais no sistema brasileiro.[30] A duas, estabelece que a sentença eventualmente incompleta não é nula. Deve ser complementada, mas a parte que foi decidida fica preservada.[31]

Nota-se que de um modo geral as hipóteses previstas na lei para a invalidação da sentença arbitral decorrem de vícios procedimentais. Anula-se – ou decreta-se a nulidade – da sentença arbitral em razão do *error in procedendo*, mas a legislação de regência do instituto não contemplou a possibilidade de invalidação da sentença arbitral em função do *error in judicando*. Diferentemente da ação rescisória da sentença judicial, que é cabível quando houver literal violação de lei, da coisa julgada ou erro de fato,[32] por exemplo, deliberadamente se restringiu o campo da nulidade da sentença arbitral, evitando que a questão decidida pelos árbitros pudesse ser rejulgada em sede judicial.[33] Este princípio

---

caso, por exemplo, das arbitragens CCI. Em tais situações, embora não haja propriamente um "acordo" entre partes e árbitros, deve ser entendido que a escolha inicial da instituição encerrou uma autorização prévia para este procedimento administrativo de prorrogação do prazo, consoante a permissão genérica do art. 5.º da Lei de Arbitragem, nada havendo de irregular.

[29] A violação a tais princípios deve ser flagrante, e não mera conjectura ou reclamação de perdedor inconformado. Vale aqui a advertência de Cândido Rangel Dinamarco: "Repudia-se também a facilidade na aceitação dos argumentos da parte que vem à Justiça impugnar uma sentença arbitral, sem a preocupação por um equilíbrio entre o estatal e o convencional e sem valorizar a vontade das partes como fonte da decisão que depois uma delas veio a criticar" (DINAMARCO, Cândido Rangel. Limites da sentença arbitral e de seu controle jurisdicional. In: MARTINS, Pedro A. Batista; GARCEZ, José Maria Rossani. *Reflexões sobre arbitragem. In memoriam* do Desembargador Cláudio Vianna de Lima. São Paulo: LTr, 2002. p. 341).

[30] Sobre a interpretação equivocada de que o antigo inciso V do art. 32 poderia representar a vedação às sentenças parciais no direito brasileiro, ver: FONSECA, Rodrigo Garcia da. A arbitragem e a reforma processual da execução. Sentença parcial e cumprimento da sentença. Anotações em torno na Lei 11.232/2005. *Revista de Arbitragem e Mediação*, São Paulo, ano 4, v. 14, jul.-set. 2007, p. 34-35.

[31] Contrariamente ao que ocorria anteriormente, quando a anulação da sentença arbitral *infra petita* dava lugar à prolação de uma nova sentença arbitral, por inteiro, que poderia inclusive modificar, em certas situações, outras partes da decisão, em princípio não viciadas. Vide: PINTO, José Emílio Nunes. Anulação de sentença arbitral... cit., p. 279-280.

[32] NCPC, art. 966, IV, V e IX.

[33] Ver ARMELIN, Donaldo. Notas sobre a ação rescisória... cit., p. 13-16. Como afirma Ricardo Ranzolin: "A cognição da ação de nulidade limita-se à verificação da obediência aos requisitos legais que emolduram a decisão arbitral – descabendo ao Judiciário reexaminar elemento intrínseco da decisão arbitral, de modo a rever o conteúdo do *decisum*" (RANZOLIN, Ricardo. *Controle judicial da arbitragem* cit., p. 181).

– da não revisão judicial do conteúdo da sentença arbitral – vem sendo reconhecido e consagrado pelo Superior Tribunal de Justiça, em repetidos julgados.[34]

É relevante notar, no entanto, que em matéria de sentença arbitral estrangeira, é possível negar a homologação se a decisão ofende a ordem pública brasileira, consoante o art. 39, II, da Lei de Arbitragem, e o art. V, 2, "b", da Convenção de Nova Iorque, hipótese que não foi prevista para as sentenças arbitrais nacionais. O exame da conformidade da sentença com a ordem pública não deixa de ser uma porta aberta à possibilidade revisão do próprio conteúdo da sentença, até em virtude da indeterminação do conceito, embora a regra geral também seja a do descabimento do exame do mérito da sentença arbitral estrangeira no processo de homologação, como confirmado reiteradamente pelo Superior Tribunal de Justiça, na esteira dos precedentes anteriores do Supremo Tribunal Federal.[35]

Houve uma nítida preocupação do legislador em evitar que a porta da ordem pública ficasse escancarada para o questionamento das sentenças arbitrais nacionais, e por ela o Judiciário passasse a rejulgar o mérito das causas submetidas à arbitragem. Em matéria de arbitragem, existe sempre a busca de um difícil equilíbrio, entre a garantia da autonomia da vontade das partes, e da ampla liberdade outorgada às mesmas para se louvarem em árbitros privados, de um lado, e a tentação de impor um controle judicial para evitar a consumação de injustiças flagrantes, ou de decisões manifestamente equivocadas do ponto de vista jurídico, de outro.[36]

Como já observado, as hipóteses previstas na Lei de Arbitragem e na Convenção de Nova Iorque para o não reconhecimento da validade da sentença estrangeira no Brasil são muito parecidas, o que não se deu por acaso, pois resultou de opção deliberada do legislador brasileiro. Assim, até pela natureza de ambos os diplomas normativos, eles

---

[34] São diversos os acórdãos neste sentido. Exemplificativamente: "*Não é possível a análise do mérito da sentença arbitral pelo Poder Judiciário, sendo, contudo, viável a apreciação de eventual nulidade no procedimento arbitral*" (STJ, 3.ª T., REsp 693.219-PR, Rel. Min. Nancy Andrighi, *DJU* 06.06.2005).

[35] Por exemplo, entre diversos julgados: "Em juízo de delibação não é cabível o debate acerca do mérito" (STJ, SEC 3.892-EX, CE, Rel. Min. Humberto Martins, *DJe* 11.12.2014).

[36] Ainda assim, não obstante a escolha do legislador, é difícil imaginar que o Judiciário brasileiro vá cruzar os braços e se negar a anular sentenças arbitrais formalmente bem acabadas porém absurdas ou manifestamente teratológicas. Neste sentido, vale mencionar o que afirma Pedro A. Batista Martins: "Parece-me inaceitável que se controle a ordem pública em sentenças estrangeiras e o mesmo não aconteça naquelas exaradas em nossa própria jurisdição. Afinal, se há controle da ordem pública em atos e sentenças de outro país, penso que a *ratio juris* está, justamente, no fato de que o mesmo controle se impõe no Brasil. Por sinal, o fato supera a problemática da discriminação, repudiada pelo nosso sistema jurídico, para atingir o direito fundamental do cidadão a um justo processo de solução de conflitos. Contudo, uma ressalva relevante: o legislador evitou incluir na lista de nulidades a violação à ordem pública, exatamente porque não será qualquer infração que possibilitará à parte insatisfeita ter sucesso no pedido de anulação da decisão. Negativo. A ausência de item expresso na lei demonstra que a *mens legis* visa a permitir que somente casos extraordinários que afetem a ordem pública possam ser questionados na justiça. [...] De todo modo, a violação há de ser flagrante, efetiva e concreta, vez que a revisão do julgado arbitral é matéria defesa ao juízo estatal. Daí por que o vício há de ser manifesto, no sentido mais amplificado da locução. A sentença há de ser, obviamente, contrária à ordem pública" (MARTINS, Pedro A. Batista. *Apontamentos sobre a Lei de Arbitragem*. Rio de Janeiro: Forense, 2008. p. 319).

muito mais se complementem do que se confrontam. De qualquer forma, quase todos os países com os quais o Brasil se relaciona comercialmente são signatários da Convenção, que entrou em vigor aqui em 2002, posteriormente à Lei 9.307/1996, e portanto, se houver divergência, prevalece a Convenção de Nova Iorque. Aliás, já prevendo a futura incorporação ao direito pátrio da convenção de Nova Iorque, e ressalvando o anterior Protocolo de Genebra de 1923, o próprio art. 34 da Lei de Arbitragem se referiu expressamente ao reconhecimento no Brasil das sentenças arbitrais estrangeiras "de conformidade com os tratados internacionais com eficácia no ordenamento interno".

Tendo havido no Brasil a equiparação das sentenças arbitrais às sentenças judiciais, permaneceu a necessidade de homologação das sentenças arbitrais estrangeiras, tal como ocorre em relação às sentenças judiciais provenientes do exterior.[37] Atendidos os requisitos formais, tais como certificações, legalizações e traduções juramentadas eventualmente exigíveis,[38] a homologação da sentença arbitral estrangeira só poderá ser negada nas hipóteses previstas no art. V da Convenção de Nova Iorque e nos arts. 38 e 39 da Lei de Arbitragem.

O art. V, 1, "a", da Convenção de Nova Iorque, que equivale *grosso modo* aos incisos I e II, do art. 38 da Lei 9.307/1996, trata da invalidade da convenção de arbitragem segundo a lei à qual as partes se submeteram, ou no silêncio da convenção de arbitragem, à lei do país onde a sentença foi proferida. Podem surgir assim algumas situações limítrofes, nas quais uma convenção de arbitragem seria em princípio inválida no Brasil, porém válida no país de origem – ou de acordo com a lei do qual a arbitragem foi conduzida. Nos termos da Lei e da Convenção, o Brasil deverá reconhecer tal sentença, salvo se a invalidade de acordo com a lei brasileira suscitar violação à ordem pública.

Outra hipótese de negativa de homologação é a falta de citação ou impossibilidade do exercício de defesa, conforme o art. V, 1, "b", da Convenção, e o art. 38, III, da Lei de Arbitragem. Em matéria de arbitragem, a lei expressamente dispensa a citação por carta rogatória, podendo ser aceita até mesmo a citação postal, desde que aceita na convenção de arbitragem ou na lei processual do país no qual se realizar a arbitragem, e desde que também não haja prejuízo para a defesa, tudo conforme o parágrafo único do art. 39 da Lei de Arbitragem.

O art. V, 1, "c", da Convenção de Nova Iorque e o art. 38, IV, da Lei de Arbitragem, dispõem sobre o não reconhecimento das sentenças arbitrais proferidas fora dos limites da convenção de arbitragem, ressalvando-se no entanto, que sendo possível fazer a separação, ficará preservada a parcela da sentença que se ateve àquilo que poderia ser objeto de decisão pelos árbitros. Também o desrespeito às regras pactuadas na convenção de arbitragem para a instituição e o processamento da arbitragem é motivo para a negativa da homologação da sentença arbitral estrangeira, consoante o art. V, 1, "b", da Convenção de Nova Iorque, e o art. 38, V, da Lei de Arbitragem.

Finalmente, pode haver a negativa do reconhecimento da sentença arbitral estrangeira se a mesma ainda não se tiver tornado obrigatória para as partes, ou se tiver sido

---

[37] FONSECA, Rodrigo Garcia da. Reflexões sobre a sentença arbitral... cit., p. 48.

[38] Vide art. 37 da Lei de Arbitragem, art. IV da Convenção de Nova Iorque e art. 5.º, IV, da Resolução 9/2005 do Superior Tribunal de Justiça.

suspensa ou anulada por autoridade judicial competente do país no qual, ou segundo as leis do qual, a sentença foi proferida, tudo conforme o art. V, 1, "e", da Convenção de Nova Iorque, e o art. 38, VI, da Lei de Arbitragem.

Há uma discussão jurídica interessante sobre a eventual possibilidade de reconhecimento de sentença arbitral estrangeira não obstante a sua anulação no país da sede. Os que defendem tal possibilidade argumentam com a jurisprudência francesa, dos casos Hilmarton e Putrabali, e com o texto da Convenção de Nova Iorque.[39] Com efeito, o art. V da Convenção de Nova Iorque fala em hipóteses nas quais o reconhecimento da sentença arbitral estrangeiro pode ser negado – não diz que deva ser negado. Na mesma linha, o art. 38 da Lei de Arbitragem também menciona situações em que poderá ser denegada a homologação.

A questão é polêmica, porém, no Brasil, o único precedente do Superior Tribunal de Justiça na matéria aponta no sentido contrário, ou seja, anulada a sentença arbitral no país de origem, seria descabida a sua homologação no Brasil.[40]

Diz o art. VI da Convenção de Nova Iorque, em dispositivo não repetido na Lei de Arbitragem, que havendo a propositura de ação de invalidação da sentença arbitral no país de origem da mesma, a autoridade judicial do país no qual se pede o reconhecimento da sentença estrangeira – que no caso do Brasil seria o Superior Tribunal de Justiça – pode, se entender cabível, "adiar a decisão quanto à execução da sentença" ou impor a prestação de alguma forma de caução. Seria uma espécie de efeito suspensivo dado, no Brasil, a um processo anulatório movido no exterior, uma medida totalmente *sui generis*.[41]

Por fim, se a homologação da sentença arbitral estrangeira for negada por vícios formais, a parte poderá renovar o pedido uma vez sanados os problemas apontados na decisão denegatória, como dispõe o art. 40 da Lei de Arbitragem.

4. ALGUMAS PALAVRAS SOBRE O NOVO CÓDIGO DE PROCESSO CIVIL

Antes de encerrar, relevante fazer rápida menção a dois aspectos do novo Código de Processo Civil, Lei 13.105, de 16.03.2015, que tocam, ainda que indiretamente, no tema do presente estudo.

Em primeiro lugar, o NCPC inovou ao prever expressamente a possibilidade de decretação de segredo de justiça em feitos relativos a procedimentos arbitrais, conforme o inciso IV do art. 189, algo que inexistia na legislação processual anterior.

---

[39] Para a discussão, ressaltando que a posição francesa é minoritária, ver, exemplificativamente: GAMA JR., Lauro. Recusas fundadas no artigo V, (1), (e) da convenção de Nova Iorque: peculiaridades de sua aplicação no Brasil. In: WALD, Arnoldo; LEMES, Selma Ferreira (Coord.). *Arbitragem comercial internacional*. A Convenção de Nova Iorque e o direito brasileiro. São Paulo: Saraiva, 2011. p. 257-271.

[40] Trata-se da SEC 5.782-EX, CE, Rel. Min. Jorge Mussi, *DJe* 16.12.2015. No caso, a sentença arbitral fora anulada pelo Judiciário na Argentina, local da sede da arbitragem, e ainda assim foi trazida para homologação no Brasil. O pedido homologatório foi indeferido.

[41] A regra geral, no Brasil, é que a autoridade judiciária brasileira é indiferente ao processo movido no exterior, enquanto a sentença estrangeira não passar a produzir efeitos aqui, mediante a internalização promovida pela homologação no Superior Tribunal de Justiça. Para a discussão sobre o tema, ver: FONSECA, Rodrigo Garcia da. O artigo VI da Convenção de Nova Iorque. In: WALD, Arnoldo; LEMES, Selma Ferreira (Coord.). *Arbitragem comercial internacional* cit., p. 295-313.

Embora a legislação sobre arbitragem não discipline especificamente a matéria de confidencialidade, a liberdade das partes para contratar neste campo é ampla. As partes podem dispor livremente sobre as regras aplicáveis ao mérito da disputa e sobre o procedimento, inclusive, se assim desejarem, incorporando regras institucionais. E é daí que surge, normalmente, a confidencialidade. A confidencialidade, ou sigilo, é característica frequentemente pactuada pelas partes em cada caso.

A confidencialidade na arbitragem, via de regra, é fruto do contrato. As partes podem afirmar expressamente uma cláusula de confidencialidade da arbitragem no seu contrato, ou no termo de instituição do procedimento (termo de arbitragem, ata de missão, compromisso, ou o nome que se dê). Também é possível contratar a confidencialidade mediante a referência a um regulamento institucional que contemple o sigilo dos procedimentos conduzidos sob a sua regência, o que é muito comum.[42]

Neste passo, o inc. IV do art. 189 do NCPC prevê a incidência do segredo de justiça nas ações "que versem sobre arbitragem, inclusive sobre cumprimento de carta arbitral, desde que a confidencialidade estipulada na arbitragem seja comprovada perante o Juízo". Aqui, corretamente, a lei compreendeu que nem todas as arbitragens são confidenciais, e portanto vem a exigência de que a confidencialidade seja comprovada caso a caso.

A nova lei processual, neste passo, incorporou uma hipótese de segredo de justiça convencional, ou contratual, estipulado pelas partes, previsão que antes inexistia no direito processual pátrio, ao menos expressamente. A hipótese é de segredo de justiça disponível ou facultativo.[43] Há clara valorização legal da autonomia privada, característica primordial da arbitragem, no tocante ao sigilo.[44]

Assim, havendo confidencialidade contratada na arbitragem, a ação de nulidade, e/ou a execução-cumprimento da sentença e a respectiva impugnação deverão ser processadas em segredo de justiça. Também o procedimento de homologação da sentença arbitral estrangeira estará sujeito ao segredo de justiça, no STJ, quando houver sigilo contratual aplicável à arbitragem.

A prova da confidencialidade deverá ser feita pela parte interessada apresentando a cláusula contratual, o termo de arbitragem, o regulamento aplicável, enfim, o dispositivo incidente no caso que determine o sigilo do procedimento. E comprovado o pacto de confidencialidade, a lei em princípio não dá discricionariedade ao juiz, a determinação é de que o feito tramitará em segredo de justiça.

A inovação do NCPC vem dentro de um quadro de flexibilização do processo, de um maior empoderamento das partes na condução dos feitos, justamente sob a influência,

---

[42] Com efeito, é muito comum que os regulamentos de instituições de arbitragem prevejam o sigilo do procedimento, embora nem todos o façam. É fundamental que as partes conheçam bem os regulamentos das instituições antes de as indicarem nos seus contratos, para que tenham ciência efetiva daquilo que estão avençando, e das regras que disciplinarão uma futura arbitragem.

[43] CARNEIRO, Paulo Cezar Pinheiro; PINHO, Humberto Dalla Bernardina. *Novo Código de Processo Civil anotado e comparado*. Rio de Janeiro: Forense, 2015. p. 109.

[44] FICHTNER, José Antônio. A confidencialidade do Projeto da Nova Lei de Arbitragem. PLS n.º 406/2013. In: ROCHA, Caio Cesar Vieira; SALOMÃO, Luís Felipe (Coord.). *Arbitragem e mediação*. A reforma da legislação brasileira. São Paulo: Atlas, 2015. p. 175.

entre outros aspectos, do sucesso recente da arbitragem. É sabido que na arbitragem há grande margem de flexibilidade para a condução de procedimentos, formas de produção de prova, fixação de prazos etc. A regra geral é a da liberdade e da informalidade, desde que respeitados os princípios básicos da ampla defesa e do contraditório. Permite-se, assim, que as partes e os árbitros modelem o procedimento caso a caso, de acordo com as necessidades específicas de cada hipótese. O sucesso desse sistema, comprovado com a prática crescente da arbitragem, animou o legislador do NCPC a mitigar a rigidez tradicional do processo civil brasileiro.

A maior expressão dessa flexibilização é o negócio jurídico processual, constante do art. 190 do NCPC. Nos processos sobre direitos que permitam autocomposição as partes capazes podem estipular de comum acordo mudanças no procedimento.[45] Rompe-se o formalismo anterior, arraigado na cultura processual pátria, e permite-se a disposição, pelas partes, de uma série de características da dinâmica do procedimento e dos próprios atos processuais.[46]

Assim, no regime do NCPC, nada impede que as partes pactuem negócio processual em relação aos meios de impugnação à sentença, ou seja, convencionem regras específicas para o processamento da ação de nulidade ou para a impugnação, ou mesmo para o procedimento de homologação de sentença arbitral estrangeira. Poderão, assim, modificar os ritos, estabelecer prazos diferenciados, regras especiais de prova, enfim, terão todas as faculdades permitidas pelos negócios jurídicos processuais em geral.

Nos termos do art. 190 do NCPC, o acordo processual das partes pode ser firmado antes ou durante o processo, e o juiz somente poderá recusar-lhe efeitos em caso de nulidade ou abuso de direito.[47]

---

[45] A arbitragem pode ser contratada por pessoas capazes, com relação a direitos patrimoniais disponíveis, consoante o art. 1.º da Lei 9.307/1996. A formulação do art. 190 do NCPC não é exatamente a mesma ("processo sobre direitos que permitam autocomposição"), mas a proximidade e o paralelismo dos conceitos são evidentes e gritantes.

[46] No regime do CPC de 1973, embora o art. 154 proclamasse a validade dos atos processuais desde que atingidas as finalidades perseguidas, mesmo quando inobservada a forma, prevalecia de um modo geral a solenidade e o formalismo. Como observava Humberto Theodoro Júnior, "os atos processuais são solenes porque, via de regra, se subordinam à forma escrita, a termos adequados, a lugares e tempo expressamente previstos em lei". E mais adiante acrescentava, citando José Frederico Marques, que o formalismo não era capricho do legislador, pois a sua ausência "carreia a desordem, a confusão e a incerteza" (THEODORO JÚNIOR, Humberto. *Curso de direito processual civil*. 39. ed. Rio de Janeiro: Forense, 2003. v. I, p. 200). É comentário típico de uma valorização extrema das formalidades processuais. Embora, evidentemente, não se tenha passado para a total informalidade a partir do NCPC, esse paradigma do formalismo exacerbado parece estar sendo rompido e ter ficado no passado.

[47] Podendo ser realizado antes do processo, o negócio jurídico processual sobre a ação de nulidade e/ou a impugnação ao cumprimento da sentença arbitral poderá constar da própria cláusula compromissória, regulando desde logo, antecipadamente, o processamento da eventual demanda futura. Não se confunde com a renúncia antecipada ao próprio direito de propor a ação, esta tida como inválida pela doutrina majoritária, como se viu acima.

5. CONCLUSÕES

São lançadas aqui algumas breves ideias sobre a impugnação à sentença arbitral. Um apanhado geral, sem qualquer pretensão de esgotar os temas tocados, mas buscando apontar algumas questões que merecem atenção.

Como mencionado no início, a eficácia da sentença arbitral é uma das pedras de toque da Lei de Arbitragem, uma das características que garantiu o sucesso do instituto no Brasil. Por outro lado, a válvula de escape do controle judicial é indispensável, pois é a garantia de que a sociedade pode confiar na arbitragem e ter segurança de que regras básicas de devido processo legal serão respeitadas, de que direitos fundamentais não serão violados.

Neste sentido, o regime legal brasileiro é sem dúvida moderno e alinhado com o que se pratica nas jurisdições em que a arbitragem tem maior desenvolvimento. Preserva a intangibilidade do mérito da sentença arbitral, que não pode ser revisto pelo Judiciário, mas ao mesmo tempo prevê mecanismos para assegurar que o processo arbitral seja conduzido de forma justa.

E Petrônio Muniz merece todos os créditos pela sua fundamental participação na construção desse modelo de controle judicial da sentença arbitral, fundamental para o crescimento que a arbitragem brasileira vivenciou nos últimos anos, e certamente continuará a ver nos vindouros.

REFERÊNCIAS

ARMELIN, Donaldo. Notas sobre a ação rescisória em matéria arbitral. *Revista de Arbitragem e Mediação*, São Paulo, ano 1, v. 1, jan.-abr. 2004.

BERALDO, Leonardo de Faria. *Curso de arbitragem*. São Paulo: Atlas, 2014.

CARMONA, Carlos Alberto. *Arbitragem e processo*. Um comentário à Lei n.º 9.307/96. 3. ed. São Paulo: Atlas, 2009.

CARNEIRO, Paulo Cezar Pinheiro; PINHO, Humberto Dalla Bernardina. *Novo Código de Processo Civil anotado e comparado*. Rio de Janeiro: Forense, 2015.

DINAMARCO, Cândido Rangel. *A arbitragem na teoria geral do processo*. São Paulo: Malheiros, 2013.

_____. Limites da sentença arbitral e de seu controle jurisdicional. In: MARTINS, Pedro A. Batista; GARCEZ, José Maria Rossani (Coord). *Reflexões sobre arbitragem. In memoriam* do Desembargador Cláudio Vianna de Lima. São Paulo: LTr, 2002.

FARIA, Marcela Kohlbach de. *Ação anulatória da sentença arbitral*. Aspectos e limites. Brasília: Gazeta Jurídica, 2014.

FERNANDES, Marcus Vinícius Tenorio da Costa. *Anulação da sentença arbitral*. São Paulo: Atlas, 2007.

FICHTNER, José Antônio. A confidencialidade do projeto da nova Lei de Arbitragem. PLS n.º 406/2013. In: ROCHA, Caio Cesar Vieira; SALOMÃO, Luís Felipe (Coord). *Arbitragem e mediação*. A reforma da legislação brasileira. São Paulo: Atlas, 2015.

FONSECA, Rodrigo Garcia da. A arbitragem e a reforma processual da execução. Sentença parcial e cumprimento da sentença. Anotações em torno na Lei 11.232/2005. *Revista de Arbitragem e Mediação*, São Paulo, ano 4, v. 14, jul.-set. 2007.

_____. O artigo VI da Convenção de Nova Iorque. In: WALD, Arnoldo; LEMES, Selma Ferreira (Coord.). *Arbitragem comercial internacional*. A Convenção de Nova Iorque e o direito brasileiro. São Paulo: Saraiva, 2011.

_____. Reflexões sobre a sentença arbitral. *Revista de Arbitragem e Mediação*, São Paulo, ano 2, v. 6, jul.-set. 2005.

_____. Sentença arbitral. Ação de decretação de nulidade. Descabimento de tutela antecipada para suspensão da exigibilidade do título executivo. *Revista de Arbitragem e Mediação*, São Paulo, ano 2, v. 4, jan.-mar. 2005.

GAMA JR., Lauro. Recusas fundadas no artigo V, (1), (e) da convenção de nova Iorque: peculiaridades de sua aplicação no Brasil. In: WALD, Arnoldo; LEMES, Selma Ferreira (Coord.). *Arbitragem comercial internacional*. A Convenção de Nova Iorque e o direito brasileiro. São Paulo: Saraiva, 2011.

GRILLO, Brenno. Soluções em arbitragem crescem 73% em seis anos, mostra pesquisa. *Consultor Jurídico*, 15.07.2016. Disponível em: <http://www.conujr.com.br/2016-jul-15/solucoes-arbitragem-crescem-73-seis-anos-mostra-pesquisa?>.

ICC Dispute Resolution Bulletin, Paris, 2015, issue 1.

LEMES, Selma Ferreira. A sentença arbitral. *Revista de Arbitragem e Mediação*, São Paulo, ano 2, v. 4, jan.-mar. 2005.

_____. Os "embargos arbitrais" e a revitalização da sentença arbitral. *Revista de Arbitragem e Mediação*, São Paulo, ano 2, v. 6, jul.-set. 2005.

_____. Sentença arbitral estrangeira. Incompetência da Justiça brasileira para anulação. Competência exclusiva do STF para apreciação da validade em homologação. *Revista de Arbitragem e Mediação*, São Paulo, ano 1, v. 1, jan.-abr. 2004.

MAGALHÃES, José Carlos de. Sentença arbitral estrangeira. Incompetência da Justiça brasileira para anulação. Competência exclusiva do STF para apreciação da validade em homologação. *Revista de Arbitragem e Mediação*, São Paulo, ano 1, v. 1, jan.-abr. 2004.

MARTINS, Pedro A. Batista. *Apontamentos sobre a Lei de Arbitragem*. Rio de Janeiro: Forense, 2008.

_____. Sentença arbitral estrangeira. Incompetência da Justiça brasileira para anulação. Competência exclusiva do STF para apreciação da validade em homologação. *Revista de Arbitragem e Mediação*, São Paulo, ano 1, v. 1, jan.-abr. 2004.

PARK, William W. Por que os tribunais revisam decisões arbitrais. *Revista de Arbitragem e Mediação*, São Paulo, ano 1, v. 3, set.-dez. 2004.

PINTO, José Emílio Nunes. Anulação de sentença arbitral *infra petita*, *extra petita* ou *ultra petita*. In: JOBIM, Eduardo; MACHADO, Rafael Bicca (Coord.). *Arbitragem no Brasil*: aspectos jurídicos relevantes. São Paulo: Quartier Latin, 2008.

RANZOLIN, Ricardo. *Controle judicial da arbitragem*. Rio de Janeiro: GZ Editora, 2011.

THEODORO JÚNIOR, Humberto. *Curso de direito processual civil*. 39. ed. Rio de Janeiro: Forense, 2003. v. I.

WALD, Arnoldo. Tutela antecipada em ação declaratória de nulidade de sentença arbitral estrangeira. Indeferimento. Incompetência da Justiça Brasileira. *Revista de Direito Bancário, do Mercado de Capitais e da Arbitragem*, São Paulo, ano 6, v. 21, jul.-set. 2003.

WAMBIER, Teresa Arruda Alvim. A discussão sobre a disponibilidade do controle judicial da sentença arbitral e seus limites. *Revista Brasileira de Arbitragem*, Curitiba, ano 13, v. 50, abr.-jun. 2016.

ALOCAÇÃO DE CUSTAS E DESPESAS E A CONDENAÇÃO EM HONORÁRIOS ADVOCATÍCIOS SUCUMBENCIAIS EM ARBITRAGEM

RICARDO DE CARVALHO APRIGLIANO

Sumário: 1. Introdução – 2. Custas e despesas na arbitragem: 2.1. Conceito; 2.2. Disciplina legal; 2.3. Previsão nos regulamentos arbitrais – 3. Honorários advocatícios: 3.1. Conceito; 3.2. Disciplina legal; 3.3. Previsão nos regulamentos arbitrais; 3.4. A alocação de custas, despesas e honorários advocatícios pelos árbitros – Referências bibliográficas.

1. INTRODUÇÃO

O tema da alocação de custas e despesas da arbitragem, bem como da condenação das partes em honorários advocatícios sucumbenciais, reúne, ao mesmo tempo, importância nos planos teórico e prático. Diante da falta de parâmetros claros na lei e nos regulamentos arbitrais acerca dessas questões, é bastante desafiadora a tarefa de estabelecer balizas e critérios para o tratamento desse tema.

É comum se afirmar que o processo arbitral é processo e, como tal, possui características comuns ao típico processo estatal. Em contrapartida, uma vez que a concepção da natureza jurisdicional do processo arbitral prevaleceu entre os estudiosos do tema, uma das conclusões que daí decorrem diz respeito justamente à independência do processo arbitral em relação ao estatal.[1] São sistemas jurídicos diferentes, que, não obstante

---

[1] "The most recently developed theory presumes that arbitration evolves in an emancipated regime and, hence, is of an autonomous character. It was originally developed in 1965 by Rubellin-Devichi. She argued that the character of arbitration could, in fact and in law, be determined by looking at its use and purpose. In this light, arbitration cannot be classified as purely contractual or ju-

os elementos em comum, partem de premissas diversas, apresentam características e mecanismos internos de funcionamento também diversos, ainda que, ao fim e ao cabo, tenham objetivos assemelhados, notadamente a solução final da controvérsia, com solução da crise de direito que havia se instalado e a pacificação social.

Disso decorre que não têm aplicação imediata e automática, no âmbito do processo arbitral, as normas relativas ao processo civil estatal, em especial, aquelas contidas no Código de Processo Civil.[2] A Lei de Arbitragem constitui um sistema próprio, composto de poucas regras que regulam o procedimento, que em geral são complementadas por regras estabelecidas pelas próprias partes, seja pela escolha de um regulamento de instituição arbitral, seja pela criação de regras específicas de cada caso concreto. Em qualquer dos casos, as lacunas da lei não são resolvidas pelo recurso à aplicação subsidiária das normas do processo estatal.

É preciso identificar o regramento legal acerca da alocação de custas, despesas e honorários na arbitragem a partir da análise da legislação própria (fundamentalmente, a Lei 9.307/1996), complementada pelas disposições dos regulamentos das instituições arbitrais ou ainda nas combinações específicas que as partes tenham estabelecido na convenção de arbitragem.

A experiência mostra, contudo, que, mesmo quando se recorre a tais fontes normativas, ainda assim restam inúmeras situações de ausência de qualquer parâmetro, hipótese em que os árbitros deverão definir a questão.[3] Ademais, os parâmetros devem ser buscados no ordenamento jurídico como um todo.

Este ensaio procurará traçar o panorama geral acerca da disciplina de alocação de custas, despesas e honorários advocatícios no processo arbitral. Para tanto, no intuito de maior delimitação do objeto, focará suas considerações nas arbitragens domésticas, isto é, naquelas cujas sentenças devam ser proferidas no território nacional. Na primeira parte, será examinado o tema das custas e despesas. Em seguida, o tema mais delicado dos honorários advocatícios sucumbenciais.

---

risdictional; equally it is not an 'institution mixte'" (LEW, Julian D. M.; MISTELIS, Loukas A. et al. Chapter 5 Juridical Nature of Arbitration. *Comparative International Commercial Arbitration*. The Hague: Kluwer Law International, 2003. p. 81).

[2] "Admite-se que possa ser, por vezes, mais cómodo para o árbitro remeter certa regulação do processo para a lei processual civil, mas isso não constitui uma boa prática, nem nos parece correcto, a menos que essa remissão seja determinada pelas partes. Na verdade, uma das características essenciais da arbitragem consiste na simplificação de processos em vista de uma maior celeridade e da obtenção de uma correcta resolução do litígio. A introdução no processo arbitral de normas legais do processo civil contraria esta intenção" (BARROCAS, Manuel Pereira. *Manual de arbitragem*. Coimbra: Almedina, 2010. p. 382).

[3] "Many national arbitration laws and all of the most widely used arbitration rules expressly confer on the arbitrator the authority to decide the costs of arbitration as between the parties. Other national laws assume that such powers are inherent in the arbitrators' mandate to resolve a dispute. Actually, as arbitral tribunal is usually not only authorized to decide on the costs as between the parties, but it also is obliged to do so. Accordingly, the arbitrators' jurisdiction to decide on costs is normally indisputable" (BÜCHER, Micha. Awarding costs in International Commercial Arbitration: an Overvivew. 22 *ASA Bulletin*, Issue 2, p. 257, 2004).

2. CUSTAS E DESPESAS NA ARBITRAGEM

2.1. Conceito

A arbitragem é mecanismo privado de solução de controvérsias, de natureza jurisdicional. Trata-se de processo regido por princípios processuais de natureza constitucional, com marco legal próprio, cuja decisão é equiparada à sentença produzida ao final de um processo de conhecimento perante o juiz togado e, como tal, pode ser objeto de cumprimento judicial.

Mas sendo mecanismo privado, é importante reconhecer que se trata de verdadeira justiça "pré-paga", em que não se aplicam mecanismos de financiamento público ou a possibilidade de requerer e litigar sob os auspícios da gratuidade.

É sempre necessário que as partes (ou terceiros em seu favor) arquem com os custos da arbitragem. Logo, é indispensável entender como se dá esse custeio, a quem toca o pagamento de tais despesas e quais são elas.

Ainda que se distinga a arbitragem institucional e a *ad hoc*, do ponto de vista das modalidades de custas e despesas de um procedimento arbitral, não haverá grandes diferenças. Os honorários dos árbitros constituem a mais relevante das despesas, ainda mais se o tribunal for composto por três profissionais. Haverá também gastos com a administração do procedimento (em especial, nas arbitragens institucionais), com a preparação dos materiais (desde simples petições até apresentações em vídeo, maquetes, *powerpoints* etc.), com a utilização de dependências para audiências, estrutura de apoio (tradutores, estenotipistas, serviços de café). Pode haver – e é comum que haja – custos com peritos e assistentes técnicos (inclusive pareceres jurídicos), além do deslocamento de partes e testemunhas.

Nesse particular, convém examinar se, no processo arbitral, é relevante a distinção que se costuma fazer no processo estatal entre custas e despesas processuais. Tal distinção parte do texto legal. Com efeito, o CPC/2015 (a exemplo do que fazia o CPC/1973) dispõe (i) que incumbe às partes prover as despesas dos atos que realizarem ou requererem no processo (art. 82, *caput*), (ii) que a sentença condenará o vencido a pagar ao vencedor as despesas que antecipou (art. 82, § 2.º) e (iii) que as despesas abrangem as custas dos atos do processo, a indenização de viagem, a remuneração do assistente técnico e a diária de testemunha (art. 84).

A partir destes dispositivos legais, a doutrina costuma atribuir ao termo "despesas" uma acepção mais ampla, para compreender tanto os gastos diretos com o processo em si (que para fins fiscais são classificados como taxa), como aqueles em que incorrem para a sua completa representação e defesa. Ensina Carlos Alberto Carmona que

> [...] tecnicamente, o vocábulo custas serve para designar as despesas do processo ou os encargos dele decorrentes, fixados por lei, enquanto as despesas são os gastos advindos do processo com o pagamento de peritos, avaliadores, diligências, e outros encargos pecuniários consequentes do andamento do processo.[4]

---

[4] CARMONA, Carlos Alberto. *Arbitragem e processo*: um comentário à Lei n.º 9.307/96. 3. ed. São Paulo: Atlas, 2009. p. 373-374.

Daniel Amorim Assumpção Neves complementa os exemplos com as despesas pagas ao depositário para a guarda de coisa ou ainda com a "empresa de mudança para retirar os bens pessoais do locatário despejado".[5]

A distinção entre custas e despesas tem sido feita mais por finalidade didática, eis que não há relevante diferença de tratamento jurídico entre tais figuras.[6] No plano da arbitragem, tais distinções são ainda menos relevantes, não obstante a Lei 9.307/1996 tenha preservado aquela dicotomia ao dispor, no art. 27 ao se referir a "custas e despesas com a arbitragem".

2.2. Disciplina legal

O processo estatal é regulado por uma lei geral bastante extensa – o Código de Processo Civil – e também por legislação extravagante. Todos os aspectos dos procedimentos, incidentes e institutos processuais são amplamente regulados, inclusive em virtude da reserva legal estabelecida na Constituição Federal (normas de natureza processual são de competência legislativa da União Federal, art. 22, I).

No que tange às despesas e custas processuais, há inúmeras disposições no CPC/2015 a esse respeito. Como visto no tópico anterior, o art. 84 regula as custas no âmbito do processo estatal, mas há algumas dezenas de dispositivos legais que aludem às custas, regulando sua incidência (ou isenção), a responsabilidade pelo seu pagamento em diferentes fases do procedimento. Registre-se, rapidamente, a impropriedade técnica em que incorre o CPC/2015 em diversas passagens, pois se refere às custas em acepção ampla, querendo na verdade se referir às despesas. Em outras palavras, refere-se à espécie (custas) quando está se referindo ao gênero (despesas), por exemplo, nos arts. 546, 775, 826 e 831.

O processo arbitral situa-se no plano oposto. O seu marco legal básico é a Lei 9.307/1996, que contém apenas 44 artigos, nos quais são previstos todos os aspectos fundamentais deste instituto, inclusive as regras aplicáveis ao procedimento. Há outras fontes legais que complementam o quadro legislativo – como o Decreto 4.311/2002, que incorporou ao sistema brasileiro a Convenção de Nova Iorque de 1958.

Nos artigos iniciais da lei, que versam sobre a arbitrabilidade das controvérsias e a forma de se iniciar o procedimento, a única referência às despesas da arbitragem se dá em relação ao compromisso arbitral, com a ressalva de que o art. 11 nem mesmo versa sobre seus elementos obrigatórios. Assim, entre outros elementos facultativos, as Partes podem dispor no compromisso arbitral sobre "a declaração da responsabilidade pelo pagamento dos honorários e das despesas com a arbitragem", e "a fixação dos honorários do árbitro, ou dos árbitros" (art. 11, V e VI).

---

[5]   NEVES, Daniel Amorim Assumpção. *Novo Código de Processo Civil comentado*. Salvador: JusPodivum, 2016. p. 129.

[6]   Quando muito, pode-se dizer que as custas processuais, como modalidade de tributo, dependem de autorização legal para que se estabeleça sua isenção. Quanto às despesas, sendo adiantadas diretamente pelas partes para a prática de atos de seu interesse (assistente técnico, por exemplo), poder-se-ia cogitar e que a eventual ausência de recursos para tais despesas viria em prejuízo da parte, que não poderia imputar ao Estado ou à parte contrária o ônus de tais adiantamentos. Seja como for, tal debate assume relevância apenas no âmbito do processo estatal.

Mesmo sem impor o dever de as Partes acordarem sobre as despesas, a lei adota o cuidado de prever que, uma vez fixados os honorários no compromisso arbitral, estes constituirão título executivo extrajudicial. Ausente tal previsão, o árbitro pode se ver obrigado a requerer ao juiz a fixação dos seus honorários, em situação semelhante ao de profissionais que, no processo estatal, atuam como típicos auxiliares do juízo, como peritos e demais auxiliares da justiça (CPC, art. 515, V).

Na lei de arbitragem há ainda a previsão do art. 27, segundo o qual "a sentença arbitral decidirá sobre a responsabilidade das partes acerca das custas e despesas com a arbitragem, bem como sobre verba decorrente de litigância de má-fé, se for o caso, respeitadas as disposições da convenção de arbitragem, se houver".

O exame da disposição não permite concluir que o tribunal deva dispor a respeito, nem que, ao fazê-lo, deva condenar a parte vencida a reembolsar a parte vencedora. A disposição legal é propositadamente lacunosa, seja ao prever o "se for o caso" de a sentença dispor sobre custas e despesas, seja ao admitir que possa haver combinação específica na convenção de arbitragem.

Tais lacunas se compatibilizam com a autonomia da vontade, mas de outro lado deixam as situações sem respostas do próprio texto legal. Entre outros critérios integrativos, é preciso buscar nos regulamentos das instituições de arbitragem outros parâmetros a esse respeito.[7]

2.3. Previsão nos regulamentos arbitrais

A maioria dos regulamentos das instituições arbitrais regula acerca das despesas da arbitragem, seja para definir o que é abrangido pelas despesas, seja para regular seu sistema de adiantamento,[8] seja ainda para determinar critérios de alocação das despesas e honorários em cada procedimento. Como é sabido, a escolha pelas Partes de um determinado regulamento e da administração do procedimento por uma instituição implica a aceitação das regras dispostas naquele regulamento, inclusive quanto aos valores, custos e a responsabilidade pelo seu pagamento.[9]

---

[7] Ainda que sem aplicação direta no ordenamento brasileiro, a Lei Modelo da Uncitral é outro importante parâmetro acerca da disciplina de alocação de custas no procedimento arbitral. Diz o art. 40.2 que as custas na arbitragem abrangem os honorários dos árbitros, despesas que tenham realizado, inclusive com viagens, custos com peritos e assistentes técnicos, gastos com viagens de testemunhas (desde que aprovados pelo Tribunal Arbitral), outras despesas das Partes relacionadas com o procedimento e, por fim, honorários e despesas da autoridade judiciária eventualmente envolvida na constituição do tribunal arbitral (*appointing authority*).

[8] Não é este o objeto do estudo, mas convém esclarecer que, de forma absolutamente generalizada, prevalece o regramento que atribui a cada parte a responsabilidade por adiantar metade das custas e despesas com o procedimento arbitral. Caso uma das partes não pague a sua metade, a outra será convidada a suprir e completar os pagamentos, sob pena de suspensão e, em última análise, extinção do procedimento sem julgamento do mérito.

[9] "Most institutional rules expressly grant arbitral tribunals the power to award the costs of legal representation. In addition, arbitration agreements sometimes specifically address the issue of the costs of legal representation. Virtually all modern arbitration legislation gives effect to the provisions of institutional rules and the parties' arbitration agreement concerning the tribunal's power to make an award of legal costs and the amount of such award" (BORN, Gary B. Chapter

Daí a advertência de que a escolha da arbitragem como método de solução de controvérsias deve ser feita de forma consciente, com conhecimento dos termos do regulamento da instituição que se elege, ciência quanto aos custos envolvidos e sobre as qualidades da administração do procedimento. Arbitragem é fundada na autonomia da vontade e diz com a liberdade de escolha das partes. Liberdade sempre deve ser exercitada com responsabilidade.

Contudo, como visto, muitas vezes o regulamento escolhido não traz disciplina pormenorizada acerca de certos aspectos do procedimento. Se há tais lacunas, as partes poderão estabelecer critérios próprios para o seu caso concreto e, não o fazendo, relegarão aos árbitros a prerrogativa de estabelecê-los. Com as custas e honorários não é diferente.

Nos parágrafos a seguir, faremos breve comentário sobre as disposições dos principais regulamentos das instituições arbitrais. Há alguns parâmetros, mas prevalecem lacunas e diversas situações não recebem resposta precisa nos regulamentos, exigindo a tarefa integrativa dos Tribunais Arbitrais.

A Corte de Arbitragem da Câmara de Comércio Internacional contempla entre as despesas os honorários e despesas dos árbitros, as despesas administrativas da CCI, os honorários e despesas de peritos e "as despesas razoáveis incorridas pelas partes para a sua representação na arbitragem".

Apesar de possuir uma tabela referencial, nas arbitragens CCI os custos globais são fixados pela própria Corte, cabendo-lhe a prerrogativa de fixar valores maiores ou menores, considerando as circunstâncias do caso e até mesmo o comportamento das partes, seus procuradores e dos próprios árbitros (art. 37).[10] Quanto aos critérios para alocação entre as partes, a CCI, diferentemente de outras instituições estrangeiras,[11] não prevê como primeiro critério a sucumbência, isto é, não determina que a sentença atribua ao vencido tal responsabilidade. Diz o art. 37.4 que "a sentença arbitral final fixará os custos da arbitragem e decidirá qual das partes arcará com o seu pagamento, ou em que proporção serão repartidos entre as partes", relegando, portanto, ao Tribunal Arbitral a fixação dos critérios.[12]

23: Form and Contents of International Arbitral Awards. *International Commercial Arbitration.* 2. ed. The Hague: Kluwer Law International, 2014. p. 3093).

[10] Pursuant to Article 37(5) of the Rules, the arbitral tribunal has discretion to award costs in such a manner as it considers appropriate. It is expressly stated that, in making its decisions on costs, the tribunal may take into consideration the extent to which each party has conducted the arbitration in an expeditious and cost-effective manner (ICC Comission Report. *Controlling time and costs in arbitration.* Nov. 2014, p. 15).

[11] "Unlike the ICC Rules, some arbitration rules, such as those of CIETAC, DIS, LCIA, PCA and UNCITRAL, incorporate a rebuttable presumption that the successful party may recover such costs from the unsuccessful party" (ICC Comission Report. Decisions on costs in international arbitration. *ICC Dispute Resolution Bulletin* 2015, Issue 2, p. 1).

[12] Many factors may enter into consideration in the determination of the final allocation of costs. The various approaches followed by ICC arbitrators are often influenced not only by their procedural backgrounds, but also by the substantive outcome of the arbitration and the behaviour of the parties. In some cases, the Arbitral Tribunal will conclude that although the claimant loses the whole case, the issues were extremely difficult to decide and one could easily understand why the case had been filed. Consequently, even though a respondent wins an arbitration, each party may have to bear its own costs. In other cases, the Arbitral Tribunal will penalize the bad faith or uncooperative behaviour of a party which has tried by all means to delay or to derail the arbitration.(25) But whatever the decision, the

CUSTAS, DESPESAS E CONDENAÇÃO EM HONORÁRIOS ADVOCATÍCIOS EM ARBITRAGEM | **673**

Quanto aos valores das custas e dos honorários dos árbitros, as instituições brasileiras, regra geral, possuem regulamentação diversa. A maior parte das instituições estabelece tabelas com os valores das custas com a administração e com os honorários dos árbitros, atrelados aos valores em disputa. Há, portanto, parâmetros objetivos para a fixação de tais cobranças.[13] E mesmo quando não são aplicáveis tabelas com valores fixos, o critério usualmente adotado é o da remuneração por hora trabalhada, sendo que os respectivos regulamentos preveem o valor a ser pago por hora e um número mínimo de horas.

As demais despesas são cobradas por seus valores efetivos. As instituições podem arrecadar na fase inicial do procedimento certas quantias para um fundo de despesas, mas efetivam a cobrança dos exatos valores gastos com os serviços adicionais, como a contratação de tradutores, estenotipistas, serviços de desgravação etc. O mesmo quanto aos gastos com perícia. Nesse último exemplo, em geral após o perito estimar seus honorários é que as instituições arbitrais enviam as respectivas cobranças para as partes. Em relação a todo esse complexo de despesas, a instituição arbitral funciona como fonte arrecadadora (em relação às partes) e pagadora (em relação aos respectivos fornecedores).

Quanto aos parâmetros para a alocação de tais despesas por ocasião da sentença arbitral, os regulamentos são bastante lacunosos. Na maior parte dos regulamentos examinados, as disposições são neutras, para dizer o mínimo. Apenas preveem que a sentença deverá decidir acerca da responsabilidade das partes pelo pagamento de custas, honorários de árbitros e honorários advocatícios, observados eventuais parâmetros fixados pelas Partes na convenção de arbitragem ou no termo de arbitragem.

Assim, as omissões da lei brasileira de arbitragem não são supridas pelos regulamentos das instituições. Como exemplo, citem-se os regulamentos do CAM-CCBC,[14] CMA-FIESP,[15] CAMARB,[16] CBMA[17] e CAM-Bovespa.[18]

---

arbitrators are normally expected to provide reasons for their decisions, in accordance with Article 25 (2) of the Rules (HANOTIAU, Bernard. Chapter 10. The Parties' Costs of Arbitration. In: DERAINS, Yves; KREINDLER, Richard H. (Ed.). *Evaluation of Damages in International Arbitration, Dossiers of the ICC Institute of World Business Law*, v. 4, International Chamber of Commerce (ICC 2006), p. 221).

[13] O Regulamento da CAMARB autoriza a fixação dos valores pela Diretoria da Câmara:

Art. 11.3. A taxa de administração e os honorários do(s) árbitro(s) serão fixados em cada caso pela Diretoria, imediatamente após a indicação dos membros do Tribunal Arbitral, de acordo com os parâmetros estabelecidos na referida Tabela. Entretanto, poderá a Diretoria, atendendo a circunstâncias excepcionais, propor honorários fora dos limites estabelecidos na Tabela, sujeitos à aceitação do(s) árbitro(s).

[14] Art. 10.4.1. Da sentença constará, também, se for o caso, a responsabilidade das partes pelos custos administrativos, honorários dos árbitros, despesas, e honorários advocatícios, bem como o respectivo rateio, observando, inclusive, o acordado pelas partes no Termo de Arbitragem.

[15] Art. 15.6. Da sentença arbitral constará, também, a fixação dos encargos, das despesas processuais, dos honorários advocatícios, bem como o respectivo rateio.

[16] Art. 10.6. A sentença conterá, também, a fixação das custas e despesas da arbitragem, de conformidade com a Tabela da CAMARB, incluindo a Taxa de Administração e Honorários de Árbitros, bem como a responsabilidade de cada parte no pagamento dessas parcelas, respeitados os limites estabelecidos na convenção de arbitragem ou no Termo de Arbitragem, conforme o caso.

[17] O art. 14.7 do Regulamento da CBMA repete, *ipsis litteris*, o art. 27 da Lei de Arbitragem.

[18] Art. 7.4. A sentença arbitral será reduzida a termo pelo Presidente do Tribunal Arbitral, e deverá conter: [...]

Verifica-se, portanto, que, diferentemente do sistema do processo civil estatal, não prevalece no plano puramente legislativo da arbitragem a aplicação da regra mais geral da causalidade, a determinar que o vencido reembolse ao vencedor as custas e os honorários em que este incorreu.[19]

Em contrapartida, também não prevalece opção oposta, que afaste esse mesmo princípio. A ausência de parâmetros será necessariamente suprida por disposições do termo de arbitragem e, se a omissão persistir, pelo próprio tribunal arbitral, à luz das regras de direito aplicáveis ao julgamento da causa.

Com as ressalvas acerca da confidencialidade que costumam caracterizar os procedimentos arbitrais, é possível, nesta sede, levar em conta três possíveis tratamentos ao tema da alocação das custas e honorários advocatícios nos termos de arbitragens das instituições arbitrais brasileiras.

Um primeiro grupo reúne minutas e modelos que se omitem a esse respeito. Um segundo, que contemplam a responsabilidade de o Tribunal Arbitral endereçar tais questões na sentença, sem, porém, sugerir critérios para tanto. Nos dois casos, caberá ao Tribunal Arbitral estabelecer na sentença os critérios para atribuir (ou não) o reembolso das despesas, bem como a proporção. O terceiro e último contempla os termos de arbitragem em que o parâmetro sugerido é o da causalidade, ao determinar que o Tribunal Arbitral fixará a responsabilidade pelo pagamento das custas, despesas e honorários de árbitros e peritos à parte que deu causa ao procedimento, isto é, ao vencido. E o fará observando a proporção da sucumbência entre as partes.

Parece que este terceiro grupo é o que contempla as regras mais adequadas. Como já foi dito, a arbitragem é baseada na autonomia da vontade e se desenvolve por um procedimento muito pouco regulado na lei ou nos regulamentos das instituições arbitrais. O melhor método de integrar e completar as regras de cada caso concreto é o de permitir que as partes envolvidas estabeleçam os seus próprios parâmetros. E naquilo que restar sem solução, o Tribunal Arbitral decidirá a respeito.

Em termos ideais, é melhor que as Partes informem ao Tribunal Arbitral se querem que a decisão enfrente tais questões, e sob quais parâmetros. Caso não o façam, deverão os árbitros decidir a respeito. Analisando-se, por exemplo, as decisões constantes do banco de sentenças arbitrais, organizado e compilado pelo Comitê Brasileiro de Arbitragem, observa-se que o critério mais utilizado nas decisões é o de partilha da responsabilidade pelas custas e despesas do processo arbitral entre as partes, na proporção da sucumbência de cada um.[20]

(iv) a decisão sobre o modo de pagamento e a responsabilidade das partes pelas custas da Câmara de Arbitragem e pelos honorários dos árbitros, dos peritos e dos advogados;

[19] "Quanto aos honorários advocatícios, sabe-se perfeitamente que a regra de que o vencedor deva ser reembolsado pelo que despendeu com seu advogado não é geral nem muito menos universal". Carlos Alberto Carmona explica, amparado na evolução histórica da legislação brasileira, que de um sistema original em que não se previa reembolso, evoluiu-se para um modelo de atribuição ao vencido da responsabilidade pelos honorários do vencedor, mas que tem aplicação restrita ao processo civil estatal (CARMONA, Carlos Alberto. *Arbitragem e processo...* cit., p. 213-214).

[20] Disponível em: <http://cbar.org.br/site/banco-de-sentencas-arbitrais>. Acesso em: 20 set. 2016.

3. HONORÁRIOS ADVOCATÍCIOS

Como visto, no conceito mais geral de despesas processuais, costumam ser incluídas as custas processuais (no processo estatal, as custas iniciais, o preparo dos recursos, taxas de mandato etc., no processo arbitral, as taxas devidas aos centros de arbitragem) e as despesas com peritos, assistentes, representação legal, testemunhas etc. Tratando-se do processo estatal típico, não há dificuldade em se reconhecer que a categoria dos honorários advocatícios é outra, não integrante desse grupo geral de "despesas e custas".[21] Não fosse por nenhuma outra razão de ordem sistemática ou até conceitual, porque o sistema positivo cuida dessas categorias separadamente, com previsões legais próprias e regimes jurídicos diferenciados.

E quanto aos honorários advocatícios do processo arbitral?

O panorama de lacunas acerca da disciplina das custas e despesas se agrava, no que se refere aos honorários advocatícios. No sistema da lei de arbitragem, não há qualquer previsão legal explícita a respeito. Confira-se, uma vez mais, o que dispõe o art. 27 da Lei 9.307/1996: "A sentença arbitral decidirá sobre a responsabilidade das partes acerca das custas e despesas com a arbitragem, bem como sobre verba decorrente de litigância de má-fé, se for o caso, respeitadas as disposições da convenção de arbitragem, se houver".

Se não há qualquer previsão na legislação arbitral e se, adicionalmente, entende-se que as disposições do processo estatal (previstas ou não no Código de Processo Civil) não se aplicam automaticamente ao processo arbitral, qual o fundamento legal para condenar uma parte ao pagamento de honorários advocatícios? Ainda, quando isso ocorre, trata-se de reembolso de honorários incorridos pela parte, ou de honorários sucumbenciais? E se estamos a falar desta última categoria, são eles de titularidade do advogado, com natureza alimentar e vedação de compensação?

Para dirimir tais dúvidas, convém percorrer a disciplina legal aplicável à matéria, examinar as disposições dos regulamentos e como os temas são tratados nos termos de arbitragem. Porque tais regramentos não são – em muitas vezes - suficientes, resta a tarefa à doutrina para fornecer subsídios interpretativos para que os árbitros decidam a respeito, em cada caso concreto.

3.1. Conceito

Antes de discorrer sobre o conceito jurídico dos honorários advocatícios, é importante fazer duas ressalvas, que em certa medida funcionam como contraponto uma da outra. De um lado, importante reafirmar a autonomia do processo arbitral, caracterizado por institutos próprios, peculiaridades que decorrem da marcante presença da autonomia da vontade como seu fundamento central.

---

[21] "As despesas devem ser compreendidas amplamente, na forma do art. 84: elas abrangem as custas dos atos do processo, a indenização de viagem, a remuneração do assistente técnico e a diária de testemunha. Elas não se confundem com os honorários advocatícios, que têm disciplina própria no art. 85. A referência ampla (e comuníssima) a 'verbas de sucumbência' deve ser entendida no sentido de albergar tanto os honorários como as despesas" (BUENO, Cassio Scarpinella. *Manual de direito processual civil*: inteiramente estruturado à luz do novo CPC. São Paulo: Saraiva, 2015. p. 127).

De outro lado, é evidente que essa autonomia funcional não pode ser interpretada como autorizadora de um isolamento conceitual, a exigir que se criem definições e explicações para toda e qualquer circunstância do procedimento, para todo e qualquer instituto jurídico cuja aplicação se dê também no âmbito do processo arbitral.

Não obstante as afirmações da doutrina acerca da autonomia do processo arbitral e sua relativa separação do mecanismo estatal de solução de conflitos, a arbitragem deve ser, sem dúvidas, sempre interpretada como inserida no ordenamento jurídico brasileiro. A existência de legislação própria não exclui tais esforços interpretativos, mesmo porque há inúmeros aspectos em que a lei de arbitragem se apoia e que são, naturalmente, regulados por outras fontes normativas.

Para exemplificar de forma simples, basta recordar que a arbitragem pode ser contratada entre partes capazes, mas não é na lei de arbitragem que se extrai a definição ou características do que seja e de quem sejam as partes capazes. É da lei material que tais conceitos serão obtidos. Assim, pessoas físicas dotadas de capacidade são aquelas definidas no Código Civil, art. 2.º, ou seja, maiores de dezoito anos e que não tenham qualquer fator de incapacidade (tais como a prodigalidade, incapacidade permanente ou transitória de exprimir sua vontade, e demais hipóteses dos arts. 3.º e 4.º do CC), bem como pessoas jurídicas regularmente constituídas e representadas, também nos termos da lei civil (arts. 40 e seguintes do CC).

Com os honorários advocatícios não pode ser diferente. O fato de não haver previsão legal específica na legislação arbitral a respeito não pode ser entendido como a proibição da sua incidência. Tanto que a doutrina que se dedicou ao tema caminha no sentido oposto, de reconhecer a possibilidade de fixação dos honorários advocatícios na arbitragem, amparada em princípio jurídico mais geral da vedação ao enriquecimento ilícito, ou da recomposição patrimonial da vítima.

Seja como for, os honorários advocatícios constituem a remuneração dos advogados pelos serviços profissionais que prestam, de natureza consultiva ou contenciosa. Como muitos outros institutos jurídicos, só é possível estabelecer a sua conceituação e compreensão a partir de dados do direito positivo, porque cada sistema jurídico pode regulá-lo de diferentes maneiras. Em outras palavras, não se pode considerar que haja uma definição universal acerca dos honorários advocatícios, que pudesse ser igualmente aplicada aos processos estatais brasileiros, às arbitragens nacionais e internacionais.

O conjunto de características que se costuma atribuir aos honorários advocatícios está, portanto, atrelado ao quadro legislativo que regula a matéria atualmente. Possuem natureza alimentar, são impenhoráveis, equiparados aos créditos trabalhistas para fins falimentares e autorizam a emissão de Requisição de Pequeno Valor (RPV) nas execuções contra a Fazenda Pública, ainda quando o crédito principal seja pago por meio de precatório judicial.[22]

---

[22] Honorários Advocatícios. AASP, Coordenação de Ricardo de Carvalho Aprigliano. Disponível em: <http://www.aasp.org.br/aasp/servicos/centrodeestudos/honorarios/files/assets/common/downloads/Honorarios%20Advocaticios.pdf>.

Tratando-se de processo arbitral, a fixação de honorários advocatícios terá por fundamento o reembolso de honorários contratuais estabelecidos diretamente entre partes e seus advogados – justificado por um princípio mais geral de reparação integral na responsabilidade civil – ou o estabelecimento de honorários sucumbenciais, devidos pelo vencido ao advogado do vencedor. As duas modalidades de honorários possuem pressupostos de aplicação distintos, e em regra destinatários das respectivas fixações também diferentes.

O reembolso de honorários contratuais é associado à ideia chiovendiana de que "o processo deve dar, na medida do possível, a quem tem um direito, tudo aquilo e exatamente aquilo que tem direito de conseguir",[23] o que só se materializa completamente se o vencedor não for onerado, para restabelecer o seu direito, com custos do processo judicial e honorários do seu advogado. A evolução desse tema ao longo dos séculos conduziu à objetivação de tal dever de reembolso (atrelado à sucumbência, independentemente de culpa ou dolo) e à atribuição, ao julgador, do poder de fixar o valor de tal reembolso, observados parâmetros razoáveis (o que afasta a ideia de reembolso integral, pois o arbitramento pode ser inferior aos valores efetivamente gastos).

Curioso notar que tais conceitos, porque de ordem mais geral e não limitados às especificidades da legislação brasileira sobre os honorários de sucumbência, são os que informam e inspiram a aplicação das regras sobre a responsabilidade das partes pelo pagamento de honorários advocatícios nas arbitragens internacionais.[24-25]

Por sua vez, os honorários de sucumbência do processo estatal brasileiro estão previstos em diplomas legais específicos e sua característica principal reside no fato de constituírem verba de titularidade do advogado do vencedor. Assim, se de um lado asseguram ao profissional do direito a remuneração pelos seus serviços, de outro não constituem, para a parte lesada, o reembolso dos gastos havidos com o litígio. Em uma demanda judicial típica, o vencedor obterá a condenação à restituição do seu direito lesado e ao reembolso de custas e despesas processuais que teve, sem incluir gastos com o seu próprio advogado. Disso decorre que "o sistema processual civil brasileiro não garante integralmente a recomposição patrimonial da parte vencedora".[26]

Outra característica dos honorários sucumbenciais, no sistema do processo estatal, é que são fundados nos princípios da causalidade e da sucumbência, que possuem pre-

---

[23] CHIOVENDA, Giuseppe. *Dell'azione nascente dal contratto preliminare.* Saggi di diritto processuale civile. Roma: Foro Italiano, 1930. v. 1, p. 110.

[24] No sistema da lei modelo da Uncitral, os honorários advocatícios são incluídos no conceito geral de custos (art. 40.2.e), que os árbitros devem contemplar na sentença, na medida em que o tribunal arbitral considere que o seu montante é razoável. Estes e os demais custos devem ser carreados ao vencido, podendo o tribunal repartir tais encargos entre as partes, considerando as circunstâncias do caso concreto (art. 42.1).

[25] A Corte de Arbitragem Internacional de Londres (LCIA) prevê o pagamento das despesas com a representação legal das Partes entre as despesas que são objeto de alocação pela sentença. O critério principal para esta alocação é a sucumbência das partes (arts. 28.3 e 28.4).

[26] FICHTER, José Antonio; MANNHEUMER, Sergio Nelson; MONTEIRO, André Luis. *Novos temas de arbitragem.* Rio de Janeiro: FGV, 2014. p. 246.

missas ligeiramente diferentes mas que, em regra, geram como solução a condenação do vencido a pagar honorários ao advogado do vencedor.[27] Ainda, que a sua fixação obedece a parâmetros objetivos, atrelados ao valor em disputa.

A definição das rubricas que a sentença arbitral deve contemplar está bastante atrelada à autonomia da vontade. As partes podem pactuar que todas as despesas sejam divididas igualmente, sem reembolso de parte a parte ao final, ou que apenas uma delas arque com os custos do processo, ainda que se sagre vencedora ao final. Em todas as situações de consenso, a autonomia da vontade prevalecerá sobre qualquer parâmetro legal.

---

[27] Tive a oportunidade de coordenar um grupo de estudos para a Associação dos Advogados de São Paulo sobre o tema dos honorários advocatícios. Merece transcrição o seguinte trecho, quem bem explica os princípios que norteiam a fixação dos honorários sucumbenciais no sistema brasileiro: "3.2 Princípios da sucumbência, da causalidade e do interesse.

Em matéria de honorários advocatícios, merecem destaque três princípios, quais sejam, o da sucumbência, o da causalidade e o do interesse.

O *princípio da sucumbência* consubstancia-se na ideia de que a parte vencida ao fim do processo deve responder por todos os custos deste, inclusive reembolsando a parte vencedora pelas despesas antecipadas e pagando em favor desta os honorários de seu advogado. Na sua essência, está a constatação de que a pessoa que é obrigada a vir ao Poder Judiciário para demonstrar que tem razão não pode sair da relação jurídica processual suportando gastos para a solução da controvérsia, sob pena de sofrer um injusto desfalque patrimonial para a tutela de um direito que desde sempre foi seu e que seu adversário injustamente colocara em xeque. Fala-se, aqui, de uma responsabilidade objetiva pelos custos do processo, que independe de investigação de culpa. Basta a caracterização da derrota para que emerja tal responsabilidade.

Por sua vez, o *princípio da causalidade* traduz-se pelo conceito de que os custos do processo devem ser suportados por quem provocou o surgimento da relação jurídica processual, por quem deu causa ao processo. Na maior parte dos casos, quem dá causa ao processo é o vencido, por ter insistido na defesa judicial de um direito que não é seu. Como visto logo acima, nada mais justo, portanto, que ele custeie o processo. Porém, há situações peculiares em que é a parte que tem razão a responsável pela instauração do processo. É pensar nos emblemáticos casos de penhora de imóvel ainda registrado em nome do vendedor-executado. O comprador tem o mais absoluto direito de remover tal constrição por meio de embargos de terceiro, mas a causa desse processo está na ausência de registro do título aquisitivo, que estava a seu cargo, motivo pelo qual, malgrado a procedência dos seus embargos, ele terá que custear o processo.

O *princípio do interesse* remete à noção de que o processo deve ser custeado pelo interessado na sua instauração. Há situações em que a satisfação da pretensão de uma pessoa depende de um processo judicial, ainda que não haja qualquer resistência para tanto. Trata-se dos processos de jurisdição voluntária. Nessas circunstâncias, sendo o processo de interesse exclusivo do autor, ele suporta seus custos; sendo o processo de interesse de todas as partes, esses custos são divididos entre elas. Isso, aliás, não deixa de ser, em alguma medida, uma manifestação da ideia de causalidade.

O *princípio da sucumbência* é visto de forma explícita na redação do *caput* do art. 20 do Código de Processo Civil: "a sentença condenará o vencido a pagar ao vencedor as despesas que antecipou e os honorários advocatícios". Todavia, entende-se que a menção a sucumbência é feita aqui apenas para veicular da forma mais fácil a noção de *causalidade*, esta sim, a verdadeira diretriz para a definição do responsável pelos custos no processo civil brasileiro. E o *princípio do interesse* faz-se presente no art. 24 do Código de Processo Civil: "nos procedimentos de jurisdição voluntária, as despesas serão adiantadas pelo requerente, mas rateadas entre os interessados" (Honorários Advocatícios cit., p. 28-29).

CUSTAS, DESPESAS E CONDENAÇÃO EM HONORÁRIOS ADVOCATÍCIOS EM ARBITRAGEM | **679**

Os problemas surgem, como sempre, quando não houver consenso entre os litigantes. Se ao Tribunal Arbitral competir a decisão sobre a condenação em honorários, deverão os árbitros aferir se cabem ou não honorários, se eles são os de natureza contratual ou de sucumbência (ou ambos) e, decidindo-se pela incidência da verba, qual parâmetro para a sua fixação em concreto.

Na doutrina especializada, Carlos Alberto Carmona afirma que a lei de arbitragem, mesmo sem se referir a honorários advocatícios,

> [...] abraçou uma ideia mais ampla, no sentido de que as despesas do processo arbitral abarcam o conceito maior de custo do processo (ou seja, tudo quanto foi despendido pelas partes por força das exigências do processo), de modo que, mesmo sem menção expressa (desnecessária, diga-se), o árbitro poderá condenar o vencido a reembolsar o vencedor daquilo que gastou para providenciar sua representação técnica.[28]

Na mesma linha há os entendimentos de Gustavo Tepedino e José Emílio Nunes Pinto. Em estudo conjunto, os autores defendem que tais despesas estão englobadas no conceito mais geral das "custas e despesas com a arbitragem" aludido no art. 27 da LArb[29]. Concordam com tal raciocínio José Antonio Fichtner, Sergio Nelson Mannheimer e André Luis Monteiro, em aprofundado estudo sobre a distribuição do custo do processo na sentença arbitral.[30]

Sem prejuízo das ponderações que serão feitas no tópico 3.4, convém aqui consignar, a propósito de tais posições doutrinárias, que parece insuficiente a invocação ao conceito geral de "custas e despesas com a arbitragem" do art. 27 da Larb para justificar a condenação do vencido em honorários advocatícios. Como será visto, é preciso buscar outros elementos sistemáticos para se obter essa mesma conclusão.

3.2. Disciplina legal

Na introdução a esse tópico foi visto que não há, na legislação arbitral, previsão específica acerca de honorários advocatícios. Sua fixação em um procedimento arbitral não está autorizada nem proibida pela Lei 9.307/1996. Mas em se tratando de arbitragens nacionais, de direito – isto é, em que as partes vedem a adoção de equidade como critério de julgamento e, em consequência, determinem a aplicação das regras de direito aplicáveis à controvérsia - é preciso reconhecer que outros diplomas legais regulam, em alguma medida, o tema dos honorários.

A legislação brasileira acerca dos honorários não se limita ao Código de Processo Civil. Também o Código Civil e o Estatuto da Advocacia contêm importantes disposições a seu respeito, com direto impacto na disciplina da sua incidência no procedimento arbitral.

---

[28] CARMONA, Carlos Alberto. *Arbitragem e processo...* cit., p. 374.

[29] TEPEDINO, Gustavo; PINTO, José Emílio Nunes. Notas sobre o ressarcimento de despesas com honorários de advogado em procedimentos arbitrais. *Arbitragem doméstica e internacional*: estudos em homenagem ao prof. Theóphilo de Azeredo Santos. Rio de Janeiro: Forense, 2008.

[30] FICHTER, José Antonio; MANNHEUMER, Sergio Nelson; MONTEIRO, André Luis. *Novos temas de arbitragem* cit., p. 246.

A Lei 8.906/1994 (Estatuto da Advocacia) regula, entre outros aspectos da profissão, os honorários advocatícios. Além de assegurar que "a prestação de serviço profissional assegura aos inscritos na OAB o direito aos honorários convencionados, aos fixados por arbitramento judicial e aos de sucumbência", a lei também dispõe que os honorários incluídos na condenação pertencem ao advogado.

Não há, no Estatuto da Advocacia, quaisquer critérios objetivos para tal fixação. Afora a previsão genérica de que deve haver honorários incluídos na condenação, a lei não prevê valores, percentuais ou parâmetros para o arbitramento dessa remuneração.

O Código Civil também traz importantes disposições sobre o tema. Em cinco dispositivos os honorários advocatícios são expressamente previstos. Desses, merecem destaque os seguintes:

> (Do Inadimplemento das obrigações) Art. 389. Não cumprida a obrigação, responde o devedor por perdas e danos, mais juros e atualização monetária segundo índices oficiais regularmente estabelecidos, e honorários de advogado.
> (Da mora) Art. 395. Responde o devedor pelos prejuízos a que sua mora der causa, mais juros, atualização dos valores monetários segundo índices oficiais regularmente estabelecidos, e honorários de advogado.
> (Das Perdas e Danos) Art. 404. As perdas e danos, nas obrigações de pagamento em dinheiro, serão pagas com atualização monetária segundo índices oficiais regularmente estabelecidos, abrangendo juros, custas e honorários de advogado, sem prejuízo da pena convencional.

A disciplina legal acerca dos honorários advocatícios é complementada com as disposições do Código de Processo Civil. O art. 85 traz extensa regulação sobre a matéria. Prevê a titularidade do advogado, sua natureza alimentar, a impossibilidade da sua compensação. Fixa parâmetros objetivos para o seu arbitramento (percentuais sobre o valor econômico envolvido, diferentes conforme se trate de demanda entre particulares ou envolvendo o Estado), entre outros fatores.

Tratando-se de um processo arbitral, a cujo respeito se afirma, reiteradamente, que não se aplicam as disposições do CPC, é relevante estabelecer se a disciplina da alocação dos honorários advocatícios pode ser feita também com base naqueles dispositivos legais. Para Carmona, não há dúvidas a esse respeito: "se nada tiver sido estipulado sobre a incidência de honorários advocatícios, deve-se entender que o árbitro está autorizado a utilizar os parâmetros estabelecidos pelo Código de Processo Civil".[31] Os demais autores antes citados, ao admitir a inclusão dos honorários no conceito mais geral de alocação de custas e despesas, percorrem caminho diverso. Sob a premissa de que deve haver a reparação integral dos danos ao vencedor, o que tais autores fazem é reconhecer a possibilidade de fixação de reembolso dos honorários contratuais, e não os de sucumbência.

Tal interpretação, no mínimo, tem o mérito de se compatibilizar com os regulamentos que contemplam regras de atribuição de responsabilidade pelos custos razoavelmente

---

[31] CARMONA, Carlos Alberto. *Arbitragem e processo...* cit., p. 214.

incorridos na representação legal das partes. De outro lado, tais opiniões partem de premissa – não de todo demonstrada – de que a lei de arbitragem contemple especificamente os honorários advocatícios como uma das modalidades de despesas do procedimento. Voltaremos ao tema no tópico 3.4 abaixo.

3.3. Previsão nos regulamentos arbitrais

Como visto no tópico 2.3, os Regulamentos das instituições arbitrais não chegam a dirimir as dúvidas ou suprir as lacunas da regulação legal. Há alguns parâmetros adicionais, mas não eliminam a possibilidade de combinações próprias pelas partes, ou a necessidade de decisão dos árbitros, quando tais omissões permanecem.

O resumo das regras está referido nas notas de rodapé 9 a 13 acima, as quais se remete o leitor. No que diz respeito aos honorários advocatícios, a CCI (art. 37.1), por exemplo, os menciona indiretamente ao prever que a sentença deve dispor acerca das "despesas razoáveis incorridas pelas partes para a sua representação na arbitragem".

Nas instituições brasileiras, alguns regulamentos preveem os honorários advocatícios de forma expressa, (CAM-CCBC, CMA-FIESP) sem especificar, contudo, a sua natureza contratual ou de sucumbência. Outros não dispõem de forma clara (CAMARB, CBMA, AMCHAM). O CAM-FIEP possui dispositivo que contempla de forma expressa os honorários de sucumbência.[32]

Em suma, todos os regulamentos das instituições arbitrais determinam que a sentença enfrente a questão da alocação das custas e despesas da arbitragem. A maior parte deles adiciona a categoria específica dos honorários advocatícios, ainda que de forma indireta, como quando contemplam a responsabilidade por despesas razoavelmente incorridas pelas partes para a sua representação.

Examinando diversos dos regulamentos acima mencionados, Fichtner, Mannheimer e Monteiro defendem que as verbas a serem fixadas nas sentenças arbitrais abrangem "os honorários contratuais dos advogados, dentro dos limites da razoabilidade".[33] E complementam que, mesmo que assim não fosse, "parece-nos que deve ser buscado na arbitragem o princípio maior de que o processo não deve ser fonte de prejuízo a quem tem razão", sendo esse o critério interpretativo do art. 27 da Lei de Arbitragem.[34]

---

[32] 20.5. Ressalvada a hipótese de Sentença Parcial, da Sentença Arbitral constará, ainda, a fixação das Custas da Arbitragem, dos Honorários de Sucumbência e Honorários dos Peritos, se for o caso, bem como o respectivo rateio entre as Partes, respeitando-se o contido na Convenção de Arbitragem e no Termo de Arbitragem e vedada a compensação de Honorários de Sucumbência. Caberá ao Tribunal Arbitral, ainda, fixar eventual condenação em litigância de má-fé decorrente de conduta dilatória da Parte, descumprimento de medida de urgência ou ordem emanada pelo Tribunal, inclusive em relação à produção de provas.

[33] FICHTER, José Antonio; MANNHEUMER, Sergio Nelson; MONTEIRO, André Luis. *Novos temas de arbitragem* cit., p. 264.

[34] No mesmo sentido: MARTINS, Pedro A. Batista. *Apontamentos sobre a lei de arbitragem*. Rio de Janeiro: Forense, 2008. p. 291-292.

Tais disposições regulamentares vêm, em geral, complementadas nos termos de arbitragem. As próprias instituições costumam propor cláusulas que estabelecem o dever de o tribunal arbitral fixar na sentença a responsabilidade pelo pagamento das custas e despesas, bem como dos honorários advocatícios e das despesas incorridas pelas partes na sua defesa, em parâmetros razoáveis. Outro item complementa as previsões, afirmando que cada parte será responsável pelo pagamento dos honorários de seu próprio advogado.

Quando tais combinações são feitas ao mesmo tempo, a leitura que se faz é a de que as partes abrem mão de pleitos recíprocos de reembolso das despesas havidas com sua representação legal, mas preserva-se a possibilidade de a sentença fixar honorários de sucumbência. Assim, por acordo entre as partes, elimina-se uma das modalidades de honorários (os contratuais) e preserva-se a outra (os sucumbenciais).

As dúvidas maiores, porém, ocorrem quando não há qualquer consenso entre as partes. A forma de alocação das custas e honorários nesses casos será examinada no tópico subsequente.

3.4. A alocação de custas, despesas e honorários advocatícios pelos árbitros

Nesse tópico final, cumpre enfrentar os temas mais polêmicos acerca do regime jurídico da alocação de custas, despesas e honorários advocatícios pela sentença arbitral.

Quanto às custas e despesas, foi visto que, não obstante a legislação brasileira não ser conclusiva em relação ao dever de a parte perdedora reembolsar a vencedora pelas despesas do procedimento, é esta a interpretação mais adequada e que, em termos práticos, se observa. Fruto da aplicação conjugada das disposições dos regulamentos, das previsões dos termos de arbitragem e, de um modo geral, dos pedidos formulados pelas partes, é possível afirmar que, regra geral, a sentença arbitral irá atribuir ao vencido a responsabilidade pelo reembolso das despesas incorridas pelo vencedor.

Em situações normais, cada parte terá adiantado metade das custas e despesas, devendo a sentença estabelecer a proporção do reembolso. Como é bastante comum que a sucumbência seja parcial, os árbitros deverão levar em consideração os valores concretamente gastos de parte a parte e a proporção justa da sucumbência recíproca, dispondo a respeito na decisão.

Além dos valores pagos previamente pelas partes (taxas das instituições, honorários de árbitros e peritos, gastos com audiências etc.), a sentença deverá dispor sobre o reembolso de valores pagos diretamente pelas partes, como os assistentes técnicos, pareceres jurídicos e gastos com viagens de partes e testemunhas. A dificuldade quanto a tais itens é mais prática do que jurídica. Admite-se que tais rubricas se enquadrem, igualmente, na categoria de despesas processuais, que justificam a sua alocação na sentença arbitral.

A questão prática que se põe é a exigência de demonstração dos custos incorridos pelas partes antes da prolação da sentença arbitral, para que tais itens sejam incluídos desde logo na decisão. Não há espaço para a liquidação da sentença arbitral perante o juiz togado, nem é recomendável que, após a sentença quanto a questão de fundo, reste aos árbitros a tarefa de proferir uma decisão final, ficando concretamente os valores de reembolso e desembolso de parte a parte.

Recomendável, assim, que o tribunal arbitral solicite às partes a apresentação dos contratos de honorários e/ou comprovante de pagamentos daquelas despesas, contemplando-as na decisão final. O reconhecimento do direito ao reembolso das despesas pode não significar a restituição integral dos valores, pois caberá sempre ao tribunal controlar se são razoáveis os valores cobrados.

Quanto à alocação dos honorários advocatícios, o primeiro aspecto fundamental a ser dirimido envolve a caracterização dos honorários como um dos itens inseridos na categoria mais geral das "custas e despesas com arbitragem" previstas no art. 27 da LArb.

Como visto, importantes vozes sustentam que os honorários devem ser assim considerados, de forma que é da própria lei de arbitragem que se extrai a autorização legal para que as sentenças arbitrais fixem tais verbas. Com o respeito que tais opiniões merecem, a conclusão deste ensaio é em sentido diverso.

Primeiro, porque como visto, o sistema da lei de arbitragem, não obstante autônomo, não pode ser interpretado como isolado, em que todos os conceitos são concebidos internamente, refazendo-se construções teóricas e reinserindo institutos jurídicos de forma exclusiva.[35] No plano processual geral, distinguem-se custas e despesas processuais dos honorários advocatícios. No plano das obrigações e de seu inadimplemento, da mesma forma, tais conceitos vem separados. Tanto que os já mencionados arts. 389, 395 e 404 do Código Civil preveem os honorários de advogado como categoria jurídica própria, que pode vir a integrar o conjunto de rubricas indenizatórias pretendida pelo credor.

Assim, se o art. 27 da lei de arbitragem não contemplou especificamente a figura dos honorários advocatícios, é mais razoável considerar que o legislador se omitiu a respeito, e não que, adotando técnica incomum e assistemática, optou por incluir a figura dos honorários dentro da categoria geral das custas com a arbitragem.

A reforçar esse argumento, observa-se que os regulamentos das instituições arbitrais e os termos de arbitragem comumente firmados seguem tratando os honorários advocatícios como categoria jurídica autônoma, com previsões próprias. Fossem mero desdobramento das custas da arbitragem, não seria necessário prever itens exclusivamente para regular a incidência dos honorários.

Se a lei de arbitragem não contempla os honorários advocatícios como categoria a ser contemplada na sentença, qual então o fundamento legal para a sua fixação?

Como visto, em arbitragens que indiquem o ordenamento jurídico brasileiro como o aplicável à controvérsia, as partes não ficam limitadas a invocar disposições do Código de Processo Civil para obter a condenação em honorários da parte contrária. É evidente que em

---

[35] Para Cândido Rangel Dinamarco, após reafirmar as diferenças entre o processo estatal e o arbitral em virtude da maior prevalência da autonomia da vontade no último, afirma que "com todas essas ressalvas, as arbitragens a serem realizadas no País e segundo a lei processual brasileira não podem prescindir dos conceitos, normas e estruturas residentes no Código, sob pena de se criar um vazio normativo ou um clina de extrema e indesejável insegurança jurídica. Não seria sensato pensar em uma lei arbitral portadora de todos os institutos e soluções contidos no Código de Processo Civil, valendo por um doublé deste, nem propugnar por uma incontrolável liberdade formal a prevalecer em todas as situações para as quais a Lei de Arbitragem não oferece solução específica" (DINAMARCO, Cândido Rangel. *A arbitragem na teoria geral do processo*. São Paulo: Malheiros, 2013. p. 46).

arbitragens de direito, as disposições do Código Civil terão aplicação, inclusive os dispositivos antes referidos, que contemplam os honorários de advogado como uma das rubricas que podem compor os pleitos indenizatórios nas situações de inadimplemento das obrigações.

É preciso esclarecer, porém, que os honorários advocatícios aludidos no Código Civil são os honorários contratuais, não os de sucumbência. Eles estão inseridos no conjunto de verbas que o devedor deverá ressarcir ao credor, no contexto geral do inadimplemento de uma obrigação. Aqui, o dispositivo legal está em sintonia com a consideração de que "la necessità di servirsi del processo per ottener ragione non deve tornar a danno di chi há ragione".[36]

O regime jurídico de tais verbas é diferente daquele do Código de Processo Civil. Primeiro, porque não se trata de pedido implícito (ou, como afirma Dinamarco, de pedidos a que a lei dispensa a observância da regra da correlação),[37] que deva ser examinado pelo juiz no contexto da decisão da causa, independentemente de pedido. Ao contrário, tratando-se de um componente indenizatório, é da parte a iniciativa de incluir o ressarcimento dos honorários de advogado em seu pedido. Não o fazendo, a correlação entre pedido e sentença impedem que o julgador estipule tal condenação.

Outra diferença relevante diz respeito ao titular de tais verbas, pois o destinatário do reembolso aos honorários contemplados no Código Civil é a parte vencedora, e não o seu advogado.[38-39]

As considerações sobre a necessidade de proporcionar uma reparação integral ao titular de um direito lesionado só encontram guarida no nosso ordenamento jurídico se o próprio credor deduzir tais pedidos. Trata-se, como vem reconhecendo a doutrina[40] e a jurisprudência mais recente,[41] de aplicação do princípio da restituição integral, que, segundo o STJ,

> [...] se entrelaça como os princípios da equidade, da justiça e, consequentemente , com o princípio da dignidade da pessoa humana, tendo em vista que, minimizando-se os prejuízos efetivamente sofridos, evita-se o desequilíbrio econômico gerado pelo des-

---

[36] CHIOVENDA, Giuseppe. *Istituzioni di diritto processuale civile*, Napoli: Jovene, 1933. v. I, n. 34, p. 137.

[37] DINAMARCO, Cândido Rangel. *A arbitragem...* cit., p. 195.

[38] O estudo realizado pela AASP, e já referido anteriormente, assim explica: "Conforme correto entendimento doutrinário e jurisprudencial, os honorários previstos nos arts. 389 e 404 do CC são os contratuais, estabelecidos entre a parte e seu advogado para que esse atue na defesa dos interesses daquela em juízo. Não se confundem, portanto, com os honorários sucumbenciais fixados em decisão judicial, até porque tal espécie de honorários, por constituir crédito autônomo do advogado, não importa em decréscimo patrimonial do vencedor da demanda. Realmente não teria qualquer sentido os dispositivos serem interpretados de outra forma, já que os honorários sucumbenciais são suportados pelo vencido e não pela vítima do ato ilícito que precisa do processo judicial para fazer valer seu direito objetivo" (Honorários Advocatícios cit., p. 17).

[39] STJ, 3.ª Turma, REsp 1.027.797/MG, Rel. Min. Nancy Andrighi, j. 17.02.2011, *DJe* 23.02.2011.

[40] SCAVONE JÚNIOR, Luiz Antonio. *Do descumprimento das obrigações*: consequências à luz do princípio da restituição integral. São Paulo: Juarez de Oliveira, 2007. p. 172-173.

[41] STJ, 3.ª Turma, AgRg nos EDcl no REsp 1.412.965/RS, Rel. Min. Sidnei Beneti, j. 17.12.2013, *DJe* 05.02.2014; STJ, 3.ª Turma, REsp 1.134.725/MG, Rel. Min. Nancy Andrighi, j. 14.06.2011, *DJe* 24.06.2011.

cumprimento da obrigação e protege-se a dignidade daquele que teve o seu patrimônio lesado por um ato ilícito.[42]

Entretanto, como tudo o mais que permeia o processo arbitral, a decisão de pleitear tal reparação integral integra a esfera de autonomia das partes, não se podendo presumir que ao pedido principal deva ser agregado um pleito de ressarcimento das despesas com a contratação de advogados se não houver formulação de pedido específico. A corroborar tal assertiva, relembre-se que os termos de arbitragem costumam conter provisões dispensando reciprocamente as partes de reembolsar os gastos com os honorários dos próprios advogados.

Em conclusão, afirma-se que é possível deduzir pedido para a condenação do vencido ao ressarcimento dos honorários advocatícios, não com base no art. 27 da lei de arbitragem, mas em virtude da autorização contida na lei civil. Caso sejam deduzidos tais pedidos, o tribunal arbitral, a exemplo do que faz em relação às despesas do procedimento, deverá exigir a demonstração dos termos da contratação antes de proferir decisão. A efetiva estipulação dos valores de reembolso pode ser nos exatos valores contratados, ou sofrer reduções para adequar a verba a parâmetros razoáveis.

Em relação aos honorários de sucumbência, é possível cogitar da sua aplicação pela sentença arbitral, mesmo sem pedido das partes?

Na doutrina, Carlos Alberto Carmona entende que sim, aplicando-se ao processo arbitral as diretrizes do Código de Processo Civil. Na mesma linha, Cândido Rangel Dinamarco sustenta que a sentença final conterá a condenação do vencido a pagar honorários ao advogado do vencedor. "Essa regra é de aplicação geral no atual estágio do processo civil brasileiro, abrangendo todos os processos onde haja um vencedor e um vencido (*victus victori*)."

Por sua vez, Rodrigo Garcia da Fonseca considera que a lei de arbitragem não trata dos honorários advocatícios, mas sustentando que "é cabível a imposição do pagamento de honorários advocatícios pela parte derrotada na arbitragem, a critério dos árbitros e dentro dos limites da convenção de arbitragem". O autor não considera aplicável diretamente o dispositivo do CPC acerca dos honorários de sucumbência, "mas na ausência de pacto específico entre as partes, tais normas podem vir a ser utilizadas como parâmetro analógico pelos árbitros, se estes assim entenderem razoável no caso concreto".[43]

Como visto, no ordenamento jurídico brasileiro os honorários de sucumbência possuem um duplo regime. São previstos no Estatuto da Advocacia e no Código de Processo Civil. Tratando-se de arbitragem regida pelo direito brasileiro, não há motivos para se recusar a incidência das regras do Estatuto da Advocacia, caso no procedimento arbitral tenham funcionado profissionais do direito na representação das partes (o que acontece na imensa maioria dos casos, para dizer o mínimo). Uma vez mais repita-se. A autonomia do processo arbitral não faz com que se deva encará-lo como uma ilha ou uma bolha, na qual não se aplicam circunstâncias e regimes jurídicos comuns a outras

---

[42] Honorários Advocatícios cit.

[43] FONSECA, Rodrigo Garcia da. Reflexões sobre a sentença arbitral. *Revista de Arbitragem e Mediação*, v. 6, p. 40-74, jul.-set. 2005.

formas de atuação profissional ou de solução de controvérsias. Arbitragens nacionais, com advogados brasileiros, são regidas pelas normas que regulam a advocacia, inclusive e especialmente nas disposições sobre ética profissional.

O fato de a lei de arbitragem não exigir a participação do advogado não interfere nesse estado de coisas. Se, concretamente, advogados brasileiros foram envolvidos, e se é aplicável ao litígio o ordenamento jurídico brasileiro, aplica-se o Estatuto da Advocacia, o qual contempla os honorários de sucumbência como uma modalidade remuneratória própria dos litígios. Também não parece adequado considerar que o Estatuto da Advocacia restrinja a incidência de tais honorários ao universo do processo estatal, pois a arbitragem representa a oferta de uma segunda modalidade de solução jurisdicional, que impõe a adoção dos mesmos mecanismos e da mesma sistemática.

Já com relação à aplicação das regras do Código de Processo Civil, é necessária uma dose adicional de cautela. A inter-relação entre as normas processuais contidas no CPC e o processo arbitral não se dá por um critério de subsidiariedade. Não há, na lei de arbitragem, norma determinando que o CPC deva ser aplicado, naquilo que a lei especial for omissa. Ao contrário. Entende-se que as especificidades e a extensiva regulação da legislação processual são nocivas à arbitragem, pois representam o risco sistêmico de perda da liberdade e flexibilidade procedimental que é traço característico do processo arbitral.

Por isso é que se afirma, com propriedade, que são aplicáveis ao processo arbitral os princípios informadores do processo civil e os seus institutos principais, mas que não são aplicados diretamente os dispositivos da legislação processual civil. Esta linha divisória, que demanda ainda da doutrina brasileira um maior aprofundamento, é suficiente para se afirmar que, quanto aos honorários de sucumbência, podemos concluir que (i) eles devem ser fixados na sentença arbitral, mesmo que não haja previsão específica na Lei 9.307/1996 e independentemente de consenso das partes acerca de sua aplicação, (ii) que o seu critério de atribuição é o nível da derrota ou da vitória do contendente, ou seja, o grau de sucumbência a que cada parte foi submetida, (iii) que seu regime jurídico reúne as mesmas características dos honorários de sucumbência próprios do processo estatal, o que significa dizer que possuem natureza alimentar, não podem ser objeto de compensação e seu titular é o advogado da parte vencedora.

Contudo, não é correto afirmar que devam ser aplicados ao processo arbitral os parâmetros da lei processual civil relativos aos honorários de sucumbência, notadamente o art. 85 do CPC/2015. Esta aplicação incorreria nos vícios acima apontados, de impor rigidez onde deve imperar a flexibilidade.

Se se considerar que ao processo arbitral devam ser aplicados os critérios do art. 85 do Código de Processo Civil, a primeira e mais importante consequência é que os valores dos honorários de sucumbência não poderão ser fixados em percentuais menores do que 10% do valor envolvido na disputa. Ainda, todas as sentenças deverão estabelecer a exata proporção do sucumbimento das partes, de forma a condenar os vencidos ao pagamento de honorários, na proporção de tais derrotas, sem possibilidade de compensação.

Como os procedimentos arbitrais costumam ter pedidos de valor elevado, tanto principais como reconvencionais e, não raro, ocorre efetivamente a concessão de apenas parte dos pedidos, a consequência da aplicação das regras do CPC/2015 seria, em termos imediatos, o aumento expressivo dos valores arbitrados a título de honorários de sucumbência. Ocorre que mesmo na vigência do CPC/1973, a experiência vinha mostrando que os árbitros tendem a fixar honorários advocatícios em patamares razoáveis, não atrelados aos parâmetros objetivos do então art. 20 do Código. E isso, mesmo nas demandas de natureza condenatória, com sentenças de procedência dos pedidos (em que não havia campo para aplicação de critérios equitativos e redução do valor dos honorários).

Isso não se dá porque a comunidade arbitral aplica dispositivos legais do CPC de forma deliberadamente equivocada, sob uma consideração econômica de que os honorários seriam excessivos se tais critérios fossem aplicados. Não faria sentido que uma comunidade profissional, formada por advogados e familiarizada com um ambiente de negócios em que se preza o cumprimento das obrigações assumidas, deliberadamente desrespeitasse uma regra de direito reconhecidamente aplicável aos procedimentos arbitrais.

A explicação para a alocação de honorários advocatícios sucumbenciais nos processos arbitrais em parâmetros estranhos ao CPC é mais técnica e mais simples. Não há a automática aplicação daqueles parâmetros às sentenças arbitrais. O sistema dos honorários sucumbenciais no processo arbitral é, em certa medida próprio. Assume a característica comum de ser cabível, fixado em desfavor do vencido, na proporção da derrota, de não ser compensável e ter natureza alimentar, mas os parâmetros objetivos de sua fixação, porque não estão atrelados ao Código de Processo Civil, são necessariamente outros.

Assim, pode haver fixação de honorários sucumbenciais em valores fixos, em percentuais sobre o valor da declaração, constituição ou condenação, os quais não se limitam aos parâmetros da legislação processual civil, ou seja, que podem ser inferiores a 10% ou superiores a 20%, segundo critérios fundamentados na própria sentença arbitral.

Na falta de acordo entre as partes acerca da incidência dos honorários, a tarefa do tribunal arbitral será a de investigar, à luz do ordenamento aplicável à controvérsia, se incidem honorários contratuais (sempre mediante pedido) e/ou sucumbenciais e, diante das circunstâncias do caso concreto, quais os parâmetros objetivos para a sua fixação pela sentença arbitral.

REFERÊNCIAS BIBLIOGRÁFICAS

BANCO de sentenças arbitrais do CBAr. Disponível em: <http://cbar.org.br/site/banco-de-sentencas-arbitrais>.

BARROCAS, Manuel Pereira. *Manual de arbitragem*. Coimbra: Almedina, 2010.

BORN, Gary B. Chapter 23: Form and Contents of International Arbitral Awards. *International Commercial Arbitration*. 2. ed. The Hague: Kluwer Law International, 2014. p. 3012-3112.

BÜCHER, Micha. Awarding costs in International Commercial Arbitration: an Overview. 22 *ASA Bulletin*, Issue 2, p. 249-261, 2004.

BUENO, Cassio Scarpinella. *Manual de direito processual civil*: inteiramente estruturado à luz do novo CPC. São Paulo: Saraiva, 2015.

CARMONA, Carlos Alberto. *Arbitragem e processo*: um comentário à Lei n.º 9.307/96. 3. ed. São Paulo: Atlas, 2009.

CHIOVENDA, Giuseppe. *Dell'azione nascente dal contratto preliminare*. Saggi di diritto processuale civile. Roma: Foro Italiano, 1930. v. 1.

_____. *Istituzioni di diritto processuale civile*, Napoli: Jovene, 1933. v. I, n. 34.

DINAMARCO, Cândido Rangel. *A arbitragem na teoria geral do processo*. São Paulo: Malheiros, 2013.

FERRAZ, Claudio Peron. Honorários advocatícios, *Jus postulandi* – o advogado é indispensável à Justiça do Trabalho?. *Revista do Instituto dos Advogados de São Paulo*, v. 28, p. 33-50, jul.-dez. 2011.

FICHTER, José Antonio; MANNHEUMER, Sergio Nelson; MONTEIRO, André Luis. *Novos temas de arbitragem*. Rio de Janeiro: FGV, 2014.

FONSECA, Rodrigo Garcia da. Reflexões sobre a sentença arbitral. *Revista de Arbitragem e Mediação*, v. 6, p. 40-74, jul.-set. 2005.

HANOTIAU, Bernard. Chapter 10. The Parties' Costs of Arbitration. In: DERAINS, Yves; KREINDLER, Richard H. (Ed.). *Evaluation of Damages in International Arbitration, Dossiers of the ICC Institute of World Business Law*, v. 4, International Chamber of Commerce (ICC 2006), p. 213-224.

HONORÁRIOS ADVOCATÍCIOS. AASP, Coordenação de Ricardo de Carvalho Aprigliano. Disponível em: <http://www.aasp.org.br/aasp/servicos/centrodeestudos/honorarios/files/assets/common/downloads/Honorarios%20Advocaticios.pdf>.

ICC Comission Report. *Decisions on costs in international arbitration*. ICC Dispute Resolution Bulletin 2015, Issue 2.

ICC Comission Report. *Controlling time and costs in arbitration*. Nov. 2014.

LEW, Julian D. M.; MISTELIS, Loukas A. et al. Chapter 5 Juridical Nature of Arbitration. *Comparative International Commercial Arbitration*. The Hague: Kluwer Law International, 2003. p. 71-97.

MARINONI, Luiz Guilherme. A intangibilidade dos honorários do advogado devidos no processo em que proferido acórdão rescindido. *Soluções Práticas*, v. 2, p. 407, out. 2011.

MARTINS, Pedro A. Batista. *Apontamentos sobre a lei de arbitragem*. Rio de Janeiro: Forense, 2008.

NETTO, Nehring. National Report for Brazil (2011). In: PAULSSON, J. (Ed.). *International Handbook on Commercial Arbitration* 1, 9 (1984 & Update 2002).

NEVES, Daniel Amorim Assumpção. *Novo Código de Processo Civil comentado*. Salvador: JusPodivum, 2016.

SCAVONE JÚNIOR, Luiz Antonio. *Do descumprimento das obrigações*: consequências à luz do princípio da restituição integral. São Paulo: Juarez de Oliveira, 2007.

TEPEDINO, Gustavo; PINTO, José Emílio Nunes. Notas sobre o ressarcimento de despesas com honorários de advogado em procedimentos arbitrais. *Arbitragem doméstica e internacional*: estudos em homenagem ao prof. Theóphilo de Azeredo Santos. Rio de Janeiro: Forense, 2008.

SENTENÇA ARBITRAL ESTRANGEIRA

CONVENÇÃO DE NOVA YORK E A LEI DE ARBITRAGEM: ALGUMAS CONSIDERAÇÕES SOBRE A LEI APLICÁVEL AO CONSENTIMENTO DAS PARTES

CARMEN TIBURCIO

FELIPE ALBUQUERQUE

Sumário: I – A Convenção de Nova Iorque e o consentimento das partes – II – Desafios do direito internacional privado em matéria de determinação da lei aplicável – III – Panorama das soluções em matéria de determinação da lei aplicável a alguns aspectos da cláusula compromissória – IV – Considerações finais – V – Bibliografia.

A escolha do tema para o artigo em homenagem a Petrônio Muniz não poderia ser casual. A razão é simples: o homenageado é efetivamente digno da homenagem – agora, pesarosamente, póstuma. O grande sucesso da Lei de Arbitragem brasileira é, em grande medida, resultado dos esforços pessoais de Petrônio Muniz, que – com Carlos Alberto Carmona, Selma Ferreira Lemes e Pedro Batista Martins – desempenhou papel fundamental na concepção e tramitação do projeto de lei de arbitragem no Poder Legislativo. Depois da entrada em vigor da lei, Petrônio atuou também na divulgação do instituto no país.

Como já ressaltado por diversas vezes, a edição da Lei de Arbitragem é o grande marco do desenvolvimento da arbitragem no Brasil. Antes da edição da Lei 9.307/1996, o instituto nunca chegou a se desenvolver satisfatoriamente em nosso país. A consolidada jurisprudência que negava efeitos vinculantes à cláusula compromissória, a necessidade de posterior homologação judicial do laudo arbitral e, de forma mais ampla, o desconhecimento do instituto e suas potencialidades relegavam a arbitragem a papel de menor expressão no meio jurídico. Petrônio Muniz contribuiu para que a descrição que se vem de fazer não reflita mais o presente (nem o futuro!) da arbitragem no Brasil, mas apenas seu passado recente.

Felizmente, o homenageado pôde desfrutar de gestos de reconhecimento ainda em vida. A Câmara de Arbitragem Empresarial (CAMARB) promove desde 2010 a "Competição

Brasileira de Arbitragem Petrônio Muniz", importante inciativa de divulgação da matéria no Brasil e de formação das novas gerações de arbitralistas, garantindo a continuidade do ciclo virtuoso da arbitragem no Brasil. Ademais, Selma Ferreira Lemes, em mais de uma oportunidade, fez generoso (e merecido) registro formal da importância do homenageado para o desenvolvimento, no Brasil, da arbitragem como alternativa viável para a solução de litígios[1].

Escolhemos, como forma de prestar nossas homenagens, analisar algumas questões relacionadas à determinação da lei aplicável à convenção de arbitragem no âmbito da Convenção de Nova Iorque. Para isso, o trabalho percorre o seguinte roteiro: (i) primeiramente, analisam-se os contornos do tema escolhido e sua relevância prática; (ii) em segundo lugar, são expostos alguns dos obstáculos presentes na determinação da lei aplicável; em seguida, (iii) examinam-se algumas soluções fornecidas para a questão; e, finalmente, (iv) apresentam-se algumas considerações finais sobre o assunto.

I. A CONVENÇÃO DE NOVA IORQUE E O CONSENTIMENTO DAS PARTES

A Convenção sobre o Reconhecimento e Execução de Sentenças Arbitrais Estrangeiras, referida comumente como Convenção de Nova Iorque, de 1958[2], foi animada pelo desejo de facilitar a circulação internacional de decisões proferidas por tribunais arbitrais. A ideia do instrumento era conferir maior eficácia às cláusulas compromissórias firmadas[3] e tornar mais efetivas as decisões proferidas em procedimentos arbitrais. Para este fim, a convenção estipula, em rol que se pretendeu taxativo, os casos em que não se devem homologar laudos arbitrais estrangeiros, nítido esforço para uniformizar a disciplina da matéria.

A ampla adesão à convenção – que conta atualmente com 156 Estados-partes[4] – revela o sucesso do empreendimento. Contudo, não é correto afirmar que houve uniformização completa da matéria. A razão é simples: a convenção não cuida de maneira exaustiva de todos os aspectos relacionados ao consentimento das partes. Sem prejuízo da existência de outros aspectos importantes, a aferição da vontade de submissão à arbitragem envolve

---

[1] Veja-se, por exemplo, <http://selmalemes.adv.br/artigos/ Tributo%20a%20Petr%C3%B4nio%20 Muniz.pdf> e <http://www.conjur.com.br/2013-set-24/selma-lemes-petronio-muniz-arauto-arbitrage m-brasil>.

[2] Promulgada pelo Decreto 4.311/2002.

[3] Cf. Convenção de Nova Iorque, art. 2.º: "1. Cada Estado signatário deverá reconhecer o acordo escrito pelo qual as partes se comprometem a submeter à arbitragem todas as divergências que tenham surgido ou que possam vir a surgir entre si no que diz respeito a um relacionamento jurídico definido, seja ele contratual ou não, com relação a uma matéria passível de solução mediante arbitragem. 2. Entender-se-á por 'acordo escrito' uma cláusula arbitral inserida em contrato ou acordo de arbitragem, firmado pelas partes ou contido em troca de cartas ou telegramas. 3. O tribunal de um Estado signatário, quando de posse de ação sobre matéria com relação à qual as partes tenham estabelecido acordo nos termos do presente artigo, a pedido de uma delas, encaminhará as partes à arbitragem, a menos que constate que tal acordo é nulo e sem efeitos, inoperante ou inexequível".

[4] Informação disponível em: <http://www.uncitral.org/uncitral/en/uncitral_texts/arbitration/ NYConvention_status.html>.

a análise (i) da forma pela qual o consentimento deve ser expresso; (ii) da capacidade das partes que consentiram; e (iii) da extensão do consentimento aposto.

A primeira questão é diretamente regulada pela convenção em seu art. 2.º, dispositivo assim redigido:

> 1. Cada Estado signatário deverá reconhecer o acordo escrito pelo qual as partes se comprometem a submeter à arbitragem todas as divergências que tenham surgido ou que possam vir a surgir entre si no que diz respeito a um relacionamento jurídico definido, seja ele contratual ou não, com relação a uma matéria passível de solução mediante arbitragem.
>
> 2. Entender-se-á por "acordo escrito" uma cláusula arbitral inserida em contrato ou acordo de arbitragem, firmado pelas partes ou contido em troca de cartas ou telegramas.
>
> 3. O tribunal de um Estado signatário, quando de posse de ação sobre matéria com relação à qual as partes tenham estabelecido acordo nos termos do presente artigo, a pedido de uma delas, encaminhará as partes à arbitragem, a menos que constate que tal acordo é nulo e sem efeitos, inoperante ou inexequível.

A uniformização de regras de direito material é uma das importantes ferramentas do direito internacional privado contemporâneo[5]. Naturalmente, o só fato de se estar diante de *texto* comum, não garante a uniformidade no tratamento da matéria e nem torna o tema imune a controvérsias[6]. A efetiva uniformidade de resultados apenas é alcançada através da adoção de alguns vetores interpretativos, entre os quais merecem especial destaque os cânones da interpretação *autônoma* e da interpretação *uniforme*.

Embora a matéria seja extremamente rica, não é esse o ponto que se quer destacar. O ponto a se ter em conta aqui é que a existência de instrumento de direito uniforme, como regra geral, torna desnecessário o recurso às regras e princípios que determinam a lei aplicável às relações jurídicas.

Nesse contexto específico, tal circunstância é profícua porque uma das principais vantagens anunciadas da arbitragem é a segurança jurídica quanto à jurisdição competente para apreciar eventuais litígios entre as partes. E como o interesse das partes não se resume à obtenção de pronunciamento que lhe seja favorável, mas sim seu efetivo cumprimento, é igualmente importante que haja certeza jurídica quanto à exequibilidade da decisão.

O mesmo não se passa, contudo, em relação às duas últimas questões. Com efeito, a Convenção de Nova Iorque não traz regras materiais relativas à capacidade das partes ou à interpretação de suas declarações de vontade. O tema apenas é regulado pelo art. V, I, *a*, da convenção, nos seguintes termos:

---

[5]   DOLINGER, Jacob; TIBURCIO, Carmen. *Direito internacional privado*: parte geral e processo internacional. 2016. p. 285 e ss.

[6]   Para análise sobre as questões relativas ao "acordo escrito", v. TIBURCIO, Carmen; PUCCI, Adriana Noemi. O artigo IV da Convenção de Nova Iorque de 1958. In: WALD, Arnoldo; LEMES, Selma Ferreira (Coord.). *Arbitragem Comercial Internacional*: a Convenção de Nova Iorque e o direito brasileiro. 2011. p. 177 e ss. Na mesma obra, v. também WALD, Arnoldo. Os aspectos formais da Convenção de Arbitragem, p. 83 e ss.

1. O reconhecimento e a execução de uma sentença poderão ser indeferidos, a pedido da parte contra a qual ela é invocada, unicamente se esta parte fornecer, à autoridade competente onde se tenciona o reconhecimento e a execução, prova de que:

a) as partes do acordo a que se refere o Artigo II estavam, *em conformidade com a lei a elas aplicável*, de algum modo incapacitadas, ou que tal acordo não é válido *nos termos da lei à qual as partes o submeteram, ou, na ausência de indicação sobre a matéria, nos termos da lei do país onde a sentença foi proferida* (destaque acrescido).

Relativamente à capacidade das partes, a Convenção de Nova Iorque não estabelece qualquer regra de conexão, apenas dispondo de maneira genérica que a capacidade das partes deve ser aferida à luz da lei "a elas aplicável". Diferentemente, a validade do acordo deve ser analisada à luz (i) da lei escolhidas pelas partes; ou, subsidiariamente, (ii) da lei do país onde a sentença foi proferida. O dispositivo foi parcialmente reproduzido pelo art. 38, II, da Lei de Arbitragem:

Art. 38. Somente poderá ser negada a homologação para o reconhecimento ou execução de sentença arbitral estrangeira, quando o réu demonstrar que: [...]

II – a convenção de arbitragem não era válida *segundo a lei à qual as partes a submeteram, ou, na falta de indicação, em virtude da lei do país onde a sentença arbitral foi proferida* (destaque acrescido).

Nota-se, portanto, que a Lei de Arbitragem apenas reproduziu trecho da Convenção de Nova Iorque que efetivamente fixou os elementos de conexão relevantes para aferição da validade da cláusula compromissória. E, seja à luz da Convenção de Nova Iorque, seja à luz da Lei de Arbitragem, é fácil perceber que há importante espaço para atuação das normas de direito internacional privado no âmbito da convenção. Um rápido exame de alguns aspectos relacionados à determinação do direito aplicável segundo as regras tradicionais de direito internacional privado é capaz de demonstrar as repercussões práticas de tal circunstância.

II. DESAFIOS DO DIREITO INTERNACIONAL PRIVADO EM MATÉRIA DE DETERMINAÇÃO DA LEI APLICÁVEL

Não obstante os possíveis exageros, as diferentes e numerosas soluções teóricas e práticas propostas para a determinação da lei aplicável a situações com elementos estrangeiros autorizam a conclusão de que as críticas à excessiva complexidade do direito internacional privado[7]

---

[7]   BLIESENER, Dirk H. Fairness and Choice of Law: A Critique of the Political Rights-Based Approach to the Conflict of Laws. *The American Journal of Comparative Law* 42, p. 687, 1994: "Smart litigators in any jurisdiction of the United States will most likely offer to settle even a good case as soon as the judge starts raising conflicts issues"; PROSSER, William L. Interstate Publication. *Michigan Law Review* 51, p. 959-971, 1953: "The realm of the conflict of laws is a dismal swamp, filled with quaking quagmires, and inhabited by learned but eccentric professors who theorize about mysterious matters in a strange and incomprehensible jargon"; JUENGER, Friedrich K. The Need for a Comparative Approach to Choice-of-Law Problems. *Tulane Law Review* 73, p. 1.313, 1998-1999: "No ordinary mortal, few lawyers and judges, and seemingly not even all conflicts teachers, truly understand such

são ao menos em parte procedentes. O contato com o direito estrangeiro é necessariamente um desvio do usual e uma oportunidade de encontro com o desconhecido[8], circunstância que exige do direito internacional privado certa vocação para a sofisticação técnica e para o cosmopolitismo[9]. Em razão dessas particularidades, a disciplina por vezes sofre em razão de excessos de tecnicidade que dificultam sua operabilidade[10] e é especialmente afetada por um dilema muito caro ao mundo contemporâneo: o quanto de cosmopolitismo é o bastante[11]?

Os desafios do direito internacional privado não têm que ver apenas com aspectos abstratos. Mesmo após a identificação da regra de conexão, a aplicação dos princípios da *parte geral* do conflito de leis pode conduzir a resultados contraditórios. Dito de outra maneira, a interação entre as regras e princípios do direito internacional privado frequentemente compromete a *harmonia decisional*[12], isto é, a busca pela uniformidade

---

concepts as *renvoi*, characterization, *dépeçage*, and 'rules of immediate application.' [...] Quite apart from its cumbersome nomenclature, the field is marred by never-ending debates about the purposes it is to serve and the proper method to accomplish them. Accordingly, it is hardly surprising that confusion reigns supreme"; Christa Roodt, Reflections on theory, doctrine and method in choice of law, *Comparative and International Law Journal of Southern Africa*, 40:77, 2007: "For centuries, the solution to choice of law has been sought in dogmatic approaches and technical methods. More than eight centuries of conflicts history and scholarship have not brought the world closer to a compelling solution to the conundrum of choice of law, be it in global commercial disputes arising from international commercial transactions, or in matters of delictual obligations, family law and property law".

[8] CURRIE, Brainerd. On the Displacement of the Law of the Forum. *University of Chicago Law Review* 58, p. 969, 1958: "Lawyers and judges are ordinarily schooled in their own domestic law. Day in and day out they think, advise and argue and dispose of cases in terms of that law [...] The intrusion of foreign law is an unsettling departure from routine involving even under ideal conditions some encounter with the unfamiliar, some departure from usual procedures, some additional burden; and there are situations in which the degree of unfamiliarity and the burden of understanding can become oppressive". No Brasil, ilustrativamente, a doutrina já chegou mesmo a afirmar que o direito internacional privado cuida dos casos que contenham *fatos anormais*. Nesse sentido, CASTRO, Amilcar de. *Direito internacional privado*. 1996. p. 36 e ss.

[9] YNTEMA, Hessel E. The Historic Bases of Private International Law. *The American Journal Of Comparative Law* 2, p. 297-298, 1953: "The specific method to integrate the existing diversity of laws, employed in this branch of law, is to apply or refer to foreign law in dealing with foreign cases. This, as will appear, is a sophisticated technique that took centuries to develop; it assumes a certain cosmopolitan respect, or at least tolerance, for foreign conceptions of justice".

[10] JUENGER, Friedrich K. How do you rate a century?. *Willamette Law Review*, 37, p. 1, 2001: "[...] conflict of laws became a field so complex that it lost its usefulness because practitioners no longer understood it".

[11] Apesar da especial relevância da reflexão no direito internacional privado, a questão não é uma exclusividade da disciplina. O ponto também tem sido também da filosofia moral (v., por exemplo, APPIAH, Kwame Anthony. *Cosmopolitanism*: ethics in a world of strangers. 2006) e da filosofia política (v., por exemplo, RAWLS, John. *The Law of peoples*. 2006; e HABERMAS, Jürgen. *The postnational Constellation*: political essays. 2001). Uma tentativa de sistematização das relações entre cosmopolitismo e direito internacional privado foi feita por REIS, Gabriel Valente dos. *Por uma análise cosmopolita da lei aplicável*. 2012. Dissertação (Mestrado) – USP.

[12] Atribui-se a ideia de harmonia decisional a SAVIGNY, Friedrich Carl von. *A treatise on the conflict of laws and the limits of their operation in respect of place and time*. 1880. p. 69. Com algumas variações,

de soluções – aspecto muito caro à Convenção de Nova Iorque e à doutrina clássica do direito internacional privado.

Veja-se que a suposta natureza técnica/conceitual da determinação do elemento de conexão pode esconder as considerações pragmáticas subjacentes a escolha entre as diferentes possibilidades[13]. O exemplo mais famoso de tal afirmação é a disputa entre o domicílio e a nacionalidade como elemento determinador da lei aplicável ao estatuto pessoal. Para além de questões conceituais, boa parte da controvérsia envolveu juízo consequencialista em torno de qual opção favoreceria mais o direito local. Nos países com forte experiência emigratória, a defesa da nacionalidade como elemento de conexão garantia a aplicação do direito local à maior quantidade de indivíduos e casos. Já nos países que recebiam migrantes, a opção pelo domicílio como elemento de conexão privilegiava a aplicação do direito local.

Não apenas a determinação das regras de conexão, mas também a descoberta dos "princípios da parte geral" do direito internacional privado revela o comprometimento da harmonia decisional. Exemplificativamente, a descoberta do "princípio da qualificação" por Franz Kahn e Etienne Bartin expuseram grande falha da proposta de Savigny: as relações jurídicas não possuem a mesma qualificação nos diferentes Estados, o que significa dizer que a uma mesma relação jurídica, qualificada diferentemente por dois Estados, podem ser designados diferentes elementos de conexão[14].

O professor norte-americano Hessel Yntema chega a ponto de afirmar que esse é o grande calcanhar de Aquiles da proposta conflitual de Savigny[15]. Como a qualificação

---

a ideia foi também defendida por MAYER, Pierre. *Droit international privé*. 1977. p. 26; PILLET, Antoine. Some observations on the private international law of the future. *Yale Law Journal* 26, p. 639, 1917; e PINHEIRO, Luís de Lima. *Direito internacional privado*. 2012. v. III, p. 37, entre outros.

[13]   MILLS, Alex. The identities of private international law: lessons from the U.S. and EU revolutions. *Duke Journal of Comparative & International Law* 23, p. 473, 2013: "We might admire Savigny's idealistic internationalism and value his analysis of the traditional policy objectives of private international law in allocating regulatory authority and avoiding conflicting regulation – but his dependence on natural law foundations which obscure the policy decisions and practical difficulties inherent in the design and negotiation of particular private international law rules seems anachronistic".

[14]   YNTEMA, Hessel E. The Historic Bases of Private International Law. *The American Journal Of Comparative Law* 2, p. 312-313, 1953: "Finally, in 1891 in Germany, Franz Kahn demonstrated that the nature of legal relations is variable, that differences not merely in the conflicts rules and in the terms employed to designate the applicable law-the so-called connecting factors --- but even in the conceptions of legal relations, are the source of conflicts of laws. Six years later in a celebrated article inaugurating discussion of the theory of qualifications, Bartin in France announced the impossibility of definitive suppression of conflicts of laws owing to the presence of divergent 'qualifications,' viz., different conceptions of the nature of legal relations, in the existing laws. The discovery that the nature of a legal relation is conditioned by the law in which it is defined, radically exploded the premise on which Savigny sought to build a universal system and was generally taken, in default of other recourse, to require recognition of the *lex fori* as the ultimate source of conflicts law".

[15]   YNTEMA, Hessel E. The Historic Bases of Private International Law. *The American Journal Of Comparative Law* 2, p. 312, 1953: "In 1849, it will be recalled, Savigny had not only discarded the vested rights doctrine as a *circulus vitiosus* but had also pointed out that the dangerous thesis of

das relações jurídicas varia de acordo com o direito de cada país, ainda que as mesmas regras de conexão fossem universalmente adotadas, e nem mesmo isso ocorre, seria possível que uma mesma situação fosse qualificada diversamente em Estados diferentes, de modo que se enquadraria em diferentes categorias de relações jurídicas, o que pode levar a indicação de diferentes leis aplicáveis.

As insuficiências do sistema conflitual fazem com que outro professor norte-americano, Symeon Symeonides, afirme que o método *savignyano* não promove harmonia decisional; ao contrário, parte da premissa que o direito internacional privado do foro está em melhores condições de determinar o direito aplicável. Inadmitido o reenvio, como se passa no direito brasileiro[16], é possível que as regras de conexão locais determinem a aplicação do direito estrangeiro ainda quando este considere que suas próprias normas não devam ser aplicadas ao caso. Tal circunstância faz com que Symeonides afirme que o método *savignyano* é um *forum-knows-best system*[17], isto é: o direito internacional privado local é o que melhor indica o resultado correto, pelo que não se deve levar em consideração as regras conflituais estrangeiras.

Naturalmente, as críticas de tais autores não devem ser aceitas irrefletidamente, tampouco a exposição acima deve ser considerada exame exauriente da matéria[18]. Ao contrário, o único objetivo desse breve relato é apontar, de maneira apenas ilustrativa, as dificuldades enfrentadas ao longo do processo de determinação da lei aplicável.

III. PANORAMA DAS SOLUÇÕES EM MATÉRIA DE DETERMINAÇÃO DA LEI APLICÁVEL A ALGUNS ASPECTOS DA CLÁUSULA COMPROMISSÓRIA

De forma coerente com o relato quanto às dificuldades próprias da teoria do direito internacional privado, é fácil perceber a miríade de soluções propostas em matéria de lei aplicável à clausula compromissória. Primeiramente, cumpre registrar que, como o

---

Wachter did not correspond with the facts of international life; consequently, he proposed analysis of the nature of legal relations as the basis of a universal and scientific solution of conflicts of laws. The Achilles heel in this analysis was to assume that legal relations, which are legal and not natural conceptions, are uniform in whatever legal system".

[16] Lei de Introdução, art. 16: "Quando, nos termos dos artigos precedentes, se houver de aplicar a lei estrangeira, ter-se-á em vista a disposição desta, sem considerar-se qualquer remissão por ela feita a outra lei".

[17] SYMEONIDES, Symeon. *Codifying Choice of Law Around the World*: an international comparative analysis. 2013. p. 341: "it is supposed to be a forum-neutral system, but in reality it is more of a *forum-knows-best* system. For example, when the forum adopts a bilateral choice-of-law rule such as the *lex loci contractus* rule, the forum assumes that the law of the country in which the contract was made is the most appropriate law to govern all disputes arising from that contract, even if the latter country holds the view that its law is the *least* appropriate".

[18] As críticas formuladas por Juenger foram enfrentadas por Jacob Dolinger em obra em homenagem ao professor norte-americano. DOLINGER, Jacob. In defense of the "general part" principles. In: BORCHERS, Patrick J.; ZEKOLL, Joachim. *International Conflict of Laws for the Third Millennium*: Essays in Honor of Freidrich K. Juenger, 2001. p. 23-51.

objetivo da Convenção de Nova Iorque é facilitar a circulação internacional de sentenças arbitrais, suas regras destinam-se a uniformizar o regime de reconhecimento e execução de tais decisões. Por essa razão, seu art. V estabelece regras a serem observadas quando da análise de pedidos de *homologação de laudos estrangeiros*. Isso significa que a análise das mesmas questões tratadas a seguir pelo próprio tribunal arbitral ou pelo Poder Judiciário diante de ações com objetos diversos não necessariamente seguirá o regime convencional.

Relativamente à capacidade das partes, e como já referido, os dois elementos de conexão que disputam espaço para a determinação da lei aplicável ás pessoas físicas são o *domicílio* e a *nacionalidade*. Vale dizer: para fins do art. V, 1, a, da Convenção de Nova Iorque, a "lei a elas [às partes] aplicável", no caso das pessoas físicas, corresponde ao direito aplicável segundo as regras de conexão que determinam a capacidade das partes, usualmente a lei do domicílio ou da nacionalidade.

No Brasil, em que pese a escolha pela nacionalidade como elemento de conexão em um primeiro momento, atualmente adota-se o domicílio como elemento determinador da lei aplicável à capacidade[19]. Observe-se que a regra da Lei de Introdução cuida da capacidade das pessoas físicas, e não das pessoas jurídicas[20].

Questão polêmica envolvendo a matéria é determinar a lei aplicável à representação das partes. Frequentemente, as partes da convenção de arbitragem celebram o contrato por meio de representante constituído. Qual a lei aplicável aos requisitos formais e subs-tancias da representação? O tema, justamente porque deriva da primeira discussão, não é abordado pela convenção, senão pelo já citado art. V, 1, a.

A menção ao princípio da qualificação não foi casual. Decisão do STJ já entendeu que a regra de conexão contida no art. 38, II, da Lei de Arbitragem – que, como se viu, reproduz parcialmente o dispositivo referido da Convenção de Nova Iorque – cuida de determinar a lei aplicável à representação das partes. Confira-se o precedente:

> Isso significa que a lei aplicável para disciplinar a representação das partes no procedi-mento arbitral, bem como a da forma como podem manifestar seu ingresso no referido procedimento, é a lei a que as partes se submeteram ou, na falta dela, à do país onde a sentença arbitral foi proferida, cumprindo à parte demandada o ônus de demonstrar a violação a esses preceitos normativos. Ora, no caso concreto, a requerida não se desin-cumbiu do seu ônus de demonstrar a invalidade do ato de constituição do advogado segundo as normas procedimentais que regeram a arbitragem[21].

O que se extrai do trecho acima é que o Superior Tribunal de Justiça considera que a representação das partes no procedimento arbitral e a forma como podem manifestar

---

[19]   Lei de Introdução, art. 7.º: "A lei do país em que domiciliada a pessoa determina as regras sobre o começo e o fim da personalidade, o nome, a capacidade e os direitos de família".

[20]   Para análise do tema sob a perspectiva das pessoas jurídicas, TIBURCIO, Carmen. A disciplina legal da pessoa jurídica à luz do direito internacional e brasileiro. *Revista Semestral de Direito Empresarial* 8, p. 190 e ss., 2011.

[21]   STJ, SEC 3709/EX, Rel. Min. Teori Albino Zavascki, *DJ* 29.06.2012.

seu ingresso é questão atinente à validade da convenção de arbitragem, matéria de que cuida o art. 38, II, da Lei de Arbitragem. Essa certamente não é a interpretação mais intuitiva do dispositivo, e bem ilustra as dificuldades concretas enfrentadas quando da aplicação da Convenção de Nova Iorque e, de forma mais ampla, da determinação da lei aplicável aos diversos aspectos da convenção de arbitragem.

Em relação à lei aplicável à interpretação da cláusula compromissória – *i.e.* ao sentido e alcance da vontade das partes – o cenário é ainda mais desafiador. Ao contrário da lei aplicável à capacidade das partes, poder-se-ia cogitar soluções as mais variadas possíveis: aventa-se a utilização, como elementos de conexão, do local da sede da arbitragem[22], da lei aplicável ao contrato[23] ou, ainda, da intenção comum das partes[24].

Há, ainda, quem sustente que a matéria deve ser disciplinada diretamente pelo direito internacional, sem que seja submetida às peculiaridades de nenhum sistema jurídico específico, solução que tem a vantagem de, potencialmente, produzir decisões uniformes sobre o assunto.

No Brasil, fosse a questão submetida ao anacronismo da Lei de Introdução e a escassez de suas regras de conexão, a questão seria ainda mais complexa. Há, em primeiro lugar, grande divergência quanto à vigência da autonomia da vontade. A ausência de disposição expressa nesse sentido faz com que a possibilidade de que as partes elejam a lei aplicável à convenção de arbitragem não seja fato incontroverso. Ocorre que, embora a possibilidade de as partes escolherem a lei aplicável aos contratos celebrados no Brasil

---

[22] V. os casos, *Pedcor Mgt Co Inc Welfare Benefit Plan v N Am Indemnity 343 F3d 355 (5th Circuit 2003), Milos Sovak and Biophysica Inc v Chugai Pharmaceutical Co, 289 F 3d 615 (9th Circuit 2002)* e *Chloe Z Fishing v Odyssey Re, 109 F Supp 2d 1236 (SD Cal 2000)*, todos comentados em Alan Redfern, Martin Hunter, Nigel Blackaby e Constantine Partasides, *Redfern and Hunter on International Arbitration*, 2009, §3.28, p. 172-3.

[23] REDFERN, Alan; HUNTER, Martin; BLACKABY, Nigel; PARTASIDES, Constantine. *Redfern and Hunter on International Arbitration*, § 3.10 e § 3.11, p. 166, 2009: "It might be assumed that this is the same law as that to which the parties had chosen to govern the substantive issues in dispute. But this is not necessarily a safe assumption. The applicable law clause set out above refers expressly to the 'substantive issues in dispute'. It does not refer in terms to disputes that might arise in relation to the submission agreement itself; and it would be sensible, in drafting a submission agreement, to make clear which law is to apply to that agreement. If no express designation has been made, and it becomes necessary to determine the law applicable to the agreement to arbitrate, what are the choices? There are other possibilities, but the principal choice – in the absence of any express or implied choice by the parties – appears to be between the law of the seat of the arbitration and the law which governs the contract as a whole". Na mesma obra, contudo, reconhece-se que a independência da cláusula de arbitragem em relação ao contrato conduz à conclusão de que a lei aplicável ao contrato não necessariamente se estende à convenção de arbitragem. Nesse mesmo sentido, GAILLARD, Emmanuel; SAVAGE, John (Ed.). *Fouchard Gaillard Goldman on International Commercial Arbitration*. 1999. p. 212-213.

[24] *Uni-Kod c/ STé Ouralkali, 30 March 2004, Cass. Civ. Lère, Revue de l'Arbitrage, 2005, 959,* comentado por REDFERN, Alan; HUNTER, Martin; BLACKABY, Nigel; PARTASIDES, Constantine. *Redfern and Hunter on International Arbitration*, § 3.30 e § 3.32, p. 172-173, 2009.

suscite alguma controvérsia quando a matéria é submetida ao Judiciário[25], é pacífica quando submetida à arbitragem, por conta de disposição expressa de lei[26].

Na ausência de escolha, no regime da Lei de Introdução, a regra geral é a de que a lei aplicável aos contratos é a lei do lugar de sua celebração[27]. No caso de contrato entre ausentes, aplica-se a lei da residência do proponente[28]. Em síntese: quando as partes expressamente pactuam que a lei aplicável à convenção de arbitragem é a lei brasileira ou qualquer outra, independentemente do local da sua celebração, não há qualquer dúvida que essa lei deve reger nortear sua interpretação, já que por conta do princípio da competência-competência (*Kompetenz-Kompetenz*), o tribunal arbitral deverá ser o primeiro a apreciar a questão.

É por essa razão que o art. V, I, a, da Convenção de Nova Iorque e o art. 38, II, da Lei de Arbitragem – ainda que de difícil delimitação – são especialmente importantes, na medida em que preveem que não será reconhecida a sentença arbitral estrangeira quando a convenção de arbitragem não era válida segundo a lei escolhida pelas partes ou, na falta de indicação, segundo a lei do lugar onde a sentença arbitral foi proferida (sede da arbitragem)[29].

Note-se, aliás, que a Convenção Interamericana sobre arbitragem Comercial Internacional, de 1975[30], traz regra idêntica[31]. Por sua vez, o Acordo sobre Arbitragem Comercial

---

[25] Sobre a polêmica e argumentos pró e contra a autonomia, V. TIBURCIO, Carmen. A disciplina legal da pessoa jurídica à luz do direito internacional e brasileiro. *Revista Semestral de Direito Empresarial* 8, p. 190 e ss., 2011.

[26] "Art. 2.º A arbitragem poderá ser de direito ou de equidade, a critério das partes. § 1.º Poderão as partes escolher, livremente, as regras de direito que serão aplicadas na arbitragem, desde que não haja violação aos bons costumes e à ordem pública. § 2.º Poderão, também, as partes convencionar que a arbitragem se realize com base nos princípios gerais de direito, nos usos e costumes e nas regras internacionais de comércio."

[27] No direito brasileiro, o direito das obrigações abrange matéria contratual e extracontratual.

[28] "Art. 9.º Para qualificar e reger as obrigações, aplicar-se-á a lei do país em que se constituírem. [...] § 2.º A obrigação resultante do contrato reputa-se constituída no lugar em que residir o proponente."

[29] "Art. 38. Somente poderá ser negada a homologação para o reconhecimento ou execução de sentença arbitral estrangeira, quando o réu demonstrar que: I – as partes na convenção de arbitragem eram incapazes; II – a convenção de arbitragem não era válida segundo a lei à qual as partes a submeteram, ou, na falta de indicação, em virtude da lei do país onde a sentença arbitral foi proferida; III – não foi notificado da designação do árbitro ou do procedimento de arbitragem, ou tenha sido violado o princípio do contraditório, impossibilitando a ampla defesa; IV – a sentença arbitral foi proferida fora dos limites da convenção de arbitragem, e não foi possível separar a parte excedente daquela submetida à arbitragem; V – a instituição da arbitragem não está de acordo com o compromisso arbitral ou cláusula compromissória; VI – a sentença arbitral não se tenha, ainda, tornado obrigatória para as partes, tenha sido anulada, ou, ainda, tenha sido suspensa por órgão judicial do país onde a sentença arbitral for prolatada."

[30] Promulgada pelo Decreto 1.902/1996.

[31] "Art. 5 – 2. Poder-se-á também denegar o reconhecimento e a execução de uma sentença arbitral, se a autoridade competente do Estado em que se pedir o reconhecimento e a execução comprovar:

Internacional do Mercosul, de 1998[32], prevê – de forma mais ampla, sem cuidar apenas do tema da homologação – que a lei aplicável à validade formal da convenção é a lei do lugar da celebração ou qualquer outra com a qual o contrato tenha contatos objetivos[33]; já quanto à validade intrínseca, determina a aplicação da lei do país da sede da arbitragem[34]. Por sua vez, o Protocolo de Buenos Aires, de 1994[35], que equipara a convenção de arbitragem à eleição de foro[36], prevê expressamente a aplicação da lei mais favorável à validade do acordo[37].

Aplicando os dispositivos mencionados, o STJ tem reconhecido que a lei aplicável à validade da convenção de arbitragem é aquela escolhida pelas partes. Nesse sentido, confira-se o seguinte precedente:

> Assim, em princípio, se a convenção de arbitragem era válida segundo a lei à qual as partes a submeteram (art. 38, II, da Lei 9.307/96), e foi aceita pelos contratantes mediante a assinatura do contrato, não há espaço para, em sede de homologação do laudo arbitral resultante desse acordo, questionar-se aspectos específicos e intrínsecos à natureza contratual subjacente ao laudo homologando[38].

Em sede de homologação de sentenças arbitrais estrangeiras, algumas decisões do tribunal têm conferido escopo restrito às matérias que devem ser aferidas segundo a lei aplicável à convenção de arbitragem. Especificamente, referidas decisões consideram que a natureza do contrato em questão não pode ser analisada pelo tribunal, por constituir matéria afeta ao mérito e, portanto, não abrangida pelo juízo de delibação.

A questão possui repercussões práticas em virtude da existência de regras distintas para a celebração de convenções de arbitragem em alguns tipos ou relações contratuais específicas, como é o caso dos contratos de adesão e de consumo. Veja-se, sobre a matéria, a seguinte decisão do STJ:

---

[32]   a) que, segundo a lei desse Estado, o objeto da divergência não é suscetível de solução por meio de arbitragem."

     Promulgado 4.719/2003.

[33]   "Art. 6 – 2. A validade formal da convenção arbitral se regerá pelo direito do lugar de celebração. [...] 5. Se não se houverem cumprido os requisitos de validade formal exigidos pelo direito do lugar de celebração, a convenção será considerada válida se cumprir com os requisitos formais do direito de alguma das Partes Signatárias com a qual o contrato-base tem contatos objetivos, de acordo com o estabelecido no art. 3, alínea b)."

[34]   "Art. 7 – 2. A validade da convenção arbitral, com respeito ao consentimento, objeto e causa, será regida pelo direito da Parte Signatária, sede do tribunal arbitral."

[35]   Promulgado pelo Decreto 2.095/96.

[36]   "Artigo 4 – 2. Pode-se acordar, igualmente, a eleição de tribunais arbitrais."

[37]   "Artigo 5 – 1. O acordo de eleição de jurisdição pode realizar-se no momento da celebração do contrato, durante sua vigência ou uma vez suscitado o litígio. 2. A validade e os efeitos de eleição de foro serão regidos pelo direito dos Estados-Partes que teriam jurisdição de conformidade com o estabelecido no presente Protocolo. 3. Em todo caso, será aplicado o direito mais favorável de validade do acordo."

[38]   STJ, SEC 6335/EX, Rel. Min. Felix Fischer, *DJ* 12.04.2012.

> Sentença estrangeira contestada. Requisitos. Lei 9.307/1996 e Resolução STJ 9/2005. Convenção de arbitragem. Cláusula compromissória. Contrato internacional inadimplido submetido ao juízo arbitral. Competência. Mérito da decisão arbitral. Impossibilidade. Juízo de delibação. Não violação da ordem pública. Precedentes do STJ. Homologação. 1. Ao apreciar pedido de homologação de sentença estrangeira, não pode o STJ examinar questões relativas a eventual irregularidade no contrato a ela vinculado ou referentes à conduta das partes, porque ultrapassam os limites fixados pelo art. 9.º, *caput*, da Resolução STJ 9 de 04.05.2005. *2. Se a convenção de arbitragem foi validamente instituída, se não feriu a lei à qual as partes a submeteram (art. 38, II, da Lei 9.307/1996) e se foi aceita pelos contratantes mediante a assinatura do contrato, não se pode questionar, em sede de homologação do laudo arbitral resultante desse acordo, aspectos específicos da natureza contratual subjacente ao laudo homologando (AgRg na SEC 854/GB, Corte Especial, relatora para o acórdão Ministra Nancy Andrighi, DJe 14.04.2011).* 3. Considera-se atendido o requisito da citação quando há manifestação da parte nos autos, em clara demonstração de conhecimento da existência de ação em que figura como parte. 4. Sentença estrangeira que não viola a soberania nacional, os bons costumes e a ordem pública e que preenche as condições legais e regimentais deve ser homologada. 5. Sentença arbitral estrangeira homologada (destaque acrescido)[39].

Por outro lado, a aplicação de outro dos importantes princípios da parte geral do direito internacional privado – a ordem pública – já ensejou o indeferimento de pedidos de homologação em casos em que a convenção de arbitragem não seguiu as formalidades exigidas pelo art. 4.º, § 2.º, da Lei de Arbitragem[40].

> Isso não significa dizer que a eventual ofensa ao disposto no art. 4.º, § 2.º, da Lei 9.307/96 esteja alheia à possibilidade de controle jurisdicional, especialmente se ofender a ordem pública (art. 6.º, da Resolução n.º 9/STJ). O próprio e. STJ, por vislumbrar ofensa ao princípio da autonomia da vontade e à ordem pública, já indeferiu pleitos homologatórios semelhantes ao aqui registrado (SEC 978/GB, Corte Especial, Rel. Min. Hamilton Carvalhido; SEC 967/GB, Corte Especial, Rel. Min. José Delgado, SEC 885/US, Corte Especial, Rel. Min. Francisco Falcão, SEC 866/GB, Corte Especial, Rel. Min. Felix Fischer)[41].

Como se vê, embora a Convenção de Nova Iorque e a Lei de Arbitragem possuam regras que disciplinam, ainda que parcialmente, a lei aplicável às convenções de arbitragem, o tema não é imune a controvérsias. Embora a jurisprudência do Superior Tribunal de Justiça em matéria de arbitragem seja elogiável, a verdade é que a análise do direito

---

[39]   STJ, SEC 4213/EX, Rel. Min. João Otávio Noronha, *DJ* 26.06.213. No mesmo sentido, STJ, SEC 5828/EX, Rel. Min João Otávio Noronha, *DJ* 26.06.2013.

[40]   Lei 9.307/1996, art. 4.º: "A cláusula compromissória é a convenção através da qual as partes em um contrato comprometem-se a submeter à arbitragem os litígios que possam vir a surgir, relativamente a tal contrato. § 2.º Nos contratos de adesão, a cláusula compromissória só terá eficácia se o aderente tomar a iniciativa de instituir a arbitragem ou concordar, expressamente, com a sua instituição, desde que por escrito em documento anexo ou em negrito, com a assinatura ou visto especialmente para essa cláusula".

[41]   STJ, SEC 6335/EX, Rel. Min. Felix Fischer, *DJ* 12.04.2012.

aplicável à convenção de arbitragem apresenta muitas nuances e é afetada, como não poderia deixar de ser, pelos obstáculos na utilização das regras e princípios do direito internacional privado acima descritos.

IV. CONSIDERAÇÕES FINAIS

Em resumo, é possível sistematizar as reflexões desenvolvidas nesse breve artigo da seguinte maneira. A Convenção de Nova Iorque e a Lei de Arbitragem não exaurem as controvérsias relativas à determinação da lei aplicável aos mais variados aspectos da convenção de arbitragem. Isso, contudo, não significa que os diplomas sejam irrelevantes para a matéria. Ao contrário, o art. 38, II, da Lei de Arbitragem – que reproduziu parcialmente o art. V, 1, a, da convenção – é o principal ponto de partida para a análise da matéria no direito brasileiro.

A complexa interação entre as regras e princípios relativos ao conflito de leis faz com que a questão em análise possua muitas nuances e, de forma mais ampla, coloca em risco a consecução do objetivo principal da Convenção de Nova Iorque – a circulação de laudos arbitrais em diferentes jurisdições. Para não comprometer tal finalidade, além da interpretação *autônoma* e *uniforme* da convenção, é preciso identificar as consequências da interação entre os diferentes princípios de direito internacional privado e as regras previstas na convenção e na Lei de Arbitragem.

Do artigo, portanto, extraem-se duas conclusões. Primeiramente, a relevante contribuição de Petrônio Muniz para o assunto. O art. 38, II, da Lei de Arbitragem é importante propugnador da efetividade da Convenção de Nova Iorque e a exitosa tramitação da Lei de Arbitragem pelo Congresso é, em parte, resultado dos esforços e comprometimento pessoais do homenageado. A segunda conclusão, bem mais modesta, é a de que a Lei de Arbitragem e a Convenção de Nova Iorque devem ser vistas como o ponto de partida do desenvolvimento do instituto no Brasil. Inúmeras questões de grande relevância prática dependem da interação entre esses instrumentos e outras convenções internacionais em vigor no país e, especialmente no caso de arbitragens estrangeiras, com as normas de direito internacional privado.

V. BIBLIOGRAFIA

APPIAH, Kwame Anthony. *Cosmopolitanism*: ethics in a world of strangers. 2006.

BLIESENER, Dirk H. Fairness and Choice of Law: A Critique of the Political Rights-Based Approach to the Conflict of Laws. *The American Journal of Comparative Law* 42, 1994.

CASTRO, Amilcar de. *Direito internacional privado*. 1996.

CURRIE, Brainerd. On the Displacement of the Law of the Forum. *University of Chicago Law Review* 58, 1958.

DOLINGER, Jacob. In defense of the "general part" principles. In: BORCHERS, Patrick J.; ZEKOLL, Joachim. *International Conflict of Laws for the Third Millennium*: Essays in Honor of Freidrich K. Juenger, 2001.

_____; TIBURCIO, Carmen. *Direito internacional privado*: parte geral e processo internacional. 2016.

GAILLARD, Emmanuel; SAVAGE, John (Ed.). *Fouchard Gaillard Goldman on International Commercial Arbitration*. 1999.

HABERMAS, Jürgen. *The postnational Constellation*: political essays, 2001.

JUENGER, Friedrich K. How do you rate a century?. *Willamette Law Review*, 37, 2001.

_____. The Need for a Comparative Approach to Choice-of-Law Problems. *Tulane Law Review* 73, 1998-1999.

MAYER, Pierre. *Droit international privé*. 1977.

MILLS, Alex. The identities of private international law: lessons from the U.S. and EU revolutions. *Duke Journal of Comparative & International Law* 23, 2013.

PILLET, Antoine. Some observations on the private international law of the future. *Yale Law Journal* 26, 1917.

PINHEIRO, Luís de Lima. *Direito internacional privado*. 2012. v. III.

PROSSER, William L. Interstate Publication. *Michigan Law Review* 51, 1953.

RAWLS, John. *The Law of peoples*, 2006.

REDFERN, Alan; HUNTER, Martin; BLACKABY, Nigel; PARTASIDES, Constantine. *Redfern and Hunter on International Arbitration*, 2009.

REIS, Gabriel Valente dos. *Por uma análise cosmopolita da lei aplicável*. 2012. Dissertação (Mestrado) – USP.

ROODT, Christa. Reflections on theory, doctrine and method in choice of law. *Comparative and International Law Journal of Southern Africa* 40, 2007.

SAVIGNY, Friedrich Carl von. *A treatise on the conflict of laws and the limits of their operation in respect of place and time*. 1880.

SYMEONIDES, Symeon. *Codifying Choice of Law Around the World*: an international comparative analysis. 2013.

TIBURCIO, Carmen. A disciplina legal da pessoa jurídica à luz do direito internacional e brasileiro. *Revista Semestral de Direito Empresarial* 8, 2011.

_____; PUCCI, Adriana Noemi. O artigo IV da Convenção de Nova Iorque de 1958. In: WALD, Arnoldo; LEMES, Selma Ferreira (Coord.). *Arbitragem Comercial Internacional*: a Convenção de Nova Iorque e o direito brasileiro. 2011.

WALD, Arnoldo. Os aspectos formais da Convenção de Arbitragem. In: _____; LEMES, Selma Ferreira (Coord.). *Arbitragem Comercial Internacional*: a Convenção de Nova Iorque e o direito brasileiro. 2011.

YNTEMA, Hessel E. The Historic Bases of Private International Law. *The American Journal Of Comparative Law* 2, 1953.

O CÓDIGO DE PROCESSO CIVIL DE 2015 E A HOMOLOGAÇÃO DE LAUDOS ARBITRAIS ESTRANGEIROS

Nadia de Araujo

Ricardo Ramalho Almeida

Sumário: Introdução – I. O STJ e a homologação de sentenças estrangeiras – II. Diferenças e semelhanças entre os requisitos do CPC/2015 e da Convenção de Nova Iorque – Conclusão.

INTRODUÇÃO

É um prazer podermos participar deste livro em homenagem ao Dr. Petrônio Muniz, que teve papel preponderante no desenvolvimento da arbitragem no Brasil, quando a Lei de Arbitragem ainda estava em gestação. Graças à sua visão estratégica e desassombrado pioneirismo, o Anteprojeto de Lei de Arbitragem pôde transformar-se na Lei 9.307/1996, em um caso exemplar e feliz de lei que "pegou", para sorte do País.

Não obstante o excelente acolhimento da Lei 9.307/1996, nos vinte anos de sua vigência, o regime jurídico da arbitragem no Brasil passou recentemente por importante aperfeiçoamento, com a promulgação da Lei 13.129, de 26.05.2015. Também sentiu os efeitos da entrada em vigor do novo Código de Processo Civil ("CPC/2015"), em 18.03.2016.

No cenário do direito internacional, de especial interesse para os autores deste trabalho, cumpre destacar a incorporação ao ordenamento jurídico nacional, por força do Decreto 4.311, de 23.07.2002, da Convenção Sobre o Reconhecimento e a Execução de Sentenças Arbitrais Estrangeiras, firmada em Nova Iorque, em 10.06.1958 (doravante "CNI/1958"). Embora tal internalização da norma internacional tenha ocorrido já há catorze anos, a mesma ainda apresenta influência apenas esporádica e até mesmo secundária, nas decisões do Superior Tribunal de Justiça, o que consiste em anomalia a ser combatida e que demonstra desconhecimento quanto ao direito internacional.

No que respeita ao CPC/2015, sua entrada em vigor marca um momento importante na evolução da disciplina, pelo direito positivo interno, de questões ligadas ao direito internacional.

Destaquem-se, nesse sentido, as regras sobre jurisdição internacional, que finalmente permitem, de forma expressa, a eleição de foro estrangeiro exclusivo em contratos internacionais, com a correspondente e indispensável derrogação do foro nacional, que até então não era aceita pela jurisprudência predominante.[1]

Além disso, o CPC/2015 incorporou ao Código as normas existentes sobre cooperação jurídica internacional, que antes não constavam da legislação ordinária, mas meramente de regras internas do STJ (primeiro na Resolução 9 e depois no Regimento Interno). Em especial, mostra-se salutar a consolidação, na legislação ordinária, das regras referentes à homologação de sentenças estrangeiras, agora constantes dos arts. 960 a 965 do CPC/2015.

Com o desenvolvimento do comércio internacional, a arbitragem há muito se firmou como o método preferencial, ou mesmo "normal", de solução dos litígios nos negócios internacionais.[2] No entanto, no Brasil, esse movimento só ganhou destaque após a promulgação da Lei 9.307/1996, que tratou do instituto em caráter geral, embora sem adotar a distinção entre arbitragem interna (também dita "doméstica") e internacional. Definiu, sim, a sentença arbitral estrangeira, como aquela prolatada fora do território nacional, e estabeleceu as condições para sua eficácia no país.[3]

No caso dos processos arbitrais com sede no exterior, dos quais resulte uma sentença arbitral estrangeira, a grande mudança trazida pela Lei de Arbitragem foi a dispensa da antiga e ultrapassada exigência da dupla homologação, para que o laudo surtisse efeitos no território nacional[4] – isto é, o entendimento de que o ato passível de homologação no

---

[1] Sobre o tema, vide ALMEIDA, Ricardo Ramalho. Competência internacional para a ação anulatória de sentença arbitral e a eleição de foro no Novo Código de Processo Civil. *Revista de Arbitragem e Mediação*, São Paulo: RT, ano 12, v. 47, p. 85-103, out.-dez. 2015.

[2] BROZOLO, Luca G. Radicati di. The impact of national law and courts on international commercial arbitration: mythology, physiology, pathology, remedies and trends. *Les Cahiers de l'Arbitrage*. Paris: LGDJ, 2011. n. 3, p. 663-692, esp. p. 664; GAILLARD. Emmanuel. *Legal Theory of International Arbitration*. Leiden: Martinus Nijhoff, 2010. p. 42, nota 108.

[3] Importante notar que alguns ordenamentos jurídicos fazem uma opção fundamental por distinguir entre arbitagens internas e internacionais, estas últimas compreendidas como aquelas que "põem em causa os interesses do comércio internacional", na clássica definição do direito francês (conforme art. 1492 do Código de Processo Civil daquele país), ou aquelas que tenham ao menos um elemento de conexão que aponte para uma relação transfronteiriça. Por oposição, as arbitragens internas ou "domésticas" (perdoe-se o anglicismo) são aquelas em que todos os elementos de conexão objetivos e subjetivos da causa apontam para um único ordenamento jurídico. O direito brasileiro não adotou essa distinção, o que, embora cause certas dificuldades (vide LEE, João Bosco. A especificidade da arbitragem comercial internacional. In: VALENÇA FILHO, Clávio de Melo; LEE, João Bosco. *Estudos de arbitragem*. Curitiba: Juruá, 2009. p. 245-268), tem o efeito meritório, segundo alguns autores, de estender à arbitagem interna o liberalismo que caracteriza a arbtitragem internacional (vide LOBO, Carlos Augusto Silveira. Uma introdução à arbitragem internacional. In: ALMEIDA, Ricardo Ramalho (Org.). *Arbitragem interna e internacional*: questões de doutrina e da prática. Rio de Janeiro: Renovar, 2003. p. 3-51, esp. p. 9).

[4] Nos termos do art. 35: "Para ser reconhecida ou executada no Brasil, a sentença arbitral estrangeira está sujeita, unicamente, à homologação do Superior Tribunal de Justiça".

O CÓDIGO DE PROCESSO CIVIL DE 2015 E A HOMOLOGAÇÃO DE LAUDOS ARBITRAIS ESTRANGEIROS | **707**

Brasil não seria o laudo arbitral em si, mas a sentença judicial que o convalidasse no país de origem –, além do deliberado alinhamento com os requisitos e padrões da CNI/1958, a partir de 1996, ainda que esta só se tenha tornado vigente no País em 2002.

O reconhecimento e execução das sentenças estrangeiras estão disciplinados no Capítulo VI do CPC/2015. Como dito, as sentenças arbitrais são consideradas estrangeiras, na dicção do parágrafo único do art. 34 da Lei 9.307/1996, pelo critério geográfico, pertinente à localização da sede da arbitragem, e equiparadas às sentenças judiciais estrangeiras.

Quando a execução da sentença arbitral estrangeira no Brasil não se dá de forma espontânea, é indispensável que o interessado proceda à sua homologação perante o Superior Tribunal de Justiça, para que seus efeitos sejam reconhecidos no território nacional, e seja a mesma passível de execução forçada, na Vara Federal competente.

O presente artigo analisa, portanto, o sistema estabelecido pelo direito vigente para a homologação de sentenças estrangeiras, em especial os laudos arbitrais estrangeiros, no contexto da vigência simultânea da CNI/1958, da Lei 9.307/1996 e do CPC/2015. Na primeira parte, trata das regras gerais aplicáveis ao processo de homologação e discute a tradição e a jurisprudência brasileiras sobre a matéria. Na segunda parte, discorre especificamente sobre a compatibilização desses três diplomas legislativos, no que respeita à homologação de laudos arbitrais estrangeiros.

I.   O STJ E A HOMOLOGAÇÃO DE SENTENÇAS ESTRANGEIRAS

O processo de homologação de sentenças estrangeiras integra a disciplina da cooperação jurídica internacional, que é a terminologia consagrada no Brasil[5] e adotada pelo CPC/2015, em seus arts. 26 e 27, significando, em sentido amplo, o intercâmbio internacional para o cumprimento extraterritorial de medidas processuais solicitadas pelo Poder Judiciário de outro Estado, ou de atos jurisdicionais emanados deste.[6] Decorre sua necessidade da circunstância de o Poder Judiciário sofrer a limitação do alcance e eficácia de sua jurisdição, nos limites territoriais da soberania do Estado, e precisar pedir a autoridades de outros Estados que o auxiliem, nos casos em que as necessidades de processos sob sua jurisdição desbordem de suas fronteiras.[7]

---

[5]   PERLINGEIRO, Ricardo. Cooperação jurídica internacional. In: TIBÚRCIO, Carmen; BARROSO, Luís Roberto (Org.). *O direito internacional contemporâneo*. Rio de Janeiro: Renovar, 2006. p. 797-810. Sobre a definição: "A preferência pela expressão 'cooperação jurídica internacional' decorre da ideia de que a efetividade da jurisdição, nacional ou estrangeira, pode depender do intercâmbio não apenas entre órgãos judiciais, mas também entre órgãos administrativos, ou, ainda, entre órgãos judiciais e administrativos, de Estados distintos". No mesmo sentido, RAMOS, André de Carvalho. O novo direito internacional privado e o conflito de fontes na cooperação jurídica internacional. *Revista da Faculdade de Direito da Universidade de São Paulo*, v. 108, p. 621-647, jan. dez. 2013, esp. p. 625.

[6]   O art. 27, inciso VI, do CPC/2015 permite, ainda, o cumprimento de quaisquer medidas judiciais ou extrajudiciais que não forem proibidas pela legislação brasileira.

[7]   Tradicionalmente, também se inclui nesta matéria o problema da competência internacional, pois é nesse tópico que se estudam os limites à jurisdição.

O crescimento do volume de demandas envolvendo interesses transnacionais acarretou, no Brasil, o incremento das iniciativas de caráter legislativo, jurisprudencial e administrativo, com vistas a aperfeiçoar os mecanismos de cooperação jurídica internacional. Nesse sentido, o país dispõe atualmente de diversos diplomas normativos de caráter internacional – tratados multilaterais, regionais e bilaterais[8] –, que cuidam especialmente da matéria e foram incorporados ao ordenamento jurídico interno. A evolução da jurisprudência, em especial a do STJ, também teve papel decisivo. O CPC/2015, por seu turno, marca a adaptação do direito positivo interno a tal evolução.

No CPC/2015, o art. 26 dispõe sobre os princípios pelos quais se pautará a cooperação jurídica internacional, ativa ou passiva, envolvendo o Estado brasileiro. A esse respeito, destaca-se o inciso I, que demonstra a preocupação por parte do legislador em assegurar que o pedido de cooperação oriundo de um Estado estrangeiro resulte de processo conduzido de acordo com as garantias do devido processo legal, integrantes do bloco de direitos fundamentais do art. 5.º da Constituição.

Em nosso sentir, a menção expressa às garantias processuais, no dispositivo legal que delimita os princípios a serem seguidos na cooperação, visa a qualificar a noção de ordem pública, pois esta configura o único impedimento ao cumprimento de solicitação proveniente do estrangeiro, uma vez cumpridos os requisitos formais.

De notar que, em tal vertente, trata-se da ordem pública *processual* (por oposição à *material*),[9] em que se avalia a conformidade e adequação do processo tramitado na jurisdição estrangeira – e dos atos de seu procedimento – aos postulados fundamentais do modelo processual vigente no Brasil, tal como fixados pela Constituição.

---

[8] Além do que consta do CPC/2015 e, em matéria de sentenças arbitrais, da CNI/1958 e da Lei 9.307/196, a matéria da homologação de decisões estrangeiras é disciplinada no ordenamento jurídico brasileiro em alguns tratados internacionais. O Brasil ratificou os seguintes tratados internacionais após a vigência da Lei 9.307/1996, os quais devem ser observados para o reconhecimento e execução de sentenças arbitrais estrangeiras, com cuidadosa compatibilização com outros diplomas aplicáveis, segundo os princípios da temporalidade e da especialidade e de acordo com as normas positivas a respeito de tal compatibilização: (i) Convenção Interamericana de Arbitragem Internacional Comercial (Panamá 1975), Decreto 1.902/1996; (ii) Convenção Interamericana sobre Eficácia Extraterritorial de Sentenças e Laudos Arbitrais Estrangeiros (Montevidéu 1979), Decreto 2.411/1997; (iii) Acordo sobre Arbitragem Comercial Internacional do Mercosul (Buenos Aires 1998), Decreto 4.709/2003; e (iv) Protocolo de Làs Lenas (disciplina a cooperação jurídica internacional entre os países do Mercosul), Decreto 2.067/1996. Neste último, verifica-se uma simplificação do trâmite das decisões estrangeiras oriundas de países do Mercosul, havendo a alternativa de o próprio juiz estrangeiro remeter a decisão por carta rogatória. Vide STJ, AgRg nos EDcl nos EDcl na CR 398/AR, Rel. para Acórdão Min. Cesar Asfor Rocha, *DJe* 12.08.2010.

[9] A ordem pública, na acepção de direito internacional privado, isto é, como limite à aplicação do direito estrangeiro ou eventual barreira ao reconhecimento e execução de sentenças proferidas no exterior, tem uma vertente *material*, em que se examinam as normas jurídicas aplicadas à solução da controvérsia e o resultado final obtido por essa aplicação, na sentença, perquirindo-se sua conformidade com os princípios e valores mais básicos e fundamentais do ordenamento jurídico nacional, e uma vertente *processual*, atinente à garantia do devido processo legal, à promoção do contraditório e à preservação da igualdade das partes, dizendo respeito à maneira como foi conduzido o processo.

A esse respeito, confira-se recente pronunciamento do STJ, em sede de ação de homologação, na Sentença Estrangeira Contestada 10.076-EX, julgada em 20.05.2015 pela Corte Especial, que bem demonstra a preocupação do tribunal com a garantia do devido processo legal.

Tratou-se de pedido de homologação em que os requeridos alegaram contrariedade à ordem pública, porque teriam sido julgados à revelia, em processo judicial transcorrido na Inglaterra. Argumentaram que não tomaram parte do processo de origem, por não disporem de recursos para viajar àquele país e contratar os "caríssimos" profissionais locais, o que vulneraria o seu acesso à ampla defesa.

O STJ reafirmou que, para a homologação da sentença estrangeira,

> [...] examinam-se, singularmente, as formalidades da sentença, à luz de princípios fundamentais para se considerar justo o processo, tais como: respeito ao contraditório e à ampla defesa, legalidade dos atos processuais, respeito aos direitos fundamentais humanos, adequação aos bons costumes.

E, no caso em questão, os requeridos foram regularmente citados, por carta rogatória, para se defender no foro estrangeiro. Inclusive anotou o Tribunal que não havia notícia de qualquer pedido tendente à obtenção da gratuidade de justiça, fosse perante a Corte estrangeira ou perante o juiz que cumpriria o *exequatur*, no momento da citação. Por essa razão, entendeu o STJ que a revelia foi decretada pelo tribunal inglês de forma legal, na conformidade da legislação local, e não implicou violação ao direito de defesa ou à ordem pública.

Em sede de embargos declaratórios opostos a tal decisão, acrescentou o Tribunal uma ponderação relevante: "O embargante optou por firmar relações comerciais com estabelecimentos empresariais estrangeiros, não podendo, agora, pretender se eximir das obrigações legais reconhecidas no país alienígena". Ou seja, o Tribunal afirmou, com muita clareza, que quem pretende ingressar na seara das relações comerciais internacionais, deve estar preparado para arcar com as consequências jurídicas pertinentes à jurisdição adequada – e contratualmente aceita – à solução de eventuais litígios.

Deve o participante dos negócios internacionais, igualmente, preparar-se para litigar segundo normas processuais distintas daquelas a que está habituado, em sua cultura jurídica local, sendo certo que não serão quaisquer diferenças pontuais que deflagrarão o filtro da ordem pública, mas somente aquelas que denotarem uma violação grave a algum direito e garantia fundamental, da qual resulte, no caso concreto, efetivo comprometimento do devido processo legal.

Desde que lhe foi transferida a competência originária relativa a cartas rogatórias e sentenças estrangeiras, o STJ tem construído uma jurisprudência sólida e coerente, a fim de promover a cooperação jurídica internacional e estabelecer o país como uma jurisdição confiável, quanto à eficácia e exequibilidade das sentenças proferidas em litígios internacionais.

Como se sabe, o sistema brasileiro de reconhecimento de decisões estrangeiras é calcado no modelo italiano de delibação e é do tipo concentrado, cumprindo-se em etapa única. A tarefa fora designada pela Constituição de 1934 ao STF, até a entrada em vigor da denominada Reforma do Judiciário, que transferiu a competência originária da cooperação jurídica internacional para o STJ, a partir de 2005.

No julgamento do pedido de homologação de sentenças e laudos arbitrais estrangeiros, não se avalia nenhum aspecto do mérito da lide originária,[10] pois se cuida de verificar, tão somente, o cumprimento dos requisitos formais de homologabilidade exigidos pela legislação brasileira.

O mérito só pode ser examinado tangencialmente e em cognição não exauriente, quando essencial à verificação de existência de eventual ofensa à ordem pública ou à soberania nacional, decorrente da solução dada ao litígio e dos efeitos concretos da incorporação da sentença à ordem jurídica brasileira.

Na ação homologatória, tem-se processo contencioso, sim, porém de contenciosidade limitada: apesar de se tratar de ação judicial, a cognição não ultrapassa os limites impostos pelas regras atinentes ao reconhecimento, na forma da legislação, eis que o mérito da ação homologatória não se confunde com o mérito do litígio solucionado pela decisão homologanda; com efeito, são coisas muito diferentes.

II. DIFERENÇAS E SEMELHANÇAS ENTRE OS REQUISITOS DO CPC/2015 E DA CONVENÇÃO DE NOVA IORQUE

O CPC/2015 estabelece um regime especial para a homologação de sentenças arbitrais estrangeiras, ao dispor, em seu art. 960, § 3.º, que "a homologação de decisão arbitral estrangeira obedecerá ao disposto em tratado e em lei, aplicando-se, subsidiariamente, as disposições deste Capítulo". Tal regra está em linha com o preceito geral sobre aplicação das normas processuais, contido no art. 13 do Código, que estabelece que "a jurisdição civil será regida pelas normas processuais brasileiras, ressalvadas as disposições específicas previstas em tratados, convenções ou acordos internacionais de que o Brasil seja parte".

O Código prevê, assim, duas ordens de prioridade, ambas pelo critério da especialidade, em matéria de homologação de decisão arbitral estrangeira. Primeiramente, consagra a prevalência das normas de direito internacional sobre as normas de direito interno; depois, no âmbito do direito interno, estabelece a prevalência da lei especial (Lei 9.307/1996) sobre a lei de caráter geral (o próprio CPC/2015).[11]

Como se vê, no que respeita às relações entre o direito interno e o direito internacional, o Código abre uma exceção ao regime vigente no Brasil, pelo qual, desde o julgamento do Recurso Extraordinário 80.004 pelo STF, a legislação ordinária interna e o direito

---

[10] Para a parte histórica, veja ARAUJO, Nadia de. *Direito internacional privado:* teoria e prática brasileira. 6. ed. Rio de Janeiro: Edição eletrônica, 2016.

[11] Para um excelente panorama sobre o regime jurídico aplicável à homologação de sentenças arbitrais estrangeiras, vide o artigo de BARBOSA, Flávio Spaccaquerche. A homologação das sentenças arbitrais estrangeiras desde o advento da Lei n.º 9.307/96. In: MELO, Leonardo de Campos; BENEDUZI, Renato Resende (Org.). *A reforma da arbitragem.* Rio de Janeiro: Forense, 2016. p. 141-167. Sobre o impacto do CPC/2015, vide o importante trabalho de MELO, Leonardo de Campos. Homologação de sentenças arbitrais estrangeiras e *exequatur* a cartas rogatórias que veiculem decisões interlocutórias e medidas de urgência proferidas por Tribunal Arbitral sediado no exterior – inovações advindas do CPC/2015, na mesma obra coletiva citada, p. 371-386.

internacional encontram-se no mesmo grau de hierarquia, prevalecendo comumente o critério temporal para a solução dos conflitos entre o direito interno e o internacional.

Tem-se aqui uma solução similar à adotada pela jurisprudência do STF no tocante a tratados sobre matéria tributária, por força do disposto no art. 98 do CTN, segundo o qual "[o]s tratados e as convenções internacionais revogam ou modificam a legislação tributária interna, e serão observados pela que lhes sobrevenha".[12]

A rigor, tal posicionamento do Código processual apenas preserva e confirma o que já dispunha a Lei 9.307/1996, em seu art. 34, a saber, "a sentença arbitral estrangeira será reconhecida ou executada no Brasil de conformidade com os tratados internacionais com eficácia no ordenamento interno e, na sua ausência, estritamente de acordo com os termos desta Lei".

A parte final do § 3.º do art. 960, acima transcrito, manda aplicar, "subsidiariamente", as disposições do Capítulo onde se insere tal norma, que contém as regras gerais sobre homologação de decisão estrangeira e concessão de *exequatur* à carta rogatória.

Significa que somente será aplicável o CPC/2015 no tocante aos aspectos procedimentais da ação de homologação de decisão estrangeira, que não sejam regulados por tratado internacional ou pela lei especial. Nos aspectos em que o tratado internacional – ou, no silêncio ou inaplicabilidade deste, a Lei 9.307/1996 – contiver *algum* regramento específico, seja igual ou diferente, seja mais ou menos extenso, seja mais ou menos rigoroso, as normas gerais sobre homologação de decisão estrangeira do CPC/2015 simplesmente não se aplicam.

Quanto aos requisitos formais e procedimentais, cabe mencionar, especialmente, o art. 216-C do Regimento Interno do STJ, que dispõe:

> Art. 216-C. A homologação da sentença estrangeira será proposta pela parte requerente, devendo a petição inicial conter os requisitos indicados na lei processual, bem como os previstos no art. 216-D, e ser instruída com o original ou cópia autenticada da decisão homologanda e de outros documentos indispensáveis, devidamente traduzidos por tradutor oficial ou juramentado no Brasil e chancelados pela autoridade consular brasileira competente, quando for o caso.

A ressalva final – "quando for o caso" – é relevante, em razão da internalização no ordenamento pátrio, pelo Decreto 8.660/2016, de 29.01.2016, da Convenção sobre a Eliminação da Exigência de Legalização de Documentos Públicos Estrangeiros, firmada na Haia, em 05.10.1961, conhecida como "Convenção da Apostila". Segundo tal Convenção, os documentos oriundos dos países-membros são dispensados de consularização (ato pelo qual a autoridade consular reconhece a autenticidade da assinatura, a função ou o cargo exercidos pelo signatário do documento e, quando cabível, a autenticidade do selo ou carimbo aposto no documento), estando sujeitos apenas ao procedimento de aposição de apostila pela autoridade competente do país de origem do documento, procedimento esse uniformizado e simplificado, em comparação com a consularização.

---

[12] Sobre o tema, vide ARAUJO, Nadia de. *Direito internacional privado*: teoria e prática brasileira, cit., seção 8.3.5 e respectivos subitens.

Já no que respeita às condições materiais de acolhimento da sentença estrangeira, cumpre analisar os "requisitos indispensáveis à homologação da decisão", enumerados pelo CPC/2015 em seu art. 963.

Essa norma trata da mesma matéria regulada no art. V da CNI/1958, ou seja, as condições de deferimento do reconhecimento e execução da decisão estrangeira. A CNI/1958 apresenta, em caráter exaustivo, certos requisitos negativos cuja presença faculta (mas não obriga) ao país signatário a denegação do reconhecimento e execução do laudo arbitral estrangeiro, cabendo o ônus de alegação e prova dos mesmos à parte requerida.

O CPC/2015, em procedimento inverso, estabelece requisitos cumulativos, dos quais alguns são condições positivas, que devem ser demonstradas pela parte interessada na homologação da decisão estrangeira.

Os requisitos previstos na CNI/1958 são mais numerosos e detalhados, além de adequados à natureza e características do processo arbitral.

Já o CPC/2015 estabelece requisitos mínimos, em linha com o tradicional caráter liberal do direito brasileiro na matéria, cuja terminologia e formulação não se ajustam perfeitamente à arbitragem, pois são típicas de sentenças proferidas por juízes estatais.

Esse é o caso do inciso I do art. 963, que exige ter sido a decisão "proferida por autoridade competente", assim entendida a autoridade que tenha jurisdição internacional sobre a causa.

No contexto arbitral, não cabe falar em competência internacional, no sentido de conflito de jurisdições em direito internacional privado. Cabe, sim, examinar se a jurisdição privada sobre a causa foi validamente estabelecida pelas partes e implementada na forma do acordo destas ou da lei do país onde a arbitragem se realizou. Essa indagação é pertinente a diversos itens do art. V, 1, da Convenção, a saber, letra "a" (validade da convenção de arbitragem), letra "c" (litígio previsto na convenção de arbitragem e decisão limitada ao alcance da mesma) e letra "d" (composição da autoridade arbitral em conformidade com o acordado pelas partes), não se adequando à fórmula simples do inciso I do art. 963 do CPC/2015, voltada a sentenças judiciais.

O inciso II do artigo ora analisado estabelece a necessidade de citação regular, ainda que verificada a revelia. Trata-se de requisito contido também no art. V, 1, "b", da CNI/1958, que, não obstante, é mais amplo, pois contempla dois momentos em que se exige "notificação apropriada" ao requerido na arbitragem, a saber, a notificação quanto à "designação do árbitro" e quanto ao "processo de arbitragem". Contém tal inciso do art. V, ainda, uma cláusula geral, em benefício do requerido: a de lhe ter sido "impossível, por outras razões, apresentar seus argumentos".

O inciso III do art. 963 do CPC/2015 apresenta um requisito que certamente não tem aplicabilidade automática à arbitragem internacional e não pode ser transplantado acriticamente para esta: a de que a sentença estrangeira seja "eficaz no país em que foi proferida".

Tal exigência legal decorre da concepção tradicional de que o ato de homologação da sentença estrangeira, necessário para que esta tenha efeitos no País, não lhe acrescenta nada, mas apenas importa a sua eficácia original, internalizando-a em nosso ordenamento jurídico.

Esse entendimento – bastante "dogmático", no sentido atécnico da palavra – é perfeito para as sentenças judiciais estrangeiras, mas se adapta mal à realidade dos laudos proferidos no exterior, em arbitragens internacionais.

No que respeita à sentença judicial, cabe observar que se trata de ato oficial, estatal, que traz o peso da soberania do Estado prolator da decisão. A autoridade de tal ato sentencial é totalmente dependente do ordenamento jurídico de origem e da soberania do Estado *a quo*, do qual o juiz ou tribunal prolator é um órgão político-jurídico.

Nada disso se aplica à arbitragem comercial internacional. O árbitro não é um órgão jurídico-político do Estado de origem da sentença. A própria expressão "Estado de origem", nesse caso, é uma licença imprecisa, pois a sentença arbitral não é um ato estatal oficial, mas, sim, um ato privado, tutelado não só pelo ordenamento jurídico dito "de origem" (do local de sua prolação, ou da sede da arbitragem), mas também por todos os ordenamentos jurídicos que reconhecem a arbitragem como modo de solução dos litígios do comércio internacional.

Assim, para a higidez jurídica da sentença arbitral estrangeira, não é necessário ou essencial que ela seja eficaz no país onde foi prolatada. Todo o problema da possibilidade de reconhecimento e execução de sentenças arbitrais anuladas no país de origem – *vexata quaestio* do direito da arbitragem comercial internacional – passa pelo reconhecimento não simplista de que a eficácia de uma sentença arbitral internacional não é necessariamente dependente da eficácia que lhe seja conferida pelo ordenamento jurídico do país onde foi prolatada.[13]

Certamente não foi esse o foco do legislador, que, no inciso III do art. 963 do CPC/2015 teve em mente, apenas, as sentenças judiciais estrangeiras.

Já o inciso IV do art. 963 do CPC/2015 contém requisito que não está previsto no art. V da CNI/1958, a saber, "não ofender coisa julgada brasileira". No entanto, o respeito à coisa julgada é princípio fundamental do processo, protegido pela cláusula geral de não violação da ordem pública do art. V, 2, "b", da CNI/1958 (proteção *em princípio*, ressalvadas peculiaridades do caso concreto), o que torna esse item também pertinente ao contexto arbitral, ainda que não previsto especificamente na Convenção.

Os incisos V e VI, que fecham os requisitos do art. 963 do CPC/2015, contêm condições que são comuns aos regimes de homologação de sentença judicial e de laudo arbitral estrangeiro, a saber, respectivamente, "estar acompanhada de tradução oficial, salvo disposição que a dispense prevista em tratado" e "não conter manifesta ofensa à ordem pública". Tais requisitos, na CNI/1958, são objeto, respectivamente, do art. IV, 1, "a", e 2, e do art. V, 2, "b".

No que respeita à ofensa à ordem pública – que aqui se trata da ordem pública nacional de efeitos internacionais, distinta da ordem pública interna do direito civil[14] –,

---

[13] Sobre o tema, vide ALMEIDA, Ricardo Ramalho. Interpretação da Convenção de Nova Iorque: o problema da discricionariedade no reconhecimento e execução de sentença arbitral estrangeira. *Revista de Arbitragem e Mediação*, São Paulo: RT, ano 13, v. 48, p. 131-165, jan.-mar. 2016; e ALMEIDA, Ricardo Ramalho. A hipótese de uma ordem jurídica arbitral. *Revista de Arbitragem e Mediação*, São Paulo: RT, v. 50.

[14] Vide ALVES, Rafael Francisco. *A aplicação do direito pelo árbitro*: aspectos relativos ao julgamento do mérito na arbitragem. 2016. Tese (Doutorado) – FDUSP, p. 335 e notas correspondentes, inclusive remetendo a obras de ABBUD, André. *Homologação de sentenças arbitrais estrangeiras*, e ALMEIDA, Ricardo Ramalho. *Arbitragem comercial internacional e ordem pública*.

o CPC/2015 parece adotar um *standard* mais rigoroso do que a CNI/1958, ao empregar o adjetivo "manifesta", para qualificar a violação da ordem pública que justificaria a denegação da homologação. Com efeito, trata da ofensa à ordem pública que salta aos olhos, sem a necessidade de maior aprofundamento na discussão do litígio subjacente ou do direito que foi aplicado à solução de mérito.

Essa parece ser a tendência jurisprudencial brasileira e internacional, em matéria de ordem pública como óbice à homologação de sentenças arbitrais estrangeiras, ainda que a CNI/2015 não qualifique o *standard* da ofensa à ordem pública como "manifesta". A ordem pública internacional cada vez parece aproximar-se mais da ordem pública transnacional, ou verdadeiramente internacional, na medida em que há uma convergência de entendimentos, em construção, nas práticas internacionais.[15]

No entanto, a jurisprudência do STJ apresenta diversos precedentes em que o diploma legal invocado como fundamento para a decisão, na homologação de sentença estrangeira, não foi a Convenção de Nova Iorque, mas, sim, a Lei 9.307/1996, ou, principalmente e em casos mais numerosos, a antiga Resolução 9, hoje substituída pelo Título VII-A do Regimento Interno do Tribunal.

Tanto a Resolução 9, quanto o Regimento Interno, a exemplo do CPC/2015, contêm regramento mais adequado à análise de sentenças judiciais estrangeiras, mas apresentam regras impróprias, normativa e terminologicamente inadaptadas a laudos arbitrais estrangeiros.

Definitivamente, é chegada a hora de o STJ cumprir o comando do art. 960, § 3.º, c.c. o art. 13, ambos do CPC/2015, além do art. 34 da Lei 9.307/1996, que determinam a aplicação prioritária dos tratados internacionais vigentes, notadamente a Convenção de Nova Iorque de 1958, com prevalência sobre a legislação ordinária nacional e sobre o Regimento Interno.

Assim, a aplicação *subsidiária* da Lei especial (Lei 9.307/1996), da Lei geral (CPC) e das normas infralegais pertinentes (Regimento Interno) só se exige e se justifica em matéria procedimental, não regulada pelo tratado.

CONCLUSÃO

Como se constata, o Brasil conta com uma legislação moderna e perfeitamente funcional, adaptada à realidade normativa, doutrinária e pragmática da arbitragem comercial internacional.

O Código de Processo Civil de 2015 apresenta importantes progressos, nas matérias pertinentes à cooperação jurídica internacional, principalmente no que respeita às sentenças judiciais estrangeiras.

No tocante às sentenças arbitrais estrangeiras, prevalece o direito internacional positivo, pactuado pelos Estados via convenções internacionais, especialmente a Convenção de Nova Iorque, cuja aplicação precisa ser mais frequente e familiar no Superior Tribunal de Justiça.

---

[15] Novamente, veja-se ALVES, Rafael Francisco. *A aplicação do direito pelo árbitro...* cit., passim.

ARBITRAGEM E DIREITO CIVIL

A PERDA DA CHANCE NA ARBITRAGEM: EM BUSCA DO ENQUADRAMENTO DEVIDO

CRISTIANO DE SOUSA ZANETTI

Sumário: 1. Introdução – 2. Casuística: 2.A. O caso do complexo agroindustrial; 2.B. O caso das moradias populares; 2.C. Cotejo das decisões – 3. Conclusão – 4. Bibliografia.

> "Para os cidadãos romanos que falam latim, indicar uma coisa com a palavra equivocada não é menos vergonhoso que chamar uma pessoa com o nome de outra."[1]
>
> (Aulo Gélio)

1. INTRODUÇÃO

No direito brasileiro, a arbitragem pode ser escolhida como meio para solucionar controvérsias a respeito de direitos patrimoniais disponíveis. Por conta disso, são frequentes as arbitragens voltadas a dirimir litígios oriundos de contrato, figura jurídica fundada na autonomia privada e que se presta a disciplinar os interesses das partes como melhor lhes aprouver, respeitados os limites impostos pelo ordenamento.

---

[1] Tradução livre do texto original, assim redigido em língua latina: "quoniam civibus Romanis Latine loquentibus rem non (suo) vocabulo demonstrare non minus turpe est quam hominen non suo nomine appelare" (GELLIO, Aulo. *Le notte attiche* [a cura di Giorgio Bernardi-Perini]. Torino: UTET, 2007. v. 1, p. 407). O excerto se encontra no parágrafo 18, do livro I, do texto original. Aulo Gélio viveu no século II. Tinha especial interesse por filosofia, gramática e direito. Chegou, inclusive, a atuar como *iudex*, figura que guarda semelhança com a do árbitro. Sua obra *Noctes Atticae*, escrita em vinte livros, ainda sob forma de pequenos rolos, oferece um dos mais importantes testemunhos da vida na Roma Antiga.

A experiência revela que, não raro, tais litígios versam sobre o inadimplemento das obrigações. De acordo com o art. 389 do Código Civil[2], o "efeito geral e típico" do inadimplemento é o surgimento da obrigação do devedor de indenizar os prejuízos causados ao credor[3]. Sem surpresa, pois, a extensão do ressarcimento devido costuma suscitar intenso debate entre os litigantes, uma vez que, de um lado, o credor sói defender sua majoração e o devedor sua diminuição.

Diversamente do que talvez se pudesse supor, no entanto, a aferição do dano não depende apenas da atenta consideração dos fatos. Isso porque a noção de dano não é naturalística, mas jurídica, de modo que somente a violação de situações protegidas pelo ordenamento desencadeia a obrigação de indenizar[4]. No direito brasileiro, como, aliás, é frequente, a definição do conceito de dano fica a cargo da doutrina, dada a inexistência de previsão a propósito na legislação[5].

Nesse particular, não há maior dificuldade em identificar uma situação jurídica tutelada e, portanto, passível de ser ilicitamente desrespeitada, quando o ordenamento expressamente a protege, designadamente por meio da atribuição de um direito subjetivo. A título ilustrativo, ninguém põe em dúvida que o depositário deva indenizar o depositante caso o bem depositado pereça por fato que lhe seja imputável. A discussão revela-se mais acesa, todavia, quando o problema reside em identificar um interesse protegido sem que haja expressa previsão nesse sentido, como vem a ser, justamente, a chance[6].

---

[2] "Art. 389. Não cumprida a obrigação, responde o devedor por perdas e danos, mais juros e atualização monetária segundo índices oficiais regularmente estabelecidos, e honorários de advogado."

[3] Cf. MARTINS-COSTA, Judith. *Comentários ao novo Código Civil*: do inadimplemento das obrigações. 2. ed. Rio de Janeiro: Forense, 2009. v. V, t. II, p. 244.

[4] "A importância da noção jurídica de interesse é que ela determina a extensão do dano que alguém esteja obrigado a indenizar. Se a noção de dano fosse simplesmente um conceito naturalista, seriam as leis da física que dariam as regras próprias para a fixação dos limites do dano indenizável. Entretanto, há uma noção física de dano e uma noção jurídica. Como sucede muitas vezes a norma jurídica seleciona uma fração do fato social para transformá-lo numa situação jurídica. Alude-se a esse propósito a noção de interesse violado" (COUTO E SILVA, Clóvis Veríssimo do. O conceito de dano no direito brasileiro e comparado. In: FRADERA, Vera Maria Jacob de (Org.). *O direito privado brasileiro na visão de Clóvis do Couto e Silva*. Porto Alegre: Livraria do Advogado, 1997. p. 219). O texto foi originalmente publicado em 1990, no volume 667 da *Revista dos Tribunais*. No mesmo sentido, é a orientação do direito português: "O dano é a supressão ou a diminuição de uma situação favorável: uma noção natural de dano, a confrontar com o correspondente conceito jurídico. O dano jurídico, ou simplesmente dano tem, na sua génese, a ideia naturalística atrás aludida. Simplesmente, deriva de uma valoração operada pelo Direito, de tal forma que pode não coincidir totalmente com o primeiro. Em sentido jurídico, diremos que o dano é a supressão ou diminuição de uma situação favorável, reconhecida ou protegida pelo Direito" (MENEZES CORDEIRO, António. *Tratado de direito civil português*. Coimbra: Almedina, 2010. v. II, t. III, p. 511).

[5] "Poder-se-ia pensar que o conceito de dano não comportaria nenhuma dificuldade e que seria praticamente o mesmo na doutrina. Todavia, muitos códigos não o definem. [...]. O Código Civil francês deixou à doutrina a determinação do que se deveria considerar como prejuízo, sucedendo o mesmo com a maioria dos códigos, inclusive com o Código Civil brasileiro" (COUTO E SILVA, Clóvis Veríssimo do. O conceito de dano no direito brasileiro... cit., p. 217-218).

[6] "Além dos direitos subjetivos que podem ser lesados pelas atividades das pessoas, já mencionados anteriormente, uma questão de grande importância doutrinária e prática é, entretanto, a que se

Como bem anotado pela doutrina, o enquadramento da chance como interesse passível de proteção é uma etapa central a ser vencida para qualificar sua perda como dano indenizável[7]. No direito brasileiro, tudo indica que essa etapa tenha sido superada: na doutrina, a tutela da chance é defendida por artigos[8]; monografias[9]; comentários[10] e até mesmo pela literatura introdutória[11]; na jurisprudência, há um número sempre maior de julgados nesse sentido, passível de ser exemplificado pelas recentes decisões do Superior Tribunal de Justiça[12]. O tema já foi abordado, inclusive, em artigo especialmente dedicado

---

relaciona com a tutela de certos interesses, como, p. ex., a 'chance' [...]" (COUTO E SILVA, Clóvis Veríssimo do. O conceito de dano no direito brasileiro... cit., p. 221).

[7]   "[...] o elemento de discussão mais relevante parece ser a aceitação da perda de chances como verdadeiro dano, dotado de identidade indenizatória" (SILVA, Jorge Cesa Ferreira da. *Inadimplemento das obrigações*. São Paulo: RT, 2007. p. 173).

[8]   "O momento atual é caracterizado pela ampla aceitação e utilização da teoria da perda de uma chance pelos tribunais pátrios, principalmente aqueles situados nas Regiões Sul e Sudeste do Brasil. Vale lembrar que esse fato é recente, sendo que a grande maioria dos julgados que se utilizam da teoria foram prolatados no transcorrer do atual milênio" (PETEFFI DA SILVA, Rafael. Responsabilidade civil pela perda de uma chance. In: RODRIGUES JUNIOR, Otavio Luiz et al. (Coord.). *Responsabilidade civil contemporânea*: em homenagem a Sílvio de Salvo Venosa. São Paulo: Atlas, 2011. p. 160). No mesmo sentido: "A chance, por sua vez, constitui a probabilidade de que um acontecimento favorável venha a ocorrer. Como tal, ela traduz-se em uma oportunidade para o respectivo titular, um 'elemento ativo a repercutir favoravelmente no seu patrimônio' ou na sua pessoa. O que caracteriza a perda da chance, assim, é a 'desaparição da probabilidade de um acontecimento favorável'. A distinção entre a chance e o resultado final parece nítida na medida em que o resultado final é, em si, meramente hipotético, ao passo que a perda da chance é um dano certo e, como tal, a princípio indenizável" (MARINO, Francisco Paulo de Crescenzo. Perdas e danos. In: LOTUFO, Renan; NANNI, Giovanni Ettore (Coord.). *Obrigações*. São Paulo: Atlas, 2011. p. 677).

[9]   "Conforme se verifica da redação dos dispositivos acima transcritos, não há, a nosso sentir, no Código Civil Brasileiro em vigor, qualquer entrave à indenização das chances perdidas. Pelo contrário, uma interpretação sistemática das regras sobre a responsabilidade civil traçadas pelo legislador pátrio nos leva a acreditar que as chances perdidas, desde que sérias, deverão ser sempre indenizadas quando restar provado o nexo causal entre a atitude do ofensor e a perda da chance" (SAVI, Sérgio. *Responsabilidade civil por perda de uma chance*. São Paulo: Atlas, 2006. p. 86). No mesmo sentido, com amplo desenvolvimento a respeito do tema: PETEFFI DA SILVA, Rafael. *Responsabilidade civil pela perda de uma chance*. 3. ed. São Paulo: Atlas, 2013.

[10] "É que, então, embora a realização da chance nunca seja certa, a perda da chance foi certa. Por estes motivos não vemos óbice à aplicação, criteriosa, da Teoria. O que o art. 403 afasta é o dano meramente hipotético, mas se a vítima provar a existência do dano e a adequação do nexo causal entre a ação culposa e ilícita do lesante e o dano sofrido (a perda da probabilidade séria e real), configurados estarão os pressupostos do dever de indenizar" (MARTINS-COSTA, Judith. *Comentários ao novo Código Civil...* cit., t. II, p. 546).

[11] Cf. VENOSA, Sílvio de Salvo. *Direito civil*. São Paulo: Atlas, 2013. v. 4, p. 307; DINIZ, Maria Helena. *Curso de direito civil brasileiro*. São Paulo: Saraiva, 2014. v. 7, p. 87; e FARIAS, Cristiano Chaves de; ROSEN-VALD, Nelson; BRAGA NETTO, Felipe Peixoto. *Curso de direito civil*. São Paulo: Atlas, 2015. v. 3, p. 230.

[12] Em acórdão paradigmático, conhecido como "Caso do Show do Milhão", ponderou o Superior Tribunal de Justiça que: "Destarte, não há como concluir, mesmo na esfera da probabilidade, que o normal andamento dos fatos conduziria ao acerto da questão. Falta, assim, pressuposto essencial à condenação da recorrente no pagamento da integralidade do valor que ganharia a recorrida caso

a fixação do dano na arbitragem, no qual, uma vez mais, teve lugar a caracterização da chance perdida como dano indenizável[13].

Nem toda chance perdida, contudo, obriga ao pagamento de indenização. Para tanto, exige-se que se trate de chances sérias e reais[14], o que reclama atenta análise das particularidades do caso concreto[15]. A seriedade da chance permite qualificá-la como

---

obtivesse êxito na pergunta final, qual seja, a certeza – ou a probabilidade objetiva – do acréscimo patrimonial apto a qualificar o lucro cessante. Não obstante, é de se ter em conta que a recorrida, ao se deparar com questão mal formulada, que não comportava resposta efetivamente correta, justamente no momento em que poderia sagrar-se milionária, foi alvo de conduta ensejadora de evidente dano. Resta, em consequência, evidente a perda de oportunidade pela recorrida [...]" (REsp 788.459/BA, 4.ª Turma, Rel. Min. Fernando Gonçalves, j. 08.11.2005, *DJe* 13.03.2006). Seguiram-se decisões nesse sentido, por exemplo: "Penso, portanto, que o panorama de fato descrito no acórdão recorrido conduz à conclusão de que houve dano material, caracterizado pela perda da chance de correr, entre 900 participantes, a um dos 30 prêmios em disputa. A reparação deste dano material corresponde ao pagamento do valor de 1/30 do prêmio, ou seja 1/30 de R$ 40.000,00, corrigidos desde a época do segundo sorteio" (EDcl no AgRg no Ag 1.196.957/DF, 4.ª Turma, Rel. Min. Maria Isabel Gallotti, j. 10.04.2012, *DJe* 18.04.2012); "A propósito, a jurisprudência desta Corte já se posicionou quanto à teoria da perda de uma chance (*perte d'une chance*), aplicável tanto nos casos de responsabilidade contratual como nos de extracontratual, hipótese dos autos, desde que tal chance seja séria e real" (REsp 614.266/MG, 3.ª Turma, Rel. Min. Ricardo Villas Bôas Cueva, j. 18.12.2012, *DJe* 02.08.2013); "Essa afirmativa, porém, deve ser relativizada, pois, entre o dano certo e o hipotético, existe uma nova categoria de prejuízos, que foi identificada pela doutrina e aceita pela jurisprudência a partir da teoria da perda de uma chance. Relembre-se que a teoria da perda de uma chance tem aplicação, quando o evento danoso acarreta para alguém a perda de uma chance de obter um proveito determinado ou de evitar uma perda" (REsp 1.291.247/RJ, 3.ª Turma, Rel. Min. Paulo de Tarso Sanseverino, j. 19.08.2014, *DJe* 1.º.10.2014).

[13] "Outro tema de destacado desenvolvimento nos últimos tempos é a teoria da perda de uma chance, que diz respeito à indenização concedida em virtude de um comportamento que impede a possível obtenção de uma vantagem futura ou que se evite uma perda. Essa chance, porém, foi obstada por uma ação ilícita da outra parte. Então ocorre uma perda, uma perda de uma chance, que pode ser indenizada" (NANNI, Giovanni Ettore. A fixação do dano na jurisprudência arbitral. *Revista Brasileira de Arbitragem*, n. 36, p. 19-20, out.-dez. 2012).

[14] "[...] as chances devem ser claras, sérias e reais. Isso significa que somente quando é elevado o grau de probabilidade é que a perda das chances se torna verdadeiro dano. Se forem pequenas as chances de cura ou de vitória no processo, ou se é pouco provável que o concursando seja aprovado, porque pouco se preparou, ou porque o concurso tem quatro fases e nem foi homologada a inscrição do candidato, não há que se falar em dano indenizável" (SILVA, Jorge Cesa Ferreira da. *Inadimplemento das obrigações...* cit., p. 173). Na mesma linha: "Em apertadíssima síntese: na responsabilidade pela perda de uma chance, o que é indenizado é justamente a chance de não alcançar determinado resultado, ou de auferir certo benefício, chance que foi perdida pela vítima em razão de ato culposo do lesante. As chances devem ser 'sérias e reais', como no caso de alguém que ingressa em juízo mas, no curso da lide, o advogado incorre em negligência grave (p. ex., perde o prazo para recorrer), extinguindo, assim, qualquer chance de a ação vir a ser julgada procedente. Neste caso, não se trata de mera e subjetiva 'esperança de vencer a causa', nem se indeniza o fato de ter perdido a causa: o que se indeniza é, justamente, a chance de o processo vir a ser apreciado por uma instância superior" (MARTINS-COSTA, Judith. *Comentários ao novo Código Civil...* cit., t. II, p. 540-541).

[15] "A verificação objetiva das chances sérias e reais é muito mais uma questão de grau do que de natureza. Assim, somente a análise dos casos concretos possibilitará ao magistrado a verificação

uma "probabilidade real" e, com isso, extremá-la do dano meramente hipotético, que não comporta ressarcimento[16].

O cálculo da soma devida a título indenizatório, por sua vez, deve levar em conta o interesse tutelado, qual seja, a chance perdida. Para tanto, a apuração se dá em três fases. A primeira é voltada a precisar a extensão do proveito que seria obtido se o resultado visado se materializasse inteiramente em favor do prejudicado. A segunda tem em mira aferir a probabilidade de obtenção desse resultado. A terceira consiste na multiplicação do percentual da probabilidade de êxito pelo resultado almejado[17]. Segue-se daí que a indenização decorrente da perda da chance será necessariamente menor do que aquela eventualmente devida na hipótese de restar demonstrada a supressão da vantagem esperada[18].

A perda de prazo para interposição de recurso por parte de um advogado oferece uma ilustração adequada da disciplina. Na primeira fase, apura-se o proveito visado e que consiste, nessa hipótese, no provimento do recurso que conferiria ao recorrente, suponha-se, R$ 1.000.000,00. Na segunda, a chance de obtê-lo, que, para efeitos de exemplo, vai considerada como de 80%. O dano decorrente da perda da chance somaria, assim, R$ 800.000,00, montante inferior ao proveito que seria obtido em caso de provimento do recurso que deixou de ser apresentado.

O reconhecimento da chance como interesse tutelado e a delimitação dos pressupostos necessários para que sua perda comporte ressarcimento poderia sugerir que a figura está inteiramente regrada pelo direito brasileiro. Não é isso o que ocorre, entretanto, pois há dificuldades a superar no que tange ao seu devido enquadramento, do que decorrem importantes consequências práticas.

Do ponto de vista sistemático, os autores discutem se a perda de chance deve ser acomodada no âmbito do nexo causal ou no do dano ou em ambos. Dentre os estudiosos que a qualificam como dano, debate-se, ainda, se seria o caso de qualificá-la como uma espécie de dano emergente, de lucro cessante ou como uma nova modalidade de

---

da real seriedade das chances" (PETEFFI DA SILVA, Rafael. *Responsabilidade civil...* cit., p. 153).

[16] "A comprovação da seriedade e da realidade das chances perdidas é o critério mais utilizado pelos tribunais franceses para separar os danos potenciais e prováveis – e, portanto, indenizáveis –, daqueles danos puramente eventuais e hipotéticos, cuja reparação deve ser rechaçada. Nessa acepção a chance não é o mesmo que uma 'hipótese': é uma *probabilidade real*" (MARTINS-COSTA, Judith. *Comentários ao novo Código Civil...* cit., t. II, p. 541-542).

[17] "Se tais chances deixaram de existir depois do evento danoso, nasce o dever de indenizar. Na sua liquidação, o valor do objetivo final do processo serve de base de cálculo, pois é ele o único valor que se pode, a princípio, objetivar. Verifica-se, então, qual era o grau das chances e aplica-se essa percentagem ao valor do objeto final. Esse será o montante indenizável, quando se tratar de dano patrimonial" (SILVA, Jorge Cesa Ferreira da. *Inadimplemento das obrigações...* cit., p. 173).

[18] "Na quantificação do dano e para conceder a indenização, os juízes terão sempre de levar em conta a álea contida na chance perdida. Desse modo, imperioso que a indenização concedida pela perda de uma chance seja sempre menor do que a indenização que seria concedida pela perda da vantagem esperada, caso a perda desta estivesse em relação de causalidade com a conduta do agente" (PETEFFI DA SILVA, Rafael. *Responsabilidade civil...* cit., p. 156).

dano[19]. Na expressiva lição da doutrina, trata-se de um "verdadeiro campo de batalha", cujo vencedor ainda não se conhece[20].

O debate acadêmico tem consequências práticas importantes. A percepção da chance como interesse tutelado e seu devido enquadramento sistemático podem conduzir a soluções distintas e, do ponto de vista do litigante, implicar o acolhimento ou a rejeição de seu pedido indenizatório.

Para demonstrá-lo, nada mais ilustrativo do que ter presente problemas concretos submetidos à apreciação de órgãos dotados de poder jurisdicional. Dada sua importância, convém examiná-los em apartado, por meio do tópico subsequente.

2. CASUÍSTICA

Para evidenciar a discussão a propósito do devido enquadramento da perda da chance, convém ter presente dois julgados. O primeiro deles foi proferido pelo Superior Tribunal de Justiça e o segundo por um Tribunal Arbitral. Em ambos os litígios, foi discutida a possibilidade de reconhecer o direito de ressarcimento ao contratante que, por fato imputável à outra parte, se viu impedido de levar adiante certo empreendimento empresarial.

A particularidade que justifica a análise de tais decisões reside na semelhança dos fatos que foram submetidos aos julgadores em um e outro caso. Nos dois litígios, os credores pleitearam os resultados que seriam auferidos se a execução do empreendimento que tinham em mira viesse a ser bem-sucedida. O acolhimento de tais pedido de indenização por lucros cessantes, todavia, encontrava um óbice considerável, pois as atividades ainda não haviam se iniciado. Essa circunstância privava os litigantes da possibilidade de se valer de parâmetros comparativos para projetar os ganhos futuros, que, por fato imputável à outra parte, restaram frustrados. Havia, por conseguinte, um dado de fato que militava pela qualificação de tais prejuízos como lucros hipotéticos e, portanto, não indenizáveis.

Idênticos na essência, tais casos foram solucionados de maneira distinta. Como se passa a demonstrar, a diferença de julgamento decorreu da consideração da chance perdida. Daí a conveniência de examiná-los mais de perto, para, em seguida, confrontá-los.

---

[19] Cf. MARTINS-COSTA, Judith. *Comentários ao novo Código Civil...* cit., t. II, p. 539, para uma síntese das diversas posições doutrinárias a propósito.

[20] "Com efeito, apoiados em Paul Speaker, afirmamos que a teoria da perda de uma chance é o campo de experimentação mais sofisticado para a análise dos atuais limites dos conceitos de dano indenizável e nexo de causalidade. Talvez por isso a teoria da perda de uma chance tenha se tornado, na doutrina internacional, verdadeiro campo de batalha, ocupado por inúmeras correntes com posicionamentos diversos sobre o mesmo tema. Podemos afirmar que o epicentro da celeuma relaciona-se com a própria natureza jurídica da teoria da perda de uma chance: um pequeno número de doutrinadores acredita que a noção de chance perdida como dano indenizável não possui consistência e tudo não passa de uma utilização da causalidade parcial; enquanto outra corrente pensa que as chances perdidas devem ser consideradas como danos autônomos e indenizáveis. A maior parte da doutrina estrangeira, contudo, leciona que apenas algumas modalidades de utilização da perda de uma chance utilizam-se da causalidade parcial, sendo que a chance perdida representa, na maioria dos casos, um novo tipo de dano indenizável" (PETEFFI DA SILVA, Rafael. Responsabilidade civil... cit., p. 150-151).

2.A. O caso do complexo agroindustrial

No caso apreciado pelo Superior Tribunal de Justiça, discutiu-se a responsabilidade de dada instituição financeira por não ter efetuado o repasse tempestivo de recursos oriundos do Fundo Constitucional de Financiamento do Centro-Oeste (FCO) e do Banco Nacional de Desenvolvimento Econômico e Social (BNDES), destinados à construção e montagem de certo complexo agroindustrial pela empresa credora. Tratava-se, pois, de examinar a caracterização e as consequências do inadimplemento, por parte da instituição financeira, de obrigação assumida em contratos de financiamento, subscritos por todas as partes, nos quais figurava como intermediária responsável pelo repasse dos recursos.

De acordo com a sociedade credora do numerário, a demora na transferência do recurso inviabilizou a execução da obra, razão pela qual procurou responsabilizar a instituição financeira pelos danos emergentes e lucros cessantes decorrentes de seu inadimplemento contratual. A indenização pleiteada foi de R$ 25 milhões. Desse montante, os lucros cessantes correspondiam a R$ 17 milhões.

Reconhecido o inadimplemento, a instituição financeira foi reputada responsável pelos danos causados à sociedade credora pelo julgador de primeira instância. De acordo com o magistrado, no entanto, a indenização deveria compreender apenas os danos emergentes, pois não havia garantia de que a atividade a ser desenvolvida pelo complexo agroindustrial geraria os lucros projetados. Na sua visão, tais lucros consistiam em meras probabilidades, razão pela qual não comportavam ressarcimento[21].

Inconformada com a decisão, a sociedade credora recorreu ao Tribunal de Justiça do Mato Grosso do Sul. A decisão de primeira instância foi então reformada. De acordo com o julgamento do colegiado, o projeto de construção do complexo agroindustrial fora aprovado pela instituição financeira, com base, inclusive, na lucratividade que seria gerada pelo exercício da respectiva atividade. Em particular, o valor dos lucros cessantes foi extraído de contas gráficas que integravam o projeto apresentado para a obtenção

---

[21] "O dano, em toda a sua extensão, há de abranger aquilo que efetivamente se perdeu e aquilo que se deixou de lucrar: o dano emergente (positivo) e o lucro cessante. A requerente pretende o recebimento de ambos, danos positivos e lucros cessantes, para tanto atribuiu-lhes a importância de R$ 25.004.493,08... como forma de reparação dos danos que alega ter sofrido com a inviabilização da obra narrada na inicial. Utilizou como parâmetro para alcançar este valor os possíveis faturamentos que iria auferir com a plena consecução do projeto, somando-se, ainda, os valores dos financiamentos dos recursos provenientes do BNDES e FCO; todavia, a quantia pleiteada não pode ser aceita como correta. É pacífico tanto na doutrina como jurisprudência que em sede de reparação civil não se há falar em indenização quando o autor não comprova a existência do dano. Assim, as importâncias descritas a fl. 10 e 11 da inicial, não passam de meras probabilidades futuras, cuja expectativa de ganho com a comercialização daqueles grãos poderia ou não a vir se concretizar. [...] Ora, mesmo que a obra estivesse pronta e acabada sem a retenção parcial e desvio das verbas oriundas do FCO e BNDES, não se pode afirmar, com segurança, que as receitas ali elencadas seriam auferidas independentemente de qualquer fator externo interveniente. [...] Nesse sentido, já decidiu o Tribunal de Justiça de nosso Estado, que os lucros cessantes devem estar plenamente configurados..." (REsp 846.455/MS, 3.ª Turma, Rel. Min. para o acórdão Sidnei Beneti, j. 10.03.2009, *DJe* 22.04.2009; transcrição da sentença, extraída do voto do Min. Castro Filho).

dos financiamentos necessários à execução da obra, e não foi impugnado pela instituição financeira[22]. Por conta disso, não obstante tal atividade jamais tivesse sido posta em prática, se afigurava de rigor a tutela dos lucros que seriam auferidos mediante seu desenvolvimento[23]. A Corte, assim, deu integral provimento ao pedido formulado pela sociedade credora e condenou a instituição financeira ao pagamento de R$ 17 milhões a título de lucros cessantes[24]. Na ementa do julgado, a condenação ao pagamento de lucros cessantes foi justificada pelas conclusões auferidas a partir da análise do conjunto probatório e pela falta de impugnação específica por parte da instituição financeira[25].

Tendo em vista que a decisão foi tomada por maioria, sobrevieram embargos infringentes. A condenação da instituição financeira ao ressarcimento dos lucros cessantes foi então confirmada pelo Tribunal de Justiça do Mato Grosso do Sul. Depois de reiterar a orientação anteriormente adotada[26], os julgadores houveram por bem acrescentar que,

---

[22] "Verifica-se que os valores apontados na inicial foram extraídos sistematicamente das contas gráficas do referido projeto, cuja cópia se encontra na íntegra, no bojo dos autos, sendo que a empresa apelante apenas ajustou à transformação da nova moeda" (REsp 846.455/MS, 3.ª Turma, Rel. Min. para o acórdão Sidnei Beneti, j. 10.03.2009, DJe 22.04.2009, voto do Min. Castro Filho, transcrição de trechos do acórdão que julgou a apelação).

[23] "Constata-se do projeto que ele previa, além do recurso próprio da empresa-apelante – e que foi efetivamente aplicado – o valor do investimento e o valor do rendimento que a empresa ia obter, sendo que parte desse rendimento seria a fonte do pagamento dos financiamentos, em prestações, conforme fossem se desenvolvendo suas atividades. Os lucros iriam sendo captados e parte deles seriam destinados aos pagamentos dos financiamentos, tudo dentro de um cronograma lógico e anteriormente estudado. O projeto foi regularmente aprovado pelo banco-apelado, à vista de que o mesmo, através de seu corpo técnico, concluiu pela viabilidade e pelo êxito daquela pretensão. O pagamento daqueles financiamentos, sem qualquer dúvida, adviriam [sic] dos lucros obtidos pela empresa-apelante no funcionamento do complexo industrial. [...] Entendo, pois, que a empresa apelante reclama com razão o pagamento dos lucros cessantes" (REsp 846.455/MS, 3.ª Turma, Rel. Min. para o acórdão Sidnei Beneti, j. 10.03.2009, DJe 22.04.2009, voto do Min. Castro Filho, transcrição de trechos do acórdão que julgou a apelação).

[24] "Dessa forma, entendo que o valor reclamado na inicial de R$ 17.388.568,00 (dezessete milhões, trezentos e oitenta e oito mil, quinhentos e sessenta e oito reais), são devidos a autora apelante a título de indenização por lucros cessantes" (REsp 846.455/MS, 3.ª Turma, Rel. Min. para o acórdão Sidnei Beneti, j. 10.03.2009, DJe 22.04.2009, voto do Min. Castro Filho, transcrição de trechos do acórdão que julgou a apelação).

[25] "Restando comprovados pelo conjunto probatório tanto a existência de lucros cessantes como a sua extensão, notadamente, se o réu, quanto a esta, queda-se silente em sua contestação, a parte, que a eles deu causa, fica obrigada a recompô-los" (REsp 846.455/MS, 3.ª Turma, Rel. Min. para o acórdão Sidnei Beneti, j. 10.03.2009, DJe 22.04.2009, voto do Min. Humberto Gomes de Barros, transcrição da ementa do acórdão de apelação que julgou o recurso da autora).

[26] "Na hipótese, o projeto de construção e ampliação do ramo de comércio do ora recorrido, reconhecido pelo i. juiz sentenciante de primeiro grau como válido e aprovado pelas partes, tanto que a ora recorrente liberou verbas, e foi acentuado no voto do relator, tendo sido acolhido pelo corpo técnico do recorrente como viável e 'pelo êxito daquela pretensão', o qual previa, 'além de recurso próprio da empresa-apelante (ora recorrida) – e que foi efetivamente aplicado – o valor do investimento e o valor do rendimento que a empresa ia obter, sendo que parte desse rendimento seria a fonte do pagamento dos financiamentos, em prestações, conforme fossem se desenvolvendo

no caso concreto, a obrigação de indenizar a sociedade pelos lucros cessantes somente poderia ser afastada se houvesse prova de que não se realizariam[27]. Na ementa, a condenação da instituição financeira de indenizar os lucros cessantes foi novamente justificada com arrimo na sua aprovação das projeções de lucratividade pela instituição financeira, levada a efeito por ocasião da análise do projeto de financiamento[28].

No Superior Tribunal de Justiça, o primeiro magistrado encarregado de examinar o caso confirmou a decisão do órgão *a quo*. Na sua percepção, não lhe seria dado reexaminar o quadro fático que levou a condenar a instituição financeira a indenizar os lucros que deixaram de ser auferidos pela sociedade credora, por força da orientação firmada pela Corte por meio da Súmula 7[29]. Afinal, a instância inferior já havia deixado claro que laudos e estudos técnicos realizados pela instituição financeira asseguravam a viabilidade e lucratividade do complexo agroindustrial, cuja implantação foi frustrada pela demora no repasse dos recursos destinados à sua construção[30].

Tal modo de pensar não foi compartilhado pelo segundo julgador que se debruçou sobre o caso. À partida, afirmou que a decisão a propósito dos lucros cessantes não encontrava óbice na Súmula 7 da Corte, pois não havia necessidade de pôr em discussão o quadro

---

suas atividades. [...] Os lucros iriam sendo captados e parte deles seriam destinados aos pagamentos dos financiamentos, tudo dentro de um cronograma lógico e anteriormente estudado. Com efeito o banco recorrido aprovou o projeto e se propôs a financiá-lo baseado na lucratividade que a empresa-apelante fatalmente obteria, esta real e concreta, porquanto em conformidade com um ajustado planejamento, portanto não uma simples estimativa ou hipótese imaginada'" (REsp 846.455/MS, 3.ª Turma, Rel. Min. para o acórdão Sidnei Beneti, j. 10.03.2009, *DJe* 22.04.2009, voto do Min. Castro Filho, transcrição de trechos do acórdão que julgou os embargos infringentes).

[27] "Ora, como reconheceu também o i. julgador, o dano emergente é positivo, deve 'abranger aquilo que efetivamente se perdeu', já o cessante, não é positivo. Não diz respeito ao prejuízo efetivo, mas ao lucro que poderia obter. Nesse passo, se existem probabilidades de ganho futuro, com a comercialização dos produtos na forma prevista no projeto aprovado pelo recorrente, só não deveria ser indenizável, se houvesse prova em contrário de que tal não se concretizaria. Sem esta, deve prevalecer aquela, por não se confundir a probabilidade de ganho, com o ganho que seria efetivo, este não ocorrendo corresponde ao dano emergente" (REsp 846.455/MS, 3.ª Turma, Rel. Min. para o acórdão Sidnei Beneti, j. 10.03.2009, *DJe* 22.04.2009, voto do Min. Castro Filho, transcrição de trechos do acórdão que julgou os embargos infringentes).

[28] "Apelação cível. Embargos infringentes. Lucros cessantes. Configurado. Arrimado em projeto. Projeção de lucros. Aprovado pela instituição bancária. Fins de obtenção de financiamento cuja quitação seria paga com parte dos lucros. Devidos. Reconhecida a probabilidade de ganho futuro pela entidade bancária, quando da aprovação do projeto para financiamento, os lucros cessantes são devidos" (REsp 846.455/MS, 3.ª Turma, Rel. Min. para o acórdão Sidnei Beneti, j. 10.03.2009, *DJe* 22.04.2009, voto do Min. Castro Filho, transcrição da ementa do acórdão que julgou a apelação).

[29] "Súmula 7 (1990): A pretensão de simples reexame de prova não enseja recurso especial".

[30] "Como destacado o v. aresto fincou-se nos laudos e estudos técnicos do próprio Banco, de que o projeto era viável e auferiria lucro. Inviável, também, o reexame da questão em sede de recurso especial, por isso que importaria incursionar no terreno probatório, o que é vedado em sede de recurso especial, a teor da Súmula 07 deste Tribunal Superior" (REsp 846.455/MS, 3.ª Turma, Rel. Min. para o acórdão Sidnei Beneti, j. 10.03.2009, *DJe* 22.04.2009, voto do Min. Castro Filho).

fático delineado pela instância inferior para se pronunciar a respeito[31]. Em seguida, asseverou que a condenação ao ressarcimento de lucros cessantes não foi suficientemente justificada, o que, na sua percepção, se afigurava particularmente importante por se tratar de uma condenação de valor superior a R$ 17 milhões[32]. Trouxe à baila, então, julgado do Superior Tribunal de Justiça, no qual se decidiu pela improcedência do pedido de condenação ao pagamento de lucros cessantes formulado por dada sociedade, cujas atividades ainda não haviam sido iniciadas. Nessa mesma linha, considerou que, no caso concreto, os lucros não comportavam ressarcimento, por não haver parâmetro anterior em que se pudesse lastrear a projeção empregada pelo órgão *a quo*[33]. Os ganhos pleiteados pela sociedade credora

---

[31] "Quanto aos lucros cessantes, para mim, a questão não desafia a Súmula 7. O Código Beviláqua diz que os lucros cessantes correspondem ao que razoavelmente se deixou de lucrar (CC, art. 1.059). É possível, sem revolvermos a prova delimitada pelo Tribunal *a quo*, examinarmos a assertiva de que o afirmado inadimplemento, inviabilizando a implantação do complexo agroindustrial (atividade empresarial) da ora recorrida causou lucros cessantes" (REsp 846.455/MS, 3.ª Turma, Rel. Min. para o acórdão Sidnei Beneti, j. 10.03.2009, *DJe* 22.04.2009, voto do Min. Humberto Gomes de Barros).

[32] "No caso, o Tribunal local limitou-se a acolher o valor relativo a lucros cessantes descrito na inicial. Não justificou, concreta e objetivamente, quais seriam os lucros razoavelmente perdidos pela recorrida com atraso na finalização do projeto. Houve economia nos fundamentos, que, para imposição duma condenação superior aos 17 milhões, deveriam assentar-se em boas bases" (REsp 846.455/MS, 3.ª Turma, Rel. Min. para o acórdão Sidnei Beneti, j. 10.03.2009, *DJe* 22.04.2009, voto do Min. Humberto Gomes de Barros).

[33] "No REsp 253.068/Pargendler, esta Turma disse que não são devidos lucros cessantes à empresa que não chegou a iniciar suas atividades. Eis a ementa do julgado: 'Civil. Lucros cessantes. Empresa que não chegou a iniciar suas atividades. Não há como aferir a potencialidade de lucro de uma empresa sem que tenha um período anterior de atividade a servir como parâmetro, posto que a experiência revela que, mesmo explorando o mesmo ramo de negócio, algumas empresas têm lucro e outras não; aí conta, entre outros fatores, o dinamismo do empresário e a organização da empresa, que precisam ser postos à prova. Recurso especial conhecido e provido'. O e. Relator desse acórdão, Ministro Ari Pargendler, disse: 'O recurso especial deve ser provido por outro fundamento, o de que, na espécie, os lucros cessantes não podiam ser presumidos. Ninguém pode prever se um empreendimento no âmbito da indústria, comércio ou serviços será lucrativo. Até mesmo a atividade bancária que, em alguns estabelecimentos, gera lucros fantásticos, em outros, leva ao prejuízo e à quebra. O lucro pode, sim, ser visualizado sempre que autorizado por fatos antecedentes, nunca por suposições. [...] Como aferir a capacidade de lucro de uma empresa sem que esteja em funcionamento, se a experiência revela, como já acentuado, que, mesmo explorando o mesmo ramo de negócio, algumas empresas têm lucro e outras não? Aí conta, no mínimo, o dinamismo do empresário e a organização da empresa, elementos que, dentre outros, não podem ser examinados, simplesmente porque deixaram de ser postos à prova'. O Ministro Menezes Direito foi firme no mesmo rumo: 'Em reiteradas oportunidades, manifestei o meu entendimento de que não é possível presumir lucro cessante; é absolutamente impossível, do ponto de vista jurídico, conferir indenizações por lucros cessantes com base em mera presunção. E o eminente Ministro Relator teve a cautela de, no seu voto, pôr um argumento que, a meu juízo, é absolutamente incontroverso: não é possível, em se tratando de uma empresa, presumir que esta vá ter lucros, porque, em um mesmo ramo de atividade, uma empresa pode ter lucros e outra prejuízos. Daí a absoluta impossibilidade de se deferir indenização com base em mera presunção. A indenização só pode ser deferida se houver comprovação evidente de que houve prejuízo e, com base no lucro cessante, como anotou o eminente Ministro Relator, se existem, efetivamente, condições próprias

eram, portanto, imaginários[34]. Não havia espaço, pois, para condenar a instituição financeira ao pagamento de indenização por lucros cessantes de atividade que jamais teve início[35].

Essa orientação foi referendada pela magistrada que apreciou o caso na sequência. Também para ela, não havia elementos nos autos que pudessem justificar a condenação da instituição financeira ao pagamento de lucros cessantes[36]. Desde a sua perspectiva, ao reconhecimento do ressarcimento por lucros cessantes não bastaria ter presente o projeto apresentado pela sociedade credora para obter o financiamento, pois as estimativas estavam sujeitas a inúmeras variáveis[37]. O fato de a instituição financeira, o FCO e o BNDES terem aprovado o financiamento apenas significava que aceitavam correr o risco próprio à transferência do numerário, sem que, todavia, bastasse para tomar por boas as projeções de lucratividade apresentadas pela sociedade credora[38]. Daí não ter lugar a indenização por lucros cessantes.

Coube ao último magistrado que examinou o caso sintetizar a posição adotada pela Corte e relatar o acórdão. Na esteira da orientação defendida pelo segundo magistrado que analisou o litígio, votou igualmente pelo afastamento dos lucros cessantes[39]. Por

---

para tanto. Se essas condições não existem, não posso, apenas por dedução, impor a indenização por lucros cessantes'" (REsp 846.455/MS, 3.ª Turma, Rel. Min. para o acórdão Sidnei Beneti, j. 10.03.2009, *DJe* 22.04.2009, voto do Min. Humberto Gomes de Barros).

[34] "Os lucros cessantes só compõem as perdas e danos quando resultarem direta e imediatamente do inadimplemento. Por isso, não se consideram lucros cessantes ganhos imaginários resultantes de atividade empresarial abortada. A falta de tais ganhos não seria efeito direto e imediato do adimplemento da obrigação do devedor. Por isso, as perdas e danos restringem-se ao dano emergente" (REsp 846.455/MS, 3.ª Turma, Rel. Min. para o acórdão Sidnei Beneti, j. 10.03.2009, *DJe* 22.04.2009, voto do Min. Humberto Gomes de Barros).

[35] "No caso, em síntese, os lucros cessantes teriam resultado de se haver frustrado – por culpa do réu – a implantação de complexo agroindustrial. Não são, pois, devidos. É que, no rumo do que foi decidido no REsp 250.046/Pargendler, não se consideram lucros previsões baseadas em suposta rentabilidade de atividade empresarial jamais iniciada" (REsp 846.455/MS, 3.ª Turma, Rel. Min. para o acórdão Sidnei Beneti, j. 10.03.2009, *DJe* 22.04.2009, voto do Min. Humberto Gomes de Barros).

[36] "Na espécie, não vislumbro a presença dessa razoável probabilidade de que os lucros cessantes suscitados pela empresa recorrida de fato ocorreriam. Não há elementos suficientes para alcançar essa conclusão" (REsp 846.455/MS, 3.ª Turma, Rel. Min. para o acórdão Sidnei Beneti, j. 10.03.2009, *DJe* 22.04.2009, voto da Min. Nancy Andrighi)

[37] "Por mais detalhado e preciso que fosse o projeto elaborado pela empresa, os cálculos certamente utilizaram dados hipotéticos, como preço da mercadoria, demanda e custo de insumos. Inúmeras são as variáveis que poderiam influenciar positiva ou negativamente essas estimativas, como fatores climáticos, econômicos e políticos, o que torna totalmente incertos os valores apresentados no projeto" (REsp 846.455/MS, 3.ª Turma, Rel. Min. para o acórdão Sidnei Beneti, j. 10.03.2009, *DJe* 22.04.2009, voto da Min. Nancy Andrighi).

[38] "Por outro lado, o fato do BNDES, do FCO e do recorrente terem aprovado o projeto da recorrida em nada aumenta as supostas chances de êxito do negócio. Houve tão somente a concordância em assumir o risco, com base nas projeções apresentadas, que certamente poderiam vir a se mostrar equivocadas" (REsp 846.455/MS, 3.ª Turma, Rel. Min. para o acórdão Sidnei Beneti, j. 10.03.2009, *DJe* 22.04.2009, voto da Min. Nancy Andrighi).

[39] "Examinados os autos, meu voto conclui no sentido do voto do E. Min. Humberto Gomes de Barros, pelos fundamentos que nele se expõem" (REsp 846.455/MS, 3.ª Turma, Rel. Min. para o

maioria, assim, foi julgado improcedente o pedido formulado pela sociedade credora. Na ementa, foi reiterada a razão da rejeição do pleito: na percepção da Corte, não havia espaço para reconhecer a obrigação de indenizar lucros cessantes calculados a partir de projeção de atividade empresarial que jamais se iniciara[40]. O pedido de indenização, no montante de R$ 17 milhões, foi então inteiramente rechaçado.

2.B. O caso das moradias populares

Caso semelhante foi apreciado no âmbito de dada arbitragem de investimentos, sob a administração do *International Centre for Settlement of Investment Disputes* (ICSID)[41].

Naquela oportunidade, discutiu-se a responsabilidade pela extinção de dado contato de construção de uma planta industrial voltada à edificação de casas populares celebrado entre o Senegal e dada sociedade empreiteira.

Por força do pactuado, a sociedade empreiteira se obrigou a construir uma planta industrial voltada à produção de casas pré-fabricadas e a edificar, no mínimo, 15 mil moradias populares, no prazo de 5 anos. Para tanto, a sociedade empreiteira se comprometeu, ainda, a obter um empréstimo de ao menos 6 bilhões de francos CFA, moeda empregada no Senegal, ou no valor total necessário para dar cumprimento às suas obrigações, com vencimento de dez anos e período de graça de dois. O Senegal, por sua vez, se obrigou a providenciar os imóveis necessários à construção das casas populares e a garantir o empréstimo a ser contraído pela sociedade empreiteira. Com a execução do pactuado, a sociedade empreiteira se apropriaria dos resultados da venda das casas populares. As especificações de tais casas e os respectivos preços, por sua vez, foram desde logo ajustados entre as partes por meio de um anexo ao contrato. No mesmo período de cinco anos, foi prevista a transferência de 50% das ações da sociedade empreiteira para o

---

acórdão Sidnei Beneti, j. 10.03.2009, *DJe* 22.04.2009, voto do Min. Sidnei Beneti).

[40] "Correspondem os lucros cessantes a tudo aquilo que o lesado razoavelmente deixou de lucrar, ficando condicionado, portanto, a uma probabilidade objetiva resultante do desenvolvimento normal dos acontecimentos. A condenação a esse título pressupõe a existência de previsão objetiva de ganhos na data do inadimplemento da obrigação pelo devedor. No caso, os lucros alegados decorrem de previsões baseadas em suposta rentabilidade de uma atividade empresarial que nem mesmo se iniciou. Assim sendo, não se pode deferir reparação por lucros cessantes se estes, em casos como o dos autos, configuram-se como dano hipotético, sem suporte na realidade em exame, da qual não se pode ter a previsão razoável e objetiva de lucro, aferível a partir de parâmetro anterior e concreto capaz de configurar a potencialidade de lucro" (REsp 846.455/MS, 3.ª Turma, Rel. Min. para o acórdão Sidnei Beneti, j. 10.03.2009, *DJe* 22.04.2009, trecho da ementa).

[41] ICSID, Caso 82/1, julgado por Aron Broches (presidente); Baron Jean van Houtte, posteriormente substituído pelo Prof. J. C. Schultsz; e Juiz Kéba Mbaye em 1.º.08.1984. Os extratos dos excertos mais significativos do julgado foram obtidos em: <kluwerarbitration.com>. Último acesso em: 14 set. 2016. Originalmente, o extrato do julgado encontra-se na seguinte obra: VAN DEN BERG, Albert (Ed.). *Yearbook Commercial Arbitration*. The Hague: Kluwer Law International, 1992. v. XVII, p. 42-72, cuja paginação será empregada doravante, para indicar as passagens transcritas ao longo do texto. O autor colhe a ocasião para agradecer a acadêmica Beatriz Uchôas Chagas pela pesquisa de julgados que permitiu selecionar a decisão ora em comento.

Senegal[42]. Mais adiante, o prazo para a construção da planta industrial e para edificação das moradias foi prorrogado para dez anos.

De maneira coerente, o objeto social da sociedade empreiteira previa como propósito a construção de uma planta industrial voltada à comercialização de casas pré-fabricadas, com o objetivo de construir e vender no mínimo 15 mil moradias populares, de modo a dar cumprimento ao contrato celebrado com o Senegal[43].

Três anos após a celebração do negócio, a empreiteira exibiu um protótipo das moradias populares em uma feira realizada na cidade de Dakar, capital do Senegal. Foram então vendidas diversas unidades e vários compradores efetuaram o pagamento do sinal ajustado com a sociedade empreiteira[44].

Na sequência, no entanto, as partes não tiveram êxito em ajustar diversos pontos pendentes que se afiguravam necessários à execução do contrato. Designadamente, o Senegal e a sociedade empreiteira não se entenderam a propósito das características das moradias, da disponibilidade dos imóveis necessários à sua construção, nem a respeito dos financiamentos a serem concedidos aos interessados em adquiri-las[45].

Diante disso, transcorridos cinco anos da celebração do contrato, o Senegal decidiu pôr termo à relação com a sociedade empreiteira, por meio de correspondência na qual agradeceu os serviços prestados e se prontificou a tomar as providências necessárias ao encerramento do assunto[46].

Verificada a impossibilidade de obter uma composição amigável, a sociedade empreiteira instaurou a arbitragem para pleitear o ressarcimento pelos prejuízos sofridos. No que mais de perto agora interessa, pleiteou indenização no valor de aproximadamente 3,4 bilhões de francos CFA a título de lucros cessantes, em razão da impossibilidade de levar adiante a atividade de construção e comercialização das moradias populares.

Para decidir o litígio, o Tribunal Arbitral estabeleceu, em primeiro lugar, que a relação contratual era regida pelo ordenamento jurídico do Senegal[47]. Nesse sentido, reconheceu a incidência do Código de Obrigações da Administração Pública, tendo em vista que o negócio jurídico celebrado tinha a natureza de contrato administrativo[48].

---

[42]   Cf. ICSID, Caso ARB/82/1, p. 42.

[43]   "The purpose of the Corporation is the construction and exploitation of an equipped pre-fabrication plant, so as to produce, sell and erect a minimum of fifteen thousand socio-economic dwellings and thereby to implement and execute the agreement signed on 24 July 1975, with the Government of Senegal" (ICSID, Caso ARB/82/1, p. 43).

[44]   Cf. ICSID, Caso ARB/82/1, p. 44.

[45]   Cf. ICSID, Caso ARB/82/1, p. 44.

[46]   O inteiro teor da correspondência, subscrita por um Ministro de Estado, foi o seguinte: "With reference to our conversations of Friday 18 July 1980, I confirm herewith that the Senegalese Government has decided to put an end to the SOABI operation. It remains understood that we are prepared to examine with you promptly the practical modalities of the liquidation of this matter. I want to thank you for your constant cooperation, during these last years" (ICSID, Caso ARB/82/1, p. 56-57).

[47]   "In the opinion of the Tribunal, in the absence of an agreement on the subject by the parties, the national law to be applied to the relations between two Senegalese parties relating to a collaboration which must be effected in Senegal, cannot be other than Senegalese law" (ICSID, Caso ARB/82/1, p. 54).

[48]   Cf. ICSID, Caso ARB/82/1, p. 54.

Na sequência, nos termos do art. 137 do Código de Obrigações da Administração Pública, foi reconhecido ao Senegal o poder de pôr fim à relação jurídica com a sociedade construtora por mera conveniência[49]. Por conta disso, porém, o Senegal ficou obrigado a indenizá-la pela integralidade dos prejuízos sofridos, de modo a cobrir tanto os danos emergentes como os lucros cessantes resultantes da extinção, conforme previsto no subsequente art. 138[50].

Teve então lugar a análise da possibilidade de se reconhecer crédito à sociedade empreiteira por lucros cessantes de uma atividade empresarial que não chegou a ser iniciada. Nesse particular, o Senegal alegou que os valores pleiteados pela sociedade empreiteira não eram certos, nem reais, razão pela qual não poderia ser condenado a ressarci-los.

O Tribunal Arbitral rechaçou parcialmente o argumento. Para tanto, afirmou serem raros os casos nos quais se afigura possível calcular com precisão os lucros cessantes decorrentes da inexecução de um contrato de longa duração que envolva construção e venda de imóveis. Acolher o raciocínio defendido por Senegal, portanto, acabaria por privar a sociedade empreiteira da indenização que lhe era devida, de modo a negar vigência à regra da ampla reparação dos prejuízos sofridos, constante do art. 138 do Código de Obrigações da Administração Pública[51]. Em abono ao seu entendimento, os julgadores fizeram referência a decisões proferidas pelo Conselho de Estado francês que, em casos similares, reconheceu o direito de a parte inocente ser indenizada por valor correspondente a dado percentual do lucro esperado com a conclusão do contrato descumprido[52].

Nesse particular, não impressionou o Tribunal Arbitral a demonstração, feita pelo Senegal, de que o contrato em discussão possuía características muito específicas, o que converteria o cálculo de lucros cessantes em um dano meramente hipotético, dada a inexistência de base de cálculo confiável em que se pudesse fundar. Para os julgadores, foi considerado decisivo o fato de a instrução probatória ter revelado a existência de um documento preparado por expertos e compartilhado entre as partes no qual o custo de uma moradia popular com três quartos foi calculado com riqueza de detalhes[53].

---

[49] "Art. 137 provides: 'Notwithstanding any contractual clauses the Administration may rescind contracts which have become unnecessary or unsuitable, taking account of the needs of the public service, subject to indemnification of the contract partner'" (ICSID, Caso ARB/82/1, p. 56).

[50] "Art. 138: The compensation shall be entire. It shall cover the loss suffered, the loss of profit and, where applicable, the moral harm caused to the contract partner by the rescission of the contract" (ICSID, Caso ARB/82/1, p. 56).

[51] "Art. 138 of the COA provides *expressis verbis* for the reparation of the injury under the head of profit foregone. The cases in which a future injury under the head of loss of profits under a long--term contract concerning construction and real estate sales can be calculated with precision are rare. One should therefore not apply the overly rigid criteria of certainty and reality proposed by the Government. To do so would amount to excluding reparation for lost profits in disregard of the COA" (ICSID, Caso ARB/82/1, p. 59).

[52] "This has been very well understood by the French Conseil d'Etat which has accorded damages for the rescission of governmental contracts and similar operations based on the percentage of the contract which the contract partner could normally have anticipated as profit" (ICSID, Caso ARB/82/1, p. 59).

[53] "The Government is right when it observes that the SOABI operation, which is totally different from standard real estate operations and which one could term to have been 'made to measure',

Não obstante, o Tribunal ponderou que a execução de um programa de construção e venda de moradias populares pelo prazo de 10 anos estava sujeita a diversos riscos, relacionados às incertezas, em especial, a respeito do desenvolvimento do mercado, da solvência dos adquirentes e da sua possibilidade de atenderem aos requisitos necessários à aquisição das unidades[54].

Dessa consideração, todavia, não seguia a conclusão de que a sociedade construtora estivesse privada do direito de ser indenizada, pois o dano por ela experimentado não podia ser considerado hipotético. Na verdade, para o Tribunal Arbitral, o dano sofrido pela sociedade construtora não consistia em lucros cessantes, mas, diversamente, na perda da chance de obtê-los[55].

O Tribunal Arbitral esclareceu, assim, reconhecer o direito de a sociedade construtora ser indenizada pela perda da chance e não por lucros cessantes. Nesse sentido, fez referência a decisões e a lições doutrinárias provenientes da França, nas quais a chance foi reconhecida como interesse tutelado pelo direito[56].

Para calcular o montante devido à sociedade empreiteira, os julgadores tomaram por base as projeções constantes de documento preparado por técnicos. Na sequência, aplicaram-lhes os ajustes que reputaram necessários, tendo em vista os riscos econômicos e financeiros que poderiam ter afetado a execução do projeto[57]. Na visão do Tribunal Arbitral, tais riscos foram agravados pela demora na obtenção do empréstimo de 6 bilhões de francos CFA, a que se obrigara a sociedade empreiteira. Por conta disso, sobreveio um atraso de dois anos, o que fez com que a execução do pactuado passasse a ser projetada para um período em que a situação econômica era menos favorável do que a originalmente prevista[58].

Ao final, o Tribunal Arbitral condenou o Senegal a pagar à sociedade empreiteira uma indenização no valor de 150 milhões de francos CFA, por frustrar a chance de êxito do empreendimento. A condenação correspondeu a 4,4% do pedido de ressarcimento

---

does not lend itself to an estimate of a normal or traditional profit. On the other hand, the very fact that the cost of a three room unit had been calculated in great detail in the White Book [a document recognized by the Government as having presented an honest summary of the project made by technicians] constitutes a valid response to the argument according to which SOABI was asking for the reparation of a purely hypothetical loss..." (ICSID, Caso ARB/82/1, p. 59).

[54] "It is nevertheless no less true that the realization of a ten year construction and sales program was subject to a number of risks, more particularly the uncertainty of the development of the market, of the requirement of a personal contribution of the purchasers of 20% of the sales price and of their ability to satisfy the eligibility conditions of the lender" (ICSID, Caso ARB/82/1, p. 59).

[55] "This circumstance in no way affects the admissibility of SOABI's claim: 'In contrast to hypothetical damage, whose realization is completely speculative, damages be analyzed as the certain loss of a chance to obtain a probable result. It then calls for reparation.'" (ICSID, Caso ARB/82/1, p. 59-60).

[56] "What gives rise to an indemnity is not the profit foregone but the loss of an opportunity, a principle accepted in French law by the courts as well as by scholars, whose value is determined by the court or the arbitrator, as the case may be, in the sovereign exercise of their power of appreciation" (ICSID, Caso ARB/82/1, p. 61-62).

[57] Cf. ICSID, Caso ARB/82/1, p. 62.

[58] Cf. ICSID, Caso ARB/82/1, p. 62.

732 | 20 ANOS DA LEI DE ARBITRAGEM

por lucros cessantes, formulado pela sociedade empreiteira no montante de aproximadamente 3,5 bilhões de francos CFA[59].

2.C. Cotejo das decisões

Distintas na superfície, tais decisões são idênticas na essência.

Examinados por alto, os julgados não comportam comparação. De um lado, o Superior Tribunal de Justiça examinou um litígio entre pessoas jurídicas de direito privado, à luz do direito brasileiro. De outro, o Tribunal Arbitral julgou uma arbitragem de investimento, entre um Estado soberano e uma pessoa jurídica de direito privado, com fundamento no direito senegalês.

A consideração dos fatos e dos fundamentos jurídicos, no entanto, revela que a discussão de fundo é a mesma, a saber: a possibilidade de reconhecer ao contratante o direito de ser indenizado pelos prejuízos decorrentes da impossibilidade de atingir os resultados próprios a dado empreendimento que, por fato imputável à parte contrária, não pôde ter início.

Nesse particular, tanto o art. 402 do Código Civil brasileiro[60] como o art. 138 do Código de Obrigações da Administração Pública senegalês reconhecem à parte prejudicada o direito de ser indenizada pelos lucros que deixou de obter em razão de fato imputável à outra parte.

Com fundamento em tais dispositivos, tanto o Superior Tribunal de Justiça como o Tribunal Arbitral, respectivamente, negaram ao prejudicado o direito de obter indenização por lucros cessantes, fortes na constatação de que não seria possível assegurar a lucratividade de atividade empresariais que sequer chegaram a ser iniciadas.

A partir desse ponto, todavia, as decisões se distanciam. Para o Superior Tribunal de Justiça, o afastamento do pedido de indenização por lucros cessantes privava a sociedade credora de qualquer ressarcimento pela impossibilidade de desenvolver a atividade agroindustrial que restou comprometida por conta do inadimplemento da instituição financeira. Ao contrário do que se deu com a instância inferior, não lhe impressionou o fato de as projeções de lucros próprias ao empreendimento terem sido aprovadas pela instituição financeira, pelo FCO e pelo BNDES. O pedido indenizatório de R$ 17 milhões foi, assim, julgado inteiramente improcedente.

Diversamente, o Tribunal Arbitral reputou que a sociedade empreiteira fazia jus a indenização por força da impossibilidade de levar adiante o empreendimento para fabricação e comercialização de ao menos 15.000 moradias populares. Para tanto, chamou a atenção dos julgadores o fato de o valor de certas unidades habitacionais ter sido calculado com grande detalhe por técnicos de confiança das partes. O empreendimento não consistia, assim, em mera aspiração, mas em um projeto passível de realização, cuja possibilidade concreta de êxito, no entanto, foi frustrada pela decisão do Senegal de pôr fim à relação contratual. Desse modo, o Tribunal Arbitral entendeu que a sociedade empreiteira perdeu

---

[59] Cf. ICSID, Caso ARB/82/1, p. 62.

[60] "Art. 402. Salvo as exceções expressamente previstas em lei, as perdas e danos devidas ao credor abrangem, além do que ele efetivamente perdeu, o que razoavelmente deixou de lucrar."

sua chance de levar adiante o empreendimento e, por isso, condenou o Senegal a ressarci-la. O montante devido, no entanto, levou em conta os riscos próprios ao empreendimento e, por fim, correspondeu a 4,4% do valor pleiteado a título de lucros cessantes.

O cotejo de ambos os casos oferece subsídios interessantes à reflexão. Em ambos, a conduta de uma parte – a instituição financeira, no caso julgado pelo Superior Tribunal de Justiça, e o Senegal, no caso julgado pelo Tribunal Arbitral – acabou por privar a outra da possibilidade de levar adiante dado empreendimento. Nessas hipóteses, afigurava-se possível discutir a responsabilidade por perda da chance, pois a leitura das decisões sugere que havia uma probabilidade real de que os empreendimentos planejados pela sociedade credora e pela sociedade empreiteira, respectivamente, fossem bem-sucedidos, conforme, inclusive, revelavam as projeções nesse sentido, compartilhadas com a parte contrária nos dois casos.

No julgado do Superior Tribunal de Justiça, todavia, o tema não foi ventilado. Sequer os litigantes dele cogitaram. Nem a sociedade credora o empregou como fundamento do pedido; nem a instituição financeira o invocou como fundamento subsidiário de sua defesa. De maneira distinta, no julgado do Tribunal Arbitral, a perda da chance foi reconhecida e, co-erentemente, foi fixada uma indenização em favor da sociedade empreiteira em valor inferior ao pedido de lucros cessantes. Depois de considerar as peculiaridades do caso, os julgadores condenaram o Senegal ao pagamento de indenização correspondente a 4,4% do pedido original.

A casuística põe a prova as construções jurídicas. Diante dos fatos narrados em um ou outro caso, aproveita refletir se as decisões distintas se justificam ou se, diversamente, ambos os casos deveriam ter sido julgados no mesmo sentido.

Como a discussão do tema sempre reclama a atenta consideração das particularidades fáticas, não há como formular um juízo definitivo a propósito de tais casos sem conhecer de perto as provas que foram submetidas à apreciação dos respectivos julgadores. Isso não tolhe, todavia, a possibilidade de empregá-las como proveito como fonte para a reflexão, pois a perda da chance pode, observados os pressupostos necessários, desempenhar um papel decisivo no cálculo da indenização devida ao contratante que, por fato imputável à contraparte, se vê impossibilitado de desenvolver a atividade empresarial que teria lugar com a regular execução do pactuado, mesmo que não lhe seja possível reconhecer, em concreto, o direito de ser ressarcido por lucros cessantes.

3. CONCLUSÃO

Nenhum regime jurídico de responsabilidade pode se considerar conhecido sem que se tenham presentes os danos que reputa indenizáveis[61]. Dada a ausência de disciplina legislativa exaustiva a propósito, trata-se de um desafio a que o intérprete do direito brasileiro se encontra constantemente submetido.

A tutela da chance insere-se justamente nessa discussão. Embora se lhe reconheça proteção e se encontrem suficientemente delimitados os pressupostos necessários para

---

[61] "Sem que se estabeleça a noção de dano, não se pode ter uma ideia exata da responsabilidade civil num determinado país" (COUTO E SILVA, Clóvis Veríssimo do. O conceito de dano no direito brasileiro... cit., p. 217).

que sua perda seja indenizada, a definição de seu enquadramento sistemático ainda se encontra pendente, pois a doutrina discute se o seu lugar está no âmbito do nexo causal, no do dano ou em ambos. Para os autores que a qualificam como uma espécie de dano, debate-se, ainda, se a perda da chance deve ser considerada como dano emergente, lucro cessante ou se, na verdade, consiste em uma nova modalidade.

Trata-se de discussão que interessa grandemente à arbitragem. Especialmente vocacionada a dirimir litígios contratuais, a justiça arbitral tende a lidar com frequência crescente com discussões a propósito da perda da chance. Como se procurou ilustrar com recurso ao caso do complexo agroindustrial e ao caso das moradias populares, sua consideração pode ser decisiva para que todo o dano ilicitamente sofrido seja indenizado, como determina, no âmbito contratual, o art. 389 do Código Civil.

Percorridas etapas importantes, descortina-se um caminho sinuoso à frente para que se possa dar por completa a disciplina da perda da chance entre nós. Reconhecida a tutela da chance, resta saber agora como se pode chamá-la, para que, em meio a outras figuras, seja possível identificar com precisão o seu lugar no direito brasileiro.

4. BIBLIOGRAFIA

COUTO E SILVA, Clóvis Veríssimo do. *O conceito de dano no direito brasileiro e comparado*. In: FRADERA, Vera Maria Jacob de (Org.). *O direito privado brasileiro na visão de Clóvis do Couto e Silva*. Porto Alegre: Livraria do Advogado, 1997.

DINIZ, Maria Helena. *Curso de direito civil brasileiro*. São Paulo: Saraiva, 2014. v. 7.

FARIAS, Cristiano Chaves de; ROSENVALD, Nelson; BRAGA NETTO, Felipe Peixoto. *Curso de direito civil*. São Paulo: Atlas, 2015. v. 3.

GELLIO, Aulo. *Le notte attiche* [a cura di Giorgio Bernardi-Perini]. Torino: UTET, 2007. v. 1.

MARINO, Francisco Paulo de Crescenzo. Perdas e danos. In: LOTUFO, Renan; NANNI, Giovanni Ettore (Coord.). *Obrigações*. São Paulo: Atlas, 2011.

MARTINS-COSTA, Judith. *Comentários ao novo Código Civil*: do direito das obrigações, do adimplemento e da extinção das obrigações. 2. ed. Rio de Janeiro: Forense, 2005. v. V, t. I.

_____. *Comentários ao novo Código Civil*: do inadimplemento das obrigações. 2. ed. Rio de Janeiro: Forense, 2009. v. V, t. II.

MENEZES CORDEIRO, António. *Tratado de direito civil português*. Coimbra: Almedina, 2010. v. II, t. III.

NANNI, Giovanni Ettore. A fixação do dano na jurisprudência arbitral. *Revista Brasileira de Arbitragem*, n. 36, p. 7-26, out.-dez. 2012.

PETEFFI DA SILVA, Rafael. Responsabilidade civil pela perda de uma chance. In: RODRIGUES JUNIOR, Otavio Luiz et al. (Coord.). *Responsabilidade civil contemporânea*: em homenagem a Sílvio de Salvo Venosa. São Paulo: Atlas, 2011.

_____. *Responsabilidade civil pela perda de uma chance*. 3. ed. São Paulo: Atlas, 2013.

SAVI, Sérgio. *Responsabilidade civil por perda de uma chance*. São Paulo: Atlas, 2006.

SILVA, Jorge Cesa Ferreira da. *Inadimplemento das obrigações*. São Paulo: RT, 2007.

VENOSA, Sílvio de Salvo. *Direito civil*. São Paulo: Atlas, 2013. v. 4.

ARBITRAGEM E DIREITO CONSTITUCIONAL

ARBITRAGEM E CONTROLE DE CONSTITUCIONALIDADE: ALGUMAS REFLEXÕES

GUSTAVO FERNANDES DE ANDRADE

Sumário: 1. Introdução e ressalvas – 2. Teorias acerca dos poderes dos árbitros para exercer o controle de constitucionalidade – 3. Modelos de controle de constitucionalidade – 4. Visão comparativa do problema: 4.1. Sistemas que proíbem o controle de constitucionalidade pelo árbitro; 4.2. Sistemas que determinam o envio da questão constitucional ao juiz estatal competente; 4.3. Sistemas que permitem o controle de constitucionalidade pelo árbitro – 5. Obrigação de julgar de acordo com o direito aplicável – 6. Conclusões.

1. INTRODUÇÃO E RESSALVAS

No conhecido caso *Marbury v. Madison*, a Suprema Corte americana teve que enfrentar a questão relativa à possibilidade de o Poder Judiciário reputar inconstitucional uma lei formalmente aprovada pelo Congresso dos Estados Unidos, que lhe conferia competências originárias não contempladas, expressamente, pela Constituição.[1] Confrontado com o argumento de que tal atividade não poderia ser desempenhada pelo Judiciário, Justice John Marshall respondeu ao repto afirmando que, no conflito da lei com a Constituição, deve o Judiciário negar validade à norma repugnante à Constituição.[2] Muito embora os fundamentos teóricos do *judicial review* fossem bem conhecidos mesmo antes desse

---

[1]   5 US 137 (1803).

[2]   "It is emphatically the province and duty of the Judicial Department to say what the law is. Those who apply the rule to particular cases must, of necessity, expound and interpret that rule. If two laws conflict with each other, the Courts must decide on the operation of each. So, if a law be in opposition to the Constitution, if both the law and the Constitution apply to a particular case, so that the Court must either decide that case conformably to the law, disregarding the Constitution, or conformably to the Constitution, disregarding the law, the Court must determine which of these conflicting rules governs the case. This is of the very essence of judicial duty. If, then, the Courts are to regard the Cons-

julgamento emblemático,[3] foi certamente no caso *Marbury v Madison* que o controle de constitucionalidade das leis foi reconhecido como sendo atividade típica do Poder Judiciário.

No âmbito da arbitragem, diante da obrigação dos árbitros de julgar o caso de acordo com o direito aplicável,[4] o mesmo dilema enfrentado por John Marshall em *Marbury v Madison* pode se colocar como questão prejudicial ao julgamento do mérito da lide arbitral. Se, no caso concreto, há um conflito insuperável entre a lei e a Constituição,[5] e sendo ambas incidentes sobre a relação jurídica controvertida, quais seriam os poderes detidos pelos árbitros para a solução dessa contrariedade? Poderiam os árbitros, com fundamento no art. 18 da Lei de Arbitragem,[6] declarar, incidentalmente, a inconstitucionalidade da norma ou tal atribuição seria de competência exclusiva dos órgãos do Poder Judiciário? E se o direito aplicável ao mérito da disputa for estrangeiro? Poderia o árbitro, *e.g.*, em uma arbitragem com sede no Brasil, declarar inválida a norma de direito estrangeiro pela violação de Constituição estrangeira?

Esclareça-se que o conflito hierárquico de normas a ser aqui considerado é apenas aquele existente entre a norma infraconstitucional e a Constituição de uma *mesma ordem jurídica*. O conflito entre regras de direito internacional e a as de direito nacional, por exemplo, não constitui conflito hierárquico de normas por ser, verdadeiramente, um conflito entre ordens jurídicas distintas.[7-8] Pela mesma razão, a inaplicabilidade de regra

---

titution, and the Constitution is superior to any ordinary act of the Legislature, the Constitution, and not such ordinary act, must govern the case to which they both apply" (5 US 137, 1803, p. 177-178).

[3] Cf. HAMILTON, Alexander. *The Federalist*, Max Beloff ed., n. 78, p. 398, 1987: "It is rational [...] to suppose that the courts were designed to be an intermediate body between the people and the legislature, in order ... to keep the latter within the limits assigned to their authority".

[4] BORN, Gary B. *International Commercial Arbitration*. 2. ed. The Hague: Kluwer Law International, 2014. p. 1997.

[5] Logicamente, se a declaração incidental de inconstitucionalidade da norma puder ser evitada mediante a aplicação dos princípios da interpretação conforme a Constituição, da presunção de constitucionalidade das leis e o da autolimitação judicial, o controle concreto da constitucionalidade da norma não se fará necessário (cf. CANOTILHO, José Joaquim Gomes. *Direito constitucional*. 4. ed. Coimbra: Almedina, 1989. p. 839-840; MENDES, Gilmar Ferreira. *Jurisdição constitucional*. São Paulo: Saraiva, 1996. p. 223-224; e TEIXEIRA, J. H. Meirelles. *Curso de direito constitucional*. São Paulo: Forense Universitária, 1991. p. 393).

[6] "Art. 18. O árbitro é juiz de fato e de direito, e a sentença que proferir não fica sujeita a recurso ou a homologação pelo Poder Judiciário."

[7] "Il convient toutefois d'observer d'emblée que le conflit de normes, dans de telles hypothèses, n'est que la conséquence indirecte d'un conflit entre ordres juridiques dont l'un, l'ordre international, doit être respecté par l'autre. Il n'y a pas à proprement parler, hiérarchie des normes, une hiérarchie supposant l'appartenance des diverses normes à un même ensemble; dans le cas contraire, les notions de supériorité et d'infériorité sont dénuées de sens, faute de référent commun" (MAYER, Pierre. L'arbitre international et la hiérarchie des normes. *Revue de l'Arbitrage*, v. 2011, issue 2, p. 361). Em sentido contrário, cf. TIBURCIO, Carmem. Controle de constitucionalidade das leis pelo árbitro: notas de direito internacional privado e arbitragem. *Revista de Direito Administrativo*, Rio de Janeiro, v. 266, p. 167-186, maio-ago. 2014.

[8] Veja-se que os tribunais arbitrais de investimentos aplicam o direito internacional para assegurar a primazia deste quando o direito nacional conflita com o internacional (*cf. Amco Asia Corporation and others v. Republic of Indonesia*, 25 ILM 1441 (1986), I ICSID Ref. 509). Ainda no que se refere

jurídica oriunda do direito estrangeiro por contrariedade, *v.g.*, à Constituição brasileira, também não configura conflito hierárquico de normas: nos casos de exceção de ordem pública,[9] a regra de direito estrangeiro é excluída, não pela sua contrariedade hierárquica à lei superior nacional, mas porque a ordem jurídica interna, mediante regra ou princípio, impede a aplicação de regra ou princípio de outra ordem jurídica.[10]

Exclui-se igualmente do controle de constitucionalidade a ser exercido pelos árbitros aquele que se faz em *abstrato*, tendo em vista que os árbitros não podem proferir decisões com eficácia *erga omnes*, por extrapolar os limites da jurisdição criada pelas partes na convenção de arbitragem.[11]

O conflito hierárquico de normas pode ocorrer em duas situações. Pode haver coincidência entre a jurisdição do país no qual a arbitragem tem a sua sede e o direito aplicável ao mérito da disputa (por exemplo, arbitragem com sede no Brasil e aplicação do direito brasileiro) ou o direito aplicável ao mérito pode ser oriundo de país distinto daquele no qual se processa a arbitragem (*v.g.*, arbitragem com sede no Brasil, com aplicação do direito italiano ao mérito da disputa). Em ambos os casos, a obrigação do árbitro de julgar o caso de acordo com o direito aplicável será, rigorosamente, a mesma: para cumprir fielmente a sua missão, deve ele considerar o ordenamento jurídico na sua integralidade,[12] tendo a Constituição como o seu instrumento normativo fundamental.[13]

No entanto, a solução concreta do problema é mais complexa do que a teoria parece sugerir. Tendo em vista que os ordenamentos jurídicos nacionais possuem métodos

---

aos mecanismos corretivos do direito local conflitante com o direito internacional, o art. 27 da Convenção de Viena sobre o Direito dos Tratados, de 23.05.1969, incorporada pelo Decreto 7.030, de 14.12.2009, estabelece que uma "parte não pode invocar as disposições de seu direito interno para justificar o inadimplemento de um tratado" (Disponível em: <http://www.planalto.gov.br/ccivil_03/_ato2007-2010/2009/decreto/d7030.htm>).

9   Cf. art. 17 da Lei de Introdução às Normas do Direito Brasileiro, com a redação dada pela Lei 12.376, de 30.12.2010: "As leis, atos e sentenças de outro país, bem como quaisquer declarações de vontade, não terão eficácia no Brasil, quando ofenderem a soberania nacional, a ordem pública e os bons costumes".

10   "Pour la même raison, le mécanisme de l'exception d'ordre public international, ou celui des lois de police, par lesquels une règle appartenant à la loi applicable est évincée au profit d'une règle ou d'une principe relevant d'un autre ordre juridique, ne mettent pas en cause une hiérarchie de normes; la règle évincée l'est, dans ces cas, en raison du contenu particulier de la règle ou du principe qui provoque l'éviction, et non de leur position plus élevée dans une hiérarchie de normes" (MAYER, Pierre. L'arbitre international... cit., p. 362).

11   NERY JUNIOR, Nelson. *Princípios do processo civil na Constituição Federal*. 6. ed. São Paulo: RT, 2000. p. 79.

12   "The determination that a national law shall apply encompasses all rules of that law with the hierarchy of sources as valid in that system. This will include references to statutes, case law, scholarly writings and customs, with the authority they are vested within that legal system" (MISTELIS, Loukas A. et al. *Comparative International Commercial Arbitration*. The Hague: Kluwer Law International, 2003. p. 445).

13   "Pode-se afirmar que toda a atividade jurídica, desde a jurisdicional até a contratual, em geral, só pode se desenvolver dentro do 'cone de luz' da Constituição, ou seja, sob o guarda-chuva de proteção (mas também limitativo) do sistema constitucional" (IUDICA, Giovanni. Arbitragem e questões relativas à constitucionalidade. *RARB* 1/79).

diferentes de controle de constitucionalidade das leis,[14] a análise do direito comparado indica que o árbitro pode resolver tal dilema de três maneiras distintas: a) pode declarar a inconstitucionalidade diretamente; b) pode concluir pela inexistência de poderes para examinar essa incompatibilidade ou, ainda, c) pode submeter ao juiz estatal competente o exame da questão de acordo com o que dispuser o direito aplicável.

Tendo em vista que o árbitro não é órgão do Estado, e nem se sujeita aos efeitos da *lex fori*, a determinação da competência dos árbitros para exercer o controle difuso de constitucionalidade das normas deve ser feita com abstração das regras de competência específica conferidas pela legislação processual comum ao juízo estatal para tal atividade.

2. TEORIAS ACERCA DOS PODERES DOS ÁRBITROS PARA EXERCER O CONTROLE DE CONSTITUCIONALIDADE

a) Controle de constitucionalidade pelo exercício de jurisdição arbitral simétrica

A hierarquia das normas constitucionais pode ser de natureza formal ou material. Aquela se refere ao processo de elaboração das leis: a norma somente será formalmente constitucional se as regras de competência e do processo legislativo para a edição do ato tiverem sido, fielmente, observadas.[15] Já a hierarquia material da Constituição diz respeito ao conteúdo do ato infraconstitucional: a norma será válida se o seu conteúdo for compatível com as regras constitucionais de organização, definidoras de direitos, programáticas e respeitar o princípio da proporcionalidade.[16] Se o ato normativo for formal ou materialmente inconstitucional, a sua invalidade deve ser declarada.

O Professor Pierre Mayer critica a denominada *concepção normativa* do conflito hierárquico de normas. Para ele, para se determinar a validade constitucional da norma não se deve apenas verificar a compatibilidade formal e material do ato, sendo necessário verificar, também, o efetivo papel que ele desempenha perante a sociedade. Para Pierre Mayer, ao defender a *concepção realista* do conflito hierárquico, a conformação da lei com a Constituição depende, essencialmente, das decisões judiciais: as normas existem na medida em que o Judiciário as aplica, pois são as decisões deste Poder que concretizam os direitos e obrigações dos indivíduos. Além disso, o referido autor sustenta que a

---

[14] Como se sabe, o controle de constitucionalidade pode estar difusamente distribuído entre vários órgãos do Poder Judiciário (como ocorre nos EUA e no Brasil); pode ser exercido por uma Corte Constitucional com competência exclusiva para tal atividade (Alemanha, Áustria e Itália), ou não ser suscetível de nenhum tipo de controle jurisdicional (Holanda) (cf. ANDRADE, Gustavo Fernandes de. Comparative Constitutional Law: Judicial Review. 3 *U. Pa. J. Const. L.* 977, 2001).

[15] Cf. LENZA, Pedro. *Direito constitucional esquematizado*. 15. ed. rev., atual e ampl. São Paulo: Saraiva, 2011. p. 232; MENDES, Gilmar Ferreira. Controle de constitucionalidade. In: BRANCO, P. G. G.; COELHO, I. M.; MENDES, G. M. *Curso de direito constitucional*. 5. ed. São Paulo: Saraiva, 2010. p. 1.170; e BARROSO, Luís Roberto. *O controle de constitucionalidade no direito brasileiro*: exposição sistemática da doutrina e análise crítica da jurisprudência. 2. ed. rev. e atual. São Paulo: Saraiva, 2006. p. 26.

[16] BARROSO, Luís Roberto. *O controle de constitucionalidade...* cit., p. 29.

simples contradição da norma com a Constituição não conduziria, necessariamente, ao reconhecimento da sua inconstitucionalidade, pois isso só ocorrerá se os juízes possuírem competência para declarar inválido o ato do Parlamento.[17]

Tal concepção tem implicações relevantes para a arbitragem, pois, se aceita a teoria, o árbitro só poderá exercer o controle de constitucionalidade se igual competência for outorgada aos juízes estatais.[18] De acordo com Pierre Mayer, há, portanto, uma verdadeira *simetria* de poderes entre a jurisdição estatal e a arbitral, estando os árbitros limitados àquelas atribuições conferidas, expressa ou implicitamente, ao juízo estatal para fins de controle de constitucionalidade de leis. Em síntese, se o juiz estatal não estiver autorizado a declarar inválida a norma, não se poderá conferir ao árbitro tal atribuição.

Desta forma, se, por exemplo, em uma arbitragem com sede no Brasil, o direito aplicável ao mérito for o Francês, os árbitros não poderiam, se aceita a tese, negar vigência a determinada lei francesa por considerá-la contrária à Constituição daquele país, tendo em vista que o juiz francês não possui igual competência, reservada, naquele sistema, ao Conselho Constitucional.[19] Se, alternativamente, o direito aplicável ao mérito dessa hipotética arbitragem conduzida no Brasil fosse o italiano, o tribunal arbitral, ao adotar a concepção simétrica defendida por Pierre Mayer, se encontraria diante de uma situação ainda mais complexa. Considerando-se que a Corte Constitucional daquele país entende que os árbitros devem lhe submeter a alegação de inconstitucionalidade da lei italiana para julgamento,[20] mesmo que os árbitros decidissem proceder ao envio da denominada "Questão de Legitimidade Constitucional" àquela Corte, restaria a dúvida acerca da legitimação de um tribunal arbitral, com sede no estrangeiro, para suscitar o incidente.[21]

---

[17] MAYER, Pierre. L'arbitre international... cit., p. 374.

[18] "Mais la simple contrariété à une norme supérieure ne conduit pas nécessairement à une telle prédiction: encore faut-il que le juge ait le pouvoir de la sanctionner. S'il ne l'a pas, c'est en fait la norme inférieure qui est la norme en vigueur, malgré la contrariété à la norme supérieure. Pour l'arbitre, la tâche d'appliquer au litige dont il est saisi le droit d'un certain pays, que cette tâche lui soit imposée par les parties ou qu'il ait décidé lui-même de s'y soumettre, ne peut se traduire que par l'application des règles qui sont effectivement en vigueur dans ce droit, c'est-à-dire celles qui seraient appliquées à un cas identique par les tribunaux du pays en cause. Elle ne peut avoir d'autre sens ni pour lui, ni pour les parties. Pas plus qu'il ne serait acceptable qu'un arbitre fasse prévaloir, parce qu'elle lui paraîtrait meilleure, son interprétation d'une règle étatique sur celle clairement consacrée par les tribunaux du pays qui l'a édictée ..." (MAYER, Pierre. L'arbitre international... cit., p. 375).

[19] Cf. Constituição Francesa, arts. 61, 61-1 e 62 (http://www.conseil-constitutionnel.fr/conseil--constitutionnel/root/bank_mm/portugais/constitution_portugais.pdf).

[20] *Consorzio Ricostruzione vs. Comune di Napoli Corte Costituzionale*, Sentenza 22 novembre 2001, n. 376. Pres. Ruperto; Rel. Marini. (http://www.diritto.it/sentenze/cortecost/sent_376_01.html).

[21] Cf. Legge Costituzionale 9 febbraio 1948: "Art. 1.º La questione di legittimità costituzionale di una legge o di un atto avente forza di legge della Repubblica, rilevata d'ufficio o sollevata da una delle parti nel corso di un giudizio e non ritenuta dal giudice manifestamente infondata, è rimessa alla Corte costituzionale per la sua decisione" (Disponível em: <http://www.cortecostituzionale.it/documenti/download/pdf/CC_SS_fonti_lc_09021948_n_1_rev.pdf>).

Muito embora o acolhimento da concepção simétrica do controle de constitucionalidade não apresente maiores dificuldades nas arbitragens meramente domésticas e nos casos em que a equiparação com o juiz estatal permite o exercício de tal controle diretamente pelos árbitros, devem-se questionar as premissas de tal teoria. Se o árbitro exerce jurisdição como os juízes estatais; se o árbitro não é órgão integrante da estrutura do Estado e se a ele, em regra, não se aplica a *lex fori*, a incorporação, por simetria, das regras de competência do direito nacional acerca do exercício do controle de constitucionalidade não deveria, a rigor, ser relevante para se determinar os poderes do árbitro nessa matéria, a ser aferida de modo autônomo.

b) Controle de constitucionalidade pelo exercício de jurisdição autônoma

De acordo com a concepção normativa defendida por Jan Paulsson, claramente influenciada por Santi Romano[22] e Hans Kelsen,[23] uma norma só é válida se houver sido estabelecida de acordo com a norma superior que lhe serve de fundamento. Consequentemente, se o árbitro tem por missão aplicar um determinado direito para proferir a sentença, ele jamais poderá completar tal missão sem verificar a compatibilidade da norma invocada com a Constituição.[24] Ademais, diante da supremacia da Constituição, o árbitro, ao aplicar o direito ao caso concreto, deve priorizar sempre a norma superior, mesmo que igual atribuição não seja reconhecida ao juiz estatal. Segundo Jan Paulsson, ainda que, de acordo com as leis processuais aplicáveis, o árbitro pudesse suspender o processo arbitral para encaminhar a questão prejudicial de constitucionalidade da norma ao juiz estatal, ele não deveria exercer tal prerrogativa, pois, se assim procedesse, ele estaria renunciando ao dever de julgar a causa nos termos da missão outorgada ele pelas partes.[25]

Jan Paulsson fundamenta a sua argumentação em duas premissas principais. Em primeiro lugar, o direito escolhido pelas partes, ou aplicado pelo árbitro em observância das regras de conflito, forma uma unidade indissolúvel e tal unidade observa, necessariamente, a ordem hierárquica estabelecida pela Constituição. Consequentemente, para interpretar e fazer incidir o direito aplicável o árbitro deve, obrigatoriamente, respeitar essa ordem hierárquica. Além disso, não sendo o árbitro órgão integrante da jurisdição estatal, ele não precisa observar as regras de processo aplicáveis para o julgamento da questão incidental de constitucionalidade, devendo decidir tal questão com abstração das condicionantes impostas ao juiz estatal.[26]

---

[22] "L'Ordinamento Giuridico, Studi sul Concetto, le Fonti e i Caratteri del Diritto", Gale, Making of Modern Law Ed., 2013.

[23] KELSEN, Hans. *Teoria pura do direito*. 2. ed. Coimbra: Armenio Amado, 1962. v. II, p. 149.

[24] Unlawful Laws and the Authority of International Tribunals, *ICSID Review-Foreign Law Journal*, v. 23, n. 2, p. 215 e ss., 2008.

[25] Ob. cit., p. 226.

[26] "At one level down, we find issues of licitness of purported acts of legislation. This is ordinary constitutional law, *i.e.* evaluating enactments by the light of the formal constitution in place. There is nothing at all unorthodox about the proposition that international tribunals empowered to apply

A concepção autônoma do controle de constitucionalidade centra-se no reconhecimento de que aos árbitros se confere jurisdição,[27] que se exercita de modo *autônomo*, sem que se transfiram para o âmbito do processo arbitral as regras típicas e de observância obrigatória dos processos judiciais.[28] Se ao árbitro se reconhece o poder de julgar a lide nos limites da respectiva convenção,[29] devendo decidir as questões de fato e de direito que lhe forem submetidas, sob pena de nulidade da sentença,[30] não se deve, portanto, subtrair-lhe o poder de resolver, incidentalmente e com efeitos limitados às partes do processo, a questão relativa à validade constitucional da norma, sem a qual a sua missão de julgar o caso não se exerce na sua plenitude.

---

national law make plenary determinations about constitutionality – no matter what government officials say, without any subservience to pronouncements by a national judiciary" (ob. cit., p. 226).

[27] Confirmado pelo entendimento amplamente dominante da doutrina brasileira, como se verifica, *e.g.*, nos estudos de CARMONA, Carlos Alberto. *Arbitragem e processo*: um comentário à Lei n.º 9.307/96. 2. ed. São Paulo: Atlas, 2004. p. 45-46; WALD, Arnoldo. Algumas considerações a respeito da cláusula compromissória firmada pelos Estados nas suas relações internacionais. *Rarb*, São Paulo: RT, n. 18, p. 295, 2003; BARBOSA MOREIRA, José Carlos. La nuova legge brasiliana sul arbitrato. *Temas de direito processual*. 6.ª série. São Paulo: Saraiva, 1997. p. 283; THEODORO JÚNIOR, Humberto. *Curso de direito processual civil*. 36. ed. Rio de Janeiro: Forense, 2006. v. III, n. 1.472-f; NERY JUNIOR, Nelson; NERY, Rosa Maria de Andrade. *Código de Processo Civil comentado*. 9. ed. São Paulo: RT, p. 1167; CARNEIRO, Athos Gusmão. *Jurisdição e competência*. 17. ed. São Paulo: Saraiva, 2010. p. 55-58; ALVIM, J. E. Carreira. *Direito arbitral*. 2. ed. Rio de Janeiro: Forense, 2004. p. 46; DIDIER JR., Fredie. *Curso de direito processual civil*. 11. ed. Salvador: JusPodivm, 2009. p. 82-85; FIGUEIRA JR., Joel Dias. *Manual da arbitragem*. São Paulo: RT, 1997. p. 96-97; BERMUDES, Sergio. *Juízo arbitral e juízo comum*: solução de conflitos. Arbitragem doméstica e internacional. Estudos em homenagem ao professor Theóphilo de Azeredo Santos. São Paulo: Forense, p. 378; e MARTINS, Pedro Batista. *Apontamentos sobre a lei de arbitragem*. São Paulo: Forense, p. 218.

[28] Note-se que há doutrina claramente minoritária que sustenta a impossibilidade do controle de constitucionalidade pelos árbitros sob a justificativa de que estes não exerceriam verdadeira jurisdição, mas possuiriam, apenas, "poderes decisórios". Confira-se: "However, no constitution expressly provides for an arbitral assessment of the validity of national norms purported to be unconstitutional. By drawing upon a distinction between the concepts of jurisdictional power and decision-making power, vis-à-vis the functions performed by both judges and international decision makers, this article argues that the task of determining whether a norm is valid or not is a categorically jurisdictional function that should be decided solely by the state courts in exercise of their jurisdictional power. [...] Accordingly, it can be said that the power to consider whether specific provisions of national law are valid by reference to constitutional norms is a categorically jurisdictional function that goes beyond the scope of the arbitrator's decision-making powers. Consequently, it is submitted that, in arbitration proceedings, when a norm is purported to be contrary to constitutional provisions, arbitrators will have to inexorably 'apply' the purportedly unconstitutional norm, in which case they would be applying a norm that, as will be seen further on, is technically valid" (BETANCOURT, Julio César. Understanding the "Authority" of International Tribunals: A Reply to Professor Jan Paulsson. J. Int. Disp. Settlement 4(2): 227-244, p. 227 e 236, 2013).

[29] Lei de Arbitragem, arts. 32, IV, e 38, IV.

[30] Lei de Arbitragem, art. 26, II.

3. MODELOS DE CONTROLE DE CONSTITUCIONALIDADE

A doutrina apresenta variadas classificações para os modelos de controle de constitucionalidade. No que se refere ao órgão competente, o controle pode ser político,[31] jurisdicional ou híbrido.[32] No que diz respeito ao tipo jurisdicional de controle de constitucionalidade, este pode ser *concentrado* (austríaco ou europeu), conferindo-se competências exclusivas para a declaração a uma Corte Constitucional ou órgão jurisdicional superior, que decidirá o tema como questão principal e com eficácia *erga omnes*;[33] *difuso* (ou americano), no qual se atribui a todos os juízes o poder-dever de declarar, incidentalmente e com eficácia restrita às partes do processo, a invalidade da norma;[34] e *misto*, no qual convivem, harmonicamente, o controle difuso, exercido por todos os juízes, e o controle concentrado exercido por uma Corte Constitucional ou Tribunal Supremo com competência exclusiva para decidir a questão em determinadas ações de perfil abstrato.[35] Quanto à forma, o controle pode ser *incidental*, no qual a decisão acerca da constitucionalidade é prejudicial do mérito da ação, ou *principal*, hipótese em que a questão constitucional é formulada autonomamente e constitui o próprio objeto da ação.

Como se disse anteriormente, o controle de constitucionalidade de que aqui se trata é exclusivamente o *difuso*, a ser decidido pelos árbitros como questão meramente incidental ao julgamento do mérito da ação arbitral.

Note-se, contudo, que, mesmo nos países que adotam, exclusivamente, o modelo concentrado de constitucionalidade, nos quais os juízes comuns não podem declarar a inconstitucionalidade das leis,[36] em decorrência da adoção de um sistema constitucional

---

[31] É o caso da Constituição da Holanda ("Artikel 120. De rechter treedt niet in de beoordeling van de grondwettigheid van wetten en verdragen" – file:///C:/Users/gf048317/Downloads/Netherlands_Constitution_as_of_2015_nl.pdf) e do Reino Unido.

[32] BARROSO, Luís Roberto. *O controle de constitucionalidade...* cit., p. 43.

[33] Entre os países da Comunidade Europeia, diversos possuem regras expressas nas respectivas Constituições outorgando competência às Cortes Constitucionais para o controle concentrado de constitucionalidade (cf., *v.g.*, Áustria, art. 140; Bélgica, arts. 141-142; Bulgária, art 149; República Tcheca, art 87; Estonia, art. 149; Finlândia, art. 106; França, arts. 61-62; Alemanha, art. 93; Hungria, art. 24; Itália, art. 134; Polônia, art. 188; Espanha, art. 161; e Suécia, art. 14).

[34] BARBOSA MOREIRA, José Carlos. *Comentários ao Código de Processo Civil*. 6. ed. Rio de Janeiro: Forense, 1993. v. V, p. 30.

[35] BRANCO, P. G. G.; COELHO, I. M.; MENDES, G. M. *Curso de direito constitucional*. 4. ed. São Paulo: Saraiva, 2010. p. 1.056.

[36] Cf. art. 89 da Constituição austríaca: "Artikel 89. (1) Die Prüfung der Gültigkeit gehörig kundgemachter Verordnungen, Kundmachungen über die Wiederverlautbarung eines Gesetzes (Staatsvertrages), Gesetze und Staatsverträge steht, soweit in den folgenden Absätzen nicht anderes bestimmt ist, den ordentlichen Gerichten nicht zu. (2) Hat ein ordentliches Gericht gegen die Anwendung einer Verordnung aus dem Grund der Gesetzwidrigkeit, einer Kundmachung über die Wiederverlautbarung eines Gesetzes (Staatsvertrages) aus dem Grund der Gesetzwidrigkeit, eines Gesetzes aus dem Grund der Verfassungswidrigkeit oder eines Staatsvertrages aus dem Grund der Rechtswidrigkeit Bedenken, so hat es den Antrag auf Aufhebung dieser Rechtsvorschrift

ARBITRAGEM E CONTROLE DE CONSTITUCIONALIDADE: ALGUMAS REFLEXÕES | **745**

que se funda, em larga medida, na supremacia parlamentar,[37] há procedimentos específicos nas respectivas constituições autorizando o envio do incidente à Corte Constitucional para julgamento.[38] Nesses casos, se a questão relativa à constitucionalidade da lei for essencial para o julgamento do mérito da ação, o juiz a encaminhará, de acordo com o que dispuser a legislação específica e observando-se os seus requisitos de admissibilidade, à Corte Constitucional para decisão.

No que se refere ao ordenamento jurídico europeu, o art. 267 do Tratado da União Europeia contempla mecanismo análogo ao estabelecido pela maioria das Constituições dos seus países signatários: se houver incompatibilidade entre o direito nacional e as normas do Tratado, os juízes nacionais não podem reconhecê-la diretamente, devendo encaminhar o conflito ao Tribunal de Justiça da União, que possui competência exclusiva para tal julgamento.[39]

---

beim Verfassungsgerichtshof zu stellen" (https://www.ris.bka.gv.at/Dokumente/Erv/ERV_1930_1/ERV_1930_1.pdf).

[37] JACKSON, Vicky; TUSHNET, Mark. *Comparative Constitutional Law*. Nova Iorque: Foundation Press, 1999. p. 461.

[38] Cf., *v.g.*, o art. 163 da Constituição Espanhola ("Cuando un órgano judicial considere, en algún proceso, que una norma con rango de ley, aplicable al caso, de cuya validez dependa el fallo, pueda ser contraria a la Constitución, planteará la cuestión ante el Tribunal Constitucional en los supuestos, en la forma y con los efectos que establezca la ley, que en ningún caso serán suspensivos" – http://www.congreso.es/consti/constitucion/indice/titulos/articulos.jsp?ini=159&fin=165&tipo=2); art. 100(1) da Constituição alemã ("Hält ein Gericht ein Gesetz, auf dessen Gültigkeit es bei der Entscheidung ankommt, für verfassungswidrig, so ist das Verfahren auszusetzen und, wenn es sich um die Verletzung der Verfassung eines Landes handelt, die Entscheidung des für Verfassungsstreitigkeiten zuständigen Gerichtes des Landes, wenn es sich um die Verletzung dieses Grundgesetzes handelt, die Entscheidung des Bundesverfassungsgerichtes einzuholen. Dies gilt auch, wenn es sich um die Verletzung dieses Grundgesetzes durch Landesrecht oder um die Unvereinbarkeit eines Landesgesetzes mit einem Bundesgesetze handelt" – https://www.gesetze-im-internet.de/gg/BJNR000010949.html); e art. 61-1 da Constituição francesa ("Lorsque, à l'occasion d'une instance en cours devant une juridiction, il est soutenu qu'une disposition législative porte atteinte aux droits et libertés que la Constitution garantit, le Conseil constitutionnel peut être saisi de cette question sur renvoi du Conseil d'État ou de la Cour de cassation qui se prononce dans un délai déterminé. Une loi organique détermine les conditions d'application du présent article" – http://www.conseil-constitutionnel.fr/conseil-constitutionnel/francais/la-constitution/la-constitution-du-4-octobre-1958/texte-integral-de-la-constitution-du-4-octobre-1958-en-vigueur.5074.html#article61).

[39] "Artigo 267. O Tribunal de Justiça da União Europeia é competente para decidir, a título prejudicial: 11 a) Sobre a interpretação dos Tratados; b) Sobre a validade e a interpretação dos actos adoptados pelas instituições, órgãos ou organismos da União. Sempre que uma questão desta natureza seja suscitada perante qualquer órgão jurisdicional de um dos Estados-Membros, esse órgão pode, se considerar que uma decisão sobre essa questão é necessária ao julgamento da causa, pedir ao Tribunal que sobre ela se pronuncie. Sempre que uma questão desta natureza seja suscitada em processo pendente perante um órgão jurisdicional nacional cujas decisões não sejam susceptíveis de recurso judicial previsto no direito interno, esse órgão é obrigado a submeter a questão ao Tribunal. Se uma questão desta natureza for suscitada em processo pendente perante um órgão jurisdicional nacional relativamente a uma pessoa que se encontre detida, o Tribunal pronunciar-

Ressalte-se, contudo, que o modelo europeu de controle de constitucionalidade somente confere legitimidade para o encaminhamento da questão constitucional a órgãos *judiciais* ou a eles equiparados. Por exemplo, a Constituição espanhola se refere a "órgano judicial";[40] a francesa a uma "instance en cours devant une juridiction";[41] a Lei italiana 87, de 11.03.1953, restringe a legitimação para suscitar a questão constitucional a uma "autorità giurisdizionale",[42] e o art. 100(1) da Constituição alemã fala em *Gericht* (tribunal) para tratar dos legitimados para suscitar o controle de constitucionalidade perante o *Bundesverfassungsgerichtes*, o Tribunal Constitucional Federal.[43] No âmbito do Tratado da União Europeia, o referido art. 267 limita a "órgão jurisdicional nacional" a legitimidade para o envio da questão convencional ao Tribunal de Justiça da União.[44]

Como se percebe, a escolha de determinada teoria acerca do conflito hierárquico de normas possui implicações práticas evidentíssimas para o processo arbitral. A automática equiparação do árbitro ao juiz estatal para tal finalidade levará, inevitavelmente, à necessidade de se verificar (a) os poderes do juiz estatal em matéria de controle de constitucionalidade e (b) o procedimento a ser seguido pelos árbitros para o eventual envio do incidente ao juízo competente. E mesmo nos casos em que o juiz estatal possua competência para suscitar a questão isso não significa, necessariamente, que o árbitro possuirá igual prerrogativa, diante das variadas restrições constitucionais impostas nessa matéria como se verá a seguir.

4. VISÃO COMPARATIVA DO PROBLEMA

As diversas concepções e teorias acerca dos limites da jurisdição arbitral conduziram a soluções distintas no que se refere aos poderes dos árbitros para decidir, em um caso concreto, o conflito hierárquico de normas. O exame da jurisprudência específica

---

    -se-á com a maior brevidade possível" (http://curia.europa.eu/jcms/upload/docs/application/pdf/2009-11/pt_extrait_cour.pdf).

[40]   Art. 163 (http://www.boe.es/buscar/doc.php?id=BOE-A-1978-31229).

[41]   Art.61-1(http://www.conseil-constitutionnel.fr/conseil-constitutionnel/francais/la-constitution/la-constitution-du-4-octobre-1958/texte-integral-de-la-constitution-du-4-octobre-1958-en-vigueur.5074.html#article61www).

[42]   "Art. 23. Nel corso di un giudizio dinanzi ad una autorità giurisdizionale una delle parti o il pubblico ministero possono sollevare questione di legittimità costituzionale mediante apposita istanza, indicando: a) le disposizioni della legge o dell'atto avente forza di legge dello Stato o di una Regione, viziate da illegittimità costituzionale; b) le disposizioni della Costituzione o delle leggi costituzionali, che si assumono violate. L'autorità giurisdizionale, qualora il giudizio non possa essere definito indipendentemente dalla risoluzione della questione di legittimità costituzionale o non ritenga che la questione sollevata sia manifestamente infondata, emette ordinanza con la quale, riferiti i termini ed i motivi della istanza con cui fu sollevata la questione, dispone l'immediata trasmissione degli atti alla Corte costituzionale e sospende il giudizio in corso" (http://www.cortecostituzionale.it/ActionPagina_224.do).

[43]   Cf. nota 36, *supra*.

[44]   Cf. nota 37, *supra*.

acerca do tema indica que há sistemas jurídicos que proíbem o julgamento do incidente de inconstitucionalidade pelo árbitro; há ordenamentos que condicionam a resolução da questão ao seu envio ao juiz estatal competente para a matéria e, por fim, aqueles nos quais se reconhece o poder do árbitro para declarar, com eficácia restrita às partes do processo arbitral, a inconstitucionalidade da lei ou ato normativo.

4.1. Sistemas que proíbem o controle de constitucionalidade pelo árbitro

No sistema francês, o Conselho Constitucional é único órgão com atribuição para declarar a inconstitucionalidade em abstrato das leis editadas pelo Parlamento.[45] Contudo, desde 1.º.03.2010, qualquer parte de um procedimento civil ou administrativo pode pedir a declaração de inconstitucionalidade da norma, denominada de Questão Prioritária de Constitucionalidade. Tal questão é suscitada perante o juízo ordinário no qual se processa a causa, que decide se remete ou não o requerimento à Corte de Cassação ou ao Conselho de Estado, conforme o caso. Se entender presentes os requisitos de admissibilidade, a Corte de Cassação, ou o Conselho de Estado, encaminha o incidente ao Conselho Constitucional para decisão. Todavia, o árbitro não pode suscitar a Questão Prioritária de Constitucionalidade em razão do entendimento de que ele não integra a estrutura judiciária do sistema francês.

Com efeito, em um caso recentemente julgado pela Corte de Cassação, relativo a uma arbitragem envolvendo uma disputa entre um advogado e a respectiva sociedade da qual ele fazia parte, decidiu-se que a alegada incompatibilidade entre o art. 1843-4 do Código Civil francês e a Constituição francesa não deveria ser objeto da Questão Prioritária de Constitucionalidade, tendo em vista que o árbitro não poderia ser considerado "tribunal judicial" para fins de suscitar a referida questão perante o Conselho Constitucional.[46] No mesmo sentido, em *Société Smeg NV v. Soc. La Poupardine*, a Corte de Cassação entendeu que a decisão de um tribunal arbitral, que se declarou incompetente para examinar a compatibilidade de uma norma de direito francês com o direito comunitário europeu, não violava a missão conferida aos árbitros para o julgamento do mérito do litígio, por se entender que tal decisão extrapolaria da jurisdição arbitral.[47] Ao assim decidir, a Corte

---

[45] Art. 61 e seguintes (https://www.legifrance.gouv.fr/affichTexte.do?cidTexte=LEGITEXT0000060 71194#LEGIARTI000019241071).

[46] [2012/01] Cour de cassation (1re Ch. civ., e Cour de Cassation (Ch. Com.), 28 Juin 2011, Arrêt n.º 804, aff. N.º P 11-40.030 (QPC). *Revue de l'Arbitrage*, v. 2011, Issue 3, p. 836: "L'arbitre investi de son pouvoir juridictionnel par la volonté commune des parties ne constituant pas une juridiction relevant de la Cour de cassation au sens de l'article 23-1 de l'ordonnance n° 58-1067 du 7 novembre 1958 portant loi organique sur le Conseil constitutionnel, il s'ensuit que la question transmise par l'arbitre désigné par le bâtonnier, saisi en application d'une convention d'arbitrage, est irrecevable". Cf. Elie Kleiman and Shaparak Saleh, Arbitrators cannot seek a ruling on the constitutionality of statutory provisions, October 13 2011 (http://www.lexology.com/library/detail. aspx?g=8ad65e5f-02ba-4e24-9612-9555bb0bacc7#17).

[47] [2012/01] Cour de cassation (1re Ch. civ.), 29 juin 2011, Société Smeg NV c/ soc. La Poupardine (Arrêt n.º 702, F-S-P+B+I, pourvoi n° 10-16680 – M. Charruault, prés., Mme Pascal, cons. rapp.,

de Cassação deixou claro que os árbitros não estão obrigados a se pronunciar sobre a adequação de uma norma de direito nacional com as regras de cumprimento obrigatório do direito comunitário europeu.[48]

No âmbito do Tratado da União Europeia, os juízes dos países integrantes da comunidade europeia também não podem declarar inválidas as regras de direito nacional pela contrariedade ao direito comunitário: nos termos do art. 267 do referido Tratado, tal competência foi reservada ao Tribunal de Justiça da União.[49] Por considerar que os tribunais arbitrais não se qualificam como "órgão jurisdicional nacional" para fins do controle de compatibilidade com o direito comunitário, o Tribunal de Justiça da União decidiu nos casos *Nordsee v Reederei Mond*[50] e *Guy Denuit e Betty Cordenier v. Transorient – Mosaïque Voyages et Culture SA*,[51] que o árbitro não possui legitimidade para encaminhar a questão da compatibilidade da norma com o Tratado diretamente ao Tribunal de Justiça

---

M. Gauthier, av. gén. – SCP Monod et Colin, av. – Décision attaquée : Paris (Pôle 1 – Ch. 1), 17 décembre 2009. Rejet.): "Ayant relevé que le litige soumis aux arbitres avait pour objet l'appréciation du bien-fondé de la rupture unilatérale du contrat par la défenderesse, la cour d'appel, juge de l'annulation, qui n'avait pas le pouvoir de réviser la décision au fond, a pu en déduire que les arbitres, en se déclarant, fût-ce à tort, incompétents pour statuer tant sur la conformité au droit communautaire de la décision de refus d'agrément de la demanderesse, prise par l'ONIC en application de la réglementation nationale alors en vigueur que sur la légalité de l'article L. 211-16 du Code rural au regard des règles communautaires, et en déclarant la résiliation fondée, s'étaient conformés à leur mission".

[48] SANCHEZ, Elena Sevila. Smeg NV v. EARL Poupardine, Court of Cassation of France, First Civil Law Chamber, 29 June 2011. *Revista del Club Español del Arbitraje*, Kluwer España, v. 2012, issue 15, p. 147-149.

[49] Cf. nota 36, *supra*.

[50] Processo n.º C-102/82, j. 23.03.1982: "13. It follows from these considerations that the link between the arbitration procedure in this instance and the organization of legal remedies through the courts in the member state in question is not sufficiently close for the arbitrator to be considered as a 'court or tribunal of a member state' within the meaning of article 177. [...] 15. It is for those national courts and tribunals to ascertain whether it is necessary for them to make a reference to the court under article 177 of the treaty in order to obtain the interpretation or assessment of the validity of provisions of community law which they may need to apply when exercising such auxiliary or supervisory functions" (http://eur-lex.europa.eu/legal-content/EN/TXT/?uri=CELEX%3A61981CJ0102).

[51] Processo 125/2004, j. 27.01.2005: "Questões prejudiciais – Apresentação ao Tribunal de Justiça – Órgão jurisdicional nacional na acepção do artigo 234.º CE – Conceito – Tribunal arbitral – Exclusão. (Artigo 234.º CE). Um tribunal arbitral voluntário como o collège d'arbitrage de la Commission de Litiges Voyages (Bélgica), que dirime litígios entre particulares e agências de viagens, não constitui um órgão jurisdicional de um EstadoMembro na acepção do artigo 234.º CE, uma vez que não há qualquer obrigação, nem de direito nem de facto, de as partes contratantes confiarem os seus diferendos à arbitragem e que as autoridades públicas belgas não estão implicadas na escolha da via da arbitragem" (http://curia.europa.eu/juris/celex.jsf?celex=62004CJ0125&lang1=en&lang2=PT&type=TXT&ancre=). No mesmo sentido, cf. *Commune d'Almelo v. NV Energiebedrijf Ijsselmij* (Processo C-393/92, j. 27.04.1994, http://eur-lex.europa.eu/legal-content/PT/TXT/HTML/?uri=CELEX:61992CJ0393&from=EL) e *Eco Swiss* (C-126/97, Colect., p. I-3055, n. 34).

da União. Se houver efetivamente tal incompatibilidade, esta deverá ser suscitada pelo juiz estatal encarregado da ação de cumprimento ou de anulação da sentença arbitral.[52]

Na arbitragem CCI 6320, o tribunal arbitral foi confrontado com a alegação de que o Racketeer Influenced and Corrupt Organizations Act (RICO)[53] americano seria contrário à Constituição dos Estados Unidos, o que os árbitros rejeitaram sob a justificativa de que tal declaração extrapolaria dos poderes conferidos a eles mediante a estipulação da convenção de arbitragem.[54-55]

Nos casos considerados acima, pode-se concluir que, entre a miríade de competências outorgadas aos árbitros para o julgamento da lide não se inclui a de decidir, *incidenter tantum*, o conflito hierárquico de normas.

---

[52] Note-se que, em sentido diametralmente oposto, a Corte Europeia de Direitos Humanos decidiu no caso *Regent Company v Ukrain* que um tribunal arbitral pode ser considerado como órgão judicial para fins de incidência do art. 6, § 1.º, da Convenção Europeia de Direitos Humanos: "54. In so far as the Government raised an objection to the applicability of Article 6 § 1 of the Convention to arbitration proceedings, the Court reiterates that Article 6 does not preclude the setting up of arbitration tribunals in order to settle disputes between private entities. Indeed, the word 'tribunal' in Article 6 § 1 is not necessarily to be understood as signifying a court of law of the classic kind, integrated within the standard judicial machinery of the country" (file:///C:/Users/gf048317/Downloads/001-85681.pdf).

[53] 18 U.S. Code Chapter 96.

[54] "[143] As an initial matter, the Tribunal will not decide on defendant's contention of the alleged unconstitutionality of the RICO statute and the amendments intended to be made to it. As to the unconstitutionality of a national statute, an international arbitral tribunal might first doubt whether it is empowered to decide upon it, notwithstanding the jurisdiction it has to decide upon the application of the statute. Indeed, to decide that a statute enacted in a sovereign State is unconstitutional, and to refuse to apply it for that reason, would mean that a tribunal rejects the validity and the effects of an element of the law of that State, which is still in force inside the territory of such State, and has not been declared unconstitutional by its competent courts. In the view of this Tribunal, it is highly probable that it does not possess and cannot exercise such an extraordinary power, in any case where the statute in question does not infringe upon transnational public policy, as indeed the RICO statute does not. [144] The Tribunal notes that the RICO statute has not been declared unconstitutional by the Supreme Court of the United States, and is still in force in the United States and applied by its courts. Accordingly, its application cannot be rejected because of its being unconstitutional, but only if the Tribunal were to determine that the conditions of its application were not fulfilled, with regard to its own provisions or to principles and/or rules of international law. This finding cannot be affected by the fact that amendments to the RICO statute are presently under discussion, or even on the way to be enacted. Whatever the contents and the fate of such amendments, they are not yet a part of the law, and cannot therefore have any effect on its applicability" (*Yearbook Commercial Arbitration*, Kluwer Law International, v. 20, p. 62-109, 1995).

[55] Para uma análise completa do caso CCI n.º 6320, cf. Horacio A. Grigera Naón, Can Arbitrators Deal With Hierarchical Conflicts of Laws (e.g. Between a Law and the Constitution)?. In: BORTOLOTTI, Fabio; MAYER, Pierre (Ed.). The Application of Substantive Law by International Arbitrators. *Dossiers of the ICC Institute of World Business Law*, Kluwer Law International, International Chamber of Commerce (ICC), v. 11, p. 97-108, 2014.

4.2. Sistemas que determinam o envio da questão constitucional ao juiz estatal competente

Na Itália, a Corte Constitucional chegou a conclusão diversa daquelas formuladas pela Corte Cassação francesa e pelo Tribunal de Justiça da União Europeia. No julgamento do caso *Consorzio Ricostruzione vs. Comune di Napoli*, a Corte não apenas reconheceu a possibilidade de os árbitros suscitarem a "Questão de Legitimidade Constitucional" da lei, como ainda decidiu ser obrigação do tribunal arbitral levar o incidente à referida Corte sempre que a resolução dele for indispensável para o correto julgamento da lide arbitral.[56-57] Note-se, todavia, que, se o conflito for entre a norma de direito nacional italiano e as regras do direito comunitário europeu, os árbitros deverão resolver o incidente diretamente, sujeitando-se a sua decisão ao controle posterior de validade na eventual ação anulatória da sentença arbitral.[58]

No sistema italiano, a questão constitucional se resolve mediante o envio obrigatório do incidente à Corte Constitucional para julgamento. No entanto, a solução encontrada pela jurisprudência italiana não esclarece se igual competência se reconheceria a tribunais arbitrais sediados fora do território italiano e a quem se tenha atribuído a missão de julgar a lide de acordo com o que determina a respectiva legislação nacional.

---

[56] "Ai limitati fini che qui interessano, e senza addentrarsi nella complessa problematica relativa alla natura giuridica dell'arbitrato rituale, basta osservare che l'arbitrato costituisce un procedimento previsto e disciplinato dal codice di procedura civile per l'applicazione obiettiva del diritto nel caso concreto, ai fini della risoluzione di una controversia, con le garanzie di contraddittorio e di imparzialità tipiche della giurisdizione civile ordinaria. Sotto l'aspetto considerato, il giudizio arbitrale non si differenzia da quello che si svolge davanti agli organi statali della giurisdizione, anche per quanto riguarda la ricerca e l'interpretazione delle norme applicabili alla fattispecie. [...] Conclusivamente, dunque, va affermato, alla luce della richiamata giurisprudenza di questa Corte, che anche gli arbitri rituali possono e debbono sollevare incidentalmente questione di legittimità costituzionale delle norme di legge che sono chiamati ad applicare, quando risulti impossibile superare il dubbio attraverso l'opera interpretativa" (Corte Costituzionale, Sentenza 22 novembre 2001, n. 376. Pres. Ruperto; Rel. Marini, http://www.diritto.it/sentenze/cortecost/sent_376_01.html).

[57] Cf. BENEDETTELLI, Consolo; BROZOLO, Radicati di: "Ai riguardo, sembra da ritenere che il richiamo all'art. 23.1. n. 87/1953 comporti [...] non la semplice facoltá ma l'obbligo degli arbitri di sollevare la questione di legittimità costituzionale, ove ritenuta rilevante e non manifestamente infondata" (*Commentario Breve al Diritto dell'Arbitrato Nazionale ed Internazionale*. Padova: Cedam, 2010. p. 272). No mesmo sentido, cf. CAPPUCI, Luigi. An Important Decision of the Italian 'Corte Costituzionale' regarding the Powers of Arbitral Tribunals to Apply to the Court to Test Constitutionality of a Law: Note – Corte Costituzionale, 22 November 2001, *ASA Bulletin*, v. 20, issue 1, p. 138–141, 2002; e IUDICA, Giovanni. Arbitragem e questões relativas à constitucionalidade. *RARB* 1/79.

[58] "Non é invece contemplata, tra le ipotesi di sospensione del procedimento arbitrale, quella della preguidiziale comunitaria, anche perché, com'è noto, la Corte de Giustizia delle Comunità Europee, con un orientamento anche di recente ribadito, esclude gli arbitri privati dal novero delle giurisdizioni nazionali legittimati ad effettuare il rinvio preguidiziale alla Corte stessa [...]. In tale ipotesi, pertanto, no resta che riconoscere agli arbitri il potere di conoscere *incidenter tantum* della questione pregiudiziale comunitaria e di disapplicare norme e atti amministrative illegittimi, salva la successiva eventuale impugnazione del lodo" (BENEDETTELLI, Consolo; BROZOLO, Radicati di. *Commentario...* cit., p. 272-273).

4.3. Sistemas que permitem o controle de constitucionalidade pelo árbitro

No que se refere aos sistemas favoráveis ao controle de constitucionalidade pelos tribunais arbitrais, a Corte Superior de Córdoba, na Argentina, proferiu importante decisão acerca do tema. Por entender que os árbitros possuem idênticos poderes – e deveres – para declarar inválida a norma contrária à Constituição, a Corte argentina entendeu que um tribunal arbitral, validamente constituído, não encontra limitação nem reserva alguma para decidir acerca do conflito hierárquico de normas:

> En definitiva, la circunstancia de que, para resolver la contienda sometida a arbitraje deba efectuarse el control de constitucionalidad de la normativa que se entiende aplicable, de ninguna manera puede considerarse materia excluida de la competencia al Tribunal arbitral, ni mucho menos, cuestión que deje sin efecto lo pactado por las partes en la cláusula compromisoria. [...] Por todo lo expuesto, consideramos – en sintonía con lo decidido en el fallo en crisis– que el Tribunal arbitral, cuando – como en el caso – está ante un asunto que es de su competencia y que fue sometido por las partes a su jurisdicción, no tiene limitación o reserva alguna para asumir y definir la constitucionalidad de las normas en que fundamentará su laudo. Dicho de otro modo, la interposición de un planteo de inconstitucionalidad no provoca la invalidez de la cláusula compromisoria ni la incompetencia del Tribunal arbitral. De tal guisa, debe confirmarse el acogimiento de la excepción de incompetencia articulada por la parte demandada y –en consecuencia – rechazarse este segmento del embate casatorio, cuestión que así decidimos.[59]

Note-se que a alegação de que a norma questionada – lei de emergência que tratava da "pesificação" da economia argentina – era de natureza cogente não retirava dos árbitros, na visão daquela Corte, a competência para declarar a sua incompatibilidade constitucional.

De forma ainda mais categórica, o Tribunal Constitucional do Peru decidiu, no caso *Sociedad Minera de Responsabilidad Ltda. Maria Julia*, que, por ser a arbitragem uma jurisdição independente, assegurada pela Constituição, as suas competências não poderiam ser submetidas a uma interpretação restritiva que conduzisse à proibição do exercício do controle difuso da constitucionalidade das leis no âmbito de um processo arbitral:

> 24. Siendo el arbitraje una jurisdicción independiente, como expresamente señala la Constitución, y debiendo toda jurisdicción poseer las garantías de todo órgano jurisdiccional (como las del Poder Judicial), es consecuencia necesaria de ello que la garantía del control difuso de constitucionalidad, prevista en el segundo párrafo del artículo 138.º de la Constitución, pueda también ser ejercida por los árbitros en la jurisdicción arbitral, pues el artículo 138.º no puede ser objeto de una interpretación constitucional restrictiva y literal, como exclusiva de la jurisdicción ordinaria o constitucional; por el contrario, la susodicha disposición constitucional debe ser interpretada de conformidad con el principio de unidad de la Constitución, considerando el artículo 51.º [...], más

---

[59] *Oscar S. Oliva vs. Disco S.A.*, Corte Superior de Justiça de Córdoba, 14.3.12 (http://www.kluwerarbitration.com/CommonUI/document.aspx?id=kli-ka-1251664#a0012).

aún si ella misma (artículo 38.º) impone a todos – y no solo al Poder Judicial – el deber de respetarla, cumplirla y defenderla (STC 3741-2004-AA/TC, fundamento 9).[60]

Em Portugal, a questão da declaração de inconstitucionalidade da norma proferida por tribunal arbitral se resolve sob o entendimento de que, além de integrarem a ordem jurídica portuguesa, as decisões dos árbitros nessa matéria se sujeitam a recurso ao Tribunal Constitucional nos termos do art. 280, 3.º, da Constituição portuguesa.[61] Com efeito, no caso *Apl – Administração do Porto de Lisboa S.A. vs. Liscont,* o Tribunal Constitucional confirmou sentença arbitral que havia declarado a inconstitucionalidade da "Lei 14/2010, de 23 de julho, por violação do princípio da segurança jurídica e do princípio da proteção da confiança legítima, decorrentes do princípio do Estado de direito democrático, a que se refere o artigo 2.º da Constituição da República Portuguesa", reconhecendo, dessa forma, a plena legitimidade do tribunal arbitral para decidir, diretamente e sem a intervenção prévia do Judiciário, o conflito hierárquico de normas.[62]

Na Alemanha, os tribunais arbitrais podem examinar a constitucionalidade da lei diretamente,[63] julgando o conflito hierárquico de normas como questão prejudicial, ou referi-la à Corte Constitucional Federal. No entanto, este encaminhamento não se faz de modo direto: de acordo com a regra do art. 100(1) da Constituição alemã[64] e do art. 1.050 do ZPO,[65] o termo *Gericht* (tribunal) é interpretado restritivamente e, por isso, os árbitros precisam encaminhar a questão constitucional ao juiz estatal de primeira instância para que este, então, a remeta à Corte Constitucional.[66-67] No entanto, segundo o

---

[60] Disponível em: <http://www.tc.gob.pe/jurisprudencia/2011/00142-2011-AA.html>.

[61] "Artigo 280.º Fiscalização concreta da constitucionalidade e da legalidade. [...] 3. Quando a norma cuja aplicação tiver sido recusada constar de convenção internacional, de acto legislativo ou de decreto regulamentar, os recursos previstos na alínea a) do n.º 1 e na alínea a) do n.º 2 são obrigatórios para o Ministério Público."

[62] Acórdão 202/2014, de 7 de abril, *Diário da República*, 2.ª série, n. 68, de 07.04.2014, p. 9463.

[63] Geimer in Zoeler, 29. ed., 2012, art 1.051, recital 18.

[64] Cf. nota 36, *supra*.

[65] "The arbitral tribunal or a party with the approval of the arbitral tribunal may request from a court assistance in taking evidence or performance of other judicial acts which the arbitral tribunal is not empowered to carry out. Unless it regards the application as inadmissible, the court shall execute the request according to its rules on taking evidence or other judicial acts. The arbitrators are entitled to participate in any judicial taking of evidence and to ask questions" (http://www.kluwerarbitration.com/CommonUI/document.aspx?id=KLI-Bockstiegel-2015-PartII-Ch5-1050#a0005).

[66] Cf. Voit in Musielak, ZPO, 10. ed., 2013, sec. 1050, Rn. 10; Geimer in Zoeler, *Zivilprozessordnung*, 29 ed., 2012, art 1050 recital 18; Maunz in Maunz/Duering, *Grundgesetz*, 67 ed., 2013, art. 100, recital 27f; e Klaus Sachs and Torsten Lörcher, *Part II*: Commentary on the German Arbitration Law, 10th Book of the German Code of Civil Procedure, Chapter V: Conduct of the Arbitral Proceeding, § 1050 – Court Assistance in Taking Evidence and Other Judicial Acts, *in* Karl-Heinz Böckstiegel, Stefan Michael Kröll et al. eds., *Arbitration in Germany*: The Model Law in Practice, 2. ed., Kluwer Law International, 2015, p. 296.

[67] O mesmo procedimento se aplica caso haja incompatibilidade de norma do direito alemão com o direito comunitário europeu: o árbitro deverá remeter a questão ao juiz estatal alemão para que

entendimento da doutrina especializada, como o tribunal arbitral não é órgão judicial e deve julgar o caso de acordo com o direito aplicável, podem os árbitros afastar a incidência da norma diante da sua incompatibilidade com a Constituição. Em outras palavras, no direito alemão, o encaminhamento da questão constitucional ao Judiciário é mera opção dos árbitros, que podem julgar o incidente diretamente.

No âmbito das arbitragens de investimento, os tribunais arbitrais também têm proclamado a sua competência para efetuar o controle da validade constitucional das normas do direito interno. No caso *Occidental Petroleum Corporation Occidental Exploration and Production Company vs The Republic Of Ecuador*, o Equador havia concedido à Occidental o direito de exercer a atividade de exploração de petróleo naquele pais. O tratado bilateral de investimentos firmado entre os Estados Unidos e o Equador previa que eventuais disputas entre os investidores e o Equador se resolveria mediante uma arbitragem de acordo com as regras da ICSID. Quando a Occidental iniciou a arbitragem para discutir o descumprimento das regras de proteção ao investimento, o Equador alegou a inarbitrabilidade da disputa, sob a justificativa de que a Lei de Arbitragem equatoriana proibia que aquele litígio fosse resolvido por árbitros.

Como a Constituição equatoriana, no seu art. 163, estabelecia que os tratados internacionais, validamente firmados pelo Equador, prevalecem sobre a legislação comum daquele país, o tribunal arbitral negou, diretamente, a aplicação da norma local mediante interpretação do alcance da regra constitucional, sob a justificativa de que não se poderia invocar a lei ordinária para negar validade ao tratado internacional:

> 86. More fundamentally, the Respondent cannot invoke its domestic law for the purpose of avoiding ICSID jurisdiction under the Treaty. As noted earlier, by virtue of the Treaty, the Respondent expressly consented to the submission of disputes for settlement by binding arbitration under the Washington Convention, thereby establishing the basis for this Tribunal's jurisdiction in the present circumstances. The Respondent's Constitution, at Article 163, recognizes that international treaties duly ratified by the Republic of Ecuador shall prevail over any laws in Ecuador.[68]

Como aos árbitros se conferem poderes para decidir o caso de acordo com o que dispuser o direito incidente, sem restrições e limitações que não decorram da missão a eles outorgada, a jurisprudência acima indicada aponta, claramente, na direção de que o conflito hierárquico de normas pode e deve ser exercido diretamente pelos árbitros, sem a necessidade de se delegar ao juízo estatal o julgamento da questão prejudicial de constitucionalidade da norma.[69]

---

esse, se entender cabível o incidente, o encaminhe ao Tribunal de Justiça da União Europeia (cf. MünchKommZPO-Münch, 2013, § 1050, para. 11 e Stein/Jonas-Schlosser, 2002, § 1050, para. 4).

[68] ICSID case no. ARB/06/11. Decision on Jurisdiction. (http://www.italaw.com/sites/default/files/case-documents/ita0577.pdf). No mesmo sentido, cf. *PSEG Global Inc., The North American Coal Corporation, and Konya Ilgin Elektrik Üretim vs. Ticaret Limited Sirketi and Republic of Turkey,* ICSIDcaseno.ARB/02/5(http://www.italaw.com/sites/default/files/case-documents/ita0694.pdf).

[69] "Como qualquer juiz, pode o árbitro apreciar a questão prejudicial relativa à constitucionalidade da lei incidente, apresentada pelas partes. Se o árbitro é juiz, se exerce a jurisdição aplicando o

5. OBRIGAÇÃO DE JULGAR DE ACORDO COM O DIREITO APLICÁVEL

O art. 18 da Lei de Arbitragem confere aos árbitros amplos poderes para decidir tanto as questões de fato, quanto as de direito, contidas na lide arbitral, mantendo tradição do nosso direito existente desde o Código Civil de 1916 ("Art. 1.041. Os árbitros são juízes do fato e direito, não sendo sujeito ou seu julgamento a alçada, ou recurso, exceto se o contrário convencionarem as partes"), preservada no art. 1.078 do Código de Processo Civil de 1973 na sua redação original ("Art. 1.078. O árbitro é juiz de fato e de direito e a sentença que proferir não fica sujeita a recursos, salvo se o contrário convencionarem as partes.").

Por tal razão, sempre se entendeu, sem maiores contestações, que, no que se refere à função de julgar,

> [...] cabe ao árbitro, ou árbitros, para compor a lide atual, ou prevenir a lide iminente, submetido ao seu julgamento, realizar aquelas operações que o juiz efetua quando sentencia, as quais envolvem a determinação da lei incidente, a interpretação e aplicação da norma cabível, o afastamento do preceito impertinente e a exclusão da regra inválida ou sem eficácia.[70]

Afinal de contas, como ensina Pontes de Miranda, o juízo dos árbitros "é juízo como qualquer outro, quanto à sua função de julgar".[71]

Justamente para que a sentença proferida pelos árbitros produza, entre as partes e seus sucessores, "os mesmos efeitos da sentença proferida pelos órgãos do Poder Judiciário" (Lei de Arbitragem, art. 31), constituindo, se validamente proferida, título executivo judicial (art. 515, VII, do CPC/2015), não se poderia admitir que os árbitros se vissem privados do poder de interpretar a norma incidente sobre a relação jurídica controvertida, qualquer que seja a natureza de tal regra, seja ela dispositiva ou cogente, pouco importa.[72]

Aliás, o e. Superior Tribunal de Justiça, em acórdão relatado pelo e. Min. Luiz Fux, ao interpretar o alcance da regra contida no art. 18 da Lei de Arbitragem, decidiu, categoricamente, que,

> [...] uma vez convencionado pelas partes cláusula arbitral, será um árbitro o juiz de fato e de direito da causa, e a decisão que então proferir não ficará sujeita a recurso ou à

---

direito, como fazem os integrantes do Poder Judiciário, impedi-lo de apreciar a constitucionalidade da norma incidente, para, então, aplicá-la ou recusar-lhe aplicação, seria obstar-lhe ao exercício da função que é sua. Se a lei proibisse ao árbitro, ou árbitros, semelhante atividade, estaria, delirantemente, tirando deles com uma mão o que deu com a outra, ou melhor, o que com a outra lhes impôs, obrigando-os a proferir o laudo (CPC, art. 1.081), a julgar toda a controvérsia, sob pena de nulidade do seu laudo (CPC, art. 1.100, III), e os sujeitando a perdas e danos pelo descumprimento do seu encargo (CPC, arts. 1.082 e 1.083)" (BERMUDES, Sergio. *Direito processual civil*: estudos e pareceres. São Paulo: Saraiva, 2002. p. 299).

[70] BERMUDES, Sergio. *Direito processual civil...* cit., p. 298.

[71] PONTES DE MIRANDA. *Comentários ao Código de Processo Civil*. Rio de Janeiro: Forense, 1977. t. XI, p. 260.

[72] BERMUDES, Sergio. *Direito processual civil...* cit., p. 297.

homologação judicial, segundo dispõe o artigo 18 da Lei 9.307/96, o que significa dizer que terá os mesmos poderes do juiz togado, não sofrendo restrições na sua competência.[73]

É precisamente em razão da isonomia de poderes com o juiz togado, para se valer aqui da feliz expressão do Min. Luiz Fux no acórdão acima citado, que não apenas pode, mas *deve* o árbitro decidir, sem limitações de qualquer natureza, acerca do direito aplicável ao caso,[74] até porque, se houver omissão quanto à questão constitucional, a sentença arbitral por ele proferida será nula, pela ausência de fundamentação adequada, exigida, expressamente, pelo art. 26, II, da Lei de Arbitragem.[75]

Ao exercer a jurisdição na sua plenitude, o árbitro deve, como antecedente lógico da disposição final do caso, decidir qual a norma incide sobre a relação jurídica controvertida, o que, logicamente, inclui o dever de afastar a norma repugnante à Constituição.[76] Se os árbitros podem julgar por equidade nos casos previstos na Lei;[77] se podem decidir o litígio "com base nos princípios gerais de direito, nos usos e costumes e nas regras internacionais de comércio";[78] se às partes se reconhece a liberdade de escolher, livremente, "as regras de direito que serão aplicadas na arbitragem",[79] não se compreenderia por que o julgamento do conflito hierárquico de normas extrapolaria da jurisdição dos árbitros,[80]

---

[73] STJ, AgRg no MS 11.308, 1.ª Seção, Rel. Min. Luiz Fux, *DJU* 14.08.2006.

[74] "O árbitro julga como juiz. O árbitro, ou árbitros são, efetivamente, juízes do caso submetido à sua decisão, que lhes compete julgar por inteiro, como determina a interpretação, *a contrario sensu*, do art. 1.100, III, do Código de Processo Civil, onde se estatui ser nulo o laudo arbitral, 'se não julgar toda a controvérsia submetida ao juízo'. O julgamento de 'toda a controvérsia', para repetir a lei, compreende, obviamente, um pronunciamento sobre a totalidade das questões necessárias a uma deliberação, inclusive as questões prévias, isto é, questões cuja solução deve anteceder, logicamente, a de outras, naquelas abrangidas as questões preliminares e as questões prejudiciais [...]" (BERMUDES, Sergio. *Direito processual civil...* cit., p. 298/299).

[75] "Art. 26. São requisitos obrigatórios da sentença arbitral: [...] II - os fundamentos da decisão, onde serão analisadas as questões de fato e de direito [...]".

[76] "É contraditório pretender, por um lado, que o julgador (juiz ou árbitro, são o mesmo na questão em exame) tenha que formular uma decisão apropriada do ponto de vista do método e do direito, mas, por outro, legitimar a priori um vício no raciocínio jurídico: isto é, obrigar o julgador a adotar, na sua decisão, o mais grave dos vícios, como aquele de aplicar uma norma incompatível com os valores supremos e extraordinários da Constituição" (IUDICA, Giovanni. Arbitragem e questões relativas à constitucionalidade. *RARB* 1/79).

[77] Lei de Arbitragem, art. 2.º.

[78] Lei de Arbitragem, art. 2.º, § 2.º.

[79] Lei de Arbitragem, art. 2.º, § 1.º.

[80] "Nos termos do art. 18 da Lei de Arbitragem, o árbitro é juiz de fato e de direito, pelo que, dispondo ele do *iudicium*, e podendo decidir de acordo com o direito ou com a equidade, pode afastar a aplicação de lei eventualmente inconstitucional, fazendo-o através de controle difuso, exercitando um poder que detém todo aquele que exerce poder jurisdicional, independentemente de ser um juízo estatal ou juízo arbitral. Nem teria sentido remeter ao juiz togado o exame da constitucionalidade da lei, como se fosse uma questão prejudicial, porque definitivamente não é, e, além disso, ela adquiriria, em tal circunstância, colorido de controle concentrado que nem o juiz togado, em primeira instância, pode exercitar" (ALVIM, J. E. Carreira. *Direito arbitral* cit., p. 31-32).

até porque não pode o julgador pretender aplicar o direito ao caso concreto de modo seletivo, desconsiderando a questão relevante que a ele se submete.[81]

Note-se que natureza cogente da norma (seja a de hierarquia constitucional, seja a que com ela se choca) não torna inarbitrável o direito controvertido no caso.[82] Ao examinar especificamente tal questão, Christophe Seraglini e Jérôme Ortscheidt esclarecem que os conceitos de indisponibilidade do direito e de ordem pública costumam ser confundidos e, por tal razão, aplicados erroneamente. Segundos os referidos autores, normas de ordem pública podem, e, na verdade, devem ser aplicadas pelos árbitros para decidir o mérito de uma disputa sem que isso transforme o direito subjetivo da parte em direito indisponível. Isso porque, enquanto a ordem pública assegura a observância do conteúdo de certos direitos, independente do foro no qual são controvertidos, a indisponibilidade atua para garantir o exercício individual de determinado direito, proibindo a prática de atos de disposição ou transação, salvo mediante a observância de determinada formalidade exigida na lei e mediante o controle exercido pelo Estado.[83]

Em razão da necessária distinção que se deve fazer entre a disponibilidade de um direito subjetivo e a natureza cogente de determinada norma integrante do direito objetivo aplicável, a Corte de Apelação de Paris decidiu, em um litígio envolvendo a aplicação, ao mérito do caso, de norma imperativa do direito da concorrência, que

> [...] l'arbitrabilité d'un litige n'est pas exclue du seul fait qu'une règlementation d'ordre public est applicable au rapport de droit litigieux, [e que] l'arbitre a compétence pour apprécier sa propre compétence quant à l'arbitrabilité du litige au regard de l'ordre public

---

[81] "But on the other hand, as long as international adjudicators are mandated to apply the national law (which is after all something which *ex hypothesi* the relevant state insisted on when committing to international jurisdiction) they simply cannot do so selectively; the difficult questions are precisely the ones likely to be important." (PAULSSON, Jan. Ob. cit., p. 232).

[82] "Decidir, para fins de exercício da função estatal de compor litígios, se uma regra de direito está conforme a Constituição, ou se a contraria, bem como fixar a extensão da incidência ou aplicabilidade da norma, constitui função jurisdicional, enquanto transigir é atuação negocial. Por isso, não se podem aplicar à primeira atividade quaisquer princípios da segunda, seja para proibi-la, seja para admitir seu desempenho" (BERMUDES, Sergio. *Direito processual civil...* cit., p. 302).

[83] "Les notions d'indisponibilité d'un droit d'une part, et d'existence d'une règle d'ordre public régissant le fond du litige d'autre part, sont parfois confondues: le droit serait indisponible dès lors que des dispositions d'ordre public le régissent le fond. [...] Certaines règles d'ordre public peuvent régir le fond du litige sans pour autant rendre les droits litigieux indisponibles; à l'inverse, des droits peuvent être indisponibles alors qu'aucune règle d'ordre public ne les régit au fond. En fait, ces deux notions ne se situent pas sur le même plan [...]. L'indisponibilité est commandée par un souci de protection d'une personne. Et une règle d'ordre public "juridictionnel" va donc, pour garantir l'exercice de ses droits par cette personne, lui interdire d'y renoncer tant qu'ils ne sont pas acquis, voire tant que l'état de faiblesse n'a pas cessé, que les droits en cause soient ou non couverts au fond par une des dispositions d'ordre public. L'ordre public au fond vient, quant à lui, garantir le contenu de certains droits, sans pour autant interdire l'arbitrage; ils s'imposent même dans l'arbitrage, l'arbitre étant tenu de les mettre en œuvre" (Droit de l'arbitrage interne et international, Montchrétien, 2013, § 106, p. 116).

international et dispose d'un pouvoir d'appliquer les principes et règles relevant de cet ordre public, ainsi que de sanctionner leur méconnaissance éventuelle [...].[84]

Na Itália, nos seus comentários ao art. 819 do Código de Processo Civil,[85] Benedettelli, Consolo e Radicati di Brozolo esclarecem "che gli arbitri risolvono senza autorità di giudicato tutte le questioni rilevanti per la decisione della controversia, anche se riguardanti materie non compromettibili e salvo che la legge ne imponga la decisione con efficacia de giudicato. In base alla nuova disciplina, dunque, il potere di cognizione incidentalle delgli arbitri non incontra più ostacolo nel fatto che la questione preguidiziale riguardi situazini sostanziali no compromettibili",[86] para conferir uma competência amplíssima aos árbitros para o julgamento de qualquer questão incidental no processo, ainda que tal questão, isoladamente considerada, não seja passível de solução por arbitragem.

A exemplo do que ocorre em outros sistemas, que, como o brasileiro, não restringem a cognição dos árbitros à interpretação e aplicação de normas meramente dispositivas,[87] no regime da Lei de Arbitragem podem e devem os árbitros aplicar regras cogentes, o que torna arbitrável, *e.g.*, disputas relativas a relações trabalhistas,[88] de consumo,[89]

---

[84] Paris, 19 de maio de 1993, Labinal, Rev. Arb. 1993, p. 645, nota Ch. Jarrosson, *in* Christophe Seraglini, Jérôme Ortscheidt, ob. cit., § 110, p. 120.

[85] "Art. 819. Questioni pregiudiziali di merito. Gli arbitri risolvono senza autoritá di giudicato tutte le questioni rilevanti per la decisione della controversia, anche se vertono su materie che non possono essere oggetto di convenzione di arbitrato, salvo che debbano essere decise con efficacia di giudicato per legge."

[86] *Commentario Breve al Diritto dell'Arbitrato Nazionale ed Internazionale.* Padova: Cedam, 2010. p. 268.

[87] Foi o que decidiu a Corte Superior de Justiça de Córdoba no citado caso *Oscar S. Oliva vs. Disco S.A.*: "Ello así, ni siquiera frente a normas autocalificadas de 'orden público'. Y es que el orden público de tal ley no es una materia en sí misma excluible de la competencia de los árbitros, sino una característica de ciertas normas cuya constatación debe hacer el intérprete que debe aplicarlas. Es decir, no existen dos clases de normas aplicables: las que pueden aplicar los árbitros y las que deben aplicar los jueces. Cuando el árbitro aplica y decide conforme a derecho, se entiende que debe aplicar toda la realidad jurídica en su conjunto – y por encima de todo – la Constitución. En su mérito, nada impide que los árbitros apliquen normas de orden público o que, por el contrario, consideren que las mismas no tienen ese carácter y que deben ceder ante otras ...los árbitros no cumplirían con su cometido si no emitieran un laudo jurídicamente consistente, lo que sólo es posible si aplican al caso las normas relevantes de todo el orden jurídico, incluyendo sus normas de orden público, sometiéndolas eventualmente, a un test de constitucionalidad si lo planteanadecuadamentelaspartes..."(http://www.kluwerarbitration.com/CommonUI/document. aspx?id=kli-ka-1251664#a0012).

[88] Cf. CARMONA, Carlos Alberto. *Arbitragem e processo...* cit., p. 42-44; e MATTOS NETO, Antonio José de. Direitos patrimoniais disponíveis e indisponíveis. In: WALD, Arnoldo (Org.). *Doutrinas essenciais*: arbitragem e mediação. São Paulo: RT, 2014. v. II, p. 422.

[89] Cf. AZEVEDO, Antonio Junqueira de. A arbitragem e o direito do consumidor. Disponível em: <http://www.revistas.usp.br/rfdusp/article/view/67337/69947>. Acesso em: 6 jul. 2015; e CARMONA, Carlos Alberto. *Arbitragem e processo...* cit., p. 52.

concorrencial[90] e ambiental,[91] para ficar aqui apenas nos exemplos mais referidos pela doutrina nacional.

Tendo em vista que o árbitro, para julgar, deve interpretar e aplicar normas cogentes, se aplicáveis ao caso, ele não poderá, no exercício da jurisdição arbitral, desconsiderar a Lei Fundamental. Veja-se que a jurisdição dos árbitros nessa questão vai além da mera declaração de invalidade da norma, incluindo, também, a possibilidade de exame da compatibilidade constitucional dela com as regras de proteção ao direito adquirido e ao ato jurídico perfeito, como ensina Sergio Bermudes:

> Convém acrescentar que, se o juízo arbitral tem poderes, como é inerente à sua função e foi explicado, para apreciar a questão da constitucionalidade de uma regra jurídica e deixar de aplicá-la, declarando-a inconstitucional, também pode, *a fortiori*, decidir pela inaplicabilidade da norma a uma determinada situação jurídica, não porque seja inconstitucional, mas por entender contida a sua eficácia, diante de um óbice criado pela própria Constituição. Assim, sem declarar inconstitucional a lei, ou mesmo a declarando constitucional, de modo explícito, podem o árbitro, ou árbitros deixar de aplicá-la, se a julgarem prejudicial ao direito adquirido, ao ato jurídico perfeito, ou à coisa julgada. Em outras palavras, pode o juízo arbitral decidir que a eficácia da norma é contida, diante da garantia do inciso XXXVI do art. 5.º da Constituição e, por isso, deixar de aplicá-la a uma situação concreta.[92]

Em artigo específico sobre o tema, Jan Paulsson assim se manifestou sobre o poder do árbitro para exercer o controle de constitucionalidade das leis:

> Mandatory national law must under no circumstances be automatically equated with public policy. Otherwise the rule of law would indeed be nothing but rule by law. Laws themselves must be subject to the rule of law. A national law which declares itself to be mandatory achieves no greater status by doing so. To the contrary, self-aggrandizing attempts to announce explicitly that a legislative act or an executive order 'is a matter of public policy' may well raise suspicions that the law in question is improper at its

---

[90] CRISTOFARO, Pedro Paulo Salles; NEY, Rafael de Moura Rangel. Possibilidade de aplicação das normas do direito antitruste pelo juízo arbitral. In: ALMEIDA, Ricardo Ramalho (Coord.). *Arbitragem interna e internacional*: questões de doutrina e da prática. Rio de Janeiro: Renovar, 2003. p. 335.

[91] COUTO, Oscar Graça; CARVALHO, Monica Tavares de Campos V. de. Arbitragem e meio ambiente. In: ALMEIDA, Ricardo Ramalho (Coord.). *Arbitragem interna e internacional*: questões de doutrina e da prática. Rio de Janeiro: Renovar, 2003. p. 331.

[92] BERMUDES, Sergio. *Direito processual civil...* cit., p. 302. No mesmo sentido, TIBURCIO, Carmem. Controle de constitucionalidade... cit., p. 173: "Seguindo este entendimento, em uma arbitragem com sede no Brasil e com aplicação da lei substantiva brasileira, o árbitro pode deixar de aplicar determinada lei por considerá-la inconstitucional, realizando o controle incidental. O árbitro aplica o direito brasileiro na sua integralidade e tem o dever de examinar a constitucionalidade da lei aplicável ao caso. [...]. 1. No caso da arbitragem doméstica: a) com aplicação da lei material brasileira – admite-se o controle pelo árbitro. Como o árbitro é juiz de fato e de direito e como o juiz pode exercer esse controle, então também o árbitro pode exercê-lo".

root – even as a non-mandatory law. A purported mandatory law – like any law – is not necessarily effective even on the national level. In all legal systems worthy of the name, courts may annul or disregard laws which violate the rule of law – often by their constitutional irregularity. International courts and tribunals must have at least equally great authority if their duty to apply the national law is to have its full meaning.[93]

Lembre-se de que esse controle não é mera faculdade que se concede aos árbitros. Tal como o juiz estatal, o árbitro não pode desconsiderar a questão relativa à constitucionalidade da lei suscitada pela parte, ou *ex officio*, e cuja apreciação seja essencial para o adequado julgamento da lide arbitral. Se ao julgador não se permite desconhecer a lei, e sendo a Constituição a lei suprema, os árbitros não se desoneram da sua missão de julgar sem a deliberação, direta e explícita, acerca do incidente de constitucionalidade da lei.[94]

Logicamente, a interpretação do direito aplicável pressupõe que os árbitros julguem o caso em contemplação do que o ordenamento jurídico, representado pela jurisprudência e doutrina dominantes,[95] estabelece como solução adequada para o específico conflito de interesses, não lhes sendo lícito substituir o entendimento jurisprudencial consolidado, obsequioso da segurança jurídica, pelas suas próprias concepções individuais acerca da constitucionalidade da norma.[96]

6. CONCLUSÕES

No âmbito da jurisdição arbitral, não havendo restrições decorrentes da outorga de jurisdição conferida pela convenção de arbitragem, nem impedimentos oriundos da indisponibilidade do direito controvertido, o árbitro julga como o juiz estatal, desincumbindo-se da sua missão mediante a prolação de sentença que aplica o direito ao caso concreto.

Em razão do princípio da supremacia da Constituição, não se pode exercer adequadamente a jurisdição com abstração das regras e princípios fundamentais do ordenamento

---

[93] Unlawful Laws and the Authority of International Tribunals cit., p. 224.

[94] PONTES DE MIRANDA. *Comentários ao Código de Processo Civil*. Rio de Janeiro: Forense, Rio, 1975. t. VI, p. 55-56.

[95] "The creation of rules that are consistent and predictable is part of what Fuller calls the 'inner (or internal) morality of law'. When making law, decision makers have a moral obligation to strive for consistency and predictability, and thus to follow precedents. It may be debatable whether arbitrators have a legal obligation to follow precedents – probably not – but it seems well settled that they have a moral obligation to follow precedents so as to foster a normative environment that is predictable" (KAUFMANN-KOHLER, Gabrielle. Arbitral Precedent: dream, necessity or excuse?. *Arbitration International*, Wolters Kluwer, Alphen aan den Rijn, v. 23, n. 3, p. 374, 2007).

[96] Todavia, não é correto afirmar-se que o árbitro possui plena liberdade para ignorar decisões interpretativas do STF e suas súmulas vinculantes, principalmente pelo fato de que esses provimentos veiculam questões de direito constitucional cujo desatendimento, em regra, poderá acarretar a posterior anulação da sentença arbitral" (ABBOUD, Georges. Jurisdição constitucional vs. arbitragem: os reflexos do efeito vinculante na atividade do árbitro. *Revista de Processo*, v. 214, p. 271, dez. 2012).

jurídico. Se, para compor a lide arbitral, o julgador precisa optar entre aplicar a lei e ignorar a Constituição ou dar primazia a esta em detrimento da norma infraconstitucional, o conflito hierárquico se resolve, necessariamente, com a nímia observância da Carta Magna.

Para julgar a ação arbitral de acordo com o que estabelece o direito aplicável, o árbitro pode e deve afastar, como questão incidental ao julgamento do mérito, a norma inconstitucional no exercício do controle difuso de constitucionalidade. A decisão dos árbitros, no caso, possuirá eficácia apenas com relação às partes do processo.

Muito embora haja sistemas jurídicos nos quais se veda o exame da constitucionalidade da norma pelo árbitro, ou se condiciona o julgamento do incidente ao envio da questão ao juízo estatal, a jurisdição autônoma conferida aos árbitros pela convenção de arbitragem lhe permite resolver o conflito hierárquico de normas diretamente. Ao estabelecer que o árbitro é juiz de fato e de direito, o art. 18 da Lei de Arbitragem não apenas confere amplíssima jurisdição aos árbitros, como ainda lhes reconhece o poder para dizer "what the law is".[97]

---

[97] Marbury vs Madison, 5 US 137 (1803).

ARBITRAGEM E FALÊNCIA

ARBITRAGEM E FALÊNCIA

Felipe Ferreira Machado Moraes

Sumário: 1. Introdução – 2. Arbitragem e falência – 3. A utilização da arbitragem por empresários em processo de falência: análise sobre arbitrabilidade: 3.1. Arbitrabilidade subjetiva e a representação da massa falida na arbitragem; 3.2. Arbitrabilidade objetiva e a disponibilidade dos bens do falido – 4. O efeito da decretação da falência sobre os contratos celebrados e sobre a convenção de arbitragem – 5. A suspensão do curso das ações e das execuções em face do devedor – 6. A universalidade e a unidade do juízo falimentar em face dos procedimentos arbitrais – 7. A celebração de convenção arbitral após a decretação da falência – 8. Enunciado aprovado na I Jornada de Prevenção e Resolução de Litígios do Conselho da Justiça Federal – 9. Disciplina do tema em Portugal, na Espanha e proposta legislativa para o Direito brasileiro – 10. Conclusão – Referências.

1. INTRODUÇÃO

Antes de adentrar no tema principal do artigo, é importante registrar a merecida homenagem realizada por meio da presente obra. Seguramente não se testemunharia o atual desenvolvimento da arbitragem no Brasil sem a participação ativa e a liderança de Petrônio Muniz durante a aprovação da Lei Brasileira de Arbitragem. Demonstrada a gratidão inicial a Petrônio, registra-se, igualmente, o cumprimento aos Coordenadores pela justa homenagem.

O presente artigo objetiva analisar a possibilidade de utilização da arbitragem como meio de resolução de conflitos por empresas em processo de falência.

Embora seja empregado o termo *empresa* em falência, em determinadas abordagens, utilizar-se-á o termo *empresário* em falência. Isso se justifica pela necessidade de abordar o tema com rigor técnico sob a disciplina do direito falimentar brasileiro. De acordo com a atual teoria do Direito Empresarial, empresa é atividade, enquanto empresário – seja ele coletivo ou individual – é o sujeito que exerce a atividade empresarial. Portanto, o sujeito passivo nos processos de falência é o empresário, seja ele coletivo (sociedade) ou individual.

Considerando que um dos principais objetivos específicos deste artigo é analisar a decretação da falência e os respectivos efeitos em relação à arbitragem, durante o desenvolvimento do tema, analisar-se-á, principalmente, a possibilidade de a massa falida ser parte em arbitragens, em sucessão ao falido.

Nos últimos anos, a arbitragem evoluiu muito no Brasil, o que pode ser constatado por meio de análise dos números de novos procedimentos. Segundo pesquisa realizada pela coautora do anteprojeto da Lei de Arbitragem, Selma Ferreira Lemes, no ano de 2010, o número de novas arbitragens, nas seis principais Câmaras brasileiras, era de 128 processos. Em 2015, essas mesmas Câmaras receberam 222 novas arbitragens, o que representou um expressivo aumento no número de casos[1].

Em relação à falência, as estatísticas também indicam aumento, ainda que menos expressivo, no número de falências decretadas, analisando os últimos cinco anos (2011 a 2015), dos números apresentados na pesquisa realizada pelo Serasa Experian[2]. No ano de 2011, foram decretadas 641 falências, enquanto em 2015 esse número subiu para 829.

Constata-se crescimento na utilização da arbitragem, bem como aumento no número de falências decretadas, o que permite crer que a possibilidade de realização de procedimentos arbitrais envolvendo empresas em processo de falência tende a aumentar.

Portanto, torna-se necessário analisar essa zona de interseção entre a arbitragem e a falência, especialmente no tocante aos efeitos da cláusula compromissória e do compromisso arbitral diante da decretação, bem como os impactos nos processos arbitrais em curso.

Com o intuito de avaliar a possibilidade de utilização da arbitragem pelo empresário, sucedido pela massa falida, serão examinados os requisitos de arbitrabilidade objetiva e subjetiva, considerando os efeitos da decretação da falência. Entre esses efeitos, encontra--se, a título exemplificativo, a indisponibilidade dos bens pelo falido.

Ademais, é importante analisar se, diante da decretação da falência, poderá a massa falida celebrar a convenção de arbitragem.

A matéria, ainda pouco debatida no Direito Brasileiro, passa a ser objeto do cotidiano dos magistrados, dos advogados e dos empresários. Os primeiros casos começaram a ser levados às cortes estatais brasileiras, incentivando o debate jurídico sobre o tema. Na jurisdição arbitral não seria diferente, a matéria passa a ser objeto de análise também pelos árbitros em alguns procedimentos arbitrais.

2. ARBITRAGEM E FALÊNCIA

Analisando o complexo (por natureza) sistema falimentar e recuperacional, os pontos de encontro entre essas matérias correlatas ao processo da falência e à arbitragem merecem atenção.

---

[1] *Valor Econômico* (*Online*), 1.º jun. 2016. Disponível em: <http://www.valor.com.br/legislacao/4583827/arbitragens-envolveram-r-38-bilhoes-em-seis-anos>.

[2] Serasa Experian (Pesquisa 2016).

Inicialmente, contudo, é possível identificar uma matéria em que há dificuldade de acomodação entre as características e os princípios peculiares à falência e à arbitragem. Esta seria o próprio processo concursal da falência e as suas ações específicas.

O processo falimentar possui características peculiares. Algumas delas guardam identidade com as vantagens, com os princípios e com as características da arbitragem, como é o caso do princípio da eficiência e da celeridade, contemplado expressamente no art. 75 da Lei de Falências e Recuperação.

Contudo, em sentido contrário, existem outros princípios e características próprias do processo falimentar que conflitam, ao menos em parte, com aquelas do processo arbitral.

Algumas dessas aparentes zonas de conflito possuem fundamento no aspecto de publicidade e de transparência, bem como na natureza executiva do processo falimentar. Essas características representam contraposição à natureza privatista própria da arbitragem, bem como ao sigilo que faz parte da prática desses processos, ainda que não seja em decorrência de disposição legal.

Nesse sentido, ilustra-se, com a observação de Vesna Lazic, manifestada em tese específica sobre o tema: "Insolvência e arbitragem são ambos procedimentos legais, mas com naturezas muito diferentes. Eles têm propósitos e políticas distintos, e objetivos e princípios diferentes" (LAZIC, 1998, p. 2)[3].

É possível, *ab initio*, afirmar que o processo concursal falimentar, em si, é conflitante com a utilização da arbitragem para essa finalidade, ao menos levando em conta o atual sistema concursal brasileiro. Nesse sentido, é possível afirmar que seria inviável promover o processo falimentar por completo, atendendo às especificidades legais e da própria natureza concursal, pela via arbitral.

Nesse sentido, cita-se novamente Vesna Lazic:

> Muito frequentemente é afirmado que as questões relacionadas à própria falência estão fora da jurisdição dos árbitros ou que tais questões não são arbitráveis. Certamente não sendo uma matéria puramente privada, questões envolvendo direito falimentar e insolvência são tradicionalmente consideradas fora do alcance da arbitragem. Em princípio, um árbitro não será competente para declarar alguém falido ou para nomear o administrador judicial. Questões puramente falimentares, em particular as que empregam procedimentos especiais previstos pela legislação nacional sobre insolvência, tais como a verificação, inventariação, arrecadação e distribuição de ativos, geralmente não são temas para serem decididos por um árbitro, mas pelos tribunais estatais nacionais competentes, com jurisdição sobre falência (LAZIC, 1998, p. 42-43)[4].

---

[3] Insolvency and arbitration are both legal procedures, but of a very different type of nature. They have distinct purpose and underlying policies and dissimilar objectives and principles.

[4] It is very often stated that bankruptcy issues fall outside the arbitrator's jurisdiction or that such matters are not arbitrable. Certainly not being a purely private matter, insolvency law issues are traditionally considered to be outside the reach of arbitration. In principle, an arbitration will not be competent to declare someone bankrupt or to nominate the trustee. Pure bankruptcy issues, in particular those employing a special procedure provided by national insolvency laws, such as the

Verifica-se que alguns dos limites intransponíveis em âmbito internacional também o são em relação às arbitragens domésticas e ao Direito Brasileiro. Contudo, não obstante as questões relacionadas diretamente à administração e à condução da falência não serem passíveis de solução por arbitragem, existem outros relevantes pontos de interseção entre os institutos nos quais essa limitação não subsistirá.

Na sequência, serão analisadas algumas dessas situações em que a falência encontra a arbitragem, especialmente naquelas em que a massa falida – em substituição ao falido – participará do processo arbitral.

3. A UTILIZAÇÃO DA ARBITRAGEM POR EMPRESÁRIOS EM PROCESSO DE FALÊNCIA: ANÁLISE SOBRE ARBITRABILIDADE

Conforme mencionado anteriormente, a falência pode, *prima facie*, ser aparentemente conflitante com os requisitos para a utilização da arbitragem pelo falido, sucedido pela massa (representada pelo administrador judicial). Esses aparentes conflitos decorrem da análise dos princípios e de alguns dos efeitos da decretação da falência, bem como dos requisitos imprescindíveis para a utilização da arbitragem.

A decretação da falência ocasiona, como um de seus efeitos, o afastamento do falido da administração da empresa, implicando, por consequência, a impossibilidade de disposição, por ele, dos bens que integram o seu patrimônio.

Esse afastamento do falido da administração da empresa, e a perda da capacidade de disposição sobre o seu patrimônio induzem a revisitar os requisitos de arbitrabilidade subjetiva e objetiva, o que será feito, nessa oportunidade, sob o enfoque dos efeitos oriundos da decretação da falência.

3.1. Arbitrabilidade subjetiva e a representação da massa falida na arbitragem

Inicialmente, cumpre mencionar que este item abordará dois temas. O primeiro deles será propriamente a arbitrabilidade subjetiva da massa falida. O segundo será a sua representação processual nas arbitragens.

É importante distinguir o falido (devedor-empresário) da massa falida, para a abordagem da arbitrabilidade.

Um dos efeitos da decretação da falência é o afastamento do devedor da administração dos seus bens, o que implica também a impossibilidade de deles dispor[5].

Uma equivocada interpretação inicial que eventualmente se pode fazer em relação a esse dispositivo legal é a de que a arbitrabilidade subjetiva, ou seja, a análise da capacidade desse devedor, restaria comprometida.

---

verification, inventarization, collection and distribution of assets, are generally not to be decided by an arbitrator, but by the competent national courts having jurisdiction over the bankruptcy.
[5] Art. 103 da Lei 11.101/2005.

ARBITRAGEM E FALÊNCIA | **767**

Importante ressaltar que a personalidade jurídica do devedor, assim como a sua capacidade, prossegue normalmente. Assim dispõe o art. 103 da Lei de Falências e Recuperação, em seu parágrafo único:

> Art. 103. Desde a decretação da falência ou do sequestro, o devedor perde o direito de administrar os seus bens ou deles dispor.
> Parágrafo único. O falido poderá, contudo, fiscalizar a administração da falência, requerer as providências necessárias para a conservação de seus direitos ou dos bens arrecadados e intervir nos processos em que a massa falida seja parte ou interessada, requerendo o que for de direito e interpondo os recursos cabíveis (BRASIL, 2005).

Por meio da análise do referido dispositivo legal, não restam dúvidas de que o falido conservará a sua capacidade, mesmo após a decretação da falência, sendo a ele assegurada inclusive a capacidade processual.

Nota-se que o que realmente ocorre com a decretação da falência é o afastamento do falido da administração da empresa/sociedade e dos bens que compõem o seu patrimônio.

Diante dessa indisponibilidade patrimonial, a legislação determina a nomeação de um administrador judicial, que passará a responder, a administrar e a representar a massa, inclusive em relação ao patrimônio que a integra.

Conforme será analisado na sequência, a massa assumirá a posição processual do falido, o que torna imprescindível uma reanálise da arbitrabilidade subjetiva, agora sob o enfoque da massa falida.

A massa falida é sujeito de direito sem personalidade, possuidora de capacidade negocial e processual, originada por meio da universalidade do patrimônio e da reunião dos credores do falido.

Embora a esses sujeitos não seja conferida personalidade, em várias situações serão tratados como pessoas, conforme sustenta César Fiuza:

> A massa falida consiste nos haveres e deveres do falido, que serão geridos por um administrador judicial, a fim de, em última instância, satisfazer os direitos dos credores. De fato, não é o falido que é acionado. Ele mesmo pode acionar ou ser acionado pela massa. Para entender esse fenômeno é, realmente, necessária a teoria dos sujeitos despersonalizados. A massa seria, assim, um organismo sem personalidade, que, apenas para efeitos práticos, é tratado como se fosse pessoa (FIUZA, 2008, p. 163).

Nesse sentido, Celso Agrícola Barbi explica como ocorre a formação da massa falida:

> Quando um devedor comerciante não paga suas obrigações, instaura-se contra ele execução coletiva: os seus bens são arrecadados, formando uma massa ativa, e seus credores, reunidos, compõem uma massa subjetiva. Ao conjunto dessas duas massas dá-se o nome de massa falida. Nosso direito não confere personalidade jurídica a essa massa; mas o Código, seguindo a legislação anterior, lhe atribui a capacidade de ser parte, ativa ou passivamente. É o que resulta do item III, que a ela se refere e ao seu representante judicial (BARBI, 1998, p. 105).

Verifica-se, por meio do entendimento de Celso Agrícola Barbi, que o direito definitivamente confere capacidade, inclusive processual, à massa falida, a qual deverá ser exercida por meio da representação pelo administrador judicial nos termos do art. 75 do atual Código de Processo Civil brasileiro de 2015.

Ao analisar a arbitrabilidade, importante distinguir capacidade de personalidade e, na sequência, verificar qual o real critério estabelecido pela legislação pátria. O legislador pátrio utilizou a palavra "pessoas" no art. 1.º da Lei de Arbitragem. Contudo, o requisito parece ser, em realidade, a capacidade contratual, o que poderia inclusive ocasionar a substituição da referida palavra por "partes".

O pilar da arbitragem é a autonomia privada, conforme registrado anteriormente. Os arbitralistas mencionam a capacidade de contratar como requisito para utilização da arbitragem. Buscando analisar a arbitrabilidade subjetiva em relação à massa falida, é imprescindível revisitar, ainda que superficialmente, a teoria geral dos contratos.

Para que os contratos sejam válidos, deverão ser observados determinados requisitos de validade. Nesse sentido, Arnoldo Wald:

> O contrato, sendo um negócio jurídico bilateral, exige agentes capazes; objeto lícito, possível, determinado ou determinável, e consentimento válido, além de forma prescrito ou não vedada em lei (art. 104).
>
> A capacidade de fato dos contratantes é condição imprescindível para a validade do contrato, importando a incapacidade relativa em anulabilidade do negócio e a incapacidade absoluta em nulidade deste (WALD, 2011, p. 255).

Os requisitos subjetivos do contrato são assim definidos por César Fiuza: (i) capacidade; (ii) consentimento; (iii) pluralidade de partes (FIUZA, 2008, p. 396).

Para análise da arbitrabilidade subjetiva da massa falida, a atenção deve ser direcionada para os requisitos capacidade e pluralidade de partes.

Iniciando pelo último, é importante observar que o referido autor utiliza o termo pluralidade de partes, e não pluralidade de pessoas. O conteúdo desse requisito, também considerado um pressuposto, é o de necessária interação com outro sujeito, implicando a impossibilidade de contratar consigo mesmo.

Logo, verifica-se que, embora o legislador tenha utilizado o termo "pessoas", o requisito da arbitrabilidade sob o aspecto subjetivo está assentado sobre a capacidade, e não sobre a personalidade.

Dessa forma, a massa falida atende aos requisitos legais de arbitrabilidade, podendo utilizar a arbitragem, uma vez presente a capacidade negocial e processual.

Nesse sentido é o entendimento de Carlos Alberto Carmona, coautor do anteprojeto da Lei de Arbitragem:

> Como se vê, os entes despersonalizados (universalidades dotadas de representação ativa e passiva como condomínios em edifícios, massas falidas, espólios, sociedades de fato), desde que autorizados, podem valer-se da arbitragem, eis que têm capacidade de ser parte e de estar em juízo, nada impedindo que disponham de seus direitos (CARMONA, 2009, p. 37-38).

ARBITRAGEM E FALÊNCIA | **769**

Considerando que o falido fica afastado da administração dos bens, os quais passam a integrar a então formada massa falida, outro aspecto que deve ser necessariamente analisado é a representação da massa falida nos processos judiciais e, especialmente, nos arbitrais.

Com o afastamento do falido, a massa falida será representada judicialmente pelo administrador judicial, que sucederá o falido nos processos em andamento e que figurará como parte naqueles ainda por serem instaurados. Essa é a disciplina prevista no art. 22 da Lei 11.101/2005[6].

O art. 76 da Lei de Falências e Recuperação, além de contemplar o princípio da universalidade do juízo falimentar, também disciplina a representação processual da massa falida.

> Art. 76. O juízo da falência é indivisível e competente para conhecer todas as ações sobre bens, interesses e negócios do falido, ressalvadas as causas trabalhistas, fiscais e aquelas não reguladas nesta Lei em que o falido figurar como autor ou litisconsorte ativo.
>
> Parágrafo único. Todas as ações, inclusive as excetuadas no *caput* deste artigo, terão prosseguimento com o administrador judicial, que deverá ser intimado para representar a massa falida, sob pena de nulidade do processo (BRASIL, 2005).

Esses dispositivos previstos na legislação falimentar e recuperacional estão em perfeita harmonia com a disciplina apresentada pelo anterior (art. 12) e pelo atual Código de Processo Civil brasileiro (art. 75).

Esse também é o entendimento doutrinário acerca do tema (TOLEDO, 2010, p. 111; e BEZERRA FILHO, 2011, p. 102).

A título exemplificativo, é essa também a solução adotada pelo Direito norte-americano, especificamente no capítulo 7 do *US Bankruptcy Code*, que disciplina o processo de *liquidation*:

> O principal diretor/representante em um processo do capítulo 7 é o administrador judicial. O administrador age como um representante da massa falida e é encarregado de administrador os bens do devedor e proteger os direitos dos credores e outros. O administrador, por exemplo, tem o poder de propor ações que o devedor poderia propor fora da falência (BAIRD, 2006, p. 12, tradução nossa)[7].

---

[6] Art. 22. Ao administrador judicial compete, sob a fiscalização do juiz e do Comitê, além de outros deveres que esta Lei lhe impõe:

[...] III – na falência:

[...] c) relacionar os processos e assumir a representação judicial da massa falida;

[...] l) praticar todos os atos conservatórios de direitos e ações, diligenciar a cobrança de dívidas e dar a respectiva quitação;

[...] n) representar a massa falida em juízo, contratando, se necessário, advogado, cujos honorários serão previamente ajustados e aprovados pelo Comitê de Credores (BRASIL, 2005).

[7] The principal officer in a Chapter 7 case is the bankruptcy trustee. The trustee acts as the representative of the bankruptcy estate and is charged with managing the assets of the debtor and

Observa-se que o art. 22, ao disciplinar a representação da massa falida em juízo, utiliza o termo representação judicial. Para a adequada compreensão desse item, é importante analisar o sistema falimentar e o contexto em que esse artigo está inserido.

Aparentemente o legislador pretendeu demonstrar, por meio desse dispositivo legal, como ocorrerá a sucessão do falido pela massa falida – representada pelo administrador judicial – nos processos em que for parte. São dispositivos que se compatibilizam com os princípios da eficiência e da celeridade e, sobretudo, com o interesse da massa e dos credores, uma vez que refletem o cuidado recomendado para que a massa não suporte prejuízos decorrentes de dúvidas ou de equívocos em sua representação processual.

Isso posto, a interpretação mais adequada para esse disposto, no que concerne à representação da massa nos processos arbitrais, é a idêntica disciplina, aplicada de forma extensiva a todos os processos jurisdicionais.

Qualquer interpretação adversa representaria incongruência jurídica e com a lógica dos sistemas falimentar e processual. Considerando a possibilidade literal de representação da massa falida pelo administrador em todos os processos judiciais e, sendo a arbitragem igualmente jurisdição, ainda que privada, deverá o administrador judicial representar a massa também nos processos arbitrais.

Nesse sentido é também o entendimento de Donaldo Armelin (2007, p. 16).

Essa também é a solução verificada, em geral, no Direito Comparado. Via de regra, nos processos arbitrais em que uma das partes esteja em processo falimentar, de insolvência ou de liquidação, a sua representação na arbitragem ocorrerá pelo administrador judicial, *trustee* ou figura correspondente, a depender do ordenamento jurídico (LAZIC, 1998).

Após fundamentar ser a interpretação extensiva a mais adequada para esse item, é importante retornar ao exame de parte da alínea "c" do art. 22. O referido dispositivo menciona também outro dever do administrador, qual seja, de relacionar todos os processos em que a massa falida figure como parte.

Evidentemente que, uma vez defendida a interpretação extensiva para que o administrador possa representar a massa falida também nas arbitragens, se deve manter a mesma coerência para contemplar nessa obrigação do administrador também a necessidade de relacionar os processos arbitrais nessa listagem. Entende-se que seria a solução mais adequada para compreender e aplicar esse dispositivo, procedendo da mesma maneira em face da obrigação do devedor de apresentar relação semelhante, prevista no art. 104, inciso "I", alínea "g", da Lei 11.101/2005[8].

Após abordar os temas da arbitrabilidade subjetiva e da representação judicial e arbitral da massa falida, resta ainda outro item, relacionado à última, a ser analisado.

---

protecting the rights of the creditors and others. The trustee, for example, has the power to bring actions the debtor could have brought outside of bankruptcy.

[8] A inserção da relação dos procedimentos arbitrais nas listas de processos do falido, previstas na Lei de Falência e Recuperação, não implica quebra do dever de sigilo, uma vez se tratar de imposição lega versus sigilo de natureza contratual (regulamentos de arbitragem ou contrato). Em relação ao tema: MORAES, 2014.

Ao falar em representação arbitral ou judicial da massa falida, cumpre mencionar o art. 120 da Lei de Falência e Recuperação:

> Art. 120. O mandato conferido pelo devedor, antes da falência, para a realização de negócios, cessará seus efeitos com a decretação da falência, cabendo ao mandatário prestar contas de sua gestão.
>
> § 1.º O mandato conferido para representação judicial do devedor continua em vigor até que seja expressamente revogado pelo administrador judicial.

Em relação aos mandatos em geral, verifica-se que a regra prevê que os conferidos pelo devedor, anteriormente à decretação da falência, terão seus efeitos cessados. O § 1.º, contudo, prevê regra específica para os de representação judicial.

Os mandatos de representação judicial continuarão em vigor até ulterior revogação expressa pelo administrador judicial. Essa especificidade é absolutamente pertinente e acertada por parte do legislador, o que corrobora a correta representação da massa e a eficiente operacionalização prática dessa substituição na representação.

Mantendo a mesma linha de raciocínio apresentada durante o presente trabalho, entende-se que o dispositivo igualmente deverá ser aplicável aos mandatos conferidos para representação perante a jurisdição arbitral pelos mesmos motivos anteriormente expostos.

No que concerne a essa especificidade, é preciso entender que a regra prevista na legislação falimentar almeja viabilizar o prosseguimento dos muitos processos judiciais nos quais a massa seja parte.

Considerando ser bastante reduzido o número de arbitragens que tenham a massa falida como parte, e objetivando prevenir eventuais medidas contrárias ao prosseguimento do procedimento arbitral, é recomendável que, durante a substituição do falido pelo administrador judicial, esse último seja intimado a confirmar expressamente a continuidade da representação pelos atuais procuradores.

Essa recomendação, ao mesmo tempo em que pode parecer demasiadamente exagerada, poderá, sem maior esforço e com moderado dispêndio de tempo, evitar posteriores medidas de antiarbitragem ou anulações de sentenças.

Preocupação similar está estampada na posição de Fernando Mantilla Serrano, manifestada por meio de artigo baseado em sua experiência junto à Corte de Arbitragem da CCI – Câmara de Comércio Internacional, sediada em Paris[9].

3.2. Arbitrabilidade objetiva e a disponibilidade dos bens do falido

Analisando o art. 103 da Lei de Falências e Recuperação, é possível concluir, inicialmente, que estariam os bens do falido indisponíveis. Em parte, essa afirmação está correta, pois o próprio falido não mais poderá dispor de seus bens e administrá-los.

---

[9] Nessas situações, o árbitro deve solicitar que as partes comentem os efeitos que a insolvência pode ter na arbitragem, e deverá solicitar a parte insolvente (seus advogados e representantes) a fornecer todas as informações relativas à sua representação (MANTILLA-SERRANO, 1995, p. 56).

Contudo, é importante ressaltar que a indisponibilidade está voltada para o falido, e não para os bens que integram o seu patrimônio. Os bens do falido passam a compor a massa falida e seguirão disponíveis, desde que observados os requisitos previstos em lei.

Evidentemente que as matérias que possam ser objeto de um processo arbitral, envolvendo partes em falência ou insolvência, são inúmeras. É possível indicar, a título ilustrativo, alguns exemplos, como pleitos objetivando reequilíbrio econômico de contratos, de indenizações, oriundos de controvérsias societárias, de construção, de compra e venda de máquinas, de cessão de tecnologia, dentre outros.

Entende-se, portanto, que a arbitrabilidade objetiva não é abalada em razão da decretação da falência de uma das partes, o que implicaria tão somente limitações para a disponibilidade dos bens. A título de exemplo, é possível imaginar uma situação na qual, durante um processo arbitral, discute-se a possibilidade de celebração de um acordo para pôr fim à controvérsia. Nessa hipótese, entende-se que o administrador judicial estaria sujeito aos requisitos, impostos por lei, para que pudesse efetivamente dispor dos bens (patrimônio), como requisito para celebrar validamente o acordo.

É importante destacar que até mesmo a transigência sobre os bens e o patrimônio que compõe a massa é possível, não havendo, portanto, que se falar em indisponibilidade patrimonial.

Cumpre mencionar trecho da decisão, de distinta qualidade técnica e jurídica, da Câmara Especial de Falências e Recuperações Judiciais de Direito Privado do Tribunal de Justiça do Estado de São Paulo, em decisão em sede de Agravo, de relatoria do Desembargador Manoel de Queiroz Pereira Calças, relacionado ao caso *Jackson v. Diagrama*:

> Outrossim, é correta a assertiva do ilustre magistrado de que decretada a falência, o devedor perde o direito de administrar seus bens ou deles dispor, na dicção expressa do artigo 103 da Lei nº 11.101/2005. No entanto, disso não resulta que a indisponibilidade dos bens, interesses e direitos envolvidos no processo de falência, acarrete a aplicação do artigo 25 da Lei nº 9.307/96 à convenção de arbitragem anteriormente pactuada, eis que, caberá à Massa Falida, representada pelo Administrador Judicial, praticar todos os atos conservatórios de direitos e ações, consoante prevê o artigo 22, inciso III, alínea I, da Lei de Recuperação de Empresas e Falências (TJSP, Ag. 5310204300, Rel. Des. Manoel de Queiroz Pereira Calças, 2008).

Reitera-se que a decretação da falência não implica a indisponibilidade dos bens do falido, mas tão somente a possibilidade de esse empresário, ou sociedade falida, dispor de seu patrimônio. A disponibilidade patrimonial dos bens que integram a massa falida prosseguirá, mediante representação pelo administrador judicial, a quem fica incumbida a disponibilidade e a administração dos bens e dos direitos, observados os requisitos legais.

Os requisitos legais para que o administrador judicial possa dispor dos bens que integram a massa falida estão previstos na legislação falimentar. A título exemplificativo, cita-se o art. 99, VI, da Lei 11.101/2005.

É possível verificar, portanto, que a arbitrabilidade subjetiva persiste ainda que com a decretação da falência, podendo a massa, representada pelo administrador, utilizar e figurar como parte em procedimentos arbitrais.

4. O EFEITO DA DECRETAÇÃO DA FALÊNCIA SOBRE OS CONTRATOS CELEBRADOS E SOBRE A CONVENÇÃO DE ARBITRAGEM

Alguns dos efeitos da decretação da falência recaem sobre as obrigações e sobre os contratos previamente pactuados pelo devedor.

Diante do início do processo concursal da falência, um dos princípios basilares a serem observados é o da *par conditio creditorum*, ou da igualdade de condição entre os credores.

O referido princípio, que decorre do princípio da isonomia, objetiva o tratamento equânime entre os credores em iguais situações durante o processo concursal. Dessa forma, assegura-se que, durante a liquidação, será conferido o mesmo tratamento aos credores em situações igualitárias, especialmente em relação ao recebimento dos créditos.

Para que esse princípio possa produzir efeitos práticos, durante um processo concursal, é necessário que algumas condições sejam estabelecidas, preservando o tratamento equânime entre os credores. Pode-se afirmar que o vencimento antecipado de todas as obrigações do devedor seja um exemplo.

Uma vez que o crédito de cada credor individualmente poderá ter condições, prazos e regras específicos para o recebimento, ao ser decretada a falência, o sistema concursal objetiva posicionar todos os credores, integrantes de uma determinada mesma classe, em situações compatíveis. Nesse sentido, uma das providências adotadas é a declaração do vencimento antecipado de todas as obrigações, visando igualar as condições iniciais de recebimento entre os credores[10].

Nesse sentido, é também o entendimento de Carlos Henrique Abrão: "Compreende-se, portanto, que a decretação da quebra implica o vencimento geral de todas as obrigações da sociedade e daqueles sócios que a ela empresam responsabilidade solidária e ilimitada [...]" (ABRÃO, 2010, p. 78).

Analisando o dispositivo em questão, não se verifica aparente oposição à validade da convenção de arbitragem.

Em relação aos contratos bilaterais validamente pactuados pelo devedor, tema que se aproxima da origem da convenção arbitral, a legislação falimentar e recuperacional brasileira prevê:

> Art. 117. Os contratos bilaterais não se resolvem pela falência e podem ser cumpridos pelo administrador judicial se o cumprimento reduzir ou evitar o aumento do passivo da massa falida ou for necessário à manutenção e preservação de seus ativos, mediante autorização do Comitê.
>
> § 1.º O contratante pode interpelar o administrador judicial, no prazo de até 90 (noventa) dias, contado da assinatura do termo de sua nomeação, para que, dentro de 10 (dez) dias, declare se cumpre ou não o contrato. [...] (BRASIL, 2005).

---

[10] Art. 77. A decretação da falência determina o vencimento antecipado das dívidas do devedor e dos sócios ilimitada e solidariamente responsáveis, com o abatimento proporcional dos juros, e converte todos os créditos em moeda estrangeira para a moeda do País, pelo câmbio do dia da decisão judicial, para todos os efeitos desta Lei (BRASIL, 2005).

Inicialmente, desse dispositivo decorre efeito que confere segurança jurídica aos contratos celebrados, por meio de disposição expressa, mencionando que os contratos bilaterais não se resolvem pela falência. Contudo, em prol do interesse da massa, o administrador deverá avaliar a conveniência de cumprir esses contratos que ainda não foram concluídos.

Da análise do referido artigo, poderá surgir questionamento relacionado aos possíveis efeitos sobre a convenção de arbitragem, seja ela cláusula compromissória ou compromisso arbitral. Seria a convenção simples contrato bilateral, portanto, sujeito à necessária interpelação do administrador judicial e posterior declaração de cumprimento?

Demonstrando a divergência de posicionamentos sobre o tema, cumpre mencionar inicialmente a decisão proferida em face de habilitação de crédito com base em sentença arbitral. A referida decisão, amplamente fundamentada, foi proferida em primeira instância pelo então Juiz da 1.ª Vara de Falências e Recuperações Judiciais da Capital (São Paulo) do Tribunal de Justiça do Estado de São Paulo, Alexandre Alves Lazzarini (posteriormente Desembargador no mesmo Tribunal):

> [...] E, em que pesem as argumentações da habilitante Jackson, não há como superar os óbices apresentados, inclusive pelo fato de que o processo de falência é público. Ao ser decretada a falência, a parte perde a disponibilidade de seus direitos, havendo a interferência estatal em toda a sua atividade, prevalecendo o interesse público (da massa falida e, portanto, dos credores) ao particular (contrato entre as partes e arbitragem). A única possibilidade de admissão dos efeitos da arbitragem seria: a) a sua suspensão imediata, com comunicação ao juízo da falência; b) a manifestação do administrador judicial, nos termos do art. 117 da Lei n. 11.101/2005, se considerado o estreito limite de um contrato bilateral, ainda assim, com a continuidade no cumprimento do contrato, sujeito a autorização judicial, de modo a continuar o procedimento; c) intimação do Ministério Público para acompanhar o procedimento de arbitragem (TJSP, Decisão Habilitação de Crédito 583.00.2005.031627/13, Juiz Alexandre Alves Lazzarini, 2007)[11].

Trata-se do caso *Jackson v. Diagrama*, o qual teve início por meio de homologação de crédito na falência, recebida como impugnação. Na decisão *supra*citada, o magistrado decidiu pela impossibilidade de habilitação do referido crédito, dentre outros motivos, pela necessidade de manifestação do administrador judicial nos termos do art. 117 da Lei 11.101/2005. Naquela oportunidade, entendeu-se pela necessidade de interpelação do administrador em relação à cláusula compromissória, sustentando ser esta um contrato bilateral.

Entende-se que essa decisão, que foi objeto de posterior revisão pelo Tribunal de Justiça do Estado de São Paulo, não refletia a compreensão mais adequada acerca do assunto. A convenção de arbitragem não deve ser compreendida como um contrato bilateral qualquer.

Entendida como negócio jurídico bilateral, a cláusula compromissória possui, essencialmente, dois efeitos, o positivo e o negativo. Tanto o efeito positivo (garantidor da possibilidade

---

[11] O referido caso Jackson v. Diagrama foi objeto de decisão em segunda instância pelo Tribunal de Justiça do Estado de São Paulo, ao julgar Recurso de Agravo, que teve como relator o Des. Manoel de Queiroz Pereira Calças, também citada nesta oportunidade.

de instalar o juízo arbitral), quanto – e principalmente – o negativo (de afastar a competência da jurisdição estatal) são produzidos durante a concepção da convenção arbitral.

A cláusula compromissória, portanto, considerando os seus efeitos (especialmente o negativo), é suficiente para excluir a jurisdição estatal e para estabelecer a arbitral como forma de resolução de conflitos, tendo, com isso, desde o momento de sua celebração, produzido todos os efeitos que dela se espera.

Assim, trata-se de contrato ou de pacto perfeito e acabado, com efeitos já realizados por meio da opção pela arbitragem, com o consequente afastamento da jurisdição estatal.

Portanto, entende-se que não há que falar em necessidade de interpelação do administrador relacionada a contrato que produziu os efeitos esperados. Nesse sentido é o entendimento de Ricardo Tepedino:

> A segunda pergunta diz respeito à necessidade de se interpelar o administrador, para saber se cumpre ou não a cláusula de arbitragem. A ela respondo negativamente. A regra do art. 117 se dirige, como ressaltado no item 30, supra, a contratos onde ainda remanescem pendentes de satisfação obrigações para ambas as partes (TEPEDINO, 2010, p. 426).

Cumpre citar, ainda, o elucidativo entendimento da Ministra Nancy Andrighi, por meio de voto no julgamento de Recurso Especial, pela terceira turma do STJ, relacionado ao caso *Kwikasair v. AIG*:

> A partir de uma leitura sistemática da referida legislação e ainda à luz da teoria do diálogo das fontes, a natureza contratual da convenção de arbitragem, seja ela cláusula compromissória, cheia ou vazia, ou compromisso arbitral, não é suficiente para subordinar sua eficácia ao juízo de conveniência do administrador judicial, afastando-se o art. 117 da Lei de Falências. Isso porque, como já salientado, a convenção de arbitragem é, por si só, suficiente ao afastamento efetivo da jurisdição estatal, consumando, de pronto, renúncia definitiva, ainda que sujeita a condição suspensiva.
>
> Portanto, a superveniência da quebra não afasta a exigibilidade e a eficácia da convenção arbitral celebrada validamente pelas partes plenamente capazes no momento de sua contratação (STJ, REsp 1.355.831/SP (2012/0174382-7), Rel. Min. Sidnei Beneti, 2013).

Cumpre lembrar, ainda, que a cláusula compromissória é autônoma em relação ao contrato no qual está inserida – princípio da autonomia da cláusula compromissória – de tal forma que nem mesmo a anulação do contrato comprometeria a validade da cláusula de arbitragem.

Considerando o princípio da autonomia da cláusula compromissória e diante de uma situação de decretação de falência com contrato vigente e cláusula arbitral válida, duas são as possibilidades ventiladas em matéria de exigibilidade. A primeira delas, voltada para a exigibilidade do contrato, per si, e para a eventual necessidade de interpelação do administrador quanto ao seu cumprimento. A segunda delas, relacionada com a eventual necessidade de interpelação em relação à própria cláusula de arbitragem ou de pacto arbitral.

Quanto à primeira (o contrato), é possível que o contratante interpele o administrador acerca do contrato principal, nos termos do art. 117 da Lei de Falência e Recuperação. Contudo, essa possibilidade não será igualmente possível em relação à convenção de arbitragem.

Nos termos do referido dispositivo legal, ainda que o administrador opte pelo não cumprimento do contrato, a cláusula de arbitragem, autônoma, permanecerá perfeita e passível de ser aplicável. O mesmo entendimento deve ser aplicado em caso de compromisso arbitral.

Entende-se, portanto, que os efeitos da decretação da falência sobre os contratos celebrados pelo falido (sucedido pela massa) em nada afetam a cláusula compromissória. Ademais, a cláusula de arbitragem não estará sujeita à necessidade de interpelação pelo administrador, uma vez se tratar de convenção autônoma com efeitos produzidos.

5. A SUSPENSÃO DO CURSO DAS AÇÕES E DAS EXECUÇÕES EM FACE DO DEVEDOR

Certamente um dos efeitos da decretação da falência de maior relevância para o tema ora analisado seguramente é o previsto no art. 6º da Lei de Falência e Recuperação. O mencionado dispositivo legal disciplina que todas as ações e execuções em face do devedor, assim como o curso da prescrição, serão suspensas.

> Art. 6.º A decretação da falência ou o deferimento do processamento da recuperação judicial suspende o curso da prescrição e de todas as ações e execuções em face do devedor, inclusive aquelas dos credores particulares do sócio solidário.
> § 1.º Terá prosseguimento no juízo no qual estiver se processando a ação que demandar quantia ilíquida.

Alguns autores sustentam que o art. 76, *caput*, ao disciplinar as exceções ao juízo unitário e universal da falência, deve ser analisado em conjunto com o art. 6.º da Lei de Falência e Recuperação, sob pena de permitir interpretações que destoariam da lógica própria do sistema falimentar e do restante da Lei. Entendimento que deve prevalecer.

O art. 6.º contempla importantes efeitos oriundos da decretação da falência e do deferimento da recuperação. Dentre esses efeitos está a suspensão[12] da prescrição e de todas as ações e execuções em face do devedor.

Verifica-se, no parágrafo único do mesmo dispositivo, importante regra que exclui dessa suspensão automática as ações que estiverem em andamento e que demandarem quantia ilíquida: "§ 1.º Terá prosseguimento no juízo no qual estiver se processando a ação que demandar quantia ilíquida" (BRASIL, 2005).

Pode-se dizer que seria possível identificar três posições quanto ao entendimento da doutrina acerca do tema (exceção à universalidade e à unidade prevista no art. 76, também a partir do art. 6.º, § 1.º).

A *primeira* delas sustenta que o art. 6.º não constitui expressamente uma exceção à universalidade do juízo falimentar (art. 76). Preconiza que somente os casos expressos elencados no art. 76 representariam uma exceção. Contudo, esses autores reconhecem o

---

[12] O referido tema relacionado à suspensão das ações será analisado também em tópico subsequente.

condão do art. 6.º de permitir o prosseguimento das ações que demandam quantia ilíquida, apenas não classificam essa possibilidade como uma exceção expressa ao juízo universal previsto no art. 76 (ABRÃO, 2010, p. 288; e BEZERRA FILHO, 2011, p. 189-190)[13].

A *segunda* delas sustenta a aplicabilidade do art. 6.º, § 1.º, como uma das hipóteses de exceção à *vis attractiva* do juízo falimentar; contudo, apenas extensível às ações já instauradas e em andamento na época da decretação, conforme literalidade do referido dispositivo (transcrito acima) (ANDRIGHI, 2009, p. 503-504; ZANINI, 2007, p. 343).

De fato, essa interpretação vai de encontro ao exato texto do art. 6º, § 1º (literalidade). Contudo, representa algumas dificuldades de ordem prática.

Essas dificuldades guardam relação com o próprio juízo da falência. Sendo o processo falimentar um processo concursal, de natureza executiva, que propõe a liquidação de ativos, caso essas ações, ainda em fase de conhecimento, não possam prosseguir pelo fato de terem sido instauradas após a decretação da falência, esses créditos dificilmente poderão ser habilitados no processo falimentar por carecerem de executividade. Nesse caso, parece que o princípio da *par conditio creditorum* poderia ficar abalado e causar alguma disparidade entre os credores, de mesma classe, que iniciaram as ações que demandam quantia ilíquida em tempos ligeiramente distintos. Não parece ser esse o propósito da Lei.

A alternativa que se apresenta (em face de tal dificuldade) seria desistir da ação que foi objeto de suspensão e propor a homologação, com natureza de conhecimento e sem exigibilidade ou liquidez, em face do juízo falimentar. Contudo, não parece ser essa, também, a melhor opção em razão da natureza concursal e executiva do processo falimentar, o que, inclusive, prejudicaria o bom andamento do processo de falência, contrariando os princípios da eficiência e da celeridade contemplados no art. 75 da Lei de Falências e Recuperação.

Finalmente, a *terceira* e última classificação quanto aos entendimentos doutrinários acerca do tema defende que, por meio de interpretação sistêmica, analisando também os motivos que fundamentam a regra contemplada no art. 6.º, § 1.º, deverão ser aplicados em conjunto o art. 76 e o § 1.º do art. 6.º. Essa aplicação deverá ocorrer tanto para os processos em curso, quanto para os que ainda não tiveram início, carecedores de liquidez (processo de conhecimento)[14].

---

[13] Caso considerem, não mencionam isso explicitamente nas obras consultadas, como outros autores o fazem; ao interpretarem o art. 76, fazendo remissão ao art. 6.º.

[14] "Ainda a acentuar a natureza relativa da regra de suspensão, proclama o art. 76 da Lei 11.101/2005 a unidade e indivisibilidade do juízo falimentar, 'competente para conhecer todas as ações sobre bens, interesses e negócios do falido, ressalvadas as causas trabalhistas, fiscais e aquelas não reguladas nesta Lei em que o falido figurar como autor ou litisconsorte ativo.' A norma, é claro, deve ser analisada em conjunto com o disposto no art. 6o, § 1o, e se refere às ações em que se demande quantia ilíquida, ou pretensões que não tenham por objeto quantias certas e definidas, uma vez que, nesse caso, o crédito deverá ser habilitado na falência – Paulo Fernando Campos Salles de Toledo" (TOLEDO, 2009, p. 821).
"Considerando-se o carácter de indivisibilidade emprestado ao foro da falência, no sentido deste concentrar todos os créditos e litígios sob a mesma autoridade judicial, para controle dos paga-

Bastante contundente é o entendimento de Donaldo Armelin nesse sentido. Dentre os argumentos que buscam justificar a impossibilidade de suspensão das ações que demandarem quantia ilíquida, inclusive aquelas ainda não instauradas, estão: (i) o processo de conhecimento deverá avaliar e decidir pela existência ou não do crédito; (ii) a natureza de ações de conhecimento destoa do propósito do concurso de credores e da falência, de natureza preponderantemente executória; (iii) aqueles cujo crédito ainda carece de liquidez terão condições desfavoráveis em comparação aos credores da mesma classe, que já tiveram a oportunidade de, por meio da ação de conhecimento, torná-los certos e exigíveis, o que dificilmente conseguirão senão por meio do processamento da ação de conhecimento; (iv) a análise do objetivo da suspensão prevista no art. 6.º mostra soar absolutamente excessivo que as demandas de quantia ilíquida, ainda por iniciar, não possam ter normal prosseguimento até a decisão pelo reconhecimento, ou não, do crédito; (v) o prosseguimento dessas ações que demandam quantia ilíquida não causa qualquer disparidade entre os credores (pelo contrário), pois, caso o crédito seja reconhecido, este deverá ser inserido no quadro, sendo submetido ao crivo do processo falimentar, mantida a *par conditio creditorum*.

Conforme indicado, argumentos não faltam para que as ações que demandarem quantia ilíquida possam ter normal prosseguimento mesmo quando iniciadas após a decretação da falência.

O processo concursal não se deve ocupar de potenciais créditos, devendo manter sua atenção voltada para a maximização do patrimônio da massa, almejando o pagamento dos credores.

Entende-se que as exceções previstas no art. 76 da Lei de Falência e Recuperação deverão ser analisadas em conjunto com o disposto no art. 6.º do mesmo diploma legal. A suspensão das ações que demandam quantia ilíquida soaria contraditória ao sistema falimentar e representaria uma penalização exagerada ao credor nessa situação, desequilibrando, inclusive, a igualdade entre credores em mesma classe.

Esse foi o entendimento da Ministra Nancy Andrighi, em voto proferido no julgamento do Recurso Especial referente ao caso *Kwikasair v. AIG*:

> Todavia, a suspensão irrestrita de todas as demandas, nas quais se incluem aquelas em que se discute a própria formação do título executivo, por ser medida manifestamente excessiva, é excepcionada pelo § 1.º do art. 6.º da Lei n.º 11.101/2005. Isso porque o impedimento de seu trâmite resultaria em intransponível empecilho ao exercício do direito creditório. Este sim, depois de liquidado, passível de submissão ao crivo do processo falimentar e habilitação no quadro geral de credores ou inclusão no acervo patrimonial (STJ, REsp 1.355.831-SP/ 2012/0174382-7/, Rel. Min. Sidnei Beneti, 2013).

---

mentos aos credores com a manutenção, *quantum satis*, do princípio da *par condicio creditorum*, é perfeitamente aceitável a imposição da cessão da fluência das execuções em face do devedor e a centralização das ações sob a mesma competência. Mas a suspensão de processos de conhecimento, em que se discutem o *an* e o *quantum debeatur* dos credores, soa excessiva, considerando-se que os créditos apurados judicialmente passarão pelo crivo do processo falimentar Donaldo Armelin" (ARMELIN, 2007, p. 20).

ARBITRAGEM E FALÊNCIA | **779**

Nos termos dos arts. 6.º e 76 da legislação falimentar, as ações que demandarem quantia ilíquida não deverão ser suspensas, e aquelas que ainda não tenham sido iniciadas, poderão ser propostas. As demandas de competência da justiça especializada, inclusive aquelas relacionadas à jurisdição arbitral, deverão ser apreciadas pela jurisdição especial (jurisdição arbitral).

Essa regra da suspensão das ações e das execuções em face do devedor não é exclusividade do Direito brasileiro, pelo contrário, pode-se dizer que é influência do Direito Comparado. A título ilustrativo, cumpre citar a regra da *automatic stay*, contemplada no Direito norte-americano. Nesse sentido, William D. Warren e Daniel J. Brussel:

> Sob a seção 362 (a), a apresentação de um pedido de falência funciona como uma suspensão em face contra uma variedade de atos que afetam o devedor, a propriedade do devedor, o patrimônio da massa falida, ou a propriedade controlada pela massa falida. Esta suspensão é conhecida como a suspensão automática.
>
> A suspensão automática é uma das proteções fundamentais do devedor, prevista pelo direito falimentar. Ela confere uma trégua ao devedor em face de seus credores. Ela suspende todas as execuções, todos os assédios e todas as ações de liquidação. Ela permite que o devedor tente uma renegociação ou um plano de recuperação, ou simplesmente para ser aliviado em relação às pressões financeiras que o levaram a uma falência (WARREN; BUSSEL, 2006, p. 213)[15].

O Direito francês igualmente recepcionou a suspensão automática, prevendo, ao disciplinar o procedimento de *sauvegarde* – em síntese, uma espécie de recuperação simplificada –, que, ao ser processada, suspenderia o ajuizamento de algumas ações de credores (FOUCHARD, 1998, p. 474-475).

Em que pese a importância do referido dispositivo, em prol da eficiência, da celeridade e do interesse da massa falida (entre outros motivos), o legislador brasileiro optou por criar exceções para essa suspensão.

O Direito norte-americano igualmente impõe determinadas exceções em relação à *automatic stay*. Nesse sentido, Douglas G. Baird:

> De longe, a mais importante destas secções é §362, que impõe a suspensão automática a todos os credores. Ela exige que os credores interrompam todas as ações de cobrança no momento em que o requerimento é distribuído. A suspensão automática produz efeitos tão grandes que torna fácil esquecer que a suspensão é simplesmente uma presunção. O tribunal (estatal) pode afastar a suspensão sempre que um credor demonstrar que

---

[15] Under the section 362(a), the filing of a petition in bankruptcy operates as a stay against a variety of acts affecting the debtor, property of the debtor, property of the bankruptcy estate, or property held by the bankruptcy estate. This stay is known as the automatic stay.

The automatic stay is one of the fundamental debtor protections provided by a bankruptcy law. It gives the debtor a breathing spell from his creditors. It stops all collection efforts, all harassment, and all foreclosure actions. It permits the debtor to attempt a repayment or reorganization plan, or simply to be relieved of the financial pressures that drove him into a bankruptcy.

não há fundamento ou que o seu interesse está inadequadamente protegido (BAIRD, 2006, p. 14)[16].

Em relação ao Direito brasileiro, entende-se que a primeira delas possui aplicabilidade para os procedimentos arbitrais. Essa aplicação irrestrita aos procedimentos arbitrais decorre da natureza da jurisdição arbitral, que é essencialmente cognitiva (processo de conhecimento), carecendo-lhe força executiva.

Uma vez que a arbitragem não se presta à execução, é possível presumir que os procedimentos arbitrais podem ser enquadrados necessariamente no critério acima mencionado, por tratarem de processos em que são discutidos direitos e obrigações relacionados a quantias ilíquidas.

Nesse sentido, Marcelo Dias Gonçalves Vilela: "A jurisdição arbitral tem natureza eminentemente cognitiva, substituindo a prestação jurisdicional estatal na atividade de afirmar o direito no caso concreto e de formar o título executivo. Não há na Arbitragem jurisdição executiva" (VILELA, 2013, p. 344).

Corroborando esse entendimento, cita-se o coautor do anteprojeto da Lei de Arbitragem, Pedro Batista Martins: "instituto [arbitragem] que visa solucionar disputa de cunho ilíquido ou controvertido. Não se presta, ou ao menos não se deveria prestar a solucionar questões passíveis de execução forçada" (MARTINS, 2000, p. 338).

Dessa forma, a legislação brasileira estabelece que o processo concursal deverá concentrar sua atenção aos créditos já existentes, revestidos de força executiva, e não invocando para o juízo concursal potenciais créditos que dependeriam de análise em fase de cognição. Essa opção vai de encontro aos princípios da celeridade e da eficiência, que atendem ao melhor interesse da massa.

6. A UNIVERSALIDADE E A UNIDADE DO JUÍZO FALIMENTAR EM FACE DOS PROCEDIMENTOS ARBITRAIS

A universalidade e a unidade do juízo falimentar são princípios basilares do sistema falimentar, que decorrem da decretação da falência. A operacionalização do processo falimentar e a produção de seus efeitos, mantendo a igualdade entre os credores, jamais seria atingida sem a universalidade e a unidade do juízo falimentar.

Verificou-se que esses princípios estão refletidos nos arts. 76 e 115, cuja interpretação deverá considerar também o disposto no art. 6.º da Lei de Falência e Recuperação:

> Art. 76. O juízo da falência é indivisível e competente para conhecer todas as ações sobre bens, interesses e negócios do falido, ressalvadas as causas trabalhistas, fiscais e aquelas não reguladas nesta Lei em que o falido figurar como autor ou litisconsorte ativo.

---

[16] By far the most important of these sections is §362, which imposes an automatic stay on all creditors. It requires creditors to cease all debt collection efforts the moment a petition is filed. The automatic stay looms so large that it is easy to forget that the stay is simple a presumption. The court can lift the stay whenever a creditor shows that there is cause or that its interest is inadequately protected.

Parágrafo único. Todas as ações, inclusive as excetuadas no *caput* deste artigo, terão prosseguimento com o administrador judicial, que deverá ser intimado para representar a massa falida, sob pena de nulidade do processo.

Art. 115. A decretação da falência sujeita todos os credores, que somente poderão exercer os seus direitos sobre os bens do falido e do sócio ilimitadamente responsável na forma que esta Lei prescrever (BRASIL, 2005, grifo nosso).

Ao analisar os referidos princípios, ocupou-se, também, de analisar detidamente as suas exceções, quais sejam: (i) as ações de natureza trabalhista; (ii) as ações fiscais; (iii) as ações não reguladas pela Lei 11.101/2005, em que o falido figura como autor ou litisconsorte no polo ativo; e (iv) as ações que demandarem quantia ilíquida.

Entende-se que o art. 6.º deve ser aplicado e interpretado com os arts. 76 e 117. Os referidos dispositivos devem permitir o prosseguimento da arbitragem perante o juízo especial (arbitral), constituindo exceção à universalidade e à unidade do juízo falimentar. Contudo, corroborando ainda mais o entendimento ora proposto, entende-se que, também em razão da especialidade da jurisdição arbitral, o processo deverá prosseguir nesse juízo, assim como ocorre com as ações trabalhistas e fiscais. Acresce-se ao argumento, relacionado à especialidade do juízo, a constatação de que arbitragem é processo extrajudicial, portanto externo à estrutura do Poder Judiciário, o que justificaria, com maior razão, a exceção ora proposta.

Nesse sentido, é também o entendimento de Donaldo Armelin:

> Ora, se a distribuição da competência entre as várias Justiças que integram o Poder Judiciário é suficiente para estancar a vis attractiva da falência, com maior razão a diversidade entre a jurisdição estatal e a arbitral será bastante para este fim (ARMELIN, 2007, p. 21).

Nesse aspecto, é imprescindível revisitar o princípio da competência-competência (*Kompetenz-Kompetenz*), disciplinado no art. 8.º da Lei de Arbitragem. Segundo o referido princípio, o árbitro tem competência para decidir sobre a própria competência. Nesse sentido, a aplicabilidade do art. 6.º da Lei de Falência e Recuperação será objeto de análise exclusiva pelos árbitros, ou seja, pelo juízo arbitral.

Uma vez analisadas as exceções acima, bem como a disciplina legal de cada uma delas, cumpre analisar a respectiva aplicabilidade em relação às arbitragens.

Em relação às ações não previstas na lei falimentar, nas quais a massa figure como autora ou litisconsorte ativa, essa exceção é perfeitamente aplicável aos procedimentos arbitrais, uma vez não se tratem de ações falimentares. Contudo, para que o disposto seja aplicável, deverá estar presente o outro requisito, qual seja a massa presente na condição de autora ou litisconsorte no polo ativo.

Assim, verifica-se que, sempre que a massa falida for demandante, inclusive em arbitragens, poderá se valer desse disposto para excepcionar a universalidade do juízo falimentar. Contudo, como será analisado adiante, a aplicabilidade do dispositivo será ligeiramente ofuscada pela outra exceção (ações que demandarem quantia ilíquida).

Enquanto essa exceção, ora analisada (ações não falimentares), é aplicável somente àquelas ações que tenham a massa no polo ativo (como parte ou litisconsorte), a exceção prevista no art. 6°, §1°, (ações que demandarem quantia ilíquida) é aplicável, em regra, a todos os processos arbitrais.

Essa aplicação irrestrita decorre, conforme analisado anteriormente, da natureza cognitiva da arbitragem, que, via de regra, enquanto natureza de processo de conhecimento, sempre resolverá controvérsias que demandem quantias ilíquidas.

Nesse sentido, cita-se o voto do Desembargador Manoel de Queiroz Pereira Calças, referente ao caso *Jackson v. Diagrama*:

> Outrossim, iniciado o procedimento de arbitragem, nos termos convencionados pelas partes, e, comunicada a falência da agravada, interveio nos autos o Administrador Judicial, sustentando a competência do Juízo Universal da Falência para dirimir o conflito, o que não foi aceito pelo Juízo Arbitral, que, corretamente, deu prosseguimento à arbitragem, na dicção do artigo 76, parágrafo único, da Lei n.º 11 101/2005 Não era mesmo de se suspender a tramitação do procedimento de arbitragem, eis que, aplica-se à hipótese o artigo 6.º, § 1.º, da Lei n.º 11 101/2005, visto que versando a demanda sobre quantia ilíquida (TJSP, Ag. 5310204300, Rel. Des. Manoel de Queiroz Pereira Calças, 2008).

Em síntese, a universalidade e a unidade podem ser excepcionadas em relação à fase arbitral (processo de conhecimento), considerando: (i) a interpretação sistêmica do art. 76 com o art. 6, § 1.º; ou, na eventualidade de não se considerar essa interpretação; (ii) por meio de analogia com a disciplina aplicável às ações que tramitam perante a justiça especializada (trabalhista ou de natureza fiscal), as quais devem prosseguir no juízo especial. Nesse caso, o mesmo deverá ocorrer com as demandas arbitrais, com maior razão, por se tratar de jurisdição extrajudicial, o que representaria um argumento a mais nesse sentido.

Em relação aos procedimentos arbitrais em curso quando da decretação da falência, cumpre lembrar que o falido será sucedido pela massa falida. Esse processo de substituição merece atenção.

Ao assumir a posição processual anteriormente ocupada pelo falido, a massa, representada pelo administrador judicial, deverá prosseguir com a representação processual. É fundamental esclarecer que, nos termos do art. 120, § 1.º, os mandatos conferidos para representação judicial do devedor continuam em vigor até que sejam expressamente revogados pelo administrador judicial, conforme demonstrado. Esse dispositivo, de enorme relevância para a organização das atribuições administrativas da massa, garante o prosseguimento da representação dos procuradores atuantes no caso, confere ao administrador a incumbência, caso assim entenda, de revogá-los.

Esse dispositivo deve ser aplicado também aos processos arbitrais, por analogia, uma vez tratarem igualmente de jurisdição, ainda que arbitral. Contudo, em face da literalidade do dispositivo (art. 120, § 1.º), é absolutamente recomendável, em prol da segurança do procedimento, que se intime o administrador judicial para que se manifeste formalmente a respeito, solicitando, concomitantemente aos procuradores constituídos, que confirmem o prosseguimento da representação (em atenção aos profissionais que atuam no caso).

7. A CELEBRAÇÃO DE CONVENÇÃO ARBITRAL APÓS A DECRETAÇÃO DA FALÊNCIA

Sobre a possibilidade de celebração de convenção de arbitragem após a decretação da falência), assentam-se algumas divergências acerca do tema.

A prática dos processos falimentares acena para algumas hipóteses nas quais a arbitragem será o meio de solução de conflitos mais adequado. Enquanto processo concursal, a falência possui como principal objetivo a liquidação do patrimônio da massa e a respectiva distribuição da arrecadação entre os credores. Durante o processo falimentar, o administrador poderá dispor do patrimônio da massa para objetivar o melhor interesse desta e dos credores. Para tanto, poderá ocorrer a cessão da marca; a transferência de tecnologia; a cessão do estabelecimento; a alienação de bens, como aeronaves, embarcações ou plantas industriais dentre outras operações e negócios jurídicos. Esses são apenas alguns exemplos que podem representar relações contratuais para as quais a arbitragem seria amplamente recomendável.

Seguramente a utilização da arbitragem em relações contratuais, como as referenciadas, poderá representar um atrativo para aquele que celebrará contratos com a massa falida, por conferir maior segurança jurídica.

Cumpre lembrar que a decretação da falência produz alguns efeitos que afetam também a convenção de arbitragem e a respectiva possiblidade de celebração. Dentre os principais efeitos analisados, encontra-se a perda da disponibilidade dos bens pelo falido, o que seguramente cria obstáculo para que o próprio falido possa celebrar convenção de arbitragem relacionada ao patrimônio que passou a integrar a massa (patrimônio do qual foi afastado).

Verificou-se que a decretação, contudo, não produz os mesmos efeitos em relação à massa, que prosseguirá podendo administrar e dispor dos bens que a integram. Esse é o entendimento extraído do art. 22, § 3.º, da Lei de Falência e Recuperação[17].

Analisando o dispositivo citado, é possível afirmar que os direitos que compõem a massa permanecem disponíveis, podendo o administrador, em nome dela, inclusive contratar. Para que o administrador possa dispor de bens e de direitos em nome da massa, deverá solicitar autorização judicial, ouvidos o comitê de credores e o de devedores.

A análise do efeito acima mencionado (perda da administração e de disponibilidade de bens pelo falido), aliada aos artigos citados, produz certa divisão na doutrina.

---

[17] Art. 22. Ao administrador judicial compete, sob a fiscalização do juiz e do Comitê, além de outros deveres que esta Lei lhe impõe:

I – na recuperação judicial e na falência:

[...] h) contratar, mediante autorização judicial, profissionais ou empresas especializadas para, quando necessário, auxiliá-lo no exercício de suas funções;

[...] § 3.º Na falência, o administrador judicial não poderá, sem autorização judicial, após ouvidos o Comitê e o devedor no prazo comum de 2 (dois) dias, transigir sobre obrigações e direitos da massa falida e conceder abatimento de dívidas, ainda que sejam consideradas de difícil recebimento (BRASIL, 2005).

Alguns profissionais sustentam que, diante dos efeitos oriundos da decretação da falência, os bens restariam indisponíveis e, por essa razão, não seria possível celebrar novas cláusulas de arbitragem após a decretação (ARMELIN, 2007, p. 18-19; VASCONCELOS, 2008, p. 136).

Em sentido diferente, posicionam-se outros autores, sustentando que os direitos permanecem disponíveis e que, portanto, seria possível a celebração de convenção de arbitragem. Para tanto, seria necessário que o administrador solicitasse autorização judicial, nos termos do art. 22, § 3.º, da Lei de Falência e Recuperação (TOLEDO, 2009, p. 834; CARMONA, 2009, p. 37).

Contudo, entende-se que o tema, partindo desse último posicionamento, merece ser analisado de forma ainda mais aprofundada.

Cumpre analisar a natureza da autorização judicial, prevista no art. 22, §3º da Lei de Falência e Recuperação. Trata-se de autorização voltada à prática de atos pelo administrador. A participação do juízo falimentar, portanto, é voltada para a atividade do administrador judicial e sobre ela produz efeitos. Autoriza-se o administrador a praticar atos que impliquem disponibilidade patrimonial, mas o estado dos bens em nada é alterado em razão da autorização. Desde o início do processo falimentar, os bens são disponíveis por natureza, exatamente para atender ao objetivo do processo concursal, mas, para que deles possa dispor, o administrador judicial deverá requerer autorização.

Essa análise leva à conclusão de que o direito objeto de eventuais procedimentos arbitrais é disponível, ainda que se necessite de autorização para que deles se possa efetivamente dispor.

Em relação à opção pela arbitragem, trata-se de escolha da via processual e jurisdicional adequada para o caso concreto. Seguramente, ao submeter o conflito à via arbitral, não se está diante de disposição ou de renúncia de direitos. Corroborando essa afirmação, por hipótese, é possível que seja proferida sentença arbitral que julgue totalmente procedentes ou improcedentes os pedidos de uma das partes, oportunidade que não representaria qualquer redução patrimonial para a parte vencedora.

Com essa primeira reflexão, entende-se que arbitragem é processo jurisdicional, adversarial, que não implica renúncia ou transigência sobre direitos, o que, *per se*, não representa disponibilidade patrimonial.

Esse raciocínio é imprescindível para analisar a possiblidade de celebração de convenção arbitral pela massa falida, após a decretação da falência. Trata-se de opção (pela via arbitral) de natureza jurídico-negocial, de competência do administrador, que independe de autorização judicial por não representar ato que implique disponibilidade patrimonial.

O caso *Interclínicas v. Saúde ABC*, embora tenha enfrentado o tema em processo de liquidação, e não propriamente em falência (operadora de plano de saúde sujeita à liquidação extrajudicial), suscitou discussão acerca da validade de cláusula compromissória celebrada anteriormente à decretação. Não obstante, no mencionado caso, a cláusula tenha sido celebrada anteriormente à decretação da liquidação, é esse o raciocínio que deverá prevalecer mesmo nos casos de celebração de convenção de arbitragem *a posteriori*. Feitas essas considerações, cita-se o voto da Ministra Fátima Nancy Andrighi:

ARBITRAGEM E FALÊNCIA | 785

Com efeito, a participação da massa liquidanda no procedimento arbitral, a rigor, não exige a prática de nenhum ato inclinado a concluir negócios pendentes, tampouco a onerar ou alienar bens. O fato da arbitragem envolver direitos disponíveis não significa que haverá, necessariamente, no curso do procedimento arbitral, atos do liquidante que impliquem na disponibilização de tais direitos.

[...]

Em verdade, a participação do liquidante em procedimento arbitral não difere substancialmente da sua atuação na fase de conhecimento dos processos judiciais envolvendo a massa liquidanda. Também nestes, o liquidante, de regra, não pratica nenhuma ação tendente a onerar os bens da massa, até porque quaisquer atos de constrição ou expropriação somente ocorrerão na fase de execução (STJ, MC. 14.295/SP-(2008/0122928-4), Rel. Min. Nancy Andrighi, 2008).

Contudo, esse entendimento possui alguns desdobramentos naturais. O primeiro deles relaciona-se às custas do procedimento arbitral, em síntese representadas pelos honorários dos árbitros e pela taxa de administração da Câmara de Arbitragem.

Embora se entenda que o administrador judicial não precisará de autorização judicial para celebrar convenção arbitral, essa (autorização judicial) poderá vir a ser necessária em razão de eventual obrigação de cunho patrimonial ao assumir a responsabilidade pelo pagamento de parte das custas da arbitragem, decorrentes dessa opção pela via arbitral. Nesse caso, entende-se que a autorização judicial deverá ocorrer como pré-requisito necessário para a celebração da convenção arbitral, em razão da responsabilidade das partes pelo pagamento das custas.

A autorização judicial poderá ser dispensada caso a parte contrária concorde, contratualmente, em assumir a responsabilidade integral pelo pagamento das custas dos eventuais procedimentos arbitrais, o que poderá ser disciplinado no próprio compromisso ou na cláusula arbitral. Nesse caso, entende-se que o administrador independeria de autorização judicial, enquanto representante da massa falida, possuindo a autonomia e a capacidade necessárias para celebrar a cláusula compromissória, tratando-se de opção negocial e que não implica disponibilidade patrimonial.

Em síntese, para celebrar convenção de arbitragem, o administrador judicial não precisará de autorização do juízo falimentar, uma vez não implicar disponibilidade de bens ou de direitos. Trata-se tão somente de opção pela via jurisdicional que melhor se adéqua ao caso concreto.

Ainda em relação à necessidade de autorização judicial, outra hipótese que merece ser analisada trata-se da possibilidade de celebração de acordo no curso da arbitragem, visando pôr fim à controvérsia.

Na hipótese de celebração de acordo, o que naturalmente implicará ato de transigir sobre os respectivos direitos, será necessária prévia autorização judicial, nos termos da legislação falimentar brasileira. Portanto, entende-se que não se trata de autorização para a utilização da arbitragem, mas de autorização para celebração do acordo, o que deve ocorrer também em processo judicial.

Uma vez celebrado eventual acordo, após autorização judicial, poderão as partes requerer ao Tribunal Arbitral (árbitros que atuam no caso) que o declarem por sentença arbitral, nos termos da Lei de Arbitragem.

8. ENUNCIADO APROVADO NA I JORNADA DE PREVENÇÃO E RESOLUÇÃO DE LITÍGIOS DO CONSELHO DA JUSTIÇA FEDERAL

Em agosto de 2016, durante a "I Jornada de Prevenção e Solução Extrajudicial de Litígios", do Centro de Estudos Judiciários (CEJ) do Conselho da Justiça Federal, foram aprovados 13 enunciados relacionados à arbitragem.

Dentre os enunciados aprovados, especificamente o de número 6, prevê que:

> 6. O processamento da recuperação judicial ou a decretação da falência não autoriza o administrador judicial a recusar a eficácia da convenção de arbitragem, não impede a instauração do procedimento arbitral, nem o suspende.

O referido enunciado será útil, especialmente porque a legislação brasileira nada disciplina acerca do tema. Tanto a Lei de Arbitragem quanto a legislação falimentar e recuperacional não abordam expressamente a matéria.

Em relação aos efeitos da decretação da falência ou do processamento da recuperação judicial e aos respectivos impactos no procedimento arbitral, o enunciado adota, em síntese, o modelo, em certa medida, proposto no presente artigo, preconizando que não impedem a instauração de novos procedimentos, tampouco autorizam a suspensão das arbitragens que estiverem em curso.

Sobre a primeira parte do enunciado, que disciplina que tanto o deferimento da recuperação quanto a decretação da falência não autorizam o administrador judicial a recusar a eficácia da convenção de arbitragem, cumpre breve análise sobre o tema.

Aparentemente o objetivo dessa parte do enunciado é confirmar a eficácia da convenção, o que é muito oportuno, dado que a convenção produz os respectivos efeitos positivo e negativo, de imediato, quando de sua celebração, conforme visto anteriormente.

O enunciado seria ainda mais inequívoco caso mencionasse expressamente que a convenção de arbitragem não é suscetível de interpelação pelo administrador judicial, nos termos da legislação falimentar. Contudo, entende-se que essa é a interpretação que deve ser feita em relação ao enunciado.

9. DISCIPLINA DO TEMA EM PORTUGAL, NA ESPANHA E PROPOSTA LEGISLATIVA PARA O DIREITO BRASILEIRO

Alguns sistemas jurídicos de outros países disciplinam expressamente os efeitos da decretação da falência para as convenções de arbitragem.

A título exemplificativo, tanto a Espanha quanto Portugal possuem dispositivos legais expressos sobre o tema, nas respectivas legislações falimentares.

Ainda que o modelo escolhido por alguns países, em certa medida, possa ser considerado muito conservador, por outro lado, é certo que a previsão legal propicia um ambiente de segurança jurídica, sobretudo quando disciplina adequadamente o assunto.

Em síntese, o modelo português prevê, no art. 86 da respectiva legislação falimentar, que a decretação da falência deve suspender os efeitos da convenção de arbitragem enquanto perdurar a insolvência da parte. As arbitragens que estiverem em curso na data da decretação poderão prosseguir com o administrador judicial, assumindo a representação processual (CÓDIGO DA INSOLVÊNCIA, 2012, p. 185-186).

O sistema espanhol pode ser considerado mais avançado ao disciplinar a matéria. Contudo, esse avanço não decorreu da primeira previsão legal sobre o tema.

Em 2003, a Espanha disciplinou o assunto, prevendo a ineficácia das convenções de arbitragem durante a tramitação do concurso de credores. É certo que a disciplina legal não oferecia segurança jurídica ao afastar a convenção de arbitragem como regra geral.

Em 2011, com a reforma da Lei Espanhola de Arbitragem, reformou-se também a legislação falimentar, passando a adotar o sistema no qual a regra é, em síntese, a preservação da convenção de arbitragem. Contudo, o legislador espanhol adota um modelo intermediário que apresenta certos riscos, ao permitir que o juízo falimentar determine a suspensão dos efeitos da convenção de arbitragem quando representar um prejuízo para a tramitação do concurso. Além de carecer de segurança jurídica ao conferir essa possibilidade ao juízo da falência, a redação dada ao dispositivo suscitou dúvidas sobre a interpretação, especialmente no que concerne ao que efetivamente seria o prejuízo para a tramitação do concurso (MORAL, 2014).

O que se propõe no presente artigo é um sistema ainda mais avançado em relação à presença da convenção de arbitragem. Criar um ambiente seguro para o investidor e para o empresário é fundamental para o avanço do comércio e do direito empresarial.

Com isso, entende-se importante que o sistema brasileiro passe a disciplinar expressamente o tema em sua legislação falimentar, ainda que reformada por leis específicas.

Em síntese, entende-se que o legislador deveria: (i) equiparar os processos arbitrais aos processos judiciais que continuam tramitando perante a jurisdição especial, inclusive para efeitos de custas processuais (créditos extra concursais); (ii) prever expressamente que os procedimentos arbitrais em curso devem prosseguir; (iii) prever que a convenção de arbitragem não é passível de interpelação pelo administrador judicial, tendo em vista que já produziu os respectivos efeitos; (iv) prever que a convenção de arbitragem permanece válida mesmo diante do deferimento da recuperação e da decretação da falência, sendo facultado a qualquer das partes iniciar o procedimento arbitral; (v) prever que a massa falida, representada pelo administrador, poderá celebrar convenções de arbitragem, hipótese em que precisará de autorização judicial apenas caso incorra em assunção de obrigações pelo pagamento de custas processuais.

Tendo em vista o sistema proposto e a disciplina dos itens acima mencionados, distribuídos nos respectivos artigos e capítulos da legislação falimentar brasileira, entende-se que o sistema brasileiro passaria a conferir a segurança jurídica adequada, permitindo um avanço jurídico e econômico.

10. CONCLUSÃO

Analisando os institutos da arbitragem e da falência, entende-se que o processo concursal falimentar, em si, não poderá transcorrer pela via arbitral. Contudo, os institutos da arbitragem e da falência podem e devem coexistir.

Considerando que, no curso dos processos arbitrais, serão apuradas quantias que ainda carecem de liquidez, a arbitragem constitui uma das exceções à suspensão das ações em face da massa falida, nos termos do art. 6° da Lei de Falência e Recuperação.

Por meio de interpretação e do exame da legislação falimentar e recuperacional (Lei 11.101/2005), o processo arbitral também não será atraído pelo juízo universal da falência, considerando tratar-se de jurisdição especial e extrajudicial, de natureza cognitiva. Essa é a interpretação que deve ser conferida ao art. 76 da Lei de Falência e Recuperação, de maneira sistêmica e em sintonia com o art. 6.°, previsto no mesmo diploma legal.

Portanto, a arbitragem, enquanto processo cognitivo, constitui exceção à regra do juízo universal, até que o crédito seja efetivamente apurado, o que somente ocorrerá com a decisão dos árbitros mediante proferimento de sentença arbitral.

No tocante à arbitrabilidade, embora o falido perca a disponibilidade sobre o seu patrimônio com a decretação da falência, é certo que esse efeito não implica indisponibilidade dos bens e dos direitos que passam a integrar a massa falida. Em realidade, a legislação falimentar prevê, conforme demonstrado, que a massa falida – representada pelo administrador judicial – passará a administrar esse patrimônio.

Ao administrador, será facultada, em prol do interesse da massa e dos credores, inclusive a possibilidade de disposição ou de transação sobre os bens que integram o patrimônio.

Em relação à arbitrabilidade subjetiva, o falido será sucedido pela massa falida em todos os processos nos quais for parte. A massa falida, como sujeito de direito sem personalidade, possui capacidade processual reconhecida pelo ordenamento jurídico, devendo ser representada pelo administrador judicial tanto nos processos judiciais quanto nos procedimentos arbitrais.

Em relação à cláusula de arbitragem celebrada anteriormente à decretação da falência, não obstante a convenção arbitral seja pacto de natureza contratual em sua origem e jurisdicional em sua finalidade, entende-se que não pode ser confundida com um contrato bilateral qualquer. Uma vez celebrada, a cláusula produz os efeitos positivo e negativo, ficando afastada a jurisdição estatal. Portanto, a convenção arbitral não está sujeita à interpelação pelo administrador judicial, nos termos da legislação falimentar.

Os procedimentos arbitrais em curso deverão prosseguir normalmente, uma vez que representam exceção à regra geral de suspensão das ações e à universalidade do juízo falimentar.

Em relação à possibilidade de celebração de convenção arbitral após a decretação da falência, a massa poderá, mediante representação pelo administrador, firmar novas convenções de arbitragem. A escolha pela via arbitral não representa, em si, ato que implique a disponibilidade de bens ou de direitos. Enquanto mera opção pela via jurisdicional adequada, não será necessária, a princípio, autorização judicial para que o administrador possa firmar convenções de arbitragem.

Contudo, caso a opção pela via arbitral implique o recolhimento de custas a serem suportadas pela massa falida, nesse caso, será imprescindível a autorização judicial, não em razão da escolha pela arbitragem, mas pelos efeitos econômicos dela decorrentes.

O mesmo raciocínio deverá ser aplicado em hipóteses relacionadas à eventual celebração de acordo no curso do procedimento arbitral. Nesse caso, deverá o administrador judicial, anteriormente à celebração do acordo, solicitar prévia autorização judicial nos termos da legislação falimentar.

REFERÊNCIAS

ABRÃO, Carlos Henrique. Da falência. In: TOLEDO, Paulo F. C. Salles de (coord.); ABRÃO, Carlos Henrique (Coord.). *Comentários à Lei de Recuperação de Empresas e Falência.* São Paulo: Saraiva, 2010. p. 286-394.

ALMEIDA, Amador Paes de. *Curso de falência e recuperação de empresa*: de acordo com a Lei n. 11.101/2005. 25. ed. São Paulo: Saraiva, 2009.

ANDRIGHI, Fátima Nancy. Comentários – Arts. 75 a 80. In: CORRÊA-LIMA, Osmar Brina; LIMA, Sérgio Mourão Corrêa. *Comentários à nova lei de falências e recuperação de empresas*: Lei n.º 11.101/2005, de 09 de fevereiro de 2005. Rio de Janeiro: Forense, 2009. p. 489-519.

ARMELIN, Donaldo. A arbitragem, a falência e a liquidação extrajudicial. In: WALD, Arnoldo (Coord.). *Revista de Arbitragem e Mediação*, São Paulo: RT, ano 4, n. 13, p. 16-29, abr.-jun. 2007.

BAIRD, Douglas G. *Elements of bankruptcy*. 4. ed. New York: Foundation Press, 2006.

BALBINO, Inez. A arbitrabilidade do direito falimentar. In: LEMES, Selma Ferreira; BALBINO, Inez (Coord.). *Arbitragem*. Temas contemporâneos. São Paulo: Quartier Latin, 2012. p. 199-219.

BARBI, Celso Agrícola. *Comentários ao Código de Processo Civil*: Lei n.º 5.869, de 11 de janeiro de 1973. Rio de Janeiro: Forense, 1998. v. I.

BERALDO, Leonardo de Faria. *Curso de arbitragem*: nos termos da Lei n.º 9.307/96. São Paulo: Atlas, 2014.

BEZERRA FILHO, Manoel Justino. Lei de Recuperação de Empresas e Falência: Lei 11.101/2005 – comenta artigo por artigo. 7. ed. rev., atual. e ampl. São Paulo: RT, 2011.

CAMPINHO, Sérgio. *Falência e recuperação de empresa*: o novo regime da insolvência empresarial. 5. ed. Rio de Janeiro: Renovar, 2010.

CARMONA, Carlos Alberto. *Arbitragem e processo*: um comentário à Lei n.º 9.307/96. 3. ed. São Paulo: Atlas, 2009.

CASTRO, Eduardo Spínola e. A arbitragem e a nova lei de falências. In: CASTRO, Rodrigo R. Monteiro de; ARAGÃO, Leandro Santos de (Org.). *Direito societário e a nova lei de falências e de recuperação de empresas*. São Paulo: Quartier Latin, 2006. p. 129-146.

CÓDIGO DA INSOLVÊNCIA E DA RECUPERAÇÃO DE EMPRESAS ANOTADO – PLMJ. Coimbra: Coimbra Editora, 2012.

COELHO, Fábio Ulhoa. *Código Comercial e legislação complementar anotados*. 7. ed. rev. e atual. São Paulo: Saraiva, 2005.

CORRÊA-LIMA, Osmar Brina; LIMA, Sérgio Mourão Corrêa (Coord.). *Comentários à nova lei de falências e recuperação de empresas*: Lei n.º 11.101/2005, de 09 de fevereiro de 2005. Rio de Janeiro: Forense, 2009.

CRIPPA, Carla de Vasconcellos. Recuperação judicial, falência e arbitragem. In: WALD, Arnoldo (Coord.). *Revista de Arbitragem e Mediação*, São Paulo: RT, ano 8, n. 29, p. 183-206, abr.-jun. 2011.

DE LUCCA, Newton; SIMÃO FILHO, Adalberto (Coord.). *Comentários à Nova Lei de Recuperação de Empresas e de Falências*. São Paulo: Quartier Latin, 2005.

DINAMARCO, Cândido Rangel. *A arbitragem na teoria geral do processo*. São Paulo: Malheiros, 2013.

FARIA, Luis Cláudio Furtado; COZER, Felipe Rodrigues. Recuperação e falência na arbitragem. In: In: WALD, Arnoldo (Coord.). *Revista de Arbitragem e Mediação*, São Paulo: RT, ano 8, v. 31, p. 249-260, out.-dez. 2011.

FIUZA, César. *Direito civil*: curso completo. 15. ed. Belo Horizonte: Del Rey, 2012.

FOUCHARD, Philippe. Arbitrage et faillite. *Revue de l'Arbitrage*, Paris: Comité Français de l'Arbitrage, n. 3, p. 471-494, 1998.

FRANCO, Vera Helena de Mello; SZTAJN, Rachel. *Falência e recuperação da empresa em crise*. Rio de Janeiro: Elsevier, 2008.

GAILLARD, Emmanuel; SAVAGE, John. *Fouchard Gaillard Goldman on International Commercial Arbitration*. The Hague: Kluwer Law International, 1999.

GUERRERO, Luis Fernando. *Convenção de arbitragem e processo arbitral*. São Paulo: Atlas, 2009.

LAZIC, Vesna. *Insolvency proceedings and commercial arbitration*. The Hague: Kluwer Law International, 1998.

LEMES, Selma Ferreira. Árbitro: princípios da independência e imparcialidade: abordagem no direito internacional, nacional e comparado. São Paulo: LTr, 2001.

_____. Arbitragem na administração pública – fundamentos jurídicos e eficiência econômica. São Paulo: Quartier Latin, 2007.

_____; CARMONA, Carlos Alberto; MARTINS, Pedro Batista (Coord.). *Arbitragem*: estudos em homenagem ao Prof. Guido Fernando Silva Soares. São Paulo: Atlas, 2007.

MANTILLA-SERRANO, Fernando. International arbitration and insolvency proceedings. *Kluwer Law International*, v. 11, issue 1, p. 51-74, 1995.

MARTINS, Pedro A. Batista. *Arbitragem no direito societário*. São Paulo: Quartier Latin, 2012.

MORAES, Felipe Ferreira Machado. *A utilização da arbitragem por empresas em falência*. 2014. Dissertação (Mestrado) – PUC Minas.

MORAL, María Flora Martín. *El concurso de acreedores y el arbitraje*. Madrid: Wolters Kluwer España, 2014.

PENTEADO, Mauro Rodrigues. Disposições comuns à recuperação judicial e à falência. In: SOUZA JUNIOR, Francisco Satiro de; PITOMBO, Antônio Sérgio A. de Moraes (Coord.). *Comentários à Lei de Recuperação de Empresas e Falência*: Lei 11.101/2005 – artigo por artigo. São Paulo: RT, 2007. p. 131-143.

PEREIRA, Caio Mario da Silva. *Instituições de direito civil*. Rio de Janeiro: Forense, 2004. v. I.

PERIN JUNIOR, Ecio. *Curso de direito falimentar e recuperação de empresas*. 3. ed. rev., atual. e ampl. São Paulo: Método, 2006.

_____. *Preservação da empresa na Lei de Falências*. São Paulo: Saraiva, 2009.

PIMENTA, Eduardo Goulart. *Recuperação de empresas*: um estudo sistematizado da nova lei de falências. São Paulo: IOB Thomson, 2006.

PINTO, José Emílio Nunes. A confidencialidade na arbitragem. In: WALD, Arnoldo (Org.). *Revista de Arbitragem e Mediação*, São Paulo: RT, ano 2, n. 6, p. 25-36, jul.-set. 2005a.

_____. Arbitragem na recuperação de empresas confidencialidade na arbitragem. In: WALD, Arnoldo (Org.). *Revista de Arbitragem e Mediação*, São Paulo: RT, ano 2, n. 7, p. 79-100, out.-dez. 2005b.

PONTES DE MIRANDA. *Tratado de direito privado*. 2. ed. Rio de Janeiro: Borsoi, 1960.

REQUIÃO, Rubens. *Curso de direito falimentar*. 17. ed. São Paulo: Saraiva, 1998. v. 1.

SANTOS, Paulo Penalva (Coord.). *A nova lei de falências e de recuperação de empresas*: Lei n.º 11.101/05. Rio de Janeiro: Forense, 2007.

SOUZA JUNIOR, Francisco Satiro de; PITOMBO, Antônio Sérgio A. de Moraes (Coord.). *Comentários à Lei de Recuperação de Empresas e Falência*: Lei 11.101/2005 – artigo por artigo. São Paulo: RT, 2007.

TEPEDINO, Ricardo. Dos efeitos da decretação da falência sobre as obrigações do devedor. In: TOLEDO, Paulo F. C. Salles de; ABRÃO, Carlos Henrique (Coord.). *Comentários à Lei de Recuperação de Empresas e Falência*. São Paulo: Saraiva, 2010. p. 416-455.

THEODORO JÚNIOR, Humberto. Alguns aspectos processuais da nova lei de falências. *Revista Magister de Direito Empresarial, Concorrencial e do Consumidor*, Porto Alegre: Magister, v. 8, p. 86-103, abr.-maio 2006.

_____. *Curso de direito processual civil*. 49. ed. Rio de Janeiro: Forense, 2008. v. 1.

TIMM, Luciano Benetti. *Arbitragem nos contratos empresariais, internacionais e governamentais*. Porto Alegre: Livraria do Advogado, 2009.

TOLEDO, Paulo F. C. Salles de. Do administrador judicial e do comitê de credores. In: _____; ABRÃO, Carlos Henrique (Coord.). *Comentários à Lei de Recuperação de Empresas e Falência*. São Paulo: Saraiva, 2010. p. 102-140.

_____. Arbitragem e insolvência. In: WALD, Arnoldo (Org.). *Doutrinas essenciais*. Direito empresarial: falimentar e recuperação empresarial. São Paulo: RT, 2011. v. 6, p. 819-844.

_____; ABRÃO, Carlos Henrique (Coord.). *Comentários à Lei de Recuperação de Empresas e Falência*. São Paulo: Saraiva, 2010.

VASCONCELOS, Ronaldo. *Direito processual falimentar* (de acordo com a Lei n.º 11.101, de 09 de fevereiro de 2005). São Paulo: Quartier Latin, 2008.

VERÇOSA, Haroldo Malheiros Duclerc. Do administrador judicial e do comitê de credores. In: SOUZA JUNIOR, Francisco Satiro de; PITOMBO, Antônio Sérgio A. de Moraes (Coord.). *Comentários à Lei de Recuperação de Empresas e Falência*: Lei 11.101/2005 – artigo por artigo. São Paulo: RT, 2007. p. 163–185.

VILELA, Marcelo Dias Gonçalves. *Arbitragem no direito societário*. Belo Horizonte: Mandamentos, 2004.

_____. O destino da cláusula compromissória após a decretação da falência. In: ZIMMERMANN, Lucia Vidigal (Org.); FORTI, Fábio (Coord.); NEPOMUCENO, Victor Teixeira (Coord.). *Recuperação judicial*: da necessidade à oportunidade. São Paulo: LTr, 2013. p. 341-351.

WALD, Arnoldo. *Direito civil*: direito das obrigações e teoria geral dos contratos. São Paulo: Saraiva, 2011.

WARREN, William D.; BUSSEL, Daniel J. *Bankruptcy*. 7. ed. New York: Foundation Press, 2006.

ZANINI, Carlos Klein. Da falência. In: SOUZA JUNIOR, Francisco Satiro de; PITOMBO, Antônio Sérgio A. de Moraes (Coord.). *Comentários à Lei de Recuperação de Empresas e Falência*: Lei 11.101/2005 – artigo por artigo. São Paulo: RT, 2007. p. 337-356.

ARBITRAGEM E DIREITO SECURITÁRIO

TRANSMISSÃO DE CLÁUSULA COMPROMISSÓRIA À SEGURADORA POR FORÇA DE SUB-ROGAÇÃO LEGAL. ARBITRAGEM, DIREITO SECURITÁRIO E CONSENTIMENTO NO DIREITO BRASILEIRO

FELIPE VOLLBRECHT SPERANDIO

Sumário: Introdução – Discussão – 1 Interpretação do art. 786 do Código Civil; 1.1 O segurado transmite os mesmos direitos e ações à seguradora; 1.2 A seguradora assume o lugar do seu segurado no polo da relação jurídica originária por força da sub-rogação do art. 786 do Código Civil; 1.3 A seguradora se vincula aos termos e limites do contrato sub-rogado; 1.4 Transmissão de benefícios do Código de Defesa do Consumidor, prazo prescricional e cláusulas de eleição de foro; 1.4.1 Benefícios do Código de Defesa do Consumidor; 1.5 Prazo prescricional; 1.6 Cláusula de eleição de foro; 1.7 O segurado não pode transmitir à seguradora direito ou ação que não possua; 1.8 Interpretação do § 2.º do art. 786 do Código Civil; 1.9 Efeitos da sub-rogação convencional e sub-rogação legal em relação à transmissão da cláusula compromissória ao sub-rogado – 2 Vinculação à cláusula arbitral; 2.1 Consentimento para arbitrar no direito brasileiro; 2.2 Consentimento tácito da seguradora para arbitrar; 2.3 Consentimento tácito da seguradora sobre cláusula compromissória durante a subscrição do risco-alvo de cobertura securitária; 2.4 Consentimento tácito da seguradora sobre cláusula compromissória ao aceitar a sub-rogação – 3 Relação jurídica entre o segurado e o potencial autor do dano – 4 Relação comercial entre o segurado e o potencial autor do dano – 5 Natureza da cláusula compromissória – 6 A atual e correta jurisprudência do art. 786 do Código Civil; 6.1 Situação no Superior Tribunal de Justiça; 6.2 Situação nos tribunais de justiça – Conclusão.

INTRODUÇÃO

Uma seguradora pode ignorar a cláusula compromissória contida em contrato em que se sub-roga e, nesta condição, requerer em ação de regresso todos os demais direitos contratuais que o seu segurado teria contra o autor do dano?

No Brasil, a maior parte das decisões que tratam a matéria conclui que a seguradora sub-rogada não está vinculada à cláusula compromissória contida no contrato em que se sub-roga e distintos são os argumentos: (i) a seguradora não participou do contrato firmado entre o seu segurado e o autor do dano e, por isso, não se vincula aos termos do referido contrato, em especial com relação à cláusula compromissória; (ii) é necessário o consentimento expresso da seguradora para arbitrar disputas do contrato sub-rogado; (iii) a cláusula compromissória tem caráter personalíssimo e, por esta razão, não pode ser transmitida à seguradora sub-rogada; (iv) a sub-rogação legal prevista no art. 786 do Código Civil (CC) cria um direito próprio e independente para as seguradoras, diferentemente da sub-rogação convencional; (v) o segurado não pode limitar qualquer direito da sua seguradora, em casos de sub-rogação, conforme norma do art. 786, § 2.º, do CC; e (vi) a sub-rogação só transmite direitos e obrigações de ordem material.

Nesse contexto, o propósito do presente estudo é desconstruir os argumentos mencionados, um por um, e apresentar outros que se perfilam em favor da transmissão da cláusula compromissória por força da sub-rogação em operações de seguro. Para esta tarefa será necessário aprofundar o conhecimento sobre o conceito jurídico da sub-rogação, a jurisprudência do art. 786 do CC, o direito comparado e o consentimento para arbitrar no direito brasileiro, entre outros aspectos.

Antes de iniciar a discussão, vale relembrar as espécies de sub-rogação no direito brasileiro, e a natureza dos direitos transmitidos por esta via. A sub-rogação é pessoal ou real; (i) é pessoal quando uma pessoa substitui outra na mesma relação jurídica, por exemplo, quando um terceiro paga uma obrigação e toma o lugar do credor já satisfeito, e (ii) é real quando há a troca de uma coisa por outra, e sobre a última recai os mesmos ônus e atributos da primeira. A sub-rogação é convencional ou legal; (i) é convencional quando originada de acordo de vontades entre sub-rogante e sub-rogado, e (ii) é legal quando nasce em virtude de lei. Ainda, o sub-rogante transfere ao sub-rogado (i) direitos de natureza contratual, ou (ii) direitos de natureza extracontratual.

A sub-rogação envolvendo casos de seguro é pessoal, legal, e o segurado transfere à seguradora direitos de natureza contratual ou direitos de natureza extracontratual; dependendo da relação jurídica que o segurado mantinha com o suposto autor do dano.[1] Este estudo foca em direitos de natureza contratual, uma vez que presume a existência de um contrato entre o segurado e o autor do dano, o qual contém cláusula compromissória, para então defender a transmissão desta cláusula à seguradora em casos de sub-rogação legal.

---

[1] Ver seção 1.7. Por exemplo, nas situações em que o segurado havia celebrado contrato com o autor do dano, e o dano surgiu por conta de descumprimento contratual, os direitos transferidos à seguradora por sub-rogação são de natureza contratual. Se não havia contrato, como nas situações em que o dano nasceu de um acidente de trânsito, o segurado transfere à seguradora direitos de natureza extracontratual.

DISCUSSÃO

As partes de um contrato são livres para anuir que disputas futuras, emanadas do respectivo contrato e referentes a direitos patrimoniais disponíveis, serão resolvidas por arbitragem. Esta manifestação de vontade se materializa, regra geral, com a inclusão de uma cláusula compromissória no contrato.

O raciocínio que emerge é o seguinte: se determinado contrato contém cláusula compromissória é porque as partes consentiram expressamente em arbitrar disputas relacionadas a tal contrato.

O consentimento para arbitrar implica renúncia à jurisdição estatal para resolver o mérito de determinada disputa. Por isso, em um primeiro momento, só será obrigado a arbitrar quem consentiu expressamente em adotar este mecanismo de resolução de disputa. Mas o consentimento para arbitrar não é regra rígida, de interpretação mecânica. Ao contrário, a natureza consensual da arbitragem acomoda várias nuanças e até mesmo exceções. Por exemplo, o consentimento para arbitrar não precisa manifestar-se na forma expressa, como já reconheceu a jurisprudência brasileira.[2] Além disso, em certas relações jurídicas, ocorre a substituição de posição contratual e, por conta disso, não é preciso averiguar o consentimento de não signatário do contrato para arbitrar disputas dele decorrentes. Ainda, a obrigação de arbitrar certas disputas pode nascer de previsão legal.[3]

---

[2] Ver seção 2.1.

[3] Por exemplo, o art. 3-A da Lei 13.129, de 26.05.2015, que alterou o art. 136-A da Lei 6.404, de 15.12.1976. A aprovação da inserção de convenção de arbitragem no estatuto social obriga todos os acionistas. O acionista que não consentir a arbitragem como mecanismo de resolução de disputas terá o direito de retirada. Contudo, tal direito de retirada não se aplica, e o acionista resta vinculado à cláusula compromissória, independentemente do seu consentimento, nas seguintes situações:

I – caso a inclusão da convenção de arbitragem no estatuto social represente condição para que os valores mobiliários de emissão da companhia sejam admitidos à negociação em segmento de listagem de bolsa de valores ou de mercado de balcão organizado que exija dispersão acionária mínima de 25% (vinte e cinco por cento) das ações de cada espécie ou classe;

II – caso a inclusão da convenção de arbitragem seja efetuada no estatuto social de companhia aberta cujas ações sejam dotadas de liquidez e dispersão no mercado, nos termos das alíneas "a" e "b" do inciso II do art. 137 desta Lei.

A doutrina internacional do "piercing the corporate veil", no Brasil definida como desconsideração da personalidade jurídica, é também um exemplo. Em certas circunstâncias, credores podem ultrapassar as limitações de responsabilidade asseguradas pelas estruturas societárias e requerer também contra os acionistas da respectiva sociedade. Em tais circunstâncias, não sai uma parte da relação e entra outra; não é substituição, como acontece na sub-rogação. No "piercing the corporate veil", o credor pode demandar tanto a sociedade como os seus acionistas, quando então a cláusula compromissória produz efeitos sobre um terceiro não signatário desta. A doutrina do "piercing the corporate veil" determina que o acionista se vincula à cláusula arbitral celebrada pela sociedade, por força do efeito direto da lei material, independentemente de declaração de vontade. Para uma análise detalhada sobre exceções à natureza consensual da arbitragem na doutrina internacional, ver: BORN, Gary B. *International commercial arbitration*. 2. ed. The Hague: Kluwer Law International, 2014. p. 1.404-1.524.

No Chile, disputas relacionadas a transportes marítimos são resolvidas por arbitragem, independe de declaração de vontade das partes do contrato de transporte. Código de Comércio de Chile. "Artículo 1203. El conocimiento de toda controversia que derive de hechos, actos o contratos a que dé lugar el comercio marítimo o la navegación, incluidos los seguros marítimos de cualquier clase, será sometido a arbitraje."

Exemplos de relações jurídicas que não exigem o consentimento expresso do não signatário da cláusula compromissória para arbitrar são a cessão de contrato, a sucessão e a sub-rogação. Nesses casos, o não signatário da relação jurídica originária (cessionário, sucessor e sub-rogado) substitui uma das partes da relação jurídica (cedente, sucedido e sub-rogante).

A propósito, quando uma relação jurídica originária foi instrumentalizada por um contrato, segue a premissa de que as partes negociaram, barganharam e acordaram os termos do acordo celebrado. O fato de a relação jurídica contratual conter cláusula compromissória implica consentimento expresso das partes para arbitrar as disputas relacionadas ao respectivo contrato. Quando uma das partes deixa a relação jurídica (contratual) originária e dá lugar ao seu substituto, este, por sua vez, assume um dos polos dessa relação jurídica e passa a agir como se fosse efetivamente parte do contrato.

Em casos de substituição de uma das partes de uma relação jurídica instrumentalizada por contrato, o substituto assume e fica vinculado aos termos do contrato celebrado pela parte substituída. Como o substituto passa a compor a relação jurídica originária no lugar da parte substituída, a vinculação a todos os termos do contrato é automática. Não é preciso inquirir a parte substituta sobre o seu consentimento a uma ou outra cláusula da relação jurídica (contratual) originária. Basta indagar se houve a substituição de posição contratual.

Com isso, em casos de cessão de contrato,[4] sucessão[5] e sub-rogação,[6] não se invocam as teorias de "extensão da cláusula compromissória a um não signatário".[7] A questão é

Outro exemplo de exceção ao caráter consensual da arbitragem está previsto na lei de arbitragem holandesa, vigente desde 1.º.01.2015, a qual prevê que o presidente do judiciário de Amsterdã pode determinar a consolidação de arbitragens, independentemente do consentimento das partes. Para uma análise mais detalhada, ver: Practical law. Multi-party and multi-contract issues in arbitration. Disponível em: <http://uk.practicallaw.com/2-380-9347?q=multi+party+arbitration>. Acesso em: 10 ago. 2016.

[4] "[cessão] substituição de um dos contratantes por uma pessoa que possa figurar na relação jurídica como se fora a parte de quem tomou o lugar" (GOMES, Orlando. *Contratos*. São Paulo: Forense, 1996. p. 148). Ver também: "A cessão de contrato pode ser conceituada como sendo a transferência da inteira posição ativa ou passiva da relação contratual, incluindo o conjunto de direitos e deveres de que é titular uma determinada pessoa" (TARTUCE, Flávio. *Direito civil*. São Paulo: Forense, 2015. p. 294). Ver também: "Juridicamente, portanto, suceder é colocar-se no lugar do sujeito de direito, ativa ou passivamente, uma outra pessoa, de tal forma que o direito deixe de integrar o patrimônio de um (cedente) para ingressar no do outro (cessionário). O ato determinante dessa transmissibilidade das obrigações designa-se cessão, que vem a ser transferência negocial, a título gratuito ou oneroso, de um direito, de um dever, de uma ação ou de um complexo de direitos, deveres e bens, com conteúdo predominantemente obrigatório, de modo que o adquirente (cessionário) exerça posição jurídica idêntica à do antecessor" (DINIZ, Maria Helena. *Curso de direito civil brasileiro*. Teoria geral das obrigações. 31. ed. São Paulo: Saraiva, 2016. p. 473). Ver também: "A cessão de posição contratual, de fato, possui como objeto (e é no objeto que devemos procurar a distinção) a substituição de uma das partes no contrato, o qual objetivamente permanecera o mesmo. Há uma posição jurídica global que é transferida. Isso no faz lembrar o que pode conter uma relação contratual: complexo de direitos, de deveres, débitos, créditos, bem como outras situações progressivamente desenvolvidas que forma um todo unitário" (VENOSA, Silvio de Salvo. *Direito civil*. 16. ed. São Paulo: Atlas, 2016. v. II, p. 173).

[5] "Num sentido amplo, a palavra sucessão significa o ato pelo qual uma pessoa toma o lugar de outra, investindo-se, a qualquer título, no todo ou em parte, nos direitos que lhe competiam. Nesse sentido se diz, por exemplo, que o comprador sucede ao vendedor no que concerne à propriedade da coisa vendida. De forma idêntica, ao cedente sucede o cessionário, o mesmo acontecendo em

mais simples porque versa sobre a transmissão (ou não) à parte substituta de todos os termos da relação jurídica originária celebrada pelo substituído, incluindo a cláusula compromissória. Como o cessionário, o sucessor e o sub-rogado assumem um dos polos da relação jurídica (contratual) originária,[8] não há que falar em não signatário da cláusula compromissória, mas sim em parte substituta, a qual passa a integrar a relação jurídica.[9]

Na substituição de um dos polos do contrato, o julgador não deve investigar o consentimento da parte substituta aos termos da relação jurídica originária, sob pena de ensejar a ruptura dos termos nela previstos. A parte substituta pode aceitar ou recusar[10] a cessão contratual, a sucessão ou a sub-rogação, mas, se decidir beneficiar-se da relação

---

todos os modos derivados de adquirir o domínio ou o direito" (BARROS MONTEIRO, Washington de. *Curso de direito civil*. Direito das sucessões. 38. ed. São Paulo: Saraiva, 2011. p. 11).

[6] "A sub-rogação é a substituição de uma pessoa ou de uma coisa por outra pessoa ou coisa numa relação jurídica. É pessoal quando a substituição de pessoas e real quando a substituição é de coisas. [...] distingue-se, assim, também da novação, em que surge uma nova relação obrigacional, para substituir a antiga, enquanto no caso da sub-rogação mantém-se a relação obrigacional jurídica originária, transferindo-se a quem pagou todos os direitos e garantias anteriormente pertencentes do credor, não ocorrendo a extinção da obrigação nem a liberação do devedor, mas simplesmente uma substituição de credor" (WALD, Arnoldo. *Direito civil 2*. Direito das obrigações e teoria geral dos contratos. São Paulo: Saraiva, 2015. p. 130). Ver também: "O termo sub-rogação advém do latim *sub rogatio*, designando substituição de uma coisa por outra, com os mesmos ônus e atributos, caso em que se tem sub-rogação real, ou substituição de uma pessoa por outra, que terá os mesmos direitos e ações daquela hipótese em que se configura a sub-rogação pessoal de que trata o Código Civil no capitulo referente ao pagamento com sub-rogação" (DINIZ, Maria Helena. *Curso de direito civil brasileiro*. Teoria geral das obrigações. 31. ed. São Paulo: Saraiva, 2016. p. 291). Ver também: "O termo sub-rogação significa, mormente em nossa ciência, substituição. A sub-rogação não extingue propriamente a obrigação" (VENOSA, Silvio de Salvo. *Direito civil*. 16. ed. São Paulo: Atlas, 2016. v. II, p. 275).

[7] A expressão "extensão da cláusula compromissória" tem sido criticada pela doutrina especializada internacional. O não signatário do contrato que contém cláusula compromissória pode, em certas situações, e por conta de sua conduta, tornar-se parte do contrato que contém cláusula compromissória por força de consentimento tácito. Portanto, se existir consentimento tácito, não há que se falar em "extensão da cláusula compromissória".

[8] "Se utilizarmos as lições da doutrina, chegaremos à conclusão que nenhuma das hipóteses de sucessão, cessão ou sub-rogação teria por efeito extinguir cláusula compromissória existente" (PINTO, José Emílio Nunes. Convenção arbitral. Justiça deve reconhecer a convenção arbitral em casos de sucessão. 3 de julho 2004. Disponível em: <http://www.conjur.com.br/2004-jul-03/justica_reconhecer_arbitragem_casos_sucessao?pagina=5>. Acesso em: 8 ago. 2016).

[9] "Não é incomum admitir-se que pessoas não mencionadas expressamente possam vir a ser reconhecidas como partes de um contrato internacional e, nessa condição, possam participar do procedimento arbitral, seja no polo ativo ou no polo passivo. É o que ocorre, *e.g.*, quando determinada pessoa assume direito e deveres no contrato principal, tornando-se uma parte efetiva do negócio celebrado. Cogita-se do ingresso de partes não signatárias, igualmente, nos casos de cessão de crédito e sucessão de empresas, bem como em contratos firmados em favor de terceiro" (TIBURCIO, Carmen. Cláusula compromissória em contrato internacional: interpretação, validade, alcance objetivo e subjetivo. *Revista de Processo*, São Paulo: RT, ano 40, v. 241, p. 243, mar. 2015).

[10] Nesse momento há uma declaração de vontade da parte substituta, ou seja, aceitar ou não a substituição. Caso aceite, isto implica consentimento aos termos da relação jurídica originária.

800 | 20 ANOS DA LEI DE ARBITRAGEM

jurídica originária, vincular-se-á automaticamente a todos os seus termos, limites e inconvenientes, inclusive a cláusula compromissória.[11] É uma consequência lógica e legal.

O Superior Tribunal de Justiça (STJ) já analisou a questão em dois casos de cessão e assim decidiu:

> A empresa requerida, ao incorporar a original contratante, **assumiu todos os direitos e obrigações da cedente, inclusive a cláusula arbitral em questão**, inserida no acordo de consórcio que restou por ela inadimplido [grifo nosso].[12]
>
> A requerida Inepar, ao incorporar duas outras empresas contratantes, **assumiu todos os direitos e obrigações das cedentes, inclusive a cláusula arbitral em questão** [grifo nosso].[13]

O entendimento do STJ é que a empresa incorporada transmite automaticamente à incorporadora todos seus direitos e obrigações contratuais, dispensando a verificação do consentimento desta para arbitrar disputas emanadas de contratos firmados por aquela. A doutrina nacional[14] e internacional[15] defendem este entendimento. Afinal, negar a

---

[11] Em sentido similar: "A realização de uma cessão de posição contratual pode levar à substituição de um dos polos da relação jurídica contratual que preveja a solução de conflitos via arbitragem. Caso um desses contratos cedidos possua convenção de arbitragem, haverá uma automática adesão do novo contratante à arbitragem como forma de solução de eventual conflito" (GUERRERO, Luis Fernando. *Convenção de arbitragem e processo arbitral*. 2. ed. São Paulo: Atlas, 2014. p. 141). Para posição similar na doutrina portuguesa: "[...] se assim não fosse, a situação jurídica do cocontratante cedido ficar afectada, pois ele confia na cláusula compromissória enquanto integrada na transmissão do contrato principal ou do direito dele emergente. O que pode, apenas, é não acordar na cessão do contrato ou do direito se aquela tiver ligada a si a transmissão de uma cláusula compromissória" (BARROCAS, Manuel Pereira. *Manual de arbitragem*. Coimbra: Almedina, 2010. p. 179).

[12] Spie Enertrans S.A. *v*. Inepar S.A. Indústrias e Construções. Brasil, STJ, SEC 831-FR, Rel. Min. Arnaldo Esteves Lima, Brasília, DF, j. 03.11.2007, *DJ* 19.11.2007. Disponível em: <http://www.stj.jus.br/SCON/>. Acesso em: 10 ago. 2016.

[13] Litsa Líneas de Transmisión del Litoral S.A. *v* SV Engenharia. Brasil, STJ, SEC 894-UY, Rel. Min. Nancy Andrighi, Brasília, DF, j. 20.08.2008, *DJ* 09.10.2008. Disponível em: <http://www.stj.jus.br/SCON/>. Acesso em: 10 ago. 2016.

[14] "No que tange à exigência de expressa aceitação pelo terceiro da cláusula compromissória, deve-se considerá-la absorvida pela relação (*per relacionem*) decorrente da aceitação do contrato pelo mesmo. Neste caso, a cláusula compromissória entra em linha de conta, não como um negócio jurídico independente do contrato a que acede, senão como uma cláusula no sentido próprio ou parte de uma complexa regulamentação contratual. A cláusula compromissória se aplica aos compromitentes, e, consequentemente, a quem assume a posição jurídica de um deles, em razão da cessão do contrato, importando na transferência, pelo cedente ao cessionário, dos direitos e obrigações contratuais no seu complexo unitário" (ALVIM, José Eduardo Carreira. *Tratado geral da arbitragem*. Belo Horizonte: Mandamentos, 2000. p. 238).

[15] "É geralmente aceito que quando X transfere para Y um contrato contendo uma cláusula compromissória que tenha celebrado com Z, caso surja uma disputa, é Y e não X que tem o direito de iniciar a arbitragem contra a Z, figurando como a nova parte do contrato e, portanto, da cláusula compromissória" [tradução nossa]. "It is generally agreed that when X transfers to Y a contract containing an arbitration clause which it has concluded with Z, if a dispute arises, it is Y and not X that has the right to start the arbitration proceedings against Z, as the new party to the contract

transmissão automática da cláusula compromissória permitiria a uma das partes da relação jurídica originária evitar o mecanismo de resolução de disputas por ela contratado e, para tanto, bastaria ceder ou sub-rogar seus direitos contratuais a um terceiro.

Com relação à sub-rogação no direito securitário brasileiro, a questão é mais clara porque, além de a seguradora substituir o seu segurado na relação jurídica originária, ainda há comando de lei específico regulando a matéria.

1. INTERPRETAÇÃO DO ART. 786 DO CÓDIGO CIVIL

A sub-rogação legal em casos de seguro é regulada pelo art. 786 do CC, *in verbis*:

> Art. 786. Paga a indenização, o segurador sub-roga-se, nos limites do valor respectivo, nos direitos e ações que competirem ao segurado contra o autor do dano.
>
> § 1.º Salvo dolo, a sub-rogação não tem lugar se o dano foi causado pelo cônjuge do segurado, seus descendentes ou ascendentes, consanguíneos ou afins.
>
> § 2.º É ineficaz qualquer ato do segurado que diminua ou extinga, em prejuízo do segurador, os direitos a que se refere este artigo.

Nos termos do citado dispositivo legal (art. 786 do CC), a seguradora recebe do seu segurado os direitos e ações que este teria contra o autor do dano, por força de sub-rogação legal. Assim, ao pagar a indenização securitária em favor do seu segurado, se a seguradora aceitar a sub-rogação,[16] a transmissão dos direitos e ações que pertenciam àquele é *ipso jure*, ou seja, materializa-se por força da lei.

Ora, se a seguradora se sub-roga em contrato que previa jurisdição arbitral para resolver as disputas dele decorrentes, recebendo em contrapartida os mesmos direitos e ações que competiam ao segurado contra o autor do dano, a transmissão da cláusula compromissória é automática. A seguradora não pode refutar a jurisdição arbitral quando há comando de lei determinando que é dela o direito de acionar o autor do dano, em ação de regresso, da mesma forma que teria o seu segurado, caso não houvesse a sub-rogação.[17]

---

and therefore to the arbitration clause" (HANOTIAU, Bernard. Complex Arbitrations: Multiparty, Multicontract, Multi-Issue and Class Actions. *International Arbitration Law Library*, The Hague: Kluwer Law International, v. 14, p. 17, 2006).

[16] Nada impede que a seguradora não exerça ou recuse a sub-rogação. Por exemplo, o segurado celebrou contrato de fornecimento de maquinário industrial. O fornecedor entregou o maquinário industrial dentro das especificações do contrato de fornecimento. O contrato previa que o segurado tinha a obrigação de instalar tal maquinário. O segurado instalou o maquinário de forma equivocada, sem atentar para as instruções técnicas fornecidas pelo fornecedor. Como resultado, o maquinário quebra e trava a linha de produção do segurado. A seguradora conclui que o sinistro está coberto pela apólice de seguro e paga a indenização securitária. Neste caso, não há razão para a seguradora aceitar a sub-rogação, pois não adiantaria exercer direitos e ações contra o fornecedor em razão de o dano ter sido causado pelo descumprimento contratual do seu próprio segurado.

[17] A lógica é outra em relação à responsabilidade extracontratual. Por exemplo, em acidentes de trânsito, o segurado não possui relação contratual com o proprietário do veículo que causou o acidente. Logo,

A prerrogativa da seguradora de buscar o reembolso da indenização securitária contra o autor do dano é uma garantia legal, prevista no citado art. 786 do CC. Contudo, quando o dano nasce de descumprimento contratual, a fonte dos direitos e ações da seguradora contra o autor do dano é o contrato sub-rogado. A sub-rogação do art. 786 do CC não coloca a seguradora em posição mais vantajosa do que estaria o seu segurado caso pleiteasse a indenização contra o autor do dano.

Ora, se o segurado tivesse que litigar na jurisdição estatal contra o autor do dano para requerer indenização do prejuízo causado por descumprimento contratual, este seria o caminho da seguradora para demandar o reembolso da indenização securitária paga ao segurado – e a seguradora não poderia obrigar o autor do dano a se submeter à jurisdição arbitral. Por outro lado, se o segurado tivesse que buscar a indenização contra o autor do dano via procedimento arbitral, este seria o único caminho permitido à seguradora para demandar o reembolso da indenização securitária.

1.1 O segurado transmite os mesmos direitos e ações à seguradora

O STJ já confirmou a aplicação do art. 786 do CC, ao concluir que a seguradora assume os direitos e ações que couberem ao segurado contra o autor do dano:

> A jurisprudência do STJ é pacífica no sentido de que a seguradora que paga a indenização securitária sub-roga-se nos limites do valor respectivo em **direitos e ações que competirem ao segurado contra o autor do dano** [grifo nosso].[18]
>
> **Nos termos do art. 786 do CC**, quando a seguradora paga a indenização securitária, sub-roga-se, nos limites do valor respectivo, **em direitos e ações que competirem ao segurado contra o autor do dano** [grifo nosso].[19]

Na jurisprudência do STJ não há entendimento que sugira que a seguradora se sub-roga somente em parte dos direitos e ações que pertenciam ao seu segurado contra o autor do dano. Também não há indicativo de que a seguradora possa receber direitos e ações maiores ou melhores por força do art. 786 do CC, nem menção sobre direitos e ações independentes ou diferentes dos direitos e ações previstos no contrato sub-rogado. Logo, a seguradora se sub-roga em quaisquer (e somente nos) direitos e ações que competiam ao seu segurado contra o autor do dano, antes da sub-rogação legal, nada mais, nada menos. Este é o entendimento do STJ, bem delineado no excerto do seguinte julgado:

> Civil e processual civil. Furto de veículo em estacionamento. Seguradora. Sub-rogação legal. [...] Na sub-rogação, **o sub-rogado adquire o crédito com seus acessórios, mas**

---

não há se falar em cláusula arbitral porque não havia contrato prévio entre o segurado e o autor do dano, e a seguradora somente poderá acionar o autor do dano perante a jurisdição estatal.

[18] Haydée Kreisler Martinatti *v* Confiança Companhia de Seguros em Liquidação Extrajudicial. Brasil, STJ, AgRg no Agravo de Instrumento 1.391.591/RS, Rel. Min. Raul Araújo, Brasília, DF, j. 20.10.2015, *DJ* 20.11.2015. Disponível em: <http://www.stj.jus.br/SCON/>. Acesso em: 10 ago. 2016.

[19] Itaú Seguros de Auto e Residência S.A. *v* Rudnei Lazzari. Brasil, STJ, EDcl no AgRg no Agravo em REsp 49.595/RS, Rel. Min. Ricardo Villas Bôas Cueva, Brasília, DF, j. 11.11.2014, *DJ* 19.11.2014. Disponível em: <http://www.stj.jus.br/SCON/>. Acesso em: 10 ago. 2016.

também com os seus inconvenientes, não ficando desobrigado de satisfazer as exigências legais para poder recebê-lo. Em outras palavras, **não terá o sub-rogado contra o devedor mais direitos do que o primitivo credor** [grifo nosso].[20]

Portanto, a sub-rogação do art. 786 do CC resulta na transmissão plena à seguradora da titularidade dos direitos e ações que cabiam ao seu segurado contra o autor do dano. O citado dispositivo legal não cria direitos e ações autônomos para a seguradora sub-rogada.

1.2 A seguradora assume o lugar do seu segurado no polo da relação jurídica originária por força da sub-rogação do art. 786 do Código Civil

A sub-rogação implica substituição de uma parte da relação jurídica.[21] O substituo, por sua vez, passa a agir e responder como se fosse parte da relação jurídica originária.

---

[20] Santa Cruz Seguros S.A. *v* Itaipark Estacionamento Ltda. Brasil, STJ, REsp 174.353-RJ, Rel. Min. Sálvio de Figueiredo Teixeira, Brasília, DF, j. 09.11.1999, *DJ* 17.12.1999. Disponível em: <http://www.stj.jus.br/SCON/>. Acesso em: 10 ago. 2016. Este caso, vale lembrar, foi decidido antes da vigência do Código Civil de 2002, mas a fundamentação desta decisão é compatível com a melhor interpretação do código atual.

[21] "Sub-rogar é colocar uma coisa em lugar de outra, uma pessoa em lugar de outra" (BARROS MONTEIRO. Washington de. *Curso de direito civil*. 2. ed. São Paulo: Saraiva, 1962. p. 306), citado no REsp 195.185/PR. "Na palavra mesma que exprime o conceito (do latim *sub rogare, sub rogatio*) está contida a ideia de substituição, ou seja, o fato de uma pessoa tomar o lugar de outra, assumindo a sua posição e a sua situação" (PEREIRA, Caio Mário da Silva. *Instituições de direito civil*. 10. ed. Rio de Janeiro: Forense, 2001. v. II, p. 143-144), citado no REsp 195.185/PR. "O direito do sub-rogado tem origem no pagamento, que extingue a dívida em relação ao credor, mas que permite ao que paga assumir a posição do credor originário" (VIANA, Marco Aurélio. *Curso de direito civil*. Belo Horizonte: Del Rey, 1995. v. 4, cap. 20, p. 213), citado no REsp 195.185/PR.
Para posição na jurisprudência brasileira, ver: "Na sub-rogação, o sub-rogado passa a ocupar o lugar que antes pertencia ao sub-rogante na mesma relação jurídica, a qual se mantém inalterada. Há a substituição de um credor por outro, sem nenhuma alteração na obrigação do devedor. O terceiro que paga o débito sub-roga-se nos direitos, ações, privilégios e garantias do credor primitivo, em relação à dívida, contra o devedor principal e os fiadores". Dargam Costa Corretora e Administradora de Seguros Ltda. *v* CGU Companhia de Seguros. Brasil, STJ, REsp 658.938/RJ, Rel. Min. Raul Araújo, Brasília, DF, j. 15.05.2012, *DJ* 20.08.2012. Disponível em: <http://www.stj.jus.br/SCON/>. Acesso em: 10 ago. 2016.
Para posição na jurisprudência norte americana: ver: "Sub-rogação é o princípio pelo qual uma seguradora, tendo indenizado o dano do seu segurado, é colocada na posição de seu segurado para que ela possa recuperar do terceiro legalmente responsável pelo dano" [tradução nossa]. (subrogation is "the principle by which an insurer, having paid losses of its insured, is placed in the position of its insured so that it may recover from the third party legally responsible for the loss"). Liberty Mut. Ins. Co. v. N. Picco &Sons Contracting Co., 2008 WL 190310, at 6 (S.D.N.Y. Jan. 16, 2008). Ver também: "O princípio da sub-rogação é baseado no princípio da equidade e permite que uma seguradora para tomar o lugar do seu segurado para buscar indenização contra terceiros cujo ato ilícito causou um dano para o segurado, o qual a seguradora deve indenizar" ("The principle of subrogation, based in equity, allows an insurer to take the place of its insured to seek indemnification from third parties whose wrongdoing has caused a loss to the insured for which the insurer is required to pay"). Reed v. Aqueon Products, 2014 WL 6908902, at 2 (W.D.N.Y. Dec. 9, 2014) reconsideration denied, 2015 W L 506434 (W.D.N.Y. Feb. 6, 2015).

804 | 20 ANOS DA LEI DE ARBITRAGEM

A sub-rogação do art. 786 do CC não é diferente, uma vez que a seguradora assume o lugar que pertencia ao seu segurado no contrato sub-rogado.

Nesse sentido é o entendimento do STJ:

> A seguradora, ao efetuar o pagamento da indenização decorrente do prejuízo advindo pelo desvio da carga, ocorrido por culpa da transportadora, sub-rogou-se nos direitos da segurada em se ressarcir dos valores, acrescidos de juros e correção monetária. **A seguradora assume o lugar de sua cliente**, pois honrou integralmente com o pagamento da indenização devida. **Nestes termos, recebe os mesmos direitos e deveres da sub--rogada, nos limites da sub-rogação** [grifo nosso].[22]
>
> Destarte, tendo a seguradora, ora recorrente, arcado com a indenização do sinistro, está sub-rogada nos direitos de sua segurada, podendo, pois, buscar o ressarcimento do que despendeu **nos mesmos termos e limites que assistiam a segurada**. [...] Deste modo, **é de todo pertinente a análise acerca da natureza da relação jurídica existente entre a transportadora e a segurada, visto que a seguradora assumiu a posição desta** [grifo nosso].[23]

A doutrina especializada em direito securitário corrobora este entendimento.[24] Assim, o instituto da sub-rogação previsto no art. 786 do CC não coloca a seguradora em posição jurídica diversa daquela que seria ocupada diretamente pelo segurado em face do autor do dano. A seguradora demanda contra o autor do dano com base nas mesmas prerrogativas ostentadas pelo seu segurado antes de receber a indenização securitária.

O Tribunal de Justiça de São Paulo (TJSP) corrobora o entendimento:

> Prestação de serviços. Fornecimento de energia elétrica. Ação de indenização. Propositura por seguradora sub-rogada. Inocorrência de prescrição. Constatação, porém, de vício de

---

[22] Bradesco Seguros S.A. *v* Rodoviário Don Francisco Ltda. Brasil, STJ, REsp 705.148/PR, Rel. Min. Luis Felipe Salomão, Brasília, DF, j. 05.10.2010, *DJ* 1.º.03.2011. Disponível em: <http://www.stj.jus.br/SCON/>. Acesso em: 10 ago. 2016.

[23] Chubb do Brasil Companhia de Seguros *v* Yassuda Seguros S.A. Brasil, STJ, REsp 982.492/SP, Rel. Min. Luis Felipe Salomão, Brasília, DF, j. 27.09.2011, *DJ* 17.10.2011. Disponível em: <http://www.stj.jus.br/SCON/>. Acesso em: 10 ago. 2016.

[24] "Com efeito, sub-rogar, no sentido amplo, é colocar uma coisa em lugar de outra, ou uma pessoa, em lugar de outra. Duas são, portanto, as espécies de sub-rogação: a sub-rogação real e a sub--rogação pessoal, conforme se trate de sub-rogação de coisas ou pessoas. Porém, a que interessa ao nosso estudo é, evidentemente, a sub-rogação pessoal, porque o que sucede é **a substituição de uma pessoa por outra, ou seja, a do segurado pela do segurador**, pouco importando se tratar de pessoas jurídicas" [grifo nosso] (SANTOS, Ricardo Bechara. *Direito de seguro no novo Código Civil e legislação própria*. Rio de Janeiro: Forense, 2006. p. 283). Ainda: "[...] o segurador, ao cumprir sua obrigação indenizando o segurado pelo dano que o sinistro lhe fez experimentar, nos termos estipulados no contrato, extingue-a **perante o segurado e assume o polo ativo do direito a ser exercido contra o terceiro causador do dano** [Grifo nosso]. Idem, p. 618. No mesmo sentido: "[...] paga a indenização, nos limites do valor respectivo, fica o segurador autorizado a exercer direito regressivo contra o causador do sinistro, para tanto passando a ocupar a posição jurídica do segurado, de resto tal qual na jurisprudência já assentada [grifo nosso] (PELUSO, Cezar. *Código Civil comentado*. São Paulo: Manole, 2007. p. 655).

cerceamento de defesa por falta de dilação probatória. Sentença anulada. Recurso provido. 1. **A seguradora, tendo realizado o pagamento dos danos em favor da segurada, assumiu o posicionamento respectivo, em virtude de sub-rogação, o que lhe confere a legitimidade para reclamar a reparação dos danos no mesmo posicionamento jurídico.** 2. O prazo para a propositura de ação condenatória ao pagamento de indenização por danos decorrentes de falha na prestação de serviços tem natureza prescricional e é de cinco anos, por incidência do art. 27 do Código de Defesa do Consumidor, que é aplicável também no âmbito da prestação de serviços de energia elétrica. 3. Havendo controvérsia a respeito da relação de causalidade entre o fato noticiado e os danos informados pela autora, prematura se mostrou a realização do julgamento antecipado da lide, pois insuficiente o esclarecimento da matéria pela simples apresentação de documentos por parte da autora, havendo expresso requerimento de produção de outras provas. Daí advém a anulação da sentença, a fim de admitir a dilação probatória necessária [grifo nosso].[25]

Nos países de *common law,* o conceito de substituição do segurado pela seguradora é tão natural em casos de sub-rogação que o direito cunhou a expressão: a seguradora *step into the shoes* do seu segurado.[26]

Ao assumir o lugar do segurado ou substituí-lo na relação jurídica com o autor do dano, quando essa relação for contratual, a seguradora não poderá modificar ou novar termos do contrato sub-rogado, sem que haja o consentimento da outra parte do contrato (o autor do dano).[27] Logo, a seguradora fica vinculada a todos os termos do contrato sub-rogado e à obrigação de arbitrar as disputas a ele relacionadas, caso contenha cláusula compromissória.

1.3 A seguradora se vincula as limitações do contrato sub-rogado

Ao pagar a indenização securitária em favor do segurado e aceitar a sub-rogação legal, a seguradora fica vinculada as limitações do contrato celebrado com o autor do dano. Isso significa que a seguradora pode beneficiar-se de direitos e privilégios previstos no contrato sub-rogado, recebendo também ônus e inconvenientes deste contrato, uma

---

[25] TJSP, Apelação 0148755-45.2009.8.26.0100, 31.ª Câm. Direito Privado, Rel. Des. Antonio Rigolin, São Paulo, SP, j. 31.07.2012, *DJ* 07.08.2012. Disponível em: <http://tj-sp.jusbrasil.com.br/jurisprudencia/>. Acesso em: 10 ago. 2016.

[26] "A essência da sub-rogação é que o sub-rogado veste os sapatos do sub-rogante e é legitimado a todos os direitos do último, assim como os benefícios e remédios" [tradução nossa]. ("[i]t is the very essence of subrogation that a subrogee stands in the shoes of the subrogor and is entitled to all of the latter's rights, benefits and remedies"). U. S. Fid. &Guar. Co. v. E. W. Smith Co., 46 N.Y.2d 498, 504, 414 N.Y.S.2d 672 (1979).

[27] "Na sub-rogação existe novação? Não, precisamente, porque o que pagou sub-rogou-se nos direitos do credor, na mesma dívida, ficou com as mesmas vantagens que aquele tinha e com as mesmas limitações. Se o crédito que ele pagou tinha defeitos, esses defeitos continuam; se tinham garantias, essas garantias acompanham, de maneira que é o mesmo crédito, que não se extingue perante o devedor, mudando, apenas, de titular ativo. Ele se extinguiu, porém, perante o credor que foi satisfeito por aquele que se sub-rogou na dívida" (DANTAS, San Tiago. *Programa de direito civil II*. Rio de Janeiro: Histórica, 1977. p. 115).

vez que passa a agir como se fosse o seu segurado. Por exemplo, o segurado celebrou contrato para fornecimento de maquinário industrial. O contrato limita a responsabilidade do fornecedor em relação a lucros cessantes do segurado em caso de descumprimento contratual pelo fornecedor. O maquinário industrial objeto do contrato é defeituoso e trava a linha de produção do segurado por várias semanas. O segurado incorre em lucros cessantes. Na condição de beneficiário de apólice de seguro com cobertura para lucros cessantes, o segurado é indenizado em razão dos prejuízos causados pelo maquinário industrial (descumprimento contratual do fornecedor). A seguradora se sub-roga no contrato de fornecimento. Na hipótese, poderia a seguradora, em ação de regresso contra o fornecedor, requerer o reembolso de indenização securitária referente aos lucros cessantes incorridos pelo seu segurado? A resposta é não porque a seguradora fica vinculada as limitações previstas no contrato sub-rogado. Se o segurado não poderia requerer lucros cessantes contra o fornecedor, não é permitido à seguradora criar um direito que não pertencia ao seu segurado.[28]

Seguindo com o mesmo exemplo, se o fornecedor tiver o direito de apresentar contra o segurado uma linha de defesa com base em exceção do contrato não cumprido (art. 476 do CC), o fornecedor também poderá assim proceder contra a seguradora na ação de regresso, após a sub-rogação. A mesma lógica se aplica à culpa concorrente. O fornecedor entregou maquinário industrial incompatível com as especificações do contrato de fornecimento. O contrato previa que era obrigação do segurado vistoriar, aprovar e instalar maquinário contratado. O segurado procedeu à instalação do maquinário entregue, sem vistoriá-lo. O maquinário industrial incompatível travou e comprometeu a linha de produção do segurado. O segurado sofre dano e aciona a apólice de seguro. A seguradora indeniza o dano, sub-roga-se nos direitos e ações previstos no contrato de fornecimento e, ato seguinte, aciona o fornecedor a fim de buscar o reembolso da indenização securitária paga em favor do seu segurado. No caso, é permitido ao fornecedor construir defesa com base no fato de que a omissão do segurado em vistoriar o maquinário industrial entregue não permitiu constatar a incompatibilidade com as especificações do contrato e, por conseguinte, evitar o dano. Como o segurado contribuiu para a ocorrência do sinistro, tal comportamento deve ser considerado pelo julgador na ação de regresso movida pela seguradora contra o fornecedor, a fim de reduzir o valor de eventual indenização, na exata parcela de culpa do segurado para a ocorrência do fato danoso. Com isso, a seguradora não conseguirá o reembolso integral da verba indenizatória paga ao seu segurado. Se assim não ocorresse,

---

[28] Quando a seguradora anuiu em dar cobertura securitária a riscos de seu segurado, sabia (ou deveria saber) quais seriam as limitações contratuais para casos de ressarcimento por conta de descumprimento contratual de fornecedores, nas hipóteses de sub-rogação. No exemplo dado, uma vez que a seguradora sabia (ou deveria saber) que seu segurado não detinha o direito de buscar verba indenizatória de lucros cessantes, mas mesmo assim decide dar cobertura securitária para lucros cessantes, cabe-lhe (à seguradora) ajustar o preço do prêmio cobrado do segurado. Quanto maior o risco e menor a chance de reembolso da indenização securitária via ação de regresso contra o autor do dano, maior o prêmio que o seguro pagará em favor da seguradora. Esta é uma regra comercial aplicada no processo de subscrição dos riscos passíveis de cobertura securitária e negociação da apólice de seguro.

poder-se-ia cogitar a existência de falha lógica no sistema jurídico brasileiro e duas são as razões. Primeiro, o segurado não seria responsabilizado pelo seu descumprimento contratual e sairia impune mesmo sem ter vistoriado o maquinário industrial, atitude que contribuiu para a ocorrência do sinistro. Segundo, o fornecedor teria de arcar com prejuízos causados pelo descumprimento contratual do segurado, uma vez que este poderia (e deveria) ter evitado o dano, caso vistoriasse o maquinário industrial entregue.

A sub-rogação do art. 786 do CC, na verdade, não é um cheque no exato valor da indenização securitária paga ao segurado, o qual deve ser compensado pelo suposto autor do dano, em favor da seguradora, mediante apresentação à jurisdição estatal. Longe disso, ao pagar a indenização securitária nasce para a seguradora a pretensão de reembolso do correspondente valor contra o suposto autor do dano. A seguradora deve seguir o mesmo caminho que trilharia o segurado para obter uma indenização por descumprimento contratual. Não há atalhos nem caminhos distintos.

Em casos de responsabilidade civil contratual, por exemplo, o primeiro passo a ser dado pela seguradora é demonstrar que indenizou o dano sofrido pelo seu segurado, quando então, por força de sub-rogação legal, assume o lugar que a este pertencia no contrato com o suposto autor do dano. Na sequência, a seguradora deve satisfazer o teste previsto no direito brasileiro para a responsabilidade civil contratual, indagando: (i) o suposto autor do dano descumpriu obrigação prevista no contrato sub-rogado? Caso positivo, (ii) o segurado sofreu dano? Caso positivo, (iii) o dano sofrido pelo segurado foi causado (exclusivamente) por descumprimento contratual do suposto autor do dano?

Na ação de regresso contra o suposto autor do dano, seja pela via arbitral ou por juízo estatal, a seguradora deve comprovar a existência dos elementos constitutivos da responsabilidade civil contratual, sob pena de ver indeferido o requerimento de reembolso da indenização securitária paga ao seu segurado.

Raciocínio idêntico se aplica em benefício da seguradora. Por exemplo, o segurado mantinha contrato de fornecimento com concessionária de serviço público. O descumprimento contratual da concessionária de serviço público causou dano ao segurado. O direito brasileiro prevê que em relações contratuais envolvendo concessionária de serviço público se aplica a responsabilidade objetiva. Ao pagar a indenização e se sub-rogar nos direitos e ações do seu segurado, bastará à seguradora comprovar que houve descumprimento contratual da concessionária de serviço público e dano sofrido pelo seu segurado, independente de nexo de causalidade.[29]

Como afirmado, a seguradora recebe não só os mesmos benefícios e prerrogativas que o seu segurado teria contra o suposto autor do dano, mas também as mesmas limitações,

---

[29] "Prestação de serviços de energia elétrica. Ação regressiva. Oscilação na rede de distribuição. Avarias no equipamento da segurada. Prejuízos pagos pela autora. Sub-rogação de direitos. Danos materiais e nexo de causalidade comprovados. Indenização devida. Responsabilidade objetiva da concessionaria. Recurso não provido". Companhia Paulista de Força e Luz v Porto Seguro Companhia de Seguro. TJSP, Apelação 1104957-07.2015.8.26.010. Disponível em: <https://esaj.tjsp.jus.br>. Acesso em: 12 ago. 2016.

808 | 20 ANOS DA LEI DE ARBITRAGEM

inconvenientes, defeitos e restrições aos direitos contidos no contrato sub-rogado. A lógica é simples: a seguradora recebe o que pertencia ao seu segurado, nada mais, nada menos.

O STJ, no seguinte julgado, assim consignou:

> Com efeito, esta Corte já firmou entendimento de que, ao efetuar o pagamento da indenização ao segurado em decorrência de danos causados por terceiro, a seguradora sub-roga-se nos direitos daquele, podendo, dentro do prazo prescricional aplicável à relação jurídica originária, **buscar o ressarcimento do que despendeu, nos mesmos termos e limites que assistiam ao segurado** [grifo nosso].[30]

O mesmo entendimento é corroborado pela doutrina:

> A sub-rogação, legal ou convencional produz dois efeitos: a) o liberatório, por exonerar o devedor ante o credor originário, e b) o translativo, por transmitir ao terceiro, que satisfez o credor originário, **os direitos de crédito que este desfrutava, com todos os seus acessórios e inconvenientes, pois o sub-rogado passará a suportar todas as exceções que o sub-rogante teria de enfrentar** [grifo nosso].[31]

> Qualquer que seja a sub-rogação – legal ou convencional – adquire o sub-rogado o próprio crédito do sub-rogante, tal qual é. Opera, assim, a substituição do credor pelo sub-rogatório, que **recebe o crédito com todos os seus inconvenientes, e das suas falhas e defeitos. Suporta o sub-rogado, evidentemente, todas as exceções que o sub-rogante teria que enfrentar.** Não tem direito a outros juros, senão os que vencia a dívida solvida, e esta sujeita à mesma prescrição do crédito primitivo [grifo nosso].[32]

Sobre a aplicação do art. 786 do CC, a jurisprudência do STJ determina que a seguradora se vincula aos mesmos termos e limites vinculados ao seu segurado antes de ocorrer a sub-rogação. Assim, como conclusão lógica, a seguradora sub-rogada não pode ter direitos mais abrangentes do que possuía o seu segurado, até porque a fonte dos direitos e ações da seguradora contra o autor do dano é o contrato sub-rogado. A seguradora estará, sim, automaticamente vinculada aos mesmos benefícios e prerrogativas previstos no contrato sub-rogado e às mesmas limitações, restrições e inconvenientes.[33]

---

[30] Daniel Jun Kuwatomi Takematsu *v* Porto Seguro de Seguros Gerais. Brasil, STJ, AgRg no Agravo em REsp 598.619/SP, Rel. Min. Luis Felipe Salomão, Brasília, DF, j. 05.12.2015, *DJ* 10.02.2015. Disponível em: <http://www.stj.jus.br/SCON/>. Acesso em: 10 ago. 2016. Ver também: Jair Aparecido Roveron *v* Caixa Seguradora S.A. Brasil, STJ, AgRg no REsp 1.121.435/SP, Rel. Min. Sidnei Beneti, Brasília, DF, j. 13.03.2012, *DJ* 29.03.2012. Disponível em: <http://www.stj.jus.br/SCON/>. Acesso em: 10 ago. 2016; Bradesco Auto/RE Companhia de Seguros *v* Worthington Bulk Ltd. Brasil, STJ, AgRG no REsp 1.169.418-RJ, Rel. Min. Ricardo Villa Bôas Cueva, Brasília, DF, j. 06.02.2014, *DJ* 14.02.2014. Disponível em: <http://www.stj.jus.br/SCON/>. Acesso em: 10 ago. 2016.

[31] DINIZ, Maria Helena. *Curso de direito civil brasileiro*. Teoria geral das obrigações. 31. ed. São Paulo: Saraiva, 2016. p. 299.

[32] PEREIRA, Caio Mário da Silva. *Instituições de direito civil*. 15. ed. Rio de Janeiro: Forense, 1997. v. II, p. 149-150.

[33] Para posição na jurisprudência dos Estados Unidos da América, ver: "A regra geral diz que uma seguradora sub-rogada veste os sapatos de seu segurado e sucede a qualquer direito ou deficiências

1.4 Transmissão da aplicabilidade do Código de Defesa do Consumidor, prazo prescricional e cláusulas de eleição de foro

Em se tratando de sub-rogação de direitos de natureza contratual em casos de seguro, a parte sub-rogada possui duas opções: ou recebe todos os termos do contrato, ou não recebe nada. Quer dizer: o segurado transmite à seguradora o contrato como um todo, e não é permitido à seguradora se sub-rogar somente em parte das cláusulas do contrato transmitido pelo segurado.

Tanto é verdade que a jurisprudência brasileira, no que tange à sub-rogação legal em casos de seguro, já testou questões relacionadas à transmissão automática, pelo segurado, à seguradora: (i) da aplicação do Código de Defesa do Consumidor (CDC); (ii) do prazo prescricional; e (iii) da cláusula de eleição de foro. É o que se analisará nas seções seguintes.

1.4.1 O Código de Defesa do Consumidor

O diploma consumerista garante a facilitação da defesa dos direitos do consumidor. Quando o segurado se encaixa na definição legal de consumidor em eventual requerimento indenizatório contra o fornecedor, aproveita os benefícios previstos no CDC. Por exemplo, o segurado sofre dano supostamente causado por descumprimento contratual do fornecedor. A seguradora indeniza o dano ao seu segurado e, por conta da sub-rogação, substitui o segurado (consumidor) na relação jurídica mantida com o fornecedor. A seguradora não é destinatária final do produto ou serviço previsto no contrato entre o seu segurado e o fornecedor.

O fato de a seguradora, a princípio, não se encaixar na definição de consumidor permite indagar se poderá ela beneficiar-se dos dispositivos previstos no CDC em ação de regresso contra o autor do dano, em casos de sub-rogação do art. 786 do CC.

O STJ, no deslinde da questão, determinou que:

> Agravo regimental. Agravo em recurso especial. Responsabilidade civil. Ação regressiva da seguradora contra empresa fornecedora de energia elétrica. Relação de consumo. Inversão do ônus da prova. Aplicação do Código de Defesa do Consumidor. Súmula 83/STJ. Decisão agravada mantida.
>
> 1. Concluiu o acórdão recorrido que a relação entre a segurada e a agravante é de consumo. Assim, **incide o Código de Defesa do Consumidor na relação estabelecida entre a**

---

que este possa ter em relação jurídica. Assim, não há nenhuma base válida em lei ou equidade para justificar porque uma cláusula de arbitragem não deve vincular um sub-rogado. Uma petição para obrigar a arbitragem contra o segurado é igualmente válida contra o segurador [...] Porque o direito de regresso da seguradora é pelos mesmos termos do direito de indenização do segurado, a seguradora sub-rogada é igualmente vinculada ao consentimento à jurisdição" [tradução livre]. "The general rule declares that '[a]n insurer-subrogee stands in the shoes of its insured' and 'succeeds to whatever rights or disabilities he may have in the matter'. Thus there is 'no valid basis in law or equity why an arbitration clause should not be enforced against a subrogee'. A petition to compel arbitration against the insured is 'equally valid against the insurer [...]'. "Because an insurer's 'right of recovery... is governed by the same terms as the insured's right of recovery,' an insurer-subrogee 'is equally bound by a consent to jurisdiction". Stolt Tankers BV v. Allianz Seguros S.A., 2011 WL 2436662, at *2 (S.D.N.Y. June 16, 2011). Southern District Court of New York.

seguradora – que se sub-rogou nos direitos da segurada – e a agravante. Precedentes. Incidência da Súmula 83 desta Corte [grifo nosso].[34]

Havendo pago a indenização securitária, a seguradora **sub-roga-se nos direitos e ações que competirem ao segurado** contra o autor do dano, fabricante do produto defeituoso, nos limites do contrato de seguro, cabendo, no caso, **a aplicação de todos os institutos previstos no CDC** [grifo nosso].[35]

A relação entre a seguradora e a recorrente é de consumo. Assim, **incide o Código de Defesa do Consumidor na relação entre a seguradora – que se sub-rogou nos direitos da seguradora – e a recorrente**. Incidência da Súmula 83 desta Corte [grifo nosso].[36]

Ao sedimentar entendimento sobre a transmissão da aplicabilidade do CDC por força da sub-rogação em casos de seguro, o STJ esclareceu que a seguradora recebe de seu segurado prerrogativas e benefícios que jamais teria caso fosse demandar direito próprio perante a jurisdição estatal ou arbitral, uma vez que não se encaixa na definição legal de consumidor. Se a seguradora recebe tais benefícios, é congruente admitir que também receba os ônus e os inconvenientes da relação contratual original, pois na condição de sub-rogada substitui o segurado.

1.5 Prazo prescricional

A seguradora sub-rogada deve acionar o potencial autor do dano para fins de reembolso da indenização securitária paga ao seu segurado, observado o prazo prescricional que este teria para buscar a indenização,[37] conforme ratificam os seguintes julgados do STJ:

---

[34] Companhia Energética de Minas Gerais CEIG *v* Tokio Marine Brasil Seguradora S.A. Brasil, STJ, AgRg no Agravo em REsp 426.017, Rel. Min. Sidnei Beneti, Brasília, DF, j. 10.12.2013, *DJ* 19.12.2013. Disponível em: <http://www.stj.jus.br/SCON/>. Acesso em: 10 ago. 2016.

[35] General Motors do Brasil Ltda. *v* Tokio Marine Brasil Seguradora S.A. Brasil, STJ, REsp 802.442/SP, Rel. Min. Luis Felipe Salomão, Brasília, DF, j. 02.02.2010, *DJ* 22.02.2010. Disponível em: <http://www.stj.jus.br/SCON/>. Acesso em: 10 ago. 2016.

[36] Ford Motos Company Brasil Ltda. *v* Marítima Seguros S.A. Brasil, STJ, AgRg no Agravo em REsp 271.489, Rel. Min. Luis Felipe Salomão, Brasília, DF, j. 11.04.2013, *DJ* 17.04.2013. Disponível em: <http://www.stj.jus.br/SCON/>. Acesso em: 10 ago. 2016. Ver também: Mediterranean Shipping Company S.A. *v* Unibanco AIG Seguros S.A. Brasil, STJ, AgRg no REsp 1.202.756/RJ, Rel. Min. Sidnei Beneti, Brasília, DF, j. 14.12.2010, *DJ* 17.02.2011. Disponível em: <http://www.stj.jus.br/SCON/>. Acesso em: 10 ago. 2016; Varig S.A. – Viação Aérea Rio-Grandense *v* Companhia Paulista de Seguros. Brasil, STJ, ArRg no AgRG Agravo de Instrumento 256.225, Rel. Min. Humberto Gomes de Barros, Brasília, DF, j. 27.06.2005, *DJ* 27.06.2005. Disponível em: <http://www.stj.jus.br/SCON/>. Acesso em: 10 ago. 2016; Varig S.A. – Viação Aérea Rio Grandense *v* Itaú Seguros S.A. Brasil, STJ, Edcl REsp 209.527-RJ, Rel. Min. Carlos Alberto Menezes, Brasília, DF, j. 17.04.2001, *DJ* 18.06.2001. Disponível em: <http://www.stj.jus.br/SCON/>. Acesso em: 10 ago. 2016. No mesmo sentido: "Incide o Código de Defesa do Consumidor na relação entre a seguradora – que se sub-rogou nos direitos da segurada – e a sociedade empresária administradora de estacionamento, local do furto de veículo segurado. Precedentes do STJ". Safe Estacionamento de e Garagens de Veículos Ltda. v Companhia de Seguros Minas Brasil S.A. Brasil, STJ, REsp 1.085.178/RS, Rel. Min. Marco Buzzi, Brasília, DF, j. 15.05.2014, *DJ* 30.09.2015. Disponível em: <http://www.stj.jus.br/SCON/>. Acesso em: 10 ago. 2016.

[37] Por exemplo, o segurado sofreu dano supostamente causado por descumprimento contratual de termos previstos em contrato de transporte. O prazo prescricional do segurado para buscar indenização

Esta corte já firmou o entendimento de que, ao efetuar o pagamento da indenização ao segurado em decorrência de danos causados por terceiro, **a seguradora sub-roga-se nos direitos daquele, podendo, dentro do prazo prescricional aplicável à relação jurídica originária, buscar o ressarcimento do que despendeu, nos mesmos termos e limites que assistiam ao segurado** [grifo nosso].[38]

A seguradora, ao ressarcir os prejuízos ocasionados pelo acidente, sub-roga-se nos direitos do segurado, podendo ajuizar ação contra o terceiro. A sub-rogação, entretanto, não restringe os direitos sub-rogados, **de modo que o prazo prescricional a ser aplicado deve ser o mesmo previsto para o segurado** [grifo nosso].[39]

Fica reforçado, assim, o argumento de que a seguradora está sujeita a todos os termos da relação jurídica originária porque assume o lugar do segurado por força de sub-rogação, respeitado o mesmo prazo prescricional que este teria para acionar o autor do dano. De outro lado, fica prejudicada a afirmação de que a sub-rogação legal prevista no art. 786 do CC cria um direito próprio, independente, em favor da seguradora contra o suposto autor do dano.[40]

1.6 Cláusula de eleição de foro

A sub-rogação prevista no art. 786 do CC não restringe a transmissão à seguradora da cláusula de eleição de foro contida no contrato sub-rogado, conforme já decidiu o TJSP:

Concernente à sub-rogação, salienta-se inexistir impedimento para que ela se dê na integralidade das cláusulas do título original, inclusive na eleição de foro, sendo que, na espécie, as partes igualmente estabeleceram [...] que fica eleito o foro da comarca da capital do Estado de São Paulo [grifo nosso].[41]

---

contra a transportadora é de um ano. Ao indenizar o dano, a seguradora também deverá buscar o reembolso da indenização securitária dentro do prazo de um ano, a contar da data da sub-rogação, a qual ocorre mediante o pagamento da indenização securitária em favor do segurado.

[38] Bradesco Auto/RE Companhia de Seguros *v* Worthington Bulk Ltd. Brasil, STJ, AgRG no REsp 1.169.418/RJ, Rel. Min. Ricardo Villas Bôas Cueva, Brasília, DF, j. 06.02.2014, *DJ* 14.02.2014. Disponível em: <http://www.stj.jus.br/SCON/>. Acesso em: 10 ago. 2016. Ver também: Jair Aparecido Roveron *v* Caixa Seguradora S.A. Brasil, STJ, AgRg no REsp 1.121.435/SP, Rel. Min. Sidnei Beneti, Brasília, DF, j. 13.03.2012, *DJ* 29.03.2012. Disponível em: <http://www.stj.jus.br/SCON/>. Acesso em: 10 ago. 2016; Chubb do Brasil Companhia de Seguros *v* Yassuda Seguros S.A. Brasil, STJ, REsp 982.492/SP, Rel. Min. Luis Felipe Salomão, Brasília, DF, j. 27.09.2011, *DJ* 17.10.2011. Disponível em: <http://www.stj.jus.br/SCON/>. Acesso em: 10 ago. 2016.

[39] Daniel Jun Kuwatomi Takematsu *v* Porto Seguro de Seguros Gerais. Brasil, STJ, AgRg no Agravo em REsp n. 598.619/SP, Rel. Min. Luis Felipe Salomão. Brasília, DF, j. 05.02.2015, *DJ* 10.02.2015. Disponível em: <http://www.stj.jus.br/SCON/>. Acesso em: 10 ago. 2016.

[40] Em sentido contrário, ver: FERNANDES, Júlio César; MELRO, Melina Martins. Arbitragem Ação de regresso. Sub-rogação de obrigação sujeita à cláusula compromissória. Arbitrabilidade. Extinção do processo sem julgamento de mérito. TJSP, 12.ª Câmara de Direito Privado, Recurso de Apelação 0149349-88.2011.8.26.0100, Rel. Des. Tasso Duarte de Melo, j. 11.02.2015. *Revista Brasileira de Arbitragem*, São Paulo, ano XII, n. 47, p. 148-162, 2015.

[41] Douglas Crestani e outros *v* Galvani Indústria Ltda. TJSP, Agravo de Instrumento 990.10.141053-2, Rel. Coutinho de Arruda, São Paulo, SP. Disponível em: <http://tj-sp.jusbrasil.com.br/jurispru-

812 | 20 ANOS DA LEI DE ARBITRAGEM

Em outro caso submetido ao mesmo tribunal, a parte originária do contrato sub-rogado considerou que a competência para julgamento da ação era o domicílio da executada: "[...] operada a sub-rogação, as partes que ora litigam embasam suas pretensões em relação jurídica diferente da originalmente pactuada, razão pela qual a cláusula de foro não as obriga". O TJSP rechaçou a argumentação sob o fundamento de que a competência em razão do território é relativa, sendo passível de modificação pelas partes do contrato. Em conclusão, consignou que as partes estavam vinculadas à cláusula de eleição de foro prevista no contrato sub-rogado.[42]

Dessa maneira, se o segurado transmitir à seguradora os benefícios do CDC, o prazo prescricional para distribuir a ação de regresso contra o autor do dano e a cláusula de eleição de foro, não há razão para imputar tratamento discriminatório em relação à transmissão da cláusula compromissória em casos de sub-rogação do art. 786 do CC.

1.7 O segurado não pode transmitir à seguradora direito ou ação que não possua

Se na relação contratual originária entre o segurado e o potencial autor do dano há cláusula compromissória acordando que as disputas relacionadas ao contrato seriam resolvidas por tribunal arbitral, por óbvio, as partes deste contrato renunciaram ao direito de acionar a jurisdição estatal. A jurisdição estatal, por seu turno, fica impedida de resolver o mérito de disputas relacionadas a contrato que prevê arbitragem, em razão do efeito negativo da cláusula compromissória.[43]

Assim, se o segurado não tem direito de acionar a jurisdição estatal para resolver as disputas do contrato, no momento da sub-rogação legal não poderá transmitir à seguradora um direito que não possua. Esta é uma consequência lógica e se lastreia no aforismo universal de que "Nemo plus iuris in alium transferre potest quam ipse habet", ou seja, ninguém pode transmitir a outrem mais direitos do que ele mesmo possua.[44]

---

dencia/>. Acesso em: 10 ago. 2016.

[42] Tetra Pak Ltda. *v* Colar – Cooperativa de Laticínios da Região de São José do Rio Preto. TJSP, Agravo de Instrumento 990.09.333224-8, Rel. Roque Mesquita, São Paulo, SP, j. 16.02.2010. Disponível em: <http://tj-sp.jusbrasil.com.br/jurisprudencia/>. Acesso em: 10 ago. 2016.

[43] "Processo civil. Juízo arbitral. Cláusula compromissória. 1. Cláusula compromissória é o ato por meio do qual as partes contratantes formalizam seu desejo de submeter à arbitragem eventuais divergências ou litígios passíveis de ocorrer ao longo da execução da avença. Efetuado o ajuste, que só pode ocorrer em hipóteses envolvendo direitos disponíveis, ficam os contratantes vinculados à solução extrajudicial da pendência. 2. A eleição da cláusula compromissória é causa de extinção do processo sem julgamento do mérito, nos termos do art. 267, inciso VII, do Código de Processo Civil. 3. São válidos e eficazes os contratos firmados pelas sociedades de economia mista exploradoras de atividade econômica de produção ou comercialização de bens ou de prestação de serviços (CF, art. 173, § 1.º) que estipulem cláusula compromissória submetendo à arbitragem eventuais litígios decorrentes do ajuste. 4. Recurso especial provido" (STJ, REsp 2003.0205290-5, Rel. Min. João Otávio de Noronha, Brasília, DF, j. 17.05.2007, *DJ* 08.06.2007. Disponível em: <http://www.stj.jus.br/SCON/>. Acesso em: 10 ago. 2016).

[44] Como exemplo de aplicação deste aforismo, ver: Sul América Terrestres e Acidentes Companhia de Seguros *v* Makro Atacadista. Brasil, STJ, REsp 135.065/RJ, Rel. Min. Eduardo Ribeiro, Brasília,

ARBITRAGEM, DIREITO SECURITÁRIO E CONSENTIMENTO NO DIREITO BRASILEIRO | **813**

Essa interpretação é corroborada pelo TJSP no excerto do julgado a seguir colacionado:

> Com efeito, merece destaque a redação conferida pelo art. 786 do Estatuto Substantivo, no qual se apega a autora para buscar ressarcimento: "Art. 786. Paga a indenização, o segurador sub-roga-se, nos limites do valor respectivo, nos direitos e ações que competirem ao segurado contra o autor do dano".
>
> Ora, conforme parte final do referido artigo [786 do CC], a sub-rogação encontra limites "nos danos e ações que competirem ao segurado contra o autor do dano. Ora, como o pretenso direito do segurado à reparação pelo sinistro já foi afastado por decisão judicial, **não há como a seguradora sub-rogar-se em direito inexistente.**
>
> **Reitere-se que o pleito da seguradora não se apresenta isolado do direito do segurado**, que restou afastado, motivo pelo qual não havia mesmo como acolher-se o pedido inaugural.
>
> Vem à baila a redação conferida ao art. 349 do mesmo diploma legal, *in verbis*: "Art. 349. A sub-rogação transfere ao novo credor todos os direitos, ações, privilégios e garantias do primitivo, em relação à dívida, contra o devedor principal e os fiadores. Ou seja, não reconhecida a dívida dos réus para com o **segurado, não há como transferir à seguradora direito inexistente, não havendo como se acolher a presente ação de regresso**" [grifo nosso].[45]

Em outro julgamento sobre a matéria, o STJ assim se pronunciou:

> De efeito, **se a sub-rogação nasce de um direito originário de outrem**, no caso, do segurado sinistrado, os atos praticados pelo mesmo têm influência direta no instituto, **porquanto são a sua própria fonte**. Inexistente o direito à indenização, que desapareceu após o acordo, com a quitação e renúncia sobre postulações futuras, **não há o que ser transferido, mediante sub-rogação, à seguradora**. A empresa ré não possui relação alguma com a seguradora, nem se obriga por contrato a ressarci-la. Esta é uma vinculação que somente envolve segurado e seguradora. Daí os atos praticados pelo primeiro têm efeito amplo no que tange a terceiros, caso da ré, que não estão sujeitos à avença celebrada com a seguradora. **Destarte, não configurada a sub-rogação, na espécie, pela extinção do direito do segurado pela quitação e renúncia dadas à ré**, houve contrariedade, por má aplicação, do art. 988, do Código Civil [grifo nosso].[46]

O julgado do STJ também é relevante porque identifica a fonte de direitos e ações da seguradora contra o autor do dano, que sempre será a relação jurídica originária entre o

---

DF, j. 13.04.1999, *DJ* 24.05.1999. Disponível em: <http://www.stj.jus.br/SCON/>. Acesso em: 10 ago. 2016.

[45] Itaú Seguros de Auto e Residência S.A. *v* Rosilda Viturino da Silva. TJSP, Apelação 0010771-59.2011.8.26.0161, São Paulo, SP, j. 15.04.2015, *DJ* 24.04.2015. Disponível em: <http://tj-sp.jusbrasil.com.br/jurisprudencia/>. Acesso em: 10 ago. 2016.

[46] Viplan – Viação Planalto Ltda. *v* Interamericana Companhia de Seguros. Brasil, STJ, REsp 328.646/DF, Rel. Min. Aldir Passarinho Junior, Brasília, DF, j. 18.10.2001, *DJ* 25.02.2002. Disponível em: <http://www.stj.jus.br/SCON/>. Acesso em: 10 ago. 2016.

segurado e o autor do dano. Nas situações em que ambos haviam celebrado contrato, os direitos transmitidos à seguradora por sub-rogação são de natureza contratual. Se não havia contrato, o segurado transmite à seguradora direitos de natureza extracontratual.

Direitos e ações originadas de um acidente de trânsito são um exemplo de transmissão de direitos de natureza extracontratual.[47] Um terceiro colide contra um veículo do segurado. O segurado sofre dano por conta do acidente de trânsito. O segurado é livre para celebrar acordo com o terceiro e dar plena quitação para fins de isentá-lo de qualquer responsabilidade relacionada ao acidente de trânsito. Na hipótese, após celebrar o acordo e dar quitação, o segurado não tem direito de requerer indenização contra o terceiro por conta do acidente de trânsito. Como consequência, o segurado não poderá transmitir à seguradora, mediante sub-rogação, o direito de acionar aquele terceiro em ação de regresso para buscar o reembolso da indenização securitária.

Assim já decidiu o STJ, conforme se infere dos seguintes julgados:

> Seguro. Acidente de trânsito. Acordo extrajudicial celebrado entre o segurado e o causador do dano. Sub-rogação inexistente. Se o segurado (primitivo credor) não poderia mais demandar contra o causador do dano, em razão de acordo extrajudicial celebrado entre ambos, com plena e geral quitação, **não há falar em sub-rogação, ante a ausência do direito a ser transmitido**. Precedentes do STJ. Recurso especial não conhecido [grifo nosso].[48]
>
> Contrato de seguro. Sub-rogação incorrente. Acordo judicial com renuncia ao direito objeto da sub-rogação. Se o segurado, em acordo judicialmente homologado, renuncia eventuais direitos decorrentes de acidente de trânsito, **não se opera a sub-rogação da seguradora eis inexistente o direito de que é objeto**. Situação que se resolve no âmbito da relação jurídica que envolve a Seguradora e o Segurado. [...]
>
> **Se houve renúncia ao direito**, segundo os termos do acordo, **não há como dizê-lo transferido à seguradora**, vale dizer, não se perfez a sub-rogação que, no caso, legitimaria a pretensão de reembolso [grifo nosso].[49]

Neste ponto, vale lembrar que o foco do presente estudo é a transmissão de direitos e ações de natureza contratual,[50] justamente porque a maior parte das disputas submetidas à arbitragem advém de contratos que contêm cláusula compromissória.[51]

---

[47] O Código Civil regula o regime jurídico da responsabilidade civil extracontratual nos artigos 927 a 943.

[48] Porto Seguro Companhia de Seguros Gerais *v* Wanderson Sehorro Alves. Brasil, STJ, REsp 127.656/ DF, Rel. Min. Barros Monteiro, Brasília, DF, j. 18.10.2001, *DJ* 2.03.2002. Disponível em: <http:// www.stj.jus.br/SCON/>. Acesso em: 10 ago. 2016.

[49] Companhia Paulista de Seguros *v* Helio Osório Luiz. Brasil, STJ, Resp 76.952/RS, Rel. Min. Costa Leita, Brasília, DF, j. 26.02.1996, *DJ* 01.07.1996. Disponível em: <http://www.stj.jus.br/SCON/>. Acesso em: 10 ago. 2016. Registre-se que o caso foi decidido de acordo com o Código Civil de 1916, mas a interpretação e o raciocínio legal são compatíveis com o Código Civil atual.

[50] O Código Civil regula o regime jurídico da responsabilidade civil contratual nos arts. 389 a 407.

[51] Nada impede que partes envolvidas em um acidente de trânsito celebrem um compromisso arbitral para resolver disputas relacionadas ao respectivo acidente.

Contudo, a mesma lógica sobre a transmissão se aplica a direitos de natureza contratual e extracontratual, ou seja, a relação jurídica originária é a fonte dos direitos e ações transmitidos à seguradora por força de sub-rogação legal. Assim, quando a fonte dos direitos e ações da seguradora contra o autor do dano é o contrato sub-rogado, estes ficam limitados pelos quatro cantos do contrato sub-rogado.

Nessa seara, é incorreto argumentar que a fonte dos direitos e ações da seguradora é distinta da fonte do segurado. O fato de o art. 786 do CC prever sub-rogação legal não exerce influência alguma sobre a fonte dos direitos e ações transmitidos ao sub-rogado, uma vez que será sempre a relação jurídica originária entre o segurado e autor do dano, seja ela contratual ou extracontratual.[52] Por isso, também é incorreto afirmar que a seguradora aciona a jurisdição estatal para pleitear direito próprio decorrente da apólice de seguro e não do contrato sub-rogado.[53] Aliás, o STJ já concluiu nesse sentido:

> Com a devida vênia, há um equívoco. Não se litiga a propósito de direitos e obrigações derivados do contrato de seguro. Efetuado o pagamento da indenização pela seguradora, essa sub-rogou-se nos direitos do segurado em relação ao causador do dano. Colocou-se em seu lugar. O que importa, por conseguinte, é a relação jurídica existente entre a vítima e o responsável pelos prejuízos.[54]

No direito comparado, a jurisprudência da Inglaterra concluiu no mesmo sentido.[55]

Com essas premissas em mente, fica mais fácil concluir que: (i) se o segurado não possuía direito algum contra o autor do dano porque deu quitação integral mediante acordo, a seguradora não pode sub-rogar-se em algo que não existe; (ii) se o segurado celebrou cláusula compromissória e, por conseguinte, renunciou ao direito de acionar a jurisdição estatal, a seguradora também não pode sub-rogar-se em direito inexistente.

---

[52] Também não faria sentido sustentar que o art. 786 do CC é uma fonte autônoma de direito para a seguradora, quando referido dispositivo legal determina expressamente que à seguradora são atribuídos os mesmos direitos e as mesmas ações que pertenciam ao segurado, antes da sub-rogação.

[53] Conforme decidido em: Unibanco AIG Seguros e Previdência S.A. *v* Panalpina Ltda. TJSP, Apelação 990.09.373821-0, Rel. Min. Gilberto dos Santos, São Paulo, SP, j. 11.03.2010. Disponível em: <http://tj-sp.jusbrasil.com.br/jurisprudencia/>. Acesso em: 10 ago. 2016.

[54] Sul América Terrestres e Acidentes Companhia de Seguros *v* Makro Atacadista. Brasil, STJ, REsp 135.065/RJ, Rel. Min. Eduardo Ribeiro, Brasília, DF, j. 13.04.1999, *DJ* 24.05.1999. Disponível em: <http://www.stj.jus.br/SCON/>. Acesso em: 10 ago. 2016.

[55] "As seguradoras argumentam que elas não são vinculadas à arbitragem por força da aplicação da lei da República da China [lei da apólice de seguros]. Isto, contudo, é irrelevante para este judiciário, já que estamos interessados no requerimento relacionado ao transporte da carga [contrato sub-rogado], o qual é uma disputa sob o contrato e, portanto, arbitrável" [tradução nossa]. "The insurers here say that they are not bound by the arbitration clause as a matter of the law of the People's Republic of China. This, however, is irrelevant so far as these courts are concerned because the cargo claim is one which gives rise to a dispute "arising under the contract" and is therefore arbitrable". Starlight Shipping Co and another v Tai Ping Insurance Co Ltd, Hubei Branch and another [2007] EWHC 1893 (Comm).

816 | 20 ANOS DA LEI DE ARBITRAGEM

Certo é que os direitos e ações da seguradora para buscar o reembolso da indenização securitária dependem diretamente dos direitos e ações que o segurado detinha contra o autor do dano, antes da sub-rogação. Ademais, se a fonte dos direitos e ações da seguradora é o contrato sub-rogado, este também é o delimitador de tais direitos e ações. Portanto, se o segurado já havia renunciado ao direito de recorrer à jurisdição estatal para resolver disputas originadas de um contrato, não poderá transferir, ceder ou sub-rogar um direito que já não possui.

1.8 Interpretação do § 2.º do art. 786 do Código Civil

O § 2.º do art. 786 do CC,[56] na medida em que determina que não é permitido ao segurado limitar quaisquer direitos da seguradora, pode suscitar dúvidas quanto a vinculação desta a cláusula compromissória celebrada por aquele no contrato sub-rogado. Em outras palavras, o segurado não poderia tolher o direito da seguradora de recorrer à jurisdição estatal para reivindicar o reembolso da indenização securitária contra o autor do dano.

Ao interpretar o § 2.º do art. 786 em comento, é necessário atentar para a intenção do legislador e evitar possíveis armadilhas causadas por uma leitura isolada e literal do dispositivo legal. O elemento temporal previsto nesse artigo é extremamente relevante. A sub-rogação não nasce no momento da celebração da apólice de seguro, ou na conclusão do processo de regulação do sinistro, tampouco quando a seguradora decide que tal sinistro está coberto pela apólice de seguro. A sub-rogação em operações de seguro ocorre quando a seguradora paga a indenização securitária em favor do segurado. Neste momento, a seguradora se sub-roga nos direitos e ações que pertenciam ao segurado contra o autor do dano.

A interpretação do § 2.º não pode ser dissociada do caput do próprio art. 786 do CC, que, frise-se, assim dispõe: "Paga a indenização, o segurador sub-roga-se [...]". O pagamento da indenização, e somente isto, aciona o gatilho da limitação legal imposta pelo § 2.º. A partir deste momento, o segurado não pode tolher os direitos e ações transmitidos à seguradora, via sub-rogação.

O STJ já analisou a questão em disputa originada de acidente de trânsito. No caso, o segurado e o autor do acidente (dano) firmaram um acordo extrajudicial. O segurado deu quitação plena em relação aos danos originados do acidente. A seguradora, por sua vez, arguiu que tinha o direito de acionar o autor do acidente de trânsito para obter o reembolso da indenização securitária porque efetuou o pagamento ao seu segurado; afirmou ainda que não participou das tratativas do acordo extrajudicial realizado entre seu segurado e o autor do dano e, portanto, não estaria sujeita aos efeitos de referido acordo entre ambos.

No entendimento da Corte Superior de Justiça:

> Civil. Responsabilidade civil. Acidente de trânsito. Acordo extrajudicial firmado pela segurada com o causador do dano. Seguradora. Sub-rogação. Inocorrência. Precedente da Terceira Turma. Recurso desacolhido.

---

[56] "Art. 786. [...] § 2.º **É ineficaz qualquer ato do segurado que diminua ou extinga, em prejuízo do segurador, os direitos a que se refere este artigo**" [grifo nosso].

I – Na sub-rogação, o sub-rogado recebe todos os direitos, ações, privilégios e garantias que desfrutava o primeiro credor em relação à dívida (art. 988 do Código Civil). **O sub-rogado, portanto, não terá contra o devedor mais direitos do que o primitivo credor**. II – Assim, **se o próprio segurado (primitivo credor) não poderia mais demandar em juízo contra o causador do dano, em razão de acordo extrajudicial com plena e geral quitação, não há que falar em sub-rogação, ante à ausência de "direito" a ser transmitido** [grifo nosso].[57]

Acertadamente, o STJ concluiu que não importava a extensão dos efeitos da relação (acordo) entre o segurado e o autor do dano sobre a seguradora, mas sim que tal fato extinguiu a relação jurídica objeto da sub-rogação e, como consequência, a seguradora, "sub-rogou-se em direito inexistente, sub-rogou-se em coisa alguma, porquanto o seu segurado renunciou a qualquer direito decorrente do acidente de trânsito".

O segurado, na verdade, pode transigir ou dispor de qualquer direito próprio que possua contra o autor de dano, desde que o faça antes de receber da seguradora o pagamento da indenização securitária referente ao dano coberto pela apólice de seguro.[58] Assim já decidiram o TJSP e o STJ:

Apelação. Acabo de reparação de danos de seguradora sub-rogada contra o causador do acidente. **Transação entre segurado e o causador do dano, anterior ao pagamento da indenização securitária. Validade e eficácia do ato, pois, na época, o segurado era o titular do direito. Inaplicabilidade do disposto no art. 786, § 2.º, do CC, por se referir a fatos posteriores à verificação da sub-rogação. Sub-rogação não operada, uma vez que, à época do pagamento da indenização securitária, extinto estava o direito à reparação (CC, art. 349)**. Sentença reformada, para proclamar a improcedência da demanda. Apelação a que se dá provimento [grifo nosso].[59]

Civil e processual. Acórdão. Nulidade não configurada. Acidente de trânsito. Ação indenizatória regressiva movida por seguradora. Anterior transação realizada entre o segurado e a empresa ré. Quitação e renúncia a reivindicações futuras. Sub-rogação inexistente. CC, art. 988. Processo. Extinção. CPC, art. 267, VI. I. [...] II. A transação feita entre o segurado e a empresa causadora do acidente põe fim ao litígio, daí não advindo, para a companhia seguradora, direito a sub-rogação para efeito de postular indenização, regressivamente, pelos valores pagos a seu cliente pela cobertura do sinistro.[60]

---

[57] Sul América Terrestres Marítimos Seguros S.A. *v* Lotaxi Transportes Ramos. Brasil, STJ, REsp 274.768/DF, Rel. Min. Sálvio de Figueiredo Teixeira, Brasília, DF, j. 24.10.200, *DJ* 11.12.2000. Disponível em: <http://www.stj.jus.br/SCON/>. Acesso em: 10 ago. 2016. O caso foi decidido de acordo com o Código Civil de 1916, mas a interpretação e o raciocínio legal são compatíveis com o Código Civil atual.

[58] Esta assertiva parte da premissa de que o acordo entre o segurado e o autor do dano respeita o princípio da boa-fé e não visa lesar terceiros.

[59] Tokio Marine Brasil Seguradora SA. *v* Real Encomendas e Cargas Ltda. TJSP, Embargo Declaratório 906699-1/0, São Paulo, SP. Disponível em: <https://esaj.tjsp.jus.br>. Acesso em: 12 ago. 2016.

[60] Viplan – Viação Planalto Ltda. *v* Interamericana Companhia de Seguros. Brasil, STJ, REsp 328.646/DF, Rel. Min. Aldir Passarinho Junior, Brasília, DF, j. 18.10.2001, *DJ* 25.02.2002. Disponível em: <http://www.stj.jus.br/SCON/>. Acesso em: 10 ago. 2016.

Portanto, não é correto invocar o § 2.º do art. 786 do CC para argumentar que a sub-rogação não transmite a cláusula compromissória automaticamente à seguradora sub-rogada.[61]

Se o segurado pode livremente dispor dos direitos indenizatórios que teria contra o autor do dano antes de efetivada a sub-rogação, pode também renunciar à jurisdição estatal, pois quem pode o mais, pode o menos.[62]

Em suma, vale salientar que a cláusula compromissória não é um ônus imposto à seguradora, tampouco um limitador de direito. Ao contrário, o poder-dever de arbitrar pode ser uma arma valiosa para a seguradora contra o autor do dano porque, no Brasil, os procedimentos arbitrais são mais céleres do que os procedimentos judiciais. Ora, se a seguradora é a credora, é mais interessante buscar o reembolso da indenização securitária contra o autor do dano no procedimento mais rápido. O credor sempre tem pressa.

1.9 Efeitos da sub-rogação convencional e sub-rogação legal em relação à transmissão da cláusula compromissória ao sub-rogado

A sub-rogação é: (i) convencional, que tem origem em acordo de vontades e, por conta disso, previsão contratual;[63] ou (ii) legal, que ocorre por força de lei, independente de previsão contratual.[64] A sub-rogação prevista no art. 786 do CC é legal,[65] pois a segu-

---

[61] No mesmo sentido: "Acidente de trânsito. Ação de indenização. Acordo. Ação de regresso anterior. 1. Feito o acordo entre as partes, não é possível o ajuizamento de ação de indenização. O anterior julgamento de ação de regresso não interfere com a autonomia da vontade manifestada pelas partes, não sendo mais possível examinar a existência do direito a regresso em tal circunstância. 2. Recurso especial não conhecido". Joaquim Aristeu Cândido *v* Maria Ivete de Oliveira Sales. Brasil, STJ, REsp 194.362/MG, Rel. Min. Carlos Alberto Menezes Direito, Brasília, DF, j. 21.10.1999, *DJ* 13.12.1999. Disponível em: <http://www.stj.jus.br/SCON/>. Acesso em: 10 ago. 2016.

[62] Consoante o § 2.º do art. 786 do CC, seria relevante, por exemplo, a seguradora pagar a indenização securitária e receber os direitos e ações que pertenciam ao segurado contra o autor do dano, via sub-rogação. Depois do pagamento da indenização securitária, o segurado não deve interferir nos direitos e ações da seguradora, como desistir da prerrogativa de recorrer ao poder judiciário para resolver disputas relacionadas ao contrato sub-rogado Nesta situação, o segurado estaria incorrendo em comportamento vedado pelo citado dispositivo (§ 2.º do art. 786 do CC), uma vez que os direitos e ações previstos no contrato sub-rogado não mais lhe pertenciam porque foram transferidos, via sub-rogação, à seguradora. *In casu*, cabe ação da seguradora contra o seu segurado.

[63] "Art. 347 do Código Civil. A sub-rogação é convencional: I – quando o credor recebe o pagamento de terceiro e expressamente lhe transfere todos os seus direitos; II – quando terceira pessoa empresta ao devedor a quantia precisa para solver a dívida, sob a condição expressa de ficar o mutuante sub-rogado nos direitos do credor satisfeito. Art. 348. Na hipótese do inciso I do artigo antecedente, vigorará o disposto quanto à cessão do crédito."

[64] Art. 346 do Código Civil. A sub-rogação opera-se, de pleno direito, em favor: I – do credor que paga a dívida do devedor comum; II – do adquirente do imóvel hipotecado, que paga a credor hipotecário, bem como do terceiro que efetiva o pagamento para não ser privado de direito sobre imóvel; III – do terceiro interessado, que paga a dívida pela qual era ou podia ser obrigado, no todo ou em parte.

[65] "Vale dizer, por oportuno, que a sub-rogação da seguradora em decorrência do pagamento de indenização ao segurado configura hipótese de sub-rogação legal, que se opõe à sub-rogação con-

radora indeniza o seu segurado por conta de obrigação contratual assumida na apólice de seguro, mas, independente do consentimento do segurado, se sub-roga no direito de reembolso da indenização securitária contra o suposto autor do dano.

Assim, surge a seguinte pergunta: a sub-rogação convencional e a sub-rogação legal produzem efeitos diferentes em relação à transmissão da cláusula compromissória ao sub-rogado? Sobre a questão, curiosamente, não é fácil encontrar opiniões doutrinárias e julgamentos defendendo que, na sub-rogação convencional, o sub-rogante não transmite automaticamente a cláusula compromissória ao sub-rogado.

No que tange à sub-rogação do art. 786 do CC, existem, sim, opiniões e jurisprudência defendendo que a seguradora não recebe a cláusula compromissória contida no contrato sub-rogado. Esta discriminação em relação à transmissão da cláusula compromissória quando a sub-rogação é governada pelo art. 786 do CC recebe a justificativa de que a sub-rogação legal, supostamente, produz efeitos jurídicos diferentes da sub-rogação convencional.

Este argumento, contudo, não encontra suporte na lei brasileira porque o art. 359 do CC[66] regula tanto a sub-rogação convencional quanto a sub-rogação legal.[67]

O STJ, por exemplo, aplica os arts. 349 e 786 do CC de forma combinada:

> Revela-se indubitável o direito da seguradora de demandar o ressarcimento dos danos sofridos pelo segurado depois de realizada a cobertura do sinistro. Nesse caso, **a seguradora sub-roga-se nos direitos anteriormente titularizados pelo segurado, nos exatos termos dos arts. 349 e 786 do Código Civil** e da Súmula 188/STF. [...] conclui-se, pela logicidade do sistema jurídico, que a seguradora, após realizar o adimplemento do prêmio securitário pode, **pela sub-rogação legal e contratual**, pleitear, junto à empresa que explora o estacionamento, o ressarcimento pelas despesas do seguro [grifo nosso].[68]

Em outro julgado, a Corte Superior sequer recorreu ao art. 786 do CC, e somente interpretou o art. 349 do CC:

> Ação de regresso movida por seguradora contra restaurante para se ressarcir dos valores pagos a segurado, que teve seu veículo roubado quando estava na guarda de manobrista

---

vencional" (VERÇOSA, Fabiane. Arbitragem e seguros: transmissão da cláusula compromissória à seguradora em caso de sub-rogação. *Revista Brasileira de Arbitragem*, São Paulo, n. 11, p. 47-55, jul.-set. 2006).

[66] Art. 349 do Código Civil. A sub-rogação transfere ao novo credor todos os direitos, ações, privilégios e garantias do primitivo, em relação à dívida, contra o devedor principal e os fiadores.

[67] "Tanto na sub-rogação legal como na convencional passam ao novo credor todos os direitos, ações, privilégios e garantias do primitivo, em relação à dívida, contra o devedor principal e os fiadores" (DINIZ, Maria Helena. *Curso de direito civil brasileiro*. Teoria geral das obrigações. 31. ed. São Paulo: Saraiva, 2016. p. 299).

[68] Safe Estacionamento de e Garagens de Veículos Ltda. v Companhia de Seguros Minas Brasil S.A. Brasil, STJ, REsp 1.085.178/RS, Rel. Min. Marco Buzz, Brasília, DF, j. 15.05.2014, *DJ* 30.09.2015. Disponível em: <http://www.stj.jus.br/SCON/>. Acesso em: 10 ago. 2016.

vinculado ao restaurante (*valet*). **Legitimidade da seguradora prevista pelo artigo 349 do Código Civil/2002, conferindo-lhe ação de regresso em relação a todos os direitos do seu segurado** [grifo nosso].[69]

O Tribunal de Justiça paulista, por sua vez, interpreta o art. 786 do CC em conformidade com o disposto no art. 349 do CC:

> O artigo 786, § 2.º, do Código Civil não pode ser interpretado como direito absoluto da seguradora em reaver aquilo que despendeu para indenizar à seguradora. **Há a regra do artigo 349 do mesmo estatuto civil e só se transfere o que se tem, ou seja, no momento do pagamento feito pela seguradora, nenhum era o direito da seguradora em relação ao sinistro.** [grifo nosso].[70]

A doutrina não vê diferença entre sub-rogação convencional e sub-rogação legal envolvendo casos de seguro:

> Tal sub-rogação legal, agora contemplada no CC, não é diferente daquela estabelecida no art. 346, III, relativamente ao terceiro interessado, que paga dívida pela qual era ou podia ser obrigado, no todo ou em parte. **O terceiro que paga a dívida do devedor, pela qual era ou podia ser obrigado, em virtude de figuras como a fiança ou aval, ocupa, portanto, posição idêntica à do segurador** [grifo nosso].[71]

Assim, se o legislador determinou que o art. 349 do CC governa a sub-rogação convencional e a sub-rogação legal, é permito inferir que ambas produzem os mesmos efeitos jurídicos, salvo disposição em contrário. E, se é permitido concluir que a sub-rogação convencional transmite a cláusula compromissória ao sub-rogado, não há razão para negar que a sub-rogação legal prevista no art. 786 do CC também transmite a cláusula compromissória à seguradora sub-rogada.[72]

---

[69] Mapfre Vera Cruz Seguradora *v* Butoh Restaurante Ltda. Brasil, STJ, REsp 1.321.739/SP, Rel. Min. Paulo de Tarso Sanseverino, Brasília, DF, j. 05.09.2013, *DJ* 10.09.2013. Disponível em: <http://www.stj.jus.br/SCON/>. Acesso em: 10 ago. 2016. Ver também: Mitsui Marine e Kyoei Fire Seguros S.A. *v* Real Seguros S.A. Brasil, STJ, REsp 976.531/SP, Rel. Min. Nancy Andrighi, Brasília, DF, j. 23.02.2010, *DJ* 08.03.2010. Disponível em: <http://www.stj.jus.br/SCON/>. Acesso em: 10 ago. 2016.

[70] Porto Seguro Companhia de Seguros Gerais v Wanderson Sehorro Alves. Brasil, STJ, REsp 127.656/DF, Rel. Min. Barros Monteiro, Brasília, DF, j. 25.03.2007, *DJ* 18.10.2001. Disponível em: <http://www.stj.jus.br/SCON/>. Acesso em: 10 ago. 2016. Ver também: Itaú Seguros de Auto e Residência S.A. *v* Rosilda Viturino da Silva. TJSP, Apelação 0010771-59.2011.8.26.0161/SP, Rel. Francisco Thomaz, São Paulo, SP, j. 15.04.2016. Disponível em: <http://tj-sp.jusbrasil.com.br/jurisprudencia/>. Acesso em: 10 ago. 2016.

[71] TEPEDINO, Gustavo. *Código Civil Interpretado conforme a Constituição da República*. 2. ed. Rio de Janeiro: Renovar, 2006. v. II, p. 596.

[72] Neste sentido, ver: "Qualquer que seja a sub-rogação – legal ou convencional – adquire o sub--rogado o próprio crédito do sub-rogante, tal qual é. Opera, assim, a substituição do credor pelo

O objetivo da sub-rogação legal prevista no art. 786 do CC é garantir a sub-rogação automática da seguradora nos direitos e ações que competiam ao segurado contra o autor do dano, mesmo que inexista tal disposição contratual na apólice de seguro. Com este dispositivo, o objetivo do legislador civilista foi dar maior clareza e segurança jurídica às relações envolvendo a indústria de seguros e não criar direitos e ações independentes, maiores ou melhores do que os direitos e ações previstos na relação jurídica originária.[73]

O argumento de que o segurado não transmite a cláusula compromissória à seguradora sub-rogada por se tratar de sub-rogação legal prevista no art. 786 do CC é, pois, uma invenção para servir de ataque contra o instituto da arbitragem, sem amparo na lei brasileira.

2. VINCULAÇÃO À CLÁUSULA ARBITRAL

Este estudo, até aqui, defende que a seguradora sub-rogada toma a posição de seu segurado na relação jurídica originária mantida com o suposto autor do dano, seja esta contratual ou extracontratual. Nas situações em que a relação jurídica originária era instrumentalizada por contrato, ocorre uma substituição de posição contratual. E a seguradora sub-rogada resta automaticamente vinculada a todos termos e limitações do contrato sub-rogado. Logo, não é necessário indagar o consentimento da seguradora sub-rogada com relação a uma ou outra cláusula do contrato-alvo de sub-rogação, sob pena de ensejar o rompimento dos termos desse contrato. Com essas premissas em mente, fica mais fácil visualizar a obrigação da seguradora de arbitrar as disputas derivadas do contrato em que se sub-rogou, quando esse prever arbitragem como mecanismo de resolução de disputas.

Agora, numa segunda etapa, este estudo investiga se há algo no direito brasileiro contrário a transmissão automática da cláusula compromissória à seguradora em casos de sub-rogação legal.

2.1 Consentimento para arbitrar no direito brasileiro

Na jurisprudência brasileira ainda não há consenso sobre a transmissão da cláusula compromissória à seguradora sub-rogada. Alguns julgados concluíram que a seguradora sub-rogada pode acionar a jurisdição estatal, mesmo quando o contrato sub-rogado contém cláusula compromissória, pelos seguintes fundamentos: (i) é imperioso o con-

---

sub-rogatório, que recebe o crédito com todos os seus acessórios, mas seguindo também dos seus inconvenientes, e das suas falhas e defeitos. Suporta o sub-rogado, evidentemente, todas as exceções que o sub-rogante teria que enfrentar. Não tem direito a outros juros, senão os que venciam a dívida solvida, e esta sujeita à mesma prescrição do crédito primitivo" (PEREIRA, Caio Mário da Silva. *Instituições de direito civil*. Teoria geral das obrigações, 21. ed. Rio de Janeiro: Forense, 2006. v. II, p. 249).

[73] O Código Civil de 2002 inovou neste sentido, uma vez que o diploma de 1916 não trazia dispositivo análogo.

sentimento expresso da seguradora para arbitrar disputas originadas do contrato sub-rogado; (ii) a resolução de conflitos por arbitragem só obriga as partes contratantes e não "terceiros";[74] (iii) a cláusula compromissória tem caráter personalíssimo e por isso não pode ser transmitida a "terceiro";[75] (iv) a seguradora não participou da celebração do contrato entre segurado e autor do dano, consequentemente, por não ser parte deste contrato, não há obrigação de arbitrar.[76]

Os fundamentos apresentados, é possível afirmar, não são corretos e distintas são as razões. Não se pode conceber que a cláusula compromissória tem caráter personalíssimo e, portanto, não pode ser transmitida a quem não é parte do contrato. Não há nenhum dispositivo na lei brasileira que sugira o caráter *intuitu personae* da cláusula compromissória. Aliás, a jurisprudência brasileira prova o contrário. Em diversas ocasiões, o Judiciário brasileiro concluiu que não signatários de contrato com cláusula compromissória estavam vinculadas à arbitragem. Também não se pode sustentar que o direito brasileiro exige o consentimento expresso para arbitrar.

Em rigor, não se pode confundir consentimento expresso com consentimento inequívoco. O consentimento para arbitrar deve ser inequívoco, mas pode materializar-se nas seguintes formas: (i) expressa; (ii) tácita (também definida como consentimento implícito ou por conduta);[77] e (iii) presumido. O consentimento expresso para arbitrar é a regra e se materializa, por exemplo, com a assinatura de contrato que contém cláusula compromissória. O consentimento tácito é inferido da conduta do não signatário, um ato de vontade, ainda que implicitamente. Em certas situações, é possível deduzir que o não signatário do contrato manifestou implicitamente sua aceitação à jurisdição arbitral.[78] Para aferir o consentimento tácito, o julgador precisa conduzir uma análise detalhada das circunstâncias que envolvem a relação contratual, desde a negociação, a celebração, a execução e até o término do contrato que prevê a arbitragem. A participação significativa e direta do não signatário em uma destas etapas do contrato, por exemplo, pode evidenciar a manifestação de vontade, mesmo que implicitamente, de se tornar parte do contrato.

---

[74] Alstom Power Sweden AB *v* Itaú Seguros S.A. TJSP, Agravo de Instrumento 1.257.807-7, Rel. Paulo Roberto Santana, São Paulo, SP, j. 11.08.2004. Disponível em: <http://tj-sp.jusbrasil.com.br/jurisprudencia/>. Acesso em: 10 ago. 2016.

[75] Unibanco AIG Seguros e Previdência S.A. *v* Panalpina Ltda. TJSP, Apelação 990.09.373821-0, São Paulo, SP, j. 11.03.2010. Disponível em: <http://tj-sp.jusbrasil.com.br/jurisprudencia>. Acesso em: 12 ago. 2016.

[76] Itaú Seguros S.A. *v* Aliança Navegação e Logística Ltda. TJSP, Apelação 0000254-21.2010.8.26.0002, Rel. Heraldo de Oliveira, São Paulo, SP, j. 1.º.02.2012, *DJ* 02.02.2012. Disponível em: <http://tj-sp.jusbrasil.com.br/jurisprudencia/>. Acesso em: 10 ago. 2016.

[77] Para uma análise detalhada sobre consentimento tácito para arbitrar na doutrina internacional, ver: BORN, Gary B. *International commercial arbitration*. 2. ed. The Hague: Kluwer Law International, 2014. p. 1.404-1.524.

[78] Como explica Giovanni Nanni: "A manifestação de vontade tácita é a que se deduz do comportamento do agente, ainda que a vontade não seja relevada pelo meio adequado" (*Temas relevantes do direito civil contemporâneo*. Cláusula compromissória como negócio jurídico. São Paulo: Atlas, 2012. p. 536).

O consentimento presumido também se infere da conduta do agente, mas tal conduta é prevista em lei. A nova lei de arbitragem,[79] a propósito, alterou a lei de sociedade por ações[80] para garantir direito de retirada ao acionista contrário à inclusão de cláusula compromissória no estatuto social. Contudo, caso este acionista não exerça o direito de retirada dentro do prazo legal, a lei presume que aceitou a obrigação de arbitrar disputas relacionadas àquele estatuto social. Ou seja, a inércia do acionista é um exemplo de consentimento presumido para arbitrar.

A jurisprudência brasileira recepcionou o consentimento tácito para arbitrar. O caso de uma disputa relacionada a contratos de fornecimento e distribuição de gás analisado pelo STJ serve como exemplo. A distribuidora de gás celebrou dois contratos, um com o fornecedor e outro com o comprador. Ambos os contratos celebrados pela distribuidora continham cláusula compromissória, as quais estipulavam que as partes poderiam cumular pedidos em arbitragem tripartite. Contudo, não havia qualquer contrato celebrado entre a fornecedora e a compradora de gás. O STJ concluiu que:

> O efeito disso é o de que não há relação jurídica direta entre Petróleo Brasileiro S/A – Petrobrás [fornecedora] e Tractebel Energia S/A [compradora] – Tractebel Energia; sob esse viés estrito, esta não pode demandar aquela.
>
> **O encadeamento dos contratos, todavia, parece corresponder melhor à realidade dos aludidos negócios jurídicos**, e a adoção da chamada arbitragem tripartite, a seguir, descrita, **é um reconhecimento implícito disso**.
>
> A integração desses contratos, **se por um lado favorece Tractebel** [compradora] Energia S/A – Tractebel Energia, **de outro parece vinculá-la à cláusula de arbitragem** estipulada em ambos, a saber [...]. [grifo nosso].[81]

Apesar de inexistir relação contratual ou cláusula compromissória entre estas partes, a empresa compradora de gás pretendia demandar contra a fornecedora, aproveitando os termos da relação contratual entre a fornecedora e a distribuidora de gás. Ora, se a pretensão da compradora se embasava na relação contratual entre fornecedora e distribuidora, a compradora ficaria vinculada a todos os termos desta relação, inclusive a cláusula arbitral. A compradora do gás, ao invocar contrato em que não era parte, tacitamente consentiu com todos os seus termos na medida em que não poderia invocar só aqueles que davam suporte ao seu pleito, descartando os demais.[82]

---

[79]   Art. 3.º-A da Lei 13.129, de 26.05.2015.

[80]   Art. 136-A da Lei 6.404, de 15.12.1976.

[81]   Petróleo Brasileiro S.A. Petrobras *v Tractabel Energia S.A.* Brasil, STJ, REsp 954.065/MS, Rel. Min. Ari Pargendler, Brasília, DF, j. 13.05.2008, *DJ* 04.06.2008. Disponível em: <http://www.stj.jus.br/SCON/>. Acesso em: 10 ago. 2016.

[82]   Para posição similar no direito dos Estados Unidos da América, ver: "Uma parte não signatária está proibida de evitar a arbitragem quando busca benefícios de um contrato que contém uma cláusula compromissória" [Tradução nossa]. "[A] non-signatory party is estopped from avoiding arbitration if it knowingly seeks the benefits of the contract containing thearbitration clause").

Em outro caso analisado pelo TJSP, as partes negociaram contrato de franquia e respectivo aditivo. As partes não assinaram os contratos e só o aditivo contratual continha cláusula compromissória. Na ação judicial demandada pela franqueadora, a franqueada alegou ausência de jurisdição estatal em face de cláusula compromissória. A franqueadora alegou que inexistia consentimento expresso para arbitrar, uma vez que as partes não assinaram o contrato de franquia, tampouco o respectivo aditivo que continha cláusula compromissória. Na avaliação da corte paulista:

> [...] **aceitação tácita do contrato e da cláusula compromissória que se admite**, dadas as peculiaridades do caso. Não havendo dúvidas, portanto, acerca da existência da relação, e tendo em vista que o único óbice invocado pela apelada diz respeito à falta de assinatura, nada há que justifique o afastamento da cláusula compromissória que, na sua essência, é regular [grifo nosso].[83]

Na decisão fica claro que no âmbito do direito brasileiro o consentimento expresso não é requerimento para arbitrar.

O entendimento foi sedimentado em outro caso submetido ao TJSP. A disputa versava sobre vinculação de empresa controladora à cláusula compromissória celebrada pela controlada. A empresa controladora pedia a anulação de sentença arbitral sob o argumento de que a arbitragem ocorreu contra sua expressa vontade (ausência de consentimento para arbitrar), uma vez que nunca firmou cláusula compromissória. A decisão do TJSP, acertadamente, apontou no seguinte sentido:

> Caso concreto. Vinculação que pode ser reconhecida em razão das circunstâncias negociais. Contrato precedido de intensa negociação. **Consentimento implícito à eleição da arbitragem** como meio de solução de conflitos derivados do negócio entre a GP, suas controladas e os corréus [...]
>
> Diante de tais fatos, em rigor, **sequer há necessidade de se invocar a teoria da extensão da cláusula compromissória a não signatário,** haja vista que, ao dominar as negociações e ulteriores operações empresariais relacionas com a IMBRA, a apelante GP, inegavelmente, consentiu com a cláusula compromissória pactuada no contrato escrito, cujo instrumento não firmou [grifo nosso].[84]

Para o TJSP, o comportamento concludente da empresa controladora, ao participar da negociação e da execução do contrato, era suficiente para manifestar o consentimento

---

Int'I Ins. Agency Servs., LLC v. Revios Reinsurance U.S., Inc., 2007 WL 951943, at "3 (N.D. III. Mar. 27, 2007.

[83] Marcelo Katsumi Imaizumi e outro *v* Jin Jin Franchising – Eireli. TJSP, Apelação 4022778-88.2013.8.26.0405, Rel. Teixeira Leite, São Paulo, SP, j. 20.05.2015, *DJ* 09.06.2015. Disponível em: <http://tj-sp.jusbrasil.com.br/jurisprudencia/>. Acesso em: 10 ago. 2016.

[84] GP Capital Partners V e outros *v* Fernando Correa Soares e outros. TJSP, Apelação 0035404-55.2013.8.26.0100, Rel. Pereira Calças, São Paulo, SP, j. 26.08.2015. Disponível em: <http://tj-sp. jusbrasil.com.br/jurisprudencia/>. Acesso em: 10 ago. 2016.

tácito à jurisdição arbitral, apesar de não ser parte do contrato. Mais uma vez, o consentimento tácito foi suficiente para vincular um não signatário do contrato à arbitragem.

O mesmo tribunal decidiu sobre a resistência de uma apelante para figurar no polo passivo de arbitragem, sob o argumento de que nunca foi parte de contrato que continha cláusula compromissória. No julgamento deste caso, deu-se um largo passo em favor da arbitragem:

> No tocante à manifestação por último apresentada, reiterando os argumentos de que a empresa Trelleborg Industri AB, em nenhum momento assinou os contratos para cuja discussão a r. sentença insistiu o tribunal arbitral e de que essa circunstância foi expressamente reconhecida naquela r. sentença, coloca-se como contra argumentação, o fato de que a Lei no. 9.307, de setembro de 1996, que trata da arbitragem, no capítulo que aborda as disposições gerais, **deixa claramente expressa a desnecessidade de haver prévio contrato assinado pelas partes que participarão do juízo arbitral**.
>
> É o que se vê nos autos, em que não obstante inexistente assinatura da apelante Trelleborg Industri AB, é mais do que evidente, face à farta documentação existente, a relação jurídica que há entre as partes, decorrente dos negócios em comum travados, em que se observa participação ativa da apelante Trelleborg [grifo nosso].[85]

O envolvimento na negociação do contrato que continha cláusula compromissória assim como o manifesto interesse na sua efetivação implicou aceitação da apelante à arbitragem. Aqui, evidencia-se mais uma situação fática em que os julgadores analisaram a conduta do não signatário e o contexto da relação jurídica, para, no fim, decidir em favor da vinculação à arbitragem por força de consentimento tácito.

Em julgamento recente, o STJ tornou a discussão mais clara:

> **De se destacar que a manifestação de vontade das partes contratantes, destinada especificamente a anuir com a convenção de arbitragem, pode se dar, de igual modo, de inúmeras formas, e não apenas por meio da aposição das assinaturas das partes no documento em que inserta**. Absolutamente possível, por conseguinte, a partir do contexto das negociações entabuladas entre as partes, aferir se elas, efetivamente, assentiram com a convenção de arbitragem [grifo nosso].[86]

A decisão não deixa dúvida que o direito brasileiro admite consentimento para arbitrar nas formas expressa, tácita (implícita ou por conduta), ou presumida.[87]

---

[85] Trelleborg do Brasil Ltda. e outra v Anel Empreendimentos Participações e Agropecuária Ltda. TJSP, Apelação 267.450-4/6-00, Rel. Constança Gonzaga, São Paulo, SP, j. 24.05.2006. Disponível em: <http://tj-sp.jusbrasil.com.br/jurisprudencia/>. Acesso em: 10 ago. 2016.

[86] Haakon Lorentzen e outros v Hugo Pedro de Figueiredo. Brasil. STJ, REsp 1.569.422/RJ, Rel. Min. Marco Aurélio Bellizze, Brasília, DF, j. 26.04.2016, *DJ* 20.05.2016. Disponível em: <http://www.stj.jus.br/SCON/>. Acesso em: 10 ago. 2016.

[87] "Não é válido afirmar que a assinatura é requisito essencial para uma parte estar vinculada à cláusula compromissória no direito brasileiro. Por esse motivo, a lei impõe anuência específica apenas

Vale lembrar que o direito brasileiro prestigia a forma livre de declaração de vontade. A validade da declaração de vontade só depende de forma especial quando exigida por lei.[88] O silêncio, quando as circunstâncias e usos assim autorizarem, pode ser interpretado como anuência tácita (consentimento).[89]

Ainda, de acordo com o STJ, não signatário de cláusula compromissória, ao participar de procedimento arbitral sem reserva de direitos, consente tacitamente sobre a referida cláusula, que conferiu jurisdição ao tribunal arbitral, não lhe sendo permitido resistir homologação de sentença arbitral estrangeira sob o argumento de inexistência ou invalidade da cláusula compromissória.[90]

Em resumo, o direito brasileiro não estabelece o consentimento expresso como requisito para arbitrar. A cláusula compromissória pode ser transmitida a não signatários em certas ocasiões. Argumentar que não era parte do contrato que previa arbitragem não serve como justificativa para a seguradora escapar do dever de arbitrar disputas originadas do contrato em que se sub-rogou.

2.2 Consentimento tácito da seguradora para arbitrar

A inquirição do julgador com relação ao consentimento para arbitrar é dispensável em situações de substituição da posição contratual do segurado pela seguradora sub-rogada. Basta indagar se houve a substituição, para então concluir em favor da transmissão automática da cláusula compromissória.

Contudo, neste estudo, explora-se um argumento alternativo para concluir que, caso fosse necessário verificar o consentimento da seguradora para arbitrar disputas relacionadas ao contrato em que se sub-rogou, ficaria ela vinculada por conta de seu consentimento tácito da cláusula compromissória. Bem por isso, sustenta-se que a seguradora tacitamente consente a cláusula compromissória contida no contrato celebrado entre seu segurado e o autor do dano, em dois momentos: (i) subscrição do risco-alvo de cobertura securitária; ou (ii) aceitação da sub-rogação.

---

no âmbito dos contratos de adesão e mesmo essa hipótese tem sido interpretada restritivamente pelo STJ, que limita a exigência adicional aos casos em que fique caracterizada a hipossuficiência e o prejuízo da parte demandada. A tarefa de determinar quem está vinculado à cláusula compromissória não se resume à verificação de quem é signatário ou não da convenção de arbitragem" (TIBURCIO, Carmen. Cláusula compromissória em contrato internacional: interpretação, validade, alcance objetivo e subjetivo. *Revista de Processo*, São Paulo: RT, ano 40, v. 241, p. 243, mar. 2015).

[88] Art. 107 do Código Civil.

[89] Art. 111 do Código Civil.

[90] L'aiglon S.A. *v* Têxtil União S.A. Brasil, STJ, SEC 856/GB, Rel. Min. Carlos Alberto Menezes Direito, Brasília, DF, j. 18.05.2005, *DJ* 27.06.2005. Disponível em: <http://www.stj.jus.br/SCON/>. Acesso em: 10 ago. 2016; Comverse Inc. *v* American Telecommunication do Brasil Ltda. TJSP, SEC 3.709/US, Rel. Min. Teori Albino Zavascki, Brasília, DF, j. 16.06.2012, *DJ* 29.06.2012. Disponível em: <http://www.stj.jus.br/SCON/>. Acesso em: 10 ago. 2016.

2.3 Consentimento tácito da seguradora sobre cláusula compromissória durante a subscrição do risco-alvo de cobertura securitária

Se a seguradora toma ciência de cláusula compromissória celebrada pelo seu potencial segurado e mesmo assim decide fornecer cobertura securitária para riscos relacionados ao contrato, tal comportamento implica aceitação (consentimento) tácita da cláusula compromissória.

Durante o processo de subscrição, a seguradora analisa todos os elementos relacionados aos riscos passíveis de cobertura securitária. A subscrição do risco é um processo técnico, detalhado, e serve para avaliar, entre outros pontos, a probabilidade de ocorrência de sinistro, o valor do prêmio para cobertura securitária e a expectativa de reembolso da indenização securitária contra potencial autor do dano, quando tal ocorrer.

No processo de subscrição, a seguradora revisa os contratos celebrados pelo seu potencial segurado e toma ciência da cláusula compromissória. Na sequência, toma uma decisão comercial, com implicações jurídicas, isto é, fornecer ou não cobertura securitária para danos que possam ocorrer por descumprimento contratual, em contratos que preveem a arbitragem como mecanismo de resolução de disputas.[91]

A seguradora, durante o processo de subscrição do risco, possui os meios para verificar (e deve) se seu segurado firmou cláusula compromissória. Se entender que a celebração de cláusula compromissória pelo seu potencial segurado dificulta o reembolso da indenização securitária contra o autor do dano em casos de sub-rogação, poderá: (i) negar cobertura securitária; ou (ii) elevar o valor do prêmio do seguro relacionado aos contratos que contém cláusulas compromissórias. Tal situação é passível de ajuste financeiro entre seguradora e segurado.

A seguradora sabe, de antemão, que em casos de sub-rogação o segurado lhe transmitirá os direitos e ações que teria contra o autor do dano, incluindo a cláusula compromissória. Logo, se os contratos preveem arbitragem como mecanismo de resolução de disputas e a seguradora decide prover cobertura securitária para sinistros que possam nascer de descumprimento dos termos destes contratos, tal comportamento (concludente) implica inequívoca anuência à cláusula compromissória, mesmo que na forma tácita.

O argumento ganha força quando interpretado em conformidade com os princípios da boa-fé e da obrigatoriedade dos contratos (*pacta sunt servanda*). Se a seguradora oferece cobertura securitária para risco atrelado a descumprimento contratual, e tal contrato contém cláusula compromissória, incorrerá em postura desleal ao tentar refutar a validade e a eficácia da cláusula compromissória para resolver disputas relacionadas ao respectivo contrato.

---

[91] O argumento de ordem cronológica corrobora a vinculação da seguradora à cláusula compromissória. A apólice de seguro, regra geral, é celebrada posteriormente aos contratos firmados entre o segurado e o potencial autor do dano. Logo, a seguradora estava ciente (ou deveria estar) da existência de cláusula compromissória e decidiu oferecer cobertura securitária para riscos relacionados a tais contratos. Sobre posição contrária, ver: FERNANDES, Júlio César; MELRO, Melina Martins. Arbitragem Ação de regresso. Sub-rogação de obrigação sujeita à cláusula compromissória. Arbitrabilidade. Extinção do processo sem julgamento de mérito. TJSP, 12.ª Câmara de Direito Privado, Recurso de Apelação 0149349-88.2011.8.26.0100, Rel. Des. Tasso Duarte de Melo, j. 11.02.2015. *Revista Brasileira de Arbitragem*, São Paulo, ano XII, n. 47, p. 148-162, 2015.

Na hipótese, não procede o argumento de falta de consentimento da seguradora em relação à cláusula compromissória porque não revisou os contratos celebrados pelo seu segurado e dela não tomou ciência antes de concordar em fornecer cobertura securitária, tampouco pode alegar o elemento surpresa quanto à existência de cláusula compromissória. Se a seguradora forneceu cobertura securitária para riscos relacionados a descumprimento contratual e não revisou os termos destes contratos, não pode valer-se de sua própria negligência para alegar falta de conhecimento ou consentimento da cláusula compromissória.[92] Aliás, em contratos domésticos complexos e em contratos internacionais em geral, a arbitragem não é exceção, mas sim a regra para resolver disputas relacionadas a tais contratos.

Pesquisa realizada pela *Queen Mary University of London* aponta que a arbitragem internacional é o meio de solução de disputa mais utilizado por indústrias de transporte marítimo, seguros, óleo e gás e energia. De acordo com o estudo, 88% é o percentual de advogados internos destas indústrias que confirmaram o envolvimento em arbitragens internacionais.[93] Os usos e costumes dos negócios envolvendo esse tipo de indústria devem ser respeitados e este argumento favorece a eficácia e a exequibilidade da cláusula compromissória para resolver disputas derivadas de contratos, em casos de sub-rogação.

A lógica é análoga ao novo acionista que adquire ações de sociedade cujo estatuto social contém cláusula compromissória. O novo acionista não concordou expressamente com os termos da cláusula compromissória inserida no estatuto social, mas tinha ciência (ou deveria ter) da estrutura societária e do conteúdo do estatuto social da sociedade antes de adquirir as ações. Nesses casos, o novo acionista fica obrigado a arbitrar disputas societárias porque o ato (comportamento concludente) de ingressar no rol de acionistas da sociedade manifesta o consentimento tácito para arbitrar disputas relacionadas ao estatuto social da respectiva sociedade.[94]

2.4 Consentimento tácito da seguradora sobre cláusula compromissória ao aceitar a sub-rogação

O pagamento da indenização securitária aciona o gatilho da sub-rogação. A partir deste momento, a seguradora pode exercer os direitos e ações transmitidos por força de sub-rogação. A seguradora pode concluir que não vale a pena acionar o suposto autor do dano visando ao reembolso da indenização securitária. Por exemplo, se o autor do

---

[92] Se o segurado celebrar contratos posteriores à celebração da apólice de seguro, e tais contratos previrem a arbitragem como mecanismo de resolução de disputas, a seguradora deverá ser informada sobre os termos de referidos contratos, incluindo a existência de cláusula compromissória. No direito brasileiro, é dever do segurado informar (dever de revelação) a existência de qualquer elemento que possa alterar a natureza do risco segurado. Caso a seguradora entenda que a celebração de contrato com cláusula compromissória altere o equilíbrio da apólice de seguro já contratada, poderá exigir do segurado pagamento adicional de prêmio.

[93] Cf. INTERNATIONAL ARBITRATION. Corporate attitudes and practices. 2008. Disponível em: <http://www.arbitration.qmul.ac.uk/docs/123294.pdf>. Acesso em: 8 ago. 2016.

[94] Para conhecer posição similar, ver GUERRERO, Luis Fernando. *Convenção de arbitragem e processo arbitral*. 2. ed. São Paulo: Atlas, 2014. p. 67.

dano não tem condições financeiras de ressarcir a seguradora, não há razão que justifique gastar tempo e dinheiro em ação (judicial ou arbitral) de regresso.

Por outro lado, a seguradora pode aceitar a sub-rogação. Ao submeter requerimentos contra o autor do dano com base no contrato sub-rogado, esta conduta da seguradora implica o seu consentimento tácito aos termos do contrato sub-rogado. É uma consequência lógica, pois o contrato sub-rogado é a fonte dos direitos e ações da seguradora contra o autor do dano. O consentimento tácito do contrato sub-rogado compreende o consentimento, também tácito, da cláusula compromissória contida no contrato, da mesma maneira que a assinatura de um contrato implica o consentimento expresso da cláusula compromissória nele prevista.

A seguradora não pode invocar certas disposições do contrato sub-rogado, as quais fundamentam seu direito de reembolso e, concomitantemente, alegar a inaplicabilidade das disposições contratuais que oneram a busca pelo reembolso.[95] Na verdade, a seguradora pode optar por (i) aceitar a sub-rogação e se vincular a todos os termos do contrato sub--rogado; ou (ii) recusar a sub-rogação e não aproveitar termo algum do contrato sub-rogado.

O entendimento do TJSP milita nesse sentido:

> É dizer, não parece lógico acolher a pretensão inicial com base no inadimplemento do contrato, e deixar de considerar a cláusula compromissória prevista no respectivo aditivo, especialmente porque o único fundamento invocado pela apelada para tanto é a ausência de assinatura do instrumento.
>
> **Ou bem se aplica o contrato na sua integralidade ou então se deixa de observá-lo por completo**, sendo inviável a cisão pretendida nos autos, com incidência somente das cláusulas mais favoráveis aos interesses da franqueadora [grifo nosso].[96]

A seguradora sub-rogada não pode pugnar pela aplicabilidade de parte do contrato sub-rogado e repudiar as cláusulas desfavoráveis, incluindo a cláusula compromissória, pois isto seria um comportamento contraditório, vedado no direito brasileiro.

---

[95] Francisco José Cahali constrói um raciocínio interessante e análogo com relação à arbitragem testamentária: "A barreira a ser superada quanto ao Direito Arbitral é exatamente esta: a preservação da vontade das partes. Em meu entender, no exato instante em que o legatário aceita a herança, ele manifesta a vontade de submeter-se à convenção arbitral, e assim, a cláusula adquire força obrigatória. Desta forma, a autonomia da vontade – essencial na arbitragem, é manifestada com a aceitação da herança, que virá acompanhada do respectivo gravame. Aceito legado gravado, fica então o sucessor juridicamente obrigado a ter determinada conduta; no caso, submeter-se ao juízo arbitral. Ao se aceitar a relação harmônica oferecida (titularidade a herança), estar-se-á aceitando também a previsão de arbitragem que nela se contém. Aliás, o Código Civil garante o direito do herdeiro de aceitar a herança e repudiar o encargo ou, alternativamente, aceitar o legado e renunciar a herança (CC, art. 1.808, par. 1.º), ou seja, terão os filhos a liberdade de submeter-se ou não à convenção, na medida em que lhes será facultado aceitar ou renunciar ao patrimônio sobre o qual houve a imposição de convenção arbitral" (Entrevista. *Boletim IBDFAM*, n. 3, set.-out. 2008. Disponível em: <http://www.cahali.adv.br/arbitragem>. Acesso em: 8 ago. 2016).

[96] Marcelo Katsumi Imaizumi e outro *v* Jin Jin Franchising – Eireli. TJSP, Apelação 4022778-88.2013.8.26.0405, Rel. Teixeira Leite, São Paulo, SP, j. 21.05.2015, *DJ* 26.05.2015. Disponível em: <http://tj-sp.jusbrasil.com.br/jurisprudencia/>. Acesso em: 10 ago. 2016.

Em outro caso submetido ao TJSP, as apelantes negavam a obrigação de arbitrar com base no argumento de que não eram partes e não participaram da celebração do contrato que continha cláusula compromissória. A corte paulista, ao constatar que elas subscreveram o termo aditivo ao contrato *sub judice*, concluiu que: "não se mostrava razoável a alegação de que não tinham ciência ou de que não desejavam participar da arbitragem". E aduziu:

> [...] as apelantes não podem tentar alegar a ausência de intenção na participação e submissão ao juízo arbitral, sob pena de inegável ofensa ao princípio do *venire contra factum proprium*, ou seja, a vedação de comportamento contraditório, pois, como dito, tendo firmado termo aditivo ao contrato que previu a arbitragem, não se mostra razoável, posteriormente, pretenderem afastar-se da extensão dos efeitos decorrentes da sentença arbitral.[97]

As apelantes, na verdade, pretendiam aproveitar os termos do aditivo contratual, mas simultaneamente impedir a aplicação da cláusula compromissória prevista no contrato principal. O TJSP vedou este comportamento contraditório.

O mesmo raciocínio se aplica aos casos de sub-rogação de seguro. No instante em que a seguradora aceita a sub-rogação não pode aproveitar o conveniente e rejeitar o inconveniente. Em respeito à proibição de comportamento contraditório (*venire contra factum proprium*), a seguradora está impedida de se beneficiar do contrato sub-rogado e simultaneamente repudiar a aplicação de termos específicos do mesmo contrato, tal como a cláusula compromissória.

No direito comparado, a lei peruana prevê que a cláusula compromissória vincula aqueles que pretenderem executar direitos e benefícios de determinado contrato, mesmo que dele não sejam signatários.[98] A *English Court of Appeal*, por sua vez, decidiu o seguinte:

> [...] os direitos adquiridos pela Companhia de Seguros são direitos que estão sujeitos à cláusula de arbitragem. A Companhia de Seguros tem o direito de submeter o requerimento à arbitragem, obter se puder uma sentença arbitral dos árbitros em seu favor, e executar a obrigação dos *Timecharterers* [autores do dano] de pagar essa sentença arbitral. Da mesma forma, não é permitido que a Companhia de Seguros exerça seu requerimento de modo inconsistente aos termos do contrato. Um dos termos do contrato é que, em caso de disputa, o requerimento deve ser submetido à arbitragem. A Companhia de Seguros não pode fazer valer o seu direito, sem reconhecer também a obrigação de arbitrar [tradução nossa].[99]

---

[97] Matlinpatterson Global Opportunities II LP e outro *v* VRG Linhas Aéreas S.A. TJSP, Apelação 0214068-16.2010.8.26.0100, Rel. Roberto Mac Cracken, São Paulo, SP, j. 16.10.2012. Disponível em: <http://tj-sp.jusbrasil.com.br/jurisprudencia/>. Acesso em: 10 ago. 2016.

[98] O art. 14 da Lei de Arbitragem de 2008 do Peru assim dispõe: "El convenio arbitral se extiende a aquellos cuyo consentimiento de someterse a arbitraje, según la buena fe, se determina por su participación activa y de manera determinante en la negociación, celebración, ejecución o terminación del contrato que comprende el convenio arbitral o al que el convenio esté relacionado. Se extiende también a quienes pretendan derivar derechos o beneficios del contrato, según sus términos" (Decreto Legislativo que Norma el Arbitraje, Decreto Legislativo 1.071).

[99] "These authorities confirm that the rights which the Insurance Company has acquired are rights which are subject to the arbitration clause. The Insurance Company has the right to refer the claim to arbitration, obtain if it can an award in its favour from the arbitrators, and enforce

O Judiciário dos Estados Unidos da América determinou: "Não é possível que o requerente [seguradora sub-rogada] invoque o contrato quanto este trabalha em seu favor, e daí repudie o contrato e sua cláusula compromissória quando o requerente acredita que estes trabalham em seu desfavor".[100]

Para resumir, a seguradora revisa os contratos celebrados pelo seu potencial segurado durante o processo de subscrição do risco. As partes das relações jurídicas originárias determinaram que as disputas relacionadas aos respectivos contratos seriam resolvidas por arbitragem. Ao concordar em prover cobertura securitária para sinistros relacionados a descumprimento contratual, a seguradora estará inequivocamente aceitando a cláusula compromissória. Ou seja, há o consentimento tácito para arbitrar. Alternativamente, ao submeter um requerimento contra o autor do dano, lastreado em contrato sub-rogado que prevê a arbitragem, a seguradora exterioriza a aceitação de todos os termos do contrato sub-rogado, inclusive a jurisdição arbitral – e também há o consentimento tácito para arbitrar.

As circunstâncias envolvendo o processo de subscrição do risco e a aceitação da sub-rogação satisfazem os princípios legais desenvolvidos pela jurisprudência brasileira para estabelecer o consentimento tácito da seguradora sub-rogada à jurisdição arbitral.

3. RELAÇÃO JURÍDICA ENTRE O SEGURADO E O POTENCIAL AUTOR DO DANO

Os julgados e a doutrina que defendem a não transmissão da cláusula compromissória à seguradora em casos de sub-rogação cometem falta grave na medida em que ignoram os direitos e as pretensões da parte que celebrou o contrato com o segurado.

O segurado, ao receber a indenização securitária, deixa a relação jurídica originária (contrato) e é substituído pela seguradora. Depois da sub-rogação, para o segurado pouco importa se as disputas relacionadas ao contrato serão resolvidas na jurisdição arbitral ou estatal. Contudo, não é permitido ignorar os direitos da outra parte do contrato.

Como mencionado anteriormente,[101] o pagamento da indenização securitária pela seguradora aciona o gatilho da sub-rogação. A partir deste momento, é preciso sopesar os direitos da parte originária do contrato (autor do dano) com os direitos da sub-rogada (seguradora). Para tanto, é essencial interpretar a sub-rogação dentro de um contexto cronológico.

Não há como cogitar a sub-rogação de direitos contratuais se não houver um contrato para ser objeto de sub-rogação, obviamente. O contrato celebrado entre o segurado e o

---

the obligation of the Timecharterers to pay that award. Likewise, the Insurance Company is not entitled to assert its claim inconsistently with the terms of the contract. One of the terms of the contract is that, in the event of dispute, the claim must be referred to arbitration. The Insurance Company is not entitled to enforce its right without also recognising the obligation to arbitrate". Schiffahrtsgesellschaft Detlef Von Appen GmbH v. Wiener Allianz Versichrungs Ag and Voest Alpine Intertrading GmbH [1997] EWCA Civ 1420 (16th April, 1997).

[100] "It is not possible for the claimant to rely on the contract when it works to their advantage... but then repudiate the contract and its arbitration clause when they believe it works against them". Fluor Daniel Intercontinental, Inc. v General Electric, Co., 1999 WL 637236 (S.D.N.Y 1999).

[101] Ver seção 1.6.

autor do dano é necessariamente anterior à sub-rogação. O autor do dano é parte originária deste contrato e possui o direito[102] e a expectativa legítima de resolver quaisquer disputas dele decorrentes na jurisdição arbitral.[103]

O contrato entre o segurado e o autor do dano é um ato jurídico perfeito. Atos jurídicos perfeitos não podem ser aniquilados por atos posteriores, independentes, e sem a participação e o consentimento do beneficiário do respectivo ato jurídico.[104]

O negócio pactuado entre uns não pode prejudicar outros. A sub-rogação, a qual deriva de uma apólice de seguros celebrada entre seguradora e segurado, sem a participação do autor do dano, não pode interferir no contrato entre estes últimos (segurado e autor do dano), uma vez que tal contrato é protegido pelas garantias atinentes ao ato jurídico perfeito.

A sub-rogação de direitos de natureza contratual sempre ocorrerá depois da celebração do contrato-alvo de sub-rogação. Por isso, a sub-rogação não tem o condão de reabrir nem modificar os termos de um contrato, representativo de um ato jurídico perfeito – o qual, aliás, é uma garantia constitucional.[105]

Ainda, a Constituição da República Federativa do Brasil prestigia o princípio da autonomia da vontade e determina que ninguém será obrigado a fazer ou deixar de fazer

---

[102] "Processual civil. Arbitragem. Obrigatoriedade da solução do litígio pela via arbitral, quando existe cláusula previamente ajustada entre as partes neste sentido. Inteligência dos arts. 1.º, 3.º e 7.º da Lei 9.307/196. Precedentes. Provimento neste ponto. Alegada ofensa ao art. 535 do CPC. Não ocorrência. Recurso especial parcialmente provido" (Aescom Sul Ltda. v Dario Brandão Bestetti e outros. Brasil, STJ, REsp 791.260/RS, Rel. Min. Paulo Furtado, Brasília, DF, j. 22.06.2010, *DJ* 01.07.2010. Disponível em: <http://www.stj.jus.br/SCON/>. Acesso em: 10 ago. 2016).

[103] O autor do dano também é obrigado a resolver as disputas via arbitragem. Por exemplo, se a seguradora sub-rogada inicia arbitragem para buscar reembolso da indenização securitária paga em favor de seu segurado, o autor do dano não pode impugnar a jurisdição dos árbitros e recorrer à jurisdição estatal.

[104] Conforme explica Giovanni Nanni: "A cláusula compromissória é um negócio jurídico que dispensa nova manifestação de vontade para celebrar um pacto definitivo. Quando firmada, ele está plenamente apta a produzir efeitos, detendo caráter vinculante, sendo que somente sua eficácia fica suspensa até a deflagração da controvérsia. A análise dos planos do negócio jurídico se encarrega de mostrar que é no plano da eficácia que a cláusula compromissória passa a produzir efeito concreto, no entanto não exige nova manifestação de vontade para tanto. Ele é um **negócio jurídico perfeito e acabado**, desde quando pactuada, não se enquadrando, portanto, na fisionomia de contrato preliminar [grifo nosso]" (*Temas relevantes do direito civil contemporâneo. Reflexões sobre os 10 anos do Código Civil*. São Paulo: Atlas, 2012. p. 516).

[105] Nos termos do art. 5.º da Constituição da República Federativa do Brasil: "Todos são iguais perante a lei, sem distinção de qualquer natureza, garantindo-se aos brasileiros e aos estrangeiros residentes no País a inviolabilidade do direito à vida, à liberdade, à igualdade, à segurança e à propriedade, nos termos seguintes: [...] XXXVI – a lei não prejudicará o direito adquirido, o ato jurídico perfeito e a coisa julgada". A relevância do ato jurídico perfeito é ressaltada, também, na Lei de Introdução às Normas do Direito Brasileiro, Decreto-lei 4.657, de 04.09.1942: "Art. 6.º A Lei em vigor terá efeito imediato e geral, respeitados o ato jurídico perfeito, o direito adquirido e a coisa julgada. § 1.º Reputa-se ato jurídico perfeito o já consumado segundo a lei vigente ao tempo em que se efetuou. § 2.º Consideram-se adquiridos assim os direitos que o seu titular, ou alguém por ele, possa exercer, como aqueles cujo começo do exercício tenha termo prefixo, ou condição preestabelecida inalterável, a arbítrio de outrem.

alguma coisa senão em virtude de lei.[106] Com esse postulado em mente, a parte originária do contrato sub-rogado não pode ser obrigada a litigar na jurisdição estatal contra a seguradora sub-rogada, nem forçada a deixar de arbitrar, uma vez que o art. 786 do CC não traz sugestão alguma neste sentido. O art. 786 do CC, ao contrário, deve ser interpretado de acordo com a hierarquia das leis e as garantias constitucionais asseguradas ao ato jurídico perfeito e a autonomia da vontade, que reforçam os termos do contrato sub-rogado.

A questão também deve ser analisada em conformidade com o princípio da obrigatoriedade dos contratos – *pacta sunt servanda*. A parte originária do contrato tem direito de exigir o cumprimento de todos os termos do contrato, incluindo o respeito à jurisdição arbitral. Uma vez celebrada a cláusula compromissória, toda e qualquer disputa originada daquele respectivo contrato deverá ser resolvida por arbitragem.[107] Não é possível que terceiro estranho à relação jurídica originária (*e.g.*, sub-rogado, cessionário ou sucessor) desfaça tal negócio jurídico em momento posterior.

Ademais, o poder judiciário brasileiro deve garantir o reconhecimento e a eficácia de cláusulas compromissórias celebradas em contratos internacionais, em conformidade com as obrigações impostas pela Convenção de Nova Iorque (CNI),[108] que comprova, pela leitura do art. II, o seu caráter compulsório.[109]

A doutrina internacional explica:

> [...] as leis nacionais no contexto de não signatários devem estar sujeitas a restrições internacionais que proíbam regras discriminatórias ou idiossincráticas. Por exemplo, a Convenção de Nova Iorque não permitiria a um Estado Contratante proibir a cessão, sub-rogação, ou ratificação de qualquer cláusula compromissória, ou proibir partes de celebrar uma cláusula compromissória através de um agente. Da mesma forma, a Convenção de Nova Iorque não permitiria dar efeito a regra de um Estado Contratante no sentido de que fusão transfere todos os direitos materiais, mas não cláusulas compromissórias. Em cada caso, essas regras discriminam as cláusulas compromissórias, assim como estão desalinhadas com o tratamento dado as cláusulas compromissórias na maioria dos países desenvolvidos [Tradução nossa].[110]

---

[106] Determina o art. 5.º, inciso II, da ordem constitucional brasileira, que: "[...] II – ninguém será obrigado a fazer ou deixar de fazer alguma coisa senão em virtude de lei".

[107] O raciocínio também é válido para o terceiro, que não poderá esquivar-se da obrigação de arbitrar disputas originadas do contrato sub-rogado alegando que concordou em arbitrar contra o segurado e não contra a seguradora. Disputas originadas e relacionadas ao contrato sub-rogado devem ser arbitradas, independentemente de quem detenha os direitos e ações durante o procedimento de resolução das disputas. A cláusula arbitral é uma obrigação sinalagmática, a qual vincula todas as partes do contrato.

[108] Convenção sobre o Reconhecimento e a Execução de Sentenças Arbitrais Estrangeiras.

[109] Dispõe o Decreto 4.311, de 23.07.2002, que: "Artigo II. 1. Cada Estado signatário deverá reconhecer o acordo escrito pelo qual as partes se comprometem a submeter à arbitragem todas as divergências que tenham surgido ou que possam vir a surgir entre si no que diz respeito a um relacionamento jurídico definido, seja ele contratual ou não, com relação a uma matéria passível de solução mediante arbitragem. 2. Entender-se-á por 'acordo escrito' uma cláusula arbitral inserida em contrato ou acordo de arbitragem, firmado pelas partes ou contido em troca de cartas ou telegramas".

[110] BORN, Gary B. *International commercial arbitration*. 2. ed. The Hague: Kluwer Law International, 2014. p. 1.488. No original: "As discussed elsewhere, national laws in the context of non-signatory

Ao decidir sobre a transmissão da cláusula compromissória em contratos internacionais, é importante ter em mente o propósito da CNI, que é facilitar o reconhecimento de cláusulas compromissórias e sentenças arbitrais estrangeiras. Não se trata de uma faculdade, mas sim de uma obrigação imposta a todos os países que ratificaram esta Convenção. Ainda, a CNI deve ser interpretada de acordo com a Convenção de Viena sobre o Direito dos Tratados, a qual reconhece os princípios da boa-fé e *pacta sunt servanda*,[111] e determina que uma parte não pode invocar dispositivos internos da sua lei para justificar o descumprimento de uma convenção ou tratado internacional.[112]

Diante do exposto, não há como defender que a cláusula compromissória é passível de anulação por ato posterior (sub-rogação) sem a anuência da parte que celebrou o contrato com o segurado porque, assim, ofende-se o princípio *pacta sunt servanda,* relativamente à obrigatoriedade dos contratos. Ademais, sustentar que parte originária do contrato (autor do dano) possa ser surpreendida com a subtração do seu direito de arbitrar disputas do contrato que celebrou implica grave prejuízo ao seu direito de defesa, pois celebrou o contrato com o entendimento que as disputas originadas deste seriam resolvidas por arbitragem. E isto denota flagrante incompatibilidade com o princípio da boa-fé.

4. RELAÇÃO COMERCIAL ENTRE O SEGURADO E O POTENCIAL AUTOR DO DANO

O contrato é, claramente, um instrumento de suma importância para a circulação de riquezas. É por meio dele que as partes contratantes adquirem direitos, assumem obrigações, externam seus anseios e regulamentam as relações comerciais.[113]

A exequibilidade de termos contratuais pelo Poder Judiciário de um país está diretamente relacionada ao coeficiente de desenvolvimento deste país. A previsibilidade das relações contratuais e a segurança jurídica são atrativos para investidores internacionais; isto é uma regra mundial. Na falta desses valores, os investidores colocarão seu dinheiro em outros países.

Em julgado recente, o STJ reconheceu a importância das garantias contratuais:

> A análise econômica da função social do contrato, realizada a partir da doutrina da análise econômica do direito, permite **reconhecer o papel institucional e social que o**

---

issues should be subject to international limitations, forbidding discriminatory or idiosyncratic rules. (482) For example, the New York Convention would not permit a Contracting State to prohibit the assignability, subrogation, or ratification of any arbitration agreement or to forbid parties from entering into an arbitration agreement through an agent. Similarly, the Convention would not permit giving effect to a Contracting State's rule that a merger transferred all substantive obligations, but not arbitration agreements. In each case, such rules would both discriminate against arbitration agreements and be out-of-step with the treatment of arbitration agreements in most developed jurisdictions".

[111] Pelo Decreto 7.030, de 14.12.2009: "Constatando que os princípios do livre consentimento e da boa-fé e a regra *pacta sunt servanda* são universalmente reconhecidos. Artigo 26. *Pacta sunt servanda.* Todo tratado em vigor obriga as partes e deve ser cumprido por elas de boa-fé".

[112] Pelo Decreto 7.030, de 14.12.2009: "Artigo 27. Direito Interno e Observância de Tratados. Uma parte não pode invocar as disposições de seu direito interno para justificar o inadimplemento de um tratado".

[113] SPERANDIO, Felipe Vollbrecht; NASSER, Paulo Magalhães. *Arbitragem como forma de resolução de conflitos empresariais.* Direito Processual Empresarial. São Paulo: Elsevier, 2012. p. 624.

direito contratual pode oferecer ao mercado, qual seja a segurança e previsibilidade nas operações econômicas e sociais capazes de proteger as expectativas dos agentes econômicos, por meio de instituições mais sólidas, que reforcem, ao contrário de minar, a estrutura do mercado [grifo nosso].[114]

O direito deve ser utilizado como plataforma para aumentar o volume de negócios e a circulação de riquezas. Também deve promover o comércio e a indústria por meio da harmonização da jurisprudência internacional, do respeito à previsibilidade contratual e à segurança jurídica, assim como cooperar para as soluções de controvérsias rápidas e eficientes.

Segundo a percepção de atores internacionais, o Brasil precisa investir em segurança jurídica e em regulação de contratos.[115] Para tanto, a tarefa do direito brasileiro é evoluir, a fim de acomodar as relações comerciais e jurídicas modernas, cada dia mais sofisticadas. O direito não pode onerar as relações comerciais, que não podem permanecer estagnadas à mercê da letra imutável da lei. Ao contrário, o direito deve ser interpretado de forma dinâmica, de modo a se colocar em condições de recepcionar as necessidades do comércio e da indústria do mundo globalizado.[116]

Para contextualizar o argumento, a Súmula n. 188[117] do Supremo Tribunal Federal (STF), que dispõe sobre a ação de regresso da seguradora contra o autor do dano, foi aprovada no ano de 1963.[118] Os julgadores de hoje não devem interpretar a Súmula n. 188 na mesma perspectiva dos julgadores de outrora (mais de cinco décadas atrás) porque a realidade comercial globalizada da atualidade não guarda nenhuma relação com o Brasil insular daquela época.[119]

Ademais, no âmbito do mercado, bem sabemos, o contrato é um instrumento negociado e barganhado. Para assegurar um direito contratual, a parte pode assumir uma obrigação contratual que, em um primeiro momento, não fazia parte de seus planos. As concessões

---

[114] Banco do Estado do Rio Grande do Sul S.A. *v* Banrisul v Ignez Ivone Alovisi Galo e outro. Brasil, STJ, REsp 1.163.283/RS, Rel. Min. Luis Felipe Salomão, Brasília, DF, j. 07.10.2015, *DJ* 04.05.2015. Disponível em: <http://www.stj.jus.br/SCON/>. Acesso em: 10 ago. 2016.

[115] NASCIMENTO, Bárbara. Para investir, alemães querem mais segurança jurídica. *O Globo*, 20.08.2015. Disponível em: <http://oglobo.globo.com/economia/para-investir-alemaes-querem--mais-seguranca-juridica-17246971>. Acesso em: 8 ago. 2016.

[116] Para posição similar, ver: "É. Quando há certeza excessiva também não existe Direito, pelo seguinte: porque os direitos e as obrigações são congelados fora do espaço e do tempo. O congelamento dessas coisas fora do espaço e do tempo é a negação do Direito. O Direito não é uma fotografia que fica pendurada numa parede e não muda nunca; ele é um filme que se desenrola progressivamente [...]" (BAPTISTA, Luiz Olavo. *O Brasil e a globalização*. Pensadores do direito internacional. São Paulo: Cultura, 2013. p. 27).

[117] Súmula 188 do STF – Ação regressiva: "O segurador tem ação regressiva contra o causador do dano, pelo que efetivamente pagou, até ao limite previsto no contrato de seguro".

[118] É importante destacar que a Súmula 188 do STF, de forma alguma, contradiz o que é discutido neste estudo.

[119] Para posição similar, ver: "O mundo ficou menor, as relações comerciais se intensificaram, as comunicações fizeram com que as informações chegassem mais rapidamente e se tornassem mais intensas. O Direito veio a reboque disso tudo. Até por não há como o Direito não acompanhar esse processo de internacionalização, de globalização, sob pena de obviamente perecer" (HUCK, Hermes Marcelo. *O Brasil e a globalização*. Pensadores do direito internacional. São Paulo: Cultura, 2013. p. 31).

e as exigências feitas pelas partes durante a negociação do contrato impactam diretamente no preço do que está sendo avençado. Com essa assertiva em mente, é fácil concluir que a cláusula compromissória é um elemento essencial à equação do contrato.[120] A subtração deste elemento da equação abalaria o equilíbrio econômico do contrato, pois "no mundo acelerado em que vivemos, ter, ou não, acesso a fórmulas rápidas de solução de pendências resultantes do fluxo comercial constitui diferencial significativo no poder de barganha dos contratantes".[121]

No âmbito dos contratos internacionais é comum que a partes escolham um mecanismo de resolução de disputas previsível, imparcial e eficiente, o qual não deve estar atrelado a peculiaridades e complexidades do sistema judiciário da parte contrária.[122] Por exemplo, o poder judiciário da sede da arbitragem possui jurisdição exclusiva para ouvir requerimento de anulação da sentença arbitral. Em contratos internacionais, as partes, muitas vezes, escolhem como sede da arbitragem um país neutro e o objetivo é evitar que o poder judiciário da parte contrária tenha jurisdição sobre a sentença arbitral.

A arbitragem é a regra para resolução de disputas comerciais internacionais no mundo globalizado. Assim, os contratantes estrangeiros não podem ser surpreendidos nem submetidos à jurisdição estatal se o contrato prevê arbitragem. A sub-rogação não pode representar uma ruptura das relações contratuais existentes e do mecanismo de resolução de disputas previsto no contrato.

Desse contexto surgem alguns questionamentos importantes. (i) Caso os contratantes estrangeiros sejam privados de garantias contratuais no Brasil, como o mecanismo de resolução de disputas previsto no contrato, qual seria a consequência? A consequência seria uma indesejada insegurança jurídica nas relações comerciais envolvendo partes brasileiras. (ii) Qual seria a solução dos contratantes estrangeiros para compensar tal insegurança jurídica? A solução seria aumentar o preço dos contratos com partes brasileiras. Não se pode olvidar que ao tornar os contratos internacionais mais onerosos, este valor adicional será repassado aos consumidores dos produtos e serviços oferecidos no Brasil e que traduz o famoso e indesejável "custo Brasil".

A insegurança jurídica atua em desfavor do Brasil e quem paga esta conta são os consumidores brasileiros. O direito e a economia devem andar lado a lado e nesta trilha o

---

[120] Para posição similar, ver: "Além disso, vale lembrar a lição da Corte de Apelação de Paris que estabelece que a cláusula compromissória constitui elemento importante do conteúdo econômico da relação jurídica presente no contrato, devendo ser igualmente transferida ao sucessor ou cessionário" (PINTO, José Emílio Nunes. Convenção arbitral. Justiça deve reconhecer a convenção arbitral em casos de sucessão. 3 de julho 2004. Disponível em: <http://www.conjur.com.br/2004--jul-03/justica_reconhecer_arbitragem_casos_sucessao?pagina=5>. Acesso em: 8 ago. 2016).

[121] GRACIE, Ellen. A importância da arbitragem. *Revista de Arbitragem e Mediação*, São Paulo, n. 12, p. 13-14, jan.-mar. 2007.

[122] Por exemplo, um contrato entre fornecedor chinês e comprador brasileiro. A parte brasileira, provavelmente, negociará o contrato a fim de eleger a jurisdição estatal brasileira. A parte brasileira não tem interesse em litigar na jurisdição estatal chinesa. A parte brasileira não conhece as leis chinesas, não está familiarizada com os procedimentos, o grau de imparcialidade do judiciário chinês e não domina a língua. A parte chinesa, pelos mesmos motivos, provavelmente tentará evitar a jurisdição do poder judiciário brasileiro.

poder judiciário brasileiro pode participar de forma ativa no fomento do comércio entre o Brasil e o resto do mundo. Para tanto, um passo importante é garantir a estabilidade das relações contratuais e a previsibilidade nos procedimentos de resolução de disputas.

5. NATUREZA DA CLÁUSULA COMPROMISSÓRIA

Há quem sustente que a sub-rogação só transmite direitos e obrigações de ordem material à seguradora, e não questões processuais. Esse entendimento presume que a cláusula compromissória teria característica (somente) processual e, por conta disso, não seria passível de transmissão à seguradora.[123]

Não é correto, no entanto, presumir que a cláusula compromissória só apresenta características processuais. Ao contrário, o STJ já decidiu que a cláusula compromissória (ou convenção de arbitragem)[124] possui caráter híbrido:

> Da definição do instituto, exsurge o caráter híbrido da convenção de arbitragem, na medida em que se reveste, a um só tempo, das características de obrigação contratual, representada por um compromisso livremente assumido pelas partes contratantes, e do elemento jurisdicional, consistente na eleição de um árbitro, juiz de fato e de direito, cuja decisão irá produzir os mesmos efeitos da sentença proferida pelos órgãos do Poder Judiciário.[125]

A doutrina brasileira classifica a cláusula compromissória como negócio jurídico, cujo conteúdo principal é uma obrigação de fazer.[126]

> Porém, entende-se que é despiciendo o designativo processual na gênese da cláusula compromissória. **Ela é um pacto de direito material**, em que sua vertente processual

---

[123] FERNANDES, Júlio César; MELRO, Melina Martins. Arbitragem Ação de regresso. Sub-rogação de obrigação sujeita à cláusula compromissória. Arbitrabilidade. Extinção do processo sem julgamento de mérito. TJSP, 12.ª Câmara de Direito Privado, Recurso de Apelação 0149349-88.2011.8.26.0100, Rel. Des. Tasso Duarte de Melo, j. 11.02.2015. *Revista Brasileira de Arbitragem*, São Paulo, ano XII, n. 47, p. 148, 2015.

[124] "Convenção de arbitragem é o pacto mediante o qual as partes submetem a solução de seus litígios ao juízo arbitral, podendo ser de duas espécies: cláusula compromissória ou compromisso arbitral" (WALD, Arnoldo. *Direito civil 2*. Direito das obrigações e teoria geral dos contratos. São Paulo: Saraiva, 2015. p. 145).

[125] AES Uruguaiana Empreendimentos Ltda. *v* Companhia Estadual de Energia Elétrica CEEE. Brasil, STJ, REsp 606.345/RS, Rel. Min. João Otávio de Noronha, Brasília, DF, j. 17.05.2007, *DJ* 08.06.2007. Disponível em: <http://www.stj.jus.br/SCON/>. Acesso em: 10 ago. 2016.

[126] "A cláusula compromissória, portanto, consiste em negócio jurídico, tendo por seu conteúdo fundamental obrigação de fazer, sujeito a condição suspensiva, segundo o qual os convenentes se obrigam, na hipótese de eventual litígio futuro, a submetê-lo à arbitragem" (MELO, Leonardo de Campos. *Extensão da cláusula compromissória e grupos de sociedades*. A prática arbitral CCI e sua compatibilidade com o direito brasileiro. Rio de Janeiro: Forense, 2014. p. 22). Ver: "Não há como negar que a convenção de arbitragem tem a natureza de negócio jurídico processual, pois é nítido que o fim do acordo celebrado entre as partes é a solução de litígio, do modo estabelecido na convenção de arbitragem" (GUERRERO, Luis Fernando. *Convenção de arbitragem e processo arbitral*. 2. ed. São Paulo: Atlas, 2014. p. 12).

surge em momento posterior, no âmbito de sua eficácia, fora, portanto, da sua natureza jurídica. Alias, dependendo do caso contrato, se não é deflagrada nenhuma controvérsia, ele nem sequer se implementa [grifo nosso].[127]

A cláusula compromissória é um pacto de direito material com repercussões processuais e, por conta deste caráter híbrido, mesmo que fosse possível afirmar que a sub-rogação não transmite questões processuais (ponto que não se admite) não seria correto asseverar que a cláusula compromissória não é transmitida à seguradora porque se trata (somente) de questão processual.

6. A ATUAL E CORRETA JURISPRUDÊNCIA DO ART. 786 DO CÓDIGO CIVIL

6.1 Situação no Superior Tribunal de Justiça

Até o presente momento, o STJ apreciou só um caso relacionado à transmissão da cláusula compromissória à seguradora, por força do art. 786 do CC. Nesse julgado, o STJ lidou com o problema de forma reflexa, sem discutir diretamente a questão tratada pelo acordão-alvo de recurso especial. No respectivo acórdão, o TJSP decidiu que a seguradora deveria arbitrar as disputas emanadas do contrato em que se sub-rogou. O entendimento, em resumo, foi o seguinte:

> Seguro. Transporte marítimo de mercadoria. Ação repressiva. **Cláusula compromissória assumida entre a beneficiária dona da carga transportada e a responsável pelo transporte. Eficácia também em face da empresa seguradora dada a sub-rogação não somente dos direitos, mas também dos deveres contratualmente assumidos por sua segurada.** Causa de extinção do processo da ação de cobrança. Inteligência do disposto inciso VII do art. 267 do Código de Processo Civil. Sentença de procedência reformada. Processo extinto. Apelação [grifo nosso].[128]

Na ocasião, a seguradora, inconformada, interpôs recurso especial com base em dois argumentos principais. Primeiro, a cláusula compromissória era inválida porque não cumpria os requisitos determinados nos arts. 4.º, 51 e 55 do CDC. Segundo, a cláusula compromissória não "se estendia à seguradora", uma vez que não houve a sua expressa vinculação ao pacto compromissório, com base no art. 5.º, inc. XXXV, da Constituição Federal.

Para o STJ, o contrato sub-rogado não se encaixava na definição de relação de consumo e prestigiou a conclusão do acordão de segunda instância, assentando que não havia hipossuficiência na relação jurídica originária entre o segurado e a transportadora

---

[127] NANNI, Giovanni. *Temas relevantes do direito civil contemporâneo*. Reflexões sobre os 10 anos do Código Civil. São Paulo: Atlas, 2012. p. 510.

[128] Armada (Holland) B.V. *v* Sul América Companhia Nacional de Seguros. TJSP, Apelação 7.307.457-0, Rel. José Tarciso Beraldo, São Paulo, SP, j. 04.02.2009, *DJ* 12.03.2009. Disponível em: <http://tj-sp.jusbrasil.com.br/jurisprudencia/>. Acesso em: 10 ago. 2016.

autora do dano. O segundo argumento não foi analisado, por ser incompatível com a competência daquela Corte.[129]

Como se vê, o STJ não atacou de forma direta a questão da transmissão da cláusula compromissória à seguradora em casos de sub-rogação legal, apenas manteve o acordão afirmando que houve transmissão à seguradora, a quem cabe arbitrar as disputas relacionadas ao contrato sub-rogado. Por outro lado, não há julgado no STJ contrário à transmissão da cláusula compromissória à seguradora sub-rogada.

Sendo assim, pode-se considerar que a questão sobre transmissão da cláusula compromissória à seguradora continua aberta no STJ? A resposta é sim, mas há inclinação em favor da obrigação de a seguradora arbitrar disputas relacionadas ao contrato sub-rogado.

6.2 Situação nos Tribunais de Justiça

O TJSP proferiu decisão recente sobre transmissão da cláusula compromissória por sub-rogação em operações de seguro. A conclusão é a seguinte:

> É do dispositivo legal e da sua melhor interpretação doutrinária que a seguradora assume a posição jurídica do segurado, ou seja, passa a ser visto como se contratante do transporte marítimo fosse e, por consequência, submetido às regras contratuais adrede assumidas. [...] O art. 757 do Código Civil, ao definir seguro, estabelece como limite à emissão da apólice que os riscos sejam predeterminados. Assim, a emissão da apólice de seguro "transportes internacionais" (fls. 55/62) faz com que se tenha como premissa que a seguradora conhecia as regras gerais de contratação de transporte marítimo internacional e, portanto, limitou previamente os riscos cobertos pela apólice emitida. [...] Registre-se que a inserção de cláusula compromissória em conhecimento de transporte internacional é regra. Trata-se de cláusula padrão, sem que haja qualquer surpresa ou novidade para a seguradora. [...] Trata-se, pois, de cláusula contratual da qual a seguradora tinha pleno conhecimento no momento da emissão da apólice de seguro e dela, agora, não pode se furtar. [...] **Tal cláusula compromissória, portanto, vincula a Apelada [Seguradora], que ajuizou a presente ação para exercer direito de regresso, por ter assumido a posição do seu segurado em contrato de transporte, do qual constava cláusula compromissória**, configurando a hipótese de necessária extinção do feito, nos termos do art. 267, VII, do CPC [grifo nosso].[130]

O posicionamento da corte paulista de justiça está correto. Mais que isso, essa decisão interpreta a lei em conformidade com o contexto comercial da indústria de seguro, e considera as expectativas dos contratantes da relação jurídica originária.

---

[129] Sul América Companhia Nacional de Seguros v Armanda Shipping Brasil Ltda. Brasil, STJ, REsp 1.321.586/SP, Rel. Min. Paulo de Tarso Sanseverino, Brasília, DF, j. 06.11.2014, *DJ* 13.11.2014. Disponível em: <http://www.stj.jus.br/SCON/>. Acesso em: 10 ago. 2016.

[130] Panalpina Ltda. e outro v Bradesco Auto/Re Companhia de Seguros. TJSP, Apelação 0149349-88.2011.8.26.0100, Rel. Tarso Duarte Melo, São Paulo, SP, j. 11.02.2015, *DJ* 24.02.2015. Disponível em: <http://tj-sp.jusbrasil.com.br/jurisprudencia/>. Acesso em: 10 ago. 2016.

O TJSP manteve a postura favorável a transmissão da cláusula compromissória à seguradora sub-rogada em caso subsequente:

> Pretensão regressiva fundada em sub-rogação. Transporte marítimo internacional de cargas. Cláusula compromissória. **Sub-rogação legal do segurador, de maneira integral, envolvendo os créditos do qual o credor sub-rogado teria direito, bem como de todas as obrigações, principais e acessórias, decorrentes do contrato.** Convenção privada inserida no instrumento por meio da qual as partes se comprometem a submeter previamente à arbitragem os litígios que possam vir a surgir. Competência exclusiva. Arts. 4.º, 8.º, 32, I, e 33, da Lei 9.307/1996 (Lei de Arbitragem) e art. 853, do Código Civil. Possibilidade de exame pelo Judiciário somente de questões formais, a respeito da validade, existência e nulidade da sentença arbitral. Manutenção da verba honorária. Princípio da causalidade. Sentença mantida. Recurso não provido.
> **E a sub-rogação da seguradora proveio do permissivo contido no art. 786 do Código Civil,** legitimando o exercício do direito de regresso contra o transportador que deu causa ao dano da carga, cuja indenização do sinistro foi liquidada junto ao segurado, titular da mercadoria avariada durante a vigência do contrato, **a despeito de que a sub-rogação ocorre de maneira integral, envolvendo os créditos do qual o credor sub-rogado teria direito, bem como toas as obrigações, principais e acessórias, decorrentes do contrato** [grifo nosso].[131]

Essa decisão não determinou expressamente o dever da seguradora de arbitrar as disputas relacionadas ao contrato em que se sub-rogou. Mas o TJSP extinguiu a ação sem julgamento do mérito e remeteu as partes à arbitragem. Isto porque, como a seguradora assumiu todos os termos do contrato sub-rogado, e este continha cláusula compromissória, caberia a seguradora, caso quisesse, impugnar a jurisdição arbitral perante o próprio tribunal arbitral, e não perante a justiça estatal.

O TJSP vem contribuindo para a evolução da jurisprudência brasileira, na medida em que acompanha o entendimento construído pelo direito comparado. A propósito, não é demais destacar que a transmissão da cláusula compromissória à seguradora em casos de sub-rogação é questão incontroversa em países como Inglaterra,[132] EUA,[133] França,[134] Espanha[135] e Chile.[136]

---

[131] Itaú Seguros Soluções Corporativas S.A. v BBC Chartering & Logistic GMBH Co Kg. TJSP, Apelação 1009026-77.2015.8.26.002, Rel. César Peixoto, j. 17.08.2016. Disponível em: <http://tj-sp.jusbrasil.com.br/jurisprudencia/>. Acesso em: 20 set. 2016.

[132] Para posição na Inglaterra, ver: Starlight Shipping Co and another v Tai Ping Insurance Co Ltd, Hubei Branch and another [2007] EWHC 1893 (Comm). Ver também: Schiffahrtsgesellschaft Dedlev Von Appen v Voest Alpine Intertrading (The "Jay Bola") [1997] 2 Lloyd's Rep 279 at 291. Esta posição foi reforçada no caso: Through Transport Mutual Insurance Association (Eurasia) Ltd v New India Assurance Co Ltd [2005] EWHC455 (Comm); e West Tankers Inc v RAS Riunione Adriatica Sicurta Spa [2007] EWHC 2184 (Comm). Posição similar foi adotada em: Montedipe v JTP-Ro Jugotanker (The Jordan Nicolov) [1990] 2 Lloyd's Rep 11 ("o cessionário resta vinculado a cláusula compromissória porque ele não pode exercer os direitos do cedente sem também aceitar a obrigação de arbitrar, p 15). Mesma posição em The Padre Island [1990] 2 Lloyd's Rep 191 (a cláusula compromissória regula os meios nos quais os direitos devem ser executados contra o Club. Assim, é inevitável que tal cláusula

CONCLUSÃO

O químico francês Antoine Lavoisier, ao discorrer sobre a lei da conservação da matéria, imortalizou a frase: "Na natureza nada se cria, nada se perde, tudo se transforma". Esse ensinamento pode ser adaptado ao direito brasileiro, uma vez que em casos de sub-rogação do art. 786 do CC, nada se cria, nada se perde, tudo se transfere.

Como primeiro aporte conclusivo, pode-se afirmar que, em casos de sub-rogação legal, inexiste óbice no direito brasileiro para a transmissão automática da cláusula compromissória pelo segurado à seguradora.[137] A seguradora substitui o seu segurado na relação jurídica originária e passa, então, a agir como se fosse parte desta relação. Por tal razão, é dispensável averiguar o consentimento da seguradora (parte substituta)

---

seja tratada como transmitida ao beneficiário como sendo parte, ou por conta de uma conexão inseparável, do direito do membro contra o Club sob as regras da respectiva responsabilidade, p. 200).

[133] Para posição no EUA, ver: "Uma parte está proibida de negar sua obrigação de arbitrar quando recebe um benefício direto de um contrato contendo uma cláusula compromissória. [...] Uma seguradora sub-rogada veste os sapatos de seu segurado" [Tradução nossa]. "A party is estopped from denying its obligation to arbitrate when it receives a direct benefit from a contract containing an arbitration agreement. [...] An insurer-subrogee stands in the shoes of its insured". Am. Bureau of Shipping v. Tencara Shipyard SP.A., 170 F.3d 349, 353 (2d Cir. 1999).

[134] Para posição na França, ver: "Em Direito francês, a seguradora que indenizou seu segurado em decorrência de um contrato que os ligue está legalmente sub-rogada em todos os direitos do segurado, de modo que o crédito lhe será transmitido com seus acessórios, suas modalidades, suas exceções ou limitações e, notadamente, com a cláusula compromissória" [tradução nossa]. "En droit français, l'assureur qui a imdemnisé son assuré en vertu de la police le liant à ce dernier est légalement subrogé dans tous les droits de celui-ci, la créance lui étant transmise avec ses accessoires, ses modalités, ses exceptions ou limitations et notamment avec la clause compromissoire". Societe Russanglia v. Societe Delom, j. 07.10.1999. Cour d'appel de Paris, 1re Chambre.

[135] Para posição na Espanha, ver: "Em Espanha, a doutrina entende que a nova Lei de Arbitragem de 2003 eliminou quaisquer dúvidas que pudessem existir quanto à transmissão da cláusula arbitral com a transmissão do direito ou do contrato, no sentido favorável a esta conclusão. O mesmo ocorrendo na sub-rogação" (BARROCAS, Manuel Pereira. *Manual de arbitragem*. Coimbra: Almedina, 2010. p. 179).

[136] Para posição no Chile, ver: Causa 258/2013 (Civil). Resolución 892342 de Corte de Apelaciones de Santiago, de 28.09.2015.

[137] "Em face de todo o exposto até aqui, não temos dificuldade em vislumbrar a transmissão da cláusula compromissória à seguradora que se sub-roga nos direitos do segurado. Com efeito, tendo em vista que a relação jurídica travada entre o segurado e terceiro causador do sinistro transmite-se à seguradora com todas as suas características – operando-se na verdade apenas uma substituição do sujeito (credor) –, entendemos que a cláusula compromissória subsiste à sub-rogação, sendo finalmente transmitida à pessoa que passa a ocupar o lugar do segurado, o qual anuiu em submeter-se à arbitragem, em caso de litígio com o terceiro que ocasionou o dano. Assim, a seguradora sub-rogada estará irremediavelmente vinculada à cláusula arbitral pactuada pelo segurado" (VERÇOSA, Fabiane. Arbitragem e seguros: transmissão da cláusula compromissória à seguradora em caso de sub-rogação. *Revista Brasileira de Arbitragem*, São Paulo, n. 11, p. 47-55, jul.-set. 2006).

aos termos da relação jurídica originária. Nas relações jurídicas instrumentalizadas por contrato, basta verificar se houve a substituição de posição contratual.

Além disso, a seguradora terá contra o autor do dano, em ação de regresso, os mesmos direitos e ações que teria o segurado, caso este buscasse a indenização em nome próprio. Essa transmissão dos direitos e ações do segurado à seguradora ocorre por força de lei, nos termos do art. 786 do CC.

Em situações nas quais o segurado mantinha relação contratual com o autor do dano e sofreu o dano por conta de descumprimento contratual, a seguradora se sub-roga no respectivo contrato ao pagar a indenização securitária em favor do seu segurado. A fonte dos direitos e ações da seguradora é o contrato sub-rogado e, como consequência lógica, a seguradora fica vinculada aos seus termos e limitações.

O propósito do art. 786 do CC é garantir a transmissão *ipso jure* dos direitos e ações que pertenciam ao segurado à seguradora, no momento do pagamento da indenização securitária, independentemente de previsão contratual contida em apólice de seguro. A seguradora não recebe, por sub-rogação, direitos e ações melhores ou maiores do que caberia ao seu segurado, ao contrário, também estará sujeita a limitações, restrições e inconvenientes previstos no contrato sub-rogado.

Se antes de efetivada a sub-rogação, o segurado havia renunciado ao direito de acionar a jurisdição estatal para resolver disputas emanadas de um contrato, não poderá transmitir à seguradora, por força de sub-rogação, um direito que ele não possui.

Para fins de argumentação, (i) caso fosse preciso apurar o consentimento da seguradora para arbitrar em hipóteses de substituição de posição contratual, e (ii) se o art. 786 do CC não determinasse que a seguradora se sub-roga nos mesmos direitos e ações do seu segurado; ainda assim, é possível conciliar a transmissão da cláusula compromissória à seguradora, por força de sub-rogação legal, com a natureza consensual da arbitragem.

Antes de concordar em oferecer cobertura securitária para riscos relacionados a descumprimento contratual, a seguradora conduz o processo de subscrição do risco e revisa os contratos celebrados pelo seu potencial segurado, tomando ciência da cláusula compromissória. A seguradora, que pode oferecer ou negar cobertura securitária para risco relacionado ao descumprimento de contrato que contém cláusula compromissória, tem plena ciência de que em caso de sinistro terá de se sub-rogar no respectivo contrato para buscar o reembolso da indenização securitária contra o autor do dano – e sabe que este contrato define os direitos e ações contra o autor do dano. Por isso, se a seguradora concorda em garantir seguro para tais riscos, este comportamento implica aceitação tácita da cláusula compromissória.

Seguindo raciocínio análogo, a seguradora pode aceitar ou recusar a sub-rogação; se aceitá-la e submeter requerimento contra o autor do dano com base nos termos do contrato sub-rogado, manifesta a sua aceitação tácita aos termos deste contrato, e não poderá escolher os que lhe são favoráveis e repudiar aqueles inconvenientes, sob pena de incorrer em comportamento contraditório. O contrato em que a seguradora se sub-roga deve ser aplicado na sua integralidade, ou não há sub-rogação.

As partes de um contrato que prevê arbitragem têm o dever, o direito e a legítima expectativa de arbitrar as disputas dele derivadas. O contrato, por sua vez, deve ser interpretado em conformidade com os princípios legais do ato jurídico perfeito, da autonomia da vontade e da obrigatoriedade dos contratos. Em casos de transmissão de direitos de natureza contratual, a sub-rogação sempre ocorrerá depois da celebração do contrato – e um ato posterior não deve resultar na ruptura dos termos contratuais previamente estabelecidos. Argumento em sentido contrário é indesejável porque resultaria em insegurança jurídica.

A posição recente do TJSP sobre a transmissão automática da cláusula compromissória por sub-rogação legal na seara de seguros é uma evolução bem-vinda.[138] O TJSP está alinhando sua posição com a posição adotada no direito comparado, e o direito brasileiro permite que os demais Tribunais de Justiça sigam o mesmo caminho.

Tudo isso comprova que a seguradora deve arbitrar disputas emanadas do contrato em que se sub-roga, quando este apresentar cláusula compromissória, caso busque o reembolso da indenização securitária contra o autor do dano, nos termos do art. 786 do CC.

---

[138] Panalpina Ltda. e outro *v* Bradesco Auto/Re Companhia de Seguros. TJSP, Apelação 0149349-88.2011.8.26.0100, Rel. Tarso Duarte Melo, São Paulo, SP, j. 11.02.2015, *DJ* 24.02.2015. Disponível em: <http://tj-sp.jusbrasil.com.br/jurisprudencia/>. Acesso em: 10 ago. 2016.

ARBITRAGEM E DIREITO SOCIETÁRIO

A ARBITRAGEM DE CLASSE NO DIREITO SOCIETÁRIO

ARNOLDO WALD

Publicity is justly commended as a remedy for social and industrial diseases. Sunlight is said to be the best disinfectants; electric light the most efficient policeman. (Louis d. Brandeis[1])

I consider negotiated agreement infinitely superior to arbitration. But where private parties cannot negotiate successfully, arbitration is infinitely superior to a shutdown over a period of a vital segment of the nation's economy. (John F. Kennedy[2])

[...] Ousar sem o açodamento de quem quer afrontar, inovar sem desprezar os grandes pilares do sistema. (Cândido Rangel Dinamarco[3])

Changes to the dispute settlement process must be seen in the context of a developing international law regime rather than simply as a tinkering with the arbitration procedures. Simply put, this cannot be achieved by giving the limitations of yesteryear primacy over the needs of tomorrow. (Howard Mann et al.[4])

Em suma, as leis processuais a que os juízos são obrigados a obedecer estão cada dia mais longe de nos tirar do atoleiro de 100 milhões de processos – e isso é grave, sobretudo porque não se enxerga no horizonte uma modificação que altere essa realidade. (Aloísio de Toledo César[5])

Sumário: I. Introdução – II. A evolução econômica e jurídica – III. A proteção do investidor – IV. A responsabilidade da empresa pelos atos ilícitos cometidos por seus dirigentes que ensejaram a desinformação dos acionistas minoritários – V. Cabimento da arbitragem – VI. Conclusões – Bibliografia.

---

[1] *Other People's Money. Chapter 5. "What Publicity Can Do", p. 92 (1932). First published in Harper's Weekly, December 20, 1913.*

[2] 'Statement to railroad and operating rail union officials at White House', *New York Times,* 7 out. 1963.

[3] *Nova era do processo civil.* 2. ed. São Paulo: Malheiros, 2007. p. 31.

[4] MANN, Howard; COSBEY, Aaron; PETERSON, Luke; MOLTKE, Konrad von. Possible Improvements of the Framework for ICSID Arbitration. *Comments on ICSID Discussion Paper*, Dec. 2004, p. 3. Disponível em: <http://www.iisd.org/pdf/2004/investment_icsid_response.pdf>. Acesso em: 5 ago. 2016.

[5] Sem fim o atoleiro de processos. *O Estado de S. Paulo*, 26 jul. 2016. O autor foi Desembargador do TJSP e secretário da Justiça do Estado.

I. INTRODUÇÃO

É das mais oportunas e justas a homenagem que, por iniciativa da Professora Selma Maria Ferreira Lemes, os meios jurídicos brasileiros estão prestando, com a publicação da presente obra, ao eminente e saudoso Professor Petrônio Muniz, recentemente falecido em 1.º.06.2016, a quem devemos, em grande parte, a nossa legislação referente à arbitragem, que permitiu a sua implantação em nosso país.

Advogado militante, depois de se aposentar da função de auditor da Receita Federal, Petrônio manteve o seu entusiasmo de jovem, que acredita nos ideais, apaixonando-se pela arbitragem. Tornou-se o "coordenador Nacional da Operação Arbiter", verdadeira operação de guerra, que culminou com a aprovação da Lei 9.307/1996, também chamada "Lei Marco Maciel", por ter sido, o ilustre senador, o seu padrinho no Congresso Nacional[6], liderando o que ele denominou "o bom combate"[7]. Petrônio acreditava nas virtudes de uma justiça consensualmente organizada pela iniciativa privada, como decorrência da liberdade individual, sendo fator de segurança jurídica para a sociedade brasileira, além de ingrediente do desenvolvimento nacional pelo incentivo que traz aos investimentos, que garantem o progresso.

Tendo o apoio do Instituto Liberal, Petrônio Muniz soube transformar em realidade concreta uma aspiração dos meios jurídicos que tinha as suas raízes no direito pátrio desde o século XIX e uma prática comercial que existia no exterior desde a antiguidade. No entanto, até 1990 a arbitragem se desenvolveu, no Brasil, na área universitária e nas entidades culturais de classe, sem conseguir se firmar. Dizia Goethe que pensar é fácil, agir é mais difícil, mas o mais difícil é transformar as ideias em realidades e o pensamento em ações. Foi o que Petrônio conseguiu fazer, procurando a colaboração dos juristas que, na época, tratavam do assunto, sendo a maioria deles pertencente até a uma geração mais jovem e que ele não conhecia.

Mobilizou-os com a crença comum de serem úteis ao País, canalizando, num projeto de lei, a teoria que se discutia, já havia longos anos, e que só se conseguia concretizar pontualmente. Coube assim aos Professores Carlos Alberto Carmona, Pedro Batista Martins e Selma Ferreira Lemes atender ao pedido de Petrônio e mi-

---

[6] Prefácio de Marco Maciel ao livro *Operação Arbiter*, Brasília: ITN, 2005, p. 18. O livro que acaba de ser republicado relembra toda a companha pela aceitação da arbitragem pelos meios jurídicos, empresariais e políticos, foi definido pela Professora Selma Lemes como uma "corajosa e encantadora viagem, que é, antes de tudo, uma insofismável lição de cidadania" (idem, p. 22). E, por sua vez, o autor conclui que "a inquestionável revolução desencadeada pela Operação Arbiter no Ordenamento Jurídico Nacional tornou a nossa vida digna de ser vivida, pois 'fizemos algo pela vida, em vida'" (idem, p. 30).

[7] O Senador Marco Maciel foi homenageado pela sua atuação na arbitragem em várias ocasiões e especialmente por ocasião do 13.º aniversário da Lei de Arbitragem, no I Seminário Internacional de Mediação e Arbitragem da OAB/SP, conforme discurso publicado na *Revista de Arbitragem e Mediação*, São Paulo, n. 23, p. 9-18, out.-dez. 2003 e nota publicada nas páginas 355-358.

nutar um anteprojeto que daria ensejo à renovação e, na realidade, à implantação da arbitragem no Brasil.

Para homenagear o mestre Petrônio Muniz, mais do que placas, nome de ruas ou estátuas, cabia uma manifestação intelectual dos estudiosos, dos práticos e dos usuários da arbitragem, que tanto progresso fez em nosso país em duas décadas, podendo ser considerado como tendo constituído uma verdadeira revolução cultural, além de um elemento relevante da reforma do sistema judiciário. É a homenagem que estamos prestando com a presente obra, coordenada pelos Professores Carlos Alberto Carmona, Selma Ferreira Lemes e Pedro Batista Martins.

Elogiada pela jurisprudência, pela doutrina pátria e pelos estudiosos da matéria no exterior[8], a lei certamente evidencia que a imaginação jurídica e a luta pelo direito podem contribuir eficazmente ao desenvolvimento e aprimoramento da sociedade, do mesmo modo que as inovações tecnológicas, assegurando a segurança jurídica, num ambiente harmônico, com soluções pragmáticas e éticas.

Para homenagear um jurista revolucionário, entendemos que era preciso encontrar um tema que fosse, na medida do possível, tão inovador quanto as teses que Petrônio Muniz defendeu com bravura, tenacidade e coragem cívica, há cerca de um quarto de século. Entretanto, ao mesmo tempo, um assunto que também não fosse inviável ou totalmente desadaptado em relação às novas necessidades sociais e econômicas. Foi a razão pela qual escolhi tratar da arbitragem de classe, também denominada pela doutrina "*class action* na arbitragem" ou arbitragem coletiva[9].

É questão de grande atualidade, dando margem a divergências e polêmicas, sendo aplicada de modo diferente em diversas legislações[10]. Tratando-se de inovação, preferimos ser modestos no campo do nosso estudo e focalizamos a sua incidência no direito comercial e até mais precisamente no direito societário. É matéria pouco tratada tanto

---

[8] BOLTON, Clare. Belle of the Ball. *Global Arbitration Review*, v. 7, n. 3, p. 22-26, 2012; BERG, Albert Jan Van den. The New York Convention and its application by Brazilian Courts, *Revista de Arbitragem e Mediação*, n. 36, p. 15-65, jan.-mar. 2013, além de muitos outros autores.

[9] MARIANI, Rômulo Greff. *Arbitragens coletivas no Brasil*. São Paulo: Atlas, 2015.

[10] BUENO, Cassio Scarpinella. As *class actions* norte-americanas e as ações coletivas brasileiras: pontos para uma reflexão conjunta. *Revista de Processo*, São Paulo, n. 82, p. 92-151, abr.-jun. 1996; BARROSO, Luís Roberto. A proteção coletiva dos direitos no Brasil e alguns aspectos da *class action* norte-americana, *Revista de Processo, São Paulo*, n. 130, p. 131-153, dez. 2005; MONTEIRO, António Pinto; JÚDICE, José Miguel. Class actions & arbitration in the European Union – Portugal. In: *Estudos em homenagem a Miguel Galvão Teles*. Coimbra: Almedina, 2012, v. 2, p. 189-205; NERY, Ana Luiza Barreto de Andrade Fernandes. *Class arbitration*: instauração de processo arbitral para a resolução de conflitos envolvendo direitos de natureza transindividual. 2015. Tese (Doutorado) – PUC, São Paulo; LEÃES, Luiz Gastão Paes de Barros. A responsabilidade civil das companhias de mercado. A tutela coletiva de direitos em sede arbitral, *Revista de Arbitragem e Mediação*, São Paulo, n. 50, jul.-set. 2016. No prelo.

no direito brasileiro[11] como nos demais países da *civil law*[12], mas que mereceu ampla jurisprudência e doutrina nos Estados Unidos[13]. Trata-se de questão que envolve tanto o direito das sociedades como o direito processual, e até certos princípios básicos da arbitragem e da vida negocial, que devem ser respeitados, e cuja conciliação nem sempre é fácil na sua aplicação simultânea aos casos concretos.

Há, por outro lado, uma necessidade imperiosa da introdução da arbitragem de classe para a solução de processos societários que não podem enfrentar uma justiça que, por mais eficiente que queira ser, continua lenta e onerosa e pouco especializada na maioria dos casos[14]. Acresce que os litígios societários não podem esperar uma solução de longo prazo, que se revela fatal para a sobrevivência da empresa, o atendimento de

---

[11] SILVEIRA LOBO, Carlos Augusto. Arbitragem coletiva anulatória de deliberação de assembleia geral de companhia. *Revista de Arbitragem e Mediação*, São Paulo, n. 37, p. 25-34, jul.-set. 2013; OIOLI, Erik Frederico; LEIRIÃO FILHO, José Afonso. Os empecilhos à tutela judicial dos investidores do mercado de capitais e a *class action* no Brasil. In: YARSHELL, Flávio Luiz; PEREIRA, Guilherme Setoguti J. (Coord.). *Processo societário II*. Adaptado ao novo CPC – Lei n.º 13.105/2015. São Paulo: Quartier Latin, 2015. p. 167-194; PEREIRA, Cesar Augusto Guimarães; QUINTÃO, Luisa. Entidades representativas (art. 5.º, XXI, da CF) e arbitragem coletiva no Brasil. *Revista de Arbitragem e Mediação*, São Paulo, n. 47, p. 105-126, out.-dez. 2015.

[12] NATER-BASS, Gabrielle. Class Action Arbitration: A New Challenge? *ASA Bulletin*, v. 27, n. 4, p. 671-690, 2009; STRONG, S. I. Class arbitration outside the United States: reading the tea leaves. In: HANOTIAU, Bernard; SCHWARTZ, Eric A. (Ed.). *Multiparty Arbitration*. Paris: ICC, 2010. p. 183-213; AKSEN, Gerard. Class actions in arbitration and enforcement issues: an arbitrator's point of view. In: HANOTIAU, Bernard; SCHWARTZ, Eric A. (Ed.). *Multiparty Arbitration*. Paris: ICC, 2010. p. 215-221; MONTEIRO, António Pinto; JÚDICE, José Miguel. Class actions & arbitration in the European Union – Portugal. *Estudos em homenagem a Miguel Galvão Teles*. Coimbra: Almedina, 2012. v. 2, p. 189-205; COSSÍO, Francisco González de. Mexican Supreme Court takes an opposite view on arbitration and class actions. *IBA – Arbitration News*, v. 21, n. 1, p. 85-86, 2016.

[13] FONTMICHEL, Maximin de. Arbitrage et actions de groupe – les leçons nord-américaines. *Revue de l'Arbitrage*, n. 4, p. 655-657, 2008; AKSEN, Gerald, Class action in arbitration and enforcement issues: an arbitrator's point of view. In: HANOTIAU, Bernard; SCHWARTZ, Eric A. (Ed.). *Multiparty arbitration*. Paris: ICC, 2010. p. 211-221; WHITEHILL, Willian G. Class Actions and Arbitration Murky Waters: Stolt-Nielsen S.A. v. Animal Feedes International Corp. *World Arbitration & Mediation Review*, v. 4, n. 1, p. 1-25, 2010; GUERRERO, Luis Fernando; FERNANDES, Julio Cesar. Arbitration in Consumer Contracts. American Federal Arbitration Act. Class-Action denial in Arbitration Agreements. Supreme Court of the United States. AT&T Mobility LLC. v. Concepcion Et Ux., decided April 27, 2011. *Revista Brasileira de Arbitragem*, Curitiba, n. 35, p. 155-186, jul.-set. 2012; HOWES, B. Ted; BANKS, Hannah. A Tale of Two Arbitration Clauses: the Lessons of Oxford Health Plans LLC v. Sutter for the Future of Class-Action Arbitration in the United States. *Journal of International Arbitration*, v. 30, n. 6, p. 727-734, Dec. 2013.

[14] É matéria pacífica. Entre os estudos mais recentes, ver artigo do vice-presidente do TRF 2.ª Região, FRIEDE, Reis. O Judiciário mais caro do mundo. *O Estado de S. Paulo*, 30 jul. 2016; STEIN, Raquel. *Arbitrabilidade do direito societário*. Rio de Janeiro: Renovar, 2014; MARTINS, Pedro A. Batista. *Arbitragem no direito societário*. São Paulo: Quartier Latin, 2012; WALD, Arnoldo. Um novo direito para uma nova justiça renovada. *Anuário da Justiça Conjur*, p. 46-47, 2011; WALD, Arnoldo. A eficiência judiciária e segurança jurídica: a racionalização da legislação brasileira e reforma do Poder Judiciário. In: MACHADO, Fábio Cardoso; MACHADO, Rafael Bicca (Coord.). *A reforma do Poder Judiciário*. São Paulo: Quartier Latin, 2006. p. 50-70.

clientes, os investidores e até a segurança jurídica. A maior confiança nas empresas e a solução rápida dos litígios pode até ajudar a desenvolver um mercado de capitais que está definhando. Efetivamente, temos sofrido, no Brasil, nos últimos anos, um declínio da democratização do mercado acionário de capitais. O número de empresas efetivamente abertas está diminuindo[15].

Finalmente, temos, pela legislação e regulamentação vigente, e pela prática societária, condições extremamente favoráveis para introduzir a arbitragem de classe no nosso direito societário, não enfrentando as mesmas dificuldades que existem em outros setores nos quais a ação de grupo é geralmente utilizada, como é o caso do direito do consumidor ou do direito ambiental.

II. A EVOLUÇÃO ECONÔMICA E JURÍDICA

Assistimos, no mundo inteiro, nos últimos cinquenta anos, à "era da descontinuidade[16], da incerteza[17], da transformação[18]", na qual ocorre uma nova revolução industrial[19] que se intensificou, especialmente para o nosso país, nas três últimas décadas.

Essa nova fase de descontinuidade e de mudança tem sido considerada, por alguns, a da irracionalidade[20], e, por outros, a do conformismo[21], não faltando quem admita que estejamos num mundo em descontrole[22], à beira do abismo, aguardando o domínio dos bárbaros, como nos últimos dias de Roma[23] ou vivendo uma Nova Idade Média[24]. De qualquer modo, todos reconhecem que estamos vivendo na chamada "sociedade de risco"[25] e na "era da interdependência".[26]

---

[15] Ary Oswaldo Mattos Filho escreve que: "A perplexidade reside na constatação de que, no período de 2005 a 2015, o número de companhias que vieram ao mercado foi menor do que o daquelas que dele saíram. Ou seja, no período pesquisado a Bolsa de Valores de São Paulo (Bovespa), em termos líquidos, perdeu cerca de 60 companhias. [...] A perplexidade é ainda maior quando se constata que existem muitas empresas de médio e grande porte que necessitam de recursos que poderiam ser obtidos no mercado de valores mobiliários, mas isso não é feito. O que há de errado com os nossos mecanismos de mercado, que impede os pequenos negócios de garagem de se transformarem um dia em gigantescas empresas como a Microsoft ou a Google?" (MATTOS FILHO, Ary Oswaldo. O Bovespexit?. *O Estado de S. Paulo*, 26 jun. 2016).

[16] DRUCKER, Peter F. *The Age of Discontinnuity*. New York: Harper-Collins, 1968.

[17] GALBRAITH, John Kenneth. *The age of uncertainty*. London: British Broadcasting, 1977.

[18] Handy, Charles. *A era da transformação*. São Paulo: Makron Books, 1996.

[19] RIFKIN, Jeremy. *A terceira revolução industrial*. São Paulo: M. Books do Brasil, 2012.

[20] HANDY, Charles. *The Age of Unreason*. Boston: Harvard Business School Press, 1989.

[21] KRUGMAN, Paul. *A era do conformismo*: as expectativas econômicas frustradas. São Paulo: Campus, 1992.

[22] GIDDENS, Anthony. *Mundo em descontrole*. São Paulo: Record, 2000.

[23] SORMAN, Guy. *En Attendant les Barbares*. Paris: Fayard, 1992.

[24] MINC, Alain. *Le Nouveau Moyen Age*. Paris: Gallimard, 1993.

[25] BECK, Ulric. *La Société du Risque*: Sur Une Autre Voie de la Modernité. Paris: Alto Aubier, 2001.

[26] STEWART, Michael. *The age of Interdependence*. Cambridge: The MIT Press, 1983.

Os autores do fim do século XX e do início do terceiro milênio se referem à "grande ruptura"[27] com a criação de um mundo novo[28] ou de nova civilização[29], em virtude da "morte do ocidente"[30] e do fim tanto de certa fase do capitalismo[31] como do próprio liberalismo[32], cujo sentido passou a ser ambíguo[33].

Essa fase de transição da humanidade decorreu tanto dos progressos tecnológicos como da globalização da economia, da urbanização crescente e das maiores facilidades de comunicação que transformaram a economia e a própria estrutura da sociedade. Dentro desse novo contexto, a empresa passou a ter a maior importância, tornando-se um verdadeiro pilar da sociedade pelo fato de ser uma unidade econômica, social e jurídica[34].

Já se disse que a sociedade anônima, na sua concepção mais moderna, constituiu, no fim do século XIX, uma revolução tão importante como a utilização da máquina a vapor ou da eletricidade[35]. Do mesmo modo, a democratização crescente da composição acionária, a partir do século XX e, no Brasil, especialmente nos últimos vinte ou trinta anos, pode ser comparada, como fator do desenvolvimento, à utilização do computador e da energia atômica.

Na realidade, a evolução do direito comercial e sua completa renovação[36] ou até reestruturação ocorreram, simultaneamente, com uma evolução social na qual as relações deixaram de ser individuais para se tornarem, cada vez mais, sociais. Passamos a viver na sociedade de massas, com a economia e o direito de massas.

A legislação seguiu, embora gradualmente, o mesmo caminho, diante da necessidade de criar soluções que pudessem atender à maioria da população e reduzir a concentração de riscos, ensejando tanto o crédito ao consumidor, com a pulverização dos créditos bancários, como a democratização do capital das sociedades anônimas. As companhias passaram, em relativamente pouco tempo, do controle unitário para o controle partilhado e, mais recentemente, para o controle pulverizado, ou até a ausência de controle.

Essa situação ensejou a necessidade, para os juristas, de dar a devida atenção ao regime do controle, abrangendo os deveres e direitos do controlador e as suas relações com os minoritários. Se, durante muito tempo, os investidores não controladores não tinham de fato qualquer direito, aos poucos foi lhes sendo reconhecido o direito ao

---

[27]   FUKUYAMA, Francis. *A grande ruptura*. Rio de Janeiro: Rocco, 2000. O texto em inglês é de 1999.

[28]   MAYOR, Frederico. *Un Monde Nouveau*. Paris: Editions Odile Jacob, 1999.

[29]   TOFFLER, Alvin; TOFFLER, Heidi. *Criando uma nova civilização*. Rio de Janeiro: Record, 1995.

[30]   BUCHANAN, Patrick J. *The Death of the West*. New York: Thomas Dunne Books, 2002.

[31]   HANDY, Charles. *Além do capitalismo*. São Paulo: Makron Book do Brasil, 1999.

[32]   WALLERSTEIN, Immanuel. *Após o liberalismo*. Petrópolis: Vozes, 2002.

[33]   Liberal blues. The many meanings of liberalism. *The Economist*, Jul 30th 2016.

[34]   WALD, Arnoldo. A evolução da empresa e o novo direito empresarial (um novo direito para uma nova economia). *Revista de Direito da Associação dos Advogados do novo Estado do Rio de Janeiro*, n. 14, p. 159-170, 2004.

[35]   RIPERT, Georges. *Aspectos jurídicos do capitalismo moderno*. Rio de Janeiro: Freitas Bastos, 1947. p. 59.

[36]   COELHO, Fábio Ulhoa. *O futuro do direito comercial*. São Paulo: Saraiva, 2011; FORGIONI, Paula A. *A evolução do direito comercial brasileiro*. São Paulo: RT, 2012.

dividendo, pois não podiam continuar sendo, na palavra de um banqueiro alemão, tolos e arrogantes. Tolos porque nos entregam o seu dinheiro, e arrogantes porque ainda pretendem receber dividendos[37].

Por outro lado, a representatividade política das minorias só passou a ser assegurada efetivamente pela legislação que surgiu, no Brasil, a partir do fim da Segunda Guerra Mundial, mas que somente produziu os seus efeitos concretos a partir do fim do século passado, quando os conselhos de administração e fiscal passaram a ter uma atuação e uma responsabilidade mais efetiva[38].

Na medida em que a empresa evoluía, também surgiu a ideia de parceria entre as diversas partes: acionistas controladores, minoritários, debenturistas, clientes e credores, criando-se a expressão *stakeholders* (participantes ou parceiros), que deveriam ter certa influência no funcionamento da empresa. Só recentemente é que, tanto na Europa como no Brasil, desapareceram o "coronelismo econômico" e o "dono da empresa de direito divino"[39], cujas decisões não podiam ser efetivamente contestadas.

A economia democratizou-se e passamos de uma sociedade piramidal, que refletia a organização militar e a própria estrutura jurídica kelseniana, para uma sociedade baseada nas redes[40] e na comunicação via internet que domina a "era do acesso"[41]. Surgiu, assim, e passou a dominar o mundo a chamada "governança corporativa"[42]. Democratizou-se, pois, a empresa, em virtude da pulverização do capital e do surgimento de novas tecnologias.

Houve, aliás, certa analogia entre a evolução política da democracia na qual também desapareceram, ou estão desaparecendo, "os donos de poder"[43], e a empresa, reconhecendo-se que passou a pertencer não somente ao seu maior acionista, mas também aos outros participantes, exercendo uma verdadeira "função social", com a consequente responsabilidade dos seus administradores, exigindo que o *manager* contemporâneo tenha espírito empresarial[44].

Atualmente, parece que estamos chegando a uma fase de equilíbrio entre os vários poderes: acionistas e executivos, empresas produtoras ou comercializadoras de bens ou serviços e consumidores, cuja manutenção é importante, mas nem sempre fácil, ocasionando litígios que exigem soluções rápidas e equitativas.

---

[37] Apud LEÃES, Luiz Gastão Paes de Barros. *Do direito do acionista ao dividendo*. São Paulo: Obelisco, 1969. p. 7.

[38] Ainda há muito progresso a realizar como salienta a revista *The Economist*, de 30 jul. 2016, p. 51, no artigo "Change, or else".

[39] PEGARD, Catherine. La fin du patron de droit divin. *Le Point*, Paris, 12 nov. 1999.

[40] OST, François; KERCHOVE, Michel Van de. *De la Pyramide au Réseau?* Pour une Théorie Dialectique du Droit. Bruxelas: Facultés Universitaires Saint-Louis, 2002. *passim*.

[41] RIFKIN, Jeremy. *L'Âge de l'Accès*. Paris: Éditions la Decouverte, 2000.

[42] WALD, Arnoldo. O governo das empresas. *Carta Mensal*, Rio de Janeiro, n. 575, p. 51, fev. 2003; PARRAT, Fréderic. *Le Gouvernement d'Entreprise*. Paris: Maxima, 1999; PEZARD, Alice. *Corporate Governance*: Les Perspectives Internationales. Paris: Montchrestien, 1997.

[43] FAORO, Raymundo. *Os donos do poder*. Rio de Janeiro: Globo, 1958.

[44] GILDER, Georges. *The Spirit of Enterprise*. New York: Simon and Schuster, 1984.

20 ANOS DA LEI DE ARBITRAGEM

É, pois, na empresa que se devem conciliar, hoje, os interesses, aparentemente conflitantes, mas materialmente convergentes, de investidores, administradores, empregados e consumidores, que constituem os grandes setores da vida nacional. E, aliás, o constituinte brasileiro de 1988 definiu os princípios básicos para que a convivência adequada dos vários grupos sociais possa realizar-se, no interesse comum, tanto no presente, como em relação ao futuro, em todos os seus aspectos econômicos e sociais, que, aliás, se interpenetram uns nos outros.[45]

III. A PROTEÇÃO DO INVESTIDOR

A partir do início do século XX e especialmente após o *New Deal*, o investimento passou a ser considerado uma condição do desenvolvimento do mercado de capitais, que também deveria merecer a proteção legal e até incentivos do legislador[46]. A liquidez dos valores mobiliários e a plena informação em relação aos mesmos, são os pilares do mercado de valores que deve complementar, pela sua atratividade, considerando os riscos assumidos pelo investidor e a compensação que lhe é atribuída, o mercado financeiro baseado no crédito que tem outras características.

A doutrina salienta, aliás, que a falta de proteção adequada aos acionistas "empurra" as empresas ao financiamento, fazendo-os recorrer ao crédito dos bancos ou outras instituições. Haveria, por outro lado, relação direta entre a forma e intensidade da proteção dos acionistas minoritários e o grau de desenvolvimento do mercado de capitais[47]. As garantias legais e a jurisprudência são, pois, fatores que certamente diminuem o risco e consequentemente o custo tanto do investimento em ações como da concessão de crédito, sendo, geralmente, ambos necessários para o atendimento do capital de giro das empresas que ainda não alcançaram a fase do autofinanciamento[48].

---

[45] Arts. 171, 173, 175, 176 a 179 da Constituição Federal de 1988, que se referem à empresa.

[46] COELHO, Fábio Ulhoa. Legal protection of investments. *Revista Semestral de Direito Empresarial*, Rio de Janeiro, n. 14, p. 191-104, jan.-jun. 2014.

[47] BLACK, Bernard S. Strengthening Brazil's securities markets. *Revista de Direito Mercantil*, São Paulo, n. 120, p. 41-55, out.-dez. 2000. Escrevem a respeito: MODIGLIANI, Franco; PEROTTI, Enrico. Security versus Bank Finance: the Importance of a Proper Enforcement of Legal Rules. "[...] the attractiveness of securities versus intermediated finance is most sensitive to the quality of the legal environment. Securities are standardized arm's length contractual relationships, in which the inventor rights are specified largely in the law; the enforcement of these rights depends on the quality of the legal system.

[...] It is important to realize, however, that legal rules alone are not sufficient to create a favorable legal framework; their proper enforcement is just as important." Disponível em: <http://papers.ssrn.com/sol3/papers.cfm?abstract_id=200559> Acesso em: 1.º ago. 2016.

[48] Os autores brasileiros que tratam da matéria chegaram à mesma conclusão: CAMINHA, Uinie. Arbitragem como instrumento de desenvolvimento do mercado de capitais. In: VERÇOSA, Haroldo Malheiros Duclerc (Org.). *Aspectos da arbitragem institucional*. 12 anos da Lei 9.307/1996. São Paulo: Malheiros, 2008. p. 105.

A ARBITRAGEM DE CLASSE NO DIREITO SOCIETÁRIO | **855**

Por outro lado, enquanto já se protegia o acionista há algum tempo, diante do uso indevido pelo controlador do "*other people's money*"[49], a referência ao investidor é mais recente, datando no Brasil do fim do século passado[50]. Assim, o legislador passou a proteger um novo valor jurídico que deveria complementar o regime anterior que já definia os deveres dos administradores e dos controladores e suas responsabilidades. Se, inicialmente, a legislação societária só se preocupava com os acionistas[51], passou, em seguida, a dar maior importância aos investidores em geral, assegurando-lhes uma proteção nacional e até internacional, que se justificou com o decorrer do tempo[52].

É nesse contexto que as responsabilidades passaram a ser examinadas no direito societário, ensejando, já agora, o que se chamou o encontro tardio, mas ainda tempestivo, entre a responsabilidade civil e o direito bursátil que os tribunais estão demorando a reconhecer[53].

Fiz, no passado, um levantamento das poucas ações que, nos tribunais brasileiros, tratavam da responsabilidade dos administradores de empresas até 1955[54] e cheguei à conclusão que existiam duas explicações: De acordo com a primeira, todos os controladores e dirigentes de empresas eram, na época, homens santos. Ou, ao contrário, na segunda hipótese, teria havido certo número de desvios de conduta, mas as soluções dos conflitos societários não passavam pelo Judiciário, tendo o que se denominou soluções do "privatismo doméstico"[55], abrangendo desde as pressões até a violência.

Se o clima mudou a partir da Segunda Guerra Mundial, ainda foram poucos os casos de responsabilidade dos controladores que ocuparam os nossos tribunais. Mas a história do mercado de capitais, tanto no exterior como em nosso país, nem sempre foi heroica, e conhecemos numerosos casos em que os acionistas e credores da empresa foram espoliados, por desvios de dinheiro, sob uma forma ou outra, tanto de controladores como de dirigentes de sociedade. Contudo, no passado, os acionistas prejudicados não iam à Justiça, nem à CVM, mas votavam "com os pés", ou seja, vendiam as suas ações e esqueciam o que tinha acontecido.

A partir dessa constatação, propus, quando estava na presidência da CVM, que se admitisse a ação civil pública para proteger os investidores. Inicialmente, a ideia era dar a iniciativa dessa ação tanto ao Ministério Público como à CVM, mas na discussão do anteprojeto, concluiu o governo pela necessidade de conceder a exclusividade ao Ministério Público. O progresso, todavia, em relação à legislação anterior, foi no sentido de se

---

49 BRANDEIS, Louis D. *Other People's Money, op. cit.*

50 Lei 7.913, de 07.12.1989, é, ao que me parece, o primeiro documento a tratar da proteção específica do investidor nos casos de ter sido desinformado pela empresa. Voltarei a tratar dessa lei em seguida.

51 Lei 6.404, de 15.12.1976.

52 Os Tratados Internacionais e a Convenção de Washington asseguram a proteção do investidor que pode recorrer à arbitragem em certos casos contra o Estado no qual foi feito o investimento.

53 SPITZ, Nicolas. *La réparation des préjudices boursiers.* Paris: Revue Banque Édition, 2010. p. 16.

54 *Quelques considérations sur la responsabilité civile des administrateurs des sociétés anonymes en droit brésilien et en droit comparé. Revue de Droit International et de Droit Comparé*, Belge, Bruxelles, n. 3-4, p. 30-80, 1955.

55 GOMES, Orlando. Raízes históricas e sociológicas do Código Civil brasileiro. *Direito privado*: (novos aspectos). Rio de Janeiro: Freitas Bastos, 1961. p. 86.

consagrar, por texto legislativo específico, a proteção do investidor especialmente quando desinformado, permitindo que processasse quem de direito.

Embora existisse o princípio geral da responsabilidade civil da empresa por atos dos seus prepostos, tanto no Direito Civil (arts. 932 e 933 do Código Civil), como na lei comercial, grande parte da doutrina entendia que a norma não se aplicava aos dirigentes de empresa por não serem propostos, mas sim órgãos da sociedade. Acresce que a Lei das S.A. não tratou, especificamente, das consequências práticas de desinformação dos investidores, e da obrigação da empresa de indenizá-los se tivessem sido enganados pelas informações por ela dadas, embora mencionasse os deveres dos administradores de manter a plena simetria de informação em relação a todos os acionistas, vedando a atuação do *insider trading* que, aliás, passou a ser punida pelo direito criminal por ser considerada infração grave em relação ao mercado de capitais[56].

Em 07.12.1989, foi aprovada a Lei 7.913, na qual o legislador consagrou com pequenas modificações o Projeto da CVM[57]. A lei mereceu alguns trabalhos interessantes[58],

---

[56] LEÃES, Luiz Gastão Paes de Barros. *Mercado de capitais e* insider trading. São Paulo: RT, 1982.

[57] ZACLIS, Lionel. *Proteção coletiva dos investidores no mercado de capitais*. São Paulo: RT, 2007. p. 150.

[58] Além da monografia citada na nota anterior que prefaciei, ver também: MANCUSO, Rodolfo de Camargo. Ação civil pública para tutela dos interesses dos titulares de valores mobiliários e investidores do mercado. Uma análise da Lei 7.913, de 07.12.1989. *Revista dos Tribunais*, São Paulo, n. 650, p. 31-39, dez. 1989; TOLEDO, Paulo Fernando Campos Salles de. A Lei 7.913, de 07.12.1989. A tutela judicial do mercado de valores mobiliários. *Revista de Direito Mercantil*, São Paulo, n. 80, p. 138-148, out.-dez. 1990; VERÇOSA, Haroldo Malheiros Duclerc. Notas sobre o regime jurídico das ofertas ao público de produtos e serviços e valores mobiliários no direito brasileiro: uma questão de complementação da proteção de consumidores e de investidores. *Revista de Direito Mercantil*, São Paulo, n. 105, p. 74-83, jan.-mar. 1997; ZAVASCKI, Teori Albino. Tutela jurisdicional dos acionistas e investidores no mercado de valores mobiliários. *Simpósio sobre Direito dos Valores Mobiliários*. Brasília: Conselho da Justiça Federal/Centro de Estudos Judiciários, 1998; SILVA, Rodrigo Alves da. Os fundos de investimentos financeiros à luz do Código de Defesa do Consumidor: a proteção jurídica do investidor. *Revista de Direito Privado*, São Paulo, n. 13, p. 187-249, jan./-mar. 2003; BRUSCATO, Wilges. A proteção judicial aos investidores no mercado de valores mobiliários. *Revista de Direito Bancário e do Mercado de Capitais*, São Paulo, n. 28, p. 124-145, abr.-jun. 2005; BERMUDES, Sergio. A legitimidade processual do Ministério Público e das associações na tutela do investidor de fundos. *Revista Trimestral de Direito Civil*, Rio de Janeiro, n. 27, p. 117-123, jul.-set. 2006; VASCO, José Alexandre Cavalcanti. A proteção e educação ao investidor: 1976/2006. *Revista de Direito Bancário e do Mercado de Capitais*, São Paulo, n. 34, p. 153-180, out.-dez. 2006; GIDI, Antonio. *A class action como instrumento de tutela coletiva dos direitos*. São Paulo: RT, 2007; FRANÇOLIN, Wanessa de Cássia. Ação civil pública: foco na responsabilidade por danos causados aos investidores no mercado de valores mobiliários (Lei 7.913/89). *Revista de Processo*, São Paulo, n. 157, p. 243-260, mar. 2008; CÂNDIA, Eduardo. Tutela jurisdicional coletiva dos investidores no mercado de valores mobiliários; quem são os co-legitimados ativos para a ação civil pública? *Revista de Direito Bancário e do Mercado de Capitais*, n. 52, p. 77-92, abr.-jun. 2011; GRINOVER, Ada Pellegrini. A tutela coletiva dos investidores no mercado de valores mobiliários: questões processuais. In: YARSHELL, Flávio Luiz; PEREIRA, Guilherme Setoguti J. (Coord.). *Processo societário*. São Paulo: Quartier Latin, 2012. p. 27-58; ALMEIDA, André de; YOSHIDA, Natalie; WALDMAN, Chet B.; MADOFF, Emily. Mecanismos

mas teve poucos efeitos práticos até agora. Raros foram os casos julgados pelos tribunais que a aplicaram[59]. Podemos até afirmar que teve mais discussões e análises teóricas do que consequências efetivas.

Com a nova mentalidade que agora surge, em virtude da revolução cultural imposta pela Lava Jato, a matéria está merecendo reexame com análise de vários dos seus aspectos:

a) a responsabilidade da empresa pela desinformação dolosa dos seus investidores decorrente de atos ilícitos dos administradores, que presumidamente eram de conhecimento de toda a diretoria da empresa e do controlador;

b) a possibilidade de submeter a matéria à arbitragem e, especialmente, de ser requerida sob a forma de *class action*;

c) na última hipótese, se a resposta for favorável, quem teria legitimidade para requerer a arbitragem.

IV. A RESPONSABILIDADE DA EMPRESA PELOS ATOS ILÍCITOS COMETIDOS POR SEUS DIRIGENTES QUE ENSEJARAM A DESINFORMAÇÃO DOS ACIONISTAS MINORITÁRIOS

A matéria já foi discutida nos Estados Unidos, com aplicação do direito brasileiro nos casos da Fibra e da Sadia, em que houve ações de classe que finalmente ensejaram acordos,

---

legais de proteção a investidores no mercado de capitais dos EUA – Estudo comparado com regulamentação brasileira. *Revista de Direito Bancário e do Mercado de Capitais*, São Paulo, n. 60, p. 115-126, abr.-jun. 2013; RODRIGUES, Rafael Molinari. Responsabilidade civil do Banco Central do Brasil pelos prejuízos sofridos por investidores nos mercados financeiros e de capitais. *Revista de Direito Bancário e do Mercado de Capitais*, São Paulo, n. 62, p. 73-88, out.-dez. 2013; OIOLI, Erik Frederico; LEIRIÃO FILHO, José Afonso. Os empecilhos à tutela judicial dos investidores do mercado de capitais e a Class Action no Brasil. In: YARSHELL, Flávio Luiz; PEREIRA, Guilherme Setoguti J. (Coord.). *Processo societário II*. Adaptado ao novo CPC – Lei n.º 13.105/2015. São Paulo: Quartier Latin, 2015. p.167-194; PRADO, Viviane Muller; VILELA, Renato. Indenização de Investidores por Termo de Compromisso. In: YARSHELL, Flávio Luiz; PEREIRA, Guilherme Setoguti J. (Coord.). *Processo societário II*. Adaptado ao novo CPC – Lei n.º 13.105/2015. São Paulo: Quartier Latin, 2015. p. 823-844. Entre os trabalhos em fase de publicação ou inéditos, as teses de NERY, Ana Luiza Barreto de Andrade Fernandes. *Class arbitration*: instauração de processo arbitral para a resolução de conflitos envolvendo direitos de natureza transindividual. 2015. Tese (Doutorado) – PUC, São Paulo; MACEDO, Paulo Garcia Neto. *Processos arbitrais relacionados*: poderes dos árbitros para decidir sobre questões de conexidade. 2016. Tese (Doutorado) – USP, São Paulo; o artigo de LEÃES, Luiz Gastão Paes de Barros. A responsabilidade civil das companhias de mercado. A tutela coletiva de direitos em sede arbitral, *Revista de Arbitragem e Mediação*, São Paulo, n. 50, jul.-set. 2016. No prelo; e o estudo de MOREIRA, Alberto Camiña. A ação civil pública da Lei 7.913/89. Entre o direito coletivo e o direito societário. No prelo.

[59] ZACLIS, Lionel. *Proteção coletiva dos investidores no mercado de capitais*. São Paulo: RT, 2007. p. 178-183; e MOREIRA, Alberto Camiña. A ação civil pública da Lei 7.913/89. Entre o direito coletivo e o direito societário. No prelo.

como acontece naquele país com a maioria dessas ações[60]. Agora, está em curso uma ação de classe contra a Petrobras, na qual o juiz americano entendeu que era competente em relação aos adquirentes de ações da empresa que as compraram nos Estados Unidos, ações essas que têm a forma de ADRs (*American Deposit Receipts*), mas não quanto aos pleitos de acionistas que tinham comprado os seus títulos no Brasil[61]. A matéria está exposta detalhadamente em recente artigo publicado na revista Piauí[62]. A Petrobras alegou, em sua defesa, na ação em Nova Iorque, que, em virtude dos seus Estatutos, a matéria deveria ser decidida em arbitragem no Brasil e o juiz, após análise meticulosa da lei brasileira e de pareceres de juristas[63], chegou à conclusão que essa alegação era procedente. Não se discute mais, no processo americano, a competência do juízo arbitral, no caso a Câmara de Arbitragem do Mercado – CAM (da BM&FBovespa), por ter sido a mesma reconhecida naqueles autos pela própria empresa, como sendo o órgão competente para administrar a solução do litígio.

Sobre o assunto já se manifestaram, no plano doutrinário, vários juristas e professores brasileiros[64].

No passado, parecia predominante a tese de não existir responsabilidade da empresa em relação aos seus acionistas mesmo quando havia atos ilícitos dos dirigentes, pois se trataria de risco assumido por quem comprava ações. Acrescenta-se que, sendo o acionista parte integrante da sociedade, não a poderia responsabilizar. Caberia, pois, tão somente, a ação contra os administradores culpados e, eventualmente, contra o controlador, se provada ou presumida a culpa do mesmo.

Também se alegou que, no caso, o eventual prejuízo direto seria da companhia, que fora *vítima* do comportamento criminoso dos seus dirigentes, e não poderia ser responsabilizada pelo mesmo. A aplicação das normas do direito civil ao caso era contestada por alguns doutrinadores alegando que era norma geral, enquanto a Lei das S.A. era especial. Outros a afastaram sem maiores justificativas.

---

[60] RAKOFF, Jed S. The Cure for Corporate Wrongdoing: Class Actions vs. Individual Prosecutions. *New York Times Review of Books*, v. 62, n. 18, Nov. 19, 2015.

[61] Sentenças preliminares do Juiz Federal Jed S. Rakoff, de 07.07.2015 e 30.07.2015. *Revista de Arbitragem e Mediação*, n. 46, p. 107-111, jul.-set. 2015. O processo está atualmente suspenso em virtude e decisão da Corte de Apelação do Estado de New York.

[62] KAZ, Roberto. O petróleo é deles. *Revista Piauí*, n. 118, p. 48-52, jul. 2016.

[63] Pareceres dos Professores Leonardo Cantidiano e Érica Gorga, o primeiro publicado na *Revista de Arbitragem e Mediação*, n. 46, p. 76 e ss., jul.-set. 2015.

[64] MATTOS FILHO, Ary Oswaldo. *Direito dos valores mobiliários*. Rio de Janeiro: FGV, 2015; LEÃES, Luiz Gastão Paes de Barros. A responsabilidade civil das companhias de mercado. A tutela coletiva de direitos em sede arbitral, *Revista de Arbitragem e Mediação*, n. 50, jul.-set. 2016. No prelo; Modesto Carvalhosa em pareceres e obras doutrinárias e MOREIRA, Alberto Camiña. A ação civil pública da Lei 7.913/89. Entre o direito coletivo e o direito societário. No prelo. Também se alegou que os órgãos da sociedade, diretores e membros do Conselho, não deveriam ater aos prepostos referidos no Código Civil. Poucos autores chegaram a caracterizar a ação como sendo um produto, devendo o emissor ser considerado responsável pelos prejuízos causados em virtude de tê-los colocado em circulação (art. 931 do Código Civil) mesmo não se considerando o acionista como sendo um consumidor para fins de aplicação do Código de Defesa do Consumidor.

Consta que teria havido pareceres recentes de juristas, que ocuparam cargos importantes na CVM e que excluíram a responsabilidade da Petrobras no caso concreto, enquanto outro, que também tinham presidido a autarquia sustentava, em livro recente[65], a responsabilidade da empresa, entendimento também sufragado por outros eminentes juristas[66].

Por outro lado, o Ministério Público tem informado à imprensa[67] que pretende propor, nos próximos meses, uma ação civil pública contra a Petrobras para buscar a recomposição dos acionistas que compraram os títulos nos cinco últimos anos, pois os investidores acreditaram na seriedade da companhia, que perdeu grande parte dos seus ativos em virtude de corrupção e de desvios de dinheiro comprovados pela força tarefa da Lava Jato. Entende o MP que, embora seja difícil a quantificação do prejuízo dos acionistas, é evidente que os atos ilícitos devem ensejar uma indenização, sendo inviável que os compradores de ADR (recibos

---

[65] MATTOS FILHO, Ary Oswaldo. *Direito dos valores mobiliários*. Rio de Janeiro: FGV, 2015. p. 449 e seguintes.

[66] LEÃES, Luiz Gastão Paes de Barros. A responsabilidade civil das companhias de mercado. A tutela coletiva de direitos em sede arbitral. *Revista de Arbitragem e Mediação*, n. 50, jul.-set. 2016. No prelo. No mesmo sentido é, há longo tempo, o nosso entendimento, dele não discrepando o Professor Tavares Guerreiro que a respeito escreveu:

"[...] é individual a ação do acionista contra os administradores que infringem o dever de lealdade, dispondo de informação relevante, não divulgada ao público, para obter vantagem na venda de ações da companhia no mercado, em detrimento do acionista que, ignorando referida informação relevante, deixa de vender suas próprias ações. Se os dados reservados, de que dispõe o administrador, indicam uma tendência baixista das cotações das ações da companhia, o acionista sofre prejuízo se retém suas ações, na expectativa contrária, ou seja, na esperança de valorização das mesmas (art. 155, §§ 1.º e 3.º da Lei 6.404, que preveem a modalidade de infração conhecida como *insider trading*).

Na hipótese, não estão em jogo interesses sociais e, por isso mesmo, não está adstrito o acionista a qualquer prazo de prioridade para promover a responsabilidade dos administradores, como ocorre na ação social *ut singuli* prevista no § 3.º do art. 159, nem se requer do prejudicado uma participação percentual mínima no capital social, como ocorre na ação social *ut singuli* a que alude o § 4.º do mesmo dispositivo legal)" (GUERREIRO, José Alexandre Tavares. Responsabilidade dos administradores de Sociedades Anônimas. *Revista de Direito Mercantil*, n. 42, p. 83, abr-jun. 1981).

Mais recentemente, o Desembargador Carlos Henrique Abrão e a Professora Érica Gorga afirmaram: "Ondas de prejuízo, desconfiança e descrédito contaminam o mercado. Quando grandes companhias que mantêm forte classificação de risco (grau de investimento) e negociação em escala são postas em descrédito, todo o arcabouço estrutural é rompido e se contamina pelo risco" (Ondas e capitais, *Veja*, 20 abr. 2016, p. 73).

Por sua vez, a Professora Viviane Muller Prado esclarece que:

"Investidores devem ser indenizados pelos danos decorrentes de ilícitos praticados no mercado de valores mobiliários. A possibilidade de ressarcimento adequada de prejuízos tem relevância tanto para garantir a efetiva proteção dos investidores quanto para desestimular a prática de atos ilícitos por outros agentes e sinalizar a credibilidade e lisura do mercado de capitais" (PRADO, Viviane Muller; VILELA, Renato. Indenização de investidores por termo de compromisso. In: YARSHELL, Flávio Luiz; PEREIRA, Guilherme Setoguti J. (Coord.). *Processo societário II*. Adaptado ao novo CPC – Lei n.º 13.105/2015. São Paulo: Quartier Latin, 2015. p.823).

Não é outro o pensamento do Dr. Alberto Camiña Moreira, que a respeito concluiu em verdadeira monografia *A ação civil pública da Lei 7.913/89*. Entre o direito coletivo e o direito societário. No prelo.

[67] MP-SP vai cobrar ressarcimento aos investidores da Petrobras. *Valor Econômico*, 28 jul. 2016, p. B-4.

de depósito que equivalem às ações da Petrobras, mas são negociados no exterior) sejam ressarcidos e que os adquirentes das ações no Brasil não obtenham uma justa compensação.

Para o Promotor de Justiça Eronides dos Santos, o fundamento da ação no Brasil não deveria ser o invocado nos Estados Unidos, diante da diferença de legislação, justificando-se, todavia, a ação em nosso país pelo fato de ter havido gestão temerária da empresa e violação da legislação e da regulamentação em virtude da desinformação dos acionistas. Os pleitos das ações nos dois países têm a mesma finalidade, que é garantir a recomposição do patrimônio dos acionistas de modo que recebam o que teriam direito se não tivessem sido cometidos os atos ilícitos. Acrescenta o Promotor, na entrevista, que "o risco de mercado" não abrange a corrupção, o superfaturamento e a desgovernança. Para o Ministério Público, o governo também não podia "manipular o preço da gasolina e do diesel por tanto tempo". Finalmente, conclui que a ação civil pública torna-se a única possibilidade de se ressarcir o pequeno investidor, que não tem como arcar com as despesas da arbitragem em ações individuais, na forma prevista no Estatuto da empresa[68].

O que não ficou totalmente claro até agora na discussão é que, na realidade, há um tratamento próprio para a desinformação, pois fere a simetria de conhecimento dos investidores, sendo até violação ao princípio constitucional da igualdade (art. 5.º, inciso I, da CF). Justifica-se assim, uma responsabilidade da empresa, já que a ela cabe, por intermédio dos seus órgãos, mas em seu nome e sob sua constante fiscalização, informar os acionistas, retificar os balanços e publicar os atos relevantes. Não se tratam de atos de competência exclusiva de algum dos dirigentes, mas não só estariam todos eles solidários, no caso, como também haveria responsabilidade própria da empresa e do seu controlador pelas informações prestadas aos investidores ou pela omissão das mesmas. Do mesmo modo que não se tolera o *insider*, ou seja, o acionista (ou terceiro) com informação privilegiada, também não se admite que se faça dos acionistas minoritários verdadeiros *outsiders*, ou seja, pessoas desinformadas ou mal informadas aos quais se deu informação errada ou incompletas.

A minha posição na matéria data de mais de quarenta anos, pois, ainda em 1973, em parecer que dei à época, defendendo a responsabilidade da empresa pelos atos dos seus dirigentes, excluindo, todavia, o caso do *voto* do controlador, que deveria ser considerado como sendo da responsabilidade do mesmo e não da empresa[69].

Dez anos depois, escrevendo um artigo sobre a responsabilidade do *underwriter*[70] para a Revista da CVM, com a colaboração do meu colega de escritório e ilustre jurista, Nelson Eizirik, afirmei que, na sistemática vigente no modelo legal de proteção aos adquirentes de valores mobiliários em subscrição pública, o princípio fundamental é o da plena divulgação de informações (*disclosure*) por parte da companhia emissora e dos demais participantes no processo de emissão.

---

[68] Entrevista do Promotor Eronides Aparecido Rodrigues dos Santos ao *Valor Econômico*, 28 jul. 2016, p. B-4.

[69] WALD, Arnoldo. Da irresponsabilidade da sociedade anônima por decisões nulas ou abusivas da assembleia geral. *Revista de Direito Mercantil*, n. 12, p. 11-18, 1973.

[70] WALD, Arnoldo; EIZIRIK, Nelson. Responsabilidade do *Underwriter* pela veracidade das informações em uma emissão pública. *Revista da CVM*, Rio de Janeiro, n. 5, p. 53-62, maio-ago. 1984.

O princípio do *disclosure* é, na realidade, inspirado principalmente na legislação federal norte-americana sobre *securities*, referente à emissão e à oferta pública de ações, obrigações e outros títulos negociáveis. Foi defendido, já em 1914, por Louis D. Brandeis, que veio a ser juiz da Suprema Corte dos Estados Unidos e que preconizava, para o mercado de capitais, uma legislação nos moldes da *Pure Food Law*, a qual criara a obrigatoriedade, para o fabricante de alimentos, de divulgar os ingredientes utilizados, possibilitando assim ao consumidor aquilatar a qualidade da mercadoria adquirida. A nova legislação federal sobre mercado de capitais nos Estado Unidos, cujos marcos básicos são o *Securities Act* de 1933 e o *Securities and Exchange Act*, de 1934, incorporava precisamente o sentido do *disclosure*, estabelecendo a obrigatoriedade da prestação de informações fidedignas, sem, no entanto, excluir da competência da *Securities and Exchange Comission (SEC)* a possibilidade ou o dever de examinar a qualidade dos títulos ofertados. Assim, a legislação, ainda que não devesse retirar do cidadão o seu *inalienable right to make a fool of himself* (direito inalienável de fazer bobagens), deveria estar voltada no sentido de *prevent others from making a fool of him* (evitar que o fizessem de bobo)[71].

Verifica-se, assim, que o processo de *disclosure* é fundamental como elemento de proteção aos adquirentes de valores mobiliários de emissão pública.

Cabe, portanto, à legislação e regulamentação do mercado de valores mobiliários, o estabelecimento dos princípios de responsabilização pela prestação de informações falsas ou enganosas, que possam induzir em erro os investidores. Cabe, da mesma forma, aos aplicadores da legislação – que são a Comissão de Valores Mobiliários e o Poder Judiciário, em suas respectivas esferas de competência – impedir transgressões ao princípio do *disclosure*, responsabilizando os infratores, quando for o caso[72].

Conforme observou Waldirio Bulgarelli[73], o sistema da presunção da culpa, parece ser, em determinados casos, o mais prudente e justo, uma vez que, embora se aproximando do sistema objetivo por risco, dispensando ao autor a prova da culpa, permite ao Réu provar a ausência de sua atuação culposa. Nesse sentido, assinala que o mais cauteloso é a adoção da teoria da presunção da culpa, dispensando-se o Autor da Ação de fazer a prova de culpa, mas admitindo-se certas escusas pelo responsável.

Mais recentemente, em interessante palestra que proferiu no Instituto dos Advogados Brasileiros, em 2013, Nelson Eizirik acrescentou às nossas reflexões passadas as seguintes afirmações:

> [...] Não cabe ao Estado impedir uma companhia de fazer uma emissão pública de ações, de vender suas ações publicamente, o que ele pode fazer é exigir que ela preste as informações e, se for o caso, exigir a divulgação dos fatores de riscos desse investimento; uma vez informados os investidores, em princípio, estarão protegidos.

---

[71] LOSS, Louis. *Securities Regulation*. 2. ed. Boston: Little Brown and Company, 1961. v. 1, p. 128.

[72] WALD, Arnoldo; EIZIRIK, Nelson. Responsabilidade do *Underwriter* pela veracidade das informações em uma emissão pública. *Revista da CVM*, Rio de Janeiro, n. 5, p. 55, maio-ago. 1984.

[73] BULGARELLI, Waldirio. Apontamentos sobre a responsabilidade dos administradores das companhias. *Revista de Direito Mercantil*, n. 50, abr.-jun. 1983, p. 96.

862 | 20 ANOS DA LEI DE ARBITRAGEM

[...] Então se coloca uma questão que é bastante interessante: se *a companhia faz uma emissão pública e o investidor sente-se lesado, eventualmente poderia propor uma ação com base no CDC contra a instituição que fez a intermediação dos títulos no mercado, mas dificilmente terá sucesso na ação contra a companhia emissora, que afinal será a maior responsável*[74].

Neste sentido, a Lei 7.913/1989 contém não só normas processuais, mas também princípio de direito material aplicável tanto à ação civil pública como a qualquer lesado, quando estabelece a responsabilidade pela desinformação do investidor, responsabilidade que recai tanto sobre a empresa como sobre seus dirigentes e controladores[75]. Não é, pois, preciso recorrer por analogia ao CDC, pois temos uma responsabilidade própria decorrente da legislação do mercado de capitais.

Inicialmente reservada a competência da propositura da ação ao Ministério Público, foi posteriormente ampliada em virtude da Lei 8.078, de 11.09.1990 (Código de Defesa do Consumidor, art. 82, com a redação que foi dada pela Lei 9.008, de 21.03.1995), a outras entidades públicas e às associações representativas de interesses coletivos. É o entendimento da maioria dos tribunais e da doutrina.

V. CABIMENTO DA ARBITRAGEM

A submissão de questões de direito societário à arbitragem, que já foi objeto de divergências doutrinárias e jurisprudenciais, já é hoje pacífica em virtude tanto do texto legal do art. 3.º da Lei 13.129, de 26.05.2015, que completou a legislação anterior sobre a matéria. Também a jurisprudência é mansa e pacífica, com poucas divergências e a posição doutrinária já está consolidada[76].

---

[74] EIZIRIK, Nelson. Tendências do moderno direito societário. *Congresso dos 170 anos do IAB*. Textos apresentados no Rio de Janeiro, na sede do IAB em agosto de 2013. Rio de Janeiro: IAB, 2014. p. 83-84.

[75] Escrevemos a respeito atualizando, em coautoria com o Ministro Gilmar Mendes, o clássico livro sobre *Mandado de segurança*, do Professor Hely Lopes Meirelles, que: "Essa forma de ação civil pública explica-se tanto pelo interesse público que existe no desenvolvimento de um mercado de capitais sadio como pela impossibilidade prática de ser obtido de outra forma o ressarcimento dos danos muitas vezes sofridos por pequenos investidores. Estes, em geral, não têm as condições econômicas para intentar uma ação judicial, que pode exigir a prova de operações complexas e sofisticadas.

A legitimidade ativa é atribuída, de acordo com a Constituição, ao Ministério Público, que pode agir *ex officio*, em virtude ou não de inquérito civil, ou mediante solicitação da CVM, que é a entidade incumbida da fiscalização do mercado de capitais, nos termos da Lei 6.385/1976, ou, ainda, em virtude de provocação de qualquer pessoa.

Aplicando-se, todavia, a Lei 7.347/1985 como fonte subsidiária, 'no que couber' (art. 3.º da Lei 7.913/1989), admite-se que tenham legitimidade ativa concorrente as pessoas mencionadas no art. 5.º da Lei da Ação Civil Pública (a União, o Estado, o Município e as associações que tenham como finalidade a proteção do investidor, aplicando-se o art. 5.º, V, 'b'). Se a ação não for proposta pelo Ministério Público, caber-lhe-á exercer a função de *custos legis*" (*Mandado de segurança e ações constitucionais*. 36. ed. São Paulo: Malheiros, 2014. p. 258-259).

[76] WALD, Arnoldo. A desconsideração na arbitragem societária. *Revista de Arbitragem e Mediação*, n. 44, p. 49-64, jan.-mar. 2015; MACHADO, Rafael Bicca. *A arbitragem empresarial no Brasil:*

A questão a ser discutida, mais a respeito da *class action* do que da submissão do caso à arbitragem, é o próprio cabimento desse procedimento específico que se enquadra na ação civil pública, mas não se confunde com ela.

O problema básico da introdução da *class action* na arbitragem é referente ao consenso, pois não há arbitragem sem manifestação da vontade das partes, quer seja expressa, quer seja tácita. Pode a cláusula compromissória constar no próprio contrato ou em documento distinto, ou até em virtude de remissão a instrumento que trata da cláusula compromissória[77], aplicando-a ao caso concreto.

A grande dificuldade de admitir a ação civil pública na arbitragem consiste na impossibilidade de vincular quem não foi parte nela aos seus resultados, ou seja, de aplicar-lhes a decisão, proferida pelos árbitros. É o problema que surge quando se pensa nas relações de consumo ou no tocante às violações do direito ambiental, pela impossibilidade de submeter todos os consumidores e os demais cidadãos que vivem num determinado ambiente a uma decisão arbitral em processo no qual não foram partes e ao qual não aderiram.

A situação é diferente quando se trata do direito societário, na hipótese de termos, nos estatutos da empresa, uma cláusula que submete os litígios societários à arbitragem, norma estatutária essa cuja validade é prevista pela Lei das S.A. no seu art. 136-A e que vincula todos os acionistas (art. 3.º da Lei 13.129, de 26.05.2015).

Assim, como todos os acionistas da empresa estão, necessariamente, vinculados à cláusula compromissória[78], em relação a eles poder-se-ia presumir a adesão ao pedido de arbitragem coletiva. Poder-se-ia facultar-lhes a possibilidade de não concordarem no caso específico com

---

uma análise pela nova sociologia econômica do direito. Porto Alegre: Livraria do Advogado, 2009; MARTINS, Pedro A. Batista. *Arbitragem no direito societário*. São Paulo: Quartier Latin, 2012; LEVY, Fernanda Rocha Lourenço. *Cláusulas escalonadas*. A mediação comercial no contexto da arbitragem. São Paulo: Saraiva, 2013; STEIN, Raquel. *Arbitrabilidade do direito societário*. Rio de Janeiro: Renovar, 2014; FRANZONI, Diego. *Arbitragem societária*. São Paulo: RT, 2015; DECCACHE, Antonio Carlos Fernandes. *Cláusula de arbitragem nos contratos comerciais internacionais*. Seus requisitos de forma e a jurisprudência do STJ. São Paulo: Atlas, 2015; TELLECHEA, Rodrigo. *Arbitragem nas Sociedades Anônimas*: direitos individuais e princípio majoritário. São Paulo: Quartier Latin, 2016; WEBER, Ana Carolina. Arbitragem e direito societário. In: MELO, Leonardo de Campos; BENEDUZI, Renato Resende (Coord.). *A reforma da arbitragem*. Rio de Janeiro: Forense, 2016. p. 59-81. No exterior, as principais monografias são: COHEN, Daniel. *Arbitrage et société*. Paris: LGDJ, 1993; e CAPRASSE, Olivier. *Les sociétés et l'arbitrage*. Bruxelles: Bruylant, 2002.

[77] No REsp 1.569.422/RJ, o STJ entendeu que bastava que a cláusula compromissória constasse num outro documento firmado pela parte impugnante da arbitragem, ou em Regulamento aceito pelas partes, para justificar a sua realização, Vide WALD, Arnoldo. Do descabimento da ação para impedir o funcionamento da arbitragem internacional e o princípio da competência prioritária dos árbitros. In: BOMFIM, Ana Paula Rocha do, MENEZES, Hellen Monique Ferreira de (Coord.). *Dez anos da Lei de Arbitragem*: aspectos atuais e perspectivas para o instituto. Rio de Janeiro: Lumen Juris, 2007. p. 45-56; e comentários de *Riccardo Giuliano Figueira Torre e Antonio Alberto Rondina Cury, Revista de Arbitragem e Mediação*, n. 50, jul.-set. 2016. No prelo.

[78] Com a legislação de 2015, está superada *ex vi legis* a discussão que existia anteriormente em relação aos acionistas dissidentes da decisão de incluir a cláusula compromissória ou aos que integraram posteriormente a sociedade.

a aplicação da mesma, por manifestação expressa (*opt out*), ou ainda permitindo-se- lhes a adesão à arbitragem num determinado prazo (*opt in*). No último caso, não há dúvida alguma que a arbitragem será vinculatória quando houver cláusula compromissória no estatuto. No caso do *opt out*, talvez se tivesse que prever a situação nos Estatutos, nos quais também se poderia admitir que um agente fiduciário representasse os minoritários, numa figura análoga ao agente fiduciário dos debenturistas, para fins de arbitragem, sem prejuízo de, eventualmente, poder-se admitir que revogassem o mandato dado ao agente fiduciário, o que se discutiria caso a caso, considerando-se eventualmente, que se trata de condição do negócio[79].

Também é viável que uma associação de defesa dos direitos dos investidores requeira a arbitragem, ou até que seja criada para o fim específico de proteger os investidores num determinado caso. A sua intervenção na arbitragem poderá depender da redação das cláusulas estatutárias[80].

No direito português, por se tratar de matéria de direito constitucional, a doutrina entende que a própria ação civil pública, chamada "ação popular", seja utilizada em arbitragem[81], o que nos parece um pouco mais complicado no direito brasileiro e exigiria uma análise mais profunda que nos reservamos para fazer no futuro.

Por outro lado, se houver diversas arbitragens contra a mesma companhia requerida na mesma Câmara por diversos acionistas, atuais ou passado, poderia haver a consolidação das arbitragens, considerando-se o momento do pedido, a concordância das partes e o Regulamento da Câmara de Arbitragem que trata do assunto.

Além dos Estados Unidos, nos quais já foram propostas milhares de ações de classe no direito societário, terminando na maioria das vezes por acordo[82], os demais países estão pensando em introduzir, de um modo ou de outro, a ação de grupo ou *class action* como meio de proteger adequadamente os consumidores e os investidores[83].

---

[79] Já fizemos proposta neste sentido no artigo A crise e a arbitragem no direito societário e bancário, publicado na *Revista de Arbitragem e Mediação*, n. 20, p. 9-24, jan.-mar. 2009.

[80] Se os estatutos só vincularem os acionistas, poder-se-ia alegar eventualmente, que a associação, tendo personalidade jurídica própria, não seria no caso, parte legítima. Já o contrário parece-me ocorrer com nos casos de condomínio que podem assumir a forma de fundos.

[81] MONTEIRO, António Pinto; JÚDICE, José Miguel. Class actions & arbitration in the European Union – Portugal. *Estudos em homenagem a Miguel Galvão Teles*. Coimbra: Almedina, 2012. v. 2, p. 189-205.

[82] Jed S. Rakoff, *Revista de Arbitragem e Mediação*, n. 46, p. 107-111, jul.-set. 2015. A respeito, interessante artigo do juiz Jed S. Rakoff, The Cure for Corporate Wrongdoing: Class Actions vs. Individual Prosecutions. *New York Times Review of Books*, v. 62, n. 18, Nov. 19, 2015.

[83] HANOTIAU, Bernard. Classwide Arbitration. *Complex Arbitrations, Multiparty, Multicontract, Multi- -issue and Class Actions*. Nehterlands: Kluwer Law, 2005. p. 257-279; FONTMICHEL, Maximin de. Arbitrage et actions de groupe – les leçons nord-américaines. *Revue de l'Arbitrage*, n. 4, p. 655-657, 2008; MÜLLER, Christoph. Class Arbitration. In: GAUCH, Peter; WERRO, Franz; PICHONNAZ, Pascal (Ed.). *Mélanges en l'honneur de Pierre Tercier*. Zurich: Schulthess, 2008. p. 905-923; BORN, Gary B. Class Arbitrations. *International Commercial Arbitration*. New York: Kluwer, 2009. p. 1226-1232; NATER-BASS, Gabrielle. Class Action Arbitration: A New Challenge? *ASA Bulletin*, v. 27, n. 4, p. 671-690, 2009; AKSEN, Gerard. Class actions in arbitration and enforcement issues: an arbitrator's

No Brasil, parece que seria um meio efetivo e relativamente rápido de resolver os litígios societários, que pela sua natureza, não podem durar muito tempo e nos quais as companhias estariam protegidas pela confidencialidade. Já afirmamos que a arbitragem não é somente um meio de solução de litígios, mas também uma forma eficiente de induzir as partes a fazerem acordos justos e equitativos, e de qualquer modo razoáveis, como se tem comprovado na própria prática em nosso país e no exterior[84].

Os árbitros, aliás, em vários casos, se dedicam a convencer as partes a respeito dos direitos que efetivamente têm, e que frequentemente desconhecem ou cuja fragilidade querem ignorar. Algumas vezes os Diretores das empresas têm pouca informação até em relação ao modo e às condições nas quais os fatos realmente ocorreram e ensejaram o conflito, e que determinados interessados nem sempre analisaram previamente em profundidade, limitando-se a receber relatórios incompletos de subordinados. Assim, já se sugeriu que, antes do julgamento, diante dos cenários apresentados pelas partes, em geral contraditórios, o tribunal arbitral apresentasse aquele que lhe parece o verdadeiro, tanto quanto aos fatos como no tocante aos direitos, para que os contendores tenham uma ideia exata da sua situação, sem que tal procedimento importe em prejulgamento do caso[85]. Dar-se-ia, assim, aos demandantes e demandados, a possibilidade de encaminhar um acordo razoável com pleno conhecimento dos fatos e das tendências e argumentos

---

point of view. In: HANOTIAU, Bernard; SCHWARTZ, Eric A. (Ed.). *Multiparty Arbitration*. Paris: ICC, 2010. p. 215-221; STRONG, S. I. Class arbitration outside the United States: reading the tea leaves. In: HANOTIAU, Bernard; SCHWARTZ, Eric A. (Ed.). *Multiparty Arbitration*. Paris: ICC, 2010. p. 183-213; BARNES, Robert. Supreme Court says arbitration agreements can ban class-action efforts. *The Washington Post*, April 27, 2011; STRONG, S. I. Collective Arbitration Under the DIS Supplementary Rules for Corporate Law Disputes: A European Form of Class Arbitration? *ASA Bulletin*, 1/2011, p. 145-165; MONTEIRO, António Pinto; JÚDICE, José Miguel. Class actions & arbitration in the European Union – Portugal. In: *Estudos em homenagem a Miguel Galvão Teles*. Coimbra: Almedina, 2012. v. 2, p. 189-206; STRONG, S. I. Resolving Mass Legal Disputes Through Class Arbitration: The United States and Canada Compared. 37 *N.C.J. Int'l L. & Com. Reg.* 921 (2012); Anotação ao acórdão Green Tree Financial Corp. v. Bazzle, Supreme Court of the United States, 23.06.2003 – class arbitration. *100 anos de arbitragem*: os casos essenciais comentados. Coimbra: Coimbra Editora, 2015. p. 239-252. (Coleção PLMJ, n.º 9.); JÚDICE, José Miguel. Collective Arbitration in Europe, In: HANOTIAU, Bernard; SCHWARTZ, Eric A. (Ed.). *Class and Group Actions in Arbitration*. Paris: ICC, 2016. p. 46-57; CREELAN, Jeremy M; WOLF, Daniel H. 'Tyson Foods': Bifurcation. Taking Center Stage? *New York Law Journal*, May 23, 2016; Case 15-11455, 21.03.2016, Robert Brown, Michael Vogler vs Electrolux Home Products, Inc.

[84] WALD, Arnoldo. A arbitragem como indução de acordo entre as partes. *Revista de Arbitragem e Mediação*, n. 42, p. 133-144, jul.-set. 2014.

[85] WALD, Arnoldo. A arbitragem como solução rápida e eficaz nos conflitos societários. *Revista Direito ao Ponto*, São Paulo, n. 7, p. 15-17, 2011. É a sugestão de Klaus Sachs exposta no artigo de Julie Bédard, The Sachs-Wälde-Reichert Method. *Revista de Arbitragem e Mediação*, n. 19, p. 135-138, out.-dez. 2008; e na apresentação de Elliott Geisinger, no *ASA Bulletin*, 4/2015, p. 731. Não é sem razão que, em obra recente, William Ury examina que na conciliação como na diplomacia uma das principais condições de sucesso era a parte convencer-se de sua verdadeira situação e da visão que o adversário tem da sua condição (*Como chegar ao sim com você mesmo*. O primeiro passo em qualquer negociação, conflito ou conversa difícil. Rio de Janeiro: Sextante, 2015).

aceitos ou rejeitados em tese pelo tribunal que poderiam, todavia, ser justificadamente contestados num prazo curto pelas partes e não importariam em prejulgamento.

VI. CONCLUSÕES

Já os romanos diziam: "Si vis pacem para bellum" (sc queres a paz, prepara-te para a guerra)[86], e John Kennedy já afirmou que diante de um conflito, a melhor solução é um acordo. Se o acordo não for possível, uma conciliação. Se não houver viabilidade de conciliação, então caberá a arbitragem[87]. Se não der, o pior será sempre a solução judicial. É verdade em qualquer ramo do direito, mas especialmente no direito societário, no qual o conflito entre as partes se reflete na sua atuação operacional e no seu crédito. Muitos processos societários que duram longo tempo na justiça acabam na falência ou na recuperação judicial, ou extrajudicial da empresa.

Passou o tempo em que não se devia discutir o que nunca se tinha feito. Reagimos contra dogmas que deixaram de ter a natureza vinculatória do passado. Deixaram de ser dogmas e passaram a ser mitos, que constituem o que Toffler denomina "a armadilha do obsoletismo"[88].

Continuando e atualizando as lições de Petrônio Muniz, talvez seja o momento de pensar na *class action* na arbitragem, sob uma forma ou outra, em maiores ou menores dimensões, podendo ser introduzida no direito nacional com mais facilidade e eficiência em determinados setores.

BIBLIOGRAFIA

ALEM, Fabio Pedro; MEDICI JR., Fernando. Novas tendências para solução de conflitos nas relações de consumo – arbitragem. In: VERÇOSA, Haroldo Malheiros Duclerc (Org.). *Aspectos da arbitragem institucional*. 12 anos da Lei 9.307/1996. São Paulo: Malheiros, 2008. p. 281-298.

ALMEIDA, André de; YOSHIDA, Natalie; WALDMAN, Chet B.; MADOFF, Emily. Mecanismos legais de proteção a investidores no mercado de capitais dos EUA – Estudo comparado com regulamentação brasileira. *Revista de Direito Bancário e do Mercado de Capitais*, São Paulo, n. 60, p. 115-126, abr.-jun. 2013.

AKSEN, Gerard. Class actions in arbitration and enforcement issues: an arbitrator's point of view. In: HANOTIAU, Bernard; SCHWARTZ, Eric A. (Ed.). *Multiparty Arbitration*. Paris: ICC, 2010. p. 215-221.

BARNES, Robert. Supreme Court says arbitration agreements can ban class-action efforts. *The Washington Post*, April 27, 2011.

BARROSO, Luís Roberto. A proteção coletiva dos direitos no Brasil e alguns aspectos da *Class Action* norte-americana. *Revista de Processo*, São Paulo, n. 130, p. 131-153, dez. 2005.

---

[86] Vegécio: compêndio da arte militar, apud RÓNAI, Paulo. *Dicionário Universal de Citações*. Rio de Janeiro: Nova Fronteira, 1985.

[87] Statement to railroad and operating rail union officials at White House, *New York Times*, 7 out. 1963.

[88] TOFFLER, Alvin; TOFFLER, Heidi. *Revolutionary wealth*. New York: Alfred A. Knopf, 2006. Chapter 17 – The obsoledge trap, p. 111.

BÉDARD, Julie. The Sachs-Wälde-Reichert Method. *Revista de Arbitragem e Mediação*, São Paulo, n. 19, p. 135-138, out.-dez. 2008.

BERMUDES, Sergio. A legitimidade processual do Ministério Público e das associações na tutela do investidor de fundos. *Revista Trimestral de Direito Civil*, Rio de Janeiro, n. 27, p. 117-123, jul.-set. 2006.

BLACK, Bernard S., Strengthening Brazil's securities markets. *Revista de Direito Mercantil*, São Paulo, n. 120, p. 41-55, out.-dez. 2000.

BORN, Gary B. *International Commercial Arbitration*. New York: Kluwer, 2009.

BRUSCATO, Wilges. A proteção judicial aos investidores no mercado de valores mobiliários. *Revista de Direito Bancário e do Mercado de Capitais*, São Paulo, n. 28, p. 124-145, abr.-jun. 2005.

BUENO, Cássio Scarpinella. As *class actions* norte-americanas e as ações coletivas brasileiras: pontos para uma reflexão conjunta. *Revista de Processo*, São Paulo, n. 82, p. 92-151, abr.-jun. 1996.

BUSHATSKY, Daniel. A reforma da lei e a arbitragem no direito societário: importância da sociedade empresária, oportunidade de reforço e regramento do instituto e proteção ao acionista minoritário. In: CAHALI, Francisco José; RODOVALHO, Thiago; FREIRE, Alexandre (Org.). *Arbitragem*: estudos sobre a Lei n. 13.129, de 26.05.2015. São Paulo: Saraiva, 2016. p. 145-161.

CAMINHA, Uinie. Arbitragem como instrumento de desenvolvimento do mercado de capitais. In: VERÇOSA, Haroldo Malheiros Duclerc (Org.). *Aspectos da arbitragem institucional*. 12 anos da Lei 9.307/1996. São Paulo: Malheiros, 2008. p. 93-113.

CÂNDIA, Eduardo. Tutela jurisdicional coletiva dos investidores no mercado de valores mobiliários; quem são os colegitimados ativos para a ação civil pública? *Revista de Direito Bancário e do Mercado de Capitais*, São Paulo, n. 52, p. 77-92, abr.-jun. 2011.

CAPRASSE, Olivier. *Les sociétés et l'arbitrage*. Bruxelles: Bruylant, 2002.

CARMONA, Carlos Alberto. Flexibilização do procedimento arbitral. *III Congresso do Centro de Arbitragem da Câmara de Comércio e Indústria Portuguesa (Centro de Arbitragem Comercial)*, Lisboa, 2009, p. 161-180.

CASTRO, Carlos Osório. A informação do direito do mercado de valores mobiliários. *Direito dos valores mobiliários*. Lisboa: Lex, 1997. p. 333-347.

COELHO, Fábio Ulhoa. Legal protection of investments. *Revista Semestral de Direito Empresarial*, Rio de Janeiro, n. 14, p. 191-104, jan.-jun. 2014.

_____. *O futuro do direito comercial*. São Paulo: Saraiva, 2011.

COHEN, Daniel. *Arbitrage et société*. Paris: LGDJ, 1993.

COSSÍO, Francisco González de. Mexican Supreme Court takes an apposite view on arbitration and class actions. *IBA – Arbitration News*, v. 21, n. 1, p. 85-86, 2016.

CRUZ E TUCCI, José Rogério. *"Class action" e o mandado de segurança coletivo*. São Paulo: Saraiva, 1990.

DECCACHE, Antonio Carlos Fernandes. *Cláusula de arbitragem nos contratos comerciais internacionais*. Seus requisitos de forma e a jurisprudência do STJ. São Paulo: Atlas, 2015.

EIZIRIK, Nelson. Tendências do moderno direito societário. *Congresso dos 170 anos do IAB*. Textos apresentados no Rio de Janeiro, na sede do IAB em agosto de 2013. Rio de Janeiro: IAB, 2014. p. 83-84.

_____; WALD, Arnoldo. Responsabilidade do *underwriter* pela veracidade das informações em uma emissão pública. *Revista da CVM*, Rio de Janeiro, n. 5, p. 53-62, maio-ago. 1984.

FONTMICHEL, Maximin de. Arbitrage et actions de groupe – les leçons nord-américaines. *Revue de l'Arbitrage*, n. 4, p. 655-657, 2008.

FORGIONI, Paula A. *A evolução do direito comercial brasileiro*. São Paulo: RT, 2012.

FRANÇOLIN, Wanessa de Cássia. Ação civil pública: foco na responsabilidade por danos causados aos investidores no mercado de valores mobiliários (Lei 7.913/89). *Revista de Processo*, São Paulo, n. 157, p. 243-260, mar. 2008.

FRANZONI, Diego. *Arbitragem societária*. São Paulo: RT, 2015.

FREITAS, José Lebre de. Intervenção de terceiros em processo arbitral. *Revista de Processo*, São Paulo, n. 209, p. 433-449, jul. 2012.

GIDI, Antonio. *A class action como instrumento de tutela coletiva dos direitos*. São Paulo: RT, 2007.

GRINOVER, Ada Pellegrini. A tutela coletiva dos investidores no mercado de valores mobiliários: questões processuais. In: YARSHELL, Flávio Luiz; PEREIRA, Guilherme Setoguti J. (Coord.). *Processo societário*. São Paulo: Quartier Latin, 2012. p. 27-58.

GUERRERO, Luis Fernando; FERNANDES, Julio Cesar. Arbitration in Consumer Contracts. American Federal Arbitration Act. Class-Action Denial in Arbitration Agreements. Supreme Court of the United States. AT&T Mobility LLC. V. Concepcion Et Ux. Decided April 27, 2011. *Revista Brasileira de Arbitragem*, Curitiba, n. 35, p. 155-186, jul.-set. 2012.

HANOTIAU, Bernard. *Complex Arbitrations, Multiparty, Multicontract, Multi-issue and Class Actions*. Nehterlands: Kluwer Law, 2005.

HOWES, B. Ted; BANKS, Hannah. A Tale of Two Arbitration Clauses: the Lessons of Oxford Health Plans LLC v. Sutter for the Future of Class-Action Arbitration in the United States. *Journal of International Arbitration*, v. 30, n. 6, p. 727-734, 2013.

JÚDICE, José Miguel. Collective Arbitration in Europe, In: HANOTIAU, Bernard; SCHWARTZ, Eric A. (Ed.). *Class and Group Actions in Arbitration*. Paris: ICC, 2016. p. 46-57.

LEÃES, Luiz Gastão Paes de Barros. A responsabilidade civil das companhias de mercado. A tutela coletiva de direitos em sede arbitral. *Revista de Arbitragem e Mediação*, São Paulo, n. 50, jul.-set. 2016. No prelo.

_____. *Do direito do acionista ao dividendo*. São Paulo: Obelisco, 1969.

_____. *Mercado de capitais e* insider trading. São Paulo: RT, 1982.

LÉVY, Daniel de Andrade. Estudo comparado da arbitragem no mercado de capitais. *Revista de Direito Mercantil*, São Paulo, n. 155-156, p. 275-300, ago.-dez. 2010.

LEVY, Fernanda Rocha Lourenço. *Cláusulas escalonadas*. A mediação comercial no contexto da arbitragem. São Paulo: Saraiva, 2013.

MACEDO, Paulo Garcia Neto. *Processos arbitrais relacionados*: poderes dos árbitros para decidir sobre questões de conexidade. 2016. Tese (Doutorado) – USP, São Paulo.

MACHADO, Rafael Bicca. *A arbitragem empresarial no Brasil*: uma análise pela nova sociologia econômica do direito. Porto Alegre: Livraria do Advogado, 2009.

MANCUSO, Rodolfo de Camargo. Ação civil pública para tutela dos interesses dos titulares de valores mobiliários e investidores do mercado. Uma análise da Lei 7.913, de 07.12.1989. *Revista dos Tribunais*, São Paulo, n. 650, p. 31-39, dez. 1989.

MARIANI, Rômulo Greff. *Arbitragens coletivas no Brasil*. São Paulo: Atlas, 2015.

MARTINS, Pedro A. Batista. *Arbitragem no direito societário*. São Paulo: Quartier Latin, 2012.

MATTOS FILHO, Ary Oswaldo. *Direito dos valores mobiliários*. Rio de Janeiro: FGV, 2015.

_____. O Bovespexit?, *O Estado de S. Paulo*, 26 jun. 2016.

MENEZES, Caio Campello. O papel do *amicus curiae* nas arbitragens. *Revista de Arbitragem e Mediação*, São Paulo, n. 12, p. 94-102, jan.-mar. 2007.

MONTEIRO, António Pedro Pinto. Anotação ao acórdão Green Tree Financial Corp. v. Bazzle, Supreme Court of the United States, 23.06.2003 – class arbitration. *100 anos de arbitragem*: os casos essenciais comentados. Coimbra: Coimbra Editora, 2015. p. 239-252. (Coleção PLMJ, n.º 9.)

_____; JÚDICE, José Miguel. Class actions & arbitration in the European Union – Portugal. *Estudos em homenagem a Miguel Galvão Teles*. Coimbra: Almedina, 2012. v. 2, p. 189-205.

MÜLLER, Christoph. Class Arbitration. In: GAUCH, Peter; WERRO, Franz; PICHONNAZ, Pascal (Ed.). *Mélanges en l'honneur de Pierre Tercier*. Zurich: Schulthess, 2008. p. 905-923.

MUNIZ, Petrônio R. G. *Operação Arbiter*. Brasília: ITN, 2005.

NATER-BASS, Gabrielle. Class Action Arbitration: A New Challenge? *ASA Bulletin*, v. 27, n. 4, p. 671-690, 2009.

NERY, Ana Luiza Barreto de Andrade Fernandes. *Class arbitration*: instauração de processo arbitral para a resolução de conflitos envolvendo direitos de natureza transindividual. 2015. Tese (Doutorado) – PUC, São Paulo.

NOGUEIRA, Gustavo. A coletivização das demandas individuais no NCPC e sua convivência com as demandas coletivas. *Revista de Processo*, São Paulo, n. 255, p. 291-308, maio 2016.

OIOLI, Erik Frederico; LEIRIÃO FILHO, José Afonso. Os empecilhos à tutela judicial dos investidores do mercado de capitais e a Class Action no Brasil. In: YARSHELL, Flávio Luiz; PEREIRA, Guilherme Setoguti J. (Coord.). *Processo societário II*. Adaptado ao novo CPC – Lei n.º 13105/2015. São Paulo: Quartier Latin, 2015. p. 167-194.

PEREIRA, Cesar Augusto Guimarães; QUINTÃO, Luisa. Entidades representativas (art. 5.º, XXI, da CF) e arbitragem coletiva no Brasil. *Revista de Arbitragem e Mediação*, São Paulo, n. 47, p. 105-126, out.-dez. 2015.

PITTA, André Grünspun. *O regime de informação das companhias abertas*. São Paulo: Quartier Latin, 2013.

PRADO, Viviane Muller; VILELA, Renato. Indenização de Investidores por termo de compromisso. In: YARSHELL, Flávio Luiz; PEREIRA, Guilherme Setoguti J. (Coord.). *Processo societário II*. Adaptado ao novo CPC – Lei n.º 13105/2015. São Paulo: Quartier Latin, 2015. p.823-844.

RODRIGUES, Rafael Molinari. Responsabilidade civil do Banco Central do Brasil pelos prejuízos sofridos por investidores nos mercados financeiros e de capitais. *Revista de Direito Bancário e do Mercado de Capitais*, São Paulo, n. 62, p. 73-88, out.-dez. 2013.

SILVA, Rodrigo Alves da. Os fundos de investimentos financeiros à luz do Código de Defesa do Consumidor: a proteção jurídica do investidor. *Revista de Direito Privado*, São Paulo, n. 13, p. 187-249, jan.-mar. 2003.

SILVEIRA LOBO, Carlos Augusto. Arbitragem coletiva anulatória de deliberação de assembleia geral de companhia. *Revista de Arbitragem e Mediação*, São Paulo, n. 37, p. 25-34, jul.-set. 2013.

SPITZ, Nicolas. *La réparation des préjudices boursiers*. Paris: Revue Banque Édition, 2010.

STEIN, Raquel. *Arbitrabilidade do direito societário*. Rio de Janeiro: Renovar, 2014.

STRONG, S. I. Class arbitration outside the United States: reading the tea leaves. In: HANOTIAU, Bernard; SCHWARTZ, Eric A. (Ed.). *Multiparty Arbitration*. Paris: ICC, 2010. p. 183-213.

_____. Collective Arbitration Under the DIS Supplementary Rules for Corporate Law Disputes: A European Form of Class Arbitration? *ASA Bulletin*, 1, p. 145-165, 2011.

_____. Resolving Mass Legal Disputes Through Class Arbitration: The United States and Canada Compared. 37 *N.C.J. Int'l L. & Com. Reg.* 921 (2012).

TELLECHEA, Rodrigo. *Arbitragem nas Sociedades Anônimas*: direitos individuais e princípio majoritário. São Paulo: Quartier Latin, 2016.

TIMM, Luciano B.; TELLECHEA, Rodrigo. A arbitragem como forma de resolução de conflitos nos acordos de acionistas. In: YARSHELL, Flávio Luiz; PEREIRA, Guilherme Setoguti J. (Coord.). *Processo societário*. São Paulo: Quartier Latin, 2015. v. 2, p. 401-426.

TOLEDO, Paulo Fernando Campos Salles de. A Lei 7.913 de 07.12.1989. A tutela judicial do mercado de valores mobiliários. *Revista de Direito Mercantil*, São Paulo, n. 80, p. 138-148, out.-dez. 1990.

VASCO, José Alexandre Cavalcanti. A proteção e educação ao investidor: 1976/2006. *Revista de Direito Bancário e do Mercado de Capitais*, São Paulo, n. 34, p. 153-180, out.-dez. 2006.

VERÇOSA, Haroldo Malheiros Duclerc. Notas sobre o regime jurídico das ofertas ao público de produtos e serviços e valores mobiliários no direito brasileiro: uma questão de complementação da proteção de consumidores e de investidores. *Revista de Direito Mercantil*, São Paulo, n. 105, p. 74-83, jan.-mar. 1997.

WALD, Arnoldo. A arbitragem como indução de acordo entre as partes. *Revista de Arbitragem e Mediação*, São Paulo, n. 42, p. 133-144, jul.-set. 2014.

_____. A arbitragem como solução rápida e eficaz nos conflitos societários. *Revista Direito ao Ponto*, São Paulo, n. 7, p. 15-17, 2011.

_____. A desconsideração na arbitragem societária. *Revista de Arbitragem e Mediação*, São Paulo, a. 12, n. 44, p. 49-64, jan.-mar. 2015.

_____. A evolução da empresa e o novo direito empresarial (um novo direito para uma nova economia). *Revista de Direito da Associação dos Advogados do novo Estado do Rio de Janeiro*, n. 14, p. 159-170, 2004.

_____. Do descabimento da ação para impedir o funcionamento da arbitragem internacional e o princípio da competência prioritária dos árbitros. In: BOMFIM, Ana Paula Rocha do, MENEZES, Hellen Monique Ferreira de (Coord.). *Dez anos da Lei de Arbitragem*: aspectos atuais e perspectivas para o instituto. Rio de Janeiro: Lumen Juris, 2007. p. 45-56.

_____; EIZIRIK, Nelson. Responsabilidade do *underwriter* pela veracidade das informações em uma emissão pública. *Revista da CVM*, Rio de Janeiro, n. 5, p. 53-62, maio-ago. 1984.

WALFRIDO, Jorge Warde Jr.; CUNHA, Fernando Antonio Maia da. A arbitragem e os limites à atuação do judiciário nos litígios societários. In: YARSHELL, Flávio Luiz; PEREIRA, Guilherme Setoguti J. (Coord.). *Processo societário*. São Paulo: Quartier Latin, 2012. p. 725-758.

WEBER, Ana Carolina. Arbitragem e direito societário. In: MELO, Leonardo de Campos; BENEDUZI, Renato Resende (Coord.). *A reforma da arbitragem*. Rio de Janeiro: Forense, 2016. p. 59-81.

WHITEHILL, Willian G. Class Actions and Arbitration Murky Waters: Stolt-Nielsen S.A. v. Animal Feedes International Corp. *World Arbitration & Mediation Review*, v. 4, n. 1, p. 1-25, 2010.

ZACLIS, Lionel. *Proteção coletiva dos investidores no mercado de capitais*. São Paulo: RT, 2007. Apresentação de Arnoldo Wald.

ZAVASCKI, Teori Albino. Tutela jurisdicional dos acionistas e investidores no mercado de valores mobiliários. *Simpósio sobre Direito dos Valores Mobiliários*. Brasília: Conselho da Justiça Federal/Centro de Estudos Judiciários, 1998.

CLÁUSULA COMPROMISSÓRIA ESTATUTÁRIA E A VINCULAÇÃO DOS ADMINISTRADORES

FRANCISCO ANTUNES MACIEL MÜSSNICH

Sumário: 1. A administração das sociedades – 2. O § 3.º do art. 109 da Lei 6.404/1976 – 3. O cerne da questão: a vinculação do administrador: 3.1. A experiência italiana; 3.2. A experiência brasileira; 3.3. A divergência doutrinária; 3.3.1. Os Regulamentos do Novo Mercado e do Nível 2 de Governança Corporativa – 4. Conclusão.

1. A ADMINISTRAÇÃO DAS SOCIEDADES

A Lei 6.404/1976, que regula as sociedades por ações, na Sessão IV de seu Capítulo XII, nos arts. 153 a 160, cuida dos deveres e responsabilidades dos administradores de companhias, ou seja, dos membros da Diretoria e, se houver, do Conselho de Administração. Entende-se que, "o administrador deve exercer as atribuições que a lei e o estatuto lhe conferem para lograr os fins e no interesse da companhia, satisfeitas as exigências do bem público e da função social da empresa"[1].

Relativamente à responsabilidade civil dos administradores, de acordo com o art. 158 da Lei 6.404/1976, o administrador não será pessoalmente responsável pelas obrigações que contrair em nome da companhia, em virtude de ato regular de gestão. Será responsável, no entanto, se proceder com culpa ou com dolo, ou, ainda, em violação da lei ou do estatuto social.

Observa-se, atualmente, crescente profissionalização da função de administrador. É cada vez mais comum que a administração de uma companhia seja exercida por um profissional que não é titular de qualquer participação acionária. A contratação para o cargo é realizada de acordo com a qualificação técnica do executivo e não fica subordinada à existência de qualquer participação societária desse profissional.

A partir desta realidade, surgem diversos questionamentos, quando há previsão de cláusula compromissória no estatuto social de determinada companhia, em relação à

---

[1]   Art. 154 da Lei 6.404/1976.

vinculação de administrador que não ostenta a condição de acionista. O tema é sensível e a discussão é necessária, pois diversos são os casos em que a administração está ligada a algum conflito com a companhia ou com seus acionistas.

A doutrina acerca do assunto diverge. Há quem sustente um posicionamento mais aberto e permita que a cláusula compromissória estatutária abranja o administrador, que ficaria a ela vinculado automaticamente. Há também um número considerável de doutrinadores que adota posição mais conservadora, asseverando que esses profissionais não seriam abrangidos pela cláusula compromissória estatutária. No entanto, a maior parte dos autores que assim referem, considera possível a vinculação em caso de adesão expressa do profissional à cláusula arbitral por instrumento em separado, como, por exemplo, o termo de posse.

Pontua-se, inicialmente, que os questionamentos surgem, principalmente, por conta da previsão expressa no § 3.º do art. 109 da Lei 6.404/1976, o qual será detidamente analisado no tópico seguinte, para que se compreenda melhor a natureza da controvérsia.

2. O § 3.º DO ART. 109 DA LEI 6.404/1976

A Lei 10.303, de 31.10.2001, buscando suprir lacuna legislativa, alterou a Lei 6.404/1976 e incluiu o § 3.º ao seu art. 109[2] para permitir que as companhias, por maioria, pudessem deliberar a inserção de cláusula compromissória no estatuto social. A intenção do legislador com essa inclusão foi, precisamente, acrescentar uma nova alternativa de procedimento para resolução de divergências entre os diversos atores da companhia.

Vale ressaltar, nesse ponto, que a disposição contida nesse parágrafo em tese poderia não se coadunar com o disposto no § 2.º do mesmo art. 109, o qual prevê que "os meios, processos ou ações que a lei confere ao acionista para assegurar os seus direitos não podem ser elididos pelo estatuto ou pela assembleia geral". No entanto, a referida norma esclarece apenas que os meios, processos e ações que assegurem os direitos conferidos pela Lei 6.404/1976 aos acionistas são inderrogáveis. Nada mais correto. A inserção de cláusula arbitral não afronta essa garantia inderrogável, pelo contrário, a confirma, tendo em vista a natureza jurisdicional da arbitragem.

Deve-se ponderar, primeiramente, que o § 2.º do art. 109 da Lei 6.404/1976 não se limita apenas a procedimentos judiciais, isto é, processos no âmbito do Poder Judiciário brasileiro, para assegurar os direitos dos acionistas. Ele engloba meios, processos e ações também nos âmbitos extrajudicial, administrativo e, até mesmo, no âmbito interno da companhia[3].

Dessa forma, a cláusula arbitral simplesmente certifica que os direitos dos acionistas poderão ser assegurados por meio de procedimento arbitral, se assim for a vontade das

---

[2]   Art. 109, § 3.º: "O estatuto da sociedade pode estabelecer que as divergências entre os acionistas e a companhia, ou entre os acionistas controladores e os acionistas minoritários, poderão ser solucionadas mediante arbitragem, nos termos em que especificar".

[3]   Veja, nesse sentido, a opinião de Luís Loria Flaks: "O § 2.º do art. 109 não é restrito a procedimentos judiciais. Ele engloba meios, processos e ações exercidos em âmbito extrajudicial, administrativo (CVM) e no âmbito interno da própria companhia, *v.g.*, direito de comparecer e opinar nas assembleias gerais (art. 125 da Lei das S.A.), direitos de fiscalização (art. 133 da Lei das S.A.) etc." (FLAKS, Luís Loria. A arbitragem na reforma da lei das S.A. *Revista de Direito Mercantil, Industrial, Econômico e Financeiro*, São Paulo: Malheiros, n. 131, p. 107, nota de rodapé n. 33, jul.-set. 2003).

partes, funcionando, inclusive, como importante instrumento de acesso à justiça, e não por meio do Poder Judiciário[4].

Desde a inclusão do § 3.º ao art. 109 da Lei 6.404/1976, desencadeou-se uma grande discussão acerca do alcance subjetivo das cláusulas compromissórias estatutárias. Diversas são as questões debatidas. Dentre as principais controvérsias, observa-se a questão da vinculação à arbitragem dos acionistas silentes, ausentes ou dissidentes da deliberação assemblear que aprovou a inclusão de cláusula compromissória no estatuto social da companhia, bem como a vinculação dos novos acionistas, que adquiriram ações de uma companhia que já previa em seu estatuto social a cláusula compromissória.

Destaca-se, inicialmente, a divergência quanto à vinculação dos dissidentes, dos silentes e dos ausentes à deliberação assemblear que tenha aprovado a alteração do estatuto social para inclusão de cláusula compromissória. Um grupo majoritário de autores, capitaneado por Pedro Batista Martins[5], posicionou-se a favor da vinculação automática à cláusula compromissória de todos os acionistas da companhia, independente de posicionamento ou ausência na deliberação que a aprovou[6]. Em contrapartida, outra corrente doutrinária, liderada por Modesto Carvalhosa[7], defendeu que acionistas dissidentes, omissos ou ausentes da assembleia que tenha aprovado a cláusula compromissória estatutária não estariam a ela vinculados.

Inexistia, do mesmo modo, unanimidade na doutrina brasileira quanto à vinculação dos novos acionistas que ingressassem em companhia cujo estatuto social já previsse cláusula compromissória. Um grupo expressivo de autores defendia a vinculação automática à cláusula compromissória estatutária dos novos ingressantes[8]; do lado oposto,

---

[4] Nesse sentido, veja os comentários de Marcelo Dias Gonçalves Vilela acerca do tema: "A adoção do juízo arbitral não fere um direito essencial do acionista. Uma vez que a arbitragem tem natureza eminentemente jurisdicional, como já demonstrado anteriormente, não se pode entender que esteja havendo renúncia ao direito constitucional de solução de controvérsias, insculpido no art. 5.º, inciso XXXV, da Constituição da República de 1988. Pelo contrário, a arbitragem só será possível se houver a realização plena de ação [...]. Na verdade, a adoção do juízo arbitral importa apenas em retirar do Poder Judiciário (jurisdição estatal) a apreciação do mérito da demanda, transferindo-a a um árbitro que também está investido de poder jurisdicional, de forma a exigir deste o respeito às garantias processuais previstas constitucionalmente. O direito essencial do acionista, neste aspecto, ou de qualquer cidadão independentemente de haver relação societária, é aquele substanciado no direito de ação, que lhe garante a solução do mérito do conflito por um terceiro imparcial e investido de poder jurisdicional" (VILELA, Marcelo Dias Gonçalves. *Arbitragem no direito societário*. Belo Horizonte: Mandamentos, 2004. p. 192).

[5] MARTINS, Pedro A. Batista. *Arbitragem no direito societário*. São Paulo: Quartier Latin, 2012. p. 104-105.

[6] Tendo em vista, inclusive, o princípio da maioria, vale citar o entendimento de Alfredo Lamy Filho e José Luiz Bulhões Pedreira, os quais sustentam, com exatidão, que a "deliberação por maioria vincula todos os membros do órgão, embora ausentes da reunião de deliberação ou dela dissidentes, porque é ato coletivo, organizado segundo normas que regulam a reunião e deliberação do órgão, o que fundamenta a imputação da deliberação ao órgão como conjunto organizado de pessoas" (LAMY FILHO, Alfredo; PEDREIRA, José Luiz Bulhões. *Direito das companhias*. Rio de Janeiro: Forense, 2009. v. 1, p. 808).

[7] CARVALHOSA, Modesto. Cláusula compromissória estatutária e juízo arbitral (§ 3.º do art. 109). In: LOBO, Jorge (Coord.). *Reforma da lei das sociedades anônimas*. Rio de Janeiro: Forense, 2002. p. 336.

[8] EIZIRIK, Nelson. *A lei das S.A. comentada*. São Paulo: Quartier Latin, 2011. v. 2, p. 615-617; MARTINS, Pedro A. Batista. *Arbitragem no direito societário*. São Paulo: Quartier Latin, 2012.

20 ANOS DA LEI DE ARBITRAGEM

havia a corrente que sustentava a exigência de autorização expressa para que os novos acionistas estivessem vinculados à referida cláusula[9].

Entretanto, com o advento da Lei 13.129, de 26.05.2015, que reformou a Lei 9.307/1996 (Lei de Arbitragem) e acrescentou o art. 136-A[10] à Lei 6.404/1976, as polêmicas referentes ao alcance subjetivo das cláusulas compromissórias em estatutos sociais de companhias foram inteiramente superadas.

Prevalece, no meu ponto de vista corretamente, o entendimento de que a inserção de cláusula compromissória no estatuto social obriga todos os acionistas, sem qualquer distinção. O novo art. 136-A, contudo, ao prever o direito de recesso aos acionistas dissidentes, relativizou o princípio majoritário e permitiu que os acionistas contrários à inserção da referida cláusula retirassem-se da companhia, mediante reembolso de suas ações[11].

Em que pese a questão da abrangência da cláusula compromissória estatutária com respeito aos acionistas já se encontrar definitivamente solucionada, é necessário, ainda, que se pondere acerca de sua vinculação aos administradores, já que o citado § 3.º do art. 109 da Lei 6.404/1976 supostamente contemplaria apenas duas hipóteses de divergências: aquelas entre os acionistas e a companhia; e aquelas entre os acionistas controladores e os acionistas minoritários. Vislumbra-se, assim, que não haveria determinação expressa de outras hipóteses de divergência, como, por exemplo, as que envolvessem os administradores da companhia.

3. O CERNE DA QUESTÃO: A VINCULAÇÃO DO ADMINISTRADOR

3.1. A experiência italiana

Atualmente, a Itália figura como país que tem a mais específica regulamentação sobre cláusula compromissória estatutária. No Brasil, com a mudança promovida na Lei 6.404/1976 pela Lei 13.129/2015, caminhou-se numa direção parecida com a da lei italiana, ao se editar o art. 136-A, o qual estipula que a deliberação de inserção da convenção arbitral que respeite o quórum de pelo menos 50% do capital votante, vincula todos os acionistas da companhia, assegurado o direito de retirada em caso de dissidência.

---

p. 78-131; CAHALI, Francisco José. A vinculação dos adquirentes de cotas ou ações à cláusula compromissória estabelecida em contrato social ou estatuto. *Revista Brasileira de Arbitragem e Mediação*, São Paulo: RT, n. 36, p. 159-167, mar. 2013; LOBO, Carlos Augusto da Silveira. A cláusula compromissória estatutária (I). *Revista de Arbitragem e Mediação*, São Paulo: RT, n. 22, p. 11-32, jul.-set. 2009; e CÂMARA, Alexandre Freitas. Os efeitos processuais da inclusão da cláusula compromissória nos estatutos sociais das companhias. *Revista Brasileira de Arbitragem*, São Paulo: IOB, n. 28, p. 30-40, out.-dez. 2010.

[9] LUCENA, José Waldecy. *Das sociedades anônimas*. Rio de Janeiro: Renovar, 2009. v. 1, p. 1016-1017; e CANTIDIANO, Luiz Leonardo. *Reforma da Lei das S.A. comentada*. Rio de Janeiro: Renovar, 2002. p. 118-119.

[10] Art. 136-A. "A aprovação da inserção de convenção de arbitragem no estatuto social, observado o quórum do art. 136, obriga a todos os acionistas, assegurado ao acionista dissidente o direito de retirar-se da companhia mediante o reembolso do valor de suas ações, nos termos do art. 45."

[11] Para um maior aprofundamento do assunto, permita-se citar MÜSSNICH, Francisco Antunes Maciel. A cláusula compromissória no direito societário. In: SALOMÃO, Luis Felipe; ROCHA, Caio Cesar Vieira (Coord.). *Arbitragem e mediação*: a reforma da legislação brasileira. São Paulo: Atlas, 2015. p. 127-153; e MÜSSNICH, Francisco Antunes Maciel; PERES, Fábio Henrique. Arbitrabilidade subjetiva no direito societário e direito de recesso. In: MELO, Leonardo de Campos (Coord.). *A reforma da arbitragem*. Rio de Janeiro: Forense, 2016. p. 673-696.

CLÁUSULA COMPROMISSÓRIA ESTATUTÁRIA E A VINCULAÇÃO DOS ADMINISTRADORES | **875**

Observa-se que a arbitragem societária italiana está disciplinada nos arts. 34 a 37 do Decreto Legislativo 5, de 17.01.2003, que trata do processo em matéria de direito societário e de intermediações financeiras, prevendo expressamente a cláusula compromissória nos atos constitutivos de companhias italianas. Essa possibilidade é abrangente a qualquer tipo de companhia, salvo as companhias listadas, devendo sempre ser respeitado o quórum necessário para aprovação da inserção, modificação ou exclusão da cláusula compromissória estatutária dos sócios que representam ao menos 2/3 do capital social, como previsto no art. 34, § 6.°[12].

Há previsão expressa de a cláusula compromissória vincular todos os acionistas, inclusive aqueles que votaram contra sua inserção ou se abstiveram (art. 34, § 4.°)[13]. O mesmo dispositivo em questão igualmente esclarece, contudo, que os acionistas dissidentes ou ausentes da assembleia geral que deliberou por adotar a cláusula têm direito de retirar-se da companhia nos subsequentes 90 dias. Debate-se na doutrina se esse direito de recesso aplica-se também ao acionista que se absteve de votar. A maioria da doutrina reconhece a possibilidade de tal direito também ser concedido aos acionistas que se abstiveram.

Já em seu art. 34, § 4.°, o Decreto vai mais além e permite que o ato de constituição da sociedade preveja que a cláusula compromissória englobe controvérsias promovidas pelos administradores, liquidantes e síndicos ou no confronto entre eles, determinando que a aceitação do encargo pelos administradores, liquidantes e síndicos os vincula à cláusula arbitral[14].

Revela-se interessante a abordagem realizada pela legislação italiana, que, expressamente, permite a inserção nos estatutos sociais das sociedades de cláusula compromissória que abranja também os administradores, que a ela ficariam vinculados com a mera aceitação do cargo.

3.2. A experiência brasileira

No Brasil, no entanto, o debate acerca da vinculação dos administradores à cláusula compromissória estatutária gera ainda uma expressiva controvérsia, a qual é motivada, basicamente, pela previsão constante do § 3.° do art. 109 da Lei 6.404/1976, que, como visto, contemplaria, expressamente, apenas duas hipóteses de divergências: (i) entre os acionistas e a companhia, ou (ii) entre os acionistas controladores e os acionistas minoritários.

Por não contemplar de modo expresso outras possíveis divergências, há quem defenda que o referido § 3.° somente considera aquelas duas hipóteses específicas para fins de vinculação à cláusula compromissória estatutária, contendo, portanto, rol exaustivo. Nesse sentido, Luis Loria Flaks assim disciplina:

> É certo que a Lei das S.A. prevê, expressamente, apenas duas espécies de conflitos suscetíveis de serem dirimidos por arbitragem: (i) entre acionistas e a companhia, ou (ii) entre os acionistas controladores e os acionistas minoritários.

---

[12] O quórum de 2/3 inclusive chegou a ser cogitado por algum dos integrantes da comissão de juristas instalada sob a tutela do Ministro Luis Felipe Salomão, para a reforma da Lei de Arbitragem brasileira, que culminou na Lei 13.129/2015, mas acabou rejeitado por ampla maioria.

[13] No original: "3. La clausola e 'vincolante per la societa' e per tutti i soci, inclusi coloro la cui qualita' di socio e' oggetto della controversia."

[14] No original: "4. o ato constitutivo pode prever Gli atti costitutivi possono prevedere che la clausola abbia ad oggetto controversie promosse da amministratori, liquidatori e sindaci ovvero nei loro confronti e, in tale caso, essa, a seguito dell'accettazione dell'incarico, e' vincolante per costoro".

Trata-se, portanto, do chamado silêncio eloquente. Certo ou errado, não importa, entendeu o legislador que somente naquelas duas hipóteses poderia a vontade da maioria vincular os acionistas, pois apenas nesses casos, segundo o seu entendimento, haveria necessariamente um legítimo interesse social[15].

Essa interpretação, no entanto, cria a impressão de que nenhuma outra pessoa vinculada à companhia, além de seus acionistas, poderia vir a ser considerada pela cláusula compromissória estabelecida no estatuto social. Tal posicionamento tornaria inviável que os administradores que não fossem acionistas da companhia, por exemplo, fossem abrangidos pela cláusula arbitral.

Embora se reconheça que não há, expressamente, na nossa lei, a especificação de outras hipóteses de vinculação, a interpretação do rol do § 3.º do art. 109 como exaustivo certamente não é a melhor linha a ser seguida, pois restringe demasiadamente a importante autonomia de se deliberar a vinculação de outras pessoas, também inseridas na vida societária, à cláusula arbitral.

Vale pontuar a existência de opinião, que corrobora o entendimento acima aludido, de que o § 3.º do art. 109 prevê, na verdade, conteúdo meramente exemplificativo, e não exaustivo, podendo a cláusula compromissória estatutária conter uma redação mais ampla e abarcar hipóteses que vão além das previstas no § 3.º. Esse entendimento é apresentado por Arnoldo Wald da seguinte forma:

> Evidentemente, o alcance da cláusula depende da amplitude de sua redação. Mas as partes podem dar-lhe um sentido mais amplo e abrangente do que aquele que consta no art. 109, § 3.º, da Lei n.º 6.404/1976, cuja finalidade é de incentivar as empresas a usar a arbitragem, tendo, também, um conteúdo exemplificativo e uma função explicitante. Efetivamente, a norma legal limita-se a considerar aplicável, no Direito Societário, norma geral da Lei de Arbitragem, que incide em todas as matérias quando os direitos são disponíveis, como acontece nas relações decorrentes da criação e do funcionamento das sociedades e dos conflitos entre acionistas[16].

Esse entendimento, ao caracterizar o rol de divergências previsto no art. 109, § 3.º, da Lei 6.404/1976 como exemplificativo, podendo a cláusula compromissória estatutária de determinada companhia ser estipulada da maneira que melhor atender aos interesses societários como um todo, compreendendo ou não conflitos diversos dos previstos no § 3.º, parece ser mais apropriado. Isso porque, é possível a ocorrência de conflitos outros, que envolvam pessoas que não sejam acionistas, mas que possuam importantes vínculos com a companhia[17], por exemplo, os conflitos envolvendo os administradores não acionistas, que, dessa forma, poderiam vir a ser abrangidos pela cláusula compromissória estatutária.

---

[15] FLAKS, Luís Loria. A arbitragem na reforma da lei das S.A. *Revista de Direito Mercantil, Industrial, Econômico e Financeiro*, São Paulo: Malheiros, n. 131, p. 112, jul.-set. 2003.

[16] WALD, Arnoldo. A arbitrabilidade dos conflitos societários: contexto e prática. In: YARSHELL, Flávio Luiz; PEREIRA, Guilherme Setoguti J. (Coord.). *Processo societário*. São Paulo: Quartier Latin, 2015. v. 2, p. 99. Nesse mesmo sentido, Nelson Eizirik assim afirma: "Embora a Lei das S.A. mencione apenas as divergências entre os acionistas e a companhia, ou entre acionistas controladores e os minoritários, nada impede que o estatuto social relacione outros conflitos como passíveis de solução mediante a via arbitral" (EIZIRIK, Nelson. *A lei das S.A. comentada*. 2. ed. São Paulo: Quartier Latin, 2015. v. 2, p. 170).

[17] Ricardo de Carvalho Aprigliano inclusive critica a redação do § 3.º do art. 109 da Lei 6.404/1976, já que esta sugeriria uma limitação subjetiva indevida. Nas palavras do autor: "A redação do dispositivo

CLÁUSULA COMPROMISSÓRIA ESTATUTÁRIA E A VINCULAÇÃO DOS ADMINISTRADORES | 877

No entanto, a questão da vinculação dos administradores não acionistas à cláusula arbitral é palco de divergências, sendo possível encontrar, em âmbito doutrinário, entendimentos distintos. Faz-se necessário, então, analisar as diferentes posições existentes sobre o tema e seus argumentos, bem como verificar os efeitos da discussão no campo da arbitragem societária brasileira para que se tente estabelecer o melhor caminho a ser seguido, ante a ausência de previsão normativa expressa equivalente ao teor da disposição contida na legislação italiana.

3.3. A divergência doutrinária

Inicialmente, atenta-se para a argumentação desenvolvida por Modesto Carvalhosa, que defende expressamente que o administrador não estará vinculado à cláusula compromissória estatutária. O autor expõe que os administradores da companhia não seriam partes na cláusula compromissória estatutária, pois esta estaria adstrita à companhia e aos acionistas que a instituíram ou a ela aderiram. Dessa forma, não caberia, na opinião do autor, a aplicação da cláusula compromissória estatutária em caso de conflitos que envolvessem os administradores de companhias, visto que estes não ficariam vinculados àquela. Nas palavras do autor:

> Os administradores da sociedade não são partes na cláusula compromissória estatutária, adstrita que está à sociedade e àqueles acionistas que a instituíram ou a ela aderiram. Em consequência, quando forem litisconsortes a sociedade e seus administradores, de um lado e acionistas pactuantes, de outro, não cabe a aplicação da cláusula compromissória estatutária, pois não estão vinculados os administradores[18].

Ressalta-se que o texto de Modesto Carvalhosa silencia quanto à possibilidade de aceitação do vínculo à cláusula – em documento apartado – por parte do administrador. Dessa forma, a única conclusão que se consegue chegar da leitura respectiva é de que, em sua opinião, não haveria a vinculação automática dos administradores à cláusula arbitral propriamente dita.

No entanto, a rejeição da vinculação automática não teria o condão de excluir a possibilidade de o administrador vir a concordar, de modo expresso, com a cláusula compromissória estabelecida no estatuto social, vinculando-se a ela de forma consciente. Essa corrente, em que pese ainda um pouco conservadora, por não aceitar uma vinculação tácita e automática, é adotada por boa parte da doutrina e admite a vinculação do administrador a partir de uma adesão à cláusula por meio de documento apartado. Veja, nesse sentido, a lição de José Virgilio Lopes Enei:

> Um maior conservadorismo quanto à vinculação dos administradores à arbitragem, no entanto, não cria dificuldades intransponíveis, como aquelas que resultariam de

---

merece diversas críticas, pois sugere uma limitação indevida no âmbito de abrangência subjetiva e objetiva da cláusula compromissória. Isso porque, pode haver conflitos que não envolvam apenas acionistas majoritários *versus* minoritários, ou entre os acionistas e a companhia. Paulo Campos Salles de Toledo menciona outras duas hipóteses, de possíveis litígios entre acionistas minoritários (para indicação de membros do conselho, por exemplo) e de acionistas integrantes do bloco de controle, mas que não sejam, isoladamente, majoritários (2007, p. 261)" (APRIGLIANO, Ricardo de Carvalho. Extensão da cláusula compromissória a partes não signatárias no direito societário. *Revista do Advogado*, AASP, n. 19, p. 140-153, abr. 2013).

18 CARVALHOSA, Modesto. *Comentários à lei de sociedades anônimas*, v. 2, 6. ed. São Paulo: Saraiva, 2014, pp. 401-402.

exigências adicionais para que o novo acionista se vinculasse à cláusula compromissória estatutária. Isto porque, no caso dos administradores, não há maiores dificuldades para se lhes exigir urna adesão específica, em documento apartado, à arbitragem societária. Com efeito, os administradores certamente não são tão numerosos nem tampouco tão cambiantes como os acionistas, sendo perfeitamente lícito à sociedade, em defesa de um meio de resolução de conflitos mais eficiente para todos os interessados, exigir a adesão à arbitragem como condição à contratação ou permanência no cargo[19].

Luis Loria Flaks, seguindo a tese da vinculação expressa acima referida, assevera que "no caso de quaisquer outros conflitos [distintos dos previstos no § 3.º do art. 109 da Lei 6.404/1976], para que sejam dirimidos por arbitragem, faz-se necessário que as partes envolvidas tenham concordado nesse sentido". Isto ocorreria porque, em sua opinião, nesses outros conflitos "haveria apenas um interesse individual das partes e, portanto, não poderia a vontade da companhia vincular aqueles que assim não o desejassem"[20], sendo aplicáveis, nesses casos, as disposições da Lei de Arbitragem que exigem a expressa manifestação de vontade para que a parte se vincule à cláusula compromissória.

Além disso, os autores também levam em consideração que a impossibilidade de vinculação automática sucede pelo fato de, em suas opiniões, o administrador não fazer parte do contrato em que consiste a companhia, e, por isso, não teria aderido à cláusula compromissória nele inserida, não estando sujeito aos seus efeitos. Nesse sentido, Marcelo Dias Gonçalves Vilela assim adverte:

> Assim, quando o dirigente não for associado, não há como aplicar a este a cláusula compromissória inserida no instrumento social, já que sequer é parte contratante, e, portanto, não anuiu com avença que elegeu o juízo arbitral como único competente para conhecer dos conflitos que tenham incidência sobre o pacto social[21].

Portanto, de acordo com a referida corrente, ainda que a regra seja a impossibilidade de vinculação automática por previsão expressa na cláusula arbitral, nada impede que haja uma adesão específica do administrador à cláusula compromissória em documento

---

[19] ENEI, José Virgilio Lopes. A arbitragem nas sociedades anônimas. *Revista de Direito Mercantil, Industrial, Econômico e Financeiro*, São Paulo: Malheiros, v. 129, p. 167, jan.-mar. 2003. Nesse mesmo sentido: LOBO, Carlos Augusto da Silveira. A cláusula compromissória estatutária (I). *Revista de Arbitragem e Mediação*, São Paulo: RT, n. 22, p. 13, jul.-set. 2009; VILELA, Marcelo Dias Gonçalves. *Arbitragem no direito societário*. Belo Horizonte: Mandamentos, 2004. p. 215 e 217; FLAKS, Luís Loria. A arbitragem na reforma da lei das S.A. *Revista de Direito Mercantil, Industrial, Econômico e Financeiro*, São Paulo: Malheiros, n. 131, p. 112-119, jul.-set. 2003; e ADAMEK, Marcelo Vieira von. *Responsabilidade civil dos administradores de S.A.* São Paulo: RT, 2009. p. 429, para o qual nada impede que, se as partes entenderem conveniente, venham a submeter os litígios a juiz arbitral, mas sempre por força de distinta convenção (cláusula compromissória não estatutária ou compromisso arbitral), e não por efeito da disposição estatutária (de acordo com o previsto no art. 4.º, § 2.º, da Lei 9.307/1996).

[20] FLAKS, Luís Loria. A arbitragem na reforma da lei das S.A. *Revista de Direito Mercantil, Industrial, Econômico e Financeiro*, São Paulo: Malheiros, n. 131, p. 112 e 119, jul.-set. 2003.

[21] VILELA, Marcelo Dias Gonçalves. *Arbitragem no direito societário*. Belo Horizonte: Mandamentos, 2004. p. 215. Nesse mesmo sentido: ENEI, José Virgilio Lopes. A arbitragem nas sociedades anônimas. *Revista de Direito Mercantil, Industrial, Econômico e Financeiro*, São Paulo: Malheiros, v. 129, p. 167, jan.-mar. 2003.

CLÁUSULA COMPROMISSÓRIA ESTATUTÁRIA E A VINCULAÇÃO DOS ADMINISTRADORES | 879

apartado. A adesão poderia ser realizada, assim, no próprio termo de posse do administrador, em uma declaração de anuência às cláusulas estatutárias, em uma aceitação expressa manifestada em Assembleia Geral, por ocasião de sua eleição etc.[22].

Conquanto um pouco conservadora, essa corrente apresenta um recurso viável para que seja efetivamente concretizada a vinculação do administrador não acionista, que é, no fim, o que aqui se pretende defender. No entanto, a restrição da abrangência da cláusula compromissória propriamente dita, torna inviável que se convencione no próprio estatuto social a vinculação do administrador. Nesse ponto, faz-se necessário analisar a segunda corrente doutrinária, que se apresenta menos conservadora.

A corrente menos conservadora defende que há efetivamente uma vinculação tácita[23]. Dessa forma, havendo uma cláusula compromissória estatutária que abranja expressamente a figura do administrador, este estaria automaticamente a ela vinculado quando do exercício de seu cargo. Os autores que assim defendem argumentam, principalmente, que, quando aceitam a função, os administradores declaram ter conhecimento do estatuto social, tendo o dever de respeitar seus termos e condições, inclusive com respeito à resolução de conflitos pela arbitragem[24]. Nesse sentido, cita-se a lição de Pedro Batista Martins:

> Ao afirmarem respeito e observância aos termos e condições do estatuto social, e, ademais, por serem responsáveis pelo fiel cumprimento do contido na carta magna societária, e assentarem-se como 'órgãos' da sociedade, seria uma incongruência que os adminis-

---

[22] Carlos Augusto da Silveira Lobo defende, especificamente, a necessidade de os administradores subscreverem convenção arbitral, que, naturalmente, não teria natureza estatutária. Para o autor, a disposição inserta em cláusula compromissória estatutária, incluindo os administradores, não seria eficaz para obrigá-lo a percorrer a via arbitral (LOBO, Carlos Augusto da Silveira. A cláusula compromissória estatutária (I). *Revista de Arbitragem e Mediação,* São Paulo: RT, n. 22, p. 13, jul.-set. 2009).

[23] Os seguintes autores seguem essa corrente: EIZIRIK, Nelson. *A lei das S.A. comentada.* 2. ed. São Paulo: Quartier Latin, 2015. v. 2, p. 170-171; MARTINS, Pedro A. Batista. *Arbitragem no direito societário.* São Paulo: Quartier Latin, 2012. p. 131-141; WALD, Arnoldo. A arbitrabilidade dos conflitos societários: contexto e prática. In: YARSHELL, Flávio Luiz; PEREIRA, Guilherme Setoguti J. (Coord.). *Processo societário.* São Paulo: Quartier Latin, 2015. v. 2, p. 98-99; VALÉRIO, Marcelo Aurélio Gumieri. Arbitragem nas sociedades anônima: aspectos polêmicos da vinculação dos acionistas novos, ausentes, dissidentes e administradores à cláusula compromissória estatutária, após a inclusão do § 3.º ao art. 109 da Lei 6.404/1976 pela Lei 10.303/2001. *Revista de Direito Mercantil, Industrial, Econômico e Financeiro*, São Paulo: Malheiros, v. 139, p. 173-174, jul.-set. 2005; APRIGLIANO, Ricardo de Carvalho. Extensão da cláusula compromissória a partes não signatárias no direito societário. *Revista do Advogado*, AASP, n. 19, p. 140-153, abr. 2013; MAGALHÃES, José Carlos de. A responsabilidade dos administradores em alienações e aquisições de ativos relevantes. *Revista de Arbitragem e Mediação*, São Paulo: RT, v. 38, p. 159-173, jul.-set. 2013; BONATO, Giovani. Arbitragem societária italiana: análise comparativa sobre a abrangência subjetiva da cláusula compromissória e a nomeação dos árbitros. In: YARSHELL, Flávio Luiz; PEREIRA, Guilherme Setoguti J. (Coord.). *Processo societário.* São Paulo: Quartier Latin, 2015. v. 2, p. 310-311; FURLAN FILHO, Antonio Moacir. A extensão da cláusula arbitral estatutária aos administradores e conselheiros não acionistas. *Revista de Arbitragem e Mediação*, São Paulo: RT, v. 49, p. 253, abr.-jun. 2016.

[24] Ricardo de Carvalho Aprigliano, nesse sentido, ressalta que "não se pode distinguir ou tratar separadamente a cláusula compromissória, igualmente inserida no mesmo estatuto ou contrato social que o administrador se propõe a executar. Temos aqui, salvo melhor juízo, o elemento da manifestação de vontade suficiente para estabelecer a vinculação entre os administradores à convenção de arbitragem" (APRIGLIANO, Ricardo de Carvalho. Extensão da cláusula compromissória a partes não signatárias no direito societário. *Revista do Advogado*, AASP, n. 19, p. 140-153, abr. 2013).

tradores não fossem alcançados pelos efeitos da cláusula compromissória estatutária, com o fim de solucionar questão que impacta a sociedade e de cujos órgãos são partes integrantes. Isso porque integram seu corpo social e, assim, com ele se imbricam[25].

Leva-se em consideração, basicamente, que diante dos diversos deveres dos administradores previstos nos arts. 153, 154 e 155 da Lei 6.404/1976, não haveria "dúvidas de que a fiel observância do estatuto social da companhia está obviamente englobada dentre tais deveres, configurando, assim, uma obrigação inerente à função"[26].

Dessa forma, a permanência voluntária no cargo traduz-se, para essa corrente, como uma concordância tácita ao estatuto social[27], o que revelaria ser desnecessária a adesão *a posteriori* em documento apartado, uma vez que "se o administrador aceita dirigir uma companhia em cujo estatuto social haja cláusula prevendo arbitragem inclusive em litígios contra ele, deve ser considerada aceita a referida cláusula, independentemente da assinatura de termo de adesão em separado"[28]. Há, inclusive, um precedente recente do Tribunal de Justiça do Paraná que seguiu exatamente essa linha de raciocínio. No caso em questão, um administrador de determinada companhia aduziu que a cláusula compromissória estatutária não lhe seria aplicável, pois ele não tinha participado da assembleia geral que a inseriu no estatuto social, e que, para vincular os administradores, seria necessário que estes assinassem em apartado a concordância com a cláusula compromissória. O Relator do caso, Desembargador Mario Nini Azzolini, ao discordar desses argumentos, defendeu o seguinte em seu voto:

> [O] artigo quadragésimo sétimo da centésima septuagésima sétima assembleia geral extraordinária da apelada, realizada de 15 de dezembro de 2003, isto é, em data anterior à posse do apelante como conselheiro (3 de julho de 2006), estabelece que 'Todos os conflitos, dúvidas e controvérsias oriundos das relações societárias aqui estabelecidas serão submetidos e resolvidos pelo Conselho Arbitral da FIESP (Federação das Indústrias do Estado de São Paulo), na forma de seu regulamento, valendo a presente cláusula como compromissória' (seq. 20.4, p. 16).
> [...]
> Em meu sentir, o artigo quadragésimo sétimo da citada assembleia está em consonância com o regramento legal que possibilita a solução de conflitos societários mediante arbitragem. Conforme salientado pelo Juízo *a quo*, não se pode olvidar que, quando de sua posse como Conselheiro, o apelante anuiu expressamente com a cláusula compromissória ao se obrigar a cumprir com as determinações do Estatuto Social da Companhia (seq. 20.5).

---

[25] MARTINS, Pedro A. Batista. *Arbitragem no direito societário*. São Paulo: Quartier Latin, 2012. p. 136.

[26] FURLAN FILHO, Antonio Moacir. A extensão da cláusula arbitral estatutária aos administradores e conselheiros não acionistas. *Revista de Arbitragem e Mediação*, São Paulo: RT, v. 49, p. 250, abr.-jun. 2016.

[27] Nesse sentido, Marcelo Aurélio Gumieri Valério assim leciona: "É mais acertado o entendimento de que o administrador se vincula automaticamente à cláusula arbitral. Embora não seja parte do contrato plurilateral, sua permanência voluntária no cargo pode ser traduzida como uma concordância tácita ao estatuto social" (VALÉRIO, Marcelo Aurélio Gumieri. Arbitragem nas sociedades anônima: aspectos polêmicos da vinculação dos acionistas novos, ausentes, dissidentes e administradores à cláusula compromissória estatutária, após a inclusão do § 3.º ao art. 109 da Lei 6.404/1976 pela Lei 10.303/2001. *Revista de Direito Mercantil, Industrial, Econômico e Financeiro*, São Paulo: Malheiros, v. 139, p. 173-174, jul.-set. 2005).

[28] APRIGLIANO, Ricardo de Carvalho. Extensão da cláusula compromissória a partes não signatárias no direito societário. *Revista do Advogado*, AASP, n. 19, p. 140-153, abr. 2013.

Em razão disso, entendo que não tem pertinência alegação de que para vincular os administradores é necessário a assinatura em apartado da concordância com a cláusula compromissória. [...]

Isso porque o apelante aderiu por livre manifestação de vontade aos ditames do Estatuto Social da Cia. Dessa forma, ainda que não fosse considerado acionista para os fins do § 3.º do artigo 109 da Lei 6.404/1976, tal regramento não estabelece que as únicas hipóteses de instituição de cláusula compromissória envolvendo questões atinentes às sociedades anônimas são as nele retratadas.

A propósito, o artigo 3.º da Lei 9.307/1996 estabelece que 'As partes interessadas podem submeter a solução de seus litígios ao juízo arbitral mediante convenção de arbitragem, assim entendida a cláusula compromissória e o compromisso arbitral.'

Portanto, apesar do esforço argumentativo do apelante, entendo que agiu com acerto o Juízo de primeiro grau, devendo permanecer incólume a sentença, razão pela qual o voto é no sentido de negar provimento aos recursos de apelação[29].

Além disso, há autores que ressaltam que, apesar de o § 3.º do art. 109 da Lei 6.404/1976 não prever expressamente a vinculação dos administradores, deve-se realizar uma interpretação tendo em vista o princípio *favor arbitratis*, ou seja, deve-se respeitar a decisão dos acionistas que decidiram submeter determinados litígios à arbitragem, mediante cláusula compromissória estatutária[30].

É importante que se ressalte que para que haja a vinculação automática é necessário que a cláusula compromissória estatutária se refira expressamente aos administradores, conferindo a ela a abrangência necessária para vinculá-los. A própria BM&FBovespa, no âmbito da Câmara de Arbitragem do Mercado, disponibiliza modelo de cláusula compromissória que inclui expressamente os administradores nos seguintes termos:

A companhia, seus acionistas, administradores e membros do Conselho Fiscal obrigam-se a resolver, por meio de arbitragem, de acordo com o Regulamento de Arbitragem da Câmara de Arbitragem do Mercado, toda e qualquer disputa ou controvérsia que possa surgir entre eles, relacionada ou oriunda, em especial, da aplicação, validade, eficácia, interpretação, violação e seus efeitos, das disposições contidas na Lei 6.404/1976, no Estatuto Social da companhia, nas normas editadas pela Comissão de Valores Mobiliários (quando se tratar de companhia aberta)[31].

Antes de se dar uma opinião final sobre o assunto, vale mencionar como o tema vem sendo abarcado no âmbito das companhias abertas pelos regulamentos de determinados seguimentos de listagem da BM&FBovespa.

---

[29]   TJPR, 11.ª CC, AC 1451111-6, Rel. Des. Mario Nini Azzolini, v.u., j. 30.03.2016.

[30]   Apregoam esse entendimento: EIZIRIK, Nelson. *A lei das S.A. comentada*. 2. ed. São Paulo: Quartier Latin, 2015. v. 2, p. 171; e BONATO, Giovani. Arbitragem societária italiana: análise comparativa sobre a abrangência subjetiva da cláusula compromissória e a nomeação dos árbitros. In: YARSHELL, Flávio Luiz; PEREIRA, Guilherme Setoguti J. (Coord.). *Processo societário*. São Paulo: Quartier Latin, 2015. v. 2, p. 311.

[31]   Disponível em: <http://www2.bmfbovespa.com.br/pt-br/regulacao/camara-de-arbitragem-do--mercado/clausula-compromissoria.aspx?Idioma=pt-br>. Acesso em: 17 ago. 2016.

3.3.1. Os regulamentos do Novo Mercado e do Nível 2 de Governança Corporativa

Importa mencionar a regulamentação de dois seguimentos de listagem da BM&FBovespa: o do Novo Mercado[32] e o do Nível 2 de Governança Corporativa[33]. Aspirando uma maior segurança dos seus investidores, instituiu-se nos respectivos regulamentos uma política de governança corporativa que determina que as empresas listadas nesses seguimentos devem aderir à arbitragem para a solução de conflitos, criando-se, ainda, a Câmara de Arbitragem do Mercado.

Ao estabelecer a obrigatoriedade de adesão à arbitragem, os regulamentos conceituam "cláusula compromissória" como a:

> [C]láusula de arbitragem, mediante a qual a Companhia, seus acionistas, Administradores, membros do conselho fiscal e a BM&FBovespa obrigam-se a resolver, por meio de arbitragem, perante a Câmara de Arbitragem do Mercado, toda e qualquer disputa ou controvérsia que possa surgir entre eles, relacionada com ou oriunda, em especial, da aplicação, validade, eficácia, interpretação, violação e seus efeitos, das disposições contidas na Lei das Sociedades por Ações, no estatuto social da Companhia, nas normas editadas pelo Conselho Monetário Nacional, pelo Banco Central do Brasil e pela Comissão de Valores Mobiliários, bem como nas demais normas aplicáveis ao funcionamento do mercado de valores mobiliários em geral [...][34].

O Regulamento do Novo Mercado, inclusive, apresenta modelo de cláusula compromissória em que é prevista expressamente a vinculação dos administradores, cuja disposição deve ser adotada nos estatutos sociais das empresas listadas no Novo Mercado. Veja como a cláusula modelo vem redigida:

> Art. [=] – A Companhia, seus acionistas, Administradores e os membros do Conselho Fiscal, obrigam-se a resolver, por meio de arbitragem, perante a Câmara de Arbitragem do Mercado, toda e qualquer disputa ou controvérsia que possa surgir entre eles, relacionada com ou oriunda, em especial, da aplicação, validade, eficácia, interpretação, violação e seus efeitos, das disposições contidas na Lei das Sociedades por Ações, no estatuto social da Companhia, nas normas editadas pelo Conselho Monetário Nacional, pelo Banco Central do Brasil e pela Comissão de Valores Mobiliários, bem como nas demais normas aplicáveis ao funcionamento do mercado de capitais em geral, além daquelas constantes do Regulamento do Novo Mercado, do Regulamento de Arbitragem, do Regulamento de Sanções e do Contrato de Participação no Novo Mercado[35].

Além disso, ambos os regulamentos mencionam a existência de um "Termo de Anuência dos Administradores", que, nos dizeres dos regulamentos:

---

[32] Disponível em: <http://www.bmfbovespa.com.br/pt_br/listagem/acoes/segmentos-de-listagem/novo-mercado/>. Acesso em: 16 ago. 2016.

[33] Disponível em: <http://www.bmfbovespa.com.br/pt_br/listagem/acoes/segmentos-de-listagem/nivel-2/>. Acesso em: 16 ago. 2016.

[34] Previsão constante da Seção II, cláusula 2.1, de ambos os regulamentos.

[35] Modelo consta na página 39 do Regulamento do Novo Mercado, referente às cláusulas mínimas estatutárias do novo mercado.

[S]ignifica o termo pelo qual os Administradores da Companhia se responsabilizam pessoalmente a se submeter e a agir em conformidade com o Contrato de Participação no Novo Mercado, com este Regulamento de Listagem, com o Regulamento de Sanções e com o Regulamento de Arbitragem, valendo ainda este Termo como Cláusula Compromissória, conforme modelo constante do Anexo A deste Regulamento de Listagem[36].

A referência aos Regulamentos mostra-se de extremo valor para a discussão em exame, já que estes começam a incorporar a possibilidade de uma maior abrangência da cláusula compromissória estatutária nas companhias abertas brasileiras. No entanto, ressalta-se que nos casos das companhias fechadas também é necessário que se atente para a discussão, tendo em vista, principalmente, o foco que a questão assume no âmbito doutrinário.

4. CONCLUSÃO

Dentro de todo o contexto exposto, uma conclusão deve ficar explícita: a vinculação dos administradores à cláusula compromissória prevista em estatuto social deve ser necessariamente cabível e reconhecida, tanto nas companhias abertas, quanto nas companhias fechadas.

Se viesse a prevalecer entendimento diverso, de que o administrador, em conflito que esteja envolvido, não se vincula à cláusula compromissória estatutária que expressamente a ele faz referência, restaria à parte litigante tão somente recorrer à via judicial, o que poderia gerar efetivamente uma dificuldade ainda maior para a resolução dos conflitos societários de forma geral.

Senão vejamos. Um exemplo muito simples de dificuldade que pode ser gerada encontra-se na hipótese de conflito envolvendo acionistas minoritários, de um lado, e acionistas controladores e a administração do outro. Diversas questões podem ser ressaltadas. Por exemplo, havendo vinculação dos acionistas, mas não do administrador à cláusula compromissória estatutária, a disputa entre os acionistas minoritários e controladores seria conduzida pelo juízo arbitral, enquanto a parte a ser discutida com respeito ao administrador teria que ser resolvida pelo Judiciário? Se isso ocorrer, certamente essa situação poderia resultar em decisões diferentes e até mesmo contraditórias, o que causaria uma grande insegurança jurídica. Além disso, caso o conflito envolvesse uma situação de litisconsórcio necessário, este demandaria, naturalmente, uma solução uniforme para os litisconsortes[37]. Nesses casos, a impossibilidade de vinculação do administrador à cláusula compromissória estatutária impediria a resolução da divergência como um todo por arbitragem, sendo ne-

---

[36] Previsão constante da Seção II, cláusula 2.1, de ambos os regulamentos.

[37] Explicando a situação do litisconsórcio no âmbito do processo arbitral, Humberto Theodoro Júnior ressalta que: "Uma das figuras do processo civil ordinário que deve refletir sobre o procedimento arbitral é a do litisconsórcio, já que, frequentemente, se verificará, também no juízo particular, o concurso de sujeitos num ou em ambos os polos da relação processual. [...] Conforme a obrigatoriedade ou não do cúmulo subjetivo no processo, o litisconsórcio se apresenta ora como facultativo, ora como necessário. O facultativo forma-se apenas por vontade das partes e o necessário é de formação obrigatória, seja por exigência expressa da lei, seja por decorrência lógica da natureza da relação jurídica material deduzida em juízo, como objeto da prestação jurisdicional pretendida" (THEODORO JÚNIOR, Humberto. Arbitragem e terceiros – Litisconsórcio fora do pacto arbitral – Outras intervenções de terceiros. *Revista Trimestral de Direito Civil*, Rio de Janeiro: Padma, n. 7, p. 75, jul.-set. 2001).

cessária sua resolução pelo judiciário[38]? Essa situação certamente geraria um desconforto para os acionistas que almejam que seus conflitos sejam solucionados pelo juízo arbitral.

Independentemente da situação que se verifique, observa-se, assim, que a impossibilidade total de vinculação do administrador à cláusula arbitral não deve prosperar em nenhuma circunstância, sendo, na verdade, recomendável que haja efetivamente a vinculação.

Como visto, a doutrina, ao abordar o tema, diverge, basicamente, acerca da possibilidade ou não de cláusula compromissória que contemple em seus termos a vinculação *automática* do administrador, em que pese concorde acerca da possibilidade de vinculação. Já configura um importante avanço a vinculação ser aceita em caso de expressa adesão em documento apartado, tendo como exemplo, inclusive, o Termo de Anuência determinado nos Regulamentos do Novo Mercado e do Nível 2 de Governança Corporativa.

Do quanto aqui se defende, conforme já debatido em tópico *supra*, é totalmente possível e razoável que o administrador venha a ser abrangido pela própria cláusula compromissória estabelecida no estatuto social da companhia, que o vincularia à arbitragem, apesar de o § 3.º do art. 109 da Lei 6.404/1976 mencionar apenas as divergências entre os acionistas e a companhia e entre acionistas controladores e os minoritários.

Acredito, no entanto, que a adesão por termo em separado deva ser levada em consideração, principalmente nos casos em que há a inclusão de cláusula compromissória que vincule administrador no estatuto social de companhia cuja administração já seja exercida por administrador não acionista. Revela-se prudente, sob a ótica do advogado societário, avesso a riscos, a requisição de um termo de anuência aos novos termos do estatuto social, incluindo aí a vinculação determinada pela cláusula compromissória.

No entanto, nos casos em que o administrador assuma o encargo em companhia cujo estatuto social já contemple cláusula arbitral que o vincule, espera-se que ele detenha total conhecimento do conteúdo do estatuto social e, consequentemente, das determinações referentes à cláusula compromissória nele estabelecida.

Ressalta-se, apenas, que a anuência expressa nos casos de vinculação dos administradores, seja com respeito ao administrador antigo, seja em relação ao novo administrador, é especialmente interessante, embora em nossa visão não obrigatória, no sentido de conferir uma maior segurança e garantia futura de que os conflitos serão concretamente resolvidos pelo juízo arbitral. Evita-se, com isso, a possibilidade de controvérsias com apoio em doutrina, embora, em nossa opinião, ultrapassada.

---

[38] Comentando sobre o litisconsórcio com respeito a terceiros a serem incluídos no processo arbitral, Humberto Theodoro Júnior refere-se sobre a situação da seguinte forma: "Se, contudo, o terceiro, que se deseja incluir no processo, não firmou o ajuste, sua inserção no litisconsórcio, ainda que necessário, somente se tornará possível se ele consentir em aderir ao compromisso. Havendo, pois, recusa de sua parte o árbitro não terá força para submetê-lo à relação processual. Se o caso for de litisconsórcio facultativo, o procedimento da arbitragem terá de prosseguir só com as partes vinculadas à convenção arbitral. Se for necessário o litisconsórcio, 'só restará ao árbitro encerrar o procedimento sem julgamento de mérito, por falta de integração da convenção de arbitragem'. Proferirá sentença terminativa na esfera arbitral, para que a lide possa ser resolvida pelo Poder Judiciário" (THEODORO JÚNIOR, Humberto. Arbitragem e terceiros – Litisconsórcio fora do pacto arbitral – Outras intervenções de terceiros. *Revista Trimestral de Direito Civil*, Rio de Janeiro: Padma, n. 7, p. 79, jul.-set. 2001).

NOTAS SOBRE A ARBITRABILIDADE SUBJETIVA NA SOCIEDADE POR AÇÕES. EVOLUÇÃO DOUTRINÁRIA E LEGISLATIVA

LUIZ LEONARDO CANTIDIANO

No final dos anos 1990 o mercado de capitais em nosso país estava em crise; naquela ocasião era reduzida a contribuição do nosso mercado de valores mobiliários no processo de capitalização da empresa privada, combinada com a diminuta oferta pública de novas ações aos investidores,

Tal situação, de quase penúria do mercado, fez com que órgãos do governo, em conjunto com prestigiados membros do Congresso Nacional, procurassem analisar os motivos determinantes daquela situação.[1]

Não foi difícil diagnosticar o problema. Além das questões macroeconômicas, que dificultaram o desenvolvimento de nosso mercado primário ao longo das últimas décadas – *especialmente a crítica situação fiscal do Estado, que o faz ser grande demandador da poupança nacional, atrelada a um processo inflacionário em níveis sempre crescentes e, por consequência, a taxas de juros extremamente altas* –, o nosso sistema legal estava

---

[1] Conforme exposição feita pelo então Presidente da Comissão de Valores Mobiliários, em audiência pública (realizada no dia 15.05.2001) da Comissão de Constituição, Justiça e Cidadania do Senado Federal, são exemplos da inexpressiva contribuição do mercado acionário: (1) o n.º de companhias abertas existentes no país decresceu de 1.047 (no ano de 1998) para 1.027 (no ano de 1999) e para 996 (no ano de 2000); (2) a redução do n.º de companhias listadas em bolsa, de 527 (no ano de 1998), para 478 (no ano de 1999) e 450 (no ano de 2000); (3) nos últimos 3 anos apenas 3 companhias obtiveram o registro de companhia aberta mediante a distribuição pública de ações, representando, dita colocação de ações, em cada ano, menos de 3% do PIB; (4) o volume diário de negociação de ações na BOVESPA, nos últimos 3 anos, decresceu para US$ 569 milhões (no ano de 1998), US$ 347,6 milhões (no ano de 1999) e US$ 336 milhões (no ano de 2000) e (5) foram realizadas, por companhias que já eram abertas, 20 emissões públicas de ações (no ano de 1998), 10 emissões (no ano de 1999) e apenas 6 emissões (no ano de 2000).

estruturado para atender a empresa familiar, cujo controle é exercido pela detenção de um bloco de ações votantes que assegura, nas mãos de poucos, o comando das companhias, destinando-se à maioria dos investidores de mercado ações preferenciais, desprovidas de direito de voto, que atribuem aos seus titulares, como retribuição pela subtração do direito político, uma falsa vantagem patrimonial: prioridade no reembolso de capital, vantagem essa que só se materializa quando a sociedade é liquidada, ou seja, quando praticamente inexiste acervo a ser partilhao entre os acionistas.

É verdade que o nosso mercado teve um crescimento expressivo após a reforma de 1976, quando inúmeras emissões de ações foram distribuídas ao público, viabilizando a expansão de muitas companhias. Ocorre que tal crescimento foi obtido pela outorga de incentivos fiscais, aliados à determinação de que os investidores institucionais adquirissem ações para suas carteiras.

Com a extinção dos vultosos benefícios fiscais concedidos pelo Tesouro, e eliminada a obrigação que tinham os investidores institucionais de destinar parcela dos seus recursos à subscrição/compra de ações, o nosso mercado acionário sofreu um permanente e crescente esvaziamento, mesmo após a sua abertura para o investimento externo, que sabidamente é aplicador de vasta poupança em diversos mercados desenvolvidos.

À vista da experiência vivida pelo País ao longo das últimas décadas, até o início dos anos 2000, ficou claro que o nosso mercado acionário não havia prosperado nos anos antecedentes em virtude da conjugação de alguns fatores essenciais:

(a) de um lado, não havíamos criado, no público investidor, uma cultura que o levasse a, voluntariamente, aplicar sua poupança na aquisição de ações de emissão de companhias abertas; como o produto ofertado ao mercado era de qualidade insatisfatória, cessados os incentivos fiscais que antes eram concedidos, e extinta a obrigação de aplicação, por alguns investidores, no mercado acionário, desapareceram os investidores;

(b) de outro, porque o empresário não foi preparado para ter sócios efetivos, cujos direitos e interesses deveriam ser respeitados e preservados, convivemos com diversas situações de expropriação indevida dos interesses dos investidores, apesar de todos os esforços que, ao longo dos anos, a Comissão de Valores Mobiliários (CVM) vem fazendo para tornar eficaz a regulamentação editada para protegê-los.

Em face do desinteresse dos investidores e da pouca expressão de nosso mercado, houve um incremento no custo de captação de recursos pelas companhias, por meio de colocação pública de ações, o que desestimulava os empresários a fazer novas emissões. Em paralelo, tínhamos os recursos baratos de programas governamentais, destinados à expansão das empresas, o que também contribuía para fazer com que as companhias não procurassem se financiar no mercado.

Quando, no final dos anos 1990, o projeto de reforma da lei das sociedades por ações foi apresentado (a) o Estado havia alcançado, ainda que de forma não permanente, certo equilíbrio fiscal, passando a demandar menos recursos para se financiar, (b) ocorria uma estabilidade na economia, com controle da inflação, (c) as taxas de juros eram declinantes,

(d) e se iniciava o que parecia ser um processo sustentado de crescimento econômico. A conjugação desses diversos fatores favorecia o desenvolvimento do mercado acionário, até mesmo porque as linhas oficiais de crédito subsidiado não estavam mais disponíveis.

Apesar de as expectativas terem ficado mais sombrias, depois do agravamento da séria crise por que passou a Argentina, da escassez de energia em nosso país, da desaceleração da economia mundial e, até mesmo, das ameaças que decorreram dos atentados sofridos pelos EUA, era fundamental assegurar um ambiente regulatório que garantisse maior proteção aos investidores, sem o que, mesmo que fossem ultrapassados os problemas macroeconômicos, não conseguiríamos desenvolver um mercado de capitais que pudesse cumprir, satisfatoriamente, sua função primordial de canalizar a poupança para o setor produtivo.

Nesse contexto, de procurar assegurar maior governança das sociedades anônimas, e de buscar melhorar os mecanismos de proteção aos investidores, a então Bolsa de Valores de São Paulo (Bovespa) decidiu criar segmentos especiais de negociação[2] nos quais seriam listadas, por decisão voluntária de seus acionistas, as companhias que pretendessem aderir a alguns dos aludidos segmentos especiais, afiançando mais proteção aos investidores.

Considerando a alta complexidade das matérias relacionadas à sociedade por ações e aos instrumentos de mercado, e tendo presente o fato de que anos antes havia sido promulgada a Lei de Arbitragem (Lei 9.307, de 23.09.1996), assim como a circunstância de o Supremo Tribunal Federal ter decidido que o citado diploma legal era plenamente constitucional, a Bovespa, ao conceber os mencionados segmentos especiais, estabeleceu que as divergências entre investidores das companhias listadas no Nível 2 e no Novo Mercado, bem como aquelas envolvendo a companhia e seus administradores, deveriam ser dirimidas por arbitragem.

Registre-se que a bolsa de valores, em conjunto com seus assessores (internos e externos), chegou à conclusão de que pouco adiantaria reforçar os direitos dos investidores se não se pudesse fazer com que houvesse um *enforcement* robusto.

Considerando as dificuldades do judiciário, especialmente levando em conta a complexidade dos assuntos discutidos e apreciados em litígios societários, a Bovespa organizou a criação de uma câmara especializada em assuntos das sociedades por ações e do mercado de capitais (Câmara de Arbitragem do Mercado – CAM) à qual deveriam aderir as companhias listadas nos referidos segmentos (Nível 2 e Novo Mercado), bem como os seus administradores e membros de seus conselhos fiscais.[3]

---

[2]   Níveis 1 e 2 de governança corporativa e Novo Mercado.

[3]   No vigente Regulamento do Novo Mercado está prevista a adoção de arbitragem, com a celebração de uma cláusula compromissória, assim redigida: ["Cláusula Compromissória" consiste na cláusula de arbitragem, mediante a qual a Companhia, seus acionistas, Administradores, membros do conselho fiscal e a BM&FBOVESPA obrigam-se a resolver, por meio de arbitragem, perante a Câmara de Arbitragem do Mercado, toda e qualquer disputa ou controvérsia que possa surgir entre eles, relacionada com ou oriunda, em especial, da aplicação, validade, eficácia, interpretação, violação e seus efeitos, das disposições contidas na Lei das Sociedades por Ações, no estatuto social da Companhia, nas normas editadas pelo Conselho Monetário Nacional, pelo Banco Central do Brasil e pela Comissão de Valores Mobiliários, bem como nas demais normas aplicáveis ao funcionamento do mercado de valores mobiliários em geral, além daquelas constantes deste

Na mesma ocasião (2000/2001) estava em discussão no Congresso Nacional uma reforma parcial da Lei n.º 6.404/76, reforma essa que tinha por objetivo aprimorar a governança das companhias e aperfeiçoar os direitos dos investidores de mercado.

No âmbito da referida reforma foi aprovada a inserção de novo parágrafo do art. 109 da lei societária, com a seguinte redação:

> § 3.º O estatuto da sociedade pode estabelecer que as divergências entre os acionistas e a companhia, ou entre os acionistas controladores e os acionistas minoritários, poderão ser solucionados mediante arbitragem, nos termos em que especificar.[4]

De outro lado, os Regulamentos do Novo Mercado e do Nível 2 instituíram a arbitragem no âmbito dos aludidos segmentos especiais de listagem, sendo que o art. 13.1. do mencionado Regulamento, hoje em vigor, estatui que:

> A BM&FBOVESPA, a Companhia, o Acionista Controlador, os demais acionistas da Companhia, os Administradores e os membros do conselho fiscal da Companhia comprometem-se a resolver toda e qualquer disputa ou controvérsia relacionada com ou oriunda deste Regulamento de Listagem, do Contrato de Participação no Novo Mercado, do Regulamento de Sanções, das Cláusulas Compromissórias, em especial, quanto à sua aplicação, validade, eficácia, interpretação, violação e seus efeitos, por meio de arbitragem, perante a Câmara de Arbitragem do Mercado, nos termos do seu Regulamento de Arbitragem.

Ressalte-se que, quando da promulgação da lei que reformou parcialmente a lei das S.A. (no ano de 2001), surgiu uma profunda discussão na doutrina quanto à aplicabilidade da cláusula compromissória a quem não houvesse, expressa e previamente, se vinculado à arbitragem.

Dita discórdia decorreu da previsão constante dos arts. 3.º e 4.º da Lei de Arbitragem, abaixo transcritos, que estabelecem a necessidade de as partes contratantes de determinado negócio jurídico, que optaram pela solução de seus litígios por arbitragem, ajustarem por escrito referida opção:

> Art. 3.º As partes interessadas podem submeter a solução de seus litígios ao juízo arbitral mediante convenção de arbitragem, assim entendida a cláusula compromissória e o compromisso arbitral.
>
> Art. 4.º A cláusula compromissória é a convenção através da qual as partes em um contrato comprometem-se a submeter à arbitragem os litígios que possam vir a surgir, relativamente a tal contrato.
>
> § 1.º A cláusula compromissória deve ser estipulada por escrito, podendo estar inserta no próprio contrato ou em documento apartado que a ele se refira.
>
> § 2.º Nos contratos de adesão, a cláusula compromissória só terá eficácia se o aderente tomar a iniciativa de instituir a arbitragem ou concordar, expressamente, com a sua

---

Regulamento de Listagem, do Regulamento de Arbitragem, do Regulamento de Sanções e do Contrato de Participação no Novo Mercado].

[4] Conforme o disposto no art. 2.º da Lei n.º 10.303/2001.

instituição, desde que por escrito em documento anexo ou em negrito, com a assinatura ou visto especialmente para essa cláusula.

Em meus comentários à Lei 10.303/2001, que entrou em vigor em março de 2002, abordei a questão, manifestando dúvidas quanto à possibilidade de as partes se submeterem à arbitragem sem que houvesse prévia e expressa adesão delas à solução dos conflitos societários por Tribunal Arbitral.

Tendo presentes as dúvidas que tive, e procurando ser conservador, para impedir que medidas protelatórias pudessem colocar em risco a opção pela adoção da arbitragem, assinalei na ocasião que

> [...] a submissão de eventuais divergências à arbitragem é estabelecida quando da celebração do contrato, ocasião em que as partes contratantes ajustam entre si as regras e os procedimentos que devem vigorar na solução de conflito surgido entre elas.[5]
>
> Para se adequar ao sistema vigente – *que apenas admite a submissão de uma divergência à decisão arbitral quando as partes contratantes, voluntariamente, deliberam ajustar nesse sentido* – a lei estabelece que as companhias poderão inserir em seus estatutos regra que submeta ao procedimento arbitral as controvérsias entre os acionistas e a sociedade, assim como as divergências entre os acionistas minoritários e os controladores, devendo o estatuto especificar os termos que devem vigorar durante a arbitragem.
>
> A solução adotada pelo legislador respeita o sistema vigente, na medida em que, segundo ensina a doutrina, a constituição da sociedade configura um contrato plurilateral, que se caracteriza pela existência do interesse convergente das pessoas que decidem criar a nova entidade.[6]
>
> Sem pretender enfrentar o debate que há entre os doutrinadores com relação à natureza jurídica do estatuto,[7] entendo que, em nosso direito, além de conter as normas que regem o funcionamento da companhia, o estatuto também regula as relações entre os acionistas, tal como ocorre quando da celebração de um contrato.
>
> Uma pessoa – *ao adquirir ações de emissão de determinada companhia* – estará aderindo às disposições estatutárias, que foram aprovadas pela maioria dos seus acionistas.
>
> Inserida, no estatuto, norma que estabeleça a submissão de eventuais conflitos à arbitragem, o acionista, ao tornar-se titular de ações de emissão da companhia, estará aderindo ao "contrato", pelo que ficará obrigado a acatar a decisão que vier a ser proferida pelo juízo arbitral.
>
> Cabe indagar se, à vista de disposição expressa que consta do § 2.º, do art. 4.º, da Lei 9.307/96, deve ser observado o procedimento ali previsto para que o acionista da companhia fique obrigado a submeter-se ao procedimento arbitral.
>
> Considerando que o estatuto tem um conteúdo contratual, cujas provisões são estabelecidas pela vontade da maioria do capital, e que o adquirente da ação

---

[5]   Segundo estabelece o art. 3.º da Lei 9.307/1996, "as partes interessadas podem submeter a solução de seus litígios ao juízo arbitral mediante *convenção de arbitragem*, assim entendida a cláusula compromissória e o compromisso arbitral".

[6]   Como explica Modesto Carvalhosa, citando Túlio Ascarelli, "não há como fugir à teoria do contrato plurilateral para explicar o negócio de constituição" (*Comentários à Lei das Sociedades Anônimas*. São Paulo: Saraiva, 1998. v. 2, p. 66).

[7]   Que é examinada por Modesto Carvalhosa (*Comentários...* cit., p. 109 e ss.).

adere ao que nele (estatuto) está regulado, penso ser prudente fazer com que seja cumprido o ritual estabelecido no referido dispositivo, a fim de evitar discussões paralelas que possam colocar em risco a solução da controvérsia pela adoção do procedimento arbitral.

Exatamente por essa razão é que decidimos fazer com que no âmbito do Novo Mercado da BOVESPA os adquirentes de ações assinem termo de adesão, submetendo suas divergências à solução que venha a ser adotada em processo arbitral.

Chamei a atenção, quando escrevi o texto acima citado, para o fato que poderia surgir alguma polêmica quando da aprovação, por *sociedade já existente*, de alteração estatutária tendo por objetivo regular, como é facultado pelo § 3.º do art. 109 da lei, a submissão à arbitragem de eventuais divergências entre os acionistas e a companhia, ou entre o controlador e os não controladores.

Como então afirmei, caberia indagar, em tal situação, se as pessoas que já eram acionistas da companhia antes da realização da assembleia geral, e que se opusessem à referida alteração estatutária, estariam obrigadas a se submeter ao procedimento arbitral.

Manifestei, então, o entendimento de que a resposta a tal indagação deveria ser negativa, tendo em vista que o acionista que vota contra a inserção da cláusula estatutária prevista no art. 109 da Lei das S.A. não optou pela submissão de suas eventuais divergências à arbitragem, até mesmo porque inexistia, na sociedade que ele integrava, prévia disposição estatutária regulando a matéria.

Considerando que ninguém pode ser obrigado a se submeter, contra a sua vontade, ao processo arbitral,[8] e tendo presente que o antigo acionista da companhia tenha manifestado sua expressa divergência quanto à reforma estatutária, sustentei que a decisão adotada pela maioria dos acionistas não poderia obrigar o acionista que tivesse se oposto à inserção de referida cláusula a aceitar a arbitragem, se requerida por terceiro (outro acionista ou a própria companhia).

Nada impediria, segundo entendi, que o referido acionista pudesse instituir a arbitragem, tal como é facultado pelo do § 2.º do art. 4.º da Lei 9.307/1996.

De outro lado opinei no sentido de que acionistas que não tiverem comparecido à assembleia que tiver deliberado a apontada modificação estatutária, assim como os acionistas que tiverem se abstido de votar, deveriam firmar termo de adesão, como é requerido pela Lei 9.307/1996, sem o que entendia não estariam eles obrigados a se submeter à arbitragem, quando instituída por terceiro.

---

[8] Segundo a lição do Dr. Luiz Roberto Ayoub, "[...] o juiz, inspirado pela experiência comum, deverá desconsiderar a cláusula compromissória quando resultante de um contrato de adesão, ao fundamento de que no momento da avença, restou ausente o elemento volitivo, essencial aos contratos, considerando-se que, com base nas máximas da experiência, sabe-se que a não aceitação das cláusulas impostas na origem do contrato resultaria, quase sempre, na rejeição do contratante mais vulnerável na relação contratual" (AYOUB, Luiz Roberto. A Jurisdicionalidade da Arbitragem. *Revista da EMERJ*, v. 4, n. 15, 2001, p. 197).

NOTAS SOBRE A ARBITRABILIDADE SUBJETIVA NA SOCIEDADE POR AÇÕES | 891

Lembro, sobre o tema, que Modesto Carvalhosa, em artigo publicado em 2002,[9] ressaltou que

> O pressuposto da validade e eficácia da decisão arbitral depende de expressa declaração de vontade das partes envolvidas, seja na cláusula compromissória, seja no compromisso propriamente dito.
>
> Há, com efeito, um requisito necessariamente de forma para a validade e eficácia da cláusula compromissória estatutária, que depende de sua específica e formal adoção por parte de todos os compromissados. Sem essa expressa aprovação a cláusula compromissória é nula, por ferir o direito essencial do acionista de socorre-se do Poder Judiciário.

Em outro artigo, escrito por Carvalhosa com Nelson Eizirik,[10] foi dito que:

> [...] a cláusula compromissória não vincula nem os acionistas atuais que não subscreveram o pacto nem os acionistas que posteriormente adentram a sociedade sem expressamente aderir a ele.

Tempos depois, em artigo escrito no jornal *Valor Econômico* (de 31.08.2009), intitulado "Quem se submete à arbitragem na S.A.?", Nelson Eizirik alterou parte de seu entendimento anterior.

E, mais tarde, ao escrever seus *Comentários à Lei das Sociedades por Ações*, Eizirik reiterou sua nova opinião sobre o tema, afirmando que

> Estarão vinculados à cláusula compromissória estatutária todos os demais acionistas: os que votaram favoravelmente, os que se abstiveram e os que não compareceram à assembleia geral.
>
> [...]
>
> Com efeito, não cabe exigir, sob pena de se negar ao estatuto social o caráter de contrato organizativo, a aprovação expressa de todos os acionistas para a cláusula compromissória.[11]

No aludido trabalho, Eizirik destaca que não se pode impor a cláusula compromissória aos acionistas que tiverem votado contra a inserção de referida disposição no estatuto da companhia, razão pela qual sustenta que a solução italiana deveria inspirar nosso legislador, permitindo a inclusão no estatuto, porém conferindo aos dissidentes o direito de recesso.

Na mesma ocasião Pedro Batista Martins, um dos autores do anteprojeto da Lei 9.307/1996, asseverou que:

> No caso em questão, salvo se previsto *quórum* especial para a aprovação da inserção de cláusula compromissória estatutária, a matéria será aprovada pelo sufrágio da maioria.

---

9   CARVALHOSA, Modesto. *Reforma da Lei das Sociedades Anônimas*. Coletânea coordenada por Jorge Lobo. 2. ed. Rio de Janeiro: Forense, p. 325.
10 CARVALHOSA, Modesto; EIZIRIK, Nelson. *A Nova Lei das S.A*. São Paulo: Saraiva, 2002. p. 183.
11 EIZIRIK, Nelson. *A Lei das S.A. comentada*. São Paulo: Quartier Latin, 2011. v. I, p. 617.

E, cumpridas as formalidades, essa formalidade vincula toda a comunidade de acionistas dada a natureza da assembleia geral e os efeitos emanados de suas deliberações...[12]

Ao longo do tempo fui me convencendo de que havia sido muito conservador ao mencionar, em meus Comentários à Reforma da Lei das S.A. de 2001, a necessidade de que acionistas que não tiverem comparecido à assembleia que houver deliberado a apontada modificação estatutária, assim como os acionistas que tiverem se abstido de votar, deveriam firmar termo de adesão, como é requerido pela Lei 9.307/1996, sem o que entendia não estariam eles obrigados a se submeter à arbitragem, quando instituída por terceiro.

Como explica Pedro Batista Martins:

> [...] é descabida a afirmação de que os estatutos sociais têm a natureza de contrato de adesão como fundamento jurídico para afastar os efeitos da cláusula compromissória estatutária àqueles que com ela não consentirem expressamente.[13]

Portanto, aquela cautela que teve a Bovespa, sob minha orientação, quando da criação dos segmentos especiais de listagem, de exigir a adesão dos acionistas controladores e, até mesmo, dos não controladores, à cláusula compromissória estatutária, não se justifica mais, especialmente porque, segundo entendimento mais recente da doutrina, o disposto no art. 4.º, § 2.º, da Lei 9.307/1996, apenas é aplicável aos contratos de consumo, sendo certo que a relação dos acionistas entre si, e deles com a companhia, não constitui relação de consumo.

Antes mesmo da recente reforma da Lei das Sociedades por Ações, através da qual foi alterada a redação do art. 136 do referido diploma legal – tema que será abordado adiante – já estava assente na doutrina que a inclusão de cláusula compromissória estatutária vincula todos os acionistas da companhia, inclusive aqueles que tiverem se abstido de votar quando da inserção da citada cláusula, assim como aqueles que, posteriormente à mencionada inserção, tiverem se tornado acionistas da companhia.

Permanecia alguma dúvida em relação à situação daqueles que, sendo acionistas da companhia, tenham se manifestado contrariamente à admissão da nova regra no estatuto social, situação essa que, como será referido adiante, foi solucionada pela já aludida reforma da Lei 6.404/1976 em virtude do que dispõe, em seu art. 3.º, a Lei 13.129/2015, que alterou a Lei de Arbitragem:

> Art. 3.º A Lei n.º 6.404, de 15 de dezembro de 1976, passa a vigorar acrescida do seguinte art. 136-A na Subseção "Direito de Retirada" da Seção III do Capítulo XI.
>
> Art. 136-A. A aprovação da inserção de convenção de arbitragem no estatuto social, observado o quórum do art. 136, obriga a todos os acionistas, assegurado ao acionista dissidente o direito de retirar-se da companhia mediante o reembolso do valor de suas ações, nos termos do art. 45.

---

[12] MARTINS, Pedro Batista. *Arbitragem no direito societário.* São Paulo: Quartier Latin, 2012. p. 102.

[13] MARTINS, Pedro Batista. *Arbitragem...* cit., p. 119.

§ 1.º A convenção somente terá eficácia após o decurso do prazo de 30 (trinta) dias, contado da publicação da ata da assembleia geral que a aprovou.

§ 2.º O direito de retirada previsto no caput não será aplicável:

I – caso a inclusão da convenção de arbitragem no estatuto social represente condição para que os valores mobiliários de emissão da companhia sejam admitidos à negociação em segmento de listagem de bolsa de valores ou de mercado de balcão organizado que exija dispersão acionária mínima de 25% (vinte e cinco por cento) das ações de cada espécie ou classe;

II – caso a inclusão da convenção de arbitragem seja efetuada no estatuto social de companhia aberta cujas ações sejam dotadas de liquidez e dispersão no mercado, nos termos das alíneas "a" e "b" do inciso II do art. 137 desta Lei.

Registre-se que a Lei 13.129/2015, em seu art. 3.º, acima transcrito, resolveu a polêmica sobre o tratamento que deveria ser dado ao acionista da companhia que, em assembleia geral, tenha votado contrariamente à inserção de cláusula estatutária conforme fora sugerido por Nelson Eizirik em seus comentários à lei das sociedades por ações.

Deve ser consignado, portanto, que as dúvidas que foram levantadas quando da entrada em vigor da lei de arbitragem, no ano de 1996, estão superadas, uma vez que (a) a simples inserção da cláusula arbitral no estatuto da companhia vincula seus acionistas, inclusive aqueles que tiverem se abstido de votar, (b) aqueles que vierem a adquirir ações de emissão de companhia que contiver em seu estatuto a cláusula arbitral, também estarão vinculados pela aludida disposição estatutária e (c) aqueles que votarem contra a inserção da cláusula arbitral podem exercer o direito de se retirar da companhia, salvo naqueles casos especificados nos incisos I e II do art. 136-A, § 2.º, da Lei 6.404/1976.

Finalizo as presentes notas chamando a atenção do leitor para o fato de as posições doutrinárias aqui referidas terem sido testadas pelo direito norte-americano em *class action* que foi ajuizada na corte de Nova York por investidores que adquiriram ações e *bonds* de emissão de Petróleo Brasileiro S.A. – Petrobras, companhia aberta, também listada nos Estados Unidos da América onde distribuiu ADRs e *bonds*, que foram adquiridos por investidores estrangeiros.

Ressalto que o art. 58 do Estatuto da Petrobras estabelece que:

> Deverão ser resolvidas por meio de arbitragem, obedecidas as regras previstas pela Câmara de Arbitragem do Mercado, as disputas ou controvérsias que envolvam a Companhia, seus acionistas, os administradores e conselheiros fiscais, tendo por objeto a aplicação das disposições contidas na Lei n.º 6.404, de 1976, neste Estatuto Social, nas normas editadas pelo Conselho Monetário Nacional, pelo Banco Central do Brasil e pela Comissão de Valores Mobiliários, bem como nas demais normas aplicáveis ao funcionamento do mercado de capitais em geral, além daquelas constantes dos contratos eventualmente celebrados pela Petrobras com bolsa de valores ou entidade mantenedora de mercado de balcão organizado, credenciada na Comissão de Valores Mobiliários, tendo por objetivo a adoção de padrões de governança societária fixados por estas entidades, e dos respectivos regulamentos de práticas diferenciadas de governança corporativa, se for o caso.

Chamo aqui a atenção do leitor para o fato de que o estatuto da Petrobras estabelece a arbitragem em situações outras que não aquelas expressamente previstas no § 3.º do art. 109 da Lei das S.A., circunstância essa que, a meu juízo, não contraria o disposto no aludido diploma legal.[14]

Em opinião que dei à corte americana, como *expert* indicado pelos advogados da Petrobras, ressaltei que a referida cláusula estatutária havia sido legalmente estabelecida o que, portanto, a tornava vinculante para todos os acionistas da referida companhia, ainda que eles não tivessem se manifestado sobre o tema.

Em linha com o que entende a maioria da doutrina, e de acordo com o que veio a ser objeto de expressa disposição do art. 136-A, § 2.º, da Lei 6.404/1976, o simples fato de ter adquirido no mercado ações de emissão da Petrobras fez com que eles, acionistas, ficassem vinculados ao disposto no art. 58 do estatuto da mencionada companhia.

Em decisão proferida em julho de 2015 o juiz[15] que conduz a *class action* julgou parcialmente procedente o pleito da Petrobras, em que requeria que a corte americana reconhecesse a validade da cláusula estatutária em questão, entendendo que todos aqueles que adquiriram ações de emissão daquela companhia, ainda que a aquisição tenha sido efetivada no exterior, estão submetidos à clausula estatutária que prevê a solução de conflitos por arbitragem.

O magistrado norte-americano, em sua decisão, excluiu de submissão à arbitragem aqueles investidores titulares de ADRs e de *bonds* emitidos pela Petrobras, os quais estariam submetidos à justiça americana.

Para concluir transcrevo, a seguir, o trecho final das explicações dadas pelo magistrado norte-americano em relação à decisão proferida pela corte de Nova York sobre o tema:

> As discussed above, as a matter of Case 1:14-cv-09662-JSR [Document 194 Filed 07/30/15 Page 43 of 44] Brazilian law, purchasing Petrobras shares on the Bovespa indicates the purchaser's consent to be bound by the arbitration clause in the company's bylaws. But nothing about such share purchases indicates that the purchaser consents to arbitrate different claims relating to different securities purchased in different transactions in another country (the United States).
>
> Accordingly, the Court finds that there is no valid arbitration agreement with respect to the Exchange Act claims. Accordingly, in its Order of July 9, 2015, the Court granted defendants' motion to dismiss Counts III through V on the basis of the mandatory arbitration provision of the Company's bylaws, but denied defendants' motion to dismiss the Exchange Act Claims pursuant to that provision.
>
> For the foregoing reasons, the Court, by Order dated July 9, 2015, granted in part and denied in part defendants' motion to dismiss.

---

[14] Confira-se, sobre o tema, a opinião de Nelson Eizirik (*A Lei das S.A. comentada* cit., v. I, p. 615).

[15] Jed S. Rakkof, juiz da United States District Court, Southern District of New York.

NOTAS SOBRE A ARBITRAGEM NO MERCADO DE CAPITAIS

NELSON EIZIRIK

ANA CAROLINA WEBER

Sumário: I. Introdução – II. Arbitragem nos segmentos diferenciados de governança corporativa – III. Confidencialidade dos procedimentos arbitrais envolvendo companhias abertas – IV. *Thirdy party funding* em arbitragens no mercado de capitais – V. Conclusão.

I. INTRODUÇÃO

No fim de 2014, foram iniciadas ações judiciais perante a Justiça de Nova York, EUA, em face da Petróleo Brasileiro S.A. (Petrobras) com o intuito de obter reparação pecuniária com fundamento em perdas financeiras sofridas pela Companhia em razão de um "esquema" de corrupção implementado por seus dirigentes[1].

As referidas ações foram unificadas em uma única *class action* liderada pela *Universities Superannuation Scheme Ltd.* ("USS") contra a Petrobras, duas de suas subsidiárias – Petrobras Global Finance, B.V. e Petrobras International Finance Company S.A., de diversos diretores e membros do Conselho de Administração da Companhia e de suas controladas, da Price Waterhouse Coopers Auditores Independentes – na qualidade de

---

[1] Nesse sentido, ver notícias divulgadas à época pelo jornal Valor Econômico, disponíveis em: <http://www.valor.com.br/empresas/3808960/petrobras-e-alvo-de-acao-coletiva-nos-eua>; <http://www.valor.com.br/empresas/3811538/ja-sao-cinco-acoes-coletivas-contra-petrobras--nos-eua>. Acesso em: 30 set. 2016.

auditor independente da Petrobras –, e os *underwriters* de ofertas públicas de valores mobiliários de emissão da Petrobras[2].

Os investidores reclamantes eram titulares de ações ordinárias e preferenciais de emissão da Companhia negociadas no mercado de valores mobiliários brasileiro, assim como de *American Depository Receipts* negociadas na New York Stock Exchange e pretendiam recuperar as perdas financeiras sofridas pelos valores mobiliários por eles detidos com base em falsas informações apresentadas nas demonstrações financeiras da Petrobras, apuradas a partir da operação "Lava Jato".

Na referida ação, o juiz Jed. S. Rakoff teve que enfrentar uma questão inicial: estariam legitimados para figurar no polo ativo da *class action* os titulares de ações e de ADRs da Petrobras?

Tal questionamento devia ser necessariamente respondido, pois o art. 58 do Estatuto Social da Petrobras estabelece:

> Deverão ser *resolvidas por meio de arbitragem*, obedecidas as regras previstas pela Câmara de Arbitragem do Mercado, as disputas ou controvérsias que envolvam a Companhia, seus acionistas, os administradores e conselheiros fiscais, tendo por objeto a aplicação das disposições contidas na Lei n.º 6.404, de 1976, neste Estatuto Social, nas normas editadas pelo Conselho Monetário Nacional, pelo Banco Central do Brasil e pela Comissão de Valores Mobiliários, bem como nas demais normas aplicáveis ao funcionamento do mercado de capitais em geral, além daquelas constantes dos contratos eventualmente celebrados pela Petrobras com bolsa de valores ou entidade mantenedora de mercado de balcão organizado, credenciada na Comissão de Valores Mobiliários, tendo por objetivo a adoção de padrões de governança societária fixados por estas entidades, e dos respectivos regulamentos de práticas diferenciadas de governança corporativa, se for o caso.

Com efeito, o juiz da corte de Nova York teve que verificar se a preexistência de uma cláusula compromissória no estatuto social de uma companhia aberta brasileira impossibilitava a propositura de demandas naquela jurisdição em que os valores mobiliários lastreados em tais ações são negociados.

Após a manifestação de todos os envolvidos, o Juiz Rakoff chegou às seguintes conclusões:

(i) os investidores titulares de ações ordinárias e preferenciais de emissão da Petrobras, reclamantes no caso em tela, adquiriram tais valores mobiliários a partir de 2010, sendo que a cláusula compromissória foi inserida no Estatuto Social da Companhia em 2002. Tais acionistas não poderiam alegar o desconhecimento da referida cláusula, razão pela qual estão vinculados à convenção de arbitragem constante do art. 58 do Estatuto Social;

---

[2] United States District Court, Southern District of New York, Universities Superannuation Scheme Ltd. vs. Petróleo Brasileiro S.A., U.S.D.J. Jed S. Rakoff, j. 30.07.2015.

(ii) não há na lei brasileira respaldo para o entendimento de que a inclusão de cláusula compromissória no estatuto social de uma companhia pressuporia a aprovação unânime de seus acionistas. O juiz, nesse ponto, levou em consideração a alteração implementada pela Lei 13.129/2015, que estabeleceu o quórum da maioria qualificada e concedeu o direito de recesso nas deliberações relativas à inclusão de cláusula compromissória no estatuto social[3]; e

(iii) por fim, excluir da *class action* os pedidos formulados pelos titulares de ações de emissão da Petrobras negociadas no mercado de valores mobiliários brasileiro, mantendo o processo somente em favor dos titulares de ADRs[4].

A presente decisão é de extrema relevância, pois referenda a validade da cláusula compromissória estatutária para os acionistas das companhias abertas brasileiras[5]. No entanto, o tratamento diferenciado dispensado aos acionistas e aos titulares de ADRs traz algumas questões com relação a tutela de direitos pelos acionistas que adquirem ações no Brasil.

Se tais acionistas são titulares de ações de uma companhia aberta, cujo estatuto social prevê a resolução de disputas societárias por meio de arbitragem, terão eles necessariamente que arcar com as custas do procedimento? Seria possível que os acionistas minoritários se utilizassem de um terceiro financiador em tais procedimentos? Além disso, como dar conhecimento aos demais acionistas sobre a existência ou o interesse em iniciar uma determinada arbitragem em face da companhia?

Tais questões constituem o objeto do presente artigo. Com efeito, após a edição da Lei 13.129/2015 que introduziu o art. 136-A à Lei das S.A., a controvérsia que existia a respeito de quais acionistas estariam vinculados à cláusula compromissória estatutária foi, em grande parte, superada. No entanto, uma série de questões e dúvidas ainda envolvem as arbitragens de que fazem parte companhias abertas brasileiras, sendo de grande importância o seu debate.

O artigo pretende analisar a figura do *third party funding* nas arbitragens no mercado de capitais brasileiro e os deveres de revelação e confidencialidade que devem ser observados pelas companhias abertas com relação a procedimentos arbitrais.

---

[3] EIZIRIK, Nelson. *A Lei das S.A. comentada*. 2. ed. São Paulo: Quartier Latin, 2015. v. 2, p. 499-503; WEBER, Ana Carolina. A cláusula compromissória estatutária e o direito de recesso. In: ROCHA, Caio Cesar Vieira; SALOMÃO, Luis Felipe (Coord.). *Arbitragem e mediação*: a reforma da legislação brasileira. São Paulo: Atlas, 2015. p. 12-16.

[4] "The Court is persuased that, under Brazilian law, Petrobras' arbitration clause is valid and enforceable against purchases of Petrobras securities on the Bovespa [...] Accordingly, plaintiffs are bound to arbitrate these claims" (United States District Court, Southern District of New York, Universities Superannuation Scheme Ltd. vs. Petróleo Brasileiro S.A., U.S.D.J. Jed S. Rakoff, j. 30.07.2015).

[5] Sobre o assunto, ver TELLECHEA, Rodrigo. *Arbitragem nas Sociedades Anônimas*: direitos individuais e princípio majoritário. São Paulo: Quartier Latin, 2016. p. 354-361.

II. ARBITRAGEM NOS SEGMENTOS DIFERENCIADOS DE GOVERNANÇA CORPORATIVA

A despeito das discussões relativas à arbitrabilidade dos litígios societários, a inclusão do § 3.º ao art. 109 da Lei 6.404/1976, em 2001, representou o reconhecimento pelo legislador da compatibilidade entre este meio de solução de controvérsias e as disputas societárias. Quando da referida inclusão normativa, o Brasil passava por um momento de entusiasmo com relação às denominadas "boas práticas de governança corporativa", o que foi refletido na adoção pela BM&FBOVESPA de níveis diferenciados de listagem de ações[6].

Os Regulamentos do Novo Mercado e do Nível 2 de Governança Corporativa reconheceram a arbitragem como um elemento das boas práticas de governança, tendo estabelecido que as controvérsias surgidas no âmbito das sociedades integrantes destes segmentos deveriam ser dirimidas por este mecanismo de solução de controvérsias[7].

Além disso, as eventuais disputas envolvendo a companhia e englobadas pela cláusula compromissória estatutária deveriam ser submetidas ao procedimento no âmbito da Câmara de Arbitragem do Mercado ("CAM"), organizada e estruturada pela própria BM&FBOVESPA[8].

Nos termos dos referidos Regulamentos de listagem,

> [...] a BOVESPA, a Companhia, o Acionista Controlador, os Administradores e os membros do conselho fiscal da Companhia comprometem-se a resolver toda e qualquer disputa ou controvérsia relacionada ou oriunda deste Regulamento de Listagem, do Contrato de Participação no Novo Mercado, das Cláusulas Compromissórias, em especial, quanto à sua aplicação, validade, eficácia, interpretação, violação e seus efeitos, por meio de arbitragem, perante a Câmara de Arbitragem, nos termos do seu Regulamento de Arbitragem.

Cabe ressaltar que, no momento da edição do presente artigo, as regras dos segmentos do Novo Mercado e do Nível 2 da BM&FBOVESPA estão passando por um processo de revisão, que foi iniciado com uma consulta pública ao mercado, por meio da qual se pretende verificar a aceitação e a resistência à utilização de determinadas práticas de governança.

Na referida consulta pública, foi colocado ao mercado o seguinte questionamento: "Você considera que solução de conflitos por meio de arbitragem, da forma como atu-

---

[6] EIZIRIK, Nelson; Weber, Ana Carolina. Brazil: New developments in corporate governance. In: FLECKNER, Andreas M.; HOPT, Klaus J. (Coord.). *Comparative Corporate Governance* – A Functional and International Analysis. Cambridge: Cambridge University Press, 2013. p. 1015.

[7] MUNHOZ, Eduardo Secchi. A importância do sistema de solução de conflitos para o direito societário: limites do instituto da arbitragem. In: YARSHELL, Flávio Luiz; PEREIRA, Guilherme Setoguti J. (Coord.). *Processo societário*. São Paulo: Quartier Latin, 2012. p. 86-87.

[8] "[...] a via arbitral está sendo identificada pelo mercado como um fator de atração do acionista minoritário, como um reforço de sua posição na esfera social" (MOREIRA, Daniela Bessone Barbosa. A convenção arbitral em estatutos e contratos sociais. In: ALMEIDA, Ricardo Ramalho (Coord.) *Arbitragem interna e internacional*: questões de doutrina e da prática. Rio de Janeiro, Renovar, 2003. p. 390)

almente proposta para o Nível 2, Novo Mercado, Bovespa Mais e Bovespa Mais Nível 2 é adequada?". De acordo com o resultado da consulta[9], de seus 143 (cento e quarenta e três) participantes, 54,5% consideram a arbitragem como adequada, 19,6% entendem que sua utilização não seria recomendável e 25,9% não se manifestaram a respeito.

Em vista de tal cenário, a BM&FBOVESPA propôs a alteração do dispositivo dos regulamentos no Novo Mercado e do Nível 2 que disciplinam a arbitragem, os quais passariam a prever:

> O estatuto social deve contemplar cláusula compromissória dispondo que a companhia, seus acionistas, administradores, membros do conselho fiscal, efetivos e suplentes, se houver, obrigam-se a resolver, por meio de arbitragem, perante a Câmara de Arbitragem do Mercado, na forma de seu regulamento, toda e qualquer controvérsia que possa surgir entre eles, relacionada com ou oriunda da sua condição de emissor e acionistas, e em especial, decorrentes das disposições contidas na Lei n.º 6.385/76, na Lei n.º 6.404/76, no estatuto social da companhia, nas normas editadas pelo CMN, pelo BCB e pela CVM, bem como nas demais normas aplicáveis ao funcionamento do mercado de valores mobiliários em geral, além daquelas constantes deste regulamento, dos demais regulamentos da BM&FBOVESPA e do contrato de participação no Novo Mercado.

Como se verifica, a nova redação proposta para reger a arbitragem envolvendo as companhias abertas com ações listadas no Novo Mercado e no Nível 2 preocupa-se em deixar claro que a cláusula compromissória deve constar do estatuto social das sociedades. Além disso, evidencia a possibilidade de resolução de conflitos que tenham fundamento em qualquer das disposições atinentes ao mercado de capitais, fazendo remissão expressa às normas editadas pelo Conselho Monetário Nacional, pelo Banco Central do Brasil e pela Comissão de Valores Mobiliários.

Tal dispositivo, no entanto, ainda pode sofrer alterações, uma vez que o processo de revisão dos regulamentos do Novo Mercado e do Nível 2 não foi concluído.

No que diz respeito à regulamentação específica dos procedimentos arbitrais, originalmente, aqueles desenvolvidos no âmbito da CAM eram regidos por um regulamento que não estava em consonância com as práticas adotadas pelas modernas legislações estrangeiras ou pelos regulamentos das mais tradicionais câmaras internacionais.

Em 26.10.2011, entrou em vigor o novo Regulamento da CAM, disciplinando de forma mais adequada os litígios societários, inclusive tratando do procedimento que vincula os acionistas, a companhia, administradores e membros do conselho fiscal.

Com efeito, o regulamento da CAM editado em 2011 levou em consideração o fato de que as disputas societárias são, muitas vezes, marcadas pela existência de interesses comuns a serem defendidos por uma série de acionistas. Assim ocorre, por exemplo, quando os acionistas minoritários questionam o cálculo do valor de reembolso de suas ações em hipóteses do exercício de retirada ou quando se opõem ao exercício abusivo do

---

[9] O resultado consolidado da consulta pública está disponível em: <http://www.bmfbovespa.com. br/lumis/portal/file/fileDownload.jsp?fileId=8AA8D09754177C0901550C29DDC365D2>.Acesso em: 30 set. 2016.

poder de controle. Se esses acionistas tivessem de pleitear no Judiciário a tutela de seus direitos, certamente haveria uma proliferação de ações, cujos resultados poderiam ser contraditórios. Com isso, teriam de aguardar o pronunciamento dos tribunais superiores para, depois de longa espera, obter uma solução definitiva e uniforme da controvérsia.

Dessa forma, o Regulamento da CAM criou mecanismos que têm por objetivo evitar decisões contraditórias, bem como permitir que acionistas que tenham interesses comuns ou relacionados aos que estejam sendo debatidos em uma arbitragem possam integrar o procedimento arbitral.

Nesse sentido, o Regulamento da CAM estabelece que, diante da apresentação de um requerimento de arbitragem que tenha objeto ou causa de pedir comum a procedimento já em curso perante a Câmara, o Presidente da CAM poderá, ouvidas as partes, determinar a reunião dos procedimentos[10]. Ou seja, tal mecanismo, inspirado no instituto da conexão do processo civil, visa a permitir que as decisões em litígios societários possam ser proferidas uniformemente.

Ademais, o Regulamento da CAM previu a possibilidade de, antes da nomeação de quaisquer árbitros, as partes, ou o próprio terceiro, requererem a sua inclusão em procedimento arbitral instaurado. De fato, muitas vezes, em virtude da divulgação da existência de procedimento arbitral em fato relevante ou nas notas explicativas a contingências ou mesmo em decorrência de discussões posteriores a uma deliberação assemblear, o acionista toma conhecimento de procedimento arbitral instaurado perante a CAM, em que esteja sendo discutido direito do qual também ele seja titular. Dessa forma, a fim de evitar a propositura de procedimentos arbitrais idênticos e permitir que um terceiro que tenha interesses comuns ou relacionados ao objeto da controvérsia participe do processo, o Regulamento da CAM autorizou expressamente a intervenção de terceiros em arbitragens por ela patrocinadas[11].

Tal medida, no entanto, não resolve por completo, por exemplo, a questão de uma arbitragem envolvendo companhias com capital disperso e com uma significativa base acionária. Isso porque, a limitação temporal para a reunião das ações e a eventual inércia de um acionista podem fazer com que novas e idênticas arbitragens sejam iniciadas após o transcurso do prazo para a reunião dos procedimentos.

Na verdade, restam dúvidas a respeito de como seria possível solucionar a realização de procedimento arbitral no qual, em um dos polos, venham a figurar centenas de acionistas minoritários. Neste ponto, ainda não há solução prevista no Regulamento da CAM.

III. CONFIDENCIALIDADE DOS PROCEDIMENTOS ARBITRAIS ENVOLVENDO COMPANHIAS ABERTAS

Outra questão que se coloca como um desafio para as arbitragens fundamentadas em cláusulas compromissórias estatutárias que envolvam companhias abertas brasileiras diz respeito ao sigilo do procedimento arbitral.

---

[10] Art. 6.2 do Regulamento da Câmara de Arbitragem do Mercado.

[11] Art. 6.1 do Regulamento da Câmara de Arbitragem do Mercado.

Como se sabe, uma das características das arbitragens é o sigilo dos procedimentos arbitrais, que garante que as partes possam litigar sem que terceiros tenham conhecimento da disputa, preservando o seu relacionamento e a boa condução dos negócios sociais[12].

No entanto, as companhias abertas estão submetidas, nos termos da regulamentação vigente[13], ao princípio do *full disclosure*[14]. Ou seja, as companhias abertas devem informar ao mercado e aos investidores em geral todos os atos e fatos que possam impactar a avaliação que façam sobre os valores por ela emitidos. Como compatibilizar tal obrigação quando a sociedade passa a participar de procedimento arbitral que possa afetar seu patrimônio?

O item 7.12. do Regulamento de Arbitragem da CAM, ao dispor sobre a elaboração do termo de arbitragem, estabelece que "os árbitros, o secretário-geral e as partes deverão firmar termo em que se comprometam a guardar sigilo sobre a arbitragem". Ou seja, as normas regulamentares estabelecem o sigilo do procedimento arbitral que envolva companhias abertas com ações listadas no Novo Mercado e no Nível 2, mas não esclarecem se a sociedade poderia dar conhecimento de tal arbitragem a seus acionistas.

Assim, a questão que se coloca diz respeito aos limites desta confidencialidade, uma vez que os litígios societários podem produzir efeitos que extrapolem as esferas jurídicas das partes presentes no procedimento. Em outras palavras, um acionista minoritário pode requerer a instauração de procedimento arbitral contra companhia listada no Novo Mercado para discutir o valor de reembolso de suas ações em virtude do eventual exercício do direito de retirada, mas, em decorrência da confidencialidade de tal procedimento, os demais acionistas que se encontrem na mesma situação não terão conhecimento deste procedimento nem poderão pleitear um tratamento igualitário caso o referido acionista tenha êxito em sua pretensão.

A CVM teve oportunidade de analisar tais questões no julgamento do Processo Administrativo RJ2008/0713[15], por meio do qual um investidor de companhias listadas no Novo Mercado encaminhou reclamação à CVM sustentando que o sigilo nos procedimentos arbitrais conduzidos perante a CAM representaria violação ao direito essencial dos acionistas à fiscalização dos negócios sociais.

Em seu voto, o Diretor Relator Otávio Yazbec esclareceu que o direito de fiscalização dos acionistas, previsto no art. 109, inciso III, da Lei 6.404/1976, e o consequente dever de a companhia prestar informações (art. 157 da lei societária) não conflitariam de forma direta com a característica da confidencialidade dos procedimentos arbitrais. Com efeito, o Diretor reconheceu que, em alguns casos concretos, pode haver conflito entre a confidencialidade e o dever de prestação de informações, mas que o ordenamento jurídico forneceria mecanismos para ressalvar os direitos dos acionistas.

---

[12]   Sobre o assunto, ver LEMES, Selma. Arbitragem na Concessão de serviços públicos. Arbitrabilidade objetiva. Confidencialidade ou publicidade processual?. *Revista de Direito Mercantil, Indústria, Econômico e Financeiro*, v. 134, p. 160-161, abr.-jun. 2004.

[13]   Ver Instrução CVM 358/2002.

[14]   EIZIRIK, Nelson; GAAL, Ariádna B.; HENRIQUES, Marcus de Freitas. *Mercado de capitais*: regime jurídico. 3. ed. Rio de Janeiro: Renovar, 2011. p. 483-491.

[15]   Processo Administrativo CVM RJ2008/0713, Rel. Diretor Otávio Yazbeck, j. 09.02.2010. Disponível em <www.cvm.gov.br>.

Alguns anos depois deste primeiro julgamento, no âmbito do Processo Administrativo CVM 2012/13700[16], foi interposto recurso pelo Torque Fundo de Investimento Multimercado ("Torque"), contra decisão da Superintendência de Relações com Empresas da CVM ("SEP"), que indeferiu o pedido para que aquela Autarquia determinasse "aos envolvidos no Procedimento Arbitral que seja franqueado acesso ao Reclamante (e a terceiros igualmente legitimados) ao conteúdo e ao andamento do mesmo".

O procedimento arbitral a que o Torque fazia referência – e que corria sob sigilo – foi proposto pela Morzan Empreendimentos e Participações Ltda. contra subsidiária da Companhia Brasileira de Distribuição ("CBD") e estava relacionado a questões que decorriam do Contrato de Compra de Ações celebrado entre as partes, em 08.06.2009, para aquisição de 70,2421% do capital social total e votante da Globex Utilidades S.A.

O principal argumento utilizado pelo Torque para ter acesso à arbitragem foi o de que, em razão de o referido procedimento arbitral envolver questões atinentes ao preço de alienação de controle da Globex Utilidades S.A., e, consequentemente, afetar o valor pago aos acionistas que aderiram à OPA por alienação de controle daquela companhia, deveria ser garantido a ela e aos demais legitimados amplo acesso ao conteúdo e ao andamento de tal procedimento arbitral, sob pena de ser contrariado o disposto no art. 109, inciso III, c/c o art. 254-A da Lei das S.A.

No julgamento do recurso pelo Colegiado, a então Diretora Ana Novaes proferiu decisão por meio da qual concluiu que a Lei 6.385/1976 não outorgou à CVM os poderes necessários para conferir a terceiro eventualmente interessado acesso a procedimento arbitral sigiloso.

Além disso, a Relatora deixou claro que a interpretação que o Torque pretendia conferir à decisão proferida no julgamento do Processo Administrativo CVM RJ 2008/0713 estava equivocada. O voto da Diretora confirmou o entendimento da CVM de que o direito à informação dos acionistas previsto na Lei das S.A. não é amplo e irrestrito, impossibilitando que a companhia atue em procedimentos arbitrais protegidos pela confidencialidade. Na verdade, trata-se de um direito submetido a determinados limites, que é resguardado, mesmo diante do sigilo arbitral, por meio de normas que exigem das companhias a divulgação de atos e fatos relevantes.

Finalmente, a Diretora Relatora reconheceu que, no caso em análise, o Torque não poderia pleitear o acesso aos autos com base no direito à informação previsto no art. 109 da Lei das S.A., uma vez que não apresentava mais a qualidade de acionista de quaisquer das companhias envolvidas no procedimento arbitral.

Como se verifica, a CVM vem firmando o entendimento de que o direito à informação do acionista não é absoluto e aplicável em toda e qualquer hipótese; nem todos os fatos que digam respeito à companhia devem ser divulgados. De fato, o art. 157 da Lei das S.A. não criou para os acionistas um direito genérico, amplo e imutável ao acesso às informações da companhia.

---

[16] Decisão do Colegiado da CVM no Processo Administrativo CVM RJ 2012/13700, Rel. Diretora Ana Dolores Moura Carneiro de Novaes, j. 18.06.2013. Disponível em: <www.cvm.gov.br>.

Nesse sentido, a Instrução CVM 358/2002, que dispõe sobre a divulgação de informações pelas companhias, determina em seus arts. 1.º e 2.º, que a sociedade está obrigada a divulgar as informações que tenham caráter de relevância e possam impactar na avaliação dos negócios sociais pelo mercado.

Dessa forma, os acionistas não têm um direito genérico ao conhecimento de todo e qualquer procedimento arbitral que a companhia esteja envolvida. Entretanto, se, no caso concreto, verificar-se que tal procedimento possa produzir efeitos significativos sobre a avaliação do mercado em relação à companhia, esta deverá informar, a todos os acionistas e interessados, sobre a existência do procedimento arbitral e dos possíveis efeitos que ele poderá produzir.

Além disso, na hipótese de prolação de sentença arbitral – final ou parcial – que possa impactar o patrimônio ou a condução dos negócios sociais – seria recomendável que a companhia divulgasse ao mercado informações a respeito da decisão proferida pelo tribunal, sem que seja necessário a apresentação integral de cópia da sentença.

Ademais, os interesses dos acionistas e de potenciais investidores da companhia estão resguardados mesmo se não divulgada a existência da arbitragem. Isso porque, caso o eventual insucesso da companhia em determinado procedimento arbitral possa impactar significativamente os seus resultados, ela deverá constituir a provisão em suas demonstrações financeiras.

Como se verifica, o sigilo dos procedimentos arbitrais não representa um obstáculo à sua utilização pelas companhias brasileiras, havendo inclusive formas concretas de garantir o direito de informação aos acionistas quando tais procedimentos possam repercutir significativamente sobre os negócios sociais.

O absentismo de litígios de acionistas minoritários em face das companhias pode decorrer de outros fatores, mas não apenas do desconhecimento de procedimentos em curso. Na verdade, as dificuldades estruturais do procedimento arbitral para viabilizar a atuação de centenas de acionistas em um mesmo polo – por exemplo, como viabilizar a indicação de um único árbitro por todos estes acionistas – e os custos mais elevados da arbitragem são obstáculos mais significativos à proliferação deste meio de solução de controvérsia no mercado de capitais.

IV. *THIRDY PARTY FUNDING* EM ARBITRAGENS NO MERCADO DE CAPITAIS

Como anteriormente mencionado, o § 3.º do art. 109 e o art. 136-A da Lei das S.A. autorizam expressamente a utilização da via arbitral para dirimir conflitos societários, vinculando à cláusula compromissória estatutária a própria companhia e seus acionistas controladores e minoritários.

No conceito de acionista enquadra-se qualquer titular de, no mínimo, uma ação de emissão da sociedade, independentemente do valor que aportou na companhia e de seu patrimônio.

Assim, a cláusula compromissória estatutária pode vincular o acionista que não tem capacidade financeira significativa, mas que adquiriu ações de emissão daquela sociedade como modalidade de diversificação de seus investimentos.

20 ANOS DA LEI DE ARBITRAGEM

Tal fato é utilizado por alguns autores como fundamento à tese da inaplicabilidade da arbitragem como meio para solucionar conflitos societários.

De fato, o procedimento arbitral é visto como altamente custoso, pois as partes terão que despender recursos com taxa de administração da câmara, honorários de árbitros ou eventuais peritos e assistentes técnicos, com a oitiva de testemunhas e, sobretudo, com honorários de advogados qualificados para a defesa de seus interesses.

A Câmara de Arbitragem do Mercado, por exemplo, cobra como taxa de administração mensal – desde o início do procedimento até a prolação da sentença arbitral ou decisão sobre pedidos de esclarecimentos – R$ 1.000,00 (mil reais) para causas até R$ 100.000,00 (cem mil reais) e R$ 3.000,00 (três mil reais) para procedimentos que envolvam montante superior a R$ 10.000.001,00 (dez milhões e um real)[17].

Embora os custos sejam significativos para o homem médio que investe no mercado de capitais brasileiro e que pretenda litigar contra a companhia ou seu acionista controlador em um procedimento arbitral, o Tribunal de Justiça do Rio de Janeiro já entendeu que o custo da arbitragem não constitui causa para se afastar a eficácia de cláusula compromissória[18].

Aliado a tal fato, a própria Lei das Sociedades Anônimas não incentiva o acionista a litigar contra a companhia para a obtenção, por exemplo, de reparação de danos causados pelo administrador em razão da prática de atos ilegais. De fato, o § 4.º do art. 159 da Lei 6.404/1976 autoriza acionistas que representem 5% das ações de emissão da companhia a propor ação de responsabilidade civil contra o administrador, quando a assembleia geral de acionistas deliberar não o fazer. No entanto, a lei não garante qualquer reembolso de custos de procedimento que este acionista tiver com relação ao procedimento de reparação de danos.

Na verdade, somente no caso de ação de responsabilidade contra o acionista controlador, proposta nos termos do art. 246 da Lei das S.A., é que o acionista proponente da ação, se ao final for vencedor, poderá receber um prêmio de 5% e honorários de advogados correspondentes a 20% calculados sobre o valor da indenização.

Nas demais hipóteses de litígios que podem ser iniciados pelos acionistas minoritários envolvendo a companhia[19], não há qualquer referência a reembolso de custas ou de

---

[17] No âmbito de arbitragens CCI, a Corte Internacional de Arbitragem, em regra, fixa a taxa de administração e a remuneração dos árbitros com base no valor da causa. Nos termos do Apêndice III, do Regulamento da CCI, a taxa de administração varia de U$ 3.000,00 (três mil dólares americanos) para disputas de até U$50.000,00 (cinquenta mil dólares americanos) até U$113.215,00 (cento e treze mil duzentos e quinze dólares americanos) para disputas superiores a U$500.000.000,00 (quinhentos milhões de dólares americanos). Já a remuneração dos árbitros pode variar de U$ 3.000,00 (três mil dólares americanos) para disputas de até U$50.000,00 (cinquenta mil dólares americanos) até 0,0400% do valor da causa para disputas superiores a U$500.000.000,00 (quinhentos milhões de dólares americanos). Sobre o assunto, ver FRY. Jason; GREENBERG, Simon; MAZZA, Francesca. *The Secretariat's Guide to ICC Arbitration*. Paris: Imprimerie Port Royal, 2012. p. 360-365 e 391-403.

[18] TJRJ, 2.ª Turma, AC 0031996-20.2010.8.19.0209 Rel. Des. Alexandre Câmara, j. 11.06.2014.

[19] Para exemplificação dessas hipóteses, ver EIZIRK, Nelson. Arbitrabilidade objetiva nas sociedades anônimas e instituições financeiras. In: CASTRO, Rodrigo R. Monteiro de; ARAGÃO, Leandro

honorários de advogados, o que, aliado ao alto custo da arbitragem, pode representar um óbice para que pequenos investidores utilizem esse meio de resolução de controvérsias.

Com o intuito de viabilizar a instituição de arbitragens por acionistas que não detêm os recursos necessários e também como forma alternativa de investimento para os players do mercado, tem-se verificado, mais recentemente, a utilização, no Brasil, do denominado *Third Party Funding*.

Tal mecanismo é conceituado pela doutrina internacional como:

> [...] a scheme where a party unconnected to a claim finances all or part of one parties' arbitration costs, in most cases the claimant. The funder is remunerated by an agreed percentage of the proceeds of the award, a success fee, a combination of the two or through more sophisticated devices. In the case of an unfavourable award, the funder's investment is lost[20].

Com efeito, a doutrina aponta como aspectos positivos do financiamento por terceiros o "acesso à justiça àqueles que não dispõem de meios econômicos adequados para pleitear seus direitos, ou se defenderem nas demandas contra eles requeridas"[21].

Ainda que se trate de mecanismo de financiamento originalmente praticado em países da *common law*[22], tem sido observada a propagação de sua prática no Brasil, tendo alguns fundos de investimentos sido estruturados para aplicar recursos no financiamento de procedimentos arbitrais.

A utilização do financiamento de terceiros como mecanismo para viabilizar o acesso de acionistas minoritários a procedimentos arbitrais decorrentes de cláusula compromissória estatutária deve, no entanto, ser analisado com cautela.

A presença do terceiro financiador pode gerar problemas em duas esferas: (i) a da imparcialidade do árbitro; e (ii) a da confidencialidade do procedimento.

Como dispõem os arts. 13, § 6.º, 14, § 1.º, e 21, § 2.º, da Lei de Arbitragem, o árbitro deverá sempre observar a imparcialidade com relação às partes, seus procuradores e demais envolvidos[23]. Ainda que haja ampla discussão a respeito do conceito de impar-

---

Santos de. *Direito societário*: desafios atuais. São Paulo: Quartier Latin, 2009. p. 39.

[20] DERAINS, Yves. Apud Napoleão Casado Filho. Financiamento de arbitragens por terceiros. Disponível em: <http://www.juristas.com.br/informacao/artigos/financiamento-de-arbitragens--por-terceiros/2022/>.

[21] CREMADES, Bernardo. *Third Party Litigation Funding*: investing in arbitration. Apud FERRO, Marcelo Roberto. O financiamento de arbitragens por terceiro e a independência do árbitro. In: CASTRO, Rodrigo Rocha Monteiro de; WARDE JÚNIOR, Walfrido Jorge; GUERREIRO, Carolina Dias Tavares (Coord.). *Direito empresarial e outros estudos de direito em homenagem ao Professor José Alexandre Tavares Guerreiro*. São Paulo: Quartier Latin, 2013. p. 624.

[22] TRUSZ, Jennifer A. Full Disclosure? Conflicts of Interest Arising from Third-Party Funding in International Commercial Arbitration. *The Georgetown Law Journal*, v. 101, p. 1658-1662, nov. 2012.

[23] ELIAS, Carlos Eduardo Stefen. *Imparcialidade dos árbitros*. 2014. Tese (Doutorado em Direito Processual) – Faculdade de Direito da Universidade de São Paulo, São Paulo.

cialidade, o que se tem assente é que o árbitro não deve ter qualquer relação de dependência com as partes envolvidas no procedimento, sinalizando ainda as *IBA Guidelines on Conflict of Interest* que esta isenção deve ser verificada quanto a controladores ou pessoas indiretamente interessadas na causa[24].

Em vista disso, se um terceiro concede a uma das partes os recursos para que ela possa participar de determinado procedimento arbitral, recebendo, em contrapartida, percentual do montante que lhe for reconhecido pelo tribunal, é evidente que este terceiro tem interesse direto na solução da controvérsia. Por consequência, qualquer relação entre o árbitro e o financiador poderá gerar dúvidas a respeito da sua imparcialidade, pois a decisão do tribunal poderá eventualmente afetar o financiador.

Atualmente consta do General Standard 7(a) das IBA Guidelines:

> A party shall inform an arbitrator, the Arbitral Tribunal, the other parties and the arbitration institution or other appointing authority (if any) of any relationship, direct or indirect, between the arbitrator and the party (or another company of the same group of companies, or an individual having a controlling influence on the party in the arbitration), or between the arbitrator and any person or entity with a direct economic interest in, or a duty to indemnify a party for, the award to be rendered in the arbitration. The party shall do so on its own initiative at the earliest opportunity.

Na Nota Explicativa do referido General Standard, as IBA Guidelines afirmam que:

> The parties are required to disclose any relationship with the arbitrator. Disclosure of such relationships should reduce the risk of an unmeritorious challenge of an arbitrator's impartiality or independence based on information learned after the appointment. The parties' duty of disclosure of any relationship, direct or indirect, between the arbitrator and the party (or another company of the same group of companies, or an individual having a controlling influence on the party in the arbitration) has been extended to relationships with persons or entities having a direct economic interest in the award to be rendered in the arbitration, such as an entity providing funding for the arbitration, or having a duty to indemnify a party for the award.

A doutrina nacional, em linha com tais recomendações, reconhece que "um árbitro só pode revelar aquilo que ele sabe, ou tem condições de saber mediante uma pesquisa razoável"[25]. Consequentemente, para se evitar quaisquer questionamentos futuros, é

---

[24] O dispositivo 6(b) das *IBA Guidelines on Conflict of Interest* assim dispõe: "If one of the parties is a legal entity, any legal or physical person having a controlling influence on the legal entity, or a direct economic interest in, or a duty to indemnify a party for, the award to be rendered in the arbitration, may be considered to bear the identity of such party".

[25] FERRO, Marcelo Roberto. O financiamento de arbitragens por terceiro e a independência do árbitro. In: CASTRO, Rodrigo Rocha Monteiro de; WARDE JÚNIOR, Walfrido Jorge; GUERREIRO, Carolina Dias Tavares (Coord.). *Direito empresarial e outros estudos de direito em homenagem ao Professor José Alexandre Tavares Guerreiro*. São Paulo: Quartier Latin, 2013. p. 630.

recomendável que as partes, atendendo o dever de colaboração e de boa-fé para com o procedimento arbitral, prestem todas as informações sobre eventual financiador.

Além de poder gerar questionamentos a respeito da imparcialidade do árbitro, a presença de um terceiro financiador faz com que seja necessária a reflexão adicional a respeito da confidencialidade da arbitragem.

Com efeito, para obter o financiamento, a parte terá, evidentemente, que compartilhar a tese a ser defendida e os documentos que a fundamentam. Além disso, uma vez obtido o financiamento, estando a contrapartida do financiamento vinculada ao sucesso da arbitragem, o terceiro provavelmente demandará acesso às peças do procedimento e às decisões do tribunal[26].

Ainda que o sigilo da arbitragem não esteja disposto em lei, ele é previsto na maioria dos regulamentos das Câmaras arbitrais e muitas vezes é estabelecido na convenção de arbitragem ou na ata de missão[27].

Em vista disso, para que a parte não incorra em violação à obrigação de confidencialidade, ela deverá indicar aos árbitros e à contraparte que os seus custos no procedimento arbitral são suportados por um terceiro que pretende ter conhecimento do feito e, até, poderá atuar na revisão e apresentação de peças.

Ciente de tal fato, poderá o Tribunal decidir sobre a forma de lidar com a figura do terceiro financiador, em especial, com relação à sua ciência dos atos e fatos deduzidos e praticados na arbitragem.

Esta preocupação com o financiamento por terceiros foi recentemente tratada pelo Centro de Arbitragem e Mediação da Câmara de Comércio Brasil-Canadá que editou a Resolução Administrativa CAM-CCBC n.º 18/2016, definindo-o como:

> Artigo 1.º Considera-se financiamento de terceiro quando uma pessoa física ou jurídica, que não é parte no procedimento arbitral, provê recursos integrais ou parciais a uma das partes para possibilitar ou auxiliar o pagamento dos custos do procedimento arbitral, recebendo em contrapartida uma parcela ou porcentagem de eventuais benefícios auferidos com a sentença arbitral ou acordo.

Como se verifica, o *Third Party Funding* pode constituir uma alternativa capaz de facilitar o acesso de acionistas com baixo poder econômico a procedimentos arbitrais para a tutela de seus direitos em face da companhia ou de acionistas controladores. No entanto, a utilização desse mecanismo deve ser feita com extrema cautela, de modo a

---

[26] Para Arnoldo Wald, a confidencialidade deve ser preservada, mas, em alguns casos, o financiador poderá e deverá ter acesso às peças processuais. Nesse sentido, ver WALD, Arnoldo. Alguns aspectos positivos e negativos do financiamento da arbitragem. *Revista de Arbitragem e Mediação*, v. 49, p. 38, abr.-jun. 2016.

[27] WEBER, Ana Carolina. Arbitragem e direito societário. In: MELO, Leonardo de Campos; BENEDUZI, Renato Resende (Coord.). *A reforma da arbitragem*. Rio de Janeiro: Forense, 2016. p. 72-75.

não representar ofensa a elementos tão essenciais à arbitragem, como a imparcialidade do árbitro e a confidencialidade do procedimento.

V. CONCLUSÃO

Como se verifica, a utilização de arbitragem em conflitos societário e de mercado de capitais vem trazendo novos e instigantes desafios.

Alguns deles estão sendo tratados de forma conveniente em nossa legislação e regulamentação de entidades competentes, assim como na doutrina. É o caso do sigilo nas companhias abertas envolvidas em arbitragem. Outros ainda necessitam de maior reflexão, para que possam ser bem utilizados, como é o caso do financiamento dos procedimentos arbitrais.

O desafio que resta, e depende ainda de muito engenho e arte, é o de disciplinar, se possível, o instituto das ações de classe no mercado de capitais. Este, porém, depende não só da vontade dos investidores e da comunidade arbitral, como também das necessárias alterações em nossa legislação processual, que pouco ou nada avançou na matéria.